lonely planet

Costa Rica

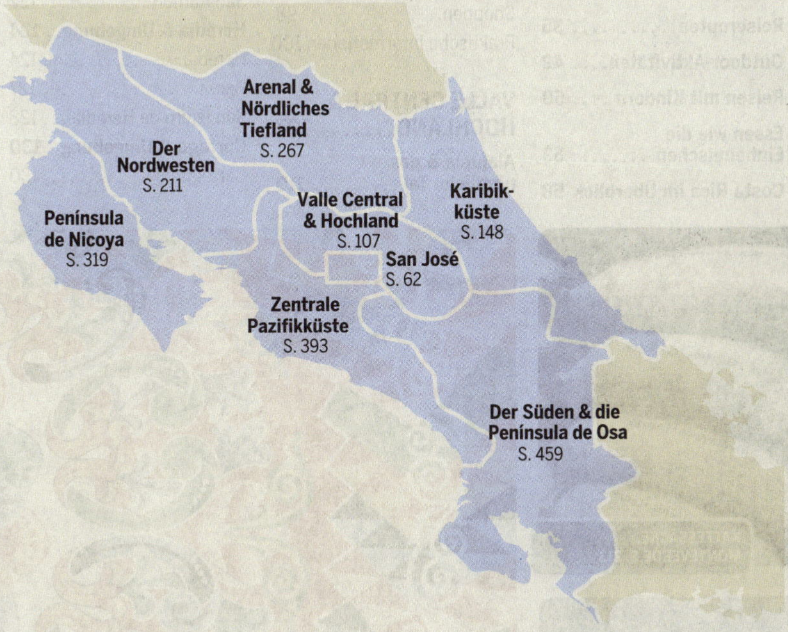

Ashley Harrell
Jade Bremner, Brian Kluepfel

REISEPLANUNG

REISEZIELE

STIG STOCKHOLM PEDERSEN/GETTY IMAGES ©

KAFFEESÄCKE, MONTEVERDE S. 213

ALFREDO MAIQUEZ/GETTY IMAGES ©

PARQUE NACIONAL VOLCÁN IRAZÚ S. 131

OGPHOTO/GETTY IMAGES ©

Inhalt

WAGENRAD, SARCHÍ S. 119

REISEZIELE

KOLIBRI IM BOSQUE NUBOSO MONTEVERDE S. 234

IVAN KUZMIN/GETTY IMAGES ©

REFUGIO NACIONAL DE VIDA SILVESTRE GANDOCA-MANZANILLO S. 207

KRYSSIA CAMPOS/GETTY IMAGES ©

Inhalt

KRYSSIA CAMPOS/GETTY IMAGES ©

KAPUZINERÄFFCHEN, PARQUE NACIONAL MANUEL ANTONIO S. 435

COSTA RICA VERSTEHEN

PRAKTISCHE INFORMATIONEN

SPECIALS

Willkommen in Costa Rica

Auf dem Surfbrett die Balance halten, in Höhlen voller Fledermäuse hinab- oder zu nebelverhangenen Vulkangipfeln hinaufsteigen, wandern, radfahren oder an Ziplines durch den Regenwald gleiten – die einzige Grenze ist das Abreisedatum.

Die sanfte Seele Mittelamerikas

Wenn Marketingexperten ein ideales Reiseziel entwerfen sollten, würde Costa Rica dem Bild sehr nahe kommen. Die „reiche Küste" trägt ihren Namen zu Recht und unterscheidet sich von ihren Nachbarländern durch Entwicklungen, die zukunftsweisend sind: umweltschonender Sport, Restaurants mit regionalem Speiseangebot und nachhaltiger Tourismus. Eine wachsende Infrastruktur wird durch eine grüne Energiegewinnung ausgeglichen. Costa Rica gehört mit einer halben Mio. Tier- und Pflanzenarten zu den artenreichsten Ländern.

Outdoor-Abenteuer

Wanderwege durch Regenwälder oder in luftigen Höhen, tosende Wildwasser-Stromschnellen und eine Weltklassebrandung für Surfer: Die Möglichkeiten für Outdoor-Abenteuer jeder Art sind unerschöpflich – vom faszinierenden Fliegen durchs Blätterdach an einer Zipline bis zum sonnendurchglühten Nachmittag am Strand. Nationalparks erlauben Einblicke in die Lebenswelten tropischer Regen- und Nebelwälder, schwelende Vulkane wirken wie Bilder aus einer urweltlichen Vergangenheit, Brandungswellen rollen zuverlässig heran und sind für Anfänger und Fortgeschrittene gleich gut geeignet. Die Auswahl ist schwer.

Tierwelt

Die reiche Fauna Costa Ricas erinnert ein bisschen an Comics: Fischertukane äugen aus dem Blätterdach, Hellrote Aras fliegen umher. Wer genau hinsieht, kann auch ein Faultier in den Zweigen oder die Augen eines Kaimans in Mangrovenhainen ausmachen. Wer die Ohren spitzt, vernimmt raschelnde Blätter, die auf eine Gruppe Weißschulterkapuziner hindeuten, oder den Jagdschrei eines Brüllaffen. Blaue Morphofalter huschen durch Bäume voller Orchideen und vor der Küste tummeln sich bunte tropische Fische, Haie, Delfine und Wale.

Pura Vida

Eine neuere Studie zeigt, dass viele Einwohner Costa Ricas im Vergleich zu allen übrigen Ländern der Erde ein längeres und gesünderes Leben führen – ein Ergebnis, das letztlich in einem einzigen Begriff seinen Ursprung hat: *pura vida* (das reine Leben). Wer diese Redensart als bloße Marketingphrase abtun will, sollte wissen, in welchem Zusammenhang sie verwendet wird. Sie bedeutet Begrüßung, Abschied, Besänftigung, Wohlwollen. Niemals hat sie negative Nebenbedeutungen. Wer zum ersten Mal in dieses Land kommt, wird es bald aussprechen: *pura vida, mae.* Entspanne dich und genieße das Leben.

Warum ich Costa Rica liebe

Von Brian Kluepfel, Autor

Ich habe Surfen gelernt. Ich habe mir ein Frühstück mit *gallo pinto* und einem starken Kaffee schmecken lassen. Und ich habe viele Menschen getroffen, die den Traum aller Auswanderer lebten: Yogapraktizierende, Ökobauern, ausgestiegene Sterneköche und Mountainbiker. Als Hobbyornithologe wurde ich jeden Tag in Erstaunen versetzt. Beim Rafting wurde mein Floß durch tosende Stromschnellen in Sarapiquí von einem Kormoran begleitet. Doch mein Lieblingsaugenblick war es, als ein neugewonnener costa-ricanischer Freund mir eine SMS sandte: „Hey, man, you're in Costa Rica. Relax!"

Mehr Informationen über die Autoren gibt es auf S. 615

Der Wasserfall Catarata del Toro (S. 121), Bajos del Toro

Costa Rica

ENTFERNUNGEN (km)

Hinweis: Angegeben sind ungefähre Entfernungen

	San José	Monteverde	Montezuma	Tamarindo	Parque Nacional Manuel Antonio	Puerto Jiménez
Monteverde	159					
Montezuma	340	180				
Tamarindo	259	163	160			
Parque Nacional Manuel Antonio	169	197	325	302		
Puerto Jiménez	373	401	530	506	215	
Puerto Viejo de Talamanca	315	369	500	475	315	518

0
50 km
83°W
NICARAGUA
KARIBISCHES MEER
11°N
10°N
9°N
84°W
Sarapiquí-Tal
Ein Paradies für Kanufahrer mit guten Öko-Lodges (S. 308)
Poás & Umgebung
Rauchender Vulkankegel über üppigem Grün (S. 116)
Parque Nacional Tortuguero
Vom Wasser aus Schildkröten am Ufer beobachten (S. 163)
San José
Tief in die Küche und Kultur des Landes eintauchen (S. 62)
Südliche Karibik
Kultur der Ureinwohner, der Ticos und Afrikaner (S. 177)
Cerro Chirripó
Eisige Seen, stürmische Höhen und raue Wanderwege (S. 471)
Parque Nacional Manuel Antonio
Gut zugänglicher Regenwald und herrliche Strände (S. 435)
Parque Nacional Corcovado
Das schönste Naturerlebnis in ganz Costa Rica (S. 491)
Río San Juan
Barra del Colorado
Boca Tapada
Llanura de San Carlos
Río Chirripó
Llanura de Tortuguero
Tortuguero
Parque Nacional Tortuguero
Río Tortuguero
Pital
Río Toro
Puerto Viejo de Sarapiquí
Cariari
San Miguel
Parque Nacional Volcán Poás
Llanura de Santa Clara
Río Reventazón
Parismina
Guácimo
Guápiles
Volcán Poás (2704 m)
Cordillera Central
Volcán Irazú (3432m)
Siquirres
ALAJUELA
HEREDIA
SAN JOSÉ
Lajas
Río Pacuare
Río Chirripó Atlántico
PUERTO LIMÓN
Ciudad Colón
Pacayas
CARTAGO
Turrialba
Paraíso
Moravia
Tapantí
San Ignacio de Acosta
Pandora
Cahuita
Río Estrella
Puerto Viejo de Talamanca
San Marcos de Tarrazú
Santa María de Dota
Bribrí
Valle de Parrita
Parque Nacional Chirripó
Shiroles
Río Telire
Río Sixaola
Parque Nacional Los Quetzales
Amubri
Sixaola
Río Lari
Guabito
Changuinola
Quepos
Rivas
Cerro Chirripó (3820 m)
Savegre
Cordillera de Talamanca
Reserva Biológica Durika
Bocas del Toro
Parque Nacional Manuel Antonio
San Isidro de El General
Almirante
Ujarrás
Dominical
Río General
Buenos Aires
Uvita
Valle del General
Bahía de Coronado
Potrero Grande
Palmar Norte
Paso Real
Río Cotón
PANAMA
Ciudad Cortés
Valle de Coto Brus
Santa Elena
Sierpe
Interamericana
Fila Costeña
San Vito
Sabalito
Río Sereno
Boquete
Agua Buena
Rincón
Golfo Dulce
Golfito
Río Claro
Neily
Parque Nacional Corcovado
Península de Osa
Puerto Jiménez
Ferry
Paso Canoas
Concepción
Laguna Corcovado
Playa Zancudo
Valle de Coto Colorado
David
Carate
Puerto Armuelles

Costa Ricas Top 21

1

Mal País & Santa Teresa

1 Vor den kleinen Küstenorten Mal País und Santa Teresa (S. 373) birgt das Meer eine Fülle von Lebewesen, und die Wellen sind in Form, Farbe und Temperatur nahezu perfekt. Die Hügel sind dicht bewachsen, die Küste ist lang gestreckt, beide bilden einen vollkommenen Hintergrund für die rosa- und orangefarbenen Sonnenuntergänge. Von der staubigen Straßenkreuzung, die beide Orte trennt, führt der Weg nordwärts in yogische oder kulinarische Paradiese oder südwärts nach Malpa mit seiner ruhevollen, noblen Atmosphäre und endet schließlich in einem Fischerdorf, an einer verborgenen Zipline und am Tor zum ersten Nationalpark Costa Ricas. Unten: Santa Teresa

Parque Nacional Tortuguero

2 Kanufahrten auf den Kanälen des Parque Nacional Tortuguero (S. 163) sind wie Safaris auf dem Wasser: Hier grenzt der dichte Urwald an Wasserläufe und ermöglicht Begegnungen mit Kaimanen, Flussschildkröten, Nachtreihern, Affen und Faultieren. In der Brutsaison legen Schildkröten im Schutz der Dunkelheit nach einem jahrtausendealten Ritual ihre Eier an den schwarzsandigen Stränden ab. Der Nationalpark liegt eingebettet zwischen Marschgebieten mit außergewöhnlich reicher Vegetation und dem wilden karibischen Meer und zählt zu den erstrangigen Orten Costa Ricas zur Beobachtung von Wildtieren. Unten: Stirnlappenbasilisk

2

Volcán Arenal & Thermalquellen

3 Obwohl in der Nacht keine glühenden Lavaströme mehr zu sehen sind, gilt dieser Vulkanriese (S. 283) mit seiner perfekten Kegelform noch immer als aktiv und ist ein beliebtes Wander- oder auch Pilgerziel. Ob in Nebel gehüllt oder in Sonnenlicht gebadet: Am Arenal sind mehrere schöne Wanderwege zu entdecken. Vom Fuß des Berges sind auch die zahlreichen Thermalquellen nur eine kurze Autofahrt entfernt. Einige davon sind kostenlos zugänglich. Zum Einstieg sind die romantischen Eco Termales sehr zu empfehlen.

Parque Nacional Corcovado

4 Schlammig und anspruchsvoll: Die Erkundung des riesigen, noch weitgehend unberührten Regenwaldes im Parque Nacional Corcovado (S. 491) ist alles andere als ein Spaziergang. Hier tauchen Reisende, die viel Zeit mitbringen, in eine geheimnisvolle Welt ein, in der unvergessliche Eindrücke zu gewinnen sind. Und je weiter man in den Urwald vordringt, umso spektakulärer wird es: Die besten Möglichkeiten des Landes, Wildtiere zu beobachten, die einsamsten Strände, die aufregendsten Abenteuer liegen an den Wegen des Corcovado.

Oben rechts: Arakanga

Parque Nacional Manuel Antonio

5 Obwohl der Parque Nacional Manuel Antonio (S. 435) – der beliebteste (und kleinste) Nationalpark – regelmäßig von Besucherscharen überrannt wird, ist er noch immer ein absolutes Schmuckstück. Kapuzineräffchen huschen über die idyllischen Strände, Braunpelikane tauchen wie Pfeile in das klare Wasser, Faultiere blicken aus dichtem Astwerk auf Wege herab. Es ist ein perfekter Ort, um Kinder in die Wunderwelt eines Regenwaldes einzuführen. Ungestörtheit wird man hier vergeblich suchen, doch ist der Park so schön, dass man ihn gern mit anderen teilt.

4

5

Wildwasser-Rafting

6 In diesem kleinen Land können Adrenalin-Junkies in wenigen Tagen mühelos etliche atemberaubende Flusskilometer zurücklegen. Wer sich nicht alle vornimmt, hat eine wunderbare Auswahl: Pacuare (S. 144; Abb. unten), Reventazón, Sarapiquí oder Tenorio. Jeder Abschnitt bietet Stromschnellen der Schwierigkeitsklassen I bis V, und alle haben sanft strömende Abschnitte, wo Rafter die reiche Vegetation der Dschungellandschaft und die Tierwelt erleben können. Dazu sind lediglich eine Schwimmweste, ein Schutzhelm und eine Portion Wagemut nötig.

Südliche Karibikküste

7 Tagsüber in einer Hängematte faulenzen, zum Schnorcheln an einsame Strände radeln, zu Wasserfällen wandern und die entlegenen Gebiete der Bribrí und Kéköldi besuchen. Abends lockt die karibische Küche. In den von der Meeresbrise gekühlten Open-Air-Bars wiegt man sich leicht zu den Rhythmen des Reggaetón. Die Dörfer Cahuita, Puerto Viejo de Talamanca (Foto rechts) und Manzanillo sind Beispiele dieser einzigartigen Mischung aus afro-karibischer, Tico- und indigener Kultur und ideale Ausgangsorte für Abenteuer (S. 188).

6

Tierbeobachtung

8 Nationalparks von Weltklasse, ein langjähriges Engagement für den Umweltschutz und eine unfassbare Artenvielfalt sorgen dafür, dass der Lebensraum vieler seltener Arten in diesem Land bewahrt werden kann. Costa Rica ist eines der lohnendsten Reiseziele der Erde, wenn es um das Erlebnis der Tierwelt geht. Der Zugang ist praktisch mühelos; wohin Besucher auch reisen, die Zweige über ihren Köpfen sind von Urwaldkreaturen belebt, seien es Faultiere und Affen oder tropische Vögel in einem unglaublich reichen Artenspektrum. Wer eine bestimmte Art vermissen sollte, findet Exemplare davon vielleicht in einer der zahlreichen Schutzstationen des Landes, wie z. B. dem Jaguar Centro de Rescate (S. 201). Links: Dreizehenfaultier

Montezuma

9 Wer die Strandkultur liebt, gerne Neo-Rastas und Yogafreaks um sich sieht oder immer schon Spanisch lernen oder in schneeweißen Buchten relaxen wollte, ist in Montezuma (S. 381) genau richtig. Wenn man durch diese Stadt bummelt, ist man nie weit weg vom rhythmischen Schlagen der Wellen. Von hier aus hat man Zugang zu den Schutzgebieten Cabo Blanco und Curú kann einen dreistufigen Wasserfall entdecken. Wem danach der Magen knurrt, der geht in eines der Restaurants, die zu den besten des Landes zählen.

Bosque Nuboso Monteverde

10 In den 1950er-Jahren wanderten Quäker nach Costa Rica aus, erkannten die paradiesische Schönheit des 105 km² großen Nebelwaldes und engagierten sich für seinen Schutz. Der Nebelwald von Monteverde (S. 234) und die drei benachbarten Schutzgebiete sind Ruhezonen im Dämmerlicht eines geheimnisvollen Niemandslandes, in Nebel gehüllt, mit moosbedeckten Lianen, grünen Farnen und Bromelien bewachsen, von zahlreichen kleinen Flüssen durchzogen, eine wuchernde Wildnis und eine Quelle von lebenspendenden Wasseradern.

11

12

Sarapiquí-Tal

11 Sarapiquí (S. 308) erlangte zu Zeiten der berüchtigten United Fruit Company als wichtige Hafenstadt Berühmtheit. Später wurde es landwirtschaftlich unbedeutend und wurde dann wegen der schäumenden Serpentinen des gleichnamigen Flusses zum Paradies für Paddler. Heutzutage ist es immer noch ein Rafting-Paradies, gesegnet mit fantastischen Öko-Lodges und Waldschutzgebieten, wo Besucher in den unwirtlichen, sumpfigen Dschungel geführt und mit den Tieren des Waldes in Berührung gebracht werden. Oben: Pfeilgiftfrosch

Surfen

12 Pointbreak, Beachbreak, Reefbreak, Lefthander, Righthander: Wer mit diesen Vokabeln nichts anfangen kann, braucht dennoch nicht besorgt zu sein. Die Surflehrer und Strände Costa Ricas heißen auch Anfänger willkommen, halten für Könner aber auch eine Fülle von Herausforderungen bereit: ungebändigte pazifische Surfspots, die für Hexenmeister („Witch's Rock") wie für Abenteuersportler unter den *yanquis* („Ollie's Point") gleichermaßen attraktiv sind. Die gemäßigten Temperaturen des Meeres machen Neoprenanzüge überflüssig.

13

CHRISTER FREDRIKSSON/GETTY IMAGES ©

14

Quetzals in Sicht

13 Die präkolumbischen Kulturen Mittelamerikas verehrten ihn als heilig, später wurde der wunderschöne Quetzal gejagt, weil seine langen, schillernd grünen Schwanzfedern Königen als Kopfschmuck dienten. Der außergewöhnliche, prächtig gefärbte Quetzal ist noch heute begehrt – mittlerweile aber nur noch als Beobachtungsobjekt von Vogelkundlern. Obwohl der Quetzal als bedrohte Art gilt, ist er in San Gerardo de Dota (S. 463) und in Lodges wie Mirador de Quetzales zum Glück noch häufig zu sehen, vor allem während der Brutzeit im April und Mai.

Nosara

14 In Nosara (S. 354) verbindet sich auf faszinierende Weise eine wilde Surferszene mit yogischer Gelassenheit in der Atmosphäre des tropischen Urwaldes. Hier grenzen drei Strände aneinander, sie sind über ein Netz gewundener Straßen verbunden, die sich an Küstenbergen entlangschlängeln. Unterkünfte gibt es in der Surferenklave Playa Guiones mit ihren Restaurants und einem schönen Strand oder im entlegenen Playa Pelada. Tausende Meeresschildkröten kommen in der Brutzeit an die benachbarten Strände, die nach Vereinbarung besichtigt werden können.

Baumkronentouren im Regenwald

15 Wo sonst als bei einer Baumkronentour bietet sich die Gelegenheit, willentlich den Boden unter den Füßen zu verlieren. Es gibt nichts Aufregenderes, als sich an einer Zipline hängend schnell in schwindelnder Höhe durch das Blätterdach eines Urwaldes zu bewegen. Kinder werden zu Draufgängern, und Erwachsene werden zu Kindern. Die Baumkronenkabel wurden in den 1990er-Jahren in Monteverde erfunden, seitdem hat sich ihre Zahl vervielfacht. Der beste Ort, sich an ein Drahtseil zu hängen, ist Monteverde (S. 213).

Region Poás

16 Eine Stunde nordwestlich von der Hauptstadt entfernt liegt Poás (S. 116), ein Märchenland mit grünen Bergen, Straßen, die von Hortensien gesäumt sind, und einem Vulkan. Obwohl seine Aktivität seit 2017 erloschen ist, ist der schweflig rauchende Koloss selbst aus der Ferne ein imposanter Anblick, vor allem in wolkenlosen Morgenstunden. Die kurvenreiche Straße zum Krater führt durch Erdbeer- und Kaffeeplantagen. Jenseits des Vulkanberges unternehmen Besucher der La Paz Waterfall Gardens Wanderungen zu schönen Wasserfällen.

MATTEO COLOMBO/GETTY IMAGES ©

Playa Sámara

17 Ausländer schwärmen von der Playa Sámara (S. 362), einem halbmondförmigen grauen Sandstrand, der sich zwischen zwei felsigen Landzungen erstreckt. Hier kann man surfen, mit dem Ultraleichtflugzeug über eine Schule von Walen hinwegfliegen oder einfach die vielen natürlichen Strände und Buchten genießen, die alle leicht zu Fuß oder mit dem Bus erreichbar sind. Daher erfreut sich Sámara bei Familien zunehmender Beliebtheit.

San José

18 San José (S. 62) ist das Zentrum der Tico-Kultur. In der Hauptstadt leben Studenten, Intellektuelle, Künstler und Politiker. Obwohl San José nicht zu den schönsten Hauptstädten Mittelamerikas zählt, besitzt es einige klassizistische Gebäude aus der Kolonialzeit, grüne Wohnviertel, Museen mit Kunstschätzen aus Jade und Gold, ein Nachtleben bis zum Morgengrauen und einige exzellente Restaurants. Die Straßenkunst bringt Farbe ins Stadtbild und gibt Anlass zum Meinungsaustausch. Dem erfahrenen Reisenden hat „Chepe" also einiges zu bieten.

17

18

JARIB/GETTY IMAGES ©

KRYSSIA CAMPOS/GETTY IMAGES ©

Kajakfahren im Golfo Dulce

19 Auf Ausflügen in den Golfo Dulce (S. 509) kommen Kajakfahrer und Stehpaddelsportler mit einer Vielfalt von Meereslebewesen in der Bucht in Berührung: Orcas und Buckelwale bringen hier ihre Jungen zur Welt, Schlankdelfine und Große Tümmler gleiten durch das Wasser. Das Regenwaldbiom umfasst 17 Naturschutzgebiete und 3 % der Landmasse Costa Ricas und beheimatet die Hälfte der Flora und Fauna des Landes. Die Mangrovenflüsse des Golfs sind eine eigene Welt, die von Reihern, Schopfkarakaras, Schlangen und Faultieren bewohnt ist.

Cerro Chirripó

20 Der Ausblick vom Gipfel des Cerro Chirripó (S. 471), dem höchsten Berg des Landes, über windumtoste Felsen und eisige Seen entspricht nicht unbedingt den Postkartenansichten von Costa Rica. Trotzdem gehört die zweitägige Wanderung über den Wolken zu den faszinierendsten Erlebnissen, die das Land zu bieten hat. Geübte Wanderer, die sich vor Tagesanbruch aufmachen, werden reich belohnt: Von oben ist der glühend rote Sonnenaufgang zu beobachten, und der herrliche Panoramablick reicht aus einer Höhe von 3820 m weit über die karibische See und den pazifischen Ozean.

Kaffeeplantagen im Valle Central

21 Absolut lohnend ist eine Fahrt auf den gewundenen Nebenstraßen des Valle Central, wo in den Hügeln Landwirtschaft betrieben wird und Kaffeesträucher gedeihen. Wer Wissenswertes über die Herkunft des Getränks erfahren möchte, das für manch einen das Leben erst lebenswert macht, lässt sich durch eine der vielen interessanten Kaffeeplantagen führen. Ein paar der besten Adressen für eine Plantagentour sind die Finca Cristina (S. 133) im Orosi-Tal und Café Britt Finca bei Barva. Mehrere nahe gelegene Rundfahrten sind auch in der Nähe von La Fortuna möglich.

Gut zu wissen

Weitere Hinweise im Kapitel „Allgemeine Informationen" (S. 568)

Währung

Costa-Rica-Colón (₡)
US-Dollar (US$)

Sprache

Spanisch, Englisch

Visum

Für einen Aufenthalt von bis zu 90 Tagen ist kein Visum erforderlich.

Geld

Colones und US-Dollar werden überall angenommen; man bekommt sie an Geldautomaten. Colones sollten in kleineren Städten, zum Kauf von Busfahrkarten und in ländlichen Läden bereitgehalten werden. Kreditkarten werden allgemein akzeptiert.

Mobiltelefone

➡ Üblich sind 3G- und 4G-Systeme. Bei US-kompatiblen Handys muss mit teuren Roaming-Gebühren gerechnet werden. Prepaid-SIM-Karten sind günstig und weit verbreitet.

Zeit

Central Standard Time (MEZ minus 7 Std.)

Reisezeit

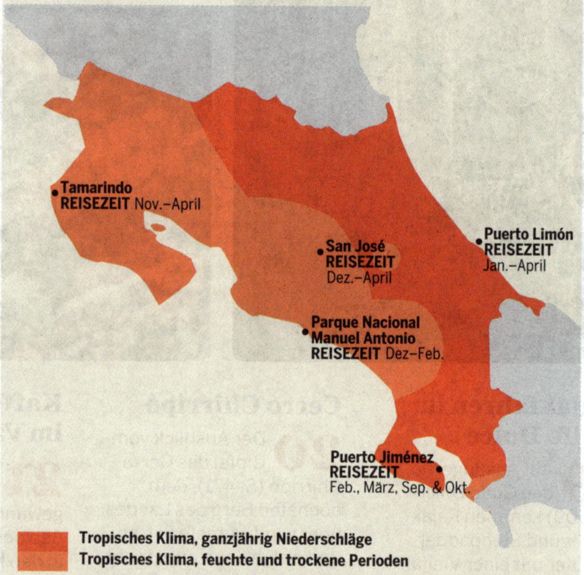

Hauptsaison

(Dez.–April)

➡ Selbst in der Trockenzeit fällt etwas Regen; Küstenorte sind überlaufen.

➡ Unterkünfte im Voraus buchen.

➡ Studenten aus Europa und Nordamerika kommen in den Semsterferien ins Land.

Zwischensaison

(Mai–Juli & Nov.)

➡ Die Regenfälle nehmen zu, und der Strom der Touristen versiegt allmählich.

➡ Die Straßen sind schlammig; Reisen in entferntere Gegenden werden zu einer Herausforderung.

Nachsaison

(Aug.–Okt.)

➡ Die Regenzeit ist auf dem Höhepunkt, Stürme verursachen einen starken Wellengang und schaffen ideale Bedingungen für Surfer.

➡ Die Landstraßen sind wegen zu überquerender Flüsse häufig unpassierbar.

➡ Die Preise für Unterkünfte fallen beträchtlich.

➡ Manche Unterkünfte sind in dieser Zeit geschlossen.

Websites

Anywhere Costa Rica (www.anywhere.com/costa-rica) Ein hervorragender Überblick über Reiseziele im Land.

Essential Costa Rica (www.visitcostarica.com) Der costa-ricanische Tourismusverband betreibt eine Website mit Informationen zur Reiseplanung und zahlreichen Einzelheiten zu Reisezielen.

Yo Viajo (www.yoviajocr.com) Nach Eingabe eines beliebigen Abfahrts- und Ankunftsortes im ganzen Land werden Busfahrpläne und Fahrpreise angezeigt.

Guanacaste Costa Rica (www.caturgua.com) Das zweisprachige Magazin des regionalen Tourismusverbandes enthält Artikel zur Kultur und Küche sowie nützliches Kartenmaterial.

The Tico Times (www.ticotimes.net) Die Online-Ausgabe der hervorragenden englischsprachigen Zeitung Costa Ricas.

Lonely Planet (www.lonelyplanet.com/costa-rica) Informationen zu Reisezielen, Hotelbuchungen, Reiseforum u. v. m.

Telefonnummern

Landesvorwahl	☎+506
Internationale Vorwahl	☎011
Internationale Auskunft	☎00
Notruf	☎911

Wechselkurse

Euro-Zone	1 €	662 ₡
Schweiz	1 sFr	587 ₡
USA	1 US$	567 ₡

Aktuelle Wechselkurse findet man unter www.xe.com.

Tagesbudget

Preiswert: unter 40 US$

- Schlafsaalbett: 8–15 US$
- Mahlzeit in einer *soda* (preiswertes Lokal): 3–7 US$
- Ungeführte Wanderungen: gratis
- Fahrten in Regionalbussen: 2 US$ oder weniger

Mittelteuer: 40–100 US$

- Einfaches Zimmer mit Bad: 20–50 US$ pro Tag
- Essen in einem Touristenrestaurant: 5–12 US$
- Fahrten mit hervorragenden Shuttle-Minibussen wie die von Interbus: 50–60 US$

Teuer: über 100 US$

- Luxuriöse Strandlodges und Boutiquehotels: ab 80 US$
- Essen in einem Restaurant mit internationaler Küche: ab 20 US$
- Geführte Exkursionen mit Wildbeobachtung: ab 40 US$
- Inlandsflüge: 50–100 US$
- Geländewagenverleih für Fahrten vor Ort: ab 60 US$/Tag

Ankunft in Costa Rica

Aeropuerto Internacional Juan Santamaría (San José) Die Busse (ca. 1,50 US$) vom Flughafen ins Zentrum von San José fahren stündlich an allen Tagen der Woche. Eine Taxifahrt kostet mindestens 30 US$. Taxis stehen am offiziellen Taxistand bereit; eine Fahrt dauert zwischen 20 Minuten und einer Stunde. Interbus fährt vom Flughafen zu den Unterkünften in San José (17 US$ pro Erw., kostenlos für Kinder unter zwei Jahren, die auf dem Schoß eines Erwachsenen mitfahren). Viele Mietwagenagenturen sind am Flughafen vertreten, es ist jedoch ratsam, einen Leihwagen schon vor der Reise zu reservieren.

Aeropuerto Internacional Daniel Oduber Quirós (Liberia) Von Montag bis Samstag, weniger häufig auch am Sonntag, fahren Busse zwischen 5 und 21 Uhr zum Mercado Municipal (ca. 1 US$, 30 Minuten, stündlich). Taxifahrten zwischen dem Flughafen und Liberia kosten etwa 20 US$. Es gibt am Flughafen keine Autovermietungen; Leihwagen sollten vor der Reise reserviert werden. Die Firma hält dann am Flughafen einen Leihwagen für die Kunden bereit.

Unterwegs vor Ort

Auto Mit einem Mietwagen kann man auch Landesteile bereisen, in denen es keine Busverbindungen gibt. Autos können in den meisten Städten gemietet werden. Ein Geländewagen kann von Vorteil sein (und ist in manchen Gegenden des Landes sogar unverzichtbar); bei Nacht sollte man besser nicht unterwegs sein.

Bus Busse fahren zu ganz vernünftigen Preisen durchs ganze Land, allerdings recht langsam und in einige Orte nur sporadisch.

Flugzeug Preiswerte Inlandsflüge zwischen San José und beliebten Reisezielen wie Puerto Jiménez, Quepos und Tortuguero sparen Fahrzeit.

Private Abholdienste wie Interbus und Gray Line bieten Fahrten von Tür zu Tür für Einzelpersonen und Gruppen zu gängigen Zielorten; sie erlauben eine individuelle Reise- und Zeitplanung.

Mehr zum Thema **Unterwegs vor Ort** auf S. 586

Costa Rica für Einsteiger

Weitere Hinweise im Kapitel „Allgemeine Informationen" (S. 568)

Checkliste

- Gültigkeit des Reisepasses
- Visabestimmungen und Reisehinweise prüfen
- Reiseversicherung
- Bestimmungen der Fluglinie hinsichtlich Gepäck, Camping- und Outdoor-Ausrüstung lesen
- Impfpass aktualisieren
- Bei Einreise mit dem eigenen Fahrzeug Deckung der Versicherung prüfen
- Wer ein Auto mieten möchte, sollte den Führerschein und eine Kopie der eigenen Versicherungspolice haben

Nicht vergessen

- Kamera, ggf. Fernglas
- Flipflops, Hut, Wanderschuhe, Poncho
- Sonnenbrille und Sonnenschutzmittel
- Auffüllbare Wasserflasche
- Insektenschutzmittel mit DEET
- Handy-Ladegerät
- Wasserdichte Ausweishülle
- Taschen- oder Stirnlampe
- Erste-Hilfe-Set

Tipps für unterwegs

- In Costa Rica dauert alles oft länger als erwartet. Es hilft, sich dem Zeitmaß des Landes anzupassen: sich viel Zeit für Mahlzeiten zu nehmen, nicht zu dichte Terminpläne zu machen, bei Verspätungen entspannt zu bleiben und diese als Chance zu nutzen, um Land und Leute kennenzulernen.
- Auf nächtliche Autofahrten sollte man verzichten – Fußgänger, Tiere und Schlaglöcher sind auf den meist unbeleuchteten Straßen nur schwer zu erkennen. Auf zweispurigen Straßen kommt es oft zu wilden Überholmanövern.
- Mit öffentlichen Verkehrsmitteln fahren. Es gibt keine bessere Möglichkeit, das Land und seine Einwohner kennenzulernen.
- Wer sich nach dem Weg erkundigt, sollte mehrere Personen befragen.
- In ländlichen Gegenden ist das Bezahlen oft nur mit Bargeld möglich, daher sollte man immer einen kleinen Betrag an Colones oder Dollars bei sich haben (es kommt vor, dass an Geldautomaten der Vorrat ausgeht).

Schlafen

In der Hauptsaison rechtzeitig buchen, besonders in der Weihnachtszeit, über Neujahr und zu Ostern (Semana Santa). Die Unterkunftspreise schießen in den genannten Ferienwochen in die Höhe.

Hotels Die Bandbreite reicht von kleinen, familiengeführten Häusern bis hin zu Boutiquehotels und größeren Hotelanlagen.

B&Bs Eine Vielfalt von B&Bs steht überall im Land zur Verfügung, in der sich die Verschiedenartigkeit der Landschaften wie der Gastgeber widerspiegelt.

Hostels In den viel besuchten Orten gibt es eine große Auswahl von Hostels. Hostel-Unterkünfte im „Resort"-Stil reichen in Qualität und Ausstattung oft an ein Hotelniveau heran.

Apartments & Ferienvillas Ferienwohnungen und -villas sowie zunehmend auch komplette Wohnhäuser werden zu unterschiedlichsten Bedingungen für Ferienaufenthalte vermietet.

Geld

Sowohl US-Dollar als auch costa-ricanische Colones werden überall im Land akzeptiert und an Geldautomaten ausgegeben. Colones sollten in kleineren Städten, beim Kauf von Busfahrkarten und in ländlichen Läden bereitgehalten werden. Kreditkarten werden allgemein akzeptiert.

Weitere Informationen siehe S. 570

Handeln

- Ein hoher Lebensstandard in Verbindung mit einer Zunahme des internationalen Tourismus bringt es mit sich, dass das Aushandeln von Preisen, wie es in lateinamerikanischen Ländern traditionell ist, in Costa Rica nicht gebräuchlich ist.
- Auf Märkten unter freiem Himmel und beim Organisieren privater Führungen oder längerer Taxifahrten ist es akzeptiert, über Preise zu verhandeln.

Trinkgeld

Restaurants Auf der Rechnung wird ein Bedienungszuschlag von 10 % erhoben. Falls nicht, kann ein kleines Trinkgeld hinterlassen werden.

Hotels In einem gehobenen Hotel ist es üblich, dem Hotelpagen (1 bis 5 US$ pro Dienstleistung) und dem Zimmerservice-Personal (1 bis 2 US$ pro Tag) Trinkgelder zu geben, in preiswerteren Häusern gibt man etwas weniger.

Taxis Ein Trinkgeld ist nur als Dank für einen besonderen Service angebracht.

Fremdenführer Pro Person und Tag sollte das Trinkgeld für einen Reiseleiter 5 bis 15 US$ betragen, dem Fahrer gibt man etwa die Hälfte.

Sprache

Spanisch ist die Nationalsprache Costa Ricas. Es ist daher nicht nur höflich, sondern auch unbedingt erforderlich, ein paar Sätze zu sprechen, besonders in ländlichen Gebieten. Abgesehen davon haben nordamerikanische Touristen Englisch zur inoffiziellen Zweitsprache des Landes erklärt. Mit Ausnahme von einfacheren *sodas* (preiswerten Esslokalen), örtlichen Bussen und Läden, die nur auf Einheimische ausgerichtet sind, gibt es fast überall zweisprachige Speisekarten, Schilder und Broschüren.

Etikette

Costa-Ricaner sind grundsätzlich sehr entspannt, legen aber auch großen Wert darauf, *bien educado* (höflich) zu sein. Ein freundlicher Gruß bei Augenkontakt, respektvolles Verhalten im Allgemeinen und ein Lächeln öffnen viele Türen.

Um Hilfe bitten Wer jemanden ansprechen möchte, sagt *disculpe* (wörtlich „Verzeihung"). Um sich zu entschuldigen, sagt man *perdón* (wörtlich „Entschuldigung").

Besuch indigener Gemeinden Wer Fotos, insbesondere von Kindern, machen möchte, sollte vorher unbedingt um Erlaubnis bitten. Man sollte sorgfältig gekleidet sein und keine Badekleidung tragen.

Surfen Neulinge sollten die Vorfahrtsregeln dieser Sportart kennen und nicht anderen Surfern in die Quere kommen; auf Schwimmer achten!

Trampen In ländlichen Gegenden ist es nicht ungewöhnlich, Anhalter mitzunehmen. Wer bei Einheimischen mitfährt, sollte einen kleinen Beitrag zu den Benzinkosten anbieten.

Oben ohne sonnenbaden Oben ohne in der Sonne zu liegen gehört sich für Frauen in der Öffentlichkeit nicht.

Kleidung

Obwohl das Klima an den Küsten sonnig und feuchtheiß ist, empfiehlt es sich, für höher gelegene Gegenden, z. B. Volcán Irazú und Monteverde, Pullover und eine Jacke mitzunehmen. Wer auf den Chirripó will, zieht mehrere Kleidungsstücke übereinander an. Auch Hut und Handschuhe sind wichtig. Für die feuchtheißen Regenwälder empfiehlt sich ein T-Shirt mit langen Ärmeln und eine leichte Hose gegen die Insekten. In einigen Orten ist auch ein leichtes Regencape ganz praktisch.

Was gibt's Neues?

Über Uber

Seit 2015 gibt es den Fahrdienstvermittler Uber in Costa Rica. Nach Protesten von lizenzierten Taxiunternehmen werden Fahrer, die für Uber tätig sind, mit Bußgeldern belegt, ihre Autos von der Polizei beschlagnahmt.

Neue Restaurantzone in Alajuela

El Patio ist ein Konglomerat von schicken Restaurants, darunter Valedi Food. (S. 110)

Container Platz

Etwa ein Dutzend Mini-Gewerbebetriebe hat sich in Frachtcontainern, die in leuchtenden Farben bemalt sind, in Santa Ana angesiedelt. Die innovative Geschäftsidee – hochwertiges, handwerklich zubereitetes Fastfood – erntet viel Lob. (S. 92)

Dachgartenbar im El Presidente

Eine Cocktailbar auf dem Dach des Hotels ist das Gesprächsthema in San José, sie bietet eine tolle Aussicht und einen exquisiten Garten unter dem Himmel. (S. 93)

Selina-Hostels

Ein Verbund von Backpacker-Hostels ist an vielen Reisezielen entstanden, u. a. in San José, Jacó, Manuel Antonio, Puerto Viejo de Talamanca, Santa Teresa, Tamarindo und La Fortuna (www.selina.com).

Fuego

Die neue Kleinbrauerei wurde als erste ihrer Art in Dominical eröffnet. Hier wird ein Hefeweizen mit dem Aroma der Guanabana (Stachelannone) serviert. (S. 448)

Jacó Walk

Jacó gewinnt mit diesem hübschen neuen Platz, an den die Mehrzahl der besten Restaurants der Stadt neuerdings umgezogen ist, einen stilvollen Ort. Der Platz ist mit vielfarbigen Ziegelsteinen, Kübelpflanzen und netten Lichtern verziert. (S. 409)

Batsù-Garten

Ein Garten in San Gerardo de Dota, der speziell für die Vogelbeobachtung und Fotografie konzipiert ist. Vor der Kulisse einer wunderbaren Natur sind Kolibris, Sittiche, Fliegenschnäpper, Tangaren und viele andere Vögel zu sehen. (S. 463)

Luftige Kunst

Mitten im ländlichen Costa Rica kann jetzt Trapezakrobatik geübt werden. Das Akrobatenpaar Jonathon Conant und Christine Van Loo hat in der Nähe vom abgeschieden im Norden von Dominical (S. 445) gelegenen Las Tumbas ein zirkusartiges Paradies errichtet.

Interamericana & Ruta 4

Zwischen Cañas und Liberia verläuft die Interamericana, die jetzt vierspurig ist. Ein letzter 27 km langer Abschnitt zwischen San Carlos und Chilamate wurde im August 2017 eröffnet. Einen Tag nach ihrer Eröffnung wurde sie von Wassermassen überschwemmt.

Veränderungen am Cerro Chato

Der Vulkanwanderweg zum Cerro Chato wurde aufgrund von Sicherheitsbedenken, in die sich politische Streitigkeiten mischten, geschlossen. Es ist nur noch möglich, auf einer Wanderung in die Nähe des Gipfels zu gelangen.

Weitere Tipps und Empfehlungen unter www.lonelyplanet.com/costa-rica

Wie wär's mit ...

Strände

Playa Manuel Antonio Allein schon der Strand mit den frechen Affen, dem perfektem Sand und dem türkisfarbenen Wasser ist das Eintrittsgeld in den Nationalpark wert. (S. 436)

Playa Grande Dieser endlos scheinende Strand ist ideal zum Spazierengehen und ist bei den Lederschildkröten und bei Surfern sehr beliebt. (S. 334)

Playa Guiones Der Strand mit seiner üppigen Vegetation und den sanften Wellen ist ideal zum Schwimmen, Surfen oder zum Umhertollen. (S. 354)

Playa Negra Die Surfergemeinde lässt den Strand von Cahuita mit seinem schwarzen Sand links liegen. Daher ist er prima zum Schwimmen und Spazierengehen geeignet. (S. 178)

Parque Nacional Marino Ballena An den langen, zerklüfteten Stränden mit den Kokospalmen fühlt man sich wie auf einer einsamen Wüsteninsel. (S. 454)

Playa Rajada An den weißsandigen Stränden von Rajada am südlichen Ende von Bahia Salinas können sich Schwimmer in die sanften, lauwarmen Brandungswellen werfen und ausgibig tummeln. (S. 265)

Wildwasser-Rafting & Kajaktouren

Río Pacuare Der Fluss ist mit seinen Runs der Klasse II, aber auch mit Stromschnellen bis zur Klasse IV ideal fürs Wildwasser-Rafting. (S. 144)

Río Sarapiquí Dieser wenig besuchte Fluss ist super, um zu raften und das Kajakfahren zu erlernen. (S. 310)

Golfo Dulce Mit ein bisschen Glück können Kajakfahrer mit Delfinen hinauspaddeln oder Meereshöhlen erforschen. (S. 509)

MATTHEW MICAH WRIGHT/GETTY IMAGES ©

Playa Negra, Puerto Viejo de Talamanca (S. 178)

Kanäle von Tortuguero Wer mit dem Kajak durch die Kanäle fährt, trifft auf eine Vielfalt von Vögeln und Wildtieren. (S. 163)

Río Savegre Eine sanfte Strömung, die in der Regenzeit an Stärke zunimmt; die Ausflüge starten in Quepos. (S. 421)

Surfen

Salsa Brava Dieser Break in der Karibik hat die höchsten Wellen im ganzen Land – im Dezember sind sie bis zu 7 m hoch. (S. 189)

Pavones Einer der längsten Left-Hand-Breaks der Welt zieht Surfer von nah und fern an. (S. 513)

Dominical Zahllose Fremde tauchen hier zum Surfen auf und wollen am liebsten gar nicht wieder weg. (S. 443)

Playa Guiones Der beste Beach Break vor der größten Halbinsel, besonders wenn der Wind ablandig weht. (S. 354)

Playa Grande Der verlässlichste Break des Landes zieht die Massen an – glücklicherweise ist der Strand so groß, dass er nie überfüllt wirkt. (S. 334)

Playa Hermosa Mehrere schöne Strand-Breaks für Profis; nur einen Katzensprung von den Breaks für Anfänger bei Jacó entfernt. (S. 451)

Playa Sámara Einer der schönsten Strände zum Üben mit geduldigen Lehrern und noch sanfteren Wellen. (S. 362)

Vogelbeobachtung

Rancho Naturalista Vom Balkon dieser vogelverrückten Lodge wurden bisher mehr als 250 Vogelarten gesichtet. (S. 143)

Wilson Botanical Garden Dieses private Naturschutzgebiet zieht viele seltene Vögel an, darunter

Oben: Halsbandarassari, Sarapiquí-Tal (S. 308)

Unten: Mantarochen, Reserva Biológica Isla del Caño (S. 485)

auch einige, die nur in hohen Lagen anzutreffen sind. (S. 479)

Península de Osa Obwohl sie in Costa Rica selten vorkommen, sind im Parque Nacional Corcovado und dessen Umgebung öfters Hellrote Aras zu sehen. (S. 459)

Parque Nacional Los Quetzales Der Park wurde nach dem Quetzal, dem farbenprächtigen Göttervogel der Mayas, benannt. (S. 465)

Monteverde & Santa Elena Aufgepasst: Hier gibt es den Fischertukan, Hämmerling und Motmot. (S. 213)

Parque Nacional Tortuguero Ob Fischreiher, Milane, Fischadler, Eisvögel oder Aras: Die Liste der Vogelarten in diesem Park ist endlos lang. (S. 163)

Caño Negro Im nebligen Grenzland zu Nicaragua sind zahlreiche Wasservögel wie der Amerikanische Schlangenhalsvogel, das Zwergsultanshuhn und der Amazonasfischer beheimatet. (S. 300)

Boca Tapada Mit etwas Glück sind Hellrote Aras (Arakangas) und Bechsteinaras – lebendige Zeugnisse der erfolgreichen Arbeit von Tierschützern – zu sehen. (S. 307)

Wandern

Parque Nacional Chirripó Immer höher und höher: Der Wanderweg zu Costa Ricas höchstem Berg ist ein aufregendes (wenn auch etwas frostiges) Abenteuer. (S. 471)

Parque Nacional Corcovado Die Wanderwege, die durch den Park führen, sind wirklich eine Herausforderung, bieten aber einzigartige Blicke auf die Wunder des Regenwaldes. (S. 491)

Nebelwald Monteverde Absolut fantastisch geeignet für Tagesausflüge: Auf einer Wanderung durch die Schluchten des Nebelwaldes trifft man auf schöne Flora und Fauna. (S. 234)

Parque Nacional Volcán Tenorio Die Wanderwege führen an Vulkanen und Wasserfällen vorbei. Wunderschön und fotogen sind die blauen Morphofalter. (S. 242)

Volcán Barva Der Aufstieg ist schwierig, der Lohn umso größer: Kraterseen und die Stille des Nebelwaldes. (S. 152)

Diamante-Wasserfälle Wenige Kilometer außerhalb von Dominical ist es möglich, in einer Höhle hinter einem Vorhang aus fallendem Wasser zu übernachten. (S. 445)

Luxuriöse Heilbäder & Resorts

El Silencio liegt am Rand einer Schlucht und ist ein meditativer Ort der Stille inmitten des Nebelwaldes. (s. 122)

La Paloma Lodge Die noble Dschungel-Lodge in Costa Ricas wildester Gegend liegt ziemlich weit ab vom Schuss. (S. 487)

Hotel Villa Caletas liegt abgeschieden auf einem Felsvorsprung am Pazifik nördlich der Playa Herradura und bietet seinen Gästen absolute Ruhe, individuellen Service und atemberaubende Sonnenuntergänge. (S. 407)

Peace Lodge Dieses Bilderbuch-Resort mit einer Rettungsstation bezaubert durch seine Lage am Volcán Poás und ist von Wanderwegen umgeben. (S. 117)

Eco Termales Nach langen Tagen der Wanderungen oder Radtouren sorgen die exklusiven Thermalbecken von Fortuna mit sandigem Untergrund und unterschiedlichen Temperaturen für Entspannung. (S. 271)

Öko-Lodges

Casa Corcovado Jungle Lodge Osas einzige zertifizierte Öko-Lodge liegt fernab der Zivilisation in der Nähe des wilden Corcovado. (S. 490)

Villa Blanca Cloud Forest Hotel & Nature Reserve Die Villa Blanca erhielt in puncto Nachhaltigkeit die höchste Auszeichnung und bietet ihren Gästen exklusive ökologische Zimmer. (S. 122)

Pacuare Lodge Diese vornehme Lodge am Fluss kann mit ihren hohen Standards und ihrem Abenteuerpotenzial gut und gerne auf Strom verzichten. (S. 155)

Arenas del Mar Eindeutig die beste Öko-Lodge in der Nähe von Manuel Antonio. Das architektonisch anspruchsvolle Gebäude bietet Whirlpools mit Küstenblick. (S. 430)

Ecolodge San Luis Eine der besten Öko-Lodges der Region. Vor der Tür liegt der Nebelwald von Monteverde. (S. 215)

Maquenque Ein Beispiel für Nachhaltigkeit in einer tiefliegenden Flusslandschaft: Das Schmuckstück im Grenzland ist ein Paradies für Vogelkundler. (S. 307)

Tauchen & Schnorcheln

Isla del Coco Das einzige Tauchrevier von Weltrang in Costa Rica; durch die Meerestiefen ziehen Hammerhaie in großer Zahl. (S. 517)

Isla del Caño Verlässliche Unterwassersicht, Meeresschildkröten, Barrakudas und mit ein wenig Glück auch Buckelwale. (S. 485)

Isla Murciélago Mantarochen, Bullenhaie und sogar Buckelwale ziehen durch die Gewässer dieser Insel. (S. 258)

Playa Manzanillo Dieser Strand an der Karibik ist im September und Oktober der beste Spot des Landes, um zu schnorcheln. (S. 374)

Angeln

Golfo Dulce Die Boote, die von den kleinen Orten Puerto Jiménez und Golfito auf Fischzüge ausfahren, kehren mit rekordverdächtigen Fangmengen zurück. (S. 509)

Caño Negro Der große Bestand an Tarpunen, Snooks und Kaimanfischen sowie die preiswerten Angelausflüge vor der Küste des Nördlichen Tieflands sind eine echte Alternative. (S. 300)

Quepos Viele Kapitäne lenken die Boote mit den Angelausflüglern in die Gewässer vor Quepos, wo besonders Marline und Segelfische anbeißen. (S. 421)

San Gerardo de Dota Das kristallklare Wasser des oberen Río Savegre eignet sich hervorragend zum Forellenfang. (S. 463)

Playa Grande Die gewaltige Brandung spült riesengroße Fische gegen die Felsen und von dort an Land. (S. 334)

Laguna de Arenal Der See im Schatten des großen Vulkans ist von Regenbogenforellen und Forellenbarschen belebt. (S. 290)

Monat für Monat

TOP-EVENTS

Las Fiestas de Palmares, Januar

Fiesta de los Diablitos, Februar & Dezember

Día de Juan Santamaría, April

Día de Guanacaste, Juli

Unabhängigkeitstag, September

Día de los Muertos, November

Januar

Jedes Jahr beginnt mit einer wahren Touristen-Invasion, denn dann fallen Nordamerikaner und heimische Touristen in den Strandorten ein, um zu feiern. Im Januar gibt es trockene Tage und gelegentliche Schauer am Nachmittag.

Fiesta de la Santa Cruz

Bei diesem Festival in der zweiten Januarwoche dreht sich alles um Rodeoreiten und den Stierkampf. Es gibt eine religiöse Prozession, einige Musik- und Tanzveranstaltungen sowie einen viel beachteten Schönheitswettbewerb.

Jungle Jam

Achtung, Folk-Rockfans: Die größte Musikveranstaltung in Jacó findet über mehrere Tage an verschiedenen Spielstätten rund um das Hauptereignis statt, das sich im Dschungel außerhalb der Stadt abspielt. Mitte Januar. (S. 411)

Las Fiestas de Palmares

In der zweiten Hälfte des Monats wird die kleine Stadt Palmares zehn Tage lang zum Schauplatz von Reitturnieren und Karnevalsumzügen. Stiere werden durch die Stadt getrieben, der Alkohol fließt in Strömen.

Februar

Im Februar herrscht ein ideales Wetter, und die Hotels verlangen noch keine Aufpreise. Der Himmel über der Halbinsel Nicoya ist besonders klar, für mehrere Schildkrötenarten ist es die höchste Zeit, sorgsam ihre Nester anzulegen.

Envision Festival

Ende Februar steigt in Uvita das Envision Festival mit Feuertänzern und Performancekünstlern, Yoga, Musik und spirituellen Workshops. In der ersten Märzwoche verlagert sich das Festival nach Dominical. (S. 451)

Fiesta de los Diablitos

Bei diesem Fest der zahllosen Masken wird das Drama des Kampfes zwischen den Spaniern (symbolisiert durch den Stier, *toro*) und dem indigenen Volk der Boru (den *diablitos* oder „kleinen Teufeln") nachgespielt. Auf S. 34 sind die Termine der Festtage zu finden.

Fiesta Cívica de Liberia

Ein Schönheitswettbewerb und karnevalistischer Trubel mit Reiterspielen und traditionellem Essen sorgen in Liberia am Ende des Februar für eine festliche Stimmung.

März

Das schöne Wetter setzt sich bis Anfang März fort, allerdings klettern die Preise in der vorösterlichen Karwoche, der Semana Santa, in der auch die nordamerikanischen Frühlingsferien beginnen, in die Höhe.

Día del Boyero

Ein farbenfroher Umzug wird in Escazú am zweiten Sonntag im März mit bemalten *carretas* (den symbolhaften Ochsenkarren des Landes) abgehalten, zu dem auch eine Segnung der Tiere gehört. Mit einem Karohemd und Cowboyhut ist man passend gekleidet. (S. 74)

Feria de la Mascarada

Seit dem Jahr 2002 gibt es die Feria de la Mascarada mit Tänzen und Umzügen rund um den Marktplatz von Barva. Die Teilnehmer verkleiden sich mit massiven, farbenprächtigen Masken (die teilweise bis zu 20 kg wiegen). In der Regel finden die Feiern in der letzten Märzwoche statt. (S. 128)

April

Die Oster-Feiertage und die Semana Santa (Karwoche) können schon mal auf Anfang April fallen. Dann sind die Strände total überfüllt und die Preise klettern nach oben. In Nicoya und Guanacaste ist es trocken und heiß; es regnet nur selten.

Día de Juan Santamaría

Zum Gedenken an den Nationalhelden Costa Ricas (nach dem auch der größte Flughafen des Landes benannt ist), der 1856 im Kampf gegen die Truppen des nordamerikanischen Söldnerführers William Walker starb, wird der 11. April mit Umzügen, Konzerten und Tänzen festlich begangen.

Mai

Ein Monat für preisbewusste Reisende: Im Mai ziehen Regenfälle über das Land und kündigen den Beginn der Nebensaison an. Obwohl das Wetter noch angenehm ist, beginnen die Preise zu fallen.

Día de San Isidro Labrador

Auf der größten Landwirtschaftsmesse des Landes, die zu Ehren des Schutzheiligen der Bauern jeweils am 15. Mai abgehalten wird, können Besucher die Fülle der Erzeugnisse aus San Isidro und den benachbarten Dörfern probieren. Nicht verpassen: die fußballspielenden Priester!

Juni

An der Pazifikküste werden die Niederschläge im Juni ziemlich ergiebig, aber zum Surfen sind die Bedingungen gut. In dieser Zeit des Jahres werden viele Preisermäßigungen angeboten.

Día de San Pedro & San Pablo

In den gleichnamigen Dörfern werden am 29. Juni Feiern mit Prozessionen abgehalten; sie dienen dem Gedenken an das Martyrium der Heiligen Petrus und Paulus.

Festival de las Artes (FIA)

Das mehrtägige Fest verschiedenster Künste, auf dem auch internationale Künstler vertreten sind, findet im ganzen Stadtgebiet von San José statt. Der Veranstaltungstermin wurde vor Kurzem in den Juni und Juli verlegt. (S. 75)

Juli

Der Monat ist besonders an der karibischen Küste regnerisch, jedoch gibt es im Juli gelegentlich auch eine kurze trockene Phase, die von den Ticos *veranillo* (Sommer) genannt wird. Mit Regen sollte, besonders später am Tag, immer gerechnet werden.

Día de Guanacaste

Die Provinz Guanacaste, die bis 1824 zu Nicaragua gehörte, feiert am 25. Juli den Anschluss an Costa Rica. An diesem Tag lassen die Feiernden ihrer Verehrung für das Vieh bei Rodeos, Stierkämpfen und Rinderschauen freien Lauf.

Fiesta de La Virgen del Mar

Die Fiesta de La Virgen del Mar findet jeweils an dem Samstag, der dem 16. Juli am nächsten liegt, in Puntarenas und an der Playa del Coco statt. Gefeiert wird mit einer bunten, hell erleuchteten Regatta und Bootsparaden.

August

Der Höhepunkt der Regenzeit – aber das bedeutet nicht, dass es am Vormittag nicht auch hell und sonnig sein kann. Wer nichts gegen ein wenig Regen einzuwenden hat, findet günstige Angebote von Hotels und für Ausflüge.

Oben: Tänzer am Unabhängigkeitstag (s. links)

Unten: Hölzerne Masken auf der Fiesta de los Diablitos

La Virgen de los Ángeles

Zu Ehren der Schutzheiligen von Costa Rica, der schwarzen Madonna, findet am 2. August eine beliebte und gut besuchte Prozession von San José nach Cartago statt.

September

Ein großer Teil der Halbinsel Osa steht nun unter Wasser. Jetzt ist die Hauptregenzeit, von den Ticos auch „temporales del Pacífico" genannt. Für einen Besuch an der Pazifikküste ist dies allerdings die preisgünstigste Zeit.

Costa-ricanischer Unabhängigkeitstag

Höhepunkt des „Independence Day" ist ein Stafettenlauf, bei dem eine „Freiheitsfackel" von Guatemala nach Costa Rica gebracht wird. Die Fackel erreicht Cartago am Abend des 14. August, dann wird die Nationalhymne angestimmt.

Oktober

Viele Straßen werden unpassierbar, wenn die Flüsse wegen der großen Regenmassen anschwellen. Der Oktober ist der regenreichste Monat. Viele Lodges und Büros sind geschlossen.

Día de la Raza

Am 12. Oktober wird in Puerto Limón zu Ehren von Kolumbus ausgiebig Karneval gefeiert. Es gibt bunte Umzüge, Musik und Tanz.

November

Das Wetter wird unbeständig. Nach monatelangen Regenfällen ist der Zugang zum Parque Nacional Corcovado sehr schwierig. Zum Ende des Monats klart der Himmel allmählich auf.

Día de los Muertos

Familien besuchen die Gräber ihrer Angehörigen und veranstalten Umzüge zu Ehren der Toten – ein anmutiges Fest am 2. November.

Dezember

Anfang Dezember ist eine gute Reisezeit. In der Weihnachtszeit wird es überall unruhig und voll; rechtzeitige Reservierungen sind dann unerlässlich.

Festival de la Luz (Lichtfest)

Die Hauptstadt San José erwacht mit dem Beginn der Weihnachtssaison am zweiten Samstag des Monats zum Leben. Überall in der Innenstadt sind Musikzüge, Festzugswagen und farbenprächtige Licht- und Kunstvorführungen zu sehen (www.festivaldelaluz.cr).

Fiesta de los Diablitos

Männer lassen sich volllaufen und tragen hölzerne Teufelsmasken und Jutesäcke. So spielen sie den Kampf zwischen den indigenen Völkern und den Spaniern nach. (In ihrer Version des historischen Kampfes verlieren die Spanier übrigens). Findet jeweils vom 30. Dezember bis zum 2. Januar in Boruca und vom 5. bis 8. Februar in Rey Curré statt. (S. 475)

Las Fiestas de Zapote

Zwischen Weihnachten und Silvester wird in San José dem ganzen Land zu Ehren ein Fest gegeben. Rodeos, Rinderhirten, Fahrgeschäfte, gebratene und alkoholische Genüsse locken jeden Tag Zehntausende in die Stierkampfarena im Vorort Zapote. (S. 75)

Reiserouten

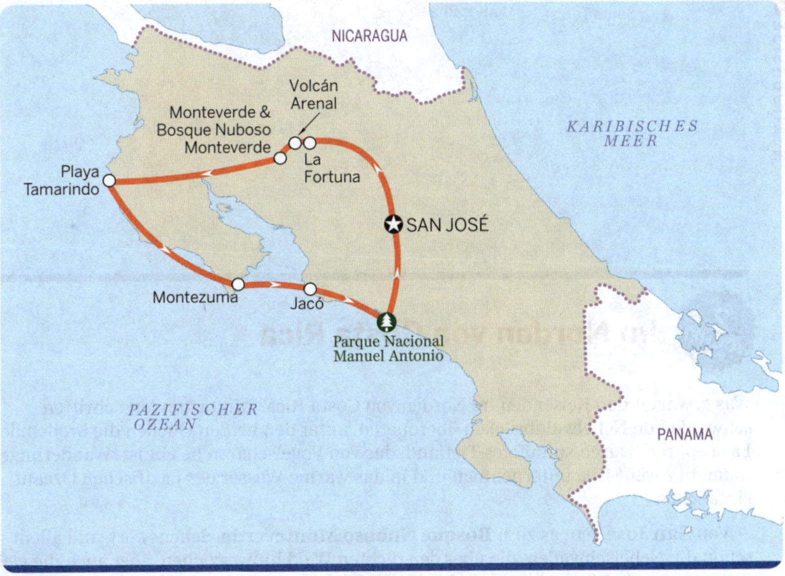

2 WOCHEN Highlights von Costa Rica

Costa Rica, ein Paradies mit brodelnden Vulkanen, tropischen Parks, warmen Badestränden und schaurigen Nebelwäldern. Von **San José** geht es in nördlicher Richtung nach **La Fortuna**. Nach einer Wanderung durch den Wald am Rand des **Volcán Arenal** kann man sich in den besten Thermalquellen des Landes ausruhen. Eine Fahrt im Geländewagen an die Laguna de Arenal wird von einer Schifffahrt über den See unterbrochen und führt dann weiter nach **Monteverde**, wo man auf einer Wanderung durch den **Bosque Nuboso Monteverde** mit etwas Glück einen scheuen Quetzal erspähen kann.

Als Nächstes: eine Auszeit am Strand! In westlicher Richtung geht es nach **Playa Tamarindo** (oder weiter nach Mal País/Santa Teresa) mit der größten Partyszene von Guanacaste, idealen Surfbedingungen, erstklassigen Restaurants und einem rauen Nachtleben. Weiter südlich kann man sich Wasserfälle anschauen, im entspannten **Montezuma** haltmachen, wo Schnellboote nach **Jacó** übersetzen, einer weiteren Stadt mit guten Surfspots und wildem Partyleben. Einen halben Tag dauert die Busfahrt von dort nach Quepos, dem Ausgangspunkt für einen Besuch im **Parque Nacional Manuel Antonio**. Ein Tag dort beginnt mit einer Dschungelwanderung, bei der man auch viele Möglichkeiten zur Tierbeobachtung hat, und endet mit einem Picknick sowie einem Bad im Meer.

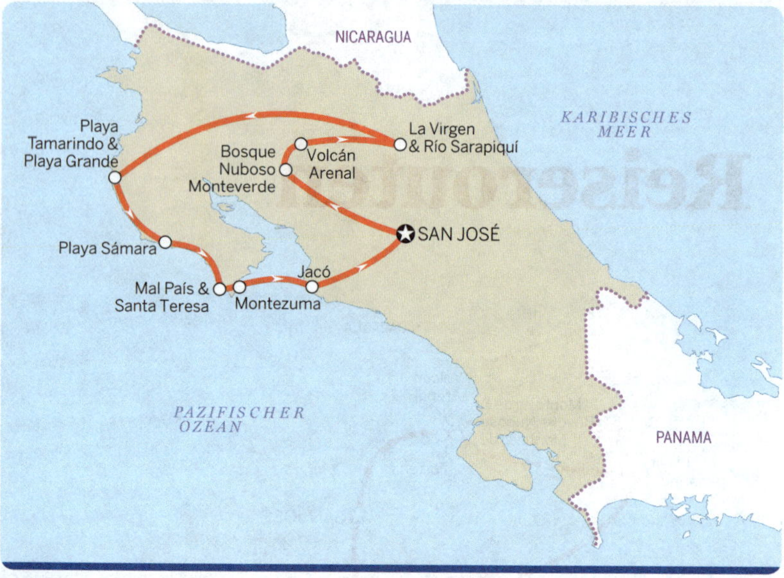

2 WOCHEN Im Norden von Costa Rica

Was erwartet den Reisenden im Norden von Costa Rica? Mit tastenden Schritten schwankende Nebelwaldbrücken überqueren, unter den heißen Quellen die brodelnde Lava spüren. Durch sumpfiges Tiefland, das von Vogelscharen belebt ist, Wanderungen in meditativer Stille unternehmen und in das warme Wasser des pazifischen Ozeans eintauchen.

Von **San José** geht es zum **Bosque Nuboso Monteverde**. Sehenswert sind allein schon die Nebelschwaden, die über den dichten Wald hinwegziehen, aber auch die vielen Seilrutschen und Stege in schwindelerregender Höhe versprechen schöne Naturerlebnisse und Adrenalineinschüsse.

Weiter geht es mit dem Bus zum **Volcán Arenal**, dem größten aktiven Vulkan des Landes. Obwohl er keine Lava ausspuckt, ist der Arenal ein faszinierender Anblick. Nach langen Wanderungen bieten die nahen Thermalquellen eine willkommene Ruhe und Erholung für die beanspruchten Muskeln und Gelenke.

Die Öko-Lodges im Tiefland von Caño Negro oder Boca Tapada liegen abseits der touristischen Pfade. Nach einigen Tagen bei den freundlichen Ticos geht es weiter nach **La Virgen** zum Rafting auf dem schäumenden Wasser des **Río Sarapiquí**.

Für das Strandleben sollte ausreichend Zeit sein! Erster Haltepunkt ist **Playa Tamarindo**, wo man Partys feiern, die beste Küche des Landes probieren und Surfen lernen kann. In der Schildkrötensaison wird **Playa Grande** zur Kinderstube für unzählige Lederrückenschildkröten.

Wer mit dem Bus in Richtung Süden weiterfährt, kann den Strand und die moderne Küche in **Playa Sámara** oder die Brandungswellen von **Mal País** und **Santa Teresa** entdecken. Am Ende der Reise kommt man beim Yoga in **Nosara** oder **Montezuma** zur Ruhe und fährt per Schiff und Bus zurück nach San José. Der Weg führt über **Jacó**, wo man die letzten Sonnenstrahlen und ein gutes Essen genießen kann.

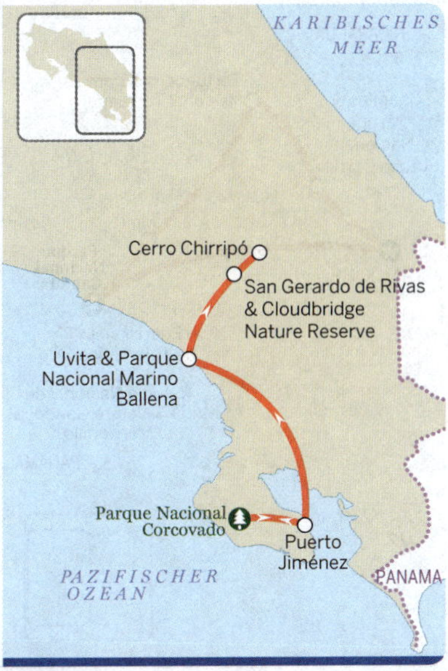

2 WOCHEN An der Pazifikküste

Los geht es im **Parque Nacional Carara**: Wanderungen führen an der Küste entlang. Dann geht es in Richtung Süden nach **Quepos**, einem Ausgangspunkt in guter Nähe zum beliebtesten Nationalpark, dem **Parque Nacional Manuel Antonio**. Hier grenzt der Regenwald direkt ans Meer und bietet Schutz für seltene Tiere. Weiter in südlicher Richtung lohnt es sich, an den Straßenständen zu einem *ceviche* anzuhalten und das **Hacienda Barú National Wildlife Refuge** zu besuchen, wo Faultiere aufzuspüren sind, alternativ kann man weiter südwärts in **Dominical** auf die Suche nach guten Wellen gehen. Wer lieber an einsamen Stränden wandert, fährt nach **Uvita** weiter, wo vor der Küste des **Parque Nacional Marino Ballena** Wale zu beobachten sind. Von Uvita geht es weiter südlich zur **Península de Osa**, von dort führen Fahrten zum Nationalpark, der gute Tierbeobachtungen bietet. Am nördlichen Rand des Parks endet die Fahrt an der entlegenen **Bahía Drake**, dort kann man in paradiesischen Buchten schwimmen. Mit der Fähre kehrt man durch das längste Mangrovengebiet Mittelamerikas nach **Sierpe** zurück, wo die Steinkugeln aus präkolumbischer Zeit zu sehen sind.

2 WOCHEN Im Süden von Costa Rica

Abenteurer, die Costa Ricas wilde Seite erleben möchten, sollten die Pazifikküste entlangfahren oder direkt nach **Puerto Jiménez** fliegen, dem Sprungbrett zur Península de Osa. Dann kann man einen oder zwei Tage mit dem Kajak durch die Mangroven gleiten und den Charme der Stadt genießen. Das unbestrittene Highlight Osas ist der **Parque Nacional Corcovado**, das Kronjuwel unter Costa Ricas Nationalparks. Am besten erkundet man die Dschungel- und Strandpfade mit einheimischen Guides, die mit geübten Augen Tapire und seltene Vögel ausmachen. Mutige Wanderer können das Areal einmal komplett durchqueren.

Dann geht es zurück nach Puerto Jiménez und auf der Costanera Sur nach **Uvita**, wo man an im **Parque Nacional Marino Ballena** surfen, schnorcheln und nach Walen Ausschau halten kann. Weiter in die Berge kommt man mit Bussen Richtung **San Gerardo de Rivas**, wo man sich einen Tag an die Höhe gewöhnt und durch das **Naturschutzgebiet Cloudbridge** wandert. Zum Schluss wartet noch ein zweitägiger Abenteuerausflug auf den **Chirripó**, den höchsten Gipfel des Landes.

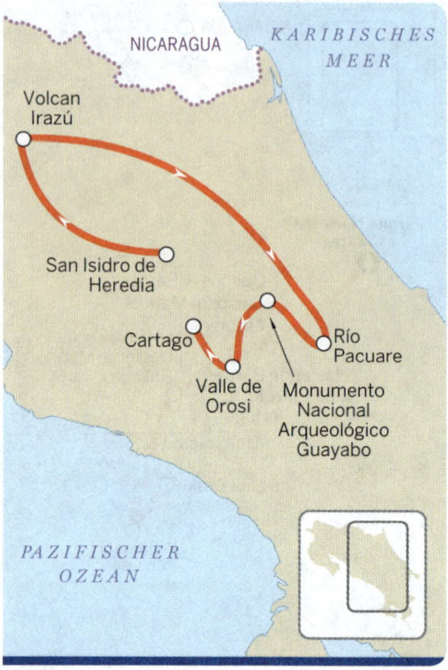

10 TAGE Karibikküste

Um das „andere Costa Rica" zu erkunden steigt man in **San José** in den Bus nach **Cahuita**, die entspannte Hauptstadt afro-karibischer Kultur und Tor zum **Parque Nacional Cahuita**. Hier kann man durchatmen, bevor es weiter nach **Puerto Viejo de Talamanca** geht, dem Zentrum des karibischen Nachtlebens. Dort mietet man am besten ein Fahrrad und radelt nach Manzanillo, wo das **Refugio Nacional de Vida Silvestre Gandoca-Manzanillo** mit tollen Angeboten zum Schnorcheln, Kajakfahren und Wandern lockt. Wer es gern noch exotischer und abgeschiedener hätte, nimmt in **Moín** ein Boot und folgt den Kanälen entlang der Küste nach **Tortuguero**, wo Grüne Meeres- und Lederrückenschildkröten ihre Eier im Sand vergraben. Das eigentliche Highlight ist aber eine Kanufahrt durch die mangrovenbestandenen Kanäle des **Parque Nacional Tortuguero**, eine Art Amazonasdschungel im Kleinformat. Wer genug Tiere gesehen hat, fährt mit dem Wassertaxi und mit Bussen über die winzigen Städtchen Cariari und Guápiles zurück nach San José. Von **Guápiles** aus gelangt man durch offenes Farmland zum **Parque Nacional Braulio Carrillo**.

10 TAGE Valle Central

Eine Rundreise durch das Valle Central ist eine Reise in das spirituelle Herz des Landes. In **San Isidro de Heredia** sind Begegnungen mit geretteten Faultierbabys und Tukanen möglich, die Geschichte der Schokolade in der Region ist mit allen Sinnen zu erfahren. Auf einer Wanderung am **Volcán Irazú**, mit 3432 m der größte aktive Vulkan Costa Ricas, kann man einen Blick in den Krater riskieren. Sind alle geologischen und kulinarischen Gebiete erkundet, bleibt noch eine Wildwasserfahrt auf dem **Río Pacuare**; die Fahrten führen durch eine der schönsten Landschaften Mittelamerikas. Beim **Monumento Nacional Arqueológico Guayabo**, der einzigen bedeutenden archäologischen Stätte des Landes, sind altertümliche Petroglyphen und Aquädukte zu sehen. Zum Abschluss geht es südwärts in das **Valle de Orosi**, das Kaffeeanbaugebiet von Costa Rica. Die 32 km lange Rundfahrt führt an der ältesten Kirche des Landes und einer grünen Hügellandschaft vorbei. Der Endpunkt der Reise hat einen spirituellen Akzent in Gestalt der Basílica de Nuestra Señora de Los Ángeles, des herrschaftlichsten Sakralbaues aus der Kolonialzeit Costa Ricas, in **Cartago**.

Oben: Volcán Arenal (S. 283)

Unten: Bahía Drake (S. 482)

Abseits der üblichen Pfade: Costa Rica

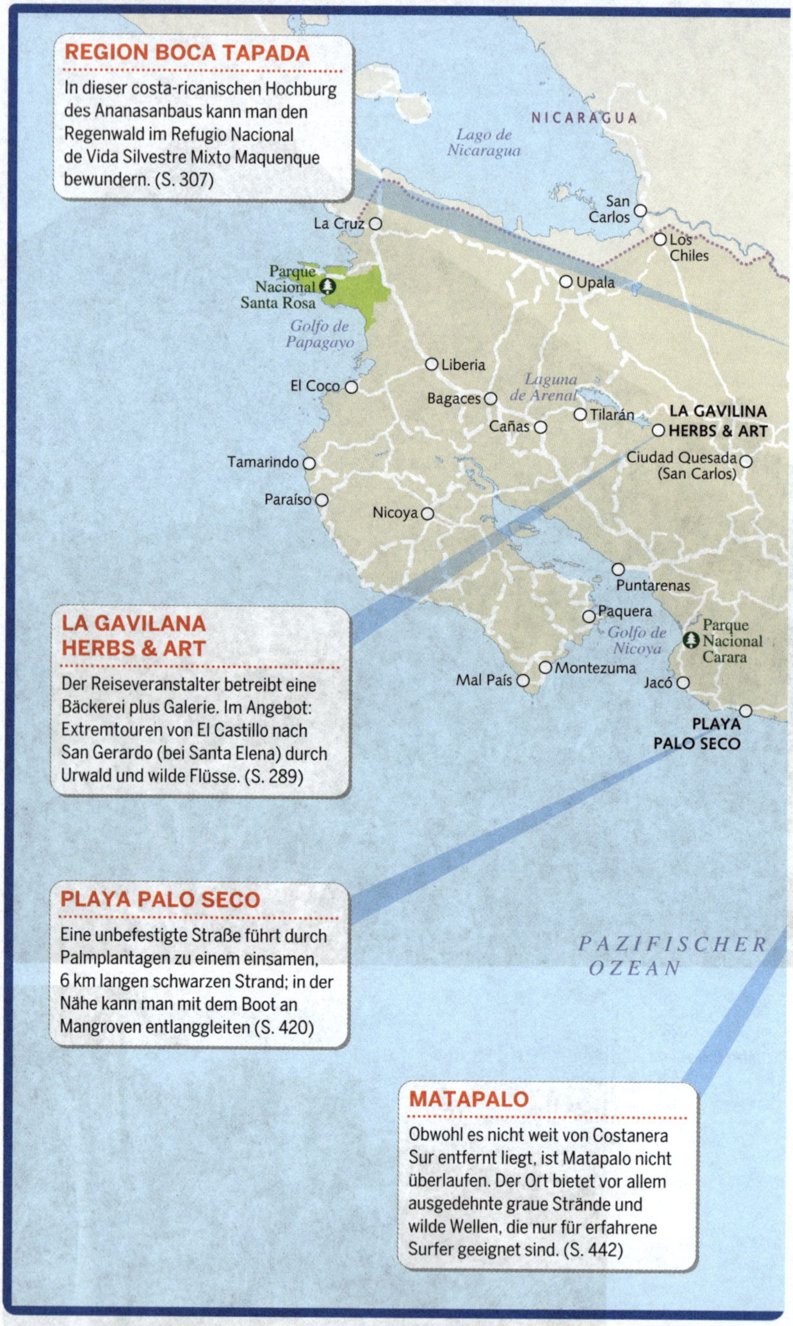

REGION BOCA TAPADA

In dieser costa-ricanischen Hochburg des Ananasanbaus kann man den Regenwald im Refugio Nacional de Vida Silvestre Mixto Maquenque bewundern. (S. 307)

LA GAVILANA HERBS & ART

Der Reiseveranstalter betreibt eine Bäckerei plus Galerie. Im Angebot: Extremtouren von El Castillo nach San Gerardo (bei Santa Elena) durch Urwald und wilde Flüsse. (S. 289)

PLAYA PALO SECO

Eine unbefestigte Straße führt durch Palmplantagen zu einem einsamen, 6 km langen schwarzen Strand; in der Nähe kann man mit dem Boot an Mangroven entlanggleiten (S. 420)

MATAPALO

Obwohl es nicht weit von Costanera Sur entfernt liegt, ist Matapalo nicht überlaufen. Der Ort bietet vor allem ausgedehnte graue Strände und wilde Wellen, die nur für erfahrene Surfer geeignet sind. (S. 442)

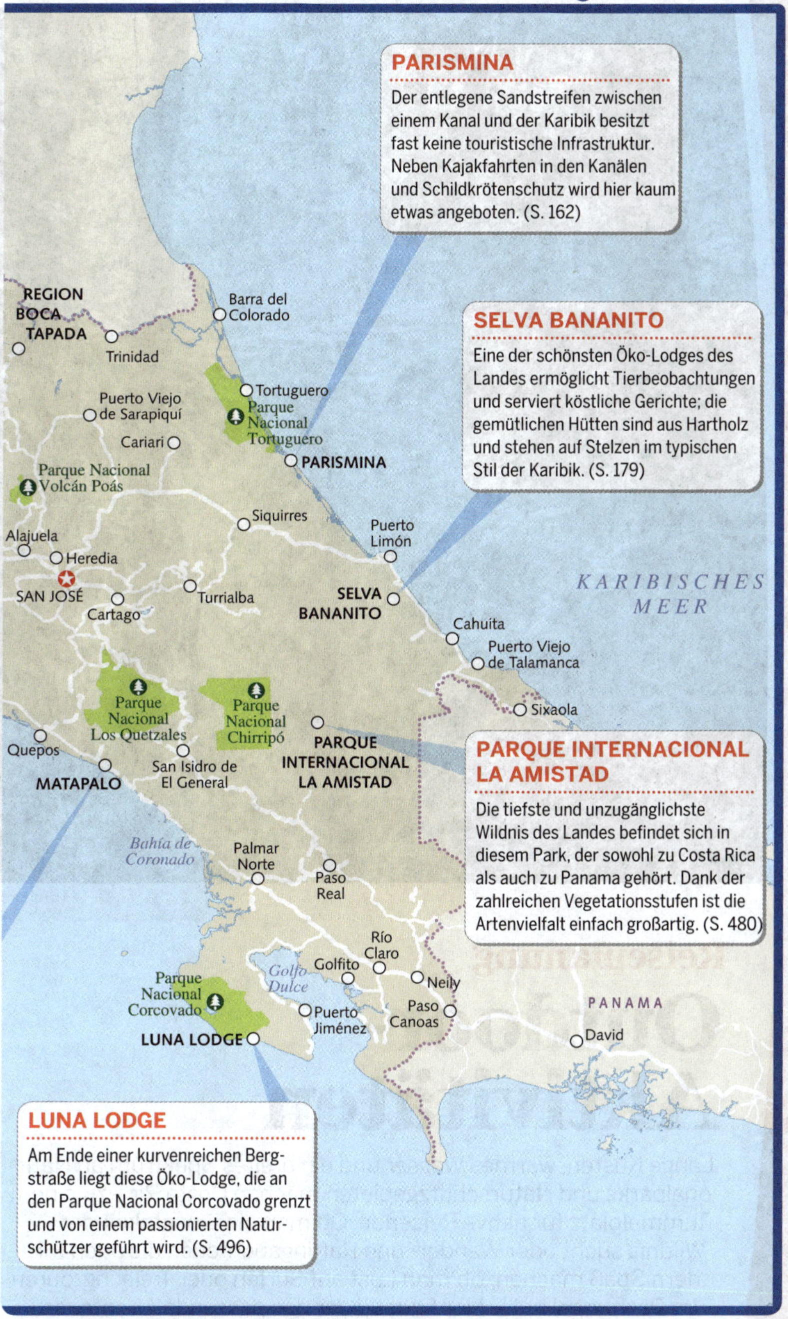

PARISMINA

Der entlegene Sandstreifen zwischen einem Kanal und der Karibik besitzt fast keine touristische Infrastruktur. Neben Kajakfahrten in den Kanälen und Schildkrötenschutz wird hier kaum etwas angeboten. (S. 162)

SELVA BANANITO

Eine der schönsten Öko-Lodges des Landes ermöglicht Tierbeobachtungen und serviert köstliche Gerichte; die gemütlichen Hütten sind aus Hartholz und stehen auf Stelzen im typischen Stil der Karibik. (S. 179)

PARQUE INTERNACIONAL LA AMISTAD

Die tiefste und unzugänglichste Wildnis des Landes befindet sich in diesem Park, der sowohl zu Costa Rica als auch zu Panama gehört. Dank der zahlreichen Vegetationsstufen ist die Artenvielfalt einfach großartig. (S. 480)

LUNA LODGE

Am Ende einer kurvenreichen Bergstraße liegt diese Öko-Lodge, die an den Parque Nacional Corcovado grenzt und von einem passionierten Naturschützer geführt wird. (S. 496)

La Fortuna (S. 270

Reiseplanung

Outdoor-Aktivitäten

Lange Küsten, warmes Wasser und ein breites Spektrum an Nationalparks und Naturschutzgebieten machen Costa Rica zu einem Tummelplatz für aktive Reisende. Ob man die Einsamkeit der Wildnis sucht oder Wander- und Raftingabenteuer, die auch Kindern Spaß machen; ob man Lust auf Surfen oder Trekkingtouren im Dschungel hat – hier findet jeder das passende Abenteuer.

ASCENT XMEDIA/GETTY IMAGES ©

Die schönsten Aktivitäten im Freien

Die besten Surfstrände für Anfänger

Playa Tamarindo

Playa Jacó

Playa Sámara

Die besten Fernwanderungen

Cerro Chirripó

Corcovado-Durchwanderung

Die besten Tauchplätze

Isla del Coco

Isla del Caño

Die besten Orte für Tierbeobachtungen

Parque Nacional Corcovado

Der schönste Regenwald für Familien

Parque Nacional Manuel Antonio

Das beste Wildwasser-Revier

Río Pacuare

Wandern & Trekking

Mit seinen Bergen, Schluchten, Urwäldern, Nebelwäldern und zwei Küsten ist das Land eines der schönsten und abwechslungsreichsten Wanderziele Mittelamerikas.

Die Wege und Strecken sind je nach Schwierigkeitsgrad gestaffelt. In den von Touristen bevölkerten Gebieten wie Monteverde und Santa Elena sind die Wanderwege gut ausgeschildert und manchmal befestigt. Wer längere Trekkingtouren unternehmen möchte, findet in den abgelegenen Gegenden des Landes ein gutes Angebot.

Möglichkeiten zu leichten Wanderungen bietet ein Großteil der Naturparks und Reservate. Meistens können sich Wanderer auf Schilder und Karten als Orientierungshilfen verlassen. Mit guten Wanderschuhen, reichlich Wasser und Vertrauen in die eigenen Fähigkeiten können Abenteuerlustige auch mehrere kürzere Tageswanderungen zu einer längeren Tour kombinieren. Die Infozentren an den Parkeingängen helfen gerne bei der Planung der Route.

Mit angemessener Ausrüstung sind auch anspruchsvollere Mehrtagestouren kein Thema. Die Top-Herausforderungen sind die Besteigung des Cerro Chirripó, die Durchquerung des Nationalparks Corcovado und die Wanderung ins Zentrum des Internationalen Parks La Amistad. Den Chirripó kann man auf eigene Faust besteigen, doch für den Großteil von La Amistad und für alle Wanderungen im Corcovado sind örtliche Guides nötig.

Surfen

Point und Beach Breaks, Lefts und Rights, Riffe und Flussmündungen, warmes Wasser und Wellen rund ums Jahr machen Costa Rica zu einem Lieblingsziel aller Surfer. Faustregel: Die Pazifikküste hat gegen Ende der Regenzeit im Dezember meist die stärkere Dünung und die größeren Wellen, die Karibik ist dafür von November bis Mai bei Surfern der absolute Hit.

Einsteiger können in fast allen größeren Surfgebieten Unterricht nehmen – beliebt sind etwa Jacó, Dominical, Sámara und Tamarindo an der Pazifikküste. Bei starker Strömung ist Surfen zwar nicht ungefährlich, generell ist es aber für Kinder und Anfänger kein Problem. Trotzdem sollte man zunächst an einem Kurs teilnehmen und sich vor Ort immer erst einmal über die aktuellen Bedingungen informieren.

Überall in Costa Rica gibt es große Wellen und viele davon bieten lange und schnelle Rides. Fortgeschrittene Surfer mit viel Erfahrung können sich hier mit einigen der bekanntesten Wellen der Welt messen. Zu den Top-Spots zählen die Surf-Spots Ollie's Point und Witch's Rock vor dem Santa-Rosa-Sektor der Área de Conservación Guanacaste sowie Mal País und Santa Teresa, wo auch die zu den mächtigen Wellen passende Atmosphäre herrscht. Außerdem gibt es noch Playa Hermosa, dessen große, schnelle Curls hartnäckige Wellenjäger anziehen, Pavones mit der legendären langen Left im Golfo Dulce sowie die berüchtigte Salsa Brava von Puerto Viejo de Talamanca, die allerdings wirklich nur etwas für sehr erfahrene Surfer ist!

Tierbeobachtung

Costa Ricas Artenreichtum ist legendär, und das Land bietet einmalige Möglichkeiten für die Vogel- und Tierbeobachtung. Überall sieht man Affen, die von Baum zu Baum springen, Faultiere, die sich an Äste klammern, und Tukane, die unterhalb der Baumwipfel elegant dahingleiten. Kleinkinder, die schon im Zoo waren, lieben es, Tiere in der Wildnis zu entdecken.

Für etwas ältere Kinder sollte man Checklisten und Bestimmungsbücher dabeihaben. Empfehlenswert sind hochwertige Ferngläser, die aus einem sich bewegenden Farbfleck in der Ferne eine nahe Begegnung mit einem Vogel machen. Für professionelle Vogelkundler ist ein Spektiv unverzichtbar. Wer mehrere Nationalparks ins Programm aufnimmt, kann seine Bildersammlung bereichern.

HOTSPOTS DER TIERBEOBACHTUNG

Parque Nacional Corcovado (S. 491) Der Park auf Península de Osa beherbergt den größten Reichtum an Wildtieren des Landes.

Parque Nacional Tortuguero (S. 163) Kanäle und Wasserwege eignen sich hervorragend zur Vogelbeobachtung.

Refugio Nacional de Vida Silvestre Caño Negro (S. 300) Ausgedehnte Sumpfgebiete bieten eine Zuflucht für Reptilien und Vögel.

Monteverde & Santa Elena (S. 213) Die Naturschutzgebiete gewähren tiefe Einblicke in das Ökosystem des Nebelwaldes.

Boca Tapada Area (S. 307) Die dunstige Flusslandschaft an der Grenze zu Nicaragua ist ein Paradies für Vogelkundler und Fischer.

Parque Nacional Corcovado (S. 491

Alles richtig vorbereitet

Der Artenreichtum Costa Ricas ist legendär, an jeder Wegbiegung schwirrt es nur so von Vögeln, hin und wieder sind aber auch die Hinweise eines erfahrenen Naturführers hilfreich.

Aratinga Tours (☎2574-2319; www.aratiga-tours.com) Touren zur Vogelbeobachtung, die zu den besten des Landes gehören, werden vom belgischen Ornithologen Pieter Westra geleitet.

Birding Eco Tours (☎in den USA 614-932-1430; www.birdingecotours.com) Der international tätige Veranstalter betreibt Führungen in Costa Rica, die hoch professionell und unterhaltsam sind.

Tropical Feathers (☎2771-9686; www.costaricabirdingtours.com) Inhaber und Naturführer Noel Ureña betätigt sich seit mehr als 16 Jahren als Leiter vogelkundlicher Führungen.

Wind- & Kitesurfen

Laguna de Arenal ist das unumstrittene Windsurf-Zentrum Costa Ricas (und außerdem auch zunehmend ein bedeutendes Zentrum der Kitesurfer). Von Dezember bis

Taucher vor der Isla del Coco (S. 517)

in den April sind die Winde stark und wehen beständig. In der Trockenzeit betragen sie durchschnittlich 20 Knoten, mit Spitzenwerten von 30 Knoten. Windstille Tage sind hier eher eine Seltenheit. Der See hat das ganze Jahr über eine Temperatur von 18 bis 21 °C und einen Meter hohe Wellen. Wer wärmeres Wasser (bei unbeständigerem Wind) bevorzugt, sollte nach Puerto Soley in der Bahía Salinas fahren.

Wildwasser-Rafting & Kajakfahren

Seit den 1980er-Jahren ist Wildwasser-Rafting eine der angesagtesten Outdooraktivitäten in Costa Rica. Die Flüsse bieten unterschiedliche Schwierigkeitsgrade – das Spektrum reicht von familienfreundlichen Flussläufen der Klasse I bis hin zu schwer zu steuernden Stromschnellen der Klasse V. Für Anfänger bieten sich während des ganzen Jahres Gelegenheiten zum Rafting, geübte Wildwasserfahrer kommen vor allem zwischen Juni und Oktober bei der Bewältigung starker Stromschnellen auf ihre Kosten. Auch von Region zu Region gibt es große Unterschiede: Nahe bei Manuel Antonio an der zentralen Pazifikküste ist die Strömung der Flüsse im Allgemeinen gemäßigt, während auf dem Río Pacuare im Valle Central Rafting-Bedingungen von Weltklasse vorkommen. In Costa Rica ist bei allen Wildwasserfahrten eine Begleitung durch zertifizierte Guides Pflicht, Touren müssen daher über einen anerkannten Tourenveranstalter gebucht werden. Unabhängig vom Schwierigkeitsgrad werden Rafting-Sportler vollkommen durchnässt und durchgeschüttelt wieder an Land gehen, daher ist weder ausgefallene Kleidung noch Schmuck angebracht .

Auch Kanufahrten sind in Costa Rica sehr beliebt. Das Dörfchen La Virgen im nördlichen Tiefland ist die inoffizielle Kanu-Hauptstadt des Landes. Der Río Sarapiquí bietet eine große Vielfalt, die allen Alters- und Könnensstufen gerecht wird.

Mit 1228 km Küste, zwei Meeresbuchten und vielen Mündungsgebieten voller Mangroven ist Costa Rica auch ein ideales Ziel für Kajakausflüge. Das Seekajak eignet sich hervorragend, um in abgelegene Gebiete vorzustoßen und seltene Vögel und

DANITA DELIMONT/GETTY IMAGES ©

Rotaugenlaubfrosch (S. 560)

Tiere zu beobachten. Die Zugänglichkeit hängt vor allem von den Gezeiten und Strömungen ab.

Alles richtig vorbereitet

Als beste Zeit zum Flussrafting und -kanufahren gelten die Monate Juni bis Oktober; auf einigen Flüssen kann man aber das ganze Jahr fahren. Die gesetzlichen Bestimmungen für Ausrüster sind unzureichend, daher sollten sich Interessierte vergewissern, ob ein Guide in puncto Sicherheit erfahren ist und auch eine Ausbildung in Notfallmedizin absolviert hat. Wer kein gutes Gefühl hat, sucht sich besser einen anderen seriösen Anbieter.

Erfahrene Sportler können Flusskajakfahrten direkt in Verbindung mit Wildwasser-Rafting organisieren lassen. Kajakfahrten auf dem Meer sind das ganze Jahr über eine beliebte Sportart.

Aguas Bravas (S. 310) in La Virgen ist der landesweit beste Anbieter für Wildwassertouren.

Costa Rica Expeditions (☎2521-6099; www.costaricaexpeditions.com) Der Veranstalter wendet sich an kleine Gruppen und bietet Rafting-Ausflüge mit einem kulinarischen Fokus an.

Exploradores Outdoors (S. 189) Der Veranstalter organisiert ein- und zweitägige Rafting-Trips auf den Flüssen Pacuare, Reventazón und Sarapiquí.

Green Rivers (S. 310) Ein junger spaßorientierter Veranstalter mit Sitz am Sarapiquí, der von der Posada Andrea Cristina aus tätig wird.

Gulf Islands Kayaking (☎aus Kanada: 250-539-2442; www.seakayak.ca) Zu den Touren gehört eine fünftägige Kajaktour auf dem Meer bei Corcovado.

H2O Adventures (S. 423) Organisiert zwei- und fünftägige Abenteuertouren auf dem Río Savegre.

Pineapple Tours (S. 446) Spannende halbtägige Kajakfahrten durch Höhlen und Mangrovenflüsse.

Ríos Tropicales (☎2233-6455, in USA 866-722-8273; www.riostropicales.com) Mehrtägige Abenteuertouren auf dem Río Pacuare und zweitägige Kajakfahrten in Tortuguero.

Baumkronentouren

Das Leben im Regenwald findet auf Höhe der Baumkronen statt. Bei Baumriesen, die 30 bis 60 m hoch sind, hat man es schwer, mit eigenen Augen zu sehen, was sich ganz oben abspielt. Baumkronen-Touren gibt es überall im Land, und viele bieten gegen einen Aufpreis auch ein oder zwei Ziplines, mit denen man am Blätterdach entlang-

TOP 5: WASSERSPORT

Turrialba (S. 141) Die Gegend um Turrialba wird von den beliebtesten Rafting-Gewässern, dem Pacuare und Reventazón, durchflossen.

La Virgen (S. 309) Ausgangspunkt für Rafting- und Kajaktouren auf dem Río Sarapiquí.

Parque Nacional Manuel Antonio (S. 435) Ein beliebtes touristisches Ziel mit ganzjährigen familienfreundlichen Möglichkeiten fürs Rafting.

Parque Nacional Tortuguero (S. 163) Ein reiches Tierleben, dazu Lagunen und Kanäle, die hervorragend mit Kajaks zu befahren sind, auf einer Fläche von 310 km².

Bahía Drake (S. 482) Ausgedehnte Mangrovenwälder, die sich am besten im Kajak erkunden lassen.

Costa Rica für Surfer

gleiten kann. Bei guten Anbietern gibt es außerdem sogenannte Superman-Kabel (mit denen man durch die Luft fliegt) und Tarzan-Schaukeln. Von einigen Betreibern wurden Baumkronenstege angelegt, die durch das Dach des Waldes führen. SkyTrek (S. 222) bei Monteverde und Rainmaker Aerial Walkway (S. 421) bei Quepos sind zwei der bekanntesten Unternehmen. Ein neueres Angebot ist der Diamante Eco Adventure Park (S. 330) in Guanacaste, derdoppelte Seilrutschen anbietet, damit ein Besucherpaar gemeinsam durch die Wipfel fliegen kann. Canopy Mal País (S. 374) verbindet eine Baumkronentour mit dem Surfen. Rainforest Adventures bei Braulio Carrillo oder Veragua Rainforest Research & Adventure Park (S. 157) bei Puerto Límon organisieren Seilbahnfahrten durch die Baumwipfel.

Tauchen & Schnorcheln

Costa Rica hat warmes Wasser und eine artenreiche Meeresfauna zu bieten. Häufig trüben Schlick und Plankton die Sicht und Weichkorallen sowie Schwämme überwiegen. Man kann hier riesige Fischschwärme beobachten, und auch größere Meerestiere wie Schildkröten, Haie, Delfine und Wale lassen sich sehen. Zudem ist Costa Rica eines der wenigen Länder, in dem man zumindest theoretisch am selben Tag in der Karibik und im Pazifik tauchen gehen kann. Die Karibik ist für Anfänger und Schnorchler besser geeignet, Manzanillo und Cahuita eignen sich gut für Youngster. Puerto Viejo de Talamanca bietet ebenfalls schöne Tauchspots. Das beste Revier am Pazifik für erfahrene Taucher ist die Isla del Caño. Die abgelegene Insel im Pazifik Isla del Coco gilt unter erfahrenen Tauchern als einer der besten Tauchgründe der Erde. Wer bei der Insel tauchen gehen möchte, muss per Safariboot anreisen und sollte einiges an Erfahrung mitbringen.

In der Regel sind die Sichtverhältnisse unter Wasser in den Regenmonaten, wenn die Flüsse anschwellen und mitgeschwemmte Sedimente den Ozean trüben, nicht sonderlich gut. Während dieser Zeit bieten die Boote, die Tauchplätze vor der Küste ansteuern, bessere Sichtverhältnisse.

Das Wasser ist warm – an der Oberfläche etwa 24–29 °C mit einer thermischen Sprungschicht bei etwa 20 m unter der Oberfläche, wo die Temperatur auf 23 °C abfällt. Wer also nah an der Oberfläche bleibt, braucht keinen Taucheranzug.

Wer gerne tauchen möchte, aber keine Lizenz hat, kann einen eintägigen Einführungskurs absolvieren, der zu einem oder zwei begleiteten Tauchgängen berechtigt. Wer, wie die meisten Menschen, diese Sportart liebt, sollte an einem drei- bis viertägigen Zertifizierungskurs teilnehmen, der ca. 350 bis 500 US$ kostet.

DIE BESTEN SPORTREVIERE

Cerro Chirripó (S. 471) Der größte und schönste Berg Costa Ricas ist zugleich die größte Herausforderung des Landes für Bergsteiger.

Isla del Coco (S. 517) Das Meeresschutzgebiet liegt 500 km vor der Küste und ist Lebensraum zahlreicher Hammerhaie, es eignet sich hervorragend zum Tauchen.

Río Pacuare (S. 144) Das wildeste Gewässer des Landes trägt Rafter durch atemberaubende Schluchten und an dichtem Regenwald vorbei.

Pavones (S. 513) Hier erwartet Surfer eine der längsten Leftbreaks der Welt.

Reiten

Reitausflüge sind allgegenwärtig, doch die Qualität der Pferde und das Niveau ihrer Pflege sind unterschiedlich. Die Preise variieren von 25 US$ für ein oder zwei Stunden bis zu 100 US$ für einen ganzen Tag. Touren über Nacht und mit Packpferden werden ebenfalls angeboten; sie sind ideal, um abgelegene Ziele in den Nationalparks zu erreichen. Die kleinen einheimischen Pferde können allerdings keine Reiter tragen, die mehr als 100 kg wiegen. Man sollte immer darauf bestehen, die Pferde vorher anzusehen.

Zuverlässige Anbieter mit gut gepflegten Pferden sind z. B. Hacienda El Cenizaro (S. 262) in La Cruz, Discovery Horseback Tours (S. 411) und **Serendipity Adventures** (☎2556-2222, USA & Kanada 877-507-1358; www.serendipityadventures.com).

Wildwasser-Rafting (S. 45)

Mountainbiken & Radfahren

Das Radfahren wird in Costa Rica von Jahr zu Jahr beliebter. Es gibt zahlreiche Straßen mit wenig Verkehr, die jede Menge Abenteuer garantieren. Die beste Fernstrecke ist die Interamericana (einstige Panamericana), die einen angemessenen Seitenstreifen besitzt. Eine weitere gute Möglichkeit ist die Straße von Montezuma zur Reserva Natural Absoluta Cabo Blanco im Süden der Halbinsel Nicoya. In den Hügeln und Bergen rund um die Bahia Salinas macht das Radeln ebenfalls viel Spaß.

Mountainbiken hat in den letzten Jahren an Popularität gewonnen, und in der Gegend um Corcovado und Arenal gibt es ein gutes Wegenetz. Auch in den Bergen im Landesinneren gibt es mehr Angebote.

Yoga

Im Wesen des Yoga liegt etwas, das perfekt mit Costa Rica harmoniert: Ob Reisende allein zur Entspannung hierherkommen oder die Herausforderung einer Brandung oder eines Wanderweges suchen, nichts scheint besser zur Erholung geeignet als eine Stunde auf der Matte. An den Stränden stellen sich die Yogaschulen bereitwilliger als zuvor auf diesen Bedarf ein. Interessierte können in einen laufenden Kurs einsteigen oder einen zusammenhängenden Wochenkurs belegen; in jedem Fall gehen Körper und Geist erfrischt aus den Übungen hervor. Empfehlenswerte Studios:

Anamaya Resort (S. 385)

Bodhi Tree (S. 357)

Blue Osa Yoga Retreat (S. 498)

Casa Zen (S. 375)

Danyasa Yoga Arts School (S. 445)

Downtown Yoga (Karte S. 70; ☎7272-0690; www.downtownyogacostarica.com; Ecke Calle 15 & Av 7, San José; offener Kurs 10 US$)

Nosara Wellness (S. 356)

Shooting Star Studio (S. 514)

Yoga Studio at Nautilus (S. 375)

Monteverde (S. 213)

Reiseplanung

Reisen mit Kindern

In einem Land, in dem so viele Abenteuer locken und wo man den Dschungel, Tiere, Wellen und Schlammlöcher aus nächster Nähe erleben kann, weiß man manchmal gar nicht, wohin es zuerst gehen soll. Zum Glück haben alle Regionen des Landes eine Menge zu bieten und so kommen Kinder in diesem unkomplizierten Paradies voll auf ihre Kosten – genau wie die Eltern.

JEREMY WOODHOUSE/GETTY IMAGES ©

Top-Regionen für Kinder

Península de Nicoya

Idealer Urlaubsort für Familien mit hervorragenden Stränden und familienfreundlichen Unterkünften. Hier können Kinder (und ihre Eltern) Surfen lernen.

Nordwesten

Die mysteriösen, geisterhaften Regenwälder von Monteverde wecken kindliche Fantasien über die hier lebenden Kreaturen. In den Schutzgebieten kommt man fast auf Tuchfühlung mit Fledermäusen, Fröschen, Schmetterlingen und Reptilien.

Zentrale Pazifikküste

Leichte Wanderwege führen an Klammeraffen und Faultieren vorbei und enden an hervorragenden Badestränden beim Parque Nacional Manuel Antonio, einem gut besuchten, wunderschönen Regenwald.

Karibikküste

In den relativ ruhigen Gewässern von Manzanillo oder Cahuita können Familien den ganzen Tag lang schnorcheln oder bei Nacht Schildkröten beobachten, die dort ihre Eier ablegen.

Costa Rica für Kinder

Freche Affen und qualmende Vulkane, geheimnisvolle Regenwälder und palmengesäumte Strände – Costa Rica erinnert manchmal an ein Comic-Heft. Es ist perfekt für einen Familienurlaub, ein sicheres, anregendes Tropenparadies, das bei Kindern einen nachhaltigen Eindruck hinterlässt. Die Unterhaltungsmöglichkeiten sind für alle Altersstufen und Schwierigkeitsgrade geeignet. Einige Kinder haben vielleicht einfach nur Lust, sich von einem Strandfriseur in Puerto Viejo de Talamanca die Haare flechten und mit Perlen schmücken zu lassen. Bei den warmherzigen Einheimischen sind Kinder jederzeit willkommen.

Das Land bietet alle Annehmlichkeiten, die für Eltern wichtig sind, wie ein gut ausgebautes Verkehrssystem, eine niedrige Kriminalitätsrate und eine erstklassige Gesundheitsversorgung. Bei einem Familienurlaub geht es aber darum, unvergessliche Dinge gemeinsam zu erleben, etwa mit einem Kajak durch Mangroven-Kanäle zu gleiten, einen Delfin oder ein Faultier zu entdecken oder auf einer Nachtwanderung tropische Frösche ausfindig zu machen.

Highlights für Kinder

Tiere beobachten

Costa Rica und Tiere in freier Wildbahn, das gehört zusammen. Wer in einer Dschungellogde übernachtet, muss sich allerdings auch auf tierischen Besuch einstellen, Nasenbären sorgen rund um den Lago Arenal regelmäßig für Verkehrsstaus und an der zentralen Pazifikküste kreischen Hellrote Aras in den tropischen Mandelbäumen.

Parque Nacional Manuel Antonio, Pazifikküste (S. 435) Klein und gut zugänglich. Auf einer Wanderung lassen sich regelmäßig Totenkopfäffchen, gestreifte Leguane und Nasenbären sehen.

Parque Nacional Cahuita, Karibikküste (S. 186) Auf dem Strandwanderweg kommen garantiert Kapuzineräffchen in Sichtweite. Wer mit einem Naturführer unterwegs ist, kann wahrscheinlich auch Faultiere erspähen.

Parque Nacional Tortuguero, Karibikküste (S. 163) Nicht nur bei einer Bootsfahrt durch die Kanäle des Nationalparks Tortuguero ist eine Fülle von Wildtieren zu entdecken – ein Aufenthalt in einer Dschungel-Lodge außerhalb des Ortes bietet ebenso viele Möglichkeiten.

Chilamate Rainforest Eco Retreat, Sarapiquí-Tal (S. 313) Die familienfreundliche Lodge im dunstigen Regenwald bietet kilometerlange, leicht zu begehende Wanderwege, auf denen sich Tiere gut beobachten lassen.

Schildkrötenbeobachtung, Pazifik- und Karibikküste Eines der zauberhaftesten Erlebnisse, die Costa Rica bereithält, ist der Anblick einer Meeresschildkröte, die im Schutz der Nacht ihre Eier in den Sandboden legt.

Strände

Playa Pelada, Region Nosara (S. 354) Der Strand hat kaum Wellen, dafür aber große Felsen.

Playa Carrillo, bei Sámara (S. 367) Im Süden des familienfreundlichen Sámara gelegen, ist der Strand während der Woche menschenleer und an Wochenenden von Einheimischen überlaufen.

Parque Nacional Manuel Antonio, Pazifikküste (S. 435) Hier treffen Strandbesucher auf Affen, Nasenbären und Leguane.

Parque Nacional Marino Ballena, Pazifikküste (S. 454) Ein weißer Sandstrand, vom Dschungel begrenzt, eine Sandbank und die Möglichkeit, in der Ferne die Atemluftfontänen der Wale zu sehen.

Playa Negra, Cahuita (S. 178) Der schwarzsandige Strand ist mit der blauen Flagge ausgezeichnet (d. h. er erfüllt die höchsten ökologischen Standards des Landes) und bietet viel Platz.

Playa Manzanillo, Mal País und Santa Teresa (S. 374) Ein schöner Strand vor einer Dschungelkulisse, der sich bis Punta Mona erstreckt (soweit südlich wie möglich, bevor es nötig wird, sich einen Weg durch undurchdringlichen Wald zu bahnen).

Abenteuer

Fahrt durch die Mangroven Auf einer Fahrt mit dem Kajak oder Kanu durch die Gewässer der Mangrovenkanäle kann man Wasservögel, Kaimane, Fledermäuse und Faultiere sehen. Gut für solche Beobachtungen geeignet ist der Parque Nacional Marino Ballena (S. 454) in der Nähe von Puerto Jiménez und Tortuguero.

Surfunterricht Surfunterricht speziell für Kinder wird von One Love Surf School (S. 189) an der karibischen Küste gegeben; Unterrichtsstunden für Kinder werden auch an den Stränden für Anfänger in Jacó und Tamarindo angeboten.

Wildwasser-Rafting Familienfreundliche Rafting- und „Safari"-Ausflüge sind ganzjährig auf den Flüssen Sarapiquí, Savegre und Pejibaye möglich.

Volcán Irazú, nordöstlich von Cartago (S. 131) Einen Blick in einen Vulkankrater erlaubt der Nationalpark mit einem Weg von einem Kilometer.

Reiseplanung

Costa Rica ist für Familien ein sehr angenehmes Reiseland. Die notwendigen Reise-Vorbereitungen ähneln daher denen für einen Urlaub in Nordamerika oder Europa.

Frische Erdbeeren, Alajuela (S. 110)

Essen mit Kindern

- Wer mit einem Baby oder Kleinkind in entlegenen Gegenden unterwegs ist, wo Läden weit voneinander entfernt und selten zu finden sind, sollte einen Vorrat von Milch- und Säuglingsnahrung mitnehmen.
- Kinder lieben erfrischende *Batidos* (Milchshakes mit frischen Früchten), die Vielfalt fremdartiger tropischer Früchte kann für ältere Kinder ansprechend sein.
- In vielen Restaurants gibt es Speisekarten für Kinder, die aber in der Regel internationale statt costa-ricanische Speisen anbieten.

An- & Weiterreise

- Kinder unter 12 Jahren erhalten eine Ermäßigung von bis zu 25 % auf Inlandsflüge, einige Fluggesellschaften lassen Kinder unter zwei Jahren kostenlos mitreisen (wenn sie auf dem Schoß eines Elternteils sitzen).
- Für Kinder ab drei Jahren ist in den meisten Bussen der volle Fahrpreis zu zahlen.
- Kindersitze gibt es nicht bei allen Autovermietungen, sodass man am besten einen eigenen von zu Hause mitnimmt oder vor der Reise beim Autovermieter nachfragt.

Casado (S. 55), ein typisches Gericht aus Costa Rica

Reiseplanung

Essen wie die Einheimischen

Traditionelle Gerichte stammen aus einer einfachen nahrhaften Küche, sie bestehen aus Bohnen und Reis, gebratenen Kochbananen und einer gelegentlichen Zugabe von Hühnchen, Fisch oder Rindfleisch. In letzter Zeit haben die Einheimischen damit begonnen, die frischen, exotischen und reichlich vorhandenen Erzeugnissen des Landes auf kreativere Art kulinarisch zu verarbeiten.

Kulinarische Feste

Kulinarische Feste finden am Ende der Regenzeit statt, aber das Tropenparadies Costa Rica produziert eine große Vielfalt an exotischen Früchten und Gemüsesorten, die das ganze Jahr über auf den Bauernmärkten verkauft werden.

Regenzeit (Oktober & November)

Köstliche reife Mangos und *mamon chino* (Rambutan), Erntefeste wie die Fiesta del Maíz (Maisfest) und die Feria Nacional de Pejibaye (ein nationaler Pfirsichpalmenmarkt).

Weihnachten (Dezember)

Die Tamale, zubereitet mit *masa* (einem Teig aus Maismehl), Schweinefleisch, Kartoffeln und Knoblauch und in Bananenblättern gekocht, ist das Traditionsgericht dieser Jahreszeit.

Kaffeeernte (September bis Januar)

Zahlreiche Saisonarbeiter aus Nicaragua kommen ins Land, um die *grano de oro* (goldene Bohne) zu pflücken.

Für Wagemutige

Museo de Insectos (S. 73) Das Käfermuseum hat seine eigene Küche, die ihren Gästen Mehlwürmer und Grillen mit viel Salz und Oregano serviert.

Mondongo Beliebt bei *campesinos* (Bauern) in Costa Rica sind Kutteln, die mit zahlreichen Gewürzen serviert werden.

Fleisch am Stiel Handelt es sich hierbei um Schweinefleisch oder Hähnchen? Egal. Die häufig am Straßenrand und auf Festen verkaufte Delikatesse *tico* ist genauso lecker, wie sie riecht, selbst dann, wenn der Verkäufer die würzige Soße mit einem Malerpinsel aufträgt.

Grüne Leckereien

Sibu Chocolate (S. 129) In San Isidro de Heredia erfährt man alles über die Geschichte der Schokolade.

Feria Verde de Aranjuez (S. 98) Auf dem „grünen Markt" von San José gibt es Frühstück, frische Erzeugnisse, Smoothies und noch vieles mehr.

Punta Mona (S. 208) Der weitläufige Garten der einsam gelegenen Öko-Lodge in der Nähe von Manzanillo besitzt eine der weltweit größten Sammlungen von essbaren tropischen Pflanzen.

Costa Rica Cooking (S. 280) In La Fortuna kann man costa-ricanisch kochen lernen, wobei regionale und fast ausschließlich Bioerzeugnisse verarbeitet werden.

Im Restaurant & Imbiss

Preiswerte Gerichte

Guanabana Die süße, klebrige Frucht der Stachelannone ist auch als Sauersack bekannt.

Patí Eine luftige Teigtasche nach karibischer Art mit einer Füllung aus Fleisch, Zwiebeln, Knoblauch und vielen Gewürzen.

Mango Die Früchte werden zum Mitnehmen in Plastiktüten verkauft und mit Salz, Limonensaft und manchmal Chilipulver gewürzt.

Pipa fría Wer eine süße Erfrischung sucht, sollte sich an Straßenhändler wenden, die Kokosnüsse in einem Eisschrank gekühlt anbieten – mit einer Machete wird die Kokosnuss zerteilt und ein Strohhalm hineingesteckt.

Pejivalle Die gebratene Frucht der Pfirsichpalme ist an jedem Straßenstand zu bekommen – warm und gesalzen eine Delikatesse.

Essen & Trinken

Das Frühstück besteht für gewöhnlich aus *gallo pinto* („bemalter Hahn"), einem Pfannengericht aus Bohnen und Reis vom Vortag. Wenn beide kombiniert werden, nimmt der Reis die Farbe der Bohnen an, wodurch das Gericht dann gefleckt aussieht. *Gallo pinto* wird mit Eiern, Käse oder *natilla* (Sauerrahm) serviert und ist billig und sättigend. Wenn man den ganzen Tag surfen oder wandern will, ist es ein energiespendendes Gericht.

So breit wie Costa Ricas Küste ist auch die Auswahl der Meeresfrüchte, und die Fischgerichte sind frisch und schmackhaft. Obwohl es kein traditionelles Tico-Gericht ist, steht *ceviche* auf den meisten Speisekarten. Generell wird es aus *pargo* (Red Snapper), *dorado* (Mahi-Mahi), Tintenfisch oder Tilapia zubereitet. Der Fisch wird in Limonensaft mit Chilis, Zwiebeln, Tomaten und Kräutern mariniert. Kühl serviert ist das Gericht eine köstliche Art, frische Meeresfrüchte zu genießen. Die Betonung liegt hier auf „frisch", denn der Fisch ist roh.

Das Essen ist nicht stark gewürzt, es sei denn, es sind traditionelle Gerichte der karibischen Küche. In den meisten heimischen Restaurants wird zum Essen eine Würzsoße mit Tabasco, eine hausgemachte Salsa oder Salsa Lizano gereicht, die costa-ricanische Variante der Worcestershire-Sopße und „heimlicher" Bestandteil des *gallo pinto.*

In den meisten Bars gibt es den bekanntesten Snack des Landes, den *boca* (Snack) sowie den *chifrijo*, der seinen Namen den beiden Hauptzutaten *chicharrón* (gebratenes Schweinefleisch) und *frijoles* (Bohnen) verdankt. Hinzugefügt werden noch gewürfelte Tomaten, Gewürze, Reis, Tortilla-Chips und Avocados. 2014 behauptete ein Restaurantbesitzer namens Miguel Cordero, er habe *chifrijo* offiziell erfunden. Er erhob Klage gegen 49 Geschäfte und verlangte Schadensersatz in Höhe von 15 Millionen US$. Bisher hat er das Geld allerdings noch nicht bekommen.

Die karibische Küche ist in Costa Rica sehr ausgeprägt und von den indigenen *criollos* (Kreolen) sowie afro-karibischen Aromen inspiriert. Sie bietet nach *casados* eine angenehme kulturelle und kulinarische Abwechslung. Zu den Spezialitäten zählen *rondón* (der Name stammt von „Rundown" und heißt so viel wie „alles, was der Koch finden kann"), ein scharfes Meeresfrüchte-Gumbo; Reis und Bohnen im karibischen Stil aus roten Bohnen, Kokosnussmilch und Currygewürzen; und *patí,* die karibische Version einer *empanada* (herzhafte Teigtasche).

MARCOS HONMA/GETTY IMAGES

Ceviche (in Zitronensaft mariniertes Fischgericht)

Zum Essen ausgehen

Essenszeit

Die Ticos nehmen ihr Frühstück zwischen 6 und 8 Uhr ein. Es besteht aus *gallo pinto.* In vielen Hotels wird ein kontinentales Frühstück in tropischem Stil angeboten, das aus Toast mit Butter und Konfitüre sowie frischem Obst besteht. Ein Frühstück nach amerikanischer Art ist in vielen Restaurants zu bekommen.

Zum Mittagessen (von 11.30 bis 14.30 Uhr) gibt es in den meisten *sodas* (Mittagsimbissen) üblicherweise ein *casado* (wörtlich „verheiratet"; eine Art Menü), einen preiswerten Teller mit Reis, Bohnen, Fleisch, Salat und manchmal *plátanos maduros* (gebratenen süßen Kochbananen) oder *patacones* (frittierten grünen Kochbananen), die an Pommes frites erinnern.

Zum Abendessen (18–21 Uhr) servieren die meisten Restaurants ein *casado.* In feineren Esslokalen gibt es *lomito* (mageres Steak) und Gerichte wie *pescado en salsa palmito* (Fisch in einer Palmenherz-Soße). Einige der moderneren Lokale in San José bieten auch eine Gemüseplatte an.

Wohin zum Essen?

Die beliebtesten Orte zum Essen in Costa Rica sind die *sodas*. Das sind kleine, informelle Mittagslokale, die ein paar Tages-*casados* servieren. Weitere angesagte Billiglocations sind die Stände, die Brathähnchen und Hähnchenspieße verkaufen.

Ein reguläres *restaurante* ist teurer und bietet dafür auch etwas mehr Atmosphäre. Viele *restaurantes* servieren *casados,* während die schickeren Lokale ihre Mittagsmenüs *almuerzo ejecutivo* (heißt etwa „Manager-Mittagessen") nennen.

Die *pastelerías* und *panaderías* verkaufen Brot und Gebäck, in vielen Bars gibt es *bocas* (Häppchen der Hauptgerichte).

Vegetarier & Veganer

Costa Rica ist für Vegetarier ein komfortables Reiseland. Die allgegenwärtigen Bohnen mit Reis sind neben frischen Fruchtsäften überall zu bekommen. Auf der Website „Happy Cow" sind Verzeichnisse vegetarischer und veganer Restaurants, u. a. in Costa Rica (www.happycow.net/north_america/costa_rica), zu finden. Bei einem Bummel über die Bauernmärkte kann man entdecken, was gerade Saison hat.

Die meisten Restaurants bereiten auf Anfrage vegetarische *casados* zu, und viele haben diese auch regulär auf ihren Speisekarten. Diese Tagesgerichte beinhalten Reis und Bohnen, Krautsalat und ein oder zwei Sorten unterschiedlich zubereiteter Gemüsesorten oder Hülsenfrüchte.

Aufgrund des weit verbreiteten Tourismus gibt es in San José und in den Touristenstädten mittlerweile auch viele vegetarische Restaurants oder solche, die neben Fleischgerichten auch vegetarische Speisen anbieten. Die Unterkünfte in abgelegenen Regionen, die All-inclusive-Verpflegung anbieten, sind auf Anfrage oft bereit, auch vegetarische Speisen zu servieren.

Veganer, Makrobiotiker und Reisende, die nur Rohkost essen, werden es schwerer haben, denn es gibt nur wenige Restaurants, die entsprechende Gerichte anbieten. Wer seinen Ernährungsplan einhalten will, sollte eine Unterkunft wählen, in der man sein eigenes Essen zubereiten kann. Viele Städte haben *macrobióticas* (Geschäfte für Gesundheitskost), deren Auswahl an Produkten aber stark variiert. In abgelegenen Regionen kann es schwierig sein, an frisches Gemüse zu kommen, und obwohl es überall im Land Bauernmärkte gibt, ist Obst und Gemüse meist teuer.

Sitten & Bräuche

Wer in einem Restaurant Platz nimmt, sollte aus Höflichkeit die Kellner oder Tischgenossen mit *buenos días* (Guten Morgen), *buenas tardes* (Guten Tag) oder *buenas noches* (Guten Abend) begrüßen und damit auch die anderen Gäste kennenlernen. Ebenso wird es als höflich angesehen, zu Beginn einer Mahlzeit *buen provecho* (Guten Appetit) zu sagen.

DIE GALLO-PINTO-KONTROVERSE

Kein anderes Gericht in Costa Rica inspiriert die Ticos so wie ihr Nationalgericht *gallo pinto*, die einzigartige Mischung aus Reis, Bohnen und Gewürzen. Einige Costa-Ricaner bezeichnen sich sogar als *más Tico que gallo pinto* (wörtlich „costa-ricanischer als *gallo pinto*"). Die Zutaten und Mengenangaben der heiligen Dreifaltigkeit eines authentischen *gallo pinto* sind Thema intensiver Debatten, besonders, seit die Speise auch das Nationalgericht des benachbarten Nicaragua ist.

Beide Länder behaupten, dass *gallo pinto* auf ihrem Boden entstanden sei. Nach einer costa-ricanischen Überlieferung soll das Gericht und sein charakteristischer Name 1930 in der Umgebung von San Sebastián, am südlichen Rand von San José, entstanden sein. Die Nicaraguaner behaupten, es sei, lange bevor die Costa-Ricaner es überhaupt kannten, von Afro-Latinos an die Karibikküste gebracht worden.

Damit ist der Kampf um die Rechte auf dieses bescheidene Gericht aber nicht beendet, vor allem, weil die zwei Länder sich nicht einmal auf ein Standardrezept einigen können. Die Nicaraguaner bereiten es traditionell mit kleinen roten Bohnen zu, während die Costa-Ricaner auf schwarze Bohnen schwören. Und da sprechen wir noch nicht einmal von der komplexen Würzung mit Koriander, Salz und Pfeffer.

Nicaragua hält den offiziellen Weltrekord, den größten Topf *gallo pinto* der Welt zubereitet zu haben. Am 15. September 2007 speiste ein brodelnder Kessel des Gerichtes 22 000 Menschen, was Nicaraguas Namen neben *gallo pinto* im *Guinness-Buch der Rekorde* verankerte. Costa Rica antwortete 2009, indem es eine noch größere Lawine des Gerichtes kochte, die 50 000 Menschen speiste. Obwohl das Event offiziell keinen Rekord aufstellte, hat das *gallo pinto* an diesem Tag die Herzen und Bäuche vieler stolzen Ticos erwärmt.

Oben: Typisches Gericht mit *gallo pinto*

Unten: Kakaofrucht

Costa Rica im Überblick

Wohin wird die Leidenschaft einen führen? Tierbeobachter werden sich in Costa Rica wie im Paradies fühlen – das Land birgt zahlreiche Biosphärengebiete mit einer großen Vielfalt farbenprächtiger Arten, darunter der Quetzal, Frösche in allen Farben des Regenbogens, der scheue Jaguar und nistende Meeresschildkröten. Surfer benötigen keine Wegweiser, um sich in der Vielzahl und Verschiedenartigkeit der Surfspots zurechtzufinden, und auch Neulinge finden ihre Anfängerwellen. Das Meer, die Seen und Flüsse können nicht nur mit dem Surfbrett, sondern auch im Kajak oder Raft befahren werden. Wanderer können den dichten, humiden Urwald des entlegenen Corcovado durchqueren, den höchsten Berg des Landes, Cerro Chirripó, besteigen oder auf Tagestouren Wanderwegen durch Nebelwälder folgen, die an den Hängen rauchender Vulkane oder an Meeresufern entlangführen.

San José

Kultur
Unterhaltung
Essen

Kunst

Das raue Stadtbild von San José hat an architektonischer Schönheit kaum etwas zu bieten, die Stadt besitzt jedoch eine einzigartig hohe Dichte an Museen, in denen alte und neue Kunst gezeigt wird.

Konzerte

In der Kulturhauptstadt Costa Ricas ist Kammermusik zu hören, internationalen Musikern auf Tournee und vielversprechenden heimischen Künstlern wird eine Bühne gegeben. Einen Einstieg in das Kulturleben bietet das Nationaltheater.

Restaurants

In den hervorragenden Restaurants wird die argentinische ebenso wie eine klassische französische Küche gepflegt, es gibt vegetarische und asiatisch-internationale Restaurants .

S. 62

Valle Central & Hochland

Geografie
Abenteuer
Landschaft

Hochland

Das malerische Hochland von Costa Rica wird oft zugunsten seiner Strände übersehen. Es ist ein ursprüngliches Land mit Kühen und Dörfern mit Biobauernmärkten und Parks.

Wildwasser

Weltklasse-Rafting am Río Pacuare; in einer Schlucht stürzt der Fluss in Kaskaden von aufregenden Stromschnellen durch eine wilde Dschungellandschaft.

Vulkane

Unter den Vulkanen des Landes gibt es solche von wilder oder gemäßigter Aktivität wie den Turrialba und viel besuchte wie den Poás. Alle können mit Kraterseen oder nebligen Mondlandschaften beeindrucken. Wer im richtigen Augenblick vor Ort ist, sieht vielleicht Rauchschwaden aufsteigen.

S. 107

Karibikküste

Kultur
Ökologie
Schildkröten

Afro-karibisch

Die Küste hebt sich geografisch und kulturell ab und hat ihre eigene afro-karibische Atmosphäre, die sich sowohl im Essen, als auch in der Sprache (Patois) und dem Leben im entspannten Cahuita niederschlägt.

Tierwelt

An der Karibikküste wimmelt es nur so von Faultieren, Affen (drei von Costa Ricas vier Affenarten leben hier), Krokodilen, Kaimanen, Pfeilgiftfröschen, Seekühen, Sotalia-Delfinen und über 375 Vogelarten.

Jungschildkröten

In Parismina und Tortuguero kehren Lederschildkröten, Suppenschildkröten und Karettschildkröten zur Eiablage an ihren Geburtsstrand zurück.

S. 148

Der Nordwesten

Unterkünfte
Outdoor
Landschaft

Öko-Lodges

Die große Zahl der privat geführten Öko-Lodges erlaubt eine Wahl zwischen charmanten B&Bs über imposante *fincas*, die auch landwirtschaftliche Höfe sind, bis hin zu Lodges im tiefen Urwald.

Raften & Surfen

Rafting auf dem blaugrünen Wasser der Flüsse, Surfen auf perfekten Wellen oder Drachensegeln an einer weiten Bucht. In jedem Fall ist das Wasser wunderbar warm.

Nebelwälder

In den nordwestlichen Nebelwäldern, bestanden von hohen Baumriesen, die den wertvollen Wassereinzugsgebieten Schutz gewähren, sind Baumkronentouren möglich. Über die Wälder können Besucher nur ehrfürchtig staunen.

S. 211

Arenal & Nördliches Tiefland

Kultur
Tierwelt
Outdoor

Ländliche Kultur

Das echte Leben Costa Ricas ist ländlich und in Gästezimmern auf einer *finca* nachzuempfinden, aber auch auf einer Tour durch Regenwaldschutzgebiete und beim Kajakfahren in Begleitung von Naturführern, die ihr Leben hier verbracht haben.

Vogelbeobachtung

Die Sumpfgebiete und das Tiefland sind von dichter Vegetation bewachsen und beherbergen viele hundert Vogelarten, darunter Störche, Reiher, Tukane und Aras.

Wassersport & Sportfischen

Hier finden Wassersportler ihr Paradies: schäumende Flüsse im Schatten hochragender Wälder oder ruhige Seen im Landesinnern.

S. 267

Península de Nicoya

Outdoor
Essen
Yoga

Surfen & Tauchen

An den Küsten der Halbinsel sind die Wellen zahlreich und ideal zum Surfen. In der Tiefe des Meeres ist eine Sicht von karibischer Klarheit nicht zu erwarten, aber der Anblick der Mantarochen, Bullenhaie und Fischschwärme ist toll.

Kreative Küche

Die kreativen Regionalküchen mit internationalen Einflüssen an der Küste beziehen ihre Zutaten von den *fincas* und Fischern der Region. Nicoya gehört zu den Gegenden der Welt, in denen viele Menschen leben, die 90 Jahre und älter sind, u. a. dank ihrer Ernährungs.

Yoga

Nosara und Santa Elena heben sich mit einer Vielzahl von Yoga-Studios besonders hervor.

S. 319

Zentrale Pazifikküste

Outdoor
Nationalpark
Strände

Surfen

Von der Playa Hermosa für Fortgeschrittene bis zum anfängerfreundlichen Dominical: Die Wellen sind super.

Manuel Antonio

Costa Ricas beliebtester Nationalpark ist ideal für Kinder und liegt direkt am Strand. Der Park ist oft von Besuchermassen überlaufen, die aber von Affen, Nasenbären und tropischen Vögeln zahlenmäßig noch übertroffen werden.

Marino Ballena

Zu diesem Nationalpark ist es eine lange Wanderung, wer aber an den Stränden angekommen ist, kann am Horizont nach Walen Ausschau halten. Im September wird ein Fest der Wale und Delphine gefeiert (www.festivaldeballenasydelfines.com).

S. 393

Der Süden & die Península de Osa

Berggipfel
Outdoor
Kultur

Cerro Chirripó

Eine Wanderung auf uralten Pfaden bis zum Gipfel des Chirripó ist eine Reise in ein völlig anderes Costa Rica. Der Blick auf den Sonnenaufgang über den Wolken ist das Highlight dieser dreitägigen Bergwanderung.

Wandern

Jaguare, Urwaldpfade und wilde Strände: ein immenser Reichtum an Lebewesen und landschaftlicher Vielfalt. Eine Wanderung durch den Corcovado-Regenwald führt in eine ungezähmte tropische Wildnis.

Ureinwohner

Wer weit in die Berge oder den Urwald der Halbinsel Osa vordringt, kann indigenen Bewohnern Costa Ricas begegnen und erfahren, wie sie die uralten Traditionen am Leben erhalten.

S. 459

Thermalquellen im Parque Nacional Rincón de la Vieja (S. 254)

Jadeschmuck im Museo Nacional de Costa Rica (S. 65)

Reiseziele

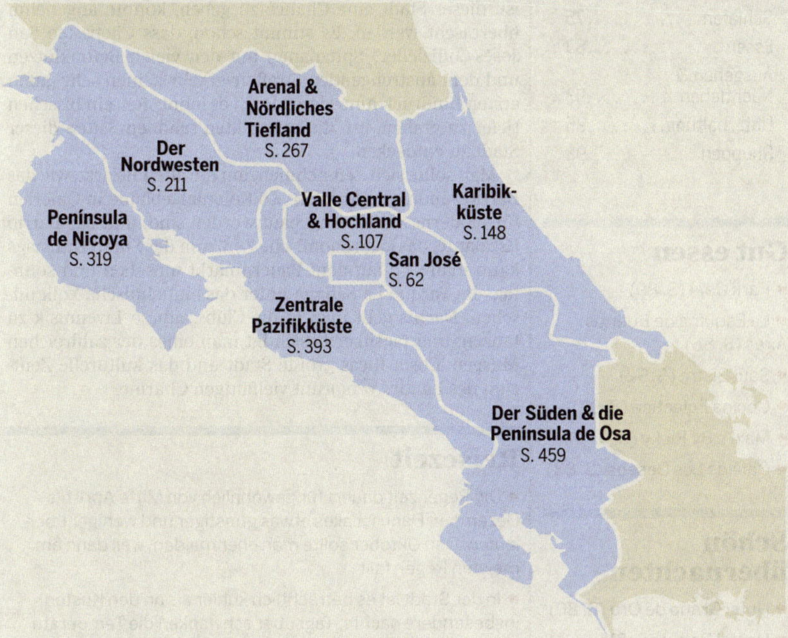

Arenal & Nördliches Tiefland
S. 267
Der Nordwesten
S. 211
Valle Central & Hochland
S. 107
Karibikküste
S. 148
Península de Nicoya
S. 319
San José
S. 62
Zentrale Pazifikküste
S. 393
Der Süden & die Península de Osa
S. 459

San José

2 158 898 / HÖHE 1170 M

Inhalt ➜

Gut essen

- Park Café (S. 89)
- La Esquina de Buenos Aires (S. 88)
- Saúl Bistro (S. 92)
- Cocina Eclectica (S. 92)
- Maxi's By Ricky (S. 92)
- Café de Los Deseos (S. 83)

Schön übernachten

- Hotel Grano de Oro (S. 80)
- Hostel Bekuo (S. 81)
- Hotel Presidente (S. 78)
- Selina San José (S. 76)
- Studio Hotel (S. 82)

Auf nach San José!

Es ist ziemlich wahrscheinlich, dass San José bei der Planung des Costa-Rica-Urlaubs nicht unbedingt die Nummer eins auf der Liste der Reiseziele ist. Aber wer bereit ist, dieser Stadt eine Chance zu geben, könnte angenehm überrascht werden. Es stimmt schon, dass Chepe (so San Josés „offizieller" Spitzname) mit den vielen Betonklötzen und dem anstrengenden Straßenverkehr keinen sehr guten ersten Eindruck hinterlässt. Doch es lohnt sich, ein bisschen tiefer zu graben, um die versteckten schönen Seiten dieser Stadt zu entdecken.

Man sollte sich Zeit nehmen, um die alten Bezirke wie das Barrio Amón zu erkunden, wo Kolonialgebäude in Galerien für moderne Kunst umgebaut worden sind, und das Barrio Escalante, das gastronomische Zentrum der Stadt. Samstags kann man sich auf dem Bauernmarkt umsehen und sonntags im Parque La Sabana unter das einheimische Volk mischen. Nachts geht man in die Clubs, um zu Livemusik zu tanzen, und tagsüber besichtigt man eines der zahlreichen Museen. Costa Ricas größte Stadt und das kulturelle Zentrum des Landes versprüht vielfältigen Charme.

Reisezeit

- Die Regenzeit dauert für gewöhnlich von Mitte April bis Dezember. Dann ist alles etwas günstiger und weniger überlaufen. Den Oktober sollte man eher meiden, weil dann am meisten Regen fällt.
- In der Stadt ist es beträchtlich kühler als an den Küsten, insbesondere nachts. Tagsüber schwanken die Temperaturen in der Regel zwischen 21 °C und 27 °C.
- Die beste Zeit für einen Aufenthalt in San José ist die Weihnachtszeit, wenn der Festtagsrummel der Ticos (so nennen sich die Costa Ricaner) mit dem Festival de la Luz (S. 75) und den Fiestas de Zapote (S. 75) ihren Höhepunkt erreicht.
- Ansonsten eignet sich aber auch jede andere Jahreszeit, um die kulturellen Attraktionen der Stadt zu erkunden.

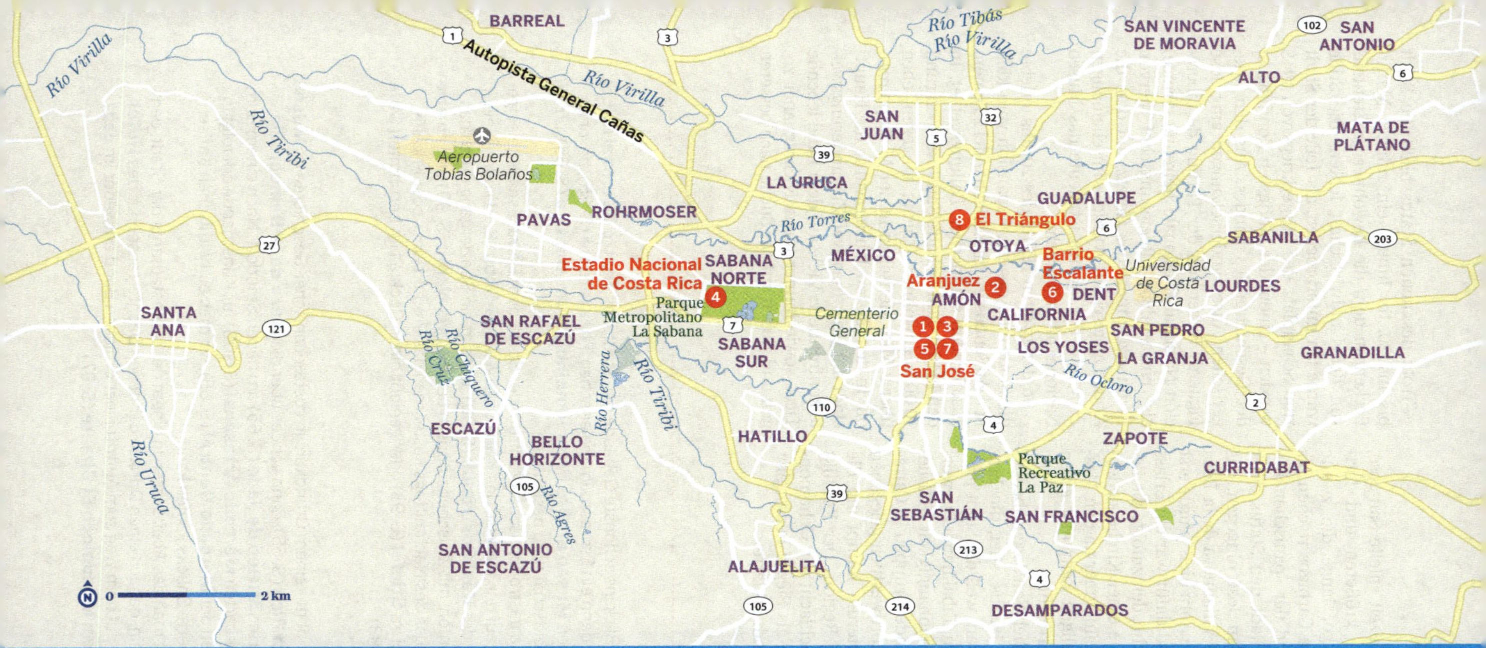

Highlights

1 **Teatro Nacional** (S. 97) Aufführungen im herrlichen Beaux-Arts-Gebäude genießen.

2 **Feria Verde de Aranjuez** (S. 98) Auf dem samstäglichen Bauernmarkt nach lokalen Produkten suchen.

3 **Barrio Amón** (S. 68) Kolonialgebäude besuchen, die in Cafés oder Kunstgalerien umgewandelt wurden.

4 **Estadio Nacional de Costa Rica** (S. 98) Einem Fußballspiel oder einem Konzert in der legendären muschelförmigen Arena beiwohnen.

5 **Museo de Jade** (S. 65) Die weite Welt der Edelstein- und Keramikschätze erkunden.

6 **Barrio Escalante** (S. 72) Die Geschmacksknospen in spaßigen Bars und eleganten Lokalen anregen.

7 **Museo de Oro Precolombino y Numismática** (S. 65) Die künstlerische Tradition Costa Ricas in Geschichte und Gegenwart bewundern.

8 **Really Experience Community** (S. 73) Bei einer respektvollen und anrührenden Führung die Kämpfe des weniger glücklichen Teils der Bevölkerung kennenlernen.

Geschichte

Während der Kolonialzeit spielte San José, verglichen mit dem größeren und fortschrittlicheren Cartago, lange die zweite Geige. Die Ursprünge Cartagos reichen bis 1563 zurück: Während der spanischen Kolonialzeit hatte die Stadt den Status einer Provinzhauptstadt. San José hingegen, das in seiner Anfangszeit Villanueva de la Boca del Monte del Valle de Abra hieß, wurde erst 1737 gegründet. Grund dafür war ein Erlass der katholischen Kirche, demzufolge die Bevölkerung in der Nähe einer Kirche siedeln sollte (die Zahl der Teilnehmer an den Messen hatte zum damaligen Zeitpunkt einen absoluten Tiefstand erreicht).

Über Jahrzehnte blieb San José unbedeutend, erst Ende des 18. Jhs. stieg die Einwohnerzahl deutlich an, weil die Stadt eine Durchgangsstation im Tabakhandel geworden war. Nach der Unabhängigkeit 1821 lieferten sich rivalisierende Gruppen in Cartago und dem 30 km nordwestlich gelegenen San José einen erbitterten Kampf um die Hoheitsrechte in der Region. Der Konflikt endete 1823 mit der Schlacht von Ochomongo, aus der San José als Sieger hervorging und sich zur Hauptstadt erklärte.

Trotz des neuen Status blieb die Stadt bis ins 20. Jh. hinein ein ruhiger Marktflecken, in dem die Bewohner größtenteils von der Landwirtschaft lebten. Die Stille wurde jäh unterbrochen, als Teile der Stadt zum Schauplatz des Bürgerkriegs von 1948 wurden – einem der blutigsten Konflikte in der Geschichte des Landes. Aus den kriegerischen Auseinandersetzungen ging José Figueres Ferrer von der Partido de Liberación Nacional (Nationale Befreiungsarmee) als einstweiliger Regierungschef hervor. Er unterzeichnete das Gesetz, mit dem die Armee abgeschafft wurde – im ehemaligen Zeughaus der Armee ist heute das Museo Nacional untergebracht.

In der zweiten Hälfte des 20. Jhs. erlebte die Stadt eine rasante Expansion vom kleinen Außenposten im Kaffeehandel zu einem ausufernden städtischen Ballungsgebiet. In den 1940er-Jahren hatte San José noch rund 70 000 Einwohner – heute hingegen leben über 2 Mio. Menschen in der Metropolregion. In den letzten Jahren wurde die Hauptstadt mit einer massiven Zuwanderungswelle konfrontiert: Viele auf dem Land lebende Ticos sowie immer mehr Nicaraguaner zogen und ziehen auf der Suche nach besseren

SAN JOSÉ IN ...

... einem Tag

Als Erstes lohnt ein Blick ins schönste Gebäude der Stadt, das **Teatro Nacional** (S. 65) aus dem 19. Jh. und dann ein Espresso im malerischen **Theatercafé** (S. 85), bevor es weitergeht zum nahen **Museo de Oro Precolombino y Numismática** (S. 65), um die präkolumbischen Goldschätze zu besichtigen.

Das Lunch wird im gastronomischen Zentrum der Stadt, dem Barrio Escalante eingenommen, entweder auf der Terrasse des **Kalú Café & Food Shop** (S. 91) oder in einer gemütlichen Nische des **Rávi Gastropub** (S. 90). Es folgt ein Spaziergang durch das historische Barrio Amón, mit Zwischenstopps in der **Galería Namu** (S. 99) und im **eÑe** (S. 99). Zum Abschluss des Nachmittags kostet man das Produkt einer costa-ricanischen Mikrobrauerei im **Stiefel** (S. 93) oder genießt einen Cocktail im berühmten **Café de los Deseos** (S. 83).

... zwei Tagen

Der zweite Tag beginnt mit einem Grundkurs in costa-ricanischer Geschichte im **Museo Nacional de Costa Rica** (S. 65), dann geht es über die **Plaza de la Democracia** (S. 69) zum erweiterten **Museo de Jade** (S. 65) am neuen Standort. Nach einem Bummel über den benachbarten **Mercado Artesanal** (S. 100) für Kunsthandwerk folgt in Richtung Nordwesten der **Mercado Central** (S. 65), wo man einheimischen Kaffee, Zigarren und preiswerte Snacks kaufen kann.

Am Abend nimmt man das Abendessen in einem der Toprestaurants der Stadt, dem **Park Café** (S. 89) ein, danach einen Drink in der neuen Dachterrassenbar des **Hotel Presidente** (S. 78) auf dem Weg zum Auftritt einer örtlichen Band entweder im **Jazz Café** (S. 97) oder dem **Mundoloco El Chante** (S. 97).

Verdienstmöglichkeiten in die Hauptstadt. In der Folge verkamen die Außenbezirke der Stadt immer mehr zu Slums – Kriminalität gehört inzwischen zum Alltag der ärmsten Hauptstadtbewohner.

Nichtsdestotrotz ist die Stadt nach wie vor ein pulsierendes ökonomisches und kulturelles Zentrum und Standort vieler Großbanken, Restaurants sowie mehrerer Museen und Universitäten. Hier findet man alle städtischen Annehmlichkeiten wie Livemusik, Kunstzentren, Buchläden und trendige Eckkneipen, in denen sich die *josefinos* (wie die Einwohner von San José sich selbst nennen) gerne verabreden.

Sehenswertes

San José Zentrum

★ Teatro Nacional SEHENSWERTES GEBÄUDE
(Karte S. 70; ☎ 2010-1110; www.teatronacional.go.cr; Av 2 zwischen Calle 3 & 5; 10 US$; ⌚ 9–19 Uhr) Das Teatro Nacional an der Südseite der Plaza de la Cultura ist San Josés meistbewundertes Bauwerk. Es wurde 1897 errichtet, hat eine neoklassizistische Fassade mit Säulen und wird von Statuen von Beethoven und Calderón de la Barca, einem berühmten spanischen Dramatiker des 17. Jhs., flankiert. Das opulente Marmorfoyer und den Zuschauerraum schmücken Gemälde, die verschiedene Facetten des Lebens im 19. Jh. zeigen. Die stündlich abgehaltenen Führungen (S. 73) sind hervorragend. Anschließend kann man sich im zugehörigen exzellenten Café eine Auszeit gönnen (S. 85).

Das bekannteste Gemälde, die *Alegoría al café y el banano,* zeigt eine Kaffee- und Bananenernte. Es stammt ursprünglich aus Italien und wurde mit dem Schiff nach Costa Rica transportiert, wo es nicht nur im Theater seinen Platz fand, sondern auch auf den alten Fünf-Colón-Scheinen (die jetzt nicht mehr im Umlauf sind) abgebildet wurde. Wahrscheinlich hat der Maler nie eine Bananenernte miterlebt, denn im Gegensatz zum Mann in der Bildmitte laden echte Bananenarbeiter die Stauden fachmännisch auf die Schultern.

★ Museo de Jade MUSEUM
(Karte S. 70; ☎ 2521-6610; www.museodeljadeins.com; Plaza de la Democracia; 15 US$; ⌚ 10–17 Uhr) Dieses Museum besitzt die weltweit größte Sammlung amerikanischer Jade verteilt auf fünf Stockwerken. Es sind rund 7000 fein gearbeitete, gut erhaltene Stücke zu sehen, darunter Jade-Schnitzereien in Form von Fruchtbarkeitsgöttinnen, Schamanen, Fröschen und Schlangen, aber auch herausragende Keramiken (einige mit Maya-Einflüssen), darunter ein äußerst ungewöhnlicher Keramikkopf, der eine Reihe gezackter Zähne zeigt.

Das neue Museumscafé, Grano Verde, serviert Sandwiches, Salate und Smoothies. Kinder unter fünf Jahren haben freien Eintritt ins Museum.

★ Museo de Oro Precolombino y Numismática MUSEUM
(Karte S. 70; ☎ 2243-4202; www.museosdelbancocentral.org; Plaza de la Cultura, Av Central & 2 zwischen Calle 3 & 5; Erw./Student/Kind 11/8 US$/gratis; ⌚ 9.15–17 Uhr) Dieses Museum präsentiert eine umfangreiche Sammlung von Costa Ricas wertvollsten präkolumbischen Goldarbeiten und anderen Artefakten, darunter historische Münzen und einige zeitgenössische Regionalkunst. Das Museum, unter der Plaza de la Cultura gelegen, ist im Besitz des Banco Central und seine Architektur erinnert an das Gewölbe einer Bank. Die Sicherheitsvorkehrungen sind streng; Besucher müssen ihre Taschen an der Garderobe abgeben.

Mercado Central MARKT
(Karte S. 70; Av Central & 1 zwischen Calle 6 & 8; ⌚ Mo–Sa 6.30–18 Uhr) Obwohl die *josefinos* ihre Einkäufe größtenteils in Supermarktketten erledigen, bewahren sich die Markthallen von San José doch ein Gefühl einer vergangenen Zeit. Dies ist der Hauptmarkt, in dem Verkäufer alles von Gewürzen und Kaffeebohnen bis hin zu *pura-vida-T-Shirts*, made in China, verkaufen. Alles ist superbillig und wahrscheinlich in China oder Nicaragua hergestellt.

Im Dezember hat der Mercado Central mitunter länger geöffnet, außerdem auch am Sonntag.

Mercado Borbón MARKT
(Karte S. 70; ☎ 2223-3512; www.facebook.com/mercadoborbon; Ecke Av 3 & Calle 8; ⌚ Mo–Sa 5–18 Uhr) Am Mercado Borbón gibt es vorwiegend Lebensmittel, obwohl er ein bisschen was von allem verkauft. (Achtung: Hier unbedingt gut auf die Tasche achten.)

Museo Nacional de Costa Rica MUSEUM
(Karte S. 66; ☎ 2257-1433; www.museocostarica.go.cr; Calle 17 zwischen Av Central & 2; Erw./Kind 9/4 US$; ⌚ Di–Sa 8.30–16.30, So 9–16.30 Uhr) Durch ein verglastes Atrium mit exotischem

San José

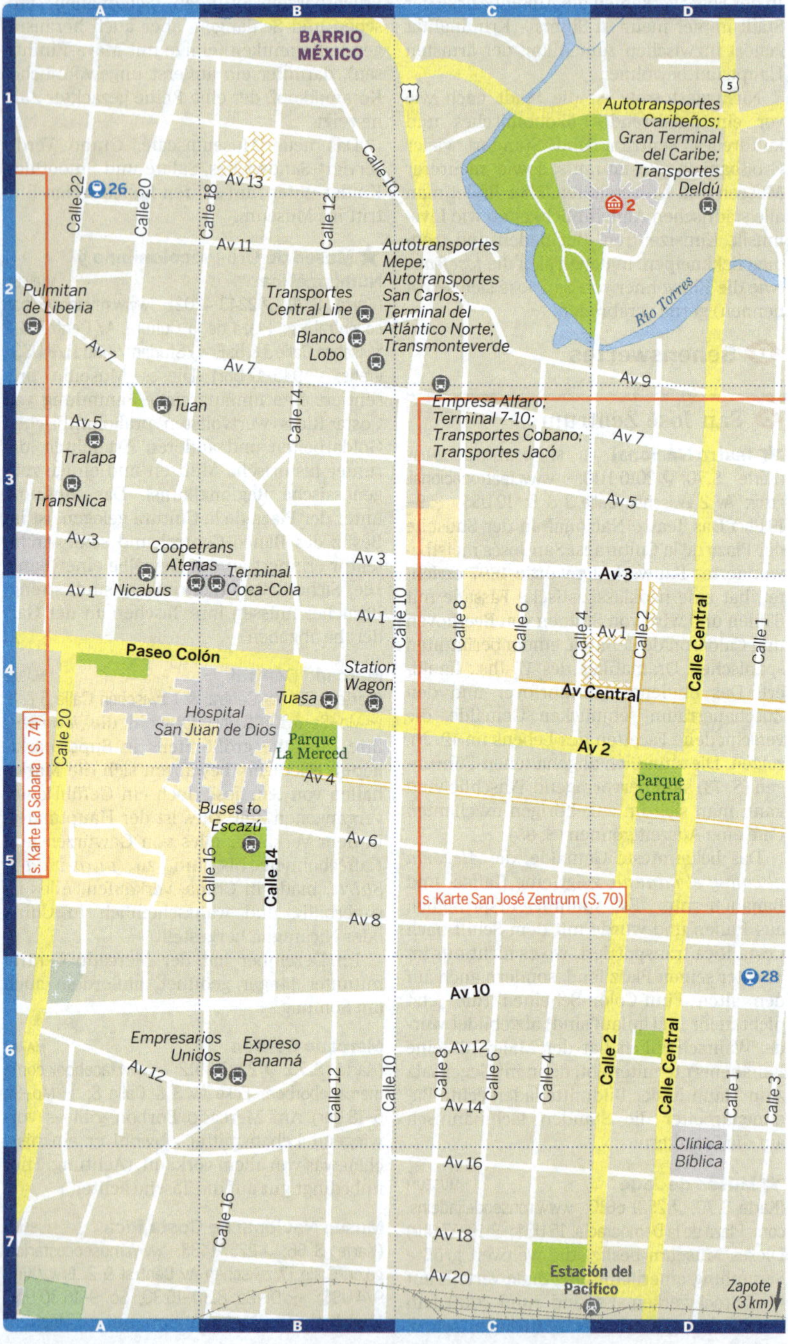

A
B
C
D
1
2
3
4
5
6
7
BARRIO MÉXICO
Calle 10
Autotransportes Caribeños; Gran Terminal del Caribe; Transportes Deldú
2
Av 13
26
Calle 22
Calle 20
Calle 18
Calle 12
Av 11
Autotransportes Mepe; Autotransportes San Carlos; Terminal del Atlántico Norte; Transmonteverde
Transportes Central Line
Pulmitan de Liberia
Blanco Lobo
Río Torres
Av 7
Av 9
Tuan
Empresa Alfaro; Terminal 7-10; Transportes Cobano; Transportes Jacó
Calle 14
Av 5
Tralapa
TransNica
Av 3
Coopetrans Atenas
Terminal Coca-Cola
Nicabus
Av 1
Calle 8
Calle 6
Calle 4
Calle 2
Calle Central
Calle 1
Paseo Colón
Station Wagon
Tuasa
Av Central
Hospital San Juan de Dios
Parque La Merced
Av 2
Av 4
Parque Central
s. Karte La Sabana (S. 74)
Buses to Escazú
Av 6
Calle 16
s. Karte San José Zentrum (S. 70)
Av 8
28
Av 10
Empresarios Unidos
Expreso Panamá
Av 12
Av 14
Calle 3
Clínica Bíblica
Av 16
Av 18
Av 20
Estación del Pacífico
Zapote (3 km)

0
500 m
E
F
G
H
32
BARRIO TOURNON
Moravia (6 km)
108
7
6
BARRIO ARANJUEZ
35
8
14
16
Av 13
22
Av 11
34
BARRIO AMÓN
5
BARRIO OTOYA
17
Av 11
Av 9
19
18
Calle 3A
Calle 5
Calle 7
Calle 9
Calle 11
Calle 13
Calle 17
Calle 19
Av 7
Parque España
Parque Morazán
Av 3
Estación del Atlántico
20
21
4
1
12
Calle 3
Calle 5
Calle 7
Calle 9
Calle 11
Av 1
Asamblea Legislativa
29
33
32
Av Central
3
BARRIO LA CALIFORNIA
Av 2
15
27
Calle 15
Calle 17
Calle 19
Calle 21
10
Av 6
Oberster Gerichtshof
Komplex des Obersten Gerichtshofs
Transtusa
23
11
9
Av 8
Av 8
Lumaca
30
13
24
Av 10
Av 10
25
31
Calle 5
Calle 7
Av 12
Calle 9
Calle 11
Calle 13
Calle 13A
Av 12
Av 10
Av 14
Av 16
Av 12
Av 18
Terminal Tracopa
s. Karte Los Yoses, Barrio Escalante & San Pedro (S. 80)
1
2
3
4
5
6
7
SAN JOSÉ

San José

Sehenswertes
1 Estación del Ferrocarril de Costa Rica ... H4
2 Museo de los Niños & Galería Nacional ... D2
3 Museo Nacional de Costa Rica ... G5
4 Parque Nacional ... G4
5 Parque Zoológico Nacional Simón Bolívar ... F2
6 Spirogyra Jardín de Mariposas ... F2

Aktivitäten, Kurse & Touren
7 Swiss Travel Service ... E2

Schlafen
8 Casa Botanica de Aranjuez ... H2
9 Casa Ridgway ... F6
10 Costa Rica Backpackers ... H5
11 Costa Rica Guesthouse ... H5
12 Hostel Casa del Parque ... G4
13 Hostel Shakti ... F6
14 Hotel Aranjuez ... H2
15 Hotel Posada del Museo ... G5
16 Kaps Place ... H3

Essen
17 Café de los Deseos ... G2
18 Café del Barista ... H3
Kaps Cafe ... (s. 16)
19 La Terrasse ... G3
20 La Ventanita Meraki ... G4
21 Maza Bistro ... G4
Restaurante Shakti ... (s. 13)
22 Talentum ... E2
23 Tin Jo ... F5

Ausgehen & Nachtleben
24 Antik ... G6
25 BO Club ... F6
26 Castro's ... A1
27 Craic Irish Pub ... H5
28 La Avispa ... D6
29 La Concha de la Lora ... H4
Mercado La California ... (s. 29)
30 Pucho's Bar ... F6

Unterhaltung
31 Arenas Skate Park ... F6
Auditorio Nacional ... (s. 2)
32 Cine Magaly ... H4
33 El Cuartel de la Boca del Monte ... H4
34 El Sótano ... E3

Shoppen
35 Feria Verde de Aranjuez ... G2

Schmetterlingshaus gelangt man in dieses Museum. In der alten Festung Bellavista, die einst Hauptsitz der Armee und im Bürgerkrieg von 1948 heftig umkämpft war (daher die Zerstörungsspuren), können sich Besucher einen kurzen Überblick über die costa-ricanische Geschichte verschaffen. Ausgestellt werden präkolumbische Exponate aus aktuellen archäologischen Ausgrabungen sowie koloniale Artefakte und Objekte aus der frühen Republik.

Hier kündigte Staatspräsident José Figueres Ferrer 1949 die Abschaffung des Militärs an. Neben anderen bemerkenswerten Stücken findet sich auch sein Füller, mit dem er 1949 die Verfassung unterzeichnete.

Sehenswert sind die Galerien im nordöstlichen Bereich, die einst als Privaträume der jeweiligen obersten Befehlshaber des Forts genutzt wurden: Heute sind dort deren Möbel und Wohnaccessoires aus der Zeit der Jahrhundertwende (19./20. Jh.) zu sehen.

Museo de los Niños & Galería Nacional — MUSEUM

(Karte S. 66; ☎ 2258-4929; www.museocr.org; Calle 4, nördl. der Av 9; Erw./Kind 3,80/3,50 US$; ⏲ Di–Fr 8–16.30, Sa & So 9.30–17 Uhr;) Wer nicht genau weiß, wie er seine Kinder für Kunst und Wissenschaft interessieren kann, sollte in diesem Museum – eigentlich sind es zwei in einem – damit anfangen. In einem ehemaligen Gefängnis von 1909 ist es teils Kinder-, teils Kunstmuseum. Kleine Kinder lieben die interaktiven Exponate zu Naturwissenschaft und -geschichte sowie Geografie. Erwachsenen gefällt die ungewöhnliche Präsentation zeitgenössischer Kunst in verlassenen Gefängniszellen.

Barrio Amón — AREA

(Karte S. 70) Nördlich und westlich der Plaza España liegt das historische Stadtviertel Amón mit vielen sehenswerten Herrenhäusern der einstigen *cafetaleros* (Kaffeebarone), die ihren Wohlstand mit dem Export der beliebten Bohne erzielt hatten. Sie hatten die Gebäude im späten 19. und frühen 20. Jh. gebaut; in den letzten Jahren wurden viele von ihnen in Hotels, Restaurants und Büros umfunktioniert. Alleine schon wegen der Architektur lohnt sich ein Bummel durch das angenehme Viertel: Hier findet sich alles, angefangen bei Herrenhäusern im Art-déco-Stil bis hin zu viktorianischen Gebäuden mit tropischem Flair. Und wie nirgendwo sonst in der Hauptstadt ist hier im Barrio die Kunst zu Hause.

Plaza de la Cultura PLAZA

(Karte S. 70; Av Central & 2 zwischen Calle 3 & 5) Dieser architektonisch uninteressante Betonplatz im Herzen des Stadtzentrums ist meist mit Einheimischen gefüllt, die Eis schlecken und die ganze Vielfalt des Lebens in San José beobachten: jonglierende Clowns, Straßenverkäufer und herumfahrende Teenager. Es ist wohl einer der sichersten Plätze in der Stadt, da an einer Ecke ein Ausguckposten der Polizei steht.

Museo de Arte y Diseño Contemporáneo MUSEUM

(MADC; Karte S. 70; 2257-7202; www.madc.cr; Ecke Av 3 & Calle 15; 3 US$, Di gratis; Di–Sa 9.30–17 Uhr) Das meist kurz MADC genannte Museum für Zeitgenössische Kunst & Design liegt im historischen Gebäude der ehemaligen Nationalen Likörfabrik aus dem Jahr 1856. Als größtes und wichtigstes Museum zeitgenössischer Kunst in der Region liegt der Schwerpunkt auf Gegenwartskunst aus Costa Rica, Mittel- und Südamerika. Gelegentlich gibt es auch Sonderausstellungen zu Design, Mode und Grafik.

Central Nacional de la Cultura KULTURZENTRUM

(Cenac; Karte S. 70; Calle 11A; Mo–Fr 8–16 Uhr) Dieses Kulturzentrum in der historischen Nationalen Likörfabrik beherbergt ein Museum für Kunst und Design, ein Videomuseum, eine Galerie und zwei Theater.

TEOR/éTica KUNSTGALERIE

(Karte S. 70; 2233-4881; www.teoretica.org; Ecke Calle 7 & Ave 11; Mo, Di & Do 9–17, Mi 9–18, Fr bis 12, Sa 10–16 Uhr) GRATIS Das zeitgenössische Kunstmuseum der TEOR/éTica-Stiftung, einer Nonprofit-Organisation, die Kunst und Kultur aus Mittelamerika unterstützt, hat seinen Sitz in zwei Backsteinhäusern einander gegenüber an derselben Straße. In den eleganten Zimmern sind Werke von Künstlern aus Lateinamerika und der ganzen Welt ausgestellt.

Parque Nacional PARK

(Karte S. 66; Av 1 & 3 zwischen Calle 15 & 19) Dieser Schattenplatz, einer von San Josés schönsten Parks, lockt Rentner an, die hier Zeitung lesen, und junge Paare, die hier schmusen. Im Zentrum liegt das Monumento Nacional, eine dramatische Statue von 1953, die schildert, wie die mittelamerikanischen Nationen den nordamerikanischen Freibeuter William Walker vertreiben. Den Park zieren zahlreiche Monumente, die lateinamerikanischen historischen Figuren gewidmet sind, darunter der kubanische Poet, Essayist und Revolutionär José Martí, der mexikanische Freiheitskämpfer Miguel Hidalgo und der venezolanische Humanist des 18. Jhs. Andrés Bello. Auf der anderen Straßenseite im Süden erhebt sich die **Asamblea Legislativa** (Gesetzgebende Versammlung; Ecke Av 8 & Calle 33), auch dort gibt es eine bedeutende Statue: sie zeigt Juan Santamaría – den jungen Mann, der half den lästigen Walker aus Costa Rica zu vertreiben – in voller Aktion.

Parque Zoológico Nacional Simón Bolívar ZOO

(Karte S. 66; 2256-0012; www.fundazoo.org; Ave 11 zwischen Calle 7 & 9; Erw./Kind 5/3,70 US$; Mo–Fr 8.30–16, Sa & So 9–16.30 Uhr) Es mag befremdlich wirken, in einem Land mit einer derart großen Tiervielfalt in den Zoo zu gehen, aber dieser Park ist bei einheimischen Familien beliebt, die hier am Wochenende die Tiere bestaunen. Es geht etwas rau zu – die Gehege sind überfüllt, und ein paar Reisende haben sich schon über die verdreckten Käfige beschwert –, aber für kleine Kinder kann der Zoo eine gute Einführung in die hiesige Tierwelt sein.

Wer allerdings Zeit für einen Tagesausflug hat, sollte den Zoo Ave (S. 115) in Alajuela besuchen.

Spirogyra Jardín de Mariposas GARTEN

(Karte S. 66; 2222-2937; www.butterflygardencr.com; Barrio Amón; Erw./Kind 7/4 US$; Mo–Fr 9–14, Sa & So 9–15 Uhr; ; bis El Pueblo) Hier flattern in üppig bepflanzten Volièren mehr als 30 Schmetterlingsarten umher – unter anderem der leuchtend blaue Morphofalter. Der kleine Schmetterlingsgarten ist super für Kinder geeignet. Vor allem frühmorgens herrscht turbulentes Schwirren. Der Garten liegt 150 m östlich und 150 m südlich vom Centro Comercial El Pueblo und kann zu Fuß (20–30 Gehminuten von der Innenstadt), mit Taxi oder Bus erreicht werden.

Plaza de la Democracia PLAZA

(Karte S. 70; Av Central & 2 zwischen Calle 13 & 15) Zwischen dem Museo Nacional und dem Museo de Jade liegt die nüchterne Plaza de la Democracia, die 1989 von Präsident Oscar Arias zur Hundertjahrfeier der Demokratie Costa Ricas angelegt wurde. Die Beton-Plaza ist architektonisch langweilig, aber einige der erhöhten Terrassen bieten schöne Blicke auf die Berge, die San José umgeben (vor allem beim Sonnenuntergang). An der Westseite ist ein Kunsthandwerksmarkt (S. 100).

San José Zentrum

Catedral Metropolitana — KATHEDRALE

(Karte S. 70; ☎2221-3820; Av 2 & 4 zwischen Calle Central & 1) Östlich des Parque Central wurde im Jahr 1871 die Catedral Metropolitana im Stil der Renaissance erbaut, nachdem der Vorgängerbau bei einem Erdbeben zerstört wurde. Das elegante neoklassizistische Innere ist mit farbigen spanischen Fliesen, Buntglasfenstern und einer Christusfigur, die im späten 17. Jh. in Guatemala gefertigt wurde, verziert. An der Nordseite des Kirchenschiffs gibt es einen liegenden Christus von 1878, zu dem gläubige Ticos kommen, um zu beten und Zettel mit ihren Bitten niederzulegen.

Estación del Ferrocarril de Costa Rica — HISTORISCHES GEBÄUDE

(Estación Atlántico; Karte S. 66; ☎2542-5800; www.incofer.go.cr; Ecke Av 3 & Calle 21) Weniger als einen Block östlich des Parque Nacional befindet sich San Josés alte Bahnstation, die Verbindungen Richtung Atlantikküste bietet. Die Station wurde im Jahr 1908 erbaut. Sie ist ein bemerkenswertes Beispiel tropischer Baukunst, mit verästeltem Gebälk im Art-nouveau-Stil und recht aufwendig gearbeiteten Steinmetzelementen entlang der Dachlinie. Heute verkehren von hier aus an Wochentagen Züge nach Heredia und Cartago.

Parque Morazán — PARK

(Karte S. 70; Av 3 & 5 zwischen Calle 5 & 9) Südwestlich des Parque España liegt der Parque Morazán, der nach Francisco Morazán benannt ist, einem General des 19. Jhs., der versuchte die mittelamerikanischen Nationen unter einer Flagge zu vereinigen. Der Park war einst ein berüchtigtes Zentrum der Prostitution, ist heute aber abends wunderbar beleuchtet und dadurch etwas sicherer. In der Mitte steht der **Templo de Música** (Musiktempel), ein Musikpavillon aus Beton, der als inoffizielles Symbol von San José dient.

Parque Central

PARK

(Karte S. 70; Av 2 & 4 zwischen Calle Central & 2) Der zentrale Stadtpark gleicht eher einer heruntergekommenen Plaza. In der Mitte steht ein monumentaler Musikpavillon, der aussieht, als wäre er nach einem Entwurf von Mussolini entstanden: Massive Betonstützpfeiler tragen ein überladenes Dach, gekrönt von einer dekorativen Kugel.

Parque España

PARK

(Karte S. 70; Av 3 & 7 zwischen Calle 9 & 11) Der vom Verkehr umtoste Parque España ist zwar klein, doch ab Sonnenaufgang ertönt hier ein lebhaftes Vogelkonzert, wenn sich die örtliche Vogelwelt hier niederlässt. Der Park ist nicht nur ein guter Platz für eine kleine Ruhepause im Schatten, hier steht auch eine Statue von Christoph Kolumbus, die dessen Nachfahren im Jahr 2002 dem Volk von Costa Rica anlässlich der 500-Jahr-Feier seiner Landung in Puerto Limón schenkten.

Edificio Metálico

WAHRZEICHEN

(Karte S. 70; Ecke Av 5 & Calle 9) Einer der interessantesten Bauten in San José ist diese rund hundert Jahre alte, zweistöckige Metallkonstruktion am Westrand des Parque España. Sie wurde in Belgien vorproduziert, dann Stück für Stück nach San José verschifft. Heute dient sie als Schule und lokales Wahrzeichen.

Casa Amarilla

HISTORISCHES GEBÄUDE

(Karte S. 70; Av 7 zwischen Calle 11 & 13) An der Nordostecke des Parque España erhebt sich dieses elegante gelbe Herrenhaus im Kolonialstil. Heute hat hier das Außenministerium seinen Sitz (das Gebäude ist für die Öffentlichkeit nicht zugänglich). Der Ceiba-Baum davor wurde im Jahr 1963 von John F. Kennedy bei seinem Costa-Rica-Besuch gepflanzt. Wenn man um die Nordwestecke des Gebäudes geht, sieht man im Garten ein mit Graffiti bedecktes Stück der Berliner Mauer.

La Sabana & Umgebung

Parque Metropolitano La Sabana

PARK

(Karte S. 74) Einst war hier der wichtigste Flughafen von San José; heute haben auf der 72 ha großen Grünfläche am westlichen Ende des Paseo Colón ein Museum, eine Lagune und verschiedene Sportstätten eine Heimat gefunden – vor allem Costa Ricas Nationalstadion (S. 98). Tagsüber eignet sich der Park bestens zum Bummeln, Joggen oder für ein Picknick.

Museo de Arte Costarricense

MUSEUM

(Karte S. 74; ☎ 2256-1281; www.musarco.go.cr; am östlichen Eingang zum Parque La Sabana; ⌚ Di–So 9–16 Uhr; 👪) GRATIS Das Gebäude im spanischen Stil diente bis 1955 als San Josés wichtigster Flughafenterminal. Heute werden in dem kürzlich umgebauten Museum regionale Kunst und andere Exponate gezeigt.

Museo de Ciencias Naturales La Salle

MUSEUM

(☎ 2232-1306; www.museolasalle.ed.cr; Sabana Sur; Erw./Kind 2/1,60 US$; ⌚ Mo–Sa 8–16, So 9–17 Uhr; 👪) Das Naturgeschichtliche Musem nahe der südwestlichen Ecke des Parque La Sabana besitzt eine umfangreiche Sammlung an Säugetier- und Vogelpräparaten aus Costa Rica und aus anderen Ländern sowie Tierskelette, Mineralien, konservierte Exemplare und eine riesige neue Schmetterlingsausstellung. Dieses Museum macht vor allem Kindern viel Spaß.

San José Zentrum

Highlights
1 Museo de Jade ... F3
2 Museo de Oro Precolombino y Numismática ... D3
3 Teatro Nacional ... D3

Sehenswertes
4 Barrio Amón ... E1
5 Casa Amarilla ... F1
6 Catedral Metropolitana ... C4
7 Central Nacional de la Cultura ... F2
8 Edificio Metálico ... E2
9 Mercado Borbón ... A2
10 Mercado Central ... A2
11 Museo de Arte y Diseño Contemporáneo ... F2
12 Parque Central ... B4
13 Parque España ... E2
14 Parque Morazán ... D2
15 Plaza de la Cultura ... D3
16 Plaza de la Democracia ... F3
17 TEOR/éTica ... E1

Aktivitäten, Kurse & Touren
18 Barrio Bird Walking Tours ... D2
19 ChepeCletas ... F1
20 Downtown Yoga ... F1
Teatro Nacional ... (s.3)

Schlafen
21 Hemingway Inn ... E1
22 Hostel Pangea ... D1
23 Hotel Colonial ... E4
24 Hotel Don Carlos ... E1
25 Hotel Fleur de Lys ... F4
26 Hotel Kekoldi ... D1
27 Hotel Presidente ... D3
28 Selina San José ... F1

Essen
29 Alma de Amón ... D1
Alma de Café ... (s. 3)
30 Café La Mancha ... C3
31 Café Miel ... F1
32 Café Mundo ... F1
33 Café Rojo ... D1
34 Café Té Ría ... F2
35 El Patio del Balmoral ... E3
36 Kula ... F1
37 La Esquina de Buenos Aires ... E4
38 La Sorbetera de Lolo Mora ... A2
39 Mariscos Poseidon ... A2
40 Nuestra Tierra ... F4
41 Q Café ... B3
42 Restaurante La Criollita ... E2

Ausgehen & Nachtleben
Azotea Calle 7 ... (s. 27)
Bebedero ... (s. 30)
43 Chubbs ... E2
Stiefel ... (s. 34)

Unterhaltung
44 Casino Club Colonial ... E3
45 Casino del Rey ... E3
46 Centro de Cine ... E1
47 El Lobo Estepario ... F4
48 Teatro Melico Salazar ... B3
Teatro Nacional ... (s. 3)

Shoppen
49 Distrito Carmen ... E1
50 eÑe ... F2
51 Galería Namu ... D1
52 Librería Lehmann ... C3
53 Mercado Artesanal ... F4
54 Mora Books ... D2

Escazú & Santa Ana

Refugio Herpetologico de Costa Rica
NATURSCHUTZGEBIET

(☎ 2282-4614; www.refugioherpetologico.com; Carretera John F. Kennedy, Santa Ana; Erw./Kind 20/10 US$; ⏱ Di–So 9–16 Uhr) Costa Rica ist ein Land, in dem sehr viele wild lebende Reptilien leben, doch für alle Besucher, die Schuppentieren lieber in einer kontrollierten und sicheren Umgebung begegnen wollen, gibt es das Refugio Herpetologico. Es werden hier eine Reihe von Schlangen, Schildkröten, Kaimanen und ein großes Krokodil gezeigt, die man gut hinter einer großen Glasscheibe beobachten kann, wie sie unter Wasser schwimmen.

In diesem Naturschutzgebiet leben auch noch einige Spinnen und Kapuzineräffchen sowie ein paar Ozelots.

Los Yoses, Barrio Escalante & San Pedro

Barrio Escalante
GEBIET

(Karte S. 80) Früher war das Barrio Escalante ein reines Wohngebiet. Heute sind die Straßen dieses zunehmend begehrteren Viertels mit Dutzenden von Restaurants, Cafés, Bäckereien und Bars gesäumt. Die größte Konzentration von Speiselokalen liegt an der Calle 33 und trägt den Beinamen Paseo Gastronómico La Luz (La Luz Restaurant Promenade) zu Ehren eines kleinen Lebensmittelladens an einer Straßenecke gegenüber der Avenida Central. Wenn am Wochenende abends reihenweise Gourmets im Barrio Escalante unterwegs sind, kann die Parkplatzsuche zu einem schwierigen Problem werden.

Museo de Insectos MUSEUM
(Insektenmuseum; Karte S. 80; ☎2511-8551, 2511-5318; www.facebook.com/insectosucr/; San Pedro; 3 US$; ⏲Mo–Fr 8–12 & 13–16.45 Uhr) In Mittelamerikas vermutlich größtem Insektenmuseum hat die Facultad de Agronomía Central (die landwirtschaftliche Fakultät) der Universidad de Costa Rica eine große Sammlung zusammengetragen. Nach Besichtigung der Arten sind die Besucher in einen Raum mit einer Küche eingeladen, wo sie Mehlwürmer, Skarabäen und Grillen kosten können. Ein bisschen Salz und Oregano bewirkt wahre Wunder.

Seltsamerweise ist das Museum im Untergeschoss des Musikgebäudes, einem brutalistischen Bau in einem seltsamen Rosaton, untergebracht.

Aktivitäten

Im Parque Metropolitano La Sabana gibt es eine Reihe von beliebten Sportstätten, darunter Tennis-, Volleyball-, Basketball- und Baseballplätze, Joggingwege und Fußballplätze. Außerdem kann man im **Parque Valle del Sol** Golf (☎ext 3 2282-9222; www.vallesol.com; 1,7 km westlich der HSBC Bank, Santa Ana; 9 oder 18 Löcher 48–67 US$, ⏲Di–So 6–18, Mo 8–18 Uhr) spielen, zu einigen wunderbaren Windmühlen in **Las Eólicas** (Die Windmühlen; Santa Ana) GRATIS bummeln oder Salsa bei **Merecumbé San Pedro** (Karte S. 80; ☎2224-3531; Ecke Av 8 & Calle 65) oder **Escazú** (Karte S. 84; ☎8884-7553, 2289-4774; www.facebook.com/merecumbe.escazu.3/; Ecke Av 26 & Calle Cortés) lernen.

Geführte Touren

Die Stadt ist klein und man kommt gut voran. Wer einen geführten Spaziergang sucht, der zu den wichtigstens Sehenswürdigkeiten führt, wird ganz bestimmt fündig.

★ **Barrio Bird Walking Tours** SPAZIERGANG
(Karte S. 70; ☎6280-6169; www.toursanjosecostarica.com; Touren ab 29 US$) Kenntnisreiche, engagierte Führer zeigen Besuchern die berühmten und weniger berühmten Sehenswürdigkeiten San Josés. Sie liefern Geschichte und Informationen zur Architektur, den Märkten und der städtischen Kunst von San José. Es gibt auch Spezialtouren für Gourmets und Kulturbegeisterte.

★ **Really Experience Community** GEFÜHRTE TOUREN
(Triángulo de la Solidaridad Slum Tour; ☎2297-7058; www.boywithaball.com; 12–25 US$ pro Person, 100 $ Minimum für eine Gruppe) Bei Really Experience Community gibt es nicht die durchschnittliche Slumtour. Es mag ausbeuterisch wirken, aber der Besuch von El Triángulo, einer Ansiedlung von Hausbesetzern nördlich von San José, ist alles andere als das. Erfolgversprechende junge Bewohner führen und machen die Gäste mit dem Viertel und den Unternehmern der Gemeinde bekannt. Kameras sind nicht erlaubt, aber die Gespräche hinterlassen einen bleibenden Eindruck. Der Minimumpreis liegt bei 100 $, ideal für Gruppen. Boy With a Ball verlangt eine Buchung wenigstens drei Tage im Voraus.

Teatro Nacional KULTUR
(Karte S. 70; ☎Durchwahl 1114-2010-1100; www.teatronacional.go.cr/Visitenos/turismo; Av 2 zwischen Calle 3 & 5; Führung 10 US$, Kinder unter 12 gratis; ⏲9–17 Uhr) Auf dieser faszinierenden Tour werden die Teilnehmer mit Geschichten über die Kunst, die Architektur und die Menschen hinter Costa Ricas Kronjuwel, seinem Nationaltheater, auf informative Art unterhalten. Das Beste ist ein Blick in ansonsten abgesperrte Bereiche wie den Rauchersalon mit berühmten Gemälden, opulenten antiken Möbeln und kunstvollem Goldschmuck. Stündlich starten Führungen auf Spanisch und Englisch für jeweils maximal 15 Personen.

ChepeCletas GEFÜHRTE TOUREN
(Karte S. 70; ☎8849-8316; www.chepecletas.com; Sa Vorm. 10 US$ pro Person) Dieses dynamische von Ticos geführte Unternehmen bietet ausgezeichnete private Touren mit den Schwerpunkten Geschichte, Kultur, Lebensmittelmärkte, Kaffee und Nachtleben. Auf dem ständig wechselnden Program stehen auch informative Spaziergänge durch San José am Samstagvormittag und kostenlose Radtouren am Mittwoch um 19 Uhr (und gelegentlich auch am Sonntagvormittag).

Costa Rica Art Tour GEFÜHRTE TOUREN
(☎8359-5571; www.costaricaarttours.com; pro Pers. 150 US$) Diese kleine Agentur unter Leitung von Molly Keeler bietet individuelle Touren an, bei denen man Künstler und ihre Ateliers kennenlernen kann. Die Werke der einheimischen Maler, Bildhauer, Grafiker, Töpfer und Goldschmiede sind zu bestaunen und auch zu kaufen. Die Abholung vom Hotel in der Stadt und ein Mittagessen sind im Preis inbegriffen. Man sollte mindestens eine Woche im Voraus reservieren. Gruppen bekommen Rabatt.

La Sabana

La Sabana

Sehenswertes
1 Museo de Arte Costarricense D2
2 Parque Metropolitano La Sabana B2

Schlafen
3 Apartotel La Sabana C1
4 Gaudy's D2
5 Hotel Grano de Oro E3
6 La Rosa del Paseo E2
7 Mi Casa Hostel B1

Essen
8 Las Mañanitas D2
9 Lubnan F3
10 Machu Picchu E2
11 Más X Menos D1
12 Palí F2
13 Park Café C1
Restaurante Grano de Oro .... (s. 5)
14 Soda Tapia D3

Ausgehen & Nachtleben
15 Club Vertigo D2

Unterhaltung
16 Estadio Nacional de Costa Rica A2
17 Sala Garbo E3

Swiss Travel Service SPAZIERGANG
(Karte S. 66; ☎2282-4898, 8310-7636; www.swisstravelcr.com; Preis je nach Gruppengröße) Diese seit Langem bestehende Agentur bietet vierstündige Nachmittagstouren durch San José, die zu allen wichtigen Sehenswürdigkeiten führen. Das Angebot gibt es am Montag nicht.

Carpe Chepe GEFÜHRTE TOUREN
(☎8347-6198; www.carpechepe.com; geführte Pub-Touren 20 US$; ⏰Fr & Sa 20 Uhr) Einen Insider-Blick auf Chepes Nachtleben bieten diese geführten Kneipentouren am Freitag- und Samstagabend, die von einer Reihe von begeisterten jungen Einheimischen geführt werden. Ein Getränk in jeder der vier besuchten Bars ist inklusive. Es gibt noch weitere Angebote, darunter einen Hop-on-Hop-off-Bus zum Nachtleben, Gourmet-Touren, eine Craft-Bier-Tour und kostenlose Spaziergänge durch San José. Beachten: Die Touren finden nicht immer pünktlich statt und wirken mitunter ein bisschen chaotisch.

Feste & Events

Día del Boyero KULTURELLES FEST
(⏰März) Am zweiten Sonntag im März begeht Escazú dieses beliebte Fest zu Ehren

von Costa Ricas *boyeros* (Ochsenkarrenfahrern). Dutzende von Teilnehmern aus dem ganzen Land schmücken traditionelle, bunt bemalte Karren und bilden dann eine farbenprächtige – wenn auch etwas langsame – Parade.

Día de San José RELIGIÖSES FEST
(Sankt-Josefs-Tag; 19. März) Am Namenstag von San Josés Schutzpatron finden in vielen Kirchen Gottesdienste statt.

Festival de las Artes DARSTELLENDE KUNST
(FIA; 2248-3240; www.facebook.com/festivaldelasartescr) Jedes zweite Jahr ist San José Gastgeber vieler über die ganze Stadt verteilter Veranstaltungen aus den Bereichen Schauspiel, Musik, Tanz und Film. Meist finden die Veranbstaltungen in zwei Wochen im März oder April statt, aber der Monat kann variieren. Information gibt es in den Tageszeitungen.

International Book Fair LITERATUR
(www.feriadellibrocostarica.com; Antigua Aduana; Aug. oder Sept.) Tausende Besucher kommen für diese große mehrtägige Veranstaltung in die Hauptstadt Costa Ricas. Es finden u.a. Lesungen, Buchverkäufe und Präsentationen von international bekannten Autoren statt.

Desfile de los Boyeros KULTUR
(Oxcart Parade; Paseo Colón; Nov.) Diese Parade von Ochsenkarren entlang dem Paseo Colón feiert das landwirtschaftliche Erbe des Landes.

Festival de la Luz RELIGIÖS
(Fest des Lichts; www.festivaldelaluz.cr; Dec) Der Dezember bringt den großen Weihnachtsumzug in San José mit raffinierten Kostümen und Prunkwägen sowie einer absurden Menge von Plastikschnee.

Las Fiestas de Zapote KULTUR
(www.fiestaszapote.com; Zapote; Ende Dez. bis Anfang Januar) Zwischen Weihnachten und Neujahr ziehen diese einwöchigen Feierlichkeiten zu Ehren von allem, was zu Costa Rica gehört, Zehntausende von Ticos in die Stierkampfarena nach Zapote, direkt südöstlich von San José.

Schlafen

Die Unterkünfte in San José decken das gesamte Spektrum von heimeligen Hostels bis zu luxuriösen Boutiquehotels ab. Wer nur auf der Durchreise ist, bezieht besser in Alajuela sein Quartier, denn diese Stadt ist nur ein paar Autominuten vom internationalen Flughafen entfernt.

In der Hochsaison (Dezember bis April) sind Reservierungen empfehlenswert, vor allem in den zwei Wochen um Weihnachten und die Semana Santa (Heilige Woche/Karwoche).

San José Zentrum

Die meisten besseren Unterkünfte im Stadtzentrum liegen östlich der Calle Central, viele davon in historischen viktorianischen oder Art-déco-Herrenhäusern. Die meisten teureren Hotels akzeptieren Kreditkarten.

★ **Hostel Casa del Parque** HOSTEL $
(Karte S. 66; 2233-3437; www.hostelcasadelparque.com; Calle 19 zwischen Av 1 & 3; B 14 US$, DZ mit/ohne Bad 49/39 US$;) Das gemütliche, einladende Hostel befindet sich in einem Art-déco-Herrenhaus von 1936 am nordöstlichen Rand des Parque Nacional. Die fünf großen Doppelzimmer (zwei davon mit eigenem Bad), ein neuerer Sieben-Bett-Schlafsaal und ein älterer Zehn-Bett-Schlafsaal im Obergeschoss haben Parkettböden und einfaches Mobiliar. Der bepflanzte Patio lädt zum Sonnen ein, außerdem können die Gäste die Gemeinschaftsküche nutzen. Die zweisprachige junge Besitzerin

Amanda hat für ihre Gäste gute Restauranttipps auf Lager.

★ Selina San José HOSTEL $

(Karte S. 70; ☎ 4052-5147; www.selina.com/sanjose; Ecke Calle 13 & Av 9; B 10–15 US$, Zi. ab 40 US$; ❄ 📶) An einem schönen Platz im zentral gelegenen Barrio Otoya gehört dieses Hostel zum Selina-Backpacker-Imperium, das sich immer weiter über Mittel- und Südamerika ausdehnt. Fast über Nacht ist es zur beliebten Unterkunft junger Reisender geworden. Örtliche Top-Künstler und -Musiker kommen, um es zu gestalten und für Live Acts. Hier ist es laut und die Leute mögen es aber auch so.

Die Betten sind bequem, die Atmosphäre ist gesellig und die Räume sind fantasievoll; der Rezeptionstisch besteht aus einem umgebauten alten Volkswagen. Es gibt auch ein gutes Restaurant.

Casa Ridgway PENSION $

(Karte S. 66; ☎ 2222-1400, 2233-6168; www.casaridgwayhostel.com; Ecke Calle 15 & Av 6A; inkl. Frühstück B 17 US$, EZ/DZ ohne Bad 24/38 US$; P 🚭 📶) Diese kleine friedliche Pension in einer ruhigen Nebenstraße wird vom benachbarten Friends' Peace Center, einer Quäker-Organisation betrieben, die sich für soziale Gerechtigkeit und die Menschenrechte einsetzt. Es gibt eine kleine Lounge, eine Gemeinschaftsküche und eine Leihbücherei mit Büchern über die Politik und die Gesellschaft in Mittelamerika. Rauchen und Alkohol sind nicht erlaubt, Ruhezeit ist von 22 bis 6 Uhr.

Costa Rica Backpackers HOSTEL $

(Karte S. 66; ☎ 2221-9761, 2221-6191; www.costaricabackpackers.com; Av 6 nahe Calle 21; B 12–16 US$, DZ ohne Bad 35 US$35; P @ 📶 🏊) Das beliebte Hostel hat 19 einfache, aber saubere Schlafsäle und 14 normale Gästezimmer mit Gemeinschaftsbädern rund um einen großen Garten voller Hängematten samt Pool. Zwei Bars und ein Restaurant unterstreichen die entspannte Atmosphäre. Gemeinschaftsküche, Fernsehraum, kostenlose Gepäckaufbewahrung, ein Reisebüro, Internet und günstiger Flughafentransfer runden das tolle Angebot ab (26 US$).

Hostel Shakti HOSTEL $

(Karte S. 66; ☎ 2221-4631; www.hostelshakti.com; Ecke Ave 8 & Calle 13; B/EZ/DZ 18/30/40 US$ mit Frühstück; P ❄ @ 📶) Diese nette kleine Pension mit kräftigen Farben und natürlichen Materialien ist eine Oase der Ruhe und Behaglichkeit inmitten von San Josés Trubel. Die drei Schlafsäle und vier separaten Zimmer sind mit ausgesuchten Möbeln und farbenfroher Bettwäsche ausgestattet. Es gibt zwar eine voll eingerichtete Küche, die man aber kaum braucht, weil das dazugehörige Restaurant (S. 85) gesundes, frisches und leckeres Essen serviert.

Costa Rica Guesthouse PENSION $

(Karte S. 66; ☎ 2223-7034; www.costa-rica-guesthouse.com; Av 6 zwischen Calle 21 & 25; DZ inkl. Frühstück mit/ohne Bad 50/40 US$; P @ 📶) Diese Pension von 1904 verfügt über einfache angenehme Zimmer mit geräumigem Bad und Flure, die mit spanischen Fliesen

SAN JOSÉ MIT KINDERN

Bei einem Kurzurlaub in Costa Rica ist es recht wahrscheinlich, dass es einen ziemlich schnell aufs Land hinauszieht. Sollte es, aus welchen Gründen auch immer, anders kommen und man mit Kindern einen Tag – oder zwei oder drei – in San José verbringen, ist es gut zu wissen, dass die Stadt nicht unbedingt kinderfreundlich ist. Es herrscht dichter Verkehr, die Gehsteige sind voll und mit Stolperfallen übersät – mit Kinderwagen und Kids im Schlepptau kein Vergnügen. Die Stadt bietet recht wenig für Kinder im Speziellen, aber hier sind ein paar Vorschläge, um sie bei Laune zu halten:

Das Museo de Ciencias Naturales La Salle (S. 71) nahe dem Parque La Sabana beeindruckt die Kleinen mit seinen vielen Skeletten und Schaukästen voller ausgestopfter Tiere, und auch das Museo de los Niños (S. 68) mit seinen interaktiven Exponaten ist ein Hit für Kids. Kleine Naturliebhaber haben ihren Spaß daran, die Schmetterlinge im Spirogyra Jardín de Mariposas (S. 69) oder die exotischen Tiere im Parque Zoológico Nacional Simón Bolívar (S. 69) zu bestaunen. Ein netter Tagesausflug von San José ist der Besuch des Zoo Ave (S. 115), eines wunderbaren Tierparks mit Rettungsstation für Wildtiere. Hier sieht man einheimische Vögel und Affen in einer natürlicheren Umgebung.

Bei einem mehr als einwöchigen Aufenthalt in San José bietet sich vielleicht ein Spanischkurs an – viele Sprachschulen haben spezielle Angebote für Teenager.

dekoriert sind. Die Möblierung ist einfach (quietschende Betten), aber es ist ein ruhiger Platz, nett für Paare. Es gibt eine kleine Internet-Lounge, einen Patio und einen eingezäunten Parkplatz hinter dem Haus. Wäscheservice (pro Kilo 3 US$) ist verfügbar.

Casa Botanica de Aranjuez HISTORISCHES HOTEL **$$**
(Karte S. 66; ☎ 8818-1894; www.facebook.com/pg/casabotanicaaranjuez; Calle 19; Zi. inkl. Frühstück ab 60 US$; 📶) In einem 100 Jahre alten hölzernen Haus im Barrio Aranjuez wird dieses charmante Hotel von einem einheimischen Biologen betrieben, der hier auch seine private Kunstsammlung ausstellt. Es gibt fünf unterschiedlich gestaltete Zimmer in verschiedenen Größen, einige mit privater oder gemeinsamer Küche. Im Untergeschoss gibt es eine Galerie und einen Raum für Feiern, wo sich die In-Crowd von San José trifft.

Hostel Pangea HOSTEL **$$**
(Karte S. 70; ☎ 2221-1992; www.hostelpangea.com; Av 7 zwischen Calle 3 & 3A, Barrio Amón; B 14 US$, DZ mit/ohne Bad 55/35 US$, Suite ab 70 US$; P @ 📶 🏊) Dieses klasse Hostel mit 25 Schlafsaalbetten und 25 privaten Zimmern ist seit vielen Jahren bei Backpackern sehr beliebt. Kein Wunder: Es liegt mitten in der Stadt, ist mit Swimmingpool und einem Dachterrassen-Restaurant mit grandiosem Ausblick ausgestattet. Ganz klar, dass es auch eine tolle Party-Location ist.

Die Zimmer sind sauber, die Matratzen fest und die Gemeinschaftsbäder riesig und sauber. In den fünf Suiten des Hostels gibt es extra große Betten und Flachbild-TV. Weitere Pluspunkte sind kostenloses Internet, Gepäckaufbewahrung und rund um die Uhr Shuttles zum Flughafen (ab 14 US$).

Hotel Aranjuez HOTEL **$$**
(Karte S. 66; ☎ 2256-1825; www.hotelaranjuez.com; Calle 19 zwischen Av 11 & 13; Zi. inkl. Frühstück 32–95 US$; P @ 📶) Das Hotel im gleichnamigen Viertel besteht aus fünf gepflegten älteren Holzbungalows, die durch ein Labyrinth aus Gärten und Wegen miteinander verbunden sind. Die 35 makellosen Zimmer sind alle unterschiedlich geschnitten und ausgestattet. Sie verfügen über Tresore und Kabel-TV. Der Clou ist der üppig grüne Patio, wo jeden Morgen ein opulentes Frühstücksbüfett die Gäste mit allerlei Leckereien verwöhnt. Zwar ist die Architektur etwas wackelig, und die Wände sind dünn, aber der Service ist effizient. Eine gute familienfreundliche Unterkunft! Die Zimmer im neueren Apartmentgebäudekomplex einen halben Block entfernt haben weniger Flair als die im Haupthotel, aber auch die Gäste hier haben Zugang zu den netten Gemeinschaftsbereichen und zum gigantischen Frühstück.

Luz de Luna BOUTIQUEHOTEL **$$**
(Karte S. 80; ☎ 2225-4919; www.luzdelunahotelboutique.com; Calle 33 zwischen Av 3 & 5; Zi 46–75 US$; 📶) Das neue Boutiquehotel in einem umgebauten alten Herrenhaus hat ein eigenes Restaurant und ein Café. Die Lage mitten in Barrio Escalantes aufstrebendem Gastro-Viertel Paseo Gastronómico La Luz ist unschlagbar. Wer sich entspannen und auch gut essen möchte, wird dieses Hotel, das sich selbst auch „Lunar Complex" nennt, lieben – nicht zuletzt wegen des üppig grünen Gartens, der Hartholzböden und der präkolumbischen Statuen.

Hotel Posada del Museo HOTEL **$$**
(Karte S. 66; ☎ 2258-1027; www.hotelposadadelmuseo.com; Ecke Calle 17 & Ave 2; EZ/DZ/3BZ/4BZ 40/51/65/79 US$, @ 📶) In einem architektonisch reizvollen Gebäude von 1928, diagonal gegenüber vom Museo Nacional. Die netten Betreiber sprechen mehrere Sprachen. Kein Zimmer gleicht dem anderen. Einige Räume bieten genug Platz für vier Personen, sind also bestens für Familien geeignet. Doch „Leichtschläfer" aufgepasst: Das Hotel liegt nahe der Bahngleise.

Hemingway Inn HOTEL **$$**
(Karte S. 70; ☎ 2257-8630; www.hemingwayinn.com; Ecke Calle 9 & Av 9; inkl. Frühstück EZ 40–68 US$, DZ 57–85 US$; 📶 🐾) Diese familiengeführte, unkonventionelle Unterkunft im Barrio Amón bietet 17 einfache, bequeme und unterschiedlich gestaltete Räume im Haus eines *cafetalero* (Kaffeepflanzers) aus den 1920er-Jahren. Der Garten, die Gemeinschaftsküche und die Wandgemälde verleihen dem Ganzen eine entspannte, freundliche Atmosphäre; die Zimmerpreise enthalten ein üppiges Frühstück. Besonderheit: Nach Voranmeldung dürfen Haustiere mitgebracht werden.

Kaps Place PENSION **$$**
(Karte S. 66; ☎ 2221-1169; www.kapsplace.com; Calle 19 zwischen Av 11 & 13; inkl. Frühstück EZ 35–45 US$, DZ/3BZ 55/65 US$, Apt. 100–140 US$; P @ 📶) Heimelige Pension an einer Straße voller Wohnhäuser im Barrio Aranjuez. Die 20 unterschiedlich geschnittenen Zimmer sind auf zwei Gebäude verteilt. Es

gibt Terrassen mit bunten Mosaiken, drei Gemeinschaftsküchen, einen Spieleraum mit Tischtennisplatte, Billard- und Kickertisch und ein Fernsehzimmer mit riesiger DVD-Sammlung. Zudem kann man kostenlos in 60 Länder telefonieren. Erst kürzlich hat der Eigentümer das Kaps Cafe (S. 88) eröffnet, ein hübsches kleines Esslokal für Gäste, aber auch Nichtgäste.

Hotel Fleur de Lys HOTEL **$$**

(Karte S. 70; ☎2223-1206; www.hotelfleurdelys.com; Calle 13 zwischen Av 2 & 6; inkl. Frühstück Zi ab 76 US$, Junior-/Mastersuite 126–156 US$; P) Das makellos gepflegte hundertjährige viktorianische Herrenhaus mit rosa Fassade beherbergt 30 blitzsaubere, holzvertäfelte Zimmer mit festen Matratzen, Deckenventilatoren und Rattanmöbeln. In der kleinen hauseigenen Bar gibt es den Willkommens-Cocktail oder -Smoothie und freitags Livemusik. Das Personal ist aufmerksam und spricht Deutsch, Französisch und Englisch, die Lage ist zentral.

Hotel Colonial HOTEL **$$**

(Karte S. 70; ☎2223-0109; www.hotelcolonialcr.com; Calle 11 zwischen Av 2 & 6; EZ/DZ/Suite inkl. Frühstück 71/82/110 US$; P) Eine reich geschnitzte barocke Kutschentür und eine geschwungene Promenade am Pool entlang leiten die Gäste in dieses Hotel im spanischen Stil aus den 1940er-Jahren. Die 16 Zimmer und eine Suite sind entweder weiß gekalkt oder in einem gelblichen Erdton gestrichen, mit dunklen Möbeln und hellen Bettdecken. In den oberen Stockwerken gibt es Panoramablicke über die Stadt und die Berge; drei Zimmer im Erdgeschoss sind barrierefrei.

Bells' Home Hospitality PRIVATUNTERKUNFT **$$**

(☎2225-4752; www.homestay-thebells.com; EZ/DZ inkl. Frühstück 35/60 US$, Abendessen 10 US$) Diese empfehlenswerte Agentur wird von der zweisprachigen Marcela Bell betrieben, die seit mehr als 30 Jahren im Geschäft ist. Sie kann Unterkünfte in mehr als einem Dutzend Familien in San José organisieren, einschließlich ihrer eigenen. Jede Unterkunft wurde in Augenschein genommen, alle sind nah an einer Haltestelle der öffentlichen Verkehrsmittel. Abholung vom Flughafen ist auch möglich.

Hotel Kekoldi HOTEL **$$**

(Karte S. 70; ☎2248-0804; www.kekoldi.com; Av 9 zwischen Calle 5 & 7; Zi. inkl. Frühstück 60–98 US$;) Dieses nette Art-déco-Gebäude im Barrio Amón bietet zehn Zimmer verschiedener Größe mit hohen Decken, die in Pastellfarben gestrichen und mit Kabelfernsehen ausgestattet sind. Die besten gehen zur Straße oder zum Hinterhof und sind in natürliches Licht getaucht; die Räume im Inneren sind weniger anziehend. Zu den Gemeinschaftsräumen zählen der fröhliche Frühstückssaal und ein Garten zum Abhängen. Die Bäder wurden jüngst renoviert.

Hotel Don Carlos HOTEL **$$**

(Karte S. 70; ☎2221-6707; www.doncarloshotel.com; Calle 9 zwischen Av 7 & 9; inkl. Frühstück EZ/DZ 79/90 US$, Einzel-/Doppelsuite 90/102 US$; P) Das Anfang des 20. Jhs. erbaute Haus im Barrio Amón gehörte damals dem Präsidenten Tomás Guardia und verströmt koloniales Flair. Es bietet 32 Zimmer mit Kabel-TV, Tresor und Haartrockner. Alle Räume sind um einen (unechten) präkolumbischen Skulpturengarten mit Sonnenterrasse und seichtem Schwimmbad (ideal für Kinder) angeordnet. Die Zimmer oben sind netter und weniger muffig. Sehenswert ist die Wandmalerei mit den spanischen Fliesen vor dem hauseigenen Restaurant. Es zeigt die Innenstadt von San José in den 1930er-Jahren.

La Rosa del Paseo BOUTIQUEHOTEL **$$**

(Karte S. 74; ☎2257-3225; http://larosadelpaseo.com; Paseo Colón zwischen Calle 28 & 30; EZ/DZ/Suite ab 70/80/90 US$; P) Gäste dürfen sich von der Lage am Paseo Colón und der schmalen Fassade nicht täuschen lassen: Dieses viktorianisch-karibische Herrenhaus (1910 von der kaffeeexportierenden Familie Montealegre erbaut) verfügt über 18 geräumige Zimmer, die hinten am Innenhof liegen, weit entfernt vom Lärm der Stadt. Das erst kürzlich renovierte Hotel besitzt noch die originalen Bodenfliesen und weitere historische Details, darunter alte Ölgemälde und Skulpturen. Die Zimmer sind schlicht mit poliertem Holzboden und Möbeln aus der Entstehungszeit. Es gibt ein wunderschönes Wohnzimmer nach vorne raus, wo Gäste Vinylplatten auf dem Grammofon anhören können, und einen Garten, in dem jeden Morgen das Frühstück zwischen herrlichen Helikonien und Bougainvilleen serviert wird.

★ **Hotel Presidente** BOUTIQUEHOTEL **$$$**

(Karte S. 70; ☎2010-0000; www.hotel-presidente.com; Av Central; Zi. 100–189 US$; P) Eine Renovierung hat vor Kurzem aus dem

SPRECHEN WIE EIN TICO

In San José bieten viele Schulen Spanischunterricht an (entweder privat oder in Gruppen) und ermöglichen Besuchern, die länger im Land bleiben verschiedenste Optionen von Tanzstunden bis zu Freiwilligenarbeit. Gut eingeführte Anbieter sind:

Costa Rican Language Academy (Karte S. 80; ☎2280-1685, in den USA 866-230-6361; www.spanishandmore.com; Calle Ronda, Barrio Dent)

Institute for Central American Development Studies (ICADS; ☎2225-0508; www.icads.org; Calle 87A, Curridabat; einen Monat dauernde Kurse mit/ohne Unterbringung bei Familien 1990/915 US$)

Personalized Spanish (☎2278-3254, in den USA 786-245-4124; www.personalizedspanish.com; Tres Ríos)

Wer schon Spanisch kann, aber wie ein echter Tico sprechen möchte, nützt die App **Costa Rica Idioms**, die es für iOS gibt. Sie ist sehr einfach, aber sie bringt das lokale Idiom und bietet jeden Ausdruck in einem Satz. *Tuanis, mae!* (Cool, Mann!)

einst eintönigen Hotel eine grandiose Boutiqueunterkunft gemacht. Die neue Lobby bietet jede Menge antiken Zierrat, eine rote Wendeltreppe führt zum Dachgarten und der hippen neuen Cocktailbar. Die zentrale Lage ist nach wie vor ideal, ebenso die 71 gut ausgestatteten Zimmer, von denen die besten einen Jacuzzi und tolle Blicke über die Stadt bieten.

Die Cocktailbar auf dem Dach (S. 95) ist Stadtgespräch in San José, auch dank ihrer tollen Ausblicke und des wunderschönen Gartens.

La Sabana & Umgebung

In den Stadtvierteln rund um den Parque Metropolitano La Sabana findet man alles vom Hostel bis zum nostalgischen B&B.

Gaudy's HOSTEL $
(Karte S. 74; ☎2248-0086; www.backpacker.co.cr; Av 5 zwischen Calle 36 & 38; B 13 US$, Zi. mit/ohne Bad 39/35 US$; P @) Beliebte Anlaufstelle für Backpacker, die aufs Geld achten müssen, nordöstlich des Parque La Sabana. Es gibt insgesamt 13 Privatzimmer und zwei Schlafsäle, die alle sehr gepflegt sind. Die Besitzer halten an dem minimalistischen Dekor und der entspannten Atmosphäre fest, der Service ist sehr professionell. Gemeinschaftsküche, Fernsehraum, Billardtisch und ein Hof voller Hängematten sind vorhanden.

Mi Casa Hostel HOSTEL $
(Karte S. 74; ☎2231-4700; www.micasahostel.com; Las Américas; B inkl. Frühstück 13 US$, Zi. mit/ohne Bad ab 38/27 US$; P @) Das umgebaute, modernistische Haus in La Sabana hat gebohnerte Holzböden, Vintage-Möbel und mehr als ein Dutzend Zimmer, darunter auch ein großer Schlafsaal und ein mit dem Rollstuhl zugänglicher Raum. In den bequem ausgestatteten Gemeinschaftsbereichen herrscht eine lässige Atmosphäre. Die Gemeinschaftsküche ist sauber und geräumig. Außerdem gibt es einen netten Garten, einen Billardtisch, kostenloses Internet und einen Wäscheservice.

Colours Oasis Resort BOUTIQUEHOTEL $$
(☎2296-1880; www.coloursoasis.com; Ecke Triángulo de Pavas & Blvd Rohrmoser; Zi 55–200 US$;) Dieses alteingesessene lesben- und schwulenfreundliche Hotel befindet sich in einem weitläufigen, im spanischen Kolonialstil gehaltenen Komplex im eleganten Rohrmoser-Bezirk, nordwestlich von La Sabana gelegen. Die Zimmer und Mini-Apartments verfügen über modernes Mobiliar und blitzsaubere Bäder. Zum Angebot gehören zudem TV-Lounge, Pool, Sonnendeck und Jacuzzi sowie ein internationales Restaurant, perfekt für den Cocktail am Abend.

Apartotel La Sabana HOTEL $$
(Karte S. 74; ☎2220-2422; www.apartotel-lasabana.com; Calle 48; DZ/Apt./Fam.-Zi. inkl. Frühstück ab 85/101/141 US$; P @) Der gepflegte Apartmentkomplex liegt etwa 150 m nördlich von Rostipollos und hat 32 Wohneinheiten, die sowohl Geschäftsreisende als auch Familien ansprechen. Die Apartments (mit oder ohne Küche) sind mit Holzmöbeln und volkstümlicher Kunst eingerichtet. Es gibt einen netten Pool im Innenhof sowie kostenlosen Transfer vom/zum Flughafen.

Los Yoses, Barrio Escalante & San Pedro

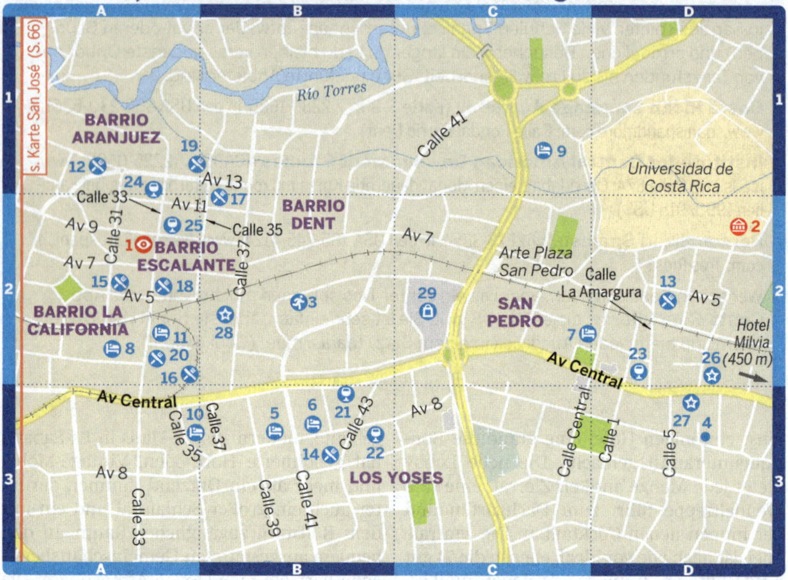

Los Yoses, Barrio Escalante & San Pedro

Sehenswertes
1 Barrio Escalante A2
2 Museo de Insectos D2

Aktivitäten, Kurse & Touren
3 Costa Rican Language Academy B2
4 Merecumbé San Pedro D3

Schlafen
5 Hostel Bekuo B3
6 Hostel Casa Yoses B3
7 Hostel Urbano C2
8 Hotel 1492 Jade y Oro A2
9 Hotel Ave del Paraíso C1
10 Hotel Le Bergerac A3
11 Luz de Luna A2

Essen
12 Al Mercat A1
Café Kracovia .... (s. 9)
13 El Buho D2
14 El Portón Rojo B3
15 Kalú Café & Food Shop A2
16 Lolo's A2
17 Mantras Veggie Cafe and Tea House B2
Olio .... (s. 11)
18 Rávi Gastropub A2
19 Restaurant Whapin A1
20 Sofia Mediterráneo A2

Ausgehen & Nachtleben
21 Río Bar B3
22 Roots Cool and Calm B3
23 Terra U D2
24 Un Lugar Resto-bar A1
25 Wilk A2

Unterhaltung
26 Jazz Café D2
27 Mundoloco El Chante D3
28 Teatro Eugene O'Neill B2

Shoppen
Kiosco SJO .... (s. 15)
29 Mall San Pedro C2

★ **Hotel Grano de Oro** BOUTIQUE HOTEL **$$$**
(Karte S. 74; ☎ 2255-3322; www.hotelgranodeoro.com; Calle 30 zwischen Av 2 & 4; DZ 197–372 US$, Suite 390–593 US$; P⊘@☏) Flitterwöchner lieben dieses Hotel. Die große, elegante Villa aus dem frühen 20. Jh. bietet 39 ehrwürdige „tropisch-vikorianische" Gästezimmer mit schmiedeeisernen Betten und schweren Brokatstoffen. Ein paar Zimmer trumpfen sogar mit eigenem Patio samt plätscherndem Brunnen auf, und auf der Garten-Dachterrasse locken zwei Whirl-

pools. Tropische Blumen und poliertes Holz sorgen für besondere Effekte.

Wer einmal nachvollziehen möchte, wie es wohl in Costa Ricas „Goldenem Zeitalter" war, ist hier richtig. Das Restaurant (S. 90) ist ebenfalls unglaublich.

Los Yoses, Barrio Escalante & San Pedro

Fragt man Einheimische nach dem Weg, benutzen sie häufig bestimmte Lokalitäten als Orientierungspunkte, etwa das Restaurant Spoon, den Brunnen Fuente de la Hispanidad und den Supermarkt Más x Menos.

★ **Hostel Bekuo** HOSTEL $

(Karte S. 80; ☎ 2234-1091; www.hostelbekuo.com; Av 8; B 11–13 US$, DZ ab 30 US$;) Auf der Suche nach positiver Energie pur wird man in San José kein passenderes Hostel als das Bekuo finden. Die entspannende Unterkunft befindet sich in einer angesagten Ecke von Los Yoses, nur einen Block südlich der Avenida Central. Fürs gesellige Miteinander sorgen häufige Grillabende im Hof, ein Wohnbereich mit Klavier und Gitarre sowie eine Küche mit guten Messern, allen notwendigen Gerätschaften und einem einladenden Arbeitsblock.

Das geräumige, modernistische Gebäude hat neun einzigartige, bunte Zimmer mit hochwertigen Betten und Matratzen (darunter vier Schlafsäle, einer nur für Frauen). Die großen Bäder sind gefliest, im riesigen TV-Zimmer liegen Sitzsäcke und im Innenhof baumeln Hängematten. Der viel gereiste Besitzer Brian Van Fleet und seine Angestellten tun alles, um die Gäste glücklich zu machen. Infos sind gut durchdacht angebracht und abends werden gemeinsame Streifzüge durch das Nachtleben angeboten. Trotzdem kann man hier auch gut eine Mütze Schlaf bekommen: Ab 22.30 Uhr ist Nachtruhe.

Hostel Urbano HOSTEL $

(Karte S. 80; ☎ 2281-0707; www.hostelurbano.com; Calle 39; B 12 US$, DZ mit/ohne Bad 39/33 US$) Die Universität (samt dazugehöriger Ausgehadressen) ist fußläufig erreichbar, und der Bus nach Downtown San José fährt gleich vor der Tür ab. Im makellosen neuen Hostel in einem Wohnhaus aus den 1950er-Jahren gegenüber vom Parque Kennedy in San Pedro fühlen sich Besucher sofort wie zu Hause: Der Grundriss ist angenehm offen, es gibt einen großen Hinterhof, einen Billardtisch, moderne Computer und einen Ess-/Küchenbereich, in dem man problemlos eine Dinnerparty feiern könnte.

Die kleineren Räume werden oft als private Doppelzimmer vermietet, eignen sich aber auch gut für Gruppen von drei bis vier Freunden. Selbst in den größeren Schlafsälen für zwölf oder 16 Personen fühlt man sich nicht eingeengt, da die modernen Etagenbetten clever angeordnet sind. Die Eigentümer haben nun auch ein kleines Café nebenan eröffnet sowie ein zweites Hostel in Los Yoses.

Hostel Casa Yoses HOSTEL $

(Karte S. 80; ☎ 2234-5486; www.casayoses.hostel.com; Av 8, Los Yoses; inkl. Frühstück B 10-15 US$, DZ mit/ohne Bad 38/33 US$; P @) Das relaxte Hostel in einem 1949 im spanischen Revival-Stil errichteten Gebäude bietet von seinem Hügel aus eine schöne Aussicht über das Tal. Es verfügt über zehn Zimmer (davon drei Mehrbettzimmer) mit individuellem Dekor und Stil. Alle sind makellos sauber, haben Holzböden und geflieste Flure.

Die Gäste treffen sich in der Gemeinschaftsküche, der zugehörigen Bar La Sospecha mit Billard und Kicker oder im Grillbereich. Die Besitzer sprechen Spanisch, Englisch und Französisch.

Hotel Ave del Paraíso HOTEL $$

(Karte S. 80; ☎ 2283-6017, 2225-8515; www.hotelavedelparaiso.com; Paseo de la Segunda Republica; EZ/DZ inkl. Frühstück 68/79 US$; @) Dieses Hotel, das mit schönen Mosaikfliesen verziert ist, wird von einer kunstliebenden Familie geführt. Es liegt weit genug von der Straße entfernt, um eine ruhige Nacht zu verbringen. Es gibt auch ein wundervolles Restaurant mit Bar, das Café Kracovia (S. 90), das derselben Familie gehört. Die Universität liegt nur zwei Minuten Fußweg entfernt.

Hotel Milvia B&B $$

(☎ 2225-4543; www.hotelmilvia.com; Ecke Calle 75 & Av 1; EZ/DZ inkl. Frühstück 59/69 US$; @) Das Hotel gehört einer bekannten costa-ricanischen Künstlerin und ehemaligen Museumsdirektorin. In dem hübschen Gebäude im karibischen Stil lässt es sich wunderbar dem Großstadttrubel entkommen. Die neun wunderschönen Zimmer mit herrlichen Kunstwerken gruppieren sich rund um einen herrlichen Innenhof, in dem ein plätschernder Brunnen steht. Von der Terrasse ganz oben hat man einen hervorragenden Blick auf die Berge.

Hotel 1492 Jade y Oro B&B $$
(Karte S. 80; ☎ 2280-6265, 2225-3752; www.hotel1492.com; Av 1 zwischen Calle 29 & 33; Zi inkl. Frühstück ab 50 US$; P) An einer ruhigen Seitenstraße im Barrio Escalante steht dieses spanisch anmutende Haus, das die Familie Volio in den 1940er-Jahren erbaute. Die zehn Gästezimmer sind von unterschiedlicher Größe, haben aber alle hübsche Akzente, beispielsweise portugiesische Fliesen und Originalmöbel. Das Frühstück wird im reizenden Garten serviert, der hinter dem Haus liegt.

Hotel Le Bergerac BOUTIQUEHOTEL $$$
(Karte S. 80; ☎ 2234-7850; www.bergerachotel.com; Calle 35 zwischen Av Central & 8; DZ Standard/Superior/Deluxe/Grande inkl. Frühstück 109/132/160/177 US$; P @) Diese „Allzweckwaffe" in Los Yoses bietet 25 Unterkünfte, meist mit privatem Gartenpatio, in einem weiß getünchten Gebäude etwas abseits der Hauptstraße. Obwohl Größe und Schnitt der Zimmer variieren, sind alle Räumlichkeiten hell, gemütlich sowie mit Holzböden und Blümchenüberwürfen ausgestattet. Saubere Bäder, Kabel-TV, Telefon und ein Safe zählen ebenfalls zum Standard. Zum hauseigenen Restaurant gehört auch eine Bar.

Escazú & Santa Ana

Escazú und Santa Ana sind schicke Stadtviertel, deren Unterkunftsangebot von eleganten Boutiquehotels bis zu gemütlichen B&Bs – für Reisende mit kleinem Budget gibt es allerdings kaum Möglichkeiten. Die Straße ist bei den Adressen nicht immer angegeben; direkt beim Hotel anrufen oder auf der Website des Hotels nach Wegangaben suchen (meist ist die Suche ziemlich kompliziert).

Santa Ana liegt nur 3 km westlich von Escazú. An der Verbindungsstraße befinden sich einige Möglichkeiten zum Übernachten und Essen.

Tiger's Den B&B $
(☎ 8667-3591, 4033-4632; www.tigersdenbnb.com; La Paco, San Rafael de Escazú; Zi. 35–50 US$;) Dieses behagliche ruhige B&B in der Wohngegend Escazú wird von Tiger geführt, einer aufmerksamen ehemaligen Krankenschwester und Personal Trainerin, die Kunst erstellt und hervorragend kocht (Mahlzeiten kosten 10 US$). Die Gäste hier sind häufig Medizin- und Zahnmedizin-Touristen; Tiger kann sich um die entsprechende Diät kümmern. Bei einem längeren Aufenthalt wird der Preis günstiger. Die Gastgeberin bevorzugt ein Minimum von drei Übernachtungen. Tiger nach der Wegbeschreibung fragen.

★ **Studio Hotel** BOUTIQUEHOTEL $$
(☎ 2282-0505; www.costaricastudiohotel.com; 750 m südlich von Fórum 1; Zi. ab 96 $; P) Diese Boutique-Unterkunft überzeugt mit vielen Pluspunkten: Sie ist bequem, nicht weit von guten Restaurants und vom Flughafen, der Preis ist vernünftig und sie ist mit Kunst aus Costa-Rica ausgestattet. Das Hotel dient auch als Galerie, mit 90 Arbeiten der größten Talente des Landes, darunter der Maler Francisco Amighetti. Gäste können (und sollten) eine Kunstführung durchs Hotel buchen (15 $ pro Paar).

Posada El Quijote B&B $$
(☎ 2289-8401; www.quijote.cr; Calle del Llano; DZ Standard/Superior/Deluxe/Studio-Apt. inkl. Frühstück 85/-99/109/109 US$; P) Diese im spanischen Stil erbaute *posada* (Pension) befindet sich in Hanglage in Bello Horizonte und gehört zu den besten B&Bs in dieser Gegend. Die behaglichen Standardzimmer haben Holzböden, Teppichläufer, Kabelfernsehen und Bäder mit fließendem warmem Wasser. Die Räumlichkeiten in den Kategorien Superior und Deluxe verfügen über einen eigenen Patio oder eine private Terrasse. Die Gäste dürfen sich an der Bar selbst einen Drink holen und dann vom Patio den Blick über das Valle Central schweifen lassen. Mit Schaukel und Trampolin hinter dem Haus ist dieses B&B inbesondere für Familien mit Kindern geeignet.

Costa Verde Inn PENSION $$
(☎ 2228-4080; www.costaverdeinn.com; Av 34, Escazú; EZ/DZ/3BZ inkl. Frühstück 60/70/80 US$, DZ-Apt. ab 90 US$; P @) Dieses attraktive ländliche Steinhaus ist umgeben von einer üppigen Gartenanlage mit einem Warmwasserbecken, einem Swimmingpool mit Mosaikfliesen, Grillbereich und einer angenehmen Sonnenterrasse mit WLAN. Die insgesamt 16 schlichten Zimmer sind unterschiedlich groß, haben Kingsize-Betten, gemütliche Schaukelstühle und Accessoires mit viel Lokalkolorit. Die fünf Apartments bieten zudem eine voll ausgestattete Küche. Ein großzügiges Tico-Frühstück wird auf der Terrasse serviert. Es gibt auch spezielle Wochentarife.

Hotel Mirador Pico Blanco HOTEL $$
(☎2289-6197; www.facebook.com/picoblancoinn; Calle Salitrillos; DZ Standard/Suite 40/50 US$; P) Das Pico Blanco, ein verschlafenes Steinhaus hoch oben in den Hügeln, liegt auf einem Bergrücken 3 km südöstlich der Mitte von Escazú. Es hat zwar bessere Tage gesehen, aber die 15 Zimmer sind bequem, mit Fliesenfußböden, Kabelfernsehen und sauberen, wenn auch etwas altmodischen Bädern. Für diesen Preis lassen sich keine faszinierenderen Blicke aufs Stadtzentrum finden. Ein kleines Restaurant vor Ort bereitet traditionelle Mahlzeiten zu.

Villa Escazú B&B $$
(☎2289-7971; www.hotels.co.cr/villaescazu; Av 36; EZ/DZ inkl. Frühstück 49/55 US$; P 📶) Dieses hölzerne Chalet mit einer rundherum führenden Veranda ist von Gärten und Obstbäumen umgeben. In den zwei altmodischen, mit Holzpaneelen verkleideten Zimmern gibt es regionale Kunst und eine gemütliche Couch sowie ein gemeinsames Bad. Das Frühstück wird auf dem Balkon serviert. Mindestens zwei Nächte; weit im Voraus reservieren. Das B&B liegt 900 m westlich des Banco Nacional.

Out of Bounds B&B $$
(☎2288-6762; www.bedandbreakfastcr.com; Carretera John F Kennedy; DZ 70–90 US$; P ❄ 📶) Diese freundliche moderne Pension 1 km westlich vom Costa Rica Country Club bietet sieben einfache Zimmer mit hellen Holzböden; große bequeme Betten, bemalte Waschbecken mit Volkskunstmotiven, Mini-Kühlschränke und eine Kaffeemaschine im Zimmer. Zwei Einheiten besitzen eine Klimaanlage, zwei sind barrierefrei. Eine breite Veranda mit schönem Blick ist mit Schaukelstühlen zum Chillen ausgestattet.

Casa de las Tías B&B $$$
(Karte S. 84; ☎2289-5517; www.casadelastias.com; Av F Delgado; Zi. 102–136 US$; P 🚭 📶) Gelb und türkis gestrichenes Haus in einer ruhigen Gegend von San Rafael. Die makellosen Zimmer sind alle individuell eingerichtet und haben ein eigenes Bad. Kunsthandwerk, das die freundlichen, hilfsbereiten Besitzer Xavier und Pilar auf ihren Reisen durch Lateinamerika gesammelt haben, verleiht der Casa ein gemütliches Ambiente.

Hotel Alta Las Palomas HOTEL $$$
(☎2282-4160; www.thealtahotel.com; Carretera Joh F. Kennedy, zwischen Santa Ana & Escazú; DZ/-Suite ab 203/277 US$, pro weiterer Person 20 US$; P ❄ @ 📶 🏊) Diese noble, mediterran anmutende Villa bietet 23 weiß getünchte Gästezimmer mit Terrakottafliesen, modernen Holzmöbeln und großen Bädern samt Fön und Bademänteln. Von den Balkonen im Obergeschoss hat man einen tollen Blick über die umliegende Hügellandschaft. Im Hotelrestaurant La Luz wird in elegantem Ambiente frische Mittelmeerküche serviert. Im oben gelegenen Salon finden häufig klassische Konzerte statt.

Essen

Von einfachen Ständen an der Straßenecke, bei denen es sättigende *casados* (Menüs) gibt bis zu modernen Bistros, die alles inklusiv Fusionküche servieren, findet sich im kosmopolitischen San José die beste Restaurantszene des Landes. Überzeugte Gourmets sollten auch die Speiselokale in Los Yoses und San Pedro, in Escazú und Santa Ana nicht außer Acht lassen.

Top-Restaurants sind am Wochenende abends oft sehr gut besucht; besser einen Tisch reservieren.

San José Zentrum

Im Zentrum von San José existieren alteingesessene *sodas* (Imbisse) neben modernen Cafés und asiatischer Fusionküche. Einer der besten Orte für ein preiswertes Mittagessen ist der Mercado Central, wo es eine ganze Reihe *sodas* gibt, die *casados*, Tamales, Fisch und Meeresfrüchte sowie fast alles andere anbieten.

★ **Café de los Deseos** CAFÉ $
(Karte S. 66; ☎2222-0496; www.facebook.com/-Cafedelosdeseos; Calle 15 zwischen Av 9 & 11; Hauptgerichte 5–12 US$; ⏱Di–Do 11.30–22, Fr & Sa bis 23 Uhr Uhr; 📶) Das bunte Café im Barrio Otoya zieht alternative Künstlertypen und junge Bohemiens geradezu magisch an. Es ist ein romantischer Ort für ein paar Drinks (Wein, Cocktails oder Smoothies), Tortillas mit Turrialba-Käse, Salate, Teriyaki-Hühnchen, Pizzas oder auch Desserts. An den Wänden hängen Kunstwerke lokaler Künstler, die Tische sind von Hand bemalt, Perlenvorhänge klimpern und kleine Lichter funkeln.

Maza Bistro BISTRO $
(Karte S. 66; ☎2248-4824; www.facebook.com/MazaBistro/; Calle 19, am Parque Nacional; Hauptgerichte 8 US$, Brunch 10 US$; ⏱Di–So 9–18 Uhr; ✎) In diesem hübschen Restaurant im Frei-

en, das dem Hostel Casa del Parque (S. 75) angeschlossen ist, wird Brunch den ganzen Tag lang serviert, Gerichte wie *huevos pochados* (eine Latino-Version der Eier Benedikt) und geschmorte Kalbshaxe mit Soße, Pickles und einem Spiegelei. Die Burger kombinieren drei Fleischsorten und sind ebenso ein großer Hit wie das tägliche spezielle Gericht für Vegetarier.

★ Café Rojo CAFÉ **$**

(Karte S. 70; 2221-2425; Ecke Av 7 & Calle 3; Kaffee 1,50–4 US$, Hauptgerichte 7–10 US$; Mo–Do 12–19, Fr & Sa bis 20, So 12–19 Uhr;) Dieses malerische Café mit einem Kaktus vor der Hausfront verarbeitet die frischen Produkte Costa Ricas zu einfallsreichen Mittagsgerichten, wie vietnamesische Nudelsuppe und Sandwiches mit Schweinefleischbällchen oder karamellisiertes Huhn. Außerdem gibt es hinreißende Salate. Veganer finden hier eine große Auswahl genau wie Kaffeeliebhaber. Alle Aromen und Sirups für Getränke sind hausgemacht; der Eiskaffee mit Ingwer ist göttlich.

Restaurante La Criollita COSTA-RICANISCH **$**

(Karte S. 70; 2256-6511; Av 7 zwischen Calle 7 & 9; Frühstück ab 6 US$, *casados* 8–10 US$; 6–21 Uhr) Dieses gemütliche Lokal ist beliebt bei Büroangestellten. Es bietet eine wechselnde Speisekarte mit einfachen Spezialitäten aus Costa Rica, wie geschmortes Hähnchen oder gegrillter Fisch. Das Ambiente ist hübsch, das Personal schnell, zum Essen kann man ein Glas chilenischen oder spanischen Wein (4 US$) bestellen.

Café Miel CAFÉ **$**

(Karte S. 70; www.facebook.com/cafemielcostarica; Av 9 zwischen Calle 11 & 13; Kaffee 1–5 US$, Gebäck 2 US$; Mo–Fr 9–18, Sa 14–18 Uhr) Dieses winzige Café hatte gleich nach seiner Eröffnung 2014 so viel Erfolg, dass die Besitzer wenig später zwei weitere in der Nähe eröffneten. Was ist das Geheimnis? Außer dem hinreißend gemütlichen Ambiente sind es die

Escazú

großartigen Produkte der Köche und Bäcker des Lokals. Die *empanadas* mit Pilzen sind fantastisch, ebenso der Kaffee aus heimischem Anbau.

La Ventanita Meraki FASTFOOD $

(Karte S. 66; ☎ 2221-8016; www.facebook.com/laventanitameraki; Ecke Av 3 & Calle 21, vor dem Bahnhof; Hauptgerichte 5–8 US$; ⏲ Di–Do 11–24, Fr & Sa bis 2, So 12–20 Uhr) Ventanita ist spanisch für „kleines Fenster", und Meraki bedeutet im Griechischen „Hingabe" oder „Kreativität" – zusammen beschreiben diese Begriffe diesen Fusion-Imbiss. Der Selbstbedienungsladen vor dem Bahnhof bietet innovatives Streetfood: neu interpretierte Klassiker und Sandwiches wie „Kürbis-Butter-Käse-Wahnsinn" sowie „Twinkie *frito*" (frittierte Küchlein mit Cremefüllung).

Café La Mancha CAFÉ $

(Karte S. 70; ☎ 2221-5591; www.facebook.com/pg/cafelamancha; Steinvorth-Gebäude, Calle 1; Kaffee 3–5 US$; ⏲ Mo–Sa 10–19 Uhr) Versteckt in einem Hof innerhalb des historischen Steinvorth-Gebäudes ist dieses Café das mit Leidenschaft betriebene Projekt eines einheimischen Fotografen und Kaffeeliebhabers. Von *cortado* (Espresso mit warmer Milch) bis Chemex bietet das La Mancha modernste Kaffeetechnologie und hält auch Workshops zum Thema Kaffee ab. Die ruhige Umgebung mit schönen Fotos und Pflanzen ist eine willkommene Erholung im turbulenten Innenstadtgetriebe.

Restaurante Shakti VEGETARISCH $

(Karte S. 66; ☎ 2222-4475; Ecke Av 8 & Calle 13; Hauptgerichte 5–10 US$; ⏲ Mo–Fr 7.30–19, Sa bis 17 Uhr; 🌿) Dieses legere gesundheitsbewusste Nachbarschaftslokal bietet einfache Bio-Küche und frisches Gebäck. Besonders beliebt sind vegetarische Burger, außerdem verschiedene Fisch- und Hähnchengerichte. Die meisten Besucher kommen für den vegetarischen *plato del día* (Tagesgericht); nur 6 US$ für Suppe, Salat, Hauptgericht und Softdrink (oder 8 US$, wenn Kaffee und Dessert dazukommen).

Alma de Café CAFÉ $

(Karte S. 70; ☎ 2010-1119; www.teatronacional.go.cr/Cafeteria; Av 2 zwischen Calle 3 & 5, Teatro Nacional; Hauptgerichte 6–11 US$; ⏲ Mo–Sa 9219, So bis 18 Uhr) Eines der schönsten Cafés in der Stadt mit der Atmosphäre von Wien zu Beginn des 20. Jhs. Kurz gesagt, es ist der perfekte Ort, um einen Cappuccino, ein Crêpe oder eine Quiche zu genießen und dabei die hübschen Deckenfresken und die wechselnden Kunstwerke zu bewundern. Die gewürzten Kaffeezubereitungen schmecken wunderbar.

Talentum CAFÉ $

(Restaurante Tournant; Karte S. 66; ☎ 2256-6346; www.galeriatalentum.com; Av 11 zwischen Calle 3 & 3A; Mittagsangebote 8–10 US$; ⏲ Galerie Mo 11–18, Di–Fr bis 19, Sa 11–16 Uhr; Restaurant 1Mo 11.30–18 Di–Fr bis 22, Sa 13–22 Uhr) Dieses lebhafte Kulturzentrum in einem umgebauten Wohnhaus ist Café und Kunstgalerie in einem. Drinnen und draußen werden Werke hiesiger Künstler präsentiert, die gemütlichen Sofas und eine Terrasse laden zur Mittagspause ein. Auf dem regelmäßig wechselnden Programm stehen Signierstunden, Filmvorführungen, Kurse in anatomischem Zeichnen und gelegentlich Livemusik.

Café Té Ría CAFÉ $

(Karte S. 70; ☎ 2222-8272; www.facebook.com/CafeTeRiaenAmon; Ecke Av 7 & Calle 13; Hauptgerichte 6 US$, Kuchen 1,50–3 US$; ⏲ Mo–Fr 10.30–18.30, Sa 12–19.30 Uhr; 📶🌿🐾) Dieses kleine haustierfreundliche Café im Barrio Amón ist mit einheimischer Kunst geschmückt und strahlt anheimelnde Wärme aus. Es ist perfekt, um am Morgen einige Tassen Kaffee zu trinken und dann für einen frischen Salat, köstliche Sandwiches oder leckeres Gebäck zu bleiben. Auch Vegetarier kommen hier auf ihre Kosten

Café del Barista CAFÉ $

(Karte S. 66; ☎ 2221-4712; www.cafedelbarista.com; Av 9 zwischen Calle 19 & 21; Mittagsbüfett 8 US$; ⏲ Mo–Fr 7–18, Sa 9–18 Uhr) Dieses lager-

Escazú

Aktivitäten, Kurse & Touren

1 Merecumbé Escazú C3

Schlafen

2 Casa de las Tías D2

Essen

3 Automercado D2
4 Buena Tierra B4
5 Casona de Laly B3
6 La Posada de las Brujas C4
7 Más X Menos C1

Ausgehen & Nachtleben

8 Pub C3

Shoppen

9 Sin Domicilio Fijo B4

1

E_ROJAS/GETTY IMAGES ©

2

4

MIHAI-BOGDAN LAZAR/SHUTTERSTOCK ©

1. Parque Morazán (S. 70)
Im Templo de Música mitten im Park finden Konzerte und andere Veranstaltungen statt; er gilt als inoffizielles Wahrzeichen von San José.

2. Teatro Nacional (S. 65)
Eines der berühmtesten Gebäude der Stadt; Führungen durch das Theater sind absolut faszinierend.

3. Farbenfrohe Wandgemälde (S. 78)
Gemalte Wandfliesen am Hotel Don Carlos.

4. Museo Nacional de Costa Rica (S. 65)
Eine der Steinkugeln im Nationalmuseum.

3

IMAGEBROKER/ALAMY STOCK PHOTO ©

hausähnliche Gebäude mit Wellblechdach im Barrio Aranjuez bereitet hervorragenden Gourmet-Kaffee zu und macht halbwegs anständige Zimtschnecken. Während der Woche gibt es ein sehr gutes Mittagsbüfett von 11 bis 13.30 Uhr.

Café Mundo ITALIENISCH $$

(Karte S. 70; 2222-6190; Ecke Av 9 & Calle 15; Hauptgerichte 8–36 US$; Mo–Fr 11–22.30, Sa 17–23.30 Uhr;) Dieses alteingesessene italienische Café ist sehr beliebt in der Expat Community; es befindet sich in einem alten Herrenhaus mit weitläufiger Terrasse im Barrio Otoya. Hier kann man wunderbar ein Glas Wein und gute (wenn auch nicht umwerfende) Pizzas und Pasta genießen; dazu plätschert ein Brunnen. An Werktagen lohnt sich mittags der preiswerte *plato del día* (8 US$).

Kula CAFÉ $$

(Karte S. 70; 8583-0786; Ecke Calle 15 & Av 7; Hauptgerichte 7–12 $; 10.45–17.45 Uhr) Dieses sonnengelbe Café hat vor Kurzem im zweiten Stock eröffnet; die von Pflanzen umgebenen Fenster eröffnen den Blick auf eine besonders malerische Ecke des Barrio Amón. Das Essen ist frisch und einfallsreich; Highlights sind ein Salat aus *pejibaye* (Pfirsichpalm-Frucht) und Palmherzen und leckere *arepas,* gefüllt mit Pilzen und Käse. Nicht verpassen: die *churro*-Trüffel zum Dessert.

El Patio del Balmoral INTERNATIONAL $$

(Karte S. 70; 2222-5022; www.balmoral.co.cr; Av Central zwischen Calle 7 & 9; Hauptgerichte 8–27 US$; Restaurant 6–22 Uhr; Bar-Terrasse Mo–Do 16–22, Fr & Sa bis 23 Uhr) Dieses Café für jede Gelegenheit wird von plaudernden Gringos und Ticos im Anzug besucht; es ist ein wunderbarer Platz, um das Treiben der Fußgänger auf der Avenida Central zu beobachten. An sonnigen Tagen wird das Schiebedach des Restaurants geöffnet. In der Terrassen-Bar im oberen Stockwerk des Hauses spielen von Dienstag- bis Freitagabend Livebands.

Alma de Amón LATEINAMERIKANISCH $$

(Karte S. 70; 2222-3232; www.facebook.com/AlmadeAmon/; Calle 5 zwischen Av 9 & 11; kleiner Teller 6–9 US$, großer Teller 10–18 US$; Mo–Mi 6–22, Di–Sa bis 24, So 6–11 Uhr) Mit Gerichten aus fast einem Dutzend lateinamerikanischer Länder und beträchtlichem karibischen Einfluss ist dieses Restaurant eine gute Option im Barrio Amón. Beliebt sind z. B. *mofongo* (ein puertorikanisches Gericht mit Kochbananen) und *coxinhas* (brasilianische Kroketten mit Hähnchen). Der Barkeeper zaubert würzige und köstliche Cocktails; El Chapulin besteht aus Tequila, Ingwerbier, Limette und Zuckerrohrsirup.

Q Café CAFÉ $$

(Karte S. 70; 4056-5604; 2. Stock, Ecke Av Central & Calle 2; Hauptgerichte 8–20 US$; Mo–Fr 7–20.30, Sa 8–20, So 9–19 Uhr) Das schicke einfarbige Café mit ausgezeichnetem Blick auf das verzierte Gebäude des Correo Central liegt im zweiten Stock nahe dem Zentrum von San Josés Fußgängerzone; es ist perfekt für Kaffeegetränke (darunter wunderbarer Eiskaffee) und Gebäck. Es lohnt sich auch, die *empanadas* zu kosten, zu denen die hausgemachte scharfe Soße des Cafés perfekt passt.

Kaps Cafe CAFÉ $$

(Karte S. 66; 2221-1169; www.kapsplace.com; Calle 19 zwischen Av 11 & 13; Hauptgerichte 7–15 US$; Mo–Sa 7–20, So 7–10 Uhr;) Ein nettes kleines Lokal, das zum gleichnamigen Hostel (S. 77) gehört, mit gutem Kaffee und interessantem Gebäck und Sandwiches. Besonders zu erwähnen: der Karottenkuchen.

★ La Esquina de Buenos Aires ARGENTINISCH $$$

(Karte S. 70; 2223-1909; www.laesquinabuenosaires.com; Ecke Calle 11 & Av 4; Hauptgerichte 15–29 US$; Mo–Do 11.30–15 & 18–22.30, Fr 11.30–23, Sa 12.30–23, So 12–22 Uhr;) Weiße Tischdecken und nostalgische Tangoklänge erinnern an die stimmungsvollen Bistros von San Telmo, einem Stadtteil der argentinischen Hauptstadt Buenos Aires. Das Speisenangebot passt dazu: gegrillte argentinische Steaks, hausgemachte *empanadas* und eine große Auswahl an frischer Pasta mit köstlichen Soßen. Die exzellente Weinkarte mit hauptsächlich südamerikanischen Tropfen und der aufmerksame Service machen La Esquina zum perfekten Ort für ein Rendezvous. Reservierung empfehlenswert.

La Terrasse FRANZÖSISCH $$$

(Karte S. 66; 8939-8470; chef.patricia.frenchcuisine@gmail.com; Calle 15 zwischen Av 9 & 11; Hauptgerichte 17–32 US$) Dieses intime französische Restaurant versteckt sich in einem Wohnzimmer eines Hauses von 1925 im Barrio Otoya. Hierher kommen regelmäßig gut betuchte Einheimische, die etwas zu feiern haben. Gerald und seine Frau, die talentierte Köchin Patricia, sind perfekte Gastgeber und verwöhnen ihre Gäste mit wunderbar cremigen Suppen, köstlichem Käse und herzhaften Fleischgerichten – alles ist einfallsreich angerichtet. Am besten französischen Wein und einige Gerichte zum Teilen bestellen.

Tin Jo ASIATISCH **$$$**
(Karte S. 70; ☎ 2221-7605; www.tinjo.com; Calle 11 zwischen Av 6 & 8; Hauptgerichte 11–19 US$; ⏲ Mo–Do 11.30–14.30 & 18–22, Fr 11.30–14.30 & 18–23, Sa 12–15.30 & 18–23, So 12–21 Uhr;) Im Inneren dieses beliebten Restaurants sind Dinge aus ganz Asien kunterbunt gemischt, genau wie auf der Speisekarte. Es gibt ein breites Angebot von Gerichten aus verschiedenen Gegenden – von *kung-pao*-Garnelen über knusprige Garnelenrollen bis zu Pad Thai. Außerdem biet das Tin Jo eine umfangreiche vegetarische Karte.

La Sabana & Umgebung

Um den Park gibt es eine gute Mischung aus gehobener internationaler Küche und Fastfood. Zu den Supermärkten zählen **Más X Menos** (Karte S. 74; ☎ 2248-1396; www.masxmenos.co.cr; Ecke Autopista General Cañas & Av 5; ⏲ Mo–Sa 7–24, So bis 22 Uhr; P) und **Palí** (Karte S. 74; ☎ 2256-5887; www.pali.co.cr; Paseo Colón zwischen Calle 24 & 26; ⏲ Mo–Sa 8–20, So 8.30–18 Uhr; P).

Soda Tapia RESTAURANT **$**
(Karte S. 74; ☎ 2222-6734; www.facebook.com/-sodatapia/; Ecke Ave 2 & Calle 42; Hauptgerichte 4–10 US$, Desserts 2–7 US$; ⏲ So–Do 6–2, Fr & Sa 24 Std.; P) Unprätentiöses Lokal im Stil der 1950er-Jahre und mit grellem rot-weißem Dekor. Hier wimmelt es von Pärchen und Familien, die gegrillte Sandwiches und reichliche Portionen *casados* verzehren. Wer es sich zutraut, kann auch „El Gordo" bestellen, einen ganzen Stapel mit Steaks oder Hühnchen, Zwiebeln, Käse, Kopfsalat und Tomaten auf spanischem Brot. Man sollte aber etwas Platz fürs Dessert lassen – das Eis und die Obsteisbecher sind legendär.

La Sorbetera de Lolo Mora DESSERTS **$**
(Karte S. 70; ☎ 2256-5000; Mercado Central; Desserts 2–5 US$; ⏲ Mo–Sa 9.30–17.45 Uhr) Am Hauptmarkt liegt dieses 100 Jahre alte, sehr beliebte Lokal, in dem frische Sorbets und mit Zimt bestäubte, gefrorene Eiercreme serviert werden. Am besten den Einheimischen nacheifern und *barquillos* (längliche Plätzchen, die sich perfekt eintunken lassen) bestellen.

Mariscos Poseidon FISCH, MEERESFRÜCHTE **$**
(Karte S. 70; ☎ 2221-8589; Mercado Central Annex; Hauptgerichte 5–12 US$; ⏲ Mo–Fr 9–18, Sa bis 17 Uhr) Die sympathische Doris führt dieses enge, blau-gelbe Fischlokal im Nordteil des Zentralmarkts. *Ceviche mixto* (Fisch, Garnelen und Tintenfisch in Limettensaft mariniert) als Vorspeise schmeckt wunderbar und kostet nicht viel. Ebenso lecker sind die großen Portionen Reis mit Meeresfrüchten.

Lubnan LIBANESISCH **$$**
(Karte S. 74; ☎ 2257-6071; www.facebook.com/lubnancr; Paseo Colón zwischen Calle 22 & 24; Hauptgerichte 8–25 US$; ⏲ Di–Fr 11–15 & 18–24, Sa 12–16 & 18–24, So 11–17 Uhr; P) Dieses malerische libanesische Lokal eignet sich gut für Rendezvous. Es gibt cremigen Hummus, aromatische Taboules und eine Auswahl von saftigem Fleisch – einiges gekocht, einiges roh. Die Kellner tragen Fes und jeden Donnerstag um 20.30 Uhr findet eine Bauchtanzvorstellung statt. An Samstagabenden legen DJs auf.

Machu Picchu PERUANISCH **$$**
(Karte S. 74; ☎ 2222-7384; Calle 32 zwischen Av 1 & 3; Hauptgerichte 9–22 US$; ⏲ Mo–Sa 11–22, So 11–18 Uhr; P) Das bekannte peruanische Restaurant serviert gute Küche der Anden und ist vor allem fürs sonntägliche Mittagessen beliebt. Auf der umfangreichen Speisekarte stehen peruanische Klassiker wie *pulpo al olivo* (Tintenfisch in Olivensoße), *ají de gallina* (Hühncheneintopf mit Nüssen) und *causa* (mit Garnelen und Avocados gefüllte kalte Kartoffelpastete). Die Pisco-Sour-Cocktails sind köstlich und stark.

Las Mañanitas MEXIKANISCH **$$**
(Karte S. 74; ☎ 2248-1593; Calle 40 zwischen Paseo Colón & Ave 3; Hauptgerichte 6–17 US$; ⏲ Mo–Sa 11.30–22 Uhr) Im authentischen Restaurant nahe dem Park machen sich die Gäste über Tacos im Viererpack her – Maistortillas mit Hühnchen, Steak, Wolfsbarsch oder *carne al pastor* (gewürztes Schweinefleisch). Wer *mole poblano* liebt, jene berühmte mexikanische Chili-Schoko-Soße, sollte ebenfalls unbedingt vorbeischauen – der Besitzer stammt aus Puebla.

★ **Park Café** EUROPÄISCH **$$$**
(Karte S. 74; ☎ 2290-6324; www.parkcafecostarica.blogspot.com; Calle 48; Tapas 6–12 US$, Hauptgerichte 17–35 US$; ⏲ Di–Sa 17–21.15 Uhr) Ungewöhnliche, aber geglückte Mischung aus Antiquitätenladen und französischem Restaurant. Der mit einem Michelin-Stern

ausgezeichnete Küchenchef Richard Neat bietet ein ausgezeichnetes Menü mit kleineren Portionen (à la spanische Tapas), normal große Gerichte und eine gut durchdachte Weinkarte. Im romantischen Hof (bei Kerzenschein!) stehen asiatische Antiquitäten, die Neats Lebensgefährtin gesammelt hat. Das Lokal befindet sich nahe der Nordostecke des Parque La Sabana, 100 m nördlich des Rostipollos-Restaurants.

Mit großer Leidenschaft und viel Esprit zaubert Neat Klassiker wie Rinder-Carpaccio mit Senfdressing, aber auch innovative Kreationen wie Krabbenravioli mit Spargel und Ingwer-Cappuccino, knusprige Entenschlegel mit Gurke-Minze-Salat oder Gorgonzola-Gnocchi und Schweinefilet mit Pflaumenfüllung. Die nur acht Tische im Restaurant unterstreichen die ohnehin schon lauschige Atmosphäre.

Restaurante Grano de Oro FUSIONKÜCHE $$$

(Karte S. 74; ☎2255-3322; www.hotelgranodeoro.com; Calle 30 zwischen Av 2 & 4; Hauptgerichte mittags 15–29 US$, abends 19–42 US$; ⏲7–22 Uhr) Das herrschaftliche, mit üppigen Blumenarrangements geschmückte Hotelrestaurant gehört zu San Josés Spitzenlokalen. Es ist bekannt für seine costa-ricanische Fusion-Küche. Auf der Karte stehen einzigartige Spezialitäten wie mit Macadamia-Nüssen panierter Wolfsbarsch und sautiertes Entenfleisch mit karamellisierten Feigen. Außerdem gibt es eine umfangreiche internationale Weinkarte. Zum Dessert sollte man unbedingt die Mousse mit Kaffeecreme probieren. Abends besser reservieren.

Los Yoses, Barrio Escalante & San Pedro

Saftige türkische Sandwiches, karibischer *rondón* (Meeresfrüchte-Eintopf), Pizza aus dem Holzofen ... in diesem Teil der Stadt findet man so ziemlich jede Landesküche. Gleich nördlich von Los Yoses im Barrio Escalante verlaufen die Calle 33 und 35, die Lieblingsadressen lokaler Leckermäuler. Hier drängen sich mehrere exzellente Restaurants in nächster Nähe.

Mantras Veggie Cafe and Tea House VEGETARISCH $

(Karte S. 80; ☎2253-6715; www.facebook.com/mantrasveggiecafe; Calle 35 zwischen Av 11 & 13; Hauptgerichte 8–10 US$; ⏲8.30–17 Uhr; 🄿) Das Mantras, allgemein bekannt als bestes vegetarisches Restaurant in San José (oder sogar in ganz Costa Rica), bekommt herausragende Kritiken für fleischlose Hauptgerichte, Salate und Desserts. Alles ist so gut, dass es leicht fällt, gesund zu essen. Es liegt im Barrio Escalante, samstags und sonntags gibt es einen großartigen Brunch.

Café Kracovia CAFÉ $

(Karte S. 80; ☎2253-9093; www.cafekracovia.com; Paseo del la Segunda Republica; Snacks 4–10 US$, Hauptgerichte 8–14 US$; ⏲Mo 10.30–21, Di–Sa bis 23 Uhr; 📶) Das trendige Café befindet sich 500 m nördlich des Verkehrskreisels Fuente de la Hispanidad, dort, wo San Pedro und Los Yoses aufeinandertreffen. Mit mehreren Bereichen bietet es für jeden etwas: vom romantischen Keller mit Kerzenlicht bis zum Biergarten. Zeitgenössische Kunst und das studentische Flair sorgen für das richtige Ambiente für Crêpes, Wraps, Salate, polnisches Essen und Bier vom Fass.

★ Olio MEDITERRAN $$

(Karte S. 80; ☎2281-0541; www.facebook.com/Restaurante.olio; Ecke Calle 33 & Av 3; Tapas ab 7 US$, Speisen 12–22 US$; ⏲Mo–Mi 11.30–23, Do & Fr bis 24, Sa 18–24 Uhr; 🄿) Der gemütliche Gastropub mit mediterranem Flair befindet sich in einem hundertjährigen Ziegelgebäude im Barrio Escalante. Zu essen gibt es z. B. viele appetitliche Tapas, darunter göttliche gefüllte Pilze, Ziegenkäse-Kroketten und Pasta. Auf der ebenso verlockenden Getränkekarte stehen hausgemachte Sangria und eine gute Bier- und Weinauswahl. Das Olio ist ein romantischer Ort für ein Tête-à-Tête mit einfallsreichen Deko-Kapriolen als Gesprächsaufhänger.

★ Rávi Gastropub GASTROPUB $$

(Karte S. 80; ☎2253-3771; www.facebook.com/ravicostarica; Ecke Calle 33 & Av 5; Hauptgerichte 9–18 US$; ⏲Di–Do 12–23, Fr & Sa bis 24 Uhr) Diese coole Eckkneipe im Barrio Escalante ist überzogen mit bunten Wandmalereien. Es gibt Plätze in behaglichen blauen Nischen, intime Hinterzimmer oder gesellige Plätze an der Bar vorne. Die Speisen wie *bocas*, Sandwiches, Pizzas und anderes werden mit frisch gezapftem Craft-Bier und hausgemachten Frucht-Softdrinks serviert.

Mittags gibt es eine Vorspeise und ein Hauptgericht aus der wechselnden Karte mit einem Softdrink für 10 US$.

Sofia Mediterráneo MEDITERRAN $$

(Karte S. 80; ☎2224-5050; www.facebook.com/-SofiaMediterraneo; Ecke Calle 33 & Ave 1; Hauptgerichte 8–22 US$; ⏲Di–Fr 18–23, Sa 12–23, So

12–17 & 18.30–21 Uhr;) Dieses Schmuckstück im Barrio Escalante bietet sehr gute authentische Mittelmeerküche, etwa selbst gemachten Hummus, Tortellini, Lamm vom Grill und wechselnde Tagesangebote. Als Nachtisch gibt es süßes, köstliches Baklava. Das Restaurant dient gleichzeitig als Kulturzentrum der Gemeinde, und der Besitzer Mehmet Onuralp veranstaltet gelegentlich Motto-Dinner mit Musikern, Köchen und Rezitatoren aus der ganzen Welt.

Al Mercat REGIONAL **$$**
(Karte S. 80; 2221-0783; http://almercat.com; Av 13, Barrio Escalante; 8–25 US$; Di & Mi 12–17, Do–Sa 12–17 & 18.30–22, So 12–15 Uhr;) Dieses exquisite Restaurant im Barrio Escalante bringt alles auf den Tisch, was es frisch auf dem Markt gibt. Hausmannskost mit Mais und Süßkartoffel-*chalupas* oder gegrilltes Gemüse mit Räucherkäse – alles ist frisch und aromatisch. Und nicht nur Vegetarier kommen auf ihr Kosten, es gibt auch großartige Fleischgerichte. Der Service ist einwandfrei und senkrechte Gärten beleben die Atmosphäre.

In jüngster Zeit wurde die Speisekarte um kleinere und preiswertere Gerichte ergänzt, wie Tacos und *Ceviche*.

El Buho VEGETARISCH/VEGAN **$$**
(Karte S. 80; 2224-6293; www.facebook.com/ElBuhoVegetariano; Av 5, 25 m östlich der Calle 3; Hauptgerichte 10–18 US$; Mo–Fr 11.30–20 Uhr;) Fans der gesunden Küche strömen aus der nahe gelegenen Universität und von weiter her in dieses quirlige Restaurant in San Pedro, gleich hinter der Calle de la Amargura. Die veganen, vegetarischen und glutenfreien Angebote reichen von Auberginenkroketten über Pfannengerichte und Pilzaufläufe bis zu Passionsfruchtkeksen.

El Portón Rojo PIZZA **$$**
(Karte S. 80; 2224-4872; www.facebook.com/PizzaElPortonRojo; Ecke Av 10 & Calle 43; Pizzas klein 8–10 US$, groß 16–18 US$; Di–Sa 12–15 & 17.30–23, Mo 17.30–23, So 12–17 Uhr) Dieses hippe Restaurant serviert mit die besten Pizzas und Sangria im Gebiet Los Yoses, und es dient auch noch als Galerie. Unkonventionelle einheimische Kunst wird direkt von den Wänden verkauft. Ein Strom von Gästen aus dem Hostel Bekuo (S. 81) sorgt zusätzlich für Leben.

Restaurant Whapin KARIBISCH **$$**
(Karte S. 80; 2283-1480; Ecke Calle 35 & Ave 13; Hauptgerichte 10–28 US$; 11–21 Uhr) Ein Stück Karibik mitten im Barrio Escalante von San José, passenderweise in Rastafari-Rot, -Gelb und -Grün gestrichen. Die dampfenden Schüsseln *rondón* (Meeresfrüchteeintopf), den Reis mit roten Bohnen und den in Kokossoße gegarten Fisch kann man gut mit *agua de sapo,* einem pikant-süßen Ingwergetränk, hinunterspülen. Nicht verpassen: die gebratenen Kochbananen und, saisonal, die knusprige Brotbaumfrucht.

Kalú Café & Food Shop INTERNATIONAL **$$$**
(Karte S. 80; 2253-8426, 2253-8367; www.kalu.co.cr; Ecke Calle 31 & Av 5; Hauptgerichte 15–21 US$; Di–Fr 12–22, Sa 9–22, So 9–16 Uhr;) Camille Rattons bemerkenswertes Café teilt sich das schicke Grundstück im Barrio Escalante mit dem Kiosco SJO (S. 99). Es bietet seinen Gästen eine internationale Mischung aus Suppen, Salaten, Sandwiches, Pasta und unkonventionellen Köstlichkeiten wie dreierlei Fisch-Tacos mit mangoglasiertem Lachs, roten Curry-Garnelen und Thunfisch mit Macadamiakruste. Unbedingt probieren: im Mund schmelzende Passionsfrucht-Pie.

Lolo's PIZZA **$$$**
(Karte S. 80; 2283-9627; Pizzas 14–24 US$; Mo–Sa 18–24 Uhr) Fans von legerem Chic werden diese schrullige Pizzeria mögen, die in einem senfgelben Haus (Nr. 3396) an den Bahngleisen nördlich der Avenida Central im Barrio Escalante verborgen ist. Das dämmrige, farbenfrohe Innere, verziert mit einer bunt gemischten Sammlung von Tellern und anderem Schnickschnack gibt ein romantisches Ambiente für Sangria und Pizzas aus dem hellroten Ofen im Hinterhof ab.

Escazú & Santa Ana

In diesen zwei Vororten liegen viele gehobene Restaurants, außerdem einige schöne Bauernmärkte und viele edle Lebensmittelläden, darunter **Automercado** (Karte S. 84; 2588-1812; Atlantis Plaza, Calle Cortés, San Rafael de Escazú; Mo–Sa 7–22, So 8–21 Uhr), **Más X Menos** (Karte S. 84; 2228-2230; Centro Comercial Escazú, Carretera John F Kennedy, San Rafael; Mo–Sa 6.30–24, So bis 22 Uhr) und **Supermercado Saretto** (2228-0247; www.saretto.cr; Av Central, San Rafael; 8–21 Uhr).

Buena Tierra CAFETERIA **$**
(Karte S. 84; 2288-0342; www.facebook.com/CafeOrganicoBuenaTierra; Ecke Calle 134 & Av 34; Hauptgerichte 6–8 US$; Mo–Fr 9–17.30, Sa 8–14 Uhr;) Mit Baumstammtischen und

riesigen Fenstern ist dieses freundliche organische Café und Reformhaus ein guter Ort im Escazú Centro, um gesund zu entspannen. Die Sandwiches sind hinreißend und der Kaffee ist köstlich. Das Café organisiert am Mittwochvormittag auch einen organischen Bauernmarkt (8–11 Uhr).

Chez Christophe BÄCKEREI & KONDITOREI $
(☎2228-2512; Calle Convento; Gebäck 2–5 US$; ⏲Di–Sa 7–19, So 8–17 Uhr) Wer Appetit auf ein Éclair au café, einen Croque monsieur oder ein einfaches (aber überragendes) Croissant verspürt, ist bei Christophe genau an der richtigen Adresse. Köstliche französische *tostadas* gibt es jedoch nur am Sonntag. Aber dafür bietet die authentische französische Bäckerei, die südlich des Centro Comercial El Paco in San Rafael liegt, jeden Tag (außer montags) frisch gebackenes Brot und Gebäck, Espresso sowie Frühstück und Mittagessen.

★Maxi's By Ricky KARIBISCH $$
(☎2282-8619; Calle San Rafael, Santa Ana; Vorspeisen 1,50-8 US$, Hauptgerichte 9–30 US$; ⏲12–24 Uhr) Wer es im Rahmen seiner Reise nicht bis zur Karibikküste schafft, kann sich in diesem Restaurant trösten. Der aus Manzanillo stammende Ricky eröffnete im Jahr 2014 sein wunderbares Restaurant in San José und alle kamen, um traditionelle Reis-und-Bohnengerichte, karibisches Hähnchen und *rondón*-Suppe zu genießen. Die neueste Ergänzung der Speisekarte: kleine Teller, sodass jeder von allem kosten kann. Das Lokal ist schwierig zu finden; vor Ort nach dem Weg fragen.

★Cocina Eclectica INTERNATIONAL $$
(☎8529-2509; www.facebook.com/CocinaEclecTicaEscazu/; Trejos Montealegre, Escazú; Mahlzeiten 12–20 US$; ⏲12–20 Uhr) Das Heim von Joanna Stein, das nur an einem kleinen „J" zu erkennen ist, wirkt gar nicht wie ein Restaurant. Und es ist auch wirklich mehr. Den ganzen Tag werkelt die selbst ernannte Köchin in Schürze und mit zahllosen Tattoos in ihrer gut ausgestatteten Küche, um ihre Vorstellung von Haute Cuisine mit regionalen Produkten und exotischen Zutaten zu verwirklichen. Wenn Gäste kommen, arbeitet sie gemeinsam mit ihnen das Menü aus, überlegt, was machbar ist und macht sich mit viel Liebe an die Arbeit. Bei unserem Besuch gab es eine wunderbare Suppe aus Kardamom, Karotten und Quinoa, eine selbst zubereitete *ceviche* aus Forellen und herzhaftes Hähnchen-*chicharrón* mit Birnenbutter und Bratkartoffeln. Als Dessert gab es selbst gemachtes Passionsfruchteis. Und diese ausgezeichnete Erfahrung kostet gerade mal 12 US$. Joanna vermietet in ihrem herrlichen Haus auch Zimmer für 20 bis 35 US$ pro Nacht.

Saúl Bistro MEDITERRAN $$
(☎2228-8685; www.facebook.com/SaulBistroCostaRica; Calle Real; Vorspeisen 10–16 US$, Hauptgerichte 11–25 US$; ⏲So–Do 7–22, Fr & Sa bis 24 Uhr) Lebensgroße Plastikzebras stehen im Gastraum dieses schicken Open-Air-Restaurants, das 2015 eröffnete und sofort für Aufsehen sorgte. Das zum guatemaltekischen Herrenmodelabel Saúl Mendez gehörende Lokal ist voller eigentümlicher Kunst, sprudelnder Brunnen und hängender Gärten. In diesem Ambiente genießen die Gäste köstliche mediterrane Küche, herzhafte Crêpes, feine Weine und exquisite Cocktails. Einfach spektakulär. Kürzlich wurde eine neue Location im märchenhaften Barrio Escalante (S. 72) eröffnet.

Container Platz GASTRONOMIE $$
(☎6050-1045; www.facebook.com/ContainerPlatz; Calle 5, Santa Ana; Hauptgerichte 6–15 $; ⏲Mo–Do 11.30–22, Fr & Sa 11–23, Sa 11–20 Uhr) Bei diesem esrt jüngst begonnenen gastronomischen Experiment bieten rund ein Dutzend Kleinstunternehmer Essen in bunt gestrichenen Containern in Santa Ana an. Der Versuch verdient gute Noten für Einfallsreichtum und Fastfood zu vernünftigen Preisen. Es gibt eine Nacho-Bude mit einem Zirkusthema, eine *churros*-Fabrik und eine *„hummuseria"*, die köstliche Pitaecken mit hausgemachtem Hummus serviert. Gemeinsame Picknick-Tische sorgen für ein gutes Gemeinschaftsgefühl, genau wie der Container mit Craft-Bier.

La Posada de las Brujas COSTA-RICANISCH $$
(Karte S. 84; ☎2228-1645; bei Av 30, zwischen Calle San Miguel & 128, Escazú; Hauptgerichte 6–24 US$; ⏲Di–Sa 11–24, So bis 22 Uhr; P 👪) Dieses Steakhaus im Freien ist die beste Wahl für Familien in Escazú. Drinnen und draußen ist genug Platz auch für große Gruppen. Und auch für den ganz großen Appetit ist gesorgt mit großen Tellern mit Reis, Bohnen, gebratenen Kochbananen und Fleisch nach Wahl. Bei den Kindern sind eine kleine Menagerie (mit Ziegen, Kaninchen, einem Esel und tropischen Vögeln) und zwei Trampoline natürlich der Hit.

Casona de Laly COSTA-RICANISCH $$
(Karte S. 84; ☎2288-1507; Ecke Av 26 & Calle 1, Escazú; 7–34 US$; ⏲Mo–Sa 11–23, So bis 21 Uhr; 🅿) Dieses bekannte Lokal in Escazú hat vor Kurzem mit neuem Look wiedereröffnet, serviert aber noch die gleichen leckeren costa-ricanischen Gerichte, deretwegen man schon immer hierher kam: herzhafte *casados*, Grillfleisch, üppige Fischsuppe und vieles mehr. Es gibt einen kleinen Parkplatz, einige Flachbildfernseher und eine kleine Bar in der Ecke.

In benachbarten Vierteln sind drei weitere Lalys entstanden, doch dieser Ursprungsplatz bleibt am beliebtesten.

Nuestra Tierra COSTA-RICANISCH $$
(Karte S. 70; ☎2258-6500; Ecke Av 2 & Calle 15, Escazú; Hauptgerichte 6–22 US$; ⏲6–24 Uhr; 👪) Touristisch, aber nett. In diesem, stets gut besuchten Lokal herrscht eine betont rustikale Atmosphäre mit Tischen im Picknick-Stil, Stierköpfen an der Wand und Ketten von Metalltassen, die an den Balken baumeln. Kellner servieren, gut zubereitetes, aber teueres Tico-Essen, von leckeren Schweine-Tamales bis zu Holzbrettchen, auf denen *casados* aufgetürmt sind. Ein guter Platz fürs Mittagessen oder einen Sangria nach einem Besuch im nahen Museum.

Tiquicia COSTA-RICANISCH $$
(☎2289-7330; Calle Cuesta Grande, Escazú; bocas 5–17 US$, Hauptgerichte 13–23 US$; ⏲Di–Do 12–23, Fr & Sa bis 24, So bis 21 Uhr) Dieses alteingesessene Restaurant auf dem Hügel, 5 km südlich von Escazú Centro, serviert üppige Platten, am Wochenende begleitet von Volksmusik. Ja, das Essen ist die Hauptsache, aber man kommt auch nicht in erster Linie hierher, um zu essen, sondern um den fantastischen Blick aufs Valle Central zu genießen. Es ist schwierig zu finden, für eine Wegbeschreibung dort anrufen.

alTapas Bar TAPAS $$
(☎2282-4871; www.facebook.com/tapeandorico/; Radial Santa Ana, 150 m nördlich vom Roten Kreuz, Santa Ana; Tapas 10–25 $; ⏲Mi–Sa 12–2, So bis 23 Uhr; 📶) Das im Besitz von vier Brüdern befindliche Tapas-Restaurant ist überaus gastfreundlich; die Gäste bekommen ein Glas *cava* (katalonischen Schaumwein) und eine leckere Mini-Krokette am Anfang der Mahlzeit. Dann nimmt man am besten so etwas wie einheimische Austern, Tintenfisch in Knoblauch oder perfekt zubereitete Paella. Das Ambiente ist klassisch-dezent, eine große hölzerne Bar dominiert den Raum.

Ausgehen & Nachtleben

Chepes eleganteste Bars sind nördlich und östlich des Zentrums konzentriert, im Barrio Amón und im Barrio Escalante. Eine eher rauere, jüngere Szene trifft sich im Barrio la California oder in der Calle la Amargura (S. 95).

Am schönsten in puncto Blicke auf die Stadt und Cocktails sind die Dachterrassenbar im Hotel Presidente (S. 78) und die Terrasse im Obergeschoss des El Patio del Balmoral (S. 88). Leutebeobachten geht super im Café de los Deseos (S. 83) im Barrio Otoya und am Mercado La California.

San José Zentrum

An Wochenenden sind die entsprechenden Straßen von La California im Zentrum von San José voller Nachtschwärmer, die ihre Zigaretten paffen und überlegen, wo sie für den nächsten *chili guaro* (ein Getränk von wachsender Popularität mit Zuckerrohrsirup, scharfer Soße und Limettensaft) hingehen. Währenddessen treffen sich Yuppies in den eleganteren Cocktailbars.

★ **Stiefel** PUB
(Karte S. 70; ☎8850-2119; www.facebook.com/-StiefelPub; Av 5; ⏲Mo–Sa 18–2 Uhr) Mehr als zwei Dutzend Biere vom Fass (von costa-ricanischen Mikrobrauereien) und ein ansprechendes Ambiente in einem historischen Gebäude sorgen dafür, dass der Pub einen halben Block von der Plaza España entfernt brummt. Die Gäste bestellen ein Pint Pelona, Maldita Vida, Malinche oder Chichemel oder, besser noch, ein Set aus vier Probiergläsern, um gleich alle auf einen Schlag zu kosten.

Azotea Calle 7 COCKTAILBAR
(Karte S. 70; ☎2010-0000; www.facebook.com/pg/azoteacalle7; Calle 7, Hotel Presidente; ⏲So–Mi 16–22, Do–Sa bis 24 Uhr) Diese Dachterrassen-Bar besticht mit stylischen Räumen drinnen und begrünten Flächen draußen, dazu mit herrlichen Blicken auf die Stadt. Sie füllt sich allabendlich mit Gästen des Hotel Presidente (S. 78) und gut betuchten Yuppies. Auch großartige Cocktails.

Mercado La California BIERGARTEN
(Karte S. 66; www.facebook.com/MercadoLaCalifornia/; Calle 21; Cocktails 5–15 US$, Bier 3 US$; ⏲Do–Sa 18–3.30, So 16–1.30 Uhr) Inspiriert von Madrids Mercado San Miguel, ist El Mercadito (wie die Einheimischen sagen)

FÜR SCHWULE & LESBEN

San José hat die lebhafteste Schwulen- und Lesbenszene ganz Mittelamerikas. Wie auch in anderen Lokalen richtet sich der Eintrittspreis entsprechender Clubs nach Wochentag und Standort (5–10 US$). Einige Clubs bleiben an bestimmten Wochentagen geschlossen (meist So–Di), und manche veranstalten reine Frauen- oder Männerabende. Am besten vorher anrufen oder sich auf den Websites der Clubs informieren.

Viele Clubs befinden sich im Süden der Stadt, wo es nachts ziemlich rau zugehen kann – mit dem Taxi ist man sicherer unterwegs.

La Avispa (Karte S. 66; ☎2223-5343; www.laavispa.com; Calle 1 zwischen Av 8 & 10; ⌚Do–Sa 20–6, So 17–6 Uhr) Die Lesben-Disco La Avispa (Die Wespe), die es schon seit über 30 Jahren gibt, hat eine Bar, Billardtische und eine immer gut gefüllte Tanzfläche. Bei Touristinnen sehr beliebt.

BO Club (Karte S. 66; ☎2221-0500; Ecke Calle 11 & Av 10; ⌚Fr & Sa 20–6 Uhr) Ein Club, in dem es alles gibt, von klassischer Disko bis zu Electronica, dazu spezielle Themenabende. Er liegt im Süden der Stadt.

Pucho's Bar (Karte S. 66; ☎2256-1147; Ecke Calle 11 & Av 8; ⌚Di–So 20–2 Uhr) Dieser Vorposten schwuler Männer ist billiger (und deutlich schlüpfriger) als manche andere. Im Zentrum stehen spärlich bekleidete Go-Go-Boys und übertriebene Drag-Shows.

eine neuere Ergänzung im angesagten Barrio La California. Die Warteschlange reicht den ganzen Block vom Eingang bis zu den Lebensmittelkiosks, Cocktailständen und Craft-Bier-Verkäufern auf der Plaza. Und die Wartenden sind oft auch sehenswert.

Die Plaza ist beleuchtet und quicklebendig, mit Sitzplätzen zum Abhängen und Genießen der Gourmet-Tacos, Pizza und BBQ-Schweinefleisch-Sandwiches.

Bebedero COCKTAILBAR

(Karte S. 70; ☎2221-3815; www.facebook.com/bebederoCR; Calle 1; ⌚Mi–Sa 18–2 Uhr) Diese glamouröse, kürzlich eröffnete Cocktailbar im historischen Steinvorth-Gebäude gehört dem Barkeeper-/Koch-Team aus dem Maza Bistro (S. 83) und sie treffen den Nagel auf den Kopf. Die Getränke sind kunstvoll mit seltenen Likören, hausgemachten Bitter und sogar Heiltees aus dem Dschungel zubereitet. Die Speisekarte mit Tapas umfasst regionale Austern und gefüllte *pejibaye* (Pfirsichpalmenfrucht). Reservierung empfohlen.

Antik CLUB

(Karte S. 66; Av 10; Gedeck 10 US$; ⌚Di–Do 11.30–15 & 18–23, Fr 11.30–15 & 18–6, Sa 18–6 Uhr) Das Antik, in einem historischen Herrenhaus, das einst einem venezolanischen General gehörte, bietet dreierlei Erlebnisse. Im Untergeschoss werden die Tänzer zu elektronischer Tanzmusik bedient, im Hauptgeschoss gibt es ein Pizzarestaurant und im Obergeschoss stehen lateinamerikanische Tanzrhythmen und ein schöner Balkon mit Blick auf die Stadt im Mittelpunkt. Eine Reihe von Bars schenken Craft-Bier aus und mixen ausgezeichnete Cocktails zu vernünftigen Preisen. Die Musik spielt oft bis zum Morgengrauen.

Craic Irish Pub PUB

(Karte S. 66; Ecke Av 2 & Calle 25A; ⌚Mo–Sa 18–2 Uhr) Dieses beliebte Pub im Barrio La California serviert eine große Auswahl an Bieren, dazu Burger, Pommes frites und andere Snacks. Es gibt auch Tischfußball.

Chubbs SPORTBAR

(Karte S. 70; ☎2222-4622; 2nd fl, Calle 9 zwischen Av 1 & 3; ⌚11–2 Uhr) Im Herzen des Touristenviertels von San José bietet diese kleine Sportbar preiswerte Drinks, köstliche Burger und eine Reihe von Fernsehern, wo die Spiele zu sehen sind. Sie ist bei Expats beliebt, sodass es kein Wunder ist, dass eine Filiale an der alten Straße zwischen Santa Ana und Escazú eröffnet wurde.

La Concha de la Lora BAR

(Karte S. 66; ☎2222-0130; www.facebook.com/laconchalora; Calle 21 zwischen Av Central & 1; ⌚Di & Do–So 21–4 Uhr) Eine begeisterte Menge junger Leute trifft sich hier allabendlich für Fußball, gute Snacks, DJs, die alles auflegen von lateinamerikanisch bis Jimi Hendrix, sowie gelegentliche Livebands und Reggaenächte. Geringe Kosten fürs Gedeck (gratis bis 6 US$) tragen zur guten Stimmung bei.

La Sabana & Umgebung

Die zwei bekanntesten Clubs San Josés liegen im westlichen und nördlichen Bereich der Stadt; jeder ist von einer Handvoll Bars umgeben.

★ Castro's CLUB
(Karte S. 66; ☎ 2256-8789; Ecke Av 13 & Calle 22; ⌚ 13–4 Uhr) Chepes ältester Tanzclub ist diese klassische lateinamerikanische Disco im Barrio México; auf die große Tanzfläche kommen jede Menge Einheimische sowie Touristen und tanzen zu Salsa, *cumbia* und Merengue.

Club Vertigo CLUB
(Karte S. 74; ☎ 2257-8424; www.vertigocr.com; Paseo Colón zwischen Calle 38 & 40; Eintritt 6–15 US$; ⌚ Fr & Sa 22 Uhr bis Sonnenaufgang) Der Raverclub Nummer eins mit House, Trance und Electronic-Rhythmen befindet sich im Erdgeschoss des unauffälligen Büroturms Centro Colón. Hier treffen sich die schönen *josefinas* und *josefinos*. Unten gibt es eine Tanzfläche für 850 Personen, oben stehen rote Sofas zum Chillen. Also: Rein in die besten Klamotten und einmal kräftig schlucken, wenn der Eintritt wegen eines Gast-DJ-Auftritts unverschämt hoch sein sollte.

Los Yoses, Barrio Escalante & San Pedro

Calle La Amargura (Straße der Verbitterung) ist der poetischere Name der Calle 3 nördlich der Avenida Central. Eigentlich sollte sie eher Calle de la Cruda (Straße des Katers) heißen, denn sie hat die höchste Konzentration an Bars in ganz San José zu bieten. Viele sind schon tagsüber voller Gäste (zumeist Studenten). Bars kommen und gehen, aber das **Terra U** (Karte S. 80; ☎ 2283-7728; www.facebook.com/TerraUSanPedro; Calle La Amargura; ⌚ Mo–Sa 10.30–2.30, So 15–2 Uhr) ist schon lange dabei. In den frühen Morgenstunden geht es in dieser Gegend so richtig rund: Vorsicht vor pöbelnden Betrunkenen und Taschendieben!

Wilk BRAUEREI
(Karte S. 80; www.facebook.com/wilkcraftbeer; Ecke Calle 33 & Av 9; ⌚ Di–Sa 16–1 Uhr) Dieser Pub in Escalante zieht eine bunte Mischung aus Ticos und Gringos an, denen die Liebe zu Craft-Bier und ausgesprochen leckeren Burgern (einschl. vegetarischer Variante) gemeinsam ist. Die große Auswahl umfasst 27 Craft-Biere vom Fass, darunter die einfallsreichen Kreationen von Costa Rica Craft Brewing und Treintaycinco. Am ersten Dienstag des Monats versammelt sich eine Menschenmenge, um zuzusehen, wie der örtliche Brauer ein neues Bier erfindet.

Roots Cool and Calm BAR
(The House of Reggae; Karte S. 80; ☎ 2253-1953; www.facebook.com/rootscoolandcalm; Av 8; ⌚ Mo–Sa 19–2, So bis 24 Uhr) In dieser coolen Bar in Los Yoses sieht man viele Dreadlocks. DJs kommen von weither, bis Puerto Viejo an der Karibikküste. Es ist ein guter Platz, um ein Bier zu trinken und mit einheimischen Reggae-Fans abzuhängen.

Un Lugar Resto-bar BAR
(Karte S. 80; ☎ 2225-3979; www.facebook.com/barunlugar; Calle 33 zwischen Av 11 & 13; ⌚ Mo–Do 17.30–24, Fr & Sa 17–2 Uhr) Diese kleine Bar mit Holzpaneelen im Barrio Escalante ist eine Nachbarschaftskneipe, die auch Schickimicki-Typen und Yuppies zu Bier und *bocas* anlockt.

Río Bar BAR
(Karte S. 80; ☎ 2225-8371; Av Central; ⌚ Mo–Do 16–24, Fr & Sa bis 2 Uhr) Direkt westlich von Calle 43 und Fuente de la Hispanidad (der offiziellen Grenze zwischen Los Yoses und San Pedro) spielen in dieser großen beliebten Bar an manchen Abenden Livebands und Bildschirme zeigen das aktuelle Spiel. Hier kann man auch nach der Arbeit gut den Verkehr der Stoßzeit vorbeikriechen sehen.

Escazú & Santa Ana

Wer Lust auf einen köstlichen, scharfen Cocktail und etwas House-Musik hat, ist im 8ctavo Rooftop (S. 97) richtig, dem Treffpunkt der Reichen und Schönen. Und nur eine kurze Autofahrt gen Westen befindet sich die größte Brauerei des Landes, Costa Rica's Craft Brewing Company (S. 96), mit einer beliebten Probierstube.

MIT BEDACHT TRINKEN

Auf Sicherheit achten. Unternehmungslustige Diebe treiben sich bei beliebten Nachtclubs herum, um betrunkene Partygänger um ihre Brieftasche zu erleichtern. Wer spätabends eine Bar verlässt, sollte vorsichtig sein und ein Taxi nehmen.

Rund um den Hauptplatz von Escazú verteilen sich ein paar Kneipen, die aber nicht besonders einladend wirken und daher auch nicht erwähnenswert sind.

★ **Costa Rica Craft Brewing** BRAUEREI
(☎2249-4277; www.facebook.com/craftbeercostarica; Calle Cajeta; ⏰Mo–Mi 10–22, Do–Sa bis 24, So 12–18 Uhr) Gerade als alle dachten, es würde ewig um Imperial gegen Pilsen gehen, ebnete diese Brauerei den Weg für Craft-Biere in Costa Rica. Am neuen Standort der Brauerei in Brasil, einem Vorort von San José, gibt es Führungen und Verkostungen der edlen Produkte, zu denen Biere ebenso gehören wie experimentellere Roggenweine und Russian Imperial Stouts. Die Brauerei liegt außerhalb der Stadt; vor Ort nach dem Weg fragen.

Müllers Bierhaus BIERGARTEN
(☎2228-0914; www.facebook.com/MBierhaus/; vor der Cerro Alto Residenz, Guachipelín; ⏰Mo–Mi 18–23, Do & Fr bis 24, Sa 13–12.15, So 13–19 Uhr) Dieses deutsche Restaurant mit einem Biergarten wird von einer Familie geführt und ist bei Expats wegen seiner köstlichen Currywurst und großen Alkoholauswahl beliebt. Mehr als 50 verschiedene Biere sind im Angebot, viele deutsche, aber auch internationale.

Pub PUB
(☎2288-3062; www.facebook.com/thepubcr; Ave 26 zwischen Calle 128 & 130; ⏰Mo–Sa 16–2) Das kleine, freundliche Pub bietet rund ein Dutzend internationale Biere, über ein Dutzend lokale Biere sowie eine Auswahl an Schnäpsen. Günstige Happy-Hour-Drinks sorgen für Stimmung, und mit der fetthaltigen Bistrokost kann man größere Schäden abwenden.

> **STIERKAMPF**
>
> Stierkampf hat Tradition und die Kämpfe werden in der Zeit um Weihnachten im südlichen Vorort Zapote abgehalten. Menschen aus dem Publikum, die bei solchen Events oft betrunken sind, werden ermutigt sich an der Action zu beteiligen. In der costa-ricanischen Version des Stierkampfs wird der Stier nicht getötet, doch viele Stiere werden als Ergebnis dieser Kämpfe verhöhnt, getreten und anderweitig verletzt. Tierschutzverbände möchten die Kämpfe unbedingt beenden.

☆ Unterhaltung

Donnerstags erscheint *La Nación* (auf Spanisch); darin werden die Ausgehmöglichkeiten und kulturellen Events der kommenden Woche vorgestellt. In der kostenlosen *GAM Cultural* (www.gamcultural.com) und auf der Webseite San José Volando (www.sanjosevolando.com) stehen ebenfalls Tipps zum Ausgehen und Hinweise auf kulturelle Veranstaltungen.

Kinos

In einigen Kinos laufen die neuesten Hollywoodfilme mit spanischen Untertiteln und englischem Soundtrack. Meist jedoch werden die Filme eher in der spanischen Synchronfassung als mit Untertiteln gezeigt *(doblado* oder *hablado en español)*; wer des Spanischen nicht mächtig ist, sollte vor dem Kartenkauf konkret nachfragen. Kinokarten kosten 4 bis 5 US$ und sind am Mittwoch in der Regel günstiger. Ein detailliertes Kinoprogramm findet sich in den entsprechenden Zeitungsrubriken und auf den jeweiligen Kinoseiten im Internet.

In Los Yoses und San Pedro befinden sich größere Filmpaläste; die modernsten Kinos liegen in Escazú.

Centro de Cine KINO
(Karte S. 70; ☎2242-5200; www.centrodecine.go.cr; Ecke Calle 11 & Av 9) Das rosa gestrichene viktorianische Herrenhaus beherbergt das staatliche Filmzentrum mit seinem riesigen Archiv nationaler und internationaler Streifen. Seine Festivals, Vorträge und andere Events finden hier und an anderen Veranstaltungsorten statt. Über das aktuelle Programm informiert die Website.

Sala Garbo KINO
(Karte S. 74; ☎2222-1034; www.salagarbo.com; Ecke Av 2 & Calle 28) Gezeigt werden Art-house und Filmklassiker.

Cine Magaly KNO
(Karte S. 66; ☎2222-7116; www.facebook.com/CineMagaly; Calle 23 zwischen Av Central & 1) Hier werden die neuesten Filme in einem großen, vor Kurzem renovierten Filmtheater gezeigt, dazu unabhängige Filme auf Englisch. Die angeschlossene Kubrick Gastro Bar (Mo–Sa 12–22, So ab 13 Uhr) serviert leckere Salate, Pizzas, Desserts und eine Auswahl an aromatisierten Tees. Der perfekte Platz für eine Kleinigkeit vor oder nach dem Film.

Livemusik

Die besten Plätze für einheimische Livemusik in San José sind El Lobo Estepario, Mundoloco El Chante und El Sótano. International bekannte DJs legen häufig im Club Vertigo (S. 95) und im 8ctavo Rooftop auf.

★ Teatro Nacional THEATER
(Karte S. 70; ☎2010-1100; www.teatronacional.go.cr; Calle 3 & 5 zwischen Av Central & 2) Auf Costa Ricas wichtigster Theaterbühne gibt es Schauspiel, Tanz, Oper, klassische Konzerte, lateinamerikanische Musik und andere Großereignisse. Die Hauptsaison dauert von März bis November, aber auch im Rest des Jahres finden Aufführungen statt.

★ Mundoloco El Chante LIVE PERFORMANCE
(Karte S. 80; ☎2253-4125; www.facebook.com/MundolocoRestaurante/; Av Central, San Pedro; ⏰Mo–Do 16–2.30, Fr & Sa ab 12 Uhr) Erst schnappt man sich in diesem niedlichen Restaurant mit Bar in San Pedro ein Craft-Bier und ein leckeres vegetarisches Gericht, wie gefüllte Pilze. Dann geht es in das geräumige bequeme Hinterzimmer, wo von Stand-up Comedy über Tanzaufführungen bis zu Livemusik alle Arten von Unterhaltung stattfinden. Großartige Akustik, ideal, um eine einheimische Band zu hören.

El Sótano LIVEMUSIK
(Karte S. 66; ☎2221-2302; www.facebook.com/sotanocr; Ecke Calle 3 & Av 11; ⏰Mo–Sa 15–2 Uhr) Das Sótano, einer von Chepes atmosphärischsten Nachtclubs, ist nach dem Jazzclub im Keller benannt, in dem häufig Veranstaltungen stattfinden, oft auch intime Jamsessions. Im oberen Stockwerk wurden eine Reihe der Zimmer mit den hohen Decken im selben Herrenhaus in eine Galerie, eine Bühne und eine Tanzfläche verwandelt, wo eine Mischung unterschiedlicher Gruppen Livegigs spielt.

Jazz Café LIVE MUSIC
(Karte S. 80; ☎2253-8933; www.jazzcafecostarica.com; Ave Central; Eintritt 6–13 US$; ⏰Mo–Sa 18–2 Uhr) Das gemütliche Lokal in San Pedro präsentiert jeden Abend eine andere Band. Hier traten schon der legendäre kubanische Jazzmusiker Chucho Valdés, der kolumbianische Popstar Juanes und unzählige andere Prominente auf. Der Schwesterclub in **Escazú** (☎2288-4740; Autopista Próspero Fernández, Nordseite; Eintritt 5–10 US$; ⏰18–2 Uhr) bietet einen ähnlichen Mix lokaler und internationaler Musiker und Bands.

El Lobo Estepario LIVEMUSIK
(Karte S. 80; ☎2256-3934; www.facebook.com/loboesteparioc r; Av 2; ⏰So–Do 16–0.45, Fr & Sa bis 2 Uhr) 🌿 Diese Kneipe über zwei Stockwerke serviert gute vegetarische Kost und zieht einige der Toptalente für Livegigs an. Die Decke dient auch als Tafel, auf der allabendlich Nachrichten und Zeichnungen nach Wahl des Chefs zu sehen sind.

8ctavo Rooftop LIVEMUSIK
(☎4055-0588; www.facebook.com/8voRooftop; Autopista Próspero Fernández, Hotel Sheraton San José) Sehen und Gesehenwerden in dieser mondänen Dachterrassenlounge, wo regelmäßig internationale DJs auftreten. Wer früh kommt und zuerst essen will, kann hier tolle Blicke auf die Stadt, vielfältige Speisen und würzige Cocktails genießen. Die Lounge liegt direkt am Highway 27 im Westen von Escazú.

Pepper Disco Club LIVEMUSIK
(☎2224-1472; Av 4, Zapote) Dieser Club ist *der* Ort für Heavy Metal, Punk und Ska. Auch die Abende, an denen Salsa getanzt wird, sind gut.

Arenas Skate Park LIVEMUSIK
(Karte S. 66; ☎8813-7544; Calle 11 zwischen Av 10 & 12) Freitag- und samstagabends haben Punk-Shows Hochkonjunktur in diesem Skatepark im Barrio Soledad.

El Cuartel de la Boca del Monte LIVE MUSIC
(Karte S. 66; ☎2221-0327; www.facebook.com/-elcuartelcr; Av 1 zwischen Calle 21 & 23; ⏰Mo–Fr 11.30–14, Mo-Fr. 18–24, Fr & Sa 18–2 Uhr) Die

KULTURZENTREN

Alianza Francesa (☎2257-1438; www.alianzafrancesacostarica.com; Ecke Calle 5 & Av 7; Französischkurse 330 US$; ⏰Mo–Sa 8–18 Uhr) Die Alliance bietet Französischkurse, eine kleine Bibliothek und wechselnde Kunstausstellungen in einem Gebäude im historischen Barrio Amón.

Centro Cultural de España (☎2257-2919; www.ccecr.org; Rotonda del Farolito, Barrio Escalante; ⏰Mo–Fr 8–19 Uhr) Eine der lebendigsten Kulturinstitutionen der Stadt ist das spanische Zentrum mit einem vollen Veranstaltungsprogramm. Es gibt auch ein audiovisuelles Zentrum und eine Leihbibliothek.

stimmungsvolle Bar im alten Barrio La California lockt schon lange Musikliebhaber an, die sich bei Konzerten die Schultern aneinanderreiben. Freitag ist immer ein guter Abend, das gilt aber auch für den Montag, an dem Frauen freien Eintritt haben und die Band einen skurrilen Mix aus Calypso, Salsa, Reggae und Rock spielt. Studenten lieben diesen Laden; sie treffen sich hier gern zum Flirten und Trinken.

Auditorio Nacional KONZERTSAAL
(Karte S. 66; ☎ 2105-0511 ext 511; www.museocr.org; Museo de los Niños, Calle 4) eine großartige Bühne für Konzerte, Tanz- und Schauspielaufführungen, in Verbindung mit dem Centro Costarricense de Ciencia y Cultura.

Theater

In San José gibt es eine ganze Reihe von Theaterbühnen, darunter auch einige mit englischsprachigen Stücken. In den Lokalblättern stehen die Termine für aktuelle Aufführungen. Die meisten Theater sind nicht sehr groß und deshalb oft schnell ausverkauft; die Eintrittskarten sollte man sich daher so früh wie möglich besorgen.

Teatro Melico Salazar THEATER
(Karte S. 70; ☎ 2233-5172, 2257-6005; www.teatromelico.go.cr; Av 2 zwischen Calle Central & 2) Ein renoviertes Theater von 1920, in dem regelmäßig Aufführungen stattfinden, darunter Musik, Theater, Ballett und andere Tanzformen.

Teatro Eugene O'Neill THEATER
(Karte S. 80; ☎ 2207-7554; www.centrocultural.cr; Calle 37) Die Vorstellungen in diesem Theater werden vom Centro Cultural Costarricense Norteamericano gesponsert, einem Kulturzentrum, dass die Verbindungen zwischen Costa Rica und den USA fördert. Es liegt nördlich der Avenida Central in San Pedro.

Little Theatre Group THEATER
(☎ 8858-1446; www.littletheatregroup.org) Diese englische Theatergruppe gibt es bereits seit den 1950er-Jahren. Sie präsentiert jedes Jahr einige Inszenierungen. Per Telefon oder online lässt sich herausfinden, welche Werke gerade gezeigt werden.

Sport

Estadio Nacional de Costa Rica STADION
(Karte S. 74; Parque Metropolitano La Sabana) Costa Ricas modernes nationales Fußballstadion hat 35 000 Sitzplätze und wurde mit Mitteln der chinesischen Regierung kofinanziert. Seit der Eröffnung 2011 finden hier Spiele der 1. Liga sowie internationale Begegnungen statt. Das Vorgängerstadion von 1924 befindet sich noch immer im Parque Metropolitano La Sabana. In seiner langjährigen Geschichte hat es schon einige bekannte Größen gesehen, darunter Papst Johannes Paul II., die Fußballlegende Pelé und Bruce Springsteen.

Kasino

Für Glücksspieler haben einige größere Hotels Kasinos eingerichtet. In vielen davon geht es eher zwanglos zu, für die nobleren sollte man jedoch einen feineren Zwirn als T-Shirts anziehen – hier herrscht Dresscode. Hinweis für die Herren: Weil in den Kasinos Prostituierte gern nach Freiern suchen, sollte man misstrauisch werden, wenn man plötzlich der begehrteste Mann im Raum ist.

Casino Club Colonial KASINO
(Karte S. 70; ☎ 2258-2807; www.casinoclubcolonial.com; Av 1 zwischen Calle 9 & 11; ⏲ 24 Std.) San Josés elegantestes Kasino.

Casino del Rey KASINO
(Karte S. 70; ☎ 2257-7800; www.delreyhotel.com; Hotel del Rey, Ecke Calle 9 & Av 1; ⏲ 24 Std.) Ein rappelvolles Gebäude in Knallrosa, bietet alles von Roulette bis zu einarmigen Banditen und der wohl höchsten Dichte an Prostituierten in der Stadt.

Shoppen

Wer auf der Suche nach einheimischen Schnitzarbeiten, hochwertigem Mobiliar oder auch einem ausgestopftem Faultier ist, dem bietet San José unterschiedlichste Läden – von anspruchsvollen Boutiquen bis zu Touristenfallen voller tropischem Nippes. Feilschen ist nur auf Märkten möglich.

Die schönsten Holzartikel des Landes findet man bei Biesanz Woodworks (S. 99); der kleine Ausflug nach Escazú lohnt sich durchaus.

★ **Feria Verde de Aranjuez** MARKT
(Karte S. 66; www.feriaverde.org; Barrio Aranjuez; ⏲ Sa 7–12.30 Uhr) Wer gern schlemmt und kulturelle Begegnungen liebt, darf den großartigen Samstagsmarkt auf keinen Fall verpassen. Hier treffen sich seit 2010 Künstler und Biobauern aus der Gegend und verkaufen Biokaffee, handwerklich hergestellte Schokolade, tropisches Fruchteis, frisches Obst und Gemüse, Leder, Schmuck und mehr. Ihre Stände findet man im Park am nördlichen Ende des Barrio Aranjuez.

Nicht versäumen: die köstliche geräucherte Forelle mit Dip, die ein enthusiastischer deutscher Expat gern Vorübergehenden anbietet.

Sin Domicilio Fijo KUNSTHANDWERK
(Karte S. 84; ☎ 2289-9461; www.facebook.com/sindomiciliofijo; Ecke Av 32 & Calle Central; ⌚ Di2Fr 10–18, Sa ab 9, So bis 16 Uhr) Im Zentrum von Escazú liegt dieser Kunsthandwerksladen in einem historischen 150 Jahre alten Gebäude mit Lehmziegelwänden, nahe der Südwestecke der Kirche von Escazú. Hier gibt es jede Menge an einzigartigem Kunsthandwerk, das sich perfekt als Geschenk eignet, von anmutigen Schuhen bis zu schönen Dingen für die Küche. Ein hübsches Café im Freien serviert frischen Kaffee und leckere Mahlzeiten.

Distrito Carmen KUNST
(Karte S. 70; ☎ 2256-0337; www.facebook.com/distritocarmen/; Ecke Calle 11 & Av 9) Cooler neuer Designladen, in dem man interessante Kunst, Kleidung, Schmuck und anderen Krimskrams finden kann, der von einem runden Dutzend regionaler Künstler stammt.

Cerámical Artistica Salitral KERAMIK
(☎ 2282-7536; www.facebook.com/ceramica.artisticasalitral; 2 km südlich der Herm-Tankstelle, an der Straße von Salitral nach Santa Ana; ⌚ 9–17 Uhr) Ein alteingesessener riesiger Keramikladen mit Töpferwerkstatt an der kurvenreichen Landstraße von Santa Ana nach Salitral. Hier kann man tolle Funde machen, insbesondere Kerzenhalter und Masken. Gelegentlich bietet der Laden auch private Töpferkurse an (Details per Telefon).

Mora Books BÜCHER
(Karte S. 70; ☎ 8383-8385; www.morabooks.com; Calle 5 zwischen Av 5 & 7; ⌚ 11–19 Uhr) In diesem Antiquariat türmen sich Taschenbücher mit Eselsohren meist in Englisch, aber auch in Spanisch, Französisch und Deutsch in schwankendem Gleichgewicht auf Stapeln auf den übervollen Regalen. Der beste Platz in der Stadt, um sich mit Reiselektüre zu versorgen. Die Stunden vergehen hier wie im Flug.

Kiosco SJO KUNSTHANDWERK
(Karte S. 80; ☎ 2253-8426; Ecke Calle 31 & Av 5; ⌚ Di–Fr 12–20, Sa ab 10, So 10–16 Uhr) Der Schwerpunkt in diesem eleganten Laden im Barrio Escalante liegt auf umweltfreundlichen Arbeiten von costa-ricanischen Kunsthandwerkern: handgefertigter Schmuck, handgemachte Lederarbeiten, originale Fotografien, Plüschtiere, Mode und Designarbeiten für die Wohnung von bekannten Designern. Die meisten Stücke sind teuer, aber hier findet man nur außergewöhnliche Qualität.

ABSTECHER

BIESANZ WOODWORKS

Das Atelier von **Biesanz Woodworks** (☎ 2289-4337; www.biesanz.com; 33 Calle Pedrero; ⌚ Mo–Fr 8–17, Sa 9–14 Uhr) in den Hügeln von Bello Horizonte in Escazú ist etwas schwer zu finden, aber der Aufwand lohnt sich. Der Laden des bekannten Kunsthandwerkers Barry Biesanz gehört zu den besten Adressen für Holzarbeiten in ganz Costa Rica.

Seine exquisiten Schalen und andere dekorative Behältnisse sind von präkolumbischen Techniken inspiriert. Die natürlichen Linien und Formen des Holzes bestimmen dabei Größe und Gestalt des fertigen Produkts.

Die Stücke sind nicht gerade billig (ab 45 US$ für eine handtellergroße Schale), aber eben auch einzigartig – und auch noch so fein gearbeitet, dass sie sicherlich jedem Museum zur Ehre gereichen würden.

eÑe KUNST & KUNSTHANDWERK
(Karte S. 70; ☎ 2222-7681; laesquina13y7@gmail.com; Ecke Av 7 & Calle 11A; ⌚ Mo–Sa 10–18.30 Uhr) Dieser kleine hippe Designerladen gegenüber der Casa Amarilla verkauft alle Arten von Designerstücken aus costa-ricanischen Ateliers und Künstlerwerkstätten, einschließlich Kleidung, Schmuck, Handtaschen, Bilderrahmen und Drucke.

Galería Namu KUNSTHANDWERK
(Karte S. 70; ☎ 2256-3412, in USA 800-616-4322; www.galerianamu.com; Av 7 zwischen Calle 5 & 7; ⌚ ganzjährig Mo–Sa 9–18.30, plus Dez.–April So 13–17 Uhr) Diese Fair-Trade-Galerie vereint Kunst und kulturelle Objekte verschiedener Völker, darunter Boruca-Masken, fein geflochtene Wounaan-Körbe, Guaymi-Puppen, Bribrí-Kanus, Chorotega-Keramik, traditionelle Huetar-Schilfmatten und eidgenössisches urbanes und afroamerikanisches Kunsthandwerk. Hier können auch Besuche in entlegenen indigenen Gebieten in ver-

TOURISTENPOLIZEI

Seit 2007 die *policía turística* (die Touristenpolizei), die überall zu Fuß, auf Fahrrädern oder zu Pferd patrouilliert, eingeführt wurde, sind die Kleindelikte gegen Ausländer etwas zurückgegangen. Die Ordnungshüter können bei einem Notfall hilfreich sein, denn die meisten sprechen zumindest ein wenig Englisch.

Wer jedoch Opfer eines Verbrechens werden sollte, muss persönlich beim **Organismo de Investigacíon Judicial** (☎2222-1365, 2295-3000; Calle 17 zwischen Ave 6 & 8; ⏲24 Stunden) am Obersten Gerichtshof in der südlichen Innenstadt Anzeige erstatten.

schiedenen Teilen Costa Ricas organisiert werden.

Multiplaza Escazú MALL
(☎4001-7999; www.facebook.com/MultiplazaCostaRica; Autopista Próspero Fernández; ⏲Mo–Sa 10–21, So bis 20 Uhr) Costa Ricas eleganteste und größte Shopping-Mall bietet alles, was man braucht (oder auch nicht braucht). Von San José aus erreicht man die Mall mit jedem Bus, auf dem „Escazú Multiplaza" steht.

Mercado Artesanal MARKT
(Kunsthandwerksmarkt; Karte S. 70; Plaza de la Democracia, Ave Central & 2 zwischen Calle 13 & 15; ⏲9–17 Uhr) Der Open-Air-Markt verkauft alles, was Touristen suchen: von handgefertigtem Schmuck über Bob-Marley-T-Shirts bis zu kunstvollen Holzarbeiten und guatemaltekischen Sarongs.

Librería Lehmann BÜCHER
(Karte S. 70; ☎2522-4848; www.librerialehmann.com; Av Central zwischen Calle 1 & 3; ⏲Mo–Fr 8–18.30, Sa 9–17, So 11–16 Uhr) Gute Auswahl an englischsprachigen Büchern, Landkarten und Reiseführern (auch Lonely Planet).

Mall San Pedro MALL
(Karte S. 80; ☎4001-7999; http://tumallsanpedro.com; Boulevard Los Yoses) Dieses belebte Mall über vier Stockwerke beherbergt ein Multiplex-Kino, einen Foodcourt, eine Video-Arkade und die übliche Mischung aus Mode-, Telefon- und anderen Einzelhandelsgeschäften. Es liegt nordwestlich der Fuente de la Hispanidad.

ℹ Orientierung

San Josés Stadtzentrum ist gitterartig angelegt mit Avenidas, die von Ost nach West verlaufen, und Calles, die von Nord nach Süd führen. Die Avenida Central zwischen den Calles 6 und 9 ist das Herz der Innenstadt und Fußgängerzone. Der Downtown-Bezirk besteht aus mehreren nicht ganz klar abgegrenzten *barrios* (Viertel); für Touristen von Belang sind jene nördlich und östlich der Plaza de la Cultura, darunter das Barrio Amón, Barrio Otoya, Barrio Aranjuez, Barrio Escalante und Barrio La California. In der Stadtmitte befinden sich unzählige Geschäfte, Hotels und Sehenswürdigkeiten, westlich des Zentrums sind der Zentralmarkt und viele Busterminals.

Etwas weiter westlich erstreckt sich La Sabana, benannt nach dem großen, beliebten Park, in dem die *josefinos* gern das Wochenende verbringen, joggen und schwimmen gehen, Fußball spielen oder picknicken.

Escazú ist ein wohlhabenderes Viertel ein paar Kilometer südwestlich, das in drei Bezirke unterteilt wird: Escazú Centro hat eine friedliche zentrale Plaza und ist auf typisch costa-ricanische Weise entspannt, San Rafael, die Enklave der zugewanderten US-Amerikaner, ist gespickt mit Einkaufszentren, Autohändlern der Spitzenklasse, schönen Einfamilienhäusern und Restaurantketten, und in San Antonio findet man eine Mischung aus ländlichen Häusern und weitläufigen Anwesen mit fantastischer Aussicht. Noch weiter westlich liegt die aufstrebende Enklave Santa Ana, ein weiterer Lieblingsort der Zuwanderer. Sie ist gekennzeichnet durch jede Menge Grün, ein fantastisch warmes und trockenes Klima und viele Firmen und Geschäfte.

Östlich des Zentrums (und von dort aus fußläufig zu erreichen) liegen die aneinander angrenzenden Viertel Los Yoses und San Pedro. Ersteres ist ein Wohngebiet mit einigen Unterkünften, Letzteres der Standort des von Bäumen gesäumten Campus der UCR, der prestigeträchtigsten Universität des Landes. Die Grenze zwischen Los Yoses und San Pedro markiert ein Verkehrskreisel mit einem großen Brunnen, der Fuente de la Hispanidad (wird gern als Referenzpunkt benutzt). Nördlich von Los Yoses, im Barrio Escalante, haben sich ein paar der angesagtesten Bars und Restaurants von San José angesiedelt.

ℹ Praktische Informationen

GEFAHREN & ÄRGERNISSE

Obwohl Costa Rica im Vergleich zu anderen lateinamerikanischen Ländern die niedrigste Verbrechensrate aufweist, ist die Kriminalität in städtischen Ballungsräumen wie San José ein echtes Problem. Die häufigsten Delikte beschränken sich auf Gelegenheitsdiebstahl (Taschendiebstahl und Straßenraub). Außerdem sollte man auch an bewachten Parkplätzen keine Wertsachen im Auto lassen und im Bus nie das Gepäck ins Gepäcknetz legen. Männer sollten daran denken, dass Prostituierte für ihre Tricks bekannt sind; sie arbeiten oft zu zweit.

Die in diesem Reiseführer beschriebenen Stadtviertel sind tagsüber in der Regel sicher, allerdings ist rund um den Coca-Cola-Busbahnhof und im Rotlichtviertel südlich des Parque Central erhöhte Vorsicht geboten, vor allem bei Nacht. In den benachbarten Vierteln kann es sich aber schon wieder ganz anders verhalten; es spricht nichts dagegen, sich bei Einheimischen zu erkundigen.

Verkehrsstaus, riesige Schlaglöcher, Straßenlärm und Smog sind in San José unvermeidlich. Und viele zentral gelegene Hotels sind lästigem Straßenlärm ausgesetzt, so schön sie auch immer sein mögen. Besondere Skepsis ist angesagt bei aufdringlichen Schwarzhändlern und Taxifahrern, die geführte Touren anbieten oder ihren Fahrgästen weismachen wollen, dass ihr Hotel ein von Verbrechern heimgesuchtes Bordell sei, um sie in Unterkünfte umzuleiten, bei denen sie selbst Provision kassieren.

INTERNETZUGANG

Die meisten Unterkünfte bieten kostenloses WLAN und/oder Computer für die Gäste. Es gibt auch viele Internetcafés, die pro Stunde zwischen 0,50 US$ und 1 US$ verlangen.

MEDIZINISCHE VERSORGUNG

Clínica Bíblica (☎2522-1000; www.clinicabiblica.com; Av 14 zwischen Calle Central & 1; ⏲24 Std.) Die private Topklinik im Zentrum besitzt eine rund um die Uhr besetzte Notaufnahme; die Ärzte sprechen Englisch, Französisch und Deutsch.

Hospital Calderón Guardia (☎2212-1000; Ecke Calle 17 zwischen Av 7 & 9; ⏲24 Std.) Ein öffentliches Krankenhaus im Zentrum von San José.

Hospital CIMA (☎2208-1000; www.hospitalcima.com; Autopista Próspero Fernández; ⏲24 Std.) Bei ernsten medizinischen Notfällen sucht man am besten diese Klinik in San Rafael de Escazú auf. Sie besitzt die modernste Einrichtung im Gebiet von San José.

Hospital La Católica (☎2246-3000; www.hospitallacatolica.com; 109, Guadalupe; ⏲24 Std.) Teure Privatklinik, die auf ausländische Touristen als Patienten eingestellt ist.

Hospital San Juan de Dios (☎2547-8000; Ecke Paseo Colón & Calle 14; ⏲24 Std.) Kostenloses öffentliches Krankenhaus, das rund um die Uhr geöffnet ist; lange Wartezeiten.

NOTFALL

Feuerwehr	☎118
Rotes Kreuz	☎128
Verkehrspolizei	☎2523-3300, 2222-9245, 2222-9330

POST

Correo Central (Hauptpostamt; Karte S. 70; ☎2202-2900; www.correos.go.cr; Calle 2 zwischen Av 1 & 3; ⏲Mo–Fr 6.30–18, Sa bis 12 Uhr) In einem grandiosen historischen Gebäude nahe dem Stadtzentrum. Express- und Overnight-Service.

TOURISTENINFORMATION

Canatur (Cámara Nacional de Turismo; ☎2234-6222; www.canatur.org; Aeropuerto Internacional Juan Santamaría; ⏲7–22 Uhr) Die costa-ricanische nationale Tourismus-Kammer liefert Informationen zu den Diensten ihrer Mitglieder, an einem kleinen Stand unmittelbar neben der internationalen Gepäckausgabe.

ℹ An- & Weiterreise

San José ist der Verkehrsknotenpunkt des Landes und es ist wahrscheinlich, dass Besucher

FREIWILLIGENDIENSTE

Für Reisende, die ein über Ferien hinausgehendes Erlebnis suchen, gibt es in San José Dutzende gemeinnützige Organisationen, die gern Freiwillige akzeptieren.

Central American Service Expeditions (☎8839-0515; www.serviceexpeditions.com) Eine gemeinnützige costa-ricanische Organisation, die maßgeschneiderte Freiwilligenstellen für Familien und Teenager findet, die auf Nachhaltigkeit ausgerichtet sind.

Educational Travel Adventures (☎in den USA & Canada 866-273-2500; www.etadventures.com) Bietet ein breites Spektrum an Freiwilligendiensten, darunter Naturschutz- und Unterrichtsprojekte.

United Planet (☎in USA 1-617-874-8041; www.unitedplanet.org) Bringt Freiwillige in Programmen zur Weltgesundheit, Bildung und Umwelt unter.

während ihrer Reise mehrfach dort durchfahren (ob sie wollen oder nicht).

BUS

Der Busverkehr in San José kann sehr verwirrend sein. Es gibt kein öffentliches Netz und keinen zentralen Busbahnhof. Stattdessen fahren Dutzende privater Busunternehmen von verschiedenen Haltestellen in der ganzen Stadt ab. Viele haben sogar nur eine offizielle Haltestelle (in diesem Fall zahlen die Passagiere direkt beim Fahrer), andere haben ein winziges Schalterbüro oder einen Schalter in einem der größeren Terminals, von denen aus ganze Regionen angefahren werden.

Busfahrpläne und Preise ändern sich allerdings ständig. Hilfreich (wenn auch nicht immer aktuell) ist das kostenlose Heftchen *Itinerario de Buses*, das man in der Touristeninformation in der Innenstadt erhält. Das entsprechende PDF kann auf der Website www.visitcostarica.com heruntergeladen werden (am besten „Costa Rica Itinerario de Buses" in die Suchmaschine eingeben). In Bussen herrscht freitags und samstags immer Platzmangel, zu Weihnachten und Ostern sind sie hoffnungslos überfüllt.

Bei selteneren Busverbindungen ist es ratsam, Fahrkarten im Voraus zu besorgen.

Busbahnhöfe

Von den nachfolgend beschriebenen fünf Terminals können die beliebtesten Reiseziele im Land erreicht werden. An den Busbahnhöfen sollte man extrem gut auf seine Sachen aufpassen, da hier viele Taschendiebe unterwegs sind. Wertsachen sollten immer gut im Auge behalten werden, auch sollte man nichts im Gepäcknetz oder im Gepäckabteil verstauen, was nicht verloren gehen darf (Reisedokumente und Geld).

Gran Terminal del Caribe (Calle Central) Dieser große Bahnhof nördlich der Avenida 13 ist der zentrale Startpunkt für alle Busse zur Karibikküste.

Terminal 7-10 (☎2519-9740; www.terminal7-10.com; Ecke 7th Av & Calle 10) Dieser neue Busbahnhof ist Startpunkt für Busse Richtung Nicoya, Nosara, Sámara, Santa Cruz, Tamarindo, Jacó, Monteverde, La Fortuna und zu einigen anderen Orten. Die vierstöckige Anlage besitzt einen Foodcourt, ein Einkaufszentrum und einen Parkplatz. Da es in der *zona roja* liegt, einer historisch gefährlichen Gegend der Stadt, hat die Polizei hier im Terminal ihre Patrouillen verstärkt, um die Kriminalität einzudämmen.

Terminal Coca-Cola (Karte S. 66; Av 1 zwischen Calle 16 & 18) Ein bekannter Orientierungspunkt. Zahllose Busse fahren von dem Terminal und den vier Blocks im Umkreis ab, zu Orten in ganz Costa Rica, vor allem im Valle Central und an der Pazifikküste. Es ist ein Labyrinth, in dem sich überall Fahrkartenschalter befinden.

Terminal del Atlántico Norte (Ecke Av 9 & Calle 12) Ein kleiner, ziemlich heruntergekommener Busbahnhof für Fahrten zur südlichen Karibikküste und nach Puerto Jiménez.

Terminal Tracopa (Karte D. 66; ☎2221-4214; www.tracopacr.com; Calle 5 zwischen Av 18 & 20) Busse zu Zielen im Südwesten, darunter Neily, Dominical, Golfito, Manuel Antonio, Palmar Norte, Paso Canoas, Quepos, San Isidro de El General, San Vito und Uvita.

Nationale Busunternehmen

Autotransportes Caribeños (☎2222-0610; www.grupocaribenos.com; Gran Terminal del Caribe, Calle Central) Bedient Ziele im Nord-

INTERNATIONALE BUSVERBINDUNGEN AB SAN JOSÉ

REISEZIEL	BUSGESELLSCHAFT	FAHRPREIS (US$)	FAHRZEIT	HÄUFIGKEIT
David (Panama)	Tracopa	21	8½ Std.	7.30, 12 Uhr
Guatemala City (Guatemala)	Tica Bus	86	48 Std.	3, 6, 7, 12.30 Uhr
Managua (Nicaragua)	Tica Bus	29–42	9 Std.	3, 6, 7.30, 12.30 Uhr
Managua (Nicaragua)	TransNica	28	8½ Std.	2, 4, 5, 9, 12 Uhr
Managua (Nicaragua)	Central Line	29	8½ Std.	4.30, 10 Uhr
Managua (Nicaragua)	Nicabus	29	8 Std.	4.30 Uhr, 6.30 Uhr
Panama City (Panama)	Expreso Panamá	40	14 Std.	12 Uhr
Panama City (Panama)	Tica Bus	42-58	16 Std.	12, 23.55 Uhr
San Salvador (El Salvador)	Tica Bus	65	20 Std.	3, 6, 7.30, 12.30 Uhr
Tegucigalpa (Honduras)	TransNica	57	16 Std.	2 Uhr

osten wie Puerto Limón, Guápiles, Cariari, Siquirres und Puerto Viejo de Sarapiquí. Zur Caribeños-Gruppe gehören mehrere Unternehmen (darunter Empresarios Guapileños und Líneas del Atlántico), die sich alle ein Terminal teilen.

Autotransportes Mepe (☎2257-8129; www.mepecr.com; Ecke Av 9 & Calle 12, Terminal del Atlántico Norte) Bedient Ziele an der südlichen Karibikküste, darunter Cahuita, Puerto Viejo de Talamanca, Manzanillo, Bribrí und Sixaola.

Autotransportes San Carlos (☎2255-4300; Ecke Av 7 & Calle 10, Terminal 7-10) La Fortuna, Ciudad Quesada und Los Chiles.

Blanco Lobo (Karte S. 66; ☎2257-4121; Ecke Av 9 & Calle 12, Terminal del Atlántico Norte) Puerto Jiménez.

Coopetrans Atenas (Karte S. 66; ☎2446-5767; www.coopetransatenas.com; Av 1 zwischen Calle 16 & 18, Terminal Coca-Cola) Atenas.

Empresa Alfaro (☎2222-2666; www.empresaalfaro.com; Ecke Av 7 & Calle 10, Terminal 7-10) Nicoya, Nosara, Sámara, Santa Cruz und Tamarindo.

Empresarios Unidos (Karte S. 66; ☎2221-6600; Ecke Av 12 & Calle 16) Busse nach San Ramón und Puntarenas.

Lumaca (Karte S. 66; ☎2552-5280; Av 10 zwischen Calle 5 & 7) Cartago.

Metrópoli (Karte S. 70; ☎2530-1064; Av 2 zwischen Calle 1 & 3) Volcán Irazú.

Musoc (☎2222-2422; Calle Central zwischen Av 22 & 24) San Isidro de El General und Santa María de Dota.

Pulmitan de Liberia (Karte S. 66; ☎2222-0610; Calle 24 zwischen Av 5 & 7) Ziele im Nordwesten, darunter Cañas, Liberia, Playa del Coco und Tilarán.

Station Wagon (Karte S. 66; ☎2441-1181; Av 2 zwischen Calle 10 & 12) Alajuela und zum Flughafen.

Terminal Tracopa (Karte S. 66) Ziele im Südwesten, darunter Ciudad Neily, Dominical, Golfito, Manuel Antonio, Palmar Norte, Paso Canoas, Quepos, San Isidro de El General, San Vito und Uvita.

Tralapa (Karte S. 66; ☎2223-5876; Av 5 zwischen Calle 20 & 22) Mehrere Ziele auf der Península de Nicoya, darunter Playa Flamingo, Playa Hermosa, Playa Tamarindo und Santa Cruz.

Transmonteverde (☎2645-7447; www.facebook.com/Transmonteverde; Ecke Av 7 & Calle 10, Terminal 7-10) Monteverde.

Transportes Cobano (☎2221-7479; transportescobano@gmail.com; Ecke Av 7 & Calle 10, Terminal 7-10) Montezuma und Mal País.

Transportes Deldú (Calle Central, Gran Terminal de Caribe) Peñas Blancas (nicaraguanische Grenze).

Transportes Jacó (☎2290-2922; www.transportesjacoruta655.com; Ecke Av 7 & Calle 10, Terminal 7-10) Jacó.

Transtusa (Karte S. 66; ☎4036-1800; www.transtusacr.com; Calle 13A zwischen Av 6 & 8) Cartago und Turrialba.

Tuan (Terminal de Buses Grecia; Karte S. 68; ☎2494-2139, 2258-2004; Ecke Av 5 & Calle 18A) Grecia.

Tuasa (Karte S. 66; ☎2442-6900; Av 2 zwischen Calle 12 & 14) Alajuela und zum Flughafen.

Internationale Busgesellschaften

Internationale Busse sind schnell ausgebucht. Fahrkarten unbedingt rechtzeitig kaufen – und den Pass dabei nicht vergessen.

Transportes Central Line (Karte S. 66; ☎2221-9115; http://transportescentralline.com; Av 9) Managua (Nicaragua).

Expreso Panamá (Karte S. 66; ☎2221-7694; www.expresopanama.com; Terminal Empresarios Unidos, Ecke Av 12 & Calle 16) Panama City (Panama).

Nicabus (Karte S. 66; ☎2221-2581; Ecke Av 1 & Calle 20) Managua (Nicaragua).

Tica Bus (Karte S. 74; ☎2296-9788; www.ticabus.com; Ecke Transversal 26 & Av 3) Nicaragua, Panama, El Salvador und Guatemala.

TransNica (Karte S. 66; ☎2223-4242; www.transnica.com; Calle 22 zwischen Av 3 & 5) Nicaragua und Honduras.

Shuttlebusse

Grayline (☎2220-2126; www.graylinecostarica.com; Av 31) und **Interbus** (☎4100-0888; www.interbusonline.com; Av 20) befördern ihre Fahrgäste in klimatisierten Minibussen von San José zu Zielen überall im Land. Sie sind teurer als die Standardbusse, bieten aber Tür-zu-Tür-Service und sind zudem schneller.

FLUGZEUG

Internationale Flüge nutzen den Flughafen Juan Santamaría (SJO) außerhalb von Alajuela.

Aeropuerto Internacional Juan Santamaría (☎2437-2400; www.fly2sanjose.com) Das Hauptterminal ist für internationale Flüge sowie Inlandsflüge von **NatureAir** (☎2299-6000; www.natureair.com) zuständig. Die Inlandsflüge von **Sansa** (☎2290-4100; www.flysansa.com) starten und landen am Sansa-Terminal.

Aeropuerto Tobías Bolaños (☎2232-2820; Pavas) Der Flugplatz im Vorort Pavas ist für private Charter- und Inlandsflüge zuständig.

NATIONALE BUSVERBINDUNGEN AB SAN JOSÉ

REISEZIEL	BUSGESELLSCHAFT	FAHRPREIS (US$)	FAHRZEIT (STD.)	HÄUFIGKEIT
Cahuita	Mepe	8.64	4	6, 8, 10, 12, 14, 16, 18 Uhr
Cañas	Pulmitan	4,12	3½	11.40, 13.30, 15.30 Uhr
Cariari	Caribeños	2,97	2½	6.30, 9, 10.30, 13, 15, 16.30, 18, 19 Uhr
Cartago	Lumaca	1,04	1	alle 15 Minuten
Ciudad Neily	Tracopa	13,16	6½–7½	11-mal tgl.
Ciudad Quesada	San Carlos	3,34	3	stdl.
Dominical & Uvita	Tracopa	9,34	4½–5½	6, 15 Uhr
Golfito	Tracopa	13,16	6½	6.30, 7, 15.30 Uhr
Grecia	Tuan	1,91	1	jede halbe Stunde
Guápiles	Caribeños	2,43	1¼	jede halbe Stunde
Jacó	Transportes Jacó	4,23	2½	7–17 Uhr alle 2 Std.
La Fortuna	San Carlos	4,41	4	12.45, 15.45 Uhr
Liberia	Pulmitan	8,03	4½	6–20 Uhr stdl.
Los Chiles	San Carlos	5,16	5	5.15, 15 Uhr
Manzanillo	Mepe	11,17	5	12 Uhr
Monteverde/ Santa Elena	Transmonteverde	4,97	4½	6.30, 14.30 Uhr
Montezuma/Mal País	Cobano	12,42	5½–6	6, 6.30, 14 Uhr
Nicoya	Alfaro	7,13	5	5.30, 7.30, 10, 13, 15, 17 Uhr
Palmar	Tracopa	10,32	6	13-mal tgl.
Paso Canoas	Tracopa	13.,81	7–8	13-mal tgl.
Peñas Blancas	Deldú	8.,18	6	9-mal tgl.
Playa del Coco	Pulmitan	9,87	5½	8, 14, 16 Uhr
Playa Flamingo	Tralapa	10,27	6	8, 10.30, 15 Uhr
Playa Nosara	Alfaro	8,11	6	5.30 Uhr
Playa Sámara	Alfaro	7,54	5	12 Uhr
Playa Hermosa	Tralapa	8,90	5	15.30 Uhr

ℹ Unterwegs vor Ort

Die Innenstadt von San José ist ständig stark verkehrsbelastet und verstopft. Aufgrund der engen Straßen, des starken Verkehrsaufkommens und eines recht kompliziert zu durchschauenden Systems an Einbahnstraßen ist man zu Fuß oft schneller unterwegs als mit einem Bus.

Gleiches gilt für das Autofahren: Wer mit dem Mietwagen unterwegs ist, sollte am besten einen großen Bogen um das Zentrum machen. Wer es wirklich eilig hat, sollte lieber in eines der Taxis steigen.

Wer mit dem Bus reist, kommt an einem der vielen internationalen Busterminals an, die in der westlichen und südlichen Innenstadt liegen. Einen Teil der Gegend kann man zu Fuß durchqueren, vorausgesetzt die Unterkunft liegt in der Nähe und das Gepäck ist nicht zu schwer. Wer jedoch nachts ankommt, nimmt besser ein Uber oder ein Taxi.

AUTO

Nur für Fahrten in San José ist ein Mietwagen nicht anzuraten. Der Verkehr ist heftig, die Straßen sind eng, und die tiefen Rinnsteine am Straßenrand machen die Parkplatzsuche nervenaufreibend. Außerdem werden Autos oft aufgebrochen – selbst auf bewachten Parkplätzen.

Wer aber durchs Land fahren möchte, hat die Wahl unter mehr als 50 Autovermietungen. Auch Reisebüros und gehobene Hotels können Mietwagen vermitteln, und jeder kann auch online oder direkt am Flughafen ein Auto mieten. Aber Achtung: Bei der Buchung im Internet scheinen

REISEZIEL	BUSGESELL-SCHAFT	FAHRPREIS (US$)	FAHRZEIT (STD.)	HÄUFIGKEIT
Playa Tamarindo	Alfaro	9,51	5	11.30, 15.30 Uhr
Playa Tamarindo	Tralapa	8,92	5	7, 16 Uhr
Puerto Jiménez	Blanco Lobo	15	8	8, 12 Uhr
Puerto Limón	Caribeños	5,64	3	stdl.
Puerto Viejo de Sarapiquí	Caribeños	4,47	2½	10-mal tgl.
Puerto Viejo de Talamanca	Mepe	10,04	4½	6, 8, 10, 12, 14, 16, 18 Uhr
Puntarenas	Empresarios Unidos	4,57	2½	stdl.
Quepos/Manuel Antonio	Tracopa	8,10	3½	alle 1 bis 2 Std.
San Isidro de El General	Musoc	6,41	3	4.30 bis 18.30 Uhr stdl.
San Isidro de El General	Tracopa	6,36	3	stdl.
San Vito	Tracopa	12,03	7	6, 8.15, 12, 12.15, 16 Uhr
Santa Cruz	Alfaro	9,15	5	7-mal tgl.
Santa Cruz	Tralapa	8,97	5	9, 12, 14, 18 Uhr
Santa María de Dota	Musoc	4,16	2	6, 9, 12.30, 14.30, 15, 17, 19.30 Uhr
Sarchí	Tuan	1,93	1½	Mo–Fr 23.45,17.30, 18.05 Uhr, Sa 12 Uhr
Siquirres	Caribeños	2,83	2	stdl.
Sixaola	Mepe	12,32	5½	6, 8, 10, 14, 16 Uhr
Tilarán	Pulmitan	8,04	4	7.30, 9.30, 12.45, 15.45, 18.30 Uhr
Turrialba	Transtusa	2,40	2	stdl.
Volcán Irazú	Metrópoli	8,20 für Rundreise	2	8 Uhr

die angegebenen Preise zu schön, um wahr zu sein. Die Autoverleiher sind berüchtigt dafür, Hunderte von Dollar für Pflichtversicherungen zu verlangen, sobald der Kunde dann vor Ort ist.

Eine ausgezeichnete Mietwagenfirma ist **Wild Rider** (☎ 2258-4604; Paseo Colón zwischen Calle 30 & 32; ⏲ 8–18 Uhr) mit einem großen Fuhrpark (ab 380 US$ pro Woche in der Hauptsaison, inkl. aller erforderlichen Versicherungen). Ab vier Wochen bekommt man bis zu 40 % Rabatt. Weit im Voraus buchen.

BUS

Die Stadtbusse sind eine gute Wahl für Fahrten in die Vororte, ins Umland und zum Flughafen. Die meisten fahren von 5 bis 22 Uhr und kosten zwischen 0,40 und 1,10 US$.

La Sabana Wer einen Bus nach Westen Richtung La Sabana (0,40 US$) nehmen möchte, kann an der Haltestelle im Stadtzentrum einsteigen (an der südöstlichen Ecke der Av 3 & Calle 3). Die Busse, die vom Parque La Sabana aus zurück in die Innenstadt fahren, folgen dem Paseo Colón und wechseln am Krankenhaus San Juan de Dios auf die Avenida 2. Ab dort nehmen sie drei unterschiedliche Routen durch die Stadt, bevor sie nach La Sabana zurückfahren – das sind drei günstige Stadtrundfahrten! Vorne auf den Bussen steht entweder „Sabana–Estadio“, „Sabana–Cementario“ oder „Cementario–Estadio“.

Los Yoses & San Pedro Busse nach Osten nach Los Yoses und San Pedro (0,50 US$) fahren an der nordöstlichen **Ecke der Calle Central und Avenida 9** (Karte S. 70; Av Central) ab. Sie verkehren zunächst entlang der

Avenida 2 und ab der Calle 29 auf der Avenida Central weiter. (Viele von ihnen sind am großen Schild „Mall San Pedro" zu erkennen.)

Escazú Busse nach Escazú im Südwesten (0,65–0,80 US$, 15–25 Min.) fahren an zwei Punkten ab: an der **Avenida 6** (Karte S. 66) zwischen der Calle 14 und 16 (südlich des Krankenhauses San Juan de Dios) und auf der Calle 16 zwischen der Avenida 1 und 3 (nahe dem Coca-Cola-Busbahnhof). Die Busse, auf denen „San Antonio de Escazú" steht, fahren bergauf in den Süden von Escazú, die Endhaltestelle befindet sich in der Nähe der Kirche von San Antonio de Escazú. Busse Richtung „Escazú Centro" verkehren bis zum **Hauptplatz** (Karte S. 84; Calle 136) von Escazú; die Busse nach „Guachipelín" sind Richtung Westen unterwegs, über die Carretera John F. Kennedy und vorbei am Costa Rica Country Club. Alle genannten Busse fahren auch durch San Rafael.

Heredia Regelmäßig starten **Busse** (Karte S. 70; Calle 1 zwischen Av 7 & 9) an der Calle 1 und der Avenida 7.

MOTORRAD

Wild Rider vermietet Enduros. Die Preise beginnen in der Hochsaison bei 420 US$ pro Woche (inkl. allem).

TAXI

Rote Taxis können zu jeder Tages- und Nachtzeit auf der Straße herbeigewunken werden.

Marías (Taxameter) sind Pflicht. Einige Fahrer behaupten jedoch, ihre Uhr sei kaputt, und versuchen so, einen höheren Preis zu berechnen. Man sollte unbedingt darauf achten, dass das Taxameter läuft, wenn man einsteigt, oder aber den Fahrpreis vorher konkret vereinbaren. Kurze Fahrten in der Innenstadt sollten etwa 2 bis 4 US$ kosten. Nach 22 Uhr wird ein Aufschlag von 20 % berechnet.

Wer die Umgebung kennenlernen möchte, kann auch einfach ein Taxi mit Fahrer für einen halben oder ganzen Tag buchen; am besten vereinbart man vorher einen festen Preis. Auch der Anbieter Uber ist inzwischen in der Stadt recht populär.

Valle Central & Hochland

Inhalt ➡

Gut essen

- Valedi Food (S. 115)
- Casa Azul (S. 130)
- Jalapeños Central (S. 114)
- Pizzeria a la leña il Giardino (S. 135)
- Xandari (S. 115)

Schön übernachten

- Peace Lodge (S. 117)
- Montaña Linda (S. 134)
- Catarata del Toro (S. 121)
- Villa Blanca Cloud Forest Hotel & Nature Reserve (S. 122)
- Casa de Lis Hostel (S. 147)
- Casa Amanecer (S. 122)

Auf ins Valle Central & ins Hochland!

Hier, auf den mit Kaffee bepflanzten Hängen des wenig touristischen Valle Central, finden Reisende das wahre Herz Costa Ricas. Diese Region ist nicht nur das geografische Zentrum des Landes, sondern auch sein kultureller und spiritueller Mittelpunkt. Hier ließen sich die Spanier zuerst nieder, hier machte der Kaffee eine Nation reich, hier versammeln sich noch heute die Bewohner malerischer Bergdörfer, um Feste mit jahrhundertealter Tradition zu feiern. Und hier lernen Besucher erst wirklich die ganze Pracht und Vielfalt der ländlichen Küche Costa Ricas kennen: aufwendig produzierte Käsespezialitäten, dampfende Maiskuchen und frisch gefangene Flussforellen.

Kurvenreiche Bergstraßen zwingen zu einer langsamen Gangart. Idyllische und skurrile Landstädtchen laden zu geruhsamen Abstechern zu Bauernmärkten und Kirchenprozessionen ein, eine willkommene Abwechslung zu den touristisch-industriellen Komplexen an den Küsten. Aber nicht alles dreht sich um Kühe und Kaffee – auch Stromschnellen der Spitzenklasse, prächtige Quetzals, die farbenfrohen Vögel mit den auffallend langen Schwanzfedern, und die Begegnung mit aktiven Vulkanen verkörpern das Kernland Costa Ricas in atemberaubender Weise.

Reisezeit

- Während der Hauptsaison (von Dezember bis März) ist das Wetter ideal. Das liegt an der Höhe dieser Region und der Tatsache, dass sie komplett von Land umgeben ist.
- Nachmittägliche Schauer treten während der ‚grünen' Saison (Juni bis Dezember) häufiger auf, dafür sind die Preise niedriger.
- Die Regenzeit (Juni bis Oktober) ist ideal zum Wildwasser-Rafting.

Highlights

1 Río Pacuare (S. 144) Die schäumenden Stromschnellen bei Turrialba hinunterpaddeln.

2 Volcán Irazú (S. 131) Einen Blick in den Krater werfen und um seinen Rand wandern.

3 San Isidro de Heredia (S. 128) Etwas über die Geschichte der Schokolade erfahren, sich den Bauch vollschlagen und gerettete Tukane und Faultiere besuchen.

4 Monumento Nacional Arqueológico Guayabo (S. 145) Die Aquädukte und Petroglyphen von Costa Ricas größter archäologischer Stätte bewundern.

5 Valle de Orosi (S. 132) Wildnis, Kultur und Kaffeefincas erkunden.

6 Bajos del Toro (S. 121) An einem Fluss Vögel beobachten oder zu Wasserfällen wandern.

7 Zarcero (S. 120) Auf kurvenreichen Bergstraßen zur Heimat flippiger Pflanzenfiguren fahren.

8 Ujarrás (S. 139) Mit Tico-Familien einen entspannten Sonntagnachmittag im Park neben den Ruinen einer Kirche verbringen.

9 Atenas (S. 117) Am Hauptplatz entspannen und die saubere Bergluft einatmen.

Geschichte

Über die Völker, die vor der Ankunft der Spanier das Valle Central bevölkerten, sind in den historischen Überlieferungen leider nur noch wenige Informationen zu finden. Es ist aber bekannt, dass die Ureinwohner der Gegend – vor allem die Huetar – eine animistische Religion praktizierten, Steinskulpturen und Töpferwaren schufen und in einem nicht mehr erhaltenen Chibchan-Dialekt miteinander kommunizierten. Außerdem erbauten sie die alte Stadt Guayabo, die heute Costa Ricas größte und zugleich bedeutendste archäologische Stätte aus der präkolumbischen Epoche darstellt.

Die europäische Besiedlung des Landes begann erst im Jahr 1563, als Juan Vázquez de Coronado die Kolonialhauptstadt Cartago gründete. Sie ist heute Costa Ricas älteste spanische Stadt. Im Verlauf der nachfolgenden zwei Jahrhunderte entstanden nach und nach weitere spanische Siedlungen an der Stelle von Heredia, San José und Orosi. Insgesamt blieb die Region in dieser Zeit aber koloniales Hinterland, zusammengesetzt aus spanischen Bauerngemeinden und indigenen Stämmen, die sich der Kolonialherrschaft nicht unterworfen hatten und die eine weitgehend nomadische Landwirtschaft betrieben.

Erst nach der in den 1830er-Jahren errungenen Unabhängigkeit erlangte die Region durch den Kaffeeanbau einigen Wohlstand. Der *grano de oro* („goldene Bohne") veränderte das Land grundlegend und sorgte für die finanziellen Mittel, die für Investitionen in die städtische Infrastruktur notwendig waren, z. B. Elektrizität und Bürgersteige. In dieser Zeit entstanden auch zahlreiche der kolonialen Herrschaftshäuser. Heute haben Ananas und Bananen als wichtigste Exportfrüchte den Kaffee abgelöst; das Vermächtnis der „goldenen Bohne" lebt jedoch fort und spiegelt sich in der Kultur, der Architektur und den Traditionen vieler Hochlandstädte wider.

ℹ An- & Weiterreise

Es bestehen zwischen allen Städten der Region regelmäßige Busverbindungen. Wer auch die vielen lohnenswerten, aber schlecht erreichbaren Ecken erkunden möchte, sollte sich besser ein Allrad-Fahrzeug mieten. Manche der kleineren unbefestigten Straßen sind mit dem Bus nicht befahrbar.

Die Einheimischen sind gelegentlich per Anhalter unterwegs. Wer ebenfalls auf diese Art reisen möchte, sollte sich der damit verbundenen Risiken bewusst sein und dem Fahrer immer anbieten, sich an den anfallenden Spritkosten zu beteiligen.

ALAJUELA & DAS NÖRDLICHE TAL

In Nebel gehüllte Vulkane, Kaffeeplantagen (*fincas*) an den Hängen sowie lebendige, von Landwirtschaft geprägte Orte: Die Gegend rund um die Provinzhauptstadt Alajuela, 18 km nordwestlich von San José, ist reich gesegnet. Auch der Juan Santamaría International Airport befindet sich nur 3 km außerhalb der Stadt. Die Nähe zum Flughafen macht die Region zu einem perfekten Start- oder Endpunkt der Reise. Hier bekommt man schon einige der wichtigsten Sehenswürdigkeiten Costa Ricas zu sehen.

Alajuela

42 975 EW.

Alajuela ist die Heimatstadt einer der berühmtesten Personen des Landes: Juan Santamaría, der einfache Trommlerjunge, der in der Schlacht von Rivas 1856 zu Tode kam, als er den Plänen William Walkers, Mittelamerika in ein Sklaventerritorium zu verwandeln, ein Ende setzte. Heutzutage ist die Stadt ein geschäftiges landwirtschaftliches Zentrum, in dem Bauern ihre Erzeugnisse zum Markt bringen.

Costa Ricas zweitgrößte Stadt ist kein typisches Touristenziel. Die Architektur ist weitestgehend unspektakulär, die Straßen oft dicht gedrängt, und es gibt wenig zu sehen. Aber die Stadt ist für Costa Rica typisch, was man auch bemerkt, wenn es mal etwas gemächlicher zugeht. Hier essen Familien sonntags ausgedehnt zu Mittag und Teenager küssen sich verstohlen im Park. Mit seiner guten Infrastruktur, den Geschäften, Restaurants, Supermärkten und Banken ist die Stadt eine ausgezeichnete Ausgangsbasis, um die Landschaft im Norden zu erkunden.

Sehenswertes

Museo Histórico Cultural Juan Santamaría MUSEUM

(☎ 2441-4775; www.museojuansantamaria.go.cr; Av 1 zwischen Calle Central & 2; ⌚ Di–So 10–17.30 Uhr) GRATIS Das alte Gebäude diente bereits als Gefängnis und als Waffendepot und erzählt Costa Ricas Geschichte von der frühen europäischen Besiedlung bis zum 19. Jh. Der Schwerpunkt der Sammlung liegt auf dem Leben von Juan Santamaría, den historischen Begebenheiten und den entscheidenden Schlachten von Santa Rosa, Sardinal und Rivas in den 1850er-Jahren. Zu den Exponaten zählen Videos, Karten, Gemälde und Artefakte zu dem Konflikt, an dessen Ende die Unabhängigkeit Costa Ricas stand.

Aktivitäten

Ojo de Agua Springs WASSERPARK

(2441-0655; www.facebook.com/ojodeaguacr; 2,70 US$, Kinder unter 3 Jahren frei; 7–16.30 Uhr;) In diesem kitschigen Wasserpark rund 6 km südlich von Alajuela wird es am Wochenende, wenn die Familien aus der Umgebung kommen, richtig voll. Etwa 20 000 l Wasser schießen pro Minute aus der Quelle, speisen einen kleinen Wasserfall und füllen mehrere Becken (darunter eines mit Olympiamaßen und Sprungturm) sowie einen künstlichen See zum Bootfahren. Nur sieben Minuten mit dem Auto südlich des Flughafens, unweit der Route 111.

Kurse

Intensa SPRACHE

(2442-3843, in USA & Canada 866-277-1352; www.intensa.com; 1 Woche ohne/mit Unterbringung in Gastfamilien 355/520 US$; Mo–Fr 8–20 Uhr) Die Sprachschulen in Alajuela und Heredia unterrichten alles von medizinischem bis hin zu Wirtschafts-Spanisch. Einwöchige Kurse beinhalten vier Unterrichtsstunden pro Tag. Bei längerer Dauer gibt es Rabatt.

Feste & Events

Juan Santamaría Day KULTURELL

(April) In der Geburtsstadt des armen Trommlerjungen Juan Santamaría, der zum Sieg über die US-Amerikaner in der Schlacht von Rivas maßgeblich beitrug, wird der Jahrestag des Sieges (11. April) ausgelassen gefeiert. Dieser denkwürdigen Begebenheit wird mit verschiedenen städtischen Events gedacht, darunter eine Parade und jede Menge Feuerwerk.

Schlafen

Weil Alajuela so nah am internationalen Flughafen liegt, bieten viele Hotels und B&Bs gegen ein kleines Entgelt auch Flughafentransfers an, manche sogar kostenlos. Nicht alle Übernachtungsbetriebe haben hauseigene Parkplätze, es gibt aber bewachte Parkplätze in der Stadt. Laut ist es überall.

Einige Budgethotels verfügen auch über Schlafsäle. Alle gehobenen Hotels – sowie viele Mittelklassehotels – akzeptieren Kreditkarten.

Alajuela Backpackers Boutique Hostel HOTEL $

(2441-7149; www.alajuelabackpackers.com; Ecke Av 4 & Calle 4; B/Zi./Suite 19/55/70 US$;) Das vierstöckige Hotel mit identischen Zimmern mag auf den ersten Blick etwas langweilig wirken, bietet jedoch einige große Vorteile: kostenlosen Flughafentransfer, klimatisierte Schlafsäle und Doppelzimmer mit eigenen Bädern sowie eine sehr coole Terrassenbar in der vierten Etage, auf der man sich vor der Kulisse von in der Ferne startenden Flugzeugen ein Bierchen genehmigen kann.

Hostel Maleku HOSTEL $

(2430-4304; mit Frühstück B 15 US$, EZ/DZ ohne Bad 25/38 US$;) Dieses superfreundliche Hostel für Rucksacktouristen in Familienhand bietet fünf makellos saubere Zimmer mit Ventilatoren. Das alte Haus liegt zwischen dem Flughafen und dem Stadtzentrum (gegenüber dem Hospital San Rafael). Es gibt eine Gemeinschaftsküche sowie kostenlose Unterbringung von Gepäck, das man auf seiner Reise durch Costa Rica nicht benötigt (Wintermäntel, Fahrradtransportboxen).

Zwischen 5 und 17 Uhr verkehrt ein kostenloser Shuttle zum Flughafen.

Villa Pacandé PENSION $

(2441-6795; www.villapacande.com; mit Frühstück EZ/DZ/3BZ/4BZ ab 35/40/50/65 US$;) Dieses Haus im spanischen Stil liegt 3 km nördlich der Stadtmitte von Alajuela an der Straße nach Volcán Poás inmitten eines wunderbaren Blumengartens, in dem Kolibris umherschwirren. Die neun Zimmer sind einfach, aber gemütlich und manche bieten einen schönen Ausblick in den Garten. Das Pacandé ist ideal für die erste oder letzte Nacht im Land, wenn man Alajuela nicht erkunden möchte.

Das Hotel hat kürzlich ein Restaurant eröffnet, in dem es spanische Küche sowie Sandwiches und Pastagerichte gibt.

Casa Antigua Hotel PENSION $$

(2441-1024, in USA 213-283-6287; www.casaantiguahotelcr.com; Zi. mit Frühstück ab 53 US$;) Umgeben von einem tropischen Garten und ausgestattet mit detailreichen Holzarbeiten, handbemalten Bodenfliesen und witzigen Kunstwerken zieht diese Pension mit zwölf Zimmern Gäste aufgrund ihrer Nähe zum Flughafen an. Ein noch größerer Anziehungspunkt ist jedoch der herzensgute und überschwänglich philosophische Besitzer Hamid, der köstliche persische Gerichte serviert und Parkplätze auch für Nicht-Gäste anbietet (7 US$ pro Tag). Das Hotel liegt 500 m östlich von Fiesta Casino.

Hotel Los Volcanes PENSION **$$**
(☎2441-0525; www.hotellosvolcanes.com; Av 3 zwischen Calles Central & 2; mit Frühstück EZ/DZ 49/62 US$, mit Klimaanlage 62/72 US$, ohne Bad 35/46 US$; P ✈ ❄ @ ☜) 15 ruhige Zimmer in einem restaurierten Haus aus den 1920er-Jahren in zentraler Lage. Die Auswahl reicht dabei von der Vintage-Variante mit historischen Möbeln und sauberen Gemeinschaftsbädern bis zu modernen Unterkünften mit Flachbildfernseher, Klimaanlage und Safe. Zudem gibt es einen netten Hof mit einem gurgelndem Springbrunnen. Die hilfsbereiten Besitzer organisieren auch einen kostenlosen Transfer zum Flughafen.

Hotel Pacandé B&B **$$**
(☎2443-8481; www.hotelpacande.com; Av 5 zwischen Calles 2 & 4; mit Frühstück Zi. 55–65 US$, ohne Bad 40 US$; @ ☜) Dieses beliebte B&B

Alajuela

0 — 400 m

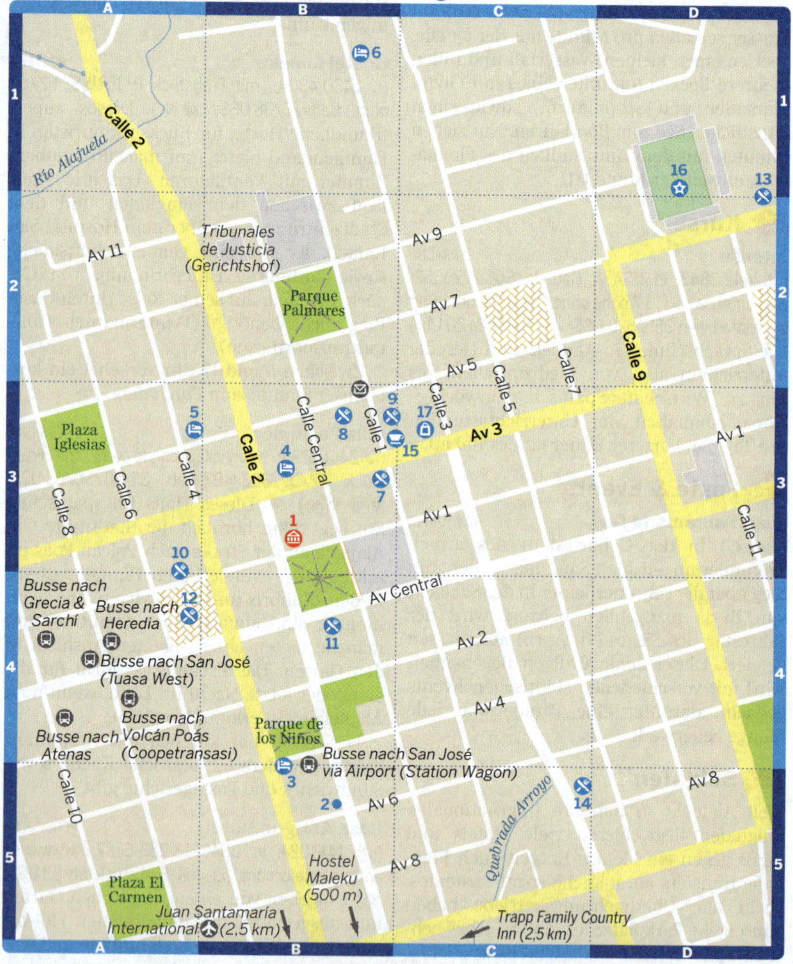

in einheimischer Hand bietet zehn große, makellos saubere Zimmer mit Holzmöbeln, folkloristischer Deko und Kabel-TV. Der helle, sonnige Frühstücksbereich ist ideal, um einen Morgenkaffee zu genießen.

Vida Tropical B&B B&B $$
(☎2443-9576; www.vidatropical.com; Calle 3; mit Frühstück EZ/DZ 45/68 US$, ohne Bad 36/52 US$; P@🛜🐾) In einem ruhigen Wohnviertel nur fünf Gehminuten nördlich der Stadtmitte von Alajuela liegt dieses gastfreundliche Haus, das mit schnuckeligen, schlichten Gästezimmern mit farbenfrohen Wandmalereien lockt; zwei Zimmer teilen sich ein Bad. Der gepflegte Hinterhof lädt zum Sonnenbaden in einer Hängematte ein. Es gibt auch einen Wäscheservice (5 US$ pro Ladung). Im Hinterhof warten auf Kinder zwei verspielte zahme Kaninchen.

Wasser und Bier können sich Gäste (gegen Bezahlung) jederzeit selbst nehmen und Ortsgespräche sind kostenlos. Der Manager Randy ist auch ein Reiki-Meister (1 Stunde ab 50 US$) und hilft, zu jeglicher Stunde Abholung vom Flughafen (8 US$) zu organisieren.

★ Xandari Resort Hotel & Spa HOTEL $$$
(☎2443-2020, in USA 1-866-363-3212; www.xandari.com; Ferienhaus DZ 300–418 US$, 4BZ 644 US$; P⊖🛜🏊) 🍃 Dieser romantische Flecken mit seinem spektakulären Ausblick aus der Vogelperspektive über das Valle Central ist das fantasievolle Werk eines Architekt & Designer-Paares. Geräumige individuelle Ferienhäuser mit Deckenventilatoren sind geschmackvoll in leuchtenden tropischen Farben eingerichtet, dazu kommen handgewebte Textilien und Duschen mit Gartenblick. Auf dem Gelände befinden sich außerdem 4 km Wanderwege, fünf Wasserfälle, drei Pools, zwei Whirlpools, ein Tischtennistisch, ein Wellnessbereich sowie ein Biorestaurant (S. 115).

Tacacori Ecolodge BUNGALOW $$$
(☎2430-5846; www.tacacori.com; DZ mit Frühstück 125 US$, zusätzl. Person 20 US$) 🍃 Die französische Besitzerin Nadine und ihr Hund betreiben dieses ruhige Refugium hoch über Alajuela. Vier geräumige Bungalows mit ultra-moderner Ausstattung und jeder Menge umweltfreundlicher Extras (solargeheiztes Wasser, LED-Leuchten, Toiletten mit zwei Spülvarianten) schmiegen sich an den grünen Hang. Günstige „Hello-Goodbye" Pakete und 15-minütige Flughafentransfers (ab 15 US$) sind verlockende Angebote, um einen Costa Rica Aufenthalt hier zu beginnen und zu beenden.

Trapp Family Country Inn GUESTHOUSE $$$
(☎2431-0776; www.trappfamilycostarica.com; Zi. mit Frühstück 108 US$, zusätzl. Erw./Kind 5–11 Jahre 30/25 US$; P@🛜🏊) In unmittelbarer Umgebung des Flughafens ist diese haziendaähnliche Unterkunft die beste Option. Die acht Zimmer sind mit Terrakottafliesen und gemütlichen Betten ausgestattet. Die schönsten verfügen über einen Balkon zum einladenden Pool im grünen Garten. Hier finden sich Bougainvilleen und Feigenbäume. Trotz der ländlichen Atmosphäre sind es nur 2 km bis zum Flughafen, der Transfer ist kostenlos.

Hotel Buena Vista HOTEL $$$
(☎2442-8595, in USA 1-800-506-2304; www.hotelbuenavistacr.com; mit Frühstück DZ ab 143 US$, Suite 172 US$, Ferienhaus 219 US$; P⊖@🛜🏊) 🍃 Rund 5 km nördlich von

Alajuela

Sehenswertes
1 Museo Histórico Cultural Juan Santamaria B3

Aktivitäten, Kurse & Touren
2 Intensa B5

Schlafen
3 Alajuela Backpackers Boutique Hostel B5
4 Hotel Los Volcanes B3
5 Hotel Pacandé A3
6 Vida Tropical B&B B1

Essen
7 Coffee Dreams Café B3
8 El Chante Vegano B3
9 Jalapeños Central B3
10 Más X Menos A3
11 MegaSuper B4
12 Mercado Central A4
13 Palí Supermarket D1
14 Valedi Food C5

Ausgehen & Nachtleben
15 Mezcla Cafe & Tienda B3

Unterhaltung
16 Estadio Morera Soto D1

Shoppen
17 Goodlight Books C3

Alajuela liegt das mediterran weiße Hotel auf einem Hügel und bietet Panoramablicke auf die nahe gelegenen Vulkane. Die schönsten der geschmackvoll eingerichteten Zimmer haben private Balkone mit Talblick. Fünf Villen verfügen ebenfalls über private Balkone und sind mit Holzbalkendecken sowie einer Minibar ausgestattet. Ein kleiner Pfad führt durch eine Kaffee-*finca* hinab zur Hauptstraße.

Essen & Ausgehen

Die günstigsten Mahlzeiten sind im überdachten **Mercado Central** (Calle 4 & 6 zwischen Avs 1 & Central; ⌚Mo–Sa 8–18 Uhr) zu finden. Selbstversorger können sich in den Supermärkten **Palí** (⌚8.30–21 Uhr), **Mega-Super** (Av Central zwischen CalleC entral & 2; ⌚Mo–Sa 8–21, So bis 20 Uhr) oder **Más X Menos** (Av 1 zwischen Calle 4 & 6; ⌚Mo–Sa 7–21, So bis 20 Uhr) mit Lebensmitteln eindecken. Außerdem gibt es in der Stadt jede Menge bekannte Fastfood-Ketten und ein paar ausgezeichnete Restaurants.

Alajuela ist nicht gerade für sein Nachtleben bekannt. Neben den Taucherbars kann man abends am besten in den Hotels und Restaurants noch etwas trinken gehen. Die Dachterrassenbar im vierten Stock von Alajuela Backpackers (S. 111) ist die luftigste Location der Stadt; Valedi Food (S. 115) befindet sich im beliebten El Patio, wo es Bier aus Mikrobrauereien gibt, und bei Jalapeños Central werden riesige salzige Margaritas serviert.

★Jalapeños Central MEXIKANISCH $
(☎2430-4027; www.facebook.com/JalapenosCentralCR; Calle 1 zwischen Av 3 & 5; Hauptgerichte 4,50–8 US$; ⌚Mo–Sa 11.30–21, So bis 20 Uhr) Dieser beliebte Laden mit elf Tischen serviert das beste Tex-Mex-Essen von ganz Costa Rica. Die einfachen und frischen *burritos, chimichangas* und *enchiladas* werden einzeln oder als Menü angeboten. Aber auf jeden Fall sollte man dazu selbst gemachte Guacamole und Salsa bestellen und eine salzige Margarita oder einen riesigen Corona-rita trinken.

Mezcla Cafe & Tienda CAFE
(☎8333-0449; www.facebook.com/mezclacafe; Calle 1, zwischen Av 5 & 3; Kaffee ab 2 US$, Waffeln ab 3,50 US$; ⌚Mo–Sa 10–20 Uhr) Die hippen costa-ricanischen Besitzer dieses kleinen Kaffeehauses fanden die Inspiration für ihren eigenen schicken Laden mit seinen Harthölzern, metallischen Kabinen und sauberen weißen Wänden bei ihren Besuchen in Seattle. Teils Kaffeehaus, teils Boutique lassen sich hier auch Kreationen von örtlichen Designern erwerben, seien es Frida-Kahlo-Socken, asymmetrischer Schmuck oder bedruckte T-Shirts. Beim Stöbern kann man nebenher frische Säfte und süße Waffeln genießen.

El Chante Vegano VEGETARISCH $
(☎8911-4787, 2440-3528; www.elchantevegano.com; Hauptgerichte 6–10 US$; ⌚Di–So 11–20 Uhr; 🌶) Zwei Brüder, ihre Mutter und eine Freundin betreiben dieses Speiselokal, das sich auf gesundes Bioessen spezialisiert hat. Vegane Köstlichkeiten – darunter Burger mit Kichererbsen und Portobello-Champignons, Falafel, Soja-Nachos, Pasta, Pizza und Sandwiches wie etwa das Veggie Lú (gegrilltes Gemüse, Avocado und Sprossen auf einem selbst gebackenem Brot) werden draußen auf der netten Terrasse zur Straße hin serviert.

BUSSE AB ALAJUELA

REISEZIEL	BUSGESELLSCHAFT	FAHRPREIS (US$)	FAHRZEIT	HÄUFIGKEIT
Atenas	Coopetransatenas	2	1 Std.	alle 30–90 Min. Mo–Fr 5.50–21. 45 Uhr (Sa & So seltener)
Grecia	Transportes Tuan	2	1 Std.	ca. halbstündlich 5–22 Uhr
Heredia	Tuasa	1,50	45 Min.	alle 15 Min. 5.30–22 Uhr
Juan Santamaría International Airport	Tuasa	1,50	15 Min.	alle 10–30 Min., 24 Std.
San José	Tuasa	1,50	45 Min.	alle 10–30 Min., 24 Std.
Sarchí	Transportes Tuan	2	1–1½ Std.	ca. halbstündlich 5–22 Uhr
Volcán Poás	Coopetransasi	5 hin & zurück	1 Std.	Hinfahrt 9.15, Rückfahrt 14.30 Uhr

ABSTECHER

ZOO AVE

Rund 10 km westlich von Alajuela liegt **Zoo Ave** (☎2433-8989; www.rescateanimalzooave.org; Erw./Kind 20/5 US$; ⏲9–17 Uhr; P ♿), ein durchdacht angelegter Tierpark, in dem über 115 Vogelarten ein buntes, schnatterndes Bild abgeben. Das ruhige, 14 ha große Areal beherbergt auch alle vier indigenen Affenarten, Reptilien, Wildkatzen und andere Spezies. Viele der Tiere wurden krank oder verletzt gefunden und wieder gesund gepflegt. Es handelt sich zwar offiziell um einen Zoo, ist aber auch eine wichtige Zuchtstation, die das Ziel hat, indigene Tiere wieder in der Wildnis anzusiedeln. Die Einnahmen aus den Eintrittsgeldern unterstützen Programme für die Rettung, Pflege und Freilassung von Wildtieren sowie Arterhaltungsmaßnahmen.

Das Restaurant im Tierpark, Cafe David, bietet Essen vom Büfett (11 US$) sowie A-la-Carte-Gerichte wie gegrillten Seebarsch oder Penne Bolognese und auch Salate und Sandwiches an.

Coffee Dreams Café CAFE $
(☎2430-3970; Ecke Calle 1 & Av 3; Hauptgerichte 5–10 US$; ⏲Mo–Sa 7–21, So bis 19 Uhr; ✎) Für Frühstück, *bocas* (Appetithäppchen) oder eine Reihe von *típicos* (traditionelle Gerichte aus Costa Rica) ist dieses zentrale Café eine verlässlich gute Wahl. Empfehlenswert ist auch ein Kaffee zu einem der hervorragenden Desserts.

★**Valedi Food** FUSION $$
(☎4700-5395; www.facebook.com/ValediFOOD; El Patio, Calle 3, zwischen Av 6 & 8; 4–15 US$; ⏲Mo–Do 11–22, Fr bis 24, Sa 9–24, So 9–21 Uhr; P 📶 ✎ ♿) 🍃 In diesem hippen, neuen Open-Air-Restaurant mit Lichterkettenbeleuchtung besteht die Einrichtung aus schlichten weißen Wänden, Holzbänken, Hängematten und Pflanzenampeln. Zu den glutenfreien (teils veganen) Bio-Kreationen, die man sich selbst zusammenstellen kann, gehören saftige Bio-Burger, frischer Lachs und dicke Scheiben Braten, die – zusammen mit den ausgewählten Beilagen, dem Gemüse und Soßen auf Holzbrettern oder Emailtellern präsentiert werden. Als Getränke wählt man unter frischen Obstsäften oder Sangria. Kleine Kinder können in einem Tipi spielen.

Xandari INTERNATIONAL $$$
(☎2443-2020; www.xandari.com; Xandari Resort Hotel & Spa; Hauptgerichte 12–32 US$; ⏲7–10, 12–16 & 18–21 Uhr; ✎) 🍃 Wer bei einer Verabredung Eindruck schinden möchte, der kann in diesem eleganten Restaurant mit einem unglaublichen Ausblick absolut nichts falsch machen. Die Karte verbindet internationale Speisen mit der Küche Costa Ricas und legt dabei ihren Schwerpunkt auf vegetarische Gerichte. Das Restaurant verarbeitet die selbst ökologisch angebauten Zutaten und ergänzt diese, wenn irgend möglich, durch ebenfalls ökologisch erzeugte regionale Produkte. Das Ergebnis sind dann Mahlzeiten für Genießer, die ein ruhiges grünes Gewissen haben möchten.

☆ Unterhaltung

Die alljährlichen costa-ricanischen Fußballmeister, Alajuelas eigene La Liga (Liga Deportiva Alajuelense), haben bereits 29 Landesmeisterschaften gewonnen und spielen während der *fútbol*-Saison sonntags im Stadion **Estadio Morera Soto** (☎2289-0909; Karten ab 8 US$) am nordöstlichen Ende der Stadt.

🛍 Shoppen

Goodlight Books BÜCHER
(☎2430-4083; Av 3 zwischen Calle 1 & 3; ⏲Mo–Sa 11–18 Uhr) Buchliebhaber können sich freuen! In Alajuela gibt es eine der besten Buchhandlungen für englische Bücher in Costa Rica (wenn nicht sogar in ganz Mittelamerika). Die einheimische Buchhändlerin Rosa Carballo bietet im Goodlight über 20 000 gut sortierte gebrauchte und neue Bücher ab. Sie führt auch eine beeindruckende Auswahl an schwer zu findenden Büchern über Costa Rica, eine wachsende Zahl spanischsprachiger Titel sowie ein vorzeigbares Sortiment von Büchern in anderen europäischen Sprachen.

ℹ Praktische Informationen

Banco Nacional (⏲Mo–Fr 8.30–15.30 Uhr) Der zentral gelegenste Bankautomat befindet sich auf dem Hauptplatz gegenüber der Kirche.

ABSTECHER

LA PAZ WATERFALL GARDENS

Die Anlage **La Paz Waterfall Gardens** (☎2482-2720, Reservierungen 2482-2100; www.waterfallgardens.com; Erw./Kinder unter 13 Jahren 42/26 US$, Tour-Pakete ab San José 88/78 US$; ⌚8–17 Uhr; P) unmittelbar östlich des Volcán Poás wirkt wie aus dem Bilderbuch und bietet einen der umfassendsten Ausflüge zur Naturerkundung im ganzen Valle Central. Gäste können auf 3,5 km langen, gut gepflegten Trails zu fünf schönen Wasserfällen gehen und auch zooähnliche Gehege bewundern (darunter ein Schmetterlingshaus), Kolibiris aus der Nähe bestaunen und Tukane aus der Hand füttern. Außerdem kann man ein Serpentarium und ein Ranarium (Froschgarten) besichtigen, bei der Fütterung von Wildkatzen zuschauen und sich dann in einem der Restaurants im Park sein eigenes Futter suchen. Für Familien ist dieser Park ideal; mit der Peace Lodge (S. 117) gibt es hier auch Übernachtungsmöglichkeiten.

Hospital San Rafael (☎2436-1001; Calle 4) Alajuelas dreistöckiges Krankenhaus liegt südlich der Av 10.

Post (☎2443-2653; Ecke Av 5 & Calle 1; ⌚Mo–Fr 8–17, Sa bis 12 Uhr)

An- & Weiterreise

Ein Taxi kostet 6 bis 10 US$ (je nach Ziel) für die fünf- bis zehn-minütige Fahrt vom Juan Santamaría International Airport nach Alajuela.

Es gibt keinen zentralen Busbahnhof, stattdessen ein paar kleinere Busabfahrtsstellen über den südwestlichen Teil der Stadt verteilt. Wichtig zu wissen: es gibt zwei Tuasa Terminals – **Ost** (☎2442-6900; Calle 8 zwischen Av Central & 1) und **West** (Calle 8 zwischen Av Central & 1) – auf gegenüberliegenden Straßenseiten. **Busse nach Grecia und Sarchí** (Ecke Calle 10 & Av 1) fahren einen Häuserblock westlich ab, **Busse nach Atenas** (Calle 10 zwischen Av Central & 2) einen Block westlich und dann einen Block südlich. **Busse nach Volcán Poás** (☎2442-6900; Calle 8 zwischen Avs Central & 2) einen Block südlich. **Busse nach San José via Flughafen** (Av 4 zwischen Calle 2 & 4) fahren vor dem Parque de los Niños auf der gegenüberliegenden Straßenseite ab.

Coopetransasi (☎2449-5141) bietet Routen rund um Costa Rica.

Parque Nacional Volcán Poás

Zum nur 37 km nördlich von Alajuela gelegenen **Parque Nacional Volcán Poás** (☎2482-1226; 15 US$; ⌚8–15.30 Uhr), der einen 2704 m hohen, aktiven Vulkan beheimatet, führt eine malerische, kurvenreiche Straße. Gewaltige Eruptionen hatten seit über 60 Jahren nicht mehr stattgefunden, als 2014 das Rumpeln begann. Im April und im Juni 2017 gab es weitere deutlich spürbare Eruptionen, und zum Zeitpunkt der Recherchen für dieses Buch war der Park aus diesem Grund geschlossen.

In den Jahren zuvor war es möglich, in den Krater, der 1,3 km im Durchmesser misst und 300 m tief ist, hineinzuschauen und zuzusehen, wie der dampfende, kochende Kessel schwefelhaltigen Schlamm und Wasser Hunderte Meter in die Luft schleudert. In Zukunft mag das vielleicht wieder möglich sein, aber derzeit ist der Poás am besten aus der Ferne zu beobachten, wo es genügend landschaftliche schöne Flecken dafür gibt. Zur Zeit der Buchrecherche stieß der Vulkan Rauch aus – ein spektakulärer Anblick. Die beste Zeit, um den Vulkan zu beobachten, ist am frühen Morgen, idealerweise bevor die Wolken um die Mittagszeit herum aufziehen.

Schlafen & Essen

Im Park selbst gibt es keine Unterkünfte, aber in der umliegenden Gegend finden sich Optionen für jeden Geschmack und jeden Geldbeutel. Manche sind aufgrund der jüngsten Eruptionen geschlossen, aber die Peace Lodge hat noch geöffnet. Reservierung ist erforderlich.

★ **Poás Volcano Lodge** LODGE $$$

(☎2482-2194; www.poasvolcanolodge.com; Vara Blanca; mit Frühstück Gartenzimmer 115–145 US$, Lodge 195–245 US$; P@) Wer zeitgenössischen Schick in ländlicher Idylle sucht, ist auf diesem Berg-Milchbauernhof genau richtig. Die elf Suiten sind sowohl rustikal als auch elegant; die schönsten von ihnen haben einen Balkon und privaten Garten und/oder Kamin. Zu den großen Gemeinschaftsräumen gehören auch ein Spielezimmer und eine Bibliothek. Auf den mehr als 3 km Wanderpfaden lassen sich Quetzals erspähen, und es bietet sich bei klarem Wetter ein Ausblick auf den Vulkan (und sogar bis nach Nicaragua!).

Peace Lodge LODGE $$$

(☎2482-2720; www.waterfallgardens.com; DZ Standard/Deluxe/Villa/Deluxe-Villa 430/510/710/940 US$, weitere Erw./Kinder je 40/20 US$; P) Als Gast fühlt man sich, als habe man in dieser sehr luxuriösen Lodge ein Märchenreich betreten. Die exklusiven Villen ermöglichen grandiose Ausblicke ins Tal. Sie bieten private Terrassen mit Jacuzzi-Pool sowie Kamine und riesige Badezimmer mit Wasserfall-Duschen. Es gibt außerdem ein Tierheim, Wanderpfade, fünf große Wasserfälle und einen Forellenteich, wo man sich sogar den Fisch fürs Mittagessen selbst fangen kann. Die beeindruckende Lage mit den zahlreichen Teichen sowie die interaktiven Tiererlebnisse (z. B. Fütterungen von Tukanen und Kolibris) sind auch für Kinder geeignet.

Freddo Fresas FRÜHSTÜCK, SUPPE $

(☎2482-2800; Gerichte Frühstück 3–7 US$, Mittagessen 6–10 US$; 7–16 Uhr) Dieses gemütliche Lokal sieht aus, als sei es aus überdimensionalen Baumstämmen erbaut worden. Bekannt ist es für seine himmlischen Erdbeer-Smoothies, vor allem die mit Milch, und das üppige Frühstück mit warmen Gerichten, eine ordentliche Grundlage für anstrengende Wanderungen. Wer von einer Wanderung zurückkommt, freut sich über die Auswahl an warmen Suppen. Freddo befindet sich ein paar Blöcke nördlich des Friedhofs.

★ **Colbert Restaurant** FRANZÖSISCH $$

(☎2482-2776, 8301-1793; www.facebook.com/restaurantefrancescolbert; Vara Blanca; Hauptgerichte 8–32 US$; Fr–Di 12–20 Uhr) In diesem reizenden Restaurant 6 km östlich von Poasito sieht der französische Koch Joël Suire mit Kochmütze und Schnurrbart so typisch französisch aus, als sei er für diese Rolle gecastet worden. Natürlich stehen auf der Karte jede Menge traditionelle französische Gerichte wie etwa Zwiebelsuppe, selbst gemachte Fleischpastete oder Kaninchen in Biersoße. Die gute Weinkarte konzentriert sich auf Qualitätsweine aus Südamerika und Frankreich.

Praktische Informationen

Vor den jüngsten Eruptionen des Vulkans gab es am Parkeingang ein Besucherzentrum mit Souvenirladen, Café und kleinem Museum. Zum Zeitpunkt der Recherche war alles geschlossen, aber in Zukunft eröffnen die Einrichtungen möglicherweise wieder.

An- & Weiterreise

Mehrere örtliche Busgesellschaften bieten täglich Ausflüge zum Vulkan an (40–100 US$). Aber unbedingt bei den Anbietern nachfragen, ob die Touren noch stattfinden, nachdem der Park 2017 geschlossen wurde. Deutlich billiger und fast genauso einfach kommt man mit dem täglichen Coopetransasi Bus von Alajuela (hin & zurück 5 US$, 9.15 Uhr, 50 Min.) zum Vulkan. Aufgrund der jüngsten vulkanischen Aktivitäten fährt der Bus möglicherweise nicht bis zum Ende. Am besten den Fahrer fragen, bevor es losgeht. Sowohl die Führungen als auch der Bus kommen normalerweise so um 10 Uhr am Vulkan an, also genau dann, wenn die Wolken aufziehen.

Um den Wolken ein Schnippchen zu schlagen, mietet man sich am besten ein Auto (ab 40 US$ pro Tag) oder Taxi (ca. 35 US$ ab Alajuela, 50–60 US$ ab San José) und fährt in die Nähe des Parkeingangs. Die Straße von Alajuela zum Vulkan ist gut ausgeschildert, aber während der Recherchen zu diesem Buch konnte man aufgrund der jüngsten Eruptionen nicht weiter als bis zur Poás Lodge fahren (4 km unterhalb des Parkeingangs).

Atenas

5000 EW.

Dieses kleine Dorf am historischen *camino de carretas* (Ochsenkarrenweg), über den einst Kaffeebohnen bis nach Puntarenas befördert wurden, soll das schönste Klima der Welt besitzen – das sagt zumindest kein anderer als *National Geographic*. So ganz viel gibt es hier nicht zu sehen, aber der Frühling liegt immer in der Luft, und der Platz in der Ortsmitte ist ein wirklich schöner Fleck, um das costa-ricanische Leben zu erleben.

Sehenswertes

Monumento al Boyero MONUMENT

(Monument für den Ochsenkarrenfahrer) GRATIS Dieses Monument aus Eisen begrüßt die Besucher von Atenas und ehrt die costa-ricanischen Ochsenkarrenfahrer. Es steht 1 km vor Atenas an der Nordseite der Straße.

Schlafen & Essen

Vista Atenas B&B B&B $$

(☎2446-4272; www.vistaatenas.com; Zi. mit Frühstück 85–105 US$;) Hier können die Gäste den tollen Talblick genießen, der vier Vulkane umfasst – und wer Glück hat, sieht in der Ferne sogar Rauch aus Kratern aufsteigen. Zur Wahl stehen bequeme Zimmer und Blockhütten für Selbstversorger; außerdem gibt es einen Gemeinschaftspool mit

ABSEITS DER ÜBLICHEN PFADE

PARQUE NACIONAL JUAN CASTRO BLANCO

Der 143 km² große **Nationalpark** (Eintritt gegen Spende) wurde gegründet, um die Hänge der Vulkane Platanar (2183 m) und Porvenir (2267 m) vor Abholzungen und Bergbauaktivitäten zu schützen. Hier liegt das Quellgebiet von gleich fünf großen Flüssen; die Region ist damit eine der bedeutendsten Wasserscheiden des Landes.

Zwar untersteht der Park dem Schutz des Staates, doch ein Großteil gehört immer noch privaten Plantagenbesitzern. Nur die Flächen, die schon von der Regierung gekauft wurden, können deshalb tatsächlich besucht werden.

Vom Besucherzentrum aus führt ein 2 km langer Trail durch Weideland erst hinauf und dann wieder hinab zum Pozo Verde, einem grünen See, von Bergen umgeben. Ein anspruchsvollerer Weg führt 3,5 km weiter nach Las Minas, einer aufgegebenen Mine (Wanderung nur mit Führer möglich). Zu den kürzeren Trails gehören der Universal Weg (nur 500 m) und der 1,5 km lange Canto de Las Aves (Vogelgesang) Weg. Der Park ist bei **Anglern** beliebt, da es in den fünf Flüssen vor Forellen nur so wimmelt.

Die sehr eingeschränkte Infrastruktur und das geringe Touristenaufkommen erhöhen deutlich die Chancen, einen Blick auf seltene **Tiere** (Quetzal, Mohrenguane, Hokkos) zu erhaschen. Die Touranbieter und die Hotels der Gegend vermitteln Guides für geführte Touren.

Schlafen & Essen

Albergue Ecológico Pozo Verde (☎8872-9808; www.alberguemonterreal.com/eng/index.html; DZ inkl. Frühstück 50–70 US$; 📶) ist die einzige Unterkunft in Parknähe.

Das **Restaurante El Congo** (☎8872-9808; www.alberguemonterreal.com/eng/restaurant.html; Hauptgerichte 10 US$; ⏲Sa & So 9–17 Uhr; 📶) befindet sich in einem hübschen Tal 1 km vor dem Parkbüro und ist das einzige Esslokal der Gegend.

An- & Weiterreise

Der Parkeingang liegt am Ende einer 10 km langen Schotterpiste, die in El Sucre, 20 km nördlich von Zarcero, beginnt. Gute Autofahrer kommen mit einem normalen Fahrzeug bis zum letzten Anstieg klar; wer nicht in einem Allradfahrzeug unterwegs ist, stellt sein Fahrzeug auf dem Hügel 300 m vor dem Besucherzentrum ab.

Terrasse. Die belgische Besitzerin Vera hat die Anlage liebevoll mit umweltfreundlichen Feinheiten ausgestattet, darunter Quellwasser, das durch Solarenergie hochgepumpt und erhitzt wird. Küchenzeilen stehen auch zur Verfügung.

Chicharronera Don Yayo LATEINAMERIKANISCH $
(☎2446-5901; Gerichte 7–12 US$; ⏲11–23 Uhr) Bei diesem Restaurant 1 km außerhalb der Ortsmitte von Atenas und mit Blick auf den Monumento al Boyero sitzen die Gäste draußen, um Gerichte mit gebratenem Schweinefleisch und diverse Speisen vom Grill zu genießen. Der ideale Ort für ein herzhaftes Essen mit einem kalten Bier.

Restaurant La Trocha del Boyero COSTA-RICANISCH $$
(☎2446-0533; casados 9 US$, Hauptgerichte 9–18 US$; ⏲Di–Do 12–20.30 Uhr; 📶) Sowohl einheimische Tico Familien als auch Zugezogene bevölkern hier die nette Terrasse, auf der es *casados* (Menüs) gibt, außerdem frische Forellen (saisonabhängig), Steaks und gehäufte Schüsseln mit *chifrijo* (Reis und Bohnen mit gebratenem Schweinefleisch, Maischips und frisch zubereiteter Tomatensalsa). Das Restaurant liegt vor dem Monument unweit der Hauptstraße nach Alajuela und ist an der Abzweigung ausgeschildert.

ℹ An- & Weiterreise

Coopetransatenas (☎2446-5767) Busse fahren von Atenas nach Alajuela (1,50 US$, 45 bis 60 Min., alle 30 Min. bis 1,5 Stunden ab 5.10 bis 20.30 Uhr), mit einmal Umsteigen in La Garita. **Transportes Morales** (☎2223-5567) Busse fahren nach San José (2 US$, 1¼ Std., alle 15 Min. bis 1,5 Stunden ab 6 bis 19.30 Uhr). Die Umgebung von Atenas ist recht weitläufig, daher ist hier ein eigenes Fahrzeug zur Erkundung der Gegend am praktischsten.

Grecia

15 450 EW.

Der Ort Grecia – bekannt als die „sauberste Kleinstadt Lateinamerikas" – erstreckt sich rund um den netten **Parque Central**, an dem sich auch eine der hübschesten Kirchen Costa Ricas befindet. Südöstlich der Stadt befinden sich zwei umwerfende natürliche Wasserfälle.

Sehenswertes

Las Cataratas de Los Chorros WASSERFALL
(☎7091-2554; 6 US$; ⏲Mo–So 8–16 Uhr) Rund 7 km südöstlich von Grecia und nördlich von Tacares und Flores liegen zwei wunderschöne Wasserfälle sowie ein Schwimmloch mit schattigen Plätzchen und Picknicktischen. Am Wochenende zieht es vor allem Pärchen hierher. Ein Wegweiser steht an der Route 722 nördlich von Flores. Direkt hinter dem Schild befindet sich eine Grasfläche zum Parken. Man bezahlt bei der Parkplatzaufsicht rund 6 US$ und geht dann ca. 15 Minuten auf einem steinigen und manchmal matschigen Weg zu den spektakulären Wasserfällen; der erste ist 40 m hoch.

Catedral de la Mercedes KIRCHE
(☎2494-1616; http://parroquiadegrecia.com) In der Stadtmitte steht die unheimlich kuriose Catedral de la Mercedes, ein rotes Metallbauwerk, das in Belgien vorgefertigt und 1897 mit dem Schiff nach Costa Rica gebracht wurde – und irgendwie an ein Lebkuchenhaus erinnert. Die Kathedrale besitzt ein luftiges Kirchenschiff, einen leuchtenden spanischen Fliesenboden und einen marmorverkleideten Altar in gotischem Stil.

Rock Bridge BRÜCKE
Rund 5 km südlich von Grecia führt ein Knick in der Straße zu einer Felsbrücke aus dem 18. Jh., die die Dörfer Puente de Piedra und Rincón de Salas verbindet. Die Einheimischen behaupten, dass es weltweit nur zwei Brücken dieser Art gebe (die andere in China) und der Legende nach hat der Teufel sie erbaut. Wer vor dem Eingang parkt, kann zu Fuß weiter hingehen, um sich die beeindruckende steinerne Konstruktion aus der Nähe anzuschauen.

Schlafen & Essen

Mangífera Hostel HOSTEL $
(☎2494-6065; www.mangiferahostel.com; B/DZ 10/38 US$, DZ ohne Bad 34 US$; P 📶) Mit seinen Holzböden und dem freundlichen Ambiente wirkt diese gemütliche Hostel sofort einladend. Es liegt an der Nordseite des Parque Central und hat acht Zimmer (drei davon Schlafsäle). Es gibt eine Gemeinschaftsküche und einen kleinen Garten, der von Kolibris besucht wird. Auch im Angebot: ein Wäscheservice.

Café Delicias CAFE $$
(☎2494-2093; www.cafedelicias.com; Sandwiches 5–7 US$, Gerichte 7–15 US$; ⏲7–21 Uhr; 📶) In dieser netten Lage unweit der südwestlichen Ecke des Parque Central gibt es köstlichen Kaffee, Zimtrollen, Sandwiches und Snacks zu genießen – und dazu auch noch kostenloses WLAN.

An- & Weiterreise

Busse nach San José und Sarchí halten am TUAN Busbahnhof, 150 m nördlich der Hauptplaza von Grecia.

San José ca. 3,5 US$, 1 Std., mind. halbstündlich ab 4.30 bis 20.30 Uhr.

Sarchí, mit Umstieg nach Naranjo 1 US$, 30 Min., halbstündlich ab 5.55 bis 23.15 Uhr.

Sarchí

6900 EW.

Willkommen in Costa Ricas berühmtestem Zentrum des Kunsthandwerks! Hier produzieren Handwerker die raffiniert bemalten Ochsenkarren, auch im Miniaturformat, und Einrichtungsgegenstände aus Leder und Holz, für die das Valle Central so berühmt ist. Fast alles im Ort weist die farbenfrohen charakteristischen geometrischen Muster auf (selbst das Rathaus). Klar, der Ort ist eine Touristenfalle, aber unbestritten eine sehr schöne!

Die Mehrzahl der Besucher kommt lediglich für einen Einkaufsnachmittag hierher. Wer möchte und genügend Zeit mitbringt, der kann sich hier auch etwas exakt nach seinen eigenen Vorstellungen anfertigen lassen.

In Sarchí Norte befindet sich das Herz des Städtchens: Eine von zwei Türmen gekrönte rosarote Kirche, einige Restaurants und *pulperías* (kleine Läden) sowie der angeblich größte Ochsenkarren der Welt.

Sehenswertes

Jardín Botánico Else Kientzler GÄRTEN
(☎2454-2070; www.elsegarden.com; Sarchí Norte; Erw./Kind 5,50/3,50 US$; ⏲8–16 Uhr; 👪) Dieser gepflegte botanische Garten 1,4 km nördlich

des Fußballplatzes von Sarchí Norte bietet 2 km an Wegen, die an über 2000 deutlich gekennzeichneten Pflanzen vorbeiführen, darunter Sukkulenten, Obstbäume, Palmen, Helikonien und Orchideen. Außerdem finden hier regelmäßig Yogaworkshops und Vorträge statt.

Schlafen & Essen

Hotel Paraíso Río Verde BUNGALOWS $

(☎2454-3003; San Pedro de Sarchí; Zi. ab 45 US$, Bungalow ab 60 US$; P 📶 🏊) Ein 5 km langer Abstecher nordöstlich von Sarchí führt in das Hochlanddorf San Pedro. Hier bietet sich ein schöner Ausblick auf Kaffeeplantagen und die Vulkane Poás, Barva und Irazú. Zu zwei günstigen Doppelzimmern, von denen eines am Morgen einen tollen Ausblick auf das Tal bietet, kommen zwei geräumige Bungalows (mit Küchenzeile) für vier Personen hinzu. Das optionale Frühstück kostet 8 US$ pro Person. Von der Straße aus nur durch eine riesige deutsche Flagge, die auf Holz aufgemalt ist, zu erkennen, ist dieser entlegene Flecken schon etwas schwer zu finden. Auf Anfrage können die Besitzer die GPS-Koordinaten schicken oder ihre Gäste am riesigen Ochsenkarren an der Plaza von Sarchí abholen. Kreditkartenzahlung ist nicht möglich, und WLAN gibt es nur in den Gemeinschaftsbereichen draußen.

Don Lolo BÜFETT $$

(☎2454-1633; Hauptgerichte 10–20 US$; ⏲8–3 Uhr) Im oberen Stock der Fábrica de Carretas Eloy Alfaro (s. unten) serviert diese *soda* Frühstück, Brunch und Büfett.

An- & Weiterreise

Aus Richtung San José zweigt von der Interamericana eine ausgeschilderte Straße nach Grecia ab. Von dort geht es dann Richtung Norden nach Sarchi. Von Westen aus nimmt man die Abfahrt nach Naranjo und dann geht es in Richtung Osten nach Sarchi.

Busse fahren von/nach Sarchí Norte, zu folgenden Zielen:

Alajuela ca. 2 US$, 1 bis 1½ Stunden, alle 15 bis 30 Min. ab 5 bis 22.30 Uhr.

Grecia ca. 1 US$, 30 Min., halbstündlich ab 5.25 bis 22.35 Uhr.

San José ca. 2,50 US$, 1½ bis 2¾ Std., ca. halbstündlich ab 5 bis 22.30 Uhr, mit Umstieg in Alajuela.

Zarcero

13 200 EW.

Nördlich von Naranjo führt die kurvenreiche Straße nach 20 km zum 1736 m hoch gelegenen Zarcero am westlichen Ende des Gebirgszugs der Cordillera Central. Die Lage dieses Städtchens ist großartig. Die Berge wirken wie aus einem Landschaftsgemälde und die Luft ist wunderbar frisch. Der wahre Grund, weshalb Besucher hierher strömen, sind jedoch die surreal geschnittenen Sträucher im Parque Francisco Alvarado.

Schlafen & Essen

Hotel Zarcero HOTEL $

(☎2463-4141; EZ/DZ/3BZ/4BZ ab 21/26/35/43 US$) Das Hotel Zarcero ist die einzige Unterkunft im Ort und liegt ein paar Blocks

SHOPPEN IN SARCHÍ

Die meisten Touristen kommen nur aus einem Grund nach Sarchí: Die aufwendig konstruierten und bunt bemalten *carretas* (Ochsenkarren) sind das inoffizielle Souvenir Costa Ricas – und das offizielle Symbol der Arbeiter von Costa Rica. In Sarchí werden sie straßenfertig verkauft (nur der Ochse muss separat erworben werden) oder auch in kleineren Ausfertigungen. Die Gegend ist aber auch für jede Menge anderer interessanter Produkte bekannt, insbesondere für Möbel aus Leder und Holz (u. a. die unglaublichen Schaukelstühle, die sich für den Transport zusammenfalten lassen), hölzernes Tafelgeschirr sowie Mitbringsel, auf denen das bunte Mandala-Design eingraviert ist, das durch die *carretas* beliebt geworden ist.

Es gibt über 200 Händler und daher variieren Preise und Qualität; es lohnt sich also, sich erst etwas umzuschauen. Die Werkstätten sind meist täglich von 8 bis 17 Uhr geöffnet; sie akzeptieren Kreditkarten sowie US Dollar und können den internationalen Versand organisieren. Zwei der renommiertesten und beliebtesten Werkstätten sind die **Fábrica de Carretas Eloy Alfaro** (☎2454-4131; http://souvenirscostarica.com; Sarchí Norte; ⏲8–17 Uhr) und die **Fábrica de Carretas Joaquín Chaverri** (☎2454-4411; www.facebook.com/FabricaDeCarretasJoaquinChaverri; Sarchí Sur; ⏲8–17 Uhr).

von der Kirche entfernt. Im Angebot sind 15 einfache Zimmer, eingerichtet mit Möbeln aus örtlicher Herstellung.

Rancho Amalia BAUERNHOF **$$**
(☎2463-2401, 8994-4288; www.ranchoamalia.com/en; DZ Blockhütte 87 US$, zusätzl. Person 13 US$; ⏲Dez.–Mai, Gruppen ganzjährig; P 📶) Achtung Pferdeliebhaber: Diese Bergranch in Familienbesitz liegt nur zehn Minuten südlich von Zarcero und ist ein absoluter Traum. Auf dem Gelände stehen vier bezaubernde und solide gebaute Blockhütten mit Kamin, Fernseher, voll ausgestatteter Küche, Esszimmer und eleganten Stallungen. Die Ranchpferde tragen die Gäste durch die Hügellandschaft, durch Wälder und über wunderschönes Weideland – dazu gibt es überall Wildblumen und Ausblicke ins Valle Central.

Die Ausritte kosten ab 15 US$ pro Person. Auf dem Weg zum Gelände sollte man auf die bellenden Wachhunde achten.

Hereford Steak House STEAK **$$**
(☎2463-4309; Menü 5–16 US$; ⏲11 Uhr bis spät) Im Cowboy-Land darf ein echtes Steak House natürlich nicht fehlen. Dekoriert mit Stierhörnern, Sätteln, Lassos und diversen Pferdeutensilien als Wandschmuck serviert dieses seit Langem etablierte Restaurant New York Strip Steaks, Filet Mignon and andere köstliche Fleischgerichte. Alternativ dazu gibt es auch Sandwiches, Pasta, Burger und Pizza.

ℹ An- & Weiterreise

Transportes Zarcero (☎2451-4080) betreibt täglich eine direkte Busverbindung nach San José (ca. 2,50 US$, 2 Std., mit einem Umstieg in Alajuela), und zwar jede Stunde von 6.10 bis 20.10 Uhr. Alle Busse halten an der Hauptstraße unterhalb des Platzes.

Bajos del Toro

Eine wunderschöne Straße schlängelt sich nordöstlich aus Zarcero hinaus, führt steil bergauf durch Hügel, gespickt mit familienbetriebenen Milchbauernhöfen und fällt dann abrupt in das eindrucksvolle Tal des Río Toro ab, umgeben vom unteren Bereich des ortstypischen Nebelwalds. Das kleine Dorf (sein vollständiger Name lautet: Bajos del Toro Amarillo) verkörpert das typisch costa-ricanische idyllische Landleben. Es gibt hier weder Banken noch Geldautomaten, also genug Bares mitbringen.

ABSTECHER

PARQUE FRANCISCO ALVARADO

Der **Parque Francisco Alvarado** vor der Iglesia de San Rafael war ursprünglich eine normale Plaza, bis ein Gärtner namens Evangelisto Blanco in den 1960er-Jahren die Idee hatte, aus ganz normalen Büschen eine bizarre Ansammlung abstrakter Gebilde zu formen. Im Lauf der Jahre haben diese sich in wundersame Wesen, merkwürdige Kreaturen und kunstvolle Bögen, durch die man hindurchgehen kann, verwandelt. Kamera nicht vergessen!

Schlafen & Essen

Es gibt nur drei Hotels in der Gegend, und sie sind alle sehr beliebt. Also unbedingt vorher reservieren.

★ **Catarata del Toro** BLOCKHÜTTE **$$**
(☎2476-0800, 8399-7476; www.catarata-del-toro.com; EZ/DZ/3BZ/4BZ mit Frühstück 65/80/105/130 US$) In dieser Anlage 6 km nördlich von Bajos del Toro an der Straße gelegen, schlafen die Gäste in holzverkleideten Zimmern von Nurdachhäusern. Die eigentliche Attraktion hier ist jedoch der nahe gelegene **Wasserfall**, eine 90 m hohe Schönheit, die sich in einen Vulkankrater ergießt. Zum Wasserfall führt ein steiler Weg, der aber gut in Schuss ist (14 US$; für Gäste des Catarata del Toro kostenlos). Im hauseigenen Restaurant sind in großer Anzahl Kolibris zu bewundern.

Bosque de Paz Rain/Cloud Forest Lodge & Biological Reserve LODGE **$$$**
(☎2234-6676; www.bosquedepaz.com; pro Person VP EZ 163–225 US$, DZ 123–173 US$; P 📶) 🍃 Das 10 km² große Reservat ist ein Paradies für Vogelliebhaber und bildet einen wichtigen Wildniskorridor zwischen dem Parque Nacional Volcán Poás und dem Parque Nacional Juan Castro Blanco. Mehr als 22 km lange Trails führen durch urwüchsigen Wald und einen Orchideengarten. Ein Dutzend geräumiger Zimmer mit Terrakottafliesen liegen in Hörweite eines rauschenden Flusses und aus den großen Fenstern geht der Blick direkt in den Wald. Die Küche hält auch Angebote für Veganer bereit. Es empfiehlt sich, unbedingt rechtzeitig vorab zu reservieren.

El Silencio LODGE $$$
(☎ 2476-0303, Reservierungen 2231-6122; www.elsilenciolodge.com; Suite/Ferienhaus mit Frühstück & Aktivität ohne Steuer 310–660 US$;) Diese gehobene Lodge liegt abgeschieden außerhalb der Stadt. Neben den luxuriös gestalteten *cabina*-Suiten mit eigener Terrasse, Schaukelstühlen, einem Whirlpool und tollem Bergblick stehen Ferienhäuser für bis zu sechs Personen mit Gaskamin und Küchen zur Wahl. Es gibt auch einen Wellnessbereich, 8 km an Wanderwegen (die zu umwerfenden Wasserfällen führen) und ein gesundheitsbewusstes Restaurant, das Bioprodukte aus eigener Herstellung verwendet. In manchen Teilen der Lodge ist das WLAN zuweilen recht schwach.

Soda Restaurante Nené COSTA-RICANISCH $
(☎ 2476-0631, 2476-0130; Hauptgerichte 5–8 US$; ⏲ 9–18 Uhr) Eine schlichte grüne Hütte beherbergt dieses Restaurant, das sich südlich der Stadt befindet. Es liegt etwas von der Straße entfernt direkt an gut gefüllten Forellenteichen. Gäste können sich erst ihren eigenen Fisch angeln und ihn dann mit Knoblauch gebraten oder gegrillt an den rustikalen Picknicktischen genießen. Im Angebot sind ferner Hühnchen, Tintenfisch und gebratener Reis mit Thunfisch.

An- & Weiterreise

Fährt man von der Interamericana gen Norden durch Zarcero, geht es sofort hinter der Kirche rechts ab und dann ca. 15 km weiter in nordöstlicher Richtung. Alternativ kann man auch von Sarchís Hauptplaza aus die Straße nach Norden nehmen. Beide Straßen sind fast durchweg asphaltiert, enthalten aber furchterregende steile Anstiege und Haarnadelkurven. Ein Allradfahrzeug ist zur Beruhigung der Nerven sicherlich gut, aber nicht absolut erforderlich.

Von Grecia aus fährt ein Bus täglich außer donnerstags um 15 Uhr ab. Die Fahrkarte kostet ca. 2 US$.

San Ramón

10 700 EW.

Die hübsche Kolonialstadt San Ramón ist kein Mauerblümchen in der Geschichte Costa Ricas. Die „Stadt der Präsidenten und Dichter" hat nicht weniger als fünf Männer in das höchste Staatsamt entsandt, darunter auch Rodrigo Carazo, der einige Kilometer nördlich eine Touristenlodge aufgebaut hat.

Ein weiterer beliebter Präsident, José Figueres Ferrer, wird mit einem interessanten kombinierten Kultur- und Geschichtszentrum, dem Centro Cultural e Histórico José Figueres Ferrer, unmittelbar nördlich des zentralen Stadtparks, gewürdigt.

Sehenswertes

Centro Cultural e Histórico José Figueres Ferrer KULTURZENTRUM
(☎ 2447-2178; http://centrojosefigueres.org; ⏲ Mi–Sa 10–18 Uhr) GRATIS Das Museum und Kulturzentrum feiert Leben und Werk von José Figueres, dem dreimaligen Staatspräsidenten. Am bekanntesten wurde seine Entscheidung im Jahr 1948, die Armee abzuschaffen. Das Museum zeigt historische Dokumente und Objekte sowie Gemälde von Figueres. Zudem gibt es hier Raum für Kunst- und Musikstunden sowie für Aufführungen.

Parque Central PLAZA
Die Doppeltürme der hellgrauen **Iglesia de San Ramón** dominieren diese hübsche Plaza in der Stadtmitte.

Schlafen

★ **Casa Amanecer** B&B $$
(☎ 2445-2100; www.casa-amanecer-cr.com; EZ/DZ/Suite mit Frühstück 73/82/95 US$;) Dieses elegante B&B liegt eine zehnminütige Fahrt nordöstlich von San Ramón entfernt und gehört ehemaligen ehrenamtlichen Mitarbeitern von Habitat for Humanity. Es bietet fünf schicke, moderne Zimmer mit polierten Betonböden und orthopädischen Betten. Das leckere vegetarische Frühstück wird auf der Gemeinschaftsterrasse serviert. Weitere Mahlzeiten sowie Flughafentransfer (85 US$ für bis zu vier Personen) sind nach vorheriger Reservierung ebenfalls möglich.

Hotel La Posada GASTHOF $$
(☎ 2445-7359; www.posadahotel.net; EZ/DZ 45/-60 US$, inkl. Frühstück 50/70 US$;) Die gepflegten Zimmer dieses hübschen Gasthofs 400 m nördlich der Kirche säumen einen grünen Hof voller Pflanzen. Sie wirken ein wenig barock, vor allem wegen der riesigen, handgefertigten Betten, die teils an Ludwig XIV. und teils an eine Safari in Afrika erinnern. Alle haben einen Minikühlschrank und Kabel-TV, die teureren sogar einen Whirlpool. Einige Zimmer sind für Rollstuhlfahrer geeignet, zudem sind ein paar von ihnen klimatisiert.

★ **Villa Blanca Cloud Forest Hotel & Nature Reserve** LODGE $$$
(☎ 2461-0300, in USA & Canada 1-877-256-8399; www.villablanca-costarica.com; DZ 210–275 US$,

zusätzl. Person 50 US$, Kinder unter 6 Jahren frei; P @) 18 km nördlich von San Ramón liegt dieses private Schutzgebiet hoch oben im Nebelwald. Es umgibt eine Lodge und einen Milchbauernhof, die einst dem Expräsidenten Rodrigo Carazo gehörten. Die 35 frei stehenden *casitas* (kleine Häuser) sind mit WLAN, eigener Terrasse, Minibar und Fernseher ausgestattet. Außerdem gibt es ein Restaurant, einen Wellnessbereich (Massagen ab 60 US$), ein Yogazentrum und ein kleines Kino, in dem jeden Abend Filme gezeigt werden.

Die umliegenden 800 ha primären und sekundären Nebelwalds bieten erstklassige Möglichkeiten, um die Tierwelt zu beobachten. Zweisprachige naturkundliche Guides bieten morgens und abends Wanderungen durch den Nebelwald an (29 US$) sowie Touren zur Vogelbeobachtung (29 US$) und um Quetzals zu finden (79 US$). Die Lodge, die auf dem höchstmöglichen Level für Nachhaltigkeit zertifiziert ist, kompostiert, recycelt und setzt auf Energieeffizienz. Für Kinder gibt es einen Raum für Videospiele und ein Spielezimmer; Kinderbetreuung steht gegen Aufpreis zur Verfügung. Außerdem sind Nachtwanderungen, Kühe melken und Speiseeisherstellung im Angebot.

Der Abzweig ist an der Interamericana gut ausgeschildert, aber für die 9 km lange buckelige Piste ist ein Allradfahrzeug zu empfehlen. Das Taxi von San Ramón kostet ca. 30 US$.

Tierras Enamoradas LODGE $$$

(Land der Liebe; 2447-9331; www.landsinlove.com; Hwy 702; DZ inkl. Frühstück 132 US$, jede weitere Person 27 US$; P) Auf halbem Weg zwischen San Ramón und La Fortuna verfügt die gut ausgeschilderte Lodge über Zimmer mit hellen Blumenmotiven sowie einer Lounge, einem Außenpool und einem Whirlpool. Neben einem Haustier-Hotel (40 US$ pro Nacht) werden eine Vielzahl an spannenden Freizeitaktivitäten angeboten, von Baumwipfeltouren über Canyoning bis zu Ausritten. Im Restaurant steht eine internationale Mischung an vegetarischen und veganen Spezialitäten auf der Speisekarte.

Essen

Merak Fusion and Soda Ata FUSION $

(2447-3470; Ecke Av 8 & Calle 1; 6–12 US$; Soda Ata 7–15 Uhr, Merak 18–22 Uhr;) In diesen neuen Räumlichkeiten mit Hartholzböden und schlichter, schnörkelloser Deko werden im Prinzip zwei Esslokale betrieben. Tagsüber ist es eine *soda* und verkauft Suppen und Reisgerichte, abends verwandelt es sich in ein Fusionrestaurant mit Kreationen wie Portobello-Champignons und Blauschimmelkäse, karibischer Tintenfisch oder Bergbohnen mit Sauerkraut. Die Karte wechselt wöchentlich. Auch zu empfehlen, um Sangria, Wein oder Bier zu trinken. Das Lokal ist südöstlich der Kirche zu finden.

Mi Choza COSTA-RICANISCH $$

(2445-1286; Ecke Calle 7 & Av 10; Hauptgerichte 8–20 US$; 11–23 Uhr) Am südöstlichen Ende der Stadt sind die Wände der gut besuchten *cantina* mit Stierhörnern, Fußballtrikots und Flachbildschirmen dekoriert. Die Steaks sind groß und der Service ist freundlich.

El Rincón Poeta COSTA-RICANISCH $$

(2447-3942; Calle 1 zwischen Av 2 & 4; Hauptgerichte 8–17 US$; 11–22 Uhr) Etwas versteckt abseits der Hauptstraße (ca. 150 m südöstlich der Kirche) hängen an den Wänden des Lokals historische Schwarz-Weiß-Fotos von San Ramón. Das bei den Einheimischen beliebte Restaurant serviert an rustikalen Baumstammtischen große Platten *típico* mit Fleisch, Fisch und Reis. Vorne sitzt man auf einer geschotterten Terrasse unter Schatten spendenden Weinranken.

An- & Weiterreise

Stündlich fahren Busse von San Ramón zum Empresarios Unidos Busbahnhof (ca. 3 US$, 1 Std. 20 Min., von 4.30 bis 20.15 Uhr) von San

ABSTECHER

FIESTA DE PALMARES

Das 13-tägige Festival **Fiestas de Palmares** (Mitte Jan.) ist für seinen Bierkonsum bekannt und läuft schon seit über 30 Jahren. Es umfasst Karnevalsumzüge, eine *tope* (Pferdeparade), ein Feuerwerk, bekannte und weniger bekannte Bands, exotische Tänzer, gebratene Leckereien, *guaro* (örtliches Feuerwasser aus Rohrzucker), Zelte und die größte Anzahl ausgelassener Ticos, die man jemals zu sehen bekommen wird. Das Festival ist eine der größten Veranstaltungen des Landes und zieht manchmal hunderttausende Besucher an. Im nationalen TV wird es umfassend übertragen.

José (S. 102). Busse fahren auch nördlich nach Zarcero via Ciudad Quesada (ca. 5 US$, 3 Std., 5.55, 13 und 17.15 Uhr). Die Haltestellen liegen nordwestlich des Parque Central; bei **Coopa-trac** (☎ 2460-0638) gibt es Infos.

HEREDIA & UMGEBUNG

Im südlichen Zipfel der Provinz, nur 11 km nördlich von San José, liegt diese putzige Universitätsstadt im Schatten des inaktiven Volcán Barva. Im Jahr 1706 wurde sie gegründet und hat auch den Beinamen „Stadt der Blumen", da die heimische Flora durch das milde Klima und die gelegentlichen Regenschauer hervorragend gedeiht. Überall sind Häuser im Kolonialstil zu finden und die Stadt ist ein beliebter Ort für Spanischkurse.

In Heredia hat sich in kleinem Rahmen technische Industrie angesiedelt, und Intel hat hier 2015 zwei Anlagen eröffnet, ein R&D und ein Global Services Center. Hauptprodukt der Region ist aber weiterhin Kaffee. Die Stadt ist eine gute Ausgangsbasis für Ausflüge in den Parque Nacional Braulio Carrillo, eines der größten Hochlandwaldgebiete Costa Ricas.

An- & Weiterreise

In und um Heredia sind Busse eine verlässliche, günstige Option. Wer mehr Flexibilität möchte, mietet ein Auto.

Heredia

135 300 EW.

Im 19. Jh. lebte in La Ciudad de las Flores (Die Stadt der Blumen), wie das charmante Städtchen auch genannt wird, eine Oberschicht aus *cafetaleros* (Kaffeebauern), die durch den Export von Costa Ricas besten Bohnen zu großem Reichtum gelangte. Das historische Zentrum Heredias hat sich bis heute etwas von dieser noblen Atmosphäre bewahrt und begeistert mit einem schattigen Hauptplatz und niedrigen Bauwerken im spanisch-kolonialen Stil.

Auch wenn es von San José nur 11 km entfernt liegt, ist Heredia doch eine vollkommen andere Welt verglichen mit dem Schmutz und dem Lärm der Hauptstadt. Die hier angesiedelte Universidad Nacional (Nationaluniversität) verleiht der Stadt einen akademischen Touch und nachmittags sind die örtlichen Bars und Cafés voller junger Leute.

Heredia ist auch die beste Ausgangsbasis für einen Ausflug zum wenig besuchten Volcán Barva innerhalb des Parque Nacional Braulio Carrillo.

Sehenswertes

Casa de la Cultura MUSEUM

(☎ 2261-4485; http://casadelaculturaalfredogonzalezflores.blogspot.co.uk; Ecke Calle Central & Av Central; ⏲ 8–20 Uhr) GRATIS Dieser niedrige spanische Bau stammt aus dem späten 18. Jh. und steht an herausragender Stelle an der Ecke der Plaza direkt oberhalb der Kirche. Das Gebäude war früher einmal die Residenz von Präsident Alfredo González Flores, der das Land von 1913 bis 1917 regierte. Es ist sehr gut erhalten und beherbergt heute eine historische Dauerausstellung sowie wechselnde Kunstausstellungen.

Parque Central PARK

Heredia wurde 1706 gegründet und in traditionellem spanischen Kolonialstil umgeben mehrere interessante alte Wahrzeichen der Stadt den Parque Central, darunter ein Springbrunnen und ein Musikpavillon.

El Fortín TURM

Dieser Turm wurde 1876 auf Anordnung des Provinzgouverneurs von Heredia errichtet und ist das offizielle Symbol der Stadt. Er wurde 1974 zum nationalen historischen Monument erklärt, ist jedoch wegen seines fragilen Zustands für Besucher gesperrt.

Kurse

Centro Panamericano de Idiomas SPRACHE

(CPI; ☎ 2265-6306, in USA 1-877-373-3116; www.cpi-edu.com; Privatstunden ab 30 US$, 20 Std. Gruppenunterricht ab 460 US$, 1 Woche Privatunterkunft ab 200 US$) Diese beliebte Sprachschule in San Joaquín de Flores, etwas außerhalb von Heredia, bietet auch ein Teenagercamp und Familienprogramme an. Gruppenstärke: maximal vier Teilnehmer.

Intercultura SPRACHE

(☎ 2260-8480; www.interculturacostarica.com; Ecke Calle 10 & Av 4; Privatstunden ab 26 US$, 20 Std. Gruppenunterricht mit/ohne 1 Woche Privatunterkunft ab 570/275 US$) Diese Schule organisiert auch Freiwilligenjobs und bietet Koch- und Tanzkurse an.

Schlafen

Hotel Las Flores HOTEL $

(☎ 2261-8147; www.hotel-lasflores.com; Av 12 zwischen Calles 12 & 14; EZ/DZ/3BZ 17/32/42 US$;

Heredia

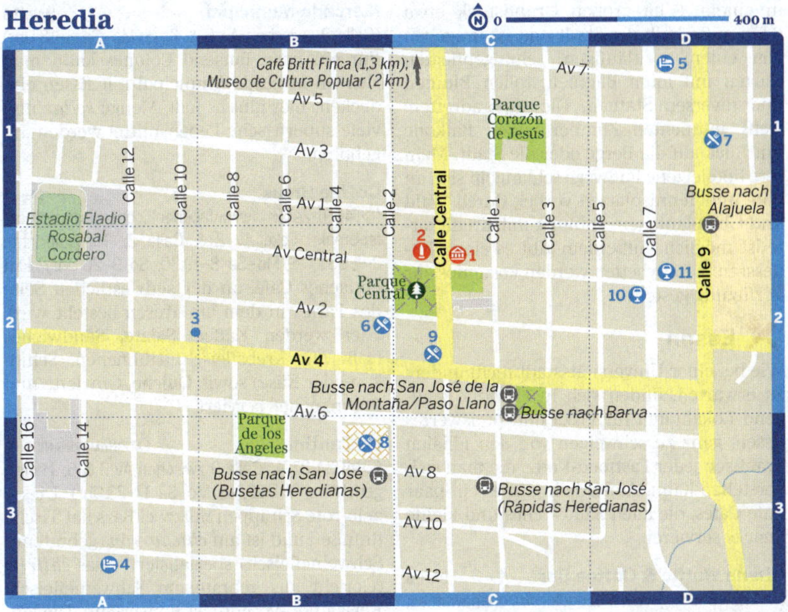

Heredia

Sehenswertes
1 Casa de la Cultura C2
2 El Fortín C2

Aktivitäten, Kurse & Touren
3 Intercultura A2

Schlafen
4 Hotel Las Flores A3
5 Hotel Valladolid D1

Essen
6 Coffee Break B2
7 La Cantina D1
8 Mercado Municipal B3
9 Ohana Waffle & Coffee Bar C2

Ausgehen & Nachtleben
10 El Bulevar Relax D2
11 La Choza D2
Miraflores Discotheque .... (s. 6)

P) Dieses makellose und geradlinige Hotel in Familienbesitz hat schlichte, bunt gestrichene Zimmer mit TV und Duschen mit Warmwasser. Es liegt ein Stück zu Fuß von der Ortsmitte entfernt.

Hotel Valladolid HOTEL $$
(2260-2912, 2260-2905; www.hotelvalladolid.net; Ecke Calle 7 & Av 7; EZ/DZ mit Frühstück 75/87 US$; P @) Dieses Business-Hotel liegt in einer ruhigen Straße und bietet zwölf helle, saubere und ordentlich geflieste Zimmer mit WLAN, Zimmersafe, Kabel-TV und eigenem Bad mit Warmwasser. Zahlung mit Kreditkarte möglich.

Hotel Chalet Tirol GASTHOF $$$
(2267-6222; www.hotelchaleteltirol.com; Zi. 90–115 US$; P) Dieses bezaubernde Hotel erinnert an alpinen Lebkuchencharme. (Es diente schon mal als Hintergrund für eine deutsche Bierwerbung.) Die 15 Suiten und 20 Chalets haben Kabel-TV, Zimmerservice und eine wunderschöne Lage in den Bergen; manche haben auch einen Whirlpool, Kamin oder sind rollstuhlgeeignet. Das hauseigene Restaurant serviert französische Küche (Gerichte 5–25 US$), und am Wochenende gibt es manchmal Livemusik. Das Hotel liegt nordöstlich von Heredia, 3 km nördlich des Castillo Country Club.

Hotel Bougainvillea HOTEL $$$
(2244-1414, from USA 866-880-5441; www.hb.co.cr; Santo Domingo; DZ mit Frühstück 128,50–154,50 US$, zusätzl. Person 17,50 US$; P @) Dieses effiziente Hotel liegt

in einem 4 ha großen Grundstück etwa 6 km außerhalb der Stadt und ist umgeben von einem weitläufigen, sehr gepflegten Garten mit alten Bäumen, tollen Blumen und diversen Statuen. Die superadretten, weiß getünchten Zimmer haben Balkone mit Blick auf die Berge oder die Stadt. Mehrere hoteleigene Fußwege schlängeln sich an Pool und Tennisplätzen vorbei, durch Wald und Obstplantagen. Zahlung mit Kreditkarte ist möglich. Außerdem gibt es einen Fitnessraum. Babybetten werden kostenlos zur Verfügung gestellt.

Essen

Wie bei einer Universitätsstadt nicht anders zu erwarten, finden sich in Heredia genügend Lokalitäten für Pizza und preiswertes Essen, ganz zu schweigen von den Filialen praktisch jeder Fastfood-Kette, die man sich vorstellen kann. Außerdem gibt es ein paar gute Cafés, die auch Sandwiches und kleine Snacks servieren.

Ohana Waffle & Coffee Bar CAFE $

(☎2237-8493; www.facebook.com/ohanawaffles; Ecke Calle Central & Av 4; Waffeln 4,20 US$; ⏲Mo–Sa 10.30–21, So 11–20 Uhr) In diesem schmalen, blauen Mini-Café mit Ananastapete gibt es die besten süßen Snacks der ganzen Stadt. Für die Waffeln stehen allein 50 verschiedene Belagarten zur Auswahl. Also Waffeln bestellen, die individuelle Kombination für oben drauf kreieren (z. B. Schoko und Karamel mit Marshmallows und Oreo-Keks-Stückchen) – und dann noch mit ordentlich Sahne verzieren. Außerdem sind auch Smoothies aus frischen Früchten, Kaffee und Wraps im Angebot.

Mercado Municipal MARKT $

(Calle 2 zwischen Av 6 & 8; ⏲Mo–Sa 6–18 Uhr) Für ein paar Tausend Colones kann man sich im Mercado Municipal mit Essen eindecken; hier gibt es jede Menge *sodas* und viele superfrische Lebensmittel werden angeboten.

Coffee Break CAFE $

(☎4001-2462; www.facebook.com/herbariumcoffeebreak; Ecke Av 2 & Calle 2; Hauptgerichte 2–5 US$; ⏲Mo–Sa 8–19.30, So 9–20 Uhr) Ein einfaches Café, an der südwestlichen Seite des Parks, in dem am Tresen bestellt wird. Hier werden Kaffee, Salate, Sandwiches (z. B. mit Krebsfleisch, Hühnchen, Schinken oder Käse) sowie Quiche, Omelette und Pfannkuchen serviert.

La Cantina LATEINAMERIKANISCH $

(☎4034-8774; Calle 9 zwischen Av 3 & 5; Hauptgerichte 4–7 US$; ⏲Mo–Sa 17–23 Uhr) Dieser gelb-rote Schuppen mit zwei Bars hat Tische draußen und ist auf *chicharrón* (gebratenes Schweinefleisch) spezialisiert – das *chifrijo* (Gericht aus gebratenem Schweinefleisch, Reise und Avocado) ist umwerfend. Die lange Liste an *bocas* (Vorspeisen) und gebratenen Barsnacks lädt bei kleinem Hunger auch zum Knabbern ein.

Ausgehen & Nachtleben

Mit seiner lebhaften Studentenpopulation herrscht in der Stadt kein Mangel an Livemusik und kulturellen Events. Im Univiertel steppt an fast jedem Abend der Bär. Die Innenstadt von Heredia sollte man abends aber eher meiden, da es dort etwas ungemütlich werden kann.

BUSSE AB HEREDIA

REISEZIEL	BUSGESELLSCHAFT	FAHRPREIS (US$)	FAHRZEIT	HÄUFIGKEIT
Alajuela	Tuasa	1	45 Min.	alle 15 Min. 6–22.30 Uhr
Barva	Transportes Barveños LTDA	1	15 Min.	alle 15 Min. 4.55–23 Uhr
San José	Busetas Heredianas	1	30 Min.	alle 5–10 Min. 5–23 Uhr
San José	Rápidas Heredianas	1	30 Min.	alle 15 Min.–2 Std. (frühmorgens länger) 24–23.50 Uhr
San José de la Montaña/Paso Llano (for Volcán Barva)	Transportes del Norte	1	60 Min.	alle 10 Min.–1 Std. 4.50–17.30 Uhr

KINDERFREUNDLICHES VALLE CENTRAL

Familienfreundliche Attraktionen gibt es im Valle Central reichlich. Her sind ein paar, die Kinder und Erwachsene gleichermaßen begeistern werden.

Parque Francisco Alvarado (S. 121) In Zarcero laufen Kinder im Garten der Pflanzenfiguren gerne kreuz und quer durch die Buschreihen, die in Form von Dinosauriern und anderen fantasievollen Figuren geschnitten worden sind.

Río Pejibaye (S. 141) Der Veranstalter Turrialba bietet auf diesem Klasse I–II Fluss landschaftlich schöne Raftingausflüge an, die nicht zu heftig sind.

Zoo Ave (S. 115) In diesem Zoo und Tierrettungszentrum in La Garita schlendert man zusammen mit Pfauen und Riesenechsen über das Gelände, besucht Affen oder geht auf Baumwipfeltour.

Parque Nacional Tapantí-Macizo Cerro de la Muerte (S. 138) Einfache Wanderwege führen hinab zu sandigen Stränden, wo Kinder im Fluss mit seinen vielen Felsbrocken herumplanschen können.

Miraflores Discotheque CLUB
(www.facebook.com/discomiracr; Ecke Av 2 & Calle 2; ⌚20–6 Uhr) Nach ein paar Runden Bier geht die Party in der Miraflores Disco so richtig los. Zu finden ist sie an der südlichen Ecke des Parque Central oberhalb des Coffee Break Café (S. 126). Hier tanzen die Einheimischen zu einer Mischung internationaler Klänge.

La Choza BAR
(Av Central zwischen Calles 7 & 9; ⌚Mo–Sa 11–1, Sa 13–1 Uhr) Das La Choza, die älteste der hiesigen Bars, ist für seine hochprozentigen Getränke und laute Musik bekannt.

El Bulevar Relax SPORTBAR
(☎2237-1832; Ecke Calle 7 & Av Central; ⌚11–1 Uhr; 📶) Sportbar, in der es häufig Werbeaktionen rund um Alkohol gibt.

Praktische Informationen

BCR (Ecke Av Central & Calle Central; ⌚5–22 Uhr) Hat einen Geldautomaten für US Dollar.

Hospital San Vicente de Paul (☎2562-8100; Calle 12) Ein neues Krankenhaus südlich der Av 14.

An- & Weiterreise

Es gibt keinen Hauptbusbahnhof; die Busse fahren von diversen Haltestellen zwischen der Universität und dem Mercado Central ab.

Der **Rápidas Heredianas Bus nach San José** (Av 8 zwischen Calle Central & 1) ist die beste Option für alle, die auf einen Bus in Richtung Karibik umsteigen möchten, da er unweit des Terminal Caribeña in San José hält. Der andere Bus nach San José fährt zwei Blocks westlich ab (Av 8 zwischen Calle 2 & 4). Busse nach Barva (Calle 1 zwischen Av 4 & 6) sowie nach San José de la Montana/Paso Llano (Calle 1 zwischen Av 4 & 6) findet man nördlich der San José Rápidas Heredianas Busse unweit der Hauptstraße, Av 4. Busse nach Alajuela (Ecke Av 1 & Calle 9) fahren von der nordöstlichen Seite der Stadt ab.

Barva

34 600 EW.

Nur 2,5 km nördlich von Heredia inmitten malerischer Berge liegt die historische Stadt Barva, die 1561 gegründet wurde und heute ein nationales Denkmal ist. Das durch niedrige Gebäude aus dem 19. Jh. geprägte Stadtzentrum gruppiert sich um die hoch aufragende, 1893 erbaute Iglesia San Bartolomé. Bei der Elite Costa Ricas war das Umland als Wohnort einst sehr beliebt: Cleto González Víquez (1858–1937), der zweimal Präsident des Landes war und den Bau der ersten Nationalbibliothek initiierte, wuchs hier auf. Die Stadt eignet sich ideal für einen ruhigen Nachmittagsspaziergang.

Sehenswertes

Museo de Cultura Popular MUSEUM
(☎2260-1619; Santa Lucía; ⌚So 8–17 Uhr) GRATIS
Dieses winzige Museum in einem restaurierten Bauernhaus aus dem 19 Jh. liegt 1,5 km südöstlich von Barva in einer gut beschilderten Gartenanlage. Verwaltet wird es von der Universidad Nacional, und Besucher können Zimmer voller Möbel, Textilien, Keramik und anderer historischer Exponate ansehen. Sonntags serviert das hauseigene Restaurant La Fonda *casados* (8 US$) auf

seiner netten Terrasse. Für Gruppen öffnet das Museum nach Voranmeldung auch montags bis freitags von 8 bis 16 Uhr, und dann kostet es auch Eintritt. Der Gruppenpreis kann telefonisch erfragt werden.

Geführte Touren

Café Britt Finca GEFÜHRTE TOUREN
(☎2277-1600; www.coffeetour.com; ohne/mit Mittagessen Erw. 25/39 US$, Stud. 20/34 US$; ⌚8–17 Uhr, Führungen 9, 11, 13.15 & 15.15 Uhr) Costa Ricas berühmtester Kafferöster bietet eine 90-minütige zweisprachige Führung durch seine Plantage, die Kaffeeproben einschließt sowie ein lustiges Theaterstück über die Geschichte des Kaffees (Kindern gefällt es meist gut). Außerdem gibt es tiefergehende Spezialtouren sowie Pakete, die die Beförderung von San José aus einschließen; Vorabreservierung ist erforderlich. Ein großes Souvenirgeschäft mit Café verkauft Kaffee, Getränke und Backwaren sowie costa-ricanische Mitbringsel.

Feste & Events

Feria de la Mascarada KULTURELL
Jedes Jahr ist die Stadt Gastgeber der Feria de la Mascarada, eine Tradition, deren Wurzeln in der Kolonialzeit liegen. Die Teilnehmer setzen sich riesige bunte Masken auf (manche davon wiegen 20 kg) und ziehen damit tanzend um die Plaza. Viele Masken stellen Dämonen und Teufel dar, aber Promis und Politiker sind auch häufig ein Thema (man stelle sich eine 6 m hohe Celia Cruz vor). Das Datum variiert; am besten vor Ort nachfragen.

Schlafen

★ **Finca Rosa Blanca** FINCA $$$
(☎2269-9392, aus den USA 305-395-3042; www.fincarosablanca.com; Santa Bárbara; DZ inkl. Frühstück 360–508 US$; P @ ≋) Die Finca Rosa Blanca liegt inmitten einer beeindruckenden Kaffeeplantage in den Hügeln 6 km nordwestlich von Barva. Ihre vor allem für Flitterwochen ideale Ansammlung von gaudiesken Suiten und kleinen Villen wird von Obstbäumen eingerahmt, die den privaten Wegen Schatten spenden. Die 14 leuchtend weißen Lehmziegelzimmer mit Holzbalkendecken und eigenen Balkone sind wirklich einzigartig. Eines befindet sich sogar oben auf dem Turm, bietet ein spektakuläres 360-Grad-Panorama und ist nur über eine sich windende Treppe, aus einem Baumstamm gefertigt, zu erreichen.

Hier kann man unter einem künstlichen Wasserfall duschen, im Mondlicht im Pool schwimmen oder im Wellnessbereich ein Bio-Kaffee-Peeling genießen. Aufgetankt wird dann im hauseigenen Restaurant, das frische Produkte auf den Tisch bringt, darunter Eier aus dem Hühnerstall im Garten zum Frühstück und Fusiongerichte wie Barsch in Chorizokruste abends. Zahlung mit Kreditkarte ist möglich. Um 9 und 13 Uhr bietet die Finca Rosa Blanca eine 2½-stündige Tour durch die hübsche, 12 ha große Bio-Kaffee-Plantage mit Kaffeeverarbeitung und Rösterei. Gäste wandern durch die Felder, lernen den Herstellungsprozess kennen und probieren das köstliche Endprodukt. Externe Gäste bezahlen 40 US$ pro Person für die Tour.

An- & Weiterreise

Busse verkehren alle 15 Minuten zwischen Heredia und Barva (ca. 1 US$, 15 Min.) und halten in Barva vor der Kirche. Die Fahrten von Barva nach Heredia starten um 4.45 Uhr und fahren bis 22.45 Uhr. Die Route wird von **Transportes Barveños** (☎2262-1839) betrieben.

San Isidro de Heredia

20 500 EW.

Diese malerische Agrarstadt nordöstlich von San José ist genauso üppig grün wie der benachbarte Parque Nacional Braulio Carillo. Die hügeligen Straßen bieten einige der schönsten Ausflugsmöglichkeiten im Valle Central. Die praktisch täglich auftretenden leichten Schauer am Nachmittag machen San Isidro de Heredia zur Regenbogenhauptstadt von Costa Rica. Hier wächst einfach fast alles und die Produkte schmecken fantastisch.

Sehenswertes

Toucan Rescue Ranch TIERRETTUNG
(☎2268-4041; http://toucanrescueranch.org; Spende erbeten Erw. /6–10 Jahre 35/17 US$, unter 6 Jahren frei; ⌚Führungen mit Reservierung Mo–Sa 9 & 14 Uhr) Vor zehn Jahren begannen Leslie Howle und ihr Mann Jorge Murillo damit, kranke und verletzte Tukane aufzunehmen. Dem Ehepaar fiel es schwer, Tiere abzuweisen, und so sammelten sich mit der Zeit u. a. Eulen, Faultiere, Affen, ein Otter, eine Ozelotkatze und ein Wiesel an. Für Gäste gibt es Führungen über das wunderschöne Grundstück in den Bergen von San Isidro de Heredia. Vorher anrufen, um eine Weg-

beschreibung zu erhalten oder sich nach den Möglichkeiten eines Freiwilligenjobs zu erkundigen.

Geführte Touren

★ Sibu Chocolate ESSEN & TRINKEN

(☎ 2268-1335; http://sibuchocolate.com; halbtägige Führungen pro Person 28 US$; ⌚ Führungen Di–Sa 10 Uhr, Restaurant Di–Sa 11–18, So bis 16 Uhr) Diese himmlische Schokoladentour führt Besucher in die Kultur und Geschichte rund um Costa Ricas sündhaftesten Exportartikel. Die Geschichte der Kakaobohne wird hier ansprechend dargestellt, und es gibt präkolumbische heiße Schokolade und andere Köstlichkeiten zu probieren. Gäste können ihr Mittagessen und großartige heiße Schokolade auf der Terrasse genießen, die in einem satt-grünen Garten liegt, und der Laden verkauft Leckereien für zu Hause. Führungen finden ab vier Personen statt; vorher telefonisch reservieren.

Zutaten wie die Kräuter, mit denen die Schokolade und die Gerichte im Restaurant geschmacklich verfeinert werden, stammen aus eigenem Bio-Anbau. Restaurant und Schokoladenherstellung liegen nur 20 Minuten nördlich der Innenstadt von San José, ca. 1,5 km vom Highway Richtung Guápiles.

Schlafen & Essen

Toucan Rescue Ranch B&B $$$

(☎ 2268-4041; http://toucanrescueranch.org; DZ inkl. Führung & Frühstück 165 US$, zusätzl. Person 30 US$; P ☎) Das hiesige Tierrettungszentrum (S. 128) bietet gleichzeitig die beste Unterkunft der Stadt. Zwei putzige und gut gebaute Häuser für Gäste befinden sich nur einen kurzen Fußweg von den Eulen, Faultieren, Tukanen und anderen exotischen Tieren entfernt, die hier gesund gepflegt werden. Die Lage ist durch den Blick auf Regenwald und sanfte Hügel im Hintergrund sehr beruhigend. Praktischerweise liegt es nur 35 Minuten vom internationalen Flughafen in San José entfernt. Wer in der Pension wohnt, bekommt einen anschaulichen Blick hinter die Kulissen des Tierheims geboten und sieht vielleicht sogar, wenn neue Tiere gebracht werden.

Casa Antigua Café & Restaurante COSTA-RICANISCH $

(☎ 2268-3366; Hauptgerichte ab 7,50 US$; ⌚ Do 12–19, Fr bis 21, Sa 8–21, So 8–19 Uhr) In diesem charaktervollen, über einhundert Jahre alten Kolonialhaus mit Hartholzböden, bemalten Decken, Buntglasfenstern, altem Mobiliar und Alkoven werden Frühstück, Mittagessen und Abendessen serviert. Am Tresen gibt es z. B. Baileys Espresso und ein Stück Kuchen, oder man gönnt sich *casados* (Menüs), Pasta, Wraps, Hamburger, Crêpes und Sandwiches in den einzigartigen Esszimmern, von denen manche so privat wirken, als ob man zu Hause zum Essen eingeladen hätte. Es befindet sich an der Straße, die aus San Isidro östlich in Richtung San Josecito führt.

ABSEITS DER ÜBLICHEN PFADE

UNTERKÜNFTE AUSSERHALB VON SAN JOSÉ

Für viele Besucher Costa Ricas ist eine Nacht in San José am Anfang oder am Ende der Reise quasi obligatorisch. Wer ein Auto hat, kann stattdessen eine Übernachtung in einer der folgenden ländlichen Unterkünfte buchen. Alle liegen weniger als eine Stunde Fahrt vom internationalen Flughafen entfernt – und die meisten haben ein umwerfendes Bergpanorama zu bieten.

- Unweit von Alajuela bieten Trapp Family Country Inn (S. 113), Tacacori Ecolodge (S. 113) und Xandari Resort Hotel & Spa (S. 113) alle eine Lage im Grünen und sind nur fünf bis fünfzehn Minuten vom Flughafen entfernt.
- Die romantische Finca Rosa Blanca (S. 128) liegt weniger als 30 Minuten vom Flughafen Check-in entfernt.
- Vista Atenas B&B (S. 117), nur 30 Minuten westlich des Terminals, thront so spektakulär hoch oberhalb des Tals, das man meinen könnte, man würde schon wieder fliegen.
- Nur 35 Minuten östlich des Flughafens liegt die Toucan Rescue Ranch (s. oben), wo die Gäste in bequemen Häuschen schlafen, und zwar nur ein paar Schritte von Faultieren, Eulen und Tukanen entfernt.

★ **Bromelias del Río** CAFETERIA **$$**
(☎ 2268-9901; www.facebook.com/cafeteriayrestaurantebromeliasdelrio; Hauptgerichte 6–27 US$, Backwaren ab 2 US$; ⏲ 7–19 Uhr) Diese Kombination aus Bäckerei und Restaurant liegt ganz wunderbar an einem Gebirgsbach in einem tropischen Garten. Die Gäste können sich auf diverse Kaffeegetränke mit Alkohol (z. B. heißer Kaffee mit Baileys und Schokoladensirup) sowie üppige Sandwiches (z. B. dick mit *lomito* (Steak), Palmherz, Avocado und Soße belegt) freuen. Ein Tipp: besser ein Hauptgericht teilen, um danach noch Platz für einen Nachtisch zu haben. Das Bromelias ist nur 50 m vom Hwy 32 entfernt an der Ausfahrt Santa Elena nach San Isidro.

Casa Azul SPANISCH **$$**
(☎ 2268-6908, 8376-6493; San Josécito; Hauptgerichte 12–23 US$; ⏲ Di–Fr 17–22, Sa ab 12, So 12–16 Uhr) Dieses spanisch-costa-ricanische Fusionrestaurant befindet sich unweit des Hwy 32 in einem putzigen kleinen blauen Haus mit blauen Gardinen, Antiquitäten und Hartholzböden. Es ist eines der romantischsten Fleckchen im gesamten Valle Central. Zu den beliebten Gerichten gehören Paella, Forelle und *lomito* Medaillons (Filet), bei denen einem das Wasser im Munde zusammenläuft und die sich ganz hervorragend mit einer Flasche Cabernet kombinieren lassen.

ℹ An- & Weiterreise

Transportes Arnoldo Ocampo SA Busse nach San José fahren von der Haltestelle 100 m östlich der Hauptplaza von San Isidro de Heredias ab. Busse nach Heredia starten vor dem Mega-Super Supermarkt, 100 m östlich der katholischen Kirche.

San José unter 1 US$, 20 Min., ca. halbstündlich montags bis samstags ab 4.40 bis 21.45 Uhr, sonntags ab 5.30 bis 21.45 Uhr.

Heredia unter 1 US$, 15 Min., ca. alle 20 Minuten ab 4.50 bis 22.15 Uhr.

CARTAGO & UMGEBUNG

Dem spanischen Gouverneur Juan Vásquez de Coronado verdankt Cartago seine traumhafte Lage am Flussufer. Dieser hatte nach eigenem Bekunden „nie ein schöneres Tal gesehen". Er gründete die Stadt 1563 als Costa Ricas erste Hauptstadt, seine Nachfolger errichteten viele schöne Kolonialbauten. 1723 wurde die Stadt beim Ausbruch des Volcán Irazú zerstört – was von der einstigen Pracht stehen geblieben war, fiel den Erdbeben von 1841 und 1910 zum Opfer.

Als der Regierungssitz 1823 nach San José verlegt wurde, war dies für Cartago ein schwerer Schlag. Doch die Umgebung, insbesondere das Orosi-Tal, florierte in den Tagen des Kaffeehandels. Auch heute lebt noch ein Großteil der Region vom Anbau des Kaffees. Zwar besitzt Cartago nicht mehr das Prestige einer Hauptstadt, aber die Stadt ist noch immer ein wichtiges Wirtschaftszentrum – zudem befinden sich hier noch immer einige der bedeutendsten religiösen Bauwerke des Landes.

ℹ An- & Weiterreise

Bushaltestellen befinden sich über ganz Cartago verteilt, und die Routen verbinden die Stadt mit Turrialba, Orosi und San José. Eine Bahnverbindung besteht zwischen San Josés Estación del Pacífico und dem Bahnhof im Zentrum von Cartago.

Cartago

157 800 EW.

Cartago ist primär wirtschaftliches Zentrum und Wohnstadt, wobei die Schönheit der umgebenden Berge dabei hilft, dem modernen Leben etwas die Schärfe zu nehmen. Wie in anderen Wirtschaftszentren auch dominieren hier funktionale Betonbauten. Zwei nennenswerte Ausnahmen sind jedoch die beeindruckenden Ruinen der Santiago Apóstol Gemeinde, eine historische Stätte, an der seit 1575 diverse Kirchen standen, sowie die strahlend weiße Basílica de Nuestra Señora de Los Ángeles. Letztere sieht man von vielen Punkten der Stadt aus – aus dem Meer an eingeschossigen Bauten ragt sie wie ein schneebedeckter Berg hervor. Im Fokus steht die Stadt jedes Jahr im August, wenn Wallfahrer aus allen Teilen des Landes hierher pilgern, um in der Basilika ihre wichtigsten Gebete zu sprechen.

◉ Sehenswertes

Mercado Central MARKT
(Av 1 zwischen Calles 2 & 4; ⏲ Mo–Sa 6–17.30, So bis 12 Uhr) Dieser überdachte Markt alter Schule liegt praktischerweise direkt um die Ecke von den Bahnhöfen für Busse und Züge nach San José. Es macht Spaß, einfach durch das Labyrinth der Gänge zu schlendern, in denen frische Produkte und Lebensmittel aller Art zu finden sind.

Basílica de Nuestra Señora de Los Ángeles KIRCHE
(Calle 15 zwischen Av Central & 1) Diese Basilika ist Cartagos bedeutendste historische Stätte und birgt Costa Ricas am meisten verehrtes Heiligtum. Mit ihren schönen bunten Glasfenstern, den handbemalten Innenwänden und geschmückten Seitenkapellen verströmt die Basilika byzantinischen Charme. Sie geht zurück auf die 1630er-Jahre und beherbergt eine wichtige, unbeschädigte Reliquie: Die „schwarze Jungfrau" La Negrita ist eine kleine Darstellung der Jungfrau Maria, die an dieser Stelle am 2. August 1635 gefunden wurde. Der Legende zufolge versuchte die Frau, die die Statue entdeckt hatte, diese mitzunehmen, doch sie tauchte zweimal wieder am ursprünglichen Fundort auf. Die Bewohner der Stadt errichteten daraufhin an dieser Stelle einen Schrein für die Jungfrau; 1824 wurde sie dann zur Schutzpatronin des Landes erklärt. Die Statue steht heute auf einer mit Gold und Juwelen besetzten Plattform am Hauptaltar. Alljährlich am 2. August, dem Jahrestag ihres wundersamen Fundes, pilgern zahlreiche Gläubige aus allen Teilen des Landes (und sogar noch darüber hinaus) die 22 km lange Strecke von San José zur „schwarzen Jungfrau" in die Basilika. Viele der reuigen Sünder legen die letzten paar Hundert Meter der Pilgerreise sogar auf ihren Knien zurück.

Las Ruinas de la Parroquia RUINEN
(Iglesia del Convento; Calle Central zwischen Av Ventral & 2) Die Kirche stammte ursprünglich aus dem Jahr 1575 und war dem Apostel Jakob geweiht. 1841 wurde sie bei einem Erdbeben zerstört, danach aber wieder aufgebaut, um im Jahr 1910 bei einem erneuten Erdbeben wieder zerstört zu werden. Heute sind nur noch die Außenmauern der Kirche erhalten geblieben, aber „die Ruinen" sind ein hervorragender Ort, um spazierend die Leute zu beobachten. Einer Legende nach wandelt hier auch der Geist eines kopflosen Priesters umher.

Schlafen & Essen

Los Ángeles Lodge B&B $$
(☎2551-0957, 2591-4169; hotel.los.angeles@hotmail.com; Av 1 zwischen Calle 13 & 15; EZ/DZ inkl. Frühstück 35/50 US$; ❄📶) Dieses ordentliche B&B besitzt Balkone mit Blick auf die Plaza de la Basílica und besticht durch geräumige und bequeme Zimmer, heiße Duschen und ein Frühstück, das erst auf Bestellung frisch zubereitet wird.

La Puerta del Sol COSTA-RICANISCH $$
(☎2551-0615; Av 1 zwischen Calle 13 & 15; Hauptgerichte 6–13 US$; ⏲Mo–Sa 8.30–22, So bis 21 Uhr) Liegt im Erdgeschoss der Los Ángeles Lodge und hat als Deko alte Fotos von Cartago an den Wänden. Dieses nette Restaurant gibt es seit 1957 und es serviert eine große Palette an Tico-Spezialitäten von *ceviche* (in Zitrone marinierte Meeresfrüchte) bis hin zu *casados*; dazu gibt es Frühstück (Reis, Bohnen und Eier), Hühnchensalat, Pasta, Burger und Sandwiches.

Praktische Informationen

Banco de Costa Rica (Av Central zwischen Calles 5 & 7) und **Banco Popular** (Av 2; ⏲Mo–Fr 8.45–16.30, Sa 8.15–11.30 Uhr) haben Geldautomaten.

Hospital Max Peralta (☎2550-1999; www.ccss.sa.cr/hospitales; Av 6 zwischen Calles 2 & 4) Notfall- und andere medizinische Versorgung.

An- & Weiterreise

BUS

Bushaltestellen finden sich in der ganzen Stadt verteilt. Zu den Zielen gehören:

Orosi (Autotransportes Mata Irola) ca. 1 US$, 45 Min., alle 15 bis 30 Minuten ab 5.15 bis 22.25 Uhr; fährt von Calle 3 zwischen Av 2 und 4 ab.

San José (Lumaca) ca. 1,50 US$, 50 Min., alle 15 Minuten ab 4.35 bis 23 Uhr; fährt vom Busbahnhof an Calle 6 zwischen Av 3 und 7 ab.

Turrialba (Transtusa) 1,60 US$, 1 Std. 20 Min., an Werktagen alle 20 bis 60 Minuten ab 6.15 bis 23 Uhr (am Wochenende weniger häufig); fährt von Av 4 zwischen Calle 5 und 7 ab.

ZUG

Die Züge pendeln zwischen San Josés Estación del Pacífico und dem **Bahnhof** (Av 3 zwischen Calle 4 & 6) im Zentrum von Cartago. Die einstündige Fahrt kostet ca. 1 US$. Die Züge fahren montags bis freitags von 5.25 bis 19.05 Uhr alle halbe bis ganze Stunde (morgens und nachmittags zu den Pendlerzeiten fahren die meisten). Samstags fahren Züge nach San José jede Stunde bis 13.30 Uhr. Auf www.incofer.go.cr steht der aktuelle Fahrplan.

Parque Nacional Volcán Irazú

Am Horizont 19 km nordöstlich von Cartago baut sich drohend der 3432 m hohe Irazú auf, dessen Name sich vom einheimischen

Wort *ara-tzu* (Donnerpunkt) ableitet. Er ist der größte und höchste aktive Vulkan Costa Ricas und einer der wenigen, um den man derzeit herumwandern kann. 1723 musste der spanische Gouverneur der Region, Diego de la Haya Fernández, zusehen, wie der Vulkan sein Cartago zerstörte (einer der Krater ist nach ihm benannt). Seit dem 18. Jh. sind insgesamt 15 größere Eruptionen registriert worden. Bei Redaktionsschluss für dieses Buch verhielt er sich ruhig.

Der Gipfel präsentiert sich beim Besuch als eine unwirtliche, aber spektakuläre Landschaft mit mehreren Vulkankratern. Der Hauptkrater ist 1050 m breit und 300 m tief; der benachbarte Krater misst im Durchmesser 690 m und hat eine Tiefe von 80 m. Der flachste, die Playa Hermosa, wird inzwischen von einigen Pionierpflanzen erobert, die das öde Gelände begrünen. Es gibt auch einen Kegel aus Auswurfmaterial des Vulkans, bestehend aus Felsen, die durch die Vulkanaktivitäten zertrümmert wurden.

Geführte Touren

Mehrere Reiseveranstalter in San José bieten für 50–70 US$ Halbtagestouren zum Irazú an, für 100 US$ auch Ganztagestouren inkl. Mittagessen und einem Besuch des Jardín Botánico Lankester (S. 133) oder des Orosi-Tals. Auch von den Hotels in Orosi (30–45 US$) aus können geführte Touren organisiert werden. Neben einem Mittagessen stehen dann zusätzlich ein Besuch der Basilika in Cartago oder von Sehenswürdigkeiten im Orosi-Tal auf dem Programm.

Essen

Restaurant 1910 COSTA-RICANISCH **$$**
(2536-6063; Hauptgerichte 10–26 US$; Mo–Fr 11.30–21, Sa 11.30–22, So 11.30–18.30 Uhr; P) An der Straße zum Irazú (Rte 219), rund 300 m nördlich der Jesus-Statue an der Abfahrt nach Guayabo, verfügt dieses gemütliche Restaurant über eine verglaste Terrasse. Es ist zwar überteuert, aber schon die Sammlung der alten Fotos vom Erdbeben 1910 lohnt einen Zwischenstopp. Damals versank das koloniale Cartago in Schutt und Asche. Auf der Speisekarte sind viele Tico-Spezialitäten zu finden und sonntags gibt es ein umfangreiches Büfett (Erw./Kind 20/11 US$).

Praktische Informationen

An der **Ranger Station** (2299-5800; Park 15 US$, Parken 2 US$; 8–15.30 Uhr) direkt am Parkeingang, 1,5 km unterhalb des Gipfels, bezahlen die Besucher ihre Eintritts- und Parkgebühren.

An- & Weiterreise

Ein täglicher Bus nach Irazú (ca. 10 US$) fährt von San José um 8 Uhr ab und erreicht den Gipfel um 10 Uhr. Von Irazú fährt der Bus um 12.30 Uhr ab, und braucht gut zwei Stunden für die Rückfahrt nach San José, mit einem Umstieg in Cartago.

Die Taxifahrt von Cartago zum Gipfel und zurück kostet ca. 50 US$; man kann mit den Fahrern eine Stunde Aufenthalt am Gipfel aushandeln.

Wer als Gruppe unterwegs ist, mietet am besten ein Auto und kann dann früh zum Park fahren, bevor die Wolken aufziehen und die Massen anrücken. Von Cartago aus führt der Hwy 8, der an der nordöstlichen Ecke der Plaza beginnt, nach 31 km bis zum Gipfel. Die Strecke ist gut ausgeschildert.

Valle de Orosi

Das reizvolle Flusstal ist berühmt für seine Berglandschaft, den Stausee, den Nationalpark sowie die Unmengen an Kaffeesträuchern, die hier wachsen. Eine asphaltierte Rundstraße führt durch eine Hügellandschaft, an deren Hängen Kaffeesträucher gedeihen, und durch Täler mit malerischen Ortschaften vor der Kulisse der Vulkane Irazú und Turrialba. Am schönsten ist das Tal mit einem Mietwagen oder einem guten Fahrrad zu erkunden, doch ein Großteil des Tals kann auch mit öffentlichen Bussen befahren werden.

Die Talstraße beginnt in Paraíso, führt dann Richtung Süden nach Orosí und wieder zurück nach Nordosten und Westen rund um den Stausee Lago de Cachí, vorbei an der historischen Kirche in Ujarrás auf dem Weg nach Paraíso. Alternativ biegt man in Orosi nach Süden in den Parque Nacional Tapantí-Macizo Cerro de la Muerte ab; der Nationalpark am Ende der Straße wartet mit einer großartigen Fluss- und Berglandschaft auf.

An- & Weiterreise

Autotransportes Mata Irola (2533-1916) betreibt Busse (ca. 1 US$) alle 30 Minuten nach Paraíso (20 Min.), und zwar werktags ab 4.15 bis 20 Uhr bzw. samstags und sonntags ab 5.30 bis 21 Uhr sowie nach Cartago (45 Min.) werktags ab 4.30 bis 20 Uhr, samstags ab 5.30 bis 21 Uhr und sonntags ab 8.30 bis 22 Uhr. In

Cartago kann man in Busse nach San José umsteigen. Die wichtigsten Bushaltestellen liegen an Orosis Hauptstraße, neben der Plaza.

Paraíso & Umgebung

Auch wenn das Dorf Paraíso seinem Namen nicht vollständig gerecht wird, führt es doch zum wundervollen Valle de Orosi. Zu den Attraktionen der Region gehören der himmlisch ruhige Lankester-Garten und der spektakuläre Mirador Orosi.

Sehenswertes

Mirador Orosi AUSSICHTSPUNKT

(6–16.30 Uhr) GRATIS Wer von Paraíso aus gen Süden fährt, stößt auf den Mirador Orosi, eine große grüne Fläche mit spektakulärem Panoramablick – und dazu noch Toiletten, Grillplätze, Blumenbeete und ein gesicherter Parkplatz. Kamera und Essen für ein Picknick nicht vergessen.

Lankester Gardens BOTANISCHER GARTEN

(2511-7939, 2511-749; www.jbl.ucr.ac.cr; Erw./Student 10/7,50 US$; 8.30–16.30 Uhr) Die Universität von Costa Rica betreibt die außergewöhnlichen Lankester Gardens, die 1917 vom britischen Orchideenfan Charles Lankester als Privatgarten angelegt und dann 1973 in die Hände der Universität übergeben wurden. Orchideen sind hier die große Attraktion. Es gibt mehr als 1000 Arten, und im April blühen sie am schönsten. Der rollstuhlgerechte Garten ist 5 km westlich von Paraíso an der Straße nach Cartago zu finden. Einfach nach einem blauen Schild mit einer Orchidee Ausschau halten. Außerdem gibt es einen japanischen Garten sowie Bereiche voller Bromelien, Helikonien und anderen tropischen Pflanzen. Es gibt Führungen in Englisch und Spanisch; Voranmeldung erforderlich.

Aktivitäten

Finca La Flor de Paraíso FREIWILLIGENDIENST

(2534-8003; www.la-flor.jimdo.com; pro Tag 28 US$) Wer in die ländliche Kultur des Valle Centrale eintauchen möchte, kann in der Finca La Flor de Paraíso außerhalb von Cartago wohnen. Dieser gemeinnützige Bio-Bauernhof wird von der Association for the Development of Environmental and Human Consciousness (Asodecah) betrieben und hat ein Programm für Freiwilligendienste, bei dem man sich in Projekten zu Landwirtschaft, Aufforstung, Tierzucht und Anbau von Heilkräutern engagieren kann.

SPANISCH-SPRACHSCHULEN IM VALLE CENTRAL

Die Sprachschulen bieten meistens Pakete an, die Privatunterkünfte, Mahlzeiten und täglichen Sprachunterricht umfassen.

- Adventure Education Center (S. 141)
- Centro Panamericano de Idiomas (S. 124)
- Intensa (S. 111)
- Intercultura (S. 124)
- Spanish by the River (S. 141)

Dieses Freiwilligenprogramm kostet mit Kost und Logis (in einfachen *cabinas* aus Holz und Schlafsälen) 25 US$ pro Tag. Ferienreisende können Führungen buchen (pro Person 5 US$, plus Snack/Mittagessen 1,50/2,50 US$) oder auch Übernachtungen (pro Person mit Vollpension 50 US$). Es gibt gesonderte Preise für Familien; Reservierung erforderlich.

Geführte Touren

Finca Cristina FÜHRUNGEN

(2574-6426, in US 203-549-1945; www.cafecristina.com; geführte Touren pro Person 15 US$; nach Voranmeldung) Finca Cristina ist eine Bio-Kaffeeplantage und liegt 2 km östlich von Paraíso an der Straße nach Turrialba am Ende einer kurzen Schotterpiste. Linda und Ernie sind seit 1977 Farmer in Costa Rica, und eine zweistündige Führung durch ihre Mikro-Produktionsanlage bietet eine tolle Einführung in den biologischen Anbau von Kaffee und seiner Röstung. Am Ende gibt es eine Tasse ihres köstlichen Kaffees.

An- & Weiterreise

Busse von Autotransportes Mata Irola (S. 132) pendeln alle 30 Minuten zwischen Orosi und Paraíso hin und her (ca. 1 US$ proStrecke). Die Fahrt dauert ca. 20 Minuten und der Bus hält häufig. Busse fahren von Paraíso werktags ab 5.40 bis 22.50 Uhr sowie samstags und sonntags ab 5.55 Uhr.

Orosi

9850 EW.

Orosi wurde nach einem zum Zeitpunkt der spanischen Eroberung hier lebenden Häuptling der Huetar benannt. Dank seines für

Europäer perfekten Klimas, des fruchtbaren Bodens und des Wasserreichtums – er reicht von warmen Quellen bis hin zu heftigen Wasserfällen – zog der Ort im 18. Jh. viele spanische Kolonisten an. Diese übernahmen, wie es damals so üblich war, kurzerhand den ganzen Ort. Die Gegend ist heute noch überaus malerisch und Orosi eignet sich sehr gut als Standort, um die kleinstädtische Atmosphäre und die herrliche landschaftliche Kulisse zu erkunden und zu genießen.

Sehenswertes

Iglesia de San José Orosi KIRCHE

Orosi ist eine der wenigen Städte aus Costa Ricas Kolonialzeit, die die zahlreichen Erdbeben unbeschadet überstanden haben. Auch die fotogene Dorfkirche aus der Mitte des 18. Jhs. ist dankenswerterweise verschont geblieben. Sie ist die älteste Kirche Costa Ricas, in der noch heute Gottesdienste gefeiert werden. Das Kirchendach besteht aus einer Kombination aus geflochtenem Zuckerrohr und Kacheln. Der geschnitzte Holzaltar ist mit religiösen Bildern mexikanischen Ursprungs geschmückt.

Museo de San José Orosi MUSEUM

(☎ 2533-3051; Erw./Kind 1/0,50 US$; ⏰ Di–Sa 13–17, So 9–17 Uhr) Neben der Kirche von Orosi präsentiert diese kleine Sammlung interessante Beispiele der spanisch-kolonialen religiösen Kunst und weitere Artefakte, manche von ihnen stammen aus dem 17. Jh.

Aktivitäten

Aventuras Orosi RAFTING

(☎ 2533-4000; www.facebook.com/aventurasorosicr; Rafting pro Person ab 75 US$; ⏰ 9–16 Uhr) Der charmante Betreiber Luis hat zuvor viele Jahre als Führer für die altehrwürdigen Ríos Tropicales Raftinganbieter gearbeitet. Diese kleine Truppe organisiert Baumwipfeltouren und Raftingausflüge sowie individuelle Touren. Das Büro befindet sich an der Hauptstraße, südlich des Parks.

Monte Sky WANDERN

(☎ 2228-0010; www.facebook.com/MonteSkyME; Tageskarte 8 US$, Übernachtung ab 35 US$) Dieses private, 536 ha große Schutzgebiet liegt rund 5 km südlich von Orosi, hoch in den Bergen abseits der Straße nach Tapantí. Hier lassen sich erstaunliche 290 Vogelarten erspähen, und Trails führen zu Wasserfällen und atemberaubenden Ausblicken. Eine Tageskarte berechtigt zur Benutzung aller Annehmlichkeiten der Blockhütte, u. a. Küche und Grillplatz. Vorher wegen einer Wegbeschreibung anrufen. Für die 3,5 km lange, unbefestigte Straße zur Hütte ist ein Allradfahrzeug empfehlenswert. Das Team von Monte Sky oder OTIAC (S. 135) in Orosi kann dabei helfen, ein Allradfahrzeug zu besorgen. Die Übernachtung erfolgt in einem der vier Zimmer (bis zu 16 Betten). Große Gruppen können Mahlzeiten vorbestellen und erhalten Gruppenrabatt.

Kurse

Montaña Linda betreibt eine der erschwinglichsten Sprachschulen für Spanisch des Landes. Auf der Webseite stehen die aktuellen Preise und Zeitpläne. Liegt 300 m südlich der Plaza von Orosi.

Schlafen

Montaña Linda HOSTEL $

(☎ 2533-3640; www.montanalinda.com; B 9 US$, Gästehaus EZ/DZ/3BZ/4BZ 30/30/35/40 US$, EZ/DZ/3BZ/4BZ ohne Bad 15/22/33/40 US$; P @ ⌔) Ein kurzes Stück zu Fuß südwestlich der Bushaltestelle verfügt die einladende und coole Budgetunterkunft über drei saubere Schlafsäle sowie acht private Zimmer und eine schöne Terrasse mit Blumen, Hängematten und einem mit Holz beheizten Warmwasser-Badebottich. Alle teilen sich eine Gästeküche sowie sechs Badezimmer mit heißen Duschen. Die Eigentümer haben ein sehr umfassendes Infopaket zusammengestellt mit den örtlichen Sehenswürdigkeiten und Thermalquellen sowie Wasserfällen und vielem mehr.

Orosi Lodge GASTHOF $$

(☎ 2533-3578; www.orosilodge.com; DZ/3BZ 63/73 US$, Chalet DZ 100 US$, zusätzl. Person 15 US$; P ⌔) Dieser ruhige Zufluchtsort mit seinen freundlichen Betreibern bietet helle Zimmer mit Holzbalken, gefliesten Böden, Minibar, Kaffeemaschine und kostenlosem Bio-Kaffee. Die meisten Zimmer blicken auf den wunderschönen begrünten Innenhof mit Springbrunnen, und ein Zimmer ist rollstuhlgerecht. Das leckere Frühstück, ob nun kontinental-europäisch oder eher rustikal, kostet 8 US$ und wird im bunt dekorierten Café serviert, dessen Balkon einen schönen Ausblick bietet.

Rancho Río Perlas FERIENANLAGE $$$

(☎ 2533-3341; www.rio-perlas.com; Zi. für 1/2/3 Personen mit Frühstück 90/140/210 US$; P ⌔ ≋) Forellenteiche, Thermalwasser und 2 km lange Wanderwege machen dieses malerisch gelegene Berg-Resort zu einer Topadresse für stadtflüchtige Einheimische wie Touristen gleichermaßen. Die besseren Zimmer verfügen über künstliche Kamine und Jacuzzi-Becken. Es gibt auch ein Konferenzzentrum sowie eine Kapelle, sodass hier auch Hochzeiten und andere Veranstaltungen stattfinden.

Essen & Ausgehen

Batidos La Uchuva SAFTBAR $

(☎8603-8373; batidos 2–4 US$; ⊙Di–Sa 9–17, So bis 15 Uhr) An diesem einfachen Stand 100 m südlich der Banco Nacional zaubert der Besitzer André leckere *batidos* (Obstshakes) aus Milch, Wasser oder Joghurt. Kunden wählen aus der langen Liste seiner kreativen Kombinationen oder erfinden eine eigene.

Panadería Suiza BÄCKEREI $

(☎8706-6777; www.costarica-moto.com/caf-y-panaderia-suiza; Gebäck/Kuchen ab 1 US$, Frühstück 6–7 US$; ⊙Di–Sa 6–17, So bis 12 Uhr) Die sehr geschäftige Einwanderin Franzisca schmeißt den Backofen schon im Morgengrauen an, dann serviert sie in ihrer Bäckerei an der Hauptstraße (100 m südlich der Banco Nacional) gesundes Frühstück und Snacks. Aus dem Backofen kommen süßes und salziges Gebäck sowie Vollwertbrot. Für Outdoor-Freunde stellt sie auch Lunch-Pakete zusammen. Zudem vermietet Franzisca zwei reizende Hütten (40–70 US$), Motorräder (55–85 US$ pro Tag) sowie Roller (50 US$ pro Tag).

Cafetería 1743 CAFE $

(☎2201-6665; Snacks ab 2 US$; ⊙Di–So 11–20 Uhr) Dieses einfache Café mit weißen Wänden, schwarzen Stühlen und Kreidetafeln, auf denen die Tagesgerichte stehen, gibt es noch nicht so lange. Es ist an der südwestlichen Ecke der Plaza; im Angebot sind Shakes mit Sahnehaube, Smoothies, Sandwiches, Kuchen und jede Menge Kaffee. Also sich einen Stuhl auf der Veranda schnappen und dem dörflichen Leben zusehen.

Rancho Orosi COSTA-RICANISCH $

(☎2533-1061; www.facebook.com/RestauranteRanchoOrosi; Hauptgerichte 6–13 US$; ⊙11–20 Uhr) Auf der Straße, die nach Süden aus der Stadt führt, liegt nach ein paar hundert Metern dieses einfache Open-Air-Restaurant mit seinen Laternen und dunklen Holzbänken. Die Karte (auf Englisch und Spanisch) umfasst einfache und frische Hausmannskost rund um Reis und Fleisch, *Fajitas*, Spaghetti oder Forelle.

THERMALQUELLEN

Die Lage in einer Vulkanregion bedeutet, dass Orosi in den Genuss von Thermalquellen kommt. Zwar sind sie nicht annähernd so groß wie die dampfend heißen Quellen bei Fortuna, aber Orosi bietet immerhin zwei Komplexe mit warmen Pools. **Balneario de Águas Termales Orosi** (☎2533-2156; www.balnearioaguastermalesorosi.com; 6 US$; ⊙Mi–Mo 7.30–16 Uhr) liegt etwas zentraler und verfügt über vier Pools unterschiedlicher Größe, dazu Rasenflächen und eine schattige Terrasse mit Bar und Restaurant. **Los Patios** (☎2533-3009; 6 US$; ⊙Di–So 8–16 Uhr) ist ein größerer Komplex 1,5 km südlich der Stadt. Hier gibt es auch ein Becken mit 43 °C warmem Wasser für therapeutische Zwecke (nur für Erwachsene).

Pizzeria a la leña il Giardino PIZZA $$

(☎2533-2022; Pizzen ab 10 US$; ⊙Do–Di 12–21 Uhr) Diese hübsche Pizzeria im Landhausstil hat einen richtigen Pizzaofen aus Stein, in dem der Pizzabäcker leckere Pizza mit dünner Kruste zaubert – die Pizza mit Mozzarella, Tomate und Basilikum ist besonders zu empfehlen. Die Deko besteht aus Hartholzverkleidung und landwirtschaftlichen Gerätschaften. Der schöne Garten vorne bietet sich dafür an, ein paar der vielen Biere von Mikrobrauereien zu probieren.

Restaurante Coto COSTA-RICANISCH $$

(☎2533-3032; Hauptgerichte 5–17,50 US$; ⊙8.30–21 Uhr) Schon seit 1952 serviert das familiengeführte Lokal auf der Nordseite des Fußballfelds herzhaftes *típico*, insbesondere den im Ganzen gebratenen Fisch. Gegessen wird dann entweder drinnen unter einer Holzbalkendecke oder draußen. Von dort aus kann man auch den Blick in die Berge genießen oder das Stadtleben beobachten.

Praktische Informationen

OTIAC (Orosi Tourist Information; ☎2533-3640; ⊙Mo–Fr 9–16, So 11–17 Uhr; 📶) wird vom mehrsprachigen Team Toine und Sara betrieben, die schon lange hier wohnen. Diese ausgesprochen hilfreiche Organisation fungiert als Informationszentrum, Café, Kulturzentrum und Büchertauschbörse. Das Personal hilft, Touren zu organisieren und kann Auskunft über

1

OGPHOTO/GETTY IMAGES ©

2

4

RCDIGITALPHOTOGRAPHY/GETTY IMAGES ©

1. La Paz Waterfalls Gardens (S. 116)
Pfade führen Besucher zu fünf reizvollen Wasserfällen; unterwegs sind Vögel und viele andere Tiere zu sehen.

2. Parque Nacional Volcán Poás (S. 116)
Nach Eruptionen im Jahr 2017 steigt wieder Rauch und Dampf aus dem Volcán Poás; man betrachtet ihn am besten aus einiger Entfernung.

3. Mittelamerikanisches Berghörnchen
In der herrlichen Landschaft des Parque Nacional Volcán Poás ist eine Vielzahl von Tieren heimisch.

4. Ujarrás (S. 139)
Die Iglesia de Nuestra Señora de la Limpia Concepción, heute nur noch eine Ruine, wurde im Jahr 1693 erbaut.

KARIN WASSMER/SHUTTERSTOCK ©

Freiwilligenjobs und Unterrichtsmöglichkeiten geben. Liegt 200 m südlich des Parks, einen Block westlich der Hauptstraße.

Weitere Informationen zur Gegend gibt es auf der Webseite des Dorfs: www.orosivalley.com.

An- & Weiterreise

Die Fahrt nach Orosi ist sehr hübsch, da die Route 224 von Paraiso sich das Tal hinunterschlängelt und wunderbare Ausblicke auf die Berge bietet.

Busse von Autotransportes Mata Irola verkehren zwischen Orosi und Paraíso (ca. 1 US$, 20 Min., werktags alle halbe Stunde ab 4.15 bis 20 Uhr sowie samstags und sonntags ab 5.30 bis 21 Uhr).

Die Busse nach Cartago (45 Min.) fahren werktags ab 4.30 bis 20 Uhr, samstags ab 5.30 bis 21 Uhr und sonntags ab 8.30 bis 22 Uhr. In Cartago Umstieg in Busse nach San José möglich.

Die Hauptbushaltestelle liegt an der Hauptstraße von Orosi, neben der Plaza.

Parque Nacional Tapantí-Macizo Cerro de la Muerte

Der 580 km² große **Nationalpark** (☎2206-5615; Erw./Kind 6–12 Jahre 10/5 US$; ⏲8–16 Uhr; 👪) schützt die grünen Nordhänge der Cordillera de Talamanca und ist der feuchteste Ort Costa Ricas. Der auch nur Tapantí genannte Nationalpark birgt eine wilde, moosbewachsene Landschaft, die buchstäblich von Hunderten von Flüssen gespeist wird. Es gibt zahlreiche Wasserfälle, die Vegetation ist dicht und das Tierleben artenreich. Aufgrund des zerklüfteten Terrains sind die Tiere jedoch nicht immer leicht zu entdecken. Im Jahr 2000 wurde auch der berüchtigte Cerro de la Muerte – der „Berg des Todes" – in den Nationalpark integriert. Dieser steile Gipfel ist der höchste Punkt auf der Interamericana und das am weitesten nördlich gelegene Páramo-Ökosystem, ein durch Hochlandbüsche und Tussockgräser geprägter Lebensraum, der typisch für die südamerikanischen Anden ist. Hier haben auch seltene Vogelarten eine Heimat gefunden.

Aktivitäten

Wandern und Tierbeobachtung sind hier die Hauptaktivitäten. Regenbekleidung ist das ganze Jahr über zu empfehlen.

Tierbeobachtung

Im Park sind bereits über 300 Vogelarten gesichtet worden, darunter Kolibris, Papageien, Tukane, Trogone und Adler. Zur Vogelbeobachtung ist der Ort Weltklasse, da sich Hunderte von Spezies in diesem kleinen Areal erspähen lassen. Zwar sind sie aufgrund der dichten Vegetation selten zu sehen, aber Affen, Nasenbären, Pakas, Tayras und sogar Pumas und Ozelots leben hier auch.

Wandern

Eine unbefestigte Straße, die aber gut in Schuss ist, führt vom Informationszentrum aus in den Park und endet an einem *mirador* (Aussichtsplattform), der einen Panoramaausblick über das Tal bietet. Drei ausgeschilderte Trails zweigen von dieser Straße aus ab: der 1,2 km lange **Sendero Oropéndola**, der hinab zu einer Picknickstelle führt und dann ein paar hundert Meter dem Ufer des Río Grande de Orosi folgt, bevor es in einer Schleife wieder hinauf geht; der 1,5 km lange **Sendero La Pava** nach La Catarata, der von dem gemeinsamen Ausgangspunkt zu sandigen Abschnitten des Flussufers führt und einen ausgezeichneten Blick auf einen dramatischen Wasserfall auf der anderen Talseite ermöglicht; und dann gibt es noch den 3 km langen **Sendero Natural Árboles Caídos**, der von der Hauptstraße aus zunächst steil ansteigt, um anschließend weiter westlich wieder zur Straße hinunterzuführen. An dieser Strecke gibt es keinerlei Versorgungsmöglichkeiten und Wanderstiefel und Wasser sind absolut erforderlich. Im Tapantí ist es nicht erlaubt, abseits der Wege zu wandern.

Angeln

Angeln ist in der Nebensaison gestattet (April bis Oktober; hierfür ist ein Angelschein erforderlich; in der Touristeninformation gibt es mehr Infosdazu), aber die „trockene" Saison (Januar bis April) wird generell als die beste Zeit für einen Aufenthalt hier angesehen.

Schlafen & Essen

Kiri Mountain Lodge LODGE $
(☎8394-6286; www.kirilodge.net; EZ/DZ mit Frühstück ab 35/45 US$; P 📶) Rund 2 km vor dem Parkeingang und umgeben von etwa 50 ha bemooster Landschaft steht die Kiri Mountain Lodge. Sie bietet ihren Gästen sechs rustikale *cabinas* mit (zuweilen) WLAN und Warmwasser (aber ohne Ventilatoren) sowie ein eigenes Restaurant, das sich auf die Zubereitung von Forellen spezialisiert hat. Die von hier ausgehenden Wandertrails schlängeln sich in die benachbarte Reserva Forestal Río Macho.

Kiri Mountain Lodge Restaurant COSTA-RICANISCH $$
(☎8394-6286; *casados* 8–12 US$; ⌚7–20 Uhr) Dieses charmante Restaurant hat sich auf Forellen spezialisiert. Gäste können sich ihr Essen aus mehreren gut gefüllten Teichen angeln und nach Wunsch zubereiten lassen. Vorher telefonisch sicherstellen, dass es offen hat, da die Öffnungszeiten variieren.

Praktische Informationen

Wenn Besucher am Parkeingang, der gleichzeitig als **Besucherinformation** (☎2206-5615; Parkeintritt Erw./6–12 Jahre 10/5 US$; ⌚8–16 Uhr) fungiert, ihren Eintritt entrichten, erhalten sie eine einfache Karte der Wanderwege.

An- & Weiterreise

Mit dem eigenen Auto kann man die 11 km von Orosi bis zum Parkeingang fahren; etwa auf halber Strecke, bei der Stadt Purisil, wird die Straße eine holprige Schotterpiste (Allradfahrzeug empfehlenswert, aber nicht absolut nötig).

In Orosi ein Rad zu mieten, ist eine weitere gute Option; die Fahrt zum Park dauert etwa eine Stunde. Busse (ca. 1 US$, 30 Minuten) schaffen es nur bis Purisil, 5 km vom Parkeingang entfernt. Sie fahren in Orosi um 7.15, 11.45, 13.45 und 16.45 Uhr ab und kehren um 8, 12, 15 und 17 Uhr zurück. Taxis verlangen von Orosi bis zum Park für eine Strecke ca. 20 bis 30 US$.

Von Orosi nach Paraíso

Von Orosi aus führt ein landschaftlich schöner Rundweg um den künstlichen Lago de Cachí. Der See entstand nach dem Bau der Represa de Cachí (Cachí Staudamm), die San José und den Großteil des Valle Central mit Strom versorgt. Rund 3 km hinter dem Damm, am Fuß eines langen, steilen Hügels, liegen das verwaiste Dorf Ujarrás und die Ruine seiner Kirche aus dem 17. Jh.

Sehenswertes

Casa del Soñador GALERIE
(Haus der Träumers; ☎2577-1186, 8955-7799; Schnitzereien ab 10 US$; ⌚9–17 Uhr) GRATIS Diese Werkstatt für Holzschnitzereien wird von Hermes und Miguel Quesada, Söhne des berühmten Tico Holzschnitzers Macedonio Quesada, betrieben. Die Brüder halten die Tradition der *campesinos* (Kleinbauern) aufrecht, aus knorrigen Ästen der Kaffeebäume kunstvolle religiöse Figuren und schrullige Charaktere zu schnitzen. In ihrer Werkstatt sind Schnitzereien aller Art zu sehen und zum Teil zu kaufen – von mystischen Gesichtern und Masken bis hin zu abstrakten Holzskulpturen in allen möglichen Größen. Die Werkstatt liegt an der Hauptstraße, 1,5 km südlich des Staudamms.

Ruinen von Ujarrás RUINE
(☎2299-5918; ⌚8–16.30 Uhr) GRATIS Das Dorf Ujarrás wurde 1833 durch Flutwasser beschädigt und dann aufgegeben. Übrig gebliebEN sind nur noch die zerfallenden Mauern der **Iglesia de Nuestra Señora de la Limpia Concepción**, einer Kirche aus Stein von 1693, in der einst ein wundersames Gemälde der Jungfrau Maria hing. Der Legende nach widersetzte sich die Reliquie jedem Versuch, sie von hier fortzubringen, und so mussten die Geistlichen um das Gemälde herum eine Kirche erbauen. Aber nach Hochwassern und Erdbeben willigte das Gemälde ein, nach Paraíso gebracht zu werden. Zurück blieb die Kirchenruine, umgeben von einem weitläufigen Park.

Einmal im Jahr, zumeist an dem Sonntag, der dem 14. April am nächsten ist, findet eine Prozession von Paraíso zur Ruine statt, an der 3000 bis 4000 Personen teilnehmen. Dort wird mit Gottesdienst, Essen und Musik der Tag von La Virgen de Ujarrás begangen. Die Rasenflächen rund um die Kirche sind am Sonntagnachmittag ein sehr beliebter Ort zum Picknicken, aber wer unter der Woche hingeht, ist wahrscheinlich ganz alleine da. Im Park gibt es Toiletten.

Um zum Dorf zu gelangen, von der Hauptstraße am Schild „Ujarrás“ links abbiegen und 1 km gemächlich bergab fahren. Auf dem Weg liegt dann auch das gut ausgeschilderte Restaurant La Pipiola.

Aktivitäten

Escalada Cachí KLETTERN
(☎8867-8259; www.escaladacachi.com; Klettern ab 30 US$; ⌚Sa & So 8–16 Uhr, mit Voranmeldung Mo–Fr (mind. 4 Pers.) Escalada Cachí ist ein netter Ort zum Klettern mit 39 Routen unterschiedlicher Schwierigkeitsgrade. Die Gebühr von 30 US$ schließt den Verleih der Ausrüstung ein, außerdem so viel Klettern, wie man mag, und nachher zum Entspannen ein Bad im Pool, der mit Flusswasser gespeist wird. Vorab reservieren und sein eigenes Essen mitbringen.

Die Kletterwand liegt an einer schwierigen Schotterpiste, die von der Route 225 abzweigt, die nördlich aus der Stadt San Jerónimo herausführt, und ist nicht ganz einfach zu finden. Also besser vorab anrufen, um eine Wegbeschreibung zu erhalten oder sich abholen zu lassen. (Ein Hinweis: für die Anfahrt sind ein Allradfahrzeug und entsprechendes Fahrkönnen erforderlich.) Ansonsten das Auto am Abzweig zur unbefestigten Straße parken und die 2,2 km zu Fuß zurücklegen (aber nichts im Auto zurücklassen). Unbedingt vorher telefonisch eine genaue Wegbeschreibung geben lassen, sonst verirrt man sich.

Schlafen & Essen

In dieser Region gibt es zwei ruhige Bergrefugien. Allerdings ist ein fahrbarer Untersatz erforderlich, um dorthin zu gelangen.

Cabañas de Montaña Piedras Albas BLOCKHÜTTEN $$
(☎8697-3218, 8883-6449; DZ Blockhütte ab 60 US$; P 📶 ❄) Diese umfassend ausgestatteten *cabinas* aus hellem Holz in den Hügeln hinter Cachí sind eine wunderbare Wahl für alle, die mal richtig abschalten möchten. Küche, Kabel-TV und private Terrasse mit Ausblick sind inbegriffen, und es gibt Wanderwege. Ohne eigenes Fahrzeug kommt man nicht hierher; der Abzweig von der Hauptstraße befindet sich gegenüber der Casona del Cafetal.

★ **Hotel Quelitales** BUNGALOWS $$$
(☎2577-2222; www.hotelquelitales.com; Juniorsuite ab 86 US$, Suite mit Frühstück ab 130 US$; P 📶) Diese kleine Gruppe modern-schicker Bungalows liegt in idyllischer Lage und bietet geräumige Zimmer mit Holzböden, superbequeme Matratzen, solarbeheizte Regenduschen (drinnen und draußen), private Terrassen (manche mit Blick auf den Wasserfall) und große Wandgemälde, die die Namensgeber der Blockhütten abbilden– also Kolibris, Marienkäfer, Tukane etc. Das eigene Restaurant serviert leckere Forellen und andere Tico Spezialtäten.

Zur Zeit der Recherchen für dieses Buch hatte der Betreiber vor, am Wasserfall Yoga- und Meditationssitzungen anzubieten. In jedem Fall kommen Vogelenthusiasten hier auf ihre Kosten – über 300 Spezies sind in dieser Gegend zu finden.

La Casona del Cafetal COSTA-RICANISCH $$
(☎2577-1414; www.lacasonadelcafetal.com; Hauptgerichte 8–29 US$; ⏱11.30–17, So bis 16 Uhr; 👪) In diesem charmanten Restaurant dreht sich alles um die wunderschöne Lage mitten in einer Kaffeeplantage, mit beruhigendem Ausblick auf den Lago de Cachí. Zu den Spezialitäten gehören frische Flussforelle und Nachtischkreationen rund um Kaffee sowie Crêpes und Obstkuchen. Das Sonntagsbüfett ist bei einheimischen Familien besonders beliebt. Außerdem gibt es einen kleinen Spielplatz sowie kurze Spazierwege rund um die Lagune.

Das Restaurant liegt unweit der Stadt Cachí, in Richtung Südosten auf der linken Seite, etwa 2 km hinter dem Staudamm.

An- & Weiterreise

Erkunden lässt sich diese Gegend am besten auf Rädern, also mit Auto, Fahrrad, Mofa oder Motorrad – und eine Erkundung lohnt sich absolut, da die Landschaft wunderschön ist. Hinter Ujarrás verläuft die Straße noch ein paar Kilometer nach Westen weiter, bis sie in Paraíso auf die Hauptstraße trifft.

TURRIALBA & UMGEBUNG

In der Nähe der Stadt Turrialba hat der Río Reventazón in 650 m Höhe einen Pass durch die Cordillera Central geschnitten. Diese geologische Pforte ermöglichte es in den 1880er-Jahren, im „Dschungelzug" zwischen San José und Puerto Limón durch die Berge zu fahren, und brachte dem Bergdorf Turrialba Wohlstand durch den Kaffeehandel. Später nutzte die erste Fernstraße zwischen der Landeshauptstadt und der Küste ebenfalls diesen geologischen Einschnitt. Turrialba florierte.

Die Lage änderte sich zu Beginn der 1990er-Jahre grundlegend, als die deutlich geradere Schnellstraße 32 durch Guápiles fertiggestellt wurde und die Eisenbahnverbindung nach einem Erdbeben stillgelegt werden musste. Plötzlich war Turrialba abgeschnitten von allen traditionellen Handelsrouten. Doch noch immer ist diese Region ein bedeutendes Agrarzentrum und genießt aufgrund des ziemlich starken Kaffees, der Käsesorten und der besten Flüsse für erfahrene Rafter in ganz Zentralamerika einen ausgezeichneten Ruf. Im Norden locken zwei lohnende Sehenswürdigkeiten die Besucher an: der majestätische Volcán Turrialba und die Ausgrabungsstätte Guayabo.

An- & Weiterreise

Die Busse in der Turrialba Region fahren regelmäßig und verlässlich. Wer die kurvenreichen Bergstraßen erkunden möchte, sollte sich am besten ein Auto mieten.

Turrialba

31 100 EW.

Als die Eisenbahn 1991 ihre Verbindung nach Turrialba einstellte, war dies ein herber Schlag für die örtliche Wirtschaft. Die Stadt ist aber nach wie vor ein regionales landwirtschaftliches Zentrum, in dem die örtlichen Kaffeebauern ihre Produkte auf den Markt bringen. Als in den 1990er-Jahren der Tourismus in Costa Rica anzog, wurde Turrialba rasch als das ideale Einfallstor zu einigen der besten Raftingreviere der Welt bekannt. Aktuell ist Turrialba ein Eldorado für internationale Fans dieses Sports, die auf der Suche nach Klasse-V-Nervenkitzel sind. Aber wie gesagt: Die Zukunft des Río Pacuare ist ungewiss.

Aktivitäten

Centro Agronómico Tropical de Investigación BOTANISCHER GARTEN

(Catie; Centro Agronómico Tropical de Investigación; ☎2556-2700, 2558-2000; www.catie.ac.cr; Erw./Stud./Jugendliche 10/8/6 US$, Führungen 25–50 US$; ⏲Mo–Fr 7–16, Sa & So 8–16 Uhr) Dieses weitläufige Zentrum für die landwirtschaftliche Erforschung der Tropen 2 km östlich von Turrialba verteilt sich über ein Gelände von 10 km² und gilt bei Spezialisten als eines der wichtigsten Forschungsinstitute in den Tropen. Wer an einer der spannenden Führungen durch die Laboratorien, Gewächshäuser, die Samenbank, die experimentellen Anbauflächen und eine der umfassendsten Bibliotheken über die tropische Agrikultur teilnehmen möchte, muss sich vorher anmelden. Man kann sich auch mit Hilfe einer vor Ort erhältlichen Karte orientieren und auf eigene Faust das Zentrum erkunden.

Ecoaventuras OUTDOORAKTIVITÄTEN

(☎2556-7171, 8868-3938; www.ecoaventuras.co.cr; Wildwasser-Rafting Pakete pro Person ab 70 US$) Ecoaventuras bietet Wildwasser-Rafting auf den Flüssen Pacuare und Pejibaye an sowie Reitausflüge (ab 50 US$) und Mountainbiking (Preise je nach Länge und Schwierigkeit der Tour). Dreitägige Rafting-Pakete schließen Mahlzeiten, Unterkunft und Ausrüstung sowie eine Zipline-Tour ein (Preise auf Anfrage). Es liegt 100 m nördlich und 100 m westlich der Rawlings Fabrik.

Costa Rica Ríos RAFTING

(☎2556-8664; www.costaricarios.com; Calle 1) Bietet einwöchige Rafting-Touren; Vorabreservierung ist unbedingt erforderlich. Eine achttägige Kajak- und Kanutour kostet 1699 US$ pro Person (bei Unterbringung im Doppelzimmer); das Abenteuer-Paket, das Rafting, Ziplining, Schnorcheln, Surfen und Mountainbiking umfasst, kostet 2899 US$ pro Person (ebenfalls bei Doppelzimmerbelegung). Das Büro liegt unweit der Avenida 6.

Kurse

Spanish by the River SPRACHKURS

(☎2556-7380, in USA 1-877-268-3730; www.spanishatlocations.com; 10/30 Std. pro Woche 160/300 US$, Privatunterkunft/Hostelbett 22/12 US$) Diese Schule liegt mit dem Bus nur fünf Minuten von Turrialba entfernt und bietet neben den wöchentlichen Spanischkursen auf verschiedenen Niveaus auch Unterkünfte.

Adventure Education Center SPRACHKURS

(☎in USA 800-237-2730; www.facebook.com/AECSpanishInstitute/; 1 Woche mit/ohne Unterbringung in Privatunterkünften 325/490 €) In dieser Sprachschule in Turrialba lassen sich Spanischkurse und Wildwasser-Rafting verbinden. Außerdem im Angebot: medizinisches Spanisch. Eine Woche Sprachkurs besteht aus 20 Unterrichtsstunden in einer Gruppe.

Geführte Touren

Loco's RAFTING

(☎8704-3535, 2556-6035, in USA 707-703-5935; www.whiteh2o.com) Loco's nimmt die Teilnehmer auf wilde, aber unterschiedlich anspruchsvolle Fahrten auf den Flüssen Pacuare und Reventazón mit. Außerdem im Angebot: Campingtouren am Pacuare sowie Canyoning- and Abseilabenteuer. Ein Tag Rafting kostet ab 70 US$ pro Person; der Preis richtet sich nach der Gruppengröße und schließt das Mittagessen und die Beförderung mit ein.

Explornatura RAFTING

(☎2556-0111; www.explornatura.com/en/; Av 4 zwischen Calle 2 & 4) Bietet Rafting- und Mountainbiketouren sowie Reitausflüge. Ein Raftingtag auf dem Pacuare kostet 85 US$ pro Person, für eine Canyoning- und Baumwipfeltour fallen 75 US$ pro Person an.

Schlafen

In der Stadt gibt es eine gute Mischung von Budgethostels und Mittelklassehotels. Rund um Turrialba sind zudem ein paar erstklassige Hotels zu finden, die ihren Gästen

DIE FLÜSSE AUFSTAUEN?

Der wilde **Río Pacuare** gilt als eines der besten Raftingreviere der Welt und wurde 1985 als erster Fluss in Zentralamerika unter staatlichen Schutz gestellt. Schon zwei Jahre später legte Costa Ricas staatliches Energieversorgungsunternehmen, das Instituto Costarricense de Electricidad (ICE), Pläne für den Bau eines 200 m langen Staudamms in der günstig engen und atemberaubend schönen Schlucht Dos Montañas vor.

Dieser Damm wäre das Herzstück des gigantischen Siquirres-Wasserkraftprojekts gewesen, das aus insgesamt vier durch einen 10 km langen Tunnel miteinander verbundenen Dämmen bestehen sollte. Wenn all dies gebaut worden wäre, hätte das aufgestaute Wasser des Unterlaufs des Pacuare nicht nur 12 km Stromschnellen bis zur Einstiegsstelle Tres Equis überflutet, sondern auch riesige Bereiche des primären Regenwalds, in dem mehr als 800 unterschiedliche Spezies nachgewiesen sind.

Das Projekt sollte dem ICE dabei helfen, den rapide wachsenden Energiebedarf des Landes zu decken. Aber als die Realisierung beginnen sollte, organisierte eine Koalition aus örtlichen Landbesitzern, Indioführern, Umweltschützern und – tatsächlich – Raftingunternehmen Widerstand gegen das ICE. Rafael Gallo von der Fundación Ríos Tropicales, dem gemeinnützigen Ableger des bekannten Raftingunternehmens, war sogar eine der Schlüsselfiguren des Kampfes.

Die Gegner des Projekts beantragten die erste Umweltverträglichkeitsstudie in der Geschichte der Region – und konnten sich durchsetzen. Dies veranlasste das ICE, eine unabhängige Untersuchung der Auswirkungen des Dammprojekts auf die Umwelt und seine Wirtschaftlichkeit in Auftrag zu geben, was faktisch zum Stopp der Arbeiten führte. Die Projektgegner nutzten die Zeit, um auch die internationale Aufmerksamkeit auf den Konflikt zu lenken. Gleichzeitig führten die Bewohner der Region um Turrialba 2005 ein Plebiszit über den Damm durch, bei dem 97 % der rund 10 000 Teilnehmer den Daumen senkten – ein mehr als deutliches „Nein"!

Auch wenn der Río Reventazón aufgrund des Dammbaus ein Drittel seiner Klasse-V-Stromschnellen verloren hat, so konnte der Pacuare kürzlich einen großen Sieg feiern: Am 29. August 2015 unterzeichnete Präsident Luis Guillermo Solís einen Erlass, der den Bau von Wasserkraftwerken mit mehr als 500 KW für die nächsten 25 Jahre an dem Fluss verbietet. Zu der Zeit schien der Pacuare also sicher zu sein, doch der gerade neu gewählte Präsident könnte den Schutzerlass natürlich wieder aufheben.

wunderbare Naturerlebnisse bieten. Alle Unterkünfte können auch Ausflüge und Raftingtouren organisieren.

In der Stadt

★Casa de Lis Hostel HOSTEL $
(☎2556-4933; www.hostelcasadelis.com; Av Central; B/DZ/3BZ/4BZ 14/45/60/70 US$, Kinder unter 3 Jahren frei; 📶) Diese tolle, zentral gelegene Unterkunft ist der Traum aller Reisenden und bietet mit Abstand das beste Preis-Leistungs-Verhältnis der Stadt. Die blitzsauberen Schlafsäle und Doppelzimmer haben bequeme Matratzen und Leselampen. Dazu kommen eine voll ausgestattete Küche, eine Dachterrasse mit Vulkanblick, ein hübscher Garten hinter dem Haus, tolle Infotafeln und eine freundliche Atmosphäre. Tee und Kaffee gibt es morgens frei Haus, außerdem Buchtausch und Brettspiele. Unweit Calle 2.

Hotel Interamericano HOTEL $
(☎2556-0142; www.hotelinteramericano.com; Av 1; EZ/DZ/3BZ/4BZ 25/35/50/65 US$, ohne Bad 15/22/33/44 US$; P📶) Dieses schlichte 20-Zimmer Hotel auf der Südseite der alten Bahngleise wird von der Rafting-Community traditionell als der wichtigste Treffpunkt in Turrialba überhaupt angesehen. Manche der einfachen Zimmer haben ein eigenes Bad, andere teilen sich eines, und viele haben Etagenbetten zusätzlich zu den normalen Betten. Außerdem gibt es eine neue Gemeinschaftsküche sowie Fernseher in manchen Zimmern.

Der freundliche Besitzer hilft, Abenteuer- und Raftingtouren zu organisieren. Das Hotel befindet sich unweit von Calle 1.

Hotel Wagelia HOTEL $$
(☎2556-1566; www.hotelwageliaturrialba.com; Av 4 zwischen Calles 2 & 4; EZ/DZ mit Frühstück

55/80 US$; P) Schlichte, moderne und saubere Zimmer mit Kabel-TV, die auf einen ruhigen Innenhof blicken. Das Restaurant tischt Tico-Spezialitäten auf, und die schöne Terrassenbar hat WLAN und ist ideal für einen Drink.

Turrialba B&B B&B $$
(2556-6651; www.turribb.com; Calle 1; DZ/3BZ/4BZ mit Frühstück ab 85/100/115 US$, zusätzl. Person 10 US$; P) Wer in der Innenstadt von Turrialba etwas Ruhe sucht (durchaus eine Rarität!), sollte sich dieses B&B anschauen, da es eine schöne Gartenterrasse mit Billardtisch und Hängematten zu bieten hat. Die Zimmer sind geräumig und mit Hartholzmöbeln ausgestattet; das Wohnzimmer hat einen Fernseher und eine ordentliche Auswahl an Büchern. Außerdem gibt es eine Gemeinschaftsküche und eine kleine Bar. Liegt nördlich der Avenida 6.

Rund um Turrialba

Wagelia Espino Blanco Lodge LODGE $$
(2556-1029, 2556-0616; www.wageliaespinoblancolodge.com; Zi. mit Frühstück 118 US$, zusätzl. Person 15 US$; P) Hoch über Turrialba liegt diese Öko-Lodge mit zehn Bungalows mitten in 30 ha Wald. Die urigen und gut gebauten Hütten verfügen weder über Strom, noch über Fernseher oder irgendetwas anderes, das von der Ruhe dieses Ortes ablenken könnte. Dafür gibt es ein kleines Amphitheater, eine Dichterecke, ein charmantes Restaurant (das Büfett zu 20 US$ schließt Hauptgericht, Getränk und Nachtisch ein; Reservierung erforderlich) sowie sieben Wanderwege mit unterschiedlichen Schwierigkeitsgraden.

Die Lodge bietet drei- bis vier-stündige naturkundliche Führungen für 35 US$ pro Person inkl. Mittagessen. In der Bar gibt es WLAN aber nicht in den Zimmern. Von Turrialba aus sind es mit dem Auto 20 Minuten nach Norden auf dem kurvigen Highway 230. Die Straßen sind nicht ganz einfach zu befahren – am besten vorher telefonisch nach einer Anfahrtsbeschreibung fragen.

Turrialtico Lodge LODGE $$
(2538-1111; www.turrialtico.com; DZ inkl. Frühstück 58–75 US$; P) Die Lodge unter costa-ricanischer Leitung mit dramatischen, weiten Blicken auf das Tal des Río Reventazón ist in einem alten Bauernhaus 9 km östlich von Turrialba (abseits der Schnellstraße nach Siquirres) und verfügt über 18 attraktive Zimmer mit glänzender Holztäfelung und lokalem Kunsthandwerk. Die Räume im Rezeptionsgebäude teilen sich eine große Terrasse und einen Sitzbereich; ein freundliches Open-Air-Restaurant (Hauptgerichte 5–18 US$) serviert ländliche Küche.

★ **Rancho Naturalista** LODGE $$$
(8704-3217; www.ranchonaturalista.net; Zi. pro Person mit VP 194 US$; P @) Rund 1,3 km südlich von Tuis und 900 m über dem Meeresspiegel liegt diese kleine Lodge auf einem 50 ha großen Areal. Für Vogelliebhaber ist dies ein Paradies. Über 450 Arten sind in der Gegend schon gesichtet worden (davon allein 250 vom Balkon der Lodge aus). Die 14 heimeligen Zimmer werden durch eine Reihe von privaten *casitas* (Hütten) ergänzt, die alle in einem schön angelegten Gelände liegen.

Vogelliebhaber setzen sich mit einem Kaffee auf die große Holzveranda und schauen den Kolibris zu, die von den vielen Futterröhren angelockt werden. Zutaten für die leckeren Gerichte sind u. a. Bio-Rind- und Schweinefleisch von Kühen und Schweinen, die auf dem Gelände aufgezogen werden. Das Personal ist freundlich und die Lodge hat einen sachkundigen zweisprachigen Führer, der für 50 US$ pro Ausflug (Preis für bis zu fünf Personen) als Begleitung auf den Wanderwegen des Areals gebucht werden kann, oder man erwandert sie alleine.

Casa Turire HOTEL $$$
(2531-1111; www.hotelcasaturire.com; DZ Standard /Suite/Mastersuite mit Frühstück 168/288/452 US$, zusätzl. Person 28–62 US$, Kinder unter 3 Jahren frei, Kinder 4–12 Jahre 28 US$; P) Dieses elegante dreistöckige Plantagen-Hotel verfügt über 16 geschmackvoll eingerichtete Zimmer mit hohen Decken, Holzböden und gusseisernen Betten. Die riesige Mastersuite besitzt einen Whirlpool und bietet einen exzellenten Ausblick über die Kaffee- und Macadamia-Plantagen in der Ferne. Echte i-Tüpfelchen sind der Wellnessbereich, das Restaurant, die Bar sowie die Möglichkeit auszureiten, Vögel zu beobachten und eine Kajaktour auf dem See vor der Tür zu unternehmen. Ein Kinder-Pool sowie ein Spielplatz auf dem Grundstück machen auch jüngere Besucher glücklich.

Vom Highway 10 nimmt man die Abfahrt La Suiza/Tuis und fährt 2,3 km nach Süden, dann weisen Schilder den Weg über eine 1,4 km lange Schotterpiste zum Hotel.

Essen

Wer auf sein Budget achten muss, findet in Turrialba problemlos günstiges Essen; am Abend hat man die Wahl zwischen asiatischen und costa-ricanischen Gerichten, Fusionküche oder Essen vom Grill. Außerdem gibt es für Selbstversorger jede Menge Supermärkte.

Maracuyá CAFE $

(☎ 2556-2021; www.facebook.com/maracuya2012; Calle 2; Eiskaffee ca. 4 US$, Hauptgerichte 5–7 US$; ⏲ Mi–Mo 14–21.30 Uhr; 📶) Dieses helle Café nördlich der Avenida 10 tischt eine der besten Kaffeekreationen des Landes auf – Eiskaffee mit dickflüssigem Maracuya-Sirup und knackigen Körnern. Zu den Gerichten gehören Gemüsewraps, kreative Salate, gebratenes Hühnchen mit Pommes sowie beliebte lateinamerikanische Klassiker wie *patacones* (gebratene Bananen).

La Feria COSTA-RICANISCH $

(☎ 8378-7979, 2556-0386, 2556-5550; www.facebook.com/RestauranteLaFeria; Calle 6; Hauptgerichte 5–14 US$; ⏲ Mi–Mo 11–21.30, Di bis 14.30 Uhr; 📶) Dieses eher unauffällige Lokal punktet mit freundlichem Service und ausgezeichneter und günstiger Hausmannskost. Manchmal kommt die Küche nicht so ganz hinterher, aber die herzhaften *casados* (landestypische Gerichte mit Bohnen, Reis, einem kleinen Salat und Proteinlieferant nach Wahl) lohnen eindeutig das Warten. Karibisches Huhn, Salate, Pasta und Red Snapper gibt es auch. Liegt nördlich der Avenida 4.

Restaurant Betico Mata BARBECUE $

(☎ 2556-8640; Hwy 10; gallos 2 US$, Hauptgerichte 6 US$; ⏲ Mo–Fr 11–24 Uhr, Sa & So bis spät) Hier kommen Fleischliebhaber auf ihre Kosten. Dieses Restaurant am südlichen Ende der Stadt hat eher den Charme einer Cafeteria, aber die günstigen *gallos* (offene Tacos auf Maistortillas) sind unschlagbar. Der hochgetürmte Belag besteht aus saftigem, frisch gegrilltem Fleisch (u. a. Rind, Huhn, Würstchen oder Schweinefleisch, alles in der tollen Hausmarinade eingelegt). Dazu ein eiskaltes Bier – klasse!.

Hier aber besser die Rechnung genau prüfen, da schon Fehler bei der Addition vorgekommen sind.

★ **Wok & Roll** ASIATISCH $$

(☎ 2556-6756; www.facebook.com/Wok-Roll-489594887746705; Calle 1; Hauptgerichte 9–16 US$; ⏲ Mi–Mo 11–22 Uhr) Panasiatische Küche steht auf der Karte dieses Esslokals in der Nähe der Hauptplaza. Hier gibt es Sushi-

NICHT VERSÄUMEN

WILDWASSER-RAFTING IM VALLE CENTRAL

Die Turrialba Gegend ist ein bekanntes Revier für Wildwasser-Rafting. Die beiden Flüsse **Río Reventazón** und **Río Pacuare** sind traditionell die beliebtesten Raftingflüsse. Ersterer ist jedoch durch eine Reihe von Wasserkraftprojekten, darunter der riesige Staudamm mit einer Leistung von 305 Megawatt, der derzeit gebaut wird, massiv verändert worden.

Daher gehen die meisten der organisierten Touren von Turrialba aus inzwischen zum Río Pacuare, dem wohl schönsten Raftinggebiet Mittelamerikas. Von unberührten Regenwaldarealen umgeben stürzt der Fluss durch spektakuläre Schluchten in Richtung Karibikküste hinab. Dabei geht es durch Abschnitte, deren Namen von der Wildheit des Wassers zeugen, sowie dazwischen durch ruhige Passagen, in denen man die nahezu vertikalen grünen Wände bestaunen kann, die Hunderte von Metern aufragen.

Unterer Pacuare Mit Stromschnellen der Klassen II–IV ist dies die leichtere Strecke: 28 km durch felsige Schluchten, an einem Indiodorf und ungezähmtem Urwald vorbei.

Oberer Pacuare Wird als Klasse III–IV kategorisiert, aber ein paar Abschnitte können bei bestimmten Konditionen auch den Schwierigkeitsgrad V erreichen. Die Anfahrt zur Einstiegsstelle dauert etwa zwei Stunden, aber dann folgt die schönste Dschungeldurchfahrt der Welt – und man hat sie ganz für sich allein.

Der Pacuare kann ganzjährig befahren werden, wobei Juni bis Oktober als die besten Monate gelten. Der Fluss führt von Oktober bis Dezember das meiste Wasser und dann stürzen riesige Wellen zu Tal. Im März und April führt der Fluss am wenigsten Wasser, ist aber immer noch anspruchsvoll.

PARQUE NACIONAL VOLCÁN TURRIALBA

Die letzte größere Eruption des Volcán Turrialba vor 2015 war 1866. Bei Redaktionsschluss war der 3328 m hohe Vulkan sehr aktiv und war 2017 mehrfach ausgebrochen. Der **Park** (☎ 8704-2432, 2557-6262; pnvolcanturrialba@gmail.com; ⌚ 8–15.30 Uhr) war geschlossen und im gleichen Jahr war auch die Hauptstadt in Alarmbereitschaft versetzt worden. Man konnte in der Ferne Rauch sehen, in den Regionalnachrichten wurde über Schwefelgeruch in umliegenden Städten berichtet und es gab Warninfos hinsichtlich der Vulkanasche. Zum Zeitpunkt der Buchrecherche war der Park noch geschlossen und es war nicht bekannt, wann er wieder öffnen würde. Warnschilder verboten es, näher als 8 km an den Gipfel heranzufahren. Je nach Zeitpunkt des Besuchs kann diese Exklusionszone größer oder kleiner sein. Man sollte daher immer bei Einheimischen nachfragen, wie der Stand der Dinge ist, bevor man sich auf den Weg zum Vulkan macht. Der beste Platz, um den Vulkan zu beobachten, mag ohnehin aus der Ferne sein. Bedenken sollte man auch, dass der Blick morgens am besten ist, bevor die Wolken aufziehen.

An- & Weiterreise

Der Vulkan liegt Luftlinie nur 15 km nordwestlich von Turrialba, aber mit dem Auto ist es mehr als doppelt so weit. Vom Dorf Santa Cruz (13 km von Turrialba und mit dem Bus erreichbar – allerdings immer erkundigen, ob die Busse tatsächlich fahren, bevor man sich auf den Weg macht) führt eine 18 km lange Straße zum Gipfel des Vullkans hoch.

rollen und Sashimi, Teriyaki oder Hähnchen süß-sauer, Thai-Curry, Wontons und andere asiastische Spezialitäten sowie als Nachtisch Tempura-Eiskrem. Und als Getränke dazu: hausgemachte Minzlimonade und mit Honig gesüßter Jasmintee.

More Than Words THAI, ITALIENISCH $$

(☎ 2556-1362; www.facebook.com/morethanwords888; kleine/große Pizzas ab 8/15 US$, Hauptgerichte ab 10 US$; ⌚ Di–Do 11–22, Fr bis 23, Sa & So 12–23 Uhr) Dieses Restaurant befindet sich auf dem Hauptplatz gegenüber der Kirche und ist das neue Vorhaben der Besitzer von Wok & Roll (S. 144). Eine große Bar ist das Herzstück. Der Service kann schon mal langsam sein, dafür sind die Gerichte lecker. Auf der vielseitigen Karte stehen selbst gemachte Pizza, Pastagerichte, New York Steaks und interessante Kreationen wie *wantacos* (eine Wanton-Taco-Kombi, gefüllte mit mariniertem Hühnchen und Salat).

Manchmal gibt es Live-Events, von Musik bis Kabarett – nachfragen, was ansteht.

Ausgehen & Nachtleben

Loco's Bar and Restaurant BAR

(☎ 2556-3500; www.facebook.com/locosrestauranteybar; Getränke ab 2 US$, Gerichte ab 4 US$; ⌚ So–Do 14–24, Fr bis 2, Sa 12–2 Uhr) In dieser neuen Bar der Besitzer des Outdooranbieters Loco's (S. 141) treffen sich die Rafting-abenteurer nach einem adrenalinhaltigen Tag auf den Flüssen. Hier kann es bei bunten Cocktails, Jägermeister, B52 und Tequila durchaus lebhaft zugehen, aber der Laden bietet sich auch für ein spätes Mittagessen bzw. zum Abendessen an. Zu den Snacks gehören Guacamole und Nachos, Mozzarellastangen, *fajitas*, *ceviche* und Kombi-Teller.

ℹ Praktische Informationen

Eine offizielle Touristeninformation gibt es nicht, aber die meisten Hotels und Raftinganbieter können Touren, Unterkünfte und Transport in der Region organisieren.

Banco de Costa Rica (Ecke Av Central & Calle 3; ⌚ Mo–Fr 9–16 Uhr) Hat 24-Stunden Geldautomaten, die Dollar und Colones ausgeben.

ℹ An- & Weiterreise

Ein moderner Busbahnhof befindet sich am westlichen Stadtrand unweit des Highway 10.

San José via Paraíso and Cartago ca. 3 US$, 2 Stunden bis 2 Stunden 20 Min., alle 15 bis 30 Minuten ab 4.30 bis 21 Uhr.

Siquirres, zur Weiterreise nach Puerto Limón ca. 2,50 US$, 2 Stunden, alle 30 Minuten bis 2 Stunden ab 5.30 bis 18.15 Uhr. Am Wochenende etwas andere Zeiten.

Monumento Nacional Arqueológico Guayabo

Die größte und bedeutendste archäologische Stätte des Landes liegt 19 km nordöstlich von Turrialba in einer umwerfend schönen hügeligen Waldregion. **Guayabo** (☎2559-1220; US$5; ⊙8–15.30 Uhr) besteht aus den Resten einer prä-kolumbischen Stadt, deren Blütezeit um 800 n. Chr. gewesen sein soll. Bis zu 20 000 Personen haben damals wohl hier gelebt. Heute können Besucher die Überreste von Petroglyphen (Felszeichnungen) und den einstigen Wohnhügeln bewundern, außerdem eine Straße und ein beeindruckendes Aquädukt, das aus Steinen gebaut wurde, die vom Río Reventazón über eine 8 km lange gepflasterte Straße hierher geschafft wurden. Erstaunlicherweise funktionieren die Zisternen noch und somit gibt es (zumindest theoretisch) vor Ort noch immer trinkbares Wasser. Nachdem die Bedeutung der Stätte erkannt wurde, wurde Guayabo 1973 zum nationalen Monument erklärt; weitere Schutzmaßnahmen kamen 1980 hinzu. Die Stätte erstreckt sich über 232 ha, wobei der Großteil noch nicht ausgegraben worden ist. Bei dieser überschaubaren Stätte sollten Besucher jetzt keine Maya-Pyramiden erwarten, aber faszinierend ist es dennoch.

Aktivitäten

Das Nationalmonument schützt das letzte Stück subalpinen Regenwaldes in der Provinz Cartago. An Säugetieren leben hier nur Baumhörnchen, Gürteltiere und Nasenbären, dafür ist die Vogelwelt sehr artenreich. Besonders beachtenswert sind die Stirnvögel, die im Park sackähnliche Nester in den Bäumen bauen. Zu sehen sind auch Tukane und Braunhäher *(Cyanocorax morio)*. Sie fallen wegen ihres kleinen aufblasbaren Sacks in der Brust auf. Er ist auch für das knallende Geräusch verantwortlich, das sie verursachen, wenn sie zu ihren heiseren Schreien ansetzen.

Geführte Touren

Führungen (auf Spanisch; ab 20 US$) können am Eingangsschalter des Monuments gebucht werden. In der Hauptsaison sind möglicherweise englischsprachige Führungen im Angebot.

Praktische Informationen

Gegenüber vom Kartenschalter gibt es ein kleines Informations- und Ausstellungszentrum, das einen Überblick darüber gibt, wie die Stadt möglicherweise ausgesehen hat.

An- & Weiterreise

Normalerweise würde man mit dem Auto nördlich aus Turrialba hinausfahren und hinter der Metallbrücke rechts abbiegen. Zum Zeitpunkt der Recherche wurde die Brücke nach Guayabo jedoch gerade umgebaut. Von dort aus ist die Straße gut ausgeschildert und bis auf die letzten 3 km auch asphaltiert. Ein Allradfahrzeug wird für das letzte unbefestigte Stück zwar empfohlen, ist aber kein Muss. Wenn die Straße geschlossen ist, kann man einen anderen Eingang vom Norden der Stätte aus ansteuern: kleine Straßen und Schotterpisten schlängeln sich von der Route 230 aus nordwestlich von Turrialba. Diese Strecke ist mit einem normalen Fahrzeug machbar, aber ein Allradfahrzeug wird dringend empfohlen.

Während der Buchrecherche war der Busverkehr gerade ausgesetzt, aber normalerweise würden die Busse von Turrialba (ca. 1 US$, 1 Stunde) abfahren. Am besten in Turrialba nachfragen, ob die Busse inzwischen wieder fahren. Außerdem kann man sich von Turrialba aus ein Taxi nehmen (hin & zurück ab 30 US$, inkl. 1 Stunde zur Parkerkundung).

Karibikküste

Inhalt ➡

Gut essen

- Laszlo's (S. 198)
- El Refugio (S. 204)
- Palenque Luisa Casa de Carnes (S. 185)
- Café Rico (S. 196)
- Mopri (S. 197)

Schön übernachten

- Casa Verde (S. 195)
- Casa Marbella (S. 169)
- Tree House Lodge (S. 202)
- Hotel Miss Junie (S. 169)
- Pacuare Lodge (S. 155)
- Punta Mona (S. 208)

Auf zur Karibikküste!

Die ungestüme Karibik vereitelte im 16. Jh., dass die Spanier sich hier niederließen, und isolierte die Region noch jahrhundertelang – mit dem Ergebnis, dass die Karibikküste ganz anders ist als das restliche Costa Rica. Unter dem Einfluss von indigenen Völkern und Einwanderern aus der Karibik prägte sich hier langsam eine Kultur aus, die sich als organische Mischung charakterisieren lässt.

Der Aufwand hierher zu reisen, um die Schildkröten von Tortuguero beim Nisten zu beobachten, auf dem Río Pacuare zu raften oder um an den Riffen von Manzanillo zu tauchen, ist sicherlich größer, aber letztendlich freut sich dann doch jeder, dass er hergekommen ist. Die Natur an dieser zerklüfteten, urwüchsigen Küste kommt hier zur vollen Entfaltung – viele Besucher machen hier Bekanntschaft mit Faultieren, hören den Ruf der Brüllaffen und bestaunen in den verzweigten Kanälen die Alligatoren. Andere verlockt das einzigartige Essen dieser Region, beispielsweise *Jerk Chicken*, gegrillter Snapper und *rondón* (pikanter Meeresfrüchte-Eintopf). Jedenfalls macht es Spaß, den singenden Dialekt zu hören und an fast menschenleeren Stränden unter Palmen zu faulenzen.

Reisezeit

- Die wuchtigsten Wellen locken in der südlichen Karibik von Dezember bis März die meisten Surfer an.
- Ein Spektakel ist in Tortuguero von März bis Oktober geboten, wenn die Schildkröten ihre Eier ablegen oder die Jungen schlüpfen.
- Trockenzeit ist von Dezember bis April, die beliebteste, allerdings auch teuerste Reisezeit. Von Mai bis Dezember ist es ebenfalls warm, mit Regen ist jedoch zu rechnen.

Geschichte

Im Jahr 1502 verbrachte Christoph Kolumbus insgesamt 17 Tage auf seinem Schiff in den Gestaden vor Puerto Limón, während seiner vierten und letzten Reise in die Neue Welt. Bei einer Insel, die er La Huerta taufte (heute: Isla Uvita), ging er vor Anker, füllte die Süßwasservorräte auf – und kehrte hierher nie wieder zurück.

An Costa Ricas Karibikküste warf dieses kurze Intermezzo einer Entdeckungsfahrt seine Schatten voraus – auf die spätere Kolonialisierung. Allerdings sollte es Jahrhunderte dauern, bis die Europäer die Region in vollem Umfang unter Kontrolle hatten. Die Berge waren steil, in den Sümpfen lauerten Unmengen von Krokodilen, Myriaden von Moskitos übertrugen Malaria – und so mieden die Spanier dieses Terrain und es blieb für Jahrhunderte die Heimat verschiedener indigener Ethnien – der Miskito im Norden sowie der Cabécar, Bribrí und Kèköldi im Süden – und das Revier diverser afrokaribischer Schildkrötenjäger aus Panama und Kolumbien.

Durch den Bau der Eisenbahn 1871 kamen Tausende arbeitsuchende Sklaven aus Jamaika, der karibische Einfluss nahm immer stärker zu. Geplant war, einen Karibikhafen an genau der Stelle zu gründen, an der ein großer alter Zitronenbaum stand – ihm verdankt die Hafenstadt ihren Namen Puerto Limón. Mit diesem Hafen wollten die Kaffeebarone des Valle Central ihre Waren einfacher und günstiger nach Europa exportieren. Die Eisenbahn sollte das Land einen, wurde allerdings zu einer trennenden Einrichtung: Bis zum Jahr 1949 war es der schwarzen Bevölkerung nicht gestattet, sich frei in Costa Rica zu bewegen. Aus dieser Isolierung heraus entstand an der Karibikküste eine ganz eigenständige Kultur mit eigener Musik, eigenen gastronomischen Traditionen und sogar einer neuen Sprachform, einer Variante des Kreolischen: Mekatelyu wird bis heute gesprochen.

Nationalparks & Schutzgebiete

An der Karibikküste wurden zahlreiche Schutzgebiete und Naturparks eingerichtet; zu den beliebtesten davon gehören die nachfolgenden:

Parque Nacional Cahuita (S. 186) Im Dschungel entlang der Küste sind Gürteltiere, Affen und Faultiere zu Hause; auch das Riff, eines der bedeutendsten der Küste, steht unter Naturschutz.

Parque Nacional Tortuguero (S. 163) In den Kanälen des Dschungels liegen dösende Kaimane, während Brüll-, Klammer- und Kapuzineraffen hoch oben durch die Bäume toben. Hauptattraktion sind jedoch die Meeresschildkröten, die hier nisten.

Refugio Nacional de Vida Silvestre Gandoca-Manzanillo (S. 207) Der wild wuchernde Regenwald samt Sumpfgebiet versteckt sich nahe der südöstlichen Grenze; in den Flüssen wimmelt es von Seekühen, Kaimanen und Krokodilen.

i An- & Weiterreise

Ab San José fahren Linienbusse nach Puerto Limón sowie zur südlichen Karibikküste und halten auch in den meisten Küstenorten zwischen Puerto Limón und Sixaola an der Grenze zu Panama. Mietwagen kommen auf den Hauptstraßen ebenfalls schnell voran.

Im Norden gestaltet sich die Situation ein bisschen komplizierter, aber mit etwas Vorausplanung ist das Reisen hier auch kein Problem: Ein Großteil ist nur über Wasserstraßen erschlossen und Boote sind das einzige Transportmittel. Puerto Limón, Tortuguero, Parismina und Barra del Colorado verfügen über Landepisten für Flugzeuge, jedoch nur in Tortuguero werden täglich Passagierflüge abgewickelt.

DAS ATLANTISCHE TIEFLAND

Die Idee war einfach und bestechend: Der Bau eines Karibikhafens und einer Eisenbahnlinie von dort ins Valle Central sollte der blühenden Kaffeeindustrie des Landes neue Schiffs- und Exportrouten eröffnen. Im Jahr 1871 begannen die Baumaßnahmen. Die Ingenieure mussten dafür auf 150 km Breite dichten Dschungel und verschlammte Berghänge im karibischen Tiefland erschließen. Es dauerte beinahe 20 Jahre, bis die Eisenbahntrasse fertig wurde – allein auf den ersten 30 km verloren Tausende Männer ihr Leben. Doch als 1890 das letzte Gleis verlegt war, sollte das Bahnprojekt Costa Rica für immer verändern – und das übrige Mittelamerika gleich mit. Denn zu der Zeit begann der Bananenboom – diese Frucht veränderte das gesellschaftliche Leben, die Politik und die Umwelt der Region radikal und bestimmte sie fast hundert Jahre lang.

Heute existiert diese Eisenbahn nicht mehr. Und auch die Bananenproduktion hat wesentlich an Bedeutung verloren; die

Highlights

1 Tortuguero (S. 166) Auf der Suche nach Wildtieren geräuschlos durch die Kanäle im Dschungel gleiten oder als freiwilliger Helfer die gefährdeten Meeresschildkröten schützen.

2 Río Pacuare (S. 189) Auf dem extremsten Fluss des Landes raften.

3 Puerto Viejo de Talamanca (S. 188) Die kulinarische Szene testen, am Strand liegen und Party machen.

4 Punta Uva (S. 200) In der unberührten, versteckten Bucht von Punta Uva surfen und tauchen.

5 Cahuita (S. 178) In ländlicher Umgebung herrlich entspannen, die kreolische Kultur der Karibik auf sich wirken lassen und dem Nationalpark Cahuita einen Besuch abstatten.

6 Manzanillo (S. 205) An den vor Meeresgetier nur so wimmelnden Riffen schnorcheln und eine Abenteuertour durch den feuchten Dschungel unternehmen.

7 Parque Nacional Braulio Carrillo (S. 152) Den dramatischen Zusammenfluss des trüben Río Sucio mit dem kristallklaren Río Honduras bestaunen.

8 Bribrí (S. 205) Die Kakaofarmen und die indigenen Dörfer besuchen.

0
40 km
N
KARIBISCHES
MEER
Parismina
Caño Blanco
San Rafael
Reserva Pacuare-Matina
Matina
Río Matina
Puerto Limón
Portete
Moín
Liverpool
Isla Uvita
Veragua Rainforest Research & Adventure Park
Río Bananito
Selva Bananito
Zona Protectora Cuenca del Río Banano
Valle de la Estrella
Penshurst
Cahuita
5
Parque Nacional Cahuita
Pandora
Río Estrella
Reserva Indígena Tayní
Parque Internacional La Amistad
Reserva Biológica Hitoy-Cerere
Puerto Viejo de Talamanca
3
Playa Chiquita
Punta Uva
4
Punta Mona
6
Manzanillo
Bribrí
8
Playa Cocles
Reserva Indígena Cocles/Kèköldi
Refugio Nacional de Vida Silvestre Gandoca-Manzanillo
Río Sixaola
Río Telire
Shiroles
Bratsi
Reserva Indígena Telire
Reserva Indígena Talamanca Cabécar
Amubri
Reserva Indígena Talamanca Bribrí
Reserva Indígena Yorkín
Yorkín
Sixaola
Guabito
PANAMA
Cordillera de Talamanca

Früchte wurden in vielen Regionen durch den Anbau von Ananas und afrikanischen Ölpalmen ersetzt.

Parque Nacional Braulio Carrillo

Wer diesen wenig erschlossenen **Nationalpark** (☎2206-5500, 2266-1883; Erw./Kind 12/5 US$; ⏲8–15.30 Uhr) besucht, bekommt eine Vorstellung davon, wie Costa Rica vor 1950 ausgesehen haben mag, als 75 % der Landfläche noch mit Wald bedeckt waren. Hier sind die Berge mit unglaublich hohen Bäumen bedeckt und von Schluchten und Wasserfällen durchschnitten. Wegen der unterschiedlichen Höhenlagen birgt der Park eine außergewöhnliche Artenvielfalt. Die landschaftliche Bandbreite reicht von dampfendem Nebelwald auf 2906 m Höhe am Volcán Barva bis zum üppig bewachsenen feuchten Tiefland an der Karibikküste. Kaum zu glauben, dass der südlichste Punkt dieses gigantischen Parks nur 30 Autominuten nördlich von San José liegt.

Geschichte

Dieser Park ist das Ergebnis eines einzigartigen Kompromisses zwischen Umweltschützern und Baufirmen. In den 1970er-Jahren wollte die Regierung eine neue Schnellstraße von der Hauptstadt nach Puerto Limón bauen. San José war nur durch eine altersschwache Eisenbahn an seinen wichtigsten Atlantikhafen angebunden, dazu gab es eine Landstraße durch Cartago und Turrialba. Die einzig sinnvolle Route für die neue Straße verlief über einen niedrigen Pass zwischen den beiden Vulkanen Barva und Irazú – eine Region, die noch von Primärwald überzogen war. Umweltschützer zeigten sich zutiefst besorgt und fürchteten mögliche Folgeprojekte, zumal die Gegend für San José auch eine wichtige Wasserscheide war und ist. Und so ersannen sie schließlich folgenden Plan: Die Straße sollte gebaut, dafür aber die 475 km² großen Gebiete auf beiden Seiten zum Nationalpark erklärt werden. Dieser kluge Kompromiss war im Jahr 1978 die Geburtsstunde des Parque Nacional Braulio Carrillo.

ABSEITS DER ÜBLICHEN PFADE

LA DANTA SALVAJE

Westlich von Guápiles, das abgeschieden auf einem vulkanischen Gebirgszug liegt, gelangt man mit dem Geländewagen in 45 Minuten plus einer dreistündigen Wanderung zum sagenhaften, 410 ha großen Regenwaldreservat **La Danta Salvaje** (☎2750-0012, 8332-8045; www.ladantasalvaje.com; Pauschalangebote mit 3 Übernachtungen pro Pers. 350 US$) auf einer Höhe von 800 m, das sich in der Pufferzone des Parque Nacional Braulio Carrillo befindet. Die Gäste können in einer malerischen Lodge ohne Strom übernachten; im Preis inbegriffen sind der Transport ab Guápiles, die Mahlzeiten, eine Wanderung im Dschungel, Tierbeobachtung und Herumplanschen in den Flüssen in der Umgebung. Es empfiehlt sich, rechtzeitig zu reservieren; mindestens sechs Personen, das Maximum liegt bei zwölf.

Aktivitäten

Der Nationalpark eignet sich hervorragend zur Vogelbeobachtung. Häufig gesichtete Spezies sind Papageien, Tukane und Kolibris. In höheren Lagen lassen sich auch Quetzals blicken, vor allem in der Nähe des Barva. Adler und Schirmvögel sieht man dafür etwas seltener. Säugetiere sind wegen der dichten Vegetation nur schwer zu entdecken, mit Ausnahme von Rehwild, Affen und *tepezcuintles* (Pakas, das Maskottchen des Parks). Jaguare und Ozelote sind hier zwar heimisch, sind aber sehr scheu.

Volcán Barva WANDERN

(☎2266-1883; ⏲8–15.30 Uhr) Den Volcán Barva auf einem abgelegenen, aber doch halbwegs gepflegten Trail zu erklimmen ist ein anspruchsvolles Abenteuer. Da er verhältnismäßig schwer zugänglich ist, stehen die Chancen gut, dass man ganz für sich allein unterwegs ist. Am besten beginnt man die Tour am westlichen Parkeingang, nördlich von Heredia. Von dort führt ein 3 km langer, ausgeschilderter Pfad zum Gipfel hinauf, wo es im Krater einen See zu sehen gibt. Die Trails rund um den Vulkan sind oft morastig, und man sollte zu jeder Jahreszeit für Regen gerüstet sein.

Geführte Touren

Rainforest Adventures ÖKO-TOUR

(☎2257-5961; www.rainforestadventure.com; Erw./Stud. & Kind Tram 60/30 US$, Zipline 50/35 US$; ⏲7.30–14 Uhr; 👪) Rainforest Adventures mit

FREIWILLIGENDIENST

In der Nähe von Monte de la Cruz, im Sektor Barva, ist das **Cerro Dantas Wildlife Refuge** (☎2274-1997, 8866-7380; www.cerrodantas.co.cr) eine pädagogische Einrichtung, die immer freiwillige Helfer sucht, die in der Verwaltung, bei der Instandhaltung oder in der Forschung mitarbeiten.

seiner Seilbahn macht es möglich, die Baumkronen des Regenwalds in einer Gondel zu erkunden. Die 2,6 km lange Fahrt dauert so etwa zwei Stunden und bietet Gelegenheit, ungewöhnliche Pflanzen und Vögel zu entdecken. Im Preis inbegriffen ist ein Guide, der gute Dienste leistet, denn in der dichten Vegetation gestaltet sich das Beobachten von Tieren oft schwierig. Gebucht wird online oder im **Büro in San José** (☎2257-5961; Av 7 zw. Calle 29 & 31).

Praktische Informationen

Die drei am besten zugänglichen Wanderwege des Parks beginnen an der Rangerstation **Quebrada González** (☎2206-5500; Parkeingang Erw./Kind 12/5 US$; ⌚8–16 Uhr) in der Nordostecke; sie liegen an der Ruta 32 (der Schnellstraße San José–Guápiles) mit dem Auto 25 Minuten von Guápiles entfernt. Hier gibt es sichere Parkmöglichkeiten, Toiletten, Trinkwasser und einen Infokiosk, der mit einem Ranger besetzt ist. Aus Sicherheitsgründen empfiehlt es sich, sein Auto nicht an der Schnellstraße abzustellen.

Besucher, die den Volcán Barva im Rahmen eines Tagesausflugs erklimmen oder auch im Zelt übernachten möchten, können an der Rangerstation **Barva Sector** (☎2266-1883; Parkeintritt Erw./Kind 12/5 US$; ⌚8–15.30 Uhr) vorbeischauen; sie befindet sich im Südwesten des Parks, 3 km nördlich von Sacramento.

An- & Weiterreise

Regelmäßig verkehren Busse zwischen San José und Guápiles, die Fahrgäste an der Rangerstation Quebrada González absetzen. Nicht so einfach ist es auf dem Rückweg: Man kann zwar entlang der Carretera 32 einen Bus anhalten, es hängt aber von der Laune des Fahrers und der Anzahl der Fahrgäste an Bord ab, ob er tatsächlich auch anhält.

Für Autofahrer geht nördlich von Heredia eine befestigte Straße zur Rangerstation Barva; sie verläuft durch Barva und weiter nach San José de la Montaña, Paso Llano und Sacramento. Von dort führt ein ausgeschilderter, nur für geländegängige Fahrzeuge geeigneter Pfad 4 km gen Norden zum Eingang. Bei Regen besteht er nur aus Schlaglöchern und ist kaum befahrbar. Öffentliche Busse fahren werktags von Heredia aus, jedoch nur bis Paso Llano, 7 km vom Parkeingang entfernt. Für einen Tagesausflug ohne eigenes Fahrzeug muss man einen frühen Bus ab Heredia nehmen. Wer nicht sicherstellt, dass der Bus auch wirklich bis Paso Llano fährt, läuft Gefahr, 15 km vom Eingang entfernt zu stranden.

Guápiles & Umgebung

36 500 EW.

Das nette, untouristische, allerdings nicht sonderlich malerische Agrarstädtchen Guápiles im Tiefland liegt am Fuße der nördlichen Ausläufer der Cordillera Central. Es dient als Umschlagplatz für die Bananen aus der Region Río Frío und eignet sich auch als praktischer Standort, um den Parque Nacional Braulio Carrillo zu erkunden – der Eingang lässt sich mit dem Auto in 20 Minuten erreichen – oder um sich im Veragua Rainforest Research & Adventure Park auf die Zipline zu wagen.

Schlafen

Hotel y Cabinas de Tropico HOTEL $
(☎2710-1882; DZ ab 30 US$; P ❄ 📶) Dieses Quartier im Stil eines Motels ist nicht ge-

BUSSE AB GUÁPILES

REISEZIEL	FAHRPREIS (US$)	FAHRZEIT	VERKEHRSZEITEN
Cariari (Coopetraca)	1	45 Min.	Alle 10–20 Min. 4.40–22 Uhr
Puerto Limón via Guácimo & Siquirres (Tracasa)	5	1–2 Std.	Stündl. 4.50–19.10, So ab 5.30 Uhr
Puerto Viejo de Sarapiquí (Guapileños)	2,40	1 Std.	5, 8, 9, 10.30, 12, 14.30, 16 & 18.30 Uhr
San José (Guapileños)	2,60	1¼ Std.	Alle 15–30 Min. 5–19.30 Uhr

rade eine Augenweide – es liegt in einer Seitenstraße der Hauptschnellstraße (Ruta 32) von Guápiles und wird gern von Brummifahrern frequentiert, die spät abends ankommen und in aller Frühe wieder weiterfahren. In Sachen Preis und Einrichtungen ist es jedoch unschlagbar. Das Hotel ist sauber und bietet einfache Zimmer, die alle eine Klimaanlage, TV und Kühlschrank aufweisen. An der Rezeption sind Snacks erhältlich, und kostenlosen Kaffee gibt es auch noch. Bis zum Stadtzentrum sind es 20 Minuten zu Fuß oder fünf Minuten mit dem Auto.

Casa Río Blanco B&B B&B $$
(☎8570-8294, 2710-4124; www.casarioblanco.com; EZ/DZ/3BZ/4BZ inkl. Frühstück 85/85/100/115 US$; P 📶) Eine der ersten Ökolodges von Costa Rica bietet auf einem 2 ha großen hügeligen Gelände über dem Río Blanco vier einladende Hütten. Ohne Kabelfernsehen und Klimaanlage fühlt man sich in Zeiten zurückversetzt, in denen Froschequaken und flackernde Glühbirnen für ausreichend abendliche Unterhaltung sorgten. Tagsüber kann man sich beispielsweise an der nahe gelegenen Badestelle und im Nationalpark (S. 152) vergnügen.

Hotel Country Club Suerre HOTEL $$$
(☎2713-3000; www.suerre.com; Zi. inkl. Frühstück 110 US$, zusätzl. Pers. 20 US$; P) Das Business-Resort im Stil eines Holiday Inn liegt an der Straße nach Cariari, 1,5 km nördlich vom Servicentro Santa Clara. Geboten sind 98 geräumige, ordentliche Zimmer und zwei Restaurants. Im akribisch gepflegten Hotelareal befinden sich ein Kasino, ein großer Pool, ein Fitnesszentrum, Tennisplätze (Gemeinschaftsnutzung) und ein Kinderspielplatz.

Essen

Soda Yurifer COSTA-RICANISCH $
(☎2710-1721; Casados 4–6 US$; ⏱24 Std.; 📶) Die einfache *soda* (Imbiss) mit limettengrünen Wänden und Cafeteria-Flair bietet billige *casados* (mit Huhn, Fleisch mexikanische Art, Schweinefleisch oder im Fajita-Stil) und frittierten Reis mit Garnelen, Rindfleisch oder auch beidem zugleich. Abrunden lässt sich alles mit eingelegtem Gemüse aus dem großen Chili-Glas, das auf jedem Tisch steht. Das Lokal befindet sich südlich der Avenida Central in der Calle 5. Auf der Karte stehen auch Burger, Hot Dogs und Sandwiches.

Restaurante El Yugo de Mi Tata COSTA-RICANISCH $
(☎2711-0090; Hauptgerichte 5–10 US$; ⏱24 Std.) Äußerlich macht das Lokal nicht viel her, aber dass es das reinste Truck-Stopp-Paradies ist, hat doch einen guten Grund. Es liegt strategisch günstig unten an der Ruta 32, die dann steil zum Parque Nacional Braulio Carrillo (13 km westl. von Guápiles) hinaufführt, und ist der perfekte Zwischenstopp vor oder nach dem Besuch des Nationalparks. Hier verlockt rund um die Uhr eine leckere, breite Auswahl an erschwinglichen Speisen in Form eines Büfetts.

Orientierung

Die Ortsmitte befindet sich etwa 1 km nördlich der Carretera 32 und lässt sich über zwei gut ausgeschilderte Abzweigungen rechts und links vom Taco Bell erreichen. Die beiden wichtigsten Straßen in Guápiles sind allerdings Einbahnstraßen; sie verlaufen parallel zueinander in Ost-West-Richtung. Die meisten Dienstleistungsunternehmen, Restaurants, Geschäfte und Geldautomaten befinden sich an der Biegung, die diese beiden Straßen in der betriebsamen Innenstadt bilden.

ABSTECHER

CENTRO TURÍSTICO LAS TILAPIAS

Chito, der engagierte Inhaber des **Centro Turístico Las Tilapias** (☎2768-9293; 30-minütige Kanaltouren ab 10 US$, *cabinas* DZ mit Ventilator/Klimaanlage 45/50 US$; ⏱9–19 Uhr; P), ist ein begeisterter Naturkundler, der 20 Jahre damit verbrachte, ein 5 km langes Kanalsystem vor den Toren von Siquirres zu bauen und dort Tiere heimisch zu machen. Heute wimmelt es hier nur so von exotischen Kreaturen – von Vögeln, Schildkröten und Faultieren bis hin zu Affen, Fröschen und weiß Gott was allem. Chito veranstaltet nun Ausflüge in seinem florierenden Kanalsystem. Ein gutes Restaurant mit Bar gibt es hier auch, zudem einige reizvolle, rustikale *cabinas*, die oberhalb der Lagune und der Kanäle stehen. Am besten kommt man mit dem Taxi hin oder erkundigt sich bei einem Einheimischen nach dem genauen Weg, denn ganz so einfach gestaltet sich die Anfahrt nicht.

BUSSE AB SIQUIRRES

REISEZIEL	BUSUNTER-NEHMEN	FAHRPREIS (US$)	FAHRZEIT	HÄUFIGKEIT
Limón	Tracasa	2,50	1 Std.	Alle 20–40 Min. Mo–Sa 5–20.10, So 5.30–20.10 Uhr
San José	Autotransportes Caribeños	3	2 Std.	Alle 30 Min.–2½ Std. 14–18.50 Uhr
Turrialba	Transtusa	2,50	1 Std. 50 Min.	Alle 1–1½ Std. Mo 5.30–19, Di–Do alle 2 Std. 5.30–18.30, Fr & Sa alle 1–1½ Std. 5.30–19 & So 6–19 Uhr

An- & Weiterreise

Der moderne Busbahnhof von Guápiles liegt 800 m in nördlicher Richtung von der Hauptschnellstraße entfernt an der westlichen Abzweigung zum Taco Bell.

Siquirres

31 600 EW.

Die drückend heiße Stadt Siquirres im Tiefland war lange ein wichtiger Verkehrsknotenpunkt. Sie liegt an der Kreuzung der Carretera 32 – der Hauptstraße, die das karibische Tiefland in Richtung Puerto Limón durchquert – mit der Carretera 10, der alten Straße, die von San José über Turrialba nach Puerto Limón führt.

Es gibt kaum einen Grund, in Siquirres Halt zu machen, es sei denn, jemand ist nach Parismina unterwegs; in diesem Fall ist der Ort praktisch, um Bankgeschäfte zu erledigen und das Internet oder Telefon zu nutzen. (Tipp: Telefonkarten hier kaufen, in Parismina sind keine erhältlich.) Und zur Orientierung: Die Kirche von Siquirres – ein gut erkennbares, rundes Gebäude mit roter Kuppel – befindet sich auf der Westseite des Fußballplatzes.

Geschichte

Schon vor dem Bau der Highways, die die Stadt durchziehen, war Siquirres ein historisch bedeutender Ort: Hier wurde Anfang des 20. Jhs. die Trennlinie gezogen, die Schwarzen verbot, ohne Sondergenehmigung weiter nach Westen zu fahren. Daher war jeder Zug von Limón nach San José gezwungen, hier anzuhalten und das Personal auszutauschen. Die schwarzen Schaffner und Zugführer wurden auf der Fahrt nach Westen durch spanisches Personal ersetzt, erst dann fuhr der Zug weiter in Richtung Hauptstadt. Erst durch die neue Verfassung im Jahr 1949, die die Rassendiskriminierung verbot, fand dieser äußerst unwürdige Austausch ein Ende.

Auch heute noch gilt Siquirres als der Ort, an dem in Costa Rica die Karibik beginnt – und das nicht nur im geografischen Sinne. Hier weichen die costa-ricanischen *casados* dem karibischen *rondón*; hier erklingen Calypsorhythmen anstelle der spanischen Gitarre.

Schlafen & Essen

Pacuare Lodge LODGE $$$
(☎ 4033-0060; www.pacuarelodge.com; 3-tägige All-inclusive-Pauschalangebote mit 2 Übernachtungen EZ/DZ ab 1348/1866 US$;) Zwei Wege führen zu dieser traumhaften Öko-Lodge, und abenteuerlich gestalten sich wahrhaftig beide. Die meisten Gäste kommen in dieser entlegenen Bleibe am Río Pacuare mit dem Floß an, und zwar nach einer spannenden Paddeltour mit Führer, die 45 Minuten dauert. Die anderen entscheiden sich für die 7 km lange Staubstraße (nur mit dem Geländewagen des Hotels zu bewerkstelligen), die zum Fluss führt, und steigen dort in eine schwankende Seilbahn um, die sie übers Wasser zur Lodge bringt.

Gäste mit einem Faible für alles, was sich unter freiem Himmel abspielt, werden von den eleganten Privatbungalows mit Ausblick auf den Fluss begeistert sein; sie sind mit Hartholzböden, mit von Sonnenenergie betriebenen Duschen und Reetdächern versehen. Zu manchen Bungalows gehört ein Infinity Pool. Die meisten – von den Familienzimmern einmal abgesehen – haben keinen Strom und auch keine Wände, sondern Fliegengitter, wodurch man sich umso besser vom Stadtleben ausklinken und in die Natur eintauchen kann. An Aktivitäten stehen geführte Wanderungen im Primärwald, Ziplines, Canyoning und Treffen mit indigenen Gemeinden in der Nähe auf dem

Puerto Limón

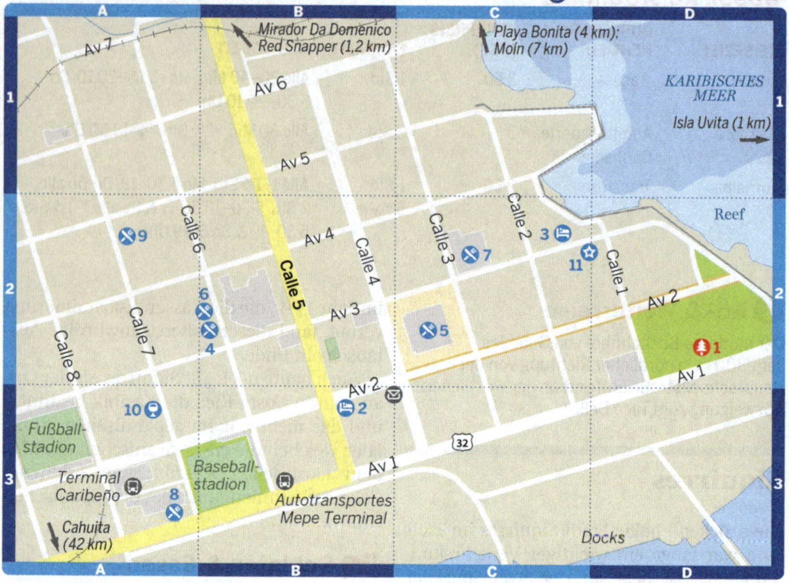

Puerto Limón

Sehenswertes
1 Parque Vargas D2

Schlafen
2 Hotel Miami B3
3 Park Hotel C2

Essen
4 Caribbean Kalisi Coffee Shop B2
5 Central Market C2
6 Macrobiótica Bionatura B2
7 Más X Menos C2
8 Palí A3
9 Soda El Patty A2

Ausgehen & Nachtleben
10 Fruit and Veggies Land A3

Unterhaltung
11 Tsunami Sushi C2

Programm. Die Gäste können sich zudem in einem Wellnesszentrum entspannen und sich auf einer erhöhten Terrasse in den Baumkronen ihr Abendessen schmecken lassen.

Die Lodge nimmt derzeit an einem Panther-Programm teil. Zu diesem Zweck wurden um das Reservat 40 Bewegungskameras installiert, die die Aktivitäten der Wildkatzen aufzeichnen sollen, außerdem gibt es ein Studienzentrum mit Videodokumentationen der jüngsten Sichtungen.

In den Pauschalangeboten sind der Transport von und nach San José, ein zweisprachiger Guide, eine Raftingtour oder der Transport zur Lodge auf dem Landweg, die Ausrüstung, Mahlzeiten, die meisten Getränke und eine Wanderung enthalten.

Wer während seines Aufenthalts unbedingt erreichbar sein möchte, findet in den Gemeinschaftsbereichen WLAN und Ladestationen.

Pacuare River Bar & Grill COSTA-RICANISCH $
(☎7016-3147; www.facebook.com/pacuareriverbar; Bargerichte 2–8 US$; ⏲11–24 Uhr) Diese Bar mit Restaurant im Colorado-Stil an der Ruta 10 zwischen Turrialba und Siquirres wird von der zweisprachigen Einheimischen Johanna und ihrem amerikanischen Partner Kirk geführt. Durch Schwingtüren geht es ins legere Rasthaus hinein, wo man sich einen Drink an der Bar schnappt, die mit Schlangenhaut und Stierhörnern dekoriert ist; und dann verleibt man sich ein scharfes *ceviche* (in Zitrone marinierte Meeresfrüch-

te), frische Rindfleisch-Fajitas oder Chicken Wings ein. Jedenfalls bietet sich das Lokal an, um unterwegs zur Karibikküste eine Pause einzulegen. Einen Blick wert sind die Kajaks vor dem Haus draußen.

An- & Weiterreise

Siquirres verfügt über zwei große Busbahnhöfe. Der eine befindet sich an der Südostecke des Parks und bedient Limón und San José. Busse nach Turrialba fahren von einem separaten Busbahnhof an der Nordseite des Parks ab.

Puerto Limón

58 500 EW.

Puerto Limón ist nicht nur die größte Stadt an der Karibikküste Costa Ricas und die Hauptstadt der Provinz Limón, sondern auch ein vom restlichen Land isolierter Hafen, in dem hart gearbeitet wird. Kreuzfahrtschiffe spucken von Oktober bis Mai träge dreinschauende Passagiere aus, dennoch misst man hier das Geschäft anhand von Wagenladungen Obst und nicht anhand von Busladungen Touristen – und somit sollte hier niemand damit rechnen, irgendwie verhätschelt zu werden.

Da die Landesregierung Limón politisch wie auch finanziell vernachlässigt, ist die Stadt nicht gerade in Würde gealtert: Sie präsentiert sich als unschöne Ansammlung von verfallenen Gebäuden, von Unkraut überwucherten Parks und Gehsteigen, auf denen sich die Straßenhändler drängen. Kriminalität ist hier häufiger an der Tagesordnung als in anderen Karibikstädten. Aber all diesen Unzulänglichkeiten zum Trotz ist Limón ein guter Standort für Abenteuerlustige, die gern Städte erkunden.

Geschichte

Bis in die 1850er-Jahre statteten vor allem Piraten Puerto Limón häufig einen Besuch ab und nutzten die natürlichen Buchten mit ihrem tiefen Wasser als Versteck. Der wichtigste Hafen des Landes hieß zu dieser Zeit Puntarenas am Pazifischen Ozean. Erst als Ende des 19. Jhs. die Eisenbahnstrecke gebaut wurde, entwickelte sich Puerto Limón zu einem bedeutenden Handelszentrum und avancierte zum wichtigsten Ausfuhrhafen für das damals neueste Agrarprodukt des Landes: Bananen.

Ab 1913 mussten viele karibische Farmen aufgrund einer Pflanzenkrankheit schließen, ein Großteil der Bananenproduktion verlagerte sich an die südliche Pazifikküste. Dort konnten die karibischen Arbeiter ihrer Tätigkeit jedoch nicht nachgehen, da sie die Provinz Limón nicht verlassen durften. Sie saßen in Costa Ricas Landesteil mit der schlechtesten Infrastruktur fest und mussten sich notgedrungen mit Subsistenzwirtschaft, Fischerei und der Arbeit auf kleinen Kakaoplantagen über Wasser halten. Manche organisierten schließlich blutige Aufstände gegen die mächtige United Fruit Company. Da Limón den Status quo schließlich satt hatte, unterstützte es während des Bürgerkriegs 1948 den costa-ricanischen Revolutionär José Figueres. Ein Jahr später setzte dieser als Präsident eine neue Verfassung in Kraft, die den Farbigen die vollen Bürgerrechte, Freizügigkeit sowie das Recht, überall im Land zu arbeiten, garantierte.

Auch wenn damit die Rassentrennung offiziell abgeschafft worden war, hat die Provinz Limón bis zum heutigen Tag mit ihrem Vermächtnis zu kämpfen. Sie war die letzte Stadt, deren Straßen befestigt wurden, die letzte, die Strom bekam (Orte südlich der Stadt gingen erst Ende der 1970er-Jahre ans Netz); zudem ist die Kriminalitäts- und Arbeitslosenrate der Region chronisch höher als die im übrigen Land.

Sehenswertes

Playa Bonita STRAND

Die Playa Bonita mit ihrem hübschen Sandstrand erstreckt sich 4 km nordwestlich von Limón.

Parque Vargas PARK

Das Herzstück der Uferpromenade von Puerto Limón wird kaum je einen Preis gewinnen, aber ihr verfallener Musikpavillon, die Wege und Grünanlagen sind dann doch erstaunlich reizvoll. Alles liegt im Schatten von Palmen mit Aussicht auf die Hafenanlagen. Bei Nacht sollte man um diese Gegend allerdings einen Bogen machen.

Geführte Touren

Veragua Rainforest Research & Adventure Park ÖKO-TOUR

(☎ 4000-0949; www.veraguarainforest.com; Erw. mit/ohne Zipline-Tour 99/66 US$, Kind 75/58 US$; ⌚ Okt.–April Di–So 8–15 Uhr, große Gruppen nur in der Nebensaison;) In Las Brisas de Veragua liegt dieser Regenwald-Abenteuerpark mit allem Schnickschnack in den Ausläufern der Cordillera de Talamanca. Der weitläufige Komplex bietet geführte Touren durch den

DIE TRAGÖDIE VON TURTLE BEACH

Die karibische Organisation zum Schutz der Schildkröten erlebte in der Nacht des 30. Mai 2013 einen verheerenden Rückschlag, als der 26-jährige costa-ricanische Umweltschützer Jairo Mora Sandoval auf einem Kontrollgang am Strand von Moín in der Nähe von Puerto Limón ermordet wurde. Die Tragödie macht deutlich, welchen Gefahren Schildkrötenschützer ausgesetzt sind. Vielen Gemeinden an der Küste ist es zwar gelungen, ehemalige Wilderer als Guides und für den Tierschutz anzuwerben, dennoch werden die Eier von Schildkröten auf dem Schwarzmarkt für ihre vermeintlich aphrodisierende Wirkung überaus geschätzt. Der entlegene Strandabschnitt, an dem Jairo seine Arbeit tat, liegt in der Nähe des größten Karibikhafens und ist für seine lange Geschichte des Drogenhandels berüchtigt.

Jairos Tod löste massiven Protest im In- und Ausland aus. Es wurden Rufe nach mehr Polizeipräsenz und stärkeren Schutzmaßnahmen laut. Im Jahr 2016 wurden die vier Wilderer, die des Mordes für schuldig erklärt wurden, zur Höchststrafe verurteilt. Die ganze Angelegenheit war für die Bewegung, die sich in Costa Roca für den Schutz der Schildkröten stark macht, schlichtweg fatal. Dennoch patroullieren einige unerschrockene Aktivisten weiterhin an den Stränden der Karibikküste.

Wald auf erhöhten Wegen, aber auch Attraktionen wie eine Luftseilbahn, ein Reptiliengehege, ein Insektarium sowie Kolibri- und Schmetterlingsgärten. Während der Recherchen zu diesem Reiseführer wurde der Park gerade auf Sonnenenergie umgestellt. Auch eine Zipline-Baumkronentour ist im Angebot. An touristischen Einrichtungen gibt es außerdem eine Cafeteria und einen Souvenirladen. Viele der Attraktionen sind auch mit dem Rollstuhl zugänglich. Und so gelangt man dorthin: Die bei Liverpool südlich der Ruta 32 ausgeschilderte Abzweigung in Richtung Süden nehmen, der Abenteuerpark befindet sich dann 12 km westlich von Puerto Limón.

Feste & Events

Día de la Raza KULTUR

(Kolumbustag; ⌚12. Okt.) Wenn die Stadt es sich leisten kann, feiert Puerto Limón den Día de la Raza eine ganze Woche lang mit ausgelassenen Karnevalsveranstaltungen, darunter Livemusik, Tanz und einem großen Umzug am Samstag. In diesem Zeitraum sollte man sein Hotel auf alle Fälle im Voraus buchen.

Festival Flores de la Diáspora Africana KULTUR

(www.facebook.com/festivaldiasporacr; ⌚Ende Aug.) Dieses Festival zu Ehren der afro-karibischen Kultur hat zwar seinen Mittelpunkt in Puerto Limón; gesponsert und gefeiert werden jedoch nicht nur Veranstaltungen hier in der Stadt, sondern in der ganzen Provinz sowie in San José.

Schlafen

Puerto Limón hat keine Unterkünfte vorzuweisen, die auch nur im Entferntesten einen gehobenen Standard hätten; hier gibt es nur Quartiere im Budget- und mittleren Preissegment. Wer gern ein bisschen netter logieren möchte, sollte nach Playa Bonita gleich in der Nähe fahren.

Hotel Miami HOTEL $

(☎2758-0490; hmiamilimon@yahoo.com; Av 2 zw. Calle 4 & 5; EZ/DZ 27/37 US$, mit Klimaanlage 40/56 US$; P ❄ @) Dank seiner Lage an der Hauptstraße hat dieses saubere, mintgrüne Quartier ein überraschend heiteres Flair, und zwar vor allem die rückwärtigen Zimmer. Alle 34 Wohneinheiten sind sauber und mit Kabel-TV und Ventilator ausgestattet. Die Zimmer mit Klimaanlage bieten heißes Wasser. Das Personal ist herzlich, die Balkone, die alle Gäste nutzen können, gehen auf die Straße hinaus, und die Sicherheitsmaßnahmen tragen dazu bei, dass das Miami so ziemlich das beste Preis-Leistungs-Verhältnis im gesamten Stadtgebiet aufweisen kann.

Hotel Playa Bonita HOTEL $$

(☎2795-1010; www.hotelplayabonita.com; EZ/-DZ mit Frühstück ab 51/76 US$; P ❄ WLAN 🏊) Das Strandhotel bietet einfache, weiß getünchte Zimmer und ein luftiges Restaurant mit Meerblick, in dem von Burgern bis zu Jumbogarnelen alles serviert wird. Es liegt etwa 5 km von der Innenstadt von Puerto Limón und 2,5 km vom Eingang zum Hafen in Moín entfernt.

Park Hotel HOTEL $$

(☎2798-0555; www.parkhotellimon.com; Av 3 zwischen Calle 1 & 2; DZ mit Frühstück 83 US$; P ❄ @ ᯤ) Das attraktivste Hotel der Innenstadt, ein verblasstes gelbes Gebäude am Meer, besitzt 32 Zimmer. Die gefliesten Räume sind ordentlich und verfügen über saubere Bäder mit Warmwasser. Die Superior- und Deluxe-Zimmer bieten Balkon und Meerblick. Im selben Haus befindet sich außerdem noch das vornehmste Restaurant in der ganzen Innenstadt.

Essen

Preisgünstiges Essen gibt es in den *sodas* im **zentralen Markt** (Av 2 zw. Calle 3 & 4; ⊙Mo–Fr 6–20 Uhr), Smoothies im **Fruit and Veggies Land** (☎4702-8653; Calle 7 zw. Av 2 & 3; Smoothies ab 2 US$, Mahlzeiten 2–5 US$; ⊙11–20 Uhr). Gemischtwaren sind im großen **Más X Menos** (Ecke Av 3 & Calle 3; ⊙7–21 Uhr, So bis 20 Uhr) oder im **Palí** (Ecke Calle 7 & Av 1; ⊙Fr–Mo 8–21, Di–Do bis 20.30 Uhr) neben dem Terminal Caribeño erhältlich.

★ **Soda El Patty** KARIBISCH $

(☎2798-3407; Ecke Av 5 & Calle 7; Patí 1,50 US$, Hauptgerichte 2–5 US$; ⊙Mo–Sa 7–18 Uhr) Dieses beliebte karibische Lokal mit neun Tischen und Fußballandenken an den Wänden serviert köstliches *patí* (lockere Blätterteigtaschen, die mit Rinderhack, Zwiebeln, Gewürzen und Panama-Paprika gefüllt sind), aber auch süßen Kochbananenkuchen und Teller, auf denen sich Reis mit Bohnen nur so türmen (und zwar die schärfere, pikantere Variante des costa-ricanischen Traditionsgerichts *casado*).

Macrobiótica Bionatura VEGETARISCH $

(☎2798-2020; Calle 6 zw. Av 3 & 4; ⊙Mo–Fr 8–18.15, Sa bis 17.15 Uhr; ✍) Dieser makrobiotische Gemüseladen verkauft gesundes vegetarisches Essen, Vitamine und alle möglichen Speisen aus Soja.

Mirador Da Domenico Red Snapper KARIBISCH $$

(☎2758-7613; unweit der Calle Los Miranda; Hauptgerichte 10–36 US$; ⊙11.30–24 Uhr; 👪) Die Bosse des neuen Hafenprojekts von Limón essen häufig in diesem malerischen halb italienischen, halb karibischen Restaurant zu Mittag, das sich an einem Berghang mit wunderbarem Ausblick über die Stadt und die Küste befindet. Der Speisebereich im Freien ist mit einer Vielzahl an Fernsehgeräten bestückt; es herrscht eine gesellige Atmosphäre. Jedenfalls ist das Lokal ideal, um ein Fußballspiel anzusehen und dabei noch einen gebratenen Fisch zu verspeisen.

Caribbean Kalisi Coffee Shop KARIBISCH $$

(☎2758-3249; Calle 6 zwischen Av 3 & Av 4; Hauptgerichte ab 10 US$; ⊙Mo–Sa 7–20, So 7.30–17 Uhr) In dem netten Familienbetrieb mit Theke im Cafeteria-Stil stehen die Gäste Schlange, um sich Kokosreis, dicke Bohnen und alles Mögliche, was sonst noch so vor sich hinköchelt, auf den Teller zu häufen – meistens sind das allerlei köstliche karibische Fleisch- und Gemüsegerichte. Hoch gelobt werden auch das preisgünstige Frühstück à la carte und der hervorragend schmeckende *café con leche*.

Reina's MEERESFRÜCHTE $$

(☎2795-0879; Hauptgerichte 9–15 US$; ⊙9–22 Uhr) Auf der Speisekarte des Strandlokals mit lauter Musik und netter Stimmung an der Playa Bonita stehen jede Menge *mariscos* (Meeresfrüchte) und *cerveza* (Bier).

Ausgehen & Nachtleben

Die ruppigen Bars, die rund um den Parque Vargas und ein paar Blocks weiter westlich verstreut liegen, sind der Treff von urigen Küstenanwohnern, nämlich Arbeitern von Bananenplantagen, Matrosen und leichten Mädchen. Das ansprechendere **Tsunami Sushi** (☎2758-8628; Av 3 zw. Calle 1 & 2; Cocktails ab 4 US$, Sushi 2–13 US$; ⊙Fr & Sa 11–2, Di–Do 11.30–23.45 Uhr) kann mit einer guten Cocktailkarte und Livemusik aufwarten. Ein Hinweis noch für Single-Frauen: Nachts nicht alleine herumlaufen und in den Kneipen einen klaren Kopf behalten. Es gibt bessere Städte in der Karibik, um nachts auszugehen.

Praktische Informationen

GEFAHREN & ÄRGERNISSE

Auch trotz verstärkter Polizeipräsenz sind weiterhin Taschendiebe ein Problem, vor allem auf dem Markt und an der Hafenmauer. Da immer wieder auch Touristen ausgeraubt werden, sollte man sich nachts nur in gut beleuchteten Hauptstraßen aufhalten und die besagte Hafenmauer beim Parque Vargas meiden. Autofahrer sollten ihren Wagen nachts unbedingt auf einem bewachten Parkplatz abstellen.

Es muss gesagt werden, dass die meisten tätlichen Angriffe, die in Puerto Limón verzeichnet werden, dem organisierten Verbrechen zuzuschreiben sind und auf Personen abzielen, die mit Drogen- und Menschenhandel zu tun haben; Reisende sind kaum betroffen.

BUSSE AB PUERTO LIMÓN

REISEZIEL	FAHRPREIS (US$)	FAHRZEIT (STD.)	BUSBAHNHOF	HÄUFIGKEIT
Bribrí	5	2½	Autotransportes Mepe	Stündl. 5–19 Uhr
Cahuita	3	1–1½	Autotransportes Mepe	Stündl. 5–19 Uhr
Guápiles (Tracasa)	4,50	1½	Caribeño	Häufig 5–18.20 Uhr
Manzanillo	5	2	Autotransportes Mepe	Alle 1–2 Std. 5–17.15 Uhr
Puerto Viejo de Talamanca	4	1½–2	Autotransportes Mepe	Alle 1–2 Std. 5–19 Uhr
San José (Autotransportes Caribeños)	7	3	Caribeño	Alle 30 Min.–1 Std. 4.30–19 Uhr
Siquirres (Tracasa)	2,50	1	Caribeño	Stündl. 5–19 Uhr
Sixaola	5,50	3	Autotransportes Mepe	Stündl. 5–19 Uhr

GELD

Wer nach Parismina oder Tortuguero weiterreisen möchte, sollte in Puerto Limón die Gelegenheit nutzen, sich mit Bargeld und Telefonkarten einzudecken (in Parismina gibt es keine Geldautomaten, in Tortuguero gerade einmal einen, dem in der Hochsaison aber oft die Scheine ausgehen).

Banco de Costa Rica (Ecke Av 2 & Calle 1) Wechselt US-Dollar und verfügt über einen Geldautomaten.

Scotiabank (Ecke Av 3 & Calle 2; ⌚ Mo–Fr 9–17, Sa bis 13 Uhr) Wechselt Bargeld und bietet einen Geldautomaten, der rund um die Uhr in Betrieb ist und US-Dollar ausgibt.

INTERNETZUGANG

Der Internetzugang gestaltet sich in Puerto Limón relativ gut. Die meisten Pensionen haben WLAN.

MEDIZINISCHE VERSORGUNG

Hospital Tony Facio (☎ 2758-2222) Das Krankenhaus ist für die ganze Provinz zuständig. Es befindet sich nordöstlich des Zentrums.

POST

Post (Calle 4 zw. Av 1 & 2; ⌚ Mo–Fr 8–17, Sa bis 12 Uhr)

ℹ An- & Weiterreise

Puerto Limón ist ein wichtiger Verkehrsknotenpunkt an der Karibikküste.

Es legen in Puerto Limón Kreuzfahrtschiffe an, kleinere Passagierschiffe mit dem Ziel Parismina und Tortuguero nutzen den Hafen von Moín, rund 7 km westlich der Stadt.

Wer mit dem Auto unterwegs ist, sollte seinen Wagen nachts auf einem bewachten Parkplatz abstellen und nichts sichtbar im Auto lassen.

Busse aus sämtlichen Orten im Westen kommen im **Terminal Caribeño** (Av 2 zw. Calle 7 & 8) an, gleich westlich vom Baseballstadion. Alle Busse, die Ziele im Süden ansteuern, fahren am **Autotransportes Mepe Terminal** (☎ 2758-1572; Calle 6 zw. Av 1 & 2) ab; es befindet sich an der Ostseite des Stadions.

Moín

Die meisten Besucher kommen nach Moín wegen der Verbindungen nach Parismina oder Tortuguero. Der Ort befindet sich 8 km nordwestlich von Puerto Limón und ist ein staubiger Verkehrsknotenpunkt für Lastwagen und den Schiffstransfer auf den Verbindungskanälen und Flüssen.

Geführte Touren

Tortuguero Wildlife Tour & Transportation BOOTSAUSFLÜGE
(William Guerrero, TUCA; ☎ 2798-7027, 8371-2323; www.tortuguero-wildlife.com; Fahrt nach Tortuguero (ohne Rückfahrt) ab 35 US$) Das kleine, angesehene Unternehmen wird von Meister-Faultier-Beobachter William Guerrero und seiner Frau geführt. Es ist perfekt, um eine beschauliche Fahrt nach Tortuguero zu buchen – mit zig Zwischenstopps, um Wildtiere zu beobachten und zu Mittag zu essen (nicht inbegriffen).

All Rankin's Tours BOOTSAUSFLÜGE
(☎ 2709-8101, 2758-4160; www.greencoast.com/allrankin; Fahrt nach Tortuguero und zurück ab 70 US$) Wer gern einen gemütlichen Bootsausflug unternehmen möchte, sollte sich für die Touren von Willis Rankin entscheiden, der hier schon seit ewigen Zeiten lebt.

Er bietet auch Pauschalangebote für seine rustikale Lodge in der Nähe der Landebahn von Tortuguero an. Als wir während unserer Recherchen mit ihm unterwegs waren, entdeckte der kenntnisreiche Guide auf der Tour Faultiere, Alligatoren, Schildkröten, Tukane, Echsen, Affen und sogar einen Delfin im Kanal; aber allein schon die schöne Fahrt ist den Ausflug wert.

ℹ An- & Weiterreise

BUS

Busse des Unternehmens Tracasa verkehren von Puerto Limón (etwa 1 US$, 20 Min.) nach Moín; sie fahren stündlich von 5.30 bis 18.30 Uhr am Terminal Caribeño ab, samstags und sonntags weniger häufig. Man steigt aus, bevor der Bus die Brücke überquert.

Caribe Shuttle und **Tropical Wind** (☎ 8327-0317, 8313-7164; einfache Fahrt/Hin- & Rückfahrt) bieten in der Hauptsaison fast täglich verkehrende Pendelbusse auf der Strecke Tortuguero–Moín.

SCHIFF

Die Fahrt mit dem Schiff von Moín nach Tortuguero kann drei bis fünf Stunden dauern – je nachdem, wie häufig das Boot für Tierbeobachtungen anhält (viele der Touren legen auch einen Stopp zum Mittagessen ein). Von Anfang an sollte man ausreichend Zeit einplanen. Auf der Fahrt durch die Kanäle im Dschungel, die an die Abenteuer eines Indiana Jones erinnert, lassen sich Kapuziner- und Brüllaffen, Krokodile, Zwei- oder Dreifingerfaultiere sowie eine erstaunliche Fülle an Wasservögeln sehen, beispielsweise Rosalöffler, verschiedene Reiherarten und viele andere Zugvögel.

Fahrpläne für diese Touristenschiffe existieren nur theoretisch und ändern sich mit der Nachfrage. Wer Glück hat, kreuzt einfach in der Frühe in Moín auf, bezahlt etwas mehr und nimmt dann eines der auslaufenden Boote (um 10 Uhr legt oft mindestens eines ab). Auf der sicheren Seite ist, wer rechtzeitig reserviert, denn vor allem in der Nebensaison wird die Route nicht täglich befahren. Wenn Wasserhyazinthen und Treibholz den Kanal blockieren, ist die Strecke komplett geschlossen. Am besten erfragt man vorher die voraussichtliche Abfahrtszeit und bucht dann auch gleich.

Die einfache Fahrt nach Tortugero kostet im Allgemeinen 35 bis 45 US$, die Hin- und Rückfahrt kommt auf 70 bis 80 US$; nach Parismina sind für die einfache Fahrt 25 bis 35 US$ hinzublättern. **ABACAT** (Asociación de Boteros de los Canales de Tortuguero; ☎ 8360-7325; Bootsausflüge einfache Fahrt/Hin- & Rückfahrt 35/70 US$) organisiert den Transport auf verschiedenen Schiffen. In Tortuguero (S. 175) gibt es weitere Veranstalter, die man ausprobieren kann. Am Hafen von Moín finden sich einfache Toiletten.

NÖRDLICHE KARIBIK

Dies ist die feuchteste Region des Landes, das Netz aus Flüssen und Kanälen beherbergt winzige Fischerdörfer ebenso wie noble Sportfischer-Camps, ursprünglichen Regenwald ebenso wie All-inclusive-Ferienanlagen – ganz zu schweigen von zahlreichen Wasservögeln und verschlafenen Faultieren.

An den langen und unberührten Stränden legen gleich drei verschiedene Arten von Meeresschildkröten ihre Eier ab, und

NEUE INFRASTRUKTUR FÜR DIE HÄFEN IN DER KARIBIK

In der Umgebung von Puerto Limón wurden zwei neue Projekte in Sachen Verbesserung der Infrastruktur auf den Weg gebracht: Der Bau eines 1 Milliarde US$ teuren Containerhafens durch das multinationale Unternehmen APM in Moín, der bereits 2018 den Betrieb aufnehmen konnte, sowie eine von China und Costa Rica finanzierte 495-Millionen-US$-Initiative, die das 107 km lange Teilstück der Autobahn 32 zwischen Río Frío und der Innenstadt von Puerto Limón auf vier Spuren erweitern soll, wobei auch gleich noch 26 km Radwege entstehen sollen.

Es werden zwar schätzungsweise 80 % der Exportgüter Costa Ricas von den Karibikhäfen aus außer Landes gebracht, dennoch ist unklar, ob die wirtschaftlichen Vorteile dieser Projekte wirklich der einheimischen Bevölkerung zugutekommen. Die Pläne, einen Containerhafen zu errichten, hatten im Vorfeld sogar massive Proteste bei den gewerkschaftlich organisierten Hafenarbeitern in Puerto Limón und Moín ausgelöst, die fürchteten, dass die Privatisierung des Hafens ihrem Lebensstandard langfristig eher schaden statt ihn verbessern würde. Andere hingegen vertraten die Auffassung, dass auf diese Weise in dieser Gegend Jobs und Infrastruktur geschaffen würden – wer Recht behält, das wird die Zeit zeigen.

hier in dieser Abgeschiedenheit schlüpfen mehr Suppenschildkröten aus als irgendwo sonst auf der Welt.

Parismina

400 EW.

Wer eine Ahnung bekommen will, wie die Karibikküste Costa Ricas vor der Ankunft des Massentourismus ausgesehen hat, sollte in diesem verschlafenen Fischerdorf am Meer vorbeischauen, das zwischen den Canales de Tortuguero und dem Karibischen Meer liegt. Hier gibt es keine Baumkronentouren, dafür spielen ältere Männer auf den Veranden Domino, und die Kinder planschen in schlammigen Tümpeln herum.

Für unerschrockene Backpacker, die sich hierherwagen, ist Parismina auch eine tolle Location, um Schildkröten zu beobachten und bei ihrem Schutz mitzuhelfen – und zwar ohne die Menschenmassen von Tortuguero. Es gibt zwar weniger Schildkrötenarten und auch nicht so viele Exemplare, die hier nisten, aber es besteht die Möglichkeit, von Ende Februar bis Anfang Oktober Lederschildkröten zu sichten und von Juni bis September Grüne Meeresschildkröten. Karettschildkröten sind von Februar bis September zu bestaunen. Interessant ist auch eine Schildkröten-Brutstätte, in der Freiwillige mithelfen, die Eier zu schützen. Sportfischen ist traditionell ein weiterer Touristenmagnet in dieser Gegend.

Aktivitäten

Von der Beobachtung von Schildkröten einmal abgesehen kann man hier auch wandern, Ausritte hoch zu Ross unternehmen und in der Green Gold Ecolodge alles über die Kokosnuss erfahren. Die Río Parismina Lodge organisiert Exkursionen zum Sportfischen.

Asociación Salvemos Las Tortugas de Parismina FREIWILLIGENDIENST
(ASTOP, Rettet die Schildkröten von Parismina; ☎2798-2220; Homestay pro Nacht inkl. 3 Mahlzeiten & Kontrollgänge 28 US$, Anmeldegebühr 35 US$; ⌚März–Sept. nach Vereinbarung) Diese Basisorganisation zum Schutz der Schildkröten, die bei der Gemeinde enorme Unterstützung findet, hat ehemalige Wilderer als „Schildkrötenwächter" eingestellt. Sie unterhält eine bewachte Brutstätte für Schildkröten in einem 6 km langen Strandabschnitt. Reisende können sich als Wächter melden, um mit den einheimischen Schildkröten-Guides zusammen Kontrollgänge an den Stränden zu absolvieren. Die freiwilligen Tageshelfer müssen einmalig eine Registrierungsgebühr von 35 US$ bezahlen, dann 10 $ pro Kontrollgang (mindestens fünf verpflichtend).

ASTOP organisiert auch Aufenthalte bei Gastfamilien, bietet Volontären kostenlosen Internetzugang und ein Areal zum Relaxen; außerdem arrangiert die Vereinigung Ausritte, Leihräder, Exkursionen zur Schildkrötenbeobachtung und Bootsausflüge mit Wildtierbeobachtung.

Schlafen & Essen

Green Gold Ecolodge LODGE $
(☎8647-0691, 8697-2322; B Erw./Kind 20/10 US$, inkl. 3 Mahlzeiten 50/30 US$) Etwa 3 km südlich der Mole liegt diese einfache, aber gemütliche Lodge – nur ein paar Schritte vom Strand und inmitten eines 36 ha großen Dschungelareals ein authentisches Regenwaldrefugium. Der nette zweisprachige Jason und seine Frau leiten die mit Solarenergie und Generator betriebene Anlage. In einigen der acht mit Fliegengittern bestückten Zimmern im Obergeschoss stehen Schlafsaalbetten, es gibt eine offene Gemeinschaftsküche und auch Gemeinschaftsbäder.

Die Gäste können in Hängematten auf der großen Veranda abhängen mit den Obstbäumen und -sträuchern im Blickfeld oder auch Faultiere und Affen in den Bäumen sichten. Jason arrangiert alle möglichen Aktivitäten – von Wanderungen, Ausritten und Angeln bis hin zu Kokosnuss-Ausflügen (auf denen man erfährt, wie Kokosnüsse wachsen, welche Erntemethoden es gibt und wie die Früchte verwendet werden). Und so kommt man hin: Vom Dorf ist es ein Fußmarsch von etwa 40 Minuten; von der Stadt kann man sich mit einem Truck hinfahren lassen (einfache Fahrt etwa 10 US$). Oder aber man nimmt ein Privatboot (20 US$ ab Caño Blanco); es empfiehlt sich vorab zu reservieren. Mahlzeiten mit Speisen vom Grill, zu denen auch traditionelle Gerichte aus der Karibik gehören, lassen sich arrangieren.

Carefree Ranch CABINAS $
(☎8744-6403; Zi. pro Pers. 12 US$) Die nette Einheimische Anna führt dieses Blockhaus – in Knallgelb mit grünen Verzierungen – gegenüber der katholischen Kirche am südlichen Stadtrand. Geboten werden acht ordentliche Zimmer und eine einladende, breite Veranda vor dem Haus. Jedenfalls ist

die Carefree Ranch so malerisch, wie sie es in Parismina überhaupt sein kann. Leckere hausgemachte *casados* (7 US$) können vorbestellt werden.

Río Parismina Lodge LODGE $$$
(☎210-824-4442; www.riop.com; 3-tägige Angelausflüge ab 2600 US$;) Die Nobellodge inmitten eines 20 ha großen Dschungels bietet einen Pool, einen Whirlpool, Guides, die Englisch sprechen, und Boote für das Meer und die Flüsse. Die Mahlzeiten und Getränke, die internen Charterflüge, der Guide, die Ausrüstung, Köder zum Angeln sowie der tägliche Wäscheservice sind inbegriffen.

Soda Rancho La Palma SODA $
(☎8550-7243; Casados 7 US$; ⌚Mo–Sa 5–21 Uhr) Direkt neben der Mole serviert die gradlinige Doña Amelia frischen, leckeren Fisch und Fleisch-*casados,* außerdem Reis und Bohnen, die auf kreolische Art in Kokossoße gekocht wurden. Außerdem bewahrt sie noch die kleine Marienstatue auf, die während einer Bootsprozession im Juli jedes Jahr zur Schau gestellt wird.

Praktische Informationen

In Parismina gibt es keine Banken und auch keine Post. Da Kreditkarten nicht angenommen werden, sollte man unbedingt ausreichend Bargeld bei sich haben.

In Sachen Internetzugang ist in Parismina auch nicht viel los, aber das Areal zum Relaxen von ASTOP ist gut vernetzt, und die Organisation erlaubt den Besuchern auch, für ein paar Dollar das WLAN zu nutzen.

Im Dorf gibt es ein Münztelefon; Telefonkarten sind nirgendwo im Ort erhältlich – deshalb unbedingt eine mitbringen.

An- & Weiterreise

Parismina lässt sich nur mit dem Schiff oder einem Charterflug erreichen. Die einzige regelmäßige Verbindung besteht nach Cao Blanco (dort Transfer nach Siquirres). Wassertaxis (2 US$, 10 Min.) fahren an der Mole von Parismina wochentags um 5.30, 13.30 und 17.30 Uhr sowie am Wochenende um 5.30, 9.00, 13.30 und 17.30 Uhr ab. An der Mole von Caño Blanco steht dann ein Bus für die Weiterfahrt nach Siquirres (2,20 US$, 2 Std.) bereit; man muss etwa zehn Minuten warten, bis er abfährt. In Caño Blanco gibt es Toiletten und einen Laden, in dem Snacks erhältlich sind. Der Bootsführer und der Busfahrer nehmen nur Landeswährung an: Colones.

Für Fahrten von Siquirres nach Parismina nimmt man zuerst den Bus von Siquirres nach Caño Blanco (2,20 US$, 2 Std.), der um 6.00, 9.30 und 14.00 Uhr abfährt. Nach der Ankunft in Caño Blanco sollte ein Boot an der Mole warten, das weiter nach Parismina (2 US$, 10 Min.) schippert.

Wer in Tortuguero ist oder dorthin (über Moín) fahren möchte, kann sich einen Platz auf einem der Touristenschiffe auf dieser Strecke reservieren, muss dies jedoch unbedingt frühzeitig planen. Es kann nämlich 24 bis 48 Stunden bis zum nächsten Schiff (etwa 25 US$) dauern, denn Parismina wird nicht regelmäßig angefahren. Am besten ruft man also direkt bei einem der Unternehmen in Moín oder Tortuguero an oder bittet die freundlichen Leute vom Soda Rancho La Palma, bei der Buchung behilflich zu sein.

Parque Nacional Tortuguero

Der feuchte **Tortuguero** (☎2709-8086; www.acto.go.cr; 15 US$; ⌚6–18 Uhr, letzter Eintritt 16 Uhr) ist ein 311 km² großer Park an der Küste, der als wichtigster Brutplatz der Grünen Meeresschildkröte (auch: Suppenschildkröte) gilt. Mit jährlichen Niederschlägen von bis zu 6000 mm im nördlichen Parkareal ist dies eine der regenreichsten Gegenden Costa Ricas. Außerdem erstreckt sich das Naturschutzgebiet bis ins Karibische Meer hinein, ein Gebiet von etwa 5200 ha, das Meerestieren einen Lebensraum bietet. Anders ausgedrückt: Man sollte einplanen, viel Zeit im Boot zu verbringen.

Den perfekten Einstieg in den Park bieten die berühmten **Canales de Tortuguero**. Dieses Wunderwerk der Ingenieurskunst wurde 1974 geschaffen, um diverse Lagunen und mäandernde Flüsse zu verbinden und den Binnenverkehr zwischen Limón und den Küstendörfern zu ermöglichen, und das nicht nur im Einbaum. Die regelmäßige Flugverbindung zum Dorf Tortuguero macht nicht halb so viel Spaß wie die gemütliche Fahrt im Taxiboot durch Bananenplantagen und den wilden Urwald.

Aktivitäten

Die meisten Besucher kommen, um die Schildkröten bei der Eiablage an den wilden Stränden zu beobachten. Diese Gegend hat jedoch mehr zu bieten als nur Schildkröten. Tortuguero strotzt nur so vor Wildtieren. Hier finden sich Faultiere und Brüllaffen in den Baumwipfeln, winzige Frösche und grüne Leguane huschen unter den Brettwurzeln herum, und mächtige Tarpune, Alligatoren sowie gefährdete Manatis schwimmen in den Gewässern.

Schildkröten beobachten

Gleich vier der acht existierenden Meeresschildkrötenarten sind in der Region heimisch – dieser Lebensraum ist für die massigen Tiere also wirklich von enormer Bedeutung. Kein Wunder, dass gerade diese Brutplätze die Bewegung zum Schutz der Meeresschildkröten entstehen ließen. Die Caribbean Conservation Corporation, die hier schon seit 1995 die Schildkrötenpopulation beobachtet, war weltweit das erste Projekt dieser Art. Die Anzahl der Suppenschildkröten an der Küste steigt heute wieder, während der Bestand an Leder- und Karettschildkröten rückläufig ist.

Die meisten weiblichen Schildkröten kehren instinktiv zur Eiablage immer wieder an den Strand zurück, an dem sie einst selbst geschlüpft sind. Eine Ausnahme macht die riesige Lederschildkröte: Sie kehrt nur in die Region zurück, nicht an einen speziellen Strand. Im Laufe ihres Lebens legen Schildkröten alle zwei bis drei Jahre Eier ab. Je nach Art kommen sie in einer Saison bis zu zehnmal an Land. Dabei hängt die Reproduzierfähigkeit der Schildkröte nicht unwesentlich vom ökologischen Zustand ihres Lebensraums ab.

Das Schildkrötenweibchen gräbt mit den Füßen eine zylindrische Höhle in den Sand und legt dort 80 bis 120 Eier ab. Das Nest bedeckt es sorgfältig mit Sand, um das Gelege zu schützen. Manche Tiere bauen sogar anderswo falsche Nester, um mögliche Nesträuber zu täuschen. Die Schildkröte kriecht zurück ins Meer und überlässt die Eier sich selbst. Nach 45 bis 70 Tagen brechen die Jungen – gerade einmal so groß wie eine Handfläche – die Eischale mit ihrem Eizahn auf. Anschließend kriechen die Winzlinge in kleinen Gruppen zum Meer. Um nicht auszutrocknen oder Opfer von Möwen oder streunenden Hunden zu werden, streben sie möglichst rasch dem Wasser zu. Sobald die Brandung erreicht ist, müssen sie mindestens 24 Stunden schwimmen, um in tiefere Gewässer zu gelangen und den Räubern an Land zu entkommen.

Die Touren in der Region wurden wegen der Empfindlichkeit des Lebensraums und der extremen Bedrohung mancher Arten inzwischen streng reglementiert. Um die Schildkröten an Land nicht zu verschrecken, warten die Gruppen in der Hochsaison an geschützter Stelle in Strandnähe. Per Funk informiert ein Späher, wo sich das jeweilige Tier befindet und ob es die Gezeitenmarke überschritten und bereits das Nest gescharrt hat. Eine verschreckte Schildkröte tut dies nämlich nicht, sondern kehrt ins Meer zurück und versenkt ihre Eier dort. Erst wenn die Schildkröte an sicherer Stelle mit dem Nestbau begonnen hat, dürfen Besucher an den Strand gehen und zuschauen, wie sie

Tortuguero und Umgebung

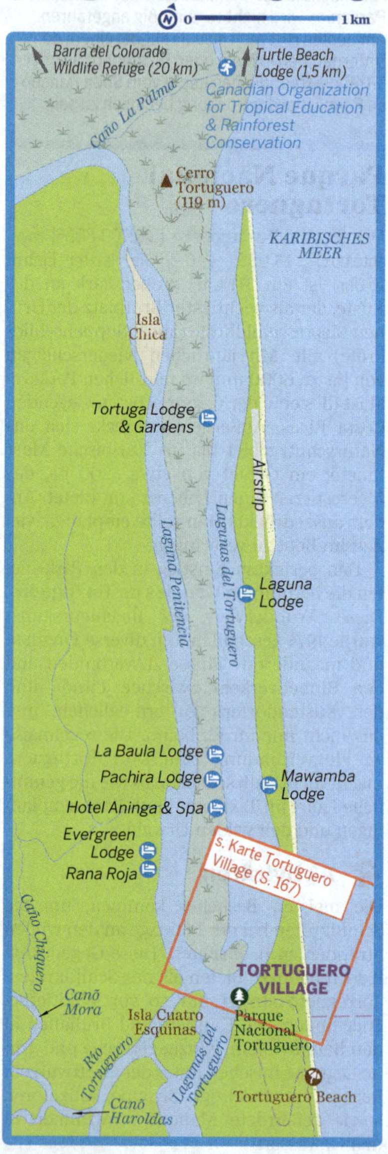

ihre Eier ablegt und dann ins Meer zurückkehrt. Natürlich kann niemand garantieren, dass sich eine Schildkröte blicken lässt, doch gut ausgebildete Guides geben so ausführliche Erklärungen, dass sich die Tour auch dann lohnt, wenn man kein Tier zu sehen bekommt. Laut Gesetz dürfen Touren nur von 8 Uhr morgens bis Mitternacht stattfinden. Führer, die Exkursionen nach Mitternacht anbieten, handeln gesetzwidrig.

Teilnehmer sollten geschlossene Schuhe und Regenkleidung tragen. Die Touren kosten 25 US$. Die Eiablagezeit dauert von März bis Oktober, wobei Juli und August die besten Beobachtungsmonate sind. Auch der April ist nicht schlecht, denn dann legen Lederschildkröten ihre Eier ab. Kameras und Blitzlicht sind am Strand verboten. Die Kleidung sollte möglichst dunkel und nicht reflektierend sein.

Sonstige Tierbeobachtung

Im Nationalpark Tortuguero wurden über 400 Vogelarten verzeichnet, sowohl Strandvögel als auch Zugvögel. Der Park ist für Vogelfreunde das reinste Eldorado. Die ausgedehnten Feuchtgebiete locken insbesondere Wasservögel an – Watvögel, Blatthühnchen, 14 Reiherarten sowie Eisvögel, Tukane und den Tuberkelhokko, eine Art Dschungelpfau, der auch als *pavón* (Pfau) bezeichnet wird. Hauptattraktion ist der große grüne Bechsteinara – er ist vor allem von Dezember bis April zu sehen, wenn die Mandelbäume Früchte tragen. Im September und Oktober sind Schwärme von Zugvögeln anzutreffen, wie Königstyrannen, Rauch- und Purpurschwalben. Das Sea Turtle Conservancy macht alle zwei Jahre eine Bestandsaufnahme der Zug- und Standvögel; Freiwillige Helfer können den Wissenschaftlern helfen, die vielen Spezies zu erfassen.

In Tortuguero lassen sich auch Säugetierarten wie Brüllaffen, Mittelamerikanische Klammeraffen sowie Weißschulter-Kapuzineraffen blicken. Mit einem anständigen Fernglas (und einem guten Führer) entdeckt man meist auch ein Zwei- oder Dreifingerfaultier. Außerdem haben sich die eigentlich sehr scheuen Südamerikanischen Fischotter mittlerweile halbwegs an die Ausflugsboote gewöhnt. Schwieriger zu erspähen sind Rundschwanzseekühe und Delfine, die zur Nahrungssuche ins Brackwasser der Kanäle schwimmen. Im Nationalpark leben auch Großkatzen wie Jaguare und Ozelote – aber diese nachtaktiven Tiere bekommt kaum jemand zu Gesicht.

EINTRITTSGEBÜHR IN DEN PARK

Es wird für jeden Tag, den man den eigentlichen Nationalpark Tortuguero besucht, eine Eintrittsgebühr (15 US$) erhoben. Wer im Park verschiedene Unternehmungen plant, kann sich ein paar Colones sparen, indem er sie alle auf einen Tag legt. Wenn man also beispielsweise am frühen Morgen einen Bootsausflug macht und am Nachmittag desselben Tages eine Wanderung unternimmt, bezhalt man die Eintrittsgebühr nur einmal.

Die meisten Touren zur Tierbeobachtung werden mit Booten durchgeführt. Damit präsentiert sich der Tortuguero besonders frühmorgens oder nach starken Regenfällen von seiner schönsten Seite – dann nehmen nämlich zahlreiche Tiere gerne ein Sonnenbad. Sehr zu empfehlen sind auch Exkursionen mit dem Kajak oder Kanu: Damit kann man geräuschlos auch in abgelegene Ecken und Winkel vordringen.

Bootsfahrten

Vier Wasserstraßen schlängeln sich durch den Parque Nacional Tortuguero und laden zu aufregenden Erkundungstouren ein. Zugang zu dem Geflecht aus Wasserwegen ist der **Río Tortuguero**, der oftmals wunderschön mit Seerosen bedeckt ist und von vielen Reihern, Eisvögeln und Schlangenhalsvögeln aufgesucht wird – Letztere werden wegen ihres schlanken und gebogenen Halses, der beim Schwimmen aus dem Wasser ragt, so genannt.

Der **Caño Chiquero** und der **Caño Mora** sind schmale Wasserwege mit guten Gelegenheiten zur Tierbeobachtung. Laut Parkordnung sind ausschließlich Kajaks, Kanus und Elektroboote zugelassen, die keinen Motorenlärm verursachen. Den Caño Chiquero säumt dichte Vegetation, vor allem rote Guácimo-Bäume und Epiphyten (Aufsitzerpflanzen). Schwarze Schildkröten und grüne Leguane lassen sich hier gern sehen. Der Caño Mora ist an die 3 km lang, aber nur rund 10 m breit und vermittelt so das Gefühl, als sei er direkt dem Dschungelbuch entsprungen.

Der **Caño Haroldas** ist zwar ein künstlich angelegter Kanal, aber das hat natürlich allerlei Tierarten nicht davon abgehalten, sich in diesen ruhigen Wassern anzusiedeln – Jesus-Christus-Echsen etwa, aber auch Kaimane.

Im Dorf Tortuguero kann man ein Kanu oder Kajak mieten oder an einem der verschiedenen Bootsausflüge teilnehmen.

Wandern

Hinter der Rangerstation Cuatro Esquinas ermöglicht der ausgetretene Hauptpfad eine morastige, 2 km lange Wanderung (hin & zurück), die durch feuchten tropischen Regenwald führt und ein Stück weit parallel zum Strand verläuft. Man kann hier ohne größeren Aufwand Grünpapageien und allerlei Affenarten sichten. Der kurze Trail ist gut markiert. Gummistiefel sind erforderlich und können in den Hotels und in der Nähe des Parkeingangs gegen Gebühr ausgeliehen werden.

Eine zweite Wanderung, der Cerro Tortuguero Trail, bietet sich ebenfalls an. Um zum Ausgangspunkt zu gelangen, muss man mit dem Boot zur Ortschaft San Francisco, nördlich von Tortuguero Village, fahren, wo man an einer anderen Rangerstation aussteigt und ein Ticket kauft (7 US$, plus 4 US$ für die Bootsfahrt von 15–20 Min. hin & zurück). Der Pfad führt dann 1,8 km bergauf, wo sich ein schöner Blick über die umliegende Lagune, den Wald und das Meer auftut. Die Casa Marbella (S. 169) in Tortuguero Village ist Besuchern gern bei der Organisation aller Einzelheiten behilflich und besorgt auch einen einheimischen Guide (ab 35 US$), der die Wanderung führt.

Praktische Informationen

Die Parkzentrale befindet sich in **Cuatro Esquinas** (☎ 2709-8086; www.acto.go.cr; ⏲ 6–16 Uhr), unmittelbar südlich von Tortuguero Village. Es handelt sich um eine hilfreiche Rangerstation, in der es Landkarten und Infos gibt. Wer von hier einen Kanuausflug unternehmen möchte, muss wissen, dass neue Bestimmungen die Anzahl der Boote und deren Aufenthaltsdauer in den Kanälen beschränken. Boote sind nur von 6 bis 15 Uhr in den Kanälen gestattet. Die Touren am frühen Morgen und am Nachmittag sind empfehlenswert, um Wildtiere zu sichten und gleichzeitig der Hitze ein Schnippchen zu schlagen. Die Kanaltour sollte man frühzeitig reservieren, und zwar vor allem in der Hochsaison.

Die **Jalova Station** (⏲ 6–16 Uhr) liegt am Kanal am Südeingang des Nationalparks; sie lässt sich von Parismina mit dem Boot erreichen. Obwohl hier weniger Touristen einen Stopp einlegen, gibt es ein kleines Besucherzentrum, einen kurzen Naturpfad und Toiletten.

An- & Weiterreise

Der Parkeingang befindet sich ein kurzes Stück zu Fuß südlich von Tortuguero Village (dem Eingang, den die meisten Besucher wählen), lässt sich aber von Parismina aus auch mit dem Schiff erreichen.

Tortuguero Village

1500 EW.

Das lebhafte kleine Dorf mit starken afrokaribischen Wurzeln liegt im Parque Nacional Tortuguero und ist nur mit dem Flugzeug oder dem Schiff zu erreichen. Bekannt geworden ist es durch die zahlreichen Meeresschildkröten – der Name Tortuguero bedeutet „Schildkrötenfänger" – und wegen der unzähligen Touristen, die diese Reptilien sehen möchten. Hauptsaison sind die Monate Juli und August, aber der Nationalpark und das Dorf ziehen inzwischen ganzjährig Besucher an. Sogar im Oktober, wenn die meisten Schildkröten längst ins Meer zurückgekehrt sind, stellen sich noch Familien und Abenteuerlustige hier ein, die durch den Dschungel wandern, die Nationalparks erobern oder mit dem Kanu durch die verschlungenen Wasserläufe paddeln.

Aktivitäten

Bootsausflüge mit Wasserfahrzeugen ohne Motor bieten die besten Gelegenheiten, Wildtiere zu sichten und gleichzeitig die Wasserstraßen zu erkunden. Unzählige Unternehmen verleihen Kajaks und Kanus und haben auch Kanutouren im Angebot.

Wanderer können auf eigene Faust einen markierten Trail begehen, der neben der Rangerstation Cuatro Esquinas (s. links) beginnt; dieser gut ausgetretene Küstenpfad verläuft nördlich des Dorfs parallel zum Strand zum Flughafen. Eine andere Möglichkeit ist, bei Tageslicht direkt am Strand entlangzumarschieren. Es gibt auch noch andere Wandertouren im und rund um den Park, für die allerdings die Dienste eines Führers erforderlich sind.

Geführte Touren

In der ganzen Ortschaft hängen Schilder aus, auf denen Guides ihre Dienste für Kanaltouren und Spaziergänge zu den Schildkröten anbieten. Die beiden praktischsten Möglichkeiten, derartige Exkursionen zu buchen, sind die Hotels vor Ort sowie der offizielle Kiosk der Asociación de Guías de Tortuguero.

Tortuguero Village

Tortuguero Village

Sehenswertes
1 Parque Nacional Tortuguero B4

Aktivitäten, Kurse & Touren
2 Asociación de Guías de Tortuguero C3
3 Casa Cecropia B4
Castor Hunter Thomas .... (s. 16)
4 Sea Turtle Conservancy B1
Tortuguero Keysi Tours .... (s. 15)

Schlafen
5 Aracari Garden Hostel C3
6 Cabinas Tortuguero C3
7 Casa Marbella C3
8 El Icaco D4
9 Hotel Miss Junie B2
10 Hotel River View C2
11 La Casona C3
12 Toucan & Tarpon Lodge A1

Essen
13 Budda Cafe C3
14 Dorling Bakery C2
15 Fresh Foods C3
Miss Junie's .... (s. 9)
16 Soda Doña María B3
Sunrise Restaurant .... (s.16)
17 Taylor's Place C4
18 Tutti's Restaurant C3

Ausgehen & Nachtleben
19 La Taberna Punto de Encuentro B3

Leonardo Tours OUTDOORAKTIVITÄTEN
(☎ 8577-1685; www.leonardotours.wordpress.com; Naturspaziergänge ab 20 US$; ⏲ 9–19 Uhr) Leonardo Estrada, der über neun Jahre Erfahrung als Guide in dieser Gegend hat, beeindruckt auf seinen Schildkröten-, Kanu-, Kajak- und Wandertouren mit seinem Wissen und seiner ansteckenden Begeisterung.

FREIWILLIGE HELFER FÜR DIE SCHILDKRÖTEN

Canadian Organization for Tropical Education & Rainforest Conservation (COTERC; ☎ 2709-8052; www.coterc.org; B pro Woche inkl. 3 Mahlzeiten am Tag 275 US$) Diese gemeinnützige Organisation betreibt die Estación Biológica Caño Palma, 8 km nördlich von Tortuguero Village. Die kleine biologische Forschungsstation unterhält ein Programm für Freiwillige: Besucher können bei der Instandhaltung der Station und bei Forschungsprojekten mithelfen, darunter die Beobachtung von Meeresschildkröten und Vögeln, aber auch von Säugetieren, Kaimanen und Schlangen; außerdem gibt es noch ein Gemeindeprojekt.

Sea Turtle Conservancy (STC, ehemalige Caribbean Conservation Corporation; ☎ 2297-5510; www.conserveturtles.org; Museum 2 US$; ⏲ 10–12 & 14–17 Uhr) Etwa 200 m nördlich des Dorfs befindet sich die ursprüngliche Organisation zum Schutz der Schildkröten von Tortuguero. Sie wurde 1959 gegründet und betreibt eine Forschungsstation, ein Besucherzentrum und ein Museum. Die Exponate drehen sich um alles, was mit Schildkröten zu tun hat; es wird auch ein Video gezeigt, das sich mit der Geschichte des Schildkrötenschutzes vor Ort beschäftigt. STC bietet auch ein überaus renommiertes Programm für freiwillige Helfer an.

Tinamon Tours AUSFLÜGE
(☎ 8842-6561; www.tinamontours.de; 2½-stündige Wanderungen ab 25 US$, Pauschaltouren mit 2 Übernachtungen pro Pers. ab 100 US$) Barbara Hartung, eine Zoologin, die seit mehr als 20 Jahren in Tortuguero lebt, bietet Wanderungen, Kanutouren sowie Kultur- und Schildkrötenexkursionen auf Deutsch, Englisch, Französisch oder Spanisch an. Pauschalangebote mit zwei Übernachtungen, Frühstück, einem Kanuausflug und einer Wanderung gibt es ab 100 US$ pro Person. Die Eintrittsgebühr in den Park von 15 US$, die für Wanderungen im Park zu entrichten ist, muss jeder Teilnehmer zusätzlich selbst bezahlen.

Riverboat Francesca Nature Tours ANGELN
(☎ 2226-0986; www.tortuguerocanals.com; 2-tägiges Pauschalangebot zum Sportfischen ab 200 US$) Das überaus empfehlenswerte Unternehmen wird von Modesto und Fran Watson geführt. Auf dem Programm steht Sportfischen.

Castor Hunter Thomas EXKURSIONEN
(☎ 8870-8634; www.castorhunter.blogspot.com; Naturexkursionen pro Pers. ab 35 US$) Der hervorragende, seit 44 Jahren in Tortuguero ansässige Castor führt schon über 20 Jahre lang Wanderungen, Exkursionen zu den Schildkröten und Kanuausflüge.

Casa Cecropia ESSEN
(☎ 2709-8196, 8829-8523; 1½-stünd. Tour 20 US$; ⏲ Touren 10.30 & 16 Uhr) In der kleinen Hütte am Eingang zum Tortuguero Nationalpark (S. 163) wird die perfekte Beschäftigung für drinnen angeboten, wenn es draußen regnet. Der Biologe Rafael vermittelt nämlich die Geschichte der Schokolade, genauer gesagt ihren Produktionsprozess, und gibt Interessenten die Möglichkeit, sich selbst im Schälen und Mahlen von Kakaobohnen zu versuchen. Und anschließend darf man dann natürlich noch Schokolade naschen und zudem einen köstlichen Schoko-Drink probieren.

Asociación de Guías de Tortuguero EXKURSIONEN
(☎ 2767-0836; www.asoprotur.com; ⏲ 6–19 Uhr) Die praktischste Möglichkeit, Ausflüge und Aktivitäten zu buchen, ist der offizielle Kiosk der Asociación de Guías de Tortuguero an der Mole. Die Vereinigung von Dutzenden einheimischen Guides bietet Touren auf Deutsch, Englisch, Französisch und in anderen Sprachen an. Die Guides verfügen alle über eine offizielle Genehmigung, Touren im Park zu führen; die Qualität ist dennoch nicht immer gleich gut.

Während der Recherchen zu diesem Reiseführer kostete die zweistündige Schildkrötentour pro Person 25 US$, der Kanuausflug kam auf 20 US$. An weiteren Exkursionen stehen beispielsweise eine zweistündige Wanderung (20 US$), Vogelbeobachtung (35 US$) und Angeln (80 US$, mind. zwei Personen) auf dem Programm. Zu den Tourkosten kommt noch die Eintrittsgebühr von 15 US$ in den Park dazu (bei einem Angelausflug fällt sie nicht an).

Schlafen

Tortuguero kann an seinen Wasserstraßen mit allerlei Quartieren aufwarten. Aber Achtung: Von den abgeschiedeneren Hotels benötigt man oft ein Boot, um ins eigentliche Dorf Tortuguero zu gelangen.

Im Tortuguero Village

Im Dorf finden sich einfachere *cabinas,* die 20 US$ und mehr für ein Privatzimmer verlangen.

Aracari Garden Hostel HOSTEL $
(☎2767-2246; www.aracarigarden.com; B 12 US$, Zi. 22–35 US$;) Das mandarinenfarbige, neu renovierte Hostel an der Südseite des Fußballplatzes bietet acht blitzblanke Zimmer und Aufenthaltsbereiche für alle zum Entspannen, die inmitten von Obstbäumen liegen. Wer hier logiert, kann sich über kostenlosen Kaffee, eine offene Gemeinschaftsküche, einen Büchertausch und Hängematten freuen. Das Meer ist gerade einmal 50 m entfernt, und manchmal lassen sich oben in den Bäumen Tukane sehen.

La Casona CABINA $
(☎2709-8092; www.lacasonatortuguero.com; inkl. Frühstück EZ/DZ/3BZ 20/35/40 US$;) Die reizenden Zimmer dieses Familienbetriebs mit rustikalem Touch, Ventilator und heißen Duschen liegen mitten in einem hübschen Garten. Hier können die Gäste fünf gerade sein lassen, in den Hängematten entspannen und die Kolibris, Echsen und Frösche beobachten, die dem Garten einen Besuch abstatten. Das La Casona befindet sich an der Nordseite des Fußballplatzes.

El Icaco HOTEL $
(☎2709-8044; www.hotelelicaco.com; EZ/DZ/3BZ/4BZ 20/35/45/55 US$;) Das einfache Quartier bietet saubere, bunt gestrichene Zimmer und einen netten Service. Die Lage direkt am Strand ist ideal, und es verlocken auch jede Menge Hängematten, um alles so richtig zu genießen. Das Hotel bietet Zugang zu einem Pool außerhalb des Areals, zudem sind Häuschen vorhanden, die Gruppen und Familien mieten können. Nur Barzahlung. Frühstück (7 US$) ist nach vorheriger Vereinbarung erhältlich.

Cabinas Tortuguero CABINAS $
(☎8839-1200, 2709-8114; www.cabinas-tortuguero.com; Zi. 25–35 US$;) In einer Seitenstraße zwischen der Bootsanlegestelle und dem Parkeingang finden sich acht malerische Bungalows inmitten eines gepflegten Gartens. Das beliebte Budget-Quartier bietet Hartholzböden und Ventilatoren, außerdem ist es mit Hängematten zum Relaxen bestückt, und es sind eine Gemeinschaftsküche und ein Wäscheservice vorhanden. In der Nebensaison sollte man anfragen, ob es Ermäßigung gibt.

★ **Hotel Miss Junie** CABINAS $$
(☎2709-8029; www.iguanaverdetours.com; EZ/DZ Standard 50/55 US$, Superior 65/75 US$, alle mit Frühstück;) Die alteingesessenste Unterkunft in Tortuguero, das Hotel Miss Junie, befindet sich auf einem weitläufigen Grundstück im Schatten von Palmen; Hängematten und Holzsessel sind überall zu finden. Die Zimmer mit Holzvertäfelung in einem Gebäude, das an eine Plantage in den Tropen erinnert, sind geschmackvoll gestaltet; Holz setzt Akzente, die Bettüberwürfe sind bunt. Die Zimmer im Obergeschoss teilen sich einen luftigen Balkon mit schöner Aussicht auf den Kanal; das hauseigene Restaurant (S. 174) unten serviert Köstlichkeiten. Das Hotel befindet sich am nördlichen Ende der Hauptstraße.

★ **Casa Marbella** B&B $$
(☎8833-0827, 2709-8011; http://casamarbella.tripod.com; Zi. inkl. Frühstück 35–65 US$, zusätzl. Pers. 10 US$; @) Das B&B im Herzen des Dorfes mit einer großzügigen, herrlichen Terrasse direkt am Kanal gehört dem Naturforscher Daryl Loth und zählt zu den ansprechendsten Unterkünften, die das Dorf Tortuguero zu bieten hat. Die zehn einfachen, gut ausgeleuchteten Zimmer sind mit einem Deckenventilator ausgestattet; die Bäder sind supersauber, und das herzhafte Frühstück können sich die Gäste mit Blick aufs Wasser schmecken lassen. Die Casa Marbella liegt zwei Minuten zu Fuß nördlich (d.h. links) des Bootsanlegers im Dorf, aber die meisten Schiffe setzen die Gäste direkt am Kanal vor dem B&B ab. Ausflüge in die Umgebung lassen sich beim zweisprachigen, netten Rezeptionspersonal buchen.

Hotel River View HOTEL $$
(☎8579-9414; 1/2/3/4 Pers. 25/50/75/100 US$;) Das Hotel in Bestlage in der Hauptstraße bietet acht einfache, tipptopp Zimmer mit TV und Klimaanlage oberhalb des Flusses. Ein Gemeinschaftsbalkon verläuft über dem Rand des Wassers. Frühstück lässt sich im Restaurant arrangieren, es befindet sich direkt nebenan aber auch eine Bäckerei.

1

Schildkröten der Karibik

Eines der bewegendsten Erlebnisse für viele Besucher der Karibik ist es, an den unberührten Stränden Schildkröten zu beobachten. Die Rückkehr einer riesigen Schildkröte an ihren Geburtsstrand und das mühselige Ritual der Eiablage mitzuerleben, ist eine feierliche und magische Erfahrung. Vier Arten kehren zur Eiablage an die karibische Küste zurück: Suppenschildkröten, Lederschildkröten sowie Echte und Unechte Karettschildkröten. Alle vier sind gefährdet oder vom Aussterben bedroht.

Eine gefährdete Art

Meeresschildkröten brauchen viele Jahre, bis sie ausgewachsen sind und sich fortpflanzen, deswegen stellen Umweltverschmutzung und Wilderei eine große Bedrohung für ihre Bestände dar. Die Arbeit von Tierschützern, etwa der Schutz der Jungen vor Raubtieren oder Versuche, die hiesige Bevölkerung zum Schutz von Schildkröten und ihren Eiern zu bewegen, ist entscheidend für ihren Fortbestand. Möglichkeiten, sich im Rahmen von Freiwilligenarbeit für den Schutz der Schildkröten zu engagieren, gibt es zuhauf entlang der karibischen Küste. Die Aufgaben reichen von Strandpatrouillen über Datensammlung und Tagging (mit einem Etikett versehen) bis hin zur Betreuung von Gelegen und Jungen.

Planung einer Tour

Da viele Schildkrötenarten gefährdet sind, gibt es strenge Regeln für Touren zu ihren Brutplätzen. Es muss auf jeden Fall ein lizenzierter Guide dabei sein, der sicherstellt, dass die Schildkröten in Ruhe ihre Eier ablegen können und ihre Nester

INGA SPENCE/GETTY IMAGES ©

2

ANDIPANTZ/GETTY IMAGES ©

1. Biologen untersuchen Schildkröteneier
2. Junge Lederrückenschildkröten
3. Jungschildkröte auf dem Weg ins sichere Wasser

3

IRIN717/GETTY IMAGES ©

unangetastet bleiben. Die Eiablagezeit ist in der Zeit von März bis Oktober, wobei die Monate Juli und August für Suppenschildkröten die Hauptzeit sind. Im April gibt es ebenfalls viel zu sehen, denn dann gehen vermehrt Lederschildkröten an Land.

Je nach Besuchszeitpunkt beobachtet man vielleicht ein Weibchen dabei, wie es sich an den Strand hievt, mühsam mit den Füßen ein Nest gräbt und tischtennisballgroße Eier hineinlegt – oder eine Gruppe frisch geschlüpfter Jungtiere bei ihren tollpatschigen ersten Gehversuchen auf dem Weg zurück ins Meer.

Schildkrötenbeobachtungstouren können bei der Asociación Salvemos Las Tortugas de Parismina (S. 162) in Parismina sowie bei lizenzierten Guides in Tortuguero gebucht werden.

Den Schildkröten helfen

Es gibt viele Möglichkeiten für Freiwillige, beim Schutz von Schildkröten und anderen Meeresbewohnern an der Karibikküste mitzuwirken. Die meisten Organisationen erwarten, dass man sich für mindestens eine Woche verpflichtet.

Asociación Salvemos Las Tortugas de Parismina (S. 162) Kleine, regional geführte Organisation in Parismina.

Asociación Widecast (S. 186) Vermittelt Einsätze in Cahuita und nördlich der Mündung des Río Pacuare.

Canadian Organization for Tropical Education and Rainforest Conservation (S. 168) Kanadische Organisation mit einer Forschungsstation in Tortuguero.

Sea Turtle Conservancy (S. 168) Organisation mit langer Tradition, die eine Forschungsstation in Tortuguero betreibt.

Außerhalb von Tortuguero Village

Die feudalsten Lodges und *cabinas* liegen außerhalb des eigentlichen Dorfs Tortuguero. Die im Norden und Westen kümmern sich um das Wohl von betuchten Reisenden, die ein Pauschalangebot gebucht haben, die meisten akzeptieren aber auch Gäste – oder Skipper –, die spontan vorbeikommen, wenn sie nicht gerade ausgebucht sind.

★ Rana Roja LODGE **$$**
(☎ 2709-8260, 8730-2280; www.ranarojalodge.com; Zi./Hütten pro Pers. inkl. Frühstück 55/75 US$, Zi. pro Pers. inkl. 3 Mahlzeiten 75 US$; @ 📶 ≋) Die im Regenwald verborgene Lodge jenseits des Kanals von Tortuguero Village weist ein gutes Preis-Leistungs-Verhältnis auf. Die tipptopp Zimmer sind durch erhöhte Fußwege miteinander verbunden; einige verfügen über eine Privatterrasse und Schaukelstühle und haben geflieste Böden, heiße Duschen und einen sagenhaften Ausblick in die Natur – hier lassen sich häufig Echsen, Wild und Reiher sehen. Es stehen kostenlose Kajaks zur Verfügung, und der neue Salzwasserpool hat eine Rutsche. Im Restaurant verlockt allabendlich ein Büfett. Für 30 US$ kann man in Hotel Unterricht in karibischen Tänzen nehmen.

Toucan & Tarpon Lodge CABINAS **$$**
(☎ 8408-4239; www.toucanandtarpon.com; EZ/DZ/3BZ/4BZ inkl. Frühstück 50/60/65/70 US$) Auf der anderen Flussseite von Tortuguero Village bietet diese mit Sonnenenergie betriebene Lodge drei einfache *cabinas* mit Textilien aus Guatemala. In jedem Zimmer können zwei bis fünf Personen übernachten. Ventilatoren gibt es hier nicht, aber die großen Fenster lassen dank der Fliegengitter genügend Luft herein. An weiteren Annehmlichkeiten warten schöne Hängematten, eine Gemeinschaftsküche mit einem gut bestückten Gewürzregal, eine Tischtennisplatte und ein Kanu, das kostenlos benutzt werden darf. Die Möglichkeiten, in den umliegenden Bäumen Wildtiere zu sichten – Affen, Faultiere, Tukane, Gürteltiere, Stachelschweine und viele mehr – sind hervorragend. Man kann für 350 US$ einen Halbtagesausflug zum Angeln buchen; die Erfrischungsgetränke sind inbegriffen.

La Baula Lodge LODGE **$$**
(☎ 2711-3030, 2767-0101; www.labaulalodge.com; EZ/DZ/3BZ inkl. Frühstück 89/99/109 US$; @ 📶 ≋) Nördlich der Ortschaft befindet sich auf der anderen Seite des Flusses diese alteingesessene, entspannte Lodge mit legerer Atmosphäre. Die Zimmer haben Hartholzböden, einen Deckenventilator und heiße Duschen. In der Hochsaison wird im Speisebereich unter freiem Himmel live Marimba- und karibische Gitarrenmusik gespielt. Auf dem 300 m langen Pfad, der durch das Grundstück verläuft, lassen sich exotische Vögel, Klammeraffen, Echsen und Schlangen sichten.

Turtle Beach Lodge LODGE **$$$**
(☎ 2241-1419, nach Geschäftszeit 8837-6969; www.turtlebeachlodge.com; 1-Nacht, 2-Tage All-inclusive-Pauschalangebot pro Pers. EZ/DZ/3BZ/4BZ/Kind 284/245/226/210/91 US$; ≋) Diese abgelegene Lodge lässt sich nach einer abenteuerlichen Bootsfahrt im Stil von Indiana Jones erreichen. Sie liegt inmitten eines 70 ha großen tropischen Gartens und Regenwalds und wird vom Strand und einem Fluss begrenzt. Die geräumigen Holz-*cabinas* mit gefliesten Böden sind mit Hartholzmöbeln ausgestattet und verfügen über riesige Fenster mit Fliegengittern. Die Gäste können das Wegenetz im Dschungel erkunden, im angrenzenden Kanal mit dem Kajak herumfahren oder auch im Pool, der die Form einer Schildkröte aufweist, oder in einer Hütte mit Reetdach samt Hängematten entspannen. In den Tarifen sind der Transport, das Frühstück, das Mittagessen in Büfettform und das Abendessen bei Kerzenschein in der Turtle Tavern mit Restaurant inbegriffen. Die Lodge liegt 8 km außerhalb von Tortuguero Village.

Tortuga Lodge & Gardens LODGE **$$$**
(☎ 2709-8136, 2257-0766; www.tortugalodge.com; Zi. 188–296 US$; 📶 ≋) Die elegante Lodge liegt mitten in einem ruhigen 20 ha großen Privatgarten auf der anderen Kanalseite gegenüber dem Flugplatz von Tortuguero. Die 27 dezenten Zimmer sind im Safaristil des 19. Jhs. eingerichtet – mit cremefarbener Bettwäsche, handgewebten Textilien und nostalgischen Fotos. Die breite Terrasse lädt zum Entspannen ein. Auf dem Hotelgelände verlaufen Wanderwege, es gibt einen Pool am Fluss und eine Bar mit Restaurant.

Hotel Aninga & Spa LODGE **$$$**
(☎ 2222-6841, 2222-6840; www.aningalodgetortuguero.com; Pauschalangebot mit 2 Übernachtungen pro Pers. EZ/DZ 249/209 US$; 📶 ≋) Das Hotel Aninga befindet sich 1 km nördlich des Dorfs auf der anderen Seite des Kanals.

Geboten wird hier eine Reihe von Bungalows auf Pfählen, die durch Stege miteinander verbunden sind, außerdem eine Bar und ein Restaurant, in dem es Essen vom Büfett gibt, darunter karibisches Hühnchen, Rind- und Schweinefleisch, Gemüse und Salate sowie Pasta.

Auch wer nicht hier logiert, kann im Spa einen Termin für Massagen (65–120 US$) und andere Behandlungen vereinbaren.

Evergreen Lodge LODGE $$$
(2222-6841; www.evergreentortuguero.com; Pauschalangebot mit 2 Übernachtungen pro Pers. EZ/DZ/3BZ 296/243/232 US$;) Diese schöne Lodge mit rustikalem Flair bietet 66 Zimmer und Privatbungalows mit Ventilatoren und heißem Wasser mitten im grünen Dschungel. Die Gäste haben Zugang zu einem Poolareal, zur einzigen Baumkronentour von Tortuguero (35 US$), zu Kajaks und einer Bar im Obergeschoss mit Aussicht auf den Fluss. Während der Recherchen zu diesem Reiseführer setzte das Hotel gerade seinen privaten, 1 km langen Naturpfad wieder instand, der in den Park (S. 163) hineinführt.

Laguna Lodge LODGE $$$
(2253-1100, 2709-8082; www.lagunatortuguero.com; EZ/DZ/3BZ inkl. Mahlzeiten, Transfers, Touren & Aktivitäten 253/223/201 US$;) Diese weitläufige Lodge ist großzügig mit wunderschöner Mosaikkunst und anderen Deko-Elementen ausgestaltet. Geboten werden 106 reizvolle Zimmer mit hohen Decken und einer breiten Veranda, die mit in Sarchí gefertigten Schaukelstühlen aus Leder bestückt ist. Außerdem verlocken hier ein Büfett-Restaurant, drei Bars (am Kanal, im Regenwald und am Pool), ein Massageraum, ein Fußballplatz und eine von Gaudí inspirierte Rezeption mit einer gigantischen Muschel auf dem Dach.

Mawamba Lodge LODGE $$$
(2709-8181, 2293-8181; www.mawamba.com; 2 Nächte inkl. Mahlzeiten, Transfers & Standardtouren EZ/DZ/3BZ 345/642/792 US$;) Die Mawamba Lodge mit Billardtischen, Fußballplatz, Mosaik-Pool sowie Schmetterlings- und Froschgärten liegt zwischen dem Kanal und Tortugueros wichtigstem Schildkröten-Strand in fußläufiger Entfernung zum Ort. In den einfachen holzgetäfelten Zimmern gibt es stabile Betten, gute Ventilatoren und geräumige Bäder mit Warmwasser. Alle Zimmer verfügen über Veranden mit Hängematten und Schaukelstühlen.

Pachira Lodge LODGE $$$
(2257-2242, 2256-7078; www.pachiralodge.com; Pauschalangebote mit 2 Übernachtungen pro Erw./Kind 339/170 US$;) Die weitläufige Anlage liegt auf einem 14 ha großen Grundstück. Das Hotel mit knapp 90 Zimmern und einem Swimmingpool in der Form einer Schildkröte steht vor allem bei Familien mit Kindern hoch im Kurs. Die ursprünglichen, bunt gestrichenen Holzbungalows mit Gemeinschaftsterrasse beherbergen Wohnblöcke mit Zimmern, in denen bis zu vier Personen übernachten können. Wiegen und Kinderbetten stehen zur Verfügung. Im Preis inbegriffen sind der Transfer, ein Willkommenscocktail und drei Ausflüge in die Umgebung.

Essen

Eine der unbekannten Freuden von Tortuguero ist die Gastronomie: Die anheimelnden Restaurants verlocken mit Tellern, auf denen karibisches Essen dampft, aber auch mit Speisen wie Pizza und Pasta. Die meisten Lokale verwenden Zutaten der Region.

★ **Taylor's Place** KARIBISCH $
(8319-5627; Hauptgerichte 7–14 US$; 6–22 Uhr) Das schöne Lokal in einer Nebenstraße südwestlich des Fußballfelds wartet mit entspannter Atmosphäre und hochwertiger Küche auf. Nicht nur die einladende Lage mit Garten voller zirpender Insekten und mit Picknickbänken unter bunten Papierlaternen, sondern auch die kulinarischen Kunstwerke des freundlichen Kochs Ray Taylor machen es zu etwas Besonderem. Spezialitäten des Hauses sind u. a. Rindfleisch in Tamarindensoße, Grillfisch in Knoblauchsoße sowie Avocado- und Hühnchensalat.

Fresh Foods KARIBISCH $
(2767-1063; Hauptgerichte 3,50–9 US$, Smoothies 3–4 US$; 7.30–21.30 Uhr) Das Restaurant in Familienbesitz im Geschäftszentrum von Tortuguero Village bietet Frühstück in zig Varianten (Omeletts, Saft, Obst, Toast), solide karibische Mahlzeiten (Hühnchen mit Reis) und köstliche, gigantische Smoothies in bauchigen Fischgläsern. Nach einem langen Tag auf den Kanälen sind ein leckeres Filet karibischer Art und ein Passionsfruchtgetränk dazu genau das Richtige.

Dorling Bakery BÄCKEREI $
(2767-0444; Gebäck 2 US$, Frühstück 4–5 US$; Mo–Sa 5–20.30, So bis 12 Uhr) Da diese Bä-

ckerei schon vor dem Morgengrauen geöffnet hat, bietet sie sich geradezu an, um sich vor einem Flug am frühen Morgen oder einer Kanaltour mit hausgemachten Bananenbroten, Zitronen- und Orangenkuchen oder auch Zimtbrötchen zu verköstigen.

Sunrise Restaurant KARIBISCH $
(Hauptgerichte 6,50–8 US$; ⌚ Mi–Mo 9.30–21 Uhr, Nebensaison ab 11 Uhr) Das gemütliche Lokal im Stil einer Blockhütte zwischen dem Bootsanleger und dem Nationalpark lockt seine Gäste mit dem köstlichen Duft nach gegrilltem Huhn und Schweinerippchen an. Auf den Tisch kommen jedoch auch Pasta mit Meeresfrüchten, Fajitas, Salat, Frühstück sowie mittags und abends das ganze Spektrum an karibischen Essen, und zwar zu den so ziemlich besten Preisen des ganzen Dorfs.

Soda Doña María SODA $
(☎ 8928-8424; Gerichte 5–8 US$; ⌚ 11–20.30 Uhr) In dieser *soda* am Fluss, in der *jugos* (Säfte), Burger und *casados* auf den Tisch kommen, kann man sich von den Strapazen einer Wanderung im Nationalpark erholen. Das Lokal befindet sich rund 200 m nördlich des Parkeingangs.

Tutti's Restaurant ITALIENISCH $
(☎ 2709-8117; Hauptgerichte 5,50–9 $; ⌚ 12–21 Uhr) Das Tutti ist genau das richtige Restaurant, um italienisches Essen zu genießen. Auf den Tisch kommen Lasagne-, Penne- und Spaghetti-Gerichte, aber auch Focaccia mit Käse. Pizza ist in zig Varianten erhältlich, auch als üppige Calzone – die karibische Note wird durch die Tomatensoße ergänzt, die mit Kokos und Garnelen, Zwiebeln und Mozzarella angereichert ist. Happy Hour (d. h. zwei ausgewählte Drinks für 10 $) ist von 15.30 bis 17.30 Uhr.

★ **Miss Junie's** KARIBISCH $$
(☎ 2709-8029; Hauptgerichte 9–16 US$; ⌚ 7–9, 12–14.30 & 18–21 Uhr) Im Lauf der Jahre hat sich das bekannteste und köstlichste karibische Speiselokal von Tortuguero von einer kleinen Privatküche zu einem ausgewachsenen Restaurant gemausert. Die Preise sind dementsprechend natürlich auch gestiegen, aber die Speisekarte ist ihren Wurzeln treu geblieben: Es gibt Jerk Chicken (mariniertes Hühnchen vom Holzfeuer), Filet Mignon, einen ganzen Snapper oder auch Makrele in Kokos-Curry mit Reis und Bohnen. Das Lokal befindet sich am nördlichen Ende der Hauptstraße.

Budda Cafe EUROPÄISCH $$
(☎ 2709-8084; www.buddacafe.com; Hauptgerichte 10–18 US$, Pizza 7–9 US$; ⌚ 13–21 Uhr; 📶 🍸) Stimmungsvolle Clubmusik, tibetische Gebetsfahnen und die Aussicht auf den Fluss verleihen diesem Trendcafé ein beschauliches Flair. Jedenfalls ist das Budha Cafe eine höchst angenehme Location, um sich Pizza, Salate, Cocktails und Crêpes (mit süßer oder salziger Füllung) schmecken zu lassen. Am besten schnappt man sich einfach draußen einen Tisch mit tollem Blick auf die vorbeifahrenden Boote und – mit etwas Glück – bekommt man zusätzlich noch die Birkentyrannen mit gelbem Bauch (eine Vogelart), die übers Wasser flitzen, zu Gesicht.

Ausgehen & Nachtleben

La Taberna Punto de Encuentro BAR
(☎ 8877-6515; ⌚ 11–2 Uhr) Diese beliebte Taverne gibt sich am Nachmittag ganz beschaulich, lockt nach Einbruch der Dunkelheit jedoch mit kaltem Bier und brüllend lautem Reggaetón das Partyvolk an. Von der Haupttanzfläche im Freien ist der Blick auf den Fluss vom Feinsten.

Praktische Informationen

Die Website der Gemeinde Tortuguero Village (www.tortuguerovillage.com) ist eine zuverlässige Informationsquelle. Zusammengestellt sind die Geschäfte vor Ort, zudem wird umfassend erklärt, wie man am besten in diese Region gelangt.

Direkt links vom Bootsanleger ist die Vereinigung der örtlichen Tourguides (S. 168) auch eine gute Informationsquelle für Touristen, was aber ebenso für **Tortuguero Keysi Tours** (☎ 8579-9414; ⌚ 5.30–18 Uhr) gilt.

Mehrere Quartiere vor Ort bieten gute Internetverbindungen, die bei starken Regenfällen allerdings oft Probleme bereiten.

In Tortuguero Village gibt es einen Geldautomaten. Man sollte dennoch genügend Bargeld einstecken, da ihm während der Hochsaison oft die Scheine ausgehen.

An- & Weiterreise

Von San José reist man am praktischsten mit dem Flugzeug oder mit einem der All-inclusive-Bus-Schiff-Shuttles nach Tortuguero. Backpacker mit schmalem Geldbeutel können etwas Geld sparen, indem sie die öffentlichen Verkehrsmittel nutzen.

Wer von der Südkaribik kommt, wendet sich am besten an ein privates Schiffsunternehmen in Moín oder entscheidet sich für ein Shuttle-Angebot ab Cahuita oder Puerto Viejo.

BUS & SCHIFF

Die klassische Route nach Tortuguero ist mit vier bis sechs Stunden Reisezeit ein ziemlicher Aufwand, jedoch mit Abstand die preiswerteste Lösung. Man fährt zuerst mit dem Bus von San José nach Cariari und dann weiter nach La Pavona, wo man das Schiff nach Tortuguero nimmt. Eine praktischere Alternative ist, mit dem Privatschiff von Moín (3–4 Std.) nach Tortuguero zu fahren.

Ab San José & Cariari

Im Gran Terminal del Caribe in San José kauft man sich am Schalter eine Fahrkarte für einen der frühen Busse (6.10 oder 9 Uhr) nach Cariari (etwa 4 US$, 2–3 Std.). In Cariari erwirbt man dann einen weiteren Fahrschein am Schalter, um mit dem örtlichen **Coopetraca-Bus** (☎ 2767-7590; 2,20 US$, 11.30 & 15 Uhr) nach La Pavona (1–2 Std.) zu fahren, wo man dann ins Schiff (3,50 US$, 13 und 16.30 Uhr) nach Tortuguero (etwa 1 Std.) umsteigt.

In der Gegenrichtung verkehren die Schiffe von Tortuguero nach La Pavona täglich um 5, 9, 11 und 14 oder 15 Uhr, wo dann an der Mole von La Pavona Anschluss zu den Bussen in Richtung Cariari besteht.

Von Moín

Die Route Moín–Tortuguero wird vor allem touristisch genutzt. Einen Fahrplan gibt es nicht, doch Schiffe befahren die Strecke und legen in beide Richtungen in der Regel um 10 Uhr ab. Die drei- bis vierstündige Fahrt kostet zwischen 30 und 40 US$ (hin & zurück 75 US$). Auf Wunsch der Fahrgäste halten die Schiffe unterwegs in Parismina (einfache Strecke von Tortuguero oder Moín 25–35 US$). Achtung: Insgesamt kann es 24 bis 48 Stunden dauern, einen Platz an Bord zu ergattern, vor allem in der Nebensaison. Für die Weiterreise ab Moín setzt man sich in einen Linienbus zum Busbahnhof von Puerto Limón (rund 1 US$, 20–30 Min.).

FLUGZEUG

Die schmale Start- und Landebahn befindet sich 4 km nördlich von Tortuguero Village. **NatureAir** (☎ 2299-6000; www.natureair.com) bietet in der Hochsaison am frühen Morgen Flüge von/nach San José an. Es landen hier regelmäßig auch Charterflugzeuge.

SHUTTLESERVICE

Wer die Planung lieber anderen überlässt, kann sich bequem in einen Shuttle von San José, Arenal-La Fortuna oder der südlichen Karibikküste nach Tortuguero setzen, was nur wenige Stunden dauert. Shuttleunternehmen bieten Fahrten nach La Pavona oder Moín an, von wo aus man die verbleibende Strecke nach Tortuguero mit dem Boot zurücklegt. Diese Option ist ziemlich günstig und unkompliziert, da man nur eine einfache Fahrkarte kaufen muss und die Guides beim Umstieg vom Minibus auf das Schiff behilflich sind.

All Rankin's Tours (S. 160) Shuttles von Moín nach Tortuguero und zurück mit hervorragenden Naturguides (ab 70 US$).

Caribe Shuttle (☎ 2750-0626; www.caribeshuttle.com) Shuttles ab Puerto Viejo (75 US$, 5 Std.) und Arenal-La Fortuna (60 US$, 6 Std.).

Exploradores Outdoors (S. 189) Teurere Pauschalangebote, bei denen der Transport ab San José, Puerto Viejo oder Arenal-La Fortuna, ein Ausflug zum Raften in der Mitte der Fahrt und die Unterkunft in Tortuguero inbegriffen sind.

Jungle Tom Safaris (☎ 2221-7878; www.jungletomsafaris.com) Bietet Shuttles von Tortuguero nach San José (nur einfache Fahrt; 45 US$). All-inclusive-Pauschalangebote mit ein oder zwei Übernachtungen (99–152 US$) beinhalten oftmals auch Shuttles ab Cahuita (60 US$), Puerto Viejo (60 US$) und Arenal-La Fortuna (60 US$) sowie optionale Exkursionen.

Pleasure Ride (☎ 2750-2113, 2750-0290; www.pleasureridecr.com) Shuttles ab Puerto Viejo (ab 75 US$, etwa 1½ Std.) und Cahuita (ab 70 US$, etwa 1 Std.).

Ride CR (☎ 2469-2525; www.ridecr.com) Shuttles ab Arenal–La Fortuna (55 US$). Minimum zwei Fahrgäste.

Riverboat Francesca Nature Tours (S. 168) Shuttles ab San José nach Tortuguero via Moín (ab 75 US$, inkl. Mittagessen) sowie Pauschalangebote mit Quartier.

Terraventuras (S. 1931) Pauschalshuttles ab Puerto Viejo (99 US$), die über Nacht fahren.

Willie's Tours (S. 180) Shuttles ab Cahuita (ab 70 US$).

ℹ Unterwegs vor Ort

Water Taxi (☎ 8966-6425; Fahrpreis ab 10 $) Der nette Bootsführer aus Kolumbien Enrique schippert in seinem Wassertaxi die Fahrgäste durch die Wasserstraßen vor Ort. Die Preise richten sich nach der jeweiligen Fahrt.

Barra del Colorado

Mit 904 km² – einschließlich dem Grenzgebiet nach Nicaragua – ist das Refugio Nacional de Vida Silvestre Barra del Colorado (kurz „Barra") das größte nationale Tierschutzgebiet in Costa Rica. Und es ist auch eines der abgelegensten – vor allem seitdem im Jahr 2009 die kommerziellen Fluglinien des Landes den Betrieb in diese Region eingestellt haben.

Die Region ist schon lange bei Sportfischern beliebt, die sich hier auf die Jagd nach Hornhechten, Tarpunen und Barschen machen. Wer sich nicht fürs Fischen interessiert, kann sich an einer sagenhaften Naturlandschaft erfreuen. Mehrere Flüsse – Río San Juan, Río Colorado und Río Chirripó – winden sich durch den Park und durchqueren auf ihrem Weg zum Atlantischen Ozean Sümpfe, Mangroven und Lagunen. Diese sind Lebensraum von Seekühen, Kaimanen, Affen, Tapiren und Dreifingerfaultieren. Unzählige Vogelarten – vom Tukan bis zum Weißbussard sowie viele Wasservögel – lassen sich hier beobachten.

Aktivitäten

Die Betreiber der Lodges in dieser Gegend leben in erster Linie vom Angeln. Sie organisieren aber auch auf die Wünsche der Gäste zugeschnittene Exkursionen zur Tierbeobachtung an den Mangroven, Lagunen und Kanälen (ab 40 US$).

Von Januar bis Juni beißen Tarpune, von September bis Dezember Hechte, wobei die Bedingungen das ganze Jahr über gut sind: An der Küste gibt es Barrakudas, Makrelen und die Barschart *cavallas*; im Fluss tummeln sich außerdem Blaue Sonnenbarsche, *guapote* (Regenbogenbarsche) und *machaca*. Auch Hochseeangeln (Marline, Thunfische und Segelfische) ist möglich.

Generell ist aber die Pazifikküste das bessere Terrain für Hochseeangler. Da sich an einem guten Tag Dutzende Fische aus dem Wasser ziehen lassen, halten sich die meisten Lodges, die solche Ausflüge organisieren, an die artenfreundliche Devise „fangen und wieder freilassen".

Geführte Touren

Roberto Abram BOOTSAUSFLÜGE
(☎8818-8749; 1-stünd. Kanaltouren ab 25 $) Ein empfehlenswerter Guide, den man über die Casa Marbella (S. 169) in Tortuguero Village anheuern kann; er führt auch Ausflüge auf den Flüssen, die in Barra del Colorado beginnen.

Schlafen

Die meisten Quartiere in dieser Gegend finden sich westlich der Start- und Landebahn auf der Südseite des Flusses. Die **Tarpon Land Lodge** (☎8818-9921; EZ/DZ 24/32 US$, inkl. Sportfischen & Vollpension 250/350 US$; ❄ ▣) und die Río Colorado Lodge lassen sich zu Fuß erreichen. Die anderen Lodges holen Gäste, die reserviert haben, mit dem Boot ab. Es gibt auch ein paar einfache *cabinas* zwischen der Start- und Landebahn und dem Strand; es handelt sich um Familienbetriebe, die 30 bis 45 US$ pro Übernachtung verlangen.

Río Colorado Lodge LODGE $$$
(☎2232-4063, in USA 800-243-9777; www.riocolorado lodge.com; Pauschalangebote zum Fischen inkl. Unterkunft & Mahlzeiten pro Tag 575 US$; ❄ 📶) Die Lodge mit 18 Zimmern befindet sich in Besitz eines Rechtsanwalts im Ruhestand aus Mississippi. Sie ist in einem großzügigen Gebäude im Tropenstil untergebracht und verfügt über luftige Zimmer, die durch überdachte Gehwege miteinander verbunden sind. Ein Billardtisch und eine Veranda mit Satelliten-TV sind auch vorhanden. Die Bar in Fußnähe von der Start- und Landebahn lockt viele Einheimische an, und die regelmäßig stattfindende Happy Hour am Nachmittag hat den Ruf der Río Colorado Lodge als Partyhochburg gefestigt.

Das Frühstück können sich die Gäste auf der Veranda mit Ausblick über den Fluss schmecken lassen; abends genießen sie herzhafte amerikanische und costa-ricanische Gerichte – von Schweinekoteletts und Rinderbraten bis zu Backhuhn südländische Art sowie frisches Obst und Gemüse. In den Pauschalangeboten zum Angeln sind das Quartier, die Mahlzeiten, ein achtstündiger Ausflug zum Fischen und die Happy Hour inbegriffen.

Silver King Lodge LODGE $$$
(☎8447-5988; www.silverkinglodge.com; Pauschalangebote mit 3 Übernachtungen pro Pers. 3850 US$; ❄ @ 📶 ▣) Diese Lodge zum Sportfischen ist vor allem um das Wohl von Paaren, Familien und Freundesgruppen bemüht. Die zehn riesigen Hartholzzimmer haben Decken aus Bambus und bieten jede Menge Annehmlichkeiten. Im Freien führen überdachte Spazierwege zum Pool, Whirlpool und zur Sauna. Die opulenten Mahlzeiten werden in Form eines Büfetts gereicht; die Bar im Freien zaubert gute Cocktails. Im Preis inbegriffen sind die Ausrüstung, die Angelgenehmigung, der Transport per Flugzeug von und nach San José sowie eine Zigarre am Tag. Kein Scherz!

An- & Weiterreise

Am billigsten, aber kompliziertesten reist man nach Barra del Colorado mit dem öffentlichen Bus und Schiff von Cariari an. Busse des Unternehmens **Coopetraca** (☎2767-7137) verkehren von Cariari zum Dorf Puerto Lindo (etwa 5 US$, 2½ Std., 4 und 14 Uhr), dann steigt man ins

WIE MAN NACH NICARAGUA KOMMT

Die nördliche Grenze des Reservats markiert der Río San Juan, der gleichzeitig auch der Grenzfluss nach Nicaragua ist (viele Einheimische, die hier wohnen, sind Staatsbürger Nicaraguas). Diese Region war in den 1980er-Jahren wegen des Nicaragua-Konflikts sensibel. Heute ist es jedoch möglich, am Río Sarapiquí entlang nach Norden zu reisen und am Río San Juan entlang nach Osten, wodurch man technisch gesehen Nicaragua betritt. Touristen aus dem Ausland sollten jedenfalls ihren Pass und den Nachweis der bezahlten 35 US$ Genehmigungsgebühr mit sich führen, wenn sie beim Angeln sind.

Wer plant, weiter ins Landesinnere von Nicaragua zu reisen, kann sich von seiner Lodge ein Wassertaxi zur Grenzstadt San Juan del Norte organisieren lassen. Dieser Ort heißt heute San Juan de Nicaragua (oder: Greytown). Es handelt sich dabei um ein beschauliches Dorf mit wenig Dienstleistungen, das dafür aber eine interessante Geschichte vorweisen kann. Es befand sich im Lauf der Jahrhunderte unter der Herrschaft des Miskito-Volkes, spanischer Kolonisten, britischer Truppen und sogar der US-Marine. Ein Großteil wurde während des sogenannten Contra-Sandinista-Konfliks in den 1980er-Jahren zerstört.

Da der Grenzübergang wenig genutzt wird, sollte man den Ausflug nicht unternehmen, ohne zuvor mit der Einwanderungsbehörde von Costa Rica (S. 581) Rücksprache gehalten zu haben. Barra del Colorado verfügt über eine Polizeiwache, aber über keine eigene costa-ricanische Einwanderungsbehörde, und das bedeutet, dass sich die Wiedereinreise problematisch gestalten könnte. An der Grenze zu Nicaragua befindet sich eine Einwanderungsbehörde; man muss pro Boot 2 US$ für die Einreise bezahlen und dann 12 US$ für die Ausreise. Die **Río Indio Ecolodge** (☎2296-0095; www.therioindiolodge.com; San Juan de Nicaragua; EZ/DZ inkl. Mahlzeiten pro Pers. 232/185 US$; @ 📶 ❄) leistet bei den genaueren Modalitäten des Grenzübertritts gern Hilfestellung.

Von San Juan verkehren unregelmäßig Passagierschiffe ins übrige Nicaragua; sie fahren den Río San Juan nach San Carlos hinauf, einer Ortschaft am Lago de Nicaragua.

Schiff nach Barra del Colorado (etwa 6 US$, 20 Min.) um. Die Busfahrer und Bootsführer nehmen nur Landeswährung an, d. h. Colones.

Eine erheblich einfachere und malerische Alternative, nach Barra del Colorado zu gelangen, ist, in Tortuguero ein Boot zu chartern. Die Fahrt von 90 Minuten Dauer kostet ab 100 US$ pro Schiff (der Preis kann aufgrund der aktuellen Spritpreise, der Saison und der Anzahl an Fahrgästen höher oder niedriger ausfallen). Ein empfehlenswerter Guide ist Enrique (S. 175) in Tortuguero Village; er bietet auch Ausflüge auf den Wasserstraßen von Tortuguero an.

Und nach all dem ist eigentlich klar, dass die meisten, die sich einen Angeltrip in entlegener Landschaft wünschen, mit einem Charterflug aus San José anreisen, den die verschiedenen Lodges arrangieren.

SÜDLICHE KARIBIK

Die Südküste ist das Herz und die Seele von Costa Ricas afro-karibischer Bevölkerung. In der Mitte des 19. Jhs. kamen zahlreiche Arbeiter aus Jamaika hierher und ließen sich dauerhaft an der Küste nieder, ein Teil von ihnen war beim Bau der Eisenbahnlinie beschäftigt, andere arbeiteten für die United Fruit Corporation.

Ebenfalls in dieser Gegend, allerdings ein Stück landeinwärts, leben die wichtigsten indigenen Gruppen des Landes – Gemeinschaften, die es trotz jahrhundertelanger Übergriffe durch die Spanier, trotz der Bananenindustrie und trotz der durch den Tourismus beschleunigten Globalisierung geschafft haben, intakt und eigenständig zu bleiben. Sie sind vor allem in den indigenen Territorien Cocles/Kèköldi, Talamanca Cabécar sowie Bribrí zu Hause.

Natürlich blieb diese faszinierende Enklave nicht für alle Zeiten isoliert. Seit den 1980er-Jahren stellen sich an der Südküste immer mehr Surfer, Backpacker und abenteuerlustige Familien ein, die hier ihren Urlaub verbringen – und so manche von ihnen sind geblieben, sodass der Kulturmix nun auch noch mit deutschen, italienischen und amerikanischen Einflüssen angereichert ist. Reisende erwarten somit vielfältige, multikulturelle Erfahrungen – und schöne Strände gibt es obendrein.

Reserva Biológica Hitoy-Cerere

Das **Hitoy-Cerere** (☎2206-5516; US$5; ⏲8–16 Uhr) ist eines der zerklüftetsten und am seltensten besuchten Naturschutzgebiete Costa Ricas. Das 99 km² große Areal liegt am Rand der Cordillera de Talamanca, die sich durch unterschiedliche Höhen, immergrüne Wälder und rauschende Flüsse auszeichnet. Das Hitoy-Cerere zählt wohl zu den feuchtesten Reservaten des Nationalparksystems; es wird jährlich von 4000 bis 6000 mm Regen unter Wasser gesetzt. Man sollte somit im Hinterkopf behalten, dass der Fluss Brücken wegspülen kann und sich vor dem Besuch bei einem Guide über die aktuellen Verhältnisse informieren.

Die Reserva Biológica Hitoy-Cerere ist von einigen der abgelegensten indigenen Reservaten des Landes umgeben, die man mit einem örtlichen Guide besuchen kann. Und: Im Primärwald leben Jaguare.

Es gibt am Eingang zu diesem Reservat eine Rangerstation mit Toiletten, weitere Infrastruktur ist allerdings nicht vorhanden. Ein 9 km langer Pfad führt in Richtung Süden zu einem Wasserfall; dieser ist allerdings rutschig, steil und in schlechtem Zustand. Wenn die Flüsse viel Wasser führen, sind einige Stellen zum Überqueren unpassierbar. Es empfiehlt sich deshalb, Dschungelstiefel zu tragen.

Aktivitäten

Local Guide WANDERN

(☎8412-8355) Der in Cahuita stationierte Naturguide Richard arbeitet mit anderen Führern zusammen, um abenteuerlustigen Wanderern die Reserva Biológica Hitoy-Cerere zu zeigen; unter seiner Regie finden auch Ausflüge zum Schnorcheln und Wanderungen im Parque Nacional Cahuita (S. 186) statt.

An- & Weiterreise

Mit dem Auto (Geländewagen erforderlich) dauert die Fahrt ab Cahuita etwa zwei Stunden. Man nimmt die Ruta 234 in Richtung Finca Concepción – es geht auf mehreren Staubstraßen an einer beeindruckenden Bananenplantage vorbei. Dann fährt man hinter dem Fußballplatz durch das Dorf Finca Concepción und nimmt anschließend an der Kreuzung den linken Abzweig, um anschließend rechts weiterzufahren. Die Rangerstation befindet sich dann am Ende einer miserablen Staubstraße, die hohe Anforderungen an die Fahrkünste stellt. Dort schreibt man seinen Namen ins Besucherbuch – aller Wahrscheinlichkeit nach ist sonst kein Mensch da.

Cahuita

8300 EW.

Auch wenn der Tourismus an der Südküste Costa Ricas boomt, konnte sich Cahuita sein entspanntes Karibikflair bewahren. Die Staubstraßen liegen weiterhin fern der Hauptschnellstraßen, viele der älteren Häuser stehen auf Pfählen, und die Nachbarn plaudern gern auf Mekatelyu.

Cahuita behauptet mit Stolz, hier habe sich der erste karibische Siedler niedergelassen: der Schildkrötenfischer William Smith, der im Jahr 1828 mit seiner Familie nach Punta Cahuita zog. Zusammen mit anderen Einwanderern aus der Karibik betreiben nun seine Nachkommen die zauberhaften Lokale und bunt gestrichenen Bungalows, die diesen äußerst idyllischen Küstenabschnitt säumen.

Da diese hübsche Ortschaft am Meer nicht über einen Strand verfügt, unternehmen viele Besucher den fünfminütigen Abstecher die Küste hinauf zur Playa Negra oder in den benachbarten Parque Nacional Cahuita Richtung Südosten.

Sehenswertes

★ **Playa Negra** STRAND

Am nordwestlichen Ortsrand von Cahuita erstreckt sich die Playa Negra, ein langer Strand mit schwarzem Sand, an dem die *bandera azul ecológica* weht – eine Fahne, die besagt, dass der Strand den höchsten ökologischen Maßstäben genügt. Die Playa Negra ist ganz klar die Toplocation in Cahuita, um zum Schwimmen zu gehen, aber voll wird es hier nie. Bei entsprechender Dünung verlockt ein guter Beachbreak, der sich für Surfanfänger eignet.

Playa Blanca STRAND

Der Strand erstreckt sich am Eingang zum Nationalpark und bietet gute Möglichkeiten zum Schwimmen.

Tree of Life GÄRTEN

(☎8317-0325, 2755-0014; www.treeoflifecostarica.com; Erw./Kind 15/7,50 US$; ⏲Tour 1. Nov.–9. April Di–So 11 Uhr) Das gepflegte Tierreservat mit botanischem Garten liegt 3 km nordwestlich der Ortschaft an der Straße zur Playa Negra. Es hat sich der Rettung und Pflege der Tiere verschrieben und veranstaltet auch pädagogische Programme zum Tierschutz. Im Reservat leben u. a. Honigbären, Nabelschweine, Faultiere, Affen und Tukane. Die Beschilderung auf Englisch ist hervorragend, und vor Ort ist auch Freiwilligenarbeit möglich; Informationen liefert die Website.

Geführte Touren

Schnorcheln, Reiten, Wanderungen im Nationalpark, Schokoladen-Exkursionen und Besuche der indigenen Territorien in der näheren Umgebung zählen zu den Standardangeboten.

Centro Turístico Brigitte AUSRITTE
(☎ 2755-0053; www.brigittecahuita.com; Playa Negra) Hinter der Reggae Bar (S. 184) im Herzen der Playa Negra befindet sich in einer gut ausgeschilderten Seitenstraße dieses Unternehmen, das die ganze Angebotspalette im Programm hat, sich jedoch eigentlich auf Ausritte (Std. bis ganzer Tag; 35–110 US$) und Surfunterricht (35 US$ inkl. Surfbrettnutzung) spezialisiert hat. Brigitte vermietet aber auch Stahlrösser (8 US$8) und bietet einen Wäsche- (10 US$ pro Trommel) und Internetservice (2 US$ pro Std.) an. Am besten wirft man einfach einmal einen Blick auf die Website oder schaut vorbei, um alle Einzelheiten in Erfahrung zu bringen.

Außerdem gibt es hier noch ein paar einfache Holz-*cabinas* sowie zwei Einzelzimmer; und das Frühstück ist auch lecker.

Cahuita Tours TOUREN
(☎ 2755-0101, 2755-0000; www.cahuitatours.com; ⏲ 7.30–12 & 14–17 Uhr) Dieses Unternehmen zählt zu den renommiertesten im Ort. Auf dem Programm stehen Ausflüge zum Schnorcheln (ab 55 US$ pro Pers.), Ausritte (85 US$) und Wanderungen (ab 50 US$).

Snorkeling House AUSFLÜGE
(☎ 8361-1924; www.snorkelinghouse.com; Schnorcheltrips Erw./Kind ab 25/15 US$) Der einheimische Guide und Naturforscher Fernando Brown veranstaltet seine hervorragenden Schnochelausflüge im Cahuita Nationalpark (S. 186) ab dem Miss Edith's (S. 185), einem Restaurant, das seiner Familie gehört. Im Ausflug inbegriffen sind ein paar Zwischenstopps an Stellen, wo man oft Riffhaie, Rochen und zahlreiche andere Fische sehen kann; zum Abschluss gibt es noch einen Snack mit frischem Obst.

Mister Big J's AUSFLÜGE
(☎ 8887-4695, 2755-0060; Reiten ab 45 US$; ⏲ 8–19.30 Uhr) Auf dem Programm stehen Ausritte, Wanderungen, Schnorcheln und andere Ausflüge in die Umgebung.

ABSEITS DER ÜBLICHEN PFADE

SELVA BANANITO

Die **Selva Bananito Lodge** (☎ 2253-8118, 8375-4419; www.selvabananito.com; DZ All-inclusive ab 100 US$, zusätzl. Pers. 10 US$; 📶), am Rand des Parque Internacional La Amistad, ist ein Familienbetrieb. Die 1200 ha große Farm hat sich in den letzten 30 Jahren der Förderung des Ökotourismus verschrieben. Zugang zum Strand hat man hier nicht, aber es gibt genügend zu tun, um abenteuerlustige Gäste rundum bei Laune zu halten: auf Bäume klettern, Vögel beobachten, zu Wasserfällen wandern und Ausritte unternehmen. Alle Zimmer verfügen über Moskitonetze. Das WLAN ist sehr unzuverlässig. Im Preis inbegriffen sind Aktivitäten, drei Mahlzeiten und der Transport ab San José; Mindestaufenthalt: drei Nächte.

Die umweltbewussten Inhaber nutzen Sonnenenergie, recyceltes Hartholz und biologisch abbaubare Produkte. Sie setzen sich engagiert für den Erhalt der Limón-Wasserscheide ein, die Puerto Limón mit Trinkwassser versorgt. Außerdem haben sie Kameras rund um ihr Anwesen installiert, um die Bewegungen von Wildkatzen und anderen Wildtieren aufzuzeichnen. Es ist ihr erklärtes Ziel, sich zu einem Wildtierkorridor zu entwickeln, der es Jaguaren erlaubt, sich frei zwischen dem Parque Internacional La Amistad und der Karibikküste zu bewegen.

Ein Hinweis für Autofahrer: Der Abzweig zur Lodge befindet sich gleich südlich des Übergangs über den Río Vizcaya (etwa 19 km südl. von Limón). Die Lodge liegt dann etwa 11 km landeinwärts an einer oft morastigen Staubstraße, die sich nur mit einem Geländewagen bewerkstelligen lässt. Die genaue Wegbeschreibung ist auf der Website zu finden, außerdem kann man in der Lodge anrufen, um sich detailliertere Informationen geben zu lassen.

Cahuita

Roberto's Tours ANGELN

(☎2755-1148; aventurasrobertotour@gmail.com; ganztäg. Angelausflüge ab 210 US$) Das Unternehmen hat sich auf Ausflüge zum Sportfischen spezialisiert *und* es betreibt praktischerweise auch gleich ein eigenes Restaurant, in dem der Fang dann direkt frisch zubereitet wird.

Willie's Tours AUSFLÜGE

(☎2755-1024, 8917-6982; www.williestourscostarica.com; Touren ab 20 US$; ⏲Mo–Sa 8–18 Uhr) Der Tourveranstalter Willie's Tours mit seinem Rundumservice arrangiert auch Exkursionen zu entfernteren Zielen und organisiert entsprechende Transportmöglichkeiten. Zur Auswahl stehen etwa Wildwasser-Raften (60 US$), ein traditionelles Bribrí-Mittagessen, ein Ausflug rund um das Thema Schokoladenherstellung (59 US$), eine Wanderung im Parque Nacional Cahuita (20 US$) sowie Exkursionen zum Schnorcheln (25 US$).

Schlafen

In Cahuita bestehen generell zwei Möglichkeiten, Quartier zu beziehen: im Ortszentrum (in der Nähe des Nationalparks) oder im ruhigeren Norden der Ortschaft an der Playa Negra. Wer bei Dunkelheit zwischen der Playa Negra und dem Ortszentrum zu Fuß geht, sollte gut aufpassen oder besser mit dem Fahrrad fahren (mit Licht!) oder aber ein Taxi nehmen – vor allem, wenn jemand allein unterwegs ist.

Im Zentrum

Cabinas Tito BUNGALOWS $

(☎8880-1904, 2755-0286; www.cahuita-cabinastito.com; DZ 40 US$, 3BZ 55 US$, 4BZ 60–65 US$, 5-Pers.-Haus mit Küche 100 US$; P 📶) Nur 200 m nordwestlich von Cahuita liegen in weitläufigen Tropengärten die Cabinas Tito, eine unerwartete Oase der Ruhe. Geboten werden sechs bunt gestrichene, saubere, ein-

fache *casitas* plus ein familienfreundliches Haus mit Küche im Karibikstil. Und dann wäre da noch ein Faultier erwähnenswert. Es heißt Lola und lebt schon seit fünf Jahren auf einem der Bäume des Grundstücks.

Cabinas Riverside CABINAS **$**
(☎ 8893-2252; DZ mit/ohne Küche 30/25 US$; P) Die saubere Budgetbleibe befindet sich gleich um die Ecke der Kelly Creek Rangerstation und bietet neun einfache Zimmer mit Moskitonetzen und heißen Duschen; fünf Wohneinheiten, die einen Tick teurer kommen, haben auch eine Küche. Der Hof mit Grünfläche grenzt an ein Sumpfgebiet an, das ideal ist, um Kaimane, Affen und Faultiere zu sichten.

Cabinas Smith 1 & 2 CABINAS **$**
(☎ 2755-0157, 2755-0068; EZ/DZ/3BZ mit Ventilator 18/23/30 US$, EZ/DZ/3BZ/4BZ mit Klimaanlage 30/35/40/45 US$; P ❄ 📶) Die sauberen Zimmer liegen auf zwei Grundstücken zwischen der Hauptstraße und der Küste und werden von einem netten älteren Paar geführt, das in dieser Gegend zutiefst verwurzelt ist. Die acht Wohneinheiten neben dem Domizil der Inhaber haben TV, Klimaanlage, WLAN und Kühlschrank; die fünf älteren Wohneinheiten mit Ventilator gleich um die Ecke haben nur eine Außentoilette und sind vor allem für Leute interessant, die ihren Geldbeutel keinesfalls überstrapazieren wollen. Alle Gäste teilen sich eine Gemeinschaftsküche.

Cabinas Secret Garden CABINAS **$**
(☎ 2755-0581; koosiecosta@live.nl; dm/EZ/DZ/3BZ 12/18/22/30 US$; P 📶) Dieses winzige Quartier mit wild wucherndem Garten bietet fünf geflieste Wohneinheiten mit Ventilator, Moskitonetzen und heißen Duschen in einem Bad im Stil einer Nasszelle sowie einen Schlafsaal mit fünf Betten samt kalten Duschen. Es ist auch eine nette Gemeinschaftsküche vorhanden, und häufig lassen sich Brüllaffen in den Bäumen in der Nähe blicken.

Spencer Seaside Lodging CABINAS **$**
(☎ 2755-0027; EZ 18–22 US$, DZ 32–42 US$; P) Den Zimmern in diesem seit ewigen Zeiten existierenden Quartier in Besitz eines Einheimischen fehlt es an jeglichem Luxus, aber dafür sind sie groß. Auch die Lage am Meer ist zu diesem Preis einfach unschlagbar; und selbst zum Ortszentrum mit Blick auf den Nationalpark sind es lediglich zwei Blocks. Die Wohneinheiten im Obergeschoss bieten eine weitaus schönere Aussicht. Diese Räumlichkeiten verfügen zudem über eine Gemeinschaftsterrasse, die mit Hängematten bestückt ist.

★ **Alby Lodge** BUNGALOWS **$$**
(☎ 2755-0031; www.albylodge.com; DZ/3BZ/4BZ 60/65/70 US$; P 📶) Die reizvolle Lodge liegt am Rand des Parks in einem schön gestalteten Landschaftsgarten, der Brüllaffen und zahlreiche Vögel anlockt. Die vier palmengedeckten Bungalows (zwei für drei Personen, zwei für vier Personen) sind locker verstreut, wodurch die Privatsphäre der Gäste gewahrt bleibt. Hohe Decken, Moskitonetze und Verzierungen aus Treibholz vermitteln angenehmes Dschungelflair. Die Zimmer sind mit Safe und Ventilator ausgestattet.

Im *rancho* (Pavillon mit Strohdach) befinden sich die Gemeinschaftseinrichtungen mit einer gut ausgestatteten Küche und einer Bar ohne Personal, in der die Gäste

Cahuita

Highlights
1 Playa Negra C3

Sehenswertes
2 Parque Nacional Cahuita E4
3 Playa Blanca E4
4 Tree of Life A1

Aktivitäten, Kurse & Touren
5 Cahuita Tours E1
6 Centro Turístico Brigitte C3
7 Mister Big J's E2
8 Roberto's Tours F2
9 Snorkeling House E1
10 Willie's Tours E1

Schlafen
11 Alby Lodge F3
12 Bungalows Aché F3
13 Cabinas Iguana C3
14 Cabinas Riverside F3
15 Cabinas Secret Garden F2
16 Cabinas Smith 1 & 2 .... E1
17 Cabinas Tito D3
18 Camping María C2
19 Casa Marcellino D3
20 Ciudad Perdida E4
21 Coral Hill Bungalows C3
22 El Encanto B&B D3
23 Hotel La Diosa B2
24 Hotel Suizo Loco Lodge A2
25 Kelly Creek Hotel F2
26 Kenaki Lodge A1
27 La Piscina Natural C2
28 Playa Negra Guesthouse C3
29 Spencer Seaside Lodging F1

Essen
30 Baraka Bistro E2
31 Café Cahuita E2
32 Chao's Paradise C3
33 Cocoricó E2
34 Miss Edith's E1
35 Palenque Luisa Casa de Carnes E1
36 Reggae Bar C3
37 Restaurant Italiano CahuITA E1
38 Restaurant La Fé Bumbata E2
39 Sobre Las Olas D3
40 Soda Kawe F2

Ausgehen & Nachtleben
41 Coco's Bar E2
Splash .... (s. 31)

Wasser, Bier und Cola bekommen und das Geld dafür ehrlicherweise einfach dort hinterlassen sollten.

Kelly Creek Hotel CABINAS **$$**
(☎2755-0007; www.hotelkellycreek.com; EZ/DZ/Suite 50/60/70 US$, zusätzl. Pers. 10 US$; P) In diesem Hotel gleich am Eingang zum Nationalpark, wo sich Faultiere und Kaimane blicken lassen, bekommen die Gäste ein reizendes Abendständchen vom Papagei des Hauses geboten. Wer näher herangeht, sieht dann fünf hübsche Holz-*cabinas* mit hohen Decken, cremefarbener Bettwäsche und Moskitonetzen; einige davon haben sogar ein neues Bad. Den Rezeptionsbereich zieren Kunstwerke aus der Region, und das Restaurant serviert ein kontinentales Frühstück (6 US$).

Bungalows Aché BUNGALOWS **$$**
(☎2755-0119; www.bungalowsache.com; Bungalows EZ 45 US$, DZ 50–55 US$, 3BZ 60 US$, 4BZ 65 US$; P) In Nigeria bedeutet Aché „Amen", und das wird so mancher auch sagen, wenn er die drei tipptopp Bungalows aus poliertem Holz sieht, die sich in einen begrünten Patio schmiegen, der an den Nationalpark angrenzt. Jede der achteckigen Wohneinheiten verfügt über eine eigene Safebox, einen Minikühlschrank, einen Wasserkocher und eine kleine Veranda mit Hängematte.

Ciudad Perdida BUNGALOWS **$$$**
(☎2755-0303; www.ciudadperdidaecolodge.com; inkl. Frühstück DZ 95–120 US$, 3BZ 115–140 US$, 4BZ 190 US$; P) Diese ökobewusste Lodge in schattiger, ruhiger Lage befindet sich direkt neben dem Nationalpark und dennoch nur acht Gehminuten vom Zentrum von Cahuita entfernt. Sie verfügt in einem Landschaftsgarten über bonbonfarbene Holzbungalows mit ein oder zwei hübschen Zimmern. Alle sind mit Hängematten, Deckenventilator und einer Safebox ausgestattet. In einem Haus befindet sich ein Whirlpool, einige haben eine gut ausgestattete Küche, und in allen flimmert Kabel-TV. Kreditkarten werden akzeptiert.

Playa Negra

Camping María CAMPINGPLATZ **$**
(☎2755-0091; Stellplatz pro Pers. 8 US$, inkl. Zeltmiete 10 US$; P) Die geräumigen Stellplätze befinden sich an einem wunderschönen Strandabschnitt am Wasser in der Nähe des nördlichen Endes der Playa Negra; sie liegen im Schatten von Kokospalmen und

verschiedener Obstbäume. Die Campingfreunde haben Zugang zu rudimentären Kocheinrichtungen, Bädern mit Kaltwasserduschen, einer Baumschaukel und einem Grillareal. Es sind zahlreiche Ladestationen für Mobiltelefone vorhanden. Maria verleiht außerdem auch Zelte.

Zur Verfügung steht auch ein Privatzimmer (11 US$), das sich für Gruppenleiter anbietet.

★ Playa Negra Guesthouse BUNGALOWS $$
(☎ 2755-0127; www.playanegra.cr; DZ 70 US$, 4BZ 84 US$, DZ mit Klimaanlage 94 US$; P ❄ 📶 🏊) Die wunderbar gepflegte Pension in Besitz eines Paares bietet vier reizende Zimmer in einem Plantagengebäude im Stil der Karibik; hinzu kommen drei Bilderbuch-Cottages, die auch eine Küche aufweisen. Tropenflair vermitteln die bunten Mosaiken in den Badezimmern und die gemütlichen Rattansessel auf den privaten Veranden. Ein hübscher Swimmingpool, eine Bar mit Selbstbedienung und ein Grillplatz liegen versteckt im gepflegten Garten, der von Fächerpalmen bestanden ist. Jede Wohneinheit verfügt über solch gut durchdachte und angenehme Extras wie einen Minikühlschrank und eine Kaffeemaschine. Das freundliche Personal scheut keine Mühe, um den Gästen beim Erkunden der Umgebung behilflich zu sein. Einfach perfekt!

Casa Marcellino CABINAS $$
(☎ 8351-1198, 2755-0390; www.casamarcellino.com; DZ 85–110 US$, 4BZ 105–130 US$; 📶) Die Anlage in einem beschaulichen Garten liegt landeinwärts in einer Seitenstraße zwischen Cahuita und der Playa Negra. Sie besteht aus einer Reihe hübscher, tadelloser Holzhütten mit voll ausgestatteter Küche. Die teureren Wohneinheiten verfügen über eine große Badewanne sowie eine geräumige Veranda mit Hängematten und ausfahrbaren Markisen. Es stehen Wochen- und Monatstarife zur Wahl.

El Encanto B&B B&B $$
(☎ 2755-0113; www.elencantocahuita.com; inkl. Frühstück EZ/DZ/3BZ/Studio/Suite 85/95/115/115/210 US$; P 📶 🏊) Das nette, nur rund 200 m nordwestlich vom Zentrum Cahuitas entfernte B&B liegt inmitten eines hübschen Landschaftsgartens, in dem sich Lehnstühle und Hängematten befinden. Die etwas nüchternen Bungalows haben hohe Decken, geflieste Böden und stabile Betten, über die bunte Textilien drapiert sind. Das Studio und das Apartment im Obergeschoss verfügen beide über eine voll ausgestattete Küche. Der zur Anlage gehörende Spa und der Whirlpool sind total *tranquilo* (ruhig).

Cabinas Iguana CABINAS $$
(☎ 2755-0005; http://cabinas-iguana.com; DZ/3BZ/4BZ 65/80/95 US$, 5/6 Pers. 110/120 US$, DZ mit Gemeinschaftsbad 25 US$; P 📶 🏊) Die Anlage liegt zurückversetzt vom Strand in einer Straße, die sich an der Reggae Bar (S. 184) erkennen lässt. Der Familienbetrieb bietet relativ abgewohnte, aber schön im Schatten gelegene, einfache Holzhütten mit Küche. Sie weisen alle eine andere Größe auf und befinden sich in einem bewaldeten Areal mit jeder Menge Wildtiere. Vom Pool aus können die Gäste bestens die Natur beobachten.

La Piscina Natural CABINAS $$
(☎ 2755-0146; www.piscina-natural.com; DZ/3BZ 50/65 US$; P 📶 🏊) Das entspannte Schmuckstück von einer Anlage wird von dem in Cahuita geborenen Walter und seiner Frau Patty, einer ehemaligen Lehrerin aus den USA, geführt. Sie befindet sich am nördlichen Ende der Playa Negra und bezeichnet sich selbst als „Paradies in der Karibik". Die kleinen Zimmer teilen sich eine riesige Gemeinschaftsküche und eine Lounge im Freien. Das eigentlich Besondere am La Piscina Natural sind jedoch das Grundstück mit wild wuchernder Vegetation, die Hängematten am herrlichen Meer und das natürliche, von Felsen gesäumte, natürliche Schwimmbecken mit Meerwasser.

Hotel La Diosa BUNGALOWS $$$
(☎ 2755-0055; www.hotelladiosa.net; inkl. Frühstück EZ 70 US$, DZ 85–115 US$, 3BZ 105–130 US$; P ❄ 📶 🏊) Das legere Hotel an der Playa Negra bietet sechs gut gebaute Bungalows, von denen einige mit einer Badewanne mit Whirlpool, Klimaanlage und Terrasse am Meer ausgestattet sind. Im Hotelareal befinden sich ein beschaulicher Pool, ein Restaurant mit *palapa*-Dach und ein Weg, der sich zum Strand schlängelt. Jedenfalls sind hier Gäste richtig, die sich rundum erholen wollen.

Kenaki Lodge BUNGALOWS $$$
(☎ 2755-0485; www.kenakilodge.com; DZ inkl. Frühstück 90–200 US$; P 📶) Die ansprechende Lodge gegenüber der Playa Grande ist ein Einfall der Expat Isabelle und des costa-ricanischen Taekwondo-Meisters Roberto. Die hellen Zimmer mit hohen Decken und die

eleganten Bungalows mit Satelliten-TV und moderner Kücheneinrichtung gruppieren sich um einen großzügigen Hof mit Landschaftsgarten und eine Frühstücksterrasse aus Holz. Im Dojo unter freiem Himmel werden Yoga- und Taekwondo-Stunden abgehalten.

Ein Zusatzbett im Zimmer oder Bungalow kostet 20 US$, ein extra Frühstück kommt pro Person auf 10 US$ (Kinder von 6 bis 11 Jahren zahlen jeweils die Hälfte). Die Lodge verfügt über zwei Fahrräder, die man für 10 US$ am Tag ausleihen kann.

Coral Hill Bungalows BUNGALOWS $$$
(☎ 2755-0479, 8861-0063; www.coralhillbungalows.com; DZ inkl. Frühstück 130 US$; 📶) Die drei makellosen Privatbungalows in einem wildtierfreundlichen Garten sind bei Paaren in den Flitterwochen beliebt. Sie lassen tropisches Dekor sehen, genauer gesagt Parkettböden, Bambusbetten, Moskitonetze, handbemalte Keramikwaschbecken, afrikanische Stammeskunst sowie eine Veranda mit Hängematten und Schaukelstühlen aus Leder. An Luxus verlocken zudem Regenduschen, ein umfangreiches Frühstück, das die reizenden Wirtsleute servieren, und frische Blumen. An der Reggae Bar einfach der Beschilderung folgen.

Hotel Suizo Loco Lodge BUNGALOWS $$$
(☎ 2755-0349; www.suizolocolodge.com; inkl. Frühstück EZ/DZ/3BZ 85/115/165 US$, Suite DZ/3BZ 140/203 US$; P 📶 🏊) Elf makellose weiß getünchte Bungalows mit riesigen Doppelbetten und Dekor im Folklorestil warten in dieser heiteren, familienfreundlichen Lodge (Wiegen vorhanden). Alle Wohneinheiten verfügen über einen Safe, einen Minikühlschrank, mit Sonnenenergie betriebene Duschen und eine kleine Privatterrasse. Im perfekten Landschaftspark des Lodgeareals befinden sich ein beeindruckender Pool mit Mosaikkacheln und eine Bar, zu der man hinschwimmen kann. Außerdem gibt es noch ein tropisches/europäisches Restaurant. Das Hotel Suizo Loco Lodge befindet sich etwa 2 km nordwestlich vom Zentrum Cahuitas.

Goddess Garden Eco Resort LODGE $$$
(☎ 2755-0070; www.thegoddessgarden.com; Pauschalangebot mit 5 Übernachtungen im DZ inkl. 3 Mahlzeiten tgl. 720 US$; P 📶 🏊) Die Lodge am Ende der Straße zur Playa Negra liegt mitten im Urwald (darunter ein imposanter „Göttinnenbaum"). Sie ist auf größere Gruppen und Yoga-Begeisterte ausgerichtet, aber Individualreisende, die sich ein beschauliches, meditatives Quartier wünschen, um fünf bis sieben Tage komplett abzutauchen, sind ebenfalls willkommen. Im Preis inbegriffen sind vier kostenlose Yoga-Stunden, eine Massage von 60 Minuten Dauer und eine Wanderung im Cahuita Nationalpark.

Essen

Die Ortschaft kann mit so ziemlich dem besten karibischen Essen weit und breit aufwarten, zudem gibt es noch erstaunlich gute italienische und französische Küche. Empfehlenswerte Restaurants finden sich auch in der Nähe der Playa Negra.

Cocoricó ITALIENISCH $
(☎ 2755-0409; Hauptgerichte 7–13 US$; ⏲ Mi–Mo 17–22 Uhr, in der Nebensaison manchmal geschl.; 📶) Die Speisekarte dieses legeren Lokals, das mit Postern von Filmklassikern dekoriert ist, dreht sich um Pizza, Pasta und andere italienische Gerichte. Besser bekannt ist das Cocoricó aber eigentlich für seine Schnäppchen-Drinks und regelmäßigen Filmvorführungen. Es wird jeden Abend unentgeltlich ein Film gezeigt.

Café Cahuita CAFÉ, CRÊPERIE $
(☎ 2755-0323; Crêpes 2,50–5,50 US$; ⏲ Mi–Mo 7–18 Uhr) Das nette Café an der Hauptstraße zaubert süße Crêpes mit frischem Obst, Schokolade oder Marmelade sowie pikante Varianten, beispielsweise mit Schinken und Käse oder Spinat. Es gibt sogar eine glutenfreie Variante aus Bananenmehl. Außerdem werden Kaffee in zig Variationen – heiß und eiskalt – sowie Croissants serviert.

Soda Kawe COSTA-RICANISCH $
(☎ 2755-0233; Casados 7 US$; ⏲ 5.30–19 Uhr) Das bescheidene Lokal an der Hauptstraße von Cahuita (ein kurzes Stück vom Eingang zum Kelly Creek Park entfernt) serviert köstliche *casados* zu vernünftigen Preisen, die über dem Holzfeuer zubereitet wurden, sowie herzhaftes Frühstück in zig Varianten. Auf den Tisch kommen auch *ceviche*, Gerichte mit frittiertem Reis sowie frische Fruchtsäfte.

Reggae Bar KARIBISCH $
(Hauptgerichte 5,50–12,50 US$; ⏲ 12–22 Uhr; 📶) Die *soda* mit netter, entspannter Atmosphäre im Herzen der Playa Negra tischt Sandwiches und allerlei Pastagerichte auf einer Holzveranda auf, über der grüne, rote und gelbe Lampenschirme baumeln. Die

Reggaemusik und die Wellen, die sich am Strand brechen, tragen ein Übriges zur relaxten Stimmung bei.

★ Palenque Luisa Casa de Carnes STEAK $$
(☎7039-9689; Hauptgerichte 6–16 US$; ⌚Mo–Sa 12–22 Uhr; ✎) Das gemütliche, von Kerzen erleuchtete Restaurant in der Eckveranda eines alten Gebäudes hat sich auf köstliches Filet Mignon in Rotweinsoße sowie Tenderloin- und T-Bone-Steaks spezialisiert. Es gibt aber auch jede Menge anderer Köstlichkeiten, darunter Hühnchen in Jalapeño- oder Kokossoße, Schweinekoteletts, Meeresfrüchte vom Grill und *ceviche*. Auf der Speisekarte findet sich auch eine Auswahl an Gemüsen – samt *casados*, Pastagerichten und Gemüse in Kokossoße.

★ Restaurant Italiano CahuITA PIZZA $$
(☎2755-0179; Pizzas 11–20 US$; ⌚Fr–Mi 16–21.30 Uhr; 📶) Diese hervorragende, schlichte Pizzeria ist wirklich das einzig Wahre. Am besten schnappt man sich einen Stuhl an einem der Alutische auf dem betonierten Patio hinter dem Haus und genießt dann das Abendständchen der Brandung und der Insekten, während man auf seine dünne, knusprige Pizza wartet, die aus dem Holzofen kommt. Handgemachte Pasta, Fleisch vom Grill und allerlei glutenfreie Speisen sind auch noch erhältlich.

Chao's Paradise KARIBISCH $$
(☎6098-4864; Hauptgerichte mit Meeresfrüchten 9–15 US$; ⌚12–22 Uhr; 📶) Einfach immer der Nase nach und dem Duft von Knoblauch und der köchelnden Soßen gefolgt, der hier in der Luft hängt, und schon ist diese überaus empfehlenswerte Restaurant-Bar im Freien an der Playa Negra gefunden. Hier serviert Küchenchef Norman schon seit mehr als 20 Jahren fangfrischen Fisch in pikanter „Chao"-Soße. An weiteren Gerichten verlocken Garnelen und Tintenfisch in karibischer Soße sowie Rindfleisch in Rotweinsoße. Einen Billardtisch gibt es hier auch.

Baraka Bistro FRANZÖSISCH, ITALIENISCH $$
(☎2755-0145; www.facebook.com/barakkabistro cahuita; Hauptgerichte 7–15 US$; ⌚Di–So 11–21.30 Uhr) Das neue Café-Bistro hat Hartholzböden, coole weiße Wände, eine Terrasse im Freien im Schatten von Sonnenschirmen, und das Essen steht auf Schiefertafeln angeschrieben. Hier können sich die Gäste mit das beste französische und italienische Essen in der ganzen Ortschaft schmecken lassen: Die Florentiner Crêpes sind mit Spinat, Sahne, Hühnchen und Käse sowie einem gekochten Ei in der Mitte gefüllt; das Filet Mignon wird mit Garnelen und einer exotischen Soße serviert.

Der gebackene Fisch als Spezialität des Tages und der Croque Monsieur mit Béchamelsoße, Schinken und Emmentaler Käse sind auch der Hit. Abrunden lässt sich das alles noch mit einem hausgemachten Tiramisu zum Dessert.

Restaurant La Fé Bumbata MEERESFRÜCHTE $$
(☎8323-3497; Gerichte 6–14 US$; ⌚7.30–23 Uhr) Koch und Inhaber Walter, der in Cahuita geboren wurde, tischt lustige Lügengeschichten, aber auch leckere Mahlzeiten auf – von Pfannkuchen und Sandwiches bis hin zu einem kompletten Schnapper –, und zwar zu vernünftigen Preisen. Die Liste an Gerichten aus Costa Rica und der Karibik ist ellenlang, doch der eigentliche Hit sind die Speisen, die in köstlicher, pikanter Kokossoße nur so schwimmen.

Miss Edith's KARIBISCH $$
(☎2755-0248; Hauptgerichte 6–16 US$; ⌚7–22 Uhr; ✎) Das alteingesessene Restaurant serviert allerlei Spezialitäten aus der Karibik sowie eine Reihe vegetarischer Speisen wie ein Kokosmilch-Ingwer-Curry. Der Service gestaltet sich manchmal arg gemütlich, und manche Gerichte sind etwas so Besonderes nicht, doch das scharfe marinierte Jerk Chicken und die in Knoblauch gegarten Kartoffeln sind die Wartezeit wert. Die frischen Säfte wie Passionsfrucht, Zitrone-Ingwer-Minze und Ananas schmecken ebenfalls lecker.

Sobre Las Olas MEERESFRÜCHTE $$$
(☎2755-0109; Pasta 15–18 US$, Hauptgerichte 15–30 US$; ⌚Mi–Mo 12–22 Uhr; ✎) Knoblauchgarnelen, Pasta mit Meeresfrüchten und Fisch vom Grill, die Spezialität des Tages, werden in diesem süßen Lokal zum Klang von tosenden Wellen und mit Aussicht auf das schillernde blaue Meer aufgetischt. Die beste Adresse in Cahuita für ein romantisches Speiseerlebnis am Meer liegt nur 400 m zu Fuß nordwestlich der Ortschaft an der Straße nach Playa Negra.

Ausgehen & Nachtleben

Coco's Bar BAR
(www.facebook.com/cocosbar.cahuita; ⌚12 Uhr bis open end) Das bescheidene Cahuita beherbergt diese irre laute Kneipe. Sie liegt an der

Hauptkreuzung und kann gar nicht verfehlt werden: Sie ist rastarot, golden und grün gestrichen, und der Reggaetón dröhnt in voller Lautstärke. An manchen Abenden – in der Regel am Wochenende – wird auch Livemusik geboten.

Splash BAR
(☎8412-1872; ⌚10–20 Uhr) In dieser Kneipe mit einer Bar im Freien und eigenem Pool finden oft Roots- und Reggae-Abende statt, Privatpartys und andere Events. Während der Happy Hour (15–20 Uhr) gibt es zwei Drinks zum Preis von einem, beispielsweise Margaritas und Cuba libres. Während der Recherchen zu diesem Reiseführer hatte der Inhaber vor, in der Bar noch eine Pizzeria zu eröffnen.

ℹ Praktische Informationen

Die hilfreiche Website des Ortes, www.cahuita.cr, bietet Informationen zu Unterkünften und Restaurants, dazu Bilder von vielen Einrichtungen und Sehenswürdigkeiten. In den meisten Cafés, Bars und Restaurants steht WLAN zur Verfügung.

Banco de Costa Rica (⌚Mo–Fr 9–16 Uhr) Bank am Busbahnhof; bietet auch einen Geldautomaten.

ℹ Anreise & Unterwegs vor Ort

Die beste und praktischste Möglichkeit, sich in Cahuita fortzubewegen – vor allem, wenn jemand in Playa Negra logiert – ist das Fahrrad. Verschiedene Unternehmen bieten Leihfahrräder an, darunter Mister Big J's (S. 179) in Cahuita und das Centro Turístico Brigitte (S. 179) in Playa Negra. Die Preise dafür reichen in der Regel von 7 bis 10 US$ pro Tag.

BUS

Die Busse des Unternehmens Autotransportes Mepe fahren am Busbahnhof, 200 m südwestlich des Parque Central, ab und kommen dort auch an.

Parque Nacional Cahuita

Dieser kleine, aber wunderschöne **Park** (☎2755-0302, 2755-0461; 5 US$; ⌚Eingang Kelly Creek 6–17 Uhr, Eingang Puerto Vargas 8–16 Uhr) – er bringt es gerade einmal auf 10 km² – zählt zu den häufiger besuchten Nationalparks in Costa Rica. Die Gründe liegen auf der Hand: Hier wimmelt es nur so von Wildtieren, außerdem lässt sich der Park von der nahen Ortschaft Cahuita aus locker zu Fuß erreichen; dort gibt es auch attraktive Unterkünfte. Obendrein findet sich hier die seltene Kombination aus weißen Sandstränden, Korallenriffen und Küstenregenwald – und das bedeutet, dass man an einem Tag jede Menge exotischer Arten zu Lande und unter Wasser bestaunen kann.

Aktivitäten

Guided Nature Walks WANDERN
(☎8412-8355; ludrickenrriquemcloud@hotmail.com) Der nette einheimische Guide Ludrick McLoud veranstaltet faszinierende Naturwanderungen durch den Cahuita Nationalpark sowie Ausflüge zum Schnorcheln an der Küste. Er kann auch Guides für das Refugio Nacional de Vida Silvestre Gandoca-Manzanillo (S. 207) und die Reserva Biológica Hitoy-Cerere (S. 178) vermitteln.

Asociación Widecast FREIWILLIGENARBEIT
(☎in San José 2236-0947; www.latinamericanseaturtles.com) Diese NGO-Basisorganisation bietet Freiwilligen Gelegenheit, bei Schildkrötenprojekten mitzuhelfen. Die Teilnehmer können sich an Kontrollgängen, der Instandhaltung der Brutstätten sowie an der Reinigung der Forschungseinrichtung und des Strandes beteiligen. Im Preis (40 US$ pro Tag) inbegriffen sind ein Training, die Unterkunft, sämtliche Ausrüstung und drei Mahlzeiten am Tag; der Transfer mit dem Boot ist allerdings nicht enthalten.

BUSSE AB CAHUITA

REISEZIEL	FAHRPREIS (US$)	FAHRZEIT	VERKEHRSZEITEN (TGL.)
Manzanillo	2,40	1 Std.	6, 9.30, 11.30, 13.45, 16, 18.15 Uhr
Puerto Limón	2,40	1½ Std.	Stündl. 6.30–20.30 Uhr
Puerto Viejo de Talamanca	1,50	½ Std.	Alle 30 Min. 6–20.30 Uhr
San José	9	4 Std. (Umsteigen in Puerto Limón)	Alle 1–2 Std. 6–16 Uhr
Sixaola	4	2 Std.	Stündl. 6.30–20.30 Uhr

Wandern

Ein leicht zu bewältigender 8 km langer **Küstenpfad** führt von Kelly Creek durch den Dschungel nach Puerto Vargas: teils direkt am Strand entlang, teils bis zu 100 m entfernt. Am Ende des ersten Strandes, der Playa Blanca, müssen die Wanderer den dunklen Río Perezoso durchwaten, auch „Faultierfluss" genannt, der die Punta Cahuita durchschneidet. Am besten vorher nach den aktuellen Bedingungen erkundigen: In der Regel kommt man mühelos durch den Fluss, heftige Regenfälle können ihn jedoch auch unpassierbar machen.

Der Pfad umrundet die Punta Cahuita und führt zur lang gestreckten Playa Vargas. An der Südspitze des Riffs mündet der Weg in die Straße zur Forststation Puerto Vargas. Von da sind es auf einer Schotterstraße noch weitere 1,5 km bis zum Parkausgang. Von diesem geht es entweder zu Fuß an der Küstenstraße zurück ins 3,5 km entfernte Cahuita oder, falls sich die Gelegenheit ergibt, per Mitfahrgelegenheit in die eine oder die andere Richtung. Busse halten auf Handzeichen an. Sie fahren rund alle 30 Minuten in jede Richtung; das Fahrgeld von rund 1 US$ bringt etwas Abwechslung in die heimische Währung.

Schwimmen

Gleich hinter dem Parkeingang erstreckt sich die wunderschöne 2 km lange **Playa Blanca** entlang einer sanft geschwungenen Bucht nach Osten. Die ersten 500 m sind allerdings kein sicheres Schwimmrevier, aber dahinter werden die Wellen in der Regel etwas sanfter – Stellen, an denen man sicher schwimmen kann, sind an der grünen Flagge zu erkennen.

Die felsige Spitze der Punta Cahuita trennt diesen Strand vom nächsten, der **Playa Vargas**. Vorsicht: Kleider oder Gepäck sollte man beim Schwimmen nicht unbeaufsichtigt lassen und auch nur so wenig wie möglich mitnehmen.

Schnorcheln

Im Parque Nacional Cahuita befindet sich eines der letzten lebenden Korallenriffe Costa Ricas. Es bietet wunderschöne Gelegenheiten zum Schnorcheln, obwohl im Lauf der Jahre Erdbeben und touristische Aktivitäten arge Spuren hinterlassen haben. Um das Riff vor weiteren Schäden zu schützen, ist Schnorcheln nur noch mit lizenziertem Führer erlaubt (S. 178); der Preis für die Begleitung einer Person liegt bei rund 25–30 US$.

Parque Nacional Cahuita

Die Schnorchelbedingungen sind je nach Wetterbedingungen und anderen Einflüssen sehr unterschiedlich. In der Regel eignen sich die trockeneren Monate im Hochland (Feb. bis April) am besten, denn dann wird an der Küste weniger Schlamm ins Meer gespült. Aber auch sonst sind die Sichtverhältnisse unter Wasser oftmals eher trüb.

Essen

Direkt neben dem Park findet sich in Cahuita eine breite Auswahl an guten karibischen, italienischen und Meeresfrüchte-Restaurants. Wer es gar nicht mehr abwarten kann, stattet dem eher mittelmäßigen Lokal **Boca Chica** (☎2755-0415; Mahlzeiten 10–14 US$; ⏲11–17 Uhr, in der Nebensaison oft geschl.) in der Nähe der Rangerstation Puerto Vargas am südlichen Parkeingang einen Besuch ab.

Praktische Informationen

Kelly Creek Rangerstation (☎2755-0461; Eintritt nach Spende; ⏲6–17 Uhr) Toiletten stehen am Nordeingang des Parks zur Verfügung.

Puerto Vargas Rangerstation (☎2755-0302; 5 US$; ⏲8–16 Uhr) Am Südeingang des Parks.

An- & Weiterreise

Es besteht die Möglichkeit, einen Bus heranzuwinken, der auf der Hauptstraße von einem Ende

PARQUE NACIONAL CAHUITA: FLORA & FAUNA

Cahuita wurde 1978 zum Nationalpark erklärt und ist unter meteorologischen Gesichtspunkten für die gesamte Karibikküste typisch. Und das bedeutet im Klartext: Hier ist es sehr feucht. Die Folge davon sind dichtes tropisches Blattwerk, aber auch Kokospalmen und Meerträubel. Im Parkgebiet befindet sich die sumpfige **Punta Cahuita**, die zwischen zwei Sandstränden ins Meer ragt. Das oft überschwemmte Kap ist mit Cativo- und Mangobäumen bestanden und ein beliebter Standort für Vögel wie Grünibisse, Krabbenreiher, Kahnschnabelreiher und die seltenen Zweifarbenfischer.

Halloweenkrabben und Winkerkrabben leben an den Stränden, wo sie Säugetiere wie Waschbären und Weißnasen-*pizotes* (auch: Coati, eine Nasenbärart) anlocken, die sich von ihnen ernähren. Weißschulter-Kapuzineraffen, Südopossums und Dreifingerfaultiere sind ebenfalls in dieser Gegend heimisch. Das Säugetier, das Besucher aller Wahrscheinlichkeit nach zu sehen – und zu hören! – bekommen, ist der Mantelbrüllaffe, der seine Anwesenheit lautstark kundtut. Das Korallenriff ist ein weiteres üppiges Ökosystem, das vor Meeresgetier nur so strotzt.

des Parks zum anderen fährt. Diese Busse verkehren etwa alle halbe Stunde und halten 3,5 km von einem der beiden Parkenden entfernt; die Fahrkarte kostet etwa 1 US$.

Busse nach San José (etwa 9 US$, 4 Std., 2-Stundentakt 6–16 Uhr) und Puerto Limón (etwa 2,40 US$, 1½ Std., stündl. 6.30–20.30 Uhr) fahren an der Hauptbushaltestelle von Cahuita ab.

Puerto Viejo de Talamanca

Dieser boomende Partyort ist längst kein Ziel für unerschrockene Surfer mehr; hier schwirrt es nur so vor touristischen Aktivitäten. Straßenhändler bieten Rasta-Schmuck und Bob-Marley-T-Shirts feil, in schicken Restaurants kommt globale Fusionküche auf den Tisch, und in den betont rustikalen Bambusbars dröhnen Dancehall und Reggaetón. Zudem wird keine Mühe gescheut, Feierwütige anzulocken, die sich dann in *ganja* (Marihuana) und *guaro* (einheimischer Schnaps aus Zuckerrohr) regelrecht marinieren wollen.

Trotzdem konnte sich Puerto Viejo seinen lässigen Charme bewahren. Wer ein paar Blocks von der Haupteinkaufsstraße entfernt spazieren geht, findet sich in verschlafenen, staubigen Gassen wieder, wo der pikante karibische Eintopf in Gesellschaft einer einheimischen Familie doppelt gut schmeckt. Gleich in der Nähe liegen im Regenwald Obstfarmen – mit Vogelgezwitscher und Froschgequake als Geräuschkulisse – sowie weite Strände, an denen sich das Tagesgeschehen auf Surfen und Dahinschlummern beschränkt. Wer nur ein bisschen chillen, ein bisschen Party machen und ein bisschen gut essen will, ist in Puerto Viejo de Talamanca genau richtig.

Sehenswertes

Aiko-logi WILDTIERRESERVAT
(☎2750-2084, 8997-6869; www.aiko-logi-tours.com; Tagestouren inkl. Transport & Mittagessen 60 US$, Aufenthalt mit Übernachtung pro Pers. inkl. Mahlzeiten 120 US$; P) In der Cordillera de Talamanca liegt 15 km außerhalb von Puerto Viejo dieses private, 135 ha große Reservat mit dichtem Primärwald, das sich um eine ehemalige *finca* (Farm) erstreckt. Es eignet sich bestens zur Beobachtung von Vögeln, für Wanderungen und zum Planschen in den Schwimmlöchern. Tagestouren ab Puerto Viejo (oder Cahuita) können ebenso organisiert werden wie Übernachtungen im Zelt auf Plattformen und Yoga-Unterricht. Reservierung empfohlen.

Finca La Isla GÄRTEN
(☎2750-0046, 8886-8530; auf eigene Faust/geführte Touren 6/12 US$; ⌚Mo–Fr 10–16 Uhr; P) Diese Farm und botanischer Garten westlich der Ortschaft produziert seit Langem Biopfeffer und Kakao, außerdem werden mehr als 150 Tropenfrüchte und Zierpflanzen angebaut. Vögel und Wildtiere gibt es hier in Hülle und Fülle, beispielsweise Faultiere, Pfeilgiftfrösche und Tukane. Bei den informativen Führungen (ab 3 Pers.) sind der Eintritt, die Verkostung von Obst und ein Glas Saft inbegriffen. Alternativ kann man sich eine Broschüre (1 US$) kaufen und das Areal auf eigene Faust erkunden. Die Farm produziert auch Schokolade.

Aktivitäten

Exploradores Outdoors ist eine hervorragende allgemeine Informationsquelle für Aktivitäten vor Ort.

Exploradores Outdoors RAFTEN

(☎ 2222-6262; www.exploradoresoutdoors.com; 1-täg. Rafting-Ausflüge inkl. Mittagessen & Transport ab 99 US$) Das Unternehmen bietet ein- und zweitägige Ausflüge auf dem Río Pacuare und dem Río Reventazón an. Die Mitarbeiter holen die Teilnehmer in Cahuita, Puerto Viejo, San José oder auch in Arenal ab und bringen sie auch wieder dahin zurück. Diese Ein- und Ausstiegshaltestellen können nach Belieben kombiniert werden. Das Unternehmen unterhält ein Büro im Zentrum von Puerto Viejo.

Surfen

Hier gibt es mit der Salsa Brava eine der berüchtigsten Wellen des ganzen Landes zu entdecken – einen seichten Reefbreak, der ganz eindeutig nur etwas für wirklich erfahrene Surfer ist: Es handelt sich um ein schwieriges, aber spannendes Surferlebnis über scharfe Korallenriffe. Die Salsa Brava bietet rechte und linke Wellen, wobei die rechte in der Regel schneller ist. Die Surfbedingungen sind bei südöstlicher Dünung am besten.

Ein sanfteres Anlanden ermöglicht der Beachbreak von Playa Cocles (S. 200), rund 2 km östlich der Ortschaft; dort sind die Wellen beständig, es gibt jede Menge Weißwasser für Anfänger, und die Wipeouts fallen glimpflicher aus. Am besten gestalten sich die Surfbedingungen früh am Morgen, bevor der Wind zulegt. Mittlerweile hat Punta Uva (S. 200) einen amüsanten, halbwegs konstanten rechten Pointbreak für mittelstarke Surfer zu bieten, und das Ambiente ist hier einfach unschlagbar.

Die Wellen sind in dieser Gegend im Allgemeinen von Dezember bis Februar am besten, aber so mancher hat auch in der Minisaison im Juni und Juli Glück. Von Ende März bis Mai sowie im September und Oktober ist das Meer am ruhigsten. Mehrere Surfschulen im Ort verlangen etwa 40 bis 50 US$ für zweistündigen Unterricht. Die Einheimischen vermieten an der Playa Cocles Surfbretter ab rund 20 US$ pro Tag.

One Love Surf School SURFEN

(☎ 8719-4654; https://onelovecostarica.wordpress.com/about; 2-stünd. Surfunterricht 50 US$, 1 Std. Reiki 50 US$) Julie Hickey und ihre surfenden Söhne Cedric und Solomon haben sich auf Surfunterricht für Anfänger, Reiki und Thai-Massagen spezialisiert. Julie bietet auch Massage- und Reiki-Kurse ab 300 US$.

INSIDERWISSEN

SALSA BRAVA

Die Salsa Brava, einer der besten Breaks in Costa Rica, ist nach einer aufgetümten Portion „pikanter Soße" benannt, die die Welle auf einem scharfen, seichten Riff serviert – wobei der Spaß seinen Tribut fordert in Form von Hautabschürfungen und kaputten Knochen und Surfbrettern. Die dramatische Welle tritt regelmäßig auf, wenn die Dünung von Osten kommt und eine regelrechte Wasserwand gegen das Riff drückt. Es entsteht dabei ein dichter, enorm starker Brechungsgrad. Hier baut sich die Welle nicht langsam auf: Das Wasser verwandelt sich in Sekundenschnelle von einer Dünung zur Welle. Wer auf ihr reitet, ist im Himmel. Wer es nicht schafft, schießt womöglich wie eine Rakete aufs Riff. Ein paar sarkastische Einheimische haben die Welle deshalb „Käseraspel" getauft.

Interessant ist, dass diese sagenumwobene Welle dazu beigetragen hat, Puerto Viejo de Talamanca als Reiseziel zu etablieren. Vor über 30 Jahren ließ sich der Ort noch kaum erreichen. Doch holprige Busfahrten und schwankende Kanus konnten eingefleischte Surfer nicht davon abhalten, die einwöchige Anfahrt ab San José auf sich zu nehmen. Sie schlugen am Strand ihr Zelt auf und gesellten sich zu den Einheimischen, wobei sie in billigen *sodas* jede Menge Kraftfutter vertilgten. Andere unerschrockene Abenteurer – Biologen, Freiwillige beim Friedenskorps, unzufriedene US-Veteranen, die versuchten, sich den Nachwirkungen des Vietnamkriegs zu entziehen – stellten sich damals auch ein und trugen dazu bei, die Saga von den glühenden Sonnenuntergängen, den wild wuchernden Regenwäldern und den Monsterwellen zu verbreiten. Heute führt durch Puerto Viejo eine gute, befestigte Straße, es gibt Esslokale mit internationaler Küche und sogar WLAN. Die Wucht der Salsa Brava hat sich jedoch unverändert erhalten.

INVICTUS SARL/ALAMY STOCK PHOTO ©

1. Tortuguero Village (S. 166)
Hütten mit direktem Blick in den Regenwald.

2. Flora und Fauna
Der Wald im Parque Nacional Tortuguero ist Lebensraum vieler Insektenarten.

3. Canales de Tortuguero (S. 163)
Ein Netz aus Flüssen und Lagunen verbindet die Dörfer an der Küste miteinander.

4. Manzanillo (S. 205)
Das Dorf am Meer gehört zum Refugio Nacional de Vida Silvestre Gandoca-Manzanillo.

3

GONZALO AZUMENDI/GETTY IMAGES ©

Puerto Viejo de Talamanca

Caribbean Surf School SURFEN
(☎8357-7703; 2-stünd. Unterricht 50 US$) Der Unterricht von Hershel Lewis, einem Surflehrer, der ständig übers ganze Gesicht strahlt, gilt gemeinhin als der beste im ganzen Ort. Seit geraumer Zeit erteilt er auch Unterricht im Stehpaddeln.

Wandern

Gelegenheiten, wunderschöne Küstenwanderungen zu unternehmen, liegen in Reichweite. Der Parque Nacional Cahuita (S. 186) erstreckt sich 17 km nördlich von Puerto Viejo, und das Refugio Nacional de Vida Silvestre Gandoca-Manzanillo (S. 207) befindet sich 13 km südlich.

Kurse

Spanish School Pura Vida SPRACHKURSE
(☎2750-0029; www.spanishschool-puravida.com; 1/2/3/4 Wochen Spanischunterricht 200/380/555/720 US$) Die Schule im Hotel Pura Vida (S. 194) bietet ein breites Spektrum an Kursen – von Privatstunden (15 US$ die Stunde) bis hin zu mehrwöchigen Kursen mit fünf Stunden Unterricht am Tag.

Geführte Touren

Für das Zustandekommen von Exkursionen sind mindestens zwei Personen erforderlich. Größere Gruppen erhalten manchmal Ermäßigung. Gecko Trail Costa Rica (s. unten) ist bei der Buchung gern behilflich.

Gecko Trail Costa Rica AUSFLÜGE
(☎2756-8159; www.geckotrail.com; ⏲Touren ab 50 US$) Diese Agentur mit Komplettservice organisiert Ausflüge in die Umgebung sowie Transporte, Unterkünfte und Exkursionen in ganz Costa Rica, darunter Ausritte, Wanderungen, Raften, Besuche von Thermalquellen und Tage in Wellnesseinrichtungen. Gecko Trail betreibt ein Büro in Puerto Viejo (im Pleasure-Ride-Gebäude), aber gebucht wird in der Regel telefonisch oder über das Internet.

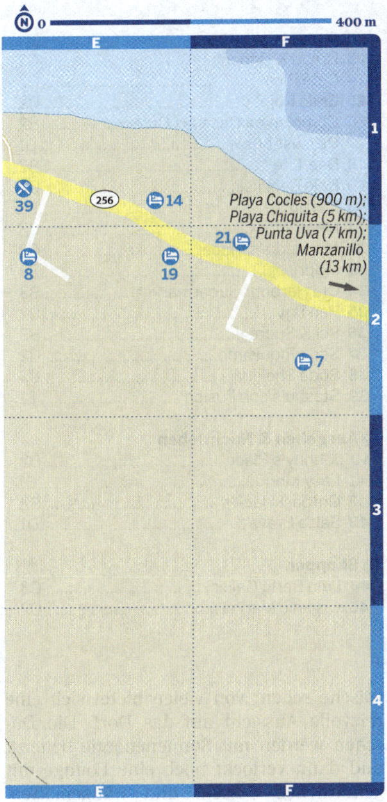

Terraventuras TOUREN
(☎2750-0750; www.terraventuras.com; ⌚7–19 Uhr) Auf dem Programm stehen Ausflüge mit Übernachtung in Tortuguero (99 US$), eine Kulturtour zu einem indigenen Reservat (80 US$) sowie Unterricht in karibischer Kochkunst (50 US$), aber auch die üblichen Ausflüge in die Umgebung stehen auf dem Programm. Terraventuras verfügt über eine eigene 2,1 km lange Baumkronentour mit 23 Plattformen (58 US$), zu der auch eine Tarzanschaukel gehört.

Caribe Shuttle AUSFLÜGE
(☎2750-0626; www.caribeshuttle.com/puerto-viejo-tours; Ausflüge ab 45 US$) Das Unternehmen beeindruckt mit seinem breiten Spektrum an Exkursionen in Puerto Viejo und Umgebung sowie mit Ausflügen nach Bocas del Toro (Panama) und Tortuguero. Außerdem bietet es Transportmöglichkeiten nach San José, in den Nordwesten Costa Ricas und nach San Juan del Sur (Nicaragua) an.

Schlafen

Puerto Viejo hat von allem etwas zu bieten. Viele Budget-Bleiben haben ein eigenes Bad mit heißem Wasser und Internetzugang. Die Preise liegen in der Regel bei Barzahlung einen Tick niedriger.

Kaya's Place PENSION $
(☎2750-0690; www.kayasplace.com; DZ ab 25 US$, mit Klimaanlage ab 40 US$, Zi. ohne Bad ab 20 US$; P❄📶) Am westlichen Ortsrand von Puerto Viejo liegt jenseits vom Strand diese flippige Pension mit farbenfrohen, einfachen Zimmern – das Angebot reicht von düsteren Wohneinheiten mit Gemeinschaftsduschen mit kaltem Wasser bis hin zu geräumigeren Gartenzimmern mit Klimaanlage und heißem Wasser im Bad. Mit zur Anlage gehören ein Bungalow, eine private *cabina* und drei Apartments (Preis auf Anfrage). Auf der Veranda im Obergeschoss verlocken jede Menge Hängematten mit Meerblick.

Die Bar und das Restaurant servieren Frühstück (ab 5 US$), plus *casados,* hausgemachte Pizza und hervorragendes Craft-Bier. Es besteht die Möglichkeit, an der Rezeption eine Brauerei-Tour (20 US$) und andere Aktivitäten zu buchen. Einen Billardtisch zur kostenlosen Benutzung steht hier auch noch bereit.

Cabinas Tropical CABINAS $
(☎2750-2064; www.cabinastropical.com; EZ/DZ/3BZ 40/45/55 US$; P⊖❄📶) Zehn geräumige Zimmer (sie sind mit lackiertem Holz und blitzblanken Fliesen ausgestattet) gruppieren sich am östlichen Ortsrand um einen sagenhaften Landschaftsgarten. Die gemütlichen Quartiere machen jedoch nur einen Teil des Reizes der Cabinas Tropical aus: Der Biologe und Inhaber Rolf Blancke führt tolle, sachkundige Wanderungen, Exkursionen zur Vogelbeobachtung und andere Ausflüge. Am besten erkundigt man sich telefonisch nach den Tarifen, denn die Preise schwanken.

La Ruka Hostel HOSTEL $
(☎2750-0617; http://larukahostel.com; B 12 US$, Zi. mit/ohne Bad 46/36 US$; P📶) Wer von dem Schild „Alle Geschlechter, Rassen, Farben, Religionen, Sprachen, Gestalten und Größen" noch nicht hineingelockt wird, der wird vom herzlichen Willkommen der Inhaber Dannie und Dave überzeugt. Das Hotel im Osten der Ortschaft bietet Aufenthaltsbereiche, eine Gemeinschaftsküche, Schlaf-

Puerto Viejo de Talamanca

Aktivitäten, Kurse & Touren

1 Caribbean Surf School ... C2
2 Caribe Shuttle ... B2
3 Exploradores Outdoors ... D1
4 Gecko Trail Costa Rica ... B2
5 Spanish School Pura Vida ... C3
6 Terraventuras ... B2

Schlafen

7 Blue Conga Hotel ... F2
8 Bungalows Calalú ... E2
9 Cabinas Guaraná ... C3
10 Cabinas Tropical ... D2
11 Casa Verde ... C2
12 Cashew Hill Jungle Cottages ... C4
13 Coco Loco Lodge ... C3
14 Escape Caribeño ... E1
15 Hostel Pagalú ... C3
16 Hotel Puerto Viejo ... C2
Hotel Pura Vida ... (s. 5)
17 Jacaranda Hotel & Jungle Garden ... C3
18 Kaya's Place ... A3
19 La Ruka Hostel ... E2
20 Lionfish Hostel ... B2
21 Rocking J's ... F2

Essen

22 Bikini Restaurant & Bar ... C2
23 Bread & Chocolate ... C2
24 Café Rico ... C2
25 Chile Rojo ... C2
26 Como en mi Casa Art Café ... B2
27 De Gustibus ... D1
28 Dee-Lite ... B2
29 Koki Beach ... C2
30 Laszlo's ... D1
31 MegaSuper ... C3
32 Miss Lidia's Place ... C2
33 Mopri ... D1
34 Old Harbour Supermarket ... B3
35 Pan Pay ... B2
36 Sel & Sucre ... B3
37 Soda Riquisimo ... C2
38 Soda Shekiná ... C3
39 Stashu's con Fusion ... E1

Ausgehen & Nachtleben

40 Johnny's Place ... B2
41 Lazy Mon ... C1
42 Outback Jack's ... B2
43 Salsa Brava ... D1

Shoppen

44 Lulu Berlu Gallery ... C3
45 Organic Market ... C2

säle und ein paar Privatzimmer mit Gemeinschaftsbad im Obergeschoss, außerdem ein Grillareal, einen Büchertausch sowie einen Surfbrett- und Schnorchelverleih.

Hotel Puerto Viejo CABINAS $
(2750-0620; www.hotelpuertoviejocostarica.com; DZ 40 US$, Zi. pro Pers. ohne Bad 16 US$;) Diese Bleibe, die der Surfer Kurt van Dyke aufgezogen hat, existiert schon seit rund 30 Jahren. Sie besteht aus einem Wirrwarr von Zimmern aus Holz, die mitten im Ort liegen. Die Wohneinheiten sind einfach, aber sauber und mit einem starken Ventilator bestückt. Den Gästen steht eine riesige Gemeinschaftsküche zur Verfügung sowie eine Bar mit entspannter Atmosphäre, in der sich die Gespräche häufig um die Wellen drehen.

Hotel Pura Vida HOTEL $
(2750-0002; www.hotel-puravida.com; EZ/DZ/3BZ 40/45/60 US$, ohne Bad 30/35/45 US$;) Dieser Gasthof gegenüber dem Fußballplatz fungiert gleichzeitig als Spanischschule und kann mit Annehmlichkeiten im mittleren Preissegment aufwarten. Die luftigen, tadellosen Zimmer lassen poliertes Holz, geflieste Böden und bunte Bettwäsche sehen; von vielen bietet sich eine reizvolle Aussicht auf das Dorf. Die Duschen werden mit Sonnenenergie beheizt, und dann verlockt noch eine Lounge mit gemütlichen Sesseln und Hängematten. Frühstück (7 US$), Snacks und kühles Bier sind erhältlich.

Jacaranda Hotel & Jungle Garden CABINAS $
(2750-0069; www.cabinasjacaranda.net; EZ/DZ/3BZ ab 35/45/60 US$, Klimaanlage zusätzl. 15 US$;) Die Anlage in einem blühenden Garten mit vielen Spazierwegen liegt in der Nähe des Fußballplatzes und bietet zwölf einfache Holz-*cabinas,* in denen eine bis vier Personen übernachten können, mit blitzblanken gefliesten Keramikböden und Wandmalereien, die Blumen darstellen. Es gibt eine kleine Gemeinschaftsküche und einen Patio, und sogar Yoga-Unterricht (10 US$) wird erteilt. Der Spa bietet Massagen und Körperarbeit (Hotelgäste bekommen eine Ermäßigung von 15 % auf die Anwendungen).

Lionfish Hostel HOSTEL $
(2750-2143; www.facebook.com/thelionfishhostel; B 10 US$, Zi. 25 US$;) Das Hotel mitten im Geschehen, d.h. gleich bei der

Hauptstraße, ist für Feierfreudige der Hit. Es wurde von einheimischen Surfern gegründet und gefällt abenteuerlustigen Gleichgesinnten. Die Schlafsäle sind einfach und manchmal etwas stickig. An Einrichtungen sind eine Gemeinschaftsküche, Ventilatoren und Schließfächer vorhanden; heißes Wasser gibt es ebenfalls. In einem Imbiss im Erdgeschoss gibt es Brathühnchen – und somit steht fest, dass die Stammgäste hier sicher nicht Hunger leiden.

Hostel Pagalú HOSTEL $
(☎2750-1930; www.pagalu.com; DZ 38 US$, B/DZ ohne Bad 15/34 US$; P Wi-Fi) Das moderne Hostel bietet saubere, luftige Doppelzimmer sowie Schlafsäle mit Etagenbetten, an denen Leselampen angebracht sind; es ist auch für jeden ein Schließfach vorhanden. Außerdem gibt es noch eine Gemeinschaftsküche im Freien und eine ruhige Lounge mit Tischen und Hängematten sowie Kaffee, Tee und Mineralwasser, um die eigene Flasche aufzufüllen.

Rocking J's HOSTEL $
(☎2750-0657; www.rockingjs.com; Camping pro Pers. 12 US$, Hängematten 10 US$, B/DZ/3BZ/Suite 15/33/50/70 US$, B mit Klimaanlage 14 US$; P ❄ Wi-Fi) Im größten Partyhostel und „Hängemattenhotel" Puerto Viejos legt in der Hauptsaison fast jeden Abend ein DJ auf. Die Unterkunft ist einfach: enge Reihen mit Zelten und Hängematten, gemütliche Schlafsäle und private Doppelzimmer teilen sich klapprige Duschen in einem Ambiente, das von einer wahren Explosion an psychedelischen Mosaiken aufgepeppt wird. In den Zimmern befinden sich Ventilatoren, und es gibt ein Restaurant und eine Bar.

Gäste, die im Voraus buchen, können sich unentgeltlich an der Bushaltestelle abholen lassen. Surfbretter, Schnorchel und Fahrräder werden verliehen (6 US$), und jeden Morgen um 8 Uhr findet kostenloser Yoga-Unterricht statt.

Cabinas Guaraná CABINAS $
(☎2750-0244; www.hotelguarana.com; EZ/DZ/3BZ/4BZ 36/45/57/62 US$; P @ Wi-Fi) Die bunt gestrichenen Beton-*cabinas* liegen mitten im Ort in einem wild wuchernden Tropengarten. Sie besitzen farbenfrohe Wände, Holzmöbel und bunte Ethno-Wandbehänge. Jede *cabina* verfügt über eine eigene kleine Terrasse mit Hängematte. Die ganze Anlage ist mit Mosaiken verschönt, und eine geräumige Gemeinschaftsküche ist auch noch vorhanden.

Casa Verde CABINA $$
(☎2750-0015; www.cabinascasaverde.com; DZ 59–85 US$, zusätzl. Pers. 20 US$, Klimaanlage zusätzl. 10 US$; P ❄ Wi-Fi Pool) Das wunderbare Quartier mit 17 Zimmern hat einen neuen Inhaber, wurde renoviert und beeindruckt nun mit gefliesten Fußwegen, die sich durch die Gärten mit den sauberen Unterkünften schlängeln. Alle haben hohe Decken, gebeizte Holzmöbel, einen Tick Ethno-Flair und eine eigene Terrasse mit Hängematte. Der Pool wirkt, als käme er direkt aus *Fantasy Island*. Auf dem Areal lebt eine Faultierfamilie, es gibt aber auch noch exotische Frösche und andere Tierarten. Kreditkarten werden angenommen.

Escape Caribeño BUNGALOWS $$
(☎2750-0103; www.escapecaribeno.com; EZ/DZ/3BZ Gartenblick 70/75/85 US$, Meerblick 90/95/105 US$; P ❄ @ Wi-Fi) Die reizenden Inhaber sorgen dafür, dass diese Bungalows immer tipptopp sind. Einige liegen am Strand, andere im Garten über der Straße, 500 m östlich der Ortschaft in Richtung Playa Cocles. Die teureren Wohneinheiten sind hübsch im Karibikstil gehalten mit Duschkabinen aus Buntglas; alle Wohneinheiten sind mit einem Minikühlschrank, Kabel-TV, Ventilator und Hängematten ausgestattet. Frühstück (kontinental 5 US$, amerikanisch 10 US$) gibt es hier auch.

Coco Loco Lodge BUNGALOWS $$
(☎2750-0281; www.cocolocolodge.com; DZ 69–87 US$, mit Klimaanlage 92–112 US$; P @ Wi-Fi) Dieses ruhige Hotel bietet verschiedene Unterkunftsarten. Am reizvollsten sind die mit Palmwedeln gedeckten Bungalows; sie haben Parkettboden, einen Minikühlschrank und eine Kaffeemaschine. Alle verfügen über eine eigene Terrasse mit Hängematte, von der sich ein schöner Blick auf die weitläufigen Gärten auftut. Eine große Wohneinheit im Haupthaus ist mit einer Küche ausgestattet und somit ideal für eine Familie. Kreditkarten werden angenommen.

Bungalows Calalú BUNGALOWS $$
(☎2750-0042; www.bungalowscalalu.com; DZ/3BZ 55/65 US$, DZ/3BZ/4BZ mit Küche & Klimaanlage 70/90/100 US$; P ❄ Wi-Fi Pool) Die herrliche Lage in einem tropischen Garten, der Pool und die praktische Parkmöglichkeit zählen zu den ansprechenden Eigenheiten dieser kleinen Anlage mit sechs Bungalows, die sich in Fußweite zur Ortschaft befindet. Die preiswerteren Wohneinheiten mit Ventilator haben eine eigene Veranda nach vorne

hinaus; dort können die Gäste jeden Morgen dem Chor der zwischernden Vögel lauschen. Die familienfreundlichen größeren Wohneinheiten verfügen über eine Klimaanlage und eine Küche.

Blue Conga Hotel B&B $$
(☎2750-0681; www.hotelblueconga.com; Zi. 70–125 US$; P📶🏊) Dieses B&B in einer Seitenstraße, 1 km östlich der Ortschaft, bietet einfache Zimmer in einem eingeschossigen Haus im Tropenstil. Das beste Preis-Leistungs-Verhältnis weisen die luftigen Wohneinheiten in der oberen Etage auf: mit hohen Decken, Obergadenfenstern, Himmelbetten mit Moskitonetzen, handgefertigten Lampen, Kaffeemaschine, Kühlschrank und einer eigenen Terrasse. Die Zimmer unten sind weniger prickelnd. Das Frühstück wird auf der hübschen Gartenterrasse neben dem Pool aufgetischt.

Banana Azul LODGE $$$
(☎2750-2035; www.bananaazul.com; inkl. Frühstück Cabinas ab 89 US$, Zi. & Suite 109–222 US$; P📶🏊) Das romantische Hotel außerhalb der Ortschaft liegt an einem wunderbar ruhigen schwarzen Sandstrand. Das Dekor im Dschungelschick mit weißer Bettwäsche, Moskitonetzen und Bromelien in den Duschen wird noch getoppt durch einen herrlichen Meerblick, der sich von den Terrassen im Obergeschoss bietet. Von den 22 Zimmern ist die sogenannte Howler (Brüllaffen) Suite, ein Eckzimmer mit Aussicht in alle Himmelsrichtungen, am schönsten. Es gibt hier auch ein Restaurant mit Bar sowie einen Fahrrad- und Boogieboardverleih. Kinder unter 16 Jahren werden allerdings nicht aufgenommen.

Cashew Hill Jungle Cottages BUNGALOWS $$$
(☎2750-0256, 2750-0001; www.cashewhilllodge.co.cr; Cottages 90–130 US$, Hunde zusätzl. 10 US$; P📶🏊🐾) Die sieben hellen, bunten und komfortablen Cottages, in denen bis zu sechs Personen übernachten können, liegen auf einem Hügel in wild wuchernder Vegetation fünf Minuten oberhalb der Ortschaft. Sie sind ausgestattet mit einer kompletten Küche, einer Art Loft und reizend rustikalem Touch Alle verfügen über eine eigene Veranda oder einen Patio mit bequemen Sesseln und Hängematten zum Chillen. Die Playa-Negra-*cabina* mit zwei Schlafzimmern beeindruckt mit ihrem herrlichen Meerblick. Auf der Yoga-Plattform findet Unterricht statt, und einen Wäscheservice (8 US$) gibt es hier auch.

Essen

Puerto Viejo kann mit der abwechslungsreichsten Restaurantszene an der ganzen Karibikküste aufwarten und ist somit ein Eldorado für Besucher, die die ewigen *casados* nicht mehr sehen können. Hier gibt es alles, von Sushi bis zur hausgemachten Pizza.

Lebensmittel sind im **Old Harbour Supermarket** (☎2750-1908; ⏲6.30–22 Uhr) oder im – hier eher deplatzierten – **Mega-Super** (☎2750-0187; ⏲8–21 Uhr) erhältlich, einer Ladenkette. Nicht versäumen sollte man den Biomarkt (S. 199) am Samstag; dort verkaufen Händler und Bauern typische Snacks der Region.

★ **Café Rico** CAFÉ $
(☎2750-0510; caferico.puertoviejo@yahoo.com; Frühstück 3–8 US$, Mittagessen ab 6 US$; ⏲Sa–Mi 6–12.45 Uhr; 📶) In diesem gemütlichen Gartencafé gibt es mit den besten vor Ort gerösteten Kaffee in ganz Puerto Viejo sowie naturbelassene Smoothies wie etwa ein probiotisches Ginger Ale. Auch Frühstück (Joghurt und Erdbeeren, Omeletts) und ein frühes Mittagessen (lecker ist beispielsweise das Ananas-Sandwich Art Hawaii mit Schinken und Käse) sind erhältlich. Außerdem werden noch Unmengen von Dienstleistungen wie WLAN, ein großer Büchertausch, ein Wäscheservice sowie ein Fahrrad- und Schnorchelverleih geboten.

★ **Bread & Chocolate** FRÜHSTÜCK $
(☎2750-0723; www.facebook.com/bandcpuertoviejo; Kuchen 3,50–4 US$, Mahlzeiten 6–9 US$; ⏲Mi–Sa 6.30–18.30, So bis 14.30 Uhr; 🖉) Schon mal ein komplett hausgemachtes Sandwich probiert – also Brot mit Erdnussbutter und Marmelade, bei dem von A bis Z alles selbst gemacht ist? So ein Sandwich und vieles mehr erwartet den Gast in diesem traumhaften Café, in dem Sandwiches, Suppen und Salate serviert werden und natürlich auch die Köstlichkeit, die dem Lokal ihren Namen verliehen hat: Schokolade. Sie kommt in Form von Tafeln, Trüffeln, Kuchen, Torten und überzogenen Nüssen und in Keksen (auch glutenfrei erhältlich) auf den Tisch.

Der Kaffee wird in der französischen Kaffeepresse serviert; den Mokka kann sich der Gast ganz nach eigenem Gusto aus selbst gemachter Schokolade, geschäumter Milch und Kaffee selbst zusammenstellen; und alles andere – von Gazpacho bis zum Müsli in den Keksen – wird liebevoll und gekonnt vor Ort selbst gemacht.

Soda Riquisimo KARIBISCH $
(☎ 2750-0367; 4,50–9 US$; ⏰ 7–22 Uhr; 📶) Typische Gerichte aus der Karibik wie Jerk Chicken (mariniertes Hühnchen vom Holzfeuer) werden mit Salat, Bohnen, Reis und Kochbananen in dieser einfachen *soda* gleich bei der Hauptstraße gut zubereitet. Im Hintergrund läuft Reggae, und die Atmosphäre ist recht nett; wirklich unschlagbar sind für einen solchen Touristenort jedoch die Preise. Am Wochenende ist das Lokal brechend voll. Es gibt hier auch Toast, Omeletts und Obst zum Frühstück.

Como en mi Casa Art Café CAFÉ $
(☎ 6069-6337; www.comoenmicasacostarica.wordpress.com; Hauptgerichte 3,50-6 US$; ⏰ Mi–Mo 8–16 Uhr, Küche bis 14.30 Uhr; 🌿) Das reizende vegetarische Café gehört einem netten, künstlerisch angehauchten Expat-Paar, das sich der Slow-Food-Küche verschrieben hat und alles von A bis Z selber macht – von den Marmeladen und pikanten Soßen bis hin zu den glutenfreien Pfannkuchen. Beliebt sind hier die ungebackenen Kuchen, die hausgemachten Linsen-Bohnen-Burger und die glutenfreien Avocado-Wraps, Smoothies und Schoko-Brownies. Die Wände sind nur so tapeziert mit regionaler Kunst.

Soda Shekiná KARIBISCH $
(☎ 2750-0549; Hauptgerichte 6–10 US$; ⏰ Frühstück 7.30–11.30, Mittag- & Abendessen Do–So 11.30–21 Uhr) Frühstück mit köstlichen Pfannkuchen und Obst sowie karibische Hausmannskost verlocken in diesem Lokal in einer Seitenstraße mit klappbaren Holztischen auf der Terrasse. Mittags und abends werden die Hauptgerichte mit Kokosreis und Bohnen, Salat und karamellisierten frittierten Bananen serviert. Die *soda* befindet sich nordwestlich vom Fußballplatz.

De Gustibus BÄCKEREI $
(☎ 2756-8397; www.facebook.com/degustibusbakery; Backwaren ab 1 US$; ⏰ 6.45–18 Uhr) Diese Bäckerei in der Haupteinkaufsstraße von Puerto Viejo lockt jede Menge Stammkunden an, was der sagenhaften Focaccia, den Pizzaschnitten, dem Apfelstrudel, den Profiteroles und allen möglichen anderen süßen und pikanten Köstlichkeiten geschuldet ist. Man kann sie vor Ort essen oder sich einen Snack für den Strand mitnehmen.

Sel & Sucre FRANZÖSISCH $
(☎ 2750-0636; Mahlzeiten 4–10 US$; ⏰ Di–So 12–21.30 Uhr; 🌿) Dunkelbrauner Kaffee und frische Obstsmoothies sind eine prima Ergänzung der Speisekarte mit süßen und pikanten Crêpes. Diese Köstlichkeiten werden alle einzig und allein von Küchenchef Sebastien Flageul zubereitet, dem auch das Hostel nebenan gehört. Der Service gestaltet sich manchmal recht schleppend, das Ergebnis ist die Warterei aber wert.

Dee-Lite EIS $
(☎ 8419-2023; Eis ab 3 US$, Angebote von der Speisekarte 1–7 US$; ⏰ 10–22 Uhr; 📶🌿👪) Diese authentische *gelateria* gegenüber der Bushaltestelle kann mit bis zu 80 Geschmacksrichtungen aufwarten, die abwechselnd angeboten werden, darunter auch vegane und milchfreie Sorten. Jedenfalls ist das Dee-Lite die perfekte Location, um sich nach einer langen, heißen Busfahrt abzukühlen. Serviert werden auch Crêpes, Bananensplits, Pfannkuchen, Panini, Gebäck sowie heiße und kalte Getränke.

Pan Pay BÄCKEREI $
(☎ 2750-0081; Gerichte 3–6 US$; ⏰ 7–16 Uhr) Diese beliebte Bäckerei an der Ecke liegt im Ort an der Straße beim Strand und bietet sich an, um sich einen starken Kaffee, frische Backwaren oder eine Portion herzhaft lockeres spanisches Omelett zu genehmigen, das mit knusprigem Tomatenbrot aufgetischt wird. Es gibt hier auch Sandwiches und allerlei kleinere Mahlzeiten, doch die fluffigen Schoko-Croissants sorgen dafür, dass so mancher morgens nur so aus dem Bett springt.

★ Mopri MEERESFRÜCHTE $$
(☎ 2756-8411; Hauptgerichte 9–20 US$; ⏰ 12–22 Uhr; 👪) Wer die angegammelte Fassade und die billigen Plastiktische sieht, würde nie für möglich halten, dass im Mopri so ziemlich die besten Meeresfrüchte in ganz Puerto Viejo auf den Tisch kommen. Die Gäste können sich ihre Lieblingszutat aussuchen – einen ganzen Schnapper, Calamari, Hummer oder Garnelen. Und dann wählen sie die passende Soße dazu: karibisch, Knoblauchbutter – die Spezialität des Hauses – oder auch Curry, Jalapeño oder auch eine andere *salsa*, bei der einem das Wasser nur so im Mund zusammenläuft. Und zu guter Letzt werden noch die Beilagen aufgetürmt: Reis, Pommes, Kochbananen, Salat, Gemüse oder Bohnen.

Im Mopri gibt es auch eine Speisekarte für Kinder und allerlei Pastagerichte für Leute, die keinen Fisch mögen, außerdem Wein, Bier, Saft und Kaffee, um alles gut hinunterzuspülen.

Stashu's con Fusion FUSIONSKÜCHE $$
(☎2750-0530; Hauptgerichte 10–14 US$; ⏲Di–Do 17–22 Uhr; ✎) Das romantische, schummerige Patio-Café lässt sich nach einem Spaziergang von gerade einmal 250 m in Richtung Playa Cocles erreichen. Die kreative Küche kombiniert Elemente aus der Kochkunst der Karibik, Indiens, Mexikos und Thailands. Tilapia (eine Barschart) in Macadamia-Kokos-Kruste und Tandoori-Hühnchen sind nur zwei der kulinarischen Highlights hier. Es verlocken zudem hervorragende vegetarische und vegane Speisen. Der Inhaber und Küchenchef Stash Golas gilt als Künstler – in der Küche und außerhalb.

Miss Lidia's Place KARIBISCH $$
(☎2750-0598; Gerichte 7–20 US$; ⏲Di–Sa 13–21, So 11.30–20 Uhr) Das Restaurant existiert schon seit ewigen Zeiten und gilt als renommierte Adresse für klassische Küche aus der Karibik; es verwöhnt den Gaumen und den Magen der Einheimischen und der Touristen gleichermaßen. Freunde von Obst und Gemüse werden die eiskalten *batidos* (frische Obstsäfte) und die köstliche Auswahl an Brokkoli, grünen Bohnen, Blumenkohl, Maiskolben, Karotten und Pilzen zu schätzen wissen, die zu den meisten Gerichten gereicht werden (beispielsweise Red Snapper, Garnelen, Hühnchen usw.).

Chile Rojo ASIATISCH $$
(☎8396-3247; 7–13 US$; ⏲12–23 Uhr; 📶✎) Lust auf Sushi? Dann nichts wie hin in dieses asiatische Lokal unter freiem Himmel an der Hauptstraße von Puerto Viejo mit Aussicht auf den Strand und die Boote. Zu den empfehlenswerten Varianten aus rohem Fisch zählen in Soja getränkte Thunfisch-*poke* hawaiianische Art und *ceviche*. An gegarten Gerichten verlocken Thai-Currys, ein kompletter Red Snapper und Gelbflossen-Thunfisch. Vegetarier können sich an arabischen Köstlichkeiten satt essen wie Taboulé, Fattoush-Salat (mit geröstetem Brot) und Falafel-Burgern.

Während der Recherchen zu diesem Reiseführer wurden von 18 bis 22 Uhr in der Happy Hour zwei Cocktails zum Preis von einem angeboten.

Bikini Restaurant & Bar FUSIONSKÜCHE $$
(☎2750-3061; Mojitos 3,50 US$, Hauptgerichte 5,50–14 US$; ⏲17.30–23 Uhr; ✎) Wer ein Faible für geeiste Mojitos hat, sollte dem Bikini einen Besuch abstatten. Das hippe Restaurant mit Bar lockt mit seinen erschwinglichen Cocktails und der abwechslungsreichen Speisekarte ein feierfreudiges Volk an. Die Gerichte aus der Karibik, Pasta, Salate, Currys und Sushi passen alle gut zu den hochprozentigen Drinks und der geselligen Atmosphäre. Für Veganer und Vegetarier stehen 32 Speisen zur Auswahl.

★**Laszlo's** MEERESFRÜCHTE $$$
(☎8730-6185; Hauptgerichte 16 US$; ⏲18–21 Uhr) Was kommt dabei heraus, wenn man einen Meister im Sportfischen nimmt, der in Siebenbürgen geboren und aufgewachsen ist, und ihn zuerst nach New Jersey und dann nach Puerto Viejo versetzt? Die Antwort: Ein erstaunlich vielseitiges Speiselokal ohne Namensschriftzug und ohne Speisekarte, das nur öffnet, wenn der Inhaber Laszlo ausreichend viele Fische gefangen hat. Der Fang des Tages wird dann mit Knoblauch und Petersilie zubereitet und mit selbst gemachten Pommes und Gemüse vom Grill serviert. Lecker!

Die hausgemachten Frucht-Cocktails sind ebenfalls etwas recht Besonderes. Aber es sind natürlich auch Bier und Wein erhältlich. Das Restaurant liegt zwei Türen vom Exploradores Outdoors (S. 189) entfernt.

Koki Beach LATEINAMERIKANISCH $$$
(☎2750-0902; http://kokibeach.blogspot.com.au; Hauptgerichte 10–43 US$; ⏲Di–So 17–23 Uhr, in der Nebensaison manchmal geschl.; 📶) 🍃 Das teure, schicke Restaurant am östlichen Ortsrand ist beliebt, um einen Drink zu nehmen oder zu Abend zu essen. Hier läuft zur Untermalung Loungemusik, und es stehen auf einer erhöhten Plattform bunte Holzgartenstühle mit Aussicht aufs Meer. Die Auswahl an von der peruanischen Küche inspirierten *ceviches*, anderen Fisch- und auch Fleischgerichten kann sich sehen lassen; für Vegetarier ist das Angebot dagegen eher bescheiden. Die Zutaten stammen alle von Biolieferanten.

Ausgehen & Nachtleben

Die Restaurants verwandeln sich oft in ausgelassene Bars, sobald die Tische abgeräumt sind. Wer bei einem Bier nett Leute beobachten möchte, sollte das Bikini Restaurant & Bar ausprobieren. Wer sehen und gesehen werden will, stattet dem Koki Beach einen Besuch ab oder lässt sich den fangfrischen Fisch im Laszlo's oder Mopri schmecken.

Outback Jack's BAR
(☎8554-4903; ⏲11–23 Uhr; 📶) Diese Bar mit Grill im Stil eines Trödelladens gehört einem Australier. Sie ist mit farbenfrohen

Skulpturen aus Abfallstoffen, gebogenen Metallteilen, angestrichenen Fahrrädern und anderem recycelten Krimkrams dekoriert. Auf den Tafeln hinter der Bar im Freien steht „Moonshine", und das ist kein Witz: Gemeint ist schwarz gebrannter Schnaps, der in vielen Varianten erhältlich ist, nämlich als Schoko-, Kokosnuss-, Mango- und Bananenlikör. Die Happy Hour findet täglich von 11 bis 17.30 Uhr statt; dann gibt es zwei Drinks zum Preis von einem. Und in der Hauptsaison wird Livemusik gespielt.

Im Grill direkt nebenan gibt es Tacos, Steaks und Fish & Chips, außerdem werden frische Garnelen auf dem Rost zubereitet (was jetzt keine Überraschung ist!).

Salsa Brava BAR

(www.facebook.com/SalsaBravaBeachBar; Cocktails ab 5 US$; ⏲11–2 Uhr) Die beliebte Bar hat sich auf Tacos, Schalen mit karibischem Essen und süße Pommes aus Platanen spezialisiert und bietet sich an, um den Tag mit einem Cocktail zu beschließen – am besten kommt man zur Happy Hour von 16 bis 18 Uhr, wenn es zwei Mojitos zum Preis von einem gibt und man dazu den Sonnenuntergang an der Salsa Brava samt Surfbreak auf sich wirken lassen kann. Am Freitag und Sonntag legen bei den beliebten Reggae-Abenden DJs auf.

Lazy Mon CLUB

(☎2750-2116; www.thelazymon.com; typische Cocktails ab 5 US$; ⏲12–2.30 Uhr) Der von den Brüdern Khalil und Abasi und ihrem Freund Rocky geführte Club gilt in Puerto Viejo als die zuverlässigste Anlaufstelle für Livemusik. Das Lazy Mon wurde 2010 eröffnet und lockt jede Menge Volk an. Gespielt wird Reggae, und zwei Cocktails zum Preis von einem gibt es auch, nämlich zwischen 16 und 19 Uhr; manchmal findet auch eine so genannte „Crappy Hour" (22–24 Uhr) statt. Probieren sollte man Jamakin' Me Crzy, einen starken Drink aus Vanille-Wodka, Orangenlikör, Mango und Kokoscreme.

Point Bar & Grill SPORTBAR

(☎2756-8491; www.thepointcostarica.com; Playa Negra; ⏲10.30–23.30 Uhr; 📶) Wer zufällig während der Fußballsaison hier ist (oder irgendeiner anderen Sportart), muss das große Spiel nicht verpassen. Dann nichts wie hin zu dieser geselligen Bar am Strand nordwestlich der Ortschaft. Anständiges Essen, große Monitore, Craft-Bier und jeden Tag ein anderer Schnäppchen-Drink sind garantiert – womit wahrlich genug gesagt ist.

Johnny's Place CLUB

(☎2750-2000; Mahlzeiten 5–18 US$; ⏲Mo, Do & So 11–20, Mi, Fr & Sa bis 3 Uhr) Das Jonny's galt einst als die Institution der Clubszene am Strand, doch als 2015 die Feten außer Kontrolle gerieten, musste man auf die Bremse treten. Der Club wurde dann kurzzeitig geschlossen und eröffnete unter einem neuen Inhaber schließlich als stilvolles Restaurant wieder (das *ceviche*, Salate, gemischten Reis und Fisch vom Grill serviert) mitsamt einer Bar, die einfallsreiche Cocktails zaubert. DJs legen hier noch immer auf, es wird getanzt und gelegentlich am Wochenende auch über die Stränge geschlagen.

Shoppen

Lulu Berlu Gallery KUNST & KUNDSTHANDWERK

(☎2750-0394; ⏲9–21 Uhr) In einer Seitenstraße, die parallel zur Hauptstraße verläuft, bietet diese Galerie Volkskunst, Kleidung, Schmuck, Keramik, bestickte Geldbörsen und Mosaikspiegel neben allerlei Unikaten und vor Ort hergestellten Artikeln.

Biomarkt MARKT

(⏲Sa 6–12 Uhr) Den allwöchentlich abgehaltenen Biomarkt sollte niemand verpassen, denn dann bieten die einheimischen Händler und Bauern typische Snacks der Region feil, und zwar vor allem Köstlichkeiten aus den Tropen und Schokolade. Es macht Sinn, vor 9 Uhr einzutreffen, denn sonst sind die besten Bissen längst verkauft.

ℹ Praktische Informationen

GEFAHREN & ÄRGERNISSE

Man sollte sich im Klaren sein, dass der Gebrauch von Marihuana (und härteren Drogen) in Puerto Viejo an der Tagesordnung, aber dennoch illegal ist.

Wie in anderen beliebten Touristenzentren stellt Diebstahl oft ein Problem dar. Man sollte deshalb aufpassen, den Hotelsafe benutzen und außerhalb der Ortschaft nachts möglichst nicht alleine herumlaufen.

GELD

Banco de Costa Rica (⏲Mo–Fr 9–16 Uhr) Die beiden Geldautomaten, die mit dem Plus- und Visa-System funktionieren, geben sowohl Colones als auch Dollar aus. Am Wochenende geht ihnen manchmal das Bargeld aus, und eigenwillig sind sie auch; wenn also der eine Apparat kein Geld ausspuckt, sollte man einfach sein Glück beim anderen versuchen.

Banco Nacional (⏲Mo–Fr 9–16 Uhr, Geldautomat tgl. 6–22 Uhr) Die Bank befindet sich

BUSSE AB PUERTO VIEJO

REISEZIEL	FAHRPREIS (US$)	FAHRZEIT	VERKEHRSZEITEN
Bribrí/Sixaola	1,50/3,35	30/90 Min.	Stündl. 7–21 Uhr
Cahuita/Puerto Limón	1,50/3,60	45 Min./2 Std.	Stündl. 6–20 Uhr
Manzanillo	1,30	30 Min.	Alle 2 Std. 6.30–18.45 Uhr, am Wochenende weniger häufig
San José	10,90	5 Std.	7, 7.30, 9, 11 & 16 Uhr

unweit der Hauptstraße in der Nähe der Brücke, die in die Ortschaft hineinführt. Hier werden nur Colones ausgegeben.

INTERNETZUGANG

Die meisten Bars, Cafés, Pensionen und Hotels haben WLAN.

TOURISTENINFORMATION

Costa Rica Way (☎2750-3031; www.costaricaway.info; ⏲8–18 Uhr) betreibt ein Touristeninformationszentrum nahe am Meer östlich des Orts; Hotel- und Restaurantinformationen sind auf der Website zusammengestellt.

Puerto Viejo Satellite (www.puertoviejosatellite.com) Gute Anlaufstelle für Informationen zu Unterkünften, Esslokalen und Aktivitäten.

Anreise & Unterwegs vor Ort

BUS

Alle öffentlichen Busse kommen in der Ortsmitte von Puerto Viejo an der Bushaltestelle in der Straße an, die am Strand entlangführt, und fahren auch dort ab. Der Fahrkartenschalter befindet sich diagonal auf der anderen Straßenseite.

FAHRRAD

Mit dem Fahrrad kommt man im Ort am besten herum, und damit zu den Stränden östlich von Puerto Viejo zu fahren, zählt zu den Highlights in dieser Ecke von Costa Rica. Es gibt überall Fahrradverleihe, die etwa 10 US$ am Tag verlangen.

SHUTTLE

Immer mehr Unternehmen bieten praktische Van-Shuttles von Puerto Viejo zu anderen Touristenhochburgen in ganz Costa Rica und an die Küste bis nach Bocas del Toro (Panama) an. Eine umfassende Liste enthält die überaus hilfreiche Website von Gecko Trail (www.geckotrail.com).

Playa Cocles, Playa Chiquita & Punta Uva

Eine 13 km lange Straße schlängelt sich östlich von Puerto Viejo durch Reihen um Reihen von Kokospalmen, vorbei an Lodges am Meer und durch wild wuchernden Tieflandregenwald, bis sie schließlich als Sackgasse in der verschlafenen Ortschaft Manzanillo endet. Die Straße ist zwar gut asphaltiert, aber dennoch schmal, und somit sollte man sich unterwegs genügend Zeit lassen und auch auf Radfahrer und einspurige Brücken aufpassen.

Sehenswertes

★ Punta Uva — STRAND

An einer Staubstraße, die am Punta Uva Dive Center beginnt, liegt eine idyllische Bucht, die als Szenerie in Leonardo DiCaprios Film *The Beach* herhalten könnte. In der Regel finden sich hier immer ein paar Einheimische, die am Sandstrand Surfbretter verleihen, und das Riff rechts von der Bucht bietet sich bestens zum Schnorcheln und zum Surfen an (allerdings nicht zur gleichen Zeit!). Wenn die Wellen viel Dünung haben, entsteht eine nachsichtige, milde rechte Welle, die auch für mittelprächtige Surfer geeignet ist.

★ Playa Cocles — STRAND

Die Playa Cocles kann mit Wellen für Surfer aufwarten, die sich nicht unbedingt die Knochen in der nahen Salsa Brava (der größten Welle Costa Ricas) brechen wollen und auf Hautabschürfungen ebenfalls nicht scharf sind. Hier gibt es steile Lefts und Rights, die jäh am Sandstrand brechen – und sich oft überschlagen. Während der Flut und Dünung brechen sich die besten Wellen in der Nähe der vorgelagerten Insel; an dieser Stelle entsteht eine sanfte Left, auf der Longboarder über ein tiefes Riff reiten. Die Surfbedingungen sind am besten in der Zeit von Dezember bis März sowie am frühen Vormittag, bevor der Wind an Stärke zunimmt.

Den Gefahren, die durch häufig auftretende Ripströmungen entstehen, wirkt die gut organisierte Wasserwacht entgegen.

Jaguar Centro de Rescate WILDTIERRESERVAT

(☎ 2750-0710; www.jaguarrescue.foundation; Playa Chiquita; 1½-stünd. Touren Erw./Kind unter 10 Jahren 20 US$/frei; ⏲ Touren Mo–Sa 9.30 & 11.30 Uhr;) Das gut geführte Zentrum zur Rettung von Wildtieren in Playa Chiquita ehrt mit seinem Namen die ursprünglichen Bewohner hier – die Jaguare. Heute konzentriert es sich allerdings überwiegend auf andere Tierarten wie Faultiere, Alligatoren, Ameisenbären, Schlangen und Affen. Das Zentrum, das von der Zoologin Encar und ihrem Partner Sandro, einem Reptilienkundler, gegründet wurde, nimmt sich verwaister, verletzter und geretteter Tiere an, die nach Möglichkeit wieder in die Wildnis rückgeführt werden sollen.

Freiwilligen Helfern (350 US$ inkl. Unterkunft), die sich zu einem Aufenthalt von mindestens einem Monat verpflichten, bieten sich vielerlei Einsatzmöglichkeiten.

Aktivitäten

Zu den Hauptattraktionen dieser Region zählen die Brandung, der Sand, die Beobachtung der Tierwelt und das Bräunen in der Sonne.

Greg's Surf School SURFEN

(☎ 8877-4115, 6010-6099; willony@hotmail.com; 1 Std./Tag Surfbrettverleih 5/20 US$, 1½ Std. Unterricht 40 US$) Den netten Greg, der aus Manzanillo stammt, findet man in der Regel im Schatten links am Strand von Punta Cocles, wo er seine verschiedenen Surfbretter zur Schau stellt. Nach vorheriger Vereinbarung fungiert er als Guide bei Surfsafaris, die zu Locations mit den besten Bedingungen in dieser Gegend führen.

Indulgence Spa SPA

(☎ 2750-0536; www.indulgencespa-salon.com; Playa Cocles; Behandlungen ab 8 US$, Massagen 25–85 US$; ⏲ Mo–Sa 11–18 Uhr) Dies ist wohl der beste Tagesspa in der gesamten südlichen Karibik. Er befindet sich im La Costa de Papito (S. 202).

Punta Uva Dive Center TAUCHEN

(☎ 2759-9191; www.puntauvadivecenter.com; Punta Uva; Tauchgänge an der Küste/vom Boot ab 85/95 US$) Auf dem Programm stehen abwechslungsreiche Tauchgänge, Tauchen bei Nacht, PADI-Kurse, Schnorcheltouren (55 US$) sowie SUP-Ausflüge (75 US$); und einen Kajakverleih (10 US$ pro Std.) gibt es auch noch. Das Unternehmen ist an der Hauptstraße in Punta Uva gut ausgeschildert.

Geführte Touren

Chocolate Forest Experience AUSFLÜGE

(☎ 2750-0504, 8341-2034; www.caribeanscr.com; Playa Cocles; Ausflüge 28 US$; ⏲ Mo–Sa 8.30–18, Touren Mo 10, Di & Do 10 & 14, Fr & Sa 14 Uhr) Der in Playa Cocles stationierte Schokoladenhersteller Caribeans veranstaltet Touren in seinen nachhaltig bewirtschafteten Kakaowald und in sein Schokoladenlabor, bei denen die Verkostung von Gourmetschokolade natürlich nicht fehlen darf. Es gibt auch einen Laden mit einem gekühlten Schokoladenraum, in dem die Besucher verschiedene Schokosorten probieren können.

Crazy Monkey Canopy Tour ABENTEUER

(☎ 2271-3000; www.almondsandcorals.com/activities/crazy-monkey-canopy-ride; pro Pers. 60 US$; ⏲ 10–14 Uhr) Die einzige Baumkronentour in dieser Region bietet 13 Seile und Plattformen zwischen den Bäumen, auf denen man die Natur oben von den Bäumen aus bewundern kann, sowie ein indigenes Dorf mit Reetdächern. Die 1¼-stündige Tour endet am Strand. Die Anlage zwischen Punta Uva und Manzanillo läuft unter der Regie der Almonds & Corals Lodge (S. 206).

Schlafen

An diesem Küstenabschnitt liegen einige der reizvollsten und romantischsten Unterkünfte, die Costa Rica zu bieten hat.

Playa Cocles

Die Playa Cocles, ein breiter, 2 km langer weißer Sandstrand östlich von Puerto Viejo (nur 1,5 km entfernt), lässt sich locker zu Fuß erreichen, bietet die Nähe zum Dorf mit seinen vielen Restaurants, jedoch auch Ruhe und Beschaulichkeit.

Physis B&B $$

(☎ 8866-4405, 2750-0941; www.physiscaribbean.net; inkl. Frühstück DZ 85–105 US$, 3BZ 100–115 US$;) In diesem B&B mit vier Zimmern, das sich in einer Seitenstraße von Playa Cocles versteckt, ist jede Menge Komfort geboten. Geführt wird es von den Expats Jeremy und Emily. In den kleineren Wohneinheiten unten laufen kostenlose Netflix-Filme, die Suite für Paare in den Flitterwochen ist mit Satelliten-TV ausgestattet, überall gibt es ein Soundsystem, Luftentfeuchter, Klimaanlage, Minikühlschrank und stabiles WLAN. Im hübschen Garten finden sich allerlei Wasserelemente; die Außenmauern sind mit Naturszenen verziert.

Finca Chica BUNGALOWS $$
(☎2750-1919; www.fincachica.com; Bungalows 65–130 US$; 📶) Inmitten wild wuchernder Tropenvegetation stehen vier Holzhäuser – von einem Bungalow für zwei Personen bis zu einem zweistöckigen Gebäude mit dem Namen „La Casita del Río", in dem bis zu sechs Gäste übernachten können. Alle verfügen über eine pfiffig ausgestattete Küche, und drei der Häuser bieten einen großzügigen Wohn- und Essbereich. Die Finca Chica liegt etwas versteckt am Ende einer unasphaltierten Zufahrt ein paar hundert Meter von der Hauptstraße entfernt.

El Tucán Jungle Lodge CABINAS $$
(☎2750-0026; www.eltucanjunglelodge.com; EZ/DZ/3BZ/4BZ 48/58/68/78 US$; P 📶) Diese abgeschiedene Lodge im Dschungel liegt nur 1 km von der Straße entfernt, vermittelt aber das Gefühl, ewig weit weg zu sein – und ist somit ideal für Leute, die gern Vögel beobachten. Vier saubere Holz-*cabinas* am Ufer des Caño Negro teilen sich einen breiten Patio mit Hängematten, von dem aus man Faultiere, Affen, Echsen, Tukane und andere Tiere bestaunen kann. Auf Wunsch servieren die herzlichen Inhaber auch Frühstück (8 US$ pro Pers.) und organisieren Wanderungen in der Umgebung.

Hotel Isla Inn CABINAS $$
(☎2537-9338, 2750-0109; www.hotelislainn.net; DZ/FZ/Mastersuite 90/190/220 US$; P ❄ 📶 🏊) Gegenüber vom Turm der Wasserwacht im Zentrum des Geschehens von Playa Cocles liegt diese effiziente Holzlodge mit großzügigen Zimmern – in einigen können bis zu fünf Personen übernachten. Alle Zimmer sind mit einem Safe, Kabel-TV, heißer Dusche, Kaffeemaschine, Kühlschrank und handgeschreinerten Möbeln ausgestattet; sie sind aus den gebogenen Außenbrettern hergestellt, die bei der Holzverarbeitung aussortiert werden.

Azánia Bungalows BUNGALOWS $$$
(☎2750-0540; www.azania-costarica.com; DZ inkl. Frühstück 100 US$, zusätzl. Pers. 25 US$; P @ 🏊) Die zehn geräumigen, aber dunklen Bungalows mit Reetdach wirken durch die bunte Bettwäsche viel freundlicher. Sie gehören zu einem reizenden Gasthof, der in einem dschungelartigen Garten liegt. An netten Details sind die gewebten Bettüberwürfe, die gut konzipierten Bäder und die breiten Hartholzdielen erwähnenswert. Eine Poollandschaft und ein Whirlpool liegen in der Vegetation verborgen, und ein argentinisches Restaurant mit Bar bemüht sich um das Wohl der Gäste. In den Zimmern können bis zur vier Personen übernachten.

La Costa de Papito BUNGALOWS $$$
(☎2750-0080; www.lacostadepapito.com; DZ inkl. Frühstück 128 US$, zusätzl. Erw./Kind 19/9 US$; P 📶) Der beliebte Außenposten an der Playa Cocles auf einem mit Skulpturen geschmückten Areal ermöglicht den Gästen, bei rustikalem Komfort zu entspannen. Die Bungalows aus Holz und Bambus sind mit handgeschnitzten Möbeln ausgestattet, haben Steinbäder, die der *Familie Feuerstein* entsprungen zu sein scheinen, und verfügen über eine geräumige Veranda mit Hängematten. Im Restaurant werden Spezialitäten aus der Karibik serviert, und im rustikalen Indulgence Spa (S. 201) mit einem Dach aus Palmwedeln werden Massagen und Kurbehandlungen angeboten.

Playa Chiquita

So ganz genau weiß eigentlich keiner, wo die Playa Cocles aufhört und die Playa Chiquita beginnt, aber der herkömmlichen Meinung nach umfasst die Playa Cocles mehrere Strände, die sich 4 bis 6 km östlich von Puerto Viejo erstrecken.

★ **Tree House Lodge** BUNGALOWS $$$
(☎2750-0706; www.costaricatreehouse.com; DZ 250–590 US$, zusätzl. Person 50 US$; P) 🍃 Abenteuerlustige, die sich eine extravagante Unterkunft wünschen, werden von den fünf *casitas* im Freien begeistert sein, darunter ein richtiges „Baumhaus": eine Hütte mit einem Obergeschoss, die um einen lebenden Sangrillo-Baum errichtet wurde – samt Minigolfplatz rund um den Stamm. Alle *casitas* haben eine Küche, einen Grill, eine Veranda mit bequemen Sesseln und Hängematten. Ein Privatweg führt zu einem kleinen weißen Sandstrand hinunter.

Die Häuschen, in denen bis zu fünf Personen übernachten können, sind mit Moskitonetzen bestückt; eines kann sogar mit einem Whirlpool aufwarten.

La Kukula BUNGALOWS $$$
(☎2750-0653; www.lakukulalodge.com; DZ inkl. Frühstück 110–130 US$; 🏊) 🍃 Die drei geschmackvollen, „tropisch-modernen" Bungalows mit natürlicher Belüftung (superhohe Decken und Wände aus Fliegengittern) und einem unverstellten Blick auf den Dschungel von den Regenduschen aus ermöglichen den Gästen ein relativ nahes Naturerlebnis.

Der holzverkleidete Pool ist sagenhaft, um Vögel und Frösche zu beobachten. Größeren Gruppen steht ein Haus mit drei Schlafzimmern zur Verfügung samt Privatküche und Pool; es können bis zu neun Personen darin übernachten. Zum köstlichen Frühstück gehören auch selbst gebackenes Brot und selbst gemachte Marmelade.

Shawandha Lodge BUNGALOWS $$$
(☎2750-0018; www.shawandha.com; DZ inkl. Frühstück US$147, zusätzl. Pers. 30 US$; P ❄ 📶 ≋) Die Nobellodge inmitten grüner Landschaft mit Fröschen, Agutis und anderen tropischen Geschöpfen bietet 14 geräumige Bungalows. Sie sind wunderschön im Einklang mit der Natur gestaltet und in Erdfarben gehalten, jeder Bungalow verfügt über ein großes Bad mit Mosaikfliesen. Der tadellos gepflegte *rancho* mit Reetdach dient als Lounge unter freiem Himmel, außerdem sorgt ein französisch-karibisches Restaurant für das Wohl der Gäste. Ein Privatweg führt über die Straße zum Strand.

Tierra de Sueños BUNGALOWS $$$
(☎2750-0378; www.tierradesuenoslodge.com; Bungalows inkl. Frühstück 105–155 US$; P 📶) Die herrliche Gartenanlage macht ihrem Namen – Land der Träume – alle Ehre. Sie besteht aus sieben wunderschönen Bungalows mit Moskitonetzen und eigener Veranda. Passend zum beschaulichen Tropenambiente werden regelmäßig Yoga-Stunden (8/10 US$ für Gäste/Nicht-Gäste) auf einer Plattform im Freien abgehalten. Ein Wäscheservice (10 US$ pro Trommel) und ein Fahrradverleih (8 US$) stehen ebenso zur Verfügung wie WLAN (nur in Gemeinschaftsbereichen). In den Bungalows können zwei bis fünf Personen übernachten.

Punta Uva

Bei ruhigem Seegang kann Punta Uva mit einem der schönsten Strände für Schwimmer aufwarten. Dieser beschauliche Strand liegt an einer von Palmen gesäumten Bucht. Um die Abzweigung zu diesem Paradies (etwa 7 km östl. von Puerto Viejo) nicht zu verpassen, hält man einfach Ausschau nach dem Schild zum Punta Uva Dive Center.

Walaba Hostel HOSTEL $
(☎2750-0147; www.walabahostel.hostel.com; 2BZ 30 US$, B/EZ/DZ ohne Bad 18/21/26 US$; P 📶) Dieses chaotisch wirkende Sammelsurium aus flippigen, farbenfrohen und für Punta Uva relativ preiswerten Schlafsälen im Freien, Privatzimmern (darunter auch ein Doppelzimmer unter dem „Dach", das sich über eine Leiter erreichen lässt) und kleinen Hütten liegt mitten in einem Garten mit vielen Blumen und wird von freundlichen Mitarbeitern geführt. Die Gäste teilen sich die weitläufigen Kücheneinrichtungen, die heißen und kalten Duschen sowie einen Aufenthaltsbereich für alle mit knarrendem Holzboden; hier gibt es Spiele, Bücher und DVDs zur Unterhaltung.

★ **Cabinas Punta Uva** CABINAS $$
(☎2759-9180; www.cabinaspuntauva.com; *Cabinas* mit/ohne eigene Küche 90/65 US$; P 📶 🐾) Nur ein paar Schritte vom idyllischen Punta Uva entfernt liegen diese *cabinas* mit gefliesten Bädern, Verandas aus poliertem Holz, Hängematten und einer offenen Gemeinschaftsküche etwas versteckt in einer Sackgasse in einer grünen Gartenanlage. Hier können die Gäste beim Tosen der Wellen und Zirpen der Insekten einschlafen und werden vom Geschrei der Brüllaffen geweckt. In den Gemeinschaftsbereichen gibt es WLAN.

Villas del Caribe HOTEL $$
(☎2233-2200, 2750-0202; www.villasdelcaribe.com; inkl. Frühstück DZ 90 US$, Villen 125–185 US$; P ❄ 📶 ≋) Dieses Resort in Bestlage unweit vom Strand bietet hübsch gestrichene Zimmer, bequeme Betten, Sitzgruppen und geräumige Bäder mit spanischen Fliesen. Die Junior-Villen verfügen über eine Kochnische; die Villen mit einem Obergeschoss haben Meerblick und sind mit riesigen Betten, einer Küche und einem Grill ausgestattet. Alle verfügen über eine eigene Terrasse mit Hängematten. Einige Villen sind mit einer Klimaanlage versehen. WLAN ist in der Bar vorhanden.

Casa Viva BUNGALOWS $$$
(☎2750-0089; www.puntauva.net; Häuser mit 1 Schlafz. 100 US$, Häuser mit 2 Schlafzr. DZ/3BZ/4BZ 130/160/190 US$; P 📶) Die riesigen, voll möblierten Hartholzhäuser – das Werk eines wahren Meisters von einem Schreiner – mit gefliester Dusche, Küche und umlaufender Veranda liegen auf einem Grundstück direkt am Strand. Auf jeden Fall ist diese Anlage ideal, um in der Hängematte zu entspannen und dabei die Tierwelt zu betrachten. Einfach mal anfragen, ob es vielleicht gerade günstigere Tarife bei ein- oder mehrwöchigen Aufenthalten gibt. Die Zimmer sind mit einem Ventilator ausgestattet.

Korrigan Lodge BUNGALOWS $$$
(☎ 2759-9103; www.korriganlodge.com; DZ inkl. Frühstück 115 US$, zusätzl. Pers. 20 US$; P) Die vier Bungalows aus Holz und Beton mit Reetdach liegen in einem Stück Dschungel in der Nähe der Hauptstraße und verfügen über eine Minibar, einen Safe, einen Ventilator, ein modernes Bad und eine eigene Terrasse mit Hängematte. Allen Gästen stehen kostenlose Fahrräder zur Verfügung. Das Frühstück wird in einem *rancho* im Freien inmitten von Gärten aufgetischt.

Essen

Playa Cocles ist nicht weit von der lebhaften kulinarischen Szene von Puerto Viejo entfernt; danach sind die Esslokale allerdings eher dünn gesät. Erst in Punta Uva gibt es wieder eine ganze Reihe sagenhafter Restaurants.

Pita Bonita ARABISCH $$
(☎ 2756-8173; Playa Chiquita; 7,50–13,50 US$; ⊙ Mo–Sa 13–21 Uhr) Wer türkischen Kaffee, Hummus und das beste Pitabrot in der ganzen Karibik zu schätzen weiß, der ist in diesem Lokal unter israelischer Leitung goldrichtig. Es gibt hier auch cremiges *moutabal* (Dip aus gebratener Aubergine und Tahini), pikantes *shakshuka* (Gericht aus dem Nahen Osten mit verlorenen Eiern in Tomatensoße) und frisches Taboulé (Tomaten, Petersilie, Minze, Bulgurweizen, Zitronensaft und Zwiebel). Das Restaurant unter freiem Himmel befindet sich gegenüber der Tree House Lodge.

Die Auswahl an Bier, Wein und Hochprozentigerem kann sich auch sehen lassen.

★ **Selvin's Restaurant** KARIBISCH $$
(☎ 2750-0664; www.selvinpuntauva.com; Punta Uva; Hauptgerichte 12–18 US$; ⊙ Do–So 12–20 Uhr) Im Selvin kommt schon seit 1982 Essen aus der Karibik auf den Tisch – das Lokal gilt als eines der besten in dieser Region. Spezialisiert hat es sich auf Garnelen, sautierten Hummer in Butter, Knoblauch und Zwiebeln, T-Bone-Steaks, ein sagenhaftes *rondón* (Meeresfrüchte-Gumbo) und saftiges Hühnchen *caribeño* (Hühnchen in scharfer karibischer Soße gegart). Gäste mit einem Faible für Süßes können sich die Bioschokolade und Kokospralinen auf der Zunge zergehen lassen.

Pura Gula INTERNATIONAL $$
(☎ 8634-6404; Punta Uva; Hauptgerichte 6–16 US$; ⊙ 14–16 & 18–22 Uhr) Auf der knappen, aber soliden Speisekarte dieses legeren, aber doch eleganten Speiselokals stehen Teriyaki-Muscheln, Phat Thai, Pasta mit Macadamia-Pesto sowie ein hausgemachter Eierpudding. Das alles wird auf einer hübschen Terrasse im Freien aufgetragen. Das Pura Gula befindet sich in der Nähe der Hauptstraße zwischen der Playa Chiquita und Punta Uva.

El Refugio ARGENTINISCH, INTERNATIONAL $$$
(☎ 2759-9007; Punta Uva; Hauptgerichte 12–25 US$; ⊙ Do–Di 17–21 Uhr) In diesem Restaurant in Besitz eines Argentiniers stehen gerade einmal fünf Tische. Bekannt ist es für seine ständig wechselnde Speisekarte, auf der sich drei Vorspeisen, fünf Hauptgerichte und drei Desserts finden. Neue Angebote werden täglich auf der Schiefertafel angeschrieben, dazu sind ganzjährig beliebte Klassiker erhältlich wie roter Thunfisch in Knoblauch, *bife de entraña* mit Chimichurri (in Petersilie, Knoblauch und Gewürzen mariniertes Rindfleisch) sowie Crêpes mit *dulce de leche* (Karamell). Reservierung empfohlen.

La Pecora Nera ITALIENISCH $$$
(☎ 2750-0490; Playa Cocles; Hauptgerichte 15–30 US$; ⊙ Di–So 17.30–22 Uhr; ✎) Wer auf seiner Costa-Rica-Reise mit einem extravaganten Essen mal so richtig viel Geld verprassen möchte, der sollte das in diesem romanischen Speiselokal unter der Leitung von Ilario Giannoni tun. Auf einem hübschen Patio werden bei Kerzenschein herzhaft zubereitete italienische Meeresfrüchte- und Pastagerichte serviert; es gibt aber auch ausgefallenere Köstlichkeiten wie das vorzügliche *carpaccio di carambola:* Garnelen und Tomaten mit Balsamico-Dressing auf transparenten Scheiben Sternfrucht. Die Speisekarte wechselt häufig.

Die Weinkarte ist umfangreich, aber mit den sorgsam ausgewählten, relativ preiswerten Hausweinen kann man nichts falsch machen.

An- & Weiterreise

Busse, die auf der Strecke Puerto Viejo–Manzanillo fahren, halten bei Bedarf an der Playa Cocles, Playa Chiquita oder auch in Punta Uva. Als Alternative bietet sich eine einfache, hübsche Radtour von 30 bis 40 Minuten Dauer von Puerto Viejo nach Punta Uva an; ein Leihrad kostet etwa 10 US$ am Tag. Nach Einbruch der Dunkelheit sollte man ohne eine starke Fahrradbeleuchtung nicht unterwegs sein, denn es gibt keine Straßenlaternen.

Manzanillo

3250 EW.

Das beschauliche Dörfchen Manzanillo lag lange Zeit abseits der üblichen Touristenpfade – selbst noch nach 2003, als die Straße zum Ort asphaltiert wurde. Die kleine Ortschaft bildet weiterhin einen Außenposten afro-karibischer Kultur und ist vor allem wegen des im Jahr 1985 eingerichteten Refugio Nacional de Vida Silvestre Gandoca-Manzanillo sehenswert, eines unberührten Nationalparks, der auch das gesamte Dorf mit einschließt.

ABSTECHER

ZU GAST BEI DEN INDIGENEN GEMEINSCHAFTEN

Bereits in präkolumbischen Zeiten besiedelten mindestens zwei indigene Gruppen das Gebiet an der Karibikküste Costa Ricas. Das Volk der Bribrí bewohnte bevorzugt das Tiefland, während sich das Cabécar-Volk hoch oben in der Cordillera de Talamanca niederließ. In den letzten 100 Jahren zogen Mitglieder beider ethnischer Gruppierungen weiter an die Pazifikküste. Viele blieben jedoch an der Küste, wo sie sich mit Einwanderern aus Jamaika verheirateten und sogar in der Bananenindustrie arbeiteten. Heute sind die Bribrí kulturell besser integriert als die Cabécar, die eher isoliert leben.

Die beiden Volksgruppen sprechen unterschiedliche Sprachen, die bis zu einem gewissen Maß bis heute gepflegt werden. Ihre Architektur, Waffen und Kanus ähneln sich hingegen, und sie teilen auch den Glauben, dass diese Erde – samt ihrer Flora und Fauna – ein Geschenk von Sibö (Gott) ist. Das bemerkenswerte Buch *Taking Care of Sibö's Gifts* von Juanita Sánchez, Gloria Mayorga und Paula Palmer dokumentiert die Geschichte der Bribrí und ist auch online verfügbar.

So klappt der Besuch

In der Cordillera de Talamanca, genau gesagt an den Hängen zur Karibik hin, befinden sich mehrere Reservate, darunter das Territorium der Talamanca Cabécar (das sich nur eher schwierig besuchen lässt) und das Territorium der Bribrí, wo sich die Einheimischen auf den Umgang mit Besuchern ganz gut eingestellt haben.

Als interessantestes Ziel gilt jedoch **Yorkín** in der Reserva Indígena Yorkín. Das Dorf am Río Yorkín an der Grenze zu Panama lässt sich nur mit dem Boot erreichen. Angeboten werden erlebnisreiche Tagestouren, aber auch Exkursionen mit ein oder zwei Übernachtungen (ab 210 $ pro Pers. inkl. Mahlzeiten, Transfers und Erlebnisse), bei denen die Teilnehmer mit dem Einbaum heranschippern. Nach der Ankunft wird ihnen gezeigt, wie Dächer mit Stroh gedeckt, Heilpflanzen genutzt und Körbe geflochten werden. Man kann sich ein Mittagessen im Bribrí-Stil schmecken lassen und lernen, wie Schokolade hergestellt wird – und dann ein paar Kostproben zum Nachtisch essen. Auch eine Wanderung im Hochland ist auf Wunsch möglich. Jedenfalls lohnt sich der Ausflug wirklich sehr und ist die Zeit und den Aufwand der Anreise wirklich wert.

Eine andere Möglichkeit ist, einen Tagesausflug (59 US$) zum **Territorium der Kèköldi** zu unternehmen, einer winzigen Volksgruppe, die mit den Bribrí verwandt ist. Dort können die Gäste an einer 2½-stündigen, informativen Wanderung durch die Natur zum Dorf teilnehmen und sich dort dann ein traditionelles Mittagessen schmecken lassen, das von Mitgliedern der Gemeinde über dem Holzfeuer gekocht wurde.

Die Territorien auf eigene Faust zu besuchen ist nicht empfehlenswert. Viele davon sind nicht nur schwer erreichbar, sondern es fehlt in den Dörfern meistens auch die Infrastruktur, um Touristenscharen zu beherbergen. Und natürlich sollte man während des Besuchs bedenken, dass es sich um das private Zuhause und den Arbeitsplatz dieser Menschen handelt und nicht um Touristenattraktionen.

Terraventuras (S. 193) in Puerto Viejo veranstaltet Tagesausflüge nach Bribrí (80 US$ pro Pers.), zu denen auch ein Treffen mit einem Awa (Bribrí-Arzt) gehört; er erklärt dann die medizinischen Gepflogenheiten und führt eine Reinigungszeremonie durch. Willie's Tours (S. 180) in Cahuita bietet einen Tagesausflug sowie Exkursionen mit ein oder zwei Übernachtungen nach Yorkín an sowie einen Tagesausflug ins Kèköldi-Territorium.

Die Freizeitaktivitäten sind hier eher einfacher Natur – und spielen sich *in* der Natur ab: Wandern, Schnorcheln und Kajakfahren stehen hier an erster Stelle (wie anderswo auch, sollte man sich, bevor man sich ins Vergnügen stürzt, nach gefährlichen Ripströmungen erkundigen).

Aktivitäten

Bad Barts SCHNORCHELN
(☎8650-2860, 2759-9012; www.badbartsmanzanillo.com; Fahrrad-/Schnorchel-/Kajak-Verleih pro Std. 2/4/6 US$; ⏱Di–So 8–17 Uhr) Das Unternehmen in der Nähe der Bushaltestelle in Manzanillo vermietet Schnorchel- und Scuba-Ausrüstungen, Kajaks, Boogieboards und Fahrräder. Die Öffnungszeiten sind unregelmäßig, deshalb besser vorher anrufen.

Schlafen

Cabinas Manzanillo CABINAS $
(☎2759-9033, 8327-3291; EZ/DZ 35/40 US$; P WLAN) Die acht *cabinas* unter der Leitung von Sandra Castillo und Pablo Bustamante, zwei total hilfsbereiten Zeitgenossen, liegen am westlichen Ortsrand von Manzanillo und sind so sauber, dass man von den gefliesten Böden essen könnte. Die fröhlichen Zimmer sind mit großen Betten, Deckenventilatoren, die einer Industrieanlage alle Ehre machen würden, TV, Safe und geräumigen Bädern mit heißem Wasser ausgestattet. Eine Gemeinschaftsküche ist auch vorhanden. Und so kommt man hin: Vom Maxi's Restaurant 300 m gen Westen in Richtung Punta Uva fahren und dann links in die ausgeschilderte Staubstraße abbiegen.

Sumaqtikaq Cabins PENSION $$
(☎2759-9146, 2261-8186, 8860-9331; www.cabinas-sumaqtikaq.com; inkl. Frühstück *cabinas* für 2–3 Pers. 60 US$, 5 Pers. 80 US$, Häuser für 11 Pers. 300 US$; P WLAN) Die Pension mit Ethno-Kunst und einem hübschen Garten ist für Gruppen das beste Angebot in Manzanillo. Vorhanden sind zwei Doppelzimmer, ein Raum, in dem bis zu fünf Personen übernachten können, sowie ein Haus mit einem Obergeschoss für bis zu elf Gäste. An Einrichtungen stehen eine Gemeinschaftsküche, ein Grill und ein Wäscheservice zur Verfügung. Einige Zimmer bieten auch einen Kühlschrank, Moskitonetze und Hängematten. Es lassen sich hier Ausflüge ins nahe Tierreservat Gandoca-Manzanillo (S. 207) organisieren. Die Mindestaufenthaltsdauer liegt bei vier Nächten.

Almonds & Corals Lodge BUNGALOWS $$$
(☎2759-9031, 2271-3000; www.almondsandcorals.com; Suite inkl. Frühstück 145–245 US$, zusätzl. Pers. ab 20 US$; P @ WLAN ≋) Diese Anlage am Strand liegt mitten im Dschungel und steht bei Paaren in den Flitterwochen hoch im Kurs. Die 24 Bungalows mit grünen Dächern aus Palmwedeln, Wänden mit Netzen, Safe, Minikühlschrank und Regenduschen sind durch Holzstege miteinander verbunden. Die Quartiere sind mit Himmelbetten, Whirlpool und einem Patio versehen, auf dem man das Ständchen, das die Natur darbringt, genießen kann. Das Frühstücksbüfett ist im Preis inbegriffen. Weitere Mahlzeiten können im Restaurant bestellt werden.

WLAN ist nur in der Lobby vorhanden.

Congo Bongo BUNGALOWS $$$
(☎2759-9016; www.congo-bongo.com; Bungalows 132–195 US$, zusätzl. Pers. 15 US$; P WLAN) Etwa 1 km außerhalb von Manzanillo in Richtung Punta Uva liegen diese sieben reizenden Cottages inmitten von dichtem Wald (eine ehemalige Kakaoplantage). Geboten werden voll ausgestattete Küchen und jede Menge Wohnraum, darunter eine Terrasse und strategisch günstig platzierte Hängematten, in denen die Gäste perfekt die Wildtiere beobachten können. Durch die etwa 6 ha große Anlage führt ein Netz von Wegen zum wunderschönen Strand. Der Mindestaufenthalt beträgt zwei Nächte.

Essen

Maxi's Restaurant KARIBISCH $$
(☎2759-9086; Hauptgerichte 7–14 US$, Hummer 45–70 US$; ⏱12–22 Uhr; WLAN) Das berühmteste Restaurant in Manzanillo lockt mit seinen Riesentellern Meeresfrüchte vom Grill, *pargo rojo* (ganzer Red Snapper), *ceviche*, Schweinefleisch mit Reis, Steak und kostspieligem Hummer karibische Art jede Menge Touristen an. Der Service gestaltet sich oft schleppend, aber der Essbereich im Obergeschoss unter freiem Himmel bietet ein herrliches Ambiente am Meer, um eine Mahlzeit und ein Bier mit Aussicht auf den Strand und die Straße unten zu genießen.

Das Restaurant befindet sich am Ende der Straße, die in den Ort hineinführt (wo die Busse ankommen).

Cool & Calm Cafe KARIBISCH $$$
(Hauptgerichte 12–26 US$; ⏱Mi–Mo 11–21 Uhr) Direkt gegenüber vom westlichen Strand in Manzanillo liegt dieses Speiselokal mit Veranda vor dem Haus, das Gäste mit edler

karibischer Küche verwöhnt – von Schnapper und Hühnchen bis hin zu Hummer; und obendrein gibt es ein paar Extras wie Guacamole, Tacos und ein Gemüsecurry. Inhaber Andy bietet auch Unterricht in der karibischen Kochkunst an sowie eine „Vom Riff auf den Teller"-Tour, bei der sich die Teilnehmer zu bestimmten Jahreszeiten ihren Hummer oder Fisch beim Tauchen selbst holen können.

Andy fängt immer einen Hummer, um täglich seinen unerhörten Hummer *caribeño* zuzubereiten.

An- & Weiterreise

Busse, die via Puerto Viejo nach Puerto Limón verkehren, fahren in Manzanillo um 5.30, 6.00, 10.30, 15.00 und 18.00 Uhr (nach Puerto Limón etwa 5 US$, 2½ Std.; nach Puerto Viejo 1,50 US$, 30 Min.) ab. Busse von Puerto Limón nach Manzanillo (via Puerto Viejo) fahren um 5.00, 7.00, 8.30, 10.30, 12.45 und 17.15 Uhr ab.

Von Autotransportes Mepe verkehrt zudem ein Direktbus täglich auf der Strecke Manzanillo–San José (etwa 13 US$, 5 Std.), der Manzanillo um 7 Uhr verlässt.

Refugio Nacional de Vida Silvestre-Gandoca-Manzanillo

In diesem wenig erforschten **Naturschutzgebiet** (Regama; ☎2759-9100; US$6; ⏲8–16 Uhr) stehen fast 70 % der südlichen Karibikküste unter Schutz. Das Areral erstreckt sich von Manzanillo bis zur Grenze nach Panama und umfasst 50 km² Land plus 44 km² Meeresfläche. Der beschauliche, unberührte weiße Sandstrand – eine der Hauptattraktionen dieser Region und das Zentrum des Dorflebens von Manzanillo – verläuft von Punta Uva im Westen bis nach Punta Mona im Osten. Im Meer bietet ein 5 km² großes Korallenriff Unmengen von Hummern, Seefächern und Diadem-Seeigeln einen Lebensraum.

Aktivitäten

Wandern

Ein 5,5 km langer Pfad verläuft von Manzanillo am Meer entlang nach **Punta Mona** weiter im Osten. Der erste Teil der Strecke von Manzanillo zur Tom Bay (ca. 40 Min. zu Fuß) ist gut befestigt, markiert und ohne Führer machbar. Nach dieser Bucht ist der Pfad nur noch schwer zu erkennen, sodass man sich leicht verirrt. Es lohnt sich daher auf alle Fälle, sich vor dem Aufbruch über den aktuellen Zustand der Strecke zu erkundigen oder gleich einen ortskundigen Guide anzuheuern. Der Spaziergang ist jedenfalls erlebnisreich – allein schon wegen der beeindruckenden Landschaft, aber auch weil man am Ende gefahrlos schwimmen und schnorcheln gehen kann.

Ein zweiter, allerdings schwierigerer Pfad, beginnt 9 km westlich von Manzanillo. Er streift den Südrand von Pantano Punta Mona und führt weiter zur kleinen Ortschaft **Gandoca**. Die Strecke wird nur selten begangen, da die meisten Leute per Schiff oder vom Parkeingang am Nordrand des Parks (an der Straße nach Sixaola) nach Punta Mona und Gandoca fahren. Wer diese Wanderung unternehmen möchte, sollte unbedingt einen Führer engagieren.

Ein dritter Trail im Reservat führt die Besucher quer durch den dichten Wald. Er war in letzter Zeit gefährlich oder schwer zu begehen, wurde jedoch unlängst durch Stege aus Holz- und Kunststoffplanken verbessert. Auch hier empfiehlt es sich, mit einem ortskundigen Führer zu gehen.

Schnorcheln & Tauchen

Im Unterwassergebiet des Parks liegt eines der beiden noch intakten Korallenriffe des Landes mit fünf Korallenarten. Das Riff beginnt in 1 m Wassertiefe und endet 5 km weiter als Barriereriff. Die heimischen Fischer hatten hier lange sichere Fanggründe, die Forschung hat das Riff erst seit Kurzem für sich entdeckt. In der farbenprächtigen Unterwasserwelt leben etwa 400 verschiedene Fisch- und Krustentierarten. **Punta Mona** ist ein beliebtes Ziel zum Schnorcheln, der Fußmarsch dorthin ist allerdings recht lang. Viele Reisende mieten deshalb lieber ein Boot. Ansonsten kann man auch bei **Manzanillo** am östlichen Strandende schnorcheln. Achtung vor gefährlichen Brandungsrückströmungen: Vor der Tour sollte man bei Einheimischen oder im Coral Reef Information Center bei Bad Barts (S. 206) in Manzanillo die aktuellen Bedingungen erfragen. Diese schwanken generell sehr stark, zudem kann die Sicht durch plötzliche Wetterumschwünge beeinträchtigt werden.

Kajakfahren

Einige der Wasserstraßen in dieser Gegend lassen sich gut mit dem Kajak erkunden; mieten kann man sich eines bei Bad Barts (S. 206). Es besteht die Möglichkeit, zum Riff hinauszupaddeln, und an einem klaren Tag kann man dann einfach ins Wasser schauen, um die Meerestiere zu bestaunen. Wer mit Kindern unterwegs ist, sollte an der Küste westlich oder östlich des Dorfs Manzanillo eine kürzere Paddeltour unternehmen.

Delfinbeobachtung

Im Jahr 1997 entdeckte eine Gruppe einheimischer Führer vor Manzanillo Tucuxi-Delfine, eine nur wenig bekannte Art, die in Costa Rica zuvor nicht in Erscheinung getreten war. Die Guides begannen, das Verhalten der Tiere im Umgang mit großen Tümmlern zu studieren. Eine dritte Spezies ist ebenfalls häufig anzutreffen: der Atlantische Flecken- oder Zügeldelfin.

Die noch nie dagewesene Fülle an Tieren hat die Aufmerksamkeit von Meeresbiologen und Naturschützern geweckt, die die Aktivitäten der Delfine mit großem Interesse verfolgen.

Wer im Reservat Delfine beobachten (3 Std. ab 50 US$) möchte, setzt sich mit Bad Barts (S. 206) in Verbindung. Und man sollte eines keinesfalls vergessen: Es ist in Costa Rica gesetzlich verboten, mit Delfinen zu schwimmen. Man sollte also unbedingt auf einen angemessenen, respektvollen Abstand achten und die Tiere keinesfalls anfassen oder irgendwie stören.

Schildkrötenbeobachtung

Meeresschildkröten, vor allem Leder-, aber auch Suppen-, Echte und Unechte Karettschildkröten, legen ihre Eier am Sandstrand zwischen Punta Mona und dem Río Sixaola ab. Lederschildkröten legen von März bis Juli ihre Eier ab, Hochsaison sind die Monate April und Mai. Naturschutzgruppen vor Ort versuchen die Eiablageplätze zu schützen, da offensichtlich durch den Bevölkerungsanstieg bereits vermehrt Schildkröteneier gestohlen wurden.

Während der Schildkrötensaison ist es nicht gestattet, mit Blitzlicht zu fotografieren, ein Feuer zu entzünden oder zu zelten. Touristen dürfen ausschließlich in Begleitung eines einheimischen Führers an den Strand gehen, um die scheuen Meeresschildkröten bei der Eiablage so wenig wie möglich zu stören.

Geführte Touren

Man kann das Naturschutzgebiet auf eigene Faust erkunden, aber ohne einen Guide werden einem vermutlich die unglaublich vielfältigen Heilpflanzen, die exotischen Vögel und die Tiere unten auf dem Boden entgehen. Die meisten Führer verlangen ab 35 US$ pro Person für einen Treck, je nach Größe der Gruppe. Am besten erkundigt man sich im Maxi's (S. 206) in Manzanillo.

Zu den empfehlenswerten einheimischen Guides zählen **Florentino Grenald** (☎ 8841-2732; 4-stünd. Touren pro Pers. ab 40 US$), der früher in der Verwaltung des Naturschutzgebiets tätig war, sowie **Omar** (☎ 8932-0030; ⌚ 4–5-stünd. Wanderungen pro Pers. 40 US$) und **Abel Bustamante** (☎ 2759-9043).

Schlafen & Essen

Am besten packt man sich einfach Proviant für eine Tageswanderung ein oder ruft bei Punta Mona an, um einen Tisch zum Mittagessen zu reservieren. Der exotische Garten beherbergt Pflanzen aus der ganzen Welt, die dann zu ausgesprochen leckeren Biosalaten verarbeitet werden. Nach der Wanderung kann man sich einen Frucht-Smoothie und leckeres karibisches Essen im Cool & Calm Café in Manzanillo gönnen; das Lokal liegt nur ein kurzes Stück Fußweg nördlich des Eingangs zum Naturschutzgebiet.

★ **Punta Mona** CABINAS $$
(www.puntamona.org; Cabinas pro Pers. inkl. 3 Bio-Mahlzeiten 90 US$; @) Diese 35 ha große Biofarm mit Quartieren lässt sich nur im Rahmen einer zweistündigen Wanderung oder durch eine Bootsfahrt von 15 Minuten Dauer erreichen. Sie liegt 5 km südöstlich von Manzanillo und ist ein florierendes Experiment in Sachen Permakultur-Design und nachhaltiges Leben. Mehr als 200 verschiedene Obst- und Nussbäume sowie Hunderte Sorten essbare Salate, Wurzeln, Gemüse und Heilpflanzen wachsen hier. Im Preis inbegriffen sind vegetarische Mahlzeiten.

Während der Recherchen zu diesem Reiseführer galt Punta Mona als eine der größten Bezugsquellen für Nutzpflanzen weltweit, und Stephen Brooks, auf den das Unternehmen zurückgeht, gründete hier auch die erste Öko-Universität der Welt. Aber er richtet auch weiterhin Yoga-Retreats und ein Dschungelcamp aus. Um Quartiere und den Transport zu arrangieren, sollte man ihm vor dem Besuch eine E-Mail schicken (contact@puntamona.org). In dieser paradiesischen Umgebung können auch Tagesausflüge mit Mittagessen gebucht werden; die Kosten für ein Wassertaxi liegen bei rund 50 US$.

EINREISE NACH PANAMA

Herzlich willkommen am unterhaltsamsten Grenzübergang Costa Ricas! Eine alte Eisenbahnbrücke spannt sich über das tosende Wasser des Río Sixaola und verbindet Costa Rica mit Panama inmitten eines Meeres von landwirtschaftlichen Plantagen. Gigantische Busse und Laster nutzten früher diese Route auch – und sorgten für irreale Szenen, wenn eines dieser Fahrzeuge über die Holzplanken ratterte und die Fußgänger sich gezwungen sahen, sich an den Rand der Brücke zu retten. Heute existiert für den Autoverkehr eine zweite, parallele Brücke. Aber die Fußgänger haben beim Überqueren der alten Brücke weiterhin ihren Spaß.

Von hier fahren die meisten Reisenden nach Bocas del Toro weiter, einem malerischen Archipel aus Dschungelinseln mit schönen Stränden – und Roten Pfeilgiftfröschen, einer gefährdeten Art. Die Inseln lassen sich problemlos mit den regelmäßig verkehrenden Wassertaxis erreichen, die an der Mole von Almirante ablegen.

Die Grenze ist von 7 bis 17 Uhr geöffnet (8–18 Uhr in Guabito, Panama, aufgrund des Zeitunterschieds zu Costa Rica); eine Seite oder auch beide machen gegen 13 Uhr mittags manchmal dicht. Am Zugang zur Brücke ist auf der rechten Seite die Ausreisegebühr aus Costa Rica von 8 US$ zu entrichten, und man bekommt in der Ausreisebehörde einen Stempel in den Pass. Es macht Sinn, sich ausreichend Bargeld einzustecken für den Fall, dass der elektronische Automat nicht funktioniert. Auf der anderen Seite der Brücke hält man bei der Einreisebehörde von Panama an, um sich einen Stempel in den Pass geben zu lassen und bezahlt 4 US$ Einreisegebühr. Aber Achtung: In Panama ist der Nachweis über die Ausreise zu erbringen – in ein anderes Land Mittelamerikas oder in das Heimatland; eine Kopie des Flugtickets bietet sich dazu an. Für die Grenzüberquerung ist ein Reisepass erforderlich, der noch mehr als sechs Monate gültig ist; manchmal ist es auch erforderlich nachzuweisen, dass sich auf dem Bankkonto noch mindestens 500 US$ befinden – was allerdings beim Grenzübergang Sixaola kaum einmal passiert. Gerüstet sollte man dennoch sein und sich eine Kopie des letzten Kontoauszugs oder Ausdrucks des Geldautomaten einstecken. Es ist auch ratsam, sich eine Kopie vom Pass zu machen. Privat-Pkws dürfen den Grenzübergang nutzen, nicht jedoch Mietwagen. Außerdem sollte man sich auf oft lange Warteschlangen einstellen und die Weiterreise dementsprechend großzügig planen.

In Guabito gibt es keine Hotels oder Banken. Im Notfall kann man auf dem Markt auf der anderen Straßenseite ein paar Colones wechseln. Es verkehren von der Grenze im 30-Minuten-Takt Busse (2 US$, 1 Std.) zum Terminal Piquera in Changuinola, wo man in einen der Busse nach Almirante (etwa 2 US$, 45 Min.) umsteigt, um dort das Wassertaxi zu nehmen. Eine andere Möglichkeit ist, von Guabito im Sammeltaxi (pro Pers. rund 10 US$, 1 Std.) direkt nach Almirante zu fahren. Von hier verkehren von 6.30 bis 18 Uhr stündlich Wassertaxis (pro Pers. 6 US$, 25 Min.) nach Bocas del Toro.

Wer eine weniger aufwendige, allerdings einen Tick teurere Anreise nach Bocas del Toro bevorzugt, leistet sich einen der täglich verkehrenden Shuttlebusse ab Cahuita oder Puerto Viejo de Talamanca (mit Caribe Shuttle kostet die Fahrt 33 US$, S. 193).

Nature Observatorio CAMPINGPLATZ **$$$**
(☎8628-2663; www.natureobservatorio.com; Erw./Kind 160/100 US$) Die Beobachtungsplattform mit Baumhaus in einer Höhe von 25 m im Nationalpark Gandoca-Manzanillo gibt den Gästen die Möglichkeit, das Leben in den Baumkronen eines Primärwalds kennenzulernen. Die Unterkunft mit einem Obergeschoss im Freien ist mit Hängematten und bequemen Betten ausgestattet, von denen aus man häufig Affen, Kinkajous (Wickelbären) und Tukane zu sehen bekommt. Um zur Platform zu gelangen, müssen die Gäste den Baum hinaufklettern; das dafür benötigte Klettergeschirr wird zur Verfügung gestellt.

Der Inhaber, ein engagierter Naturkundler, holt seine Gäste täglich um 13 Uhr in Manzanillo ab und weist ihnen auf einer Wanderung von 45 Minuten den Weg zum Baum. Dort ist er dann seinen Kunden dabei behilflich, den Baum per Strickleiter zu erklimmen. Das Abendessen und das Frühstück werden in einem Korb den Baum hinaufbefördert. Die gesamte Plattform weist eine Größe von gerade einmal 60 m^2 auf; dort befinden sich die beiden schlichten Wohneinheiten, in denen jeweils zwei Personen übernachten können.

Praktische Informationen

Ein hervorragender Bildband zu dieser Region mit Erklärungen auf Spanisch und Englisch ist *Refugio Nacional de Vida Silvestre Gandoca-Manzanillo* von Juan José Puccí; man kann das Buch vor Ort oder auch übers Internet kaufen.

Minae (2755-0302, 2759-9100; Fr & Sa 8–16 Uhr) befindet sich in einem grünen Holzhaus, wenn man nach Manzanillo hereinkommt. Hier sind Wanderkarten für den Nationalpark erhältlich – wenn geöffnet ist.

An- & Weiterreise

Busse nach Manzanillo setzen die Fahrgäste vor dem Maxi's Restaurant (S. 206) ab. Von dort ist es noch etwa 1 km bis zum Eingang des Naturschutzgebiets. Die Besucher können den Park über eine Brücke betreten und müssen bei Flut nicht durchs Wasser waten. Eine weitere gute Möglichkeit, in verschiedene andere Bereiche des Parks zu gelangen, ist das Anmieten eines Bootes. **José** (5006-3361) betreibt vor Ort ein anständiges Wassertaxi.

Sixaola

3400 EW.

Hier endet die Straße – und zwar im wahrsten Sinne des Wortes. Eine holprige Asphaltstraße führt zu einer alten Eisenbahnbrücke, die den Río Sixaola überspannt. Hier befindet sich der Grenzübergang nach Panama. Wie die meisten Grenzorte auf der Welt, so ist auch Sixaola nicht gerade ein malerisches oder einladendes Städtchen: In den Straßen von Sixaola findet sich ein buntes Sammelsurium an zwielichtigen Häusern und an diversen Ständen, an denen alles mögliche verkauft wird.

Es gibt eigentlich keinen guten Grund, sich länger in Sixaola aufzuhalten. Wer dennoch hier strandet, logiert am besten in den sicheren und sauberen **Cabinas Sanchez** (2754-2126; DZ/3BZ 20/30 US$;).

An- & Weiterreise

Die Bushaltestelle befindet sich unmittelbar nördlich des Grenzübergangs, einen Block östlich der Hauptverkehrsstraße.

Busse nach San José (etwa 14 US$, 6 Std.) verkehren stündlich von 6 bis 13 Uhr sowie um 15, 16 und 19 Uhr mit Umstieg in Puerto Limón (etwa 7 US$, 3 Std. ab Sixaola). Alle Busse kommen auf ihrem Weg durch Bribrí und Cahuita.

Es verkehren auch regelmäßig Busse nach Puerto Viejo (etwa 3 US$, 1 Std.), nämlich montags bis samstags von 6 bis 19 Uhr und sonntags im Zwei-Stundentakt.

Der Nordwesten

Inhalt ➡

Gut essen

- Café Caburé (S. 229)
- Café Liberia (S. 251)
- Taco Taco (S. 228)
- Region 5 (S. 250)
- Orchid Coffee (S. 228)

Schön übernachten

- Casitas Tenorio B&B (S. 240)
- Capulín Cabins & Farm (S. 225)
- Celeste Mountain Lodge (S. 241)
- Hotel Belmar (S. 227)
- Casa Batsu (S. 225)
- Río Perdido (S. 245)

Auf in den Nordwesten!

Was war noch gleich der Grund für die Reise nach Costa Rica? Die unberührten Strände und die herrlichen Surfwellen? Die Wanderungen auf Vulkane und die Bäder in geothermischen Quellen? Die Vögel und Affen und uralten Bäume? All das und vieles mehr findet sich im Nordwesten Costa Ricas. Guanacaste im äußersten Nordwesten ist im Gegensatz zu allen anderen Gebieten des Landes eine weite Ebene aus Grassavannen und tropischem Trockenwald, und der endlose Blick über die Savanne wird nur von windzerzausten Bäumen unterbrochen. Weiter östlich erhebt sich die Cordillera de Guanacaste in einer Reihe fauchender, qualmender Vulkangipfel majestätisch über der Ebene und lockt zur Erkundung. Richtung Süden gedeihen in der größeren Höhe mystische Nebelwälder voller Pflanzen und Tiere. Was war es noch, das einen nach Costa Rica gelockt hat? Hier ist es zu finden!

Reisezeit

- Guanacaste ist die trockenste Provinz Costa Ricas, hier fällt zwischen November und April kaum Regen und der Wind verwöhnt (oder plagt) Bahía Salinas.
- Dagegen ist die „grüne" Jahreszeit im Nebelwald wirklich sehr grün, sprich: feucht.
- In der Nachsaison zwischen Mai und November gibt es nur wenige Touristen und die Übernachtungspreise sind günstig.
- Im September und Oktober ziehen Buckelwale an der Küste vorbei und bieten eine spektakuläre Vorstellung.
- Zu den Highlights für Reisende gehören auch die Blüte des gelben Goldtrompetenbaumes *corteza* im März und die *fiestas Guanacastecas*, die das ganze Jahr über stattfinden.

Highlights

1 **Monteverde** (S. 213) Den Quetzal im Nebel erspähen.

2 **Baumkronentour im Nebelwald** (S. 221) Sich durch die Baumkronen schwingen.

3 **Parque Nacional Palo Verde** (S. 246) Im größten Schutzgebiet in Costa Ricas Feuchtgebiet Vögel beobachten.

4 **Parque Nacional Volcán Tenorio** (S. 242) Den Río Celeste entlangwandern und über das blaue Wasser staunen.

5 **Llanos de Cortés** (S. 261) Sich bei einer kühlen Wasserfall-Dusche und einem Bad erfrischen.

6 **Parque Nacional Rincón de la Vieja** (S. 254) Zu Wasserfällen, Schwimmbecken und vulkanischen Schloten wandern.

7 **Playa Naranjo** (S. 260) Am Hexenfelsen in der legendären Brandung surfen.

8 **Bahía Salinas** (S. 264) Geschwindigkeitsrausch (beim Kitesurfen) am windigsten Strand Mittelamerikas erleben.

Nationalparks & Schutzgebiete

Der Nordwesten Costa Ricas ist reich an Parks und Schutzgebieten: von kleinen, kaum besuchten Nationalparks bis hin zum Monteverde Nebelwald, dem Highlight im Programm vieler Besucher.

Parque Nacional Palo Verde (S. 246) Die Forschungsstation bietet neben Unterkunft auch Führungen an, um die über 300 Vogelarten zu erkunden, die in diesem üppigen Feuchtgebiet gezählt wurden.

Parque Nacional Rincón de la Vieja (S. 254) Gleich außerhalb von Liberia erstreckt sich eine friedliche, schlammige Einsamkeit mit vielen sprudelnden und blubbernden Thermalquellen.

Refugio Nacional de Vida Silvestre Bahía Junquillal (S. 261) Das kleine geruhsame Schutzgebiet besteht aus einem Strand, hinter dem sich Mangrovensümpfe und tropischer Trockenwald erstrecken.

Reserva Biológica Bosque Nuboso Monteverde (S. 234) Monteverde ist Costa Ricas berühmtester Nebelwald, der trotz des steten Besucherstroms seinen Zauber noch nicht verloren hat.

Reserva Biológica Lomas de Barbudal (S. 265) Mit viel Glück sind in diesem Schutzgebiet des tropischen Trockenwaldes im März die gelben Blüten des Goldtrompetenbaumes *corteza amarilla* zu sehen.

Reserva Santa Elena (S. 237) Das Reservat ist weniger besucht und höher gelegen als das benachbarte Monteverde und der Nebelwald ist hier feuchter und wirkt auch geheimnisvoller.

Sektor Santa Rosa (S. 257) Hier gibt es die fast perfekte Welle und dazu den größten Bestand eines tropischen Trockenwaldes in Mittelamerika sowie den Schauplatz einer historischen Schlacht.

Sektor Murciélago (S. 258) Wer sich über die berüchtigten Straßen wagt, kann einsame Strände genießen und mit dem Boot zu den besten Surfbreaks des Landes fahren.

ℹ An- & Weiterreise

Immer mehr Besucher fliegen direkt zum Aeropuerto Internacional Daniel Oduber Quirós von Liberia (S. 253), einem gut gelegenen internationalen Flughafen, von dem aus man schnell alle Ziele im Nordwesten Costa Ricas und die Strände auf der Península de Nicoya erreichen kann. Liberia ist auch ein wichtiges Ziel für die Busse auf der Interamericana von der Grenze zu Nicaragua bis San José. Regelmäßig verbinden Busse die Península de Nicoya mit Verkehrsknotenpunkten wie Santa Cruz und Nicoya sowie weiteren Zielen an der Küste.

Die ganze Region ist mittlerweile ein wichtiges Ziel für Touristen, deswegen bieten immer mehr Firmen Transportmöglichkeiten an. Wer sich nicht für einen teuren Mietwagen entscheidet und bequemer (und schneller) als mit den öffentlichen Bussen reisen möchte, findet mit Sicherheit einen Shuttlebus. Mehrere Firmen bedienen die gängigsten Strecken.

Wer ein Fahrzeug mieten möchte, sollte während der Regenzeit am besten einen Wagen mit Allradantrieb nehmen (oder wenigstens ein Fahrzeug mit hoher Bodenfreiheit).

RUND UM MONTEVERDE

Entlang der Hänge der Cordillera de Tilarán zieht sich das Gebiet mit Dörfern, Bauernhöfen und Naturschutzgebieten. Der größte Ort, nämlich Santa Elena, geht fast nahtlos über in das benachbarte Cerro Plano und das dahinter gelegene winzige Monteverde, das direkt an das gleichnamige Schutzgebiet grenzt.

Die Reserva Biológica Bosque Nuboso Monteverde (S. 234; Schutzgebiet Nebelwald Monteverde) ist das berühmteste Schutzgebiet, aber es gibt noch weitere staatliche und private Gebiete jeder Form und Größe – von kleinen *fincas* (Farmen) in Familienbesitz bis zum riesigen Bosque Eterno de los Niños (S. 216; Ewiger Regenwald der Kinder) –, die das ganze Gebiet in ein üppiges Grün hüllen. Das hat zur Folge, dass man hier Wanderwege findet, Vögel beobachten und in Wasserfällen baden kann und jede Menge Abenteuer auf die Besucher warten.

Monteverde & Santa Elena

6750 EW.

Zwischen zwei liebevoll erhaltenen Nebelwäldern erstreckt sich ein schmaler Streifen der Zivilisation, der aus dem Tico-Dorf Santa Elena und der Quäkersiedlung Monteverde besteht.

Die Nebelwälder zählen zu den beliebtesten Touristenzielen, bei Rucksackreisenden ebenso wie bei wohlhabenden Pensionären. An guten Tagen ist die Monteverde-Region ein Ort, an dem man glaubt, dass eine Welt

Monteverde & Santa Elena

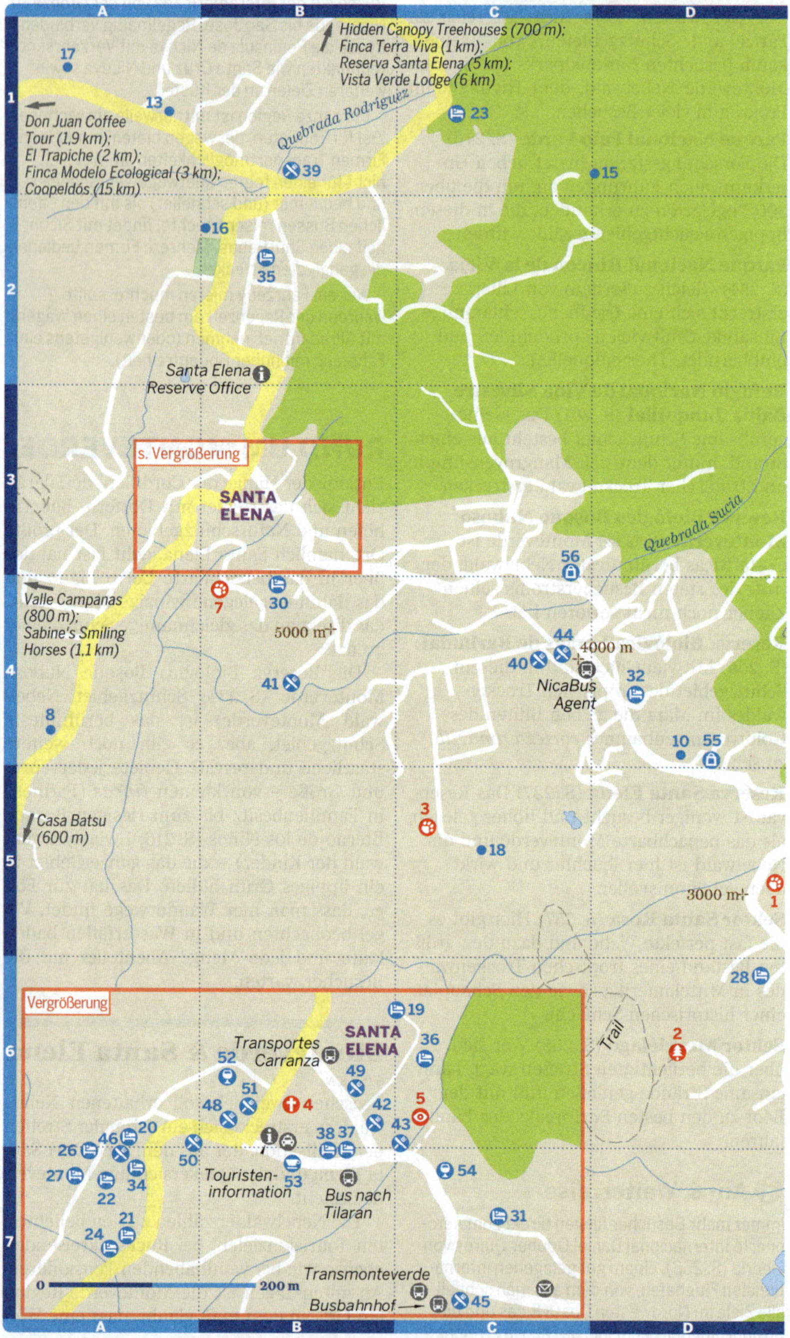
A
B
C
D
1
2
3
4
5
6
7
Hidden Canopy Treehouses (700 m);
Finca Terra Viva (1 km);
Reserva Santa Elena (5 km);
Vista Verde Lodge (6 km)
Don Juan Coffee Tour (1,9 km);
El Trapiche (2 km);
Finca Modelo Ecological (3 km);
Coopeldós (15 km)
Quebrada Rodríguez
Santa Elena Reserve Office
s. Vergrößerung
SANTA ELENA
Quebrada Sucia
Valle Campanas (800 m);
Sabine's Smiling Horses (1,1 km)
5000 m
4000 m
3000 m
NicaBus Agent
Casa Batsu (600 m)
Vergrößerung
Transportes Carranza
Touristen-information
Bus nach Tilaran
Transmonteverde Busbahnhof
Trail
0
200 m
1
2
3
4
5
7
8
10
13
15
16
17
18
19
20
21
22
23
24
26
27
28
30
31
32
34
35
36
37
38
39
40
41
42
43
44
45
46
48
49
50
51
52
53
54
55
56

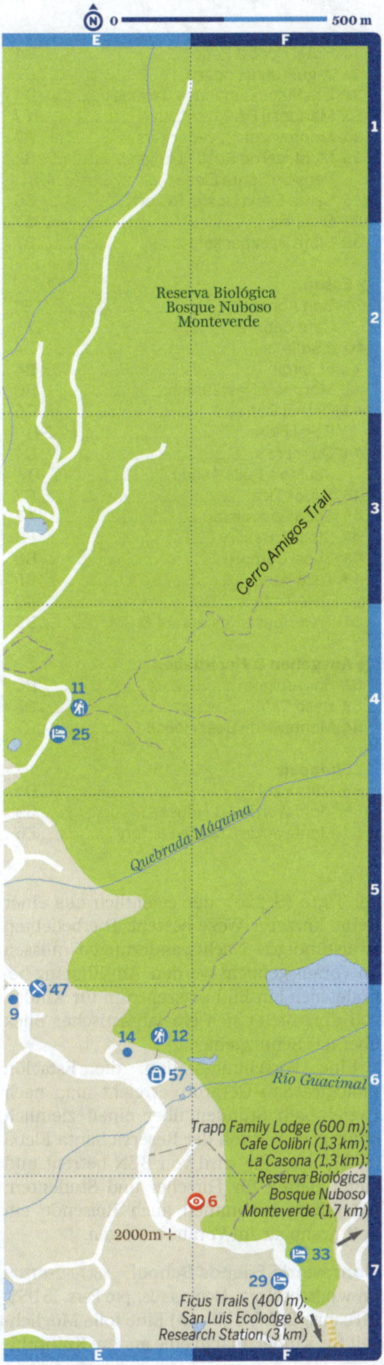

möglich ist, in der biologische Landwirtschaft und alternative Energiequellen der Normalfall sind. An schlechten Tagen fühlt man sich wie in einer Mischung aus Disneyland und Naturschutzgebiet. Aber ein Lichtblick ist, dass die Gemeinde weiterhin für den guten Zweck kämpft, nämlich das empfindliche Gleichgewicht zwischen Natur und Kommerz zu bewahren.

Sehenswertes

Die Sehenswürdigkeiten in Monteverde und Santa Elena sind hauptsächlich darauf ausgerichtet, dem Besucher die Natur näher zu bringen; egal, ob es sich um Fledermäuse, Schmetterlinge, Frösche, Schlangen oder Blumen handelt. Das ist sehr unterhaltsam und lehrreich gemacht, besonders für Kinder, aber es ist natürlich viel reizvoller, die Tiere in Freiheit zu sehen. Außerdem befindet man sich hier in der Wildnis: also raus auf Erkundung.

San Luis Ecolodge & Forschungsstation NATURSCHUTZGEBIET

(www.ecolodgesanluis.com; San Luis) Die ehemalige Forschungsstation für Tropenbiologie, eine wunderschöne Anlage, ist das bestgehütete Geheimnis Monteverdes. Sie wird von der University of Georgia betrieben und verbindet Wissenschaft mit hochwertigem Ökotourismus und Schulungen. Die 62 ha große Anlage befindet sich auf einem filmreifen jadegrünen Plateau, das an drei Seiten von Bergen mit Nebelwald begrenzt wird. Richtung Westen bietet sich ein Ausblick bis zum Meer. Wer diese beeindruckende Natur richtig genießen will, sollte in der Ecolodge San Luis (S. 225) übernachten.

Ein großer Teil des Geländes grenzt an den südlichen Bereich des Monteverde Schutzgebietes (S. 234) und blickt auf die tobenden Wasser des Río San Luis. Mit einer durchschnittlichen Höhe von 1100 m liegt das Reservat etwas niedriger als Monteverde und ist deswegen auch wärmer; das etwas bessere Wetter zieht auch mehr Vögel an. Vogelbeobachter haben an die 230 verschiedene Arten entdecken können. Es gibt eine bewirtschaftete Farm mit tropischen Obstplantagen und zwischen November und März wird Kaffee geerntet. Mehrere Wanderwege führen durch Primär- und Sekundärwald.

Von der Hauptstraße zwischen Santa Elena und Monteverde biegt man am Hotel Fonda Vela (S. 227) nach Süden ab und fährt dann drei Kilometer steil bergab; dabei ist

Monteverde & Santa Elena

Sehenswertes
1 Bat Jungle D5
2 Bosque Eterno de los Niños D6
3 Butterfly Garden C5
4 Iglesia B6
5 Jardín de Orquídeas C6
6 Monteverde Friends School F7
7 Ranario B4

Aktivitäten, Kurse & Touren
8 Caballeriza El Rodeo A4
Caburé Chocolate Tour .... (s. 1)
9 Café de Monteverde E6
10 Centro Panamericano de Idiomas D4
11 Cerro Amigos E4
12 Curi-Cancha Reserve E6
13 Horse Trek Monteverde A1
14 Monteverde Institute E6
15 Original Canopy Tour D1
16 Pasión Costa Rica B2
Reserva Bajo del Tigre .... (s. 2)
Revive Healing Arts .... (s. 9)
17 Santa Maria Night Walk A1
18 Valle Escondido C5

Schlafen
19 Arco Iris Ecolodge C6
20 Cabinas & Hotel Vista al Golfo A6
21 Cabinas Eddy A7
22 Camino Verde B&B A7
23 Capulín Cabins & Farm C1
24 Casa Tranquilo A7
Cloud Forest Lodge .... (s. 15)
25 Hotel Belmar E4
26 Hotel Claro de Luna A7
27 Hotel El Atardecer A7
28 Hotel El Bosque D6
29 Hotel Fonda Vela F7
30 Hotel Poco a Poco B4
31 Jaguarundi Lodge C7
32 Los Pinos Cabañas y Jardines D4
33 Mariposa B&B F7
34 Monteverde Backpackers A7
35 Monteverde Rustic Lodge B2
Pensión Santa Elena .... (s. 49)
36 Santa Elena Hostel Resort C6
37 Sleepers B7
38 Sloth Backpackers B7

Essen
39 Bon Appetit! B1
Café Caburé .... (s. 1)
40 d'Sofia C4
41 El Jardín B4
42 Morpho's Restaurant B6
43 Orchid Coffee C6
Passi Flora .... (s. 24)
44 Quimera's C4
Raulito's Pollo Asado .... (s. 4)
45 Sabor Tico C7
46 Soda La Amistad A7
47 Stella's Bakery E6
48 SuperCompro B6
49 Taco Taco B6
50 Toro Tinto A6
51 Tree House Restaurant & Café B6

Ausgehen & Nachtleben
52 Bar Amigos B6
53 Beso Cafe B7
54 Monteverde Beer House C7

Shoppen
55 Luna Azul D4
56 Monteverde Art House C3
57 Monteverde Cheese Factory E6

in der Ferne der San Luis Wasserfall zu sehen. Ein ausgeschilderter Abzweig führt nach links. Die Lodge kann nach Absprache auch einen Transport organisieren.

Bosque Eterno de los Niños
NATURSCHUTZGEBIET

(Ewiger Regenwald der Kinder, BEN; ☎2645-5305; www.acmcr.org; Erw./Kind 12 US$/frei, geführte Nachtwanderung 22/14 US$, Transport pro Pers. 4 US$; ⏰7.30–17.30 Uhr, Nachtwanderung 17.30 Uhr; 👪) Was wurde aus den Bemühungen einer Gruppe von schwedischen Schülern, die in den 1980er-Jahren versuchte, den Regenwald zu retten? Nur dieses riesige 220 km² große Schutzgebiet, das größte private Schutzgebiet des Landes. Der größte Teil des Gebietes ist für Touristen nicht zugänglich mit Ausnahme des gut ausgeschilderten, 3,5 km langen Sendero Bajo del Tigre (S. 220), der eigentlich aus einer Reihe kürzerer Wege besteht. Die beliebten zweistündigen Nachtwanderungen müssen im Voraus gebucht werden. Am Eingang befindet sich ein Bildungszentrum für Kinder, von dort bietet sich ein fantastischer Blick über das Schutzgebiet.

Eine Forschungsstation, die Estación Biológica San Gerardo, erreicht man nach zweieinhalb Stunden über einen ziemlich holprigen Weg von der Reserva Santa Elena (S. 237) aus. Sie wird von BEN betreut und bietet Betten für Forscher und Studenten; mit Glück bekommen auch Reisende ein Bett, wenn sie im Voraus anfragen.

Monteverde Friends School
KULTURZENTRUM

(www.mfschool.org; Monteverde; pro Pers. 15 US$; ⏰Führung Di & Fr 8 Uhr; 👪) Eine tolle Möglichkeit für Kinder, mal in eine andere Kultur hineinzuschnuppern, denn hier verbringt man einige Zeit in der Schule. Wer sich vorher angemeldet hat, kann die morgendliche Versammlung mitmachen und die Schule kennenlernen. Kinder dürfen sogar mit einem englischsprechenden Partner am Unterricht (und der Pause!) teilnehmen.

Wer bereit ist, sich für einen längeren Zeitraum zu verpflichten, kann mit den einheimischen Studenten zusammen in Kunstprojekten, Musik- und Technikkursen und individuellen Projekten arbeiten.

Ranario ZOO

(Monteverde Froschteich; ☎2645-6320; Santa Elena; pro Attraktion 14 US$, Kombieintrittskarte 23 US$, Nachtführung 30 US$; ⏲9–16.30 Uhr, Froschteich 9–20 Uhr) Der Ranario, oder Froschteich (der Name wurde mehrfach geändert), kehrt zu seinem früheren Glanz zurück, nachdem er noch um ein Insektenhaus und einen Schmetterlingsgarten ergänzt wurde. Aber immer noch sind die Frösche das Highlight – etwa 25 verschiedene Arten leben in Terrarien, die in einer Halle entlang künstlicher Dschungelpfade stehen. Geschulte Guides weisen mit Taschenlampen auf Frösche, Laich und Kaulquappen hin. Die Eintrittskarte berechtigt zu zwei Besuchen, sodass man abends noch mal die nachtaktiven Arten sehen kann.

Butterfly Garden ZOO

(Jardín de Mariposas; ☎2645-5512; www.montever debutterflygarden.com; Cerro Plano; Erw./Stud./-Kind 15/10/5 US$; ⏲8.30–16 Uhr) Hier ist alles über Schmetterlinge zu erfahren: In vier Gärten werden unterschiedliche Lebensräume gezeigt, in denen mehr als 40 verschiedenen Arten zu Hause sind. Mithilfe spezieller, vergrößernder Beobachtungskästen lässt sich beobachten, wie ein Schmetterling

INSIDERWISSEN

DIE GESCHICHTE VON DER GOLDKRÖTE

Vor langer Zeit lebte in den Nebelwäldern von Monteverde eine Goldkröte (*Bufo periglenes*), die auch *sapo dorado* genannt wurde. Da die leuchtend orangefarbene exotische kleine Kröte oft im Streulaub rund um Monteverde gesehen wurde – der einzige Ort der Welt, an dem sie auftauchte –, wurde sie so etwas wie ein Maskottchen der Stadt. Leider wurde seit 1989 keine Goldkröte mehr gesehen; sie ist vermutlich ausgestorben.

Die unerklärliche, rapide Dezimierung von Frosch- und Krötenarten auf der ganzen Welt führte Ende der 1980er-Jahre zu einer internationalen Tagung von Herpetologen, die sich mit dieser alarmierenden Entwicklung befassten. Amphibien, die einst sehr verbreitet waren, werden immer seltener oder sind bereits ausgestorben. Die Wissenschaftler können sich nicht einigen, welche Ursache sich hinter dem plötzlichen Sterben so vieler Amphibienarten in ganz unterschiedlichen Biotopen verbirgt.

Mehrere Faktoren können für den Rückgang verantwortlich sein. Amphibien atmen sowohl mit primitiven Lungen als auch durch ihre stets feuchte Haut; dadurch sind sie anfällig für Giftstoffe in der Luft. Ihre Haut schützt sie auch kaum vor der UV-Strahlung, die nachweislich zu höheren Sterblichkeitsraten amphibischer Embryos führt und zur Schädigung der DNA, was wiederum Missbildungen hervorruft. Auch Pestizide sind als Ursache von Missbildungen und Zwitterbildung bekannt. Hinzu kommt das globale Problem, dass die Biotope schwinden. Und als sei das nicht alles schon trostlos genug, haben Wissenschaftler entdeckt, dass die weltweite Verbreitung der Chytridiomycosis – einer Pilzerkrankung, die durch den Chytridpilz (*Batrachochytrium dendrobatidis*, für alle, die es genau wissen wollen) hervorgerufen wird – die Amphibienpopulation weltweit dezimiert hat.

Dem Global Amphibian Assessment zufolge sind 30 % der Amphibien Amerikas (das sind 1187 Arten) gegenwärtig vom Aussterben bedroht. Als Reaktion auf diese schreckliche Statistik hat eine internationale Vereinigung von Zoos und Naturschutzorganisationen die Initiative **Amphibian Ark** (www.amphibianark.org) gegründet. Das Ziel ist es, so viele Arten wie möglich für den Fall des weiteren Aussterbens zu „sammeln“. Wir werden wohl nie erfahren, was mit der Goldkröte geschehen ist, aber ihr mysteriöses Aussterben war mit Sicherheit ein Warnsignal, dass das Ökosystem aus dem Gleichgewicht geraten ist. Hoffen wir, dass dieses Warnsignal den übrigen Amphibienarten hilft und ihre Geschichte ein glückliches Ende findet.

Leben im Nebelwald

Der Nebelwald Monteverdes ist der Höhepunkt von Costa Ricas kontinentaler Wasserscheide. Man fühlt sich umgeben von wirbelnder, nebliger Euphorie, dort, wo von Flechten bedeckte Bäume in die Höhe ragen, exotische Vögel zwitschern sowie Orchideen- und Bromeliengewächse blühen. Das Waldleben hier ist vielfältig, pulsierend und jederzeit spürbar.

Zwei Wälder, zwei Ökosysteme

Vom karibischen Meer aus wehen warme, feuchte Passatwinde in die Wälder der Reserva Biológica Bosque Nuboso Monteverde, wo sie abkühlen und zu Wolken kondensieren, die sich dann über der nahe gelegenen Reserva Santa Elena sammeln. Beide Wälder besitzen eine große Artenvielfalt und eine hohe Sauerstoffkonzentration, aber aufgrund leicht unterschiedlicher Temperatur und Topografie haben sie verschiedene, völlig einzigartige Ökosysteme.

Flora des Nebelwalds

Epiphyten oder Aufsitzerpflanzen sind die dominante Lebensform im Nebelwald und scheinen die Bäume, auf denen sie wachsen, völlig zu vereinnahmen. Doch sie sind keine Parasiten und schaden ihrem Wirt auch nicht. Die cleveren Pflanzen ziehen alle Nährstoffe mit Hilfe ihrer freiliegenden Wurzeln aus dem sie umgebenden Nebel. Wer genau hinsieht, kann bis zu tausend Epiphyten auf einem einzigen Baum entdecken. Das trägt mit dazu bei, dass Nebelwälder so eine große Artenvielfalt aufweisen: In Monteverde machen sie geschätzt beinahe 30 % der gesamten Flora aus.

MATTEO COLOMBO/GETTY IMAGES ©

JONATHAN GREGSON/LONELY PLANET ©

1. Unterwegs in der Reserva Biológica Bosque Nuboso Monteverde
2. Braunschwanzamazilie
3. Orchidee *Oerstedella endressii*

JONATHAN GREGSON/LONELY PLANET ©

Die Pflanzenfamilie mit der größten Epiphyten-Vielfalt sind Orchideen, mit fast 500 Arten (der größten Artenvielfalt der Welt). Davon sind 34 Arten endemisch und nur in Costa Rica zu finden.

Die Vogelwelt

Durch ihre Funktion beim Bestäuben von Orchideen und anderen blühenden Pflanzen gehören Kolibris zu den am häufigsten gesichteten Kreaturen im Nebelwald. Dank ihrer Fähigkeit, auf der Stelle, rückwärts und auf dem Kopf zu fliegen, können sie im Flug trinken. Gut 30 Arten bevölkern den Nebelwald. Der Hämmerling ist schon lange zu hören, bevor er endlich zu sehen ist, denn der Gesang des Männchens ist angeblich einer der lautesten Vogelrufe der Welt. An seinem Schnabel hängen drei Kehllappen. Der berühmteste Bewohner des Nebelwaldes ist der Quetzal. Seine exotische Schönheit wird allen Beschreibungen gerecht, denn das Männchen hat lange Federn in Jadegrün und hellem Blau. Quetzals wandern mit den Jahreszeiten zwischen verschiedenen Höhenlagen hin und her.

Einfluss der Quäker

Die Quäker waren die ersten Naturschützer Costa Ricas. In den frühen 1950er-Jahren entschloss sich ein Dutzend pazifistischer Familien, die USA zu verlassen, um nicht in den Korea-Krieg ziehen zu müssen. Sie ließen sich an diesem Ort nieder und nannten es Monteverde (wörtlich „grüner Berg“). Bis heute sind sie aktiv, um dieses Areal zu schützen. *Walking with Wolf* von Kay Chornook erzählt die Geschichte eines dieser Pioniere, Wolf Guindon, der sich für den Schutz des Nebelwaldes engagierte.

seinen Kokon verlässt (vorausgesetzt man ist zur richtigen Zeit zur Stelle). Außerdem kann man die fleißige Blattschneiderameise und die skrupellose Tarantula-Falke-Wespe (eine Wespe, die tatsächlich Taranteln frisst) sehen sowie jede Menge Skorpione.

Kinder lieben diesen Garten und kompetente Führer sorgen hier für eine lohnende Erfahrung.

Aktivitäten

SkyTram SEILBAHN

(☎2479-4100, gebührenfrei USA 1-804-GOTOSKY; www.skyadventures.travel; Santa Elena; Erw./Stud./Kind 46/38/32 US$; ⏲8–15 Uhr) Die SkyTram, eine Einrichtung von SkyTrek (S. 222), ist eine barrierefreie Gondel, die sanft über den Nebelwald hinwegschwebt. An klaren Tagen reicht der Blick von den Vulkanen im Osten bis zum Pazifik im Westen. Es gibt auch Kombipakete, die SkyTrek (Baumkronentour) und SkyWalk (Hängebrücken) umfassen.

Revive Healing Arts MASSAGE

(☎8372-2002; www.revivehealingarts.com; Monteverde; Behandlungen ab 60 US$; ⏲nach Vereinbarung) Karen Gordons beliebtestes Angebot, die Mountain Massage, wurde extra entwickelt, um schmerzende Muskeln zu entspannen – egal, welches Abenteuer man erlebt hat. Angeboten werden auch Reiki, Craniosacrale Therapie und individuelle Behandlungen.

Curi-Cancha Reserve WANDERN, VOGELBEOBACHTUNG

(☎2645-6915, 8356-1431; www.curi-cancha.com; 15 US$, Nachtführung 18 US$, naturgeschichtliche Führung 35 US$, Vogelbeobachtung 75 US$; ⏲7–15.30 Uhr, geführte Wanderung 7.30 & 13.30 Uhr) An der Grenze zu Monteverde gelegen, aber ohne die dortigen Menschenmengen. Das hübsche private Schutzgebiet am Ufer des Río Cuecha ist besonders beliebt bei Vogelbeobachtern. Es bietet etwa 10 km gut ausgeschilderte Wanderwege, einen Kolibrigarten sowie die Aussicht auf die kontinentale Wasserscheide. Für geführte Wanderungen sowie die morgendlichen Vogelbeobachtungen und die themenbezogenen dreistündigen naturhistorischen Wanderungen sind Vorab-Buchungen nötig.

Cerro Amigos WANDERN

Eine Wanderung auf den höchsten Gipfel der Gegend (1842 m) bietet eine schöne Aussicht auf den Regenwald ringsum; an klaren Tagen ist von hier aus sogar der Volcán Arenal 20 km weiter nordöstlich zu sehen. Der Aufstieg beginnt hinter dem Hotel Belmar (S. 227) in Cerro Plano: Der Feldweg führt hügelabwärts, dann nimmt man den nächsten Weg links. Danach steigt der Weg etwa 300 m an (Länge 3 km). Dieser Pfad hat keine Verbindung zu den Wegen der Reserva Monteverde (S. 234).

Reserva Bajo del Tigre WANDERN

(☎2645-5200; www.acmcr.org/contenido/estaciones-y-senderos/reserva-bajo-del-tigre; Erw./Stud./Kind 13/11/8 US$, Nachtwanderung Erw./Stud./Kind/Transport 23/20/14/4 US$; ⏲8–17 Uhr, Nachtwanderung 17.30 Uhr; 👪) Dieser Teil des Bosque Eterno de los Niños (S. 216) ist der einzige Bereich, der für die Öffentlichkeit zugänglich ist. Der schöne Wald bietet auch ein Angebot für kleine Kinder, Wanderwege mit einer Gesamtlänge von 3,3 km und eine Aussichtsplattform mit einem wunderbaren Blick bis zum Golf.

Kurse

Monteverde Institute SPRACHKURSE

(☎2645-5053; www.monteverde-institute.org; Monteverde; einwöchige Kurse 390 US$, Gastfamilie inkl. Verpflegung pro Tag 23 US$) Diese gemeinnützige Bildungseinrichtung in Monteverde bietet interdisziplinäre Kurse in Spanisch an, aber auch Spezialprogramme in tropischer Ökologie, Naturschutz und Ökotourismus sowie zu anderen Themen. Die Kurse stehen gelegentlich auch der Allgemeinheit offen, ebenso Freiwilligenarbeit im Bildungsbereich und in der Wiederaufforstung.

Centro Panamericano de Idiomas SPRACHKURSE

(CPI; ☎2265-6306; www.cpi-edu.com; Cerro Plano; einwöchige Kurse 460 US$; ⏲8–17 Uhr) Spezialisiert auf Spanischunterricht, mit einigen Kursen direkt für Familien, Jugendliche, Mediziner und Pensionäre. Und um das Ganze noch abwechslungsreicher zu gestalten, sind gelegentlich auch Tanz- und Kochunterricht im Kurspreis enthalten.

Geführte Touren

Das Angebot an geführten Touren in der Region Monteverde/Santa Elena bietet nicht gerade viel Abwechslung. Die meisten Schutzgebiete offerieren geführte Wanderungen, morgendliche Vogelbeobachtungen und unheimliche Nachtwanderungen. Darüber hinaus gibt es Baumkronentouren sowie

Besichtigungen der Kaffeeplantagen – beide sorgen für ordentlich Energienachschub! Man sollte immer daran denken, dass hier viel auf Kommissionsbasis gearbeitet wird, ungefragte Vorschläge sind mit Vorsicht zu genießen.

Reiten

Wer sich wie ein Tico fühlen möchte, sollte das Land auf dem Rücken eines Pferdes erobern. Man muss kein Könner sein; die meisten Ställe (und Pferde) sind Reit-Anfänger gewöhnt. Meistens werden Ausritte mit unterschiedlichen Strecken und Längen angeboten, vom zweistündigen Ritt bis zur mehrtägigen Tour.

Horse Trek Monteverde REITEN
(☎8379-9827; www.horsetrekmonteverde.com; Rte 606, Santa Elena; pro Pers. 49–85 US$; ⌚Mo–Fr 7–19, Sa–So 10–18 Uhr) Der Besitzer und Führer Marvin Anchia stammt aus Santa Elena. Er ist professioneller Pferdetrainer und zudem Hobby-Naturkundler. Er bietet ausgezeichnete Ausritte in kleinen Gruppen an. Seine Touren reichen von zweistündigen Ritten durch die Kaffeeplantagen über landschaftlich schöne Halbtagsritte durch den Nebelwald bis hin zu ganztägigen Cowboy-Touren. Seine Pferde sind gut gepflegt und gut ausgebildet – so macht das Reiten Spaß. Die Farm liegt direkt westlich des Zentrums von Santa Elena.

Sabine's Smiling Horses REITEN
(☎2645-6894, 8385-2424; www.horseback-riding-tour.com; 2 Std./3 Std./Tagesritt pro Pers. 45/65/105 US$; ⌚Ausritte 9, 13 & 15 Uhr) Sabine, die vier Sprachen spricht (neben der Pferdesprache), sorgt dafür, dass sich bei ihr jeder auf seinem Pferd wohlfühlt, egal, ob Anfänger oder erfahrener Reiter. Ihr bewährtes Unternehmen bietet viele verschiedene Ausritte an, darunter einen beliebten Ausritt zu den Wasserfällen (3 Std.) und einen märchenhaften Vollmondritt (monatlich). Und ja, die Pferde lächeln tatsächlich.

Caballeriza El Rodeo REITEN
(☎2645-6306, 2645-5764; elrodeo02@gmail.com; Santa Elena; pro Pers. 40–60 US$) Dieses Unternehmen auf einer *finca* bietet Ausritte auf privaten Wegen durch Regenwald, Kaffeeplantagen und Felder an. Dabei gibt es jede Menge Pausen, um wilde Tiere zu entdecken und die fantastische Landschaft zu bewundern. Spezialität ist eine Tour zum Sonnenuntergang an einer Stelle mit Blick über den Golfo de Nicoya. *¡Que hermoso!*

Baumkronentouren

Manch ein Besucher mag sich wundern, woher die ganze Begeisterung für Baumkronentouren stammt. In Santa Elena gab es die ersten Ziplines Costa Ricas, heute wird ihr Kick von fast 100 Nachahmern im ganzen Land übertroffen, einige davon auch hier im Ort.

Quetzals oder Nasenbären sind allerdings nicht zu sehen, wenn man über die Wipfel saust. Wer nach Costa Rica gekommen ist, um durch die Lüfte zu fliegen, wird aber keinen besseren Ort dafür finden. Mehrere der genannten Anbieter haben auch Hängebrückensysteme für Besucher, die die Baumkronen ohne Adrenalinrausch erkunden möchten. Der Transport von und zur Unterkunft ist im Preis enthalten.

Finca Modelo Ecologica ABENTEUER
(☎2645-5581; www.familiabrenestours.com; La Cruz; Baumkronen/Canyoning/Kombiticket 40/70/100 US$; ⌚Baumkronen 8–16 Uhr, Canyoning 8, 11 & 14 Uhr) Die *finca* der Familie Brenes bietet eine ganze Reihe von einzigartigen und aufregenden Abenteuern. Glanzstück ist die zweistündige Canyoning-Tour, bei der man sechs faszinierende Wasserfälle hinabsteigt, der höchste misst 40 m. Erfahrung ist für die Teilnehmer nicht notwendig, man muss nur Abenteuerlust mitbringen. Bei der Baumkronentour klettert man mithilfe von Seilen u. a. auf einen 40 m hohen Ficus, Schwindelfreiheit vorausgesetzt.

Die *finca* befindet sich 2 km nördlich von Santa Elena im Ort La Cruz; der Transport vom/zum Hotel ist im Preis inbegriffen.

Original Canopy Tour ABENTEUER
(☎2645-5243; www.theoriginalcanopy.com; Erw./Stud./Kind 45/35/25 US$; ⌚Touren 7.30, 10.30 & 14.30 Uhr) Hier nahm alles seinen Anfang: Hier befindet sich die Gleitseilstrecke, mit der der Trend begründet wurde. Es gibt 15 Gleitseile, eine Tarzanschaukel und eine Abseilanlage mitten durch einen alten Feigenbaum – das bedeutet Spaß pur. Vielleicht ist der Adrenalinausstoß hier nicht so groß wie bei manchen anderen Baumkronentouren, aber dafür sind die Gruppen hier kleiner und es wird mehr Wert auf eine natürliche Umgebung gelegt. Für alle, die zusätzlich noch Coffein brauchen oder gerne reiten, gibt es Kombitouren (z. B. Kaffeetouren oder Ausritte). Original Canopy befindet sich auf einem Berg in der Nähe der Cloud Forest Lodge (S. 226), 2 km abseits der Hauptstraße Elena–Monteverde.

Selvatura ABENTEUER

(☎ 2645-5929; www.selvatura.com; Baumkronentour 50 US$, Walkways 30 US$, jede Ausstellung 5–15 US$; ⌚ 7.30–16 Uhr) Dies ist mit 3 km Gleitseilen, 18 Plattformen und einer Tarzanschaukel über unvorstellbar schönem Primärnebelwald eines der größeren Unternehmen im Ort. Zusätzlich gibt es 3 km „Baumkronen-Walkways", einen Kolibrigarten, einen Schmetterlingsgarten und eine Amphibien- und Reptilienausstellung.

Selvatura befindet sich 6 km nördlich von Santa Elena in der Nähe eines Schutzgebiets, hat aber eine Vorverkaufsstelle in der Stadt neben der Kirche.

100% Aventura ABENTEUER

(☎ 2645-6388; www.aventuracanopytour.com; Rte 619, Santa Elena; Baumkronentour Erw./Kind 50/40 US$, Hängebrücken 35/30 US$; ⌚ Touren 8, 11, 13 & 15 Uhr) Aventura rühmt sich, das längste Gleitseil Lateinamerikas zu haben (fast 1600 m!). Zu den 19 Plattformen kommen noch eine Tarzanschaukel, eine 15 m lange Abseilanlage und ein Superman-Gleitseil, bei dem tatsächlich das Gefühl des Fliegens aufkommt. Außerdem gibt es ein Netz aus Hängebrücken, das durch den Sekundärwald gespannt ist. Reservierung erforderlich. Angeboten werden auch Quadfahrten sowie Ausritte.

Die Anlage befindet sich etwa 3 km nördlich von Santa Elena an der Straße zur Reserva Santa Elena (S. 237), aber es gibt eine Vorverkaufsstelle im Ort.

Extremo Canopy ABENTEUER

(☎ 2645-6058; www.monteverdeextremo.com; Santa Elena; Baumkronentour 53 US$, Bungee-Jumping 73 US$, Tarzanschaukel 42 US$; ⌚ 8–16 Uhr) Hier fliegt man bei der Baumkronentour wie Superman durch die Luft, außerdem gibt es die höchste Tarzanschaukel, die den größten Adrenalin-Ausstoß bewirkt und Bungee-Jumping. Ganz egal, wofür man sich entscheidet, ohne einen kräftigen Schrei geht gar nichts. Der Betrieb liegt im Sekundärwald, die Aussicht ist fantastisch, allerdings werden ziemlich große Gruppen durch die Anlage geführt – die Natur steht eher im Hintergrund.

SkyTrek ABENTEUER

(☎ 2479-4100, gebührenfrei USA 1-804-GOTOSKY; www.skyadventures.travel; Santa Elena; Erw./Stud./Kind SkyWalk 39/32/27 US$, SkyTrek 81/67/56 US$; ⌚ 7.30–17 Uhr) Diese wirklich schnelle Baumkronentour besteht aus elf Plattformen auf Stahltürmen, die sich entlang einer Straße aufreihen, und rast über Teile eines Primärwaldes. Hier werden Geschwindigkeiten bis zu 64 km/h erreicht, deswegen führte SkyTrek auch als erster Betreiber ein richtiges Bremssystem ein. Der **SkyWalk** ist eine 2 km lange geführte Tour über fünf Hängebrücken; eine nächtliche Tour ist ebenfalls im Angebot.

Eintrittskarten gibt es online oder im Büro in der Stadt (gegenüber vom Restaurant Tico y Rico, neben Neko Sushi). Die Anlage befindet sich in der Nähe der Reserva Santa Elena (S. 237).

WEGBEREITER

Ein 1983 in der Zeitschrift *National Geographic* erschienener Atikel berichtete, dass die Gegend um Monteverde und Santa Elena der Ort wäre, an dem einer der berühmtesten Vögel Mittelamerikas zu beobachten wäre – der prächtige Quetzal. Plötzlich tauchten Horden von Touristen auf, bewaffnet mit Stativen und Teleobjektiven, und quälten sich über die berüchtigten schlechten Zugangsstraßen nach Monteverde – ein großer Schock für die Gemeinschaft der Quäker. Um den Zustrom an Touristen einzudämmen, kämpften die lokalen Gemeinden dafür, dass der Ausbau der Straßen nicht weiter vorangetrieben würde. Eine Zeitlang hatten ihre Bemühungen Erfolg, aber letztendlich gewann die Lobby derjenigen, die die touristische Entwicklung voranbringen wollte, gegen die Lobby, die die Entwicklung beschränken wollte. Mit der Asphaltierung der Hauptzugangsstraße – die ersten zaghaften Schritte wurden 2017 unternommen – wird dieses Experiment eines nachhaltigen Öko-Tourismus einer Reihe neuer Prüfungen unterzogen werden.

Geführte Wanderungen

Zusätzlich zu den beiden großen Schutzgebieten im Norden und Süden der Region findet man in Monteverde und Santa Elena Dutzende kleinerer, privater Schutzgebiete sowie den 220 km² großen Bosque Eterno de los Niños (S. 216). Die Schutzgebiete Monteverde (S. 234) und Santa Elena (S. 237) sind etwas ganz Besonderes, denn sie besitzen die einzigen Nebelwälder in dieser Region. Wer aber einfach nur in die Natur eintauchen möchte, sich bewegen möchte, Affen entdecken oder eine tolle Aussicht genießen oder sich in einem Wasserfall abkühlen möchte, findet hier dafür zahllose Möglichkeiten (und die meisten sind viel weniger besucht als das Schutzgebiet Monteverde).

Pasión Costa Rica WANDERN

(☎8304-7161, 8304-7242; www.pasioncostarica.com) Der in Guacimal geborene Marcos Mendez besitzt ein umfassendes Wissen über Fauna und Flora in Costa Rica und bietet geführte Wanderungen in der Region an; seine Spezialität sind kleine Gruppen und maßgeschneiderte Touren. Man merkt seine *pasión* und seine 20-jährige Erfahrung. Die Zeiten können mit ihm abgesprochen werden; der Transport ist eingeschlossen.

Santa Maria Night Walk WANDERN

(☎2645-6548; www.nightwalksantamarias.com; Santa Elena; pro Pers. 25 US$; ⌚Tour 17.30 Uhr) Nachtwanderungen werden immer beliebter, denn 80 % der Bewohner der Nebelwälder sind nachtaktiv. Diese Wanderung findet auf einer privaten *finca* in Santa Elena statt, die aus 10 ha Primär- und Sekundärwald besteht. Erfahrene Führer zeigen alle Arten von wilden Tieren, die abends aktiv sind: von Schlangen und Spinnen bis zu Faultieren und Wickelbären. Taschenlampen werden gestellt.

Valle Escondido WANDERN

(Hidden Valley; ☎2645-6601; www.valleescondidopreserve.com; Cerro Plano; Tageskarte 20 US$, Nachtwanderung Erw./Kind 25/15 US$; ⌚6–16.30 Uhr, Nachtwanderung 17.30 Uhr) Am besten unternimmt man zuerst die beliebte zweistündige Nachtwanderung (Reservierung nötig) und erkundet dann am nächsten Tag das Schutzgebiet auf eigene Faust. Der gut ausgeschilderte Weg beginnt hinter dem Monteverde Inn in Cerro Plano und windet sich durch eine tiefe Schlucht in ein 11 ha großes Schutzgebiet, dabei führt er an wunderbaren Aussichtspunkten und üppigen Wasserfällen vorbei. Tagsüber ist Valle Escondido ruhig und relativ menschenleer, also gut zum Beobachten von Wildtieren und Vögeln geeignet.

Essen & Ausgehen

Café de Monteverde ESSEN & AUSGEHEN

(☎2645-7550; www.cafedemonteverde.com; Monteverde; Tour pro Pers. 18 US$; ⌚Kaffeeprobe 7.30–16.30 Uhr, Tour 8 & 13.30 Uhr) In dem Geschäft in Monteverde werden in einem Crashkurs alle Fakten über Kaffee vermittelt und die leckeren Kaffeesorten getestet. Angeboten werden auch eine dreistündige Führung zum Thema nachhaltiger Kaffeeanbau, in deren Verlauf Bio-*Fincas* besucht werden, die mit Solarenergie und Kompostieranlagen arbeiten. Dabei lernt man, wie der Kaffeeanbau diese Gemeinde geformt hat und wie er das lokale Umfeld positiv beeinflussen kann.

El Trapiche ESSEN & AUSGEHEN

(☎2645-7650; www.eltrapichetour.com; Santa Elena; Erw./Kind 32/12 US$; ⌚Touren Mo–Sa 10 & 15 Uhr, So 15 Uhr) Auf dieser malerischen Familienfinca in Santa Elena wird nicht nur Kaffee angebaut, sondern auch Zuckerrohr, Bananen und Kochbananen. Die Führung erläutert den gesamten Prozess der Kaffeeverarbeitung und beinhaltet eine Fahrt mit einem traditionellen Ochsenkarren; außerdem darf man sich in der Zuckerherstellung versuchen. Als Bonus gibt es jede Menge Proben wie Zuckerrohrlikör oder Sahnebonbons mit Zuckerrohr und natürlich leckeren Kaffee. Kinder lieben diese Tour.

Caburé Chocolate Tour ESSEN & AUSGEHEN

(☎2645-5020; www.cabure.net; Monteverde; pro Pers. 15 US$; ⌚Touren Mo–Sa 13 & 16 Uhr) Bob, der Besitzer des Caburé Schokoladengeschäfts in Monteverde, verrät gerne seine Geheimnisse über die magische Kakaobohne und ihre Verwandlung in eine Speise der Götter. Zwischendurch gibt es viele Möglichkeiten zum Verkosten und Besucher können bei der Herstellung von Trüffeln helfen.

Don Juan Coffee Tour ESSEN & AUSGEHEN

(☎2645-7100; www.donjuancoffeetour.com; Santa Elena; Erw./Kind 35/15 US$, Nachtführung 40/20 US$; ⌚7–16.30 Uhr, Führungen 8, 13 & 18 Uhr) Don Juan bietet bei einer Führung Wichtiges über alle Lieblingssünden an (okay, vielleicht nicht über *alle*, aber über drei gute). Es gibt einen etwas oberflächlichen Einblick in die Ernte und Verarbeitung von Zuckerrohr, wie aus Kakaobohnen dunkle, verführerische Schokolade gemacht wird und wie der Kaffee entsteht, von der Bohne bis zum Kaffee in der Tasse.

Schlafen

In Santa Elena und Monteverde gibt es jede Menge Unterkünfte, von zwanglosen Hostels und freundlichen Farmhäusern bis zu üppigen, luxuriösen Berghotels. Sie befinden sich entlang der Dorfstraßen und verstreut über die bewaldeten Berghänge rund um den Ort.

Budgetreisende entscheiden sich meist für Santa Elena, denn hier gibt es mehr Angebote und Transportmöglichkeiten. Wer Mittelklasse- oder Komfortunterkünfte bevorzugt, wählt eher Cerro Plano, Monteverde oder sogar noch abgelegenere Orte; dort ist man der Natur näher, benötigt allerdings meistens auch ein Auto (am besten mit Allradantrieb).

Santa Elena

★Casa Tranquilo HOSTEL $
(☎2645-6782; www.casatranquilohostel.com; B/DZ mit Bad/DZ ohne Bad inkl. Frühstück 12/35/28 US$; P @) In diesem Hostel beginnt die wunderbare Gastfreundschaft der Ticos schon frühmorgens mit einem hausgemachten Bananenbrot oder Pfannkuchen. Zusätzlich zum ausgezeichneten Frühstück werden kostenlos geführte Touren von den Mitarbeitern angeboten, bei denen sie ihr Wissen über die Gegend mit den Gästen teilen. Die Zimmer sind einfach, aber makellos, einige haben Oberlichter und Ausblick auf den Golf. Farbenfrohe Wandbilder, an denen das Hostel leicht zu erkennen ist, schmücken die Fassade.

Pensión Santa Elena HOSTEL $
(☎2645-5051; www.pensionsantaelena.com; inkl. Frühstück, DZ 32–38 US$, DZ ohne Bad 28 US$, Suite 45–60 US$; P @) Das Hostel mit allem Drum und Dran liegt mitten in Santa Elena und ist seit Langem sehr beliebt. Budgetreisende bekommen hier einen erstklassigen Service und *pura vida* Gastfreundschaft. Alle Zimmer sind unterschiedlich und es gibt für jedes Budget das Richtige. Die besten Zimmer sind im Anbau: Sie bieten bessere Betten, Steinduschen und iPod-Anschlüsse. Es gibt auch vier Familienzimmer mit Stockbetten. Bonus: Taco Taco (S. 228) liegt direkt nebenan!

Sleepers HOSTEL $
(☎8305-0113; www.sleeperssleepcheaperhostels.com; B/EZ/DZ inkl. Frühstück 12/25/30 US$) Direkt neben Sloth Backpackers mitten in Santa Elena. Unten sieht es wie ein nettes Restaurant aus, doch tatsächlich ist das die gut gefüllte Gemeinschaftsküche, wo glückliche Reisende gemeinsam kochen und essen. Oben wirkt es wie ein modernes Hotel, tatsächlich ist es aber ein Hostel, in dem zufriedene Reisende im Internet surfen und auf dem Balkon frische Luft schnappen. Die Zimmer sind makellos und haben eigene Bäder. Es gibt eine Dachterrassen-„Suite" (35 US$) mit fantastischer Aussicht.

Camino Verde B&B B&B $
(☎2645-5641; www.hotelcaminoverde.com; inkl. Frühstück, EZ & DZ Standard 45 US$, Deluxe 55 US$; P) Die gemütliche Unterkunft bietet ganz unterschiedliche, geräumige Zimmer mit Holzdecken und gefliesten Fußböden. Im neuen Anbau befinden sich teurere (empfehlenswerte) Deluxe-Zimmer mit weißen Wänden und modernen Möbeln. Das Haus besitzt ein kleines Restaurant und einen weitläufigen Garten. Auf der Veranda stehen Schaukelstühle – ein idealer Platz, um die Aussicht zu genießen.

Monteverde Backpackers HOSTEL $
(☎2645-5844; www.monteverdebackpackers.com; B inkl. Frühstück 12–15 US$; P @) Das kleine, freundliche Monteverde Backpackers gehört zum Costa Rica Hostel Network. Die Zimmer sind sauber und ziemlich bequem und es gibt Warmwasserduschen. Das Hostel liegt in einer ruhigen Gegend von Santa Elena und die Betreiber sind hilfsbereit. Es gibt kostenlosen Kaffee, Hängematten und eine Wanderung bei Sonnenuntergang. Das Frühstück macht sich jeder Gast so, wie er es möchte. Es gibt nur noch Schlafsäle, die Doppelzimmer wurden abgeschafft (aus Gründen der Gleichheit – oder vielleicht auch wirtschaftlichen Gründen).

Cabinas Eddy CABINA $
(☎2645-6635; www.cabinas-eddy.com; DZ 40–60 US$, ohne Bad 35 US$; P @) Diese Budgetunterkunft erhält regelmäßig super Kritiken für das tolle Frühstück, den aufmerksamen Service, die blitzblanken Zimmer und Gemeinschaftsräume und den fantastischen Manager Freddy (übrigens der Sohn von Eddy). Die Zimmer sind, ebenso wie die gut ausgestattete Gemeinschaftsküche, makellos. Auf dem Balkon kann man wunderbar bei einer kostenlosen Tasse Kaffee relaxen und die Aussicht genießen.

Eddy findet man unten im Friseursalon – falls man einen Haarschnitt benötigt.

Cabinas & Hotel Vista al Golfo CABINA $
(☎2645-6321; www.cabinasvistaalgolfo.com; inkl. Frühstück B 14 US$, Zi. mit/ohne Bad ab 37/30 US$, Suite 50 US$; P) Die Zimmer in dieser hellen, kitschigen Lodge sind gepflegt, die Duschen sind heiß und die Besitzer tun alles, damit sich die Gäste wie zu Hause fühlen. An klaren Tagen kann man von den Balkonen im Obergeschoss bis zum Golfo de

Nicoya sehen. Der Gemeinschaftsraum ist mit WLAN und Sitzsäcken ausgestattet. Der Aufpreis für die „Suite“ im blauen Haus nebenan lohnt sich.

Capulín Cabins & Farm CABINA $$

(☎ 2645-6719; www.cabinascapulin.com; Cabina 60–90 US$; P 📶) Hier kann man das traditionelle Landleben genießen, beim Wandern Vögel und Affen beobachten oder einfach nur in der Hängematte liegen und den Wolken zuschauen. Es gibt acht komfortable Cabinas unterschiedlicher Größe – einige haben eine Küche, andere einen fantastischen Blick bis zum Golf. Sirlainey und ihre Tico-Familie könnten nicht zuvorkommender sein und geben ihr Wissen über die Region gerne weiter. Die Farm befindet sich direkt nördlich des Zentrums von Santa Elena.

Casa Batsu B&B $$

(☎ 2645-7004; www.casabatsu.org; DZ inkl. Frühstück 100 US$; P 📶) Vor einigen Jahren bauten Carlos und Paula ihr Bauernhaus um, fügten Kunst und Jazz und köstliches Essen hinzu und öffneten dann die Türen, um das Ganze mit Gästen zu teilen. Es gibt fünf Gästezimmer mit kissenbedeckten Betten und fantastischen Steinduschen. Schon das üppige Frühstück ist ein Traum, aber man sollte unbedingt auch mal für ein Abendessen (Hauptgerichte 25–30 US$) reservieren, denn Carlos ist ein fantastischer Koch. *Batsu* ist das indigene Bri-Bri-Wort für Kolibri.

Valle Campanas URLAUB AUF DEM BAUERNHOF $$

(☎ 2645-5631; www.vallecampanas.com; inkl. Frühstück, DZ 84 US$, FZ 126–138 US$; P 📶) Die vier einfachen Hütten befinden sich auf der Kaffee- und Zuckerplantage von Leo und Reina. Die zweckmäßigen Hütten bieten neue Küchen, eine große Veranda mit Hängematten und viel poliertes Holz. Auf dem Gelände gibt es Wanderwege, sodass man das Leben auf einer Farm (*finca*) erleben kann. Eier, Milch, Honig und frisches Obst aus eigener Produktion befinden sich dann auf dem üppigen Frühstückstisch.

Ecolodge San Luis LODGE $$

(University of Georgia Costa Rica; ☎ 2645-7363; www.ecolodgesanluis.com; San Luis; B/EZ/DZ inkl. Mahlzeiten 60/90/180 US$; P @ 📶) Die komfortable Lodge befindet sich auf einem beeindruckenden 62 ha großen Gelände in San Luis an den Berghängen unterhalb von Monteverde. In einem Langhaus befinden sich die komfortablen Zimmer mit hohen Decken mit Holzbalken und einem Gemeinschaftsbalkon mit Blick auf einen Wald, in dem sich Affen und Zugvögel tummeln. Im Preis inbegriffen sind das köstliche Essen und geführte Wanderungen.

Finca Terra Viva URLAUB AUF DEM BAUERNHOF $$

(☎ 2645-5454; www.terravivacr.com; DZ/Casita inkl. Frühstück 50/90 US$; P @ 📶) 🍃 Die 121 ha große Farm mit Milchviehhaltung liegt inmitten von üppigem Wald. Die außergewöhnliche Unterkunft bietet ihren Gästen typisches Landleben gepaart mit Interesse für Umweltbewusstsein. Hier darf man kleine Kälbchen füttern und beim Käsemachen in der Bio-Käserei helfen, man kann über das Farmgelände und durch Wälder wandern und wer möchte, kann sich darüber informieren, was auf der Farm unternommen wird, um umweltverträglich zu arbeiten. Ausritte und Nachtwanderungen sowie die Besichtigung der Molkerei sind für Gäste kostenlos, auswärtige Besucher sind willkommen und zahlen 30 US$. Terra Viva liegt etwa 3 km nördlich der Stadt an der Straße zur Reserva Santa Elena.

Monteverde Rustic Lodge LODGE $$

(☎ 2645-6256; www.monteverderusticlodge.com; DZ/3BZ/4BZ inkl. Frühstück 75/90/125 US$; P 📶) Seltsam an der „Rustikalen Lodge“ ist, dass sie gar nicht so rustikal ist. Die Möblierung passt zwar zum Motto, doch die renovierten Zimmer sind makellos, komfortabel und sogar gehoben. Die 14 Zimmer sind in Erdtönen gehalten, haben Fliesenböden, Blumenvorhänge und viel gebeiztes Holz. Vom Gemeinschaftsbalkon schaut man auf einen blühenden Garten. Fazit: klein, ruhig und voll Atmosphäre.

Jaguarundi Lodge HOSTEL $$

(☎ 2645-5216; www.jaguarundilodge.com; DZ inkl. Frühstück 65 US$; P 📶) Das Haus wurde 2016 von Grund auf umgebaut, die Schlafsäle wurden zu Doppelzimmern und es erhielt einen neuen Namen. Das Hostel ähnelt einer gut ausgestatteten Berglodge, liegt aber nur 200 m vom Stadtzentrum entfernt; man erwartet fast, dass man von den hier lebenden Kapuzineräffchen zur nächsten Kneipe begleitet wird.

Vista Verde Lodge LODGE $$

(☎ 8380-1517, 2200-5225; www.vistaverdehotel.com; DZ/3BZ/4BZ inkl. Frühstück ab 77/88/-99 US$; P) 🍃 Wer dem Trubel entkommen möchte, sollte zu dieser abgelegenen, wettergegerbten Lodge 7 km nördlich der Stadt fahren (Allradantrieb nötig). Hier schläft man mit den Geräuschen des Regenwaldes ein. Von den holzgetäfelten Zimmern reicht der Blick durch das Panoramafenster bis zum Volcán Arenal und noch weiter. Wenn es zu klamm wird (was schon mal vorkommen kann), gibt es die Möglichkeit, sich in der gemütlichen Lounge die Füße am Kamin zu wärmen. Etwa 4 km Wanderwege führen durch das 64 ha große Gelände mit Primär- und Sekundärwald. Ein Weg führt zum Wasserfall, der die Anlage mit Energie versorgt. Die Lodge befindet sich 4 km hinter der Reserva Santa Elena und 3 km hinter dem Selvatura Adventure Park.

Santa Elena Hostel Resort HOSTEL **$$**
(☎ 2645-7879; www.costaricahostels.net; B 14 US$, DZ mit/ohne Balkon 58/52 US$; P ᯤ) Mit den Fischen im Koiteich und den Affen auf dem Dach scheint das neue Hostel geradezu im Paradies zu liegen. Im schattigen Garten sind Hängematten für die sonnigen Tage aufgehängt, für kalte Nächte hingegen gibt es einen riesigen Feuerplatz. Die Zimmer besitzen holzgetäfelte Wände und hohe Decken. Der Mehrpreis für ein Zimmer mit Balkon mit schöner Aussicht lohnt sich. Eine Bar, eine Gemeinschaftsküche und ein Restaurant sind weitere Bonuspunkte. Möglicherweise erinnert das Hostel an eine Unterkunft in La Fortuna – der Besitzer ist derselbe.

Arco Iris Ecolodge LODGE **$$**
(☎ 2645-5067; www.arcoirislodge.com; EZ/DZ/3BZ Budget ab 33/44/54 US$, Standard 70/90/100 US$, Superior 105/120/135 US$; P ᯤ) Auf einem Hügel stehen die hübschen Hütten mit Blick über Santa Elena und die umgebenden Wälder. Die unterschiedlich großen, individuell gestalteten Zimmer sind alle sehr hübsch und mit viel gebeiztem Holz, Regenwaldduschen und privaten Terrassen ausgestattet. Die Hütte für Flitterwöchner ist ein zweistöckiger Traum. Ein Netz privater Wege zieht sich durch die Anlage, darunter einer, der zu einem Aussichtspunkt mit fantastischem Blick auf den Pazifik führt.

Die aufmerksame deutsche Besitzerin Susana sorgt dafür, dass die Anlage makellos bleibt.

Hotel Claro de Luna B&B **$$**
(☎ 2645-5269; www.clarodelunahotel.com; DZ inkl. Frühstück 75–111 US$; P ᯤ) Das stattliche alte Mahagonihaus im alpenländischen Stil in Santa Elena liegt in einem fantastischen Garten voller Helikonien, Orchideen und anderer tropischer Blumen. Und zwischen den Blättern lockt ein Whirlpool. Die Zimmer sind einfach, aber freundlich und leuchten durch bunte Farben und Decken mit Blumenmuster. Leider ist das alte Haus sehr hellhörig; deshalb lohnt sich die Investition für ein Deluxe-Zimmer im Anbau.

Hotel El Atardecer LODGE **$$**
(☎ 2645-5462; www.atardecerhotel.com; EZ/DZ/3BZ/4BZ inkl. Frühstück 45/70/90/100 US$; P ᯤ) Das attraktive zweistöckige Holzhaus befindet sich etwas abseits der Hauptverkehrsstraße in Santa Elena, sodass man ruhig schlafen kann. Die muffigen, aber großen Zimmer haben geflieste Böden, hohe Decken mit Holzbalken und Holztäfelungen sowie gute Matratzen und liegen um das Restaurant im großen Innenhof. Hauptattraktion ist der gemeinsame Balkon, ein toller Platz für den Sonnenuntergang.

Wer hier kein Zimmer findet, kann es bei Rosas Tochter versuchen. Sie führt das El Amanecer nur einige Straßen entfernt; es heißt ähnlich, ist ähnlich gebaut und hat ähnliche Preise (DZ/3BZ 65/75 US$).

Cloud Forest Lodge LODGE **$$$**
(☎ 2645-5058; www.cloudforestlodge.com; EZ/DZ/3BZ/4BZ inkl. Frühstück 110/119/145/169 US$; P @ ᯤ) Hier kann man in den Wolken schlafen: Die Lodge liegt weit oben auf den Bergen, umgeben von knapp 30 ha Primär- und Sekundärwald. Es gibt Wanderwege, Vögel zu entdecken und wunderbare Blicke auf den Golf. Die Zimmer in den Holzhäusern sind geräumig und bequem, aber nicht luxuriös, doch dafür entschädigt die Aussicht von der eigenen Terrasse.

Die Original Canopy Tour (S. 221) befindet sich direkt hier in der Lodge, die etwa 2 km von der Hauptstraße und 4 km von Santa Elena entfernt ist. In den Ort führt ein hübscher Spaziergang, der Rückweg führt bergan und ist dann eher sportlich.

Hotel Poco a Poco HOTEL **$$$**
(☎ 2645-6000; www.hotelpocoapoco.com; DZ inkl. Frühstück 150–175 US$; P @ ᯤ ≋) Vieles am Poco a Poco ist einfach schön. Natürlich das Spa, aber auch das ausgezeichnete Restaurant und die markante moderne Architektur. Die ganze Anlage ist mit dem kleinen Spielplatz, dem Kinderpool und den Keramiktieren, die überall unerwartet auftauchen, sehr familienfreundlich. Die Zimmer sind sehr ansprechend gestaltet, die im Obergeschoss mit Aussicht sind etwas teurer.

Das Haus hat vier von fünf möglichen Blättern im regierungseigenen Qualitäts-Ranking als nachhaltiger Tourismusbetrieb gewonnen.

Monteverde & Cerro Plano

Los Pinos Cabañas y Jardines LODGE $$
(☎ 2645-5252; www.lospinos.net; Cerro Plano; DZ Standard/Superior 95/150 US$, Suite DZ/3BZ 110/140 US$, Cabinas 250–280 US$; P ᯤ) In dem bewaldeten Garten des 9 ha großen Besitzes verteilen sich 14 frei stehende *cabañas* (Hütten). Alle Hütten der ehemaligen Familienfinca bieten viel Privatsphäre, eine gut ausgestattete Küche und eine kleine Terrasse. Auf dem Gelände tummeln sich jede Menge Vögel, es gibt einen Spielplatz, Wanderwege und einen Bio-Garten. Eine tolle Unterkunft für Familien. Die Familienhütten haben drei Zimmer, die Superior-Zimmer haben einen Kamin und umlaufende Balkone. Los Pinos erlangte fünf Blätter beim Ranking für nachhaltigen Tourismus. In den *cabañas* fehlen einfache Annehmlichkeiten wie Stauraum und Hängematten.

Hotel El Bosque CABINA $$
(☎ 2645-5158; www.bosquelodgecr.com; Monteverde; DZ/3BZ/4BZ inkl. Frühstück 95/110/125 US$; P ❄ ᯤ) Dieses Hotel am Rande des Bosque Eterno de los Niños (S. 216) in Monteverde ist eine nette Überraschung. Die Holzhütten mit zwei Wohneinheiten sind von tropischen Gärten und Primärwald umgeben, durch die sich kilometerlange Wanderwege ziehen. Es wimmelt nur so von wilden Tieren – aufmerksame Beobachter können Agutis, Nasenbären, Kapuzineraffen und erstaunliche Vögel erspähen. Pizza und Pasteten sind zu Fuß zu erreichen.

Mariposa B&B B&B $$
(☎ 2645-5013; www.mariposabb.com; Monteverde; inkl. Frühstück EZ/DZ/3BZ/4BZ 40/65/80/90 US$, Apt. DZ/4BZ 90/120 US$; P ᯤ) Nur 2 km vom Monteverde Schutzgebiet (S. 234) entfernt befindet sich diese freundliche Unterkunft. Die hübschen Zimmer haben holzgetäfelte Wände, Terrakottaböden, Schreibtische und Decken mit Holzbalken und eine nette einheimische Familie kümmert sich rührend um die Gäste. Das Haus liegt im Wald und besitzt eine sonnige Terrasse, von der aus man Wildtiere beobachten kann oder einfach nur seinen Kaffee genießt. Das klassische costa-ricanische Frühstück ist hier ein Volltreffer.

Hotel Fonda Vela LODGE $$$
(☎ 2645-5125; www.fondavela.com; Monteverde; DZ/Suite inkl. Frühstück 175/245 US$; P @ ᯤ ≋) Die bewährte Lodge mit dem einzigartigen architektonischen Design befindet sich auf einem 14 ha großen Gelände, das von Wanderwegen durchzogen wird. An den Wänden der enttäuschenden Standardzimmer und der geschmackvollen hellen Suiten hängen Gemälde des Hotelgründers Paul Warren Smith. Es gibt einen großen überdachten Pool (eine Seltenheit in dieser Gegend), zwei Whirlpools, Flachbildfernseher, Tischtennis und Poolbillard. Fazit: Hier fühlt man sich wohl. Das Hotel befindet sich etwa 2 km vom Schutzgebiet Monteverde entfernt.

★ Hotel Belmar HOTEL $$$
(☎ 2645-5201; www.hotelbelmar.net; Cerro Plano; Peninsula Zi. 215–235 US$, Deluxe Chalets 249–349 US$, Suite 450–554 US$; P @ ᯤ ≋) Von jedem Zimmer im Belmar bietet sich eine spektakuläre Sicht auf den Wald oder den Golf (oder sogar auf beides!). Die großartigen, lichterfüllten Zimmer sind mit handgefertigten Möbeln und wunderbaren Stoffen ausgestattet und bieten spektakuläre Sonnenuntergänge von den privaten Balkonen, je höher das Zimmer, desto spektakulärer der Sonnenuntergang. Weitere Pluspunkte sind Yogakurse, ein Spa sowie ein berühmtes Restaurant mit ebenso atemberaubender Aussicht.

Dieses Hotel ist übrigens ein echtes Öko-Resort und vom Programm „Certificate of Sustainable Tourism" mit fünf Blättern ausgezeichnet. Solarbeheiztes Wasser, Bioenergie und Regenwassergewinnung sind nur einige der nachhaltigen Methoden hier.

Trapp Family Lodge HOTEL $$$
(☎ 2645-5858; www.trapphotelmonteverde.com; Monteverde; inkl. Frühstück, DZ 120–135 US$, Suite 135–155 US$; P ᯤ) Luxus mitten im Nebelwald: Die 20 geräumigen Zimmer bieten hohe Decken, große Bäder und eine tolle Aussicht durch die großen Panoramafenster, die entweder Ausblick auf den Garten oder den Nebelwald haben. Die Trapp-Familie ist für ihre Gastfreundschaft bekannt und bietet Wärme, egal, wie das Wetter ist.

Das Hotel wurde mit vier von fünf Blättern für nachhaltigen Tourismus ausgezeichnet. Es ist eigentlich nicht möglich, noch dichter am Monteverde Schutzgebiet zu wohnen als hier (weniger als 1 km vom Eingang entfernt). Der Nachteil ist allerdings, dass die Entfernung zu allem anderen dafür ziemlich groß ist. Zum Hotel gehört ein elegantes (aber überteuertes) Restaurant sowie ein separater Frühstücksraum, der zurzeit unserer Recherche fast fertiggestellt war.

Essen

Die Restaurants in Santa Elena und Monteverde bieten gute Qualität, die Preise sind allerdings hoch. Wer essen geht, wird sich über die Bio-Produkte, die regionalen Zutaten und den internationalen Elan freuen, aber nicht über die hohen Preise. Sogar die einheimischen *sodas* (Imbissbuden) und Bäckereien sind teurer als anderswo. In Santa Elena gibt es die meisten preiswerteren Restaurants.

Santa Elena

★ Orchid Coffee CAFÉ $

(☎2645-6850; www.orchidcoffeecr.com; Hauptgerichte 8–12 US$; ⏲7–19 Uhr; 📶✎) Wer hungrig ist, sollte das nette, mit Kunst und Licht gefüllte Café in Santa Elena besuchen. Man sucht sich einen Platz auf der Terrasse und genießt ein Stück vom Himmel. Obwohl sich das Lokal Coffee Shop nennt, bietet die Karte alle Zutaten für ein klassisches Frühstück, dazu auch außergewöhnliche Köstlichkeiten, süße und herzhafte Crêpes, interessante und ungewöhnliche Salate und sättigende Sandwiches.

★ Taco Taco MEXIKANISCH $

(☎5108-0525; www.facebook.com/tacotacomonteverde; Hauptgerichte 5–8 US$; ⏲12–20 Uhr; 📶) Die schnelle und bequeme *taquería* (Taco-Restaurant) serviert leckere Tex-Mex Tacos, Burritos und mit Hähnchen gefüllte Quesadillas. Außerdem gibt es gegrillte Rippchen und gegrilltes Gemüse sowie panierten Mahi Mahi. Das einzige Problem für die Gäste ist die Qual der Wahl (aber man kann hier eigentlich nichts falsch machen). Und man muss sich entscheiden, wo man isst: Die Terrasse vor der Pensión Santa Elena (S. 224) eignet sich perfekt zum Leutebeobachten, aber der neue Ableger mit Terrasse neben dem SuperCompro ist moderner und schicker.

Raulito's Pollo Asado HUHN $

(☎8308-0810; Hauptgerichte 4–5 US$; ⏲8–21.30 Uhr) Rauflustige Straßenköter und geschwätzige *taxistas* wetteifern hier um Aufmerksamkeit. Goldgelbe, knusprige Häppchen wandern vom Spieß über den Porzellantresen, dazu kommen Reis, Pommes, Salat oder auch *gallo pinto* (Reis mit Bohnen). Dazu trinkt man eine eiskalte *horchata* (Reismilch mit Zimt) und es bleibt immer noch etwas Geld für ein kühles Bier übrig. Das Lokal ist im Ort ebenso eine Institution wie die benachbarte Kirche. Angeboten wird auch ein billiges, aber sättigendes Frühstück.

Passi Flora VEGETARISCH $

(☎2645-6782; Hauptgerichte 7–10 US$; ⏲12–21 Uhr; ✎) Gut für den Körper, gut für die Seele und gut für die Umwelt. Das sind die Leitsätze, die das Lokal bei der Gestaltung der Speisekarte mit Köstlichkeiten für Vegetarier und Veganer beherzigt. Das Angebot ist umfangreich; es gibt Sandwiches, Salate, Pasta, Reis und *rollitos* (Empanadas). Alles ist frisch und sättigt auf leckere Art. Das Mosaik mit dem Buddah zeigt, dass man richtig ist. Passenderweise liegt es neben der Casa Tranquilo (S. 224).

Sabor Tico SODA $

(☎2645-5827; www.restaurantesabortico.com; Centro Comercial; Hauptgerichte 5–8 US$; ⏲11–22 Uhr) Von diesem einheimischen Restaurant sind Ticos und Reisende gleichermaßen begeistert. Typische Speisen werden mit einer besonderen Note zubereitet, wie bei *olla de carne* (Rindfleischsuppe), *chorreadas Ticas* (Maispfannkuchen mit Sour Cream) und *tamales* (typisches Feiertagsgericht). Die *gallos* (weiche Tortillas mit einer leckeren Füllung nach Wahl) sind eine perfekte Alternative zum sehr sättigenden *casado* am Mittag. Der Hauptsitz (7–21 Uhr) ist gegenüber dem Fußballplatz.

Soda La Amistad SODA $

(☎2645-6108; Hauptgerichte 3–6 US$; ⏲10–21 Uhr; ✎) Freundlich und in Familienbesitz – die beliebte *soda* liegt bequem für alle, die an dieser Nebenstraße wohnen. Es gibt leckere klassische *casados*, Hamburger, Nudeln und auch eine Übersetzung auf der Speisekarte. Vegetarier finden Gerichte ohne Fleisch, dazu gehören auch ein Burger und *casado*. Die Mitarbeiterinnen beherrschen ihr Handwerk (und es ist günstig).

Toro Tinto STEAK $$

(☎2645-6252; www.facebook.com/torotinto.cr; Hauptgerichte 9–14 $; ⏲12–22 Uhr) Das argentinische Steakhaus lockt seine Gäste mit sanfter Beleuchtung und einer gemütlichen Ausstattung mit Holz und Ziegeln. Das Essen überzeugt mit perfekt geschnittenen und auf den Punkt gegrillten Steaks sowie unerwarteten Extras und köstlichen Desserts. Das Weinangebot ist gut – hauptsächlich aus Chile und Argentinien –, aber teuer. Hier wird jede durchnässte Seele wieder warm.

Bon Appetit! ITALIENISCH **$$**
(☎2645-5301; Hauptgerichte 12–20 US$; ⏲11–22 Uhr; ❄👪) Viel Platz und hohe Decken, freundliche Mitarbeiter und große Tische sorgen dafür, dass man hier am Rande des Orts nach einem anstrengenden Tag gut abschalten kann. Es gibt tolle Pizza mit viel Käse (und dazu schnulzigen Jazz als Hintergrund), aber auch leckere Sachen für Fleischliebhaber wie das Filet in Rotweinsoße. Für die Kinder wird mit Panini, Hamburgern und Chicken Nuggets gesorgt.

El Jardín INTERNATIONAL **$$$**
(☎2645-5057; www.monteverdelodge.com; Monteverde Lodge; Mittagessen 8–14 US$, Abendessen 16–22 US$; ⏲7–22 Uhr; 📶) Wahrscheinlich das beste Restaurant der Gegend. Die Karte ist umfangreich und legt den Schwerpunkt auf lokale Speisen. Doch dies sind nicht die klassischen *típica* (traditionellen Gerichte): Die Rinderlende wird auf einem Zuckerrohrspieß serviert, die gebratene Forelle ist mit Orangensoße angerichtet. Das Ambiente mit großen Fenstern, die auf die Bäume hinausgehen, ist zauberhaft und der Service ist erstklassig. Romantiker können einen privaten Tisch im Garten reservieren. Das Lokal lohnt den Abstecher von der Hauptstraße.

Tree House Restaurant & Café CAFÉ **$$$**
(☎2645-5751; www.treehouse.cr; Hauptgerichte 15–22 US$; ⏲11–22 Uhr; 📶) Zwischen kitschig und gefällig liegt oft nur ein kleiner Schritt. Dieses Restaurant – das um einen etwa 50 Jahre alten Feigenbaum (*higuerón*) gebaut wurde – fällt in die Kategorie gefällig. Auf der Karte stehen sehr gut zubereitete, aber etwas überteuerte Gerichte von *ceviche* bis zu *sopa Azteca* (mexikanische Tortillasuppe) und Hamburger. Der Service stimmt. Ein munterer Ort zum Essen, Trinken und manchmal auch um Livemusik zu hören.

Wer friert, sollte die Chocolate Tree House bestellen, eine teuflisch gute Mischung aus Kaffee und Schokoladenlikör.

Morpho's Restaurant INTERNATIONAL **$$$**
(☎2645-7373; www.morphosrestaurant.com; Hauptgerichte 8–20 US$; ⏲11–21 Uhr; 🖉) In diesem Restaurant im Zentrum speist man zwischen rauschenden Wasserfällen und flatternden Schmetterlingen. Manche finden es romantisch, andere kitschig, aber jeder ist von der anspruchsvollen Speisekarte beeindruckt, auf der lokale Zutaten mit Gourmetflair kombiniert werden. Vegetarier aufgepasst: Der „Veggie Burger" ist nur ein Sandwich mit Ei; auf der Karte stehen auch andere Möglichkeiten wie Salate, Suppen und Nudeln. Wer hier isst, bekommt im daneben liegenden **Orchideengarten** (☎2645-5308; www.monteverdeorchidgarden.net; Erw./Kind über 6/unter 6 12/6/frei US$; ⏲8–17 Uhr) eine Ermäßigung.

Monteverde & Cerro Plano

Quimera's TAPAS **$**
(☎2645-7037; Cerro Plano; Tapas 7–10 US$; ⏲11–23 Uhr) Lässiges Café mit ungewöhnlichen Kreationen wie Seebarsch in Ingwer und Rum, Shrimpsspieße mit Mangosoße und gegrillte Aubergine mit geräuchertem Käse und sonnengetrockneten Tomaten. Das Lokal verspricht „lateinamerikanisch beeinflusste Tapas", aber tatsächlich ist die Speisekarte beeinflusst von Aromen und Zutaten aus der ganzen Welt. Am besten beginnt man das Essen mit einem Caipirinha.

Stella's Bakery BÄCKEREI **$$**
(☎2645-5560; Monteverde; Hauptgerichte 8–15 US$; ⏲6.30–18 Uhr; 📶) Eine Bäckerei für Vogelbeobachter, die hier morgens starken Kaffee und süßes Gebäck finden und später am Tag kräftige, wärmende Suppen und Sandwiches mit selbst gebackenem Brot bekommen. Auch die *huevos rancheros* stillen den Hunger, besonders wenn man sich als Dessert noch einen Käsekuchen mit Maracuja gönnt. Zu jeder Tageszeit sollte man einen Blick auf das Vogelfutterhaus werfen, das Tangare, Sägeracken und einen smaragdgrünen Laucharassari anzieht.

Café Caburé CAFÉ **$$**
(☎2645-5020; www.cabure.net; Monteverde; Mittagessen 6–12 US$, Abendessen 16–20 US$; ⏲Mo–Sa 9–20 Uhr; 📶) Dieses argentinische Café über dem Fledermausdschungel hat sich auf kreative, köstliche Gerichte aller Art spezialisiert: von Sandwiches mit hausgemachtem Brot und frischen Salaten bis zu aufwendigeren Speisen wie Seebarsch in Mandelsoße oder Filet Mignon mit *chimichurri*. Unbedingt Platz für ein Dessert lassen, denn die Schokoladenleckereien sind echte Kunstwerke. Es gibt heiße Schokolade, einen argentinischen Brownie und sogar eine Schokoladenführung (S. 223).

CHRIS GALLAGHER/GETTY IMAGES ©

ASCENT XMEDIA/GETTY IMAGES ©

.Tiere im Regenwald
'u den Tieren im Regenwald von Monteverde zählt
uch das Hoffmann-Zweifingerfaultier.

. Bosque Nuboso Monteverde
S. 234)
3 km ausgeschilderte Wege führen durch den
lebelwald Monteverde.

. Llanos de Cortés (S. 261)
iner der schönsten Wasserfälle des Landes
rgießt sich in ein Becken, das perfekt zum Baden
eeignet ist.

. Playa Naranjo (S. 260)
ierher reisen Surfer wegen der legendären
randung von Witch's Rock.

3
KRYSIA CAMPOS/GETTY IMAGES ©

d'Sofia FUSION $$

(☎2645-7017; Cerro Plano; Hauptgerichte 12–16 US$; ⊙11.30–21.30 Uhr; 📶) Das d'Sofia hat sich als eines der besten Restaurants der Stadt mit Nuevo-Latino-Küche, traditionelle lateinamerikanische Küche neu interpretiert, einen Namen gemacht. Dazu gehören Leckereien wie Seebarsch mit Kochbananenkruste, *chimichanga* mit Meeresfrüchten oder Rinderlende mit gegrilltem roten Paprika und Cashewsoße. Tolle Musik, Panoramafenster, romantische Kerzen und starke Cocktails sorgen für ein wunderbares Ambiente.

Ausgehen & Unterhaltung

Zu den nächtlichen Aktivitäten gehören in dieser Gegend normalerweise eine geführte Wanderung und die Beobachtung nachtaktiver Tiere. Doch seitdem die neblig grünen Berge auch Künstler und Träumer anziehen, finden regelmäßig Kulturveranstaltungen statt. Ob und wann etwas ansteht, wird überall im Ort auf Flyern angekündigt. Besonders in der trockenen Jahreszeit gibt es Veranstaltungen in den Bars in Santa Elena.

Beso Cafe CAFÉ

(☎2645-6874; Santa Elena; ⊙8–20 Uhr) Wir hörten kürzlich jemanden sagen, dass er hier den besten Kaffee Costa Ricas getrunken habe. Schwer zu beweisen in der Region Monteverde, aber hier wird kaum etwas anderes als Espresso, Latte und Cappuccino serviert (plus einige Sandwiches), und die sind ausgezeichnet.

Monteverde Beer House BIERGARTEN

(☎8659-2054; www.facebook.com/monteverdebeerhouse; Santa Elena; ⊙10–22 Uhr; 📶) Auch wenn das Schild etwas anderes verspricht, es handelt sich hier um keine Brauerei, aber man findet eine Auswahl an lokalem Craft-Bier. Es gibt eine schattige Terrasse und freundlichen Service – also eine perfekte Atmosphäre, um sich nach einem Tag voller Abenteuer zu entspannen. Das orientalische Essen (Hauptgerichte 6–10 US$) muss man mögen. Wer hungrig ist, sollte *shakshuka* bestellen. Zurzeit unserer Recherche plante der israelische Besitzer die Eröffnung einer neuen Bar in der Nähe des Tree House (S. 229).

Bar Amigos BAR

(☎2645-5071; www.baramigos.com; Santa Elena; ⊙12–3 Uhr) Die Atmosphäre in dieser bekannten Bar erinnert mit den Panoramafenstern mit Blick auf die Berge an eine Skihütte. Doch tatsächlich gibt es hier DJs, Karaoke, Billard und Sport auf dem Bildschirm. Dies ist die einzige verlässliche Lokalität, um einen draufzumachen, deswegen findet sich hier meistens eine gute, feierlustige Mischung aus Ticos und Touristen. Das Essen wie *chifrijo* (Reis und Pintobohnen mit gebratenem Schweinefleisch, frischer Tomatensoße und Maischips) ist auch erstaunlich gut.

Shoppen

★ **Luna Azul** SCHMUCK

(☎2645-6638; www.facebook.com/lunaazulmonteverde; Cerro Plano; ⊙Mo–Sa 9–18, So 10.30–18 Uhr) Die supersüße Galerie mit angeschlossenem Geschenkeladen ist bis unter die Decke vollgestopft mit Schmuck, Kleidung, Seifen, Skulpturen, Makramee und anderen Dingen. Besonders schick und beeindruckend ist der von Stephanie, der Besitzerin, selbst hergestellte Schmuck, gefertigt aus Silber, Muscheln, Kristall und Türkisen.

Monteverde Art House KUNSTHANDWERK

(Casa de Arte; ☎2645-5275; www.facebook.com/monteverde.arthouse; Cerro Plano; ⊙9–18 Uhr) Mehrere Räume sind mit farbenfroher costa-ricanischer Kunst vollgepackt. Das ganze Spektrum ist vorhanden – von Schmuck über Keramik und Boruca-Textilien bis hin zu traditionellem Kunsthandwerk. Auch einige Gemälde und moderne Kunstwerke sind dabei, der Schwerpunkt liegt jedoch eher auf dem handwerklichen Aspekt des Kunsthandwerks. Hier findet man auch einige tolle Souvenirs.

Monteverde Cheese Factory ESSEN & TRINKEN

(La Lechería; ☎2645-7090; www.monteverdecheesefactory.com; Monteverde; ⊙Mo–Sa 7.30–17, So 7.30–16 Uhr) Die Monteverde Cheese Factory wurde 1953 von Quäkern, den ersten Siedlern in Monteverde, gegründet. Die Molkerei produziert nicht nur cremigen Gouda, sondern auch einen leckeren pikanten weißen Cheddar und auch andere Milchprodukte wie Yogurt und, besonders wichtig, Eiscreme. Man sollte auf jeden Fall Monte Rico, die Spezialität Monteverdes, probieren. Leider werden keine Führungen mehr angeboten.

Bis zum Aufschwung des Ökotourismus war dies der größte Arbeitgeber in Monteverde. Die Monteverde Cheese Factory ist der zweitgrößte Käsehersteller des Landes.

Sie ist mittlerweile im Besitz des mexikanischen Riesen Sigma Alimentos, trägt aber weiterhin den alten Namen und die alten Rezepte werden verwendet.

Praktische Informationen

GELD

Alle Banken und Geldautomaten befinden sich im Zentrum von Santa Elena.

Banco de Costa Rica (Cerro Plano; Mo–Fr 9–16 Uhr)

Banco Nacional (Santa Elena; Mo–Fr 8.30–15.45, Sa 9–13 Uhr)

Banco Popular (2542-3390; Centro Comercial Plaza Monteverde, Santa Elena; Mo–Fr 8.45–16.30 Uhr)

INTERNETZUGANG

Fast alle Hotels und Hostels bieten WLAN, manche Unterkünfte haben auch Computer mit Internetzugang.

MEDIZINISCHE VERSORGUNG

Consultorio Médico (2645-7778; Cerro Plano; 24 Std.) An der Kreuzung gegenüber vom Hotel Heliconia.

Red Cross (2645-6128; www.cruzroja.or.cr; 24 Std.) Das Krankenhaus befindet sich gleich nördlich von Santa Elena.

NOTFALL

Polizei (2645-6248; Santa Elena)

POST

Correos de Costa Rica (Santa Elena; Mo–Fr 8–16.30, Sa 8–12 Uhr) Gegenüber vom Einkaufszentrum.

TOURISTENINFORMATION

Die meisten Hotels, Hostels und Pensionen sind ihren Gästen gerne behilflich, sei es beim Buchen von Touren oder beim Arrangieren von Transportmöglichkeiten sowie mit hilfreichen Auskünften.

Tourismuskammer (2645-6565; Santa Elena; 9–12 & 13–19 Uhr) Das Büro der lokalen Handelskammer vermittelt nur Hotels und Reiseveranstalter, die Mitglied der Kammer sind; die Informationen sind also nicht ganz objektiv.

Monteverde Info (www.monteverdeinfo.com) Diese umfangreiche Website bietet jede Menge Informationen zu Hotels, Touren, Restaurants, Transportmöglichkeiten und was sonst noch wichtig ist.

An- & Weiterreise

Nachdem protestierende Bewohner 2013 auf die Straße gingen, kündigte das Transportministerium an, dass es die benötigten 16 Mio. US$ investieren würde, um die 18 km lange Straße von Guacimal nach Santa Elena, die Hauptzugangsstraße nach Monteverde, zu asphaltieren. Zurzeit unserer Recherche 2017 war sie noch nicht fertiggestellt. Die andere Strecke vom See Arenal bleibt eine wunderbar wilde und abenteuerliche Fahrt; sie wird von allen Jeep-Boot-Jeep-Fahrzeugen benutzt.

AUTO

Die meisten costa-ricanischen Gemeinden verlangen Asphaltstraßen für ihre Region. Nicht so die Naturschützer in Monteverde. Alle Straßen in der Gegend sind haarsträubend holprig. Selbst wer auf der neu asphaltierten Straße nach Guamical anreist, benötigt ein Fahrzeug mit Allradantrieb, um zu den abgelegeneren Lodges und Schutzgebieten zu gelangen.

Drei Straßen zweigen von der Interamericana ab: Von Süden kommend liegt die erste Abzweigung bei Rancho Grande (18 km nördlich der Ausfahrt Puntarenas). Der erste Abschnitt dieser Straße (von Sardinal nach Guacimal) ist seit 2011 geteert. Die verbleibenden 17 km (von Guacimal bis Santa Elena) sollten 2016 asphal-

BUSSE AB MONTEVERDE

REISEZIEL	BUSUNTERNEHMEN	FAHRPREIS (US$)	FAHRZEIT (STD.)	HÄUFIGKEIT
Las Juntas	Transmonteverde	2	1½	4.20, 15 Uhr
Puntarenas via Las Juntas via Sardinal via Lagartos	Transmonteverde	3	3	4.20, 5.30, 6, 15 Uhr
Reserva Monteverde (Schutzgebiet Monteverde Nebelwald)	Regionalbus	1,20	30 Min.	Hinfahrt 6.15, 7.30, 13.20, 15 Uhr; Rückfahrt 6.45, 11.30, 14, 16 Uhr
San José	Tilarán Transportes	5	5	6.30, 14.30 Uhr
Tilarán, mit Anschluss nach La Fortuna	Regionalbus	3	2½ (7 bis La Fortuna)	5, 7, 11.30, 16 Uhr

tiert werden. Das ist bis heute nicht geschehen; zur Zeit der Recherche dauerte die Fahrt nach San José drei Stunden, mit dem Ausbau dürfte sich dies erheblich verkürzen.

Eine zweite, kürzere Straße führt über Juntas, sie ist aber bis auf die ersten paar Kilometer nicht mit Straßenbelag versehen.

Von Norden her kommend können Fahrer die Asphaltstraße von Cañas über Tilarán nehmen und dann von dort die Piste nach Santa Elena weiterfahren.

Wer aus Arenal anreist, sollte überlegen, ob er die Route am See entlang über Tronadora und Río Chiquito nimmt und nicht die über Tilarán. Die Straßen sind zwar schlechter, aber das Panorama mit Blick auf den See, den Vulkan und die umgebende Landschaft ist einfach grandios.

Es gibt zwei Tankstellen in der Region, eine davon befindet sich in Cerro Plano.

BUS

Die meisten Busse halten am Busbahnhof gegenüber des Centro Comercial Einkaufszentrums auf dem Berg über dem Zentrum von Santa Elena und fahren nicht weiter bis nach Monteverde; wer dort übernachten möchte, muss entweder laufen oder ein Taxi nehmen. Während der Busfahrt sollten alle Taschen zwischen den Füßen verstaut werden und nicht im Gepäcknetz.

Achtung: Der Bus nach Tilarán fährt nicht vom Busbahnhof ab, sondern vom Zentrum in Santa Elena, an der Vitosi Apotheke einige Meter straßenabwärts. Die Busse nach Puntarenas lassen Fahrgäste auch in Las Juntas aussteigen.

Wer nach Managua oder Grenada in Nicaragua reist, kann organisieren, dass er unterwegs in Lagartos an der Interamericana in den internationalen Bus einsteigt:

Monteverde Experts (☎ 2645-7263; www.monteverdeexperts.com; Rte 606; ⏲ 8–17 Uhr) Vertreter für TicaBus.

NicaBus Agent (☎ 2645-7063; www.nicabus.com.ni/en/agencies; Cerro Plano)

JEEP-BOOT-JEEP

Die schnellste Route zwischen Monteverde–Santa Elena und La Fortuna ist eine kombinierte Jeep-Boot-Jeep-Tour (25–30 US$, 4 Std., Abfahrt 8 und 14 Uhr), die von fast jedem Hotel oder Reiseveranstalter im Ort, dazu gehört auch **Monteverde Tours** (Desafío Adventure Company; ☎ 2645-5874; www.monteverdetours.com; ⏲ Mo–Fr 7–19, Sa & So 10–18 Uhr), arrangiert wird. Ein Geländewagen-Minivan holt die Reisenden im Hotel ab und fährt nach Río Chiquito, dort geht es mit dem Boot über die Laguna de Arenal und auf der anderen Seite wieder mit dem Van weiter nach La Fortuna. Mehr und mehr entwickelt sich diese Strecke zur Hauptverbindung zwischen La Fortuna und Monteverde, denn sie ist landschaftlich unbeschreiblich schön, halbwegs bezahlbar und erspart dem Reisenden einen halben anstrengenden Reisetag.

TAXI

Taxis warten in Santa Elena vor der Tourismuskammer (S. 233) neben der katholischen Kirche und neben dem Hähnchengrill, um Reisende in die Schutzgebiete (etwa 10 US$) oder zu anderen Zielen außerhalb des Ortes zu bringen.

Bosque Nuboso Monteverde

In diesem Reservat ist ein jungfräulicher, nebelfeuchter Wald zu finden, an dessen Bäumen vermooste Lianen hängen, in dem Farne und Bromelien wachsen und Bäche rauschen. Er ist so beeindruckend, dass die Quäker bei ihrer Ankunft hier in den 1950er-Jahren beschlossen, ein Drittel des Besitzes unter Naturschutz zu stellen, um so auch die Wasserscheide zu schützen. Die Gemeinde schloss sich mit Umweltorganisationen zusammen, um 328 ha direkt neben dem bereits geschützten Gebiet zu erwerben. Das **Reserva Biológica Bosque Nuboso Monteverde** (Biologisches Nebelwald-Tierschutzgebiet Monteverde; ☎ 2645-5122; www.reservamonteverde.com; Erw./Student/Kind unter 6 Jahren 20/10 US$/frei; ⏲ 7–16 Uhr) genannte Gebiet wird seit 1975 vom Centro Científico Tropical (Tropenwissenschaftliches Zentrum) verwaltet.

Wegen der sensiblen Umwelt dürfen sich maximal 160 Personen gleichzeitig in dem Reservat aufhalten. Während der Trockenzeit wird diese Zahl meistens schon um 10 Uhr erreicht. Wer sicher gehen will, sollte im Voraus eine Tour reservieren; die andere Möglichkeit ist, noch vor Öffnung der Tore zu kommen.

Aktivitäten

Wandern

Viele der Wanderwege des Reservats sind oft sehr schlammig; selbst während der Trockenzeit. Man wandert praktisch in einer Wolke, also sollte man nicht jammern, sondern Regensachen und passendes Schuhwerk (am besten Gummistiefel) mitbringen. Viele Wege wurden mit Zementplatten oder Holzbrettern befestigt und sind einfach zu begehen. Die unbefestigten Wege tiefer im Schutzgebiet können sich aber während der Regenzeit schnell in Morast verwandeln.

Es gibt ein Wegenetz, bestehend aus 13 km markierten und gepflegten Wanderwegen. Eine Karte ist im Eintrittspreis enthalten. Die drei beliebtesten sind für Tagesausflügler geeignet. Die folgenden Wege bilden östlich des Eingangs grob die Form eines Dreiecks (El Triángulo):

Sendero Bosque Nuboso Der beliebte und informative, 1,9 km lange Weg durch den Nebelwald beginnt an der Rangerstation (Parkeingang); parallel dazu verläuft der offenere, 2 km lange **El Camino**, der bei Vogelbeobachtern sehr beliebt ist.

Sendero Pantanoso Der 1,6 km lange Weg durchquert Sumpfland, Kiefernwälder und die kontinentale Wasserscheide; er bildet die entfernteste Seite von El Triángulo.

Sendero Río Der 2 km lange Wanderweg führt zum Eingang zurück nachdem er der **Quebrada Cuecha** gefolgt ist und einige fotogene Wasserfälle passiert hat.

Mitten durch das Dreieck führt der traumhafte **Chomogo-Wanderweg** (1,8 km), der die Wanderer bis auf 1680 m Höhe bringt, zum höchsten Punkt des Dreiecks. Weitere kleine Wege durchziehen das Gebiet, darunter der lohnenswerte **Sendero Brillante** (300 m) mit Blick aus der Vogelperspektive auf einen Miniaturwald. Trotz aller Anstrengungen, die Menschenmassen zu begrenzen, gehören diese kurzen Wege zu den meistbesuchten des Landes.

Der Weg zum **Mirador La Ventana** (Höhe 1550 m) ist nicht zu steil und führt weiter zu einer Plattform, von der aus man die kontinentale Wasserscheide sehen kann. Richtung Westen zeigen sich an klaren Tagen der Golfo de Nicoya und der Pazifik. Richtung Osten sind das Tal des Río Peñas Blancas und die Ebene von San Carlos zu sehen. Sogar an nassen, wolkenverhangenen Tagen ist der Ort wie verzaubert, besonders wenn der Wind heult und feine Nebelschwaden in Wellen über die Wanderer hinwegziehen.

Überall in den Wäldern, an versteckten Fleckchen und in abgeschiedenen Schluchten, sammelt sich der Nebel und bildet kleine Rinnsale. Diese vereinigen sich dann zu einem Sturzbach, der in einem rauschenden Wasserfall hinabstürzt, den man vom **Sendero Cascada** aus sehen kann. Von hier aus formt das Wasser kleine Becken und Teiche, dann einen brausenden Fluss, der gut vom **Sendero Río** oder vom **Sendero Quebrada Chuecha** zu erkennen ist. Etwa 1 km von der Rangerstation am **Sendero Wilford Guindon** entfernt gibt es eine etwa 100 m lange Hängebrücke.

An den Ecken des Dreiecks beginnen die Wege zu den drei Übernachtungsmöglichkeiten im Hinterland. Noch längere Wege, viele von ihnen sind kaum gepflegt, erstrecken sich in Richtung Osten durch das Reservat, hinunter ins Tal des Río Peñas Blancas und weiter zum Flachland nördlich der Cordillera de Tilarán bis zum Bosque Eterno de los Niños (S. 216). Wer genügend Zeit mitbringt, der sollte eine oder mehrere dieser Wanderungen unternehmen, denn nur wenige Touristen wagen sich über das Dreieck hinaus. Allerdings ist es wichtig, vorher mit den Parkrangern zu sprechen, denn das Gelände ist schwierig und ein Führer ist sehr zu empfehlen. Hinzu kommt, dass Zelten und Übernachten in den Hütten normalerweise nicht mehr erlaubt sind.

Tierbeobachtung

Monteverde ist ein richtiges Paradies für Vogelfreunde, über 400 Vogelarten wurden hier verzeichnet. Der prächtige Quetzal lässt sich im März und April am häufigsten blicken, doch mit etwas Glück ist er auch das restliche Jahr über zu entdecken. Auch auf den Hämmerling, eine Art der Schmuckvögel, sollte man achten; er ist für seinen markanten Ruf bekannt. Wenn sich jemand besonders für Vögel interessiert, ist eine Vogelbeobachtungstour empfehlenswert.

Säugetiere lassen sich wegen der eingeschränkten Sicht im Nebelwald und aufgrund des hohen Aufkommens höherer Primaten (Menschen) nur sehr schwer beobachten. Vor dem Hintergrund muss man sagen, dass sich einige Arten, darunter Nasenbären, Brüllaffen, Kapuzineräffchen, Faultiere, Agutis und Baumhörnchen noch am ehesten blicken lassen. Die meisten Tiere meiden die Nähe der Hauptwanderwege, abseits der ausgetretenen Pfade sind die Chancen größer, einige von ihnen zu sehen.

Geführte Touren

Es ist zwar möglich und empfehlenswert, auf eigene Faust im Schutzgebiet herumzulaufen, aber ein ortskundiger Führer kann einen informativen Überblick geben und viel mehr aus einer Wanderung machen. Die vom Park veranstalteten Touren sollte man mindestens einen Tag im Voraus reservieren. Die Guides sprechen Englisch und sind ausgebildete Naturkundler; die Einnahmen kommen Umweltbildungsprogrammen in den lokalen Schulen zugute. Das Reservat kann auch ausgezeichnete Führer für private Ausflüge vermitteln.

Ornithologische Wanderungen VOGELBEOBACHTUNG
(☎ 2645-5112; pro Pers. inkl. Eintritt 64 US$; ⏲ Beginn 6 Uhr) Die geführten Touren zur Vogelbeobachtung dauern etwa vier bis fünf Stunden, dabei kann man meistens mehr als 40 Arten sehen (von etwa 500 möglichen). Drei Personen müssen an einer Tour mindestens teilnehmen, maximal sind sechs möglich. Buchungen im Voraus beim Büro des Schutzgebiets.

Naturkundliche Wanderungen ÖKOTOUR
(☎ 2645-5122, Reservierungen 2645-5112; Erw./Stud. ohne Eintrittsgeld 37/27 US$; ⏲ Beginn 7.30, 11 & 13.30 Uhr) Die Touren beginnen mit einer informativen zehnminütigen Einführung, danach folgt die zweieinhalb- bis dreistündige Wanderung durch den Wald. Dabei erfährt man, was für einen Nebelwald charakteristisch ist und lernt einige der einzigartigen Pflanzen kennen.

Die Eintrittskarte besitzt den ganzen Tag Gültigkeit, man kann also nach der Tour den Wald noch auf eigene Faust weiter erkunden. Reservierungen im Voraus sind notwendig.

Nachtwanderungen OUTDOOR
(☎ 2645-5122; www.reservamonteverde.com; mit/ohne Transport 25/50 US$; ⏲ Beginn 17.45 Uhr) Die zweistündigen Nachtwanderungen durch das Schutzgebiet bieten die Möglichkeit, 70 % der regionalen Tiere, die nachtaktiv sind, zu beobachten. Frösche, Fledermäuse und andere Nachttiere werden zunehmend munter, wenn die Sonne untergeht. Man geht ausgerüstet mit Taschenlampen (wer eine eigene hat, sollte sie mitbringen). Man sollte unbedingt reservieren, spätestens am Morgen der Wanderung.

Schlafen & Essen

La Casona LODGE $$
(☎ 2645-5122; www.reservamonteverde.com; Zi. inkl. 3 Mahlzeiten & Eintritt in die Reserva pro Pers. 93 US$) Die Berglodge am Eingang zur Reserva wird normalerweise von Forschern und Studentengruppen frequentiert, aber wenn noch Platz frei ist, dürfen hier auch Touristen übernachten. Die sechs einfachen Privatzimmer sind eher zweckmäßig, aber sauber und bequem; und man kann wirklich nicht dichter am Park übernachten. Außerdem kommt das schwer verdiente Geld direkt dem Nebelwald zu Gute.

Cafe Colibrí CAFÉ $
(☎ 2645-7768; Sandwiches 5–6 US$; ⏲ 8–17 Uhr) Direkt vor den Toren zur Reserva liegt diese tolle Option für eine entspannte Pause nach einer Wanderung durch den Wald. Die Getränke wärmen den Körper, aber das Summen der Dutzenden von Kolibris im Garten erfreut die Seele. Viele sagen, die Sandwiches gehen so; am besten kommt man wegen des Kaffees (2 US$) und der Kolibris. Tolle Fotomotive.

Eine Tafel zeigt die neun Arten, die am häufigsten zu sehen sind.

Praktische Informationen

Neben dem Andenkenladen befindet sich das Besucherzentrum, in dem Informationen erhältlich sind sowie Wanderkarten, Verzeichnisse und Karten der Vögel und Tiere. Daneben werden auch kleinere Souvenirs und Postkarten verkauft. Wer sich Ferngläser ausleihen möchte (10 US$), muss seinen Pass als Sicherheit hinterlassen.

Das Schutzgebiet wird vom Centro Científico Tropical verwaltet und durch Spenden an die Friends of Monteverde Cloud Forest (www.friendsofmonteverde.org) finanziert.

Die jährliche Regenmenge liegt hier bei rund 3000 mm, allerdings regnet es in manchen Gebieten der Reserva auch doppelt so viel. Es ist meistens recht frisch mit Temperaturen um 18 Grad; entsprechende Kleidung ist angebracht. Im Nebelwald ist es – naheliegenderweise – häufig neblig.

An- & Weiterreise

Busse (☎ 8811-8902; autotransportes.carranza@yahoo.com) (1,20 US$, 30 Min.) starten an der Banco Nacional (S. 233) in Santa Elena um 6.15, 7.30, 13.20 und 15 Uhr. Im Schutzgebiet fahren sie um 6.45, 11.30, 14 und 16 Uhr ab. Die Busse können überall an der Straße zwischen Santa Elena und dem Schutzgebiet angehalten werden. Die Angestellten in den Unterkünften wissen, um wie viel Uhr die Busse bei ihnen vorbeifahren. Ein Taxi kostet etwa 10 US$.

Der 6 km lange Fußweg von Santa Elena führt auf Pfaden parallel zur Straße bergauf und es eröffnen sich schöne Ausblicke. Auf den letzten 2 km bieten sich ausgezeichnete Möglichkeiten zur Vogelbeobachtung.

INTERAMERICANA NORTE

Die Interamericana bietet selbst zwischen Rasern und klobigen, großen Sattelschleppern einen weiten Blick auf die Umgebung. Die Hauptverbindung zwischen San José und Managua, der Hauptstadt von Nicaragua, verläuft kilometerlang durch tropische Trockenwälder und hübsche Straßendörfer bis hin zum offenen Weideland von Guanacaste, von wo aus der weite Blick nur durch windschiefe Bäume unterbrochen wird. An der Strecke zweigen schmale, meist unbefestigte Pisten ab; sie schlängeln sich die Hänge der massigen, mit Nebelwald bewachsenen Vulkane hinauf, vorbei an versteckten Wasserfällen, und enden an riesigen Flussmündungen und unberührten Buchten.

An- & Weiterreise

Die 50 km lange Strecke zwischen Cañas und Liberia hat sich extrem verändert. In den letzten Jahren wurde sie für 200 Mio. US$ ausgebaut. Sie hat zusätzliche Fahrspuren bekommen, Überholspuren sowie Auf- und Ausfahrten, sodass das Fahren auf diesem Teil viel einfacher (und auch schneller) wurde. Allerdings wird durch den Umbau und die jetzt vorhandenen Überführungen das Abzweigen in die Orte komplizierter. Sobald man aber die Interamericana verlässt und zu seinem Ziel abseits der Hauptstraße fährt, wünscht man sich einen Wagen mit Allradantrieb.

Wer mit dem Bus anreist, muss höchstwahrscheinlich in Cañas, Bagaces, Liberia oder La Cruz eine Pause einlegen (und auch den Bus wechseln).

Montes de Oro

Nordöstlich von Puntarenas befindet sich die Region Montes de Oro, ein Goldgräberbezirk inmitten der Hänge und Täler der Cordillera de Tilarán. Ziemlich viele Tagesausflügler aus Puntarenas und anderen Küstenorten kommen hierher, um bei einer der größten Baumkronentouren des Landes durch die Bäume zu fliegen. Davon abgesehen liegt die Gegend eher abseits der Touristenströme und bietet für Individualreisende nur wenig Infrastruktur. Man benötigt ein eigenes Fahrzeug (natürlich mit Allradantrieb) und eine gewisse Abenteuerlust. Dafür ist mit Miramar, der Hauptstadt des Bezirks, eine echte costa-ricanische Stadt zu entdecken, die vom Tourismus noch ziemlich unberührt ist. Und wer es sogar bis hoch nach Zapotal schafft, das 1500 m über dem Meeresspiegel liegt, wird mit einem unvergleichlichen Blick bis zum Golfo de Nicoya und einem eigenen Nebelwald belohnt.

Aktivitäten

Colinas Verdes Zapotal WANDERN, MOUNTAINBIKE FAHREN
(☎2639-8516, 8829-0619; www.colinasverdescr.com; Jabonal; Eintritt zum Wandern 10 US$) Die smaragdgrünen Berge und der neblige Himmel von Colinas Verde verzaubern alle Besucher. Der größte Teil des 35 ha großen Besitzes ist zum Schutz und für Wiederaufforstung gesperrt, aber für Besucher gibt es 4 km Rad- und Wanderwege, die sich durch den Wald schlängeln, dazu fünf Hängebrücken, vier kurze Gleitseile und zahllose beeindruckende Aussichten.

NICHT VERSÄUMEN

RESERVA SANTA ELENA

Die exquisite, neblige 310 ha große **Reserva Santa Elena** (☎2645-7107, 2645-5390; www.reservasantaelena.org; Erw./Stud. 14/7 US$, geführte Wanderung 15 US$; ⏱7–16 Uhr) bietet ein völlig anderes Nebelwalderlebnis als Monteverde. Die 12 km langen, taubenetzten Wanderwege durch den nebelverschleierten Wald sind viel weniger bevölkert und haben dadurch den Zauber behalten, der in Monteverde oft fehlt. Das 1992 eröffnete Schutzgebiet Santa Elena war eines der ersten kommunal geführten Reservate des Landes.

Das **Reservatsbüro** (Reserva Bosque Nuboso Santa Elena; ☎2645-5390; www.reservasantaelena.org; Colegio Técnico Profesional; ⏱Mo–Fr 7–17 Uhr) befindet sich in der Stadt; das Schutzgebiet liegt etwa 6 km nordöstlich der Stadt Santa Elena. Es gibt dort ein einfaches Restaurant, ein Café und ein Souvenirgeschäft. Alle Einnahmen werden für den Unterhalt des Schutzgebietes sowie für Umwelterziehungsprogramme in lokalen Schulen verwendet.

ABSEITS DER ÜBLICHEN PFADE

LE ENSEÑADA LODGE & WILDLIFE REFUGE

La Enseñada Lodge & Wildlife Refuge (☎2289-6655; www.laensenada.net; Km 155 Interamericana, Abangaritos; EZ/DZ/3BZ/4BZ 55/65/75/89 US$, Mahlzeiten 8–18 US$; P 📶 🏊) ist eine wunderbar abgelegene 324 ha große bewirtschaftete Rinderranch, Salzfarm und Papayaplantage. Es ist ein unglaublich schöner Ort, um Vögel zu beobachten, zu reiten oder sich in Ruhe zu erholen. Die rustikalen, aber komfortablen Holzbungalows schauen auf den Golfo de Nicoya und haben private Bäder mit solarbeheiztem Wasser und Terrassen mit Hängematten. Es gibt auch ein Restaurant, Tennisplätze, einen romantischen, eher klapprigen Bootsanleger und ein beeindruckendes Netz an Wanderwegen.

Das Gebiet, auf dem sich Primär- und Sekundärwald (eine Seltenheit in diesem Teil des Landes) sowie Mangrovensümpfe an der Mündung des Río Abangares befinden, wurde zum nationalen Tierschutzgebiet erklärt. Bei einer **Bootstour** zu den Mangroven (pro Pers. 102 US$) bietet sich die Möglichkeit, Dutzende von Vogelarten, Kaimane und Krokodile zu sehen. Angeboten werden außerdem **Ausritte** durch den tropischen Trockenwald (30 US$).

Finca Daniel Adventure Park ABENTEUERTOUR
(☎2639-8303, 8382-3312; www.finca-daniel.com; Tajo Alto; Seilgarten 60 US$, Baumkronentour 99–114 US$) Wenn man glaubt, endlich einmal einen Ort ohne Touristen erreicht zu haben … sieht man vor sich einen Abenteuerpark mit bunten Fahnen und hört die Schreie der Tagestouristen, die mit zahlreichen Bussen von der Küste hierher gebracht werden. Dies ist angeblich eine der größten Baumkronentouren des Landes, mit 25 Gleitseilen und elf Wasserfällen (einige laden zum erfrischenden Eintauchen ein). Dazu gibt es einen Seilgarten mit Hindernissen in den Bäumen. Hier gibt es mit Sicherheit jede Menge Spaß, aber die Horden von Besuchern sind unter Umständen störend.

Wer kein eigenes Fahrzeug hat, erreicht den Park mit dem Bus von Puntarenas, Jacó, der nördlichen Península de Nicoya und sogar von San José. Der Park befindet sich auf dem Gelände des Hotel Vista Golfo in Tajo Alto, das etwa 7 km nördlich von Miramar gelegen ist.

Schlafen

Es gibt einige hübsche Unterkünfte rund um Miramar und Zapotal, aber sie sind alle klein und die Gegend ist abgelegen, deshalb also unbedingt vorher reservieren.

Hotel Vista Golfo HOTEL **$$**
(☎8382-3312, 2639-8303; www.finca-daniel.com; Tajo Alto; DZ/3BZ/4BZ inkl. Frühstück 87/100/110 US$, Suite inkl. Frühstück 120–150 US$; P ❄ 📶 🏊) Das Hotel befindet sich direkt auf dem Gelände des Finca Daniel Adventure Parks. Das angenehme Haus liegt in einer ruhigen Bergwelt, in der man wunderbar frische Luft tanken kann. Die komfortablen Zimmer haben eine traditionelle Ausstattung und private Terrassen, einige haben einen beeindruckenden Blick über den Golfo de Nicoya. Das Hotel befindet sich 7 km nördlich von Miramar.

An- & Weiterreise

Die Stadt Miramar ist die Hauptstadt dieses Bezirks und am dichtesten besiedelt. Sie befindet sich 6 km nördlich der Interamericana an einer guten Asphaltstraße.

Der kleine Ort Zapotal liegt noch einmal 16 km weiter nordöstlich an einer unwegsamen Straße, die in die Wolken zu führen scheint.

Vier Busse verbinden täglich Miramar mit San José (4 US$, 2½ Std.). Trotzdem reist es sich hier schwierig ohne eigenes Auto. Da die Straßen während der Regenzeit häufig unterspült werden, ist ein Auto mit Allradantrieb unbedingt zu empfehlen.

Rund um den Volcán Tenorio

Der Parque Nacional Volcán Tenorio, ein Teil der Area de Conservación Arenal (ACA), ist ein kühler, dunstiger und auch magischer Ort mit Nebelwäldern und dem eisig blauen Wasser des Río Celeste, dem Namensgeber der Region.

Der Eingang zum Park befindet sich direkt nördlich von Bijagua. Der Ort ist die Ausgangsbasis für einen Besuch in diesem Naturwunder und Trendsetter für Tourismus in Dorfgemeinschaften.

An- & Weiterreise

Etwa 7 km nördlich von Cañas zweigt der Highway 6 von der Interamericana Richtung Norden nach Upala ab und verläuft dann weiter durch den kleinen Ort Bijagua. Von Bijagua führt rechter Hand eine klassifizierte Schotterpiste zum 9 km entfernten Eingang des Parque Nacional Volcán Tenorio (S. 242). Wer von Osten kommt, erreicht den Park über den Highway 4, der aus La Fortuna kommt. Mit dem eigenen Fahrzeug kann man diesen Ausflug in einem Tag von Liberia, Cañas oder La Fortuna aus schaffen.

Wer kein Fahrzeug hat, kann von Liberia (4 US$), San José oder Upala (2,50 US$) mit dem Bus nach Bijagua fahren und bucht dort entweder eine Tour bei einem einheimischen Veranstalter oder nimmt sich ein Taxi (50 US$) zum Parkeingang.

Bijagua

5200 EW.

Der einzig größere Ort in der Region um den Tenorio ist Bijagua, eine kleine Ansammlung von Farmen, die sich entlang des Highway 6 zieht, auf halber Strecke zwischen der Interamericana und der größeren Stadt Upala. Der Ort ist ein unentdecktes Schmuckstück.

Bijagua ist ein Vorreiter bei den Dorfgemeinschaften, die sich im Tourismus engagieren. Alles begann mit der Heliconias Rainforest Lodge, die von einer Kooperative einheimischer Familien geführt wird. Dieses Engagement setzt sich fort in kleineren Führungen, die die bekannten Nachtwanderungen und Schokoladentouren der etablierten Touristenorte kopieren – auf eine ganz charmante Art. Viele ehemalige Mitarbeiter der Heliconias haben inzwischen eigene Firmen eröffnet und der wachsende Unternehmergeist kombiniert mit der Bodenständigkeit der Ticos sorgt dafür, dass der Ort eine wunderbare Basis für Besuche in die nahe gelegenen Sehenswürdigkeiten Tenorio (S. 242), Palo Verde (S. 246) und sogar La Fortuna (der großen Stadt) ist.

Sehenswertes

Finca Verde Lodge FARM
(2466-8069, 8918-4805; www.fincaverdelodge.com/activities; Tag/Nachttour 12/14 US$; Touren um 8, 10, 12, 14 & 16 Uhr; P) Faultiere, Frösche, Schlangen, Schmetterlinge und jede Menge Vögel bevölkern das großartige Gelände dieser *finca*, die auch deshalb einen Besuch lohnt, weil man hier Einblicke in die Arbeit auf einer Bio-Farm bekommt. Sie liegt an einer sehr schlechten Straße einige Kilometer südöstlich des großen Highways.

Aktivitäten

Jorge Soto VOGELBEOBACHTUNG
(8314-9784) Jorge ist ein unabhängiger Führer auf vogelkundlichen Wanderungen und einer der besten in der Region. Er organisiert maßgeschneiderte Touren nach den Wünschen seiner Gäste. Da er kein Büro hat, erreicht man ihn über die Heliconias Rainforest Lodge oder die Casitas Tenorio.

Bijagua Rainforest Tours OUTDOOR
(8998-2954, 2466-8242; www.bijaguarainforesttours.com) Marlon Brenes und sein Team arbeiten in diesem Gebiet von Nord-Costa Rica seit mehr als einem Jahrzehnt. Sie sind erfahren und effizient, gut mit den Einheimischen in ihren Bemühungen um einen nachhaltigen Tourismus vernetzt und haben ein großes Angebot an Ausflügen, dazu gehören auch Palo Verde (S. 246) und La Fortuna. Ihre Pension, Casa Natural View

NICHT VERSÄUMEN

DIE HEISSESTEN THERMALBECKEN

Costa Ricas vulkanbeheizte Thermalbecken und Schlammtöpfe bringen Schönheitsköniginnen und Möchtegern-Schlammringern viel Spaß.

Hot Springs Río Negro (S. 254) Diese Thermalquellen an den Hängen des Volcán Rincón de la Vieja haben mehrere Becken in einer schönen Urwaldlandschaft.

Río Perdido (S. 245) Thermalbecken, Hängebrücken und zurückhaltender Luxus kennzeichnen diesen Thermal-Canyon in der Nähe des Volcán Miravalles.

Borinquen Mountain Resort & Spa (S. 257) Der Gipfel des schwelgerischen Schlamms wird in den abgelegenen Höhen des Rincón de la Vieja zelebriert. Gäste, die für Heilschlamm nichts übrig haben, können ihre Haut mit Kokosnuss, Cappuccino oder Schokolade behandeln lassen.

(85 US$), liegt direkt unterhalb der Casitas Tenorio.

Frog's Paradise WILDTIERBEOBACHTUNGEN
(17.30 Uhr bis zur Dunkelheit) Mit einer Taschenlampe und einem Wanderstock begleitet man Miguel auf der Abendwanderung durch ein Wunderland für Wildtiere, auf dem früher Vieh graste. Höchstwahrscheinlich sieht man einige der 20 hier vorkommenden Froscharten, dazu vielleicht noch Eulen, früchtefressende Fledermäuse, schlafende Vögel, kriechende Insekten und Kreaturen, von denen sie gefressen werden. Außerdem gibt es phosphoreszierende Pilze (man muss sie nicht erst essen, um sie zu sehen!). Die Anlage befindet sich an der Straße zur Cataratas Bijagua Lodge.

Heliconias Rainforest Lodge VOGELBEOBACHTUNG, WANDERN
(Hängebrücken; 2466-8483; pro Pers. 17 US$; 8–17 Uhr) Der Eindruck von einem Wald ist ein ganz anderer aus der Perspektive dieser Hängebrücken. Ein wunderbares Fleckchen Erde – voller Schmetterlinge und Vögel – und man hat es höchstwahrscheinlich ganz für sich. Die Lodge liegt etwa 4 km abseits der Hauptstraße. Zurzeit unserer Recherche waren die Hängebrücken gerade wegen einer Inspektion und aus Sicherheitsgründen gesperrt, sie sollen aber 2018 wieder eröffnet werden. Eine der drei Brücken wurde 2016 durch den Hurrikan Otto zerstört, die Anlage hat deswegen etwas von ihrem Glanz verloren.

Geführte Touren

Chocolate Tree Tour ESSEN & TRINKEN
(2470-8061, 8309-5826; www.treechocolate.com; 1½ Std. Führung 15 US$; 9–17 Uhr) Gerardo Solorzano führt Besucher über seine *finca*, auf der Kakao und viele andere Nutzpflanzen wachsen. Wer Schokolade möchte, ist auch richtig. Man sieht den ganzen Verarbeitungsprozess – Ernte, Fermentierung, Trocknen, Rösten, Schälen – und schließt das Ganze mit einer Tasse köstlicher heißer oder kalter Schokolade ab, die Gerardos Partner Runia spendiert. Die Farm befindet sich 4 km abseits der Ruta 6, hinter Super Ales *soda*, 8 km nördlich von Bijagua, biegt man rechts ab.

Schlafen

Zwar gibt es im kleinen Ort Bijagua ein ganz gutes Angebot an Unterkunftsmöglichkeiten, allerdings wenige zu günstigen Preisen. Sie liegen entweder an der Hauptstraße, dem Highway 6 oder an den Hängen östlich und westlich der Stadt.

Río Celeste Backpackers HOSTEL $
(2466-8600; www.bijaguabackpackers.jimdo.com; Rte 6; Stellplatz/B/DZ 8/15/35 US$; P) Die günstigste Unterkunft bietet dieses kleine Haus, das zu einem Hostel umgebaut wurde. Es gibt zwei Doppelzimmer und einen Schlafsaal mit acht Betten. Die Gäste teilen sich die beiden Bäder, eine Küche und einen kleinen Aufenthaltsraum. Im Hof kann man zelten (wenn es regnet auf der Veranda) und es gibt einen Shuttlebus zum Parque Nacional Volcán Tenorio (S. 242; 12 US$ pro Pers.).

★ Casitas Tenorio B&B B&B $$
(8439-9084, 8312-1248; www.casitastenorio.com; DZ inkl. Frühstück 80–130 US$; P) Die hübsche familiengeführte Farm bietet ein halbes Dutzend einfacher, aber hübscher *casitas* (Häuschen) inmitten der Natur. Das costa-ricanisch/australische Besitzerpaar Donald und Pip hat sich dem ländlichen Tourismus verschrieben. Der Charme dieser Unterkunft liegt darin, dass man die Arbeit auf der Farm erlebt – man kann morgens beim Melken der Kühe helfen – und das Gelände mit den vielen Obstbäumen erkunden kann. Und das Frühstücksei stammt von den hofeigenen Hühnern!

Die Unterkunft liegt 2 km südöstlich von Bijagua an der Straße zur Heliconias Rainforest Lodge.

Cataratas Bijagua Lodge LODGE $$
(8937-4687; www.cataratasbijagua.com; DZ/3BZ/4BZ inkl. Frühstück 70/85/100 US$; P) Die Besitzer Warner und Carla haben die Milchfarm ihrer Familie in eine wunderbare Ökolodge umgewandelt: Sechs rustikale Hütten stehen in einem fantastischen Urwald mit schönem Blick auf Tenorio und Miravalles. Das Gelände mit vielen Wildtieren lädt zum Erkunden ein, ein Weg entlang des Flusses führt zu einem privaten Wasserfall. Die Lodge liegt 2 km westlich von Bijagua; die Abzweigung ist in der Nähe der Casita del Maiz.

Warner und Carla können nicht viel Englisch, also kann man hier sein Spanisch trainieren.

Hotel Cacao HOTEL $$
(2466-6142; EZ/DZ/3BZ/4BZ inkl. Frühstück 60/75/95/115 US$; P) In einem gelben Betongebäude im Motelstil befinden sich

die geräumigen Zimmer mit neuen Fliesen und Holzbetten, dazu kommen einige nette Dekorationen wie Masken und Keramik. Es gibt jede Menge Sitzgelegenheiten auf der Terrasse mit wunderbarem Blick auf den Volcán Miravalles. Darüber hinaus hat das Hotel eine Wäscherei, eine Gemeinschaftsküche und schöne heiße Duschen. Die Unterkunft befindet sich 300 m nordwestlich der Hauptstraße; direkt gegenüber ist eine praktische *soda*.

★ Celeste Mountain Lodge LODGE $$$
(☎2278-6628; www.celestemountainlodge.com; EZ/DZ/3BZ/4BZ inkl. Vollpension 165/210/250/290 US$; P 📶) Im Schatten des Volcán Tenorio wirtschaftet die moderne, luftige Lodge auf einem Hügel innovativ und nachhaltig – einfach umwerfend. Die 18 recht kleinen, aber stilvollen Zimmer sind mit Fensterläden ausgestattet, die sich auf unglaubliche Aussichten öffnen. Durch den labyrinthischen Garten windet sich ein mit Geotextil ausgelegter Pfad (man hat keine matschigen Schuhe mehr!), auf dem man fast geräuschlos wandern und daher wunderbar die Vögel beobachten kann. Die Mahlzeiten im ausgezeichneten Gourmetrestaurant sind im Preis enthalten.

Das Wasser wird mit Solarstrom erhitzt und das Gas zum Kochen wird zum Teil aus Küchenabfällen gewonnen. Sogar das geniale „tropische heiße Bad" wird durch die Verbrennung von Abfallholz beheizt. Die Lodge befindet sich auf halbem Weg auf der neuen Straße zwischen Bijagua und Tenorio, etwa 4 km östlich der Stadt.

Finca Mei Tai B&B $$$
(☎8411-7801; www.finca-meitai.com; DZ/3BZ/4BZ inkl. Frühstück 100/120/140 US$; P 📶) 3 km westlich von Bijagua befindet sich auf 40 ha Wald und Weiden die familiengeführte *finca*. Das Gelände ist durchzogen von Wanderwegen und übersät mit Nutztieren. Die beiden Fremdenzimmer haben viel Tageslicht und sind ausgestattet mit heimischem Hartholz und hübschen Details. Eric und Cecile haben das Haus mit dem Anspruch gebaut, gut zu wohnen und ihren Mitmenschen das Gleiche zu bieten. Um die *finca* zu erreichen, muss man gegenüber der Pizzeria Barrigon abbiegen. 2017 wurde ein drittes Fremdenzimmer angebaut.

Sueño Celeste B&B $$$
(☎2466-8221; www.sueno-celeste.com; Km 28, Hwy 6; DZ/3BZ/4BZ 114/144/174 US$; P 📶) Die nette Pension am Südrand von Bijagua bietet schicke Bungalows mit polierten Zementböden, Rüschenbettwäsche, Deckenbalken und ebenerdigen Duschen. Alle befinden sich in einem Garten mit Blick auf den Volcán Tenorio. Die peniblen belgischen Besitzer versorgen ihre Gäste mit allen nötigen Informationen.

Die Mitbesitzerin Dominique hat die tollen Gemälde, die überall im Haus hängen, mit Themen aus der Natur gemalt.

Tenorio Lodge LODGE $$$
(☎2466-8282; www.tenoriolodge.com; EZ/DZ/3BZ inkl. Frühstück 165/185/205 US$; P @ 📶) Die Lodge 1 km südlich von Bijagua liegt auf einem üppig grünem Hügel. Die 12 romantischen, geräumigen Bungalows haben orthopädische Betten, Stein- oder Holzfußboden und deckenhohe Fenster mit fantastischer Aussicht auf den Volcán Tenorio. Auf der 7 ha großen Anlage sind außerdem ein Restaurant, zwei Teiche, ein Garten mit Helikonien und zwei Whirlpools zum Entspannen nach einem langen Wandertag zu finden.

Die Lodge achtet auf Nachhaltigkeit; das Wasser wird durch Solarkraft erhitzt, Shampoos und Seifen sind biologisch abbaubar, die Feldfrüchte werden mit Brauchwasser bewässert und die Wäsche trocknet eher durch die Sonne als im Trockner.

Essen

Entlang des Highway 6 gibt es in Bijagua die üblichen *sodas*, eine Pizzeria und noch einige andere Möglichkeiten für einen Imbiss, dazu kommen die Hotelrestaurants. Sie alle bieten Standardessen an. Eine Alternative dazu ist das Hummingbird Cafe, hier erlebt man die Anfänge einer Direktvermarktung. Die Produkte kommen direkt vom Bauernhof auf den Tisch.

Hummingbird Cafe INTERNATIONAL $$
(☎2466-8069, 8502-0326; www.fincaverdelodge.com/hummingbird-cafe; Finca Verde Lodge; Hauptgerichte 8–12 US$; ⏰7–21.30 Uhr; ✎) Das Familienrestaurant bildet einen überraschenden Kontrast zu der sonst üblichen Tico-Küche der Stadt. Hier wird Wert auf frische Zutaten gelegt, viele von ihnen wachsen direkt auf der familiengeführten Bio-Farm (S. 239). Zu den Spezialitäten gehören vegetarische Enchiladas mit roten Chilis, frische Salate und leckere Pizzas. Am besten ist es, früh zu kommen (oder lange zu bleiben) und sich im Rahmen einer Führung die Farm anzuschauen. Auf dem Gelände

befinden sich auch vier komfortable **Hütten** (inkl. Frühstück 70–110 US$).

An- & Weiterreise

Etwa 6 km nordwestlich von Cañas zweigt eine asphaltierte Straße von der Interamericana Richtung Norden nach Upala ab und verläuft dann weiter zwischen dem Volcán Miravalles im Westen und dem Volcán Tenorio im Osten. Genau in der Mitte zwischen diesen gewaltigen Vulkanen liegt Bijagua, etwa 40 km nördlich von Cañas und 27 km südlich von Upala entfernt. Es gibt im Ort keine Tankstelle; es empfiehlt sich also, mit vollem Tank anzureisen (und auch einen Reservekanister zu haben).

Die Busse zwischen San José und Upala halten in Bijagua (8 US$, 4-mal tgl.). Außerdem gibt es lokale Busse, die auf der Fahrt von Cañas nach Upala hier halten (2 US$, 45 Min.). Eine regelmäßige Verbindung besteht nach Bagaces (3 US$, 1 Std.), hier kann man umsteigen und in die Thermalbäder am Volcán Miravalles fahren.

Eine relativ neue Straße führt mitten durch den Nationalpark Tenorio und hat die Anreise von La Fortuna sehr erleichtert (2 bis 2½ Std.). Wer mit dem Bus von dort anreist, muss in Cañas umsteigen.

Yo Viajo (www.yoviajocr.com) ist eine praktische App, die über die Busfahrpläne in der Region und im ganzen Land informiert.

Parque Nacional Volcán Tenorio

In Costa Rica heißt es, dass Gott, nachdem er den Himmel blau gemalt hatte, seine Pinsel im Río Celeste auswusch. Der himmelblaue Fluss, die Wasserfälle und die Teiche im **Parque Nacional Volcán Tenorio** (☎ 2206-5369, 2466-7010; www.sinac.go.cr/ES/ac/acat/pnvt/Paginas/default.aspx; Erw./Kind 12/2 US$; ⏲ 8–16 Uhr, letzter Einlass 14 Uhr) gehören zu den spektakulärsten Naturwundern Costa Ricas, deswegen ist der Park bei den Einheimischen auch einfach als Río Celeste bekannt.

Der magische, 184 km² große Nationalpark wurde 1976 eingerichtet und ist immer noch ein herrlich unberührter Regenwald voller Tiere. Den Wald überragt der 1916 m hohe Volcán Tenorio, der dem Park seinen Namen gab und der aus drei Kratergipfeln besteht: Montezuma, Tenorio I (der höchste) und Tenorio II.

Erster Halt ist die Rangerstation Puesto El Pilón am Eingang des Parks mit einer kleinen Ausstellung von Fotos und ausgestopften Tieren. Außerdem gibt es hier kostenlose Wanderkarten auf Englisch oder Spanisch.

Aktivitäten

Ein gut ausgeschilderter Wanderweg beginnt am Parkplatz bei der Rangerstation (Parkeingang) und schlängelt sich 1,5 km durch den Regenwald bis zu einer Kreuzung. Dort führt links eine sehr steile, aber robuste Treppe zur **Catarata de Río Celeste** hinab; der milchig blaue Wasserfall stürzt in Kaskaden 30 m tief über die Felsen in einen aquamarinblauen Teich.

Bis zum **Mirador** sind es weitere 400 m. Von der zweistöckigen Holzplattform bietet sich eine tolle Sicht auf den Tenorio. Noch ein Stück weiter liegt der bunt schillernde **Pozo Azul** (Blaue Lagune). Der Weg führt 400 m um die Lagune herum bis zum Zusammentreffen zweier Flüsse – einer ist milchig blau, der andere braungelb –, die als **Los Teñidores** bekannt sind. Sie bilden hier den Río Celeste.

Überall entlang dieses Weges ist das Baden strengstens verboten. Auch die nahe gelegenen Thermalquellen wurden geschlossen, nachdem sich 2011 einige Touristen verbrannt hatten. Außerdem ist es ebenso streng verboten, zum Krater des Vulkans zu wandern.

Die gesamte Wanderung dauert drei bis vier Stunden. Der Rundweg führt über eine Strecke von 7 km, allerdings sind Teile des Weges steil und felsig. Und er ist auch während des ganzen Jahres nass und matschig. Gute Wanderschuhe oder -stiefel, die man für 6 US$ auch am Parkeingang leihen kann, sind unbedingt erforderlich. Die Schuhe können nach der Wanderung am Ausgangspunkt gereinigt werden.

Schlafen & Essen

Entlang der Straße zum Nationalpark gibt es einige hübsche Unterkünfte, von günstigen, netten *cabinas* bis hin zu piekfeinen Berglodges. Wer so richtig abseits des Rummels nächtigen möchte, findet einige Lodges nördlich des Parks in der Nähe des Ortes San Miguel.

La Carolina Lodge LODGE $$
(☎ 2466-6393; www.lacarolinalodge.com; pro Pers. inkl. Mahlzeiten 75–95 US$; P 📶) Die abgeschiedene Lodge, die von einem tosenden Fluss flankiert wird, befindet sich an den Hängen des Vulkans auf einer Rinderfarm. Die Hütten sind rustikal und romantisch. Im Fluss kann man herrlich schwimmen und im holzbefeuerten Whirlpool ein Bad nehmen. Im Zimmerpreis sind geführte

Wanderungen sowie Ausritte in die Umgebung enthalten.

Auf einem Holzofen im Freien werden erstaunliche Bio-Gerichte mit Geflügel und Fleisch von der Farm zubereitet.

Die Lodge befindet sich etwa 1,3 km westlich des entzückenden Viehwirtschaftsdörfchens San Miguel; 5 km nördlich von Bijagua von der Hauptstraße abbiegen und den Schildern folgen. Achtung: Die Schotterpiste zum Nationalpark ist eine Herausforderung!

Posada Cielo Roto HÜTTEN **$$**
(☎2466-6049; www.cielorotocostarica.com; pro Pers. inkl. 3 Mahlzeiten 75 US$) Die acht Holzhütten befinden sich am Nordhang des Volcán Tenorio. Hier wohnt man auf traditionelle Tico-Art: Das Essen wird auf einem Holzofen gekocht und die Gäste versammeln sich nach dem Essen rund um die Feuerstelle. Der gesellige Mario überschlägt sich fast, damit sich seine Gäste wohlfühlen. Im Preis inbegriffen sind eine geführte Wanderung zum Río Celeste und ein Ausritt auf dem hauseigenen Gelände. Nur Barzahlung möglich.

Um zur Posada zu gelangen, muss man 5 km nördlich von Bijagua die ausgeschilderte Abzweigung in Richtung San Miguel nehmen. Die *Posada* (Gästehaus) befindet sich dann etwa 10 km östlich an einer sehr schlechten Straße.

Catarata Río Celeste Hotel HOTEL **$$**
(☎2201-0176, 8938-9927; www.catarataríoceleste.com; DZ/Bungalow/Suite 66/84/121 US$; P 📶) Etwa 1,5 km vom Parkeingang entfernt erstreckt sich auf einem gepflegten Gelände diese familiengeführte Unterkunft. Es gibt sechs einfache, geflieste Zimmer, die sich eine Terrasse mit Hängematten teilen, sowie fünf luxuriösere Bungalows mit Whirlpool, Dusche im Freien und Ausblick auf den Vulkan. Viele verschiedene Touren werden angeboten, das hübsche Freiluftrestaurant zieht auch Reisegruppen an.

Cabinas Piuri HOTEL **$$**
(☎8699-6858, 8706-0617; www.facebook.com/cabinaspiuri; EZ/DZ inkl. Frühstück 35/50 US$, Planetariumzimmer 55 US$, Suite 80 US$; P 📶) Etwa 1 km hinter dem Parkeingang liegt dieses ungewöhnliche Hotel an einem herrlichen Stückchen des milchig-blauen Río Celeste (Piuri ist der indigene Name für den Río Celeste). Die Unterbringung ist ganz unterschiedlich – von farbenfrohen *cabinas* mit Kingsize-Betten bis zum eierförmigen „Planetarium". Ein Tauchbecken aus Stein am Flussufer lädt zum Abkühlen ein, man kann aber auch die Gelegenheit nutzen und im fantastischen Fluss selbst schwimmen.

Das große Restaurant bietet eine weite Aussicht.

Posada Río Celeste CABINA **$$**
(☎8356-0285, auf Englisch 8978-2676; www.posadarioceleste.com; DZ inkl. Frühstück 70 US$; P) Die gemütliche Unterkunft bietet acht saubere, rustikale Zimmer (aber mit Kabelfernsehen!) und herzhafte Hausmannskost auf einer Familienfarm in einer ländlichen Farmersiedlung 1 km nordöstlich des Parkeingangs. Im blühenden Garten wohnen zwei plappernde Papageien. Die Mitarbeiter organisieren Wandertouren, Ausritte und Ausflüge zum Schwimmen sowohl innerhalb als auch außerhalb des Parks.

Auch für Nichtgäste ist das ein perfekter Boxenstopp für einen Mittagsimbiss nach einer Wanderung im Park. Es gibt keine Speisekarte: Wuilbert und Vilma servieren,

ABSTECHER

GROSSE KATZEN

Las Pumas (El Centro de Rescate Las Pumas; ☎2669-6044; www.centrorescatelaspumas.org; Corobicí; Erw./Kind 12/8 US$; ⏲8–16 Uhr) ist ein Wildtierheim, das in den 1960er-Jahren von der verstorbenen Schweizer Umweltschützerin Lilly Hagnauer gegründet wurde. Es ist das größte Tierheim seiner Art in Lateinamerika, in dem Großkatzen wie Pumas, Jaguare, Ozelots, Jaguarundis und Margays leben – zusammen mit einigen Füchsen, Affen, Pekaris, Tukanen und anderen Vögeln, die alle entweder verwaist oder verletzt waren. Die ideale Zeit für einen Besuch ist zwischen 13 und 15 Uhr während der Fütterung. Las Pumas befindet sich 4,5 km nördlich von Cañas an der Interamericana, nahe Corobicí.

Die Schweizer Familie Hagnauer ist in Cañas eine Institution und betreibt das Tierheim noch heute als Herzensangelegenheit weiter. Die Einrichtung erhält keine staatliche Unterstützung und ist auf die Eintrittsgelder und Spenden angewiesen. Freiwillige Mitarbeiter sind stets willkommen, müssen das aber vorher absprechen.

was sie gerade gekocht haben. Die Portionen sind riesig und die Preise vernünftig.

Rio Celeste Hideaway HOTEL $$$
(☎2206-4000; www.riocelestehideaway.com; DZ & Suite inkl. Frühstück 370–428 US$; P 📶) Fünf-Sterne-Eleganz nur etwa 1,5 km vom Parkeingang entfernt. In der üppigen Gartenanlage verteilen sich 90 m² große strohgedeckte *casitas* (Häuschen) mit Holzböden, Pastellfarben und antiken Möbeln. Die Himmelbetten sind mit edler Bettwäsche ausgestattet. Sogar die Bäder sind luxuriös und bieten Badewanne, Freiluftdusche und Waschbecken für „sie" und „ihn".

Restaurant Casta COSTA-RICANISCH $
(☎8445-7235; Casados 7–8 US$; ⏲7–19 Uhr) Wer ein *casado* genießen möchte oder nach einer langen Wanderung im Park eine heiße Schokolade zum Warmwerden braucht, ist hier richtig. Das Lokal liegt nur 1 km Richtung Westen (nach Bijagua) vom Parkeingang entfernt. Die Speisekarte ist übersichtlich, aber wer will schon nach einem langen Wandertag noch viel nachdenken?

An- & Weiterreise

Zum Nationalpark fahren keine Busse. Der nächstgelegene Ort ist Bijagua, von dort kann man in fast jedem Hotel eine Tour buchen oder ein Taxi nehmen (Hin- und Rückfahrt 50 US$).

Der Hauptzugang führt über eine 30 km lange Straße, die Bijagua (Highway 6) und Guatuso (Highway 4) verbindet, ein kleines braunes Schild weist direkt nördlich des Agro Logos Haushaltswarengeschäfts auf sie hin. Die Straße wurde in den letzten Jahren klassifiziert (und wird vielleicht bald asphaltiert). Sie führt am Nationalpark (und an vielen Unterkünften) vorbei. Der Eingang zum Nationalpark ist etwa 9 km von Bijagua und 21 km von Guatuso entfernt – kein schlechter Tagesausflug von La Fortuna (etwa zwei Stunden Fahrzeit).

5 km nördlich von Bijagua befindet sich die Schotterpiste nach San Miguel. Der einzige Grund, diesen Ziegenpfad zu nehmen, ist ein Aufenthalt in der Lodge La Carolina (S. 242) oder Cielo Roto (S. 243). Wer an der Kreuzung San Miguel nach links abbiegt, kommt zur La Carolina Lodge (1,3 km). Von der Abzweigung (2 km hinter dem Dorf San Miguel) fährt man noch 10 km nach Cielo Roto.

Cañas

Auf der Interamericana Richtung Norden ist Cañas die erste größere Stadt in Costa Ricas trockenster Provinz Guanacaste. Die *sabanero*-Kultur der Rinderhirten ist auf den drückend heißen Straßen unübersehbar. Hier teilen sich aufgemotzte Pick-ups die Straßen mit selbstbewussten Cowboys hoch zu Ross. Es ist eine staubige, typisch lateinamerikanische Stadt, in der niemand von Hektik befallen ist und die Geschäfte über Mittag schließen. Das Zentrum bilden der Parque Central, eine große Stierkampfarena und die recht untypische **katholische Kirche** (Ecke Calle Central & Av Central; ⏲Öffnungszeiten variieren).

Auch wenn Liberia als Basis viel mehr bietet und Bijagua landschaftlich schöner ist, ist Cañas ein guter Standort, um auf dem nahe gelegenen Río Corobicí zu raften oder den Parque Nacional Palo Verde (S. 246) zu erkunden.

Die meisten Besucher können in Cañas alles innerhalb weniger Stunden erledigen, es besteht also keine Notwendigkeit hier zu übernachten. Wer aber alles gerne langsam angehen möchte (oder zu müde zum Weiterfahren ist), findet ordentliche Unterkünfte. Die Hotels im Ort sind zweckmäßig, aber nichts Besonderes; den Gegensatz dazu bildet das **Hotel Hacienda La Pacífica** (☎2669-6050; www.pacificacr.com; DZ/Apt. inkl. Frühstück 90/125 US$; P ❄ @ 📶 🏊) nördlich von Cañas, das viel Atmosphäre bietet.

An- & Weiterreise

Alle Busse halten am **Terminal Cañas** (La Cañera; Calle Central zw. Av 11 & 13) am nördlichen

BUSSE AB CAÑAS

REISEZIEL	BUSUNTERNEHMEN	FAHRPREIS (US$)	FAHRZEIT (STD.)	HÄUFIGKEIT
Liberia	Reina del Campo	3	1	8-mal tgl., 6–17.40 Uhr
San José	Empresa La Cañera	5	3½	8-mal tgl., 5.30–17 Uhr
Tilarán	Transporte Villana	1	40 Min.	7-mal tgl., 5–15.30 Uhr
Upala	Transportes Upala	3	2	3-mal tgl. (auf der Fahrt von San José)

Stadtrand und fahren auch von dort ab. Es gibt einige *sodas* und Snackbars. Gepäckaufbewahrung am Schalter.

Rund um den Volcán Miravalles

Der Miravalles (2028 m) ist der höchste Vulkan in der Cordillera de Guanacaste. Der Hauptkrater ist zwar nicht aktiv, doch die geothermische Aktivität unter der Oberfläche führte dank der heißen Quellen zu einer Erschließung der Gegend. Das Gebiet um den Miravalles herum ist kein Nationalpark oder Reservat, aber dem Vulkan selbst wird ein bisschen Schutz gewährt, weil er sich innerhalb der Zona Protectora Miravalles befindet.

Die staatliche Einrichtung Proyecto Geotérmico Miravalles nördlich von La Fortuna de Bagaces ist ein ambitioniertes Projekt, das Erdwärme nutzt, um Strom zu produzieren, der 18 % des Bedarfs von Costa Rica deckt. Der größte Teil wird nach Nicaragua und Panama exportiert. Die glänzenden Stahlrohre der Fabrik an den Flanken des Vulkans verleihen der einsamen Landschaft einen unheimlichen Touch.

Aktivitäten

Der Volcán Miravalles und die anderen Vulkane sind eine wichtige Quelle für erneuerbare Energien in Costa Rica. Die meisten Besucher kommen jedoch wegen der Thermalquellen hierher; nördlich des kleinen Ortes La Fortuna de Bagaces (nicht zu verwechseln mit La Fortuna de Arenal) befinden sich die meisten heißen Quellen.

Río Perdido THERMALQUELLEN, WANDERN

(☎2673-3600, gebührenfrei USA 1-888-326-5070; www.rioperdido.com; San Bernardo de Bagaces; Tagespass Erw./Kind 40/30 US$, Spa-Behandlung 55–95 US$) Diese fantastische Einrichtung, die inmitten einer außerirdischen Vulkanlandschaft liegt, bietet eine wunderbare Möglichkeit, im wohltuenden Wasser des Miravalles zu baden. Der Tagespass berechtigt zur Nutzung der kilometerlangen Wanderwege, die zu Wasserfällen und Aussichtspunkten führen, und man darf den Thermalfluss und die heißen Quellen mit Temperaturen zwischen 32 und 46 Grad nutzen.

Wer eine oder mehrere Nächte in Rio Perdido verbringt, auf den warten ökologische, schicke Bungalows (EZ/DZ 230/275 US$). Die Bungalows sind modern und sachlich, haben glänzende Betonböden, kühne Muster, viele Fenster und erhöhte Terrassen zum Wald hin. Es gibt auch eine Swim-up-Bar, Hängebrücken und überall eine fantastische Aussicht.

Las Hornillas THERMALQUELLEN, WANDERN

(☎2100-1233, 8839-9769; www.hornillas.com; La Fortuna de Bagaces; Führung inkl. Mittagessen 35–55 US$; ⌚9–17 Uhr) An den Südhängen des Miravalles befindet sich Las Hornillas in einer einzigartigen Mondlandschaft mit blubbernden Teichen und Fumarolen. Besucher können zu einem kleinen Vulkankrater wandern, sich dann in einem der vier Thermalbecken erholen und eine 250 m lange Rutsche ausprobieren. Bei einer anderen Tour erreicht man nach einer Traktorfahrt und diversen Hängebrücken im Wald mehrere spektakuläre Wasserfälle. Wer die Nacht in einer der rustikalen Hütten (pro Pers. 55 US$) auf dem Grundstück verbringt, kann sogar bei silbernem Mondlicht in den Becken baden.

El Guayacán THERMALQUELLE

(☎2673-0349; www.termaleselguayacan.com; La Unión; Erw./Kind 10/8 US$; ⌚8–22 Uhr) Direkt hinter **Thermo Manía** (☎2673-0233; www.thermomania.net; Erw./Kind 12/10 US$; ⌚8–22 Uhr) – die Beschilderung ist nicht gut erkennbar – befindet sich die Familien-*finca*, auf der es aus Schloten und Dampftöpfen raucht und dampft. Es gibt acht Thermalbecken und einen kalten Pool mit einer Rutsche. Außerdem kann man eine geführte Tour zu den Fumarolen unternehmen (unbedingt auf den Wegen bleiben!).

Yökö Termales THERMALQUELLE

(☎2673-0410; www.yokotermales.com; Miravalles; Erw./Kind 10/8 US$; ⌚7–22 Uhr) Vier heiße Quellen und ein größerer Pool mit einer kleinen Rutsche und einem Wasserfall – und alles inmitten einer schönen Wiese am Fuß des Miravalles. Die Aussicht ist herrlich, allerdings gibt es rund um die Pools kaum Schatten (allerdings gibt es eine wirklich „feuchte" Bar, einen Whirlpool und eine Sauna). Die zwölf kanariengelben **Zimmer** (inkl. Frühstück 40–125 US$) sind ordentlich ausgestattet; eine nette, aber nicht umwerfende Unterkunft.

Termales Miravalles THERMALQUELLE

(☎2673-0606; www.facebook.com/termalesmiravalles; Erw./Kind 7/5 US$; ⌚7.30–22 Uhr) Termales Miravalles bietet vier Becken und eine tolle Wasserrutsche, die alle an einem Thermalbach liegen. Man findet hier mehr Beton und weniger Natur als an anderen Thermalquellen der Umgebung, aber es gibt eine tolle Sicht auf den Vulkan. Samstagabend gibt es häufig Tanz mit Livemusik.

Das Thermalbad befindet sich an der Hauptstraße direkt gegenüber von Yökö (S. 245).

Geführte Touren

Viele Reiseveranstalter bieten geführte Touren zu verschiedenen Thermalquellen an, manchmal auch mit zusätzlichen Aktivitäten wie Wandern, kleinen Ausritten und Gleitseiltouren. Im Preis inbegriffen sind grundsätzlich der Transport von Bahía Salinas, Liberia oder der nördlichen Península de Nicoya.

Canyon Adventure ABENTEUER
(☎2673-3600; www.rioperdido.com; San Bernardo de Bagaces; Erw./Kind 60/50 US$) Eine Baumkronentour ist ein alter Hut, aber wer hat schon mal eine *Canyon*-Tour gemacht? Bei dieser neuen Form eines bewährten Abenteuers schwirrt man von Plattform zu Plattform, die meisten davon befinden sich auf Felsen oder an Canyonwänden. Die Strecke ist eine Herausforderung, macht aber Spaß und bietet fünf Gleitseile, dazu einige Brücken, Schaukeln und Stahlseile. Eine der vielen Attraktionen am Rio Perdido. Canyon Adventure bietet auch einen Zugang zum Thermalfluss, heißen Quellen und Wanderwegen.

FERIEN AUF DEM BAUERNHOF

Der Nordwesten Costa Ricas ist Bauernland. Ein großer Teil des Landes – von den Rinderfarmen im Tiefland bis zu den Kaffeeplantagen an den Berghängen – wird landwirtschaftlich genutzt. Doch die Zeiten ändern sich und viele Farmerfamilien haben entdeckt, dass sie ihr Einkommen aufbessern können, indem sie Gäste in ihr Haus einladen. Daher bieten sich in der Region viele Möglichkeiten für einen Urlaub auf einer Farm, bei dem die Urlauber authentisches Landleben kennenlernen und einen Einblick in die harte Arbeit der Landwirte bekommen.

Miravalles Volcano Adventure Center ABENTEUER
(☎8719-4276; www.facebook.com/Rainforestlink; Guayabo; Baumkronentour Erw./Kind 40/30 US$, Führungen 35–90 US$, Hütten 30 US$) Dieses Abenteuercenter in der Nähe des Fußes des Vulkans hat für jeden etwas zu bieten. Das Herzstück des Komplexes ist die Baumkronentour mit zwölf Gleitseilen und Hängebrücken durch Felder und Wälder. Auf dem Gelände gibt es außerdem auch ein Spa und die Möglichkeit zu Ausritten und zu anderen Abenteuern, dazu gehört auch eine ganztägige Expedition zum Krater des Miravalles.

An- & Weiterreise

Der Volcán Miravalles liegt 27 km nordöstlich von Bagaces und ist über eine Asphaltstraße zu erreichen, die Richtung Norden durch die Dörfer Salitral und Torno führt, wo sich die Straße teilt. Die linke Abzweigung führt weiter nach Guayabo, wo es ein paar *sodas* und einfache *cabinas* gibt. Die rechte führt nach Fortuna de Bagaces und bietet einen einfacheren Zugang zu den heißen Quellen. Nördlich der beiden Orte verbinden sich die beiden Straßen wieder und führen nach Upala.

Von Bagaces fahren stündlich Busse nach Guayabo und Fortuna de Bagaces (1 US$, 45 Min.). Man muss aufpassen, dass man einen Bus nimmt, der an den *termales* vorbeifährt (den Fahrer fragen); es gibt zwei verschiedene Strecken, die eine führt nicht an den Thermalquellen vorbei. Es gibt auch eine direkte Busverbindung von Liberia.

Für den Rückweg ist es einfacher, nach *el cruce* (der Straßenkreuzung) 1 km nördlich von Thermo Mania (S. 245) zu gehen, denn alle Busse halten hier auf ihrem Rückweg in die Zivilisation; nur einige wenige am Tag fahren direkt auf der Straße an den Thermalquellen vorbei.

Parque Nacional Palo Verde

Der 184 km² große **Parque Nacional Palo Verde** (☎2206-5965, 2680-5965; Erw./Kind 12/2 US$, geführte Touren 48 US$; ⏰8–16 Uhr) ist ein geschütztes Feuchtgebiet in Costa Ricas trockenster Provinz. Er befindet sich am nordöstlichen Ufer der Mündung des Río Tempisque und an der Spitze des Golfo de Nicoya. Alle größeren Flüsse der Region fließen an diesem alten Schnittpunkt zweier Becken zusammen. Dadurch entstand ein Biotop mit Mangrovensümpfen, Sumpfland, Grassavannen und immergrünen Wäldern. Zahlreiche niedrige Kalksteinhügel bieten eine gute Aussicht und in den seichten Lagunen tummeln sich viele Tiere. Der Park verdankt seinen Namen den reichlich vorhandenen *palo verdes* („grüne Bäume"), kleinen immergrünen Büschen. Im Norden grenzt der Park an das 73 km² große Refugio de Vida Silvestre Dr Rafael Lucas Rodríguez Caballero und die Reserva Biológica Lomas de Barbudal (S. 265).

Die Moskitos in diesem Park sind berühmt-berüchtigt, also unbedingt ein Insektenschutzmittel mitbringen!

Aktivitäten

Wandern

Man kann die gut gepflegten Wanderwege des Parks entweder auf eigene Faust erkunden oder den OTS-Führer (Organization for Tropical Studies) auf seiner regulären einstündigen Tour begleiten (Erw./Kind 30/20 US$). Wer an der Führung, die je nach Bedingungen zwischen 8 und 13 Uhr stattfindet, teilnehmen möchte, sollte vorher mit der OTS Kontakt aufnehmen. Eine Karte gibt es am Parkeingang.

Der erste Weg, den man vom Eingang kommend erreicht, ist der **Sendero Roco**, ein kurzer, steiler Aufstieg zu einem Aussichtspunkt mit Blick über die Lagune. An klaren Tagen ist es möglich, den Río Tempisque bis zum Golfo de Nicoya zu sehen. Der nächste Weg ist dann der **Sendero Mapache**, der auf 700 m Länge zu drei unterschiedlichen Biotopen führt; dabei sind die Unterschiede zwischen dem sommergrünen Tiefland, dem Kalkstein und den immergrünen Wäldern gut zu erkennen.

Der 900 m lange **Sendero El Pizote** verläuft entlang der Lagune und bietet gute Gelegenheiten, um Wasservögel zu beobachten. Am Parkende hinter der Rangerstation befindet sich der 1400 m lange **Sendero La Cantera**, auf dem man einen fantastischen Aussichtspunkt mit Blick über das gesamte Gebiet erreicht.

Egal, für welchen Weg man sich entscheidet: Wichtig ist, daran zu denken, dass es während der Trockenzeit sehr heiß wird und man ausreichend Wasser und einen Sonnenhut mitnehmen muss. Wanderungen in der Mittagshitze sind zu vermeiden.

Wildbeobachtungen

Palo Verde weist die größte Dichte an Wasser- und Küstenvögeln in ganz Mittelamerika auf. Über 300 verschiedene Vogelarten wurden hier verzeichnet. Vogelbeobachter kommen vor allem wegen der großen Kolonien von Reihern (darunter auch der seltene Cayenne-Nachtreiher), Störchen (wie dem bedrohten Jabirú), Löfflern, Fischreihern, Ibissen, Lappentauchern und Enten hierher; dazu kommen Waldvögel wie Arakangas, Hokkos, Fischertukane und auch Papageien. Zu den häufig vorkommenden Säugetieren zählen Hirsche, Nasenbären, Gürteltiere, Affen und Pekaris sowie Costa Ricas größte Population von Wieselkatzen (Jaguarundis). In den Feuchtgebieten leben auch zahlreiche Reptilien wie etwa Krokodile, die angeblich bis zu 5 m lang werden.

Die Trockenzeit (Dezember bis März) ist die beste Zeit für einen Besuch, da sich dann die Vogelschwärme in den verbliebenen Seen und Sümpfen sammeln und die laubfreien Bäume eine bessere Sicht erlauben. Gelegentlich sammeln sich auch Säugetiere an den Wasserlöchern. Allerdings vergeht das gesamte Becken während der Trockenzeit vor Hitze, man muss unbedingt ausreichend Sonnenschutz mitbringen! Während der Regenzeit sind große Teile des Gebietes überflutet und der Zugang kann eingeschränkt sein. Wer gerne professionelle Hilfe beim Entdecken und Identifizieren der Vögel und Tiere haben möchte, für den bietet OTS geführte ornithologische Touren und Nachtwanderungen an.

Geführte Touren

Um die Größe und Topografie des Parks zu erfassen, bietet sich eine Bootstour (pro Pers. 57 US$) auf dem Río Tempisque mit seinem braunen, brackigen Wasser an; der Fluss ist auf beiden Seiten von Mangroven umgeben. Reservierungen können über die OTS Hacienda Palo Verde Forschungsstation gemacht werden.

Schiffsausflüge starten am Pier in Puerto Chamorro, 2 km hinter der Rangerstation an der großen Straße im Park. Wer früh genug kommt, bekommt möglicherweise noch einen Platz auf einem Schiff. Man kann auch in Puerto Humo ein Boot mit Fahrer mieten, den Hafen erreicht man mit dem „Rosaria"-Bus ab Nicoya. Reisebüros auf der Península de Nicoya und in La Fortuna bringen Reisegruppen nach Palo Verde; wer dorthin auf eigene Faust reist, spart viel Geld, wenn er alles selbst organisiert.

El Viejo Wetlands NATURKUNDLICHE TOUR
(Hacienda el Viejo; ☎ 2296-0966; www.elviejowetlands.com; naturkundliche Tour 25 US$, Schiffstour 71 US$; ⏲ 7–15 Uhr) An der Grenze zum Parque Nacional Palo Verde liegt diese be-

eindruckende Anlage, die sich im Besitz einer erfolgreichen Familie mit großen Zuckerrohrplantagen befindet und von ihr betrieben wird. Das Schutzgebiet umfasst 20 km² an Feuchtgebiet. Hier kann man nicht nur Wandern, Radfahren und Schiffstouren machen (einige von ihnen führen sogar in den Nationalpark), sondern auch an Veranstaltungen rund um das Thema Zuckerrohr teilnehmen; so macht man „agua de sapo“ (Krötenwasser) aus Limone, Ingwer und Zuckerrohr. Die historische Casona dient als stimmungsvolles Restaurant. Der Haupteingang befindet sich etwa 15 km südlich von Filadelfia. Man fährt auf der Calle 5 in südöstlicher Richtung aus der Stadt hinaus und folgt der Beschilderung. El Viejo kann auf Wunsch auch den Transport von jedem Ort auf der nördlichen Península de Nicoya aus organisieren.

Schlafen & Essen

OTS Hacienda Palo Verde Research Station LODGE $$

(☎2524-0607; www.ots.ac.cr; Zi. inkl. Mahlzeiten pro Erw./Kind 90/38 US$; P ᯤ) Die Forschungstation wird von der Organization for Tropical Studies geführt und betreibt Tropenforschung und gibt Universitätskurse. Aber es werden auch rustikale Hütten mit Stockbetten und Deckenventilatoren für „naturgeschichtlich interessierte Besucher“ angeboten. Die Forschungsstation liegt an einer gut ausgeschilderten Straße 8 km vom Parkeingang entfernt. Camping ist an der Forschungsstation nicht erlaubt, man kann aber in der Forschungsstation nachfragen, ob eine Ausnahme möglich ist.

An- & Weiterreise

Die Hauptzufahrt zum Parkeingang, die in der Regel auch ganzjährig für normale Autos befahrbar ist, beginnt an einer gut ausgeschilderten Abzweigung von der Interamericana gegenüber von Bagaces. An der 28 km langen Schotterstraße dienen winzige braune Hinweisschilder an den Weggabelungen als Orientierung. Innerhalb des Parks kommen nach weiteren 8 km der Kalksteinhügel Cerro Guayacán und die OTS-Forschungsstation Hacienda Palo Verde in Sicht, beide bieten einen guten Überblick. 2 km weiter sind dann die Parkverwaltung und die Rangerstation des Nationalparks erreicht. Über einige oftmals sehr schlammige Straßen geht es auf direktem Weg weiter zur Reserva Biológica Lomas de Barbudal (S. 265) – so spart man sich den Umweg über die Interamericana, man sollte sich vorher aber unbedingt bei den Rangern über den aktuellen Straßenzustand informieren.

Die Busse zwischen Cañas und Liberia halten in Bagaces gegenüber der Abzweigung zum Park, der aber noch ziemlich weit entfernt ist. Wer in der Forschungsstation Palo Verde übernachtet, kann sich möglicherweise abholen lassen, muss dies aber vorher vereinbaren.

Man kann auch den „Rosaria"-Bus von Nicoya nach Puerto Humo nehmen und dann mit einem einheimischen Bootsführer über eine Fahrt nach Puerto Chamorro verhandeln. Vom dortigen Pier, nur 2 km von der Rangerstation entfernt, fahren alle Rundfahrten ab.

Liberia

56 900 EW.

Die sonnenverwöhnte Provinzhauptstadt von Guanacaste liegt an der Hauptstrecke von Costa Rica nach Nicaragua und ist das Zentrum der costa-ricanischen *sabanero*-(Cowboy-)Kultur. Mittlerweile wird auch hier der Tourismus zu einem wichtigen Wirtschaftsfaktor.

Der internationale Flughafen (S. 253) der Stadt wurde ausgebaut; Liberia ist inzwischen ein weitaus sichereres und entspannteres Einfallstor für einen Besuch in Costa Rica als San José.

Die meisten historischen Gebäude im Zentrum könnten einen neuen Anstrich vertragen (manche Einheimische träumen davon, dass daraus ein historisches Viertel wie in der Stadt Granada in Nicaragua entsteht). Doch die „Weiße Stadt" ist ansprechend und bietet ein recht breites Angebot an Unterkünften. Dennoch ist sie eher ein Ausgangspunkt für Ausflüge in den Parque Nacional Rincón de la Vieja (S. 254) und die Strände an der Península de Nicoya als ein eigenes Reiseziel.

Das Gebiet wird sich wahrscheinlich verändern, denn im Zeitraum zwischen 2018 und 2020 soll hier durch Discovery Costa Rica ein Milliarden Dollar teurer, 890 ha großer Vergnügungspark entstehen.

Sehenswertes

Entlang der Kreuzung von Avenida Central und Calle Real stehen einige der ältesten Häuser Liberias, viele sind über 150 Jahre alt. Seit Langem gibt es den Plan, die Calle Real (südlich des Parks) zu einer Fußgängerzone auszubauen; sie ist die historische Durchfahrt der Stadt und könnte ähnlich wie im nahe gelegenen Grenada in Nicaragua umgestaltet werden.

Ponderosa Adventure Park TIERPARK
(☎2105-7181; www.ponderosaadventurepark.com; Tour Erw./Kind 50/35 US$, 3-Touren-Paket Erw./Kind 115/105 US$; ⌚8–17 Uhr) Elefanten, Zebras, Giraffen und andere afrikanische Tiere fühlen sich in der trockenen Hitze von Guanacaste wie zu Hause; das kann man in dem privaten Tierpark sehen. Während einer Safaritour kommt man sehr dicht an die mehr oder weniger wilden Tiere heran. Angeboten werden auch Kajaktouren, Gleitseile, Ausritte und Quadfahrten. Der Park befindet sich in El Salto, etwa 11 km südlich der Stadt an der Interamericana auf halber Strecke nach Bagaces.

La Agonía KIRCHE
(La Iglesia de la Ermita de Nuestro Señor de la Agonía; Ecke Av Central & Calle 9; ⌚unterschiedlich) Mit den gekalkten Wänden und den beiden Säulen neben der Eingangstür ist La Agonía ein typisches Beispiel für die Architektur der spanischen Kolonialzeit und zeigt, warum Liberia auch den Namen „die Weiße Stadt" trägt. Die älteste Kirche der Stadt wurde 1825 erbaut. In der Kirche soll es eine Kunst- und Kulturausstellung geben, aber da die Türen meist fest verschlossen sind, weiß man nichts Konkretes. Die Öffnungszeiten kann man im Haus neben der Kirche erfragen; falls sie geschlossen ist, sollte man sich wenigstens die gewaltige gelbe Leguan-Statue im Park ansehen.

Schlafen

In der Trockenzeit ist in Liberia am meisten los; Reservierungen werden über Weihnachten, Ostern, den Día de Guanacaste und an Wochenenden dringend empfohlen. In der Regenzeit jedoch geben die meisten Mittelklasse- und Luxushotels interessante Rabatte. Die meisten Hotels in der Stadt sind Budget- oder Mittelklasseunterkünfte, allerdings gibt es in der Nähe des Flughafens einige teure Unterkünfte internationaler Hotelketten.

Hotel Liberia PENSION $
(☎2666-0161; www.hotelliberiacr.com; Calle Real zw. Av Central & 2; B/EZ/DZ inkl. Frühstück ab 13/32/45 US$; P 📶) Es ist schwer, dem herrlich schattigen Innenhof dieser historischen Pension, einer der besten Budgetunterkünfte Liberias, zu widerstehen. Im alten Gebäude befinden sich die schönsten „*casona*"-Zimmer, in denen hohe Decken, geflieste Böden und Holzmöbel zum traditionellen Flair beitragen. Die „*torre*"-Zimmer und die Schlafsäle im neueren Betongebäude im hinteren Teil des Hofes sind weniger stimmungsvoll.

Hospedaje Dodero HOSTEL $
(☎2665-4326, 8729-7524; www.hospedajedodero.yolasite.com; Av 11 zw. Calle 12 & 14; B 11 US$, EZ 17–20 US$, DZ 25–30 US$; ❄📶) Das Hostel ist supersauber, hat einen tollen Service und liegt dicht am Busbahnhof. Alle Zimmer teilen sich die Bäder; einige haben eine Klimaanlage. Die Gemeinschaftsküche im Freien liegt an einem kleinen Garten mit Blumen und Hängematten. Nichts Schickes, aber sehr freundlich. Der Besitzer Shawn besitzt einen unglaublich umfangreichen Busfahrplan in einem Ordner.

La Posada del Tope PENSION $
(☎2666-3876; www.facebook.com/hotellapsadadeltope; Calle Real zw. Av 2 & 4; DZ 25 US$; P @ 📶) Die Zimmer befinden sich in der „*casa real*" (königliches Haus) auf der anderen Straßenseite gegenüber der hölzernen Lobby. Sie liegen rund um einen fantastischen Garten und sind mit vielfältigen Kunstwerken und Antiquitäten eingerichtet. Die Pension hat eine Menge Charakter, auch wenn die Zimmer sehr einfach und nicht besonders sauber sind. Die meisten haben kein eigenes Bad, aber dafür stimmt der Preis. Der zweisprachige Tico-Besitzer Denis ist eine echte Goldgrube für Informationen.

In der Pension befindet sich auch das Büro von NicaBus, was viele Umstände im Busbahnhof von Liberia ersparen kann.

Hotel Javy HOTEL $$
(☎2666-9253; www.hoteljavy.com; Ecke Av 19 & Calle 19; DZ inkl. Frühstück 50 US$; P ❄ 📶) Isabel ist eine hervorragende Gastgeberin. Die charmante Dame tut alles dafür, dass sich ihre Gäste wohlfühlen; dazu gehört auch ein riesiges, köstliches Frühstück, dem man nicht widerstehen kann. Die Zimmer sind hell und komfortabel, haben gute Betten, ganz unpassend förmliche Möbel und makellose neue Bäder.

Nur die Lage 2 km nordöstlich des Parque Central und 200 m nördlich der IPEC ist nicht so praktisch, besonders wenn man ohne Auto unterwegs ist.

Essen

Liberia hat ein gutes Angebot an Restaurants, sowohl in der Stadt als auch auf dem Weg zum Flughafen. Wer schon seit Monaten unterwegs ist und sich danach sehnt,

Liberia

findet hier auch in der Nähe des Highways Filialen der bekannten Fast-Food-Ketten. Vor einer Busreise lohnt es sich, Snacks für unterwegs auf dem **Markt** (Av 7 zw. Calle 10 & 12; ⌚ Mo–Sa 6–19, So 6–12 Uhr) in der Nähe des Busbahnhofs zu kaufen.

Donde Pipe CAFÉ $

(☎ 2665-4343; www.dondepipe.com; Ecke Calle 8 & Av 5; Hauptgerichte 7–11 US$; ⌚ 8–18 Uhr; 📶 👪) Das kleine Café ist bei den Einheimischen sehr beliebt. Hier gibt es kostenloses WLAN, starken Kaffee und leckere Süßigkeiten und Frühstück. Neben den üblichen Gerichten stehen auf der Speisekarte regionale Spezialitäten wie *chifrijos* (Reis und Pintobohnen mit gebratenem Schweinefleisch, frischer Tomatensoße und Tortillachips) und *tamales*, außerdem frisch gepresste Säfte. Es gibt auch eine Kinderkarte. Freundliche Mitarbeiter, Klimaanlage und nur einen Häuserblock vom Busbahnhof entfernt – was will man mehr.

Los Comales COSTA-RICANISCH $

(☎ 2665-0105; Calle Real zw. Av 7 & 5; Gerichte 4–8 US$; ⌚ 6.30–14 Uhr) *¡Poder Tica!* Das fröhliche und beliebte Lokal wird von einer Frauenkollektive geführt. Hier isst man traditionelle Speisen der Provinz Guanacaste wie *arroz de mais* (Reis mit Hähnchen und Mais). Mittags ist es sehr voll und der Service ist langsam. Gegen den Durst gibt es ein Dutzend frischer Säfte und *batidos* (Früchte-Shakes mit Milch oder Wasser).

★ Region 5 COSTA-RICANISCH $$

(☎ 4700-9523; Ecke Av 25 de Julio & Calle 2; Hauptgerichte 8–22 US$; ⌚ 12–21 Uhr) „Gott sei Dank, ein gebürtiger Costa Ricaner aus der Provinz Guanacaste!“ tönt das neue Steakhouse, das nach der Provinz benannt wurde und sich in dem historischen Haus des heißgeliebten liberianischen Doktors Enrique Briceño befindet. Mittags gibt es Köstlichkeiten aus Nicoya wie *chorreadas* (Pfannkuchen aus Zu-

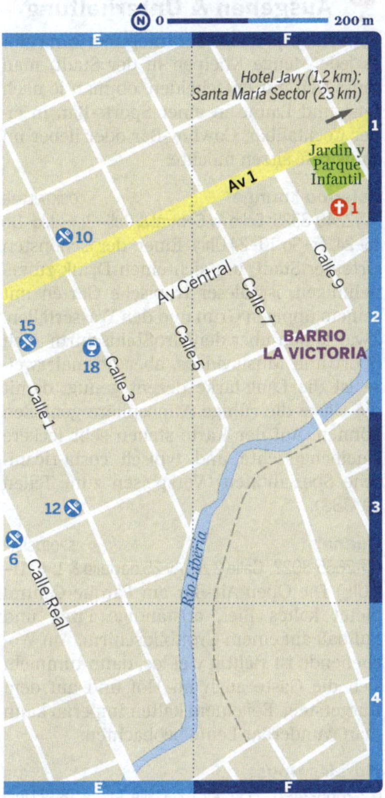

ckermais) und *tanelas* (süße Empanadas); abends werden u. a. Schweinerippchen und New York Steaks serviert; eine Köstlichkeit ist das Thunfischsteak in einer Meeresfrüchtesoße.

★ Mariajuana CAFÉ **$$**

(☎ 2665-7217; www.facebook.com/mariajuanarestaurante; Ecke Calle 3 & Av 1; Hauptgerichte 7–17 US$; ⌚ Di–Sa 11.30–23.30, So 15–23.30 Uhr;) Das Lokal ist im Ort umgezogen, aber die Traumfänger, afrikanischen Masken und jede Menge Kunst rund um die Katze sind immer noch da. Man genießt ein lokales Guanaca-Bier (die Süße im Geschmack des Bieres stammt vom einheimischen Honig) unter dem riesigen Mangobaum und isst dazu Kleinigkeiten (7–8 US$) oder gönnt sich große Teller mit Steaks oder Meeresfrüchten. Den heißen Nachmittag in Guanacaste sollte man schließlich mit einem „Herzanfall-Eisbecher" beenden. Das

Liberia

Sehenswertes

1	La Agonía	F1
2	Parque Central	D2

Schlafen

3	Hospedaje Dodero	A1
4	Hotel Liberia	D3
5	La Posada del Tope	D3

Essen

6	Café Liberia	E3
7	Donde Pipe	B2
8	Jauja	C3
9	Los Comales	D1
10	Mariajuana	E2
11	Market	B2
12	Pizza Pronto	E3
13	Region 5	D3
14	Taquería de la Calle	D3
15	Toro Negro Steakhouse	E2

Ausgehen & Nachtleben

16	Guana's	D2
17	Morales House	B3
18	Palermo Lounge	E2

Café befindet sich im ehemaligen Meson Liberiano.

Café Liberia FUSION **$$**

(☎ 2665-1660; Calle Real zw. Av 2 & 4; Hauptgerichte 9–14 US$; ⌚ Di–Sa 9–21 Uhr;) Das schön restaurierte Gebäude aus der Kolonialzeit wartet mit schweren Holzmöbeln und bemalten Decken auf, die ein romantisches Ambiente für den aromatischen Kaffee und das Gourmetessen schaffen. Der französische Koch Sebastian und seine costa-ricanische Frau Lijia haben einfache Gerichte auf ein neues Niveau gehoben: Die *ceviche* wird mit unwiderstehlichen warmen, frisch gebackenen Tortillachips serviert. Im Hof findet manchmal Livemusik statt und es gibt ein Bücherregal mit Büchern in vielen Sprachen.

Green House FUSION **$$**

(Casa Verde; ☎ 2665-5037; www.facebook.com/TheGreenHouseCR; Hwy 21; Hauptgerichte 6–12 US$; ⌚ 11–21 Uhr;) Es heißt nicht nur „Gewächshaus", es ist auch wirklich eines – ein Gewächshaus, das mit Pflanzen gefüllt ist. Dazu kommen grün getäfelte Fenster und viele vegetarische Gerichte auf der Speisekarte. Im lichterfüllten Raum können die Gäste eine wunderbare Mischung von Aromen erleben, wie gegrilltes Hühnchen mit Mango-Salsa oder ausgezeichnete Fisch-Tacos. Das Lokal liegt an der Straße zum Flughafen, etwa 8 km westlich der Stadt.

Jauja INTERNATIONAL **$$**
(☎2665-2061; www.facebook.com/jaujarestaurante; Ecke Av 25 de Julio & Calle 10; Hauptgerichte 10–15 US$; ⌚Mo–Sa 8–22 Uhr; 📶🐕) Die gehobene Atmosphäre und die erstklassige Küche dieses schicken Bar-Cafés mit einem Innen- und einem Außenbereich an der Hauptstraße sind in Liberia einzigartig. Auch der Service ist erstklassig. Im Angebot des Jauja sind Pizza aus dem Holzofen, zarte Steaks vom Weiderind und Hamburger im selbst gebackenen Brötchen. Bei den Angestellten ist das Lokal sehr angesagt, ebenso bei Touristen und zugezogenen Ausländern.

Die donnernde Musik stammt aus den 1980er-Jahren.

Pizza Pronto PIZZA **$$**
(☎2666-2098; Ecke Av 4 & Calle 1; Hauptgerichte 10–18 US$; ⌚12–15 & 18–22 Uhr) Die niedliche altmodische Pizzeria mit dem Holzstapel direkt neben dem rauchenden Ofen im Hof ist romantisch und grundsolide – es gibt nur Pizza, Pasta und Salat. Die Pizzas sind köstlich und reichen von der empfehlenswerten Variante für Vegetarier bis zur nicht so empfehlenswerten Taco-Pizza. Man kann aus einem Angebot von mehr als 30 Pizzas auswählen oder sich eine Wunsch-Pizza selbst zusammenstellen.

Toro Negro Steakhouse STEAK **$$$**
(☎2666-2456; Ecke Av Central & Calle 1; Hauptgerichte 12–18 US$; ⌚Di–Sa 11–21.30 Uhr; 📶👪) In einem wunderschönen Haus im Kolonialstil bietet das familienfreundliche Restaurant eine umfangreiche Speisekarte mit einer Mischung aus italienischen und costa-ricanischen Gerichten an, dabei liegt der Schwerpunkt auf Fleischgerichten wie New York Strip Steak, Filet Mignon und Hamburgern. Der rustikale Innenraum ist zwar einladend, aber der Balkon im Freien ist unschlagbar, um Leute zu beobachten und die Abendluft zu genießen.

Wer ähnliche Gerichte etwas günstiger haben möchte – der gleiche Besitzer betreibt auch die **Taqueria de la Calle** (Calle Real zw. Av Central & 2; 3–7 US$; ⌚Mi–So 12.30–22.30, Di 14–22.30 Uhr; ❄📶) gegenüber vom Hotel Liberia (S. 249) sowie **La Pastelera** neben dem Cafe Liberia (S. 251). In den drei Restaurants arbeiten auch die gleichen Köche.

🍷 Ausgehen & Unterhaltung

Vom Hauptplatz bis zur Interamericana gibt es jede Menge Kneipen in der Stadt; man muss sich nur entscheiden, ob man je nach Lust und Laune in einer Sports-Bar, in einer Cocktailbar, Cowboy-Bar oder lieber im Kunstcafé sitzen möchte.

Palermo Lounge COCKTAILBAR
(☎2240-3325; Ecke Av Central & Calle 3; ⌚Mo–Do 16–24, Fr–So 10–24 Uhr) Einer der schönsten Orte der Stadt, um sich einen Drink zu genehmigen, ist dieser tropische Garten mit seinem üppigen Grün und den Wasserfällen. Zwar laufen über den Großbildschirm auch Sport und Musikvideos, aber normalerweise ist die Lautstärke dezent genug, damit die Gäste die ruhige Atmosphäre genießen können. Auf der Karte stehen sehr leckere Kneipengerichte und typisch costa-ricanische Spezialitäten (Vorspeisen zum Teilen 10 US$).

Guana's SPORTSBAR
(☎2665-3022; Calle 2 zw. Av 25 de Julio & 1; ⌚11–2 Uhr) Die Open-Air-Bar am Parque Central bietet kaltes Bier, anständige Pizza und Fußball auf einem Großbildschirm. Am Wochenende ist richtig viel los, dann tummeln sich die Gäste auch im Hof und auf dem Bürgersteig. Bei einem kalten Imperial kann man wunderbar Leute beobachten.

Morales House BAR
(☎2665-2490; Ecke Av 1 & Calle 14; ⌚18–2 Uhr) Diese waschechte *sabanero*-Kneipe in einem scheunenartigen Gebäude hat als Dekoration Rinderschädel an der Wand, es ertönt laute *ranchera*-Musik und im Fernsehen laufen amerikanische Sportsendungen. Dazu werden dicke, saftige Steaks für hungrige Cowboys serviert.

ℹ Praktische Informationen

GELD

Liberia hat wahrscheinlich mehr Banken pro Quadratmeter zu bieten als jeder andere Ort in Costa Rica.

BAC San José (☎2295-9797; Centro Comercial Santa Rosa, Rte 21; ⌚Mo–Fr 9–18, Sa 9–13 Uhr)

Banco de Costa Rica (☎2666-2582; Ecke Calle Real & Av 1; ⌚Mo–Fr 9–16 Uhr)

Banco Nacional (☎2666-0191; Av 25 de Julio zw. Calle 6 & 8; ⌚Mo–Fr 8.30–19, Sa 9–15 Uhr)

Citibank (Ecke Interamericana & Av 25 de Julio; ⌚Mo–Fr 9–18, Sa 9–12.30 Uhr)

BUSSE AB LIBERIA

REISEZIEL (GESELLSCHAFT)	FAHRPREIS (US$)	FAHRZEIT (STD.)	TERMINAL	HÄUFIGKEIT
Cañas (Reina del Campo)	2	1½	Liberia	alle 30 Min., 5.30–17.30 Uhr
Curubandé	2	40 Min.	Liberia	6.40, 12, 17 Uhr
La Cruz/Peñas Blancas (Arrieta)	2,50	1½-2	Liberia	5.30, 8.30, 9, 11 Uhr
Nicoya, via Filadelfia und Santa Cruz (La Pampa)	2,50	1½	Liberia	alle 30 Min., 4.30–20.20 Uhr
Playa Flamingo und Brasilito (La Pampa)	2	1½	Liberia	6, 8, 10, 11, 12.30, 17, 18 Uhr
Playas del Coco (Pulmitan)	1,50	1	Pulmitan	alle 30 Min., 5–11 Uhr, außerdem 12.30, 14.30, 18.30 Uhr
Playa Hermosa (La Pampa)	2	1½	Liberia	5-mal tgl., 7.30–17.30 Uhr
Playa Tamarindo (La Pampa)	2	2	Liberia	7-mal tgl., 3.50–12.30 Uhr; stündl., 14–18 Uhr
Puntarenas (Reina del Campo)	3	3	Liberia	9-mal tgl., 5–15.30 Uhr
San José (Pulmitan)	8	4	Pulmitan	14-mal tgl., 3–22 Uhr

MEDIZINISCHE VERSORGUNG

Hospital Dr Enrique Baltodano Briceño (☎2666-0011, Notfälle 2666-0318; Rte 918) Hinter dem Stadion am nordöstlichen Stadtrand.

POST

Post (Correos de Costa Rica; www.correos.go.cr; Ecke Av 3 & Calle 8; ⌚Mo–Fr 8–17, Sa 8–12 Uhr)

ℹ An- & Weiterreise

AUTO

Liberia liegt an der Interamericana, 234 km nördlich von San José und 77 km südlich von Peñas Blancas an der Grenze zu Nicaragua. Die Schnellstraße 21, die Hauptverkehrsader der Península de Nicoya, beginnt in Liberia und verläuft Richtung Südwesten.

Eine 25 km lange Piste führt vom Barrio la Victoria zum Eingang des Parque Nacional Rincón de la Vieja in Santa María. Die teilweise befestigte Straße, die zum Eingang in Las Pailas führt, beginnt an der Interamericana, 5 km nördlich von Liberia.

Straßenschilder sind schwer zu finden und die Einheimischen erklären den Weg häufig mit Ortsnamen und Entfernungen („100 Meter und dann an der *pulperia* links") und verwenden keine Straßennamen.

Es gibt insgesamt mehr als ein Dutzend Autovermietungen in Liberia, die meisten haben Schalter am Flughafen. Mietwagenfirmen bringen ihren Kunden das Auto, falls gewünscht, direkt zum Hotel.

Adobe (☎2667-0608, in USA 866-767-8651; www.adobecar.com; ⌚8–17 Uhr) ist eine der günstigsten Autovermietungen in Costa Rica. Der Abgabepunkt für das Auto ist neben dem Hotel Liberia (S. 249).

BUS

Die Busse verkehren vom **Terminal Liberia** (Av 7 zw. Calle 12 & 14) und dem **Terminal Pulmitan** (Av 5 zw. Calle 10 & 12). Während der Zeit unserer Recherche verhandelte Pulmitan gerade über den Kauf einiger kleinerer ländlicher Strecken.

Wenn man nach Puntarenas möchte, ist es schneller, den Bus Richtung San José zu nehmen und wenn der gewünschte Zielort erreicht ist, einfach auszusteigen.

FLUGZEUG

12 km westlich von Liberia liegt der **Aeropuerto Internacional Daniel Oduber Quirós** (LIR; www.liberiacostaricaairport.net), der zweite internationale Flughafen des Landes, der einen leichten Zugang zu den schönen Stränden ohne die Nerverei in San José bietet. Im Januar 2012 wurde das schicke, moderne 35 Mio. US$ teure Terminalgebäude eröffnet.

Die meisten internationalen Flüge gehen in die USA und nach Kanada, dazu kommen einige regionale Flüge mit Copa Air (nach Panama) und Taca (nach Guatemala). Die inländischen Flüge haben hauptsächlich San José als Ziel.

Am Flughafen befinden sich in der Nähe des Ausgangs mehrere Schalter von Autovermietungen für alle, die noch kein Auto im Voraus reserviert haben.

Ein Taxi von Liberia zum Flughafen kostet etwa 25 US$. Man kann auch mit dem Bus ab dem Mercado Municipal fahren (1 US$, 30 Min., stündl.); die Busse verkehren zwischen 5.30 und 18.30 Uhr, allerdings nur von Montag bis Freitag.

NatureAir (☎ Aeropuerto Internacional Daniel Oduber Quirós 2668-1106, Reservierungen 2299-6000; www.natureair.com; ⌚ 6–17 Uhr) Direktflüge von Liberia nach San José, Tamarindo und Nosara sowie Verbindungen in andere Orte mit Umsteigen in San José.

Sansa (☎ Aeropuerto Internacional Daniel Oduber Quirós 2668-1017, Reservierungen 2290-4100; www.flysansa.com) Fliegt ab Liberia nach San José, Tambor, Tamarindo und Costas Esmeraldas (Nicaragua).

Parque Nacional Rincón de la Vieja

Trotz der Nähe zu Liberia – eigentlich ist es nur ein recht holpriger Katzensprung – ist dieser 141 km² große **Nationalpark** (☎ 2661-8139; ⌚ Di–So 8–15 Uhr) erfreulich wenig überlaufen und abgeschieden. Der Name („Eckchen der alten Dame") stammt von der rauchenden Hauptattraktion, dem aktiven Volcán Rincón de la Vieja (1895 m). Im Park befinden sich noch mehrere andere Vulkangipfel, den höchsten bildet der Volcán Santa María (1916 m). Der Park generiert geothermische Energie; hier blubbern Fumarolen in allen Farben, es gibt heiße Quellen und dampfende, aufgeblähte Schlammtöpfe sowie einen jungen temperamentvollen *volcancito* (kleinen Vulkan). Sie können alle auf gut gepflegten (aber oft sehr steilen) Wegen zu Fuß besichtigt werden. Bei der Planung bitte beachten: Der Sektor Las Pailas ist montags geschlossen.

Aktivitäten

Wandern

Von der Rangerstation Santa María (S. 257) führen 12 km Wanderwege auch an den heißen Quellen vorbei. Seit den Vulkanausbrüchen 2012 ist der Weg auf den Gipfel des Rincón de la Vieja für Besucher gesperrt.

Catarata La Cangreja WANDERN

Eine vierstündige 5,1 km (in jeder Richtung) lange Wanderung führt zur Catarata La Cangreja. Hier donnert ein Wasserfall 50 m tief über eine Klippe in einen kleinen Teich, in dem man schwimmen kann. Der Weg windet sich durch den Wald, vorbei an riesigen Würgefeigen, und dann weiter in die offene Savanne mit Yucca-Palmen an den Vulkanhängen. Von hier erstreckt sich der Blick bis zu den Feuchtgebieten von Palo Verde und weiter zum Pazifik.

Sendero Las Pailas WANDERN

Der Rundweg Sendero Las Pailas – mit einer Gesamtlänge von etwa 3 km – führt östlich an der Rangerstation Las Pailas (S. 257) an blubbernden Schlammlöchern *(las pailas)*, schwefeligen Fumarolen und einem *volcancito* (kleinen Vulkan) vorbei. Dies ist der beliebteste (und zugleich am meisten frequentierte) Bereich des Parks, denn der einfache Weg bietet sehr viel Sehenswertes. Der Plan, diesen Weg zu asphaltieren, muss noch realisiert werden, aber der Weg ist der einfachste und flachste im Park.

Thermalquellen

Es gibt keine bessere Gelegenheit, sich von einer strapaziösen Wanderung zu erholen als ein Bad in einer Thermalquelle. Viele der Quellen sollen eine therapeutische Wirkung haben – nach zu viel *guaro cacique* (Zuckerrohrschnaps) ist ein Bad auf jeden Fall eine gute Sache.

Im Sektor Santa María führt ein Weg 2,8 km westlich durch den „Zauberwald" und vorbei an der hübschen **Catarata Bosque Encantado** (Zauberwald-Wasserfall) zu heißen Schwefelquellen. Besucher sollten sich auf keinen Fall länger als eine halbe Stunde darin aufhalten (manche sagen sogar deutlich kürzer) und anschließend unbedingt in den 2 km entfernten kalten Quellen abkühlen. Wer echte, vom Vulkan geschaffene, Thermalbäder sucht, der ist hier richtig: Natürlicher kann man gar nicht baden.

Am Rand des Parks liegen mehrere private Einrichtungen, die auch Thermalbäder mit unterschiedlichen Temperaturen anbieten; zu ihnen gelangt man ohne eine Wanderung. Viele Veranstalter und Hotels bieten von Liberia aus Touren hierher an.

Hot Springs Río Negro THERMALQUELLEN

(☎ 2690-2900; www.guachipelin.com; pro Pers. 20 US$; ⌚ 9–17 Uhr) Dieser magische Ort in den Trockenwäldern am Río Negro wird von der Hacienda Guachipelín (S. 257) verwaltet. Die zehn natürlichen Steinbecken mit heißen Quellen sind über einen schönen Waldweg zu erreichen, Hängebrücken führen zu Becken auf beiden Seiten des tosenden Flusses. Die Temperaturen in den Pools liegen zwischen 28 und 53 Grad.

Etwa 1 km von der Rangerstation Las Pailas (S. 257) biegt man Richtung Rincon de la Vieja Lodge (S. 256) und Sektor Santa María ab; die Thermalquellen liegen auf der rechten Seite.

Simbiosis Spa SPA

(☎ 2666-8075; www.guachipelin.com; Pool 15 US$, 50-min. Behandlung 60–75 US$; ⏲ 9–17 Uhr) Nur einen kurzen Abstecher vom Parkeingang entfernt liegt dieses Spa, das die vulkanischen Aktivitäten auf dem eigenen Grundstück nutzt. Gäste können die kochenden Schlammtöpfe sehen, aus denen der Schlamm für ihr Schlammbad stammt, und gelegentlich zeigt ein Geysir seine Künste. Es gibt nur vier Becken (zwei mit warmem Wasser, zwei mit kaltem Wasser), aber dafür werden hier verschiedene Massagen angeboten.

Geführte Touren

Die Unterkünfte in dieser Region bieten etliche Touren an, darunter Ausritte, Mountainbike-Touren, geführte Wanderungen zu Wasserfällen und heißen Quellen, Abseilen, Rafting und Tubing auf dem weniger bekannten Río Colorado sowie die beliebteste Geldverschwendung: Baumkronentouren. Touren werden angeboten von Borinquen Mountain Resort, Buena Vista Lodge, Canyon de la Vieja Adventure Lodge und Hacienda Guachipelín. Auch der Transport ab Liberia kann, falls nötig, arrangiert werden.

Canyon de la Vieja Adventure Lodge SPA, ABENTEUERTOUR

(☎ 2665-5912; www.canondelavieja.com; Spa 15 US$, Touren 40–50 US$; ⏲ 8–16 Uhr) Die weitläufige Lodge am Ufer des kristallblauen Río Colorado bietet ein Spa mit vielen Anwendungen, warmen und kalten Becken, Schlammbädern, Massagen und anderen Behandlungen. Die Strömung des Flusses ist stark, aber die Badestelle bietet eine perfekte Abkühlung an heißen Tagen (leider gibt es nicht viel Schatten). Die Lodge bietet auch Ausritte, Tubing, Raften und Baumkronentouren an.

Die Lodge befindet sich 8 km nördlich von Liberia. Übernachtungen sind möglich (EZ/DZ inkl. Frühstück 80/100 US$).

Schlafen & Essen

In der Nähe des Parkeingangs zu Las Pailas befindet sich ein rustikales Café, in dem ein Sandwich oder eine Flasche Wasser erhältlich sind. Man bringt also besser alles für ein Picknick mit (und vor allem jede Menge Wasser). Davon abgesehen kann man fast nur in den Hotels essen. In Curubandé gibt es einige *sodas*, falls einem mal der Sinn nach einer Abwechslung steht.

El Sol Verde CAMPINGPLATZ $

(☎ 2665-5357; www.elsolverde.com; Stellplatz 10 US$, Zelthäuser 29 US$, DZ/4BZ 52/71 US$; P 📶) Das muntere deutsche Pärchen vermietet drei Zimmer mit gefliestem Boden und holzverkleideten Wänden. Alternativ dazu gibt es Übernachtungsmöglichkeiten

FLORA & FAUNA IM RINCÓN DE LA VIEJA

Der Park wurde 1973 zum Schutz einer wichtigen Wasserscheide errichtet, aus der 32 Flüsse und Bäche entspringen. Die relative Abgeschiedenheit bedeutet, dass Wildtiere, die anderswo selten sind, hier zahlreich auftreten – und der Hauptkrater bildet dazu die spektakuläre Kulisse. Seit Ende der 1960er-Jahre kam es mehrfach zu vulkanischen Aktivitäten; der jüngste Ausbruch von Dampf und Asche erfolgte 2012. Zurzeit ist der Vulkan jedoch nur mäßig aktiv und stellt für die Parkbesucher keine unmittelbare Gefahr dar. Aktuelle Informationen erhält man vor Ort, denn Vulkane sind unberechenbar. Allerdings ist der Krater selbst gesperrt, denn seit dem Ausbruch von 2012 ist er nicht mehr sicher.

Die Höhenlage des Parks beträgt zwischen unter 600 und 1916 m. Besucher durchqueren also beim Aufstieg zu den Vulkanen verschiedene Biotope, auch wenn die meisten Bäume hier typisch für den trockenen Regenwald in Guanacaste sind. Der Park ist jedoch das größte Verbreitungsgebiet der costa-ricanischen Nationalblume, der immer seltener werdenden tiefrosafarbenen Orchidee *Cattleya skinneri*, die hier *guaria morada* genannt wird.

CURUBANDA & DER VULKAN

Nach einer traditionellen Erzählung der Ureinwohner Costa Ricas verliebte sich die Prinzessin Curubanda in Mixcoac, den Häuptling eines feindlichen Stammes. Als ihr Vater Curubande (man achte auf die Namensähnlichkeit!) von dieser costa-ricanischen Romeo-und-Julia-Geschichte erfuhr, warf er seinen zukünftigen Schwiegersohn in den Vulkan. Kurz darauf gebar Curubanda einen Sohn. Damit er seinem Vater nahe sein konnte, warf sie ihn in den Vulkan. Anscheinend halten die Griechen kein Monopol auf Familientragödien.

Den Rest ihres Lebens verbrachte die unglückliche Curubanda im Schatten des Vulkans und wurde zu einer mächtigen *curandera* (Hexe). Sie studierte die Geheimnisse der Naturmedizin und viele Einheimische suchten sie wegen ihrer heilenden Kräfte auf. So entstand der geflügelte Satz „Ich gehe zu *la vieja* (der alten Frau)". Und so heißt der Vulkan noch heute.

im Campingbereich, wo einige möblierte Zelthäuser, eine Gemeinschaftsküche, solarbeheizte Duschen und viel Platz für das eigene Zelt geboten werden. Die mit Wandbildern geschmückte Terrasse ist ideal zum Entspannen. Die Unterkunft befindet sich in Curubandé. In der unmittelbaren Nachbarschaft kann man wandern, baden und Tiere beobachten.

Casa Rural Aroma de Campo HOTEL **$$**
(☎2665-0008, reservations 7010-5776; www.aromadecampo.com; EZ/DZ/3BZ/4BZ inkl. Frühstück 58/81/110/128 US$, Bungalow inkl. Frühstück 116 US$; P) Nahe der Ortschaft Curubandé liegt diese stille Oase mit Hängematten zwischen den überwucherten Bäumen. Die sechs Zimmer haben polierte Holzböden, offene Bäder, farbenfrohe Bilder, Moskitonetze und ein elegantes ländliches Flair. Auf dem Gelände verteilt befinden sich noch sechs Fertigbungalows in bunten Farben, die durch die Glaswände den Gästen das Gefühl vermitteln, direkt im Wald zu wohnen. Im Innenhof werden köstliche familiäre Mahlzeiten serviert. Achtung: Der zahme Papagei ist schon sehr früh munter.

Buena Vista Lodge LODGE **$$**
(☎2690-1414; www.buenavistalodgecr.com; DZ inkl. Frühstück 70–100 US$; P) Die weitläufige Anlage, die teils Viehranch, teils Abenteuerlodge ist, erstreckt sich über 809 ha Land im westlichen Sektor des Parks. Auf dem Gelände befinden sich drei Wasserfälle, Thermalbecken, eine Baumkronentour, Hängebrücken und eine aufregende 400 m lange Wasserrutsche den Berg hinunter. Die Gäste haben die Wahl zwischen rustikalen Zimmern mit viel Holz und Holzhütten mit mehr Privatsphäre und fantastischer Aussicht. Die Lodge versorgt in großem Stil Pauschaltouristen.

Zugang ist über den Ort Cañas Dulces. Das Resort praktiziert Nachhaltigkeit, kompostiert Abfälle, bietet Unterricht zu Umweltschutz an und verwendet Methangas zum Kochen und für die Wäschetrockner.

Rinconcito Lodge LODGE **$$**
(☎2666-2764, 2200-0074; www.rinconcitolodge.com; San Jorge; Lodge EZ/DZ 34/47 US$, Standard EZ/DZ 52/74 US$, Superior DZ 78 US$; P) Nur 3 km vom Sektor Santa María entfernt, liegt in einer landschaftlich wunderschönen Umgebung diese preisgünstige Unterkunft mit attraktiven, rustikalen Hütten. Die billigeren Zimmer sind klein, aber absolut sauber und frisch. Die Lodge bietet auch Ausritte und Gleitseiltouren an. Sie befindet sich in San Jorge an der Route 918 nahe El Tanque.

Rincón de la Vieja Lodge LODGE **$$**
(☎2200-0238; EZ/DZ inkl. Frühstück ab 60/70 US$; P@) Die Hacienda befindet sich auf 400 ha Schutzgebiet in einem windigen Landstrich mit Pferden und liegt dem Eingang von Las Pailas am nächsten. Neben den 49 rustikalen Zimmern stehen auch ein kleiner Teich, ein familiäres **Restaurant** und eine Baumkronentour zur Verfügung. Die Mitarbeiter sind sehr freundlich.

Rancho Curubandé Lodge LODGE **$$**
(☎2665-0375; www.rancho-curubande.com; EZ/DZ/3BZ inkl. Frühstück 62/74/85 US$; P) Die angenehme, familiengeführte Lodge liegt auf einer bewirtschafteten *finca*. Leopauldina bietet 16 blitzblanke einfache Zimmer mit Deckenbalken und einer großen Gemeinschaftsterrasse mit schönen schmiedeeisernen Leuchtern. Die Lodge befindet sich

an der Straße nach Las Pailas, etwa 600 m von der Interamericana entfernt.

Borinquen Mountain Resort & Spa RESORT $$$
(☎2690-1900; www.borinquenresort.com; DZ inkl. Frühstück 220–365 US$; P❄📶🏊) Das luxuriöseste Resort der Gegend befindet sich an der Westseite des Parks. Es bietet hübsch eingerichtete Bungalows mit privaten Terrassen und atemberaubendem Blick auf die Berge. Die heißen Quellen, Schlammbäder und natürlichen Saunas liegen inmitten grüner Landschaft. Eine Behandlung im eleganten **Anáhuac Spa** (9–18 Uhr) – hoch oben über dem dampfenden Dschungel – ist das Sahnehäubchen auf diesem dekadenten Schlammpudding.

Zum Resort gelangt man über den Ort Cañas Dulces. Es liegt 15 km hinter der Ortschaft an der Hauptstraße zum Parkeingang und dann sind es noch noch einmal 3 km vom Eingang zum Resort.

Natürlich werden hier auch die üblichen Abenteuertouren angeboten.

Hacienda Guachipelín HOTEL $$$
(☎2666-8075; www.guachipelin.com; EZ/DZ/3BZ/4BZ inkl. Frühstück 84/102/132/152 US$; P❄📶🏊) Diese ansprechende, bewirtschaftete Viehranch aus dem 19. Jh. befindet sich inmitten von 12 km² Primär- und Sekundärwald. Die 54 Zimmer sind geräumig und komfortabel und haben traditionelle Holzmöbel sowie große, einladende Terrassen. Alle Zimmer bieten einen tollen Blick auf den Vulkan und in die Umgebung. Sehr nett ist auch das Begrüßungsgetränk beim Einchecken. Die Hacienda liegt 10 km vom Parkeingang entfernt.

Allerdings sorgt das „Abenteuerzentrum" auf dem Gelände, das für Pauschalreisende organisierte Ausritte, Baumkronentouren vor Ort und geführte Wanderungen im Nationalpark anbietet, für eine sehr touristische Atmosphäre.

ℹ Praktische Informationen

An beiden Haupteingängen des Parks befindet sich jeweils eine Rangerstation, hier können sich die Besucher eintragen, bezahlen und bekommen kostenlose Karten. Die meisten Besucher betreten den Park an der Westflanke bei der **Rangerstation Las Pailas** (☎2666-5051; www.acguanacaste.ac.cr; Erw./Kind 6–12 J./Kind unter 5 J. 15/5 US$/frei; ⌚Di–So 8–16 Uhr, letzter Eintritt 15 Uhr); hier beginnen auch die meisten Wanderwege. Im Osten liegt die **Rangerstation Santa María** (☎2666-5051; www.acguanacaste.ac.cr; Erw./Kind 6–12 J/ Kinder unter 5 J. 15/5 US$/frei; ⌚7–16 Uhr, letzter Einlass 15 Uhr). Sie ist Teil der Hacienda Santa María, einem *rancho* aus dem 19. Jh., der einst dem US Präsidenten Lyndon B. Johnson gehört haben soll. Hier ist der Zugang zu den Schwefelquellen.

ℹ An- & Weiterreise

Der Las-Pailas-Sektor im Nationalpark ist über eine 20 km lange gute Schotterstraße erreichbar, die von der Interamericana rund 5 km nördlich von Liberia abzweigt (ist ausgeschildert). Der erste Teil der Strecke bis hinter Curubandé ist befestigt. Wer nicht in der Hacienda Guachipelín wohnt, muss für die Benutzung ihrer Privatstraße, die bis zum Parkeingang führt, eine Gebühr von 1,50 US$ pro Person bezahlen.

Zur Rangerstation Santa María im Osten führt eine holprige Schotterstraße, die im Barrio La Victoria in Liberia beginnt. Man fährt auf der Avenida 11 Richtung Osten um das Stadion herum und dann weiter Richtung Norden auf der Ruta 918. Nach etwa 20 km ist der Parkeingang erreicht.

Beide Straßen sind während der Trockenzeit für normale Autos befahrbar, in der Regenzeit schaffen nur noch Allradfahrzeuge die Strecke. Allradfahrzeuge sind aber generell von Vorteil. Wer zwischen den Sektoren wechseln möchte, muss nicht den Umweg über Liberia nehmen. Einen Kilometer vom Parkeingang Las Pailas biegt eine Straße ab, die zur Rincón de la Vieja Lodge, den heißen Quellen (S. 256) am Río Negro und dem Sektor Santa María führt.

Es gibt keine öffentlichen Busse zu den Parkeingängen, aber dreimal täglich verkehrt ein Transbasa-Route-523-Bus von Liberia nach Curubandé und zurück (2 US$, 35 Min., 6.40, 12, 17 Uhr). Jedes Hotel in Liberia arrangiert für ca. 20 US$ pro Person den Transport zum Park. Alternativ kann man auch ein Geländewagen-Taxi von Liberia nach Las Pailas für etwa 40 US$ oder nach Santa Maria für 65 US$ (einfache Fahrt) mieten.

Die Straße nach Cañas Dulces und weiter Richtung Buena Vista Lodge (s. links) und Borinquen Mountain Resort & Spa (s. links) ist gut beschildert und kreuzt etwa 11,5 km nördlich von Liberia die Interamericana. Allerdings gibt es von dieser Seite keinen Zugang zum Park; man muss zurück zur Interamericana und zum Eingang bei Las Pailas.

Sektor Santa Rosa

Der **Sektor Santa Rosa** (☎2666-5051; www.acguanacaste.ac.cr; Erw./Kind 15/5 US$, zusätzl. Gebühr für Surfen oder Schnorcheln 12 US$; ⌚8–16 Uhr) wurde 1971 zum Nationalpark und ist jetzt ein Teil der viel größeren Area de Conservación Guanacaste (ACG). Die riesige Schutzzone wurde eingerichtet, um den größten noch erhaltenen Bestand an tropischem Trockenwald in Mittelamerika zu schützen. Mit seinen ursprünglichen Akazienbäumen und dem hohen Jaragua-Gras erinnert der Park auf den ersten Blick an die afrikanische Savanne, bei genauerer Beobachtung entdeckt man jedoch mehr amerikanische Pflanzen, dazu gehören auch Kakteen und Bromelien.

Neben der beeindruckenden Trockenlandschaft bietet Santa Rosa allerdings auch legendäre Wellen zum Surfen, wichtige Brutplätze für mehrere Arten von Meeresschildkröten und einen Schauplatz von geschichtlicher Bedeutung. Der schwierige Zugang bewirkt, dass der größte Teil des Sektor Santa Rosa relativ leer ist, allerdings kann es an den Wochenenden während der Trockenzeit durchaus belebt sein, wenn die Costa-Ricaner hierher strömen und ihrer nationalen Geschichte nachspüren.

Sehenswertes

Santa Rosa war der Schauplatz von bahnbrechenden Schlachten in drei unterschiedlichen Epochen und gehört zu den wichtigsten historischen Wahrzeichen des Landes. Ein Museum und ein Denkmal erinnern an die Geschichte. In Santa Rosa befindet sich auch ein bedeutender Nistplatz der Oliv-Bastard-Schildkröte und es gibt eine legendäre Brandung zum Surfen.

Monument de los Heroes

AUSSICHTSPUNKT, DENKMAL

(im Parkeintritt eingeschl.) Wer die Treppen hinter La Casona hinaufsteigt, kommt zu einem Aussichtspunkt mit einer atemberaubenden Sicht auf drei Vulkane. Das Denkmal wurde errichtet, um an die tapferen Männer zu erinnern, die hier in zwei wichtigen Schlachten gekämpft haben – der Sieg über William Walkers *filibusteros* 1856 und die Niederschlagung der nicaraguanischen Invasion im Jahr 1919.

Playa Nancite

STRAND

Playa Nancite ist ein bedeutender Nistplatz der Oliv-Bastard-Schildkröte. Die Art ist bekannt wegen ihrer *arribada* (Massenankunft) – Hunderte (oder sogar Tausende) von Schildkröten gehen an Land, um ihre Eier abzulegen. Das Ereignis findet zwischen August und Dezember einmal im Monat (normalerweise bei Neumond) statt. Nancite ist streng geschützt; zurzeit unserer Recherche durften keine Touristen das Gebiet betreten.

ABSTECHER

SEKTOR MURCIÉLAGO

Der Sektor Murciélago (Fledermaussektor) umfasst die wilde Nordküste der Península Santa Elena und hier finden Besucher den einsamen weißen Sandstrand der **Playa Blanca** und den Beginn der Wanderung zum Wasserloch **Poza el General**, das über das ganze Jahr Vögel und andere Tiere anlockt.

Vom Sektor Santa Rosa gibt es keinen Zugang zum Sektor Murciélago: Wer in den nördlichen Teil des Sektor Murciélago möchte, biegt von der Interamericana in der Nähe des Polizeikontrollpunkts ab, der sich 10 km nördlich von Santa Rosa befindet. Nach 8 km hält man sich im Ort Cuajiniquil links. Weiter geht es 9 km lang auf einer Schotterpiste, dabei kommt man an historischen Orten vorbei wie der ehemaligen Hazienda des verstorbenen nicaraguanischen Diktators Anastasio Somoza (heute ist hier ein Trainingscamp für die costa-ricanische Polizei) und der Landepiste, die von Lieutenant Colonel Oliver North genutzt wurde, um in den 1980er-Jahren ganz „geheim" die nicaraguanischen Contras mit Waren zu versorgen. Es geht immer geradeaus bis zu einem Fluss, dann hinter dem Fluss rechts abbiegen und weiter geradeaus über zwei weitere Flüsse. Schließlich erreicht man die Ortschaft Murciélago und den Parkeingang.

Um zu den abgelegenen Buchten und Stränden von El Hachal (5 km), Bahía Santa Elena (8 km) und Bahía Playa Blanca (17 km) zu gelangen, muss man auf der Schotterpiste bleiben. Ein Fahrzeug mit Allradantrieb ist unbedingt erforderlich und während der Regenzeit kann die Straße sogar unpassierbar sein. Übrigens, eine Beschilderung gibt es nicht. Also viel Spaß!

Der Sektor Ollie's Point, der zum Scherz nach Oliver North benannt wurde, ist eines der besten Surfreviere des Landes; man erreicht ihn mit dem Boot von Tamarindo aus.

SANTA ROSA IN DER GESCHICHTE

Dieser Abschnitt der Küste ist bei den Costa Ricanern als nationales Bollwerk berühmt. Dreimal gab es bisher eine Invasion in Costa Rica und jedes Mal hat der Feind in Santa Rosa kapituliert.

Das berühmteste Ereignis ist die Schlacht von Santa Rosa, die am 20. März 1856 stattfand: Damals marschierte William Walker in Costa Rica ein. Walker war der Anführer der Filibuster, einer Gruppe ausländischer Piraten und Abenteurer, die bereits Baja und den Südwesten Nicaraguas eingenommen hatten und dabei waren, ganz Mittelamerika unter ihre Kontrolle zu bringen. Costa Ricas Präsident Juan Rafael Mora Porras sammelte daraufhin einen bunt gewürfelten Haufen von Kämpfern um sich, die Walkers Armee im Hauptgebäude der alten Hacienda Santa Rosa umzingelten. Die Schlacht war nach nur 14 Minuten vorüber und Walker damit für alle Zeiten von costa-ricanischem Boden vertrieben.

Im 20. Jh. war Santa Rosa auch Schauplatz von Kämpfen zwischen costa-ricanischen Truppen und eindringenden Soldaten aus Nicaragua. Die erste Schlacht im Jahr 1919 war ein halbwegs ehrenhafter Versuch, den costa-ricanischen Diktator General Federico Tinoco zu stürzen. Die zweite hingegen, im Jahr 1955, war ein fehlgeschlagener Putsch des nicaraguanischen Diktators Anastasio Somoza. Somozas verlassener Panzer liegt noch heute in einem Graben neben der Straße unweit des Parkeingangs.

Die Militärgeschichte dieses Gebiets endete jedoch nicht mit Somoza. In den 1980er-Jahren verkaufte der US-amerikanische Oberstleutnant der Marine Oliver North illegal Waffen an den Iran und unterstützte mit dem Gewinn während des Krieges zwischen Sandinistas und Contras die nicaraguanischen Contras. Die Truppen waren direkt nördlich von Santa Rosa in Playa Potrero Grande stationiert (übrigens in der Nähe des berühmten Surfbreaks Ollie's Point).

La Casona MUSEUM, HISTORISCHES GEBÄUDE
(☎2666-5051; www.acguanacaste.ac.cr/1997/ecodesarrollo/ecoturismo/museosantarosaing.html; im Parkeintritt enthalten; ⌚8–11.30 & 13–16 Uhr) La Casona ist das Hauptgebäude der alten Hacienda Santa Rosa. Rund um das Gebäude fand die Schlacht von 1856 statt. Wunderbare, zweisprachig kommentierte (Spanisch und Englisch) Schaukästen zeigen die Goldrauschroute, William Walkers Eroberungspläne und die 14-minütige Schlacht bis zur Niederlage. Außerdem sind Exponate zur Naturgeschichte der Region zu sehen. La Casona befindet sich in der Nähe des Hauptquartiers des Nationalparks (beide sind etwa 7 km vom Parkeingang entfernt).

Das Originalgebäude wurde 2001 von Wilderern, die sich auch im Krieg befanden (allerdings mit den Parkrangern) niedergebrannt. Das nachgebaute Haus besitzt jetzt Rauchmelder. Hinter dem Museum beginnen zwei Wanderwege.

Aktivitäten

Wandern

Mehrere Wanderwege beginnen in der Nähe der Parkverwaltung (7 km vom Parkeingang entfernt), dazu gehören eine leichte Wanderung zum **Mirador Valle Naranjo** mit einer spektakulären Aussicht zur Playa Naranjo.

Am Südende der Playa Naranjo beginnen zwei Wanderwege: Der **Sendero Carbonal** ist ein 5 km langer Weg landeinwärts entlang von Mangroven und der Laguna El Limbo (hier gibt es Krokodile); der **Sendero Aceituno** verläuft 13 km parallel zur Playa Naranjo und endet nahe der Flussmündung gegenüber dem Hexenfelsen.

An der Hauptstraße entlang gibt es jede Menge kürzere Wanderwege zu kleinen Wasserfällen und anderen äußerst fotogenen Naturwundern.

Surfen

Die Mehrheit der Reisenden kommt aus einem einzigen Grund hierher: der Chance, am **Hexenfelsen** (Roca Bruja) an der Playa Naranjo die fast perfekte Welle zu surfen. Der Break ist berühmt für seine schnellen, 3 m hohen Walzen (Rights); daneben gibt es auch schöne Lefts. Nahe der **Playa Portrero Grande** findet man die besten Rights Costa Ricas, hier befindet sich der legendäre Surfbreak Ollie's Point. Er bietet einen schönen langen Ritt, besonders bei Süddünung. Während der Trockenzeit kann es hier recht voll werden, aber in der Regenzeit zwischen Juli und Dezember ist man oft ganz alleine am Strand.

★ Ollie's Point SURFEN

Surfer pilgern zu diesem einsamen Strand nahe der Playa Portrero Grande, denn hier finden sie die besten Rights von ganz Costa Rica. Der berühmte Surfbreak bietet einen netten, langen Ritt, besonders bei Süddünung. Der Meeresgrund besteht hier aus einer Mischung aus Sand und Felsen und die ganzjährige Brandung ist perfekt für Tight Turns und langsame Closes.

Ollie's Point ist nur mit dem Boot ab Playas del Coco oder Tamarindo erreichbar. Oder man macht es wie Patrick und Wingnut in The *Endless Summer II* und stürzt mit dem gecharterten Flugzeug direkt am Strand ab (was natürlich nicht wirklich zu empfehlen ist). Die Nutzung von Shortboards wird empfohlen.

Playa Naranjo SURFEN

(Surfen: Gebühr 12 US$) Playa Naranjo ist ein spektakulärer Strand im südlichsten Teil des Sektor Santa Rosa (S. 257) und ein Pilgerort für Wellenreiter wegen der legendären Brandung am **Hexenfelsen** (Roca Bruja), der für seine 3 m hohen Walzen berühmt ist (nichts für Anfänger). Vorsicht vor den Felsen an der Flussmündung und vor Krokodilen, die hier während des Gezeitenwechsels reiche Nahrung finden.

Der Strand ist umwerfend schön, mit hübschen runden Kieselsteinen im Norden und steilen Landzungen im Süden. Noch weiter südlich sind die Silhouetten der Halbinseln Nicoya und Papagayo zu sehen, eine schöner als die andere.

Playa Naranjo liegt 18 km vom Parkeingang und 11 km von der Forschungsstation Santa Rosa entfernt. Die Straße von der Station zum Strand ist in einem sehr schlechten Zustand; eigentlich ist sie nur während der trockensten Monate befahrbar und selbst dann nur mit Allradantrieb. Man sollte sich vor der Fahrt über die Straßenverhältnisse erkundigen.

Es gibt einen **Campingplatz** mit einer Komposttoilette, aber kein Trinkwasser – man muss unbedingt genügend Wasser mitbringen.

Tierbeobachtungen

Tiere lassen sich in Santa Rosa in Hülle und Fülle beobachten, besonders in der Trockenzeit, wenn die Bäume ihre Blätter abwerfen und die Tiere sich rund um die verbliebenen Wasserlöcher sammeln. Über 250 Vogelarten wurden gezählt, darunter auch der lärmende Langschwanzhäher, der dank seiner langen gekringelten Haubenfedern nicht zu übersehen ist. Im Wald leben Papageien und Sittiche, Trogone und Tangare; wer Richtung Küste fährt, kann auch noch Schwärme von Seevögeln entdecken.

Zahlreiche Fledermausarten wurden ebenfalls in Santa Rosa identifiziert. Weitere Säugetiere, die sich öfter blicken lassen, sind Hirsche, Nasenbären, Pekaris, Gürteltiere, Kojoten, Waschbären, drei Affenarten und noch jede Menge mehr – insgesamt etwa 115 Arten. Von den vielen Insektenarten gar nicht zu reden, allein 4000 Nachtfalter und Schmetterlinge kommen hier vor (ein Insektenschutzmittel lohnt sich).

Zu den Reptilien zählen Echsen, Leguane, Schlangen, Krokodile und vier Meeresschildkrötenarten. Die Oliv-Bastard-Schildkröte kommt am häufigsten vor. Zehntausende von ihnen graben zwischen Juli und Dezember während der Nistzeit ihre Nester an den Stränden von Santa Rosa, besonders an der Playa Nancite (S. 258). In der Zeit zwischen August und Dezember findet ungefähr einmal im Monat eine *arribada* (Massenankunft) statt, die etwa vier Tage dauert. Besonders im September und im Oktober kann man manchmal bis zu 8000 der 40 kg schweren Schildkröten gleichzeitig am Strand beobachten. Die Playa Nancite ist streng geschützt und der Zugang ist eingeschränkt.

Schlafen

Die Unterkünfte in der Santa Rosa **Forschungsstation** (Centro de Investigación del Bosque Tropical Seco; ☎2666-5051; www.acguanacaste.ac.cr/biodesarrollo/centro-de-investigacion-y-estaciones-biologicas/centro-de-investigacion-del-bosque-tropical-seco; B 15 US$) sind normalerweise durch Gastforscher belegt. Es gibt aber in der Nähe einen schattigen, voll erschlossenen **Campingplatz** (pro Pers. 19 US$) mit Picknickbänken, Toiletten mit Spülung und Kaltwasserduschen. Die Playa Naranjo (s. links) verfügt über Komposttoiletten und Duschen, hat aber keine Trinkwasserversorgung – die Besucher müssen ihr Wasser mitbringen. Man sollte dort auch keine Einsamkeit erwarten: Alle zelten in der gleichen Sandkuhle und die wenigen Bäume schützen kaum vor Wind. Auf jeden Fall ausreichend Wasser mitbringen.

Santa Elena Lodge LODGE $$
(☎2679-1038; www.santaelenalodge.com; Cuajiniquil; EZ/DZ 55/85 US$; P ❄) Der ehemalige Fischer Manuel bietet im idyllischen Ort Cuajiniquil eine nette Unterkunft an. Das Haus mit acht Zimmern liegt günstig zu den Parks Santa Rosa und Murciélago sowie zu den nahen Stränden. Für den Umbau des alten Hauses wurde schönes Zedernholz verwendet, das für eine gute Atmosphäre sorgt. Und auch nette Kleinigkeiten wie eine Bücherbörse sorgen dafür, dass man sich wie zu Hause fühlt.

ℹ An- & Weiterreise

Der Zugang zum Sektor Santa Rosa befindet sich westlich der Interamericana, 35 km nördlich von Liberia und 45 km südlich der Grenze nach Nicaragua. Der gut ausgeschilderte Haupteingang zum Park kann mit öffentlichen Verkehrsmitteln angefahren werden: Jeder Bus zwischen Liberia und der nicaraguanischen Grenze hält auf Wunsch auch am Parkeingang. Die Ranger sind behilflich, den Bus zurück zu erwischen. Private Transportmöglichkeiten können in den Hotels in Liberia für etwa 20 bis 30 US$ pro Person (hin & zurück) vereinbart werden.

Vom Eingang sind es noch einmal 7 km bis zur Parkverwaltung, hier befinden sich auch ein Museum (S. 259) und die Campingplätze. Das Büro steht unter der Verwaltung von Area de Conservación Guanacaste (ACG).

Vom Verwaltungskomplex aus führt eine arg holprige Piste zur 12 km entfernten Playa Naranjo (S. 260). Auch in der Trockenzeit ist diese Piste nur mit Vierradantrieb zu bewältigen, und am Parkeingang müssen die Fahrer eine Einverständniserklärung unterschreiben, dass sie für alle Schäden durch die Fahrt auf dieser Piste selbst aufkommen.

Besucher sind im Park vollkommen auf sich selbst angewiesen. Das betrifft auch die Versorgung mit Trinkwasser und eventuell nötige Autoreparaturen. In der Regenzeit (Mai bis November) ist die Straße für Wanderer und Reiter geöffnet, aber nicht für Fahrzeuge. Wer zum Surfen herkommt, tut sich leichter auf dem Seeweg mit einem Boot von der Playa del Coco oder von Tamarindo aus.

Refugio Nacional de Vida Silvestre Bahía Junquillal

Direkt nördlich des Sektor Murciélago mit Blick über die Bahía Junquillal liegt das 505 ha große **Wildtierschutzgebiet** (☎2666-5051; www.acguanacaste.ac.cr; 15 US$; ⏲7–17 Uhr), das auch zur großen Area de Conservación Guanacaste (ACG) gehört.

NICHT VERSÄUMEN

LLANOS DE CORTÉS

Wer nur Zeit für einen einzigen Wasserfall in Costa Rica hat, sollte unbedingt den **Llanos de Cortés** (Eintritt gegen Spende, Parken 4 US$; ⏲8–17 Uhr; P) besuchen. Ein kurzer, steiler Pfad führt zu dem spektakulären 12 m hohen und 15 m breiten Wasserfall, dessen Getöse man schon beim Aussteigen hört. Das Wasser stürzt in einen ruhigen Teich mit einem weißen Sandstrand – perfekt zum Schwimmen und Sonnenbaden. Hinter dem Wasservorhang laden Felsen zum Entspannen ein oder man nimmt eine Dusche im lauwarmen Wasser.

Die stille Bucht und der schöne geschützte Strand ermöglichen ausgiebiges Schwimmen und Schnorcheln und sind deswegen ein beliebtes Ziel für costa-ricanische Familien an Feiertagen und Wochenenden. An klaren Tagen zeigt sich der Volcán Orosí in der Ferne.

Zwei kurze **Wanderwege** (insgesamt mit einer Länge von 1,7 km) führen die Küste entlang durch tropischen Trockenwald; der eine Weg führt zu einem Beobachtungspunkt für Seevögel, der andere zu Mangrovenwäldern. Immer wieder lassen sich Pelikane und Fregattvögel sowie Kapuzineräffchen, Nasenbären und andere Aasfresser entdecken.

In der Nähe der Rangerstation, nur wenige hundert Meter vom Parkeingang entfernt, befindet sich ein Campingplatz (pro Pers. 19 US$), der bei einheimischen Besuchern sehr beliebt ist. Jeder Stellplatz ist mit einem Ziegelgrill und Picknicktischen ausgestattet. Es gibt nur Komposttoiletten. Wer nicht zelten möchte, findet in Bahía Salinas (7 km nördlich) eine Unterkunft.

An den Wochenenden bieten in der Nähe des Strandes manchmal Händler *ceviche* (Meeresfrüchte in Zitronen- oder Limettensaft mariniert mit Knoblauch und Kräutern), gegrilltes Fleisch und kalte Getränke an. Außerdem gibt es im nahe gelegenen Ort Cuajiniquil mehrere *sodas* mit Meeresfrüchten.

Das Refugio Nacional de Vida Silvestre Bahía Junquillal wird vom ACG Hauptquartier in Santa Rosa (S. 257) verwaltet. Die Rangerstation ist in ständigem Telefon- und Funkkontakt mit Santa Rosa.

An- & Weiterreise

Wer auf der Interamericana fährt, biegt beim Polizeikontrollpunkt ab und folgt der Beschilderung etwa 8 km bis Cuajiniquil. Kurz vor Erreichen des Ortes biegt man rechts auf die asphaltierte Straße ab und fährt noch einmal 4 km bis zum Parkeingang. Kurz vor Erreichen des Zieles taucht auf einmal auf der linken Seite die wunderbare kobaltblaue Bucht wie aus dem Nichts auf.

Wer von Bahía Salinas kommt, nimmt die asphaltierte Straße, die von El Soley Richtung Süden führt. Sie führt an der Küste entlang, nach 7 km erreicht man den Park.

La Cruz

11 100 EW.(DISTRIKT)

La Cruz liegt dem Grenzübergang nach Nicaragua in Peñas Blancas am nächsten und ist der wichtigste Zugang zur Bahía Salinas, Costa Ricas Topadresse für Kitesurfer. La Cruz selbst ist ein ziemlich verschlafenes Provinznest auf einem Bergplateau mit typisch costa-ricanischem Charme und einer fantastischen Aussicht über die windgepeitschte Bucht. El Mirador oder die dazugehörige Bar sind einen Stopp wert, um sich die Beine zu vertreten und das Weltbild zu erweitern.

Sehenswertes

El Mirador Centro Turistico AUSSICHTSPUNKT

(☎2679-9058; www.facebook.com/Elmiradorlacruz; ⏲7–16 Uhr) GRATIS Wer durch La Cruz fährt, sollte unbedingt das seltsam geformte „Touristen- und Kulturzentrum" am Westrand der Stadt besuchen. Vielleicht findet gerade eine Ausstellung oder ein Konzert statt, die Hauptattraktion ist aber der atemberaubende 180-Grad-Blick über die Bahía Salinas. Die Sicht reicht bis nach Nicaragua. Das **Café** an der Rückseite eignet sich gut für eine Mittagspause; die Öffnungszeiten variieren allerdings. Das Café wird vom örtlichen Fremdenverkehrsamt betrieben.

Geführte Touren

Hacienda El Cenizaro ABENTEUER

(☎8367-1692; www.haciendaelcenizaro.com; Rte 935; Touren ab 99 US$; ⏲8–17 Uhr) Die attraktive Hazienda liegt etwas abseits der Straße nach Bahía Salinas inmitten von Weideland mit Rindern. Eine tolle Atmosphäre, um auf ein Pferd zu steigen oder auf ein Quad. Die Ausritte führen durch den tropischen Trockenwald, mit dem Quad geht es hoch auf die Berge mit einem fantastischen Ausblick. Die Wege werden gemeinsam mit dem Bike House (S. 266) betrieben.

LAS FIESTAS DE GUANACASTE

Die *Guanacastecos* lieben ihre Pferde fast ebenso sehr wie ihre Fiestas. Und wie könnten sie beide Leidenschaften besser unter einen Hut bringen als mit einem *tope* (Pferdeparade), einer Mischung aus Rodeo und Jahrmarkt mitsamt Viehauktion, Imbissbuden, Musik, Tanz, Trinken und natürlich dem Ritt auf einem Stier. Erfreulicherweise werden die Stiere in Costa Rica nie getötet, also ist die irrwitzige, helm- und sattellose, bockende Reitaktion meistens unblutig. Noch besser als das Bullenreiten wird es nach dem Abwurf des Reiters, wenn die einheimischen Säufer und jungen Machos wie üblich in den Ring springen und und den Rodeoclown spielen.

Zum Bullenreiten kommen zwar oft die meisten Zuschauer, das wichtigste Ereignis ist aber der *tope* selbst. Dabei ist auch die stelzende Gangart der Pferde der *sabaneros* (Cowboys) zu bewundern, was von Pferd und Reiter gleichermaßen Ausdauer und Geschick verlangt.

Die *topes* sind daneben eine gute Gelegenheit, den traditionellen Tanz der Region, den *punto guanacasteco* zu erleben. Die langen, sich bauschenden Röcke der Frauen sollen einem traditionellen handbemalten Ochsenkarrenrad gleichen. Der Tanz war traditionell ein Liebeswerben und er wird häufig von jungen Männern mit Reimen unterbrochen, um mit den Versen die Liebste zu gewinnen. Tanz und Begleitmusik sind schnell und leidenschaftlich und vermitteln viel Spaß.

Topes finden meistens an den hiesigen gesetzlichen Feiertagen statt, doch mit Sicherheit werden große Feiern auch während der Semana Santa (Karwoche), der Woche zwischen Weihnachten und Neujahr und am 25. Juli, dem Jahrestag der Annexion Guanacastes durch Costa Rica, veranstaltet.

ÜBER DIE GRENZE NACH NICARAGUA

Wer bei Peñas Blancas über die Grenze nach Nicaragua will, kann dabei ganz unterschiedliche Erfahrungen machen: Manchmal dauert es nur eine halbe Stunde oder sogar weniger, an anderen Tagen dagegen mehrere Stunden. Hier ist alles Wissenswerte:

- Peñas Blancas ist ein viel befahrener Grenzübergang (geöffnet von 6–24 Uhr), der zu Spitzenzeiten viel Stress bedeuten kann. Kurz vor der Sperrstunde und an den Tagen vor wichtigen Feiertagen sollte man den Grenzübergang meiden.
- Der Reisepass sollte noch mindestens sechs Monate Gültigkeit besitzen. Wenn die Gültigkeit des Passes ausläuft, wird die Einreise nach Nicaragua verweigert.
- Die Autovermietungen in Costa Rica erlauben in ihren Verträgen keine Grenzübertritte. Autos können auf den bewachten Parkplätzen abgestellt werden (dafür muss man natürlich wieder zurückkommen). Auf keinen Fall Wertgegenstände im Auto lassen.
- Costa Rica verlangt eine Ausreisegebühr von 7 US$, die mit Kredit- oder Scheckkarte bezahlt werden muss.
- Die Distanz zwischen den beiden Grenzposten beträgt 1 km. Wer mit einem internationalen Bus (TicaBus) reist, wird die Strecke gefahren; alle anderen müssen zu Fuß gehen. Horden von zumeist nutzlosen Schleppern bieten Grenzgängern an, sie über die einfache Grenze zu „führen" – wer möchte, kann sie das Gepäck tragen lassen, sollte aber vorher einen Preis ausmachen.
- Wer nach Nicaragua ein- oder ausreist, muss eine Gebühr von 12 US$ (bar in US$) bezahlen. Eine weitere Gebühr von 2 US$ wird beim Betreten des nicaraguanischen Bezirks Rivas erhoben.
- Manchmal muss man bei der Einreise einen Beweis für die Ausreise vorlegen, z. B. den Rückfahrschein für den Bus oder eine Flugreservierung.
- An der Grenze gibt es keine Banken, aber dafür jede Menge Geldwechsler. Die Wechselkurse sind auf jeden Fall ungünstig.
- In Sapoá, dem nicaraguanischen Gegenstück von Peñas Blancas, gibt es einen bekannten Duty-free Shop. Vom Einkaufen kann man sich auf der 45-minütigen Busfahrt nach Rivas (Abfahrt etwa alle 45 Min.) erholen. Rivas ist ein ruhiger Verkehrsknotenpunkt, dessen gut erhaltene Innenstadt aus dem 17. Jh. einen Besuch wert ist. Wer gut verhandeln kann (und man muss wirklich hart verhandeln), kann sich auf der nicaraguanischen Seite auch mit dem Taxi bis nach Rivas (30 US$) fahren lassen.

Die Ranch befindet sich etwa 3,5 km unterhalb des Mirador Centro Turistico an der Ruta 935.

Spider Monkey Canopy Tour ABENTEUER
(☎8357-4983, 8316-9824; spidermonkeytours@hotmail.com; Tour 45 US$; ⏲8–16 Uhr) Die obligatorische Baumkronentour mit elf Seilen und einer Tarzanschaukel befindet sich an der Straße nach Bahía Salinas. Hier gewinnt man eine neue Perspektive auf den tropischen Trockenwald! Falls kein Mitarbeiter in Sicht ist, hilft das Restaurant Hacienda Quebrada de Agua, ein Stück bergab an der Straße, weiter.

Schlafen & Essen

Wer eine besondere Atmosphäre beim Essen genießen möchte, sollte zum Mirador Centro Turistico fahren – hier wird das Mittagessen mit Aussicht über die in allen Farben schimmernde Bahía Salinas serviert (allerdings sind die Öffnungszeiten nicht zuverlässig). Ansonsten gibt es eine Handvoll unübersehbarer Imbisse an der Interamericana. Besser für ein entspanntes Essen sind die Angebote in Bahia Salinas.

Hotel La Mirada HOTEL $
(☎2679-9702; www.hotellamirada.com; Av 1; DZ 45–65 US$; P❄📶) Das ist das schickste Hotel der Stadt. Dieses familiengeführte Haus ist liebevoll gepflegt, die geräumigen und sauberen Zimmer haben hohe Decken und loftartige Betten. Die größten Zimmer bieten Kochecken und Klimaanlage. Allerdings gibt es trotz des Namens keine schöne Aussicht. Das Hotel liegt fast direkt an der

Interamericana, 100 m nördlich und östlich der Banco Nacional de Costa Rica.

Hotel Amalia Inn GASTHAUS $
(☎ 2679-9618; Calle Central nahe Av 2; EZ/DZ mit Deckenventilator 25/35 US$, EZ/DZ mit Klimaanlage 40/50 US$; P ❄ 📶 ≋) Das gelbe Stuckhaus auf einem Felsen ist kein schlechter Ort, um eine Nacht zu verbringen. Die acht gemütlichen Zimmer sind recht zufällig möbliert und haben hübsche Ziegelböden und Holzdecken. An den Wänden des labyrinthartigen Hauses hängen moderne Gemälde von Amalias verstorbenem Mann Lester Bounds. Die Gemeinschaftsterrassen bieten eine tolle Sicht auf die Bucht.

Amalias Enkeltochter Elka führt inzwischen das Haus; auch wenn sie keine Mahlzeiten anbietet, sorgt sie dafür, dass sich ihre Gäste wie zu Hause fühlen. Wer nicht extra für eine Klimaanlage zahlen möchte, findet im Zimmer einen großen Deckenventilator.

Hotel Casa del Viento HOTEL $$
(☎ 2679-8060; Zi. 30–95 US$; P 📶 ≋) Das Haus mit dem hübschen Pool mit Mosaikfußboden (und inzwischen einem Filter!) und dem luftigen **Restaurant** auf dem Hügel in der Stadt bietet sich für ein Bier am Abend an. Die Zimmer mit Deckenventilator sind etwas voll und recht sauber; die Zimmer im Obergeschoss sind heller und haben eine tolle Aussicht. Es gibt eine neue Gemeinschaftsküche und nach hinten eine Plattform, von der aus man Affen beobachten kann.

Das Hotel befindet sich gegenüber vom Mirador Centro Turistico.

Ausgehen & Unterhaltung

Mirador Punta Descartes COCKTAILBAR
(☎ 2679-9015; www.lacruzhotel.com; Calle Central nahe Av Central; ⏲ 11–23 Uhr) Hierher kommt man nicht wegen des Essens, sondern um in einem Sessel die spektakuläre Aussicht über die Bucht bei einem Drink zu genießen. Egal, ob man sich einen blutroten Sonnenuntergang oder ein beeindruckendes Gewitter ansieht, ein Besuch ist immer ein besonderes Erlebnis – besonders mit einem Tequila Sunrise (oder Sunset?) in der Hand.

ℹ Praktische Informationen

Beim Geldwechsel in der Stadt ist der Wechselkurs besser als an der Grenze.

Banco Nacional (☎ 2212-2000; ⏲ Mo–Fr 8.30–15.45 Uhr) An der Kreuzung zur kurzen Straße in der Stadtmitte.

Banco Popular (☎ 2681-4600; ⏲ Mo–Fr 8.45–16.30, Sa 8.15–11.30 Uhr) Im Stadtzentrum, direkt südlich der katholischen Kirche.

Cruz Roja (☎ 2528-0177, Notfälle 2679-9146; ⏲ Büro Mo–Fr 7.30–17 Uhr, Notfälle 24 Std.) Kleines Krankenhaus nördlich des Stadtzentrums Richtung Grenze.

ℹ An- & Weiterreise

Der Busbahnhof befindet sich direkt nördlich der Straße nach Bahía Salinas am Westrand der Stadt in der Nähe des Hotels Casa del Viento (s. links). **Transportes Deldú Schalter** (☎ 2223-7011; www.facebook.com/transportedeldu; Rte 935; ⏲ 7.30–12.30 & 13.30–18 Uhr) an der Straße zum Busbahnhof verkauft Fahrkarten und bewahrt Gepäck auf. Die Busse von Transportes Deldú fahren nur bis zur nicaraguanischen Grenze in Peñas Blancas; wer mit einem TransNica-Bus bis nach Managua fahren möchte, muss an der Interamericana einen Bus durch Handzeichen anhalten.

Ab La Cruz gibt es folgende Verbindungen:

Peñas Blancas 1 US$, 45 Min., 10 Abfahrten tgl., fast stündl. zwischen 5 und 17.30 Uhr.

Playa Jobo 2 US$, 30 Min., 4 Abfahrten tgl. zwischen 8.30 und 17.30 Uhr ab dem Busbahnhof.

San José via Liberia 7 US$, 5 Std., Abfahrt stündl. zwischen 5 und 19 Uhr.

Bahía Salinas

Willkommen im Kitesurfer-Mekka Costa Ricas, wo waghalsige Kitesurfer unter prachtvollen Regenbogen dahinfliegen, die sich über die weite, tiefe Bucht bis nach Nicaragua erstrecken. Die reine Naturlandschaft mit menschenleeren Stränden, lediglich unterbrochen von Tropenwald voller Brüll affen, wird nur von unbefestigten Straßen durchzogen und strahlt einen ländlichen Frieden aus.

Bahía Salinas ist ein überwältigendes Ziel abseits der Touristenströme. Das wird sich aber bald ändern. Der Strand der Playa Jobo ist nach der Eröffnung eines riesigen Fünf-Sterne-Hotels mit 400 Zimmern nicht länger einsam. Die Straße Richtung Süden ist zum Teil asphaltiert, weitere Bauprojekte werden mit Sicherheit folgen – mit allen Vor- und Nachteilen.

Aktivitäten

Wer den Wind nicht mag, der sollte um die Landspitze herum zur **Playa Jobo** gehen. Der Strand gehört zu einer wunderschönen 300 m breiten Bucht. Wer will, kann auch

ABSEITS DER ÜBLICHEN PFADE

RESERVA BIOLÓGICA LOMAS DE BARBUDAL

Die 26 km² große **Reserva Biológica Lomas de Barbudal** (☎2659-9194, 2257-2239; Erw./Kind 12/2 US$; ⏲7–16 Uhr) bildet eine Einheit mit Palo Verde. Der tropische Trockenwald ist berühmt für seine große Vielfalt an Bienenarten. Für wen das als Grund für einen Besuch nicht ausreicht, der wird vielleicht von den Scharen von weißgesichtigen Kapuzineräffchen angelockt.

Auf jeden Fall ist Lomas de Barbudal eine erreichbare Möglichkeit für Wanderungen abseits ausgetretener Pfade. Ein kleines **Besucherzentrum** (Besucherzentrum; ☎2686-4967; ⏲9–16 Uhr) bietet Karten und andere Informationen. Das Schutzgebiet lässt sich auf vier verschiedenen Wanderwegen erkunden; der Sendero La Catarata (Wasserfallweg) belohnt Wanderer mit einer bewundernswerten Kaskade, die zum Baden einlädt.

Die Abzweigung nach Lomas de Barbudal von der Interamericana befindet sich 14 km südöstlich von Liberia und 12 km nordwestlich von Bagaces. Ab dort sind es weitere 7 km auf einer schlechten Schotterpiste bis zum Parkeingang; an einigen steilen Straßenabschnitten ist in der Regenzeit jedoch ein Allradantrieb erforderlich.

auf die **Playa Rajada** am südlichsten Ende der Bahía Salinas ausweichen. Rajada ist wild und faszinierend, doch die 200 m breite Bucht ist vollkommen geschützt vor dem offenen Meer. Im September und Oktober versammeln sich hier oft Buckelwale.

Boot fahren

In El Jobo oder in einem der Ferienhotels können Boote gemietet werden, um die Isla Bolaños zu besuchen, ein Schutzgebiet für Wasservögel, in dem der gefährdete Braune Pelikan nistet (nur im Zeitraum von April bis November erlaubt, nicht während der Brutzeit). Nach Angel- und Tauchausflügen zur Isla Despense, Isla Caballo und Isla Murciélago und den dort lebenden Bullenhaien vor Ort fragen.

Kitesurfen

Bahía Salinas ist von November bis März ein weltweit berühmter und beliebter Treffpunkt für Kitesurfer. Die geschützten Sandstrände sind ideal für Anfänger und Fortgeschrittene.

Nicht zu vergessen ist, dass dieser Sport gefährlich sein kann, Neulinge sollten sich auf jeden Fall unter professionelle Anleitung begeben. Die Professional Air Sports Association (PASA) und die International Kiteboarding Organization (IKO) haben Standards für Anfängerkurse festgelegt. Erst nach einem neunstündigen Zertifizierungskurs dürfen Neulinge Ausrüstungen anmieten und allein loslegen.

Die Straße folgt der Bucht bis zu den beständig windigen Stränden **Playa Papaturro** und **Playa Copal**. Copal ist ein unglaublich breiter, beigefarbener Strand, der von struppigen Manzanillo-Bäumen gesäumt wird und von dem aus man über das Meer bis nach Nicaragua sehen kann. Allerdings kann der Wind sehr böig werden und das Sonnenbaden am schönen Strand schnell verleiden.

Der Abzweig nach Papaturro ist gut ausgeschildert. Zur Playa Copal führen zwei Straßen. Die erste führt durch das Weideland hinter der Plaza Copal; es ist ein öffentlicher Weg, man muss aber das Gatter nach der Durchfahrt schließen, damit die Tiere nicht weglaufen können. Die zweite Straße ist besser gekennzeichnet – nur der Beschilderung zum KiteHouse folgen.

Kiteboarding Costa Rica KITESURFEN
(☎8370-4894; www.kiteboardingcostarica.com; Playa Copal; Unterricht pro Std. 45–65 US$; ⏲Nov.–Mai) Die Kitesurferschule gehört zum KiteHouse (S. 266) am westlichen Ende der Playa Copal und hat einen sehr guten Ruf. Die IKO-zertifizierten Lehrer sprechen Spanisch, Französisch und Englisch. Wer schon sein Zertifikat hat und fortgeschritten ist, kann hier auch nur die Ausrüstung mieten. Wem nicht nach Kitesurfen ist, der kann sich auf einem Segelboot in die Bucht mitnehmen lassen.

Kitesurf School 2000 KITESURFEN
(☎8826-5221, 2676-1042; www.bluedreamhotel.com; Playa Papaturro; Unterricht pro Std. 35–45 US$; ⏲8–20 Uhr) Wer Unterricht nehmen oder eine Ausrüstung ausleihen möchte, sollte vorher reservieren. Der erste Kite-Laden der Region (IKO-zertifiziert) war früher

unter dem Namen Kitesurf 2000 bekannt und befindet sich am Blue Dream Hotel (s. unten), 250 m von Papaturro entfernt. Der Unterricht findet auf Spanisch, Englisch und Italienisch statt. Keine Kartenzahlung möglich.

Mountainbike fahren

Nicht nur die Kitesurfer bekommen ihren Adrenalinstoß in Bahía Salinas, hier fühlen sich auch die Mountainbiker wohl. An der Hacienda El Cenizaro (S. 262) kann man Nebenstraßen, Strände und einspurige Cross-Country-Wege erkunden.

Für Pferdeliebhaber werden Ausritte angeboten.

Schlafen & Essen

Bike House B&B $

(☎ 8704-7486; www.thebikehousecostarica.com; Cabina inkl. Frühstück 40 US$;) Die nette Pension ist ideal für Reisende mit zwei Rädern. Die Unterkunft ist einfach, aber hübsch, es gibt eine schattige Gemeinschaftsveranda mit Hängematten und Carole kocht für ihre Gäste auch köstliche Mahlzeiten mit einheimischen Bio-Zutaten. Sie organisiert, falls gewünscht, auch Kitesurfunterricht.

Carole bietet ganz unterschiedliche Fahrradtouren (von Halbtags- über Ganztagstouren bis zur achttägigen Tour; 80–1900 US$) in die Umgebung an. Außerdem organisiert sie ein einwöchiges Lager für Frauen mit Radfahren, Yoga und Surfen.

Das Bike House befindet sich etwa 200 m westlich der Tempatal Schule. Es gibt Pläne, 2018 neue Wege zu bauen.

Blue Dream Hotel HOTEL $

(☎ 8826-5221, 2676-1042; www.bluedreamhotel.com; Playa Papaturro; B 17 US$, Standard EZ/DZ 35/45 US$, Bungalow EZ/DZ 52/58 US$, Suite EZ/DZ/3BZ 65/67/77 US$;) Das freundliche Hotel auf einer Anhöhe bietet von jedem Zimmer einen fantastischen Blick über die Playa Papaturro. Es gibt einfache Zimmer mit gefliesten Böden, aber auch geräumigere Suiten mit privaten Balkonen. Alle Zimmer haben einen Zugang zum Garten mit Hängematten. Der italienische Koch bereitet ein herzhaftes Frühstück und gutes, traditionelles Essen zu.

Im Hotel gibt es eine Gitarre und einen lustigen Hund mit blauen Augen. Die Kitesurf School 2000 befindet sich auch hier.

★ KiteHouse PENSION $$

(☎ 2676-1045, 8370-4894; www.kiteboardingcostarica.com; Playa Copal; B 20–25 US$, Cabina 55–70 US$, Villa ab 90 US$; ⏲ Nov.–Mai;) Dieser ausgezeichnete Betrieb hat das gesamte Westende der Playa Copal eingenommen und bietet dort Kitesurfunterricht, Verleih von Ausrüstung, jede Menge Unterkünfte und ein **Restaurant** auf dem Berg (Di–So 18–21 Uhr) an. Jede Unterkunft – vom Schlafsaal bis zur Villa – hat einen fantastischen Blick auf den Strand. Die Zimmer haben Kochgelegenheiten.

El Fogon de Juanita SODA $

(Playa Copal; Hauptgerichte 8–10 US$; ⏲ 8–21 Uhr;) Die ehemalige Köchin vom Blue Dream (s. links) hat hier ihr eigenes Restaurant eröffnet und wird von den Kritikern hoch gelobt. Ihre Spezialität sind Pasta (Lasagne ist besonders beliebt) und Pizza, aber Juana bereitet auch aromatische *arroz* (Reisgerichte) zu. Wer Tipps zum Wellenreiten braucht, wendet sich an ihren Sohn Mauricio – er gibt Kitesurfunterricht und ist meistens in der Nähe.

An- & Weiterreise

AUTO

Die Straße von La Cruz ist zuerst asphaltiert, die letzten 9 km sind allerdings Schotterpiste. Sie führt vom Aussichtspunkt in La Cruz abwärts zum kleinen Fischerort Puerto Soley am östlichen Ende der Playa Papaturro.

Wer von Süden kommt, kann auf einer Asphaltstraße bis El Soley fahren. Besser als die ganze Strecke nach La Cruz zu fahren, ist es, an der Interamericana in der Nähe der Polizeistation abzubiegen und der Beschilderung nach Cuajiniquíl zu folgen. Nach etwa 8 km biegt man kurz vor dem Ort rechts Richtung Junquillal ab (nicht in den Ort hineinfahren). Die Asphaltstraße verläuft etwa 12 km entlang der Küste Richtung Norden nach El Soley, hier stößt man auf die Schotterpiste aus Richtung La Cruz.

BUS

Vom Busbahnhof in La Cruz fahren 4-mal täglich Busse zum Ort Jobo und zurück (2 US$; 30 Min.). Ein Taxi zum Strand kostet etwa 20 US$.

Arenal & nördliches Tiefland

Inhalt ➡

Gut essen

- Restaurant Don Rufino (S. 282)
- Kappa Sushi (S. 281)
- La Ventanita (S. 289)
- Gingerbread Hotel & Restaurant (S. 293)
- La Gavilana Herbs & Art (S. 289)

Ideal zur Tierbeobachtung

- Arenal Natura (S. 270)
- Refugio Nacional de Vida Silvestre Caño Negro (S. 300)
- Chilamate Rainforest Eco Retreat (S. 313)
- Estación Biológica La Selva (S. 316)
- Frog's Heaven (S. 317)

Auf zum Arenal & ins nördliche Tiefland!

Hauptattraktion der Region ist zweifellos der schlummernde Vulkan, umgeben von alten Lavafeldern, heißen Quellen und einem eindrucksvollen See. Wer sich zu den wilden Flüssen im tropischen Dschungel des nördlichen Tieflands aufmacht, wird das echte Costa Rica entdecken: Hier sind die Landwirtschaft und der Umweltschutz eine grüne Ehe eingegangen. Das Tiefland zieht sich vom Grenzgebiet zu Nicaragua bis zur Cordillera de Tilarán im Süden; Bananen-, Zuckerrohr- und Ananasplantagen bedecken die fruchtbaren Ebenen. Der Tourismus wächst und bietet den Bewohnern neben der Landwirtschaft eine wichtige zweite Einnahmequelle. Begleitet von einheimischen Führern können Touristen Wildtiere beobachten, durch rauschende Stromschnellen paddeln und Lagunen durchqueren. Danach kann man es sich dann in den Lodges bequem machen. Alle, die genug von den Touristenmassen haben, lernen hier eine andere Seite des Landes kennen und werden dazu noch mit einer atemberaubend schönen Landschaft belohnt.

Reisezeit

- Eine Trockenzeit existiert im nördlichen Tiefland nicht: Im üppigen Dschungel entlang des Río Frío und des Río Sarapiquí regnet es fast das ganze Jahr über.
- Von Januar bis April ist es zumindest nicht ganz so nass, da es dann etwas weniger regnet.
- Aufgrund der hohen Regenmenge sind die Flüsse rund ums Jahr befahrbar, wobei sie von Juli bis Dezember eine stärkere Strömung haben.
- Auch Tiere kann man das ganze Jahr über beobachten. Von Januar bis April weist der Himmel eine geringere Bewölkung auf und die Pfade sind nicht so schlammig.
- Vergnügliche *Sabanero*-Straßenfeste (Cowboy-Feste) finden im Februar in La Fortuna und im April in Ciudad Quesada (San Carlos) statt.

Highlights

1. Im **Parque Nacional Volcán Arenal** (S. 283) den grandiosen Ausblick auf den umwölkten Vulkankegel genießen.
2. Die müden Muskeln in den Becken der **Eco Termales Hot Springs** (S. 271) in La Fortuna entspannen.
3. Vom Aussichtsplatz in **El Castillo** (S. 285) den Blick über die weite Wasserfläche des Sees und über den Vulkan schweifen lassen.
4. Den verwaisten verletzten Wildtieren im **Proyecto Asis** (S. 307) nahekommen.
5. Sich beim Gang in die Unterwelt der **Venado-Höhlen** (S. 300) richtig schmutzig machen.
6. Im **Refugio Nacional de Vida Silvestre Caño Negro** (S. 300) die Lagunen erkunden, Kaimane zählen und heimlich Löffler beobachten.
7. Ein Nickerchen im abgeschiedenen **Boca Tapada** (S. 307) machen, begleitet von der Symphonie aus Zikadenzirpen, Froschquaken und Vogelzwitschern.
8. In den Stromschnellen des **Río Sarapiquí** (S. 310) Nervenkitzel und Gänsehaut spüren.
9. Bei der Erkundungstour über die Ökolodge zum **Tierbeobachter** (S. 313) werden und Brüllaffen, Faultiere, Pekaris und viele Vögel entdecken..

0
20 km
N
La Esperanza
Boca de Sábalo
l Castillo de la Concepción
El Castillo
NICARAGUA
Alajuela
Río San Juan
Llanura de Guatusos
Refugio Nacional de Vida Silvestre Mixto Maquenque
Trinidad
Refugio Nacional de Vida Silvestre Barra del Colorado
Boca Tapada
7
Cinco Ceibas
Laguna Astillero
Río Sarapiquí
Heredia
Tres Amigos
Pital
Boca de Arenal
Muelle de San Carlos
250
142
141
Pital
162
Centro Neotrópico Sarapiquís
Chilamate
9
Puerto Viejo de Sarapiquí
Estación Biológica La Selva
Río Chirripó
Limón
Platanar
8
La Virgen
4
Aguas Zarcas
126
Tirimbina Rainforest Centre
Jabillos
Florencia
140
Rio Cuarto
Horquetas
Venecia
4
Ciudad Quesada (San Carlos)
San Miguel
Reserva Cordillera Volcánica Central
Río Frío
Río Balsa
Laguna Hule
Cariblanco
Albergue El Socorro
4
Parque Nacional Volcán Poás
Volcán Poás (2704 m)
Parque Nacional Braulio Carrillo
Santa Clara
32
Guápiles
Bajos
Poasito
Vara Blanca
Reserva Forestal Grecia
Sacramento
Parque Nacional Braulio Carrillo
Reserva Forestal Cordillera Volcánica Central
San Ramón
Sarchí
Grecia
San Pedro de Poás
Monte de la Cruz
32
1
San Isidro de Heredia
Alto Palma
Alajuela
Heredia
3
Parque Nacional Volcán Irazú

Nationalparks & Schutzgebiete

Abgesehen vom berühmten Vulkan gibt es im nördlichen Tiefland mehrere sehenswerte Schutzgebiete und Parks, in denen Reisende gemächliche Bootstouren unternehmen und dabei Tiere beobachten können.

Parque Nacional Volcán Arenal (S. 283) Die um den perfekten Kegel des namensgebenden Vulkans drapierten Wolken reißen manchmal auf und erlauben einen Blick auf den Koloss.

Parque Nacional Braulio Carrillo (S. 312) Der kürzlich eröffnete Nordteil von Costa Ricas größtem Park weist kaum Infrastruktur auf, soll in den kommenden Jahren aber ausgebaut werden.

Refugio Nacional de Vida Silvestre Caño Negro (S. 300) Die Seen des Caño Negro locken das ganze Jahr über eine Vielzahl von Vogelarten an: Am besten lassen sie sich im Zeitraum zwischen Januar und Juli beobachten.

Refugio Nacional de Vida Silvestre Mixto Maquenque (S. 307) Obwohl die Infrastruktur dieses Schutzgebiets zu wünschen übrig lässt, kann man den abgelegenen Regenwald mit Führern der Lodges des Boca Tapada erkunden.

An- & Weiterreise

Die Region ist gut zu erreichen: Kreuz und quer verlaufen die neuen Schnellstraßen. Wer von San José kommt oder runter an die nicaraguanische Grenze bei Los Chiles fährt, ist mit dem eigenen Fahrzeug innerhalb von wenigen Stunden an jedem Ort dieser Region.

Mit dem Bus dauert das Ganze vielleicht ein wenig länger, aber dennoch erreicht man die meisten Ziele ohne große Umstände. Ciudad Quesada (San Carlos) ist ein regionales Verkehrszentrum, wo man meist umsteigen muss, insbesondere wenn man zwischen der Region Arenal und dem Tiefland unterwegs ist.

Im Gegensatz zu Arenal ist das Tiefland bei Touristen noch kaum bekannt, was sich aber gerade ändert. Mit dem eigenen Fahrzeug erreicht man die schönen, aber entlegenen Ziele auf entspannte Weise.

ARENAL & UMGEBUNG

Die Fahrt in die Region des Arenal ist sowohl aus westlicher als auch aus östlicher Richtung spektakulär: Von Tilarán im Westen kommend, verläuft die asphaltierte Straße entlang des Nordufers der Laguna de Arenal. Die Aussicht auf See und Wald ist faszinierend. An beiden Straßenseiten springen einem hübsche Gasthöfe, hippe Cafés und exzentrische Galerien ins Auge. Von Ciudad Quesada (San Carlos) aus schlängelt sich die Straße vor der Kulisse des Volcán Platanar durch die Landschaft. Wenn das Wetter mitspielt, türmt sich der mächtige Gipfel des Arenal vor einem auf.

Selbst wenn der Vulkan schläft, erwarten einen viele andere Abenteuer, z. B. auf Wanderwegen oder Wasserfällen. Was auch immer die bevorzugte Fortbewegungsart ist – ob Wandern, Radfahren, Reiten oder Flying Fox (Seilrutsche) –, hier kann man sie ausprobieren. Und wenn der Körper Ruhe braucht, lässt man sich einfach in einen vulkanbeheizten Pool gleiten, um die schmerzenden Glieder ein wenig zu entspannen.

La Fortuna

15 400 EW.

Auf den ersten Blick scheint die Stadt aus Touristenhorden zu bestehen, den ihnen hinterherjagenden Schleppern, die Tourentickets verkaufen wollen, sowie aus Postkarten und Pizzas: La Fortuna gleicht einer schläfrigen Bergstadt, die ihre Unschuld schon vor vielen jahren verloren hat. Mit der Zeit zeigt sich jedoch ihr Charme: Der majestätische Vulkan bietet immer einen erhebenden Anblick, ob wolkenverhangen oder von der Sonne erleuchtet.

Lange Zeit war das etwa 6 km vom Fuß des Cerro Arenal entfernte La Fortuna ein verschlafenes Landstädtchen. Im Jahr 1968 brach der Arenal nach beinahe 400 Jahren Ruhe wieder aus und begrub die kleinen Dörfer Pueblo Nuevo, San Luís und Tabacón unter sich. Plötzlich fielen en masse Touristen aus aller Welt ein, um den feurigen Nachthimmel zu bewundern und die fließende Lava zu fotografieren.

La Fortuna bleibt eines der Topziele von Costa Rica, selbst wenn der beeindruckende Berg bereits seit 2010 kein geschmolzenes Gestein mehr ausspuckt.

Sehenswertes

Arenal Natura PARK

(☎2479-1616; www.arenalnatura.com; Tages-/-Nacht-/Vogelbeobachtungs-Tour 35/44/49 US$; ⌚8–17.30 Uhr; 👪) Dieser 6 km westlich von La Fortuna gelegene, gepflegte Naturpark bietet Gelegenheit zur Beobachtung von

Fröschen, Wasserschildkröten, Schlangen und Krokodilen in natürlicher Umgebung. Die hervorragenden Naturführer sorgen dafür, dass man die Vögel, die sich in den Bäumen verbergen, nicht übersieht.

Es gibt auch eine Fototour, um alles im Bild festhalten zu können. Rabatte für Kinder und Schüler/Studenten.

Mirador El Silencio NATURSCHUTZGEBIET
(☎2479-9900; www.miradorelsilencio.com; 6 US$) Dieses private Schutzgebiet (ca. 22 ha) umfasst eine Mischung aus Primär- und Sekundärwald. Es liegt etwa 11 km westlich von La Fortuna. Ein Ort der Lebensfülle: Leuchtend blaue Morphofalter, drei Affenarten und eine üppige Pflanzenwelt. Die vier Wanderwege sind mit Infotafeln ausgestattet. Darüber hinaus bieten sich an einigen Stellen herrliche Ausblicke.

Ecocentro Danaus NATURSCHUTZGEBIET
(☎2479-7019; www.ecocentrodanaus.com; mit/ohne Führer 18/12 US$, Nachtführung 35 US$; ⏲7.30–17 Uhr, Nachttour 17.30 Uhr;) Das etwa 4 km östlich der Stadt gelegene Zentrum verfügt über ein gut angelegtes Wegenetz, von wo aus sich wunderbar Vögel, aber auch Säugetiere wie Faultier, Nasenbär und Brüllaffe beobachten lassen. Im Eintrittspreis inbegriffen ist der Besuch des Schmetterlingsgartens, des Ranariums mit Pfeilgiftfröschen und des kleinen Sees mit Kaimanen und Wasserschildkröten. Für die hervorragende Nachtführung sollte man rechtzeitig Karten reservieren.

Es ist zwar möglich, einen Teil des Hinwegs zu Fuß zu gehen, doch der Bürgersteig endet schließlich im Nirgendwo. Mit anderen Worten: Besser ein Taxi oder das eigene Auto bzw. den Mietwagen nehmen.

Catarata Río Fortuna WASSERFALL
(www.cataratariofortuna.com; Diagonal 301; 15 US$; ⏲8–17 Uhr; P) Das schimmernde, 70 m lange Band aus klarem Wasser, das sich durch eine steile Schlucht aus dunklem Vulkangestein ergießt, die von Bromelien und Farnen gesäumt ist, lässt sich ohne schweißtreibenden Anmarsch von oben betrachten. Doch der Abstieg hinab in den Dschungel lohnt sich. Es ist gefährlich, unter dem donnernden Wasserfall zu tauchen. Aber mehrere perfekte Wasserbecken mit grandioser Aussicht reihen sich im Canyon wie blaugrüne Kacheln aneinander. Wer früh genug ankommt, entgeht den Touristenmassen: Der Parkplatz ist ansonsten schnell belegt.

Der Wasserfall befindet sich am Ende der Hauptstraße (301), die von La Fortuna den Berg hinauf verläuft.

Aktivitäten

Thermalquellen

Unterhalb von La Fortuna bringt der heiße Untergrund noch immer zahlreiche Quellen zum Sprudeln. In der Gegend gibt es natürliche Quellen, die man kostenlos aufsuchen kann – einfach vor Ort nach „El Chollín“ fragen. Mehr Komfort wird in den verschiedenen Thermalresorts geboten.

★Eco Termales Hot Springs HEISSE QUELLE
(☎2479-8787; www.ecotermalesfortuna.cr; Via 142; mit/ohne Mahlzeit 57/37 US$; ⏲10, 13 & 17 Uhr;) Dieser umzäunte, nur mit Reservierung zugängliche Komplex liegt etwa 4,5 km nordwestlich der Stadt. Alles ist zurückhaltend, luxuriös und romantisch gestaltet. Üppiges Grün säumt die Wege, die durch diese fantastische Anlage führen. Damit die heitere und abgeschiedene Atmosphäre erhalten bleibt, werden lediglich 150 Besucher gleichzeitig eingelassen. Sehr zu empfehlen sind die köstlichen Cocktails, die am Swimmingpool serviert werden (Aufpreis).

Das teils im Preis inbegriffene Mittagessen ist eine traditionelle Tico-Mahlzeit aus Reis, Bohnen und Fleisch mit anschließender Nachspeise und Kaffee dazu.

Paradise Hot Springs HEISSE QUELLE
(Karte S. 286; www.paradisehotspringscr.com; Via 142; Erw./Kind 28/16 US$; ⏲11–21 Uhr) Diese unauffällige Anlage hat einen sehr schönen, großen Swimmingpool mit Wasserfall sowie mehrere kleinere, versteckt liegende Becken, die von üppiger Vegetation und tropischer Blütenpracht umgeben sind. Die Wassertemperatur in den Becken ist unterschiedlich hoch (bis zu 40 °C). Manche verfügen auch über Massagedüsen.

Das Paradise Hot Springs ist wesentlich schlichter als die anderen großen Anlagen, doch dafür ist es nicht so überfüllt, was den Aufenthalt viel entspannter, angenehmer und romantisch macht.

Im Eintrittspreis sind Spind, Handtuch und nicht-alkoholische Getränke enthalten. Wer etwas essen oder etwas Kräftigeres trinken möchte, kann das im Restaurant der Anlage tun. Das Paradise befindet sich ca. 7 km bergauf (westlich) vom Stadtzentrum von La Fortuna entfernt.

La Fortuna

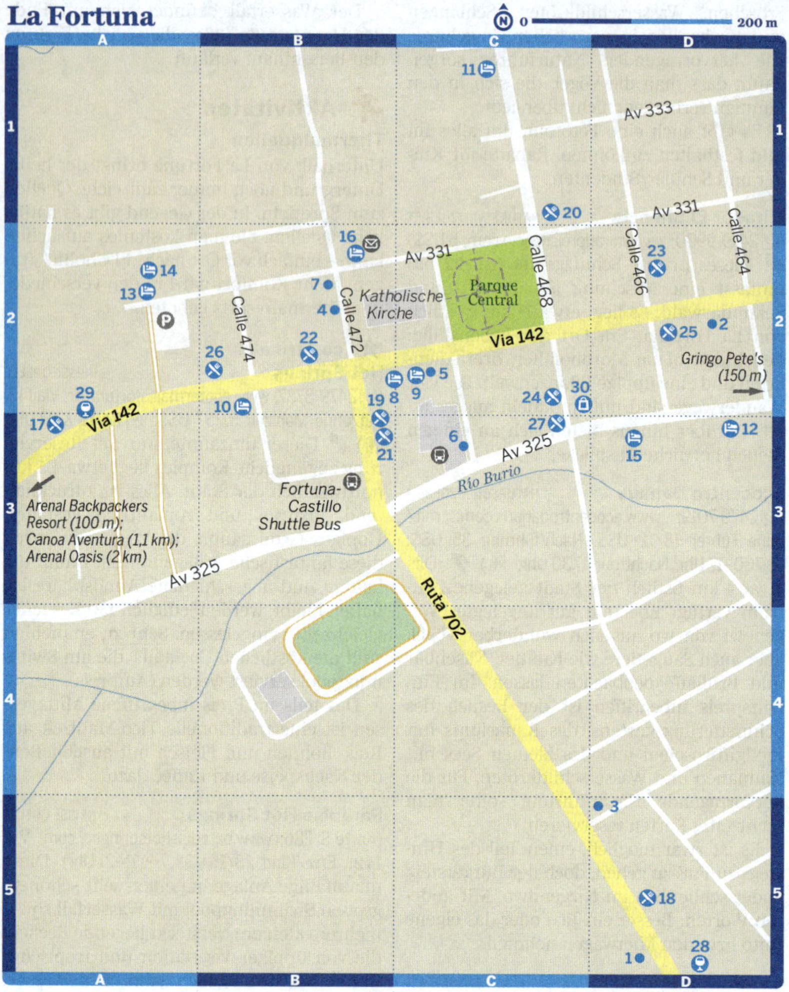

Springs Resort & Spa HEISSE QUELLE

(☎in den USA 954-727-8333, 2401-3313; www.thespringscostarica.com; Eintritt für 2 Tage 65 US$; ⏲8–22 Uhr; 👪) Wer auf der Suche nach einer heißen Quelle der Luxusklasse ist (in der sogar Will Smith während eines Filmprojekts herumdümpelte), findet sie hier: Das Resort umfasst 18 Becken jeglicher Form mit unterschiedlichsten Temperaturen. Und obendrein gibt es den Vulkanblick und den Landschaftsgarten, die Wasserfälle und die Poolbars, darunter eine Dschungelbar mit Wasserrutsche. Obwohl alles künstlich angelegt wurde, sieht es wunderschön aus. Die holprige, etwa 3 km lange Straße aus La Fortuna wurde zur Zeit der Recherche gerade frisch asphaltiert.

Kombipakete mit diversen Aktivitäten, beispielsweise Tubing und Reiten sowie dem Besuch der Quellen, sind ab 150 US$ zu haben. Die Zimmer des Resorts kosten jedoch beinahe so viel wie in Hollywood.

Baldi Hot Springs HEISSE QUELLE

(☎2479-9917; www.baldihotsprings.cr; mit/ohne Büfett 57/35 US$; ⏲9–22 Uhr; 👪) Die Baldi Hot Springs, rund 4,5 km nordwestlich der Stadt gelegen, sind so groß, dass für jeden

La Fortuna

Aktivitäten, Kurse & Touren
1 Alberto's Horse Tours ... D5
2 Aventuras Arenal ... D2
3 Bike Arenal ... D5
4 Desafío Adventure Company ... B2
5 Jacamar Naturalist Tours ... C2
6 Red Lava Tours ... C3
7 Wave Rafting ... B2

Schlafen
8 Arenal Hostel Resort ... B2
9 Downtown Inn ... C2
10 Hostel Backpackers La Fortuna ... B2
11 Hotel Arenal Rabfer ... C1
12 Hotel Monte Real ... D3
13 La Choza Inn ... A2
14 La Fortuna Suites ... A2
15 Selina La Fortuna ... D3
16 Sleeping Indian Guesthouse ... B2

Essen
17 Anch'io Ristorante & Pizzeria ... A3
18 Café Mediterraneo ... D5
19 Chifa La Familia Feliz ... B3
20 Kappa Sushi ... C1
21 La Muerta ... B3
22 Lava Lounge ... B2
23 Orgánico Fortuna ... D2
24 Rainforest Café ... C2
25 Restaurant Don Rufino ... D2
26 Soda Mima ... B2
27 Soda Viquez ... C3

Ausgehen & Nachtleben
28 El Establo ... D5
29 La Fortuna Pub ... A2

Shoppen
30 Hecho A Mano ... C2

etwas geboten ist: 25 Thermalbecken (Temperatur von 32 °C bis zu richtig heißen 67 °C), Wasserfälle, Ruhebecken für alle, die Entspannung suchen, „Xtreme"-Rutschen für die Abenteuerlustigen und ein großzügiger Kinderbereich.

In den Abendstunden locken die laute Musik und die diversen Poolbars ein junges Partyvolk an. Aber Vorsicht – die Getränke sind ganz schön teuer!

Tabacón Hot Springs HEISSE QUELLEN
(☎2519-1999; www.tabacon.com; Tageskarte inkl. Mittag- oder Abendessen Erw./Kind 115/40 US$; ⏲10–22 Uhr) Die einen finden die Anlage kitschig-geschmacklos, die anderen unterhaltsam – für uns trifft beides zu. Palmengewächse, seltene Orchideen und andere blühende Tropenpflanzen säumen einen 40 °C heißen Wasserfall, der sich über eine künstliche Klippe plätschernd ergießt. Darunter verstecken sich von Menschenhand angelegte Höhlen samt getarnten Getränkehaltern, und in den hübsch platzierten nachgemachten Steinbecken entspannen sich überhitzte Touristen jeder Couleur.

Das Spa liegt etwa 14 km westlich von La Fortuna. Hier starb im Jahr 1975 bei einem Vulkanausbruch ein Einheimischer. Das frühere Dorf Tabacón wurde 1968 bei einem Ausbruch zerstört, insgesamt 78 Menschen verloren dabei ihr Leben. Doch keine Angst: Der Vulkan schlummert wieder – zumindest vorerst. Wichtig zu merken: Es gibt eine absolut kostenlose heiße Quelle nur 50 m südlich dieser Anlage, was Tabacón natürlich ziemlich ärgert.

Wandern

Obwohl der Volcán Arenal nicht mehr aktiv ist, kommen die Leute in Scharen, um ihn zu bewundern. Im Park existiert ein gut beschildertes Wegenetz. Rundum gibt es weitere private Schutzgebiete.

Die Wasserfälle, Lavaströme und Kraterseen sind alle auch ohne Führer gut zu erreichen und einen Besuch wert.

Kurse

★ **Costa Rica Cooking** KOCHEN
(☎2479-1569; www.costaricacooking.com; pro Person 125 US$) In Scotts 3½-Std.-Kochkursen lernen die Teilnehmer die moderne Küche Costa Ricas kennen, angefangen bei einem Tico-Mojito. Es werden *ceviche*, *patacones* (gebratene grüne Kochbananan) und andere Basisrezepte aus Costa Rica nachgekocht, und zwar mit regionalen und manchmal sogar mit Bio-Zutaten. Die Speisen variieren, es werden aber stets drei Gänge zubereitet. Die tolle Aussicht gibt es kostenlos obendrauf. Neben den Kochkursen werden auch Farm-to-Table- und Speisenpräsentationskurse sowie vegetarische und vegane Kurse angeboten. Veranstaltungsort ist der Gecko's Waterfall Grill (S. 280), kurz vor dem Wasserfall von La Fortuna. Scott leitet auch das **Hundeschutzzentrum** (☎2479-1569; www.crdogrescue.com; 25 US$ Spende) nebenan.

Geführte Touren

Manchmal drängt sich der Eindruck auf, dass die Tourenveranstalter allmählich die Stadt übernehmen. Hier in der Gegend lässt sich durch Provisionen viel Geld verdienen. Deshalb sollte man sich die Angebote genau ansehen, bevor man zuschlägt. Denn viele dieser Aktivitäten kann man selbst organisieren oder direkt beim Anbieter buchen. Sie bieten zwar viele Kombipakete an, die eine bestimmte Aktivität (Baumkronentour, geführte Wanderung, Reiten etc.) mit einem Bad in den heißen Quellen verbinden. Dennoch sollte man darauf achten, was genau das Angebot umfasst, besonders in Hinblick auf die Eintrittspreise zu den Parks und Quellen. Die Veranstalter preisen eine Menge teurer Touren zu abgelegenen Zielen an, wie Caño Negro, Río Celeste und Venado-Höhlen. Für alle, die nur wenig Zeit haben, ist das wunderbar. Aber wer selbst hinfährt und sich die Tour vor Ort zusammenstellt, spart sich viel Geld (und erlebt wahrscheinlich wesentlich mehr dabei).

★ Don Olivo Chocolate Tour TOUR

(☎ 6110-3556, 2469-1371; www.facebook.com/tourdechocolatedonolivo; Via 142; Führung 25 US$; ⏲ 8, 10, 13 & 15 Uhr; 👪) Hier kann man sich von Don Olivo oder seinem Sohn über die *finca* der Familie führen lassen, wo Zuckerrohr, Orangen und natürlich auch Kakaopflanzen wachsen. Faszinierend, wie sich diese komische Frucht in die allseits bekannte und beliebte Leckerei verwandeln lässt. Reichlich Gelegenheit zum Probieren!

Der Anbieter befindet sich etwa 5 km östlich der Stadt an der Hauptstraße (Via 142), kurz vor dem Ort Tanque.

Alberto's Horse Tours REITEN

(☎ 2479-7711, 2479-9043; www.facebook.com/albertoshorses; pro Pers. 85 US$; ⏲ 8.30–13.30 Uhr) Alberto und sein Sohn bieten beliebte Reitausflüge zur Catarata de la Fortuna an. Der Ritt dauert drei bis vier Stunden. Eine Stunde davon verbringt man nicht auf dem Pferderücken, sondern auf dem Wanderweg hinunter zum Wasserfall, wo man schwimmen oder Fotos machen kann.

Wunderschöne Gegend, herrliche Pferde. Nur Barzahlung möglich.

Red Lava Tours WANDERN

(☎ 2479-8004; www.redlavatouristservicecenter.com; Extremwanderung zu zwei Vulkanen 75 US$, Wanderung ins Tal der Vulkane 70 US$) Der Anbieter, der sich selbst als „touristisches Serviceunternehmen" anpreist, will nicht nur Touren verkaufen. Die hilfsbereiten Mitarbeiter des Veranstalters neben dem Busbahnhof bieten einzigartige Alternativen zu den Standardtouren dieser Gegend (so z. B. eine Extremwanderung zu zwei Vulkanen inkl. Cocktails – und eine Schlammgesichtspackung zum Abschluss).

Bike Arenal RADFAHREN

(☎ 2479-9020, 2479-7150; www.bikearenal.com; Ecke Ruta 702 & Av 319A; Leihrad pro Tag/Woche 25/150 US$, Tour halber/ganzer Tag 85/135 US$; ⏲ 7–18 Uhr) Auf dem Programm stehen verschiedene Radtouren aller Schwierigkeitsgrade, darunter eine beliebte Fahrt rund um den See und eine halbtägige Exkursion nach El Castillo. Man kann selbstverständlich auch in Eigenregie losradeln. Bei einer Vorabreservierung wird das Leihfahrrad von einem Englisch sprechenden Fahrradmechaniker geliefert.

Bike Arenal befindet sich an der Straße südlich der Stadt (702).

PureTrek Canyoning CANYONING

(☎ 2479-1313, Aus den USA gebührenfrei 1-866-569-5723; www.puretrekcanyoning.com; 4 Std. inkl. Transport & Mittagessen 101 US$; ⏲ 7–22 Uhr; 👪) 🍃 Der seriöse Veranstalter PureTrek bietet geführtes Canyoning über drei Wasserfälle an, von denen einer über 50 m hoch ist. Inbegriffen ist zudem eine Runde Klettern und der sogenannte Affensprung, ein Flying Fox mit Abseilen am Ende. Bestnoten für Sicherheit und Qualitätsausrüstung. Die Gruppen können recht groß sein, aber die Führer sorgen dafür, dass es schnell vorwärtsgeht.

Die Anmeldung ist in der Zentrale von PureTrek, die in einem Baumhaus 6 km westlich der Stadt untergebracht ist. Kombinierte Trips umfassen Canyoning plus Quadfahrten, Pedalboardfahren oder leckeres Essen frisch auf den Tisch.

Arenal Mundo Aventura ABENTEUERTOUR, WANDERN

(☎ 2479-9762; www.arenalmundoaventura.com; Erw./Kind Baumwipfeltour 69/52 US$, Wandern 53/37 US$, Maleku kulturelle Führung 35/19 US$; ⏲ 8–13.30 Uhr; 👪) Ein Abenteuerpark, in dem alles angeboten wird, von geführten Wanderungen übers Abseilen bis zum Reiten und zur Baumkronentour. Die indigenen Maleku führen Tänze auf und geben Kostproben ihrer Gesangskünste. Etwa 2 km südlich von La Fortuna, an der Straße nach Chachagua gelegen.

Desafío Adventure Company ABENTEUERTOUR

(☎ 2479-0020; www.desafiocostarica.com; Calle 2; Touren ab 75 US$; ⏲ 6.30–21 Uhr) Der Tourenveranstaler Desafío hat das breiteste

Angebot in Fortuna – Paddeln auf dem Río Balsa, Ausritte zum Volcán Arenal, Abenteuertouren mit Abseilen am Wasserfall sowie Mountainbiketouren. Die Mitarbeiter organisieren auch gerne den Transfer nach Monteverde per Boot oder Bike.

Naturführungen

Arenal Oasis VOGELBEOBACHTUNG, NACHTWANDERUNG
(☎ 2479-9526; www.arenaloasis.com; Nachtwanderung/Vogelbeobachtungstour 40/55 US$; ⏲ Vogelbeobachtungstour 6 Uhr, Abendtour 17.45 Uhr) Die Familie Rojas Bonilla hat hier, etwa 3 km vom Zentrum von La Fortuna entfernt, ein Schutzgebiet für wild lebende Frösche geschaffen, in dem gut 35 Arten dieser Amphibien eine Heimat gefunden haben. Doch die Frösche sind nur eine Attraktion von vielen auf dieser Nachtwanderung durch den Regenwald. Für Frühaufsteher hat die Familie eine Vogelbeobachtungstour im Angebot. Eine Reservierung ist dringend empfohlen. Für 10 US$ werden die Gäste direkt von ihrem Hotel abgeholt.

Die Anlage gehört zum Hotel Arenal Oasis (S. 278), das sich südwestlich, kurz außerhalb der Stadt an der Straße zum Wasserfall, befindet.

Aventuras Arenal TOUREN
(☎ 2479-9133; www.aventurasarenal.com; Via 142; Kajaktouren 60 US$, Wandern ab 65 US$, Reiten 60–75 US$; ⏲ 7–20 Uhr) Dieser Anbieter ist seit über 25 Jahren im Geschäft und organisiert eine Reihe von Tagestouren in der Umgebung, ob per Rad, Boot oder Pferd. Auch Ausflüge zu entfernteren Zielen wie Caño Negro und Río Celeste werden angeboten.

Jacamar Naturalist Tours WANDERN, ABENTEUERTOUR
(☎ 2479-9767; www.arenaltours.com; Parque Central, Via 142; Vogelbeobachtung 68 US$; ⏲ 7–21 Uhr) Jacamar ist wegen der großen Auswahl an Naturwanderungen empfehlenswert, darunter zum Volcán Arenal, zu Wasserfällen und Hängebrücken. Die Kunden schwärmen von der Flexibilität der Führer und ihrer Aufmerksamkeit.

Baumwipfeltouren

Arenal Paraíso Canopy Tours BAUMWIPFELTOUR
(☎ 2479-1100; www.arenalparaiso.com; Via 142; Touren 50 US$; ⏲ 8–17 Uhr; 👪) Dutzende von Seilen spannen sich über den Canyon des Río Arenal: Sie bieten eine einzigartige Aussicht auf die beiden Wasserfälle und das Blätterdach des Regenwaldes. Der Eintritt zum Swimmingpool des Resorts sowie zu den 13 Thermalbecken, die sich zwischen den Felsen und der Vegetation am Hang verstecken, ist inbegriffen.

Das Resort und der Baumwipfelpfad liegen an der Via 142; westlich von La Fortuna geht es den Berg hinauf.

Athica Canopy BAUMWIPFELTOUR
(Arenal Canopy Adventure; ☎ 2479-1405; www.arenalcanopy.com/arenal-canopy-english/athica-canopy-tour; Via 142; Baumwipfeltour Erw./Kind 55/45 US$, Kombitour Baumwipfel/Reiten 75/68 US$; ⏲ 8, 10.30, 13 & 15 Uhr) Diese Baumkronentour wurde so angelegt, dass sie dem Besucher einen ganz neuen Blick auf den Volcán Arenal und das umgebende Naturschutzgebiet eröffnet. Die Anlage besteht aus 10 Seilen und 14 Plattformen sowie der allseits beliebten „Tarzan"-Schaukel. Athica bietet zusätzlich einen zweistündigen Reitausflug an.

Canopy Los Cañones BAUMWIPFELTOUR
(☎ 2479-1047; www.hotelloslagos.com; 55 US$) 🍃 Canopy Los Cañones liegt beim Hotel Los Lagos: Die 12 über den Regenwald gespannten Seile haben eine Länge von 50–500 m.

Im Preis inbegriffen ist der Besuch einer Frosch-, einer Krokodil- und einer Schmetterlingsfarm, heißer Quellen, natürlicher Wasserbecken und Wasserrutschen, die sich alle auf dem Hotelgelände befinden. Es befindet sich etwa 6 km westlich von La Fortuna, unweit der Via 142.

Ecoglide BAUMWIPFELTOUR
(☎ 2479-7120; www.arenalecoglide.com; Erw./Kind 75 US$; ⏲ Baumwipfeltouren um 8, 10, 13 & 15 Uhr; 👪) Ecoglide ist der größte Veranstalter von Baumwipfeltouren, den es in der Stadt gibt: 13 Seile, 15 Plattformen und eine „Tarzan"-Schaukel. Das Doppelseil-Sicherungssystem erhöht die Sicherheit und beruhigt die Nerven. Das Gelände liegt unweit der Via 142, etwa 5 km westlich (bergauf) von La Fortuna.

Kajak- und Kanutouren & Rafting

La Fortuna gilt nicht als Zentrum für Flussabenteurer. Doch auch hier finden sich einige Firmen, die Kanu- und Kajakfahrten anbieten. Wer Lust auf Wildwasser hat, kann sich an die Veranstalter wenden, die mit einer Gruppe von La Fortuna zum Sarapiquí und anderen abgelegeneren Flüssen fahren.

Manche Unternehmen machen ihren Kunden das Angebot sie danach in San José oder an der Karibikküste abzusetzen – so kann man an einem Reisetag zusätzlich noch etwas Spaß haben

Wave Rafting RAFTING
(☎2479-7262; www.waveexpeditions.com; Ecke Calle 472 & Av 331; Flusstouren 70–100 US$; ⏲6–21 Uhr) Wave Rafting bietet Floß- und Reifen-Touren auf den wilden Río Toro und Río Sarapiquí sowie auf dem gemächlicheren Río Balsa an. Auf hier gebuchten und von anderen Anbietern organisierten Touren kann man auch wandern, reiten, Höhlen erforschen, Canyoning ausprobieren oder auch Tortillas backen.

Canoa Aventura KANUFAHREN
(☎2479-8200; www.canoa-aventura.com; Via 142; Kanu-/Kajaktour 57 US$; ⏲6.30–21.30 Uhr) Dieses seit Langem existierende Familienunternehmen hat sich auf Kanu- und Floßfahrten spezialisiert, die von zweisprachigen Naturführern begleitet werden. Die meisten der relaxten Touren konzentrieren sich auf die Tier-, besonders die Vogelbeobachtung. Canoa gehört zu Maquenque Lodge (S. 308) in Boca Tapada und bucht gerne Übernachtungen für diese Unterkunft.

Aguas Bravas RAFTING, KAYAKING
(☎2479-7645; www.aguasbravascr.com; Rafting 80–100 US$; ⏲7–19 Uhr) Die Rafting- und Zipliningtrips finden auf dem Río Sarapiquí statt, also ein Stück weit weg. Allerdings holt der Veranstalter seine Kundschaft gerne am Hotel in La Fortuna ab.

Das Büro befindet sich in Sarapiquí, nicht in La Fortuna; aus La Fortuna einfach anrufen oder die Tour online buchen.

Schlafen

La Fortuna

In der Stadt existieren eine Menge Unterkünfte. Die touristische Infrastruktur hat sich sogar bis ins Hinterland ausgebreitet, sodass es nun Lodges entlang der nach Süden und Westen führenden Straßen gibt. Da sich der Parque Nacional Volcán Arenal direkt vor der Haustür befindet, haben viele dieser Unterkünfte Wanderwege, heiße Quellen und einen Ausblick auf den Vulkan auf ihrem Grundstück, aber nur wenig Restaurants und andere Einrichtungen.

Sleeping Indian Guesthouse PENSION $
(☎8446-9149, 2479-8431; sleepingindianguesthouse@gmail.com; Av 331, nahe der Calle 442; DZ mit Frühstück 45 US$; 📶) Die nach dem benachbarten Berg *(indio dormido)* benannte, wunderbare Pension mit zwei Stockwerken besitzt fünf hübsche Zimmer (alle mit Ventilator). Die hohen Räume haben Bodenfliesen, bunte Wände und große Fenster. Der geräumige Gemeinschaftsbereich umfasst eine komplett ausgestattete Küche, Balkone mit schönem Vulkanblick und ein gemütliches Wohnzimmer voller Bücher und Spiele. An den Wänden hängen zahlreiche Werke der Leiterin Heidy.

Wer lärmempfindlich ist, wird mit Ohrstöpseln versorgt; Frühstück gibt es in der Lava Lounge (S. 281).

Gringo Pete's HOSTEL $
(Calle 460 A; B/private 6/8 US$; 📶) „Ruhig, sauber und günstig“ – so beschrieb einer der Gäste das Hostel. Und die Preise sind wirklich kaum zu unterbieten. Lustige rote Sofas, Bücher und ein Schachbrett schmücken den Gemeinschaftsraum; die Küche ist geräumig und sauber. Das Hostel liegt in einer ruhigen Ecke der Stadt, nur wenige Straßen vom Zentrum entfernt. Petes Wahlspruch lautet: „Bed & Breakfast – ihr macht es selbst“. Ein Hostel wie aus guten alten Zeiten.

Das Pete's ist das violette Haus mit der amüsanten Beschilderung am Ende der Straße. Es gibt noch eine zweite Unterkunft der Betreiber, die zwei Blocks westlich des Busbahnhofs liegt.

Hostel Backpackers La Fortuna HOSTEL $
(☎2479-9129; www.hostelbackpackerslafortuna.com; Calle 474; B/EZ/DZ/3BZ/4BZ 15/53/58/72/84 US$; P ❄ @ 📶 🏊) Die Zimmer dieses ziemlich seriösen Hostels sind in Weiß- und Beigetönen eingerichtet. Der hübsche Hof ist üppig begrünt und voller Hängematten. Die Gäste dürfen gerne den Swimmingpool und die Bar des angegliederten Arenal Hostel Resort nutzen, wenn sie etwas Trubel wünschen, und können danach ins ruhige Hostel zurückkehren, um sich dort dann ordentlich auszuschlafen.

Nicht mit dem Arenal Backpackers Resort verwechseln, das etwas außerhalb der Stadt am Hügel liegt und sich u. a. durch seine Coolness von diesem Hostel unterscheidet.

Arenal Backpackers Resort HOSTEL $
(☎2479-7000; www.arenalbackpackersresort.com; Via 142; B 14–18 US$, Zelte für 1/2 Personen 35/40 US$, Zi. EZ/DZ 55/80 US$; P ❄ @ 📶 🏊) Das erste Hostel-Resort in La Fortuna bezeichnet sich selbst als „Fünf-Sterne-Hostel“. Es bietet Vulkansicht und wirkt recht gemüt-

lich. Nach einer Nacht auf einer orthopädischen Matratze wartet eine heiße Dusche im eigenen Bad, über das auch die Schlafsäle verfügen. Eine Spur luxuriöser als die Schlafsäle sind die bereits aufgebauten Zelte mit Doppelbett und Stromanschluss (aber ohne feste Wände, sodass man die Nachbarn klar und deutlich hören kann).

Das Highlight ist der Pool in einem Landschaftsgarten. An der Bar im Wasser können sich Backpacker bei einem eisgekühlten Bier entspannen. Die Gäste leben hier in einer regelrechten Party-Parallelwelt. Was ja nicht unbedingt verkehrt sein muss.

La Fortuna Suites PENSION **$**
(☎8328-7447; www.lafortunasuites.com; Av 331A; DZ/Suite mit Frühstück ab 45/75 US$; P ❄ 📶) Hier gibt es luxuriösen Spitzenklassekomfort zu Mittelklassepreisen (beispielsweise Apple TV und Netflix): hochwertige Bettwäsche, Memoryschaummatratzen, maßgearbeitete Möbel, Flachbildfernseher, Gourmetfrühstück auf dem Balkon mit Traumblick. Trotz all dieser Annehmlichkeiten wissen die Gäste vor allem die Herzlichkeit der Gastgeber zu schätzen.

Das Gästehaus befindet sich etwa 300 m westlich des Parque Central, hinter dem La Choza Inn. Möglichst nach der Suite mit Terrassenzugang fragen.

Arenal Hostel Resort HOSTEL **$$**
(☎2479-9222; www.arenalhostelresort.com; Via 142; B/EZ/DZ/3BZ/4BZ 17/50/60/80/90 US$; P ❄ 📶 🏊) 🍃 Dieses weitläufige Anwesen, eine perfekte Mischung aus Hostel und Resort, liegt mitten in einem schön angelegten Garten mit Hängematten, kleinem Swimmingpool, Partybar und Vulkanblick. Die Zimmer sind alle sauber und geräumig und haben sowohl eine Klimaanlage als auch ein eigenes Bad. Eine kleine Warnung: Immer wieder gab es Beschwerden, dass Reservierungen „verloren gegangen" sind oder dass Gäste ins Hostel Backpackers La Fortuna „abgeschoben" wurden. In der Stadt existiert eine Reihe von Unterkünften mit ähnlichem Namen, was bei Gästen und Taxifahrern für Verwirrung sorgt. Zudem wirbt der gleiche Anbieter auch für den Arenal Hostel Resort Tower mit Zimmern, aber ohne Schlafsäle – was die Unterscheidung der Unterkünfte nicht unbedingt leichter macht.

La Choza Inn GASTHAUS **$$**
(☎2479-9361, 2479-9091; www.lachozainnhostel.com; Av 331; mit Frühstück, B 10–15 US$, EZ/DZ 35/50 US$; P ❄ @ 📶) Der charmante, altmodische Gasthof, ein Familienbetrieb, ist eine erfrischende Alternative zu all den Budgetresorts der Stadt. Die Einrichtungen sind einfach, dafür ist das Personal umso freundlicher. Zur Wahl stehen dunkle Schlafsäle aus Palmholz und hübsche Doppelzimmer mit Balkon und Blick auf den Vulkan.

Weitere Pluspunkte sind beispielsweise die saubere Gemeinschaftsküche und eine kostenlose einmalige Fahrt zu den heißen Quellen von Tabacón. Mit Klimaanlage kostet das Zimmer 10 US$ extra.

Selina La Fortuna HOSTEL **$$**
(☎800-1022-463; www.selina.com/la-fortuna; B/Zelt 16/50 US$, DZ 65–80 US$; P ❄ 📶 🏊) Die Eröffnung dieses gewaltigen zentralamerikanischen Hostels in La Fortuna hatte einst für Wirbel gesorgt. Geboten sind hier neben Schlafsälen auch Luxuszelte und gehobene Hotelzimmer. Dazu kommen Swimmingpool, Bar und ein kleines Kino. Das sehr freundliche Personal macht dieses Hostel zu einer willkommenen Anlaufstelle für den müden Budget-Traveler.

Zum Betreten benötigt man kein Armbändchen, da dies in Hostels nicht üblich ist.

Hotel Monte Real HOTEL **$$**
(☎2479-9357; www.monterealhotel.com; Av 325, zw. Calle 464 & 466; mit Frühstück, Zi. 92 US$, Suite 102–115 US$; P ❄ 📶 🏊) Ein smartes, modernes Motel am Stadtrand am Ufer des Río Burio. Diese Unterkunft verbindet praktische Stadtnähe mit ländlicher Natur am Dschungelrand – ein wunderbarer Garten und viele Tiere direkt vor der Haustür.

Die geräumigen Zimmer sind mit hübsch gemusterten spanischen Fliesenböden, lasierten Holzdecken und Glasschiebetüren ausgestattet. Einige verfügen sogar über einen eigenen Balkon. Wer wissen möchte, wo sich all die Tiere verstecken, fragt am besten den Gärtner Angel.

Downtown Inn BOUTIQUEHOTEL **$$**
(☎4000-2027; www.fortunadowntowninn.com; Hauptplatz, Via 142; DZ mit Frühstück 100 US$; P ❄ 📶 🏊) Das frühere Bromelia Hotel am Hauptplatz wurde restauriert und verfügt nun über zwei Dutzend smarte Zimmer, die meisten davon mit Terrasse. Dort kann man im schicken Schaukelstuhl sitzen und auf den Pool blicken. Die Zimmer, die auf den Platz hinausgehen, sollte man besser meiden, auch wenn die Fenster anscheinend gut isoliert sind. Definitiv eine lohnenswerte Ergänzung der Unterkünfte von La Fortuna. Der Parkplatz liegt 100 m entfernt.

Hotel Arenal Rabfer HOTEL $$
(☎2479-9187; www.arenalrabfer.com; Calle 468; EZ/DZ/3BZ/4BZ mit Frühstück 75/85/100/115 US$;) Das Gebäude mit holzverkleidetem Obergeschoss ist zweifellos die architektonisch ansprechendste Unterkunft im Stadtzentrum von La Fortuna. Das Hotel wurde rund um einen Swimmingpool mit Kiespflasterumrandung und schattenspendenden Palmen angelegt. Die strahlend weißen Zimmer mit hoher Decke sind recht geräumig. Das Hotel liegt in einer ruhigen Seitengasse, zwei Straßen vom Trubel im Zentrum entfernt. Zur Zeit der Recherche war eine Renovierung geplant.

Westlich von La Fortuna

Entlang der Straße zur Abzweigung nach Arenal reiht sich eine Unterkunft an die andere, von schlichten *cabinas* zu luxuriösen Lodges. Die meisten der feineren Unterkünfte liegen an dieser Straße – ziemlich unpraktisch, wenn man nicht im eigenen Fahrzeug unterwegs ist.

★ **Roca Negra del Arenal** PENSION $$
(☎2479-9237; www.hotelrocanegradelarenal.com; DZ/4BZ 80/110 US$, Frühstück 7 US$;) Was ist das Besondere an diesem traumhaften Gästehaus? Es ist die paradiesische Lage, etwa 2 km vor der Stadt. Der üppige geflieste Swimmingpool und der Jacuzzi liegen inmitten eines blühenden tropischen Gartens, in dem Bienen summen, Papageien umherflattern und Pfauen auf- und abstolzieren. Die geräumigen Zimmer sind mit Details aus lasiertem Holz geschmückt, haben riesige, gekachelte Badezimmer und halb private Terrassen mit Gartenblick, auf denen jeweils ein Schaukelstuhl steht.

Zahlreiche gefiederte und pelzige Freunde durchstreifen den Garten. Gemeinsam mit den charmanten Besitzern begrüßen sie die Gäste in dieser exotischen Umgebung.

Arenal Oasis BUNGALOW $$
(☎2479-9526, 2479-8472; www.arenaloasis.com; DZ mit Frühstück 88 US$;) Das lediglich 3,5 km von La Fortunas Zentrum entfernte Arenal Oasis trägt seinen Namen zu Recht, denn es liegt inmitten der Natur. Die Unterkünfte befinden sich in dunklen, aber gemütlichen Blockhütten, deren eigene Terrassen zum Regenwald hin ausgerichtet sind. Das Oasis ist in Familienhand, was sich an der persönlichen Note der Unterkunft unschwer erkennen lässt.

Es liegt gleich westlich der Stadt, 1 km südlich der Hauptstraße (am Friedhof abbiegen). Hier findet auch die beliebte nächtliche Tour zur Froschbeobachtung statt. In einer etwas größeren „Villa" können auch Familien übernachten. Seit Januar 2018 gibt es drei weitere Hütten.

Hotel Campo Verde BUNGALOW $$
(☎2479-1080; www.hotelcampoverde.com; DZ/3BZ/4BZ mit Frühstück ab 100/120/140 US$;) Die äußerst charmante familienbetriebene Anlage, etwa 9 km westlich der Stadt gelegen, verfügt über kanariengelbe Holzbungalows mit gewölbten Balkendecken, zwei französischen Betten, hübschen Vorhängen und Kronleuchtern sowie einen schönen gefliesten Patio mit zwei einladenden Schaukelstühlen. Eine unschlagbare Aussicht bieten die Häuschen, die am weitesten von der Straße entfernt am Fuß des Berges liegen. Möglichkeiten zum Wandern befinden sich in der Nähe. Für 10 US$ mehr kann man sich eine Luxusunterbringung mit Kingbed und Jacuzzi leisten.

Erupciones Inn B&B B&B $$
(☎2479-1400; www.erupcionesinn.com; DZ mit Frühstück 70–80 US$;) Von jeder einzelnen der bunten *cabinas* dieses Anwesens am Fluss, das 11 km von La Fortuna entfernt ist, lässt sich der Arenal bewundern. Dazu setzt man sich einfach gemütlich auf die eigene Terrasse und genießt den Ausblick (den man aber auch während des Zähneputzens vor sich hat). Die Einrichtung der günstigeren *cabinas* ist etwas in die Jahre gekommen. Dafür sind die teureren Hütten größer und besser ausgestattet. Der Service ist wirklich nett und aufmerksam. Hatten wir die schöne Aussicht schon erwähnt?

Nayara Hotel, Spa & Gardens HOTEL $$$
(☎2479-1600; www.arenalnayara.com; Zi./Suite mit Frühstück 320/440 US$;) Dieses lauschig-luxuriöse Hotel, 6 km westlich der Stadt, hat eine ganze Reihe von Preisen für seine asiatisch angehauchte Architektur, die minimalistische Einrichtung und die höchst romantische Lage eingeheimst.

Die insgesamt 50 Zimmer sind exquisit möbliert – edle Bettwäsche, dunkles Holz, Hightech-Schnickschnack, Outdoor-Duschen und eigene Outdoor-Jacuzzis mit herrlicher Aussicht auf den Volcán Arenal. Einfach hervorragend!

Gäste ab 16 Jahren können die Einrichtungen des neuen, noch schickeren Nayara

Springs nebenan genießen – ein separater Komplex, der ebenfalls von denselben Hotelbesitzern betrieben wird.

El Silencio del Campo LODGE **$$$**
(☎2479-7055; www.hotelsilenciodelcampo.com; DZ/3BZ/4BZ mit Frühstück 247/277/307 US$; P❄📶🏊) Diese wunderbare Lodge, etwa 4 km westlich der Stadt gelegen, umfasst 23 luxuriöse Einzelhütten, die aber keinesfalls protzig wirken. Das Highlight dieser Lodge ist jedoch die heiße Quelle, die nur von Gästen genutzt werden darf: Sie speist ein halbes Dutzend Pools mit unterschiedlicher Temperatur. Die Gäste können auch miterleben, wie es auf einem costa-ricanischen Bauernhof zugeht, indem sie z. B. zum Frühstück frisch gelegte Eier genießen.

Arenal Volcano Inn GASTHOF **$$$**
(☎2479-1122, in USA 1-315-215-0460; www.arenalvolcanoinn.com; mit Frühstück EZ/DZ ab 132/145 US$, Deluxe 154/168 US$, Suite 218/232 US$; P❄📶🏊) Die 6 km westlich von La Fortuna gelegene, ansprechende Unterkunft besticht durch attraktive Bungalows und einen Swimmingpool. Der perfekt gepflegte Rasen wird von Wegen durchschnitten, die alle Bereiche miteinander verbinden. Die Bungalows mit Privatterrasse und Bergblick reihen sich am Hang aneinander. Weiße Innenwände und Bettwäsche stehen im Kontrast zu den dunkel gebeizten Holzelementen. Ansonsten ist alles vorhanden, was man von einem Hotel der gehobenen bis oberen Klasse erwarten darf.

Südlich von La Fortuna

Nur wenige Kilometer südlich der Stadt schlängelt sich eine teilweise asphaltierte Straße hinab zum Fuß des Cerro Chato, beidseits gesäumt von Hotelgebäuden. Das 12 km südlich an der Straße nach San Ramón gelegene Dorf Chachagua ist ein authentischer, von kleinen Flüssen durchzogener Marktflecken, ein echtes *pueblo*, das einen hübschen Kontrapunkt zum Touristentrubel von La Fortuna bildet.

Rancho Cerro Azul BUNGALOW **$$**
(☎2479-7360; www.ranchocerroazul.com; DZ/3BZ/4BZ 90/105/120 US$; P❄📶) Acht niedliche Schindelhütten befinden sich am Parkplatz, die Privatterrassen auf der Rückseite grenzen jedoch an einen Wald. Ein etwa 200 m langer Fußweg führt zum rauschenden Fluss vor der Kulisse des Vulkans. Die Hütten haben Holzmöbel und stilvolle Details: Einfach, naturverbunden, hübsch, komfortabel (aber ohne Kabel-TV). Die Superior- und Deluxe-Hütten sind geräumiger und verfügen über Kingsize-Betten.

Die Bungalows liegen an der Straße zum Wasserfall von La Fortuna, kurz vor dem Down to Earth Coffee.

Catarata Eco-Lodge LODGE **$$**
(☎2479-9522; www.cataratalodge.com; EZ/DZ/3BZ/4BZ mit Frühstück 80/85/100/115 US$; P❄📶🏊) 🍃 Am Fuß des Cerro Chato mitten im Wald bietet die Lodge Erholung und Abgeschiedenheit, obwohl die Stadt nur rund 4 km entfernt liegt. Genächtigt wird in anständigen kleinen Zimmern mit viel Holz, spanischen Fliesen und einer Terrasse samt Hängematten. Auch das Restaurant ist absolut empfehlenswert.

Villas Josipek CABINA **$$**
(☎2430-5252; www.costaricavillasjosipek.com; Ruta 702; DZ/3BZ 85/125 US$; P❄📶🏊) Diese nördlich knapp hinter Chachagua gelegenen makellosen Holzhütten mit Vulkanblick sind eher schlicht ausgestattet, haben aber eine voll eingerichtete Küche. Rundum verlaufen Privatwege, die durch den Regenwald von Bosque Eterno de Los Niños führen.

Um das listige Faultier ausfindig zu machen, das manchmal im Guarumu-Baum an der Lobby abhängt, fragt man am besten die beiden Gastgeber Jorge und Sioni. Zum Zeitpunkt der Recherche wurde gerade ein eher rustikales „Spa" gebaut.

Auf dem Gelände können Gäste einen 800 m langen Spaziergang durch den Jardín Botánico Josipek unternehmen, der einen Rosengarten, Regenwald und Heilpflanzen sowie ein Meditationslabyrinth und einen riesigen Brontosaurus aus Plastik beherbergt. Die Villas Josipek liegen etwa 10 km südlich von La Fortuna.

★ **Finca Luna Nueva** LODGE **$$$**
(☎2468-4006; www.fincalunanuevalodge.com; San Isidro; EZ/DZ/3BZ mit Frühstück 95/105/120 US$; @📶🏊) 🍃 Am Rande des „Ewigen Regenwalds der Kinder" liegt diese ganz besondere Lodge. Aus der ursprünglichen Gewürzplantage wurde eine Ökolodge, eine ziemlich beeindruckende Mischung aus Nachhaltigkeit und Luxus. Die wundervollen *casas* wurden aus recyceltem Holz errichtet.

Dazu kommen ein Swimmingpool mit Ozonstufe, ein solargeheizter Jacuzzi, ein riesiger Heilpflanzengarten und ein unglaubliches Restaurant, das vom hauseigenen Biobauernhof beliefert wird.

Die Lodge befindet sich 17 km südlich von La Fortuna, in dem Dorf San Isidro.

Chachagua Rainforest Ecolodge LODGE $$$

(☎ 2468-1020; www.chachaguarainforesthotel.com; DZ/Bungalow mit Frühstück 180/215 US$; P ⊖ ❄ ≋) Das Hotel liegt in einem Privatreservat am Bosque Eterno de Los Niños und ist der Traum eines jeden Naturliebhabers. Einen Teil des Geländes nehmen eine Obstplantage sowie eine Rinderfarm und eine Fischzucht ein, auf dem Rest erstreckt sich feuchter Regenwald. Das Gebiet lässt sich zu Fuß auf Wanderwegen oder vom Pferderücken aus erkunden. Die Zimmer sind hübsch, jedoch recht überteuert, während die stilvollen, geräumigen Bungalows – einige davon mit Klimaanlage und Jacuzzi – wirklich überzeugen.

Von La Fortuna fährt man etwa 11 km Richtung Süden. An der Südseite von Chachagua, biegt man an der Hauptstraße nach rechts ab und folgt einem beschilderten, etwa 2 km langen unbefestigten Weg, der in der Regenzeit teilweise nur mit Geländewagen befahrbar ist.

Green Lagoon HOTEL $$$

(☎ 2479-7700; www.greenlagoon.net; DZ 124 US$) Dieses hoch am Berg über dem Río Fortuna Catarata gelegene „Wellness-Resort" ist ideal für Vogel- und Froschfans, besonders weil es hier einen Naturführer gibt, der auf seltene Exemplare aufmerksam macht.

Die Zimmer sind eher schlicht, aber gemütlich. Der Wellnessfaktor setzt sich aus den Spa-Anwendungen, dem Garten, einer Yogaecke und dem vegetarischen Restaurant zusammen. Nach Möglichkeit sollte man ein Superior-Zimmer wählen.

Am Wasserfallparkplatz rechts den nicht asphaltierten Weg hinauffahren.

Casa Luna Hotel & Spa HOTEL $$$

(☎ 2479-7368; www.casalunahotel.com; EZ/DZ/Suite mit Frühstück 145/155/260 US$; P ❄ ≋) Zunächst wirkt der ummauerte Komplex wie eine geschlossene Wohnanlage. Doch er ist die schickste Bleibe an der Straße. Im Inneren warten reizende Landschaftsgärten und ländliche Unterkünfte. Holztüren führen zu 36 eleganten Doppelhäusern mit mehreren Ebenen und winzigen Privatpatios. Es gibt ein breit gefächertes Wellnessangebot sowie vier Deluxe-Zimmer und zwei Juniorsuiten. Der Service ist äußerst aufmerksam.

✕ Essen

Wer nicht ausschließlich in *sodas* zum Essen geht, wird feststellen, dass die Restaurants in La Fortuna teurer als in anderen Landesteilen sind. Dafür gibt es einige hervorragende und innovative Küchen, darunter ein paar, die der Initiative „Vom Hof auf den Tisch" angehören. Die meisten Restaurants drängen sich in der Stadtmitte zusammen, doch manche befinden sich auch an der Straße nach Westen.

Soda Mima SODA $

(An der Via 142; ⌚ Mo–Sa 6–20, So bis 12 Uhr) Obwohl das Soda Mima von Weitem nicht viel hermacht, verströmt Don Alvaros Küche pure Liebe, die Bauch und Herz erwärmt. Die günstigen, köstlichen *casados* (Menüs) und *gallo pintos* stehen meist auf der Karte. Wer sich traut, peppt sie durch die eingelegten Chilischoten aus dem großen Glas auf. Die Gäste haben sich in mehreren Sprachen an den Wänden verewigt. Der passendste Spruch lautet: „Don Alvaro Rocks."

Das Mima befindet sich am Parkplatz hinter dem Cafeto Chill Out und dem großen Hähnchenrestaurant.

Gecko's Waterfall Grill INTERNATIONAL $

(☎ 2479-1569; www.geckoscostarica.com; Hauptgerichte 6–7 US$; ⌚ 11–17 Uhr) Gute und günstige Gerichte (Quesadillas, Burritos), üppige Smoothies und Craft-Bier bilden die Pluspunkte dieses Cafés, das kurz vor dem großen Wasserfall liegt. Hier kann man sich ruhig einen Frühstücksburrito gönnen – wenn man doch schließlich schon zu Fuß hergekommen ist, oder?

La Muerta FAST FOOD $

(Fast Food; ☎ 2479-1407; Calle 472; Hauptgerichte 6–10 US$; ⌚ 11–22 Uhr) Dieser kleine Stand verkauft etwas gesünderes Fastfood – eine Reihe lateinamerikanischer Klassiker wie *tacos al pastor* (Shredded Pork), *choripan* (Wurstsandwich) und *patacones* (gebratene grüne Kochbananen) sowie Burritos und Hamburger. Zum *batido* (Fruchtshake) gibt es dann Reggae kostenlos dazu. Ganz Mutige verfeinern ihr Essen mit der Chilisoße El Miedo („die Angst").

Das Muerta liegt lediglich 50 m südlich der Mietwagenniederlassung Alamo, neben Chifa Familia Feliz.

Rainforest Café CAFÉ $

(☎ 2479-7239; Calle 468; Hauptgerichte 7–10 US$; ⌚ 7–22 Uhr;) Dass man nicht mit der Nachspeise anfängt, ist wohl bekannt. Aber die unwiderstehlichen Leckereien dieses beliebten Cafés sind so hübsch anzusehen und schmecken einfach köstlich. Dazu gibt es Deftigeres in Form von schmackhaften Burritos, *casados,* Sandwiches etc. Die Auswahl an heißen und kalten Kaffeegetränken ist ziemlich groß – verführerisch sind Spezialitäten wie Mono Loco (Kaffee, Banane, Milch, Schokolade und Zimt).

Ein Hauch von städtischer Kaffeekultur schwebt über dem Ganzen. Das Rainforest Café ist besonders beliebt bei den coolen Costa-Rica-Kids, die sich hier ihre Getränke im Plastik-To-Go-Becher holen.

Soda Viquez SODA **$**
(2479-7133; Ecke Calle 468 & Av 325; Hauptgerichte 5–10 US$; 8–22 Uhr;) Reisende schwärmen vom „authentischen Flair und Geschmack" in der Soda Viquez. Das Personal ist unglaublich freundlich.

Und die *tipicos* (traditionelle Gerichte) schmecken ausgesprochen lecker, ganz besonders *casados,* Reisgerichte und frische *batidos* aus Früchten. Die Preise sind vernünftig, die Portionen reichlich.

Kappa Sushi SUSHI **$**
(Calle 468, zw. Av 331 & Av 333; Nigiri- & Maki-Sushi 6–12 US$; 12–22 Uhr;) Mitten in den Bergen, zwischen all den Rinderfarmen, denkt man wohl kaum an Sushi, oder? Sollte man aber. Der Fisch ist frisch (*so* weit weg ist das Meer nun auch wieder nicht) und die Art der Zubereitung innovativ. Zu den beliebtesten Gerichten zählt das Drachen-Maki-Sushi (Garnelentempura, Avocado und Aalsoße). Schön sitzt es sich draußen mit Blick auf den Arenal (oder ist das etwa der Fuji??). Dort kann man sich den rohen Fisch oder ein vegetarisches Sushi munden lassen.

„Kappa" ist kein japanischer Ausdruck, sondern die kombinierten Namen der Inhaber – Kattya und Pablo.

Anch'io Ristorante & Pizzeria ITALIENISCH **$$**
(2479-7024; Via 142; Hauptgerichte 10–18 US$; 12–22 Uhr;) Pizzagelüste stillt man am Besten bei Anch'io, wo der Teig knusprig dünn und der Belag reichlich ist und die ganze Pizza im Holzofen gebacken wird. Davor empfiehlt sich ein Teller Antipasti. Dazu ein kaltes Bier oder eine Flasche Rotwein. Die Sahnehäubchen sind der wunderbar freundliche Service und das hübsche Plätzchen im Patio. Passt doch perfekt.

An den großen Tischen fühlt man sich gleich als Teil einer Gruppe oder Familie.

Orgánico Fortuna VEGETARISCH **$$**
(8572-2115; www.organicofortuna.com; Calle 466; Hauptgerichte 10–15 US$; 11–21 Uhr) Ein hübsches kleines Familienunternehmen, das sich dem Gedanken „Besser essen – besser leben" verschrieben hat. Die köstlichen, regionalen Zutaten werden sorgfältig zubereitet. Smoothies, Kaffee mit Mandelmilch und sogar glutenfreies Brot gibt es hier. Wer lange genug bleibt, hört als musikalische Untermalung vielleicht sogar die Geigenstunde aus dem Hinterzimmer.

An den Wänden stehen inspirierende Zitate – ein Beispiel gefällig? – „Eure Nahrung soll Euer Heilmittel sein".

Café Mediterraneo ITALIENISCH **$$**
(2479-7497; Ruta 702; Hauptgerichte 10–15 US$; 11.30–22 Uhr) Die Spritztour auf das Land lohnt sich, wenn man in dieser wunderbaren Osteria essen will, die hausgemachte Pasta und Pizza serviert, so z. B. die Arenal: Bacon, Ei, Schinken, Champignons und Basilikum. Die Gäste schwärmen vom freundlichen Service und den dekadenten Nachspeisen. Nutellapizza? Seltsamerweise wird hier auch Angus Beef frisch aus Texas serviert, während von der Weide gegenüber Ticorinder beleidigt rüberschauen.

Das Café liegt an der aus dem Stadtzentrum herausführenden Straße direkt hinter Bike Arenal und vor der Bar El Establo.

Chifa La Familia Feliz FUSION **$$**
(8469-6327; Calle 472; Hauptgerichte 8–12 US$; 11–22 Uhr;) Wer mal was Anderes probieren möchte – eine *richtige* Abwechslung zu *casados* und Pizza –, sollte sich hier umsehen. *Chifa* bedeutet im Peruanischen übrigens „chinesisches Essen". Hier kommt also peruanisch-chinesisches Essen auf den Tisch, was wirklich etwas Besonderes ist. Der Koch gibt sich alle Mühe, all seine Gäste zu begrüßen und zufriedenzustellen.

Lava Lounge INTERNATIONAL **$$**
(2479-7365; www.lavaloungecostarica.com; Via 142; Hauptgerichte 8–15 US$, Spezialitäten 22–24 US$; 7–22.30 Uhr;) Dieses hippe Open-Air-Restaurant kommt gerade richtig, wenn man einfach nicht *noch* ein *casado erträgt.* Hier warten Pizza und Pasta, Wraps und Salate, dazu Unmengen an vegetarischen Gerichten. Das Serviceniveau schwankt, je nachdem wie viel los ist, doch die Picknicktische und das *Palapa*-Dach verleihen dem Ganzen eine coole, rustikale Atmosphäre. Ergänzt wird es durch

GEFAHREN & ÄRGERNISSE

In den Bussen zwischen Monteverde und La Fortuna (wie überhaupt in allen Bussen) sollte man sein Gepäck gut im Auge behalten und es möglichst nicht auf die Ablage über den Sitzen legen.

farbenfrohe Cocktails und gelegentliche Reggae-Livemusik, was die Lounge einigermaßen unwiderstehlich macht.

Restaurant Don Rufino INTERNATIONAL **$$$**
(☎2479-9997; www.donrufino.com; Ecke Via 142 & Calle 466; Hauptgerichte 16–40 US$; ⏲11–23 Uhr) Die Atmosphäre in diesem Grill-Restaurant mit Garten ist trendy. Das Highlight der Speisekarte sind die perfekt gegrillten Fleischgerichte – das New York Steak mit Pilzen schmeckt umwerfend. Wer etwas Günstiges sucht, nimmt das Grillhähnchen nach Großmutterart (gewürzt mit Schokolade, eingewickelt in ein Bananenblatt) oder den Thunfisch nach Art des Hauses (gewürzt mit Ingweröl, serviert mit Reisnudeln, Tamarindensoße und Cashewnüssen).

Ausgehen & Nachtleben

La Fortuna Pub PUB
(www.facebook.com/lafortunapub; Via 142; ⏲So–Do 14–24, Fr–Sa bis 1 Uhr) In diesem neuen Lokal, das ein Stück bergauf vom Stadtzentrum liegt, geht es vor allem um Tico Craft-Bier, von dem ein Dutzend hausgebraute Sorten vorrätig sind. Vor Ort wird ebenfalls Bier in kleinen Mengen gebraut, das aber im Nu ausverkauft ist. Auf der Facebookseite wird die nächste Runde angezeigt. Die üblichen Pubgerichte sind in Ordnung. Am Wochenende gibt es Livemusik und am Sonntag geht es rund beim Open Mic.

Down to Earth KAFFEE
(☎2479-8568; www.godowntoearth.org; Diagonal 301; Tour 25 US$; ⏲8–20 Uhr) Hier, an der Straße hinauf zum Wasserfall von La Fortuna, steht der Kaffee im Mittelpunkt: Er wird einzig und allein aus Bohnen von der Plantage des Besitzers im Tal Dota Tarrazu zubereitet. Essen gibt es hier keines, nur Kaffee – schön stark und belebend. Matias erklärt Kaffeekennern und -amateuren die „Biologie des guten Geschmacks".

Die Kaffeetour ist für Kinder nicht unbedingt spannend. Deshalb lockt gleich nebenan die Rainforest Chocolate Tour.

El Establo BAR
(☎2479-7675; Ruta 702; ⏲Mi–Sa 17–2 Uhr) La Fortunas lärmende *Sendero*-Bar mit Disko liegt direkt an der Stierkampfarena und wird von begeisterten Einheimischen frequentiert. Alle Altersgruppen sind hier vertreten – von 18–88 Jahren. Das ist fast immer ein gutes Zeichen. Außerdem zahlt man nicht viel für sein Bier!

An der Straße südlich der Stadt, gleich nach dem Cafe Mediterraneo.

Shoppen

Hecho A Mano KUNSTHANDWERK
(Geschäft für Kunsthandwerk; ☎8611-0018; www.facebook.com/handmadeartshop; Calle 468; ⏲Mo–Fr 9–21, Sa & So ab 10 Uhr) In La Fortuna gibt es einen schwunghaften Souvenirhandel, doch dieser Laden ist wirklich einzigartig, denn hier wird eine hervorragende Auswahl an Kunst und Kunsthandwerk von einheimischen Künstlern angeboten, so beispielsweise repräsentative Werke der zahlreichen Subkulturen Costa Ricas, darunter Boruca-Masken, Rasta-Kunsthandwerk, viele Makrameearbeiten und wundervoller handgefertigter Schmuck.

Neptune's House of Hammocks HAUSHALTSWAREN
(☎2479-8269; Diagonal 301; Hängematten 40–50 US$; ⏲8–18 Uhr) In dem an der Straße nach La Catarata de la Fortuna gelegenen Laden sieht Daniel seit einem Jahrzehnt dem Treiben der Touristen zu, während er seine magischen Hängematten flicht. Einfach mal eine Pause einlegen und in einer Hängematte Probe liegen.

Praktische Informationen

GELD

Um Colones (oder Dollars) in den Banken der Stadt zu erhalten, muss man sich anstellen.

BAC San José (Ecke Av 331 & Calle 466; ⏲Mo–Fr 9–18, Sa bis 13 Uhr)

Banco de Costa Rica (Via 142; ⏲Mo–Fr 9–16 Uhr)

Banco Nacional (Ecke Calle 468 & Av 331; ⏲Mo–Fr 8.30–15.45 Uhr)

Banco Popular (☎2479-9422; Ecke Via 142 & Calle 460A; ⏲Mo–Fr 8.45–16.30, Sa 8.15–11.30 Uhr)

MEDIZINISCHE VERSORGUNG

Centro Medico Sanar (☎2479-9420; Ecke Calle 464 & Av 331; ⏲8–20.30 Uhr) Arztpraxis, Ambulanz und Apotheke.

BUSSE AB LA FORTUNA

REISEZIEL	BUSGESELLSCHAFT	FAHRPREIS (US$)	FAHRZEIT (STD.)	HÄUFIGKEIT
Ciudad Quesada (San Carlos)	Auto-Transportes San José–San Carlos	2	1	20-mal tgl., 4.30–19 Uhr
San José	Auto-Transportes San José–San Carlos	5	4	12.45, 14.45 Uhr
San Ramon über Chachagua		2	2	5.30, 9, 13, 16 Uhr
Tilarán, mit Umsteigemöglichkeit nach Monteverde	Auto-Transportes Tilarán, Abfahrt am Parque Central	3	3½	7.30, 12.30, 17 Uhr

POST

Die **Correos de Costa Rica** (Av 331; ⌚ Mo–Fr 8–17.30, Sa 7.30–12 Uhr) befindet sich nordöstlich des Parque Central.

ℹ An- & Weiterreise

BUS

Der **Busbahnhof** (Av 325) befindet sich an der Straße am Fluss. Hier sollte man gut auf sein Gepäck aufpassen, da allerhand los ist.

Nach San José kann man den Bus nach Ciudad Quesada nehmen, von wo aus häufig Busse nach San José abfahren. Allerdings kostet das auch dementsprechend mehr.

Um nach Monteverde/Santa Elena (4 US$, 6–8 Std.) zu kommen, nimmt man den Frühbus nach Tilarán, wo man einige Stunden auf den Anschlussbus nach Santa Elena warten muss.

Bei Red Lava Tours direkt neben dem Busbahnhof erteilt das freundliche Personal Informationen zu Busfahrten im ganzen Land. Die Mitbesitzerin Sonia wird von Einheimischen als Google von La Fortuna bezeichnet.

TAXI-BOOT-TAXI

Die schnellste Verbindung zwischen Monteverde-Santa Elena und La Fortuna ist die Taxi-Schiff-Taxi-Kombination (ehedem bekannt als Jeep-Schiff-Jeep, was zwar sexy klingt, aber auch nichts Anderes ist). Genau genommen ist es ein Minivan mit dem unerlässlichen gelben „*Turismo*"-Aufkleber, der einen nach Laguna de Arenal bringt, von wo aus es mit dem Schiff über den See geht, an dessen anderem Ufer ein Geländewagen wartet, der weiter nach Monteverde fährt. Eine tolle Fahrt, die man beinahe bei jedem Hotel oder Tourenveranstalter in La Fortuna oder Monteverde buchen kann (25–35 US$, 4 Std.).

Diese Route ist nun der Hauptverkehrsweg zwischen La Fortuna und Monteverde, da sie landschaftlich unglaublich reizvoll ist. Auch der Fahrpreis ist annehmbar.

ℹ Unterwegs vor Ort

AUTO

La Fortuna ist mit öffentlichen Verkehrsmitteln leicht zu erreichen, doch nahe gelegene Attraktionen wie die heißen Quellen, den Parque Nacional Volcán Arenal und die Laguna de Arenal erreicht man nur als stolzer Besitzer eines Verbrennungsmotors (oder eben mit einem Veranstalter). Wer einen Tagesausflug nach Río Celeste, Caño Negro oder zu den Höhlen von Venado plant, sollte für den Tag vielleicht auch ein Auto mieten.

Adobe Rent a Car (☎ 2479-7202; www.adobecar.com; Av 325; ⌚ 8–17 Uhr)

Alamo (☎ 2479-9090; www.alamocostarica.com; Ecke Via 142 & Calle 472; ⌚ 7.30–17.30 Uhr)

FAHRRAD

Um sich in der Stadt zu bewegen und zu einigen Touristenzielen zu gelangen, ist ein Fahrrad recht gut geeignet. Als Klassiker gilt die etwas anspruchsvolle, etwa 7 km lange Fahrt von der Stadt zur Catarata. Wer sein Fahrrad im Voraus bei Bike Arenal (S. 274) bucht, bekommt es direkt ins Hotel geliefert.

Parque Nacional Volcán Arenal

Den Großteil der Neuzeit war der Volcán Arenal nur irgendein schlafender Vulkan, umgeben von fruchtbarem Ackerland. Aber 42 Jahre lang – von seinem zerstörerischen Ausbruch im Jahre 1968 bis zu seinem plötzlichen Erlöschen 2010 – galt der Vulkan als Ehrfurcht gebietendes Naturwunder, das bei gewaltigen Explosionen beinahe täglich bedrohliche Aschesäulen und glühende Ströme geschmolzenen Gesteins ausspie.

Die feurigen Bilder sind nun Vergangenheit, doch der **Arenal** (☎ 2461-8499; Erw./Kind

15/5 US$; ⌚8–16 Uhr, letzter Einlass 14.30 Uhr) ist immer noch ein lohnendes Ziel. Dichte Wälder bedecken die unteren Hänge und Vorgebirge, darüber ragt wie im Bilderbuch der perfekte Kegel auf (der allerdings oft wolkenverhangen ist). Der Parque Nacional Volcán Arenal gehört zur Área de Conservación Arenal, einem Schutzgebiet, das den Großteil der Cordillera de Tilarán umfasst. Die von zahlreichen Pfaden durchzogene Gegend ist rau und abwechslungsreich und bietet vielen Tieren Lebensraum.

Aktivitäten

Wandern

Von der Rangerstation, die Wanderkarten auf Lager hat, führt der 1 km lange Rundweg **Sendero Los Heliconias** an der Stelle vorbei, wo 1968 die Lava floss. Von der Route zweigt ein 1,5 km langer Pfad zu einem Aussichtspunkt ab. Auch der **Sendero Las Coladas** geht vom Heliconias-Weg ab, umrundet den Vulkan auf 2 km Länge und passiert den Lavafluss von 1993, bevor er auf den **Sendero Los Tucanes** stößt, der über weitere 3 km durch tropischen Regenwald am Fuß des Vulkans führt. Um wieder zum Parkplatz zu gelangen, muss man denselben Weg zurückgehen. Unterwegs bietet sich ein hübscher Blick auf den Gipfel.

Von der Hauptverwaltung des Parks (nicht von der Rangerstation) verläuft der 1,3 km lange **Sendero Los Miradores** hinunter zum Ufer des Vulkansees und bietet einen herrlichen Blick auf den Vulkan. An der Parkverwaltung entspringt außerdem der **Old Lava Flow Trail**; der interessante, anstrengende Rundweg in niederem Gefilde folgt dem Lavafluss des gewaltigen Ausbruchs von 1992, ist etwa 4 km lang und in gut zwei Stunden zu bewältigen.

Wer noch weiter wandern möchte, kombiniert diesen mit dem **Sendero El Ceibo**, einer malerischen etwa 1,8 km langen Route durch den Sekundärwald.

Weitere Wanderwege starten an der Arenal Observatory Lodge und in einem Privatreservat in der Nähe.

Wasserfall-Wanderweg WANDERN
(www.arenalobservatorylodge.com; Arenal Observatory Lodge; Tageskarte pro Pers. 10 US$) Diese landschaftlich schöne und einfache Wanderung (2 km) startet an der Arenal Observatory Lodge: Sie führt zu einem 12 m hohen Wasserfall. Anfangs geht es noch über flaches Gelände, doch dann steigt man hinab in eine Grotte, wo sich ein donnernder Wasserfall versteckt. Den Sprühnebel spürt man schon lange, bevor man den majestätischen Wasserfall erblicken kann.

Arenal 1968 WANDERN
(☎2462-1212; www.arenal1968.com; El Castillo–La Fortuna; Trails 12 US$, Mountainbikepark 12 US$; ⌚7–22 Uhr) Direkt neben dem Parkeingang verläuft auf Privatgrund ein Netzwerk von Pfaden entlang der Lavaströme von 1968. Es gibt einen *mirador* (Aussichtspunkt), der an einem klaren Tag ein Bilderbuchpanorama des Vulkans bietet. Das Gelände befindet sich 1,2 km von der Abzweigung zum Park entfernt, direkt vor der Rangerstation.

Das 16 km umfassende Netz an Mountainbikewegen ist nicht identisch mit den Wanderwegen. So lernt man den Park aus einer anderen Perspektive kennen.

Geführte Touren

Außer zu Fuß lässt sich der Nationalpark auch auf dem Pferderücken, auf dem Mountainbikesattel oder vom Sitz eines Geländewagens erkunden.

Arenal Wilberth Stables REITEN
(☎2479-7522; www.arenalwilberthstable.com; pro Person ½ Std. 40/65 US$; ⌚7.30, 11 & 14.30 Uhr) Dieser Reitstall am Fuße des Arenal bietet zweistündige Reitausflüge an, die durch Wald und Feld, aber auch vorbei am See und am Vulkan führen. Er liegt gegenüber dem Nationalparkeingang. Aber auch in der Stadt gibt es ein Büro, und zwar im Arenal Hostel Resort (S. 277).

Original ATV ABENTEUER
(☎2479-7522; www.originalarenalatv.com; Verleih pro Std. 60–90 US$, Tour pro Person 100–130 US$; ⌚7.30, 11 & 14.30 Uhr) Diese wilde 2½-Std-Fahrt im Geländefahrzeug mit stetem Blick auf den Vulkan startet auf einer privaten Farm in der Nähe des Nationalparks.

Unterwegs können sich die Gäste abkühlen (und frischmachen), indem sie in den Fluss springen. Der Veranstalter hat ein Büro gegenüber dem Parkeingang, aber ebenso eines in La Fortuna, im Arenal Hostel Resort. Im Preis inbegriffen ist auch der Transfer vom/zum Hotel.

Schlafen

Arenal Observatory Lodge LODGE $$$
(☎2479-1070, Reservierung 2290-7011; www.arenalobservatorylodge.com; DZ/3BZ/4BZ ohne Bad 100/$115/130 US$, mit Bad ab 140/155/185 US$; P @) Diese grandiose und weitläu-

fige Lodge hoch oben an den Hängen des Arenal ist die einzige Unterkunft im Nationalpark. Die Bandbreite reicht dabei von rustikalen Doppelzimmern mit Gemeinschaftsbad und Ausblick von der Veranda bis hin zu Juniorsuiten mit breiten Doppelbetten, lokaler Kunst und riesigen Panoramafenstern mit Aussicht auf den Vulkan. Die Zimmer (leider mit papierdünnen Wänden) könnten ebenso wie die Nachtbeleuchtung eine Renovierung vertragen.

Auf dem Gelände gibt es ein anständiges Restaurant mit internationaler Küche (kulinarische Alternativen findet man hier oben ohnehin nicht) und ein kleines Museum mit Exponaten zu Geschichte, Vulkankunde und Hydrologie des Arenal.

Im Preis inbegriffen sind die Nutzung des Pools und der Wanderwege sowie eine geführte Wanderung am Morgen.

Praktische Informationen

Die **Rangerstation** (☎2461-8499; ⌚8–16 Uhr) befindet sich an der Westseite des Vulkans. Neben dem zur Station gehörenden Infozentrum gibt es auch einen Parkplatz. Hier beginnt der Wanderweg (3,4 km) zum Vulkan.

An- & Weiterreise

Um mit dem Auto zur Rangerstation zu gelangen, fährt man von La Fortuna 15 km in westliche Richtung, biegt an dem Schild „Parque Nacional" links ab und folgt der 2 km langen gepflegten Schotterpiste bis zum Eingang an der linken Straßenseite. Alternativ steigt man um 8 Uhr in den Bus Richtung Tilarán und bittet den Fahrer, beim Park zu halten; zurück nach La Fortuna geht es dann um 14 Uhr.

Wer zur Arenal Observatory Lodge möchte, fährt weiter entlang der Schotterpiste. Rund 3 km nach der Rangerstation tauchen eine kleine einspurige Brücke und ein Parkplatz auf. Nach dem Überqueren der Brücke gelangt man zu einer Weggabelung; rechts geht es zu dem Dorf El Castillo, links zur Arenal Observatory Lodge, die man nach weiteren 2,6 km erreicht. Die steile Straße besteht teils aus festgetretenem Schotter, teils aus Asphalt und ist mit den meisten Fahrzeugen zu bewältigen; dennoch ist ein Geländewagen zu empfehlen.

Ein Taxi von La Fortuna zur Lodge oder nach El Castillo berechnet jeweils rund 30 US$.

El Castillo

300 EW.

Das winzige Bergdorf El Castillo ist für alle, die tückische Straßen nicht scheuen, eine bukolische Alternative zu La Fortuna, das lediglich eine Stunde entfernt liegt. Das pittoreske Dörfchen, das als Umsiedlungsstandort nach dem großen Vulkanausbruch von 1968 entstand, bietet einen einfachen Zugang zum Parque Nacional Volcán Arenal und beeindruckende Ausblicke auf den hoch aufragenden Berg – und das ohne den chaotischen Verkehr oder den Touristenwahnsinn der größeren Nachbarstadt.

Die Expats hier sind eine verschworene Gemeinschaft; einige Leute haben hübsche Lodges und auch edle Restaurants eröffnet. Es gibt Wanderwege und Wasserbecken zum Schwimmen. Sogar ein paar Attraktionen erwarten die Besucher, nämlich ein Schmetterlingshaus sowie ein Ökozoo.

Das Einzige, was es in El Castillo nicht gibt, sind Bürgersteige. Was aber vielleicht auch gewisse Vorzüge hat.

Sehenswertes

Arenal EcoZoo ZOO

(El Serpentario; ☎2479-1059; www.arenalecozoo.com; Straße La Fortuna–El Castillo; Erw./Kind 15/12 US$, mit Führer 23/16 US$; ⌚8–19 Uhr) Dieses Schlangenhaus ist wortwörtlich ein Zoo zum Anfassen: Hier darf man Giftschlangen berühren und „melken". Der EcoZoo beherbergt auch eine Boa constrictor (eine der größten Schlangen der Welt) sowie Frösche, Amphibien, Leguane, Wasserschildkröten, Skorpione, Taranteln und Schmetterlinge. Wer erleben will, wie die Schlangen Insekten, Frösche und andere Schlangen verschlingen, sollte zur Fütterungszeit vorbeischauen. Der Zoo liegt an der Hauptstraße, vom See aus bergauf, die nach La Fortuna führt.

El Castillo-Arenal Butterfly Conservatory NATURSCHUTZGEBIET

(☎2479-1149; www.butterflyconservatory.org; Straße El Castillo–La Fortuna; Erw./Schüler 15/11 US$; ⌚8–16 Uhr) Dies ist nicht nur einfach ein Gewächshaus mit Schmetterlingen (obwohl hier eine der größten Schmetterlingsausstellungen von Costa Rica untergebracht ist): Insgesamt sind es sechs kuppelförmige Lebensräume, ein Ranarium, ein Insektenmuseum, ein Heilpflanzengarten und ein Wegenetz, auf dem man eine Stunde lang durch den botanischen Garten streifen und am Fluss entlangwandern kann. Zudem lassen sich an diesem friedlichen Ort mit Vulkanblick wunderbar Vögel beobachten. Das Conservatory liegt an der Hauptstraße, vom See aus bergauf, die nach La Fortuna führt.

La Fortuna und Umgebung

La Fortuna & Umgebung

Highlights
1 Parque Nacional Volcán Arenal E3

Sehenswertess
2 Arenal EcoZoo E3
3 Arenal Natura F2
4 Catarata Río Fortuna F3
5 Ecocentro Danaus G2
El Castillo-Arenal Butterfly Conservatory .... (s. 2)
6 Mirador El Silencio E2
7 Venado Caves E1

Aktivitäten, Kurse & Touren
8 Arenal 1968 .... E3
9 Arenal Mundo Aventura G3
Arenal Oasis .... (s. 27)
10 Arenal Paraíso Canopy Tours E2
11 Arenal Wilberth Stables E3
Athica Canopy .... (s. 6)
12 Baldi Hot Springs F2
13 Canoa Aventura F3
14 Canopy Los Cañones F2
Costa Rica Cooking .... (s. 48)
Costa Rica Dog Rescue .... (s. 48)
15 Don Olivo Chocolate Tour G2
16 Eco Termales Hot Springs F2
17 Ecoglide F2
18 Fishing Lake Arenal D2
La Gavilana .... (s. 2)
19 Mistico Hanging Bridges D2
Original ATV .... (s. 11)
20 Paradise Hot Springs F2
21 PureTrek Canyoning F2
Rancho Adventure Tours .... (s. 45)
22 Sky Adventures E3
23 Springs Resort & Spa E2
24 Tabacón Hot Springs E2
Waterfall Trail .... (s. 28)

Schlafen
25 Arenal Backpackers Resort F2
26 Arenal Lodge D2
27 Arenal Oasis F3
28 Arenal Observatory Lodge E3
29 Arenal Volcano Inn F2
Cabinas Los Tucanes .... (s. 2)
30 Casa Luna Hotel & Spa F3
31 Catarata Eco-Lodge F3
32 Chachagua Rainforest Ecolodge G4
33 El Silencio del Campo F2
34 Erupciones Inn B&B E2
Essence Arenal .... (s. 2)
35 Green Lagoon F3
36 Gringo Pete's G3
37 Hotel Campo Verde E2
38 Hummingbird Nest E3
39 La Mansion C2
40 Lost Iguana D2
41 Majestic Lodge E3
42 Nayara Hotel, Spa & Gardens F2
43 Nepenthe E4
44 Rancho Cerro Azul F3
45 Rancho Margot D4
46 Roca Negra del Arenal F2
47 Villas Josipek G4

Essen
Fusion Grill .... (s. 38)
48 Gecko's Waterfall Grill F3
La Gavilana Herbs & Art .... (s. 2)
La Ventanita .... (s. 38)

Ausgehen & Nachtleben
49 Down to Earth F3
Howlers Bar & Grill .... (s. 41)

Shoppen
50 Neptune's House of Hammocks F3

Geführte Touren

La Gavilana TOUR
(☎2479-1747, 8433-7902; www.gavilana.com; Straße El Castillo–La Fortuna; Wasserfalltour 90 US$, Orientierungstagestour 99 US$, Große Waldwanderung 159 US$) Die abenteuerlustigen Leute von La Gavilana Herbs & Art bieten eine zweitägige „Extremwanderung" auf dem Großen Waldwanderweg zwischen El Castillo und San Gerardo (bei Santa Elena) an.

Nach der Wanderung durch den Urwald und der Überquerung reißender, tobender Flüsse übernachten die Wanderer auf dem rustikalen Rancho Maximo in San Gerardo.

Für das Abendessen und Frühstück wird gesorgt. Das Veranstalterbüro befindet sich an der Hauptstraße, vom See aus bergauf, die nach La Fortuna führt.

La Gavilana hat noch weitere Abenteuer im Angebot, darunter eine Orientierungstagestour und eine eintägige Wasserfalltour. Und Foodies können den Fermentationsworkshop ausprobieren – da geht es dann ans Eingemachte …

Sky Adventures BAUMWIPFELTOUR
(☎2479-4100; www.skyadventures.travel; Erw./Kind Sky Walk 39/27 US$, Sky Tram 46/32 US$, Sky River Drift 72/57 US$, Sky Limit 81/56 US$, Sky Trek 81/56 US$; ⏲7.30–16 Uhr) El Castillos Baumkronentour umfasst Ziplines (Sky Trek), eine schwebende Gondel (Sky Tram) sowie eine Reihe von Hängebrücken (Sky Walk). Eine sichere Sache unter verlässlicher Leitung. Wer es ausprobiert hat, kommt mit einem Lächeln zurück. Die einzigartige Kombi Sky River Drift verbindet Flying Fox mit Baum-

klettern (und Runterspringen) und Tubing (Flussfahrt im Reifenschlauch), während Sky Limit Flying Fox mit Abseilen und anderen Herausforderungen in großer Höhe kombiniert. Das Gelände ist auch mountainbiketauglich. Sky Adventures befindet sich an der Hauptstraße, vom See aus bergauf, die nach La Fortuna führt, gleich nach den Arenal Tropical Gardens.

Rancho Adventure Tours ABENTEUER
(☎8302-7318; www.ranchomargot.com; Bauernhofführung 35 US$, andere Touren 55 US$) Rancho Margot bietet eine gute Auswahl an geführten Touren, darunter Reiten am Südende der Laguna de Arenal, Kajakfahren am See und eine Führung über die Ranch, die Wissenswertes über nachhaltige Landwirtschaft vermittelt. Für Gäste der Ranch sind die Aktivitäten kostenlos.

Das Rancho Margot befindet sich an der Kreuzung der Straßen El Castillo–La Fortuna und Rancho Margot.

Schlafen

Für einen so kleinen Ort verfügt El Castillo über eine beeindruckende Auswahl an Unterkünften – von flippigen Billigbuden über hübsche B&Bs bis zu teuren Ökolodges. Im Dorf liegen sie ebenso wie am Seeufer und oben am Hang eng beieinander.

Wer ein Zelt hat, kann es kostenlos am Ufer aufstellen (der Schotterstraße gleich gegenüber der Kirche folgen). Hier gibt es die schönste Aussicht weit und breit.

Essence Arenal HOSTEL $
(☎2479-1131; www.essencearenal.com; DZ mit/ohne Bad 48/35 US$, zusätzl. Person 12 US$, Zelt 30–48 US$; P@) Dieses „Boutique-Hostel“ thront inmitten eines etwa 22 ha großen Geländes auf einem Hügel mit unglaublichem Blick auf den Vulkan und See. Außerdem ist es die beste Billigunterkunft der Region Arenal.

Man kann sich in einem einfachen, aber sauberen Zimmer niederlassen oder in einem schnuckligen Zelt mit plüschigen Betten und Holzmöbeln (bei manchen gibt es für 10 US$ noch Terrasse und Jacuzzi dazu) gemütlich machen. Dies ist ein eklektischer Ort voll positiver Energie, wo Gruppenwanderungen und Yogaunterricht angeboten werden und der für Good Vibes steht.

Die Gäste beteiligen sich an der Zubereitung der vegetarischen Mahlzeiten (mit Zutaten vom eigenen Biobauernhof), die auch selbst die hartgesottensten Fleischfresser begeistern wird. Das Restaurant hat von 7–20 Uhr geöffnet. Links zum Butterfly Conservatory abbiegen und dann etwa 1 km bergauf bis zum Hostel fahren.

Cabinas Los Tucanes HOTEL $$
(☎2479-1076; www.arenalcabinaslostucanes.com; Straße El Castillo–La Fortuna; DZ/3BZ/4BZ 55/65/80 US$, Frühstück 5 US$;) Hier dürfen sich die Gäste auf riesige, blitzsaubere und geräumige Zimmer freuen. Die Einrichtung ist schlicht, der Blick aus den großen Fenstern mit Aussicht auf den See weiter unten dafür umwerfend. Die Zimmer im Obergeschoss sind etwas luftiger. Mit Aussicht sind sie etwas teurer, aber das Geld auf jeden Fall wert. Fanny und Licho kümmern sich gut um dieses Hotel und um ihre Gäste.

Hummingbird Nest B&B $$
(Nido del Colibri; ☎8835-8711, 2479-1174; www.hummingbirdnestbb.com; DZ/3BZ/4BZ mit Frühstück 85/95/100 US$; P) Am Ortseingang führt ein kleiner Pfad einen steilen Hügel hinauf zu diesem charmanten B&B einer früheren Flugbegleiterin und passionierten Globetrotterin, die sich hier ihr kleines Paradies geschaffen hat.

Die idyllische Anlage beherbergt zwei Gästezimmer und einen Garten voller Kolibris mit einem riesigen Freiluft-Jacuzzi.

In der Hochsaison kann man ein eigenes Häuschen unterhalb des B&B mieten.

★ **Rancho Margot** RESORT, LODGE $$$
(☎8302-7318; www.ranchomargot.org; Kreuzung der Straßen El Castillo-La Fortuna & Rancho Margot; mit Mahlzeiten; B pro Person 80 US$, Bungalow EZ/DZ 175/250 US$; P) Das Rancho Margot ist Resort Lodge und Biobauernhof in einem und erstreckt sich über ein wunderschönes 61 ha großes Gelände am rauschenden Río Caño Negro inmitten von mit Regenwald bewachsenen Bergen. Es gibt gemütliche, schlafsaalähnliche Unterkünfte mit Stockbetten. Wenn es das Budget zulässt, kann man in wunderschönen Bungalows mit Teakholzmöbeln und Veranda samt Traumblick auf majestätische Berge, dichten Dschungel und den friedlichen See buchen.

Im Preis inbegriffen sind eine zweistündige Rancho-Führung sowie täglicher Yogaunterricht. Außerdem gibt es Wanderwege und (kostenlose) heiße Quellen. Je länger man bleibt, desto günstiger gestalten sich die Preise. Die Ranch befindet sich an der Kreuzung der Straßen El Castillo–La Fortuna und Rancho Margot.

Majestic Lodge PENSION $$$

(☎ 8703-1561, 2479-1085; www.majesticlodgecostarica.com; Straße El Fósforo–El Castillo; Zi. 130 US$; P❄📶≋) Diese hübsche Boutique-Lodge besticht durch eine erstklassige Veranda mit Blick auf die Laguna de Arenal. Man kann hier problemlos den ganzen Tag abhängen, den Blick von der überdachten Terrasse aus genießen oder in dem grandiosen steinernen Swimmingpool mit Jacuzzi herumdümpeln. Die noblen Zimmer der Lodge sind mit wunderschönen handgefertigten Möbeln und stilvoll gefliesten Badezimmern ausgestattet, während die „Pie in the Sky"-*cabinas* sogar über eine voll eingerichtete Küche verfügen.

Je nach Anzahl der gemieteten Zimmer und Aufenthaltsdauer gibt es einen Preisnachlass. Näheres erfährt man von Walter, der auch die Howlers Bar vor Ort betreibt und ein weiteres Anwesen in Castillo plant.

Die Majestic Lodge befindet sich an der Hauptstraße El Fósforo–El Castillo, die parallel zum Seeufer verläuft.

Nepenthe B&B $$$

(☎ 8892-5501; www.nepenthe-costarica.com; DZ mit Frühstück 115 US$; P❄📶≋) Absolutes Highlight dieses hübschen Fleckchens, das südlich von El Castillo liegt, ist der spektakuläre, quellgespeiste Infinity-Pool mit Blick auf die Laguna de Arenal. Die an eine Lodge erinnernden Hütten sind schlicht, aber gefliest und mit farbenfrohem Kunsthandwerk dekoriert. Sie sind in einem ranchoartigen Gebäude mit halbmondförmigem Grundriss untergebracht. Von den im Patio aufgespannten Hängematten lässt sich die Aussicht wunderbar genießen. Um das B&B zu erreichen, benötigt man allerdings ein Geländefahrzeug.

Das passend benannte Restaurant Phoenix auf dem Gelände wurde schon vier Mal umgebaut. Einige Hütten sind mit voll eingerichteten Küchen ausgestattet. Für Gruppen mit bis zu zwölf Personen gibt es ein separat stehendes Haus.

Essen & Ausgehen

Die Auswahl an Restaurants ist in El Castillo ziemlich begrenzt. Aber es gibt ein paar recht gute, sodass man zumindest ein paar Tage lang bestens versorgt ist. Darüber hinaus kann man auch in einigen der Unterkünfte außerhalb des Dorfes lecker essen. In La Fortuna ist natürlich für jeden Geschmack etwas geboten, doch dafür muss man 9 km holprige Straßen überwinden.

★ La Ventanita CAFÉ $

(☎ 2479-1735; Straße El Castillo–La Fortuna; Hauptgerichte 3–5 US$; ⏰ 11–21 Uhr; ✍) *La Ventanita* bezieht sich auf das „kleine Fenster", wo man die Bestellung aufgibt. Nur wenig später verschlingt man den absolut besten *chifrijo* (Reis und Pintobohnen mit gebratenem Schweinefleisch, serviert mit frischer Tomatensalsa und Maischips), dazu einen nahrhaften und köstlichen *batido* (Smoothie). Hier kommen landestypische Speisen mit dem gewissen Etwas auf den Tisch – beispielsweise Pulled Pork und Bacon Burritos.

Kelly aus Kalifornien kennt sich in der Gegend übrigens bestens aus – einfach nachfragen. Das Café liegt an der Straße zwischen El Castillo und La Fortuna.

La Gavilana Herbs & Art BÄCKEREI $

(☎ 8533-7902; www.facebook.com/gavilanacr; Snacks 2–6 US$; ⏰ Mo–Fr 8–17, Sa 9–14 Uhr) Hier, südwestlich von El Castillo, warten Tomas und Hannah auf ihre Gäste. Er ist Tscheche und macht die scharfe Soße und den Essig; sie ist Amerikanerin und backt Cookies und Brot. Ihr Reich schmücken Bilder (von Hannah), zudem gibt es einen Waldgarten (von Tomas) mit Heilpflanzen und Obstbäumen. Die gesamte Anlage verströmt Liebe, Schönheit und Kreativität. Um eine Reservierung wird gebeten.

Fusion Grill FUSION $$

(☎ 2479-1949; www.fusiongrillrestaurant.com; Straße El Castillo–La Fortuna; Hauptgerichte 8–15 US$; ⏰ 7–22 Uhr) Fusion Grill ist ein Open-Air-Restaurant mit unglaublichem Vulkanblick und einem Hauch von Noblesse (zumindest mehr als die anderen Restaurants in El Castillo). Chefkoch Adrian Ramirez ist mächtig stolz auf seine *parillada mixta* (Grillplatte), bereitet aber auch fantastische Desserts zu, beispielsweise Ananas- oder Bananen-Flambé.

Das Restaurant befindet sich an der Hauptstraße zwischen El Castillo und La Fortuna, vom See aus bergauf.

Howlers Bar & Grill BAR

(☎ 2479-1785; www.facebook.com/howlersbarandgrill; ⏰ Di–So 11.30–20.30 Uhr) Diese Bar liegt direkt am See und eignet sich perfekt, wenn man abends in El Castillo trinken gehen und sich amüsieren will. Praktischerweise ist es auch die einzige Bar vor Ort. Das Essen im Stil amerikanischer Bars schmeckt hervorragend und auch das kalte, frisch gezapfte Bier ist wunderbar. Ein beliebter Treffpunkt für die Expats, wo man immer mit super Atmosphäre rechnen kann – *pura vida* eben. Sie gehört zur Majestic Lodge.

An- & Weiterreise

El Castillo liegt 8 km nach dem Eingang zum Parque Nacional Volcán Arenal. Dorthin führt eine holprige Schotterstraße, die im Dorf noch ramponierter ist.

Öffentliche Verkehrsmittel gibt es keine, dafür aber einen privaten **Shuttlebus** (☎ 8887-9141; Calle 472) der vom Super Christian in La Fortuna (1 Std., 9 US$) um 7.30, 12.30 und 17.30 Uhr abfährt. Von Rancho Margot (S. 288) startet er um 6, 10 und 16 Uhr. Zurück geht es von La Fortuna um 6, 10 und 16 Uhr. Wer mitfahren will, ruft die beiden Fahrer Arturo und Luis (Vater und Sohn) unter der Nummer 8887-9141 an; ihr Minibus ist weiß, grau oder grün. Für 4 US$ hält der Bus auch am Eingang zum Nationalpark.

Laguna de Arenal

Rund 18 km westlich von La Fortuna überquert eine 750 m lange Straße den Damm, der die Laguna de Arenal schuf, den mit 88 km² größten See des Landes. Arenal und Tronadora versanken bei der Anlage des Sees im Jahr 1979 in den Fluten. Heute ist der See ein wertvolles Wasserreservoir für Guanacaste, die Sportfischer lieben den Leopardenbuntbarsch und durch Wasserkraft wird Strom für die Region erzeugt. Auch riesige stählerne Windräder produzieren reichlich Strom, obwohl die Wind- und Kitesurfer gelegentlich ein oder zwei Brisen abzweigen.

Die Umrundung des Sees ist einer der fantastischsten Road Trips in Costa Rica. Eigenartige und zugleich elegante Geschäfte säumen die Straße. Die steife Brise und die Höhenlage sorgen dafür, dass es am See nicht allzu heiß wird. Die Aussicht auf die Wälder rund um den See und auf den Volcán Arenal ist unglaublich romantisch.

Aktivitäten

Die Laguna de Arenal besticht durch unzählige lauschige Buchten und eine bewaldete Insel. Am Westende des Damms befindet sich für gewöhnlich ein Kajakverleih. Man sollte allerdings bedenken, dass der Wind plötzlich auffrischen kann – dann wird die Kajakfahrt zurück ans Ufer zu einem Albtraum. Am See führt auch eine beliebte Fahrradstrecke (Infos bei Bike Arenal; S. 274) entlang. In der Gegend gibt es auch noch weitere Attraktionen.

Mistico Hanging Bridges BAUMWIPFELTOUR
(Puentes Colgantes de Arenal; ☎ 2479-8282; www.misticopark.com; Erw./Kind 24 US$/kostenlos, Touren 36–47 US$; ⏲ 7.30–16.30 Uhr, Touren 6, 9 & 14 Uhr) Während bei einem Zipline-Flug nur ein kurzer Blick ins Blätterdach möglich ist, lassen sich bei einer Tour über diese sechs Hänge- und zehn normalen Brücken der dichte Regenwald und die Baumkronen mit sehr viel mehr Zeit und Ruhe entdecken. Die Brücken sind alle über einen 3 km langen Weg zu erreichen, der durch einen Tunnel und an einem Wasserfall vorbeiführt.

Die längste Hängebrücke misst etwa 97 m, die höchste schwingt rund 25 m über dem Erdboden. Vogelbeobachtungstouren und informative Naturexkursionen unter fachkundiger Leitung sollten rechtzeitig reserviert werden. Der Bus Tilarán hält bei Bedarf am Eingang, von dort aus muss man allerdings noch 3 km steil bergauf gehen. In La Fortuna werden viele Touren angeboten. Die Touren können aber auch direkt im Büro von Mistico, 25 m nördlich der Banco Nacional, gebucht werden.

Fishing Lake Arenal ANGELN
(Marc El Belga; ☎ 8389-2989; www.fishinglakearenalcr.com; Laguna de Arenal Anlegestelle am Damm; halber/ganzer Tag 225/350 US$) Marc, auch „Marc el Belga" („der Belgier") genannt, sitzt in einem Liegestuhl vor seinem Auto neben der Jeep-Schiff-Jeep-Anlegestelle am Damm. Seit über zwei Jahrzehnten hilft er nun schon seinen mitfahrenden Gästen, die großen Fische in den Tiefen des Sees ausfindig zu machen: Leopardenbuntbarsch, Machaca und den köstlichen Gaupote. Und Marc ist kaum zu übersehen.

Arenal Kayaks KAJAKFAHREN
(☎ 2694-4336; www.arenalkayaks.com; 2-Std.-Tour 35 US$) Zweistündige geführte Paddeltour auf der Laguna de Arenal, einschließlich Tierbeobachtung und Schwimmpausen. Mit Abholung am Hotel.

Represa Arenal

Wer einen Moment lang vergisst, dass ein Dammbau immer bedenkliche ökologische Folgen hat, kann sich einfach daran erfreuen, dass dieser spezielle Damm (Arenal-Damm) einen ziemlich großartigen See geschaffen hat (der allerdings ein oder zwei Dörfer geschluckt hat).

Auf der glasklaren Wasseroberfläche spiegeln sich der Vulkan und die umgebenden, dicht von Nebelwald bewachsenen Berge, wenn gerade kein Wind weht. Viele Leute halten an, um den Ausblick zu genießen und ein paar Fotos zu schießen. Leider gibt es keinen geeigneten Haltepunkt, weshalb sich nicht selten ein kleiner Stau bildet, besonders am Westende des Damms.

Schlafen

Lost Iguana RESORT $$$

(☎ gebührenfrei in den USA 800-479-1557, 2479-1557; www.lostiguanacr.com; Zi./Suite/Casita mit Frühstück 265/295/535 US$; P ❄ @ 📶 🏊) Das stilvoll-edle Resort, das nur 1,5 km vom Damm entfernt liegt, befindet sich inmitten dichten Regenwaldes mit reißenden Bächen und traumhafter Aussicht – aus jedem Blickwinkel. Die luxuriösen Zimmer bieten Privatbalkone mit Blick auf den Arenal, Betten mit Laken aus ägyptischer Baumwolle, eine kleine Terrakottabar und eine unschätzbare idyllisch-intime Atmosphäre. Gegen einen Aufpreis gibt es sogar eine Suite mit Jacuzzi oder Regendusche unter freiem Himmel.

Ein romantisches Restaurant, ein wunderschöner Pool auf zwei Ebenen und eine Bar im Wasser sowie das gut ausgestattete Golden Gecko Spa gibt es in der Anlage.

Arenal Lodge LODGE $$$

(☎ 2479-1881; www.arenallodge.com; DZ Standard/-Superior 115/120 US$, FZ 150 US$, Junior Suite 165 US$, jeweils mit Frühstück; P ❄ 📶 🏊) Die Arenal Lodge befindet sich am oberen Ende einer steil bergauf führenden, etwa 2,5 km langen Straße. Die Lodge bietet grandiose Ausblicke auf den Arenal und den umgebenden Nebelwald. Die Standardzimmer sind zwar nichts Besonderes, allerdings überzeugen die geräumigen Juniorsuiten mit einem schönen Fliesenboden, Korbmöbeln und einem Panoramafenster oder einem Balkon mit herrlichem Vulkanblick.

Zahlreiche Wanderwege durchziehen das Grundstück. Hinzu kommen ein Jacuzzi, ein Billardzimmer, ein nettes Restaurant und sogar Privatställe. Die Lodge ist nicht weit von der Ruta 142 entfernt.

An- & Weiterreise

Die Represa Arenal (Arenal-Damm) liegt rund 18 km westlich von La Fortuna. Mit dem eigenen Fahrzeug kommt man schnell dort an. Ansonsten gibt es zahlreiche Veranstalter (oder Taxis), die Gäste in diese Ecke der Region bringen. Oder aber man wartet auf den Bus nach Tilarán, der zwei Mal täglich verkehrt.

Nuevo Arenal

2600 EW.

Trotz enger Verbindung zur alteingesessenen *extranjero cultura* (Expat-Kultur) wirkt dieses verschlafene Nest noch immer wie eine Tico-Stadt (wenn auch mit einem deutsch-schweizerischen Touch). Nuevo Arenal ist zweifellos ein angenehmer (und günstiger) Zwischenstopp für Reisende auf dem Weg nach Tilarán und zu entfernteren Orten. Im winzigen Stadtzentrum gibt es eine Tankstelle, zwei Banken, einen Supermarkt, eine Bushaltestelle in der Nähe des Parks und sogar eine etwas ramponierte, alte *plaza del toros* (Stierkampfarena).

Wer sich fragt, was denn aus Alt-Arenal geworden ist – es liegt 27 m unter der Wasseroberfläche der Laguna de Arenal. Um ein ausreichend großes Wasserreservoir für den Damm zu schaffen, musste die Regierung von Costa Rica zu gewissen Maßnahmen greifen, die zur Zwangsumsiedlung von 3500 Menschen führten. Die einfachen Leute von Nuevo Arenal scheinen von diesen Dingen heute nicht enttäuscht zu sein. Das liegt wohl daran, dass sie nun wertvolle Grundstücke direkt am See besitzen.

Schlafen

Mitten in der Stadt gibt es einige günstige Unterkünfte. Hinzu kommen noch die in ausländischer Hand befindlichen Anwesen, die direkt am Seeufer liegen.

Aurora Inn HOTEL $

(☎ 2694-4245; Zi. 24 US$; P @ 📶) Von der Straße aus lässt sich kaum erahnen, dass die Zimmer mit Seeblick recht hübsch, blitzsauber und geräumig sind. Die Gebäude ähneln Holzhütten mit offenem Dachstuhl. Das an der Ostseite des Platzes gelegene Inn gegenüber dem Sportplatz ist eine der wenigen günstigen Unterkünfte am See. Im zum Haus gehörenden Restaurant werden passable Pizzas serviert.

★ **La Ceiba Tree Lodge** LODGE $$

(☎ 8313-1475, 2692-8050; www.ceibalodge.com; EZ/DZ/3BZ/4BZ ab 65/90/115/135 US$; P ❄ 📶) Rund 22 km westlich des Damms befindet sich diese hübsche, entspannte Lodge mit Blick auf einen wunderschönen etwa 54 m hohen Ceiba-Baum. Spanische Fliesen, Originalbilder und geschnitzte Türen im Maya-Stil schmücken die acht geräumigen Zimmer. Jeder Raum ist mit rustikalen Artefakten und glänzenden Holzdecken ausgestattet und hat Aussicht auf die Laguna de Arenal. Der tropische Garten und die großzügige Terrasse verleihen der auf einem Berg gelegenen Anlage ein idyllisches Flair.

Die drei „Komfortzimmer" mit Queensize-Betten und hübscheren Badezimmern kosten rund 30 US$ extra.

Der Lodgeinhaber Dirk eröffnete einen der ersten Biergärten Costa Ricas, nämlich die Maya Lounge in San Jose, bevor er sich auf dem Land am Arenal niederließ.

Agua Inn B&B $$

(☎2694-4218; www.aguainn.com; Ruta 142; DZ mit Frühstück 80 US$; P 📶 🏊) In diesem gemütlichen B & B am Ufer des Río Cote lullt einen der Klang des rauschenden Flusses in den Schlaf. Diese grandiose Unterkunft eignet sich perfekt zum Entspannen – mit einem Swimmingpool im Schatten des Dschungels und einem Privatweg am See. Vier schlichte Zimmer in sanften Tönen und mit edler Bettwäsche teilen sich einen Balkon mit wunderbarem Blick über das Gelände.

Lucky Bug B&B B&B $$

(☎2694-4515; www.luckybugcr.net; DZ/Suite mit Frühstück ab 100/125 US$; P 📶 🏊) Dieses B&B liegt etwa 3 km westlich von Nuevo Arenal im Regenwald. Die fünf herrlich einsamen Bungalows von Lucky Bug sind mit zahlreichen Werken und dekorativen Elementen ausgestattet, die Kunsthandwerker der Gegend geschaffen haben. Zu entdecken gibt es helle Holzböden, Schmetterlinge aus Gusseisen, handbemalte Geckos, Mosaikwaschbecken und -beistelltischchen. Jedes Zimmer ist auf seine Art einzigartig und bezaubernd. Durch das Gelände verläuft ein Pfad in Richtung Regenwald. Wer auf dem See herumpaddeln möchte, kann sich dafür eines der Kajaks nehmen.

Auf dem Grundstück befinden sich auch das Restaurant Caballo Negro mit herzhafter deutscher Kost und die wunderbar schräge Lucky Bug Gallery. Wer sich in einen bemalten Käfer oder etwas Größeres verliebt, kann sich das Stück auch nach Hause schicken lassen.

La Mansion GASTHOF $$$

(☎2692-8018; www.lamansionarenal.com; DZ/Suite mit Frühstück ab 205/225 US$; P 📶 🏊) Die etwa 15,5 km westlich des Damms gelegene, reizende Anlage punktet mit ihrem traumhaften Blick von den Cottages, dem Pool und dem Restaurant. Die großen Zimmer auf zwei Ebenen verfügen über breite Doppelbetten, private Terrassen und Wandgemälde. Der großartige Infinity Pool wird von einem erholsamen Patio und einem Ziergarten mit Chorotega-Keramik gesäumt. Wer will, kann zum Entspannen auch einfach in den Jacuzzi hüpfen. Rundum gemütlich hier.

Das hauseigene Restaurant Le Bistro mit seiner bugförmigen Bar lädt zu einem romantischen Mittag- oder Abendessen im Speiseraum oder Patio mit Panoramablick ein. Auf den Tisch kommt eine umfangreiche Auswahl an gut zubereiteten europäischen Gerichten. Übrigens: Der Sonnenuntergang ist richtig spektakulär.

Villa Decary B&B $$$

(☎2694-4330, in USA oder Kanada 1-800-556-0505; www.villadecary.com; Zi. 125 US$, Casitas 160–180 US$; P ❄ 📶) Dieser Landgasthof, der rund 2 km östlich von Nuevo Arenal liegt, gewinnt in allen Kategorien, ob unbeschreibliche Aussicht oder unvergleichliche Gastfreundschaft. Die Zimmer sind mit Serape-Tagesdecken und originellen Kunstwerken geschmückt. Von den Balkons aus bietet sich ein wunderbarer Ausblick auf den Wald und den dahinter gelegenen See. Es gibt auch etwas größere *casitas* (für vier Personen) mit kleiner Küche. In der Nähe lassen sich hervorragend Vögel beobachten und Pflanzen entdecken, was auch die Besitzer bewogen hat, sich hier niederzulassen.

Villa Decary kann sich auch einer der besten Palmensammlungen von Costa Rica rühmen. So erklärt sich auch der Name des Hauses: Es war der Name eines französischen Botanikers, der einst eine neue Palmenart entdeckt hatte. Die Villa liegt 24,5 km westlich des Damms.

Essen

Nuevo Arenal ist überraschenderweise ein kleines Paradies für Leckermäuler. Hier kann man mindestens eine Woche lang von Restaurant zu Restaurant pilgern. Außer den netten und ziemlich guten Lokalen in der Stadt empfiehlt sich ein Besuch in einem der vortrefflichsten Speiselokale des Landes, dem Gingerbread am Ufer des Sees.

Tinajas Arenal CAFÉ $$

(☎8926-3365, 2694-4667; www.tinajasarenal.com; Hauptgerichte 9–17 US$; ⏲9–21.30 Uhr; 📶 ✍ 👪) 🍃 Ein wahres Juwel mit grandiosen Sonnenuntergängen und einer Bootsanlegestelle. Der Koch, der abwechselnd mit seiner talentierten Mama arbeitet, hat eine Karte zusammengestellt, auf der traditionelle Klassiker und neue Überraschungen stehen. Er verwendet frischen Fisch und Meeresfrüchte und kocht mit Zutaten, die gleich ums Eck angebaut werden. Am Südende von Nuevo Arenal führt von der Hauptstraße eine rund 2 km lange, beschilderte Straße zum Tinajas Arenal.

Lecker schmeckt der erfrischende Cocktail *a la casa, limon hierba* (Minzlimonade).

Los Platillos Voladores ITALIENISCH $$

(☎ 2694-5005; www.facebook.com/losplatillosvoladores; Hauptgerichte 6–14 US$; ⏲ 11.30–19.30 Uhr) Dieses italienische Take-Away mitten in Nuevo Arenal bekommt begeisterte Kritiken für seine hausgemachte Pasta, die Grillhähnchen und die frischen Salate. Die überwiegend italienische (die Aubergine mit Parmesan ist einfach köstlich), aber wechselnde Speisekarte bietet Fisch, Hähnchen und Fleischgerichte.

Das Essen kann man wunderbar auch auf dem Patio mit Seeblick genießen

Moya's Place CAFÉ, PIZZA $$

(☎ 2694-4001; Ruta 142; Hauptgerichte 8–12 US$; ⏲ 11–21 Uhr) Wandmalereien, Masken und weitere, von der Kunst der Ureinwohner inspirierte Kunstwerke schmücken die Mauern dieses netten Cafés. Reichlich Auswahl an köstlichen Sandwiches, gut gefüllten Wraps und Burritos sowie leckerer Pizza mit dünner, knuspriger Kruste.

Das Moya's ist ein sehr beliebter Treffpunkt, wo Ticos und Expats gerne zum Essen, Trinken und Lachen zusammenkommen – das Essen schmeckt lecker und das Bier ist gut gekühlt.

Las Delicias SODA $$

(☎ 8320-7102; Hauptgerichte 5–12 US$; ⏲ 7–21 Uhr; 📶) Eine günstige und fröhliche *soda* fast oben auf dem Hügel, wenn man auf die Stadt zufährt. An den Holztischen ist reichlich Platz. Zu essen gibt es preiswertes westliches Frühstück, Pastagerichte, Quesadillas und gegrillte Steaks. Bekannt ist das Delicias für seine *casados*.

Tom's Pan BÄCKEREI $$

(Original deutsche Bäckerei; ☎ 2694-4547; Ruta 142; Hauptgerichte 9–16 US$; ⏲ Mo–Sa 8–16.30 Uhr; P 📶) Besser bekannt als „die deutsche Bäckerei". Dank der vielen Schilder an der Uferstraße ist sie ein beliebter Stopp auf Autofahrten von/nach Tilarán.

Die Brote, Strudel und Kuchen sind alle hausgemacht. Dazu gibt es deutsche Würste, Sandwiches und Bier. Für die Lage sind jedoch alle Waren erstaunlich teuer.

ABSTECHER

WINDSURFEN

Im Nordwesten von Costa Rica bläst ein beständiger Wind, der zahllose Surfer anzieht. Die Laguna de Arenal gilt weltweit als einer der besten Orte zum Windsurfen, und auch Kitesurfer tummeln sich hier in Scharen. Von Ende November bis April ist der Anbieter **Tico Wind** (☎ 8383-2694, 2692-2002; www.ticowind.com; SUP-/Kitesurf-/-Windsurf-Ausrüstung: Miete 20/90/99 US$ pro Tag, Windsurfunterricht 50 US$ pro Std; ⏲ Nov.–April) vor Ort am Seeufer und bietet beiderlei Surfunterricht an. Die Boards und Segel sind Topmodelle, die Ausrüstung ist für unterschiedlichste Windverhältnisse geeignet. Der Einstieg befindet sich 15 km westlich von Nuevo Arenal. Am großen, weißen Maschendrahtzaun mit der Aufschrift „ICE" ist der Eingang. Dann der Schotterstraße 1 km bis zum See folgen. An der Laguna de Arenal kann es ein wenig frisch werden, weshalb in der Leihgebühr auch ein Neoprenanzug sowie ein Geschirr und ein Helm enthalten sind.

★ Gingerbread Hotel & Restaurant INTERNATIONAL $$$

(☎ 2694-0039, 8351-7815; www.gingerbreadarenal.com; Ruta 142; Hauptgerichte 25–40 US$; ⏲ Di–Sa 17–21 Uhr; 🖉) Die Gelegenheit, direkt am See in einem der besten Restaurants im Nordwesten von Costa Rica zu speisen, sollte man sich nicht entgehen lassen. Der legendäre, aus Israel stammende Koch hat seine Ausbildung in New York absolviert und bringt nun überirdisch leckere Mahlzeiten aus frischesten regionalen Zutaten auf den Tisch. Zu den Favoriten zählen Pilze in Soße, Salat mit Blackened Tuna und die enormen, saftigen Burger. Reichlich Essen, das hervorragend schmeckt. Nur Barzahlung möglich. Besser rechtzeitig reservieren.

Wer dort, wo er isst, auch gleich übernachten will, kann eines der hübschen Boutiquezimmer im Obergeschoss reservieren: Sie sind alle mit beeindruckenden Wandmalereien und anderen Werken einheimischer Künstler ausgestattet.

ℹ An- & Weiterreise

Nuevo Arenal liegt 27 km westlich des Damms oder eine Fahrtstunde von La Fortuna entfernt.

In der Gegend gibt es kaum öffentliche Verkehrsmittel. Nur ein Bus verkehrt zweimal täglich zwischen La Fortuna und Tilarán.

Am westlichen Ende der Laguna de Arenal

Der Weiler Piedras liegt am Westende der Laguna de Arenal. Eigentlich ist es eher eine Straßenkreuzung als eine Ortschaft. Aber es haben sich hier einige Ausländer angesiedelt, die die spektakuläre Landschaft am See und die Nähe zu Tilarán sehr zu schätzen wissen. Außerdem tummeln sich hier die meisten Surfer.

Schlafen

An diesem Ende des Sees ist das Karma so gut, dass man in einer der beiden erbaulichen Yogalodges nächtigen kann.

★ Living Forest B&B $$

(8708-8822, 7031-3239; www.lakearenalretreats.com; DZ mit Bad 70 US$, B/DZ/3BZ/4BZ ohne Bad 35/55/75/85 US$; P) Innenarchitektin, Massagetherapeutin, Yogameisterin und Freigeist: Johanna Harmala schuf mittels ihrer großartigen Talente diese einladende und inspirierende Anlage am Ufer des Río Sabalito, die sich rund 15 km westlich von Nuevo Arenal befindet.

Die farbenfrohen Zimmer sind mit hübschen Betten aus Walnussholz eingerichtet und verfügen über gemeinschaftlichen oder privaten Zugang zu schönen Steinbädern unter freiem Himmel. Ab zwei Nächten zu buchen. Bei längerem Aufenthalt kann über den Preis verhandelt werden.

Es gibt eine Badestelle, Yoga und Spabehandlungen sowie im Laufe des Jahres eine Reihe von erquicklichen Workshops.

Mystica Lodge LODGE $$$

(2692-1001; www.mysticacostarica.com; mit Frühstück DZ 110–160 US$, Villa 195 US$; 12–21 Uhr; P@) Ein sehr einladender Ort, um sich zu entspannen und sich zu verbinden – mit der Natur, dem eigenen Körper und dem Atem. Die gemütlichen und farbenfrohen Zimmer haben Böden mit spanischen Fliesen, gewebte Tagesbettdecken, hölzerne Accessoires und eine breite Veranda mit Vulkanblick. Die Yoga- und Meditationskurse finden auf einer wundervollen Yogaterrasse aus Holz statt, mit Blick auf einen murmelnden Bach. Es gibt zudem ein Heilzentrum für Reiki und Massagen, das in einem Baumhaus untergebracht ist.

Im Biogarten werden viele Zutaten für Frühstück und Abendessen geerntet.

> **INSIDERWISSEN**
>
> **DIE PANORAMASTRASSE**
>
> Auf dem Weg vom Arenal nach Monteverde ist die Route durch Tronadora und Río Chiquito eine malerische Alternative zu der Strecke durch Tilarán. Die Fahrt dauert zwar etwas länger und die Straße ist etwas holpriger, dafür entschädigt jedoch die eindrucksvolle Aussicht. Einfach nach der Abzweigung nach Río Chiquito etwa 1 km östlich von Tronadora Ausschau halten. Übrigens: Auf dieser Strecke, zwischen Nuevo Arenal und Santa Elena, sind überhaupt keine Tankstellen zu finden. Da man auf den rauen Bergstraßen zudem viel Kraftstoff verbraucht, sollte man unbedingt tanken, sobald sich die Gelegenheit bietet.

Essen & Ausgehen

Am Westende der Lagua de Arenal befinden sich nur wenige Restaurants, die dafür recht unterschiedlich sind und vor allem auch Leckeres anzubieten haben. Ein Lokal, in dem es allen Mitfahrern im Auto schmeckt, ist hier nicht schwer zu finden.

Equus Bar-Restaurant BARBECUE $$

(8389-2669; Hauptgerichte 6–14 US$; 11–24 Uhr) Der Duft von dekadent-leckeren Fleischgerichten, die über offenem Feuer geröstet werden, weist den Weg zu dieser authentischen Taverne, die sich 14,5 km westlich von Nuevo Arenal befindet. Einfach einen Platz an einem hölzernen Picknicktisch schnappen und loslegen! Seit mehr als 25 Jahren wird das bei Einheimischen sehr beliebte Restaurant von ein und derselben Familie betrieben.

Wem dies noch nicht genug Gründe zum Einkehren sind: Das Equus verwandelt sich abends auch in eine Bar/Disko mit Livemusik, in der alles Mögliche von Ranchero bis zu Reggae gespielt wird.

Café y Macadamia CAFÉ $$

(2692-2000; www.facebook.com/pages/Café-Y-Macadamia-Costa-Rica/790381744426077; Gebäck & Kaffee 2–4 US$, Hauptgerichte 6–13 US$; 8–20 Uhr; P) Zugegeben, 4 $ ist eine Menge Geld für einen Muffin. Aber diese Bananen-Macadamia-Muffins sind einfach

UNWIDERSTEHLICH – besonders wenn man dazu eine gute Tasse costa-ricanischen Kaffee trinkt und auf die grandiose Laguna de Arenal hinausblickt.

Auf der Fahrt um den See herum, empfiehlt es sich, hier – genau 20,5 km westlich von Nuevo Arenal gelegen – den perfekten Pitstop einzulegen.

Lake Arenal Hotel & Brewery BRAUEREI
(☎2695-5050; www.lakearenalhotel.com; nahe der Ruta 142; ⌚11–21 Uhr; 📶👪) Wer gerne Bier trinkt, übernachtet vielleicht auch in dem einzigen (uns bekannten) Hotel mit Mikrobrauerei auf dem Gelände, wo aus Hopfen und Malz köstliche und ungewöhnliche Biere gebraut werden, wie beispielsweise das LAB Chili-Lager und das helle Piña. Diese Biere lässt man sich am besten im Restaurant (mit üblicher Pubkost) im oberen Stockwerk schmecken, während eine leichte Brise über den See streicht und der Blick über die Landschaft schweift.

Übernachtungsgäste haben die Wahl unter den 21 Zimmern (EZ/DZ mit Frühstück ab 75/95 US$, im Schlafsaal 25 US$) mit rustikalem Bohemien-Charme, der sich in Malereien mit strukturierter Oberfläche und interessanten Kunstwerken zeigt.

Für Zimmer mit Aussicht und eigenem Patio muss man etwas mehr berappen. Hotel und Brauerei liegen nahe der Route 142, kurz vor dem Dorf Tejona.

An- & Weiterreise

In der Gegend gibt es kaum öffentliche Verkehrsmittel, außer dem Bus, der zweimal täglich zwischen La Fortuna und Tilarán verkehrt. In Piedras steigt man aus, wenn man Ziele hier in der Gegend ansteuern will, die man allerdings nur per Taxi erreichen kann.

San Luis & Tronadora

San Luis und Tronadora heißen die beiden winzigen Nachbargemeinden am Südende der Laguna de Arenal. Sie sind die letzten Außenposten der Zivilisation, bevor die Landschaft vom ewigen Regenwald (genauer gesagt: vom „Ewigen Regenwald der Kinder") weiter südlich und östlich verschlungen wird. (Das alte „Tronadora" wurde tatsächlich von Fluten verschlungen, als der Damm des Sees errichtet wurde.) Ein kleines Kontingent an Reisenden schafft es bis hierher – überwiegend Surfer und Wanderer. Dennoch bleibt diese wilde und windige Ecke des Sees herrlich unberührt.

Schlafen & Essen

Monte Terras B&B **$$**
(☎2693-1349; www.monteterras.com; DZ mit Frühstück 80 US$; 🅿📶) Hier in diesem blühenden Garten in Tronadora, in dem die Vögel zwitschern, stehen einige komfortable hohe *cabinas*, jeweils mit poliertem Betonboden, bunten Wänden und tropischer Kunst. Die niederländischen Besitzer Kees und Griselda geben sich alle Mühe, damit ihre Gäste zufrieden sind. Vorsicht: Von Dezember bis März bläst hier ein starker Wind.

Brisas Del Lago SODA **$$**
(☎2695-3363; San Luis; Hauptgerichte 6–11 US$; ⌚Di–Sa 11–22, So ab 13 Uhr; 🅿📶) Wer einen kleinen Umweg nicht scheut, legt hier zwischen Monteverde und Arenal eine Mittagspause ein. In dieser herausgeputzten *soda* kommt schlichtes, aber leckeres Tico-Essen auf den Tisch. Die Hühnerbrust wird in hausgemachter Barbecuesoße mariniert, die aufgespießten Garnelen werden auf thailändische Art serviert und das Huhn badet in Teriyaki-Sojasoße. Auch der Knoblauchfisch schmeckt sensationell. Direkt hinter der katholischen Kirche im Ort San Luis.

An- & Weiterreise

Am Südende der Laguna de Arenal macht die Hauptuferstraße (Ruta 142) eine scharfe Kurve südwärts Richtung Tilarán. Wer stattdessen der Straße nach Norden folgt, gelangt bald auf eine Schotterpiste, die nach San Luis und 3 km weiter nach Tronadora hinabführt.

Tilarán

8700 EW.

Das Städtchen Tilarán liegt am südwestlichen Ende der Laguna de Arenal. Seit Langem fungiert es als regionales landwirtschaftliches Zentrum, was dem Ort einen entspannten, leicht gehobenen Charakter verleiht. Heutzutage ist Tilarán auch das wichtigste Handelszentrum der wachsenden Anzahl an Expats, die am Seeufer leben. Die meisten Besucher brausen jedoch einfach durch, wenn sie von La Fortuna nach Monteverde (oder andersrum) fahren.

Dank seiner Lage an den Hängen der Cordillera de Tilarán ist die kleine Ortschaft irgendwie eine coolere Alternative (klimatisch und atmosphärisch) als die Städte entlang der Interamericana.

Wer gerade auf den nächsten Bus wartet, kann dabei ein Eis unter der raumschiffarti-

1

JEFF DIENER/GETTY IMAGES ©

2

4

JOHN COLETTI/GETTY IMAGES ©

ESDELVAL/GETTY IMAGES ©

GUIZIOU FRANCK/GETTY IMAGES ©

1. Parque Nacional Volcán Arenal (S. 283)
Den Park durchziehen zahlreiche Wanderwege.

2. Thermalquellen Tabacón (S. 273)
La Fortuna weist zahlreiche Thermalquellen auf; diese Anlage entstand am Ort eines Vulkanausbruchs von 1974.

3. Catarata Río Fortuna (S. 271)
Ein rund 70 m hoher Wasserfall ergießt sich in ein Becken mitten im Urwald.

4. Volcán Arenal (S. 283)
Die Ausläufer des Vulkans, der im Jahr 2010 letztmalige Aktivitäten zeigte, sind mit dichtem Wald bestanden.

gen, pfirsichfarbenen Struktur auf der Plaza schlecken und nebenbei die modernistische Kirche bewundern, die der Schönheit im nahen Cañas Konkurrenz macht.

Sehenswertes

★ Viento Fresco WASSERFALL
(☎2695-3434; www.vientofresco.net; Ruta 145, Campos del Oro; Erw./Kind 15/10 US$, Reitausflug 55/45 US$; ⊙7.30–17 Uhr; 👪) Wer auf der Strecke zwischen Monteverde und Arenal fährt, hat wirklich keine gute Ausrede, um an diesem Ort nicht anzuhalten. Viento Fresco besteht aus fünf aufeinanderfolgenden Wasserfällen, darunter dem spektakulären Arco Iris (Regenbogenfall), der etwa 75 m in ein flaches Wasserbecken stürzt, das ideal zum Schwimmen ist. Das 1,3 km lange Wegenetz ist gut gepflegt – vor allem gibt es keine großen Menschenmassen oder kommerzielle Anbieter, die die natürliche Schönheit dieses Ortes mindern könnten. Wahrscheinlich ist man sogar ganz allein an den Wasserfällen, besonders, wenn man früh am Morgen aufbricht.

Anschließend empfiehlt sich ein Reitausflug oder ein Mittagessen im Restaurant, um das Lokal in Familienhand zu unterstützen. Es liegt etwa 11 km südlich von Tilarán an der Straße nach Santa Elena.

Feste & Events

Vuelta al Lago Arenal SPORT
(www.vueltaallagoarenal.com; ⊙März) Es heißt, es sei praktisch unmöglich, den See zu umrunden. Aber wer das behauptet, hat wohl nie an der Vuelta al Lago Arenal teilgenommen, einem alljährlich im März stattfindenden Ereignis, bei dem rund 4000 Radfahrer starten. Für die insgesamt 148 km benötigt man zwei Tage – einen durch das Gelände, einen auf der Straße. Die meisten Teilnehmer campieren entlang der Strecke.

Die Campingausrüstung wird im Allgemeinen den Teilnehmern von den Veranstaltern zur Verfügung gestellt, allerdings sind die Radfahrer für die Verpflegung komplett selbst verantwortlich.

Schlafen & Essen

Direkt im Stadtzentrum befinden sich einige Restaurants, in denen sich Reisende, die zwischen La Fortuna und Monteverde unterwegs sind, verpflegen können. Günstigere Mahlzeiten bieten der *mercado* (Markt) neben dem Busbahnhof oder der Supermarkt gegenüber vom Park an.

Hotel Wilson Tilarán HOTEL $
(☎2695-5043; Calle 2; EZ/DZ ohne Bad 14/22 US$, mit Bad 20/26 US$; P) Günstig, winzig und halbwegs sauber. Wer eines der Zimmer hintenraus nimmt, hat damit eine ganz ordentliche, preiswerte Wahl getroffen. Das Hotel liegt westlich des Parque Central, nur einen halben Block vom Busbahnhof entfernt. Vorne, zur Straße hin, befindet sich das Encuentro, eine ansprechende Retrobar.

Ein typisches Wilson-Hotel ohne Schnickschnack, aber mit Flachbildfernsehern.

Hotel Cielo Azul HOTEL $$
(☎2695-4000; www.cieloazulresort.com; DZ mit Frühstück 75 US$; P 📶 🏊) Wenn man aus Nuevo Arenal kommt, stößt man rund 500 m vor der Stadt auf dieses Hotel am Hügel. Die zwölf Zimmer haben Fliesenböden, weiß gekalkte Wände und neue Badezimmer. Es gibt einen Pool in ordentlicher Größe mit Wasserrutsche und eine ziemlich tolle Aussicht. Das Hotel ist eine gute Basis für Aktivitäten am See oder am Vulkan.

Hotel Guadalupe HOTEL $$
(☎2695-5943; www.hotelguadalupe.co.cr; Av 4, nahe Calle 1; EZ/DZ mit Frühstück 42/60 US$; P ❄ 📶 🏊) Dieses moderne Hotel zieht Geschäftsleute an, die es sich in den einfachen, farbenfrohen Zimmern mit Fliesenböden gemütlich machen. Der Service ist freundlich und effizient. Auf dem Grundstück gibt

BUSSE AB TILARÁN

REISEZIEL	BUSGESELLSCHAFT	FAHRPREIS (US$)	FAHRZEIT (STD.)	HÄUFIGKEIT
Cañas	Transporte Villana	1	30 Min.	15-mal tgl., 5–19.45 Uhr (So 8-mal)
San José	Pulmitan	7	4	Tgl. 5, 7, 9.30 & 14 Uhr; Sa & So nur 17 Uhr
Santa Elena/Monteverde	TransMonteverde	3	2½	7, 16 Uhr

es auch ein passables Restaurant sowie einen Swimmingpool, ein Kinderbecken und einen Hot Tub. Zwar werden geräumigere Zimmer für Familien angeboten, doch nur einige davon sind mit Klimaanlage.

An- & Weiterreise

Tilarán liegt 24 km östlich der Interamericana bei Cañas und 75 km östlich von La Fortuna, wenn man die geteerte, aber kurvenreiche Seestraße nimmt. Der erste Abschnitt der Strecke von Tilarán nach Santa Elena und Monteverde ist geteert. Danach wird es steil, steinig und holprig, also hier besser vorsichtig fahren.

BUS

An-/Abfahrt der Busse ist am Busbahnhof einen halben Block westlich des Parque Central. Der Sonntagnachmittagsbus nach San José kann bereits einen Tag im Voraus ausgebucht sein. Und es gibt keine direkte Busverbindung mehr nach La Fortuna oder Puntarenas.

NÖRDLICHES TIEFLAND

In den entlegenen Gegenden des nördlichen Tieflands wechseln sich die endlosen Ananas- und Bananenplantagen mit Regenwald, Feuchtgebieten und unberührter Wildnis ab. Einige Schnellstraßen führen durch die Region, die früher ein Sammelbecken für Contras und *contrabandistas* war. Zahlreiche Laster, die mit frisch gepflückten Früchten und kräftigen Rindern beladen sind, fahren darauf zum Markt. Die meisten Reisenden verkehren gemächlich auf dem Weg zur Karibikküste oder nach Nicaragua. Doch wer es wagt, die Schnellstraße zu verlassen, wird auf den holprigen Straßen reich belohnt. Die Flüsse und Seen entlang der nicaraguanischen Grenze bieten einer Unzahl von Vögeln einen Lebensraum. Augen offen halten! So entdeckt man vielleicht einen der seltenen Soldatenaras, die in dieser Gegend wieder häufiger gesichtet werden.

Upala

6100 EW.

Upala, eine kleine *Ranchero*-Stadt mit lebhaftem Markt und vielen leckeren *sodas*, liegt nur 9 km südlich der nicaraguanischen Grenze in der nordwestlichen Ecke des Nördlichen Tieflands. Das niedrig gelegene Städtchen wurde im November 2016 schwer von Hurrikan Otto getroffen und hatte mindestens neun Todesopfer zu beklagen.

Die meisten Besucher in Upala sind Geschäftsleute aus Costa Rica, die über ein paar Dutzend Kälber oder eine LKW-Ladung Getreide verhandeln. Auch wenn Upala recht günstig als Zwischenstopp für öffentliche Verkehrsmittel zwischen der Volcán-Tenorio-Region und Caño Negro liegt, gibt es keinen Grund, länger hierzubleiben (der Hurrikan hatte auch „positive" Folgen: So wurde danach der neue Busbahnhof außerhalb der Stadt errichtet).

Schlafen & Essen

Cabinas Maleku CABINA $

(☎2470-0142; Av 3; DZ mit/ohne Klimaanlage 36/32 US$; P ❄ ☎) Die hübschen und gemütlichen *cabinas* verteilen sich rund um einen kiesbedeckten Parkplatz nahe der Plaza. Die jeweiligen Patios stehen voller Topfpflanzen und sind mit Mosaik gefliest; auf den handbemalten Holzstühlen im Sarchístil sitzt es sich recht gemütlich. Auf jeden Fall eine fröhliche und günstige Bleibe. Zum Haus gehört auch eine *soda*.

Hotel Wilson Aeropuerto HOTEL $$

(☎2470-3636; www.facebook.com/hotelwilsonupala; DZ mit Frühstück 50 US$; P ❄ ☎ ≋) Dieses motelartige Hotel mit beliebter Bar und gutem Restaurant sowie großem, wasserfallgespeistem Swimmingpool mit Jacuzzi ist eines der hübscheren Anwesen der Wilson-Kette. Die 63 Zimmer mit Linoleumboden und einigen Annehmlichkeiten sind schlicht, aber sauber. Eingerichtet sind sie überwiegend mit Holzmöbeln.

Für die Anreise benötigt man ein eigenes Auto oder, falls man die etwa 1,5 km von der Stadt entlang der Straße marschieren möchte, ein Portion Wagemut.

Rancho Don Horacio COSTA RICA $

(☎2470-3222; Av 7; Hauptgerichte 6–9 US$; ⊙11–23 Uhr) Wer eine Nacht verschnaufen und auf den nächsten Bus warten muss (der Busbahnhof ist nur 300 m entfernt), ist im Horacio genau richtig. Die Deko besteht aus Fußballfirlefanz und Elvisschnickschnack. Auf der Karte stehen überwiegend Gerichte mit Fisch aus dem Rio Zapote und Rindfleisch aus Upala. Ein vergnügliches Familienhotel, in dem immer was los ist und an jeder Wand ein TV hängt, der – natürlich – *futbol* überträgt.

An- & Weiterreise

Von Upala führt die perfekt geteerte Carretera 6 Richtung Süden über Bijagua, wo sie ein Stück

ABSTECHER

VENADO-HÖHLEN

Nach 4 km auf einer guten Schotterstraße südlich von Venado (das spanische Wort für „Rotwild") gelangt man zu den **Venado-Höhlen** (Cavernas de Venado; ☎2478-8008, 8653-2086; www.cavernasdelvenadocr.com; Erw./Kind 28 US$, Fotografen 20 US$; ⏲8–15 Uhr, letzter Einlass 14 Uhr). Hier erwartet die Besucher eine abenteuerliche Exkursion in ein achtkammeriges Kalksteinlabyrinth, das sich über beinahe 3 km erstreckt. Ein zweisprachiger Führer begleitet die kleinen Gruppen auf der zweistündigen Tour durch die Dunkelheit, bei der sich die Besucher durch enge Gänge quetschen dürfen und diversen Fledermäusen und Insekten begegnen, und erklärt die interessantesten Felsformationen. Die Besucher werden mit Gummistiefeln, Stirnlampen und Helmen ausstaffiert und dürfen danach auch duschen. Unbedingt Kleidung zum Wechseln mitnehmen.

Diesen Trip kann man bei jedem Tourveranstalter in La Fortuna buchen. Wer selbst fährt, wird feststellen, dass die Höhlen ab der Carretera 4 gut ausgeschildert sind. Ansonsten bietet auch noch Cabinas Los Almendros (S. 304) eine Fahrt von San Rafael de Guatuso an. Direkt an den Höhlen kann man den Eintritt nur bar bezahlen.

nördlich von Cañas die Interamericana kreuzt. Die ebenfalls geteerte Carretera 4 verläuft in fast genau südöstlicher Richtung nach Muelle de San Carlos (bei La Fortuna). Eine holprige, nicht asphaltierte Straße, die aber meist von allen Autos befahren werden kann, führt am Refugio Nacional de Vida Silvestre Caño Negro auf dem Weg nach Los Chiles vorbei, dem ehemaligen offiziellen Grenzübergang nach Nicaragua.

Verwirrenderweise gibt es zwei Busbahnhöfe – den neuen, der 2016 nach Hurrikan Otto gebaut wurde, liegt 1,5 km vom Zentrum entfernt, der alte befindet sich nahe der zentralen Plaza. Die meisten Busse halten an beiden Stationen sowie an der Plaza, wo auch die Taxis warten. **Transportes Upala** (☎2221-3318; Ecke Carretera 6 & 4) fährt 12-mal täglich nach Ciudad Quesada (San Carlos; 2 US$, 2 Std., 3.30–18 Uhr) und 3-mal täglich nach San José (4 US$, 5 Std., 4.30, 5.15 und 9.30 Uhr) über Bijagua und Cañas. 3-mal täglich geht ein Bus nach Caño Negro (2 US$, 2 Std., 4, 11.30 und 16 Uhr). Einige der Busse nach San Carlos halten auch in Guatuso.

Refugio Nacional de Vida Silvestre Caño Negro

Dieses abgelegene, 102 km² große **Schutzgebiet** (☎2471-1309; www.ligambiente.com; Erw./Kind 5/1 US$; ⏲8–16 Uhr), das zur Área de Conservación Arenal-Huetar Norte gehört, zieht schon seit Jahren viele Angler an: Sie sind hinter dem schwer zu erwischenden, 18 kg schweren Snook her. Die Vogelbeobachter dagegen erhoffen sich einen Blick auf seltene Wasservögel. Da während der Trockenzeit der Wasserspiegel sinkt, drängen sich alle Vögel (und Fische) auf engem Raum fotogen (bzw. gaumenfreundlich) zusammen. Von Januar bis März erreicht die Vogeldichte hier sicher einen Spitzenwert.

Der Río Frío ist eine sumpfige Gegend, flach wie ein Brett und erinnert mit ihrem Marschland und den Lagunen an andere berühmte Feuchtgebiete wie die Everglades in Florida oder das Mekong-Delta, auch wenn sie größenmäßig nicht ganz mithalten kann. Ein schmaler Fluss nördlich der Stadt tritt zur Regenzeit über die Ufer und bildet einen riesigen rund 800 ha großen See. Im April ist er fast völlig verschwunden – bis schließlich der Mairegen beginnt. Dieser Zyklus spielt sich ohne Unterbrechung seit Jahrtausenden ab, und die kleinen Fischernester am Rand des Schutzgebietes haben sich an diesen jahreszeitlichen Wechsel angepasst.

Aktivitäten

Unter Vogelbeobachtern zählt Caño Negro zu den Topzielen Mittelamerikas. Es ist schier unglaublich, wie viele Vögel in der Trockenzeit hier im Park anzutreffen sind und auch die Artenvielfalt ist sehr eindrucksvoll. Nach letzter Zählung leben hier zumindest einen Teil des Jahres mehr als 300 Vogelarten. In den Wintermonaten kommen riesige Schwärme von Zugenten, sechs Arten von Eisvögeln, Fischreiher, Kormorane, drei Arten von Silberreihern, Ibisse, Rallen, Anhingas, Rosalöffler, Tukane und Störche. Das Schutzgebiet ist auch die einzige Gegend in Costa Rica, wo man verhältnismäßig sicher auf den mexikanischen Kormoran, den nicaraguanischen Stärling und den Kleinen Gelbkopfgeier stößt.

Zu den auffälligen Reptilien zählen der Brillenkaiman, der Grüne Leguan und der

Streifenbasilisk. Brüllaffen, Weißschulterkapuzineraffen und Zweifinger-Faultiere sind hier recht häufig anzutreffen. Obwohl immer öfter Wilderer ihr Unwesen treiben, kommen Pumas, Jaguare und Tapire in überraschend großer Zahl vor.

Caño Negro ist auch die Heimat einer Unzahl von Flussschildkröten, die früher ein wichtiger Nahrungsbestandteil bei den Maleku waren. Vor einer Jagd besänftigten die Maleku den Schildkrötengott Javara, indem sie fasteten und enthaltsam lebten. War die Jagd erfolgreich, feierten sie mit geräuchertem Schildkrötenfleisch und großen Mengen an *chicha,* einem Maisschnaps.

Die Mücken in Caño Negro haben prähistorische Ausmaße. Wer kein Insektenspray eingesteckt hat, muss mit den (lästigen) Konsequenzen leben.

Geführte Touren

Wer sich einen einheimischen Führer nimmt, was ganz simpel ist und einige Vorteile mit sich bringt, unterstützt auch noch die Wirtschaft der Region. Auf dem Wasser hat man einfach seine Ruhe. Gäste, die vor Ort übernachten, können in der Lodge eine Tour buchen. Ansonsten gibt es auch noch einige Veranstalter mit Büro (oder zumindest einem Schild) im Dorfzentrum.

Angler können ebenfalls ihren Trip über eine der Parklodges organisieren. Dazu benötigt man normalerweise eine saisonale Angellizenz (dafür muss man seinen Reisepass vorweisen).

Chambita's Tours VOGELBEOBACHTUNG
(☎ 8412-3269; www.facebook.com/chambita.romero; halber/ganzer Tag Vogelbeobachtungstour 2 Pers. 80/140 US$) Barnaby Romero Hernandez, der hier unter dem Namen „Chambita" bekannt ist, gilt als zukünftiger Star unter den Naturführern und wird für sein immenses Wissen über die Vogelwelt respektiert.

Auch Angeltrips auf dem Fluss bietet Chambita an. Zwar besitzt er kein Büro, ist aber per Telefon oder über seine Facebook-Seite gut zu erreichen.

Pantanal Tour BOOTSTOUR
(www.facebook.com/pantanal.toursa; Caño Negro; Touren 35–66 US$) Marlon Castro und Juan Ríos nehmen Interessierte in ihrem Boot zum Sportangeln oder für einen Naturtrip auf dem See mit. Sie bieten auch Reit- und Kajakausflüge an. Deren Büro befindet sich an der Plaza von Caño Negro, es ist jedoch nicht immer besetzt.

Paraíso Tropical BOOTSTOUR
(☎ 2471-1621, 8823-4026; pro Person Kajakfahrt/Ausritt/Bootstour 10/30/50 US$; ⌚ 8–16 Uhr) Joel und Rosi Sandoval Bardos warten in ihrem Stadtbüro auf Kundschaft. Joel bietet verschiedene Naturführungen im Schutzgebiet an, darunter eine zweistündige Bootstour auf dem See (bis zu vier Personen). Er führte 2014 eine Tour auf dem Río Frío an, bei der ein tropischer Knochenhecht von 14,5 kg (Weltrekord!) gefangen wurde. Das Büro liegt am Hauptplatz des Ortes.

Schlafen & Essen

Caño Negro ist lediglich ein kleines Dorf, weshalb alle Lodges über einen direkten Seezugang verfügen.

Kingfisher Lodge CABINA $
(☎ 2471-1116; www.kingfisherlodgecr.com; Zi. 40–60 US$; P ⊖ ❄) Diese rustikalen *cabinas* (einige mit Klimaanlage) mit Massivholzmöbeln und Hängematte auf der Veranda stehen 400 m vom Ortszentrum entfernt rund um einen schön gepflegten Rasen. Gastgeber Don Antonio ist ein bekannter Schutzgebiet-Guide und Schiffskapitän. Die Rezeption befindet sich in einer Entfernung von 400 m in einem Haus auf der gegenüberliegenden Seite der Plaza.

Hotel de Campo Caño Negro LODGE $$
(☎ 2471-1012; www.hoteldecampo.com; EZ & DZ mit Frühstück 95 US$; P ❄ ☖ ≋) Dieses freundliche Hotel ist ein wahres Paradies für Sportfischer. Es liegt direkt neben der Laguna Caño Negro mitten in einem Obstgarten voller Mango- und Zitrusbäume. Wer den ganzen Tag versucht hat, einen riesigen Tarpun an die Angel zu kriegen oder Löfflern hinterherzuspionieren, kann danach in den kleinen, gefliesten *casitas* entspannen, die mit Klimaanlage, Deckenventilator an den Dachbalken und geschmackvoller Bettwäsche ausgestattet sind.

Im stilvollen Restaurant (7.30–21.30 Uhr) werden grandiose italienische Spezialitäten und Meeresfrüchte serviert.

Im Hotel kann man auch Boote, Kajaks und Angelausrüstung leihen. Der Besitzer Mauro führt die Gäste stolz durch seinen tropischen „botanischen Garten", in dem über 100 Baumarten wachsen.

★ **Caño Negro Natural Lodge** LODGE $$$
(☎ 2471-1426; www.canonegrolodge.com; DZ mit Frühstück 145 US$; P ❄ ☖ ≋) Auf einem Gelände, das in der Regenzeit quasi zu ei-

DER WEINENDE WALD

Die massive Abholzung rund um den Caño Negro begann in den 1970er-Jahren – eine Folge der steigenden Bevölkerungszahlen und des damit einhergehenden höheren Bedarfs an Ackerland. Fast 20 Jahre lang war hier Holzeinschlag erlaubt, erst 1991 reagierte die Regierung endlich und schuf das Refugio Nacional de Vida Silvestre Caño Negro. Seit seiner Gründung ist Caño Negro ein sicheres Schutzgebiet für Wasser- und sonstige Vogelarten und außerdem eine sichere Zufluchtsstätte für zahlreiche Zugvögel.

Doch illegale Rodungen und Wilderei finden bis heute am Parkrand ungehindert statt – natürlich leiden die Tiere darunter. In den vergangenen zwei Jahrzehnten sind einige langjährige Bewohner des Parks, etwa die Ozelots, Manatis (Seekühe), Haie und Aras verschwunden. Auch die Zahl der Tarpune und Kaimane geht zurück, jedes Jahr kommen weniger Zugvögel aus Nordamerika. Angler berichten über früher nie erreichte Minusrekorde sowohl hinsichtlich der Anzahl als auch der Größe ihrer Fänge.

Satellitenbilder zeigen, dass auch der See Jahr um Jahr kleiner wird und der Pegel des Río Frío immer schneller sinkt. Es lässt sich nicht mit absoluter Sicherheit sagen, was diese Veränderungen hervorgerufen hat. Sehr wahrscheinlich sind es die Äcker in der Umgebung des Caño Negro, die intensiv bewässert werden müssen, und besonders die Felder mit Zuckerrohr, das zehnmal so viel Wasser verbraucht wie Weizen.

Die Einheimischen sind über den Zustand des Parks stark beunruhigt, da ganze Dörfer vom Fischfang und vom Tourismus leben. Als Antwort auf die Notwendigkeit stärkerer Kontrollen haben Einheimische verschiedene Organisationen gegründet, um die Entwicklung des nördlichen Tieflands besser in den Griff zu bekommen.

Wer die Region am Caño Negro unterstützen möchte, sollte seinen Ausflug direkt vor Ort und nicht in den weit entfernt gelegenen Städten buchen, denn nur dann kommen die Einnahmen tatsächlich den Einheimischen zugute.

ner Insel im Río Frío wird, können sich die Gäste der überraschend luxuriösen Lodge im Swimmingpool oder Jacuzzi entspannen oder die begrünte Anlage erkunden. Die gut ausgestatteten Zimmer verfügen über Glasschiebetüren, hölzerne und schmiedeeiserne Möbel sowie winzige Terrassen mit hübschem Gartenblick. Die Lodge befindet sich nahe der Hauptstraße kurz vor der zentralen Plaza von Caño Negro.

Das Personal organisiert für die Gäste gerne Bootstouren auf dem See. Außerdem gibt es ein wunderhübsches Restaurant mit Patio, das frisch zubereitete Mahlzeiten serviert. An der Bar wartet der freundliche Barkeeper auf ein Schwätzchen. Für das Mittag- und Abendessen muss man extra bezahlen – eine lohnende Ausgabe.

Die Busse halten direkt am Eingang des Anwesens. Wer auf der Ruta 35 Richtung Los Chiles fährt, nimmt die Ausfahrt etwa 8 km vor Los Chiles, dort, wo die Lodge bereits ausgeschildert ist.

ℹ Praktische Informationen

Parkbesucher sollten an der Rangerstation Halt machen, um dort den Eintritt zu entrichten. Sie befindet sich am Westrand des Dorfes, nahe der Kingfisher Lodge. Allerdings ist sie nicht immer besetzt. In der Ortschaft gibt es leider keine Banken oder Tankstellen.

ℹ An- & Weiterreise

Dank besser ausgebauter Straßen können die Tourveranstalter relativ preisgünstige Ausflüge nach Caño Negro von Startpunkten im ganzen Land anbieten. Doch um den Fluss zu erkunden, braucht man sie nicht unbedingt. Es ist wesentlich spannender und lohnender, ein Fahrzeug zu mieten (oder einen Bus zu nehmen), über die holprigen Straßen ins Tiefland zu fahren und im Dorf Caño Negro einen einheimischen Führer zu engagieren. Das ist außerdem noch preiswerter. Darüber hinaus unterstützt man so die Gemeinden der Gegend bei ihren Bemühungen für den Naturschutz.

Das Dorf Caño Negro und der Parkeingang liegen an der holprigen Straße (Ruta 138) zwischen Upala und Los Chiles, die während der Trockenzeit für alle Autos passierbar ist. In der Regenzeit wird die Straße allerdings häufig unterspült, sodass sie meist nur mit Allradfahrzeugen befahrbar ist.

Während der Regenzeit und teils auch zur Trockenzeit besteht die Möglichkeit, per Boot von hier nach Los Chiles zu gelangen, jedoch nur nach persönlicher Buchung (im Paraíso Tropical in Caño Negro oder am Bootsanleger in Los Chiles), die 200 US$ kostet.

Außerdem fahren die folgenden Buslinien das Dorf Caño Negro an:

Los Chiles (2 US$, 1 Std.) Abfahrt von Los Chiles um 5 und 14 Uhr. Abfahrt von Caño Negro um 6.30, 13 und 18 Uhr.

Upala (2,50 US$, 2½ Std.) Abfahrt von Upala um 4, 11.30 und 16 Uhr; Abfahrt von Caño Negro um 6.30, 13 und 15 Uhr.

Los Chiles

9900 EW.

Rund 70 km nördlich von Muelle und nur etwa 6 km südlich der nicaraguanischen Grenze liegt an einer gut geteerten Straße zwischen Zuckerrohrfeldern der Ort Los Chiles, in dem Bauern und Fischer ihr Auskommen finden. Mit marodem Charme grenzt Los Chiles an ein ramponiertes Fußballfeld und zieht sich entlang der ungepflegten Ufer des gemächlich dahinfließenden Río Frío. In diesem Dorf im feuchten Tiefland lebten ursprünglich Händler und Fischer, die auf dem nahe gelegenen Río San Juan ihrer täglichen Arbeit nachgingen, der einen Großteil der Grenze zwischen Nicaragua und Costa Rica bildet. An jeder Ecke dieses *pueblito* stehen Straßenschilder, was für Costa Rica recht ungewöhnlich ist.

In den 1980er-Jahren gab es vor Ort zahlreiche von den US-Amerikanern ausgebildete Contras, die Teil der Militäraktion der USA waren und gegen die sandinistische Regierung in Nicaragua kämpften.

Nach der Eröffnung des neuen Grenzübergangs in Las Tablillas müssen ausländische Reisende nun nicht mehr durch Los Chiles fahren, obwohl die Bootsfahrt landschaftlich sehr reizvoll war.

Geführte Touren

Los Chiles eignet sich als Ausgangspunkt für Touren zum Caño Negro. Informationen gibt es im Restaurante Heliconia (s. rechts). An den Docks kann man auch Boote chartern, deren Kapitäne einen während der Trockenzeit den wunderbar schokoladenfarbenen Río Frío hinauf- und während der Regenzeit bis zum Lago Caño Negro fahren. Ein drei- bis vierstündiger Trip kostet für eine kleine Gruppe etwa 50–100 US$, je nach Größe und Art des Bootes. Wenn möglich, sollte man rechtzeitig, etwa einen Tag vorher buchen und früh losfahren, denn so bekommt man am besten etwas zu sehen.

Schlafen & Essen

Da es in Las Tablillas nun einen neuen Grenzübergang gibt, kann man mittlerweile ganz einfach an Los Chiles vorbeifahren, ohne dort zu übernachten. Wer jedoch andere Pläne hat, kann in einem der wenigen Hotels der Stadt einchecken.

Hotel y Cabinas Carolina CABINA $

(☎2471-1151; Av 2A, nahe Calle 5; Zi. ab 30 US$; P❄📶) Nicht gerade eine typische Grenzstadtunterkunft. Das freundliche Hotel in Familienhand erhält hervorragende Bewertungen für aufmerksamen Service, blitzblanke Zimmer und ausgezeichnetes regionales Essen. Es liegt in der Nähe der Hauptstraße, nur ein paar Straßen südlich der Bushaltestelle. Sonntags ist die Rezeption nicht besetzt, sodass man besser vorher anruft, wenn man ein Zimmer haben möchte.

Restaurante Heliconia COSTA RICA $

(☎8307-8585, 2471-2096; Av Central (Av 0), nahe Av 6; Hauptgerichte 6–10 US$; ⏲6–22 Uhr) Das gegenüber der Einwanderungsbehörde und neben dem Hotel Wilson Tulipán gelegene Restaurant ist eine gute Wahl, wenn man in der Mittagszeit etwas essen oder einen Smoothie trinken möchte. Davon abgesehen erhalten Interessierte hier viele Informationen über Touren und öffentliche Verkehrsmittel, über Bootstrips nach Caño Negro oder Taxifahrten zur Grenze.

Praktische Informationen

Banco Nacional (☎2212-2000; Av 1, zw. Calles 0 (Calle Central) & 1; ⏲Mo–Fr 8.30–15.45 Uhr) In der Nähe des Parks in der Ortsmitte und des Fußballfeldes: Hier kann man Geld und Travellerschecks wechseln; 24-Std.-Geldautomat.

Cruz Roja (Rotes Kreuz; ☎2471-1037, 2471-2025; Ecke Calle 2 & Av 1; ⏲24 Std.) Befindet sich am nordwestlichen Ende der Plaza.

An- & Weiterreise

AUTO

Per Auto reist man normalerweise von Muelle über die Carretera 35 an. Bremsspuren und überfahrene Leguane unterbrechen die schöne Monotonie der Orangenhaine, salbeifarbenen Ananasfelder und endlosen Zuckerrohrplantagen. Landschaftlich attraktiver ist die über 50 km von Upala durch Caño Negro führende Straße, die kürzlich asphaltiert wurde.

BOOT

Die Bootsanlegestellen befinden sich ungefähr 1 km westlich des Busbahnhofs. Nach der Er-

WEITERREISE NACH NICARAGUA

Wer nach Norden Richtung Nicaragua fährt, hat es inzwischen einfacher, da ein kurzes Stück nördlich der nicaraguanischen Grenze im Jahr 2015 die Puente Santa Fe, eine Brücke über den Río San Juan, errichtet wurde. Deshalb gibt es nun einen Grenzübergang in Las Tablillas, etwa 6 km nördlich von Los Chiles.

- Dieser Grenzübergang (geöffnet 8–16 Uhr) wickelt nun einen großen Teil des Grenzverkehrs zwischen Costa Rica und Nicaragua ab, weshalb Reisende damit rechnen sollten, erst einmal in der Schlange stehen zu müssen.
- Zwischen Los Chiles und Las Tablillas verkehren ungefähr im Stundentakt Busse (1 US$, 10 Min.). Oder man nimmt die Direktverbindung (1-mal täglich) von San José oder Ciudad Quesada (San Carlos).
- Bei der Ausreise wird eine Costa-Rica-Ausreisegebühr von 7 US$ fällig, die bei der Einwanderungsbehörde per Kreditkarte oder Lastschriftkarte bezahlt werden muss (Bargeld ist nicht möglich).
- Nach Überschreiten der Grenze muss man bei der nicaraguanischen Einwanderungsbehörde eine Einreisegebühr von 12 US$ bezahlen – entweder in US-Dollars oder in Cordobas.
- Danach kann man mit einem Boot flussaufwärts oder mit einem Bus oder mit einem *collectivo* nach San Carlos fahren (2,20 US$, 30 Min.).
- Wer von Nicaragua aus nach Costa Rica möchte, kann im Stundentakt mit dem Bus nach Los Chiles oder Ciudad Quesada fahren oder den direkten Bus nach San José nehmen, der gegen 14.30 Uhr abfährt.

Wer lieber auf die altmodische Weise die Ein- bzw. Ausreise nach/von Nicaragua bewältigen will, kann immer noch die Einwanderungsbehörde in Los Chiles aufsuchen und danach mit einem Schiff flussaufwärts fahren, was man allerdings privat mit einem der Kapitäne aushandeln muss (reguläre Verbindungen existieren nicht mehr). So umgeht man die Costa-Rica-Ausreisegebühr, muss aber immer noch 12 US$ bei der Einreise nach Nicaragua zahlen. Die Fahrt ist tatsächlich vergnüglicher als der Grenzübertritt an Land, dafür dauert es aber auch eine Weile länger.

öffnung des Grenzübergangs in Las Tablillas, ist hier an der Flussgrenze nicht mehr allzu viel los. Wer eine Bootsüberfahrt gebucht hat, muss zuerst zur **Einwanderungsbehörde** (Migración; ☎2471-1233; Av Central (Av 0), zw. Calle 4 & Calle 6; ⏲8–18 Uhr), die sich gegenüber vom Hotel Wilson Tulipán befindet.

BUS

Alle Busse verkehren vom **Busbahnhof** (Av 1, near Calle 5) hinter der Soda Pamela, in der Nähe der Carretera-35-Kreuzung.

Chilsaca (☎2460-1886; www.chilsaca.com; Plaza San Carlos) fährt 16-mal tgl. nach Ciudad Quesada (2,25 US$, 2 Std.) im Zeitraum von 4.30–18 Uhr; es existiert eine Umsteigemöglichkeit nach La Fortuna.).

Autotransportes San Carlos fährt 2-mal tgl. nach San José (6 US$, 5 Std.), und zwar um 5 und 15 Uhr. Es gibt auch drei Busse nach Caño Negro (4 US$, 40 Min.), die um 5, 12 und 16.30 Uhr starten. Die Fahrpläne wechseln recht häufig, deshalb sollte man das besser noch einmal nachprüfen.

San Rafael de Guatuso

8600 EW.

Das Städtchen Guatuso, zentral gelegen an der Carretera 4, ist der bevölkerungsreichste Ort in dieser stark landwirtschaftlich geprägten Gegend. Obwohl die verschlafene Stadt selbst nicht besonders aufregend ist, dient sie doch als guter Ausgangspunkt für Exkursionen zu den fantastischen Venado-Höhlen im Süden, dem Río Celeste und Parque Nacional Volcán Tenorio im Westen sowie Arenal im Süden und Caño Negro im Norden. In dieser Region leben auch die wenigen noch verbliebenen Maleku (costaricanische Ureinwohner), die in der Nähe in *palenques* (Siedlungen) wohnen.

Schlafen & Essen

Cabinas Los Almendros CABINA **$**
(☎8887-0495; cabinaslosalmendros@gmail.com; Av 12, nahe Av 10; EZ/DZ/3BZ mit Frühstück 35/

40/50 US$; P❄📶) Dieses charmante, familienbetriebene Hotel verfügt über gepflegte Zimmer mit frischem Anstrich, hübscher Bettwäsche und netten Vorhängen. Jedes der Zimmer ist nach einem Vogel oder anderem Tier aus dem Dschungel benannt und wird von einer entsprechenden von Hand geschnitzten Holzskulptur geschmückt.

Die Anlage am Stadtrand hinter der Banco Nacional ist wohl die mit Abstand beste Option in der gesamten Gegend.

Los Almendros bietet Transport und Touren zum Maleku-Reservat, zu den Venado-Höhlen und zum Río Celeste (Parque Nacional Volcán Tenorio).

Soda La Suyapa SODA $

(Carretera 4, nahe Calle 1A; Hauptgerichte 4–8 US$; ⏲6–20 Uhr) Die Einheimischen bezeichnen La Suyapa als die beste *soda* weit und breit. Traditionelle Gerichte werden hier frisch interpretiert. *Casados* gibt es mit Nudeln und Kartoffelsalat, falls nicht anders gewünscht. An *bebidas* gibt es frisch gepressten Karottensaft und hausgemachte Limonade.

Dazu verspeist man Burger oder das hervorragende Brathähnchen. La Suyapa liegt unweit der Hauptstraße.

An- & Weiterreise

Guatuso liegt an der Carretera 4 auf halbem Weg zwischen Upala und Muelle de San Carlos (ca. 40 km von beiden Orten entfernt). Busse verkehren regelmäßig nach Ciudad Quesada, wo ein Anschluss nach La Fortuna besteht. Zudem gibt es eine tägliche Verbindung nach Tilarán (3 Std., 19.30 Uhr) über Nuevo Arenal, und 3-mal täglich einen Bus nach San José (5 Std., 8, 11.30 und 15 Uhr).

Von Guatuso aus führt eine frisch planierte Schotterstraße (Asphaltierung ist in Planung) über 21 km bis zum Eingang des Parque Nacional Volcán Tenorio und weiter nach Bijagua. Die Fahrt ist relativ gemütlich, sodass man die umwerfende Aussicht genießen kann.

Muelle de San Carlos

4900 EW.

Dieses kleine, an einer Wegkreuzung gelegene Dorf wird von Einheimischen Muelle genannt und besaß einst eine wichtige Hafenanlage (die Infrastruktur ist noch vorhanden), da der Río San Carlos nur bis dorthin schiffbar ist. Heutzutage befindet es sich mitten im Zuckerrohrland, nur 27 km östlich von La Fortuna entfernt, und dient als Rastplatz für Trucker und Reisende. Mit dem Mietwagen bietet sich Muelle als idyllisch-ruhige Ausgangsbasis für Ausflüge zum Arenal an.

Sehenswertes

Centro Turistico Las Iguanas BRÜCKE

(Iguana-Brücke; ☎2462-1107) Diese Brücke ist bei Touristen, die von La Fortuna nach Caño Negro fahren, ziemlich beliebt. Zahllose Leguane präsentieren sich im Dickicht der Bambuspflanzen und in den Bäumen über dem Fluss als perfektes Fotomotiv. Wer zu Fuß über die Brücke spaziert, kann versuchen, all diese Tiere zu zählen. Aber Vorsicht – nicht runterfallen! Die Brücke befindet sich etwa 1,8 km nördlich der Hauptkreuzung in Muelle, wo die Ruta 35 scharf nach rechts über den Fluss führt.

Schlafen & Essen

Turismo Rural de Juanilama AGRITURISMO $

(Comunidad Agroecológica Juanilama; www.turismoruraljuanilama.org; Juanilama, nahe der Carretera 35; pro Person 35 US$, Touren 15–20 US$) 7 km nördlich von Santa Rosa de Pocosol, nahe der Carretera 35, bietet sich die einmalige Gelegenheit, ins Landleben einzutauchen. Diese von Frauen betriebene Kooperative wurde vor 15 Jahren gegründet und umfasst nun 90 Familien aus der Gegend. Man kann in einem der komfortablen und modernen Wohnhäuser der Familien wohnen und womöglich beim Frühstück mit den Bewohnern Tico-*novelas* (Soap-Operas) gucken.

Wer möchte, kann in dem 19 ha großen Schutzgebiet wandern gehen, sich über die angebauten Feldfrüchte und Heilpflanzen informieren oder Zuckerrohrwasser herstellen. Außerdem werden Touren durch die Molkerei, ein Kochkurs und eine Wanderung zu den Wasserfällen angeboten. In der örtlichen Schule kann man in den Unterricht hineinschnuppern.

Tilajari Resort Hotel RESORT $$$

(☎2462-1212; www.tilajari.com; DZ mit Frühstück ab 110 US$; P❄@📶) Dieses Luxusresort mit komfortablen, gut ausgestatteten Zimmern in schön angelegtem Gelände mit Blick auf den Río San Carlos war einst ein Country Club. Vergnügen kann man sich in der Poollandschaft mit Sauna und Spa, auf dem Racquetball- und Tennisplatz, im Restaurant oder im Schmetterlingsgarten. Die Gäste wandern auf verschiedenen Pfaden durch das rund 400 ha große, private Regenwaldreservat. Das Resort liegt etwa

800 m westlich der Kreuzung bei Muelle, an der Straße nach Ciudad Quesada.

Die Einrichtungen sind zwar mittlerweile etwas in die Jahre gekommen, aber dafür ziemlich preisgünstig.

Subasta Ganadera Sancarleña STEAK $$
(☎ 2462-1000; www.subastasganaderascr.com; Muelle de San Carlos; Hauptgerichte 4–12 US$; ⏲ Bar & Restaurant 10–23 Uhr) Das Lokal liegt direkt neben einem Rindergehege und wird häufig von hungrigen *campesinos* (Bauern) aufgesucht. Auf der Speisekarte steht eine Vielzahl einheimischer Gerichte. Die Bar ist der perfekte Ort für ein kühles Bier. Wer dienstags oder donnerstags zum Mittagessen herkommt, kann sich noch die Viehauktion ansehen. Das Lokal liegt 100 m nördlich der Tankstelle in Muelle San Carlos.

An- & Weiterreise

An der Hauptkreuzung von Carretera 4, die Ciudad Quesada und Upala miteinander verbindet, und Carretera 35, die von San José nach Los Chiles führt, befindet sich eine 24-Std.-Tankstelle. Die Busse zu diesen Zielen halten auch hier.

Ciudad Quesada (San Carlos)

Offiziell heißt die kleine Stadt Ciudad Quesada (manchmal auch nur Quesada). Von Einheimischen wird sie jedoch San Carlos genannt. Auch lokale Busse geben oft San Carlos als Ziel an. Womöglich hat der Ort seinen „käsigen" (quesada) Namen erhalten, weil er das Molkereizentrum des Landes ist – wäre doch eine hübsche Vorstellung. Aber möglicherweise hieß auch nur der Ortsgründer so ...

Bereits seit Langem ist der Ort ein betriebsames Zentrum der Vieh- und Landwirtschaft und für seine *talabaterías* (Sattelläden) bekannt. Obwohl San Carlos in einer idyllisch-ländlichen Gegend liegt, hat sich die Stadt zu einem Handelszentrum der Region entwickelt und ist dementsprechend „grau" und ziemlich staugeplagt. Glücklicherweise gibt es kaum einen Grund, in die Stadt hineinzufahren, außer um in einen anderen Bus umzusteigen.

Aktivitäten

Ciudad Quesada ist nicht gerade ein lohnenswertes Ziel. Doch wer auf der Durchreise ist, kann hier eine Runde schwimmen gehen. Die heißen Quellen, eine günstige und nette Alternative zu den überfüllten Quellen von La Fortuna, sind besonders bei Tico-Familien beliebt. Die Quellen und Resorts liegen etwa 8 km östlich der Stadt, auf dem Weg nach Aguas Zarcas.

El Tucano Resort HEISSE QUELLE
(☎ 2460-6000; www.hoteltucano.com; Ruta 140, La Marina de San Carlos; 20 US$; 👪) Dieses noble, aber in die Jahre gekommene Resort liegt mitten im wundervollen Urwald. Die Thermalquellen werden in drei warme Becken mit unterschiedlicher Temperatur geleitet – perfekt, um diverse Zipperlein zu kurieren. Das Besondere an dieser Anlage ist der quellgespeiste Fluss mit warmen Stromschnellen, der durch das Gelände fließt. Die Anlage eignet sich ideal für Familien und hat auch abends geöffnet.

BUSSE AB CIUDAD QUESADA

REISEZIEL	BUSGESELLSCHAFT	FAHRPREIS (US$)	FAHRZEIT (STD.)	HÄUFIGKEIT
La Fortuna	Transpisa	2	1½–2	16-mal tgl., 4.30–22.10 Uhr
Los Chiles	Chilsaca	2	2	14-mal tgl., 4.15–19.30 Uhr; direkte Verbindung 15 Uhr
Puerto Viejo de Sarapiquí	Transportes Linaco	4	2	8-mal tgl., 4.40–18.30 Uhr
San José	Autotransportes San José-San Carlos	3	2½	stündl. 4–18 Uhr; direkte Verbindung 6.40 & 18.15 Uhr
Upala	Transportes Upala/Transpisa	4	3	9-mal tgl., 4.25–22.10 Uhr

Von den Terrassen der geräumigen Zimmer (DZ 120–135 US$, Suiten 145–200 US$), die im Kolonialstil gehalten sind, kann man direkt auf den Wald blicken.

Termales del Bosque HEISSE QUELLE
(☎ 2460-4740; www.termalesdelbosque.com; Ruta 140; Erw./Kind 12/6 US$; ⊙ 8–22 Uhr) Der unaufdringliche Luxus besteht hier aus sieben natürlichen heißen und warmen Heilquellen. Die ins Flussufer integrierten Steinbecken sind von üppigem Grün umgeben. In dem bewaldeten Tal flattern zahlreiche Morpho-Falter umher. Das Bad liegt 10 km östlich von Ciudad Quesada an der Ruta 140. Außerdem liegt Termales del Bosque – zu Vergleichszwecken – nicht weit entfernt vom El Tucano Resort.

Schlafen & Essen

Abgesehen von der Unzahl an Restaurantkettenlokalen gibt es in der Nähe des Parks ein paar ordentliche *sodas*. Die Restaurants im Resort sind zwar gut, aber auch teurer.

Tree Houses Hotel HOTEL $$$
(☎ 2475-6507; www.treehouseshotelcostarica.com; Ruta 141, Florencia de Santa Clara; DZ mit Frühstück 113–199 US$, zusätzliche Person 15 US$; P ❄ ☎) Wer sich seine Kindheitsträume erfüllen will, kann ein paar Nächte in einem unglaublichen Unterschlupf in den Baumwipfeln verbringen. Die komfortablen Holzhütten sind stabil gebaut und haben große Fenster mit Blick auf den Regenwald. Sie sind mit allem ausgestattet, was man auch auf dem Boden erwarten würde (inkl. Klimaanlage). Außerdem verfügen sie jeweils über eine umlaufende Veranda, auf der man beispielsweise den Vögeln und Affen näherkommt. Das Hotel liegt 17 km nordwestlich von Ciudad Quesada (San Carlos).

Im Preis inbegriffen ist eine geführte Wanderung durch den umgebenden Wald, ein 36 ha großes Schutzgebiet. Mit dem eigenen Auto ist es nicht weit zu den Attraktionen rund um Arenal, ohne dass man mitten im Trubel wohnt. Das Hotel steht 300 m nördlich des Friedhofs in Santa Clara. Mindestaufenthalt zwei Übernachtungen.

An- & Weiterreise

Der Busbahnhof von Quesada liegt ca. 1 km vom Stadtzentrum entfernt. Taxis (1 US$) und Busse (0,50 US$; 2-mal pro Stunde) verkehren regelmäßig zwischen Stadt und Busbahnhof. Wer gerne sein Gepäck bergauf schleppt, kann natürlich auch zu Fuß gehen.

ABSTECHER

PROYECTO ASIS

Dies ist eine Kombination aus Tierschutzzentrum, Freiwilligenprojekt und Spanischkurs. Die auf Gemeindeebene angesiedelte Organisation **Proyecto Asis** (☎ 2475-9121; www.institutoasis.com; Erw./Kind US$31/18, inkl. Mitarbeit 54/31 US$; ⊙ Touren 8.30 & 13 Uhr) leistet sehr gute Arbeit. Unterstützung durch Besucher ist jederzeit willkommen. Die Einführungstour durch das Zentrum dauert 1½ Stunden. Es lohnt sich jedoch, an der dreistündigen „Volunteer-Tour" teilzunehmen, bei der man direkten Kontakt zu den Tieren hat. Nicht ganz billig, aber die Sache ist es wert.

Asis bietet auch Unterkünfte bei Familien in der Gemeinde an. Es liegt etwa 20 km westlich von Quesada, hinter dem Dorf Florencia. Mindestens einen Tag im Voraus reservieren.

Boca Tapada & Umgebung

Die Region liegt abseits der üblichen Touristenpfade und ist genau das Richtige für Abenteuerlustige. Die steinigen Straßen und der Mangel an Beschilderung (noch weniger als sonst!) haben in der Regel einige ungeplante Umwege zur Folge, die Mühen werden jedoch mit Einblicken in die fantastische Natur belohnt. Ananasfelder und -verpackungsanlagen säumen die Straße, die vor allem von *campesinos* (Landarbeitern) genutzt wird. An deren Ende wird man mit einem üppig grünen Stück Regenwald belohnt, inklusive Froschgesänge und das Gezwitscher seltener Vögel, und man ahnt, wie eine Symbiose zwischen Mensch und lebendiger Umwelt aussehen könnte.

Die örtlichen Ökolodges bieten schöne Ausflüge in das **Refugio Nacional de Vida Silvestre Mixto Maquenque** an.

Schlafen

Mi Pedacito de Cielo LODGE $$
(☎ 8308-9595, 7177-0708; www.pedacitodecielo.com; EZ/DZ/3BZ mit Frühstück 65/75/85 US$; P ☎) „Mein kleines Stückchen Himmel", ein ländliches Resort aus 14 Holzbungalows mit Blick auf Fluss und Regenwald, thront hoch über dem Río San Carlos. Vom Hängesessel aus hört man, wie der Regenwald er-

wacht. Superfreundlicher Service und Don Marios hervorragendes hausgemachtes Essen sind weitere Pluspunkte. Die Lodge liegt 33 km nördlich von Pital, nahe der Hauptstraße. Das benachbarte, etwa 300 ha große Regenwaldschutzgebiet ist von Wanderwegen durchzogen. In rund 2 km Entfernung zum Haupthaus gibt es drei komfortable Zimmer mit moderner Ausstattung (Klimaanlage!), direkt neben der hübschen Laguna Vicripalma, die nach Marios Kindern benannt wurde. Zum Essen muss man dann zwar fahren oder marschieren, dafür wohnt man aber direkt am Schutzgebiet.

Laguna del Lagarto Lodge LODGE **$$**
(☎2289-8163,7216-4190; www.lagarto-lodge-costarica.com; EZ/DZ/3BZ 65/85/95 US$, Mahlzeiten 8–15 US$; P 📶) Dieser Außenposten inmitten von einem rund 500 ha großen ursprünglichen Regenwaldgebiet gilt unter Vogelbeobachtern als legendär. Die schlichten Zimmer sind durch Moskitonetze geschützt. Die großen Veranden mit Hängematten werden gemeinschaftlich genutzt. Es ist nicht schick, dafür aber wunderbar wild. Futterstationen und Obst am Boden locken Tukane, Prachtmeisen und viele andere Vögel an. Die Lodge liegt 35 km nördlich von Pital an der recht holprigen Hauptstraße.

Es existiert ein etwa 16 km langes Netz an Wanderwegen. Mit Kanus lassen sich die umliegenden Seen erforschen, wo Kaimane leben und der flinke, 80 cm große Helmbasilisk (auch Jesus-Christus-Echse genannt) über das Wasser flitzt.

★ **Maquenque Eco-Lodge** LODGE **$$$**
(☎2479-7785; www.maquenqueecolodge.com; EZ/DZ/3BZ mit Frühstück ab 105/130/155 US$; P 📶 🏊) Die fantastische, vogelreiche Lodge (ca. 80 ha) umfasst 14 einzigartige Bungalows mit Blick auf den See und den tropischen Garten. Im nahe gelegenen Regenwald sind noch einige Baumhäuser verteilt. Ein wahres Paradies für Vogelbeobachter (und Fotografen): Zahllose Vogelarten tummeln sich an den Futterstationen und den Obstbäumen. Zur Anreise müssen die Gäste auf einem der hauseigenen Boote den Río San Carlos überqueren.

Ein besonderes Erlebnis ist die Begegnung mit einer umherstreifenden Gruppe von Nasenbären. Im Preis inbegriffen ist eine geführte morgendliche Wanderung durch den Regenwald, eine von Schülern durchgeführte Besichtigung der örtlichen Schule und die Verwendung der Kanus auf dem See. Wer den nachhaltigen Tourismus fördern möchte, kann einen Baum im Regenwald pflanzen. Die Bootsanreise sollte unbedingt im Voraus gebucht werden.

ℹ An- & Weiterreise

Allein die Fahrt nach Boca Tapada ist schon ein Abenteuer. Die nächstgelegene erwähnenswerte Stadt ist Pital, nördlich von Aguas Zarcas. Etwa 2 km nördlich von Pital an der Gabelung (nach der Bushaltestelle) rechts halten und den Schildern folgen. Die 40-km-Fahrt auf holpriger Straße zieht sich ziemlich hin, ist aber die Reise wert.

Busse aus Pital brauchen 2 Std. bis Boca Tapada. Abfahrt in Pital um 9.30 und 16.30 Uhr. Die Busse nach Pital fahren in Boca Tapada um 5.30 und 12.30 Uhr ab (der frühe Bus fährt bei den Lodges ab, der spätere in der Stadt). Von Ciudad Quesada (2 US$, 1½ Std.) gehen häufig Busse nach Pital, von San José (4 US$, 4 Std.) immerhin 4-mal täglich.

Die Lodges organisieren auch gerne den Transfer von La Fortuna oder San José.

DAS SARAPIQUÍ-TAL

Diese feuchtheiße, von *fincas* durchsetzte Tiefebene gehörte einst zum Bananenimperium der United Fruit Company. Die Ernte von den Plantagen wurde nach Puerto Viejo de Sarapiquí befördert. Dort wurde sie verpackt und auf Schiffen flussabwärts gen Nordamerika geschickt. Ab 1880 verband eine Eisenbahnlinie das ländliche Costa Rica mit dem Hafen von Puerto Limón: Das Städtchen Puerto Viejo de Sarapiquí verwandelte sich daraufhin in ein verschlafenes Provinznest. Obwohl es dem Ort nie gelungen ist, seine ruhmreiche Vergangenheit wiederaufleben zu lassen, trat der Fluss als eines der Hauptziele für Kajakfahrer und Rafter in den 1990er-Jahren wieder ins allgemeine Bewusstsein.

Da das Tal praktisch an den Parque Nacional Braulio Carrillo angrenzt, ist dies auch eine der besten Regionen des Landes zur Tierbeobachtung, besonders wenn man bedenkt, wie einfach die Anreise ist.

San Miguel

2300 EW.

Von San José oder Alajuela windet sich die Carretera 126 die Hänge der Cordillera Central hinauf, lässt den urbanen Trubel hinter sich und passiert den Volcán Poás, bevor es wieder bergab durch grünes Weideland geht. Hier weilt man mitten im Land der *campesinos* (Bauern), wo der langsame Hufschlag des Viehs den Lebensrhythmus bestimmt. Wer zu schnell um die Kurven biegt, wird durch die leicht zu übersehenden ländlichen Bremsschwellen daran erinnert. Abseits der ausgetretenen Pfade sollten alle Selbstfahrer ruhig öfter einen Zwischenstopp einlegen. Es lohnt sich wirklich, denn in Costa Rica gibt es nur wenige Ecken, die so schön und ursprünglich sind.

Geführte Touren

Mi Cafecito ESSEN & TRINKEN
(☎2476-0215; www.micafecitocoffeetour.com; Tour 24 US$; ⊙8–17 Uhr) Mi Cafecito liegt rund 5 km südlich von San Miguel, im Vorgebirge des Volcán Poas. Wer Richtung Sarapiquí-Tal unterwegs ist oder von dort kommt, kann hier wunderbar Kaffeepause machen. Diese Kooperative mit mehr als 200 Kleinbauern zeigt den ganzen Prozess der Kaffeeherstellung, vom Anbau über die Ernte bis zum Rösten. Besonderer Wert wird dabei auf ökologische Anbaumethoden gelegt. Bei der Hofführung kann man auch herrliche Ausblicke auf das Sarapaquí-Tal genießen.

Für alle, die nicht an einer Führung teilnehmen wollen: Es gibt auch ein großes, schattiges Cafè, wo man eine schöne Tasse Kaffee und auch etwas Leckeres zum Essen bekommt. In der gebuchten Tour ist übrigens ein Mittagessen enthalten.

Schlafen & Essen

Die beste Option für ein Mittagessen in der Nähe von San Miguel ist das Mi Cafecito, das rund 5 km südlich der Stadt liegt. In der Stadt selbst gibt es mindestens eine *soda,* in der Frühstück serviert wird. Außerdem findet man hier Angebote zur Vogelbeobachtung, eine Touristeninformation, *cabanas* und saubere Toiletten.

★ Albergue El Socorro URLAUB AUF DEM BAUERNHOF $$
(☎8820-2160; www.albergueelsocorrosarapiqui.com; pro Pers. inkl. Mahlzeiten 75 US$; P @) Die Albergue El Socorro ist eine kleine *finca* in Familienbesitz. Sie liegt rund 1000 m über dem Meeresspiegel auf einem Plateau, das von einer messerscharfen Bergkette umgeben wird, zwischen dem aufragenden Cerro Congo und dem Volcán Poas.

Die Besucher schlafen in einer der drei gemütlichen Nur-Dach-Hütten. Von hier aus können die Gäste den dichten Regenwald erkunden, beeindruckende Wasserfälle entdecken, in kühlen Flüssen schwimmen oder beim Kühemelken helfen.

Aus Süden kommend überquert man etwa 8 km nördlich von Vara Blanca in einer Haarnadelkurve eine Brücke über den Río La Paz; links geht der Blick auf die absolut spektakuläre Catarata La Paz. Weitere Wasserfälle sind besonders auf der rechten Seite (wenn man nach Norden fährt) im Tal von La Paz zu sehen, das sich an das Tal von Sarapiquí anschließt. Der Besitzer ist hier geboren und aufgewachsen.

Im Jahr 2009 zerstörte ein schweres Erdbeben nicht nur die Straße nach San Miguel, sondern auch dessen Haus mit dem angeschlossenen Milchhof. Diese wunderbare Familie baute die Ranch aus den Ruinen wieder auf und erweiterte sie durch eine Gästeunterkunft – eine der seltenen Gelegenheiten, um einen Gang runterzuschalten und das echte, unverfälschte Landleben der Ticos kennenzulernen. Das hier ist wirklich *pura vida.* Von San Miguel verlässt man, wenn man nach Norden unterwegs war, kurz vorm Friedhof den Highway 126 in östlicher Richtung auf die Calle a El Socorro und fährt dann südlich weiter.

An- & Weiterreise

Von Ciudad Quesada (San Carlos) führt die Carretera 140 etwa 40 km nach Osten, bevor sie am Übergang zur Carretera 126 eine scharfe Kurve macht. An dieser Kreuzung in den Hügeln der Cordillera Central liegt San Miguel. Die scharfe Kurve ist kaum zu übersehen. Danach geht es 12 km nach Norden bis nach La Virgen. Aus Richtung La Virgen kommend liegt es etwa 15 km südlich des Ortskerns.

La Virgen

2250 EW.

Das kleine Städtchen, La Virgen liegt verborgen am dicht bewachsenen Ufer des wildromantischen Río Sarapiquí. Einst zählte es zu den Orten, die in der Hochzeit des Bananenhandels prosperierten. Obwohl die Zeiten der berüchtigten United Fruit Company schon seit Langem vorbei sind, ist die Stadt immer noch abhängig von den nahe gelegenen Ananasfeldern. Auch dem Fluss ist sie nach wie vor eng verbunden.

Über zehn Jahre lang war La Virgen in Costa Rica das Top-Ziel für Kajakfahrer und Rafter. Gruppen von Paddlern, die ihren Sport wirklich sehr engagiert ausübten, verbrachten glückliche Wochen auf dem Río

WILDE FAHRT AUF DEM SARAPIQUÍ

Der Río Sarapiquí ist nicht ganz so wild wie das Wildwasser am Río Pacuare bei Turrialba, aber für ein wenig Herzrasen reicht es allemal. Die Dschungelvegetation entlang des Ufers wächst üppig und wirkt noch ziemlich ursprünglich, sodass die Chancen, vom Boot aus Tiere zu entdecken, höchstwahrscheinlich gut stehen.

Der Sarapiquí ist das ganze Jahr über befahrbar, führt im Dezember aber am meisten Wasser. Den Rest des Jahres steigt und fällt der Flusspegel mit dem Niederschlag. Wenn es also gerade geregnet hat, ist der Fluss sozusagen in „Top-Form". Während es früher beinahe ein Dutzend Anbieter in La Virgen gab, sind es mittlerweile nur noch eine Handvoll. Zwei davon haben ihr Büro eigentlich in Chilamate und einer ist in Puerto Viejo ansässig, aber alle springen über die gleichen Stromschnellen und führen Wildwasserfahrten Klasse II–IV zu ähnlichen Preisen durch.

Aguas Bravas (☎2761-1645; www.aguasbravascr.com; Rafting-Trips 75 US$, Safari-Floßfahrt 65 US$; ⏲9–17.30 Uhr) Dieser etablierte Rafting-Veranstalter hat sich am Río Sarapiquí niedergelassen, inkl. Hostel vor Ort. Aguas Bravas bietet zwei Touren an: eine gemütliche Bootssafari, auf der man Vögel, Leguane, Kaimane und andere Wildtiere beobachten kann, oder eine wilde Jagd durch 14 km „extremer Stromschnellen" auf dem Flussabschnitt San Miguel. Beide Fahrten inkl. Mittagessen.

Aventuras del Sarapiquí (☎2766-6768; www.sarapiqui.com; Flussfahrten 60–95 US$) Ein sehr beliebter Veranstalter, der Abenteuer zu Land, zu Wasser und in der Luft anbietet. Nach dem Wildwasser-Rafting (Kategorie II und III/IV) kann man noch die Baumkronentour buchen, bei der man an 12 Seilen durch die Luft gleitet. Oder man bleibt auf dem Boden – reitend, mountainbikend oder auf die gute alte Art wandernd. Das Büro befindet sich unweit der Carretera. Für die Stromschnellen der Kategorie IV müssen sich mindestens vier erfahrene Leute zusammentun.

Sarapiquí Outdoor Center (☎2761-1123; www.costaricaraft.com; 2-/4-stündiger Rafting-Trip 65/90 US$, geführte Kajakfahrten ab 90 US$) David Duarte ist der Lokalmatador in Sachen Paddeln: Das Center veranstaltet eigene Raftingtouren, vermietet Kajaks (45 US$ pro Tag) und führt Kurse durch. Indie-Paddler sollten sich hier nach den aktuellen Flussinfos erkundigen. Wer vor der Flussfahrt noch einen Schlafplatz benötigt, kann in einem der einfachen Zimmer übernachten oder draußen in einem der aufgestellten All-inclusive-Zelte schlafen – dazu braucht man keine eigene Ausrüstung. Der Veranstalter befindet sich 18 km südwestlich von Sarapiquí, nahe der Carretera 126.

Green Rivers (☎2766-6265, 2766-5274; www.costaricagreenrive.wixsite.com/sarapiquirafting; Touren 60–80 US$; 👪) Der in der Posada Andrea Cristina B&B (S. 315) residierende Veranstalter wird von dem stets freundlichen Kevín Martínez und seiner Frau Evelyn geleitet. Sie verfügen über ein großes Angebot an Rafting- und Kajaktouren, von der gemütlichen Familienfahrt bis zum adrenalingeschwängerten Stromschnellenabenteuer. Ihr exzellentes Naturwissen stellen sie bei Führungen zur Naturgeschichte und zur Vogelbeobachtung immer wieder unter Beweis.

Tropical Duckies (☎8760-3787, 2761-0095; www.tropicalduckies.com; nahe Carretera 126; Erw./Kind 56/50 US$; ⏲Abfahrt 9 & 13 Uhr) Dieser Veranstalter ist vor allem für Anfänger und Familien sehr zu empfehlen. Er bietet Touren und Kajakunterricht in aufblasbaren Kajaks an, mit denen man selbst bei niedrigem Wasserstand herumpaddeln und seinen Spaß haben kann. Gepaddelt wird in ruhigen Fließgewässern oder durch Stromschnellen der Kategorie III (oder irgendwo dazwischen). Reservierung empfohlen.

Sarapiquí. Doch im Jahr 2009 veränderte ein schweres Erdbeben mit nachfolgendem Erdrutsch den Flussverlauf und vernichtete mit einem Schlag den Tourismus in La Virgen. Einige Unternehmen gaben ganz auf, andere zogen weiter nach La Fortuna und nur einige wenige hielten durch. Allmählich kommen individuell reisende Kajakfahrer wieder an den Fluss. Und inzwischen gibt es ein paar Wildwasser-Ausstatter, die auf dem Río Sarapiquí wunderbare Trips von Klasse II–IV anbieten.

Sehenswertes

Dave & Dave's Nature Park TIERSCHUTZGEBIET, VOGELBEOBACHTUNG
(☎ 2761-0801; www.sarapiquieco-observatory.com; 40 US$; ⏲ 7–17 Uhr) Besucher dieses 4,5 ha großen Reservats am Río Sarapiquí, rund 200 m nördlich des Friedhofs, werden von dem Vater-Sohn-Gespann Dave und Dave begrüßt. Man muss kein erfahrener Vogelbeobachter sein, um von den zwei Aussichtsplattformen mit Futterstationen Tukane, Trogone, Tangare sowie zehn Kolibriarten zu entdecken. Durch Sekundärwald führen verschiedene Wege bis hinunter zum Fluss, die man auf eigene Faust erkunden kann. Besonders nett: der Gratis-Kaffee.

Snake Garden ZOO
(☎ 2761-1059; www.snakegardencr.com; Erw./Kind 15/10 US$, Nachtführung 30/24 US$; ⏲ 9–17 Uhr) Auge in Auge mit gut 50 verschiedenen Reptilien- und Amphibienarten, darunter Pfeilgiftfröschen, Klapperschlangen, Krokodilen und Wasserschildkröten. Der absolute Star ist eine 80 kg schwere Burmesische Python. Für die Nachtführung, auf der es viele nur nachtaktive Froscharten zu entdecken gibt, empfiehlt sich eine Reservierung.

Schlafen

Zwar gibt es in der Stadt günstige Unterkünfte, doch interessanter ist es allemal in einer der Lodges zu logieren, die an der Straße nach Puerto Viejo liegen.

Tirimbina Rainforest Center & Lodge LODGE $$
(☎ 2761-0333, 215 2761-0055; www.tirimbina.org; mit Frühstück, B 62 US$, DZ 90–110 US$, Tageskarte 17 US$; P ❄ @ 📶) Dieses Forschungs- und Bildungszentrum für Naturschutz ist rund 2 km von La Virgen entfernt. Die geräumigen und gemütlichen Zimmer befinden sich in der Lodge und in einer abgelegeneren Feldstation. Man kann entweder im Schlafsaal mit Gemeinschaftsbad oder in einem der Doppelzimmer übernachten.
Das Tirimbina-Schutzgebiet besitzt ungefähr 5 km Wanderwege. Das Zentrum veranstaltet auch geführte Touren, beispielsweise zur Beobachtung von Vögeln, Fröschen und Fledermäusen. Darüber hinaus gibt es Nachtwanderungen und eine empfehlenswerte Schokoladentour.

Das etwa 345 ha große Schutzgebiet (in Privatbesitz) und die nahe gelegene Sarapiquís Rainforest Lodge (s. unten) sind durch zwei lange Hängebrücken miteinander verbunden. Die Flussinsel in der Mitte ist leider gesperrt.

Hacienda Pozo Azul BUNGALOW $$
(☎ 2438-2616, 2761-1360; www.haciendapozoazul.com; DZ/3BZ/4BZ mit Frühstück 85/99/124 US$; P @ 📶) 🍃 Die Hacienda Pozo Azul liegt am Südrand von La Virgen und besticht durch ihre luxuriösen „Zeltsuiten" am Waldrand. Alle Zelte stehen auf erhöhten Plattformen aus poliertem Holz und sind mit luxuriösen Betten sowie Moskitonetzen ausgestattet. In den Abendstunden quaken einen die Frösche in den Schlaf, während der Regen sanft auf das Zeltdach tropft.

Pozo Azul besitzt in der Nähe der Carretera auch ein Restaurant mit Bar und hübscher Veranda am Fluss. Die Gäste gehören meist zu großen Tourengruppen.

Sarapiquís Rainforest Lodge LODGE $$$
(☎ 2761-1415; www.sarapiquis.com; DZ mit/ohne Frühstück 110/85 US$; P ⊖ ❄ @ 🏊) 🍃 Nur

ABSTECHER

CINCO CEIBAS

Auf dem Gelände der rund 1100 ha großen Finca Pangola gibt es ein Gebiet mit dichtem Primärregenwald, in dem sich einige der ältesten und höchsten Bäume von Costa Rica erheben. Dies ist **Cinco Ceibas** (☎ 2476-0606; www.cincoceibas.com; Tagestour inkl. Mittagessen 125 US$). Ja, hier stehen fünf grandiose Ceiba-Bäume, die man zu sehen bekommt, wenn man etwa 1,2 km auf den erhöhten Holzstegen durch den Dschungel marschiert. Das sorgfältig geplante Abenteuer umfasst einen Dschungelspaziergang, einen Ausritt und eine Kajakfahrt oder eine Fahrt im Ochsenkarren.

Cinco Ceibas holt die Tagesausflügler aus San José oder La Fortuna ab. Wer über ein eigenes Fahrzeug verfügt, ist von La Virgen kommend ungefähr eine Stunde überwiegend auf Schotterpisten unterwegs. Auf der Carretera, die nördlich der Stadt verläuft, nimmt man dann die Abzweigung nach Pueblo Nuevo.

etwa 2 km nördlich von La Virgen befindet sich diese Ökolodge mit fledermaussicherer Beleuchtung, in der die Gäste auch über den Naturschutz aufgeklärt und mit der großartigen präkolumbischen Kultur vertraut gemacht werden.

Der Komplex besteht aus Gebäuden mit Strohdächern im *Palenque*-Stil, die einem präkolumbischen Dorf aus dem 15. Jahrhundert nachempfunden sind. Die Häuser beherbergen geräumige, wenn auch spärlich möblierte Zimmer, jeweils mit riesigem solargeheiztem Bad und umlaufenden Gemeinschaftsbalkonen.

Das Restaurant serviert leckere Mahlzeiten aus Zutaten, die auch in der indianischen Küche Verwendung finden.

Essen & Ausgehen

El Chante SODA **$**

(☎2761-0032; www.facebook.com/restauranteelchante; Hauptgerichte 6–10 US$; ⏲11–23 Uhr) Dieses sehr beliebte Lokal punktet mit freundlichem Service und leckerem Essen, das auch sättigt. Abends kann es schon mal laut werden (dazu tragen auch die Fernseher bei). Es liegt 800 m südlich des Zentrums von La Virgen an der Carretera.

Restaurante Mar y Tierra COSTA-RICANISCH **$**

(☎8434-2832; Hauptgerichte 8–10 US$; ⏲8–22 Uhr) Dieses Restaurant, direkt an der Straße und mitten in der Stadt, ist kaum zu übersehen, zumal es ein Nur-Dach-Haus ist. Das Seafood- und Steakrestaurant ist bei Einheimischen und Reisenden gleichermaßen beliebt. Sehr zu empfehlen ist der *arroz Mar y Tierra* („Reis Meer und Land").

Bar & Cabinas El Río BAR

(☎2761-0138; ⏲12–22 Uhr) Um zu der hinreißenden Open-Air-Bar El Río zu gelangen, die wie ein Pfahlhaus hoch über dem Fluss steht, steuert man das Südende der Stadt an, verlässt dort die Hauptstraße und fährt bergab in Richtung Fluss. Auf dem oberen Deck treffen sich die Einheimischen auf ein kaltes Bier und lassen sich sättigende Tico-Spezialitäten schmecken.

Wer will, kann in einem der nahe der Straße gelegenen Nur-Dach-Bungalows (mit Ventilator/Klimaanlage 15/20 US$) übernachten und sich dort dann auch gleich ins Bett fallen lassen.

An- & Weiterreise

La Virgen liegt an der Carretera 126, etwa 8 km nördlich von San Miguel und 17 km westlich von Puerto Viejo de Sarapiquí. Die Strecke ist geteert, aber sehr kurvenreich (besonders Richtung Süden, wo die Straße allmählich die Berge hinauf verläuft). Busse befahren die Route von San José über San Miguel nach Puerto Viejo und halten dabei auch in La Virgen. Die regionalen Busse verkehren stündlich zwischen La Virgen und Puerto Viejo de Sarapiquí (1 US$, 30 Min.) von 6–20 Uhr.

Im Herbst 2017 wurde weiter westlich die neue Vuelta Kooper Chilamate Carretera (Carretera 4) eröffnet, die das Sarapiquí-Tal mit Muelle und dem Hinterland verbindet und die Fahrzeit nach La Fortuna halbiert.

Chilamate & Umgebung

Die schmale, asphaltierte Carretera 4 zwischen La Virgen und Puerto Viejo (15 km) führt auch durch einige Bauerndörfer, so beispielsweise durch den Weiler Chilamate, den man beim Vorbeifahren glatt verpassen könnte, wenn man nicht aufpasst. An der Nordseite wird die Straße von kleinen Geschäften, prosperierenden Familien-*fincas* und endlos erscheinenden, pittoresken Ananasplantagen gesäumt. Südlich der Straße verläuft der wilde Río Sarapiquí, der einen dramatischen Hintergrund für die Handvoll hervorragender Ökolodges abgibt.

Diese Lodges jenseits des Flusses besitzen jeweils ein eigenes Schutzgebiet mit Primär- und Sekundärwald, das von Wanderwegen durchzogen ist. Und jenseits dieser Schutzgebiete geht die Landschaft nahtlos in den unerforschten nördlichen Teil des **Parque Nacional Braulio Carrillo** über. Reisende können den Park von dieser Seite aus nicht betreten, allerdings schleichen sich die Tiere dennoch raus und spionieren den nichts ahnenden Spaziergängern hinterher. Hier treibt sich eine unglaubliche Vielfalt an Vögeln und sogar Säugetieren wie Affen, Wickelbären und Pekaris herum.

Die ganze Region – von La Virgen bis Puerto Viejo – ist vom Río Sarapiquí geprägt. Einige der Flusstourenanbieter haben östlich der Stadt eine Anlaufstelle.

Geführte Touren

Obwohl die wichtigste Einkommensquelle in dieser Region immer noch die Landwirtschaft ist, erkennen viele Leute inzwischen, dass der Tourismus auch eine Rolle in der örtlichen Wirtschaft spielen könnte. Und es muss keine Entweder/Oder-Entscheidung sein. Unternehmerisch veranlagte Bauern haben begonnen, ihre landwirtschaftlichen

Aktivitäten durch Hofführungen zu ergänzen, sodass Besucher einen Einblick in das Landleben der Ticos, in nachhaltiges Wirtschaften und in die Produktion von köstlichen Leckereien erhalten.

Costa Rica Best Chocolate ESSEN & TRINKEN
(☎8501-7951, 8816-3729; Erw./Kind 30/20 US$; ⏲Touren 8, 10, 13 & 15 Uhr) Wo kommt eigentlich die ganze Schokolade her? Diese aus Chilamate stammende Familie kann diese drängende Frage beantworten, angefangen bei den Kakaopflanzen, die auf ihrem Hof wachsen. Die rund zweistündige Tour mit Vorführung umfasst den gesamten Prozess der Schokoladenherstellung, einschließlich zahlreicher Kostproben. Am Ende der Tour muss man sich für eine von vier Schokoladentafeln entscheiden. Der Hof befindet sich etwa 5 km westlich des Zentrums von Sarapiquí an der Carretera.

Organic Paradise Tour ESSEN & TRINKEN
(☎2761-0706; www.organicparadisetour.com; Erw./Kind 35/14 US$; ⏲8, 10, 13 & 15 Uhr) Wer möchte, kann sich hier in einem Wagen von einem Traktor über holprige Wege ziehen lassen und alles über die Ananas (sowie die Paprika) und deren Anbau lernen.

Die etwa zweistündige Tour stellt den Produktionsprozess und den Bioanbau in den Mittelpunkt, bietet aber auch wirkliche Einblicke in das beschwerliche und harte bäuerliche Alltagsleben und gibt Tipps für den richtigen Kauf der Ananas.

Die Führung ist übrigens überraschend unterhaltsam und lehrreich. Natürlich darf man auch eine Ananas probieren. Die Plantage liegt etwa 1 km von der Schule in Chilamate entfernt, rund 4 km nördlich der Carretera – einfach den Schildern mit der Aufschrift „Tour de Piña“ folgen.

Schlafen & Essen

An dieser landschaftlich schönen Strecke der Carreteras 126 und 4 stehen ein paar ausgezeichnete Ökolodges. Man muss nicht dort wohnen, um die privaten Wanderwege und andere interessante Attraktionen zu nutzen – was Reisende mit kleinem Geldbeutel gerne hören werden.

Isla del Río HOSTEL $
(☎2766-6525; www.aguasbravascr.com; B 12 US$, Zi. mit/ohne Bad 40/35 US$, Frühstück 6 US$; P 📶) Nach einem Ritt durch die Stromschnellen kann man es sich in diesem Hostel am Fluss, das von Aguas Bravas (S. 310) betrieben wird, gemütlich machen. Das Isla ist eine saubere, einfache Unterkunft mit stabilen Holzbetten, sauberen Badezimmern und deftigem Frühstück. Es gibt Wanderwege sowie eine Relaxzone im Freien, wo man in einer Hängematte abhängen kann, um dem Rauschen des Flusses zu lauschen und sich an das Raftingabenteuer zu erinnern.

Das Hostel befindet sich an der Carretera, etwa 6 km westlich von Sarapiquí.

★Chilamate Rainforest Eco Retreat LODGE $$$
(☎2766-6949; www.chilamaterainforest.com; mit Frühstück B 30–35 US$, EZ/DZ/3BZ/4BZ 90/110/130/155 US$; P 📶) 🍃 Die familienbetriebene und -freundliche Lodge ist einladend und durch und durch innovativ ausgestattet. Die Besitzer Davis und Meghan engagieren sich für den Umweltschutz und fördern die Gemeinde. Auf einer rund 20 ha großen Fläche mit Sekundärwald verteilen sich solarbetriebene einfache Hütten voller Charakter, mit handgefertigten Möbeln und natürlicher Belüftung. Die Lodge befindet sich unweit der Carretera, ca. 5 km westlich von Sarapiquí.

Das Restaurant serviert großartige Frühstücksvariationen und Abendbüfetts mit lokalen, biologisch angebauten Zutaten. Auf den überdachten, flachen Wegen kann man sich zwischen den Gebäuden des Komplexes bewegen, ohne dabei nass zu werden (schließlich sind wir hier in einem Regenwald!). Hinter den Hütten winden sich über 6 km lange Pfade durch den Dschungel.

Dort lassen sich beispielsweise Faultiere, Affen, Tukane, Frösche, Schlangen und viele weitere Tierarten beobachten. Wem es zu heiß ist, der kann sich in der nahe gelegenen Badestelle im Fluss, mit Tarzanseil an der Brücke, ein wenig abkühlen.

Selva Verde Lodge LODGE $$$
(☎in den USA & Kanada 800-451-7111, 2761-1800; www.selvaverde.com; mit Frühstück EZ/DZ 120/140 US$, Bungalow EZ/DZ 140/170 US$; P ❄ 📶 🏊) Diese *finca* in Chilamate wurde zu einer eleganten Lodge mit 200 ha Regenwald umgebaut. Die Gäste können zwischen der über dem Waldboden thronenden Fluss-Lodge und einem Privatbungalow wählen, der sich hinter Bäumen in der Nähe versteckt.

Die Zimmer verfügen über glänzende Holzdielen, solarbeheizte Duschen und große Veranden mit Waldblick. Die Selva Verde Lodge befindet sich an der Carretera, etwa 6 km westlich von Sarapiquí.

Drei wunderschöne Wanderwege führen durch das Gelände und in den prämontanen, tropischen Feuchtwald. Außerdem gibt es hier Heilpflanzen- und Schmetterlingsgärten, verschiedene Bootstouren auf dem Río Sarapiquí sowie ein hauseigenes Restaurant, in dem köstliche italienische Gerichte auf den Tisch kommen.

La Quinta de Sarapiquí Lodge LODGE $$$
(☎ 2761-1052; www.laquintasarapiqui.com; DZ/3BZ/4BZ mit Frühstück 110/125/140 US$; P ❄ 📶 ≋) Diese nette familiengeführte Lodge liegt direkt am Ufer des Río Sardinal. Überdachte Wege führen durch den schön angelegten Garten und verbinden die palmblattgedeckten Häuser, in deren Zimmer jeweils eine Hängematte schaukelt. Man kann im hübschen Salzwasserpool oder im nahe gelegenen Flussbecken schwimmen, die Tiere im Froschhaus, in der Kaiman-Kinderstube oder im Schmetterlingsgarten beobachten oder aber den Pfad durch den Sekundärwald entlangspazieren.

Wer nicht hier übernachtet, nimmt eine Tageskarte (12 US$), um die Tierstationen und die Wanderwege erkunden zu können.

Rancho Magallanes COSTA-RICANISCH $$
(☎ 2766-5606; Hähnchen 5–12 US$; ⏲ 10–22 Uhr) Rancho Magallanes ist ein hübsches Lokal direkt an der Straße. In dem mit Holz befeuerten Ziegelofen werden ganze Hähnchen gebraten, die halben oder geviertelten Vögel kommen anschließend ganz schlicht mit Tortillas und Bananensalsa auf den Tisch. Wer möchte, kann mit den Truckern an der Straße essen, den etwas schickeren Essbereich am Fluss schmücken farbenfrohe Malereien mit Dschungelmotiven.

An- & Weiterreise

Jeder Bus, der zwischen La Virgen und Puerto Viejo de Sarapiquí verkehrt, hält auf Anfrage an den Eingängen zu den Ökolodges an der Carretera 4. Ein Fahrt mit dem Taxi kostet von La Virgen aus zwischen 8 und 10 US$.

Puerto Viejo de Sarapiquí

9600 EW.

Der am landschaftlich schönen Zusammenfluss von Río Puerto Viejo und Río Sarapiquí gelegene Ort Puerto Viejo de Sarapiquí war einstmals Costa Ricas wichtigster Inlandhafen. Mit Früchten, Kaffee und anderen für den Export bestimmten Handelsgütern beladene Schiffe befuhren den Sarapiquí bis zur nicaraguanischen Grenze und wandten sich dann gen Osten, um auf dem Río San Juan Richtung Meer zu tuckern.

Heute ist Puerto Viejo de Sarapiquí eine etwas düstere, aber angenehm palmenbestandene Marktstadt, die mit der Zeit geht: Am örtlichen Polytechnikum können Studenten einen höheren Abschluss in Tourismus, Ökologie und Landwirtschaft erlangen. Die Schule besitzt sogar ein eigenes, von zahlreichen Pfaden durchzogenes Schutzgebiet. Besucher der Region können zwischen zahlreichen Aktivitäten wählen: Vogelbeobachtung, Raften, Kajak- oder Bootsfahrten sowie Wanderungen.

Im April feiern die Einheimischen alljährlich den Sieg über den Söldner William Walker und seine *yanqui filibusteros*, die im Jahr 1856 in der Schlacht von Sardinal hier besiegt wurden.

Geführte Touren

Oasis Nature Tours BOOTSTOUR
(☎ 2766-6108, 2766-6260, 8816-6462; www.oasisnaturetours.com; Tagestour inkl. Transport ab San José pro Person 85–100 US$, Safaribootstour pro Person 35 US$) Dies ist nur einer von mehreren Veranstaltern, die Bootstouren auf den Flüssen der Gegend anbieten.

Auch Flying Fox, Rafting und andere geführte Abenteuertouren sind im Angebot. Das in einem blauen Haus untergebrachte Büro befindet sich gleich neben dem Busbahnhof, die Gasse hinunter.

Anhinga Tours BOOTSTOUR
(☎ 8346-1220, 2766-5858; www.anhinga.jimdo.com; Av 7; Touren pro Person 25 US$) Dieser einheimische Führer leitet Touren auf dem Río Sarapiquí und dessen Zuflüssen. Das Büro liegt an der Ost-West-Straße am Ende des Ortes, die zum Fluss führt.

Schlafen

In diesem Teil des Dschungels verteilt sich eine ganze Reihe von Unterkünften – von Billigbetten in der Stadt, die für einheimische Plantagenarbeiter gedacht sind, bis zu hervorragenden Lodges weiter außerhalb.

Cabinas Laura CABINA $
(☎ 2766-6316; EZ/DZ 25/30 US$; P ❄ @ 📶) Eine ruhige und günstige Unterkunft an der Straße zum Pier, direkt hinter dem Banco Nacional. Die 22 gefliesten Zimmer mit Holzmöbeln sind schlicht und blitzsauber. Außerdem haben sie Kabel-TV.

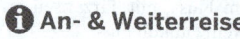

Posada Andrea Cristina B&B B&B $$

(☎ 2766-6265; www.posadaandreacristina.wixsite.com/andreacristina; DZ mit Frühstück 64 US$; P 📶) Das charmante Posada Andrea Cristina B&B, am Rande der Stadt und des Waldes gelegen, ist wirklich ein kleines Paradies. Auf dem Gelände leben jede Menge Vogelarten, Faultiere und Affen sowie Frösche im Teich. Die idyllischen Hütten haben hohe Balkendecken, einen farbenfrohen Anstrich und Privatterrassen; außerdem wurde ein originelles Baumhaus um einen blühenden Inga-Baum herum errichtet.

Der reizende Gastgeber Alex Martínez ist auch Vogelguide. Ungemein lecker ist sein selbst gebackenes Brot.

Hotel Gavilán HOTEL $$

(☎ 2234-9507; www.gavilanlodge.com; DZ/3BZ/4BZ ab 70/85/100 US$; P ❄ 📶 🏊) Diese ehemalige Rinder-Hacienda liegt in einem ungefähr 100 ha großen Schutzgebiet unweit des Sarapiquí und der Stadt. Die Lodge, ein Paradies für Vogelbeobachter, verfügt über 5 km an Privatwegen. Die etwas abgewohnten, aber gemütlichen Zimmer mit breiter Veranda sind in Pastelltönen gestrichen. Einige davon blicken auf den Fluss.

Die recht freundlichen Hotelmanager organisieren auf Anfrage private Bootstouren und Wanderungen zur Vogelbeobachtung.

Hotel Ara Ambigua HOTEL $$

(☎ 2766-7101; www.hotelaraambigua.com; EZ/DZ/3BZ/4BZ mit Frühstück ab 95/95/112/128 US$; P ❄ 📶 🏊) Dieses (nach einer Papageienart benannte) Landhotel befindet sich etwa 1 km westlich von Puerto Viejo und bietet seltsam streng eingerichtete, aber gut ausgestattete Zimmer. Besonders schön ist die Gartenanlage: Im üppig blühenden Park schwirren Vögel umher, im *ranario* (Froschteich) hüpfen Pfeilgiftfrösche herum und im kleinen See schwimmen die Kaimane.

Auch wer nicht hier übernachten möchte, kann in der auf dem Gelände gelegenen Pizzeria La Casona „auf Nahrungssuche gehen" und dabei auch heimlich unsere gefiederten Freunde beobachten.

Essen

Die meisten Unterkünfte in und um Puerto Viejo verfügen über ein Restaurant auf dem hauseigenen Gelände oder bieten Mahlzeiten an. Ansonsten gibt es in Puerto Viejo de Sarapiquí mehrere *sodas* sowie einen Supermarkt am Westende der Stadt. Entlang der Carretera, die zwischen Puerto Viejo und La Virgen verläuft, warten einige interessante Restaurants (keine der sonst so typischen *sodas*), und das Restaurant im Hotel El Bambú serviert auch gutes Essen.

Congo Jack's BBQ AMERIKANISCH $

(☎ 8447-6684; Calle 1, nahe der Av 3; Hauptgerichte 6–10 US$; ⏰ 11–21 Uhr) Dieses saubere, winzige Restaurant scheint sich seine glänzend weißen Fliesen vom Krankenhaus nebenan ausgeliehen zu haben. Und die Speisekarte, auf der BBQ-Pulled-Pork-Sandwiches und anderes nicht frittiertes „Fast Food" stehen, stammt natürlich aus Nordamerika. Nur die Pommes sind frittiert. Versprochen!

Restaurante y Pizzeria La Casona PIZZA $$

(☎ 2766-7101; www.hotelaraambigua.com; Mahlzeiten 8–16 US$; ⏰ 8–22 Uhr; 📶 👪) Dieses zum Hotel Ara (s. links) gehörende Restaurant ist für seine Holzofenpizza und die typischen hausgemachten Gerichte bekannt, die in einem *rancho* (offene Hütte) im Freien serviert werden. Wer mal etwas anderes als die übliche Pizza und das sattsam bekannte *casado* probieren möchte, sollte das würzige Hähnchen à la Frida Kahlo bestellen.

Auf der Terrasse kann man das Essen und einen netten Blick in den Garten genießen, wo einige Vögel umherflattern.

ℹ Praktische Informationen

Der **Banco de Costa Rica** (Calle Central; ⏰ Mo–Fr 9–16 Uhr) liegt am Stadteingang.

Der **Banco Nacional** (☎ 2766-5658; Av 7; ⏰ Mo–Fr 8.45–16.30 Uhr) befindet sich in der Nähe der Bootsanlegestelle.

Das **Cruz Roja** (☎ Verwaltung 2764-2424, Notfall 2766-6212; Av 4) ist zuständig für die medizinische Versorgung.

ℹ An- & Weiterreise

Der **Busbahnhof** (Calle Central; ⏰ 5–19 Uhr) liegt direkt gegenüber des Parks, in der Nähe des Hotels El Bambú. Die Regionalbusse verkehren stündlich zwischen La Virgen und Puerto Viejo de Sarapiquí (1 US$, 30 Min.) von 5–20 Uhr.

Ciudad Quesada (Transportes Linaco) 3 US$, 2 Std., fährt 8-mal täglich von 4.40–18.30 Uhr.

Guápiles (Transportes Guapileños) 2 US$, 1 Std., fährt 10-mal tgl. von 5.30–17 Uhr.

Rio Frio fährt 16-mal tgl. von 6–19 Uhr.

San José (Autotransportes Sarapiquí and Empresarios Guapileños) 2,50 US$, 2 Std.; Abfahrt 5, 5.15, 5.30, 7, 8, 9.30, 11, 13.30, 15, 16.30 und 17.30 Uhr.

Estación Biológica La Selva

Die nicht mit der Selva Verde Lodge in Chilamate zu verwechselnde Estación Biológica La Selva ist eine mit Laboren, Versuchsfeldern, einem Herbarium und einer umfangreichen Bibliothek ausgestattete biologische Forschungsstation, auf der es im Allgemeinen nur so vor Wissenschaftlern und Studenten wimmelt, die in dem privaten Schutzgebiet nebenan ihre interessanten Forschungen betreiben.

Das von La Selva geschützte Gebiet umfasst 16 km² tropischen Regenwald, der sich am Fuß der Berge entlangzieht. Ein großer Teil davon ist noch weitgehend unberührt. Im Süden grenzt der 476 km² große Parque Nacional Braulio Carrillo an La Selva; dadurch entsteht ein zusammenhängendes Schutzgebiet von enormer Größe, das eine unglaublich artenreiche und vielfältige Tier- und Pflanzenwelt schützt. Über 886 Vogelarten wurden hier registriert, außerdem 120 Säugetier- (mit 70 Fledermaus- sowie Großkatzenarten) und 1850 Pflanzenarten (vor allem aus den Familien der Orchideen, Aronstab- und Kaffeegewächse sowie Leguminosen), dazu Tausende Insektenarten (darunter allein 500 Ameisenarten).

Geführte Touren

OTS La Selva Research Station WANDERN
(2766-6565, aus den USA 919-684-5774; www.threepaths.co.cr; geführte Wan-derung 35 US$, Vogelbeobachtungstour 50 US$; geführte Wanderung 8 & 13.30 Uhr, Vogelbeobachtungstour 5.45 Uhr) Für die rund dreistündige geführte Wanderung mit einem zweisprachigen Naturführer ist eine Reservierung notwendig. Es geht über die Hängebrücke hinein in den Urwald, wo ein gut ausgebautes Wegenetz von 57 km den Dschungel durchzieht. Einige Wege sind sogar rollstuhlgerecht. Wandern ohne Führer ist verboten, doch nach der Führung darf man noch ein wenig alleine herumlaufen. Auch für die beliebten Vogelbeobachtungstouren (mit Führer) sollte man besser vorab reservieren.

Schlafen

OTS La Selva Research Station LODGE $$
(2766-6565; www.threepaths.co.cr; pro Person inkl. Mahlzeiten 90–95 US$; P) Die Zimmer sind mit zwei Einzelbetten, eigenem Bad, Ventilator und Balkon mit Dschungelblick ausgestattet. Im Zimmerpreis inbegriffen sind die Mahlzeiten und täglich zwei geführte Wanderungen.

An- & Weiterreise

Die zwischen Puerto Viejo und Río Frío/Horquetas verkehrenden öffentlichen Busse lassen Reisende an der Carretera aussteigen, die 1 km vom Eingang zu La Selva entfernt liegt. Oder man nimmt sich in Puerto Viejo, das etwa 4 km entfernt ist, ein Taxi.

Horquetas & Umgebung

Südlich von Puerto Viejo de Sarapiquí säumen Fincas und Pflanzungen die Carretera 4 und erstrecken sich bis zu den Sümpfen und Mangroven an der Karibikküste. Im Westen markierten die zerklüfteten Hügel der Cordillera Central die nordöstliche Grenze des Parque Nacional Braulio Carrillo. Die meisten Reisenden auf dieser landschaftlich reizvollen Straße fahren entweder weiter zur Karibikküste oder in das beliebte Valle Central. Manche besuchen jedoch auch eine der abseits der üblichen Touristenpfade gelegenen einzigartigen Attraktionen der Region wie den erstklassigen botanischen Garten von Heliconia Island oder das abgeschiedene Froschreservat Frog's Heaven.

Sehenswertes

Heliconia Island GARTEN
(2764-5220; www.heliconiaisland.com; ungeführte/geführte Touren 10/18 US$, DZ/4BZ ab 82/-104 US$; 8–17 Uhr; P) Erst geht es eine holprige Straße entlang, dann zu Fuß über eine Brücke, bis man schließlich an deren Ende ein Meisterwerk der Landschaftsarchitektur betritt, das über 80 Arten von Helikonien, tropischen Blumen, Pflanzen und Bäumen beherbergt. Die rund 2 ha große Insel rund 5 km nördlich von Horquetas mit Blick auf den Río Puerto Viejo dient zudem 228 Vogelarten als Rückzugsgebiet, u. a. einem Brillenkauz, der jedes Jahr wiederkehrt, um seine Nachkommen aufzuziehen. Darüber hinaus gibt es Brüllaffen, Flussotter, Faultiere und ein paar nette Hunde, die die Gäste bei der Ankunft begrüßen.

Die niederländischen Besitzer Henk und Carolien präsentieren bei geführten Touren die eindrucksvollsten Pflanzen, darunter seltene Helikoniahybriden, die nur auf der Insel wachsen. Das Ehepaar besitzt auch je ein Stück Sekundärwald auf beiden Seiten des

Gartens, das als unbewirtschafteter Waldpuffer fungiert und allerlei Getier anlockt.

Übernachtungsgäste müssen keinen Eintritt bezahlen und schlafen in sehr gepflegten erhöhten Hütten mit Steinböden und luftigen Balkonen.

Frog's Heaven GARTEN

(Cielo de Ranas; ☎ 2764-2724, 8891-8589; www.frogsheaven.org; Erw./Kind 25/12 US$; ⏰ 8–20 Uhr; 👪) In diesem wunderhübschen tropischen Garten, der über 28 Froscharten einen perfekten Lebensraum bietet, hüpfen die Frösche frei herum. Auf den geführten Touren bekommt man wahrscheinlich alte Bekannte zu sehen, wie den Rotaugenlaubfrosch und verschiedene Pfeilgiftfrösche; aber auch weniger berühmte exotische Amphibien wie den Glasfrosch und den faltigen Mexikanischen Baumfrosch.

Wer an der Führung in der Dämmerung teilnimmt, kann eine völlig andere Froschwelt entdecken. Auf dem Gelände lassen sich auch wunderbare, bunte Vögel und gelegentlich andere Tiere beobachten. Mindestens einen Tag im Voraus reservieren. Der Froschhimmel befindet sich in Horquetas, schräg gegenüber der Kirche.

Schlafen

Die Adressangabe der Lodges in Horquetas ist etwas verwirrend, denn die Unterkünfte befinden sich gar nicht direkt in Horquetas. Sie geben nur diese Anschrift an, weil dies der nächste Zivilisationsaußenposten ist. Aber die Lodges selbst liegen außerhalb des Ortes, manche sogar sehr weit außerhalb. Eine Reservierung ist anzuraten. Danach muss man nur noch der Anreisebeschreibung folgen und dabei seinen Sinn fürs Abenteuer (und für Humor) nicht verlieren. Den braucht man hier nämlich wirklich.

Yatama Ecolodge LODGE $$

(☎ 7015-1121; www.yatamaecolodge.com; pro Person inkl. 3 Mahlzeiten 80 US$) Wer auf etwas Komfort verzichten kann, bekommt hier die Gelegenheit, mit dem Regenwald Zwiesprache zu halten. In Yatama schlafen die Gäste in primitiven Holzhütten. Solarstrom gibt es nicht durchgehend. Die Besucher stapfen durch den Schlamm, um Frösche, Vögel und Insekten zu entdecken: Sie nehmen sättigende Mahlzeiten zu sich. Statt zu duschen, schwimmen sie im Fluss – und sie schwelgen im Gefühl der Lebendigkeit, das sich hier mitten im Wald einstellt.

Die Mitarbeiter holen die Gäste in Horquetas ab und fahren mit ihnen einen etwas tückischen, gut 45-minütigen Weg hinauf zu dieser einfachen Lodge am Rande des Parque Nacional Braulio Carrillo. Unbedingt mitnehmen: Insektenspray, Gummistiefel und eine gute Portion Abenteuerlust.

Rara Avis CABINA $$

(☎ 2764-1111, 2200-4238; www.rara-avis.com; Lodge pro Person inkl. Mahlzeiten und Wanderungen 89 US$) Abgelegen heißt hier wirklich abgelegen. Das private Reservat erstreckt sich über ein 13 km² großes Gelände aus tropischem Regenwald in Höhenlage und ist nur für Übernachtungsgäste geeignet, die bereit sind, drei Stunden lang mit einem Traktor den schlammigen, steilen Hügel hinaufzufahren. Die Unterkünfte sind rustikal: Es gibt keinen Strom, allerdings bleiben die Kerosinlampen und der Sternenhimmel unvergesslich. Im Preis inbegriffen sind alle Mahlzeiten, der Transport ab Horquetas und zwei geführte Wanderungen pro Tag.

Das Schutzgebiet grenzt an den östlichen Rand des Parque Nacional Braulio Carrillo. Eine Trockenzeit gibt es hier eigentlich nicht. Zum Vogelbeobachten ist das Gebiet phänomenal, denn es flattern über 350 Arten herum. Säugetiere wie Affen, Nasenbären, Ameisenbären und Pakas lassen sich ebenfalls häufig blicken. Da man eine gute Weile braucht, um überhaupt hierherzukommen, sollte man minestens zwei Nächte einplanen. Das Gelände ist auch auf dem Pferderücken anstatt mit dem Traktor zu erreichen (35 US$ pro Pers.), allerdings müssen dann die letzten 3 km zu Fuß zurückgelegt werden. Eine Abholung erfolgt von der Calle Fernandez in Horquetas.

Sueño Azul Resort RESORT $$$

(☎ 2764-1000; www.suenoazulresort.com; DZ 120–150 US$, zusätzl. Person 20 US$; P ❄ 📶 🏊) Sueño Azul besitzt einen umwerfenden Aussichtsplatz am Zusammenfluss von Río Sarapiquí und Río San Rafael. Auf dem riesigen Gelände gibt es Wanderwege, eine Hängebrücke, eine Baumkronentour und einen Wasserfall sowie einen Stall voller prachtvoller Pferde. Die Anlage an sich wirkt etwas abgewohnt, doch die Zimmer mit Holzbetten und Flussblick sind ganz gemütlich.

Das Restaurant ist leider überteuert und nicht besonders aufregend. Schade, denn es gibt keine anderen Lokale in der Nähe. Von Horquetas aus folgt man den Schildern über die Hängebrücke zum Eingang des Anwesens, von wo aus es noch weitere 1,4 km (mit einer weiteren Überquerung einer wackligen Brücke) bis zum Resort sind.

ℹ An- & Weiterreise

Etwa 12 gut asphaltierte Kilometer von Puerto Viejo de Sarapiquí entfernt befindet sich das Dorf Horquetas, in dessen Umgebung die Abzweigungen nach Frog's Heaven, Heliconia Island und den anderen Resorts zu finden sind. Von Horquetas aus sind es noch einmal gut 15 km bis zur Carretera 32, die San José mit der Karibikküste verbindet und auf dem Weg nach San José mitten durch den Parque Nacional Braulio Carrillo führt.

Península de Nicoya

Inhalt ➡

Strandurlaub genießen

- Playa Conchal (S. 333)
- Playa Junquillal (S. 348)
- Playa Carrillo (S. 367)
- Playa San Miguel (S. 369)
- Playa Cocolito (S. 382)

Schön übernachten

- Hotel Quinta Esencia (S. 332)
- Villa Mango B&B (S. 356)
- Costa Rica Yoga Spa (S. 357)
- Camp Supertramp (S. 363)
- Canaima Chill House (S. 377)
- Mar Y Sol Ecotel (S. 388)

Auf zur Península de Nicoya!

Vielleicht besucht man die Península de Nicoya wegen ihres saphirblauen Wassers, das sich an der gesamten Küste zu rechts- und linksläufigen Brandungswellen rundet und vollkommene Wellentunnel bildet. Vielleicht will man sich aber auch einfach nur an einem unberührten Sandstrand sonnen und entspannen. Tagsüber kann man Fahrten auf zerfurchten Straßen, durch Flussläufe und über Berghöhen mit überwältigenden Ausblicken auf die Küste unternehmen, nachts Meeresschildkröten bei der Eiablage beobachten oder im Pazifik schwimmen. Neben diesen Abenteuern locken stimmungsvolle Boutiquehotels, kulinarische Köstlichkeiten und luxuriöse Spas für Körper und Seele. Ganz egal, ob nun Action oder Entspannung der Beweggrund ist für einen Besuch, die Nicoya-Halbinsel wird niemanden enttäuschen. Die Tage (oder Wochen, Monate ...) hier treiben dahin wie die Ozeanbrise und vergehen viel zu schnell.

Reisezeit

- Von Mai bis November sind die Zimmerpreise niedriger. Die Preise steigen erheblich in den Ferien und an den Feiertagen (Weihnachten, Neujahr und Ostern).
- Im September und Oktober sind die Regenfälle am stärksten auf der Halbinsel, weshalb die Vegetation in der Zeit auch am üppigsten ist. Die Luft ist klar und deutlich weniger staubig, die Flüsse schwellen an, Wale ziehen auf ihrer Wanderung vorüber – und die Preise fallen.

Highlights

1. Auf den Spuren von Meeresschildkröten, Mantarochen und Bullenhaien in die Tiefe tauchen – in **Playas del Coco** (S. 322)
2. Vormittags auf den Wellen reiten und am Nachmittag Yoga-Asanas üben in **Nosara** (S. 354)
3. Im **Refugio Nacional de Fauna Silvestre Ostional** (S. 360) über die Wunder der Natur staunen bei der *arribada*, der massenhaften Ankunft von Oliv-Bastardschildkröten
4. Unter Palmen sitzen an der **Playa Carrillo** (S. 367) und spektakuläre Sonnenuntergänge erleben
5. Köstliche *ceviche* und eine kühle *cerveza* im **LocosCocos** (S. 372) an dem bildschönen Strand Playa San Miguel genießen
6. Auf kraftvollen Brandungsweillen surfen und Speisen aus erntefrischen Erzeugnissen bestellen – in **Mal País** und **Santa Teresa** (S. 373)
7. Kajakfahren und Schwimmen in den Gewässern des **Refugio Nacional de Vida Silvestre Curú** (S. 388)
8. Zur Spitze der Halbinsel an einen unberührten Strand wandern in der **Reserva Natural Absoluta Cabo Blanco** (S. 380)

Liberia
Guanacaste
Fortuna
Miravalles Protection Zone
Volcán Tenorio (1916 m)
Parque Nacional Volcán Tenorio
San Rafael de Guatuso
Reserva Indígena Guatuso
Río Cote
Alajuela
Río Tenorio
Tierras Morenas
Río Corobicí
Venado
Arenal
Laguna de Arenal
Unión
Tronadora
Tilarán
Pijije
Bagaces
Reserva Biológica Lomas de Barbudal
1
Cañas
Quebrada Grande
Río Chiquito
Parque Nacional Volcán Arenal
Valle de Tempisque
Cordillera de Tilarán
Reserva Santa Elena
Bebedero
Reserva Biológica Bosque Nuboso Monteverde
Parque Nacional Palo Verde
Reserva Taboga
Santa Elena
Monteverde
Río Bebedero
Puerto Humo
Río Tempisque
Las Juntas de Abangares
Refugio de Vida Silvestre Cipanci
Río Lagarto
Coralillo
Parque Nacional Barra Honda
Puente La Amistad
Quebrada Honda
Santa Ana
18
Barra Honda
Isla Chira
Rancho Grande
Reserva Indígena Matambú
Mansión
Reserva Biológica de los Pájaros
Río Grande
Hojancha
Golfo de Nicoya
Península de Nicoya
Isla Caballo
Carmona
161
Jicaral
21
Lepanto
Fähre
17
Chacarita
Barranca
Isla San Lucas
Puntarenas
Mata de Limón
Cangrejal
Río Juan de León
Playa Naranjo
Reserva Biológica Isla Guayabo
San Marta
San Pedro
Río Blanco
Bahía Gigante
Islita
Quebrada Seca
160
60
Bejuco
Playa Bejuco
La Javilla
Isla Gigante
Reserva Biológica Islas Negritos
Playa San Miguel 5
San Francisco de Coyote
Paquera
7 Refugio Nacional de Vida Silvestre Curú
Playa Coyote
Puntarenas
Curú
Playa Caletas
Río Bongo
Pochote
Isla Tortuga
Bajos de Arió
Playa Tambor
Tambor
Bahía Ballena
Río Negro
Playa Manzanillo
Cóbano
Reserva Absoluta Nicolás Wessberg
Montezuma
Montezuma-Jacó Personen-Fähre
Santa Teresa 6
Playa del Carmen
Mal País 6
Cabuya
8 Reserva Natural Absoluta Cabo Blanco

Nationalparks & Schutzgebiete

Die meisten Nationalparks und Schutzgebiete Nicoyas liegen an der Küste, einige reichen ins Meer hinein und dienen dem Schutz der Meeresschildkröten und ihrer Eiablageplätze.

Parque Nacional Barra Honda (S. 351) Die unheimliche Unterwelt von Karsthöhlen lässt sich am besten während der Trockenzeit erkunden.

Parque Nacional Marino Las Baulas de Guanacaste (S. 334) Der Nationalpark ist für das Überleben verschiedener Lederschildkröten von großer Bedeutung; er schützt einen der wichtigsten pazifischen Eiablageplätze.

Refugio Nacional de Fauna Silvestre Ostional (S. 360) In Ostional kommen Oliv-Bastardschildkröten in großer Zahl zur Eiablage an die Strände (*Arribada* – Ankunft, Landung).

Refugio Nacional de Vida Silvestre Camaronal (S. 368) Das abgelegene Naturschutzgebiet sichert durch seine Meeresbrandung die Brutplätze von vier Arten von Meeresschildkröten.

Refugio Nacional de Vida Silvestre Curú (S. 388) Das kleine, in Privatbesitz befindliche Naturschutzgebiet birgt eine überraschende Vielfalt von unterschiedlichen Landschaften.

Reserva Natural Absoluta Cabo Blanco (S. 380) Das erste Naturschutzgebiet Costa Ricas liegt am Kap der Halbinsel.

ℹ An- & Weiterreise

Der internationale Flughafen in Liberia vermittelt einen leichten Zugang zu weiten Teilen der Península de Nicoya. Von kleinen Start- und Landebahnen gehen außerdem Flüge nach Tamarindo, Nosara, Punta Islita (nur Charterflüge) und Tambor; regelmäßig treffen Flüge aus der Hauptstadt San José ein.

Die meisten Fahrtziele werden von öffentlichen Bussen angesteuert; Santa Cruz und Nicoya sind die wichtigsten Ausgangspunkte im Landesinneren der Region. Privat betriebene Verkehrsverbindungen bestehen außerdem zu den wichtigsten Küstenorten (dazu gehört ein Schnellbootservice zwischen Jacó und Montezuma).

Entlegenere Orte sind am besten mit einem eigenen Auto zu erreichen. Um auf kaum befahrenen Straßen unterwegs zu sein, ist ein Geländewagen unverzichtbar – zu bedenken ist, dass viele Straßen während der Regenzeit, vor allem an der abgelegenen Südwestküste, unpassierbar sind. Vor einer Fahrt sollte man nicht vergessen, sich bei den Anwohnern nach den Straßenzuständen zu erkundigen.

DER NORDEN DER HALBINSEL

Die nördliche Küste Nicoyas als Momentaufnahme betrachtet: weiße Sandstrände, schroffe, bewaldete Berge, azurblaues Wasser, massive Zersiedlung. In dieser Region liegen die begehrtesten Grundstücke des Landes. Beim Heranzoomen wird allerdings der unerfreuliche Wildwuchs von Ferienanlagen und Alterswohnsitzen deutlich erkennbar und der mittlerweile hohe Anteil an Zuwanderern aus den Vereinigten Staaten an der einheimischen Bevölkerung ist nicht zu übersehen.

Früher drehte sich in Costa Rica alles um die Ernte und das Vieh, heute leben die Ticos von der Touristensaison. Jedes Jahr von Dezember bis April, wenn es in weiten Teilen Europas und Nordamerikas winterlich kalt und ungemütlich ist, herrscht in Guanacaste Trockenzeit, und die Besucher strömen in Scharen herbei.

Einheimische wie Zuwanderer werden sich immer mehr des komplizierten und gefährdeten Gleichgewichts zwischen Erschließung und Naturschutz bewusst, wenngleich die Wellen wie seit jeher heranbranden und die Sonne auf die Strände der nördlichen Halbinsel strahlt.

Playas del Coco

Sportfischen ist die treibende Kraft, die Playas del Coco zum touristischen Aufschwung verhalf, Tiefseetauchen ist zu einer weiteren Attraktion geworden. Zur Happy Hour (die hier schon früh anbricht) mischen sich zahlreiche ausländische Sportfischer und Tauchsportler unter die Einheimischen. Trotzdem sind hier vor allem costa-ricanische Einwohner ansässig, aber auch die Zahl der einheimischen Touristen ist verhältnismäßig hoch. Die Stadt steigerte ihr internationales Ansehen in Sachen Sport maßgeblich als Gastgeber der ersten Ironman-Wettkämpfe im Juni 2017.

Wer in der abendlichen Dämmerung an der grasbewachsenen Plaza am Strand entlangwandert und den Blick über die weite Bucht – die von lang gestreckten zerklüfteten Felsenausläufern begrenzt einen natürlichen Hafen schützend umgibt, in dem Motorboote und motorisierte Fischerboote (*pangas*) auf den Wellen schaukeln – schweifen lässt, wird sich hier richtig wohlfühlen.

Aktivitäten

Sportfischerei, Segeln, Tauchen und Seekajakfahren sind beliebte Aktivitäten für zahlreiche Wassersportler. Seekajaks sind perfekt geeignet, um die felsigen Landspitzen am nördlichen und südlichen Rand des Strandes zu erkunden.

Pacific Coast Stand-Up Paddle WASSERSPORT
(Pacific Coast Discovery; ☎8359-5118; www.pacificcoastsuptours.com; Unterrichtsstd. 35 US$, Touren 65–85 US$) Jorge und sein Team verbringen mit ihren Gästen eindrucksvolle Stunden oder Tage paddelnd auf dem Wasser, lassen sie verborgene Höhlen entdecken, Delfine und andere Meeresgeschöpfe beobachten und nehmen sie zum Picknick an einen entlegenen Strand mit. Die dreistündige Tour bietet auch Gelegenheit zum Schnorcheln. Zum Angebot gehören außerdem Surf- und Schnorcheltouren, die ausnahmslos alle empfehlenswert sind. Es gibt kein offizielles Büro, aber man findet Jorge und seine Leute am Strand, oder man nimmt telefonisch Kontakt auf.

Blue Marlin FISCHEN
(☎2670-2222; www.sportfishingbluemarlin.com; Halbtagestour ab 500 US$) Sportfischer können an acht Touren auf unterschiedlichen Schiffen teilnehmen, z. B. auf der 8,5 m langen *Sea Fox* oder auf dem 17 m langen Luxusschiff *Jackpot*. Regelmäßig gehen den Fischern Fächerfische, Speerfische, *Große Goldmakrelen* (Mahi Mahi) und der einer Stachelmakrele ähnliche Roosterfish an die Angel. Der Veranstalter wendet das Prinzip „Fangen und Freilassen“ auf sämtliche Fischarten an.

TAUCHER BLICKEN TIEFER

Im Norden der Halbinsel finden sich die besten und am leichtesten zugänglichen Tauchreviere des Landes, obwohl die Sicht großen Schwankungen unterliegt (9–15 m, manchmal bis zu 20 m). Typische Ziele in den Tauchrevieren sind u. a.:

- Vulkanische Felsspitzen in Küstennähe
- Isla Santa Catalina (etwa 20 km in südwestlicher Richtung)
- Isla Murciélago (etwa 40 km in nordwestlicher Richtung, nahe der Spitze der Península Santa Elena)
- Farbenprächtige harte Korallen, wie man sie an einem Riff sehen würde, sind hier nicht anzutreffen, dafür bergen diese Regionen eine unglaubliche Fülle und Vielfalt an Meerestieren. Große Gruppen von Schildkröten und pelagische Tiere (Lebewesen im offenen Meer) erscheinen im Blickfeld, u. a. Mantarochen, Haie und Wale. Taucher können sich in den verwirrenden Anblick riesiger Schwärme tropischer Fische vertiefen. Diese Gewässer beherbergen manchmal Buckelwale, deren Gesänge während der Kalbungszeit (Januar bis März) unter Wasser zu hören sind; die Tiere selbst kommen in der Wanderzeit (Juni und Juli) in Küstennähe.

Von Dezember bis Ende April sind vor der Isla Santa Catalina und Isla Murciélago ziehende Mantarochen zu beobachten, vor Murciélago werden außerdem regelmäßig Gruppen von heimischen Bullenhaien gesichtet. Ein gutes, etwa 27 m tiefes Tauchrevier gibt es bei Narizones; Punta Gorda eignet sich perfekt für Tauchanfänger.

Costa Rica Dive Center (☎2670-0308; www.summer-salt.com; Las Chorreras; 2 Tauchgänge ab 80 US$) Diese freundliche Tauchschule unter schweizerischer Leitung (zuvor unter dem Namen Summer Salt bekannt) hat professionelle, zweisprachige Mitarbeiter. Schnorchelsportler sind auf den Tauchbooten ebenso willkommen. Dem Hinweisschild nach Summer Salt folgen.

Rich Coast Diving (☎2670-0176; www.richcoastdiving.com; 2 Tauchgänge ab 85 US$, Open-Water-Kurs 550 US$; ⏲7.30–18 Uhr) Der niederländische Veranstalter gehört zu den größten Tauchschulen von Playa del Coco. Angeboten wird eine reguläre Auswahl von Tauchfahrten (auf denen Haie, Rochen und Fischschwärme gut zu beobachten sind) sowie teurere Fahrten zu den Islas Catalinas und Murciélagos. CDC-zertifiziert.

Schlafen

Was die Unterkünfte in Playas del Coco betrifft, liegt die Betonung eher auf Quantität als auf Qualität. Es gibt jede Menge Übernachtungsmöglichkeiten, aber viele von ihnen sind nicht gerade aufregend. Glücklicherweise hat sich die Lage in den letzten Jahren ein wenig verbessert, es gibt einige neuere Hostels und eine Reihe von einmaligen Luxusunterkünften (die trotzdem nicht zu teuer sind).

Garden House at M&M HOSTEL $

(☎2670-0273; gardenhouse@hotelmym.com; La Chorrera; B 20–25 US$, DZ inkl. Frühstück 60 US$; ❄📶🏊) In der preiswerten Kategorie ist die Auswahl an *cabinas* in Coco groß, darunter ist dies das einzige echte Hostel. Nach vielen Veränderungen in Namensgebung und Leitung ist das Hostel jetzt als Garden House bekannt und wird von den umsichtigen Leitern des Hotel M&M betrieben. Es gibt zwei Schlafsäle, einige Einzelzimmer und einen niedlichen Swimmingpool, alles in bequemer Nähe zum Strand.

Villa del Sol HOTEL $$

(☎2670-0085; www.villadelsol.com; La Chorrera; B inkl. Frühstück 65–85 US$, Apt. 85–105 US$; P❄@📶🏊) Das grüne, ruhige Anwesen liegt 1 km nördlich von der Ortsmitte entfernt und hat – neben glücklichen Reisenden, die sich in Hängematten entspannen – Affen, Leguane und Vögel unterschiedlichster Arten zu Gast. Das Hauptgebäude besitzt elegante Zimmer, deren Balkone Ausblicke auf den Sonnenuntergang gewähren. Im Hinterhaus befinden sich Studioapartments (für bis zu vier Gäste), die preiswert und hervorragend sind. Ein Spaziergang zum Strand dauert fünf Minuten.

Hotel M&M HOTEL $$

(☎2670-1212; www.hotelmym.com; EZ/DZ/3BZ inkl. Frühstück 40/55/75 US$; P📶) Eine romantische Hacienda am Strand mit einem Balkon ganz aus Holz, von dem aus die Uferpromenade zu überblicken ist. Die Zimmer werden von Ventilatoren gekühlt und haben Fliesenböden, Balkendecken und Kaltwasserduschen. Das schlichte Haus ist eines der wenigen Strandhotels in Coco. Als Alternative zum Strand können Gäste in den Pool des zur Hotelgruppe gehörenden Garden House eintauchen. Seltsamerweise hat das M&M keine Klimaanlage, obwohl es etwas teurer ist als das Garden House, die Filiale des Hostels dagegen schon – was die Entscheidung zwischen beiden für manche wahrscheinlich erleichtert.

Pato Loco Inn GUESTHOUSE $$

(☎2670-0145; www.patolocoinn.com; DZ/3BZ/4BZ inkl. Frühstück 58/68/78 US$; P❄@📶🏊🐾) Mary Cox aus Colorado und ihr Papagei Simon heißen ihre Gäste am Coco Beach mit einer großen Auswahl an Zimmern, einer freundlichen Bar und dem weitaus besten amerikanischen Frühstück (mit Brötchen und Bratwurstsoße) willkommen. Die meisten Zimmer sind mit Schablonenmalereien und anderen Wandbildern verziert, die Mary selbst gemalt hat. Montags und freitags kann man in der allgemein zugänglichen Happy Hour mit anderen ausländischen Gästen ins Gespräch kommen.

Hotel Chantel BOUTIQUEHOTEL $$$

(☎2670-0389; www.hotelchantel.com; DZ inkl. Frühstück 69–89 US$, Suite 115–200 US$; P❄📶🏊🐾) Hoch oben auf der Steilküste mit weitem Blick über das Meer liegt dieses familiäre Hotel, das sich von anderen Unterkünften am Ort deutlich unterscheidet. Insgesamt elf Zimmer sind mit geschmackvollen Holz- und Korbmöbeln, modernen Kunstwerken an den Wänden und eigenen Terrassen mit hinreißendem Ausblick auf Playas del Coco ausgestattet. Vom eleganten Infinitypool und dem luftigen Dachrestaurant aus bietet sich der gleiche wunderbare Panoramablick. Nur eine kurze Autofahrt führt von der Ortschaft hierher: direkt südlich von Flor de Itabo in westlicher Richtung von der Hauptstraße abbiegen und danach den Hinweisschildern folgen.

Rancho Armadillo HOTEL $$$

(☎8336-9645, 2670-0108; www.ranchoarmadillo.com; DZ inkl. Frühstück Standard 204 US$, Deluxe 244–278 US$; P❄📶🏊) Nahe am Ortseingang liegt dieser Privatbesitz an einem Hang, etwa 600 m von der überwiegend befestigten Hauptstraße entfernt; der Ausblick vom 100 km² großen, von zahlreichen Wildtieren belebten Grundstück erinnert ständig an die Nähe des Meeres. Die sieben Zimmer sind mit individuell angefertigten Möbeln, handgewebten Wandteppichen und Kunstwerken aus der Region ausgestattet. Begeisterte Köche unter den Gästen werden sich über die professionelle Küche freuen.

Hotel La Puerta del Sol HOTEL $$$

(☎2670-0195; www.lapuertadelsolcostarica.com; DZ/Suite inkl. Frühstück 124/178 US$; P❄📶🏊)

Alessandros unaufdringlich luxuriöses Hotel im mediterranen Stil liegt nur einen kurzen Spaziergang vom Ort, doch unendlich weit vom Straßenverkehr und Lärm entfernt. Es gibt zwei große Suiten und acht weitläufige, pastellfarbene Zimmer mit glänzenden Ziegel- und Betonfußböden, breiten Doppelbetten und eigenen Terrassen. Auf dem Grundstück wachsen prachtvolle tropische Blumen, die einen herrlichen Swimmingpool umrahmen.

Essen

Die Hauptstraße von Playa del Coco ist von mehreren Restaurants gesäumt, die sich an dieser lauten, häufig überfüllten Straße kaum voneinander unterscheiden lassen. Schöne Restaurants sind (natürlich) am Strand oder in den ruhigeren Gegenden des Ortes zu finden. Selbstverständlich ist auch, dass die Fischgerichte an diesem Ort exzellent sind.

Heladeria & Pasteleria Dolce Amaro EISCREME $

(☎ 7025-2216; Plaza de Nino; Eis 3–5 US$, Gebäck 3–4 US$; ⏱ Di–Sa 8–12 & 15–21, So ab 9.30 Uhr; ❄📶) Das charmante Pärchen Elena und Francisco aus Norditalien bietet eine umwerfende Kombination aus hausgemachter Eiscreme (18 Geschmacksrichtungen waren es bei der letzten Zählung) und herrlichem Gebäck wie *chocolatosa*. Die Kunst der Eiscremeherstellung und das Espresso-Equipment stammen aus ihrer alten Heimat. Die Heladeria befindet sich hinter der Panaderia Tutu.

Tuanis Bowls SUSHI $

(Plaza del Coco; Gerichte 8–9 US$; ⏱ 9–20 Uhr) Ein frisches Gesicht in Playas del Coco ist dieses lockere Lokal mit einer kleinen, erlesenen (schlicht köstlichen) Auswahl an Gerichten wie etwa Acai-Bowls mit der brasilianischen Wunderfrucht in unterschiedlichen Variationen (Schokostückchen oder Chiasamen z. B.), und Thunfisch-*Poke*-Bowls, die schmecken, als wäre der Fisch frisch aus den nahen Wellen auf den Tisch gesprungen.

Lookout MEERESFRÜCHTE $$

(☎ 8755-7246; www.thelookoutcoco.com; Austern 2–3 US$, kleine Portion 6–15 US$; ⏱ Mi–So 16–22 Uhr; 📶🖉) Vieles ist liebenswürdig am Lookout: pazifische Austern aus nachhaltiger Zucht, handwerklich hergestelltes Bier aus regionaler Brauerei und eine kleine, aber interessante Speisekarte, die Snacks, *ceviche* und Sandwiches aufführt. Und dann ist da dieser Ausblick, der einfach hinreißend ist und vom Golfo de Papagayo bis hin zur fernen Cordillera de Guanacaste reicht. Der Service kann jedoch bisweilen etwas langsam sein. Das Restaurant befindet sich im Dachgeschoss des Hotel Chantel.

La Dolce Vita ITALIENISCH $$

(☎ 2670-1384; www.ladolcevitacostarica.com; La Chorrera; Hauptgerichte 15–20 US$; ⏱ 12–22 Uhr; 🖉) In der Fressmeile Pueblito Sur etwa 500 m nördlich der Hauptstraße findet sich die Lieblingsadresse der ortsansässigen Ausländer für Holzofenpizza in Playas del Coco. Das Setting erinnert an einen amerikanischen Vorort, aber der Thunfisch und das Oktopus-Carpaccio sind unvergleichlich. Außerdem werden eine Auswahl von Pastagerichten, Meeresfrüchte und traditionelle Grillgerichte serviert.

Citron FUSION $$$

(☎ 2670-0942; www.citroncoco.com; Vorspeisen 10 US$, Hauptgerichte 15–24 US$; ⏱ Mo–Sa 17.30–22 Uhr) Auf der Speisekarte stehen innovative Gerichte, zubereitet mit frischen Zutaten, darunter vorzügliche Spezialitäten aus dem Wok (z. B. Seebarsch mit Muscheln, Sojasoße und Sesamöl). Unbedingt Platz lassen sollte man für eines der mediterranen Desserts wie *panna cotta*! Trotz der Lage im Einkaufszentrum kann man in einem eleganten, minimalistischen Speiseraum oder auf der offenen, von Pochotebäumen umgebenen Terrasse speisen. In der Hauptsaison sind die Öffnungszeiten manchmal auch länger.

Restaurante Donde Claudio y Gloria MEERESFRÜCHTE $$$

(☎ 2670-1514; www.dondeclaudioygloria.com; La Chorrera; Frühstück 5–10 US$, Mittagessen 10–20 US$, Hauptgerichte 14–24 US$; ⏱ 7–21 Uhr; 📶) Das zwanglose Meeresfrüchte-Restaurant am Strand wurde von den Playas del Coco-Pionieren Claudio und Gloria Rojas gegründet und ist seit 1955 ein echtes lokales Wahrzeichen. Die Lage ist perfekt, um bei einem Frühstück, Mittag- oder Abendessen nebenher das Strandleben zu beobachten. Das Essen schmeckt durchweg lecker (wenngleich es etwas teuer ist). Der Service ist manchmal etwas langsam, was aber kein Problem sein sollte, wenn man ein wenig Zeit mitbringt. Der Eigentümer Javier vermietet außerdem ein paar Zimmer in dem Gebäude nebenan.

Ausgehen & Nachtleben

Bamboo BAR

(☎2670-0711; www.facebook.com/elcocobeach; Vorspeisen 5–10 US$, Hauptgerichte 8–16 US$, Pizza 16–28 US$; ⏰11–23 Uhr; 📶) Das ehemalige Tiki Coco bietet einen Platz in der ersten Reihe, um die Beachvolleyballspiele oder (noch besser) einen umwerfend schönen Sonnenuntergang zu genießen. Die Strandbar unter freiem Himmel versorgt die Gäste mit einer vom Meer geprägten Kneipenküche, kühlem Bier und handgemachten Cocktails, und nicht zuletzt sehr freundlichem Service. Tagesgerichte zur Happy Hour werden täglich von 15 bis 21 Uhr angeboten.

Zi Lounge CLUB

(☎2670-1978; www.zilounge.com; ⏰11–2.30 Uhr; 📶) Ein sehr schickes Nachtlokal für einen Fischerhafen, in dem in der Hauptsache Bier getrunken wird, doch es ist offensichtlich in einer Identitätskrise – mit einer Speisekarte mit Gerichten aus aller Welt, außerdem Wasserpfeifen, Sportfernsehen, DJs am Abend und gelegentlicher Livemusik. Aber die Leute scheinen ihren Spaß zu haben, außerdem gibt es gegen eine achtstündige Happy Hour (11 bis 19 Uhr) rein gar nichts einzuwenden.

Praktische Informationen

Polizei (☎2670-0258) Südöstlich der Plaza beim Strand.

An- & Weiterreise

Playas del Coco, das nur 25 km vom Flughafen Liberias entfernt liegt, ist leicht zu erreichen. Die Fahrt mit dem Bus dauert nur etwa eine Stunde.

Die Busse aus San José treffen an der Endstation ein, die etwa 100 m südlich des Pato Loco Inn (S. 324) liegt. Die Busse nach Liberia, Filadelfia und sehr selten nach Playa Panama halten in der Nähe des roten Sonnendachs und der Bänke gegenüber vom Hard Rock Café.

Liberia 2 US$, 1 Std., Abfahrt stündlich von 5–23 Uhr.

San José Pulmitan 10 US$, 5 Std., Abfahrt um 4, 8 und 14 Uhr.

Playa Hermosa

Playa Hermosa, der „wunderschöne Strand", ist eine zauberhafte, weite und geschützte Bucht zwischen felsigen Vorsprüngen, die üppig von Kokospalmen und Olivenbäumen bewachsen sind. Obwohl die Erschließung sich zügig über die gesamte Küstenlinie ausbreitet und Playa Hermosa nur 5,5 km (per Auto) nördlich von Playas del Coco liegt, ist die Atmosphäre hier weltabgeschiedener.

Aktivitäten

North Pacific Tours FISCHEN

(☎8398-8129; www.northpacifictours.com; Fischen ab 400 US$, Surfen ab 300 US$) In diesem Unternehmen weiß man, wo die größten Fische und die höchsten Brandungswellen zu finden sind. Kapitän Mauricio und sein erster Maat Daniel nehmen Gäste auf ihrem 8 m langen Fischerboot, der *Don Manual*, mit zu Ausflügen zum Küstenangeln, Schnorcheln oder Surfen; das Boot kann auch von mehreren Gruppen gemietet werden. Die Bootstrips sind unterschiedlich lang, es gibt Halb- und Ganztagestouren.

BA Divers TAUCHEN

(☎2672-0032; www.badivers.cr; Ruta 159; 2 Tauchgänge ab 120 US$; ⏰7–17 Uhr) Das sehr erfahrene und fähige Team fährt mit seinen Gästen auf der *Legend* zu den Tauchrevieren vor Playa Hermosa. Längere Touren zu den Bat-Inseln gehören ebenfalls zum Angebot. Die Tauchschule befindet sich an der Hauptstraße am südlichen Ortsrand, neben dem Restaurante Plaza del Mar.

Schlafen

Congo's Hostel & Camping HOSTEL $

(☎2672-1168; www.congoshostel.com; Stellplatz 9 US$, B inkl. Frühstück 12–15 US$; P❄📶) Diese ordentliche, freundliche Unterkunft der preiswerteren Kategorie liegt an der zweiten Zugangsstraße zum Strand, nur eine Querstraße vom Strand entfernt. Das etwas verwahrlost erscheinende, aber ruhige Haus bietet seinen Gästen Hängematten, sichere Parkplätze (2 US$) und eine Gemeinschaftsküche unter freiem Himmel. Vier-Bett-Schlafsäle sind mit Metallbetten (und durchgelegenen Matratzen) und jeweils einem eigenen Badezimmern ausgestattet. Das Frühstück besteht aus Kaffee und Tortillas.

La Gaviota Tropical HOTEL $$$

(☎2672-0011; www.lagaviotatropical.com; Zi/Suite/Master Suite 150/170/290 US$; P❄📶🏊) Ein einfallsreiches Bauwerk – ein vertikales Hotel. Alle fünf weitläufigen Suiten – vollständig ausgestattet und perfekt eingerichtet – verfügen über einen herrlichen Meerblick. Gäste, die ins Dachgeschoss hinaufsteigen, haben die Gelegenheit, sich in einem kleinen, aber dafür spektakulären Infinitypool abzukühlen. In den unteren Stockwerken können sie hervorragende Gerichte in **Roberto's Restaurant** (Hauptgerichte 15–20 US$; ⌚11–22 Uhr; 📶) genießen oder zum Strand gehen, der nur wenige Schritte entfernt liegt.

Bosque del Mar HOTEL **$$$**
(☎2672-0046; www.bosquedelmar.com; DZ/3BZ/4BZ 225/282/339 US$; P ❄ @ 📶 ≋) Direkt im Sand, am südlichen Ende des Strandes befindet sich dieses zauberhafte All-Suite Hotel in überwältigender Lage. Die Gäste sind begeistert von den prachtvollen Gärten, den eigenen Terrassen und zeitgenössischen Designelementen. Wer mehr bezahlt für die Suiten mit Blick zum Strand, kann den Ausblick aufs Meer genießen, während er sich im eigenen Whirlpool unter freiem Himmel entspannt. Erreichbar ist das Hotel über die erste Zufahrtsstraße zum Strand.

Hotel El Velero HOTEL **$$$**
(☎2672-0036, 2672-1017; www.costaricahotel.net; DZ 140 US$; P ❄ 📶 ≋) Nur wenige Schritte vom Strand entfernt, befindet sich dieses Resort-Hotel mit insgesamt 22 geräumigen Zimmern, die mit viel Holz, Bambusbetten, farbenfrohen Bettüberwürfen und mit Deckenventilatoren aus Weidenruten und Granitwaschbecken ausgestattet sind. Die wohl schönsten Ausblicke haben die Zimmer zur Meerseite im zweiten Stockwerk.

Essen

Ginger MEDITERRAN **$$**
(☎2672-0041; www.gingercostarica.com; Tapas 6–13 US$; ⌚Di–So 17–22 Uhr; 🖉) Auf der östlichen Seite der Hauptstraße kommt das hinreißende Restaurant zwischen Bäumen in Sicht. Es ist nicht von der Art, die man in einem schlichten Küstenort erwarten würde. Das schicke Ambiente wird von einer feinen Speisenauswahl von asiatisch und mediterran inspirierten Tapas, Cocktails aus frischen Früchten und einer recht guten Weinkarte vervollständigt. In der Hauptsaison sind Reservierungen vor allem zum Abendessen empfehlenswert.

La Casita del Marisco MEERESFRÜCHTE **$$**
(☎2672-0226; *ceviche* & Suppen 8–10 US$, Hauptgerichte 10–15 US$; ⌚12–22 Uhr) Ein verborgenes, bescheidenes Juwel am Stadtrand, das Einheimische und Ausländer gleichermaßen begeistert mit seinen Suppen, *ceviches* und allen möglichen Fischgerichten. Außerdem bietet es einen großartigen Blick auf den berühmten Monkey-Head-Felsen in der Bucht. Wer sich richtig verwöhnen will, sollte Hummer bestellen. Das Lokal liegt gegenüber der Las-Brisas-Wohnanlage.

Eine weniger versteckte Variante des Restaurants befindet sich in Playas del Coco.

Aqua Sport COSTA-RICANISCH **$$**
(☎2672-0151; www.facebook.com/aquasportcr; Hauptgerichte 10–20 US$; ⌚10–22 Uhr; 📶) Die fröhliche Strandbar eignet sich prima, um abends Burger oder Fischtacos und Bier zu genießen. Oder man probiert eine der peruanischen Spezialitäten wie *lomo saltado* (gesalzenes Schweinefleisch), *Diabla*-Tintenfisch (scharf mit Tomatensoße) oder *ceviche* (in Limettensaft marinierter roher Fisch) – einfach Platz nehmen in einem großen grünen Schaukelstuhl und entspannen.

An- & Weiterreise

AUTO

Mit dem Auto von Liberia kommend, führt die Fahrt nach etwa 14 km in westlicher Richtung über die Stahlbrücke und ins Dorf Comunidad. Vor dem Do-It-Center biegt man rechts ab und fährt 1,6 km weiter. Am Schild nach Playa Panamá links abbiegen. Nach weiteren 11 km nach links auf die Straße nach Hermosa einbiegen. Die gesamte Straße ist asphaltiert, aber auch kurvenreich.

Wer etwas Zeit mitbringt, kann in den Stränden am Golfo de Papagayo lohnende Ziele entdecken. Playa Panamá liegt direkt in der Mitte des Golfs, der auf einer Seite von Mangroven begrenzt wird, und einer stillen Bucht, die wie ein See anmutet. Dazwischen liegen die urtümlichen Strände von Playa Bonita und Playa Buena.

BUS

Busse nach Liberia und San José fahren von der Hauptstraße am nördlichen Ende des Strandes ab und halten in Sardinal.

Liberia La Pampa (Karte S. 250; ☎2665-7530, 2686-7245; www.transporteslapampa.com); 2 US$, 1¼ Std., 8-mal tgl. von 5–19 Uhr.

San José Tralapa (S. 103); 11 US$, 6 Std., Abfahrt 5 Uhr.

Playa Ocotal

Eine wirkliche Ortschaft gibt es hier nicht; lediglich ein paar Ferienhäuser und eine attraktive Ferienhotelanlage. Daher wirkt Playa Ocotal eher wie eine unberührte ländliche Enklave im Kontrast zu der von Eigentumswohnanlagen zersiedelten nördlichen Halbinsel. Der hiesige Strand be-

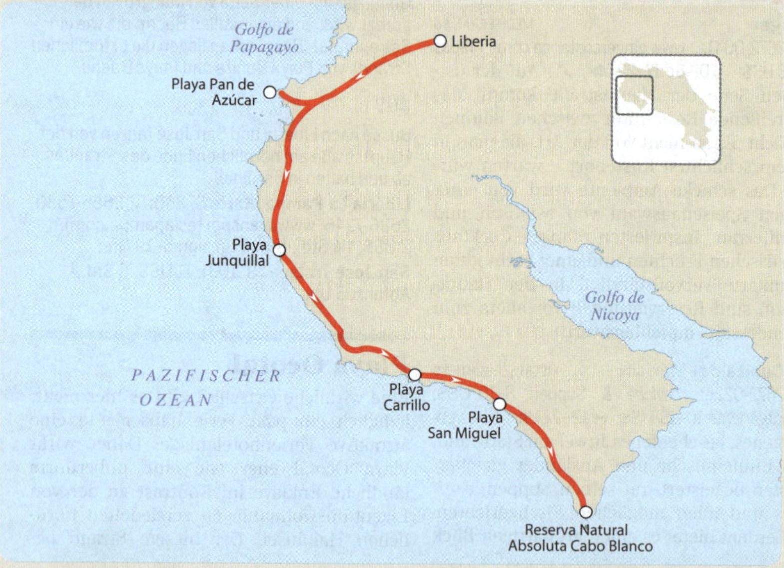
Golfo de Papagayo
Liberia
Playa Pan de Azúcar
Playa Junquillal
Golfo de Nicoya
PAZIFISCHER OZEAN
Playa Carrillo
Playa San Miguel
Reserva Natural Absoluta Cabo Blanco

RCHOI/GETTY IMAGES ©

JODIE ELLENOR/ALAMY STOCK PHOTO ©

Oben: Playa Carillo (S. 367)
Unten: Halloweenkrabbe, Reserva Natural Absoluta Cabo Blanco (S. 380)

1 WOCHE

Unentdecktes Nicoya

Was herrliche Strände betrifft, ist die Península de Nicoya ohne Zweifel reich gesegnet. Die Erschließung schreitet in unterschiedlichem Tempo voran – deshalb gibt es hier noch zahlreiche verborgene Winkel, abgeschiedene Buchten und naturbelassene Paradiese.

Natürlich kann man keinen Direktflug ins Paradies buchen; man muss sich anstrengen. Das bedeutet, in einen Geländewagen zu steigen, über raue Pisten zu fahren und vielleicht sogar den ein oder anderen Fluss zu durchqueren (deshalb ist der Routenvorschlag auch für die Regenzeit ungeeignet!).

Erstes Ziel von Liberia aus ist die **Playa Pan de Azúcar** (S. 334), zu der man über den Monkey Trail gelangt. Die Anfahrt ist schwierig, aber schnell vergessen, hat man erst einmal die Klippen und verborgenen Buchten vor Augen. Die einzige Unterkunft bietet das Hotel Sugar Beach (S. 334).

Auf dem weiteren Weg nach Süden passiert man Resorts wie Playa Flamingo (S. 332) und Fischerdörfer wie Playa Brasilito (S. 332). Die Hauptstraße verläuft nun durchs Hinterland, daher biegt man rechts ab nach Tamarindo. Erst an der **Playa Junquillal** (S. 348) stellt sich dann das Gefühl ein, wirklich hier draußen angekommen zu sein. Wenn gerade keine Surfer da sind, ist der Naturstrand oft menschenleer.

Nun geht es weiter nach Süden, zur **Playa Carrillo** (S. 367), einer Idylle aus Sand vor einer Kulisse aus Felsen und Palmen.

Der Landstrich zwischen Carrillo und Santa Teresa ist einer der schönsten und einsamsten Küstenabschnitte der Halbinsel. Wer die holprigen Pisten bewältigt, erhält zum Lohn kilometerlange Strände, die sich an waldbedeckte Hügel schmiegen. Unser Lieblingsstrand war **Playa San Miguel** (S. 369). Einmalig auch der „Sundowner" bei LocosCocos (S. 372)!

Endpunkt der Reise ist die **Reserva Natural Absoluta Cabo Blanco** (S. 380), die die gesamte Spitze der Península de Nicoya einnimmt. Hier stößt das Grün der Küste aufs türkisfarbenes Wasser – der südlichste Punkt der Halbinsel.

steht aus grauem Sand und ist bewaldet. Besonders der nördlichste Randbereich ist malerisch, mit kleinen, farbenfroh gestrichenen Fischerbooten, die auf den Wellen schaukeln, während braune Pelikane über ihnen schweben und Kinder im Sand spielen. Das Wasser ist warm und ruhig, am südlichen Strandabschnitt ist Schnorcheln rund um die Felsen möglich. Der Ort liegt etwa 4 km südwestlich von Playas del Coco, eine Asphaltstraße verbindet die Orte; der Weg lohnt sich schon allein für ein Essen bei Father Rooster.

Aktivitäten

Rocket Frog Divers TAUCHEN
(☎2670-1589; www.scuba-dive-costa-rica.com; 2 Tauchgänge 85–165 US$, je nach Tauchstelle; ⌚8–18 Uhr) Ein erfolgreicher neuer Tauchshop auf dem Gelände der Ferienanlage Los Almendros von Playa Ocotal. 22 Tauchreviere der Region werden angesteuert, außerdem führen Motorbootfahrten zu den Islas Catalinas, wo Taucher auf Mantarochen treffen. Die 11 m lange, zweckmäßig gebaute *Pacific Express* verspricht, ferne Tauchreviere in lediglich der Hälfte der Zeit zu erreichen, die andere Boote benötigen.

Diamante Eco Adventure Park ABENTEUERPARK
(☎2105-5200, gebührenfrei international 1-800 464 5554; www.diamanteecoadventurepark.com; Playa Matapalo; Erw./Kind Pauschalangebote ab 42/34 US$; ⌚8.30–16.30 Uhr) Der Abenteuerpark stellt den Versuch dar, alles Landestypische von Costa Rica auf engstem Raum zu vereinen. Er bietet beinahe alle vorstellbaren sportlichen Möglichkeiten, u. a. Geländewagenfahren, Sportfischen, Wandern, Radfahren, Reiten, Kajakfahren, Schnorcheln, Tauchen, Stehpaddeln, Surfen und Baumkronentouren. Zu alledem gibt es auch noch ein Tierschutzgebiet und einen botanischen Garten. Besucher, die nach all den Abenteuern Erholung suchen, finden diese am Strand in den aufgespannten Hängematten.

Schlafen & Essen

Los Almendros de Ocotal APARTMENTS $$
(☎2670-1560; www.losalmendrosrentals.com; Studio/Apt./Villa 82/180/237 US$; P❄@📶🏊) Hoch über einem Strand liegt diese Ferienanlage mit Studios und Apartments an einem Hang – eine hervorragende Wahl für Tauchsportler, Strandgänger und Selbstversorger. Die Studios (leider ohne Meerblick) bieten Platz für zwei Personen, Apartments für vier und die Villen für sechs Übernachtungsgäste. Aufwendiger ausgestattete Wohnungen besitzen eigene Swimmingpools und Terrassen, und es gibt Whirlpools unten beim Strand.

Villa Casa Blanca B&B $$$
(☎2670-0518; http://boutiquehotelsguanacaste.typepad.com; DZ/Suite 110/125 US$; P❄📶🏊) Die anmutige, mit Stuck verzierte Villa beherbergt ein B&B. Es ist ein charmantes Gebäude der Alten Welt, mit jeder Menge vielseitiger Kunstwerke, einem zweistufigen Swimmingpool und weitläufiger Veranda mit herrlichem Meerblick. Die Zimmer sind etwas abgewohnt, aber in Ordnung. Zum Strand sind es nur fünf Minuten zu Fuß, oder man leiht sich ein Fahrrad von der Lobby.

Father Rooster Bar & Grill KNEIPENKÜCHE $$
(☎2670-1246; www.fatherrooster.com; Hauptgerichte 10–20 US$; ⌚11–22 Uhr; 📶) In diesem farbenfrohen Kneipenrestaurant am Strand werden köstliche Sandwiches und die üblichen amerikanische Kneipengerichte aufgetischt; zum Angebot gehören auch erstklassige (wenn auch etwas zu teure) Cocktails. Empfehlenswert ist der Tica Linda, eine Mischung aus Cacique, Saft und Grenadine, die es in sich hat. Der Standort ist kaum zu übertreffen: Die Gäste können sich auf der schattigen Holzterrasse in die Schaukelstühle lehnen oder es sich an den Tischen unter den halb im Sand versunkenen Palmen gemütlich machen. *¡Pura vida!*

An- & Weiterreise

Stündlich verkehren Busse zwischen Liberia und Playas del Coco, einige davon fahren weiter nach Playa Ocotal. Alternativ kann man auch zu Fuß vom 4 km entfernten Coco aus herkommen; eine Taxifahrt von Coco sollte weniger als 10 US$ kosten.

Bahía Potrero

Obwohl sie wie an einer Schnur aneinandergereiht liegen, haben die Strände von Playa Danta, Pan de Azúcar, Potrero, Flamingo, Brasilito und Conchal kaum etwas Gemeinsames. Und die Farben der Sandstrände umfassen alle vorstellbaren Schattierungen von Grau bis hin zu Weiß; manchmal bestehen sie auch aus zerriebenen Muschelschalen. Sogar an diesem viel besuchten Küstenstreifen ist es noch möglich, eine hübsche *playa* zu entdecken, die vollkommen menschenleer ist.

Für Leute, die aus dem Norden kommen, ist es verführerisch, die „Straße" von Sardinal nach Potrero zu nehmen, aber die Einheimischen nennen sie nicht ohne Grund „Affenpfad". Die ersten 8 km auf einer Schotterstraße bis zum kleinen Dorf Nuevo Colón sind noch ganz akzeptabel, aber der zweite Teil der Wegstrecke ist ziemlich brutal und sollte nur in der Trockenzeit mit einem Geländewagen befahren werden. Der „Affenpfad" beginnt 5 km westlich von El Coco; beim Schild „Castrol Oil" nach rechts abbiegen und dann den Schildern folgen, die auf die Congo Trail Canopy hinweisen. An der Straßenkreuzung in Nuevo Colón links abbiegen, an der Abzweigung auf der linken Seite bleiben und 5 km bis Congo Trail Canopy weiterfahren. Von dort bleibt noch eine abenteuerliche, etwa 6 km lange Fahrt bis Bahía Potrero.

Wer die schlechten Straßen lieber meiden will, sollte ab El Coco zur Carretera, der Hauptstraße der Halbinsel, zurückkehren, dann in Richtung Süden durch Filadelfia und von dort weiter nach Belén fahren (18 km). Dort führt eine Asphaltstraße nach Westen auf das 25 km entfernte Huacas zu. Von hier an verläuft eine Straße in nördlicher Richtung bis ins Dorf Brasilito, wo das Meer wieder erreicht wird. Biegt man dort nach rechts ab und fährt in nördlicher Richtung weiter, gelangt man zunächst zur Playa Flamingo und Bahía Potrero und anschließend zur Playa Pan de Azúcar. Wer stattdessen nach links abbiegt und sich in Richtung Süden orientiert, der kommt zur Playa Conchal.

Potrero

Mehrere – zum größten Teil touristisch unerschlossene – Strände reihen sich in dieser ruhigen Bucht aneinander. Playa Prieta ist ein hinreißender schwarzsandiger Strand, der sich mit dem Kristallblau des Wassers und dem kräftigen Grün der Vegetation zu einem ausdrucksvollen Landschaftsbild zusammenfügt. Die kleine Bucht ist zum Schwimmen, Sonnenbaden und Spazierengehen ideal geeignet. Im Süden schmiegt sich der herrliche weißsandige Strand von Playa Penca in eine weitere kleine Bucht, in der Stehpaddler vor im Hintergrund schimmernden, vorgelagerten kleinen Inseln über türkisfarbene Wellen gleiten. Weiter in südlicher Richtung folgt dann der etwas besser erschlossene Strand von Playa Potrero.

Direkt am nördlichen Rand des gleichnamigen Strandes liegt das kleine Fischerdorf (*pueblo*) Potrero, dort endet auch die Buslinie. Mit einem Wochenendansturm wie in Brasilito ist an diesen Stränden allerdings nicht zu rechnen. Es lässt sich (bei Ebbe) wunderbar von Flamingo am Strand entlang spazieren.

Schlafen & Essen

Pitaya Lodge HOTEL **$$**
(☎2654-4145; www.pitayalodge.com; DZ/4BZ inkl. Frühstück 75/95 US$; P ❄ 📶 🏊) Mit seiner etwas ungewöhnlichen Lage an der Hauptstraße nördlich von Potrero ist dieses kleine Hotel (das nach der beliebten Drachenfrucht benannt ist) wie ein Motel aufgemacht – eine Reihe Zimmer blickt auf den Pool, der Richtung Straße gelegen ist. Nichtsdestoweniger verströmt es einen Boutique-Flair, mit Batikstoffen, die erdfarbene Wände schmücken. Nach Playa Penca ist es ein 15-minütiger Spaziergang.

Bahía del Sol BOUTIQUEHOTEL **$$$**
(☎2654-4671; www.bahiadelsolhotel.com; DZ/Suite inkl. Frühstück ab 220/316 US$, 4-Personen-Suite 468 US$; P ❄ @ 📶 🏊) Die Lage am Meer bei Playa Potrero ist erstklassig, außerdem bekommt das luxuriöse Hotel Extrapunkte für seine entspannte Vier-Sterne-Eleganz. Weitläufige Räume mit tropischem Ambiente umgeben einen Pool mit schwimmender Bar und einen Garten mit Hängematten und Liegestühlen. Vorne führt der Rasen zu dem gehobenen Hotel-Restaurant Nasu und zu einem Strand mit *palapas* (Unterstände mit Palmblattdächern und offenen Seiten). Die erst kürzlich hinzugefügten „Deluxe superior"-Räume sind zwischen Standard und Suite angesiedelt und verfügen über einen Whirlpool in den Innenräumen (280 US$).

The Shack AMERIKANISCH **$**
(La Choza; ☎2654-6038; www.facebook.com/TheShackCR; Frühstück 6–7 US$; ⏲8–14.30 Uhr; P 📶) Unter einem Blechdach auf Pfählen sind Deckenventilatoren in wirbelnder Bewegung. Das märchenhafte Restaurant ist die Lieblingsadresse in Potrero. Es hat sich auf preiswerte, aber sättigende Brunchgerichte wie Burritos und unterschiedliche Eiervariationen spezialisiert. Der Eigentümer kommt aus Boston und er hat versprochen,

dass auch die sehr beliebten, hausgemachten Bagels schon bald wieder erhältlich sein werden!

Beach House BAR
(☎2654-6203; www.beachhousecr.com; ⏲11–22 Uhr; 📶 👪) Es ist schwer, dieser farbenfrohen Kneipe am Strand zu widerstehen, die kalte Fruchtcocktails und sagenhafte Sonnenuntergänge zu bieten hat. Es gibt Meeresfrüchte und Kneipenessen, aber auch Livemusik und einen Raum zum Spielen für die Kinder. Für Angler besteht das Angebot, die selbst gefangenen Fische für einen Aufpreis von 6 US$ zuzubereiten.

An- & Weiterreise

Von Potrero abfahrend starten Busse zu ihren Fahrtzielen an der südöstlichen Ecke des Fußballplatzes. Alle Busse fahren über Playa Flamingo.

San José Tralapa (S. 103); 10 US$, 6 Std., Abfahrt 2.45, 9 und 14 Uhr.

Santa Cruz Transportes Folklórica (www.transportesfolklorica.com); 3 US$, 2 Std., Abfahrt 8-mal tgl. von 6 bis 21.40 Uhr.

Playa Flamingo

Playa Flamingo wirkt wie ein potenzielles Paradies für Investoren. Dieser postkartenschöne Strand aus pudrigem, weißem Sand und Muschelschalen ist ganz einfach wundervoll. Die ruhige Bucht wird von blauen Wellen benetzt, in der Ferne verschwimmen die schroffen Inselketten der Catalinas. Der Strand zieht neben Pauschaltouristen auch Einheimische an. Die Schönheit des Ortes lässt sich dennoch genießen. Nichtsdestotrotz kann man all den baulichen Veränderungen den Rücken kehren und stattdessen den Ausblick aufs Meer genießen. Günstige Übernachtungsmöglichkeiten und kleinere oder unabhängige Unterkünfte gibt es nicht. Wer an den Strand möchte, aber trotzdem nicht zu viel ausgeben will, sollte im nahe gelegenen Brasilito übernachten.

Essen

La Cuchara Verde VEGETARISCH $$
(☎8811-0222; Hauptgerichte 8–12 US$; ⏲Mo–Fr 8–15.30 Uhr; 📶 🍷) „Positive Food" ist das Versprechen dieses vegetarischen Cafés mit guter Atmosphäre. Burger, Sandwiches, Pasteten und Eierspeisen stillen den Hunger, und verschonen das Leben der Tiere. Dazu passen Getränke wie Bio-Eistee oder ein Smoothie aus frischem Obst.

Angelina's MEERESFRÜCHTE $$$
(☎2654-4839; www.angelinasplayaflamingo.com; Pizza 16–19 US$, Hauptgerichte 16–29 US$; ⏲11.30–22 Uhr) Nach costa-ricanischen Maßstäben ist das Angelina's ziemlich steif; es bietet eine gehobene Küche in luftigem Ambiente unter freiem Himmel (im oberen Stockwerk des Plaza-Einkaufszentrums). Innovative Fischgerichte werden von tropischen Früchten und den Aromen der Region bereichert. Genügsame Reisende können sich über Pizzas mit originellen Belägen oder vorzügliche Pastagerichte sowie Originalbier aus Costa Rica freuen.

An- & Weiterreise

Busse fahren vom Kreisverkehr beim Ortseingang ab und halten auch in Brasilito. Manche fahren auch in nördlicher Richtung nach Potrero hinein und wenden dann. Die Fahrpläne ändern sich häufig; Einheimische können über Abfahrtszeiten und Haltestellen Auskunft geben.

Liberia La Pampa (S. 324); 3 US$, 2 Std., Abfahrt 5, 10.30, 12.30 und 15.40 Uhr.

San José Tralapa (S. 103); 13 US$, 6 Std., Abfahrt 9 und 14 Uhr.

Santa Cruz Transportes Folklórica (☎2680-3161; www.transportesfolklorica.com; Ecke Calle 7 & Av 3); 3 US$, 1½ Std., Abfahrt 12-mal tgl. von 6–22 Uhr.

Playa Brasilito

Im Gegensatz zu anderen touristischen Städten in der Region strahlt Brasilito noch eine authentische dörfliche Atmosphäre aus. Ein Platz bildet den Mittelpunkt des Ortes, ein Fußballplatz liegt am Strand, es gibt eine rosafarbene *iglesia* (Steinkirche) und eine freundliche costa-ricanische Gemeinde. Das entschädigt für den Strand, der es mit denen in der Nachbarschaft nicht aufnehmen kann. Doch zur schneeweißen Playa Conchal ist es ja nur ein kurzer Spazierweg am Meer entlang.

Schlafen

★**Hotel Quinta Esencia** B&B $$
(☎2654-5455; www.hotel-quintaesencia.net; DZ inkl. Frühstück 75 $; P ❄ 📶 🏊) Eine beeindruckend künstlerische Aura durchzieht das lässige Haus unter Bäumen am nördlichen Rand von Brasilito. Die komfortablen Gästezimmer sind mit Treibholz, Bambus und in neutralen Tönen mit kräftigen Farbakzenten gestaltet. Mitinhaberin Stephanie ist Künstlerin, ihre Werke sind über das ganze Anwesen verstreut. Eine liebevolle Atmosphäre ist

überall zu spüren, und es gibt ein paar niedliche Kätzchen. Die Straße zum Hotel ist ein wenig schlammig und holprig.

Diversion Tropical CABINAS **$$**
(☎2654-5519; www.diversiontropical.com; EZ/DZ/3BZ 49/55/61 US$; P ❄ 📶 🏊) Neben dem Papaya (s. rechts) liegen diese hervorragenden Unterkünfte an einer belebten Straße. Die gefliesten Zimmer sind gepflegt, aber auch beengt. Die oben liegenden Räume lassen das Meer aus dem Augenwinkel erkennen. Schnorchelausrüstungen stehen den Gästen kostenlos zur Verfügung, Kajaks und Mountainbikes können gegen eine Gebühr geliehen werden. Zu den Gemeinschaftseinrichtungen, der sogenannten „Fun Zone", gehören u. a. eine Küche und ein Grill im Freien, eine Büchertauschbörse, diverse Brettspiele und Darts. Die neuen Eigentümer haben außerdem für die Anschaffung von Memory-Foam-Matratzen gesorgt.

Hotel Brasilito HOTEL **$$**
(☎2654-4237; www.brasilito.com; B 74–94 US$, EZ/DZ 64/95 US$; P ❄ 📶) An der Strandseite der Plaza gelegen, bietet das schlicht aufgemachte Hotel einfache, gepflegte Zimmer mit Holzfußböden und Deckenventilatoren, sie reihen sich an einem langen Balkon aneinander. Die Zimmer mit Meerblick kosten etwas mehr, sind ihren Preis aber auch wert. Eine Alternative sind die Hängematten im Innenhof, die ideale Aussichtsplätze bei Sonnenuntergang bieten. Außerdem sind Zimmer der etwas preiswerteren Kategorie (ohne Klimaanlage) zu bekommen. Es gibt zehn unterschiedliche Preiskategorien, von preiswerten Einzelzimmern bis hin zu Räumen für ganze Familien.

Conchal Hotel HOTEL **$$$**
(☎2654-9125; www.conchalcr.com; DZ inkl. Frühstück 106–123 US$; P ❄ @ 📶 🏊) Bougainvilleen und Palmen umgeben die hübsche Zuflucht mit geräumigen Zimmern mit Balkendecken und schmiedeeisernen Möbeln. Der Swimmingpool und die privaten Terrassen bieten einen wunderschönen Blick auf die Gärten. Im Papaya Restaurant wird ein schlichtes, aber leckeres kontinentales Frühstück serviert.

Essen

Camarón Dorado MEERESFRÜCHTE **$$**
(Goldene Garnele; ☎2654-4028; Ecke Plaza Deportes; Menü 9 US$, Kinderteller 7–9 US$, Fischplatte 14–28 US$; ⏲12–22 Uhr) In bequemer Lage an genau der Ecke, an der der Hauptplatz an den Strand mündet, direkt vor Don Brasilito, liegt eines der Lieblingslokale der Einheimischen, das schon seit Jahren Meeresfrüchte serviert. Mittag- und Abendessen direkt am Strand – was kann man mehr verlangen?

The Spot INTERNATIONAL **$$**
(☎2654-5463; www.facebook.com/thespotbrasilito; Tapas 6–8 US$, Hauptgerichte 12–14 US$; ⏲Di–So 7–21 Uhr; 📶 ✎) Unterhalb des Hotels Brasilito befindet sich dieses Restaurant in einem luftigen Innenhof unter freiem Himmel, wo eine große Auswahl an internationalen Gerichten – vom französischen *petit déjeuner* über mediterrane Tapas bis hin zu amerikanischen Burgern – serviert wird. Tropische Akzente und herrliche Ausblicke auf das Meer versprechen einen angenehmen Aufenthalt.

Papaya Restaurant MEERESFRÜCHTE **$$$**
(☎2654-9125; www.conchalcr.com; Hauptgerichte 16–20 US$; ⏲Do–Di 8.30–18.30 Uhr; 📶 ✎) Ein echter Glücksfall, sowohl für Vegetarier als auch für Liebhaber von Fisch und Meeresfrüchten! Für die einen gibt es während des ganzen Tages köstliche Frühstücksangebote, nahrhafte Salate und Falafel-Wraps. Die anderen können sich für Meeresfrüchtesalate, gegrillte Fischgerichte oder Riesengarnelen entscheiden. Tagsüber werden große Burritos und Sandwiches aus Fladenbrot serviert, abends sind die Gerichte etwas ausgefallener – und (manchmal) gibt es auch Livemusik. Das Restaurant befindet sich im Conchal Hotel.

ℹ An- & Weiterreise

Alle Busse von/nach Playa Flamingo und Potrero (3 US$) fahren durch Brasilito (mit Herkunft aus Liberia, Santa Cruz oder San José). Täglich fahren drei Busse nach San José. Fahrkarten sind vor der Fahrt bei der **Tralapa Agencia** (☎2221-7202; ⏲Mo & Mi–Sa 8–18, So bis 15 Uhr, 12–13 Uhr geschl.) am nördlichen Rand von Brasilito, hinter dem Sportplatz zu kaufen (hier halten auch die Busse).

Playa Conchal

Nur 1 km südlich von Brasilito befindet sich die Playa Conchal, ein wundervoller, von Palmen gesäumter Sandstreifen, der zu den schönsten Stränden Costa Ricas zählt. Seinen Namen verdankt er den Milliarden von *conchas* (Muschelschalen), die an den Strand gespült und allmählich zu grobkörnigem Sand zermahlen werden. Das intensive

NICHT VERSÄUMEN

PLAYA PAN DE AZÚCAR

Busse fahren bis Potrero, Reisende mit eigenem Auto können weitere 3 km auf einer befestigten Straße in nördlicher Richtung zum „Zuckerbrotstrand" weiterfahren, so benannt nach seinem zuckrigen weißen Sand, der auf beiden Seiten von felsigen Landspitzen begrenzt wird. Diese Strecke zählt zu den landschaftlich schönsten Straßenabschnitten im ganzen nördlichen Costa Rica – zerklüftete Klippen ragen steil hinter Buchten mit aquamarinblauem Wasser auf, die im Schutz kleiner vorgelagerter Inseln liegen. Das Meer ist hier ruhig, klar und perfekt zum Schnorcheln. Die Abgeschiedenheit sowie die nicht vorhandenen billigen Unterkünfte schaffen eine Atmosphäre absoluter Zurückgezogenheit.

In diesem kleinen Stück vom Paradies liegt das **Hotel Sugar Beach** (☎2654-4242; www.sugar-beach.com; DZ/Suite inkl. Frühstück ab 158/280 US$; P❄@📶🏊). Es ist die einzige Übernachtungsmöglichkeit an dieser *playa*. Wem es zu teuer ist (oder wenn alle Zimmer belegt sind), der kann auch im nahe gelegenen Bahía Potrero übernachten.

Die asphaltierte Strecke von Potrero nach Playa Pan de Azúcar zählt zu den landschaftlich schönsten Straßenabschnitten im ganzen nördlichen Costa Rica. (Eine Rarität in Costa Rica: ein völlig abgeschiedener, umwerfend schöner geheimer Winkel, der auch ohne Geländewagen erreichbar ist.)

Türkisblau des seichten Wassers in Strandnähe geht in der Ferne in ein Gischtgrün über, was für die Pazifikküste eher untypisch ist. Wer gerne schnorchelt, sollte sich hier unbedingt in die Fluten stürzen.

Der Strand ist oftmals überlaufen, dazu gesellen sich zahllose Straßenverkäufer. Während der Woche und vor allem in der Nebensaison ist die Playa Conchal aber ein wahres Paradies. Etwas weiter südlich wird der Strand immer lieblicher und auch spektakulärer.

Man kann zu Fuß von Conchal nach Brasilito spazieren, wenn die Gezeiten und der Regen es erlauben (der Bereich zwischen den beiden Stränden könnte überflutet sein, in dem Fall bringen einen aber auch Einheimische gegen ein Entgelt mit einem Geländewagen hinüber).

Playa Grande

Playa Grande ist ein hinreißender Strand, der unter Naturschützern ebenso berühmt ist wie unter Surfern. Tagsüber sorgen die Winde vor der Küste für einen starken Wellengang. Bei Nacht wiederholt sich dann ein uralter Zyklus: Die Lederschildkröten kehren, von den Meeresströmungen getragen, an den Ort ihrer Geburt zurück, um am Sandstrand ihre Eier abzulegen. Der Strand erstreckt sich von der Tamarindo-Mündung um eine Felsenkuppe herum – die Gezeitenbecken sind ein hervorragendes Revier für das Brandungsfischen – bis zur gleichermaßen grandiosen Playa Ventanas. Selbst Schwimmer mit viel Selbstvertrauen sollten unbedingt auf die ersten Anzeichen von Rückströmungen achten. Tödliche Badeunfälle haben sich bereits ereignet.

Seit 1991 gehört die Playa Grande zum Parque Nacional Marino Las Baulas de Guanacaste, der dem Schutz eines der weltweit wichtigsten Eiablageplätze der Lederschildkröten dient. Bei Nacht darf der Strand lediglich im Rahmen einer Führung betreten werden.

Viele „Zu Verkaufen"-Schilder säumen die Grenzen des Parks, und das unvermeidliche Jaulen der Kettensägen ist ein Hinweis darauf, in welche Richtung sich die Gemeinde entwickelt.

Sehenswertes

Parque Nacional Marino Las Baulas de Guanacaste PARK

(☎2653-0470; Erw./Kind 12/2 US$, Schildkröten-Touren inkl. Eintritt zum Park 35 US$; ⏲8–12 & 13–17 Uhr, Touren 18–2 Uhr) Der Meeresnationalpark Las Baulas umfasst den gesamten Strand von Playa Grande sowie das angrenzende Landgebiet und eine Meeresfläche von 220 km². Playa Grande zählt weltweit zu den wichtigsten Brutgebieten der vom Aussterben bedrohten Lederschildkröte (*baula*).

Von Oktober bis März leiten Ranger Führungen für Besucher, die zu Beobachtern dieses erstaunlichen Zyklus des Lebens werden wollen. Im Rahmen von Kanutouren können die Mangroven erkundet werden, in denen Kaimane und Krokodile sowie zahlreiche Vogelarten, z. B. der Rosalöffler, heimisch sind.

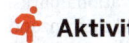

Aktivitäten

Surfen

Die meisten Reisenden kommen zum Surfen nach Playa Grande und finden auch spektakuläre Bedingungen vor. Es gibt zwei große Brandungswellen – eine auf jeder Seite des Strandes – insbesondere bei Hochwasser am frühen Morgen. Bei starker Brandung zieht es eine große Zahl von Surfern auf die Wellen – am besten hört man sich unter den Einheimischen nach weniger überlaufenen Surfplätzen um.

Playa Grande Surf Camp SURFEN
(☎2653-1074; www.playagrandesurfcamp.com; Surfboard-Verleih pro Tag 20 US$, 2 Std. Unterricht 40 US$) Neben dem Verleih von Surfboards und Unterricht im Surfen bietet diese Schule auch Surfpakete inkl. Unterkunft. Außerdem arrangiert sie auf Wunsch auch Fahrten zu den besten Brandungswellen der Halbinsel. Am südlichen Rand von Playa Grande gelegen.

Frijoles Locos Surf & Spa SURFEN
(☎2652-9235; www.frijoleslocos.com; Surfboards pro Std. 5–25 US$, 90 Min. Unterricht ab 30 US$; 9–18 Uhr) Ein solider Surfladen, der neben dem Verleih von Boards auch Unterrichtsstunden anbietet. Nach dem Sport können Surfer sich bei einer Tiefengewebemassage oder anderen Wellness-Behandlungen entspannen. Zum Angebot gehört auch der Verleih aller nur vorstellbaren Dinge, die einen Strandtag erst perfekt machen: Fahrräder, Sonnenzelte, Schnorchelausrüstungen, Boogieboards und Paddleboards.

Wildtierbeobachtung

Playa Grande ist eine Küstenwildnis, die fast vollständig von Mangrovensümpfen umgeben ist. Die Gegend ist ein Teil des Tamarindo-Wildtierschutzgebiets (neben dem Meeresnationalpark Las Baulas) und ist von einer reichen, vielfältigen Tierwelt – nicht ausschließlich von Schildkröten – belebt. Die Parkführer aus der Region begleiten die Besucher auf Kanufahrten durch die Flussmündung des Tamarindo, wo Krokodile, Affen, Ameisenbären und Weißrüssel-Nasenbären neben einer unglaublichen Vogelvielfalt zu sehen sind.

Black Turtle Tours WILDTIERBEOBACHTUNG
(☎8534-8664; Hotel Las Tortugas; Kanutour pro Pers. 30 US$, Schildkrötentour pro Pers. 25 US$) Im Kanu können Besucher durch den Salzwasserdschungel gleiten, der hier im Wildtierschutzgebiet von Tamarindo, am südlichen Rand von Playa Grande, vorherrschend ist. In diesem Irrgarten aus Mangroven – die hier in fünf verschiedenen Arten vorkommen – ist ein spektakulärer Reichtum an Flora und Fauna heimisch. Der Parkführer Jonathan hilft den Besuchern bei der Orientierung.

Schlafen

Auf beiden Seiten von Playa Grande sind Unterkünfte zu finden. Auf der nördlichen Seite befindet sich der Ortskern mit dem Hotel Las Tortugas (S. 336), dem Hauptzugang zum Strand, der Ranger-Station und Dienstleistungen aller Art. Auf der südlichen Seite wurden mehrere Pensionen im Wohnviertel Palm Beach Estates eröffnet, dort befindet sich ein weiterer Zugang zum Strand. Noch weiter südlich sind das Hotel Bula Bula und die Boote nach Tamarindo zu finden.

Playa Grande Surf Camp CABINAS $
(☎2653-1074; www.pgsc.com; B 25 US$, DZ 45–50 US$; P❄📶≋) Neben Surfbrettern, Surfunterricht und Surfausflügen hält das Surf Camp außerdem hervorragende, preiswerte Unterkünfte bereit. Drei süße zeltförmige, strohgedeckte *cabinas* mit eigenen Veranden und Hängematten stehen nur wenige Schritte vom Strand entfernt. Außerdem gibt es zwei *cabinas* in luftiger Höhe mit Platz für jeweils zwei Personen. Surf-Pauschalangebote sind ebenfalls erhältlich. Vor Kurzem hat auch noch ein schickes Café eröffnet, und es gibt eine Gemeinschaftsküche im Freien.

★ **La Marejada Hotel** BOUTIQUEHOTEL $$
(☎2653-0594, in USA & Canada 800-559-3415; www.hotelswell.com; Zi 90 US$; ❄📶≋) Hinter einem Bambuszaun liegt dieser Schatz von einem eleganten Boutiquehotel verborgen. Acht Zimmer sind mit Steinfliesenböden, Rattan- und Holzmöbeln und großzügigen Doppelbetten ausgestattet und von zurückhaltender Eleganz. Viel Raum bietet das Haus nicht, es zeigt aber eine liebevolle Pflege und großzügige Gastlichkeit. Surf-Unterricht und Wellness-Angebote gehören zum Hotelangebot und – nicht zu vergessen – ein hervorragendes Restaurant.

Indra Inn PENSION $$

(www.indrainn.com; Zi 72 US$; P ❄ 📶) Besonders ausgefallen ist das Indra Inn nicht, doch das ist auch nicht nötig. Auf dem Gelände wachsen prachtvolle Obstbäume, Hängematten sind dazwischen aufgespannt. Die Räume wurden kürzlich renoviert (die alte Bar wurde zu vier neuen Zimmern umgebaut) und einfach eingerichtet. Die Inhaber Matt, Natalia und Dante sind charmante Gastgeber. Weitere Vorzüge: ein unwiderstehliches Frühstück, tägliche Yogakurse und eine gute Atmosphäre.

BP Surf Hostel CABINAS $$

(☎8879-5643; bpsurf@gmail.com; Zi 75 US$; P ❄ 📶 🏊) Die vier geräumigen *cabinas* mit ihren makellosen Fliesenböden und Badezimmern, gut ausgestatteten Küchen und polierten Holzmöbeln sind ein Schnäppchen. Sie gehen auf einen kleinen Swimmingpool und eine schattige Bar hinaus: also alles, was man wirklich braucht, auf einen Blick.

Hotel Cantarana GASTHAUS $$$

(☎2653-0486; www.hotel-cantarana.com; Palm Beach Estates; EZ/DZ 120/135 US$; P ❄ 📶 🏊) In den Mauern des bewachten Wohnviertels Palm Beach Estates liegt dieses schöne, familiäre Hotel. Jedes der geräumigen und luxuriösen Zimmer besitzt eine eigene Terrasse mit Blick auf den Pool und die prächtigen Gärten. Ein besonderes Highlight ist das Restaurant, das auf der Terrasse in der zweiten Etage liegt und von Baumwipfeln umgeben ist. Es ist zum Frühstück und zum Abendessen geöffnet, in der Küche werden dafür köstliche Kreationen aus regionalen Zutaten gezaubert.

Hotel Bula Bula HOTEL $$$

(☎2653-0975; www.hotelbulabula.com; Zi. mit Frühstück 141 US$; P ❄ 📶 🏊) Das Hotel Bula Bula befindet sich am südlichen Rand des Ortes und verfügt über Zimmer mit breiten Doppelbetten, einer Farbgestaltung im tropischen Stil und skurril aussehende Malereien einheimischer Künstler. Das Gelände besteht aus einem prachtvollen Park, die Veranda vor dem Haus ist mit Rattanschaukelstühlen gut bestückt. Aber das Beste sind die Cocktails. Im Great Waltini's, einer Bar, eingerichtet mit viel Hartholz, werden gehaltvolle Getränke kreiert, darunter Rumcocktails, Margaritas und der mysteriöse Siberian Husky. Montags legen die feurigen Mexikanischen Nächte dann nochmal eine Schippe drauf.

Hotel Las Tortugas HOTEL $$$

(☎2653-0423; www.lastortugashotel.com; DZ Economy/Standard 160/180 US$, Apt. 250 US$; P ❄ 📶 🏊) 🍃 Louis Wilson, eine lokale Legende und Großvater von Playa Grande, unterstützte die Gründung des Nationalparks. Das Hotel wurde an den Strand angrenzend errichtet, jedoch mit viel Bedacht gebaut, sodass das Umgebungslicht nicht auf den Bereich fällt, in dem die Schildkröten brüten. Die Zimmer sind bescheiden, liegen dafür aber nur 15 Schritte vom Meer entfernt. Die Apartments (500 m in Richtung Inland) haben mehr Raum und Annehmlichkeiten zu bieten, wie etwa Einbauküchen und eigene Veranden.

Essen & Ausgehen

Taco Star MEXIKANISCH $

(Tacos 3 US$; ⏲Di–So 9–18 Uhr) Ein Taco-Stand am Strand mit riesigen Rindfleisch- und auch vegetarischen Tacos und frischen Frucht-*batidos* (Shakes) sorgt für die notwendige Stärkung für einen Tag in der Sonne und den Wellen – einfach unschlagbar.

Cafe Del Pueblo ITALIENISCH $$$

(☎2653-2315; Hauptgerichte 10–22 US$; ⏲Mo–Sa 17–22 Uhr) Dieses italienische Restaurant unter freiem Himmel, im Osten des Ortes gelegen, ist ein echter Glücksfall. Die Pizzas mit dünnem Boden bekommen gute Kritiken und die Stammgäste sind wild auf die innovativen Fischgerichte, die zarten Steaks und die hausgemachten Pastavariationen. Es empfiehlt sich, das Abendessen am besten im Patio unter dem Sternenhimmel zu genießen. Am Wochenende ist eine Reservierung ratsam.

Kike's Place BIERGARTEN

(☎2653-0834; ⏲12–22 Uhr) Zum Ausgehen am Nordende von Playa Grande bietet sich eigentlich nur das Kike's an. Am besten bis 22 Uhr nach dem Fang des Tages fragen oder einfach eine Runde Billard spielen und schräge alte Filme in der Bar anschauen. Hier herrscht mit Sicherheit ein bisschen mehr Tico-Flair als in den gewöhnlichen Hotelbars.

Praktische Informationen

Playa Grande Clinic (☎2653-2767, 24 Std. Notruf 8827-7774; www.facebook.com/pgclinic; ⏲Mo–Fr) Wer beim Wellenreiten Blessuren davongetragen hat, findet in der Klinik bei Kike's Place ärztliche Hilfe.

An- & Weiterreise

Der Santa Cruz-Bus (516) von und zu den Küstenstädten hält 2-mal täglich in Playa Grande, um 7 und 15 Uhr, die Fahrt mit dem Auto ist jedoch auf der asphaltierten Straße ebenfalls möglich und angenehm.

Als Alternative bietet sich eine Bootsfahrt von Tamarindo über die Flussmündung zum südlichen Rand von Playa Grande (2 US$ pro Pers., 7–16 Uhr). Wer von Playa Grande nach Tamarindo fahren möchte, kann Bootsfahrten im Hotel Bula Bula arrangieren (S. 336) oder einfach zum Strand gehen – die Bootsfahrer sehen einen dann schon und holen die Reisenden ab. Noch ein Hinweis: Drei Touristen wurden angegriffen, und ein Surfer hat sein Bein bei einem Krokodilangriff verloren – also auf jeden Fall das Boot nehmen und nicht versuchen, auf eigene Faust über den Fluss zu kommen!

Playa Tamarindo

6400 EW.

Tamarindo wird nicht ohne Grund „Tamagringo" genannt. Das liegt sicherlich an seinem zweifelhaften Ruf als Spitzenziel der Surfer- und Partyszene Costa Ricas, der es zum ersten und häufig auch letzten Anlaufpunkt unzähliger Touristen gemacht hat.

Trotz seines Rufs als „Party-Stadt" hat Tamarindo allerdings mehr zu bieten als nur Trinken und Surfen. Der Strand ist Teil des Parque Nacional Marino Las Baulas de Guanacaste und hat außerdem seine Anziehungskraft für große und kleine Badegäste bewahren können. Liebhaber der guten Küche finden hier Restaurants, die zu den besten des Landes zählen. Außerdem gibt es am Samstagvormittag einen florierenden Markt, und der erbitterte Wettbewerb hat die Übernachtungspreise verhältnismäßig niedrig gehalten. Nicht zuletzt ist Tamarindo dank seiner zentralen Lage ein guter Ausgangspunkt zur Erkundung der nördlichen Halbinsel.

Aktivitäten

Costa Rica Stand-Up Paddle Adventures ABENTEUERSPORT
(☎8780-1774; www.costaricasupadventures.com; Verleih ab 30 US$, Unterricht/Touren 85/155 US$) Yogakurse auf den Wellen: Hier bietet sich einmal die Möglichkeit, den Sonnengruß auf einem Stehpaddelbrett zu üben. Wer lieber auf traditionelle Art das Stehpaddeln praktizieren möchte, der findet dazu aber auch Gelegenheit. Die Kurse werden direkt am Strand bei Nogui's angeboten. Die Touren führen zu Brandungswellen oder zu den flacheren Gewässern an der Flussmündung.

Ser Om Shanti Yoga Studio YOGA
(☎8591-6236; www.seryogastudio.com; Plaza Tamarindo, 2. OG; Kurse ab 15 US$) Ein vollständiges Programm von täglichen Kursen im Hatha- und Vinyasa-Yoga sowie Pilates und restaurativem Yoga bietet diese Schule an. Alle Kurse werden in einem hellen luftigen Studio im oberen Stockwerk des Tamarindo Plaza veranstaltet.

E-Bike Costa Rica MOUNTAINBIKE
(☎8458-7963; www.ebikecostarica.com; Verleih pro Tag /Woche 40/200 US$; ⏲8–18 Uhr) Es gibt Tage, an denen ist einem einfach nicht danach, in die Pedale zu treten – in dem Fall schafft E-Bike Costa Rica Abhilfe. Hier kann man Elektrofahrräder und Skateboards mieten und mit einer Akkuladung bis zu 70 km weit fahren. Helm nicht vergessen!

Unterhalb des Om Shanti Yoga studio und neben dem El Niño Parque gelegen.

Surfen

Wie ein Geschenk des Himmels kann es Surfern vorkommen, dass die Wellen in Tamarindo gerade dann am besten sind, wenn es an der benachbarten Playa Grande vollkommen windstill ist und die Surfer neidvoll herüberblicken. Am beliebtesten ist eine mittelgroße rechtsläufige Welle, die sich direkt vor dem Hotel Diria bricht. Allerdings wimmelt es hier oftmals von Surfanfängern. Es gibt auch eine gute linksläufige Welle, die von der Flussmündung gespeist wird. Hier werden allerdings gelegentlich Krokodile gesichtet, vor allem bei auflaufendem Wasser (ausgerechnet dann ist das auch die beste Zeit zum Surfen), und an den Felsen beim El Be kann es häufig zu mannshohen Wellen kommen.

Die erfahrenen Surfer freuen sich naturgemäß über die größeren und schnelleren Wellen an den weniger überlaufenen Nachbarstränden Playa Langosta (jenseits der Landspitze), Playa Avellanas, Playa Negra und Playa Junquillal im Süden sowie Playa Grande im Norden.

In Tamarindo haben sich zahlreiche Surfschulen angesiedelt, die sowohl Unterricht anbieten als auch über einen Board-Verleih verfügen. Surfunterricht kostet etwa 45 US$ (1½–2 Std.), die meisten Anbieter überlassen den Surfschülern das Brett noch einige Stunden länger, damit sie noch alleine weiter üben können.

Playa Tamarindo

★ Iguana Surf SURFEN
(☎ 2653-0613; www.iguanasurf.net; Surfboard-Verleih pro Tag 20 US$, Gruppe/Kleingruppe/Privatunterricht 45/65/80 US$; ⌚ 8–18 Uhr) Iguana Surf veranstaltet schon seit 25 Jahren Surfkurse – hier versteht man wirklich etwas vom Surfsport. Der Unterricht ist für Paare, Familien und einfach alle bestens geeignet. In einem zweistündigen Kurs werden neben dem Surfboard auch ein Rashguard und ein Spind zur Verfügung gestellt. Nach dem Unterricht besteht die Möglichkeit, alle Teile der Ausrüstung zum halben Preis zu kaufen.

Learn Improve Surf Company SURFEN
(☎ 8316-0509; www.learnimprovesurfcompany.com; Unterricht pro Pers. 70 US$) Edgar Sanchez' höchstes Ziel ist es, Surfen zu lehren. Das junge Unternehmen hat ein exzellentes Unterrichtsprogramm für alle Altersgruppen und Könnensstufen des Surfens. Fortgeschrittene Wellenreiter können an Surf-Ausflügen nach Playa Avellanas und Playa Grande teilnehmen.

Matos Surf Shop SURFEN
(☎ 2653-0845; www.matossurfshop.com; Sunrise Commercial Center; Surfboard-Verleih pro Tag 10 US$; ⌚ 8–19 Uhr) Neben Unterricht und

Playa Tamarindo

Aktivitäten, Kurse & Touren
1 Blue Trailz C3
2 Coastal Spanish Institute B4
3 Costa Rica Stand-Up Paddle Adventures B4
4 E-Bike Costa Rica B4
5 Freedive Costa Rica B4
6 Iguana Surf C3
7 Instituto de Wayra B5
8 Kelly's Surf Shop C2
9 Learn Improve Surf Company B4
10 Matos Surf Shop C3
11 Ser Om Shanti Yoga Studio B4
12 Tamarindo Diving C2
13 Witch's Rock Surf Camp C2

Schlafen
14 Beach Bungalows C5
Blue Trailz Hostel .... (s. 1)
15 Harry's El Escondite B5
16 Hotel Luamey C4
17 Hotel Mahayana C4
18 La Botella de Leche C5
19 Ocho Artisan Bungalows B5
20 Pura Vida Hostel C5
21 Tamarindo Backpackers B5
22 Tamarindo Bay Boutique Hotel B5
23 Villas Macondo C4

Essen
24 Dragonfly Bar & Grill C4
25 Falafel Bar B4
26 Green Papaya B4
27 La Baula C4
28 La Bodega C5
Nogui's .... (s. 3)
29 Nordico Coffee House B4
30 Seasons by Shlomy C5
31 Sprout C2
32 Surf Shack B4
Utopia .... (s. 20)

Ausgehen & Nachtleben
33 Cafe Tico B4
34 El Be! B4
35 Sharky's B4
36 Volcano Brewing Company C2

Board-Verleih produziert der Veranstalter Fotos und Videofilme (für Surfer, die in einer eigenen Version von *Endless Summer* mitwirken wollen). Die Kaufpreise und Leihgebühren für Surfboards sind hier die günstigsten von ganz Tamarindo. Der Veranstalter hat noch eine zweite Adresse in Playa Grande.

Kelly's Surf Shop SURFEN
(2653-1355; www.kellysurfshop.com; Surfboard-Verleih pro Tag/Woche 20/120 US$, Gruppe/Kleingruppe/Privatunterricht 50/65/90 US$; 9–18 Uhr) Eine der besten Surfschulen dieser Gegend. Die Auswahl an neuwertigen Brettern, die tage- oder wochenweise verliehen werden, ist erstklassig. Besonders hochwertige Boards kosten etwas mehr. Die Mitarbeiter geben ihr Wissen gern weiter und sorgen durch Unterricht, Ratschläge und Empfehlungen dafür, dass die Surfer gut über die Wellen kommen. Man kann hier auch Fahrräder leihen.

Blue Trailz SURFEN
(2653-1705; www.bluetrailz.com; Surfboard-Verleih pro Tag 15 US$, Gruppe/Kleingruppe/Privatunterricht 45/60/80 US$; 7–19 Uhr) Blue Trailz bietet Surfunterricht, Surfboard-Verleih und weitere, umfassendere Surfpakete an. Die erfahrenen und freundlichen Surflehrer werden sehr empfohlen. Gute Ermäßigungen gibt es, wenn man im Voraus bucht. Auch ein Hostel (S. 341) ist vor Ort, für den Fall, dass man nach der Unterrichtsstunde noch länger bleiben will.

Witch's Rock Surf Camp SURFEN
(2653-1262; www.witchsrocksurfcamp.com; 1-wöchiges Surfpaket ab 868 US$; 6–22 Uhr) Zu den wöchentlichen Paketen gehören die Unterrichtsstunden, Surfboard-Verleih und Übernachtungsmöglichkeit am Strand. Ausflüge zum Witch's Rock und Ollie's Point sind ebenfalls möglich. *Endless-Summer*-Surflegende Robert August produziert hier Surfboards.

Tauchen

Tamarindo ist ein Hotspot für Surfer. Das bedeutet aber nicht, dass es in den Meeresgewässern nichts zu entdecken gäbe. Zu den nahe gelegenen faszinierenden Tauchrevieren gehören Cabo Velas und die Islas Catalinas.

Freedive Costa Rica TAUCHEN
(8353-1290; www.freedivecostarica.com; Plaza Conchal; Freitauchen 35–55 US$, Schnorcheln 55 US$, Speerfischen 145 US$; 9.30–17.30 Uhr) Der Inhaber Gauthier Ghilain behauptet, Freitauchen (Apnoetauchen) sei „die natürlichste, intimste und reinste Form der Kommunikation mit der Unterwasserwelt". Es verlange nur eine minimale Übung und keine schwere Ausrüstung. Ein sicheres und

TAMARINDOS SPRACHSCHULEN

Wer seine freie Zeit sinnvoll nutzen möchte, kann einen Spanischkurs für die Ferien buchen. Es gibt mehrere Sprachschulen in Tamarindo, die allesamt 1-wöchige Intensivkurse mit unterschiedlichen Vorkenntnissen anbieten. Zum Angebot gehört normalerweise auch ein Gastfamilienaufenthalt bei Einheimischen. Außerdem gibt es ein „Special" in Tamarindo: „Spanisch & Surf"-Pakete, die eine Kombination aus Sprachkurs, Surfunterricht, Unterkunft und Surfboard-Verleih anbieten.

Coastal Spanish Institute (☎2653-2673; www.coastalspanish.com; pro Woche ab 525 US$) Die Sprachschule befindet sich direkt am Strand in der Ortsmitte von Tamarindo (wodurch die Konzentration auf Grammatik und Vokabeln wiederum erschwert werden kann!). Die Schule bietet wochenweise spezielle Kombinationen aus Surf- und Sprachunterricht an. Darin enthalten ist ein Spanisch-Sprachkurs von 20 Stunden und Surfunterricht von sechs Stunden inkl. Surfboard-Verleih.

Instituto de Wayra (☎2653-0359; www.spanish-wayra.co.cr; pro Woche ab 320 US$; ⏲Mo–Fr 7–17.30, So 10–16 Uhr) Ein spanisches Sprachkursprogramm mit kleinen Gruppen und enormer Erfahrung. Die Schule empfiehlt (und organisiert) Familienaufenthalte, bei denen Schüler mehr Gelegenheit zum Üben finden.

anregendes Umfeld wird garantiert, in dem die Taucher lernen, die blaue Meerestiefe auf eine neue Art zu entdecken.

Tamarindo Diving TAUCHEN
(☎8583-5873; www.tamarindodiving.net; 2 Tauchgänge 110 US$) Der Name Tamarindo Diving trifft nicht ganz zu, da die Trips eigentlich von Playa Flamingo aus starten und zu den Islas Catalinas hinüberfahren. Man muss abwägen: Die für die Autofahrten nötige Zeit wird auf den kürzeren Bootsfahrten wieder reingeholt. Schildkröten, Delfine und Wale sind häufig vom Boot aus zu sehen, während Adlerrochen, Haie und Mantarochen im tieferen Meer verborgen bleiben.

Geführte Touren

Überall im Ort gibt es Tourenveranstalter, die Unterricht im Surfen, aber auch Bootstouren, Baumkronentouren, Schnorchelausflüge, Geländemietwagen, Seekajakfahrten und Stehpaddeln anbieten. Fahrräder und Surfboards können ebenfalls überall ausgeliehen werden.

Schlafen

Tamarindo ist gedrängt voll mit Unterkünften aller Preiskategorien, darunter Hostels, Pensionen und exklusive Ferienanlagen aller Arten. Obwohl die Stadt mit ihren überfüllten Straßen und der nicht nachlassenden Hitze mitunter etwas bedrückend wirken kann, ist es auf der Südseite der Stadt ziemlich leicht, dem lärmigen Getriebe zu entgehen. Sobald man die Hauptverkehrsstraße hinter sich gelasssen hat, wird es gleich ruhiger.

Im Folgenden werden Hauptsaisonpreise aufgeführt; in den übrigen Zeiten des Jahres liegen die Preise deutlich darunter.

Tamarindo Backpackers HOSTEL $
(☎2653-1720; www.tamarindobackpackershostel.com; B 15 US$, DZ mit/ohne Bad 50/40 US$; P❄@🛜🏊) Von dieser attraktiven, in gelben Farben gehaltenen Hacienda geht eine einladende Ausstrahlung aus. Die Einzelzimmer – die meisten davon mit Gemeinschaftsbadezimmern – sind hervorragend und preiswert; sie verfügen über spanische Fliesenböden, Wandmalereien, Holzbalkendecken und sind mit Flachbildfernsehern ausgestattet. Die Schlafsäle sind ziemlich gepflegt, aber nichts Besonderes. Im Freien, in den tropischen Gärten und rund um einen kleinen Swimmingpool, sind Hängematten aufgehängt. Zum Strand sind es lediglich fünf Minuten zu Fuß.

Auf dem Hügel, direkt oberhalb des Mini Pura Vida Hostel gelegen (*nicht* zu verwechseln mit dem Pura Vida Hostel!).

La Botella de Leche HOSTEL $
(☎2653-0189; www.labotelladeleche.com; B 13–15 US$, DZ 50 US$; P❄@🛜🏊) Mit seiner entspannten Stimmung ist dieses ansprechende Hostel – das sich „Die Milchflasche" nennt – unbedingt zu empfehlen. Das Haus, das von gastfreundlichen und aufmerksamen Leuten geführt wird, verfügt über voll-

ständig klimatisierte Zimmer und Schlafsäle. Schablonenmalereien an den Zimmerwänden verschönern die eher schlicht geratenen Zimmer. Zu den Einrichtungen gehören u.a. eine Gemeinschaftsküche, Surfboard-Gestelle, Hängematten und auch ein Fernsehraum.

Pura Vida Hostel HOSTEL $
(☎2653-2464; B 18–20 US$, DZ mit/ohne Bad 60/50 US$; ❄@📶) Im Innern dieses begrünten Anwesens zeigen die Schlafsäle und Einzelzimmer ausgefallene Akzente in Form von Wandbildern und Spiegelmosaiken. Die Stimmung ist freundlich und äußerst entspannt, insbesondere im gemeinschaftlichen, mit Hängematten und Schaukelstühlen ausgestatteten *rancho*. Gelegentlich finden offene Bühnenabende, Fireshows und Livemusikveranstaltungen statt. Außerdem stehen den Gästen kostenlose Fahrräder und Surfboards zur Verfügung. (Dies ist nicht das Mini Pura Vida Hostel, dessen Name das Resultat einer unerfreulichen Geschäftsauflösung ist.)

Blue Trailz Hostel HOSTEL $
(☎2653-1705; B/Zi 15/69 US$; ❄@📶) Auf der gegenüberliegenden Seite der Straße vom Strand liegt dieses makellose und behagliche Hostel; es ist in der Surferszene sehr beliebt. Reisende mit kleinem Budget wissen die sauberen, kühlen (klimatisierten) Schlafsäle ebenso zu schätzen wie den aufmerksamen Service der Mitarbeiter. Gäste profitieren von ermäßigten Preisen für Boards, Fahrräder, Unterrichtsstunden und Touren im vorne liegenden Blue Trailz Surfladen (S. *339*). Charmant.

Hotel Mahayana HOTEL $$
(☎2653-1154; www.hotelmahayana.com; DZ 65 US$; P❄📶🏊) Das Mahayana ist ein charmantes Refugium, abgerückt von der Unruhe und Hektik der Hauptverkehrsstraße. Die makellosen Zimmer in Zitronengelb haben hohe Decken, große Fenster und eigene Terrassen (mit Hängematten). Der Innenhof ist von einem kleinen, kühlen Pool und einer Open-Air-Küche ausgefüllt, die den Gästen zur Verfügung stehen.

Villas Macondo HOTEL $$
(☎2653-0812; www.villasmacondo.com; EZ/DZ/3BZ 50/60/70 US$, mit Klimaanlage 75/87/97 US$, Apt. 125–170 US$; P❄@📶🏊) Obwohl die Hotelanlage lediglich 200 m vom Strand entfernt liegt, ist sie eine Oase des Friedens inmitten einer fieberhaft hektischen Stadt – und bietet besonders viel fürs Geld. Wunderschöne moderne Villen mit eigenen Patios und Hängematten sind in einem tropischen Garten um einen solarbeheizten Swimmingpool angeordnet. Die größeren Apartments sind mit Küchen ausgestattet – ideal für Familien. Einen weiteren Pluspunkt gibt es für den Namen, der auf Garcia Marquez' fiktive Stadt in „Hundert Jahre Einsamkeit" anspielt.

Harry's El Escondite PENSION $$
(☎8842-3419; www.esconditetamarindo.com; DZ/3BZ 80/100 US$; ❄📶🏊) Vier hübsche *cabinas* mit komplett ausgestatteten Küchen und eigenen Patios liegen rund um einen tropischen Garten mit Hängematten und einem kleinen Swimmingpool. Im Obergeschoss stehen den Gästen eine Küche im Freien und eine Sonnenterrasse zu Verfügung. Surfboards und Fahrräder werden – dank Harry – kostenlos verliehen.

★ **Beach Bungalows** B&B $$$
(☎8800-0011; www.tamarindobeachbungalows.com; DZ inkl. Frühstück 214 US$; P📶🏊) 🍃 Von Palmen beschattet, wirken diese zweistöckigen Bungalows aus Teakholz wie ein luxuriöses Refugium. In jedem der Bungalows ist die obere Etage ein hochwertiger und doch einfach gestalteter Schlafbereich, während die untere Etage wie ein offener Lounge-Bereich gestaltet ist. Die Gäste bekommen ein passables Frühstück und haben Fahrräder, einen Gasgrill und eine Gemeinschaftsküche zu freier Verfügung. Ist zwar nicht direkt am Strand gelegen, aber trotzdem eine hübsche Unterkunft.

Ocho Artisan Bungalows BOUTIQUEHOTEL $$$
(☎8365-9666; www.ochoartisansbungalows.com; Bungalow/*casita* 240/350$; P❄📶) Ein Stück vom Paradies findet sich nur eine Straße von der Hauptstraße entfernt. Pfade in der dschungelähnlichen Anlage führen zu den sieben Bungalows (sowie einem *casita*) mit versteckten Patios, und es gibt eine Bar unter freiem Himmel mit Blick aufs Meer. Die großzügigen Wohnräume bieten Platz für bis zu vier Personen und funkeln, so neu sind sie; selbst die *mosquiteros* (Moskitonetze) sehen schick aus.

Tamarindo Bay Boutique Hotel BOUTIQUEHOTEL $$$
(☎2653-2692; www.tamarindobayhotel.com; DZ inkl. Frühstück ab 125 US$; P❄📶🏊) 🍃 Ein romantisches Refugium nur für Erwachsene, in dem eine moderne Raumgestaltung mit

einem Bewusstsein für die Umwelt einhergeht. Elegante, moderne Zimmer sind mit breiten Doppelbetten und Regenduschen ausgestattet. Fahrräder, Schnorchelausrüstungen und Boogiebretter stehen zur freien Verfügung. Das Herzstück des Ganzen ist der Swimmingpool mit mehrfarbiger LED-Beleuchtung und Bodenbelägen aus recyceltem Kunststoff. Die Frühstücksterrasse ist auch einfach klasse.

Hotel Luamey BOUTIQUEHOTEL **$$$**
(☎2653-1510; www.hotelluamey.com; DZ ab 150 US$; P ❄ 📶 🏊) Einfach exquisit ist dieses Boutiquehotel, ein schöner, friedlicher Ruhepol mitten im Chaos von Tamarindo. Geräumige *cabana*-artige Suiten in besänftigenden Erdtönen sind mit Möbeln aus dunklem Holz, Duschen mit Steinwänden und eigenen Patios (wo auch das Frühstück serviert wird) ausgestattet. Der Service ist überaus zuvorkommend. Es werden Yoga- und Surfkurse angeboten.

Sueño del Mar B&B B&B **$$$**
(☎2653-0284; www.sueno-del-mar.com; DZ 237 US$, *casitas* 277–367 US$; P ❄ @ 📶 🏊) Das exquisite B&B an der Playa Langosta ist in einem hinreißenden Haus im Stil eines spanischen Landgasthofes (*posada*) untergebracht. Die Zimmer sind mit Himmelbetten, geschmackvoll angeordneten Kunstgegenständen und Gartenduschen im Freien ausgestattet. Die romantische Flitterwochensuite besitzt ein Panoramafenster mit weitem Meerblick.

Hinter dem Pool und dem tropischen Garten liegt ein Privatzugang zum Strand. Unbezahlbar ist die überall spürbare Atmosphäre der Abgeschiedenheit und Schönheit. Kinder sind nicht erwünscht.

Essen

★ **La Bodega** FRÜHSTÜCK, SANDWICHES **$**
(☎8395-6184; www.labodegatamarindo.com; Nahua Hotel; Hauptgerichte 6–8 US$; ⏲Mo–Sa 7–15 Uhr; 📶 ✍ 👪) Die Spezialität des wunderbaren Cafés mit Ladengeschäft besteht in einer einzigartigen Zusammenstellung von Zutaten, die frisch, regional und ökologisch erzeugt sind. Zum Frühstück gibt es wahre Wunderwerke aus Eiern, zum Mittagessen eine täglich wechselnde Speisekarte mit originellen Sandwiches und Salaten. Zu allen Tageszeiten sind Bananenbrot oder Zitronen-Scones begleitet von einer Tasse des frisch aufgebrühten Java-Gourmetkaffees eine sehr gute Wahl.

★ **Green Papaya** MEXIKANISCH **$**
(☎2652-0863; www.facebook.com/Gr33nPapaya; Hauptgerichte 5–10 US$; ⏲Di–So 11–21 Uhr; ❄ 📶 ✍ 👪) Gäste können sich an die Bar zu einem Frühstück mit Burritos oder – zum Probieren irgendeiner der anderen, hervorragenden Speisen – auf einen Baumstumpfstuhl setzen. Die Tacos mit Mahi Mahi sind ein vollendeter Genuss. Vegetarier können aus einer großen Vielfalt auswählen, zu der beispielsweise Enchiladas in Chipotle-Soße gehören. Das Dessert Chocolate Lovers ist ein Muss. Alles ist einfach fröhlich, frisch und freundlich – keinesfalls verpassen.

Surf Shack BURGER **$**
(☎2653-2346; www.facebook.com/surfshacktamarindo; Hauptgerichte 5–10 US$; ⏲Fr–Mi 11–21 Uhr; 📶) Wer ein unvernünftiges Verlangen nach einem großen Burger hat, ist im Surf Shack gut aufgehoben. Die Auswahl an Frikadellen, grob geschnittenen Zwiebelringen und unwiderstehlichen Milchshakes ist gut. Blechdosenwände und eine Surfboard-Deko schaffen eine wunderbar entspannte Stimmung, zu der die Getränke an der Bar hervorragend passen. Der Strand ist nur wenige Schritte entfernt; die Meeresbrise bildet eine perfekte Begleitung zu allem, was hier zu bekommen ist.

Nordico Coffee House CAFÉ **$**
(www.nordicocoffee.com; Plaza Tamarindo; 5–8 US$; ⏲Mo–Fr 7–16, Sa 8–15 Uhr) Ein Pärchen aus Dänemark und Guatemala hat dieses saubere, gut ausgeleuchtete Speiselokal eingerichtet, damit die Gäste hoch über der Tamarindo Plaza essen und Passanten beobachten können. Die glänzenden blauweiß gekachelten Wände zeigen Walmotive, und die hippen jungen Mitarbeiter sind sehr aufmerksam. Smoothies, Sandwiches und Salate stehen vor der Sonne geschützt und kühl. Neben dem Ser Om Yoga Studio (S. 337).

Falafel Bar LIBANESISCH **$**
(☎2653-1268; www.facebook.com/tamarindofalafelbar; Hauptgerichte 5–10 US$; ⏲Mi–Mo 7–22 Uhr; ✍) Wer eine Abwechslung von den allgegenwärtigen *casados* sucht, findet in diesem orientalischen Café alle Lieblingsgerichte des Nahen Ostens: Schawarma, Falafel, Tabouleh, Hummus und Kebab. Das Pitabrot wird täglich frisch gebacken. Morgens gibt es auch frischen Kaffee und Saft; und abends verwandelt sich das Lokal in eine richtige „Bar".

Sprout INTERNATIONAL **$$**
(☎ 2653-2374; Hauptgerichte 13–15 US$; ⌚ Mo–Sa 11–22 Uhr;) Die Spezialität des Sprout ist – wie zu erwarten – gesundes Essen. „Gesund" steht hier für „frisch, nahrhaft und köstlich". Die Speisekarte führt riesige Salatschüsseln, vegetarische Wraps und fangfrische Meerestiere auf (z. B. wunderbare Fisch-Tacos). Dazu schmeckt vorzüglich ein Glas Wein – natürlich aus ökologischer Erzeugung, oder man wählt einen „Green Day"-*batido* (Spinat-Mango-Geschmack).

Utopia FRANZÖSISCH **$$**
(☎ 2275-4375, 7073-3584; ⌚ 17.30–22 Uhr) Hervé beeindruckt mit seinen Gerichten, zu denen Hähnchen-*vol-au-vent*, *moules marinière* (Muscheln in Weißweinsoße) und eine Reihe vegetarischer Gerichte gehören. Doch das Beste hebt sich der Konditor für den Schluss auf: sündhafte Mousse und andere Köstlichkeiten. Donnerstag ist Latin Night, mit Salsa und Merengue. Liegt neben dem Pura Vida Hostel (S. 341).

La Baula PIZZA **$$**
(☎ 2653-1450; www.facebook.com/PizzeriaLaBaula; Hauptgerichte 12–16 US$; ⌚ 17.30–22.30 Uhr;) Nach allem, was man so hört, gibt es hier die beste Pizza von Tamarindo. Das lässige Restaurant unter freiem Himmel bietet 28 Holzofenpizzas mit einer großen Auswahl an Belägen sowie Salate. Außerdem gehört es zu den familienfreundlichsten Restaurants der Stadt – ein Spielplatz hält die Kinder bei Laune. Da man in diesem Restaurant im Freien sitzt, ist es empfehlenswert, Insektenschutzmittel mitzunehmen.

Seasons by Shlomy MEDITERRAN **$$$**
(☎ 8368-6983; www.seasonstamarindo.com; Hotel Arco Iris; kleine Teller 8–12 US$, Hauptgerichte 18–20 US$; ⌚ Mo–Sa 18–22 Uhr;) Niemand sollte die Stadt verlassen, ohne hier zu Gast gewesen zu sein. Der israelische Chefkoch Shlomy serviert eine kleine Auswahl an sorgfältig ausgewählten und perfekt zubereiteten Gerichten. Je nach Verfügbarkeit der Zutaten können die Gäste gegrillten Tintenfisch oder Hummer-Lauch-Terrine als Vorspeise wählen. Danach kann kräftig angebratener Thunfisch in einer Marinade aus Honig und Chili oder ein Filet Mignon in Rotweinsoße folgen. Perfekt! Das zurückhaltende, aber dennoch elegante, überwiegend unter freiem Himmel befindliche Restaurant hat auch einige Sitzplätze in einem Innenraum und romantische Tische draußen am Pool. Mittlerweile gibt es auch Kindergerichte. Reservierungen sind empfehlenswert.

Dragonfly Bar & Grill ASIATISCH **$$$**
(☎ 2653-1506; www.dragonflybarandgrill.com; Hauptgerichte 18–22 US$; ⌚ Mi–Mo 17.30–22 Uhr;) Die feine Speisekarte und die reizvolle Atmosphäre einer Tiki-Bar machen das Dragonfly zu einer attraktiven Adresse. Der Speiseraum unter freiem Himmel wird von blinkenden Lichtern und Laternen beleuchtet. Die Speisekarte lehnt sich an die asiatische Küche an, bezieht aber Anregungen aus der ganzen Welt. Besonders gut und gehaltvoll sind die Buddha Bowl oder feuriges Thai-Rindfleisch, das auf Glasnudeln angerichtet wird. Köstlich sind auch die großartigen Desserts wie *tres leches* („Pudding aus dreierlei Milch").

Ausgehen & Nachtleben

Die Hauptstraße in Tamarindo fühlt sich an wie ein festlicher Frühlingsbeginn. Heitere Gästescharen schlendern mit Getränken in den Händen an den Strand. Hier ist allerorten beinahe immer Happy Hour. Der beste Einstieg ist der Dämmerschoppen in einer Bar oder einem Restaurant an der Strandpromenade.

★ **Café Tico** CAFÉ
(☎ 8861-7732; www.facebook.com/cafeticotamarindo; ⌚ Mo–Sa 7–15, So bis 13 Uhr;) Eintreten und tief durchatmen – ein magischer Duft liegt in der Luft. Das Schild an der Wand behauptet: „Ein guter Tag beginnt mit einem Kaffee." Im schattigen Innenhof können Gäste ihren Kaffee genießen und vom hausgemachten Gebäck naschen. *Pura vida.*

Sharky's SPORTBAR
(☎ 8729-8274; www.sharkysbars.com; ⌚ 18–2 Uhr) Wer Sportwettkämpfe auf Großbildschirmen verfolgen möchte, ist im Sharky's richtig. Zu Sportsendungen auf neun Bildschirmen werden Burger, Chickenwings und Bier in unbegrenzter Menge serviert. Am späten Abend sind Spaß und Spiele angesagt, beispielsweise ein Karaoke-Abend am Dienstag und eine Ladies' Night am Samstag. Das Motto lautet „*un zarpe mas*?" (ein letzter Drink?).

El Be! BAR
(☎ 2653-2637; ⌚ 10–22 Uhr) Mit ihrem Namen (früher Le Beach Club) hat diese Bar auch – mit dem nachdrücklichen Ausrufezeichen – die Sprache gewechselt. Die coole Stim-

TAMARINDOS DROGENPROBLEM

Wie einige andere Tico-Strandorte auch hat Tamarindo eine nächtliche „Drogenszene", was der Tatsache geschuldet ist, dass das Land auf der Südamerika-Nordamerika-Handelsroute liegt. Wer nach Einbruch der Dunkelheit durch die Straßen bummelt, bekommt Drogen (und manchmal auch Frauen) angeboten. Es ist nicht nur ein Ärgernis, sondern natürlich auch illegal, wenn man mit Drogen erwischt wird. Außerdem haben Gewalttaten in Strandnähe in den letzten Jahren zugenommen, da sich Banden aus San José ins Geschehen eingeklinkt haben.

mung ist unverändert geblieben. Gäste können sich auf Betten und Hängematten direkt am Strand entspannen und den Klangkreationen der DJs lauschen. Zur Happy Hour (16–19 Uhr) gibt es Getränkespezialitäten, live gespielten Jazz und fantastische Sonnenuntergänge. Auch das Essen ist tadellos.

Volcano Brewing Company BIERGARTEN
(www.volcanobrewingcompany.com; ⌚11–22 Uhr) Ein Bier am Strand ist immer nett, aber wenn es aus der örtlichen Brauerei stammt, dann ist es noch besser. Die zehn unterschiedlichen Sorten von *cerveza* sind ein bisschen teuer, dafür ist der Ausblick unschlagbar, wenn man mit einem Becher Gato Malo Bier in der Hand über den Pazifik blicken kann – und das Essen kann vom El Vaquero Restaurant geholt werden. Der Biergarten liegt direkt neben dem Witch's Rock Surf Camp (S. 339).

Praktische Informationen

BAC San José (Plaza Conchal; ⌚Mo–Fr 9–18, Sa bis 13 Uhr)

Backwash Laundry (⌚Mo–Sa 8–20 Uhr) Hier wird Wäsche gewaschen, getrocknet und zusammengelegt.

Banco de Costa Rica (Plaza Conchal; ⌚24 Std.) Der Geldautomat ist rund um die Uhr verfügbar.

Coastal Emergency Medical Service (☎2653-1974, Notruf 8835-8074; ⌚24 Std.)

An- & Weiterreise

Die meisten Surfer und anderen Strandgänger reisen mit dem Flugzeug, dem Bus oder dem Auto nach Tamarindo. Wer hier eine günstig gelegene Unterkunft hat, benötigt in dieser Stadt jedoch kein eigenes Fahrzeug: Der Strand ist bequem zu Fuß zu erreichen und Touren zu entfernteren Zielen in der Region können gebucht werden.

AUTO & TAXI

Wer mit dem Auto von Liberia her kommt, nimmt die Schnellstraße 21 nach Belén, dann die Schnellstraße 155 über Huacas nach Tamarindo. Ein Taxi kostet etwa 50 US$ von/nach Liberia. Eine Tankstelle gibt es in Tamarindo überraschenderweise nicht. Zum Tanken muss man deshalb bergauf auf einer befestigten Straße ins 15 km entfernte Huacas fahren. Die Tankstelle befindet sich dort 4 km geradeaus auf der rechten Seite.

BUS

Das **Empresa Alfaro** (☎2653-0268, 2222-2666; ⌚Mo–Sa 7.30–17.30, So 9–15.30 Uhr) Büro befindet sich in der Nähe des Strands, andere Busse starten an der Bushaltestelle vor dem Pacific Park.

Private Shuttle-Busse sind eine schnellere (aber kostspieligere) Alternative. **Tamarindo Shuttle** (☎2653-0505; www.tamarindotransfersandtours.com; Centro Comercial Galerías del Mar) bietet bequeme und komfortable Verbindungen von Tamarindo zu Zielen im ganzen Land und zu den beiden Flughäfen. **Tropical Tours** (☎2640-0811, 2640-1900; www.tropicaltourshuttles.com) bietet tägliche Verbindungen zwischen Tamarindo und San José, außerdem zu zahlreichen anderen Zielen im südlichen Teil der Nicoya-Halbinsel.

BUSSE AB TAMARINDO

REISEZIEL	BUSUNTERNEHMEN	FAHRPREIS (US$)	FAHRZEIT (STD.)	ABFAHRT (STD.)
Liberia	La Pampa	3	2½	12-mal tgl. 3.30–18 Uhr
San José	Alfaro	11	5½	3 & 5.30 Uhr
San José	Tralapa	11	5½	7 Uhr
Santa Cruz	Tralapa	2	1½	6, 8.30 & 12 Uhr

FLUGZEUG

Die Start- und Landebahn liegt 3 km nördlich von Tamarindo; normalerweise holt ein Hotelbus ankommende Gäste ab. In der Hauptsaison bietet Sansa (☎2290-4100; www.flysansa.com; Tamarindo Airport) tgl. drei Flüge von/nach San José (Hinflug 140 US$), tgl. drei Flüge bietet auch Nature Air (Hinflug 124 US$). Nature Air bietet zwei Flüge von Liberia. Wer früh bucht oder auf Angebote achtet, kann gute Ermäßigungen bekommen.

Unterwegs vor Ort

Ein hervorragender Surf-Shuttleservice zu den Stränden der Region wird von Avellanas Express (einfach/Hin- und Rückfahrt 6/12 US$; ⏲8–17 Uhr) angeboten. Es gibt zwei unterschiedliche „Linien" von Tamarindo: die Blue Line fährt nach Playa Conchal und zurück; und die Green Line geht in Richtung Süden nach Avellanas und Negra. Im Neptuno Surf Shop.

Playas Avellanas & Negra

An diesen beliebten Stränden finden Surfer die besten, beständigsten Wellen der Region vor; sie wurden durch den Surf-Film *Endless Summer II* (1994) berühmt. Die Killerwellen führten dazu, dass nun ein Abschnitt scherzhaft „Klein-Hawai" genannt wird.

Playa Avellanas ist ein absolut hinreißender, unberührter Sandstrand von blassgoldener Farbe, der sich vor einem Hintergrund von Mangroven ausbreitet und auf beiden Seiten von sanften Hügeln begrenzt wird. Surfer und Sonnenanbeter finden hier viel Platz für ein ungestörtes Stranderlebnis, selbst wenn sich zahlreiche Feriengäste in diesem Ort aufhalten.

Playa Negra ist ebenso unbestreitbar romantisch. Der Sandstrand hat eine etwas dunklere Farbe und wird von Felsen unterbrochen. Wunderbare, staubige Landstraßen führen zu Gezeitenbecken und den Refugien der ausländischen Zuwanderer, die sich diesen Ort gewählt haben, um in Frieden zu leben (und zu surfen). Costaricanische Einwohner gibt es hier kaum, doch der Strand ist von großer Schönheit.

Aktivitäten

Die Brandungswellen von Playa Avellanas sind für Surfanfänger und Fortgeschrittene gut geeignet. *Little Hawaii* heißt eine gewaltige, nach rechts offene Welle (sie spielte eine Rolle in *Endless Summer II*); die Brandungswelle bildet bei Niedrigwasser einen Wellentunnel. Erfahrene Surfer finden hier jedoch kaum noch Herausforderungen und weichen nach Playa Negra aus; der Strand ist mit einer rechts offenen Welle von Weltklasse gesegnet, die einen Wellentunnel bildet. Weiter südlich liegt (Geheimtipp!) Playa Tortuga, an dessen endlose Brandungswellen sich nur erfahrene Surfer wagen sollten. Bereits im März gibt es gute Wellen, von April bis November sind sie am besten.

Avellanas Surf School SURFEN
(☎2653-1531; www.avellanas-surf-school.com; Surfboard-Verleih pro Tag 20 US$, Unterrichtsstd. Erw./Kind 70/60 US$; ⏲8–17 Uhr) Mauricio Ortega wurde in dieser Gegend geboren; an seiner Leidenschaft für das Surfen, seinem Wissen und dem Lebensstil lässt er jeden Interessierten teilhaben. Mit seiner Frau Dialan betreibt er diese angesehene Surfschule und vermietet nebenbei eine Handvoll Hütten und Villen unweit der Wellen. Neben Lola's (S. 347) gelegen.

Playa Negra SUP Wave Riders SURFEN
(☎8702-7894, 2652-9420; www.playanegrasupwaveriders.com; Unterrichtsstd. 65–85 US$, Touren 50–70 US$) In weniger als zwei Stunden lernen angehende Stehpaddler, sich stabil auf dem Brett zu halten und mit dem Paddel umzugehen. Der Unterricht findet entweder im flachen Gewässer der nahen Flussmündung oder draußen auf den Wellen des Meeres statt. Fortgeschrittene Stehpaddler können auch Boards ausleihen. ASI-zertifiziert.

Schlafen

Ein eigentliches Dorf gibt es nicht – stattdessen reihen sich Unterkünfte, die an den Bedürfnissen der Surfsportler orientiert sind, an der Verbindungsstraße zwischen den beiden Stränden aneinander. Doch sind die Unterkünfte von einer ansprechenden Vielfalt, die von lässigen Surfcamps bis hin zu anspruchsvolleren Pensionen und Villen reicht. Wer es vorzieht, unter den Sternen zu schlafen, findet auf der südlichen Seite von Playa Avellanas einige wenige Plätze, an denen Hängematten aufgespannt oder Zelte aufgestellt werden können.

Casa Surf PENSION $
(☎2652-9075; www.casa-surf.com; Playa Avellanas; B pro Pers. 15 US$; P) Wunderbar tropisch wirkt diese Pension mit ihrem Bambusbaustil und einem Dach aus Palmenblättern. Das Innere birgt einfache, aber saubere Zimmer – in leuchtend-bunten Farben und sorgfältig gepflegt – mit gemeinschaftlichem

INSIDERWISSEN

NO-STRAW CHALLENGE – KAMPF GEGEN DAS PLASTIK

Max Machum ist ein kanadischer Junge, der in Avellanas lebt. Als ihm der Leiter des Leatherback Project schilderte, wie er einen Strohhalm aus der Nase einer Schildkröte entfernte, um deren Leben zu retten, begann Max, in den Restaurants dafür zu werben, auf Plastikstrohhalme zu verzichten. Seine ambitionierte Idee wurde nicht nur von Lola's on the Beach (S. 347) aufgegriffen, das in biologisch abbaubare, umweltfreundliche Strohhalme investierte, sondern auch von anderen Restaurants vor Ort.

Längst gibt es nationale Debatten darüber, wie man das Plastik vollständig aus Costa Rica verbannen könnte – und hier nahmen sie ihren Anfang. Wer helfen will, kann über das Plastikproblem informieren und bei der Bestellung von Getränken ausdrücklich darum bitten, keinen Plastik-Strohhalm zu bekommen. Mehr Informationen hält die „No Straw Challenge"-Facebook bereit.

Zugang zu einem Bad und einer Küche. Die Dachterrasse mit Hängematten ist ein zauberhafter Ort für einen Nachmittag (oder für eine Nacht). Zu alledem gibt es einen guten Fahrradverleih, eine Büchertauschbörse und eine Gästegitarre.

Die Casa Surf verfügt über ein hervorragendes Pauschalangebot (Surfen, Schlafen und Essen zum Preis von 30 US$), darin enthalten sind zwei tägliche Mahlzeiten und der Surfboard-Verleih.

Kon Tiki HOSTEL $

(☎2652-9117; www.kontikiplayanegra.com; Playa Negra; Zi pro Pers. 20 US$; P 📶) An der Straße von Avellanas findet man diese einfach gehaltene und doch einladende Hüttensiedlung auf Pfählen. Im Mittelpunkt der farbenfrohen Pfahlbauten steht ein wackeliger Pavillon, in dem Gäste in Hängematten ruhen und sich an Pizzas und anderen preiswerten Gerichten sättigen. Bäder stehen zur gemeinschaftlichen Nutzung zur Verfügung. Nicht nur menschliche Gäste (meist Surfer), auch Brüllaffen fühlen sich hier wohl.

Peace Retreat B&B $$

(www.peaceretreat.ca; Playa Negra; EZ/DZ 80/100 US$, ohne Bad 60/75 US$; P 📶 🏊) Charmante Hütten aus Teakholz stehen verstreut auf einem urwaldartigen Gelände, zusätzliche Zimmer liegen über der Casa Yoga, dem Haupthaus. Es ist ein Ort der Entspannung und Entgiftung, Verjüngung und Freude. Gäste können an den morgendlichen Yogakursen teilnehmen, und auch Retreat-Programme gehören zum Angebot.

Las Avellanas Villas APARTMENTS $$

(☎2652-9212; www.lasavellanasvillas.com; Playa Avellanas; DZ/3BZ/4BZ 90/100/110 US$, Aufschlag für Klimaanlage 10 US$; P ❄ 📶) Nach einem gut durchdachten Entwurf sind die fünf hinreißenden *casitas* als Oasen der Ruhe und Ausgewogenheit entstanden, sie haben eigene Terrassen aus Teakholz, glänzende Betonfußböden, viel Grün in den Innenräumen, Duschen unter freiem Himmel und große Fenster, durch die das Tageslicht hindurchscheint. Für praktische Bedürfnisse ist mit Surfboard-Gestellen und Hängematten (selbstverständlich) gesorgt. Aufgrund der komplett eingerichteten Küchen sind die Unterkünfte besonders für Familien oder Reisegruppen perfekt geeignet. Das Gelände liegt 800 m vom Strand entfernt.

Café Playa Negra GUESTHOUSE $$

(☎2652-9351; www.cafeplayanegra.com; Playa Negra; EZ/DZ/3BZ/4BZ inkl. Frühstück 55/75/90/120 US$; P ❄ @ 📶 🏊) Die eleganten, minimalistisch gestalteten Zimmer über dem Café haben glänzende Betonfußböden und sind mit erhöht gebauten Betten, farbenfrohen Überwürfen und anderen kunstvollen Akzenten ausgestattet. Es gibt eine coole Gemeinschaftsterrasse mit Hängemattenstühlen und einem einladenden Swimmingpool. Das Café in der unteren Etage steht auch Gästen von außerhalb offen und ist einen Zwischenstopp wert. Besonders empfehlenswert sind die delikaten Sandwiches und frische Fischgerichte und Meeresfrüchte.

Playa Negra Surf Lodge CABINAS $$

(☎2652-9270; www.playanegrasurflodge.com; Playa Negra; EZ/DZ/3BZ/4BZ 55/65/75/85 US$, Studio 80 US$, alle inkl. Frühstück; ❄ 📶 🏊) Die malerischen *cabinas* sind rund um einen herrlichen tropischen Garten angelegt, in dem Kolibris, Schmetterlinge und Papageien flattern. Die einfachen Zimmer haben frisch gestrichene Wände und sind mit ein paar künstlerischen Details geschmückt. Außerdem haben die Gäste freien Zutritt zu einer Gemeinschaftsterrasse und jeder Menge Hängematten. Empfehlenswert ist ein Mittagessen auf dem Jalapeño Eatery & Market vor Ort. Die Studios verfügen über eigene Küchen.

Hotel Mauna Loa BUNGALOWS **$$**
(☎2652-9012; www.hotelmaunaloa.com; Playa Avellanas; DZ/3BZ/4BZ ab 90/120/140 US$, Zuschlag für Küchenbenutzung 20–30 US$; P❄📶🏊) Diese supercoole Anlage bietet direkten Zugang zum Strand. Die Gehwege führen vom fantastischen Poolbereich durch einen üppig bewachsenen Garten zu attraktiven kapselartigen Bungalows. Zu den schönen Details gehören Hängematten und Duschen unter freiem Himmel, und pastellfarbene Wände und behagliche orthopädische Betten in den Innenräumen. Mahlzeiten können in der gemeinschaftlichen Küche zubereitet werden, auf dem Gelände gibt es außerdem ein italienisches Restaurant. Von Juni bis September geschlossen.

Essen

Ein legendäres Strandcafé, das nach einem Schwein namens Lola benannt wurde, ist die wichtigste Anlaufstelle in Sachen Nahrung in diesem Surfer-Außenposten. Außerdem gibt es noch einige kleinere Märkte und ein renommiertes Restaurant, das den Trip nach Negra lohnt.

Jalapeño Eatery & Market MEXIKANISCH **$**
(☎2652-9270; www.playanegrasurflodge.com; Playa Negra; Hauptgerichte 7–10 US$; ⏲Mo–Sa 8–16 Uhr) Diese gepriesene Taco-Bar ist etwas Besonderes: Die Zutaten der Gerichte stammen aus ökologischer oder regionaler Erzeugung. Die Tortillas sind handgemacht, scharfe Soßen und andere Zutaten kommen aus eigener Herstellung, Hühner und Eier von einem benachbarten Bauernhof. Selbst die Fische werden meistens vom Chefkoch und Inhaber persönlich mit Speeren gefangen (die Gäste sollten sich also nicht beklagen, wenn es einmal länger dauern sollte).

Lola's on the Beach CAFÉ **$$**
(www.facebook.com/playaavellana; Playa Avellanas; Hauptgerichte 6–12 US$; ⏲Di–So 11–17 Uhr; P📶) Surfer können in diesem eleganten Strandcafé entspannt auf gute Wellen warten. Geschwungene, hölzerne Liegestühle stehen im Sand unter Strohschirmen. Von einer Bar aus Baumstümpfen blicken Gäste auf eine offene Küche, in der erstklassige, vom Strand inspirierte Gerichte entstehen. Ehre gebührt dem Lokal auch für seine Bemühungen, das Bratöl zu recyceln und kein Plastik zu verwenden (auf Wunsch bekommt man einen coolen Strohhalm aus Papier).

Die namengebende Lola war übrigens ein liebenswertes Schwein von enormer Größe, das auch „Königin von Avellanas" genannt wurde. Sie ist längst nicht mehr am Leben, doch ihr Andenken lebt in Gestalt der kleinen Lolita weiter!

Villa Deevena FUSION **$$$**
(☎2653-2328; www.villadeevena.com; Playa Negra; Hauptgerichte 19–33 US$; ⏲7–22 Uhr; P❄📶) Freunde der feinen Gastronomie kommen aus ganz Guanacaste hierher, um die Küche dieses verborgenen Schatzes zu kosten. Es lohnt sich, nach dem überirdischen Restaurant zu suchen, das aus einer Idee des *chef de cuisine* Patrick Jamon hervorging. Zum Einstieg eignen sich Cocktails aus frischen Obstsäften. Die Speisekarte ist eine Aufzählung von Meisterwerken. Besonders zu beachten sind perfekt zubereitete Fischgerichte, langsam gegarte Fleischgerichte und einzigartige Desserts. Reservierung wird empfohlen.

Das Anwesen bietet darüber hinaus einen einfachen und doch sinnesfreudigen Luxus in Form von minimalistisch gestalteten Bungalows für zwei bis vier Personen (Doppelzimmer 124 US$). Die eleganten Unterkünfte – in Hartholz und besänftigenden Farbtönen gestaltet – umgeben einen glitzernden Salzwasserpool.

An- & Weiterreise

AUTO

Von Tamarindo kommend, fahren Autofahrer 5 km landeinwärts ins Dorf Villareal und biegen nach rechts in den unbefestigten Fahrweg ab. Der Zustand dieser Straße wird mit zunehmender Entfernung von Tamarindo immer schlechter und ist in der Regel nur mit einem Geländewagen zu bewältigen. Wer nicht von Tamarindo kommt, fährt in westlicher Richtung von Santa Cruz auf der asphaltierten Straße durch 27 de Abril nach Paraíso und folgt den Hinweisschildern zum gewünschten Strand. Vor allem an den Stränden sollte man Vorsicht walten lassen und keine Wertgegenstände im Auto aufbewahren.

BUS

Zwischen Tamarindo und den genannten Stränden bestehen keine öffentlichen Verkehrsverbindungen; oft werden jedoch Ausflüge von

Surfcamps organisiert. Eine Alternative sind Fahrten im Avellanas Express (S. 345), dessen Shuttle-Busse um 10, 14 und 17 Uhr von Tamarindo abfahren; die beiden Erstgenannten fahren bis nach Playa Negra. Rückfahrt nach Tamarindo mit den Shuttle-Bussen von Playa Negra um 11 und 15 Uhr, von Avellanas um 11.15, 15.15 und 18 Uhr.

Playa Junquillal

Schwierig auszusprechen und fast ebenso schwierig zu finden: Junquillal ist ein 2 km langer Natursandstrand, der einfach traumhaft und meistens menschenleer ist. Im Süden liegt ein kuppelartiger Felsbrocken, der in ein zerklüftetes Felsenriff ausläuft, dahinter dehnt sich eine weite Flussmündung über eine Fläche von etwa 200 ha. Hier strömt der Río Nanda Mojo ins Meer. Im Norden erheben sich palmenbestandene Klippen. Der Sonnenuntergang erscheint in seinen Farbtönen von Gold, Orange und Rosa beinahe unwirklich. An der Küste wüten jedoch heftige Brandungswellen. Wenn die Wellen eine gewisse Stärke erreichen, kommen Surfer von der Playa Negra hierher. Auch bei sanftem Wellengang ist das Schwimmen an diesem Strand gefährlich. Kinder und selbst geübte Schwimmer sollten sich nicht allein hinauswagen.

In Playa Junquillal bilden Einheimische gegenüber den Touristen eine große Mehrheit – der Ort besitzt daher eine einladende Authentizität, die an der nördlichen Halbinsel einzigartig ist. Das nächste Dorf ist Paraíso und liegt 4 km landeinwärts.

SCHILDKRÖTEN

Oliv-Bastardschildkröten kommen nach Junquillal, um hier zwischen Juli und November ihre Eier abzulegen. Höhepunkt der Eiablage ist zwischen August und Oktober, doch ist die Zahl der Schildkröten nicht so hoch wie in den Schutzgebieten. Außerdem ist Junquillal auch eine wichtige Eiablagestätte für Lederschildkröten. Obwohl die Region nicht unter offiziellem Schutz steht, haben sich Umweltschutzgruppen wie **Asociacion Vida Verdiazul** (☎2658-7251; www.verdiazulcr.org; Kreisverkehr, Beach Rd.) mit den örtlichen Gemeinden zusammengeschlossen, um die Nistplätze zu schützen.

Schlafen

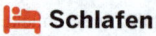

El Castillo Divertido HOTEL $
(☎8351-5162, 2658-8428; www.castillodivertido.com; EZ 20–30 US$, DZ 30–50 US$; P 📶) Die farbenprächtige Burg ist mit Zinnen und geschnitzten Masken verziert und liegt nur 100 m vom Strand entfernt; von einer Dachterrassenbar bietet sich ein weiter Panoramablick. Die Hotelgäste können auch einzigartigen Kajaktouren durch den Río Nanda Moja und die umgebenden Mangroven unternehmen. Und jeden Freitagabend sind sämtliche Gäste eingeladen, an einem BBQ zum Sonnenuntergang mit kalten Getränken und köstlichem Grillfleisch teilzunehmen.

★ **Mundo Milo Ecolodge** BUNGALOWS $$
(☎2658-7010; www.mundomilo.com; DZ inkl. Frühstück 67–77 US$; P ❄ 📶 ≋) Diese Lodge mit ökologischem Anspruch ist einzigartig. Die größte Aufmerksamkeit wird auf kreative Details gelegt. Zur Wahl stehen drei Bungalows, die von Ventilatoren gekühlt werden (oder auch mit Klimaanlage mit niedrigem Energieverbrauch), von einfallendem Tageslicht erhellt und umgeben von prachtvollem Grün. Jeder Einzelne der Bungalows ist thematisch nach unterschiedlichen Weltgegenden (Afrika, Mexiko, Persien) gestaltet. Der Swimmingpool bildet einen kunstvollen Bogen mit Blick auf den tropischen Trockenwald, aus dem das Kreischen der Brüllaffen, der Wechselgesang der Vögel und das ferne Donnern der Brandung zu hören sind. Lieke, die Gastgeberin, ist auch eine wunderbare Köchin.

An- & Weiterreise

AUTO

Wer mit dem eigenen Auto reist, der fährt von Santa Cruz etwa 16 km auf einer asphaltierten Straße nach 27 de Abril, von dort aus ist man weitere 17 km auf einer besseren Straße in den Ort unterwegs.

In Junquillal besteht auch die Möglichkeit, 35 km in südlicher Richtung nach Nosara zu fahren, dabei kommt man am legendären Surfrevier von Marbella vorbei. Es handelt sich aber um eine sehr holprige Schotterpiste, die nur mit einem Wagen mit Allradantrieb zu befahren ist und in der Regenzeit völlig unpassierbar sein kann. An der Küstenstraße gibt es keine Tankstellen, es herrscht auch nur wenig Straßenverkehr; man sollte sich besser vor der Abfahrt nach dem Zustand der Straße erkundigen. Von Nicoya aus sind die Strände südlich von Junquillal leichter zu erreichen.

BUS

Busse fahren von Junquillal nach Santa Cruz (3 US$, 1½ Std.) um 6, 9, 12.30 und 16.30 Uhr ab; Fahrgäste können an jeder beliebigen Stelle entlang der Hauptstraße einsteigen. In Santa Cruz verkehren Busse vom Mercado Municipal nach Junquillal: um 5, 10, 14.30 und 17.30 Uhr.

Santa Cruz

12 300 EW.

In Santa Cruz, einer der vielen Siedlungen der *sabaneros* (Cowboys) im Landesinneren der Halbinsel Nicoya, ist noch etwas vom landestypischen Flair zu spüren, das die von Ausländern bevölkerten Strandorte inzwischen vermissen lassen. Leider gibt es hier kaum etwas von Interesse, und so wechseln die meisten Reisenden in Santa Cruz nur den Bus. Die Stadt ist jedoch ein wichtiges regionales Verwaltungszentrum und außerdem ein guter Ausgangspunkt für einen Besuch im Töpferdorf Guaitil. Zu bestimmten Terminen kann man in der Stierkampfarena der Stadt auch noch die Tradition des Bullenreitens erleben. In Costa Rica wird der Stier niemals getötet, aber mutige (oder tollkühne) Bürger versuchen, auf ihn zu springen.

Im Jahr 1993 sind drei Häuserblocks von Santa Cruz einem verheerenden Großbrand zum Opfer gefallen. So sticht in der Stadt ein leerer Platz ins Auge, die Plaza de Los Mangos, die früher mit Gras und drei Mangobäumen bewachsen war. Schon bald nach der Brandkatastrophe wurde etwa 400 m weiter südlich der schöne schattige Parque Bernabela Ramos angelegt.

Schlafen

Hotel La Pampa HOTEL $

(☎ 2680-0586; Av. 5 zw. Calle 2 & Central; EZ/DZ ab 36/40 US$; P ❄ 📶) Das La Pampa ist eine gute Budgetoption! Das pfirsichfarbene Hotel liegt 50 m westlich der Plaza de Los Mangos. Es wirkt von außen zwar nicht besonders einladend, aber die Zimmer sind sauber und modern.

La Calle de Alcalá HOTEL $$

(☎ 2680-1515, 2680-0000; www.hotellacalledealcala.com; Av. 7 zw. Calle 1 & 3; EZ/DZ/Suite 58/77/140 US$; P ❄ 📶 🏊) Dieses Hotel punktet mit architektonischen Elementen wie z. B. Stuckbögen und einem Landschaftsgarten mit Swimmingpool. Durch geschnitzte Holztüren betritt man kleine geflieste Zimmer mit Rattanmöbeln. Die Unterkunft liegt günstig für einen Zwischenstopp in Santa Cruz; sie ist nur einen Block östlich des Busbahnhofs.

INSIDERWISSEN

GUAITIL

Ein interessanter Ausflug von Santa Cruz führt in den kleinen Ort Guaitil, eine Heimstätte des Töpferhandwerks. Hier wird aus heimischem Ton attraktive Keramik in präkolumbischem Chorotegastil in erdigen Rot- und Cremetönen mit Schwarz gefertigt. Vor den Häusern der Töpfer in Guaitil und auch im 2 km entfernten San Vicente werden die kunsthandwerklichen Stücke verkauft. Auf Wunsch können Besucher bei einzelnen Arbeitsschritten zusehen, und zu einem geringen Preis erteilen die Dorfbewohner auch gern einige Unterrichtsstunden. Außerdem gibt es hier traditionelle Speisen wie *tamales* aus Mais und *rosquillos* (ein Gebäck mit Käse) zu kosten.

An- & Weiterreise

Santa Cruz liegt 57 km von Liberia und 25 km südlich von Filadelfia entfernt an der Hauptstraße der Halbinsel. Eine asphaltierte Straße führt in westlicher Richtung in den 16 km entfernten Ort 27 de Abril, von dort geht es auf unbefestigten Straßen weiter nach Playa Tamarindo, Playa Junquillal und zu anderen Stränden. Abseits der Hauptkreuzung mit der Hauptstraße gibt es eine Tankstelle.

DIE MITTLERE HALBINSEL

Nicoya

16 100 EW.

Ein Kreuzungspunkt zwischen Stränden und Viehfarmen, zwischen den großen Städten und den *pueblitos* – in Nicoya (23 km südlich von Santa Cruz) ist das kontrastreiche Lebensgefühl der Ticos zu spüren. Lastwagenfahrer, Ausflügler und Einheimische finden sich in einem Koordinatensystem wieder, das sich rund um den Kommerz und eine fabelhafte *iglesia* (Kirche) im grünen Parque Central dreht. Wer das erlebt und

DIE NICOYA-DIÄT

Der in Minnesota geborene Autor Dan Buettner hat in den letzten Jahren mit seiner Studie über die „Blue Zones" der Erde Aufmerksamkeit erregt: Regionen, in denen die Menschen im Durchschnitt länger leben und gesünder sind als in anderen Gegenden. Drei Bücher hat er über das Thema geschrieben, darunter *The Blue Zones Solution: Eating and Living Like the World's Healthiest People* (2015). Zu diesen Bevölkerungsgruppen mit langer Lebensdauer gehören die Einwohner der Halbinsel Nicoya auf Costa Rica. Buettner hat die Blue-Zone-Lebensgewohnheiten in neun Leitkomponenten aufgeteilt, von denen die Ernährung nur ein Teil ist. Entscheidend für ein langes Leben ist seiner Aussage nach auch Bewegung, Glaube, Gemeinschaft und Freundschaft.

Nichtsdestotrotz gehört die Ernährung zu den wesentlichen Faktoren, und bei den traditionellen Nahrungsmitteln auf Nicoya, zu denen Süßkartoffeln, Kürbis, Bananen und Bohnen zählen, machen Kohlenhydrate ganze 68 % der täglichen Kalorienzufuhr aus. Buettner erklärt, dass die „drei Schwestern" der traditionellen Landwirtschaft Zentralamerikas – Bohnen, Mais und Kürbis – noch immer gegenwärtig und in der Tico-Küche stark vertreten sind. Bedenkt man dann noch, dass die Einwohner Nicoyas, bevor sie ihre Tortillas zubereiten, ihre Maiskörner in einer Kalkwasserlösung einweichen und damit Kalzium und Aminosäuren der Körner über den Verdauungsprozess überhaupt erst verwertet werden können – so ist das morgendliche traditionelle Gericht *gallo pinto*, bestehend aus Reis, Bohnen, Käse, Guacamole und Tortilla (manchmal mit Ei) eine verblüffend ausgewogene Mahlzeit.

Zu den beliebtesten „Langlebigkeits-Gerichten" von Nicoya gehört laut Buettner Mais-*nixtamal* (in einer Kalkwasserlösung eingeweichter Mais), *ayote* (Kürbis), Papaya, Süßkartoffel, schwarze Bohnen, Bananen und *pejivalle* (Früchte der Pfirsichpalme). An vielen Straßenständen gibt es frisch geröstete *pejivalle* zu kaufen – die Costa Ricaner essen sie gerne mit Salz oder einem Klecks Mayonnaise. Als genetische Blaupause haben Nicoyaner auch eine ordentliche Dosis Chorotega-Blut der Ureinwohner, gemischt mit dem der afrikanischen Sklaven und Spanier, und sie bekommen eine hohe Dosis an Vitamin D auf dieser sengenden, sonnigen Halbinsel, deren Gewässer außerdem den höchsten Kalziumgehalt des Landes aufweisen.

Nicoya – lebe lang und gedeihe!

gesehen hat, für den gibt es keinen wirklichen Grund mehr, länger als nötig hier zu verweilen – Nicoya ist nicht überwältigend, sondern sehr real.

Der einen Theorie nach wurde der Ort Nicoya nach dem Chorotega-Häuptling Nicoa benannt, der im Jahr 1523 den spanischen Konquistador Gil González de Ávila willkommen hieß (eine Geste, die er später bitter bereuen sollte). Eine zweite Theorie behauptet, dass sich das Wort von den Nahuatl-Wörtern *necoc iāuh* herleitet, was bedeutet: „auf beiden Seiten ist Wasser" und damit die geografische Lage der Stadt zwischen zwei Flüssen beschreibt. Wie auch immer es gewesen sein mag, nach Avilas Ankunft wurden der Stamm der Chorotega von den neuen spanischen Siedlern gnadenlos ausgelöscht, wenngleich zahlreiche Einheimische auch heute noch stolz auf ihre indianischen Wurzeln und ihr indianisches Erbe verweisen.

Schlafen & Essen

Mundiplaza Hotel HOTEL $

(☎ 2685-3535; Calle 3; EZ/DZ 30/40 US$; ❄ 📶) Mitten im Zentrum von Nicoya befindet sich dieses Hotel und verspricht einen rundum angenehmen Aufenthalt. Mit bunten Farben an den Wänden (von denen manche eine Auffrischung gebrauchen könnten) und gefliesten Bädern ist es relativ sauber und gepflegt. Der Gemeinschaftsbalkon bietet einen hinreißenden Ausblick über die Berge von Nicoya; leider ist auch der Straßenlärm manchmal übermäßig stark zu hören.

Hotel Curime Resort HOTEL $

(☎ 2685-5238; DZ ab 40 US$; P ❄ 📶 🏊) Das Naturresort ist eine absolute Überraschung in Nicoya, aber noch kein Grund, hier zu übernachten. Die Unterkünfte bestehen aus heruntergewirtschafteten, aber netten Bungalows, die auf einer Fläche von 14 000 m² verwildertem Gelände verteilt sind. Es gibt

BUSSE AB NICOYA

REISEZIEL	BUSUNTERNEHMEN	FAHRPREIS (US$)	FAHRZEIT (STD)	ABFAHRTSZEITEN
Liberia	Transportes La Pampa	2,60	2	Alle 30–60 Min., 7–20.30 Uhr
Playa Nosara	Empresa Traroc	3	2	Mo–Sa 4.45, 10, 12.30, 15.30 & 17.30 Uhr. So kein früher Bus
Sámara & Playa Carrillo	Empresa Traroc	3,60	1½	10-mal tgl., 6–20 Uhr
San José	Empresa Alfaro	7,50	5	5-mal tgl.

einen riesigen Swimmingpool und andere, nicht sonderlich beeindruckende Sportanlagen. Das Hotel liegt 1 km südöstlich von Nicoya, an einer Abzweigung der Ruta 150.

Café Daniela SODA $
(☎2686-6148; www.facebook.com/cafedaniela; Calle 3; Hauptgerichte 6–10 US$; ⌚Mo–Sa 7–21 Uhr; ✎) Eine beliebte, gut besuchte *soda* (preisgünstiges Mittagessen) mit appetitlichem *comida típica* (typische lokale Speisen). Einige Beispiele: *gallo pinto* (traditionelles Gericht aus Reis und Bohnen) zum Frühstück und *casados* (Menüs) aus Fisch-, Rind-, Hühnerfleisch oder Gemüsegerichten zu späteren Tageszeiten. Alle Speisen werden in einem Raum mit glänzenden Kachelwänden serviert.

Praktische Informationen

Banco de Costa Rica (Calle Central; ⌚Mo–Fr 8.30–15 Uhr)

Banco Popular (Calle 3; ⌚Mo–Fr 9–16.30, Sa 8.15–11.30 Uhr) Ein weiterer Geldautomat befindet sich beim Hospital La Anexión; er ist rund um die Uhr zugänglich.

Hospital La Anexión (☎2685-8400; ⌚24 Std.) Das Hauptkrankenhaus der Halbinsel liegt am nördlichen Rand von Nicoya.

An- & Weiterreise

Abfahrts- und Ankunftsort der meisten Busse ist der **Busbahnhof** (Calle 5) südöstlich des Parque Central.

Parque Nacional Barra Honda

Auf halbem Weg zwischen Nicoya und der Mündung des Río Tempisque befindet sich der Parque Nacional Barra Honda. Der größte Anziehungspunkt des im Landesinnern gelegenen Schutzgebietes ist ein gewaltiges unterirdisches Höhlensystem aus weichem Kalkstein, das im Verlauf von rund 70 Mio. Jahren durch Niederschläge und Erosion in das Gestein gegraben wurde. Höhlenforscher haben mehr als 40 Höhlen entdeckt, einige davon reichen bis zu 200 m in die Tiefe. Jedoch sind bis heute erst 19 Höhlen vollständig erforscht. In den Höhlen wurden Überreste präkolumbischer Kulturen gefunden, die bis in die Frühzeit (um 300 v. Chr.) zurückgehen.

Neben den Höhlen gibt es auch eine Fülle an Natur und Wildtieren in der Umgebung zu beobachten. Mehr als 80 Vogelarten wurden hier gesichtet, außerdem große Fledermauspopulationen, Ameisenbären und Gürteltiere.

Sehenswertes

Parque Nacional Barra Honda Caverns HÖHLE
(☎2659-1551; Erw./Kind 12/2 US$; ⌚Wanderwege 8–16 Uhr, Höhlen 8–13 Uhr) Der 23 km² große Nationalpark schützt ein Höhlensystem von rund 40 Höhlen. Die einzige Höhle, zu der Besucher regelmäßig Zugang haben, ist die 41 m tiefe La Terciopelo, deren Tropfsteine erstaunlich sind – Gebilde aus Calcit, die im Innern der Höhle emporwachsenden Stalagmiten oder von der Höhlendecke hängenden Stalaktiten. Besucher können sich in einen Museumssaal mit steinernen Exponaten versetzt fühlen. Die Zahl der Tropfsteine und anderer wunderschöner Formationen ist groß und sie tragen so bildhaft sprechende Namen wie etwa „Spiegeleier“, „Orgel“, „Strohhalme“, „Blumen“ und „Haifischzähne“. Wer an einer vierstündigen Höhlenwanderung mit Führung (29 US$ inkl. Parkeintrittsgebühr) teilnehmen möchte, der kann sich einen Tag im Voraus an die Ranger-Station wenden, um detaillierte Vereinbarungen zu treffen.

1

Die Peninsula für Surfer

Seit Jahrzehnten pilgern Surfer zu dieser Halbinsel, um dort die perfekte Welle zu erwischen. Mittlerweile ist die spektakuläre Küste übersät mit hübschen Badeorten, die nicht nur tolle Brandung, sondern auch einen angenehmen Aufenthalt garantieren. Surfen kann man beinahe überall an der Küste; hier einige unserer Lieblingsorte.

Playa Grande

Playa Grande befindet sich lediglich auf der anderen Flussseite, ist aber Welten vom überlaufenen Tamarindo entfernt. Das Gelände ist gleichzeitig Nationalpark, der die Eiablageplätze der Lederschildkröten schützt. Es gibt ganzjährig mannshohe Wellen. Im Dorf am Ende des Strandes gibt es gute Lokale und gemütliche Unterkünfte. Markierte und nummerierte Bauplätze weisen darauf hin, dass sich die Dinge hier schnell ändern können.

Playas Avellanas & Negra

Südlich von Tamarindo liegen zwei der beliebtesten Surfspots der Halbinsel, die nahe gelegenen Dörfer haben sich aber trotzdem ihre einladende Atmosphäre von Einfachheit bewahrt. Playa Avellanas ist ein Ort zum Entspannen, der außerdem ganz nah an weißen Sandstränden liegt, die auch für Anfänger geeignet sind.

Nosara

Mit drei Beach Breaks in unmittelbarer Nähe bietet Nosara (S. 354) verlässliche Wellen und eine angenehme Atmosphäre voller Hippie-Schick. Die rasch wachsende Stadt ist ein Labyrinth aus unbefestigten Straßen vor einer herrlichen

JONATHAN GREGSON/LONELY PLANET ©

KRYSSIA CAMPOS/GETTY IMAGES ©

1. Nosara (S. 354) **2.** Playa Tamarindo (S. 337) **3.** Provinz Guanacaste

IAN MCDONNELL/GETTY IMAGES ©

Regenwald-Kulisse (die schon lange versprochene asphaltierte Straße in die Stadt hinein ist nun im Bau). Yogastudios und Spa-Behandlungen bieten den Surfern eine willkommene Abwechslung.

Mal País & Santa Teresa

Am südlichen Ende der Halbinsel liegen Mal País und Santa Teresa – beide Orte sind jungen und hippen Surfern weltweit bekannt. Die Strände sind lang und die beständige Dünung anspruchsvoll. Deshalb findet man hier meist ein Fleckchen für sich allein – besonders, wenn man die weit im Norden gelegenen Strände ansteuert. Es gibt hier eine tolle Initiative, Lebensmittel direkt vom Erzeuger an die Verbraucher zu liefern.

SURFCAMPS

Neben Unterkunft und Verpflegung bieten die meisten All-inclusive-Surfcamps die Ausrüstung und tägliche Anleitungen, außerdem einige Touren ohne Bezug zum Wasser und weitere Aktivitäten. Viele Camps haben eine spezielle Ausrichtung, etwa für Anfänger, Familien, Frauen etc. Dazu zählen beispielsweise:

- **Malpaís Surf Camp** (S. 376), Mal País
- **Peaks & Swells Surf Camp** (S. 383), Montezuma
- **Safari Surf** (S. 355), Nosara
- **Casa Surf** (S. 345), Playa Avellanas
- **Witch's Rock Surf Camp** (S. 339), Tamarindo
- **Blue Trailz** (S. 339), Tamarindo
- **Playa Grande Surf Camp** (S. 335), Playa Grande

Aktivitäten

Wer gerne **Wildtiere beobachtet**, hat in den Höhlen die Gelegenheit, Fledermäuse, Albino-Salamander, blinde Fische und eine Reihe verschnörkelter Wirbelloser zu sehen. An der Erdoberfläche dagegen trifft man regelmäßig auf Brüllaffen, Weißschulter-Kapuzineraffen, Gürteltiere, *pizotes* (Nasenbären), Wickelbären und Weißwedelhirsche ebenso wie auf Weißrüsselskunks und Ameisenbären.

In den Bergen von Barra Honda gibt es einige gut markierte Wanderwege, die durch immergrünen Tropenwald führen. In Verbindung mit einer Höhlenwanderung ist es auch möglich, den Gipfel des Cerro Barra Honda zu besteigen (3,5 km), auf dem sich ein Aussichtspunkt (*mirador*) mit einem weiten Ausblick über den Río Tempisque und den Golfo de Nicoya befindet. Auf diesen Wanderwegen ist ein Bergführer nicht unbedingt notwendig.

An- & Weiterreise

Der Nationalpark von Barra Honda ist mit öffentlichen Verkehrsmitteln zu erreichen: Busse fahren von Nicoya nach Santa Ana (3,50 US$, 2-mal tgl. außer So), in günstiger Nähe (1 km entfernt) zum Park gelegen. Eine Alternative ist eine Taxifahrt ab Nicoya zum Preis von 20 US$ inkl. Rückfahrt. Eine Uhrzeit für die Rückfahrt kann mit dem Fahrer vorab vereinbart werden.

Mit dem Auto verlässt man Nicoya auf der Hauptstraße nach Süden Richtung Mansión, dann an der Zufahrtsstraße nach Puente la Amistad links abbiegen. Nach 1,5 km wieder links fahren und der Ausschilderung nach Barra Honda folgen. Die Schotterstraße führt in den Ort Barra Honda und schlängelt sich dann noch 6 km weiter, bis sie am Eingangstor des Nationalparks endet. Die Strecke zum Park ist deutlich ausgeschildert und meistens in einem guten Zustand.

Aus Puente La Amistad kommend, werden Autofahrer 16 km hinter der Brücke durch Hinweisschilder auf die Zugangsstraße nach Barra Honda aufmerksam gemacht.

Rund um Nosara

In der Region Nosara kommt alles zusammen: internationale Surfkultur, fantastische Hinterlandtopografie, begüterte ausländische Lässigkeit und Yoga-Glück. Hier sind drei überwältigend schöne Strände durch ein Band von kurvigen, zerfurchten und unbefestigten Fahrwegen miteinander verbunden, das sich durch küstennahe Berge windet und westlich des kleinen Dorfes Nosara die Küste streift. Im Landesinnern haben sich Reste von dichter Vegetation wie Nischen erhalten, in denen Vögel und andere Wildtiere eine sichere Zuflucht finden. Die Gegend ist zum Teil wegen des nahe gelegenen Tierschutzgebietes von massiven Waldrodungen glücklicherweise verschont geblieben, allerdings wird eine neue, asphaltierte Zugangsstraße (in Arbeit zum Zeitpunkt der Recherchen) wahrscheinlich zu mehr Veränderungen und Besuchern führen.

Die Region zieht sich weit an der Küste entlang und ins Landesinnere hinein – daher ist es gut, wenn man ein eigenes Auto hat. Etwa 8 km landeinwärts liegt das Dorf Nosara, wo man tanken kann. Hier befindet sich auch der Flughafen. Die meisten Unterkünfte, Restaurants und Strände sind in Playa Pelada und Playa Guiones zu finden. Wer sich in der Gegend nicht auskennt, tut sich schwer, sich in dem Gewirr von namenlosen Nebenstraßen zurechtzufinden. Auf der Website von Nosara Travel ist eine praktische Straßenkarte zu sehen. (S. 359).

Sehenswertes

Playa Garza STRAND

Aus südlicher Richtung ist der erste Strand, der erreicht wird, Playa Garza: noch immer ein verträumtes Fischerdorf, mit einem Bogen aus blassbraunem Sand, der auf beiden Seiten der Bucht von Landspitzen begrenzt ist. Fischerboote gleiten vor der Küste über die lebhaften Wellen, auf der nördlichen Seite gibt es Brandungswellen. Ein paar *cabinas* und *sodas* sind hier zu finden – vor allem aber ein weiter Strand mit herrlich wenig Touristen.

Playa Guiones STRAND

Playa Guiones ist schlicht ein Stück vom Paradies: ein weiter, großartig und unberührt ausgebreiteter Bogen aus mehrfarbigem Sand mit vereinzelten Kieselsteinen und Muschelschalen, hinreißenden Brandungswellen und unendlich viel Platz. Ein entspannender Ort für Surfer – und deren Hunde und Kinder: Da ist schon auch mal ein einsamer Kinderwagen zu sehen, der bei Ebbe im feuchten Sand abgestellt wurde.

Playa Pelada STRAND

Im Norden von Playa Guiones liegt Playa Pelada, ein abweisender, schroffer Strand mit weniger Luxus und weniger Surfern (vielleicht ist das der eigentliche Luxus).

Alles wirkt plötzlich eine Spur mystischer und berührt tiefer. An diesem Strand gibt es keine starke Brandung, er ist für Kinder wunderbar geeignet.

Eine raue Felsenküste fällt unvermittelt ins schäumende Meer ab, zwei nette Strandrestaurants verlocken ebenso zum Bleiben wie die herrliche Ungestörtheit des Küstenortes, die dem Strand von Guiones leider abhanden gekommen ist.

Refuge for Wildlife TIERRETTUNGSSTATION

(☎2682-5049, 8708-2601; www.refugeforwildlife.com; Nosara; pro Pers. 50 US$; ⌚nach Vereinbarung) Besucher können nach Vereinbarung an Führungen durch diese Tierrettungsstation teilnehmen. Brenda Bombard hat eine grenzenlose Liebe für Tiere; in den letzten 20 Jahren hat sie sich der Pflege von verletzten und ausgesetzten Brüllaffen gewidmet. Die zweistündigen Rundgänge sind äußerst informativ, sie vermitteln viel Wissen über das Verhalten dieser Affen und die Bemühungen der Rettungsstation, sie gesund zu pflegen und erneut auszuwildern (mit einer eindrucksvollen Erfolgsquote von 85 %). Gelegenheit zur Freiwilligenarbeit ist ebenfalls vorhanden. Da die Station ohne vorherige Anmeldung nicht für Besucher geöffnet ist, werden Interessierte kontaktiert und bekommen weitere Informationen, sobald ein Termin vereinbart wurde.

Sibu Sanctuary ZOO

(☎8413-8889; www.sibusanctuary.org; 65 US$; ⌚Touren 10.30 Uhr) Reservierungen zum Besuch dieses Wildtierschutzgebietes sind absolut notwendig. Das herrliche Gelände aus Dschungel und Parkanlagen verfügt über eine Fläche von rund 200 km². Das Schutzgebiet ist der Bergung, Pflege und – soweit es möglich ist – Wiederauswilderung von Brüllaffen gewidmet, die verletzt oder ausgesetzt wurden. Bei den lehrreichen Führungen können Besucher etwas Zeit mit diesen Primaten verbringen, außerdem ist eine Führung durch das wunderschöne Gelände darin enthalten. Mit dem Eintrittspreis wird die wertvolle Arbeit des privat geführten Schutzzentrums unterstützt.

Das Sibu Sanctuary befindet sich im Ort Santa María, westlich des Dorfes Nosara.

Reserva Biológica Nosara NATURSCHUTZGEBIET

(☎2682-0035; www.lagartalodge.com; 10 US$, selbstständige Touren 25 US$; ⌚8–16 Uhr, geführte Touren 6.30 & 15 Uhr) In diesem privaten, etwa 35 ha großen Schutzgebiet hinter der Lagarta Lodge (S. 357) führen Wanderwege durch ein Mangrovengebiet an den Fluss und den Strand hinunter. An der Rezeption der Lagarta Lodge gibt es eine Wanderkarte für eine selbstständige zweistündige Wanderung. Es ist ein schönes Gebiet zur Beobachtung von Vögeln, Reptilien und anderen Wildtieren. Bootstouren durch die Mangroven sind ebenfalls möglich. Für Gäste des Lagarta ist der Eintritt kostenlos.

Aktivitäten

Playa Ponies REITEN

(☎2682-5096; www.playaponies.org; Playa Pelada; 1 Std./2 Std./Halbtages-Touren 40/55/100 US$; 👪) Carrie und Neno nehmen ihre Gäste zu erlebnisreichen Reitausflügen auf schmale Dschungelpfade und an stürmische Strände mit; spezielle Routen wurden für Familien mit Kindern entworfen. Von den „fünf Ecken" von Pelada aus geht es 500 m in nördlicher Richtung auf der Schnellstraße 160, dann links abbiegen. Alternativ kann man sich auch an der Mobil-Tankstelle abholen und den Weg weisen lassen.

Tica Massage WELLNESS

(☎2682-0096; www.ticamassage.com; Playa Guiones; Massage 40–100 US$; ⌚9–17 Uhr) Nach einem anstrengenden Tag auf dem Surfbrett ist eine Wellness-Behandlung ein besonderer Genuss. Tica Massage befindet sich im Wellness Center Heart of Guiones. Die Anwendungen richten sich vor allem an Surfsportler. Zum Wohlfühlprogramm gehören aber auch Fuß- oder Gesichtsmassagen und die erfrischende Massage Sea Glow.

Miss Sky TOUREN

(☎2682-0969; www.misskycanopytour.com; Nosara; Erw./Kind 5–12 Jahre 75/50 US$; ⌚Touren 8 & 13.30 Uhr) Die Seilrutschen von Miss Sky führen von einem Berghang zum nächsten über ein unberührtes privates Naturschutzgebiet hinweg. Wer es schafft, mit offenen Augen durch die Luft zu fliegen, wird mit einem herrlichen Blick auf Wald, Meer und Himmel belohnt.

Surfen

Safari Surf SURFEN

(☎2682-0113, aus den USA oder Kanada 866-433-3355; www.safarisurfschool.com; Olas Verdes Hotel, Playa Guiones; 1-wöchige Pakete ab 1580 US$; ⌚7–18 Uhr) In dieser Surfschule ist alles inklusive; sie bietet Wochenpauschalprogramme mit Unterkunft, Mahlzeiten, Surfunterricht und -ausrüstung sowie verschiedene zusätzliche Optionen. Unterschiedliche Spezialprogramme richten sich auch gezielt an Reisende mit kleinem Budget oder an Frauen; außerdem gibt es das besondere Programm „Tortuga" . Die hohe Qualität des Surfunterrichts stößt in der Surferszene auf uneingeschränktes Lob.

Coconut Harry's SURFEN
(☎ 2682-0574; www.coconutharrys.com; Playa Guiones; Surfboard-Verleih pro Tag 15–20 US$, Unterrichtsstd. Erw./Kind 55/45 US$; ⏱ 8–17 Uhr) An der Hauptkreuzung von Playa Guiones gelegen, bietet diese beliebte Surfschule anspruchsvollen Einzelunterricht sowie den Verleih von Surf- und Stehpaddelbrettern an. Eine Zweigstelle der Schule befindet sich in günstiger Nähe zur Meeresbrandung von Playa Guiones.

Juan Surfo's Surf Shop SURFEN
(☎ 2682-1081; www.surfocostarica.com; Playa Guiones; Surfboard-Verleih pro Tag 15–20 US$, Unterricht pro Std. 45 US$; ⏱ 8–18 Uhr) Juan Surfo ist ein renommierter costa-ricanischer Surflehrer, der in Playa Guiones Unterricht erteilt. Die Schule bietet neben den Unterrichtsstunden den üblichen Verleih und Transport sowie Surftouren an, zusätzlich können auch Zimmer in der nahen Surf Lodge gemietet werden. Die Schule befindet sich an der nördlichen Rundstraße, etwa 200 m vom Strand entfernt.

Yoga

Pilates Nosara PILATES
(☎ 8663-7354; www.pilatesnosara.com; Playa Guiones; pro Pers. ab 15 US$; ⏱ 8–14 Uhr) Pilates Nosara befindet sich mittlerweile in einem wunderhübschen Studio bei Bodhi Tree (S. 357); die Schule bietet Pilates Reformer-Kurse (in der Hauptsaison 6-mal tgl.) ebenso wie Lehrerausbildungen und Retreats. An der ersten Zugangsstraße nach Guiones abbiegen.

Nosara Wellness YOGA
(☎ 2682-0360; www.nosarawellness.com; Playa Pelada; Kurse 14 US$, Privatunterricht ab 60 US$) Das Wellness-Zentrum in Pelada bietet eine Vielfalt von wohltuenden Dingen an: Massagen und Akupunktur, Pilates und Yoga. Wer etwas Ausgefalleneres sucht, der kann auch mal an einem Kurs in Aerial Yoga teilnehmen, der verspricht, „die Last der Schwerkraft neu auszurichten". Das Zentrum befindet sich direkt an einer Abfahrt der Hauptstraße (Ruta 160), die Nosara mit Playa Pelada und nördlicheren Zielen verbindet.

Schlafen

Die Hauptzugangsstraßen nach Playa Guiones sind von Hostels, Hotels und Pensionen aller Art gesäumt. Die Unterkünfte von Playa Pelada liegen zum Teil hoch in den Bergen und in größerer Entfernung vom Strand. Außerhalb der Hauptsaison kann mit Ermäßigungen von etwa 20 % und mehr gerechnet werden, wie beinahe überall im Land.

★ **4 You Hostal** HOSTEL $
(☎ 2682-1316; www.4youhostal.com; Playa Guiones; B/EZ/DZ/Bungalow 20/34/44/60 US$; P ❄ 📶) Ein fantastisches Hostel nahe am Puls von Guiones. Der anspruchsvolle minimalistische Stil verleiht dem extrem schlichten Schlafsaal einen Hauch von Luxus. Im Schlafsaal gibt es drei durch Trennwände abgeteilte Räume, die nicht ganz bis an die schwindelerregend hohe Decke reichen – sie sorgen für zusätzliche Privatsphäre. Das Haus ist mit balinesischen Möbeln eingerichtet und bietet seinen Gästen neben zahllosen Hängematten eine makellose Gemeinschaftsküche und eine Dachterrasse. An der nördlichen Zufahrtsstraße zum Strand gelegen, unmittelbar bevor sie die Ruta 160 kreuzt, die Hauptverbindung zwischen Nosara und Pelada.

Nosara Beach Hostel HOSTEL $
(☎ 2682-0238; www.facebook.com/nosara-beach-hostel; Playa Guiones; B/DZ/DZ mit Klimaanlage 20/65/80 US$; ❄ 📶) 🍃 Auf der luftigen Veranda mit Blick auf die von Leguanen bewohnte Gartenanlage kann man sich in einer Hängematte herrlich entspannen, nur wenige Schritte vom Surfstrand entfernt. Es gibt steinerne Duschen, um den Sand abzuwaschen, sowie gemütliche Holzkojen zum Schlafen. Außerdem verfügt das Hostel über eine große Gemeinschaftsküche, einen geräumigen TV-Raum und sogar Kickertische! Die Stimmung ist super entspannt.

★ **Villa Mango B&B** B&B $$
(☎ 2682-1168; www.villamangocr.com; Playa Pelada; EZ/DZ/3BZ/4BZ inkl. Frühstück 84/96/113/130 US$, Klimaanlage 10 US$; P ❄ 📶 🏊) An einem Hang mit weitem Blick über beide Buchten liegt das B&B inmitten von Bäumen – hier nicht zu entspannen ist beinahe unmöglich. Die sieben geräumigen Zimmer haben mit ihren prachtvollen Ausblicken und ländlichen Akzenten aus Stein und Holz ein mediterranes Flair. Erholsam sind auch die luxuriöse Terrasse oder ein Bad

im Salzwasserpool. Ein kurzer Spaziergang führt zu einem einsam gelegenen Strand hinunter.

Agnes, die Eigentümerin, ist wunderbar. In der Hauptsaison ist es besser, im Voraus zu reservieren.

Bodhi Tree HOTEL $$

(☎2682-0256; www.bodhitreeyogaresort.com; Playa Guiones; B ab 97 US$;) An einem grünen Berghang liegt dieses Yoga-Resort, das von einem plätschernden Fluss, komplett mit Wasserfall, durchquert wird. Die Umgebung ist zugleich fantastisch und heiter – perfekt, um den Geist neu mit dem Atem, dem Körper und der umgebenden Natur zu verbinden. Die preisgünstigsten Unterkünfte sind einfach, bieten aber komfortable Betten und viel Platz, sie teilen sich Badezimmer mit steinernen Waschbecken und Duschkabinen unter freiem Himmel. Yogakurse finden ebenfalls in einem herrlichen Studio unter freiem Himmel mit einem Rundblick von 360 Grad über das Baumkronendach statt. In allen Zimmerpreisen ist ein täglicher Kurs inbegriffen. Kostenlose elektrische Shuttle-Verbindungen und Fahrräder ermöglichen eine Fahrt in die Stadt, und in der beliebten Saftbar/Restaurant sind auch Nichtgäste willkommen.

Green Sanctuary PENSION $$

(☎8320-9822; www.hotelgreensanctuary.com; Playa Guiones; DZ/3BZ inkl. Frühstück 95/111 US$;) Der Strand (700 m entfernt) liegt nicht in unmittelbarer Nähe, aber das ist auch die einzige Schwachstelle an dieser modernen Pension im Wald. Ein Steinpfad windet sich zwischen den Bäumen und verbindet mehrere Wohnmodule miteinander, die aus alten Frachtcontainern gefertigt sind; jedes verfügt über eine eigene Terrasse mit Hängematte und ist überraschend abgeschieden. Die südlichste Zufahrtsstraße vom Strand nehmen und den Berg ganz hinauffahren.

★ Costa Rica Yoga Spa LODGE $$$

(☎in USA 888-533-6461, 2682-0192; www.costaricayogaspa.com; Nosara; B ab 165 US$, zusätzliche Person 149 US$, Suite ab 279 US$;) In diesem fantastischen Bergrefugium warten wunderbare Unterkünfte, vegetarische Gourmetgerichte (im Preis inbegriffen), Yoga-Kurse und Fahrten zum Strand – alles mit viel Liebe zum Detail – auf die Gäste. Die preiswerteste Unterkunft findet man in den Gemeinschaftszimmern mit zwei Etagenbetten, die weniger Privatsphäre, aber auch Teakholzmöbel, glänzende Betonfußböden und Balkone mit lohnenden Ausblicken bieten. Etwa 5 km nördlich des Dorfes Nosara gelegen. Am besten ein *tuk-tuk* nehmen, um dorthin zu gelangen, wenn man keinen eigenen fahrbaren Untersatz hat.

Lagarta Lodge LODGE $$$

(☎2682-0035; www.lagartalodge.com; Playa Pelada; Suite 390–499 US$;) Erst kürzlich wurde die Lodge am nördlichen Ende von Pelada komplett renoviert und bietet nun 26 überwältigende Suiten, mit Blick auf das Meer und die Flüsse. Ein Besuch des Balkonrestaurants lohnt sich schon allein wegen der spektakulären Aussicht auf das Meer und den Sonnenuntergang. Eine Übernachtung kostet vielleicht so viel wie die Flugtickets hierher, aber dafür ist das Erlebnis unvergesslich. Die Eigentümer unterstützen die Bildungsbemühungen in der Gemeinde, und die Kunstgalerie vor Ort widmet sich den indigenen Maleku. Die angrenzende Reserva Biologica Nosara (S. 355) können Gäste kostenlos erkunden, und der Spa und das Restaurant vor Ort bieten weiteren Luxus.

Living Hotel & Spa BOUTIQUEHOTEL $$$

(☎2682-5201; www.livinghotelnosara.com; Playa Guiones; DZ inkl. Frühstück mit/ohne Bad 165/95 US$;) Hier ist Entspannung inmitten der Einfachheit und Gelassenheit eines tropischen Paradieses möglich. Störungsfreie Zimmer in Weiß sind mit Fliesenfußböden, glänzenden Holzdecken und hübschen Schablonenmalereien an den Wänden ausgestattet. Ein tropischer Garten umgibt einen glitzernden Swimmingpool, in einem strohgedeckten *rancho* finden die Gäste viel freien Raum. Das Hotel liegt an der nördlichen Zugangsstraße zum Strand.

Erfrischende Genüsse in Form von frisch gepressten Obstsäften oder anderen gesunden Köstlichkeiten gibt es in Jasmine's Cafe (S. 358); Energie und Kraft für Geist und Körper hält ein vollständiges Programm von Wellness-Behandlungen bereit.

L'Acqua Viva Hotel & Spa HOTEL $$$

(☎2682-1087, in Kanada 1-877-216-0181; www.lacquaviva.com; Zi 180 US$, Suite 270–300 US$;) Das Hotel ist eines der luxuriösesten Resorts der Halbinsel. Sowohl von innen als auch in den Außenanlagen ist es überwältigend, mit seinen besonderen Elementen aus Wasser, Holz und Bambus. Die 36 zeitgenössischen Zimmer sind im minimalistischen Stil gestaltet, komplett mit allem Drumherum, das man bei fünf Sternen erwarten kann. Nur einen Nachteil hat es: Da es im Niemandsland zwischen Guiones und Pelada liegt, ist es zu weit vom Strand entfernt.

100 m südlich von der Abzweigung nach Pelada gelegen.

Nosara Suites HOTEL $$$

(☎ 2682-0087, 2682-1036; www.nosarasuites.com; Playa Guiones; DZ 130–150 US$; P ❄ 📶 🏊) Dem Designer wurde hier ganz offensichtlich freie Hand gelassen bei der Gestaltung dieser sechs noblen Suiten, die aus Lofts mit gläsernen Böden, freischwebenden Treppen und jeder Menge Kunstwerke bestehen. Auch die riesigen Doppelbetten und Regenduschen sind einfach eine Wonne. Das Nosara Suites befindet sich über dem Café de Paris, einer lokalen Sehenswürdigkeit für sich. Leider ist durch die Lage an der Hauptstraße manchmal mit Straßenlärm zu rechnen.

Essen

Robin's Cafe & Ice Cream CAFÉ $

(☎ 2682-0617; www.robinsicecream.com; Playa Guiones; Hauptgerichte 6–8 US$, Eiscreme 2–4 US$; ⏲ Mo–Sa 8–17, So 10–16 Uhr; 📶 ✎) Ein Café in perfektem Einklang mit den gesundheitsbewussten Yogis und Surfern Nosaras. Robin ist beim Zubereiten des Begrüßungsmenüs aus süßen und pikanten Crêpes, verlockenden Wraps und Sandwiches mit hausgemachter Vollkorn-Focaccia in der Küche zu sehen. Wer seinem Verlangen nach Süßem nachgeben muss (Widerstand ist hier sowieso zwecklos), kommt am Eis nicht vorbei: Es ist hausgemacht und schmeckt einfach köstlich. Es ist an der Zugangsstraße zum Strand in der „Innenstadt" Nosaras zu finden.

Seekretspot GELATERIA $

(☎ 2682-1325; Playa Pelada; Eiscreme 3–6 US$; ⏲ wechselnde Öffnungszeiten; 📶) Das Geheimnis ist gelüftet: In dieser charmanten Hütte gibt es authentisches *gelato* und *sorbetto*, alles wird mit Liebe von Stefano und Frederica hergestellt. Heimische Aromen finden sich in den Sorten Kaffee oder Kokosnuss. Wer einen Muntermacher benötigt, kann unter frisch gebrühten Espressovariationen wählen. Die Gelateria liegt günstig auf dem Rückweg nach Nosara von der Playa Pelada und hat eine Filiale in Guiones, für den Fall, dass man das Original verpasst hat.

Rosi's Soda Tica SODA $

(☎ 2682-0728; Playa Guiones; Hauptgerichte 3–6 US$; ⏲ Mo–Sa 8–15 Uhr) Die – völlig zu Recht – beliebteste *soda* in Guiones hat jetzt zwei berühmte Standorte. Eine gute Adresse für ein Frühstück, das aus Bananenpfannkuchen oder *huevos rancheros* bestehen kann. Zu Mittag serviert Rosi bodenständige Gerichte, z. B. *casados* (Menüs) und anderes. Es dauert eine Weile, aber Perfektion braucht eben ihre Zeit. Die Filiale in der „Innenstadt" befindet sich an der Hauptstraße.

Jasmine's Cafe VEGETARISCH $

(Living Hotel; Hauptgerichte 7–12 US$; ⏲ 7–16 Uhr; ✎) Auf Pflanzennahrung basierende, nahrhafte Köstlichkeiten gibt es in dieser coolen kleinen Hütte neben dem Living Hotel (S. 357). Nudelsalat, Veggie-*patacones* (gebratene grüne Kochbananen) und eine Reihe von Veggie-Burgern runden die Speisekarte ab, und Getränke wie das Free Green (Kohl, Kakaonibs, Mandelmilch) geben Kraft für den Tag.

Burgers & Beers BURGER $$

(Peje; ☎ 2682-5558; www.facebook.com/burgersandbeerscr; Playa Guiones; Hauptgerichte 14–16 US$; ⏲ 12–22 Uhr; 📶 ✎) Wer aus den sechs verschiedenen Burgervariationen wählt, bekommt eine große, saftige Frikadelle in einem frischen Brötchen, dazu grob geschnittene Pommes frites. Es gibt aber auch schmackhafte Gemüseburger und ein Tagesgericht mit Fisch sowie ein Dutzend unterschiedlicher Bierspezialitäten vom Fass. An der nördlichen Zufahrtsstraße zum Strand gelegen.

El Chivo MEXIKANISCH $$

(☎ 2682-0887; www.elchivo.co; Playa Pelada; Hauptgerichte 12–20 US$; ⏲ 11–22 Uhr) Ein fantastisches Lokal an der Straße inmitten der Wildnis von Pelada. Die Tacos sind wundervoll – vor allem die Spezialität des Hauses, die Kombi mit Chipotle, Limette und Shrimps. Wie bei den meisten guten mexikanischen Lokalen ist der Taco Tuesday mit seinen günstigeren Tacos am Dienstag Pflicht. Es gibt aber auch Steak im Chimichurri-Stil und saftige Burritos (mit Käse/Sauerrahm) und eine große Auswahl an Tequilas und lokalen Bieren.

Al Chile MEXIKANISCH $$

(Main St., Playa Guiones; Hauptgerichte 12–14 US$; ⏲ 11–22 Uhr) Frische Zutaten, freundlicher Service und überwältigendes Tico-Mex-Essen warten im einladenden

Schatten einer *palapa* (offene Holzhütte mit Palmdach) Die Taco-Kombi-Platte bietet drei unterschiedliche Sorten, und wer es scharf mag, der sollte unbedingt die hausgemachte *Fünf-Chili*-Salsa probieren. Es gibt würzige Hibiskus-Ingwer-*frescas* (auf Wunsch mit einem Schuss Wodka), und zum Abschluss empfielt sich ein *churro* oder karamellisierte Bananen. Das Lokal gehört zum Sunset Shack Hotel.

Beach Dog Café CAFÉ **$$**
(☎2682-1293; www.facebook.com/beachdogcafe; Playa Guiones; Hauptgerichte mittags 6–10 US$, Hauptgerichte abends 12–15 US$; ⏱Mo–Sa 8–22, So bis 16 Uhr; P📶🖉) Nur wenige Schritte vom Strand entfernt liegt dieses Café mit Groove, das mit einem Hostel gleichen Namens verbunden ist. Die Auswahl ist dekadent und delikat: Zum Frühstück gibt es z. B. geröstetes Bananenbrot oder zum Mittagessen die allgegenwärtigen Fisch-Tacos. Abendessen wird an allen Abenden außer sonntags serviert, und gelegentlich gibt es Livemusik und Kinofilme am Strand.

Das Beach Dog Café ist neben Coconut Harry's Strandlokal gelegen.

La Luna INTERNATIONAL **$$$**
(☎2682-0122; Playa Pelada; Gerichte 16–25 US$; ⏱7–22 Uhr) Die trendige Restaurantbar am Strand hat gemütliche Sofas im Sand platziert, die sich perfekt für einen Drink bei Sonnenuntergang eignen. Ebenso ansprechend ist die Inneneinrichtung: hohe Decken, eine Hartholzbar und Wände, die mit Werken lokaler Künstler geschmückt sind. Die vielfältige Speisekarte zeigt asiatische und mediterrane Einflüsse, und der Ausblick ist so berauschend wie die großartigen Cocktails. Eine telefonische Reservierung ist zu empfehlen.

Es ist das erste Zeichen der Zivilisation, wenn man vom Strand von Playa Guiones herspaziert und den Fußpfad von Pelada aus genommen hat.

Marlin Bill's MEERESFRÜCHTE **$$$**
(☎2682-0458; Playa Guiones; Gerichte 15–25 US$, Burger 7–15 US$; ⏱Mo–Sa 11–22, So bis 15 Uhr) Die Hauptstraße trennt dieses angenehm altmodische Restaurant von der „Innenstadt" Guiones. Von hier aus bietet sich ein freier Blick auf das Meer. Der lässige Patio unter freiem Himmel ist der perfekte Ort, um in gegrillten Thunfischfilets, *ceviche* und anderen frischen Fischgerichten zu schwelgen. Und die saftigen Burger des Restaurants besitzen schon seit Langem Kultstatus. Beim sonntäglichen Brunch sollte man sich auf keinen Fall die sagenhaften Eier Benedict entgehen lassen.

Ausgehen & Nachtleben

Livemusik und Groove an der Bar finden Nachtschwärmer im **Kaya Sol** (Playa Guiones). Auch im Beach Dog Café gibt es an manchen Abenden Livemusik. In der **Bar Olga** (Playa Pelada) kann nach Einbruch der Dunkelheit getanzt werden.

Praktische Informationen

Banco Popular (☎2682-0267, 2682-0011; Playa Guiones; ⏱Mo–Fr 9–16.30, Sa 8.15–11.30 Uhr)

Nosara Travel (☎2682-0300; www.nosaratravel.com; Nosara; ⏱Mo–Fr 9–15 Uhr) Auf der Website ist eine gute Karte der Region Nosara zum Herunterladen zu finden.

NosaraNet & Frog Pad (☎2682-4039; www.thefrogpad.com; Villa Tortuga, Playa Guiones; ⏱Mo–Sa 9–19, So 10–18 Uhr; 📶) Eine Allround-Adresse für Informationen, Ausrüstung und Kommunikation.

Dave hat auf alle Fragen eine Antwort. Besucher können außerdem Informationsmaterial kaufen, eine DVD (oder ein Fahrrad oder Surfboard) ausleihen und im Internet surfen.

Polizei (☎2682-0317; Nosara) Neben der Rot-Kreuz-Station und der Post an der südöstlichen Ecke des Fußballplatzes in der Dorfmitte von Nosara.

Touristenpolizei (☎2632-0311; Plaza Guiones, Playa Guiones) An der Hauptstraße in Guiones, bei der Plaza Guiones.

An- & Weiterreise

Nosara ist per Flugzeug oder Bus zu erreichen, zahlreiche Unterkunftsmöglichkeiten liegen in Strandnähe; ein eigenes Auto ist in der Region Nosara nicht unbedingt notwendig. Dennoch ist es ein weit ausgedehntes Gebiet; ein Auto kann für Fahrten in die weitere Umgebung zumindest nützlich sein.

AUTO

Von Nicoya führt eine Asphaltstraße Richtung Playa Sámara. Etwa 5 km vor Sámara windet sich ein kurvenreicher, holpriger (und in der Trockenzeit staubiger) Fahrweg auf das Dorf Nosara zu (ein Geländewagen ist empfehlenswert). Der Weg wurde zum Zeitpunkt der Recherchen gerade befestigt, mit etwas Glück ist er also bald besser befahrbar. Möglich ist auch – in der Trockenzeit – eine Weiterfahrt in nördlicher Richtung nach Ostional, Junquillal und Paraíso, wobei mehrere Flussläufe zu durchqueren sind. In der Regenzeit ist die Wahrscheinlichkeit groß, dass der Río Nosara unpassierbar ist; man sollte sich besser vorher nach dem Straßenzustand erkundigen.

Im Dorf Nosara gibt es zwei Tankstellen; mehrere Mietwagenagenturen liegen in der Region Nosara verstreut:

Economy Rent a Car (☎2299-2000; www.economyrentacar.com; Playa Guiones; ⏲8–18 Uhr)

National (☎2242-7878; www.natcar.com; Playa Guiones; ⏲8–17 Uhr)

BUS

Örtliche Busse fahren von der *pulpería* (kleiner Lebensmittelladen) beim Fußballplatz ab. Traroc-Busse fahren nach Nicoya (3,60 US$, 2 Std.) mit Abfahrt um 5, 7, 12 und 15 Uhr. Um nach Sámara zu kommen, nimmt man irgendeinen der Busse, die aus Nosara hinausfahren und bittet den Fahrer, bei *La bomba de Sámara* (Tankstelle von Sámara) anzuhalten. Von dort kommt man mit einem der Busse weiter, die von Nicoya nach Sámara fahren.

FLUGZEUG

Nature Air (S. 103) bietet tgl. zwei Flüge von/nach San José an (ca. 149 US$ Hinflug). Je nach Gepäckgewicht wird ein Preisnachlass angeboten.

Refugio Nacional de Fauna Silvestre Ostional

Das etwa 248 ha große **Naturschutzgebiet** (☎2683-0400; www.areasyparques.com/areasprotegidas/ostional; Erw./Kind 12/2 US$, Schildkrötentouren inkl. Eintritt 20 US$) erstreckt sich von der Punta India im Norden bis zur Playa Guiones im Süden und umfasst auch die beiden Strände von Playa Nosara und Playa Ostional. Der Nationalpark wurde im Jahr 1992 zum Schutz der *arribadas* gegründet. Diese massenhafte Ankunft der pazifischen Oliv-Bastardschildkröten zur Eiablage an den Stränden findet in der Zeit zwischen Juli und Dezember statt (ein Höhepunkt wird im September und Oktober erreicht). Ostional ist neben Playa Nancite im Parque Nacional Santa Rosa einer der wichtigsten Eiablageplätze dieser Schildkrötenart in Costa Rica.

Außerhalb der Monate der *arribada* ist Ostional praktisch ausgestorben. Dabei besitzt die Gegend einen Strand, der sich ohne Unterbrechung über 5 km hinzieht. Treibholz und sich im Wind wiegende Kokospalmen finden sich über den gesamten Strand verstreut – ideal zum Surfen und Sonnenbaden, zur Vogelbeobachtung und zum Strandgutsammeln.

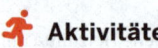

Aktivitäten

Surfen

Surfer können bei Niedrigwasser ein paar gute links- und rechtsläufige Wellen reiten. Der Strand ist allerdings wegen starker Strömungen berüchtigt und zum Schwimmen nur solchen Wesen zu empfehlen, die einen Panzer tragen und Flossen haben.

Wildtierbeobachtung

Das Naturschutzgebiet von Ostional besitzt neben den Meeresschildkröten eine große Vielfalt von Meerestieren. An der felsigen Punta India am nordwestlichen Rand des Schutzgebietes gibt es Gezeitenbecken mit einer Fülle von Meereslebewesen, darunter Seeanemonen, Seeigel und Seesterne. Über den Strand huschen Tausende fast durchsichtiger Geisterkrabben in ebenso unermüdlicher Bewegung umher wie die leuchtend roten Klippenkrabben.

Die etwas spärliche Vegetation im Hintergrund des Strandes besteht überwiegend aus immergrünen Tropenbäumen. Hier sind Leguane, Krebse, Brüllaffen, Weißrüssel-Nasenbären und zahlreiche Vogelarten heimisch. In der Nähe des südöstlichen Rands des Schutzgebietes liegt ein kleines Mangrovensumpfgebiet, wo viele Vogelarten beobachtet werden können.

Geführte Touren

Während der Regenzeit ist das massenhafte Auftreten der Bastardschildkröten zur Eiablage alle drei bis vier Wochen zu beobachten (meist in den dunklen Nächten vor Neumond) und dauert in der Regel vier Nächte an. Kleine Gruppen von Schildkröten sind in der Zeit der Eiablage beinahe jede Nacht zu beobachten. In der Trockenzeit werden sie von Leder- und Grünen Meeresschildkröten in kleinerer Anzahl abgelöst, die ebenfalls an diese Strände kommen. Viele Tourveranstalter aus der Region bieten während der Brutsaison Ausflüge nach Ostional an; es ist auch möglich, unabhängige Touren mit ortsansässigen Reiseleitern zu arrangieren.

Minae WILDTIERBEOBACHTUNG
(☎2682-0400; ⏲Mo–Sa 8–16 Uhr) Die Regierungsbehörde, die für den Schutz der Wildtiere zuständig ist, kann nützlich sein bei der Organisation größerer Gruppen, die die Schildkröten sehen wollen, denn normalerweise darf jeder Guide nur jeweils zehn Personen auf einmal an den Strand bringen. Minae befindet sich in einem hellgrünen Gebäude hinter dem Friedhof, direkt am

DIE SCHILDKRÖTEN IM NATURSCHUTZGEBIET

Die Oliv-Bastardschildkröte ist eine der kleinsten Spezies der Meeresschildkröten und wiegt normalerweise um die 45 kg. Obwohl sie vom Aussterben bedroht sind, gibt es ein paar Strände auf der Welt, an denen die Schildkröten in großen Gruppen, die in die Tausende gehen können, ihre Eier ablegen. Wissenschaflter glauben, dass dieses Verhalten in dem Versuch begründet ist, sich vor natürlichen Feinden durch ihre schiere Überzahl zu schützen.

Vor der Gründung des Parks pflegten die Küstenbewohner die Eier wahllos einzusammeln und zu verkaufen (rohe Schildkröteneier galten als Potenzmittel). In den vergangenen Jahren allerdings wurde ein einfallsreicher Umweltschutzplan entwickelt. Die Einwohner Ostionals haben die Erlaubnis, Eier von der ersten Ablage einzusammeln, da diese Eier ohnehin oft von den darauffolgenden Wellen von Schildkröten zertrampelt werden (es ist also erlaubt, sich ein Schildkrötenei mit scharfer Sauce auf dem *mercado* zu gönnen: Auf der von Norden nach Süden führenden Hauptstraße durch die Stadt gibt es entsprechende Hinweisschilder). Durch dieses genehmigte, begrenzte Einsammeln der Schildkröteneier kann die Gemeinde ihren Unterhalt sichern, und die Dorfbewohner agieren im Gegenzug als Ranger und sorgen dafür, dass Wilddiebe ihnen nicht die Lebensgrundlage entziehen.

Strand. Autorisierte Führer sind an dem von der Regierung ausgestellten Ausweis und ihren T-Shirts mit dem entsprechenden Logo zu erkennen.

Schlafen & Essen

Die meisten Besucher kommen im Rahmen von Schildkrötentouren oder mit dem Mietwagen von Nosara oder Sámara; es gibt ein paar einfache Pensionen für Gäste, die über Nacht bleiben und auf eine tückische Autofahrt im Dunkeln verzichten wollen. Im Norden des Ortes finden sich einige ansprechendere Übernachtungsmöglichkeiten.

Ostional Turtle Lodge LODGE $
(☎2682-0131; www.ostionalturtlelodge.com; EZ/DZ/3BZ/4BZ ab 26/40/56/70 US$, Klimaanlage 6 US$; P ❄ 📶) Eine großartige Pension mit nur fünf einfachen Zimmern, die mit allem Notwendigen ausgestattet sind, sowie einem eleganten Ferienhaus mit mehr Platz. Viel Zeit können Gäste in dem exquisiten *rancho* mit Sofas und Polstersesseln verbringen, im Hintergrund breiten sich Mangroven aus, der Blick geht über Weideland, das Meer liegt in Hörweite. Direkt an einer Abzweigung der Ruta 160 gelegen; es ist die erste Unterkunft, wenn man aus dem Süden und von Nosara kommt.

Luna Azul HOTEL $$$
(☎2682-1400; www.hotellunaazul.com; DZ inkl. Frühstück 192 US$; P ❄ 📶 🏊) Das elegante Hotel ist mit seinen geräumigen Bungalows und dem einladenden Infinitypool eine Überraschung. Von den Duschen im Freien bis hin zu den eigenen Terrassen ist dies ein Ort der Entspannung – und vielleicht der Begegnung mit einem Affen oder einem exotischen Vogel. Es gibt ein erlesenes Restaurant vor Ort, mit einem Küchenchef, der seit einem Jahrzehnt hier tätig ist. Das Hotel liegt 4 km nördlich des Dorfes Ostional. Rolf, der Eigentümer, ist ein Schweizer Biologe im Ruhestand und sehr hilfsbereit bei der Organisation einer Schildkrötentour oder anderen Ausflügen.

Las Tortugas Pizzeria COSTA-RICANISCH $
(☎2682-0627; Hauptgerichte 5–7 US$; ⏲8–21 Uhr) Das Restaurant an der Straße ist neben der *soda* so ziemlich der einzige Ort, an dem man hier essen gehen kann. Es bietet ein nettes Mittagessen und serviert den Tag über ein enormes, köstliches Frühstück und Cocktails. Wegen der Pizzas sollte man, trotz des Namens, lieber nicht herkommen – die anderen Gerichte sind viel besser. Der perfekte Ort, um die Zeit totzuschlagen, während man auf den Bus oder die Schildkrötentour wartet.

Treetops Inn INTERNATIONAL $$$
(☎2682-1335; www.costaricatreetopsinn.com; San Juanillo; Mittag-/Abendessen pro Pers. 32/62 US$; ⏲Mittagessen 11–14 Uhr, Abendessen nach Vereinbarung) Jack und Karen Hunter sind für üppige fünfgängige Abendessen (einen Tag im Voraus reservieren) bei festlichem Kerzenlicht, gehaltvolle Piña Coladas, frische Mango-Margaritas und fesselnd vorgetrage-

ne Geschichten berühmt. In den Mahlzeiten (zu festen Preisen) werden die besten Zutaten aus der Region verarbeitet, vor allem Meerestiere und tropische Früchte. Eine wunderbare, schattige Terrasse öffnet einen herrlichen Blick auf das Baumkronendach des Waldes und das dahinterliegende Meer. Das Paar vermietet außerdem zwei Zimmer – eines befindet sich tatsächlich in den Baumwipfeln, ein weiterer Bungalow ist am Strand gelegen. Das Anwesen liegt etwa 8 km nördlich von Ostional im Dorf San Juanillo. Nur Barzahlung möglich.

An- & Weiterreise

Das Dorf Ostional liegt rund 8 km nordwestlich von Nosara. In der Trockenzeit fährt täglich ein Bus von Santa Cruz (2 Std.). Er startet um 5 Uhr in Ostional und kehrt um 12.30 Uhr aus Santa Cruz zurück. Von Nosara fahren Busse nach Ostional um 5, 7.15 und 15.30 Uhr (30 Min., 1 US$), die Rückfahrt ist um 14.30 und 18 Uhr. Vorsicht, zu jeder Jahreszeit kann die Straße nach starken Niederschlägen aufgeweicht sein.

Autofahrer sollten einen Geländewagen mieten, da auf der Fahrt zumindest ein Flusslauf durchquert werden muss. Ortsansässige können Auskunft über den Zustand der Straßen geben. Von der Hauptstraße, die den Strand mit dem Dorf Nosara verbindet, fährt man in nördlicher Richtung und überquert die Brücke am Río Nosara. Nach 2 km führt der Weg auf eine Abzweigung zu. Hier wenden sich Autofahrer nach links (dem Hinweisschild nach) und fahren weitere 6 km nordwärts nach Ostional.

Hinter Ostional führt die unbefestigte Straße weiter nach San Juanillo, Marbella und schließlich ins nordöstlich von Junquillal gelegene Paraíso. Auch hier gilt: Unbedingt Erkundigungen einholen und diese Fahrt nur mit einem Geländewagen in Angriff nehmen.

Playa Sámara

4150 EW.

Ist Sámara der Kristallisationspunkt der Glückseligkeit? Das ist zumindest der Eindruck, den zahlreiche Ausländer gewonnen haben, nachdem sie im Urlaub hierhergekommen waren und für immer geblieben sind. Oberflächlich betrachtet, ist Sámara nur ein lässig-entspannter Küstenort mit barfüßigem 3-Sterne-Charme. Ein halbmondförmiger, hellgrauer Sandstrand dehnt sich zwischen zwei felsigen Landspitzen aus, dort ist das Meer ruhig und wunderschön. Nicht spektakulär – nur geschützt, still, maßvoll erschlossen, zu Fuß leicht zu bewältigen und mit öffentlichen Verkehrsmitteln einfach zu erreichen. Kein Wunder, dass der Strand bei Costa-Ricanern, ausländischen Familien und Rucksackreisenden beliebt ist, eine seltene, aber glückliche Mischung aus Urlaubern und Einheimischen. Aber Vorsicht: Je länger man bleibt, desto schwerer fällt es, sich wieder von hier loszureißen.

Wer etwas mehr Zeit und ein geländegängiges Auto hat, kann die verborgenen Strände im Norden von Sámara erkunden, z. B. Playa Barrigona und Playa Buenavista.

Aktivitäten

Playa Sámara erfüllt wahrscheinlich alle Erwartungen, die an einen Strand gestellt werden können. Erfahrene Surfer werden die unbeständigen Wellen von Sámara vermutlich langweilig finden, doch für Anfänger können sie ein spannendes Erlebnis sein. Andere Sportler finden gute Gelegenheiten zum Wandern, Reiten und Seekajakfahren; Schnorcheln ist vor der Isla la Chora möglich. Abstand vom Strandleben gewinnt man auf Wanderungen oder an einer Seilrutsche in und über den bewaldeten Bergen. Auch zu den Schildkrötentouren in Ostional ist es nicht weit, und in südlicher Richtung liegt Playa Camaronal.

Pato Surf School SURFEN

(☎ 8761-4638; www.patosSurfensamara.com; Surfboard-Verleih pro Tag 15 US$, Unterrichtsstd. 35–45 US$; ⌚ 8–17 Uhr) Am Strand am südwestlichen Ende der Stadt bietet Pato einen preiswerten Verleih hochwertiger Boards sowie Unterricht für Anfänger an. Die Surflehrer sind erstklassig. Im Preis für eine Unterrichtsstunde ist das Ausleihen eines Bretts für fünf Tage inbegriffen. Ebenfalls im Angebot: Verleih von Stehpaddelbrettern und Unterricht, Kajakverleih und -touren sowie Schnorchelausrüstungen und Massagen am Strand. Was braucht man sonst noch zum Glücklichsein?

C&C Surf School SURFEN

(☎ 8817-2203, 8599-1874; www.facebook.com/CC-Surf-School-241875342489270; Surfboard-Verleih pro Tag 15 US$, Gruppen-/Einzelunterricht 45/60 US$; ⌚ 8–20 Uhr) Eine großartige Schule mit Unterricht für Einzelpersonen, Zweiergruppen und kleine Gruppen – besonders empfehlenswert für Anfänger. Der Inhaber Adolfo Gómez ist ein Meister auf dem Langbrett; er ging für Costa Rica bei den Central American Surfing Games ins Rennen. Die Schule befindet sich am südlichen Ende des Strands hinter Casa Valeria.

Guana Bike MOUNTAINBIKING
(Samara on Wheels; ☎8730-7981; www.guanabike.isamara.co; pro Tag 10 US$; ⏱Mo–Sa 8–18 Uhr) Sicher ist es leichter, sich mit einem Fahrrad anstatt mit dem Auto durch Sámaras enge Straßen zu bewegen – und warum auch nicht, bei dem Preis? Das familienbetriebene lokale Unternehmen sorgt für fahrbahren Untersatz auf zwei Rädern, um die Sträßchen von Guanacaste für einen Tag, eine Woche, oder einen Monat zu durchstreifen. Zu finden ist der Verleih neben Coco's Restaurant/Bar.

Sámara Trails WANDERN
(Samara Adventure Company; ☎2656-0920; www.samaratrails.com; Erw./Kind 40/30 US$; ⏱6.30 & 14.30 Uhr, mit Reservierung) Die Wanderung beginnt beim Büro, das dem Veranstalter Wingnuts gegenüberliegt, und führt dann auf einer 6 km langen Strecke durch eine Mangoplantage und in das Werner Sauter Biological Reserve in den Bergen oberhalb von Sámara. In 2½ Stunden erläutert ein Naturführer die Geschichte der Region und die Ökologie des tropischen Trockenwaldes. Das Büro befindet sich in der Stadt auf der Hauptstraße.

Wingnuts BAUMKRONENTOUR
(☎2656-0153; www.wingnutscanopy.com; Erw./-Kind 60/45 US$; ⏱Touren 8, 9, 12 & 13 Uhr) Die Unternehmerfamilie veranstaltet auf zehn Plattformen einzigartige kleine Baumkronentouren mit maximal zehn Personen, um ihren wilden Tropenwald zu erhalten. Im Preis ist auch der Hin- und Rücktransport von den Hotels in Sámara enthalten.

Flying Crocodile TOURISTENFLÜGE
(☎2656-8048; www.flying-crocodile.com; pro Pers. 20/30/60 Min. 110/150/230 US$) Etwa 6 km nördlich von Sámara, in Playa Buenavista, bietet Flying Crocodile Flüge im Ultraleichtflugzeug über die benachbarten Strände und Mangroven an. Auf dem Gelände gibt es auch ein cooles Hotel in einer fesselnden Umgebung, bestehend aus Urwald und wilder Tierwelt.

Leo Tours ABENTEUERTOUR
(☎8995-6820; www.leotourssamara.com; Kajak/Schnorcheln pro Pers. 40 US$) Leos Ausstattung umfasst Kajaks, Angelruten, Schnorchelausrüstungen und sogar ein Schiff – das bedeutet, er hat von Seekajakfahren bis hin zur Sportfischerei jede Art von Wassersport zu bieten. Eine beliebte Tour führt im Kajak zur Isla la Chora hinüber, wo Teilnehmer in der Umgebung der Insel schnorcheln können. Am Strand, 50 m nordöstlich von Gusto gelegen.

Kurse

Centro de Idiomas Intercultura SPRACHKURS
(☎2656-3000; www.interculturacostarica.com; Kurse pro Woche mit/ohne Gastfamilienaufenthalt 470/315 US$) Das Centro de Idiomas Intercultura liegt direkt am Strand – ein angenehmer Unterrichtsort, der für den Lernerfolg jedoch nicht unbedingt förderlich ist! Die Sprachkurse können mit oder ohne Aufenthalt in einer Gastfamilie arrangiert werden. Außerdem gibt es spezielle Sprachkurse für Kinder.

Schlafen

Unterkünfte, die direkt im Ort liegen, sind kaum weiter als zwei Straßen vom Strand entfernt. Viele Hotels, Hostels und reizende Pensionen finden sich zusammengedrängt in dem rechtwinkligen Wegenetz des kleinen Ortes, der an den Strand grenzt. Wer lieber außerhalb wohnen möchte, findet westlich von Playa Sámara einige echte Schmuckstücke. In der Regel sind Unterkünfte der preiswerten Kategorie mit Kaltwasserduschen ausgestattet, in denen der mittleren und gehobenen Klasse ist heißes Wasser zu erwarten.

★ **Camp Supertramp** HOSTEL $
(☎2656-0373; www.campsupertramp.com; Camino Buena Vista; Stellplätze pro Pers. 8 US$, B 15 US$) Das Camp 2 km östlich der Stadt ist wirklich einzigartig. Viel Liebenswertes ist hier anzutreffen: Thomas (der Inhaber), Subwoofer (sein Hund), die Dschungeldusche, die Feuerstelle, der VW-Bus von 1971, die Pingpongplatte und der Volleyballplatz. Sowohl der Monkey Room mit mehreren Ebenen als auch der Deluxe Dorm wurden mit neuen Betten ausgestattet. Die Stimmung ist wunderbar witzig und entspannt.

El Cactus Hostel HOSTEL $
(☎2656-3224; www.samarabackpacker.com; B 16 US$, DZ 35–62 US$; 📶🏊) In leuchtenden Zitronenfarben präsentiert sich das Hostel als gute Adresse für die Backpacker-Szene von Sámara, vor allem für Gäste, die mehr für friedliche Stille als für Partylärm übrig haben. Die frischen Zimmer sind mit Holzmöbeln, gepflegter Bettwäsche und Heißwasserduschen ausgestattet. Rund um einen kleinen Swimmingpool sind Hängematten aufgespannt, eine vollausgestattete Küche

steht zur Verfügung. Das Hostel liegt in einer Seitenstraße mitten im Ort, etwa 100 m vom Strand entfernt.

Casa Paraiso PENSION $

(☎2656-0741; scodinzolo@libero.it; B/DZ 15/60 US$;) Die reizvolle kleine Pension liegt hinter Ahora Sí und bietet vier schlichte Zimmer sowie einen Schlafraum in tiefen Blau- und einladenden Pastelltönen, mit Wandmalereien, hohen Decken und behaglichen Betten. Deckenventilatoren sorgen für die nötige Kühlung, während man sich in den Heißwasserduschen wieder aufwärmen kann. Gastgeberin Sylvia ist sehr charmant, und im Restaurant wird italienisch gekocht.

Sámara Palm Lodge PENSION $$

(☎2656-1169; www.samarapalmlodge.com; DZ 70–80 US$;) Die einladende kleine Lodge am westlichen Ortsrand wird von Schweizern betrieben. Acht makellose Zimmer sind im tropischen Stil mit bemalten Holzmöbeln, Fliesenfußböden und kühnen Kunstwerken in leuchtenden Farben gestaltet, sie blicken auf einen üppigen Garten mit einem verlockenden Swimmingpool. Direkt hinter der Brücke, ein Stück westlich der Stadt, aber nur fünf Minuten Fußweg vom Strand entfernt.

La Mansion B&B B&B $$

(Bed and Best Breakfast; ☎2265-0165; www.samarainfocenter.com/accommodations/b-bs/la-mansion-b-b; EZ 40 US$, DZ 50–80 US$, Suite 150 US$;) An einer ruhigen Straße steht diese Hacienda aus weiß gekalktem Beton, in der Ventilatoren wirbeln und bunter Krimskrams die Räume füllt. Das Haus hat viel Charme, die Zimmer sind geräumig und hell, und die aus Arizona stammende Gastgeberin Marlene McCauley ist stolz auf ihr riesiges und köstliches Frühstücksangebot. Ihre Kunstwerke schmücken die Wände, und die hübschen Postkarten mit Vogelmotiven sind sogar verkäuflich. Klimaanlage kostet extra.

Tico Adventure Lodge LODGE $$

(☎2656-0628; www.ticoadventurelodge.com; 2BZ/DZ/4BZ/Apt. 59/74/90/160 US$;) Die amerikanischen Inhaber sind sehr stolz darauf, dass zum Bau dieser Lodge kein einziger Baum gefällt werden musste, und sie haben auch allen Grund dazu – das Ergebnis ist einfach hinreißend. Insgesamt neun Doppelzimmer und mehrere größere Apartments sind von tropischer Vegetation und uralten Bäumen umgeben. Es gibt eine Küche im Freien und Kochgelegenheiten am Lagerfeuer für alle Gäste, einen Whirlpool und einen Yoga-/Wellnessbereich.

Casa del Mar HOTEL $$

(☎2656-0264; www.casadelmarsamara.net; EZ/DZ/3BZ 90/90/110 US$, ohne Bad 40/55/70 US$;) Im Mittelpunkt des Anwesens stehen ein großer Mangobaum und ein winzig kleiner Swimmingpool. Die insgesamt 17 Zimmer haben weiß gekalkte Stuckwände und Fliesenfußböden. Die Zimmer mit gemeinsamen Badezimmern sind ihren Preis mehr als wert. Der Sandstrand, an dem es Stühle und Strandtücher für die Hotelgäste gibt, befindet sich auf der anderen Seite der Straße. Die Französisch und Englisch sprechenden Mitarbeiter sind freundlich und aufmerksam. An der Hauptkreuzung in Sámara gelegen.

★ **LazDivaz** B&B $$$

(☎2656-0295; www.lazdivaz.com; DZ 113–124 US$;) Man nennt es B&C: kein Frühstück, nur Kaffee. Drei liebenswürdige *casitas* stehen 400 m östlich von der Dorfmitte im Sand. Die Unterkünfte sind einfach eingerichtet, aber makellos gepflegt und äußerst komfortabel. Die Unterhaltung der Gäste besteht hauptsächlich darin, sich in Hängematten zu wiegen und das Meer und den Himmel zu betrachten. *Pura vida.*

Las Ranas LODGE $$$

(☎2656-0609; www.lodgelasranas.com; DZ/3BZ 125/142 US$;) Eine schicke Lodge mit Stuck an einem königlichen Standort. Königlich ist auch der weite Meerblick von fast 180 Grad, der sich vom Restaurant und Swimmingpool und von den oberen Zimmern bietet. Die Zimmer selbst sind prachtvoll, sie haben Himmelbetten, Granitfliesenböden, Balkone, schwindelerregend hohe Balkendecken – eines verfügt sogar über eine Einbauküche. Es liegt ein paar Kilometer westlich der Stadt, man ist also auf einen fahrbaren Untersatz angewiesen.

Die Fahrt dorthin lohnt sich in jedem Fall: Das baumreiche Gelände ist von zahlreichen Vögeln und anderen Wildtieren belebt. Dort wurde schon ein hinreißendes Paar von Kieferntangaren (einer gelb-roten Singvogelart) gesichtet.

Sámara Tree House Inn BUNGALOW $$$

(☎2656-0733; www.samaratreehouse.com; DZ inkl. Frühstück 110–170 US$;) In den sechs Baumhäusern wohnt es sich so reizvoll, dass auch erwachsene Gäste nur ungern wieder herunterkommen. In den vollständig ausgestatteten Küchen hängen Töpfe und Pfannen an Treibholzplanken, riesige Fenster lassen viel Licht und Luft herein, unter den Häusern sind Hängematten festgemacht. Die teureren Bungalows haben einen Blick auf den Strand – das Meer ist unwahrscheinlich nah.

El Pequeño Gecko Verde BUNGALOWS **$$$**
(2656-1176; www.gecko-verde.com; DZ 120–165 US$, 4BZ 240 US$; P) Ein Stück Himmel auf Erden sind diese zeitgemäß und nobel gestalteten Bungalows mit Betten, die in edles Leinen gehüllt sind, kunsthandwerklichen Schnitzereien an den Wänden, eigenen Terrassen mit Hängematten, Essbereichen und Duschen mit Steinwänden unter freiem Himmel. Zu weiteren Annehmlichkeiten im Freien gehören ein Salzwasser-Swimmingpool mit Wasserfall, üppige tropische Gärten und ein fantastisches Restaurant mit Bar. Das Hotel ist mehrere Kilometer vom westlichen Ortsrand entfernt.

Essen

★ Lo Que Hay MEXIKANISCH **$**
(2656-0811; www.loquehaybeachbar.com; Tacos 2 US$, Hauptgerichte 8–12 US$; 7–23 Uhr) In dieser rockigen *taquería* mit Bar am Strand stehen sechs delikate Taco-Füllungen zur Auswahl: Fisch, Chorizo, Hühner-, Rind-, Schweinefleisch, Gemüse. Besonders gut sind auch die gegrillten, mit *pico de gallo* gefüllten Avocados. Doch selbst ohne Tacos lässt sich an der Bar eine angenehme Zeit verbringen, hier sitzen die Gäste bis in die frühen Morgenstunden.

Luv Burger VEGETARISCH, BURGER **$**
(2656-3348; www.luvburger.com; Hauptgerichte 5–8 US$; 8–17 Uhr;) Das Lokal ist mittlerweile an den Strand gezogen und bietet Veggie-Kost in allen Varianten – von veganen Pfannkuchen zum Frühstück bis hin zu Eiscreme zum Dessert – auch die Burger und Sandwiches sind fleischlos. Kaffeegetränke werden nur mit Soja- oder Mandelmilch zubereitet.

Roots Bakery BÄCKEREI **$**
(8924-2770; www.facebook.com/rootsbakerycafeEnSamara; Stücke 3–5 US$; Mo–Sa 7–16, So bis 12 Uhr;) Der Möhrenkuchen ist wirklich gut, noch besser ist die Spinatquiche. Die Zimtbrötchen sind nicht unbeschreiblich – schwer, saftig, süß und weich: ein überirdischer Genuss, unbedingt zu empfehlen! Die Bäckerei liegt an der Hauptgeschäftsstraße gegenüber der Abzweigung Richtung Carrillo.

Fiesta Crêp' FRANZÖSISCH **$**
(Hauptgerichte 4–6 US$; Do–Di 8–20 Uhr) Salzig oder süß? Die pikanten Crêpes sind gut, die süßen noch besser, und tagsüber schwirren Kolibris durch den Garten-Patio. Wem die Bananen-Schokoladen oder Passionsfrucht-Creme-Angebote noch nicht reichen, kann aus einer Liste von Cocktails und französischen Weinen auswählen. An der Nord-Süd-Hauptverbindung der Stadt gelegen.

Ahora Sí VEGETARISCH **$**
(2656-0741; www.ahorasi.isamara.co; Hauptgerichte 5–11 US$; 8–22 Uhr; P) Sylvia aus Bergamo betreibt dieses vegetarische Restaurant und Bio-Cocktailbar und das Fischlokal nebenan. Es gibt Smoothies mit Kokosmilch, Gnocchi mit Schnittlauch oder Räucherkäse, Sojaburger und importierte italienische Pasta. Alles kommt in einem liebevoll dekorierten, gefliesten Innenhof auf den Tisch, in dem die Rückenlehnen der Stühle die Form von Musiknoten haben und die Speisekarten mit inspirierenden Zitaten versehen sind. Die Stimmung ist gut, das Essen ebenso. das Lokal liegt etwa einen Block vom Strand entfernt, am südöstlichen Rand der Stadt.

Sámara Organics – Mercado Organico MARKT **$$**
(2656-3046; www.samaraorganics.com; Smoothies & Säfte 4–5 US$; 7–20 Uhr) Dieses Café mit Markt ist nicht gerade billig, doch Selbstversorger (und alle, die an Unverträglichkeiten leiden) werden die große Auswahl von Bioprodukten und köstlich zubereiteten Lebensmitteln zu schätzen wissen. Hier findet jeder seine gesunde Tagesration und kann in der kleinen Sitzecke entspannen. An der Hauptstraße zum Strand gelegen, parallel zum Wasser.

Casa Esmeralda SODA **$$**
(2656-0489;www.facebook.com/casaesmeralda.samara; Hauptgerichte 9–20 US$; 7–22 Uhr) Eine Lieblingsadresse der Einheimischen ist diese mit Tischdecken und unechten Ziegelwänden herausgeputzte *soda* – das Essen ist exzellent. Die Speisekarte reicht vom heimischen *arroz con pollo* (Hähnchen mit Reis) bis hin zu exotischen Speisen (italienischer Tintenfisch als Vorspeise); alle Gerichte sind fantastisch. Wenn es voll wird, müssen sich

die Gäste auf längere Wartezeiten einstellen. Liegt etwa einen Block vom Strand entfernt, am südöstlichen Rand der Stadt. Im Obergeschoss werden auch Zimmer vermietet.

El Lagarto BARBECUE $$
(☎2656-0750; Hauptgerichte 11–25 US$; ⏰15–23 Uhr; 📶) Grillgerichte sind die größte Attraktion in diesem von alten Bäumen umstandenen Strandrestaurant unter freiem Himmel, in unmittelbarer Nähe zum Meer. Es ist allein schon ein Genuss, den Köchen bei ihrer zauberhaften Arbeit an einem riesigen Holzofen zuzuschauen. Die Fisch- und Fleischgerichte sind neben den vorzüglichen Cocktails unbedingt zu empfehlen.

Locanda PIZZA $$
(Locanda Hotel & Pizzeria; ☎2656-0036; www.locandasamarabeach.com; Hauptgerichte 12–16 US$; ⏰7–23 Uhr) Wen auch immer in Sámara man fragt, wo es die beste Pizza der Stadt gibt, er wird einen hierher ans südliche Ende des Strandes schicken. Die dünnkrustigen Stücke verschwinden so schnell, wie die Sonne am Horizont versinkt. Und während die Gäste entspannt auf die Wellen blicken, können sie noch ein paar Zwei-für-einen Drinks genießen – vielleicht eine Pink Lady oder einen Down Under Fizz.

La Dolce Vita ITALIENISCH $$
(☎2656-3371; www.facebook.com/ladolcevita.samara; 8–15 US$; ⏰17–22 Uhr) Das Leben ist süß, wenn man unter einer riesigen *palapa* im Sand sitzt, an einem Smoothie nippt und den Surfern bei deren Ritt durch die Wellen zuschaut. Eine beliebte Adresse für Pizzas und einen Dämmerschoppen – dank der freundlichen italienischen Inhaber und einer bevorzugten Lage am Strand.

Noch süßer ist das Leben, wenn das Bett nur ein paar Meter entfernt steht. Die an den Innenraum grenzenden Gästezimmer besitzen Bambusmöbel und bonbonfarbene Wände.

Ausgehen & Nachtleben

Flying Taco BAR
(El Taco Volador; ☎8409-5376; ⏰11–2 Uhr; 📶) Eine lässige Bar am Strand mit Tex-Mex-Küche in der Nähe des Fußballplatzes, die auch mittags geöffnet hat – das Essen ist zu empfehlen. Mehr Spaß macht es jedoch an den Abenden, wenn Karaoke-Sänger zu hören sind, Poker gespielt und Margaritas serviert werden. Mittwochs füllt die offene Bühne „Taco Jam" die Bar mit musikalischen Talenten unterschiedlichen Niveaus. Darüber sollte man aber nicht die Tacos vergessen! Direkt die Straße hinunter, die von der Nord-Süd-Hauptverbindung abzweigt.

Microbar LOKALBRAUEREI
(⏰17–24 Uhr) Keine Handbreit Platz wurde in dieser schicken kleinen Bar auf der Hauptstraße verschwendet, die 21 costaricanische Lokalbiere serviert, außerdem „Biercocktails" wie den Terremoto (dunkler Rum und dunkles Bier) und das Apocatopia (Vanille, Bourbon, Light Ale). Zu jedem Getränk wird Popcorn serviert.

Media Luna COCKTAILBAR
(Tapas y Vino; ☎8416-1852; www.facebook.com/Media-Luna; ⏰18–2 Uhr) Ein Touch Art déco mit Latin-Rhythmus an der Hauptstraße: Eine ganze Reihe von Tapas und spezielle Drinks wie der Guaro Sour hält die Gäste bei Laune, während sie am Dartboard oder dem Billardtisch beschäftigt sind oder sich in der super-beliebten Latin Dance Night (Donnerstag) der Raum füllt und der DJ bis tief in die Nacht für Stimmung sorgt.

Shoppen

Sámara hat einen kreativeren Touch als die meisten anderen Strandorte der Halbinsel. Es gibt eine Handvoll Galerien, die handgefertigten Schmuck und andere exquisite Dinge verkaufen, außerdem Händler, die ihre Waren an Ständen entlang der Hauptstraße und an den Restauranttischen am Strand anbieten.

Cocotales JUWELIER
(☎8807-7056; ⏰8–20 Uhr) Carlos Caicedo reist in ganz Südamerika herum, um wundervolle Halbedelsteine zu erwerben, die er dann zu erlesenem Schmuck verarbeitet, direkt hier in einem Hinterraum seines Ladens an der Nord-Süd-Straße des Ortes. Außerdem gibt es eine ganze Reihe cleverer Kreationen aus recycelten Materialien. Doch seine einzigartigsten Stücke, die ins Auge fallen, wurden aus Kakaobohnen gefertigt (aus lokaler Erzeugung natürlich).

Praktische Informationen

Banco Costa Rica (⏰Mo–Fr 9–16 Uhr, Geldautomat 24 Std.) An einer Abzweigung der Hauptstraße, gegenüber dem Fußballplatz.

Banco Nacional (☎2656-0086; ⏰Mo–Fr 9–17 Uhr) Neben der Kirche gelegen.

La Vida Verde (Green Life; ☎2656-1051; greenlife@samarabeach.com; pro kg 3 US$;

⏲Mo–Sa 8–18 Uhr) Die Wäscherei liegt 75 m in westlicher Richtung von der Banco Nacional entfernt. Kunden bringen ihre Wäsche selbst oder nehmen den Abhol- und Lieferservice in Anspruch.

Post (⏲Mo–Fr 8–12 & 13.15–17.30 Uhr) Im selben Gebäude wie die Polizeiwache – wo die Hauptstraße auf den Strand trifft.

Samara Beach (www.samarabeach.com) Auf der hervorragenden Website sind die wichtigsten Informationen über Sámara zu finden, u. a. eine gute Karte, die Dorf und Strand umfasst.

Samara Info Center (☎2656-2424; www.samarainfocenter.com; ⏲8–18 Uhr) Vor dem Restaurant Lo Que Hay befindet sich das Infozentrum unter der freundlichen Leitung von Brenda und Christopher. Im Wesentlichen eine Veranstaltungsagentur, die aber auch bei der Unterkunftssuche, Restaurantempfehlungen und Transportfahrten weiterhilft und Auskunft zu Sámara und Carrillo gibt. Touren können ebenfalls gebucht werden.

An- & Weiterreise

Playa Sámara liegt 35 km südwestlich von Nicoya an einer Asphaltstraße. Die nahe gelegene Carrillo Landebahn ist mittlerweile geschlossen; der nächste Charterflug, den man buchen kann, geht von Nosara aus.

Traroc-Busse nach Nicoya (3,60 US$, 1 Std.) fahren tgl. 10-mal zwischen 5.30–19 Uhr. In die Gegenrichtung verkehren Traroc-Busse nach Playa Carrillo. Wer aus anderen Teilen der Halbinsel in die Stadt kommt, muss an der Tankstelle aussteigen (*la bomba*) und per Anhalter in die Stadt fahren. Autostopp ist niemals ein sicherer Weg und nicht wirklich zu empfehlen. Wer per Anhalter fährt, sollte bedenken, dass er ein zwar geringes, aber potenziell ernsthaftes Risiko eingeht.

Playa Carrillo

1800 EW.

4 km südöstlich von Sámara liegt die Playa Carrillo, ein weiter, gebogener Strand mit reinem weißen Sand, eingerahmt von Landspitzen aus zerklüftetem Granit und einer Urwaldkulisse. An den Wochenenden und in den Ferien ist die mit Palmen bestandene Promenade von Autos gesäumt und der Strand voller einheimischer Familien. Sonst ist er praktisch menschenleer. Der kleine Badeort liegt an einem Berghang oberhalb des Strandes und zieht vereinzelte Sonnenanbeter und Surfer an, die sich an der Küste entlang von Welle zu Welle arbeiten. Bei Flut bilden sich am südlichen Ende des Strandes unweit des Ortes interessante, hübsche Wasserbecken im Meer.

Aktivitäten

Kingfisher Sportfishing SPORTFISCHEN
(☎8358-9561, 2656-0091; www.costaricabillfishing.com; halbtägige Ausflüge ab 900 US$) Ein etablierter Veranstalter in der Region, der Fahrten zum Tiefseefischen an Bord seiner *Kingfisher* anbietet. Kapitän Rick und seine Mannschaft bieten einen erstklassigen Service. In Pauschaltouren sind Unterkünfte in der luxuriösen Villa Oasis inbegriffen. Das Boot holt die Passagiere am südlichen Ende von Playa Carrillo ab, wo die Boote vor Anker liegen.

Carrillo Tours TOUREN
(☎2656-0543; www.carrillotours.com; ⏲8–19 Uhr) An der bergauf führenden Straße neben einem Mini-*mercado* liegt der Veranstalter Carrillo Tours. Das Programm dieses Anbieters umfasst Schildkrötentouren, Schnorchel-, Kajak- und Reitausflüge sowie Fahrten in das Schutzgebiet von Palo Verde. Es gibt auch ein Büro in Sámara an der Hauptstraße, das großzügiger ist und zuverlässigere Öffnungszeiten hat.

Schlafen & Essen

La Posada B&B $$
(☎2656-3131; www.laposada.co.cr; DZ inkl. Frühstück 60–75 US$; P❄📶) Hoch oben auf dem Berg öffnet sich ein weiter Panoramablick über die Bäume und das Meer: Dieses B&B ist ein hübsches Refugium. Die einfachen Zimmer sind mit Holz- und Korbmöbeln und tropischen Akzenten eingerichtet. Es lohnt sich durchaus, 10 US$ extra für ein Zimmer mit Meerblick zu investieren, doch die Gemeinschaftsterrasse bietet ebenfalls einen überragenden Ausblick. Zweimal wöchentlich finden Yogakurse auf der Terrasse statt. Für Familien gibt es auch ein größeres Zimmer.

La Tropicale BUNGALOWS $$
(☎2656-0159, 8884-9471; www.latropicaleguesthouse.com; DZ/4BZ inkl. Frühstück 60/140 US$; P❄📶🏊) In der Nähe des Tierschutzgebiets La Selva ist diese witzige, wunderbare Feriensiedlung mit viel marodem Charme und schicken Akzenten zu finden. Ein Steinpfad windet sich um einen glitzernden Swimmingpool und zwischen Mango- und Papayabäumen und Kokospalmen hindurch. Einzeln stehende Bungalows sind mit bunten Leinenstoffen dekoriert und von ausgefallenen Leuchtmitteln erhellt. Echte Kunstwerke schmücken die Wände. Der Eigentümer Arnaud hat es aufgewertet

mit dem Chez-Nous-Restaurant vor Ort, das französische Spezialitäten und Meeresfrüchte zubereitet.

Hideaway Hotel BOUTIQUEHOTEL $$$
(☎2656-1145; www.thehideawayplayasamara.com; DZ/3BZ/4BZ inkl. Frühstück 110/145/180 US$, Penthouse 349–499 US$; P❄📶🏊) Auf halbem Weg zwischen Carrillo und Sámara liegt dieses weiß gestrichene Hotel mit tollem Service und angenehmer Atmosphäre. Die zwölf geräumigen und gefliesten Suiten blicken auf den Swimmingpool und die blühende Gartenanlage. Das luftige Restaurant ist hervorragend. Am Ende der Straße befindet sich ein kleiner Strand, und auch Playa Carrillo ist lediglich 15 Gehminuten entfernt. Ein eigenes „Penthouse" bietet Platz für sechs bis acht Gäste.

An- & Weiterreise

Die Start- und Landebahn in Carillo ist mittlerweile selbst für Charterflüge geschlossen. Busse von **Traroc** (☎2685-5352; www.traroc.com) fahren vom östlich gelegenen Estrada ab. Von Carrillo fahren die Busse nach Sámara und von dort weiter nach Nicoya (3,60 US$, 90 Min., 10-mal tgl.). Der Fahrpreis nach Sámara beträgt 60 ¢ für eine 20-minütige Fahrt.

Rund um Islita

Die Küste im Südosten der Playa Carrillo gehört noch immer zu den einsamsten und schönsten Küstenabschnitten der Halbinsel. Das liegt vor allem daran, dass dieser Teil Nicoyas so schwer zugänglich ist und es nur wenige Unterkünfte gibt. Wer sich trotzdem nicht von den schlechten Straßen abschrecken lässt oder die Küste in einem Seekajak befährt (oder sie sogar zu Fuß entlangwandert), der wird mit menschenleeren Stränden belohnt, die von unberührten Wäldern und schroffen Felshängen eingerahmt werden.

Islita ist ein hübscher kleiner Ort mit einer Kirche und einem Fußballplatz im Mittelpunkt; der komplette Ort ist mit Kunstwerken dekoriert. Islita wirkt überraschend wohlhabend, was vor allem dem Hotel Punta Islita zu verdanken ist, dessen Projekte Geldmittel in die örtliche Gemeindekasse fließen lassen.

Am Strand beim Hotel gibt es ein paar kleine Brandungswellen, die herrliche Bucht wird von einem wellenumtosten Felsbrocken in fantasieanregenden Formen durchbrochen; dies ist die Punta Islita. Bei Flut wird der Strand etwas schmaler, bei Ebbe ist er so weit und romantisch wie die Ausblicke von oben.

Sehenswertes

Ara Project ZOO
(☎8351-7849; www.thearaproject.org; Eintritt durch Spende 20 US$; ⏲16–17 Uhr) Die örtliche NGO widmet sich dem Schutz von Aras, die in zwei Spezies in Costa Rica heimisch sind: Großer Soldatenara und Hellroter Ara. Die Tierschützer pflegen verletzte oder aufgegriffene Vögel und entlassen sie dann nach Möglichkeit wieder gesund in die Freiheit. Es gibt einen Aussichtspunkt, von dem aus Besucher Arakangas beobachten können, wie sie auf ihre Sitzstangen zurückkehren: ein beeindruckender Anblick. Die Brut- und Schutzstation informiert in einem interessanten Besucherzentrum über die Organisation. Am einfachsten erreicht man die Station, indem man den Transport mit Ara im Voraus organisiert. Sie ist aber auch zu Fuß erreichbar, auf einem unbefestigten Weg, der in der Nähe des Hotels Punta Islita startet und in 20 bis 30 Minuten zur Auffangstation führt.

Refugio Nacional de Vida Silvestre Camaronal TIERSCHUTZGEBIET
(Playa Camaronal; ☎2659-8375; www.fundecodes.org/refugio-nacional-de-vida-silvestre-camaronal; 6 US$; ⏲8–18 Uhr) Gute Wellen finden Surfer im Norden von Punta Islita in Playa Camaronal, einem Strand mit schwarzgrauem Sand im Schutz zweier Landspitzen, auf dem Treibholz verstreut liegt. Dieser Strand ist aber auch ein Schutzgebiet für Schildkröten: Hier legen Lederschildkröten, Oliv-, Karett- und Schwarze Schildkröten ihre Eier ab, daher wurde er zum Tierschutzgebiet erklärt. Das Hotel Punta Islita bietet – wie auch andere Tourveranstalter in Sámara und Carrillo – Schildkrötentouren nach Playa Camaronal an.

Playa Corzalito STRAND
Etwa 4 km südlich von Punta Islita liegt Playa Corzalito, mit Mangrovensümpfen im Hintergrund, die jede Menge Gelegenheit bietet, Vögel und andere Wildtiere zu beobachten.

Playa Bejuco STRAND
Südlich von Punta Islita befindet sich Playa Bejuco, die an Mangrovensümpfe grenzt und ausgezeichnete Gelegenheiten bietet, Vögel und andere Wildtiere zu beobachten.

Museo Islita MUSEUM

(☎2656-2039; www.museoislita.org; ⏲Mo–Sa 8–16 Uhr) GRATIS Das kleine Museum grenzt an den Fußballplatz an und wird von dem Hotel Punta Islita gesponsert. Es ist ein fantasievolles Haus für zeitgenössische Kunst. Im Wesentlichen besteht es aus einem Studio und einer Galerie, in denen Kunst und Kunsthandwerk von regionalen Künstlern präsentiert werden. Außerdem gibt es hier eine Wegekarte zum Mitnehmen für das **Arte Contemporáneo al Aire Libre**: Mosaiken, Skulpturen und Malereien nehmen alle nur erreichbaren Flächen im ganzen Dorf ein – von Häuserfassaden bis hin zu Baumstämmen.

Schlafen & Essen

Hotel Punta Islita RESORT $$$

(☎2231-6122; www.hotelpuntaislita.com; DZ inkl. Frühstück ab 280 US$; P ❄ @ ≋) Das Hotel auf einer Anhöhe besitzt 54 Zimmer mit Meerblick – wer eine Suite bucht, kann den Ausblick vom Whirlpool unter freiem Himmel genießen. Der Infinity-Pool und das umgebende Gelände sind einfach traumhaft! Doch damit nicht genug: Es gibt einen Spa-Bereich mit komplettem Service, einen Strandclub mit einer hübschen Poolbar und Loungeplätze auf einer Rasenfläche in der geschützten Bucht.

Die Luxusferienanlage ist ein Musterbeispiel für einen Hotelbetrieb mit ethischem Anspruch und gesellschaftlichem Engagement. Neben dem Umsetzen nachhaltiger Maßstäbe und der Organisation von Kunstprojekten in der Gemeinde hat die Hotelleitung den Bau verschiedener öffentlicher Gebäude gefördert, darunter der Kunstgalerie des Ortes, einer Grundschule und einer neuen Kirche (in der zahlreiche Touristenhochzeiten stattfinden, sodass beide Seiten profitieren).

Pacifico COSTA-RICANISCH $$$

(☎2661-4044; Hotel Punta Islita; Hauptgerichte 14–28 US$; ⏲7–22 Uhr; P) Das Restaurant im Hotel Punta Islita bietet typische Gerichte mit den allerfrischesten Meeresfrüchten, lokalem Fleisch und Geflügel und Bio-Gemüse. Der herausragende Meeresblick vervollständigt die wunderbar präsentierten Gerichte.

An- & Weiterreise

Nach Punta Islita führen keine öffentlichen Verkehrsmittel. Am besten ist die Küste mit dem eigenen Auto, vorzugsweise einem Geländewagen, zu erkunden. Eine nagelneue dauerhafte Brücke führt über den Río Ora, sodass die 10 km lange Fahrt zwischen Puerto Carrillo und Punta Islita nun viel einfacher zu bewältigen ist. Im Süden der Brücke sind die Straßenzustände weniger verlässlich; während der Regenzeit sollte die Fahrt mit besonderer Vorsicht unternommen werden.

Es gibt keine Linienflüge mehr, aber man kann für etwa 150 US$ einen Flug von San José chartern.

Playas San Miguel & Coyote

An diesem Abschnitt der Halbinsel, im Süden von Playa Bejuca, liegen zwei der schönsten – und dennoch recht wenig besuchten – Strände von Costa Rica. Playa San Miguel ist ein fantastischer, einsamer Strand, seitlich wird er von massiven Granitfelsen und im Hintergrund von eleganten Kokospalmen begrenzt. Ein paar hervorragende Restaurants sind über den Strand verstreut vorhanden. An der weiter südlich gelegenen Playa Coyote herrscht eine vergleichbare Wildnis, bei Hochwasser verschwinden große Flächen des feinen, silbergrauen Sandes unter dem Wasser. Beide Strände dienen auch als Eiablageplätze der Oliv-Bastardschildkröten.

Einige Ausländer mit Weitblick haben sich hier niedergelassen und Unterkünfte und Restaurants in der Nähe des Meeres eröffnet. Die nächsten echten Dörfer sind weiter entfernt: La Javilla liegt 2 km landeinwärts von Playa San Miguel, weiter südlich befindet sich San Francisco de Coyote, 4 km landeinwärts von Playa Coyote. Man sollte sich beeilen, hierher zu kommen, bevor dieses Stückchen altes Costa Rica zu einem Teil des neuen Costa Rica wird.

Aktivitäten

Surfer werden die Beach Breaks an der wenig besuchten Küste vor San Miguel genießen, vor allem bei auflaufendem Wasser. An der Playa Coyote befindet sich ein Riff vor der Küste, das bei Flut mit Surfbrettern befahren werden kann. Schwimmer sollten vorsichtig sein, denn die Wellen sind hoch, die Surfer sehen nur Breaks, und im Zweifelsfall ist gerade niemand da, der bei einer Notlage helfen könnte. Mit einem eigenen seetüchtigen Kajak lassen sich an diesen Stränden (wie auch beim nahe gelegenen Islita) perfekte Küstenexkursionen unternehmen.

1

TRAVELSTOCK44/GETTY IMAGES ©

2

4

1. Montezuma-Wasserfälle (S. 381)
Eine Wanderung am Ufer entlang führt zu Wasserfällen und natürlichen Schwimmbecken.

2. Playa Sámara (S. 362)
Das hübsche Dorf am Strand ist bei Surfern sehr beliebt.

3. Schildkröten (S. 361)
Frisch geschlüpfte Jungschildkröte auf dem Weg ins Wasser (Reserva Nacional de Fauna Silvestre Ostional).

4. Montezuma-Touren (S. 383)
An Seilrutschen gleiten, schnorcheln, reiten … hier kann man fast alles unternehmen.

Mike's Jungle Butterfly Farm GÄRTEN
(☎8719-1703; www.facebook.com/junglebutterfly farm; Nandayure, Pueblo Nuevo; Touren Erw./Kind 25/12 US$; ⏲Mo–Sa 9–15 Uhr) Das wunderschöne bergige Gelände ist auf einer Fläche von etwa 200 km² von Wanderwegen durchzogen und es gibt – wie der Name schon sagt – einen Schmetterlingsgarten. Darüber hinaus ist es wahrscheinlich, dass sich Brüllaffen, Agutis und Leguane sehen lassen. Mike wacht auch über Kolonien von Wildbienen; Besucher können ihren Honig im Souvenirladen kaufen. Führungen finden nach vorheriger Anmeldung statt. Bei der katholischen Kirche/dem Sportplatz in Nadayure in westlicher Richtung abbiegen.

Turtle Trax FREIWILLIGENARBEIT
(www.turtle-trax.com; San Francisco) Turtle Trax arbeitet mit der Umweltorganisation CREMA (Rescue Center for Endangered Marine Species; cremacr.org) zusammen und bietet Freiwilligen die Gelegenheit, bei der Überwachung der Schildkrötenstrände in der Region mitzuhelfen. Zu den Aufgaben der Freiwilligen gehören Kontrollgänge am Strand, die Aufzeichnung von Daten, das Einsammeln von Eiern, die Wartung der Brutstationen und das Freilassen der geschlüpften Minimeeresschildkröten, der *tortuguitas*. Die Organisation bietet auch eintägige oder längere Umwelttouren an. 100 m südlich der Schule in San Francisco de Coyote gelegen.

Turtle Trax sorgt für erschwingliche (einfache) Unterkünfte und Fahrten für die Freiwilligen. Weitere Betätigungsfelder sind u. a. die Arbeit an örtlichen Schulen und Müllsammeln am Strand.

Schlafen

An diesem Teil der Küste gibt es Unterkunftsmöglichkeiten, die eigenartig und charmant, aber vereinzelt und weit voneinander entfernt sind. Als Alternative bieten sich in beiden Dörfern akzeptable *cabinas* an, in denen sich eine Nacht verbringen lässt. Wer keine hohen Ansprüche stellt, kann auch an den Stränden sein Zelt aufschlagen (es gibt allerdings keine Campingeinrichtungen).

Laguna Mar BOUTIQUEHOTEL $$
(☎2655-8181, in USA 704-851-8181; www.lagunamarhotel.com; Javilla; EZ 46 US$, DZ inkl. Frühstück 74–93 US$; P❄📶🏊) Mitten im unscheinbaren Dorf La Javilla (2 km vom Strand entfernt) befindet sich dieses große Hotel, das etwas fehl am Platz, aber dennoch anziehend wirkt. Die Zimmer sind auf niveauvolle Art schlicht, mit dicken Leinenstoffen und Flachbildfernsehern eingerichtet und liegen rund um einen märchenhaften 3-in-1-Swimmingpool. Ein günstiges „Surfer"-Zimmer gibt es auch für Alleinreisende. Noch ein Pluspunkt: Das exzellente europäische Restaurant. Laguna Mar ist direkt an einer Abzweigung der Hauptstraße gelegen.

Cristal Azul B&B $$$
(☎2655-8135; www.cristalazulhotel.com; DZ ab 255 US$; P📶🏊) Spektakuläre Panoramaausblicke eröffnen sich von diesem Bergrefugium aus. Die vier *cabinas* sind mit raumhohen Fenstern, Duschkabinen unter freiem Himmel und extrem komfortablen Betten ausgestattet. Einige entspannte Tage in einer sanft schwingenden Hängematte oder am Infinitypool (der wirklich unendlich zu sein scheint) entschädigen für die Hinfahrt auf einer tückischen Straße. Die wunderbaren Gastgeber lassen ihre Gäste gern an ihrem kleinen Paradies teilhaben. Ein Geländewagen und ein halber Tag Fahrtzeit werden benötigt, um hierher zu gelangen. Die Mindestaufenthaltsdauer beträgt zwei Nächte.

Casa Caletas BOUTIQUEHOTEL $$$
(☎2655-1271; www.casacaletas.com; Punta Coyote; EZ/DU/3BZ/Suite 96/120/145/155 US$; P❄📶🏊) Das fabelhafte Anwesen ist hübsch gelegen, am Ufer des Río Coyote, und ist herrlich abgeschieden und beschaulich. Die Zimmer sind wunderbar ausgestattet, mit Holzmobiliar und Volkskunst. Ein Wanderpfad führt zum Strand.

Die Straße von San Francisco de Coyote in Richtung Mal País nehmen und den Hinweisschildern zum Hotel folgen. Wer von Playa Naranjo aus herfährt (von der Puntarenas-Fähre), nimmt die Straße in Richtung Jicaral; auf dem Hauptplatz in San Francisco de Coyote links abbiegen.

Alle Zimmer verfügen über eigene Terrassen mit Meerblick. Der Infinitypool macht seinem Namen wirklich alle Ehre.

Essen

★**LocosCocos** MEERESFRÜCHTE $$
(www.locoscocos.com; Playa San Miguel; Hauptgerichte 5–12 US$; ⏲Di–So 11 Uhr bis Sonnenuntergang; 👪) Die beste ihrer Art – und das will etwas heißen in Costa Rica. Die Strandbar liegt an einem wunderbaren, fast verlasse-

nen Strand. Henner bereitet *ceviche* nach einem gut gehüteten Familienrezept zu und serviert sie aus einem alten Frachtcontainer heraus. Kühles Bier dazu macht den Genuss vollkommen. Wer in der Abenddämmerung hierherkommt, kann ein erstaunliches Himmelsschauspiel (auch Sonnenuntergang genannt) betrachten.

1 km hügelabwärts vom Cristal Azul Boutiquehotel aus (es sind dieselben Eigentümer) gelegen.

Pizza Tree PIZZA **$$**

(☎2655-8063; Pizza 9–12 US$; ⏰12–22 Uhr; Ⓟ✎) Was kann es Besseres geben, als in einem Baumhaus zu sitzen und Pizza zu essen? In diesem wackeligen Bauwerk nehmen Gäste in luftiger Höhe Platz und genießen Pizzas mit knusprigen Böden und Focaccias aus dem mit Holz befeuerten Ziegelofen. Der Inhaber ist italienisch, das Konzept ist rein costa-ricanisch. Das Pizza Tree ist 2 km nordöstlich des Strands San Miguel entfernt zu finden.

El Barco INTERNATIONAL **$$**

(☎2655-1003; www.el-barco-costarica.com; Hauptgerichte 12–16 US$; ⏰Mi–Mo 11.30–21 Uhr; 📶✎) Es sieht aus wie ein Boot, ist aber ein Bauwerk mit Blick auf einen entzückenden Strandabschnitt von Playa Coyote (in der Nähe der Kreuzung am Strand). Die Anmutung des Lokals mag etwas kitschig sein, aber dafür sind die Kreationen, die aus der Küche kommen, einfach nur köstlich und sättigend. Frische Salate, gehaltvolle Sandwiches und reichhaltige Pasta- und Reisgerichte sorgen für rundum zufriedene Gäste.

ℹ An- & Weiterreise

Die Küstenorte sind mit Bussen zu erreichen, sie liegen allerdings relativ abseits und sind nur mit minimaler Ausstattung versehen, sodass sich Besucher ohne eigenes Auto ausgesetzt fühlen könnten. Wer sich an einem einsamen Strand entspannen möchte, der findet hier genau das, was er gesucht hat.

Transportes Arsa (☎2650-0179; www.transportesarsa.com) bietet tgl. zwei Busverbindungen von San José, die in etwa vier Std. (optimistisch gerechnet) zum Strand führen. Die Busse fahren in San José um 6 und 15.30 Uhr ab. Zur Rückfahrt starten Busse von Bejuco um 2, 3.45 und 13 Uhr, und kommen eine halbe oder ganze Stunde später durch San Miguel und Coyote. In der Regenzeit ist auf die Fahrtzeiten kein Verlass, denn bei widrigen Straßenzuständen können die Fahrten länger dauern.

DER SÜDEN DER HALBINSEL

Mal País & Santa Teresa

2500 EW.

Bis in die Mitte der 90er-Jahre hinein gab es in Santa Teresa noch nicht einmal Strom. Dann starb einer der Haupteigentümer des Landes, und sein Besitz wurde aufgeteilt. Die Folge davon war, dass sich die Landschaft nördlich von Playa El Carmen für immer veränderte. Heute muss man die richtige Balance finden zwischen Ärger über die allgegenwärtigen Geländefahrzeuge, die Staub aufwirbeln, den Restaurants, die verblüffend köstliches Essen servieren, und den Yoga-Einrichtungen mit sich wandelndem Meerblick.

Noch immer ist es eine wundervolle Surfstadt, wenn auch kein Geheimtipp mehr, und es gibt jede Menge großartiger Speiselokale und ein wenig Nachtleben. Das Gebiet zieht sich an der holprigen Küstenstraße entlang, die von Santa Teresa aus nach Süden führt durch Playa El Carmen und schließlich in dem entspannten und verschlafenen Fischerdorf Mal País endet.

Sehenswertes

Playa Hermosa STRAND

Im Norden des Ortes geht Playa Santa Teresa in Playa Hermosa über. Der prachtvolle Strand verdient den Namen *hermosa* („schön"): Er ist weit und flach und bietet bei Niedrigwasser einen hinreißenden Anblick. Bei Hochwasser verschwindet die Sandfläche beinahe komplett unter dem Meerwasser. In einem bestimmten Moment zwischen Hoch- und Niedrigwasser findet sich der richtige Zeitpunkt für Surfer, um die weite, links oder rechts brechende Welle zu bewältigen. Zu jeder Tageszeit ist es möglich, die Welle (auf der nördlichen Seite des Strandes) zu surfen, die sich an den Felsen bricht.

Playa Santa Teresa STRAND

Der lang gestreckte, hinreißende Strand Santa Teresa ist berühmt für seine schnellen und kraftvollen Brandungswellen. Die Brandung ist beständig, Surfen ist praktisch zu jeder Tageszeit möglich. Auf der nördlichen Seite des Strandes liegt Roca Mar – auch Suck Rock genannt –, eine überwältigende Lieblingswelle, die sich an Felsen bricht. Die Brandungswelle La Lora ist nach dem

Nachtclub benannt, der die – zum Strand führende – Abzweigung von der Hauptstraße markiert.

Playa El Carmen STRAND

Nach Playa El Carmen führt eine Straße von der Hauptkreuzung hinunter. Surfen ist jederzeit möglich, es gibt gute Brandungswellen. Der Strand ist weitläufig und feinsandig und bildet zusammenhängende Buchten, in denen man gut schwimmen und Strandgut finden kann.

Playa Manzanillo STRAND

Etwa 8 km nördlich der Kreuzung von Playa El Carmen und nach Playa Hermosa liegt Playa Manzanillo, eine Kombination aus Sand und Felsen; dort ist das Surfen bei steigender Flut und ablandigem Wind am schönsten.

Aktivitäten

Für die meisten Reisenden, die nach Santa Teresa und Mal País kommen, ist – neben der Stadt selbst vielleicht – Surfen das eigentliche Ziel. Viele der Reisenden haben wenig andere Pläne, höchstens vielleicht noch, ihre Muskeln beim Yoga etwas zu dehnen. Dabei ist der Küstenstreifen einfach überwältigend und unberührt; Ausritte oder Angelausflüge können leicht organisiert werden, ebenso wie eine wilde Tour mit der Seilrutsche.

Freedom Ride SUP WASSERSPORT

(☎2640-0939, 8737-8781; www.sup-costarica.com; Mal País; Verleih halber/ganzer Tag 25/40 US$, Unterrichtsstd. pro Pers. 50 US$; ⌚9–18 Uhr) Eine Schule fürs Stehpaddeln unter effizienter Leitung mit exzellenten Sicherheits- und Unterrichtsmethoden. Andy bietet Unterricht für Anfänger, verleiht Bretter an alte Hasen und veranstaltet unterhaltsame Touren für alle Interessierten. In der Nähe des Fischerpiers in Mal País.

Canopy Mal País ABENTEUERSPORT

(☎2640-0360; www.canopymalpais.com; 50 US$; ⌚9–15 Uhr) Wer in eine Surferstadt kommt, der denkt ganz sicher nicht automatisch an Seilrutschen – sollte er aber. Unmittelbar südlich von Mal País bieten Carlos und seine Mitarbeiter eine der aufregendsten Erfahrungen der Umgebung und machen dabei noch so viele Witze, dass man glatt seine Höhenangst vergessen könnte. Auf elf Seilen, inklusive demjenigen, das sich 500 m über den darunterliegenden Dschungel spannt, können die Besucher Nervenkitzel erleben.

Canopy besitzt auch eine Zertifizierung für die Arbeit mit behinderten Menschen und mit Kindern. Mariolita's, das nette Café vor Ort, bereitet frisches Essen zu und verkauft Getränke.

Surfen

Der lange und flache Strand erstreckt sich kilometerweit an der südwestlichen Küste der Halbinsel. Die Region ist von Surfschulen praktisch übersät. Hier finden sich viele Gelegenheiten, ein preiswertes Surfboard zu erstehen, das sich später möglicherweise noch gut verkaufen lässt. Die meisten Schulen bieten auch Verleih und Reparatur von Brettern an; häufig bringen die Kunden nebenbei noch Surfplätze in Erfahrung, die nicht jedermann bekannt sind.

Kina Surf Shop SURFEN

(☎2640-0627; www.kinasurfcr.com; Santa Teresa; Unterrichtsstd. pro Pers. 60 US$, Surfboard-Verleih pro Tag 12–20 US$; ⌚9–17 Uhr) Ein Surfshop der Spitzenklasse nahe der Brandung von Santa Teresa, der rund 60 hochwertige Boards zum Ausleihen bereithält. Die empfehlenswerten Unterrichtsstunden werden für Anfänger, Fortgeschrittene und erfahrene Surfer angeboten und dauern jeweils etwa 90 Minuten. Es ist davon auszugehen, dass Eric, der Eigentümer, vermutlich niemals in die kalten atlantischen Gewässer von New Jersey zurückkehren wird.

Der kleine Einkaufskomplex befindet sich etwa 300 m nördlich des Fußballplatzes in Villas Solar.

Nalu Surf School SURFEN

(☎2649-0391, 8358-4436; www.nalusurfschool.com; Santa Teresa; Surfboard-Verleih pro Tag 10–20 US$, Gruppen-/Einzelunterricht 50/65 US$) Etwa 300 m nördlich der Kreuzung von Playa El Carmen (neben Ronny's Supermarkt) befindet sich diese ausgezeichnete Surfschule mit einer witzigen und professionellen Unterrichtsmethode, die sie absolut empfehlenswert macht. Der Unterricht findet normalerweise in Playa El Carmen statt, es werden aber auch Fahrten zu anderen Brandungsstränden der Region unternommen. Zum Angebot gehört eine gute Auswahl an Boards, die man ausleihen und auch kaufen kann.

Pura Vida Adventures SURFEN

(☎in USA 1-415-465-2162; www.puravidaadventures.com; Playa El Carmen; wöchentl. Tarif 2795 US$) Eine exzellente Rückzugsmöglichkeit nur für Frauen in Playa El Carmen, die Surfen und Yoga in einer einwöchigen Erfahrung kombiniert; Mahlzeiten sind inbegriffen. Pura Vida befindet sich an der Strandseite der Hauptstraße, die von Norden nach Süden führt, unmittelbar nördlich der Calle Buenos Aires.

Yoga

Viele Surfer wissen, dass Yoga das perfekte Mittel zur Behandlung verspannter Muskeln ist. Mehrere Studios bieten in dieser Region Kurse an, bei denen ein Einstieg jederzeit möglich ist.

Casa Zen YOGA

(☎2640-0523; www.zencostarica.com; Santa Teresa; Kurse pro Pers. 9 US$) Drei Kurse finden täglich in einem wunderschönen Open-Air-Studio (im zweiten Stock), von Bäumen umgeben, statt. In den meisten Kursen wird ein vom Hatha-Yoga inspirierter, dynamischer Vinyasa-Flow praktiziert, daneben aber auch andere Methoden, u. a. Cardio-Yoga. Yoga bei Kerzenlicht ist eine besinnliche Art des Übergangs vom Tag zur Nacht. Pauschalpakete mit mehreren Kursen können gebucht werden. Das Studio liegt hinter dem Plaza Royal.

Yoga Studio im Nautilus YOGA

(☎2640-0991; www.hotelnautiluscostarica.com; Santa Teresa; Gruppen-/Einzelkurse 14/60 US$; ⏲9 & 18 Uhr) Wer kann sich nicht für Yoga auf einer Dachterrasse begeistern? Zwei Kurse werden täglich auf der Dachterrasse des Nautilus Boutiquehotels abgehalten, von der sich ein schöner Blick über das Dorf bietet. Zum Angebot gehören der Vinyasa-Flow sowie Kundalini-, Power- und restauratives Yoga. Nach den Nautilus- oder Canaima-Chill-House-Hinweisschildern Ausschau halten.

Horizon Yoga Hotel YOGA

(☎2640-0524; www.horizon-yogahotel.com; Calle Buenos Aires, Santa Teresa; Kurse pro Pers. 15 US$) Täglich finden zwei Kurse in einer ruhigen Umgebung mit Blick aufs Meer statt. Wie bei anderen Schulen auch, sind wöchentliche oder andere Buchungen möglich. Etwa 100 m nördlich des Ronny-Supermarkts biegt man von der Hauptstraße ab und fährt dann 50 m bergauf.

Schlafen

Frank's Place ist ein Orientierungspunkt, der eine ganze Straßenecke an der Hauptkreuzung von Playa El Carmen einnimmt. In nördlicher Richtung dehnt sich das stille, verschlafene Dorf Santa Teresa aus, in dem sich Pensionen, Cafés und Surfshops zusammendrängen (der Begriff „unkontrolliertes Wachstum“ kommt einem dabei unwillkürlich in den Sinn). In südlicher Richtung liegt Mal País, touristisch weniger erschlossen und von dichtem Wald umgeben; es hat sich eine ruhige Atmosphäre aus alten Hippie-Tagen bewahrt.

Don Jon's BUNGALOWS $

(☎2640-0700; www.donjonsonline.com; Santa Teresa; B/Bungalows & Baumhäuser/Apt. 20/70/120 US$; P❄📶) Nur 100 m von der Brandung entfernt liegt die perfekte Basisstation für alle, die Entspannung suchen. Ländlich schlichte Teakholzbungalows sind kreativ und ansprechend gestaltet, außerdem gibt es attraktive Schlafsäle mit hohen Balkendecken und spanischen Bodenfliesen sowie einen Garten mit unzähligen Hängematten. Die erstaunliche Baumhaus-Konstruktion ist nicht nur ein ansprechender Raum, sie bietet auch Yoga-Kurse an. Sie befindet sich 150 m hinter dem Fußballplatz. Nicht alle Zimmer verfügen über eine Klimaanlage.

Im Restaurant kennt man die Wünsche der Gäste; hier werden sättigende Frühstücksvariationen, riesige Burritos, köstliche Tacos mit Fisch und starke Getränke serviert.

Casa Zen PENSION $

(☎2640-0523; www.zencostarica.com; Santa Teresa; B/DZ/3BZ/4BZ inkl. Frühstück 15/35/42/50 US$; P📶) Die schöne, asiatisch inspirierte Pension ist mit himmlischen Wandbildern und Buddhastatuen geschmückt. Die einfachen Zimmer in kräftigen Farben teilen sich Bäder und zwei vollständig ausgestattete Küchen. Es gab Beschwerden über den Verkehrslärm, der die dünnen Wände durchdringt und die ruhige Zen-Atmosphäre störe – für Buddhisten vielleicht ein guter Anlass, mehr Zen zu üben. Liegt an der Straße zum Strand.

Am Ende der Straße liegt einer der schönsten Badestrände der Gegend mit weißem, puderfeinem Sand, der auf beiden Seiten von Felsen eingerahmt wird. Ein wunderbarer Ort der Entspannung.

Camping Elimar CAMPING $

(☎8357-9819; Mal País; pro Pers. 6 US$) An einem überwältigenden Stück felsiger Küste liegt dieser bescheidene, familienbetriebene Campingplatz. Ein Kieselstrand erstreckt sich bis zu einem Felsenriff, das das Meer in einen Gezeitentümpel verwandelt. Es gibt jede Menge Schatten und ebenen Boden, um sein Zelt aufzustellen, außerdem eine voll ausgestattete Gemeinschaftsküche, Duschen, Bäder und Strom. An einer Abzweigung der Nord-Süd-Straße gelegen.

★ Casa Pampa PENSION **$$**
(☎8576-0231; www.casapampa.com; Santa Teresa; Zi 35 US$, Suite 75–85 US$; P ❄ 📶) Eine der empfehlenswertesten Adressen in Santa Teresa. Nicht zu übertreffen ist die Lage; von einem herrlich wuchernden Garten umgeben, liegt diese Pension an einer ruhigen Straße und dennoch in Orts- und Strandnähe. In einem schlichten Ferienhaus gibt es sechs makellose Zimmer mit Einbauküchen und einem Lounge-Bereich im Freien. Nach dem Sport auf den Wellen ist eine Dusche unter freiem Himmel sehr erfrischend. Alle Zimmer verfügen über Klimaanlagen, die zusätzlich zu bezahlen sind. Casa Pampa bemüht sich auch um Recyclingprogramme.

Hotel Meli Melo HOTEL **$$**
(☎2640-0575; www.hotelmelimelo.com; Santa Teresa; DZ/3BZ/4BZ 60/75/90 US$, Apt. 90–120 US$; P ❄ 📶) Ein heiteres B&B direkt in der Ortsmitte, die besten Brandungswellen sind ganz in der Nähe. Die sauberen bunten Zimmer sind mit den üblichen Annehmlichkeiten sowie eigenen Terrassen, einer gemeinschaftlichen Küche, einem tropischen Garten und Duschen unter freiem Himmel ausgestattet. Meli ist die stolze Namenspatronin ihres Hotels.

Ein neues, voll ausgestattetes Apartment mit Küche gibt es auch. Nur etwa 2 km nördlich von der Hauptkreuzung der Nord-Süd-Strandstraße entfernt.

Pachamama HOTEL **$$**
(☎2640-0195; www.pacha-malpais.com; Mal País; Surfcampzimmer 25 US$, Bungalows 65–75 US$, Häuser 160 US$; P 📶) Das reizvolle Anwesen hat viel zu bieten, besonders in den niedlichen Bungalows im Pueblostil, die jeweils mit kleinen Küchen und schönen schattigen Veranden ausgestattet sind. Außerdem gibt es ein zweistöckiges Haus mit zwei Gästezimmern und einem romantischen Dachboden aus Holz. In dem tropischen Garten leben sogar Wildtiere. Das Hotel liegt etwa 1,5 km von der Kreuzung Santa Teresa/Mal País entfernt. Der Mal-País-Veteran Franz arbeitet weiter an einer Verbesserung des Hotels – die Surfcampzimmer und eine Grillstelle waren zum Zeitpunkt der Recherchen die aktuellsten Neuerungen.

Historische Fußnote: Mitglieder der Red Hot Chili Peppers pflegten an der hier mittlerweile nicht mehr stattfindenden Jam Session teilzunehmen.

Malpaís Surf Camp & Resort LODGE **$$**
(☎2640-0031; www.malpaissurfcamp.com; Mal País; Stellplatz pro Pers. 15 US$, B 17 US$, DZ mit/ohne Bad 73/40 US$, Villa ab 108 US$; P ❄ @ 📶 ≋) Die Lodge, die sich vor allem an Surfer wendet, bietet komfortable, frei stehende *cabañas* und andere luxuriöse Unterkünfte, das Beste ist jedoch ein *rancho* im Freien mit Blechdach und Kieselsteinfußböden, der mit drei weiteren Surfern geteilt werden kann. Auf dem Gelände ist ein tropischer Landschaftspark zu entdecken, ein luxuriöser Pool lädt zum Schwimmen ein, eine Open-Air-Lounge zu einem kühlen Bier; die gute Stimmung ist überall zu spüren.

Eine Villa verfügt über Klimaanlage und TV. Südlich der T-Kreuzung gelegen.

Star Mountain LODGE **$$**
(☎2640-0101; www.starmountaineco.com; Mal País; EZ/DZ/3BZ 69/85/95 US$, *casitas* 159–169 US$; P 📶 ≋) Dieses Naturrefugium liegt in einem etwa 90 ha großen privaten Naturschutzgebiet voller Vögel, Schmetterlinge und Affen. Die Lodge bietet vier geräumige Gästezimmer, eine weite Veranda mit Hängematten und Schaukelstühlen, ein Yogastudio und einen herrlichen Swimmingpool. Zur Lodge, die 2 km vom Strand in Mal País liegt, führt eine Abzweigung von der Hauptstraße bei Mary's Restaurant.

Wanderwege führen auf einer Länge von gut 3 km durch das Schutzgebiet, das zu Fuß oder auf dem Pferderücken erkundet werden kann.

Funky Monkey Lodge BUNGALOWS **$$**
(☎2640-0272; www.funkymonkeylodge.com; Santa Teresa; DZ 96–102 US$, Apt. 136–195 US$; P ❄ 📶 ≋) 100 m von der Hauptstraße entfernt in einer Seitenstraße liegt diese unkonventionelle Lodge mit entzückenden, schlichten Bungalows aus Bambus. Jeder ist mit einer Open-Air-Dusche und einem Balkon mit Hängematte ausgestattet. Eine gemeinschaftliche Küche ist für alle Gäste zugänglich. Außerdem: Tischtennisplatte, Pool und Brettspiele!

Funky Monkeys Restaurant bietet einige überraschende Gerichte (wie beispielsweise Bananen-Pfannkuchen zum Frühstück). Doch egal, wo man übernachtet, auf keinen Fall sollte man das Super Sushi am Mittwoch- und Samstagabend verpassen.

★ Canaima Chill House BOUTIQUEHOTEL **$$$**
(☎ 2640-0410; www.hotel-canaima-chill-house.com; Santa Teresa; DZ/4BZ 100/130 US$; P 📶 🏊) „Chill House" ist ein passender Name für das Boutiquehotel mit Öko-Schick und acht Zimmern in einer urwüchsigen Dschungelumgebung. In den äußerst eleganten Suiten gehen Innen- und Außenräume fließend ineinander über, sie verfügen über gut ausgestattete Küchen und märchenhafte hängende Bambusbetten. Große Mengen von Naturmaterialien wurden eingesetzt; diese sind beispielsweise hübsch in den Steingrottenduschen verarbeitet worden.

400 m hügelaufwärts gelegen, von dem Hinweisschild des Nautilus Hotels aus. Man kann zu Fuß gehen, aber ein Taxi ist durchaus sinnvoll.

Die Gäste teilen sich den Whirlpool und das Tauchbecken sowie die Lounge, in der in den Boden versenkte Kissen zum Verweilen einladen.

Hotel Moana BOUTIQUEHOTEL **$$$**
(☎ 2640-0230; www.moanacostarica.com; Mal País; Zi Standard/Deluxe 110/145 US$, Suite 245–275 US$, alle inkl. Frühstück; P ❄ 📶 🏊) Schlicht überwältigend ist das Boutiquehotel, das sich oberhalb von Mal País an einen bewaldeten Hang lehnt. Die Standardzimmer befinden sich in Gartenhäusern aus Holz, sie sind mit afrikanischen Kunstwerken üppig verziert. Von den hoch gelegenen Junior-Suiten eröffnet sich ein weiter, herrlicher Ausblick von 180 Grad über die Küste. Die Fußböden bestehen überall aus Holz, im Innern und im Freien sind Regenduschen und Glasschiebetüren vorhanden. Die exklusive Papaya Lounge profitiert ebenfalls von der erhöhten Lage.

Atrapasueños Dreamcatcher Hotel BOUTIQUEHOTEL **$$$**
(☎ 2640-0080; www.dreamcatcherhotel.com; Santa Teresa; DZ inkl. Frühstück 140–170 US$, Apt. 250 US$; P ❄ 📶 🏊) Nur wenige Schritte vom Strand entfernt befindet sich dieses Familienunternehmen, in dem sich die Intimität eines B&B mit dem komfortablen Luxus eines Boutiquehotels verbindet. Die Zimmer verfügen über Balkon oder Terrasse mit Blick auf die schöne Gartenanlage; sie sind mit Hartholzfußböden, exotischen Kunstwerken, Wandteppichen und großen Glasschiebetüren ausgestattet. Ein wunderschöner Swimmingpool mit Mosaikkacheln wird von einer Sonnenterrasse mit Duschen umgeben.

Florblanca VILLA **$$$**
(☎ 2640-0232; www.florblanca.com; Santa Teresa; Villa inkl. Frühstück ab 400 US$; P ❄ 📶 🏊) 🍃 Diese romantischen, auf 3 ha Land verstreuten Villen in der Nähe eines unberührten weißen Sandstrandes sind wirklich eine Klasse für sich. Die Innen- und Außenbereiche sind von natürlichem Licht durchflutet und voller Design-Details wie Bäder im Freien und abgesenkte Wohnbereiche innen und außen. Zu den zusätzlichen Leistungen gehört Komplementäryoga, Fahrrad- und Surfboardverleih. Die Anlage liegt isoliert, 4 km nördlich der Kreuzung. Das sensationelle Restaurant Nectar wird ebenfalls sehr empfohlen. Das Hotel hat vier von fünf Punkten beim nationalen Öko/Nachhaltigkeits-Rating bekommen und bemüht sich um die Unterstützung der lokalen Gemeinde.

Essen

Zwart Cafe CAFÉ **$**
(☎ 2640-0011; Santa Teresa; Hauptgerichte 4–8 US$; ⏲ 7–17 Uhr; 📶) *Zwart* ist Holländisch und bedeutet schwarz, doch in diesem Café mit schäbigem Schick und einer Galerie unter der Leitung eines Künstlers ist alles weiß (oder fast – wenn der Staub nicht wäre!). Hübsch sind die vom Surfsport inspirierten Gemälde in kraftvollen Farben, der lebhafte Patio im Freien und das Frühstück, zu dem sogar Pfannkuchen mit Schokostückchen gereicht werden. Mittags dreht sich dann alles um die Burritos. Es liegt etwa 2 km nördlich der Kreuzung, auf der rechten Seite, wenn man in Richtung Norden fährt. Dazu gibt es einen umwerfenden Secondhand-Buchladen.

Mafra's Bakery BÄCKEREI **$**
(Einkaufszentrum am Eingangsbereich zur Playa El Carmen; Gebäck & Brot 2–4 US$; ⏲ Mo–Sa 8–19 Uhr) Es ist zwar nicht die größte Bäckerei in Playa El Carmen, aber langjährige Anwohner schwören auf diese italienische *panaderia* im ersten Einkaufszentrum, das sichtbar wird, sobald man in die Stadt kommt. Franchesca und ihre Leute zaubern unglaubliche *bombolini*, die so lecker sind, dass man sich danach die Finger ablecken muss. Außerdem gibt es eine ganze Reihe guter *focaccia* und pizzaähnlicher Backwaren. *Buono apettito!*

Burger Rancho BURGER **$$**
(☎ 2640-0583; www.facebook.com/BurgerRancho; Santa Teresa; Hauptgerichte 10–12 US$; ⏲ 11–22 Uhr; 🍷) Eine große Auswahl an Bur-

gern gibt es in diesem *rancho* unter freiem Himmel, jenseits des Fußballplatzes. Auf einer Schiefertafel stehen die wechselnden Tagesangebote verzeichnet, beispielsweise ein vegetarischer Burger mit Zuchtchampignons, ein hawaiianischer Thunfischburger oder originelle Varianten wie Chorizoburger. Es gibt auch andere Gerichte – aber warum sollte man die hier bestellen? Nur Barzahlung möglich.

Restaurante & Pizzeria Playa Carmen PIZZA $$
(☎2640-0110; www.restaurantepizzeriaplaya-carmen.com; Playa El Carmen; Hauptgerichte 10–23 US$; ⏰9–22 Uhr) Eine Pizzeria direkt an der *playa* – das ist nicht zu überbieten; und die Speisekarte, die auch *ceviche* und Fischgerichte umfasst, zeigt, dass es sich hier um mehr als nur eine Pizzeria handelt. Es ist eine beliebte Adresse für einen Dämmerschoppen – das ist den Spezialitäten zur Happy Hour (2-für-1-Getränke) und dem erstaunlichen Farbenspiel des Abendhimmels zu verdanken. Und beides können die Gäste hier in Gesellschaft von Einheimischen genießen.

★ **Koji's** JAPANISCH $$$
(☎2640-0815; www.santa-teresa.com/kojis; Playa Hermosa; Sushi 5–10 US$; ⏰Di–Sa 17.30–21.30 Uhr) Das Sushi-Restaurant von Koji Hyodo ist ein leuchtendes Beispiel für die exzellente Verarbeitung frischer Zutaten. Atmosphäre und Service sind selbstverständlich überragend, aber die Gerichte kommen einem höheren Ideal nahe. Der gegrillte Tintenfisch wird nur ganz kurz erhitzt und mit Meersalz bestreut. Eine feine Kruste zeichnet das Hummer-Sashimi aus, es wird papierdünn geschnitten und dann mit frischem Ingwer bestreut. Von der Hauptstraße aus hügelaufwärts fahren.

Bajo El Arbol TAPAS $$$
(Playa El Carmen; Hauptgerichte 15–18 US$; ⏰18–22 Uhr) Wer noch nie in Spanien war, bekommt eine Kostprobe hier „Unter dem Baum". Der baskische Küchenchef Julio zaubert eine außergewöhnliche *escalivada* (ein Gericht aus Auberginen und Paprika), und der *pulpo a la gallega* (Oktopus) mit körnigem Meersalz ist so verdammt gut, dass er verboten werden müsste. Dazu ein spanischer Wein, und der Abend ist perfekt.

Es gibt auch ein praktisches Gästehaus mit vier Zimmern; 200 m nördlich der Kreuzung, in Playa El Carmen gelegen.

Papaya Lounge INTERNATIONAL $$$
(☎2640-0230; www.moanacostarica.com; Hotel Moana, Mal País; Tapas 6–15 US$; ⏰Di 7.30–10, Mi–Mo 7.30–10 & 17–21 Uhr) Das erstklassige Restaurant Papaya Lounge im Hotel Moana (S. 377) liegt in hinreißender Höhe an einem Hang mit großartigen Ausblicken – und ebenso gut sind die lateinamerikanisch inspirierten Tapas. Auf der Grundlage regionaler Zutaten entstehen hier Köstlichkeiten wie Rinderschmorbraten mit Chili und Kaffee sowie Meeresfrüchtespieße mit einer Glasur aus Habanero-Chili und Passionsfrucht. Zwei Tapas dürften schon ausreichen, um auch einen hungrigen Gast zufriedenzustellen.

Mary's Restaurant FUSION $$$
(☎2640-0153; www.maryscostarica.com; Mal País; Hauptgerichte 10–22 US$; ⏰Do–Di 17.30–22 Uhr) Abgelegen am Rand des Dorfes Mal País verbirgt sich dieses unscheinbare Open-Air-Restaurant mit glänzendem Fußboden, Holzofen, Billardtisch und einer Speisekarte, die auf einer Schiefertafel geschrieben steht. Zum Angebot gehören köstliche Holzofenpizzas, hausgemachte Schinken und Würstchen, gegrillte Meerestiere und erntefrische Früchte und Gemüse. Alles schmeckt fantastisch. Das Geheimnis dahinter? Verwendet werden nur frische Bioerzeugnisse von Höfen und von Fischern aus der Region.

Brisas Del Mar MEERESFRÜCHTE $$$
(☎2640-0941; Playa El Carmen; Hauptgerichte 15–22 US$; ⏰Mo–Sa 20–22 Uhr; Ⓟ) Der steile Weg hier herauf lohnt sich für den sensationellen Ausblick und die herrlichen Meeresfrüchte in dem Patio-Restaurant direkt am Pool des Hotel Buenos Aires. Am besten, man beginnt mit einem Cocktail, um in Ruhe die Tageskarte zu studieren, die auf einer Schiefertafel angeschrieben steht. Empfehlenswert sind die *fruits de mer*; sie sind beinahe immer fantastisch. Hier ist nur Barzahlung möglich.

Ausgehen

Es ist kein Geheimnis, wo hier die Party steigt: donnerstags im Kika, sonntags im Roca Mar und – bei Sonnenuntergang an jedem Abend der Woche – in der Pizzeria Playa Carmen. **Nativos** (☎2640-0356; www.facebook.com/NativoSportsBar; Playa El Carmen; ⏰11.30–23 Uhr), eine Sportbar betrieben von einem einheimischen Inhaber, liegt im Zentrum des Geschehens.

Roca Mar BAR
(☎2640-0250; Santa Teresa; ⏲12–21 Uhr; 📶) Beim Blue Surf Sanctuary am nördlichen Ortsrand liegt diese perfekte Strand-Loungebar, eine beliebte Adresse der Expat-Gemeinde des Ortes. Sitzsäcke, die im Sand versinken, Hängematten, die an Bäumen schwingen – alles ist perfekt auf den Sonnenuntergang ausgerichtet. An Sonntagabenden findet eine offizielle „Sunset Party" statt – ein familienfreundliches Event mit Livemusik und Feuertänzern.

Kika LIVEMUSIK
(☎2640-0408; www.facebook.com/kika.santateresa; Santa Teresa; ⏲17–2 Uhr) Das Restaurant unter argentinischer Leitung ist eine beliebte Adresse für ein Abendessen und Getränke bei Kerzenlicht (das Gericht Grandma's Pork wird dabei überschwänglich gelobt). Die eigentliche Attraktion tritt allerdings erst nach Einbruch der Dunkelheit am Donnerstagabend in Erscheinung, wenn eine regionale Coverband Punk, Rock und Ska spielt und ein lebhaftes Publikum zum Trinken und Tanzen hinreißt.

ℹ Praktische Informationen

Banco de Costa Rica (☎2211-1111; Playa El Carmen; ⏲Mo–Fr 9–16 Uhr) verfügt über einen Geldautomaten, der rund um die Uhr zugänglich ist. Direkt gegenüber im Centro Comercial Playa El Carmen hat eine Filiale der **Banco Nacional** (☎2640-0598; Playa El Carmen; ⏲Mo–Fr 13–19 Uhr) einen weiteren Geldautomaten. Manchmal geht ihnen das Bargeld aus, man sollte sich also vor dem Wochenende noch mit Nachschub versorgen.

Malpaisnet (www.malpais.net) Eine nützliche Website mit Informationen zur Region mit einer praktischen Karte.

ℹ An- & Weiterreise

AUTO

Entlegenere Gegenden sind am besten mit einem Mietwagen zu erreichen. Die nächstgelegene Tankstelle befindet sich 2 km in Richtung Cóbano an der Straße von Playa El Carmen.

Alamo (☎2242-7733; www.alamocostarica.com; Playa El Carmen; ⏲8–17 Uhr) Bei Frank's Place.

Budget (☎2640-0500; www.budget.co.cr; Centro Comercial, Playa El Carmen; ⏲Mo–Sa 8–18, So bis 16 Uhr) Befindet sich neben der Banco Nacional.

BUS

Alle Busse starten und kommen an beim Ginger Café, 100 m in südlicher Richtung vom Hostel Cuesta Arriba entfernt; Fahrgäste können jedoch an jeder beliebigen Stelle der Straße in Santa Teresa einsteigen. Bei Frank's Place biegen die Busse links ab und fahren landeinwärts weiter auf Cóbano zu.

Ein Direktbus nach San José, der bei der Paquera-Fähre haltmacht, fährt um 7.30 und 15.30 Uhr (13 US$, 6 Std.) ab. Örtliche Busse nach Cóbano (2 US$, 45 Min.) fahren um 7 und 12 Uhr ab.

Tropical Touren (☎2640 1900, Whatsapp 8890 9197; www.tropicaltourshuttles.com), mit seinem Büro direkt neben Frank's Place bietet einen zuverlässigen Shuttle Service auf der Halbinsel und fährt bis Liberia und zur Grenze nach Nicaragua.

ℹ Unterwegs vor Ort

Durch Santa Teresa und Mal País führen feldwegartige Straßen: In der Trockenzeit kommt es zu extremer Staubentwicklung. Die vielen Geländewagen wirbeln noch mehr Staub auf (und den Ärger der Einheimischen). Wer nicht durch Autofahren zusätzlich zu diesem Problem beitragen möchte, sollte am besten auf das Fahrrad umsteigen. Autofahrer sollten Schrittgeschwindigkeit einhalten. Die Preise für Taxifahrten zwischen Mal País, Playa El Carmen und Santa Teresa liegen zwischen 4 und 8 US$.

Cabuya

200 EW.

Das winzige, idyllische Dorf, eine festgefügte Gemeinde aus einheimischen und ausländischen Einwohnern, erstreckt sich rund 7 km südlich von Montezuma an einem rauen Fahrweg entlang. Ein verborgener Schatz, der einen leichten Zugang zum Nationalpark von Cabo Blanco vermittelt und von Ruhesuchenden geschätzt wird. Ein erstaunlicher Anblick ist der **Cabuya-Feigenbaum**, der als die größte Würgefeige Costa Ricas gilt, sie misst 40 m in der Höhe und 22 m im Durchmesser!

Der Strand ist felsig und zum Schwimmen oder Surfen nicht geeignet. Ein kurzer Fußweg führt jedoch nach **Playa los Cedros**, einem großartigen Surfrevier auf halbem Weg zwischen Montezuma und Cabuya. Eine Alternative ist eine Wanderung, die nur bei Ebbe über eine natürliche Landbrücke zur **Isla Cabuya** hinüberführt. Dort gibt es einen kleinen sandigen Strand und gute Schnorchelreviere sowie einen fantasieanregenden Inselfriedhof voller Erinnerungen. Unbedingt die herannahende Flut im Auge behalten, um nicht vom Festland abgeschnitten zu werden!

ABSTECHER

RESERVA NATURAL ABSOLUTA CABO BLANCO

Knapp 11 km südlich von Montezuma liegt das älteste Naturschutzgebiet des Landes. **Cabo Blanco** (☎2642-0093; Erw./Kind 12/2 US$; ⊙Mi–So 8–16 Uhr) umfasst eine Landfläche von 12 km² und eine Meeresfläche von 17 km² und schließt die gesamte Südspitze der Península de Nicoya ein. Das feuchte Mikroklima an der Spitze der Halbinsel begünstigt das Wachstum von immergrünen Wäldern, die im Vergleich zu den für die Halbinsel Nicoya typischen tropischen Trockenwäldern an dieser Stelle einzigartig sind. Im Nationalpark liegen mehrere unberührte weiße Sandstrände und vorgelagerte Inseln, die verschiedenen Seevogelarten als Brutgebiete dienen.

Cabo Blanco ist ein sogenanntes „absolutes" Naturschutzgebiet, weil es bis zum Ende der 1980er-Jahre von Besuchern nicht betreten werden durfte. Der Name blieb zwar erhalten, doch inzwischen wurde eine begrenzte Anzahl von Wanderwegen für Besucher geöffnet. Um die schädlichen Auswirkungen auf das Ökosystem möglichst gering zu halten, ist der Park montags und dienstags geschlossen.

Die **Ranger Station** (☎2642-0093; ⊙Mi–So 8–16 Uhr) liegt 2 km südlich von Cabuya am Eingang zum Park; hier gibt es auch Wanderkarten.

Busse (1,50 US$, 45 Min.) fahren am Parkeingang in Richtung Montezuma ab um 7, 9, 11 und 15 Uhr. Sie erreichen Cabuya etwa 15 Minuten später. Ein Taxi von Montezuma zum Park kostet ca. 10–15 US$ (10 US$ bis nach Cabuya, und noch einmal 5 US$ bis zum Reservat).

Schlafen & Essen

El Ancla De Oro CABINAS $

(☎2642-0369; www.hotelelancladeoro.com; EZ/DZ 20/30 US$, *cabinas* 35–70 US$; P 📶) Die abgelegene schlichte Ferienanlage wird von Besuchern unterschiedlich beurteilt. Es scheint aber eine anständige Option für Reisende mit kleinem Budget zu sein, die die Nähe des Dschungels erleben möchten. Die besten unter den angebotenen Unterkünften sind alleinstehende Jungalows; wer einen davon bewohnt, wird manchmal morgens von einem Brüllaffen oder einem Kapuzineräffchen beäugt (manche behaupten, sie seien für die Zimmerreinigung zuständig). Die *cabinas* liegen an der Straße nach Montezuma.

Howler Monkey Hotel HOTEL $$

(☎2642-0303; www.howlermonkeyhotel.com; EZ/DZ/3BZ/4BZ 80/100/110/120 US$; P 📶 🏊) Folgt man den Hinweisschildern in eine Seitenstraße, erreicht man diese Hotelanlage, die sich aus großen Bungalows in Zeltform zusammensetzt; sie sind mit kleinen Küchen ausgestattet (nützlich, da die Gelegenheiten zum Essengehen hier ziemlich begrenzt sind). Das Gelände liegt direkt an einem sehr ruhigen, felsigen Strand. Die freundlichen Inhaber sind eine reiche Quelle an Informationen und verleihen außerdem Fahrräder und Kajaks. Seinen Namen hat das Howler Monkey Hotel (Brüllaffen-Hotel) nicht umsonst: Es ist mit morgendlichen Weckrufen zu rechnen.

Hotel Celaje CABINAS $$$

(Piratas del Celaje; ☎2642-0374; www.celaje.com; EZ/DZ/3BZ/4BZ inkl. Frühstück 87/102/118/134 US$; P 📶 🏊) Diese Ferienanlage setzt sich aus süßen, geräumigen Bungalows aus gebeiztem Holz mit Spitzdächern zusammen. Das Gelände ist mit künstlerischen Details wie Kokosnusslampen und Mobiles aus Muscheln geschmückt. Das Hotel grenzt an einen wunderschönen Strand, der allerdings zu felsig ist, um zum Schwimmen einzuladen; dafür ist eher der Swimmingpool zu empfehlen.

Bei Ebbe kann man einen hübschen Spaziergang von hier zum Isla Cabuya Friedhof unternehmen.

Café Coyote PIZZA $

(☎2642-0354; www.cabuyacr.com/cafe-coyote; Hauptgerichte 5–11 US$, Pizza 14–18 US$; ⊙8–22 Uhr; 📶) Jenny ist ihren Gästen bei allen wichtigen und weniger wichtigen Fragen behilflich, ob es um das Organisieren eines Taxis oder einer Abenteuertour, das Servieren einer kühlen *cerveza* oder einer delikaten Pizza – die beliebte Spezialität des Hauses – geht. Außerdem bietet das Café Coyote köstliche Frühstücksvariationen und zu anderen Tageszeiten gehaltvollere, deftige Mahlzeiten an. Ehemann Wilfredo informiert auf Wunsch über die einheimischen Vögel. Sie vermieten einen unkonventionellen, umgebauten Wohnwagen und ein Apartment (25–50 US$) mit Einbauküche. Direkt nach der Kreuzung gelegen, wo die Straße nach Cabuya rechts Richtung Mal Pais abbiegt.

Panadería Cabuya CAFÉ **$**
(☎2642-1184; www.facebook.com/panaderiacafeteria.cabuya; Hauptgerichte 7–20 US$; ⊙Mo & Mi–Sa 6.30–20, So bis 18 Uhr; 📶) Die Panadería Cabuya an der Hauptstraße von Cabuya zur Reserva Cabo Blanco ist ein bekanntes Wahrzeichen der Gegend. Das einladende Café in einem tropischen Patio verfügt über eine überirdisch gute Speisekarte, die frisches Brot, Gebäck und starken Kaffee zum Frühstück sowie Suppen und Sandwiches zu späteren Tageszeiten aufführt. Wer etwas für große, dunkle und gut aussehende Verführer übrig hat, wird sich freuen, die Bekanntschaft des leckeren Schokoladenkuchens zu machen.

An- & Weiterreise

Von Montezuma führt eine 7 km lange Autofahrt auf gerader Strecke an der Küste entlang ins Dorf Cabuya. Minibusse befahren diese Strecke auf dem Weg nach Cabo Blanco täglich 4-mal in jeder Richtung.

Beim Café Coyote führt eine Straße nach Mal País, das rund 7 km entfernt in westlicher Richtung an der landschaftlich wunderschönen Star Mountain Road (nur in der Trockenzeit befahrbar) liegt. Diese rauen Straßen sollten vor allem in der Regenzeit nur mit einem Geländewagen befahren werden, da mindestens ein Flussbett zu durchqueren ist.

Montezuma

7500 EW.

Montezuma ist ein Dorf am Strand, das einen für sich einnimmt und seine Besucher beinahe zwingt, das Auto stehen zu lassen, um zu schlendern, zu schwimmen und, wenn man sich vor längeren Fußmärschen nicht scheut, zu surfen. Der warme und wilde Ozean und der verbliebene Urwald, dessen Geräusche überallhin dringen, haben dazu beigetragen, dass in dieser felsigen Nische ein einladend bohèmehaftes Lebensgefühl kultiviert werden konnte. Mit den touristischen Aktivitäten wie Baumkronentouren wird auch hier ein gutes Geschäft gemacht, aber noch immer spürt man, dass Montezuma seiner Hippietradition tief verbunden geblieben ist, wenn auch Einflüsse aus aller Welt ihre Spuren hinterlassen haben: Wie eh und je werden Yoga-Kurse und Freiwilligenarbeit angeboten, es gibt vegetarierfreundliche Restaurants und moderne Rastafaris, die auf der Straße handgefertigten Schmuck und ihr „beglückendes" Kraut verkaufen. So überrascht es nicht, dass die Einwohner ihr Dorf liebevoll „Montefuma" nennen.

Es ist aber dennoch nicht vollkommen. Insbesondere die Unterkünfte sind ihr Geld oftmals nicht wert, was manchmal ebenso auf die Restaurants zutrifft (obwohl es unter ihnen auch einige Perlen gibt). Doch in diesem unbeschwerten Dorf, das sich über mehrere Kilometer an einer schroffen Küste entlangzieht, sind der Rhythmus und der Klang des Meeres nie weit entfernt, und das ist eigentlich die Hauptsache.

Sehenswertes

Bilderbuchschöne, weißsandige Strände, nur durch kleine felsige Landspitzen voneinander getrennt, reihen sich entlang der Küste. Hier lässt sich Strandgut sammeln, und die Gezeitentümpel voller Tiere laden zu intensiver Betrachtung ein. Leider kann es an der gesamten Küste starke, gefährliche Brandungsrückströmungen geben, Schwimmer sollten sich vorher unbedingt im Ort erkundigen.

★ **Montezuma-Wasserfälle** WASSERFALL
(Parken 2 US$) Eine 40-minütige Flusswanderung führt zu einem Wasserfall mit einem herrlichen Naturschwimmbecken. Weiter entlang des Weges befindet sich ein zweiter Wasserfall, der aus etwa 10 m Höhe gute Sprünge ins tiefe Wasser ermöglicht. Die „Taucherplattform" ist vom Wanderweg aus erreichbar. Vorsicht: Nicht versuchen, auf die glitschigen Felsen zu klettern! Wagemutige können ihre Tarzan-Fähigkeiten an dem Seil testen, das über dem dritten Wasserfall schwingt. Viele Reisende genießen diesen Nervenkitzel, aber ein paar sind dabei auch schon umgekommen – man macht es also auf eigenes Risiko.

Den Parkplatz erreicht man, wenn man von der Stadt aus in südlicher Richtung geht; er liegt hinter dem Hotel La Cascada. Hier angekommen, direkt nach der Brücke in den Wanderweg nach rechts einbiegen. Für diese Tour wird festes Schuhwerk benötigt. Offizielle Ranger/Führer (zu erkennen an den offiziellen Westen/Hüten), die hier

Montezuma

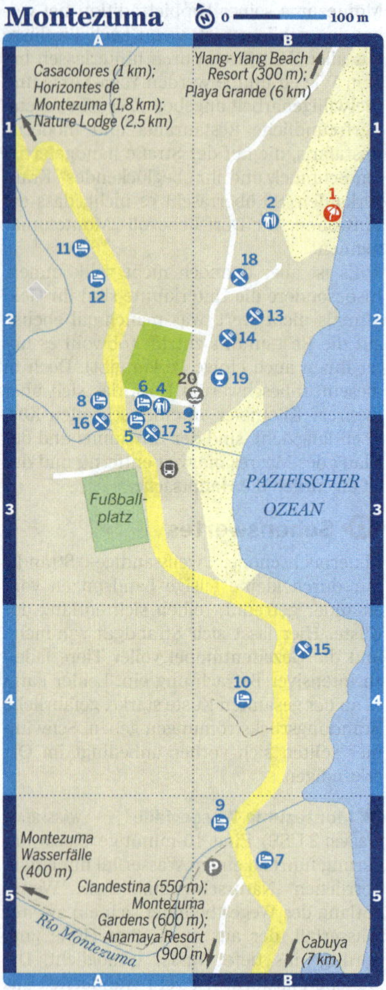

Montezuma

Sehenswertes
1 Playa Montezuma B1

Aktivitäten, Kurse & Touren
Montezuma Yoga ..... (s. 10)
2 Peaks & Swells Surf Camp B1
3 Sun Trails A2
4 Young Vision Surf School A2
Zuma Tours ..... (s. 3)

Schlafen
5 Downtown Montezuma Hostel A3
6 El Sano Banano A2
7 Hotel Amor de Mar B5
8 Hotel El Jardín A2
9 Hotel La Cascada B5
10 Hotel Los Mangos B4
11 Luna Llena A2
12 Luz en el Cielo A2

Essen
13 Cocolores B2
14 Orgánico B2
15 Playa de los Artistas B4
16 Puggo's A3
17 Soda El Balcón del Mar A3
18 The Bakery B2

Ausgehen & Nachtleben
19 Chico's Bar B2

Transport
Montezuma Expeditions ..... (s. 4)
20 Zuma Tours B2

arbeiten, erteilen den Besuchern kostenlos Ratschläge, welche der Wanderrouten am sichersten sind, vor allem während der Regenzeit. Familien mit Kindern oder ältere Personen sollten vielleicht lieber via Sun Trails (S. 383) hierherkommen. Der Zugang ist leichter, doch es wird eine Parkgebühr von 4 US$ verlangt.

Playa Cocolito STRAND

Der Anblick eines Wasserfalls, der donnernd von einer Klippe herabstürzt und auf Felsen und Meer auftrifft, ist einfach ein überwältigendes Schauspiel – der Wasserfall El Chorro ist die unwiderstehliche Attraktion von Playa Cocolito, wenngleich auch der Strand selbst eine wunderbare Sehenswürdigkeit darstellt.

Eine zweistündige, anstrengende Wanderung führt über 12 km von Montezuma zum Wasserfall: Wer bei Sonnenaufgang aufbricht, kann unterwegs zahlreiche Wildtiere beobachten. Als Alternative ist es ein beliebtes Ziel von Reitausflügen. In jedem Fall ist an ausreichend Wasser und Proviant zu denken. Die Gewässer sind in dieser Gegend von einem traumhaften, irisierenden Azurblau, rosafarbene Klippenfelsen bilden zwei zum Schwimmen einladende Becken. Die Abgeschiedenheit des Ortes bewirkt, dass sich vereinzelte Wanderer völlig ungestört fühlen können.

Playa Grande STRAND

Etwa 7 km im Norden des Ortes liegt Playa Grande, der beste Strand der Gegend zum Surfen der Brandung. Wellen und Sand erstrecken sich über 3 km und sind nie von Besuchern überlaufen. Der Strand ist in

30 Minuten zu Fuß zu erreichen; es ist ein schöner Spazierweg, der am türkisfarbenen Pazifik und dem üppigen Grün des Montezuma Biological Reserve entlangführt.

Playa Grande wird manchmal von Touristen aufgesucht, die – entgegen den kulturellen Gepflogenheiten in Costa Rica – oben ohne oder ganz ohne Textilien Sonnenbäder nehmen. Badegäste, die sich diese Freiheit nehmen möchten, sollten sich aber in Zurückhaltung üben.

Playa Montezuma STRAND

Der beste Strand in Ortsnähe liegt nördlich des Restaurants Cocolores, dort ist der Sand pudrig weich und vor hohem Wellengang geschützt. Es ist eine grandiose, von der Sonne durchglühte Weite. Die dunkle Blaugrünfärbung des Meeres ist unmittelbar belebend, die Temperatur perfekt, und eine Überfülle an Meerestieren belebt das Wasser. Am nördlichen Ende des Strandes führt ein Wanderweg zu einer Höhle, die als Piedra Colorada bekannt ist. Ein kleiner Wasserfall ergießt sich dort in ein Süßwasserbecken, das sich perfekt zum Schwimmen eignet.

Aktivitäten

Young Vision Surf School SURFEN

(☎ 8669-6835; www.youngvisionsurf.com; 2-stündiger Unterricht 45 US$) Manny und Alvaro werden für ihr Wissen, ihre Begeisterung und ihre Geduld mit Surfanfängern jeden Alters hoch gelobt. Tägliche Unterrichtsstunden finden in Playa Grande statt, die Kurse sind auf höchstens drei Teilnehmer begrenzt. Surfboards, UV-Schutzkleidung und frisches Obst sind inbegriffen. Zum Angebot gehören auch Wochencamps für Familien, Surferküken und Yogis. Im Sano Banano (S. 385) nach ausführlicheren Informationen fragen.

Peaks & Swells Surf Camp SURFEN

(☎ 2642-0067; www.surfcamppeaksnswells.com; 7-Tage-Camp pro Pers. 2950 US$; 👪) Einwöchige Camps, die speziell auf Frauen, Familien und Mountainbiker ausgerichtet sind. Wer sich angesprochen fühlt, hat hier die Chance, das Surfen anhand von systematischen Unterrichtsmethoden zu lernen. Am Strand gelegen, unmittelbar nördlich der „Innenstadt" Montezumas.

Montezuma Yoga YOGA

(☎ 8704-1632, 2642-1311; www.montezumayoga.com; pro Pers. 14 US$; ⏲ Mo–Fr 8.30, Di, Mi, Sa & So 18 Uhr) Die Anleitungen sind vom Anusara-Yoga inspiriert, bei dem die kraftvolle Ausrichtung des Iyengar-Stils mit den dynamisch fließenden Elementen des Vinyasa-Flow verbunden wird. Die Kurse werden in einem hinreißenden Studio veranstaltet, das von der Meeresbrise durchströmt, von einem spitzen Blechdach geschützt und von den Klängen der Natur eingehüllt wird. Am Sonntagabend findet ein Kurs bei Kerzenschein statt – ein zauberhaftes Erlebnis. Das Studio befindet sich auf dem Gelände des Hotel Los Mangos. (S. 384).

Geführte Touren

Tourveranstalter im Ort vermieten alles Erdenkliche von Bodyboards bis hin zu Fahrrädern. Angeboten werden auch Schnellbootfahrten nach Jacó und private Shuttlefahrten zu verschiedenen Zielen.

Der beliebteste Ausflug ist eine Schifffahrt zur Isla Tortuga (S. 390), die rund 60 US$ kostet, darin enthalten sind Mittagessen, Obst, Getränke und Schnorchelausrüstung. Obwohl die Insel wunderbar schön ist (nach Meinung vieler sogar die schönste Insel Costa Ricas), beklagen viele Reisende den Touristenzirkus, der sich dort vor allem in der Hochsaison abspielt, wenn die Insel von Ausflugsschiffen förmlich belagert wird.

Beliebt sind auch geführte Wanderungen im Naturschutzgebiet von Cabo Blanco und Reitausflüge nach Playa Cocolito.

Sun Trails TOUREN

(Montezuma Waterfall Canopy Tour; ☎ 2642-0808; www.montezumatraveladventures.com; Touren 45 US$; ⏲ 9, 13 & 15 Uhr) Der Tourveranstalter Sun Trails bietet eine 1½-stündige Baumkronentour. Nachdem man an acht Seilen von einer Plattform zur nächsten geflogen ist, endet die Tour mit einer Wanderung bergab – nicht etwa bergauf – zu den Wasserfällen. Badesachen nicht vergessen: Ein Sprung von den Felsen in ein erfrischendes Bad ist möglich. Für einen schnellen Zugang zu den Wasserfällen über die Hängebrücke beim Eingang zum Canopy parken (4 US$). Das Unternehmen hat eine makellose neue Lodge mit den modernsten Annehmlichkeiten auf der anderen Seite der Hängebrücke errichtet, das Sun Trails Hotel.

Zuma Tours TOUREN

(☎ 2642-0024; www.zumatours.net; Schildkröten-Schnorcheln 60 US$, Baumkronentouren 45–50 US$; ⏲ 7–21 Uhr) Arrangiert Transport und Touren aller Art: Schnorcheltrips zur Isla Tortuga, Reitausflüge in Cabo Blanco und mehr. An der Hauptstraße, die von Osten nach Westen führt, hügelabwärts in Richtung Wasser gelegen.

Schlafen

In Montezuma sind mangelhafte Unterkünfte in der Mehrzahl, es ist daher ratsam, frühzeitig ein gutes Zimmer zu buchen. Zu beachten ist, dass in der Ferienzeit in manchen Hotels ein Mindestaufenthalt von drei Übernachtungen gilt. Nördlich von Montezuma, abseits der Straße nach Cóbano, findet man vereinzelte Pensionen und Boutiquehotels; einige davon sind unbedingt empfehlenswert, jedoch nur für Gäste mit eigenem Auto geeignet.

★ Luz en el Cielo HOSTEL, B&B $
(☎ 2642-0030; www.luzenelcielo.com; B 18–28 US$, DZ/4BZ 90/136 US$, alle inkl. Frühstück; P ᯤ) Im Herzen des Dschungels, aber nur zwei Minuten von der Stadt entfernt, bietet dieses gemütliche Hostel und B&B einen einladenden Rückzugsort. Die engen Schlafsäle sind supersauber und mit robusten Holzmöbeln und Schließfächern ausgestattet, während die neuen „Luxus"-Schlafräume größer sind und über Privatbalkone und Privatbäder verfügen. Auch die *cabinas* in den Baumkronen sind wundervoll. Weitere Vorteile sind das herrliche Frühstück von Organico (S. 386), wundervolle Hängematten und die sehr freundlichen Angestellten.

Luna Llena HOSTEL $
(☎ 2642-0390; www.lunallenahotel.com; B 15 US$, EZ/DZ 55/65 US$, ohne Bad 28/38 US$; P ᯤ) Am nördlichen Ortsrand bietet das hochgelegene Hostel mit Blick über die Bucht wunderbare und einzigartige Unterkünfte der preiswerten Kategorie. Alle Zimmer sind einfach, aber elegant, farbenfroh und sauber; die meisten haben Balkone. Es gibt eine große Küche, einen Grillplatz und einen luftigen Loungebereich für alle mit Rattanhängesesseln und überwältigenden Ausblicken aufs Meer. Im umgebenden Wald ist eine Fülle von Wildtieren heimisch.

Vor Ort finden täglich von Mai bis Dezember um 16 Uhr kostenlose Yogakurse statt.

Downtown Montezuma Hostel HOSTEL $
(☎ 8516-6921; www.dtmontezuma.com; B 14 US$, DZ mit/ohne Bad 45/35 US$; ᯤ) Das eigenartige kleine Hostel hat zwei Etagen, Kunstwerke an den Wänden, eine saubere, gemeinschaftliche Küche und unzählige Hängematten zur Entspannung. In allen Zimmerpreisen enthalten sind Kaffee in unbegrenzter Menge und Pfannkuchen zum Frühstück, die die Gäste selbst zubereiten können. Die Zimmer (4-Bett-Schlafsäle und private Doppelzimmer) sind nichts Besonderes, dafür lieben die Gäste die witzige, freundliche Stimmung des Hauses. Die Ruhezeit nach 23 Uhr ist strikt einzuhalten.

An der Ecke gelegen, wo die Hauptstraße in die Innenstadt mündet, in der Nähe der Kreuzung.

Hotel Los Mangos HOTEL $
(☎ 2642-0076; www.hotellosmangos.com; Zi mit/ohne Bad 75/35 US$, Bungalows 90 US$; P ❄ ᯤ ≋) In von Mangobäumen bestandenen Gärten liegt dieses skurrile Hotel mit schlichten Zimmern mit bemaltem Holz im Hauptgebäude sowie attraktiven (wenn auch dunklen) achteckigen Bungalows, die mehr Ungestörtheit versprechen. In den Mangobäumen sind Affen heimisch, in einem hinreißenden Pavillon mit Meerblick werden neben einem Pool und Whirlpool Yogakurse veranstaltet (S. 383). An der Straße Richtung Süden gelegen, auf dem Weg zum Wasserfall.

Horizontes de Montezuma GUESTHOUSE $$
(☎ 8403-6838; www.facebook.com/hotelhorizontesdemontezuma; DZ 85 US$; P ❄ ᯤ ≋) Dieses Juwel liegt 2 km nördlich (und oberhalb) von Montezuma; das Bauwerk in kolonialzeitlichem Stil ist von spektakulären blühenden Parkanlagen umgeben. Die Zimmer sind klar, sauber und makellos und zeigen fein akzentuierte Stilelemente, überaus schicke Badezimmer inklusive. Eigene Veranden bieten hinreißende Ausblicke auf das Baumkronendach des Waldes. Die Gastgeber scheuen keine Mühen, ihre Gäste auf hohem Niveau zu verwöhnen.

Hotel La Cascada HOTEL $$
(☎ 2642-0057; www.lacascadamontezuma.com; EZ & DZ inkl. Frühstück 60 US$, Klimaanlage 10 US$; P ❄ ᯤ) An der Flussmündung, auf dem Weg zu den Wasserfällen, verfügt dieses klassische Montezuma-Hotel über 15 einfache Holzzimmer mit wallenden Vorhängen und frischer weißer Bettwäsche. Die riesige Terrasse im zweiten Stock blickt auf den Ozean und ist mit Hängematten ausgestattet, die sich perfekt zum Schaukeln, Entspannen oder Beobachten der Brüllaffen eignen. Itza ist der Eigentümer dieses sauberen, familienorientierten Unternehmens. Das Hotelrestaurant und die Bar sind die perfekten Orte, um sich bei einem Smoothie

von der Wasserfallwanderung zu erholen oder ein lokales Bier mit einem Burger und Yucca-Fritten zu genießen.

Hotel El Jardín CABINAS $$
(Cabinas El Jardin; ☎2642-0074; www.hoteleljardin.com; DZ 85–105 US$, *casas* 130–135 US$; P ❄ @ ☎ ≋) Das hochgelegene Hotel besitzt 16 *cabinas* aus gebeiztem Holz, einige haben Bäder aus Stein, große Balkone und Meerblick. Das Gelände ist mit tropischen Blumen und üppigen Palmen wie ein Landschaftspark gestaltet. Das Herzstück ist ein zweistufiger Swimmingpool mit Whirlpool und Wasserfall, der das Ganze auf das Niveau einer hübschen 3-Sterne-Ferienanlage hebt. Direkt am Eingang zur Stadt, wo die Ruta 624 auf die „Innenstadt" trifft.

El Sano Banano HOTEL $$
(☎2642-0523; www.elsanobanano.com; EZ/DZ/3BZ/4BZ 80/86/108/130 US$; P ❄ ☎) Ein Hotel mit guter Leitung im Zentrum der Stadt. Obwohl es insgesamt einen ganzen Block einnimmt, verfügt es über nur zwölf saubere und komfortable Zimmer mit skurrilen Malereien. Viele der Zimmer haben keine Fenster, aber die Wände sind mit Bäumen, Blumen und Meerblick geschmückt.

Hotelgäste können den Swimmingpool im Ylang Ylang Resort gratis benutzen.

Das dazugehörige Restaurant bietet leckere Backwaren und eine einladende Terrasse an der Hauptstraße. Abends werden im Restaurant hinten im Garten auch Filme gezeigt.

Anamaya Resort RESORT $$$
(☎2642-1289; www.anamaya.com; pro Woche inkl. drei Mahlzeiten ab 1125 US$; P ☎ ≋) Nach eigener Aussage ein „Retreat für Körper, Geist und Seele" – Anamaya liegt hoch über Montezuma und ist etwas ganz Besonderes. Die Berglage erlaubt einen weiten Blick auf das Meer und den dichten Urwald. Die Umgebung allein wäre schon erhebend genug, um zur Erleuchtung zu führen, und sei es auch nur für einen kurzen Moment. Der Yogaraum ist mit dem Haupthaus verbunden und bietet den erwähnten unglaublich schönen Ausblick, der sich auch vom angrenzenden Infinitypool ergibt.

Yogakurse, Surfunterricht und eine Vielfalt von anderen Aktivitäten können als Retreat-Add-ons zusätzlich gebucht werden. Eine einen Monat dauernde Ausbildung zum Lehrer kann hier ebenfalls gemacht werden. In einer Seitenstraße unmittelbar nach den Wasserfällen gelegen.

Casacolores BUNGALOWS $$$
(☎2642-0283; www.casacolores.com; *casas* mit 1-/2-Bett-Zi. 101/158 US$; P ❄ ☎ ≋) Neun leuchtend bunte Häuser (jedes in einer Farbe des Regenbogens angestrichen und danach benannt) sind mit Küchen und großen Veranden mit Hängematten vollständig ausgestattet; sie stehen mitten in einem blühenden Tropengarten, auf dem Gelände gibt es auch einen von Steinen umrandeten Swimmingpool. Die Bungalowsiedlung liegt ziemlich weit von der Ortschaft entfernt (20 Min. zu Fuß) in einer unberührten Dschungellandschaft, die von zahlreichen Wildtieren durchstreift wird.

Ylang-Ylang Beach Resort RESORT $$$
(☎ in den USA 888-795-8494, 2642-0402; www.ylangylangresort.com; Zelte/Zi./Bungalows inkl. Frühstück & Abendessen 200/250/333 US$; ❄ ☎ ≋) Ein 15-minütiger Spaziergang am Strand führt in nördlicher Richtung zu dieser noblen 4-Sterne-Ferienanlage mit wunderschön gestalteten Zimmern und Bungalows, einem von Palmen umstandenen Swimmingpool, einem Yogazentrum, Bio-Gourmetrestaurant und Spa. Der Stil ist liebenswürdig und tropisch von Fliesenfußböden, Schablonenmalereien an den Wänden und Wandbehängen in starken Farben geprägt. Alle Unterkünfte verfügen über eine Terrasse unter freiem Himmel mit herrlichem Meerblick.

200 US$ für eine Übernachtung im Zelt? Richtig, es handelt sich aber um zeltartige Hütten mit Holzfußböden, eigenen Bädern und breiten Doppelbetten.

Hotel Amor de Mar B&B $$$
(☎2642-0262; www.amordemar.com; DZ mit/ohne Meerblick ab 150/102 US$, Villa 282–305 US$; P ☎) Ein liebenswürdiges B&B unmittelbar südlich der Stadt mit neun individuellen Zimmern voller exquisiter Akzente, z. B. Spiegelrahmen aus Holz, Lampions aus natürlichen Materialien und Schaukelstühlen auf einer Terrasse. Zu alledem gibt es eine von Palmen bestandene Rasenfläche, die bis hinunter zu den Gezeitenbecken verläuft; dahinter erstreckt sich der Pazifische Ozean. Auch ein Massagezelt ist vorhanden. Es ist ein prachtvolles Anwesen, obwohl die hinten gelegenen Zimmer etwas Straßenlärm abbekommen.

Zum Frühstück (5–7 US$) gehört hausgemachtes *challah* (Zopfbrot), Leinsamenbrot und Marmeladen – vom Eigentümer Ori selbst gemacht.

Essen & Ausgehen

In Montezuma findet zur Zeit wie an anderen Orten der Halbinsel eine Revolution in der Restaurantszene statt. Erzeugnisse der Region werden von international anerkannten Spitzenköchen verarbeitet – mit wunderbaren Resultaten. Montezuma steht auch für eine traditionelle Tico-Küche, die häufig direkt am Meer serviert wird. Die meisten Restaurants sind am Strand zu finden.

The Bakery COSTA-RICANISCH $

(Restaurante y Panadería; ⏲6–22 Uhr) Eine freundliche Stimmung herrscht in dieser schnörkellosen, familienbetriebenen Restaurant/Bäckerei am Strand, die mit Hindu-Teppichen und einem Wandgemälde mit dem nahe gelegenen Strand geschmückt ist. Außerdem ist sie sehr preisgünstig, und die erfrischenden *batidos* (Fruchtshakes) sind ebenso lecker wie die sättigenden *casados* und *arrozes* (Reisgerichte). Frühaufsteher können sich hier mit hausgemachten Pfannkuchen oder French Toast stärken. War zuvor unter dem Namen Kalibó bekannt.

Soda El Balcón del Mar MEERESFRÜCHTE $

(www.facebook.com/sodaelbalcondelmar; Hauptgerichte 8–12 US$; ⏲7–24 Uhr) Unter den rot-weiß-blauen chinesischen Laternen mit Tico-Motiven auf dem Balkon mit Blick auf den Strand sitzt es sich hier sehr entspannt, während man die Pelikane vorüberfliegen sieht und den Nachmittag ausklingen lässt. Zu den köstlichen Vorspeisen gehören unterschiedliche Muschelsorten, und man kann auch fangfrischen Fisch bestellen. Andere warten, bis der Grill heiß ist, und gönnen sich Spareribs. Gegenüber vom Taxistand.

★ **Clandestina** LATEINAMERIKANISCH $$

(Cocina Hispanoamericana; ☎8315-8003; www.facebook.com/clandestinamontezuma; Hauptgerichte 8–12 US$; ⏲Di–Sa 12–21 Uhr; 📶🌿) Das Geheimnis ist gelüftet: Die angesagteste neue Adresse in Montezuma ist dieses hinreißende, künstlerisch aufgemachte Restaurant in den Bäumen beim Schmetterlingsgarten. Beachtenswert sind die Variationen mittelamerikanischer Klassiker, beispielsweise täglich wechselnde Taco-Spezialitäten und delikate Enchiladas mit Huhn und Mole-Soße. Vegetarier können sich über Kuchen mit Yamswurzel und Linsen oder *chiles rellenos* (gefüllte Paprikaschoten) freuen. Das beliebteste Getränk ist Butterfly-Beer, welches im Haus gebraut wird.

Tierra y Fuego ITALIENISCH $$

(☎2642-1593; Hauptgerichte 8–15 US$; ⏲17–22 Uhr; P🌿👪) Eine Fahrt im Taxi führt zu diesem italienischen Juwel in den Bergen oberhalb von Montezuma. Das Restaurant wirkt wie ein Stück von der ländlichen Toskana, das – komplett mit wärmenden Ziegelsteinöfen und Hühnchen über dem Feuer – hierher versetzt wurde. Die Speisekarte verzeichnet vorwiegend Pizza und Pastagerichte, doch die Aromen sind einfach himmlisch – kein Wunder, denn alle Zutaten werden entweder aus Italien importiert oder wachsen vor Ort.

Cocolores INTERNATIONAL $$

(☎2642-0348; Hauptgerichte 9–22 US$; ⏲Di–So 17–22 Uhr) Eine Terrasse am Strand, die von Lampions beleuchtet wird – das Cocolores ist eines der besten Restaurants in Montezuma für ein stilvolles Abendessen. Die umfassende Speisekarte führt u. a. Currys, Pasta, Fajitas und Steaks auf. Alle Gerichte werden mit liebevoller Aufmerksamkeit für köstliche Details zubereitet und serviert. Die Preise sind gehoben, aber der Besuch lohnt sich.

Puggo's ORIENTALISCH $$

(☎8705-1077, 2642-0325; Ruta 624; Hauptgerichte 10–20 US$; ⏲17–23 Uhr) Das Restaurant ist bei Einheimischen beliebt, es ähnelt einem Beduinenzelt und ist auf die orientalische Küche spezialisiert, z. B. Falafel, Hummus, Kebab und aromatische Gerichte mit Fischen, die mit importierten Gewürzen und Kräutern mariniert und im Ganzen zubereitet werden. Zum Abschluss gibt es einen starken Mokka. Es teilt sich die Lokalität mittlerweile mit dem Sushi-Restaurant Natsu, falls das noch interessanter klingt. Unmittelbar vor dem Fußballfeld gelegen, südlich der Stadt.

Orgánico VEGETARISCH $$

(☎2642-1322; www.organicocostarica.com; Haupt gerichte 8–12 US$; ⏲8–22 Uhr; 🌿) Sie nennen es „naturreine Speisen, mit Liebe zubereitet" – und meinen es auch so. In diesem Café werden vegetarische und vegane Gerichte, z. B. würzige Thai-Burger, Smoothies, die nach Ikonen wie Marley und Hendrix benannt sind (wir empfehlen Purple Haze) und andere Speisen neben einigen fleischhaltigen Köstlichkeiten zubereitet. Das Avocado-Eis sollte sich kein Gast entgehen lassen. Fast jeden Abend ist Livemusik zu hören; am Montagabend gibt es eine offene Bühne, die begeistert angenommen wird.

Gegenüber vom Kirchenplatz gelegen, an der Straße, die nach Norden zum Strand führt.

★ Playa de los Artistas INTERNATIONAL **$$$**
(☎ 2642-0920; www.montezumabeach.com/playa-de-los-artistas; Hauptgerichte 9–18 US$; ⏲ Di–Fr 16.30–20.30, Sa ab 12 Uhr) Romantischer kann ein Abendessen nicht sein – mit etwas Glück ist einer der Baumstammtische unter den Palmen noch frei. Die internationale Speisekarte mit mediterranen Einflüssen wechselt täglich, zu jeder Zeit können Gäste aber frische Fischgerichte aus dem Holzofen erwarten. Der Service ist tadellos, die Küche innovativ, die Umgebung schlicht traumhaft. Es ist nur Barzahlung möglich (zurück in der schnöden Wirklichkeit!). Direkt nach dem Fußballplatz, auf der Strandseite der Straße, die zum Wasserfall führt.

Chico's Bar BAR
(⏲ 11–2 Uhr) In der nächtlichen Szene ist Chico's Bar die angesagteste Adresse im Ort, d.h. Nachtschwärmer aller Art und jeglichen Alters, jeglicher Herkunft und Lautstärke landen früher oder später hier – vor allem in der Reggae-Nacht am Donnerstag. An den Tischen im hinteren Patio haben Gäste einen schönen Blick auf den Strand und darüber hinaus. An der Hauptstraße gelegen, die parallel zum Strand verläuft.

ℹ Praktische Informationen

Der einzige Geldautomat im Ort ist eine BCR-Kasse (*cajero automático*) gegenüber von Chico's Bar, und manchmal geht das Geld aus in einer Stadt, in der die meisten Restaurants auf Barzahlung bestehen. Die nächstgelegene Bank befindet sich in Cóbano, die Straße weiter, und hier sind auch ein paar mehr Geldautomaten. Örtliche Tourveranstalter akzeptieren auch US-Dollar, Euro und Reiseschecks.

Direkt neben der Bushaltestelle findet man den zentral gelegenen Waschsalon **El Parque** (☎ 2642-0164; ⏲ 7–20 Uhr). An der gleichen Straße liegen noch einige andere günstige *lavandarias*.

ℹ An- & Weiterreise

AUTO

Die Straße von Paquera nach Cóbano ist befestigt, der Abschnitt zwischen Cóbano und Montezuma jedoch nicht; die Fahrt kann beschwerlich sein. In der Regenzeit ist ein Geländewagen notwendig. Im Dorf selbst kann das Parken zu einem Problem werden, aber man kommt auch zu Fuß überall hin.

BUS

Busse starten von Montezuma aus am Sandstrand, gegenüber vom Fußballplatz. Fahrkarten können direkt beim Fahrer gekauft werden. Um nach Mal País und Santa Teresa zu gelangen, bis Cóbano fahren und dann umsteigen. Der Paquera Bus lässt Passagiere beim Eingang zum Refugio Nacional de Vida Silvestre Curú aussteigen.

Montezuma Expeditions (☎ 2430-6541; www.montezumaexpeditions.com; 40–70 US$) und Tropical Tours (S. 379) betreiben täglich einen privaten Shuttleservice nach San José, La Fortuna, Monteverde, Jacó, Manuel Antonio, Dominical, Tamarindo, Sámara und Liberia.

FÄHRE/SCHIFF

Zuma-Tours (S. 383) Eine schnelle Passagierfähre verbindet Montezuma mit Jacó in einer Fahrtzeit von einer Stunde. Der Fahrpreis von etwa 40 US$ ist nicht gerade billig, erspart aber einen ganzen Reisetag. Von Montezuma fahren die Schnellboote täglich um 8.30 Uhr ab, im Preis ist die Fahrt im Kleinbus vom Strand zur Bushaltestelle von Jacó enthalten. Von Jacó legt die Fähre nach Montezuma um 11 Uhr ab. In der Hauptsaison wird möglicherweise eine zusätzliche Fähre eingesetzt, die Montezuma um 13.30 Uhr und Jacó um 15 Uhr verlässt. Rechtzeitige Reservierungen sind notwendig und werden von jedem Tourveranstalter vorgenommen. Auf geeignete Kleidung achten: Es ist eine nasse Überfahrt.

Playas Pochote & Tambor

13 250 EW.

Die beiden von Mangroven gesäumten, grausandigen Strände liegen im Schutz der Bahía Ballena, der größten Bucht im Süd-

BUSSE AB MONTEZUMA

REISEZIEL	FAHRPREIS (US$)	FAHRZEIT	ABFAHRTSZEITEN
Cabo Blanco via Cabuya	1,50	45 Min.	8 Busse zwischen 5.30–20 Uhr
Cóbano	2	1 Std.	8.15, 10.15, 12.15 & 16.15 Uhr
Paquera, via Cóbano	3	2 Std.	3.45, 6, 10, 12, 14 & 16 Uhr
San José	14	5 Std.	7.30 & 15.30 Uhr

osten der Halbinsel. Rundherum liegen einige kleine Fischerdörfer. In den vergangenen 15 Jahren hat sich die Region allmählich zu einem Ferienziel entwickelt, doch in weiten Teilen des Küstenstreifens zwischen Pochote und Tambor sind stille, ursprüngliche Strände erhalten geblieben und bieten vielfältige Möglichkeiten zum Wandern, Schwimmen und Kajakfahren – sogar Wale lassen sich hier zuweilen beobachten.

Die Strände beginnen 14 km südlich von Paquera beim Fischerdorf Pochote, das von Mangroven umgeben ist, und erstrecken sich 8 km weit in südwestlicher Richtung bis nach Tambor. Zwischen den beiden Dörfern liegt die schmale Mündung des Río Pánica.

Es darf nicht unerwähnt bleiben, dass in der Gegend von Tambor ein fragwürdiger Pauschalhotelkomplex entstanden ist. Die Ferienanlage – Hotel Barceló Playa Tambor (der protzige Eingangsbereich erinnert an das Gebäude der Vereinten Nationen) – besitzt ein Konferenzzentrum und einen Golfplatz, doch wenn man sich im Dorf aufhält, ist davon wohltuend wenig zu spüren.

An beiden Stränden ist das Schwimmen und Kajakfahren sicher, gelegentlich werden in der Bucht Wale gesichtet. Von Pochote und Tambor besteht ein guter Zugang zu den Naturschätzen des Refugio Nacional de Vida Silvestre Curú.

Schlafen

★ Mar y Sol Ecotel — GUESTHOUSE $

(☎ in USA 1-720-432-9551, 8335-5300, 2683-1065; www.marysolecotel.com; DZ/4BZ 69/89 US$; P ❄ ☰) Die Lage – an einer Seitenstraße ohne Strandnähe – scheint schlecht gewählt, doch die aufmerksamen Inhaber machen ihr von Kunstwerken erfülltes Haus zu einer exzellenten Wahl in dieser Preisklasse. Die acht Zimmer wurden planvoll gestaltet und mit maßgefertigten Möbeln und Wandmalereien ausgestattet. Klimaanlage und heißes Wasser stehen auf Wunsch bereit. Tatsächlich ist der Strand nur 400 m entfernt, nur ist er vom Haus aus nicht zu sehen.

Cabinas Cristina — CABINAS $

(☎ 2683-0028; Zi 30–62 US$; P ☰) Nur 50 m vom Strand entfernt, gegenüber der romantisch verfallenen viktorianischen Kirche von Tambor, findet man diese altbewährten Hütten mit einfachen, makellosen Zimmern und einem kleinen, aber guten Restaurant mit Hausmannskost. Die Inhaber sind herzlich und gastfreundlich und können wertvolle Reisetipps geben. Die Zimmerpreise variieren je nach Größe und Ausstattung (für Klimaanlage zahlt man z. B. mehr). Eine größere Einheit ist mit einer kompletten Küche ausgestattet.

Tambor Tropical — BOUTIQUEHOTEL $$$

(☎ 2365-2872; www.tambortropical.com; Suite inkl. Frühstück 170–230 US$; P ❄ ☰ ≋) In romantischer Lage am Strand, mitten in einem von Palmen begrenzten Garten, liegt das Tambor Tropical, ein charmantes Boutiquehotel in einem hinreißenden Baustil. Die zwölf geräumigen Suiten mit hexagonalem Grundriss sind ganz in dunklem Holz eingerichtet, sie haben voll ausgestattete Küchen und eigene Veranden, die meisten mit Blick auf den Sonnenaufgang. Es ist ein Paradies für Vogelkundler: Annähernd 300 Spezies sind auf oder um das Anwesen herum schon beobachtet worden, darunter auch wilde Hellrote Aras.

Hotel Costa Coral — BOUTIQUEHOTEL $$$

(☎ 2683-0207; www.hotelcostacoral.com; EZ/DZ/3BZ/4BZ 95/110/120/140 US$; P ❄ ☰ ≋) Eine deutliche Preisveränderung hat das charmante Hotel im Zentrum von Tambor erschwinglicher gemacht. Neun stilvolle Zimmer liegen an einem Garten mit einer überbordenden Blütenpracht. Das Hotelrestaurant und der Wellness-Bereich sind sehr zu empfehlen. In nur knapp fünf Gehminuten erreicht man den herrlichen Strand. Andererseits kritisieren Einheimische die unbeständigen Öffnungszeiten des Hotels.

An- & Weiterreise

Der Flughafen liegt nördlich des Eingangs des Hotels Barceló Playa Tambor. Die Gäste der Hotels werden gegen eine Extragebühr vom Flughafen abgeholt. Sansa (S. 103) und Nature Air (S. 103) bieten insgesamt bis zu zwölf Flüge täglich von/nach San José (Hinflug 115–134 US$) an.

Die Autovermietung **Budget** (☎ 2436-2085; www.budget.co.cr; Ruta 160; ⏲ Mo–Sa 8–18, So bis 16 Uhr) 4 km vom Flughafen Tambor entfernt, bietet einen kostenlosen Pendelservice vom/zum Terminal. Wer kein eigenes Auto mieten will, kann einen der Busse nehmen, die auf der Strecke Paquera–Montezuma hier haltmachen.

Refugio Nacional de Vida Silvestre Curú

Am Ostrand der Halbinsel und nur 6 km südlich von Paquera liegt das kleine, 84 ha umfassende **Refugio Nacional de Vida**

Silvestre Curú (☎2641-0100; www.curuwildliferefuge.com; Erw./Kind 12/6 US$; ⏲7–15 Uhr). Eine große Vielfalt von Landschaftsformen findet sich hier: tropischer Trockenwald, halbimmergrüner Tropenwald und fünf Vegetationsformen von Mangrovensümpfen. An der zerklüfteten Küste reihen sich außerdem stille Buchten und weiße Sandstrände aneinander, ideal zum Schnorcheln und Schwimmen. Wanderwege durchziehen die wunderbare und vielfältige Landschaft.

Aktivitäten

Besucher haben Zugang zu insgesamt 17 gut markierten Wanderwegen; die leichten Wege führen durch abwechslungsreiche Landschaften. Es gibt auch ein vielfältiges Tourenangebot: Ausritte am Strand, Kajakfahrten durch das Mündungsgebiet, Schnorchelausflüge in die Buchten oder Wanderungen mit naturkundlicher Führung. Zur Tierwelt des Refugio Nacional gehören u. a. Leguane, Hirsche, drei Affenarten, Agutis und Pakas sowie drei Wildkatzenarten. Krebse, Hummer, Käferschnecken, Muscheln, Meeresschildkröten und andere Meeresgeschöpfe leben an den Stränden und in den Gezeitenbecken. Vogelkundler haben von den unzähligen heimischen Vogelarten bisher 232 gesichtet.

Turismo Curú TOUREN
(☎2641-0004; www.curutourism.com; Schnorcheln 40 US$, Biolumineszenz-Tour 55 US$; ⏲8–21 Uhr) Alle Aktivitäten, die im Curú-Naturschutzgebiet denkbar sind, kann Naturführer Luis möglich machen. Auf einer Bootstour zur Isla Tortuga sind Schnorcheln vor den Islas Morteros und Grillen am Strand inbegriffen. Etwas Besonderes ist die abendliche „Biolumineszenz-Tour“, die eine Kajakfahrt zum schönen Quesera-Strand sowie Schwimmen und Schnorcheln im lumineszierenden Wasser umfasst. Das Büro befindet sich direkt am Strand.

Schlafen

Refugio Nacional de Vida Silvestre Curú Cabinas CABINAS $
(☎2641-0100; www.curuwildliferefuge.com; Zi pro Pers. 30 US$) Auf dem Gelände des Naturschutzgebietes gibt es sechs schlichte *cabinas*. Die Unterkünfte sind kärglich, das Wasser der Duschen ist kalt, aber dafür ist ihr Standort – etwa 50 m vom Meer entfernt – wunderschön. Außerdem befinden sich die Gäste in guter Gesellschaft (hauptsächlich von Weißschulterkapuzineräffchen). Die Eintrittsgebühr zum Park ist im Zimmerpreis enthalten. Vorherige Vereinbarungen sind notwendig. Mahlzeiten kosten 10 US$.

An- & Weiterreise

Schilder weisen an der Asphaltstraße zwischen Paquera und Tambor (etwa 6 km vor Paquera) deutlich auf den Eingang zum Naturschutzgebiet hin. Als Alternative befahren Busse die Straße auf der Strecke Paquera–Montezuma und lassen Fahrgäste auf Wunsch beim Parkeingang aussteigen.

Paquera

7900 EW.

Das kleine Dorf Paquera ist durch eine Straße mit der 12 km entfernten Playa Naranjo verbunden und liegt 4 km vom Fährhafen Paquera entfernt. Paquera ist für sich genommen kein reizvolles Ziel, jedoch ein günstiger Ausgangsort zu mehrtägigen Erkundungen des Refugio Nacional de Vida Silvestre Curú und der vorgelagerten Inseln. Davon abgesehen, kann eine Übernachtung für Gäste sinnvoll sein, die spätabends mit der Fähre von Puntarenas eintreffen – anstatt sich auf das Wagnis einer nächtlichen Autofahrt auf den beschwerlichen Straßen einzulassen.

Schlafen

Im Dorf selbst werden *cabinas* zu günstigen Preisen vermietet, doch es ist nicht unbedingt empfehlenswert. Viel besser sind Gäste in Unterkünften untergebracht, die außerhalb des Ortes (oder – wer es sich leisten kann – in den Bergen) liegen; dort ist die Umgebung viel friedlicher.

Mapi's Cabins CABINAS $
(☎2641-1133; www.costarica4vacation.com; Zi 40 US$; ❄📶🏊) Mapi's bietet eine komfortable Unterkunft in Paquera. Im Zimmerpreis sind ein bequemes Bett, eine Klimaanlage und eine heiße Dusche inbegriffen. Ein schönes Extra: Mangos und andere tropische Früchte wachsen auf dem Grundstück. Es ist ein beliebter Aufenthaltsort von Kolibris – die man wunderbar fotografieren kann! Die Hütten liegen im Norden des Ortes an der Straße zur Fähre.

Hotel Vista Las Islas HOTEL $$$
(Eco Boutique Hotel; ☎2641-0722, 2641-0817; www.hotelvistalasislas.com; DZ 192 US$; P❄📶🏊) Wie der Name schon besagt, ist

der überwältigende Panoramablick zu den Inseln hinüber das Markenzeichen des Hotels. Die wunderbare Aussicht können Gäste vom eigenen Balkon, im Restaurant oder vom herrlichen Infinitypool aus genießen. Ein kurzer Fußweg (15 Min.) führt nach Playa Órganos, wo Schwimmen, Surfen oder Stand-Up-Paddling möglich ist.

An- & Weiterreise

Alle Verkehrsmittel sind auf die Ankunfts- und Abfahrtszeiten der Fähre von und nach Puntarenas abgestimmt. Sollte der Bus oder die Fähre Verspätung haben, wird aufeinander gewartet.

BUS

Die Busse erwarten eintreffende Passagiere am Fährhafen und fahren nach Paquera, Tambor und Montezuma. Häufig sind die Busse überfüllt – Fahrgäste müssen sich beim Verlassen der Fähre beeilen, um noch Sitzplätze zu bekommen. Die meisten Reisenden fahren mit dem Bus direkt nach Montezuma (3 US$, 2 Std.). Taxifahrer behaupten gerne, dass der Bus nicht kommt: nicht beirren lassen! In nördlicher Richtung fahren allerdings wirklich keine Busse.

FÄHRE/SCHIFF

Die Fähre Naviera Tambor (☎2661-2084; www.navieratambor.com; Erw./Kind/Fahrrad/Motorrad/Auto 1.65/1/4/7/23 US$) legt täglich um 5.30, 9, 11, 14, 17 und 20 Uhr ab.Die Überfahrt nach Puntarenas dauert etwa eine Stunde. Fahrgäste mit eigenem Auto kaufen vor dem Befahren der Fähre eine Karte am Schalter und fahren erst dann auf das Schiff. Auf der Fähre werden keine Karten verkauft. An Ferien- und Feiertagen sowie an Wochenenden sollten Fahrgäste spätestens eine Stunde vor Abfahrt am Schalter sein. Am Fährhafen gibt es eine *soda*, wo man sich die Zeit bis zur Abfahrt verkürzen kann.

Inseln vor der Bahía Gigante

Die Gewässer an der einsamen Bahía Gigante, etwa 9 km südöstlich von Playa Naranjo, sind mit felsigen Eilanden und menschenleeren Inseln gesprenkelt. Isla San Lucas liegt am Ausgang des Golfo de Nicoya, die wunderschönen Isla Gigante und Isla Tortuga liegen vor der südöstlichen Spitze der Halbinsel. In diese Gegenden zieht es immer wieder Reisende, die von der Vielfalt der sportlichen Möglichkeiten – Sportfischen, Seekajakfahren, Tauchen, Schnorcheln – ebenso angetan sind wie von der Vorstellung, „unbekannte“ Inseln zu entdecken.

Geführte Touren

Außer Vergnügungsfahrten, die von Jacó ausgehen, bieten Tourveranstalter in Jacó und Montezuma kürzere Inselausflüge an, vor allem zur Isla Tortuga. In den Hotels von Tambor können Reservierungen vorgenommen werden.

Turismo Curú bietet einen halbtägigen Schiffsausflug zur Isla Tortuga an, die nur 3 km vom Naturschutzgebiet entfernt liegt. Auf dieser besonderen Tour erreichen die Teilnehmer die Insel bereits am Morgen (wenn andere Tourenschiffe noch unterwegs sind), um dem Besucherandrang zu entgehen; außerdem werden weniger bekannte Orte angesteuert.

Das Hotel Vista Las Islas befindet sich in vorteilhafter Nähe zur Isla Tortuga. Im Hotel wird eine ganztägige Tour inkl. Schnorcheln und Mittagessen sowie Kajakfahrt und Reitausflug organisiert. Das Hotel bietet auch Tagesausflüge nach Isla San Lucas an.

Isla Tortuga

Die Isla Tortuga besteht eigentlich aus zwei unbewohnten Inseln vor der Küste, die vom Refugio Nacional de Vida Silvestre Curú eingenommen werden. Die Isla Tortuga – das Idealbild eines tropischen Paradieses – gilt allgemein als schönste Insel Costa Ricas. Der reine weiße Sand der Strände fühlt sich wie Puder an, gewaltige Kokospalmen ragen in den Himmel, klares türkisfarbenes Wasser säumt die Strände. Beim Schnorcheln erleben Schwimmer eine klare, weite Sicht und eine große Vielfalt an Meerestieren, obwohl es kein Riff gibt. Zum Wassersportangebot können je nach gebuchter Tour auch Jetski- und Kajakfahren gehören.

Leider ist das Aufkommen von Ausflugsschiffen, die von Tourveranstaltern in Montezuma und Jacó organisiert werden, so groß, dass der unverfälschte Zauber dieser Inselwelt leicht im Trubel der Touristenmassen untergeht. Wenn möglich, sollten Besucher die Wochenenden sowie Ferien- und Feiertage – oder besser, wenn möglich, die Hauptsaison insgesamt – meiden.

Isla San Lucas

Die größte Insel in der Bahía Gigante (etwa 600 ha) liegt 5 km vor der Küste von Playa Naranjo. Von Weitem wirkt sie wie ein wunderbares einsames Eiland, in Wirklichkeit aber blickt die „Insel der unsagbaren Schrecken“ auf eine 400-jährige Geschichte als eines der berüchtigtsten Gefängnisse Lateinamerikas zurück. 2001 wurde die Insel zum Nationalpark erklärt. Besucher können hier etwas über die wechselhafte Geschichte der Insel erfahren und die rund 100 Jahre alten Überreste des Gefängnisses anschauen. Die meisten Touren bieten ausreichend Zeit, um die Wanderwege zu erkunden und an den Sandstränden der Insel zu entspannen.

Die Isla San Lucas diente zuerst den spanischen Konquistadoren im 16. Jh. als Ort der Verbannung von Angehörigen der indigenen Völker. Später nutzte die Staatsgewalt Costa Ricas die Insel als Haftanstalt für politische Gefangene (bis 1992). Der Schriftsteller José León Sánchez schrieb seine Erlebnisse als Häftling in seinem Buch *La Isla de los Hombres Solos* nieder. Sánchez wurde 30 Jahre lang in diesem Gefängnis wegen eines Verbrechens festgehalten, das er gar nicht begangen hatte; später wurde er rehabilitiert.

Heute können Besucher die Überreste des Gefängnisses und der Kirche besichtigen und sich auf die Spuren dieser Geschichte von Leid und Befreiung begeben.

Playa Naranjo

200 EW.

Das winzige Dorf am Fährhafen besteht lediglich aus ein paar *sodas* und kleinen Hotels für Reisende, die entweder auf ihre Fähre warten oder aus Puntarenas eintreffen. Es gibt auch keinen triftigen Grund, sich länger als nötig hier aufzuhalten.

An- & Weiterreise

Alle Verkehrsmittel sind auf die Ankunfts- und Abfahrtszeiten der Fähre von Puntarenas abge-

WER WAR KARL HOFFMANN?

Wer an Orten wie Curú Vögel beobachtet, kennt wahrscheinlich den Ausruf: „Oh, das ist ein Hoffmann!", wenn sie den hübschen Hoffmannsspecht (*Melanerpes hoffmanni*) mit seinem roten und gelben Kopf sehen. Aber wer war dieser Hoffmann?

Karl Hoffmann ist einer von vielen *extranjeros* (Ausländern), die eine Rolle in der Geschichte Costa Ricas spielen sollten, doch selbst unter den Abenteurern des 19. Jahrhunderts ist es eine einzigartige Geschichte. Hoffmann wurde 1823 in Stettin in Preußen geboren und schloss im Alter von 23 Jahren sein Medizinstudium an der Universität von Berlin ab. Dort machte er die Bekanntschaft von Alexander von Frantzius, mit dem er sich im Dezember 1853 auf die Reise nach Costa Rica machte. Beide hegten eine Leidenschaft für Medizin und Naturkunde.

Hoffmann arbeitete als Arzt, wie nicht anders zu erwarten, aber er verkaufte auch Branntwein, um über die Runden zu kommen, und gab eine deutsche Zeitung heraus. Sein Name lebt allerdings, im wahrsten Sinne des Wortes, aufgrund seiner Arbeit als Naturforscher weiter: Er sammelte mehr als 1000 Pflanzen und Tiere und schickte sie nach Berlin. 22 costa-ricanische Pflanzen und 16 Tiere tragen nun seinen Namen, darunter Orchideen, Faultiere und der oben erwähnte Specht.

Hoffmanns Heldentaten gingen sogar noch über die eines Naturforschers hinaus: Als William Walkers berüchtigte Filibuster 1856 in Costa Rica einfielen, wurde er zum Oberstabsarzt des Militärs der jungen Nation berufen und diente mutig und umsichtig während der Schlacht, die schließlich in dem berühmten Sieg bei Santa Rosa endete, und später, unter schwierigeren Umständen, kämpfte er – nicht mehr gegen Walkers Gewehre, sondern gegen einen unsichtbaren Feind, die Cholera.

Hoffmann wurde von der costa-ricanischen Nation mit einer Rente belohnt, obwohl er nicht lange genug lebte, um sich daran zu erfreuen. 1859 siedelte er sich mit seiner Frau in Puntarenas an, doch Amelia starb bald darauf an Typhus. Hoffmanns eigener Tod mit nur 35 Jahren erfolgte kurz danach. Man erinnert sich seiner in seiner Wahlheimat voller Zuneigung und Dankbarkeit für seine medizinischen, wissenschaftlichen und humanitären Bemühungen. Er wurde in seiner Leutnantsuniform beerdigt und sieben Jahrzehnte später, im Mai 1929, mit vollen militärischen Ehren auf San Josés nationalen Friedhof umgebettet. Seine Asche wurde in einer Urne zwischen den Flaggen Deutschlands und Costa Ricas beigesetzt, im Beisein von Tausenden von Einwohnern, dem damaligen Präsidenten Cleto Gonzalez Viquez und des costa-ricanischen Kabinetts.

stimmt, es besteht also kein Grund zur Sorge – sollte der Bus oder die Fähre Verspätung haben, dann wird gewartet.

AUTO

Für Autofahrer bringt die Fahrt mit der Fähre nicht viel. Bei einer Fahrt in nördlicher Richtung gelangt man besser über die Puente de la Amistad zur Halbinsel. Autofahrer mit dem Ziel Mal País oder Montezuma sollten die Fähre Puntarenas–Paquera nehmen. Die Ruta 21 ist eine größtenteils befestigte Straße, die Playa Naranjo (über Jicaral) mit Nicoya verbindet. Nach Paquera (und weiter nach Mal País und Montezuma) kommt man auf einer landschaftlich reizvollen, holprigen und steilen, aber passablen Straße über drei Bergkämme mit zauberhaften Ausblicken auf die Bahía Gigante. Dafür ist allerdings ein Geländewagen notwendig, besonders in der Regenzeit, wenn Flüsse, die plötzlich Hochwasser führen, durchquert werden müssen.

BUS

Busse warten auf die Ankunft der Fähre und bringen Reisende nach Jicaral, dort ist eine Weiterfahrt in nördlichere Regionen der Halbinsel möglich. Wer nach Montezuma oder Mal País unterwegs ist, nimmt die andere Fähre von Puntarenas nach Paquera.

FÄHRE/SCHIFF

Die **Coonatramar-Fähre** (☎ 2661-1069; www.coonatramar.com; Erw./Kind/Fahrrad/-Motorrad/Auto 2/1/4/6/18 US$) nach Puntarenas legt tgl. um 8, 12.30, 16.30 und 20.30 Uhr ab und befördert sowohl Passagiere als auch Fahrzeuge. Eine einfache Überfahrt dauert 1½ Std. Fahrgäste mit eigenem Auto kaufen vor dem Befahren der Fähre eine Karte am Schalter und fahren erst dann an Bord. Auf der Fähre werden übrigens keine Fahrkarten verkauft. An Feiertagen und Wochenenden mit viel Betrieb sollte man mindestens eine Stunde vor der Abfahrt am Hafen sein, weil sich dann zahlreiche Autofahrer um die begrenzte Anzahl an Plätzen auf der Fähre bemühen.

Zentrale Pazifikküste

Inhalt ➡

Gut essen

- Exotica (S. 457)
- Z Gastro Bar (S. 425)
- Graffiti (S. 414)
- Sabor Español (S. 453)
- Ylang-Ylang (S. 458)
- Kapi Kapi Restaurant (S. 434)

Schön übernachten

- El Castillo (S. 456)
- Villas Jacquelina (S. 423)
- Rafiki Safari Lodge (S. 441)
- Danyasa Yoga Retreat (S. 446)
- Cascada Verde (S. 451)
- Makanda by the Sea (S. 430)

Auf zur Zentralen Pazifikküste!

Die Zentrale Pazifikküste Costa Ricas erstreckt sich von der etwas schlichten Hafenstadt Puntarenas bis zu dem winzigen Ort Uvita. Dieser Küstenabschnitt wird geprägt durch feuchte und trockene Tropenwälder, sonnengetränkte Strände sowie eine interessante Flora und Fauna. An Land bieten Nationalparks gefährdeten Arten wie Totenkopfäffchen und Hellroten Aras (Arakangas) Zuflucht, während die Küstengewässer der Lebensraum von wandernden Walen und von Delfinschulen sind.

Bei so viel Biodiversität auf so kleinem Raum ist es kein Wunder, dass die Region manchmal als Costa Rica im Miniaturformat gilt. Und die Gegend ist wegen ihrer räumlichen Nähe zu San José und dem gut ausgebauten Netz befestigter Straßen ein sehr beliebtes Ziel für einheimische und ausländische Wochenendgäste.

Es droht jedoch die Gefahr eines unkontrollierten Wachstums, nicht zuletzt wegen bereits genehmigter Planungen für einen neuen, 3,5 Milliarden $ teuren internationalen Flughafen in Orotina. Allerdings ist die Zentrale Pazifikküste in erster Linie nach wie vor für ihre beeindruckende Natur und Landschaften berühmt.

Reisezeit

- Von April bis November kommt es zu starken Regenfällen – die beste Zeit für Surfer, um sich in Playa Hermosa und Jacó in die Wellen zu stürzen.
- Der beste Zeitraum für die Walbeobachtung in Uvita ist von Dezember bis März und dann wieder von Juli bis November.
- Festivalfans kommen am besten im Januar und Februar nach Jacó und Uvita, um Musik und Kunst zu genießen.

Highlights

❶ **Parque Nacional Manuel Antonio** (S. 435) Verspielte Affen und behäbige Faultiere beobachten, Abenteuer im Regenwald und Sonnenbaden am Strand.

❷ **Dominical** (S. 443) Tagsüber surfen, abends wild feiern und zwischendurch Yoga machen oder Festivals besuchen.

❸ **Playa Hermosa** (S. 416) Surfen an einigen der besten Surferstrände des Landes – oder den Profis zusehen.

❹ **Parque Nacional Marino Ballena** (S. 454) Von einer Sandbank aus den Horizont nach Buckelwalen absuchen.

5 Ojochal (S. 455) Ein paar der besten Restaurants des Landes besuchen und die raffinierte Küche testen.

6 Cataratas Nauyaca (S. 444) Unterhalb von einem atemberaubenden Wasserfall schwimmen.

7 Parque Nacional Carara (S. 403) Riesenkrokodile und krächzende Hellrote Aras beobachten.

8 Playa Esterillos (S. 419) Sich ganz lässig bei einer eiskalten Margarita entspannen und dabei den wunderschönen Sonnenuntergang genießen.

Geschichte

Vor dem Touristenboom in Costa Rica war die Zentrale Pazifikküste – vor allem die Gegend um die Hafenstadt Quepos – eine der wichtigsten Anbauregionen für Bananen des Landes. Als Reaktion auf die Bananenfäule, eine Krankheit, die im Jahr 1940 beinahe ganz Mittelamerika befiel, machte die United Fruit Company (auch unter dem Label Chiquita Banana bekannt) in dieser Gegend westafrikanische Palmen (Ölpalmen) heimisch. Diese werden vor allem wegen ihrer grauen und rötlichen Früchte kultiviert, aus denen neben Palmöl auch verschiedene Kochöle gewonnen werden.

Die Bananenfäule konnte in den 1960er-Jahren erfolgreich bekämpft werden, doch die Palmenplantagen waren ein wichtiger Wirtschaftsfaktor geworden und begannen, Profit abzuwerfen. Da sich Palmöl problemlos in Tanklastern transportieren lässt, konnte Quepos schließlich in den 1970er-Jahren seinen Hafen schließen. Auf diese Weise wurden Gelder frei, die es der Stadt ermöglichten, verstärkt in die Palmölindustrie zu investieren. Im Jahr 1995 wurden die Plantagen dann an den Konzern Palma Tica verkauft, der seither als Betreiber fungiert. Sieht man einmal von der kommerziellen Fischerei und dem Fremdenverkehr ab, ist Palma Tica mit seinen Palmölplantagen in der Region Quepos auch heute noch der Hauptarbeitgeber.

In den letzten Jahren ist dieser Küstenabschnitt am Pazifik bei Pauschalurlaubern immer beliebter geworden, denn vor allem Nordamerikaner können recht problemlos einfach einmal eine Woche Strandurlaub einlegen, um am Montag darauf auch schon wieder am Schreibtisch zu sitzen. Viele Leute aus der Generation der Babyboomer, die nun langsam das Rentenalter erreichen, konnten den paradiesischen Verlockungen hier nicht widerstehen und sind in diese wärmeren Gefilde umgezogen.

Diese Veränderung wurde durch die mittlerweile eingestellte Politik der Regierung Costa Ricas befördert, Ausländer, die Immobilien kaufen oder vor Ort Unternehmen gründen wollten, mit Steuererleichterungen und einem umfassenden Aufenthaltsrecht anzulocken. Die daraus resultierenden ausländischen Investitionen sorgten für die dringend benötigte wirtschaftliche Belebung der Region. Gleichzeitig allerdings verdrängten die dadurch steigenden Lebenshaltungskosten Einheimische vom Markt.

Die funkelnagelneue Marina von Quepos zieht Touristen an, die Costa Rica mit der eigenen Jacht oder auf Kreuzfahrtschiffen besuchen. Darüber hinaus locken einige kostspielige Siedlungen, die einem Hochsicherheitstrakt gleichen, zahlreiche Reiche aus dem Ausland an. Die Verhältnisse an diesem Küstenabschnitt haben sich so in kurzer Zeit verändert. Auf der anderen Seite ist kaum vorstellbar, dass die authentische Atmosphäre der Fischerdörfer an der Küste, der landwirtschaftlichen Plantagen und der Schutzgebiete jemals wirklich verloren geht.

Nationalparks & Schutzgebiete

An der Zentralen Pazifikküste liegen mehrere hervorragende Parks und Reservate, darunter der meistbesuchte Nationalpark von Costa Rica.

Hacienda Barú National Wildlife Refuge (S. 443) Dieses kleine Schutzgebiet mit verschiedenen tropischen Lebensräumen gehört zu einem bedeutenden biologischen Korridor, der eine Vielzahl von Arten schützt.

Parque Nacional Carara (S. 403) Hier leben mehr als 400 Vogelarten, darunter der seltene Arakanga, der in diesem Park erstaunlich oft zu sehen ist.

Parque Nacional Manuel Antonio (S. 435) Die unberührten Strände, die von Regenwäldern bestandenen Berge und die unglaubliche Artenvielfalt haben noch keinen der zahlreichen Touristen enttäuscht, die in den meistbesuchten Nationalpark Costa Ricas gefahren sind.

Parque Nacional Marino Ballena (S. 454) Dieser Meerespark ist von lebenswichtiger Bedeutung und die beste Adresse im gesamten Land, um Wale und Delfine sowie seltene Meeresschildkröten zu beobachten.

ℹ An- & Weiterreise

Am gründlichsten lässt sich die Zentrale Pazifikküste mit dem eigenen Auto bzw. Mietwagen erkunden. Mit Ausnahme weniger, nicht gerade autofreundlicher Schotterpisten abseits der Hauptstraße finden sich hier einige der besten Straßen im ganzen Land.

Die wichtigsten Städte und Ortschaften an der Küste (Puntarenas, Jacó, Quepos, Dominical und Uvita) werden regelmäßig von Bussen angefahren. Die öffentlichen Verkehrsmittel verkehren hier so häufig und sind so effizient, dass es auch ohne Mietwagen geht.

Sowohl **NatureAir** (www.natureair.com) als auch **Sansa** (www.sansa.com)) fliegen nach Quepos, das sich als idealer Standort für den Besuch des Nationalparks Manuel Antonio anbietet. Die Tarife hängen von der jeweiligen Saison und der Verfügbarkeit der Plätze ab; ein Flug von San José oder Liberia kostet in der Regel weniger als 75 US$.

VON PUNTARENAS BIS ZUR PLAYA PALO SECO

Die nördlichen Ausläufer der Zentralen Pazifikküste erstrecken sich von der Hafenstadt Puntarenas, einem historisch bedeutenden Handelshafen, der nun allerdings schwere Zeiten durchlebt, bis zur geschäftigen Stadt Quepos, dem wichtigsten Zugang zum Parque Nacional Manuel Antonio.

Dazwischen liegen weitläufige Areale mit bewaldeten Hügeln und unberührten Stränden, die gemeinsam einer großen Konzentration an beeindruckenden Wildtieren Schutz bieten, darunter auch einige überaus imposante Krokodile. Dennoch sind in dieser Gegend alle Scheinwerfer auf das Surferstädtchen Jacó gerichtet, in dem ein bunt gemischtes Völkchen zu Gast ist, sowie auf das dazugehörige Satellitenstädtchen – die Playa Herradura, ein wahres Eldorado für Skipper. Leute, die sich von den Wellen in Jacó nicht ausreichend gefordert fühlen, finden im nahen Playa Hermosa den für sie richtigen Tummelplatz – denn die Ortschaft kann mit den wuchtigsten Wellen an der gesamten Pazifikküste des Landes aufwarten.

Puntarenas

34 100 EW.

Als die am nächsten an San José gelegene Küstenstadt war Puntarenas früher Costa Ricas wohlhabendes, Kaffee ausführendes Tor zum Pazifik und ein beliebtes Ziel für die Einheimischen aus dem Binnenland. Noch heute kommen viele von ihnen am Wochenende. Während der Woche jedoch ist das Tempo an der Promenade am Wasser sehr gemächlich – umso besser, um in Ruhe die *sodas* (preiswerte Restaurants) am Wasser und den lebhaften Markt zu besuchen.

Das verschmutzte Wasser, die schäbigen Straßen und der langsame Verfall machen Puntarenas sicherlich nicht zu einer gefragten Destination für ausländische Touristen. Der Fährhafen der Stadt ist jedoch praktisch für die Fahrt zu tollen Stränden. Und Puntarenas fungiert auch als Sprungbrett zur fast schon mystischen Isla del Coco. Jedenfalls kommen die meisten Reisenden lediglich auf dem Weg zu anderen Destinationen durch Puntarenas. Wer dennoch hier übernachtet, lernt das Ambiente einer authentischen costa-ricanischen Stadt kennen, in der ganz normal gelebt und gearbeitet wird, und kann sogar noch ein paar Sehenswürdigkeiten entdecken.

Sehenswertes

Casa Fait ARCHITEKTUR

(Av 3 & Calle 3) Die Casa Fait, ein in den 1920er Jahren erbautes Wolkenschloss des italienischen Immigranten Alberto Fait, dürfte das schönste Gebäude in ganz Puntarenas sein. Das Bauwerk stellt eine merkwürdige Mischung aus regionalen und viktorianischen Einflüssen mit etwas Jugendstil dar.

Palacio Municipal ARCHITEKTUR

(Av 3 & Calle 9) Dieses in den 1970er Jahren erbaute Haus des Architekten Jorge Bertheau ist mit Sicherheit das ungewöhnlichste Bauwerk der Stadt. Es steht dort, wo sich vorher das später abgebrannte Rathaus der Stadt befand. Schön oder hässlich? Das muss jeder für sich selbst entscheiden.

Parque Marino del Pacífico AQUARIUM

(☎ 2661-5272; www.parquemarino.org; Erw./Kind unter 12 Jahren 5/2,75 US$; ⏲ Di–So 9–16.30 Uhr; P ♿) Dieser Ozeanpark ist besonders bei Familien beliebt. Er besitzt ein Aquarium, in dem Mantarochen, Ammenhaie, Anemonenfische (also Clownfische) und andere Bewohner des Pazifik zu bewundern sind. Der Park steht am Standort des ehemaligen Bahnhofs und bietet einen kleinen Pool für Kinder, eine Snackbar, einen Souvenirladen sowie ein Informationszentrum.

Paseo de los Turistas PROMENADE

(Touristenpromenade) Dieser Fußgängerboulevard am Strand erstreckt sich am südlichen Stadtrand. Kreuzfahrtschiffe fahren das östliche Ende der Straße an, die Passagiere werden hier von einer Reihe von Souvenirständen und *kioscos* (einfache Lokale) empfangen. Ihre Spezialität ist der „Churchill" (siehe S. 398). Am Wochenende ist dies der ideale Ort, um ein Bier zu trinken.

Casa de la Cultura MUSEUM

(☎ 2661-1394; Av Central zwischen Calle 3 & 5; ⏲ Mo–Fr 9–20, Sa & So 8–20 Uhr) GRATIS Die Casa

INSIDERWISSEN

DER CHURCHILL

Wer auf dem Paseo de Los Turistas (S. 397) wandert, wird unweigerlich Reklameschilder für einen „Churchill" sehen. Es handelt sich hier um den gewissermaßen offiziellen Snack von Puntarenas. Jedes Geschäft und Restaurant bereitet diesen auf seine eigene Weise zu. Die Zutaten sind jedoch üblicherweise: geraspeltes Eis, Obst, Sirup und Kondensmilch sowie Milchpulver. Wer das für ziemlich mächtig hält, liegt genau richtig.

Es geht hier nicht darum, den Churchill zu empfehlen, sondern vielmehr um die Geschichte hinter diesem ungesunden und ehrlich gesagt praktisch ungenießbaren Produkt, das seit sechs Jahrzehnten in Puntarenas fest etabliert ist, zu erzählen. Der Legende zufolge wurde dieser Snack in den 1940er-Jahren erfunden, als ein Ladenbesitzer namens Joaquín Aguilar Esquivel plötzlich etwas essen wollte, das süß, milchig und lecker sein sollte. Damals gab es im heißen Puntarenas noch keine Eiscreme und Milch war nur kurze Zeit haltbar, weshalb Aguilar einen Umweg finden musste. Er bestellte also die oben genannten Zutaten, und zwar so oft, dass die Restaurantbesitzer diese kuriose Speise schließlich als feste Größe in ihre Karten aufnahmen und sie nach demjenigen benannten, dem Esquivel offensichtlich ähnlich sah: Winston Churchill.

Der „Churchill" ist heute eine Institution in Puntarenas. Es gibt sogar einen „Churchill Coloso" (einen kolossalen Churchill) mit viel Eis und allem, was sonst noch so dazugehört, erhältlich am **Kiosco Mar de Plata** (Churchill Coloso 5 US$). Jeder muss selbst wissen, ob man sich das bestellen möchte.

de la Cultura besteht aus einer Galerie für temporäre Ausstellungen und einer Fläche für saisonale kulturelle Veranstaltungen. Im Freien verläuft ein Fußgängerweg, der an zeitgenössischen Skulpturen vorbeiführt.

Museo Histórico Marino de la Ciudad de Puntarenas MUSEUM
(☎2661-5036, 2256-4139; Av Central zwischen Calle 3 & 5; ⏲Di–So 9.45–12 & 13–17.15 Uhr) GRATIS Dieses etwas verstaubte Museum widmet sich mit Hilfe von audiovisuellen Präsentationen, alten Fotografien und Artefakten der einstmals stolzen Vergangenheit von Puntarenas. Es könnte aufgrund von Sanierungsarbeiten, die nicht exakt absehbar sind, noch immer geschlossen sein.

Geführte Touren

Calypso Cruises BOOTSAUSFLUG
(☎2256-2727; www.calypsocruises.com; Av 3 am Victoria Park; Tagesausflug Erw./Student/Kind unter 7 Jahren 145/135/80 US$) Dieser traditionsreiche erstklassige Katamaran, komplett mit zwei Jacuzzis und einem unter Wasser befindlichen Glasbodenfenster ausgestattet, kommt bei Tagesausflügen zu den strahlend weißen Stränden von Tortuga zum Einsatz. Mit inbegriffen bei diesen Bootsausflügen sind das Mittagessen in Form eines Picknicks, frisches Obst und Snacks sowie alkoholische Getränke.

Feste & Events

Fiesta de La Virgen del Mar RELIGIÖS
(Festival der Jungfrau des Meeres; ☎2661-0387; ⏲Juli) An dem Samstag, der dem 16. Juli am nächsten liegt, feiert Puntarenas die Fiesta de La Virgen del Mar. Dann segeln üppig geschmückte Fischerboote und Jachten durch den Hafen und bitten die Jungfrau für ein weiteres Jahr um ihren Schutz. Es gibt außerdem Bootsrennen, eine Kirmes und jede Menge Essen, Trinken und Tanz.

Schlafen

In Puntarenas herrscht wahrlich kein Mangel an Unterkünften. Allerdings wendet sich eine Reihe von Billigunterkünften vor allem an jene Gäste, die stundenweise abrechnen wollen. Da die hohe Luftfeuchtigkeit und der viele Regen sogar die teureren Hotels feucht und stickig machen, sollten Reisende unbedingt auf einen Ventilator bestehen.

Hotel Cabezas HOTEL $
(☎2661-1045; Av 1 zwischen Calles 2 & 4; Zi. mit/ohne Bad 30/24 US$, mit Klimaanlage & Bad 40 US$; ❄📶) Dieses preiswerte Hotel ist eine exzellente Wahl. Die Treppe hinauf liegen schöne, in Pastellfarben gestrichene Zimmer mit funktionierenden Ventilatoren und Fenstern mit Sonnenschutz, sodass Reisende auch ohne Klimaanlage gut schlafen können. Man sollte seine Wertsachen nicht

achtlos herumliegen lassen. Aber davon abgesehen ist dieses Budget-Hotel sicher und noch dazu erstaunlich ruhig.

Hotel La Punta HOTEL $$
(☎2661-0696; www.hotellapunta.net; Ecke Av 1 & Calle 35; werktags/Wochenende 50/70 US$; P❄📶🏊) Wer die Fähre früh am Morgen erreichen möchte, findet im Hotel La Punta ein ansprechendes Quartier; es liegt praktisch nur einen Block vom Fähranleger entfernt. Zwölf Zimmer gruppieren sich um einen Landschaftsgarten mit kleinem Swimmingpool. Die komfortablen Unterkünfte haben Terrakottaböden, Kabel-TV und Kühlschrank. Die netteste Übernachtungsmöglichkeit direkt im Ort Puntarenas.

Double Tree Resort by Hilton Central Pacific RESORT $$$
(☎800-555-5555, 2663-0808; www.doubletreecentralpacific.com; All-inclusive-Paket pro Pers. ab 283 US$, Kind unter 12 Jahren 55 US$; P❄📶🏊) Diese familienfreundliche Anlage verwöhnt ihre Gäste mit zahlreichen Annehmlichkeiten wie einem riesigen Pool, einem großen Wassersportangebot, Unterhaltung rund um die Uhr bis hin zu einem Wellness-Bereich und einem großen Tourangebot. Während es an der Küste zweifellos noch schönere Strände gibt, bekommen Gäste viel für ihr Geld geboten, vor allem bei Online-Buchungen im Voraus. Das Resort liegt etwa 30 km von Puntarenas entfernt.

Essen

Das frischste, günstigste Essen ist an den Ständen und *sodas* in der Nähe vom zentralen Markt erhältlich. In dieser Gegend treibt sich auch eine muntere Mischung von Matrosen, Betrunkenen und Prostituierten herum, aber es geht hier eher ruppig als gefährlich zu – jedenfalls zumindest tagsüber. Weitere Restaurants befinden sich im Paseo de los Turistas, der sich zwischen der Calle Central und der Calle 3 erstreckt.

Selbstversorger sollten den **Supermarkt MegaSuper** (☎2661-5301; Calle 1 zwischen Av 1 & 3; ⏲8–21 Uhr) oder den Zentralmarkt besuchen, wo es z. B. superfrische Thunfischsteaks für kleines Geld gibt.

Marisquería El Kaite Blanco MEERESFRÜCHTE $
(☎2661-5566; Av 1 zwischen Calles 17 & 19; Gerichte 7–12 US$; ⏲Di–So 11–21 Uhr) Dieses im Norden der Stadt gelegene große Restaurant ist bei den Einheimischen sehr beliebt. Gäste bekommen hier gute Meeresfrüchte und ein großes Angebot an *bocas* (Appetithäppchen). Die gut gewürzten Muscheln sind besonders zu empfehlen, obwohl einige Einheimische argumentieren, die in der benachbarten Marisquería El Kaite Negro seien noch viel besser.

La Casona SÜDAMERIKANISCH $
(☎2661-1626; Ecke Av 1 & Calle 9; Casados 6–12 US$; ⏲Mo–Sa 10–21 Uhr) Dieses zitronengelbe Haus ist unglaublich beliebt, vor allem zur Mittagszeit. La Casona lockt unzählige Einheimische an, die es sich auf der schattigen, mit Grünpflanzen überladenen Terrasse – gegenüber vom Parque Mora y Cañas – gemütlich machen.

Die Fischportionen vom Grill sind riesig, und die Suppen werden in Schalen serviert, die beinahe schon die Größe von Badewannen haben – jedenfalls sollte man großen Hunger mitbringen.

★ **El Shrimp Shack** MEERESFRÜCHTE $$
(☎2661-0585; www.elshrimpshack.com; Av 3 zwischen Calle 3 & 7; Mahlzeit 8–19 US$; ⏲11–15.30 Uhr; 📶) Dieses Restaurant serviert die raffinierteste Küche in ganz Puntarenas. Sein merkwürdiger Name lässt das stilvolle Innere mit holzgetäfelten Wänden, Tischen mit Marmorplatten, alten Lampen und einer sehr schönen Buntglasdecke in einem jahrhundertealten Haus mit Blick auf den Hafen nicht unbedingt erwarten.

Die Speisekarte weist natürlich viele Gerichte mit Shrimps auf, es gibt aber auch Burger und ausgezeichnetes *ceviche*. Sehr erfrischend ist der Ananas-Minze-Smoothie. Service alter Schule.

Ausgehen & Nachtleben

★ **Isla Coco's Bar & Grill** BAR
(☎8876-9355, 4700-3142; ⏲Di–Fr 18–23, Sa 12–24, So 12–21 Uhr) Dieser neue Treffpunkt hat das volle Programm: eine schöne Bar, eine große Auswahl an Meeresfrüchtegerichten, einen Schalter, um Führungen zu buchen, gute Livemusik und sogar Sushi.

Capitán Moreno's CLUB
(☎2661-6888; Ecke Paseo de los Turistas & Calle 13; ⏲Mo–Fr 11–18, Sa & So 10–20 Uhr) Ein schon lange bestehender Club mit einem schön großen Dancefloor direkt am Strand. Besonders bei den jüngeren Einheimischen ist das Capitán Moreno's angesagt.

El Oasis del Pacífico CLUB
(☎2661-6368; Ecke Paseo de los Turistas & Calle 5; ⏲So–Do 9–22, Fr & Sa bis 1 Uhr nachts) Ein

1. Gelbohr-Fledermäuse, Schutzgebiet Hacienda Barú (S. 443)
2. Buckelwal, Parque Nacional Marino Ballena (S. 454)
3. Tangare 4. Catarata Manantial de Agua Viva (S. 405)

CLAUDE HUOT/SHUTTERSTOCK ©

Naturschutzgebiete entlang der Zentralen Pazifikküste

Costa Ricas beste Autotour führt entlang der Costanera Sur, vorbei an einer Reihe fantastischer Naturparks. Ihre feuchten und trockenen Tropenwälder und langen Strände sind bevölkert von Vögeln mit leuchtend buntem Federkleid, neugierigen Affen und zahllosen Leguanen – der lebende Beweis für die beeindruckende Artenvielfalt des Landes.

Rancho La Merced National Wildlife Refuge (S. 450) Rund um den Parque Nacional Marino Ballena am südlichen Ende der zentralen Pazifikküste bietet diese frühere Rinderfarm tolle Reitwege, Primär- und Sekundärwälder sowie riesige Mangrovenwälder.

Parque Nacional Marino Ballena (S. 454) In diesem immer touristischer werdenden Nationalpark gibt es eine Sandbank, die wie eine riesige Walfischflosse aussieht. Von seinen Stränden kann man die wandernden Giganten beobachten, wenn sie nahe genug an der Küste vorbeischwimmen.

Hacienda Barú National Wildlife Refuge (S. 443) Ausgezeichnete Pfade und von Naturforschern veranstaltete Wanderungen machen dieses Reservat zur wohl besten Adresse für Vogelbeobachtungen an der zentralen Pazifikküste. Und wem das noch nicht genügt, der kann hier Ziplining probieren.

Catarata Manantial de Agua Viva (S. 405) Dieser traumhafte Wasserfall stürzt von einem (zum Schwimmen geeigneten) Becken etwa 183 m tief in das nächste hinab. Besonders beeindruckend ist der Wasserfall in der Regenzeit, wenn Hochwasser ist.

beliebter Club mit einer langen Theke und einem riesigen Dancefloor. Wer hierher kommt, muss Reggaetón lieben.

Orientierung

Puntarenas, am Ende einer sandigen Halbinsel (8 km lang, aber nur 100–600 m breit), lässt sich rund 110 km westlich von San José über eine asphaltierte Schnellstraße erreichen. Die Stadt hat 60 Calles (Straßen), die in Nord-Süd-Richtung verlaufen, aber nur fünf Avenidas (Boulevards), die an der breitesten Stelle von Westen nach Osten führen. Die südliche Meerespromenade, an der sich der Pier für die Kreuzfahrtschiffe und verschiedene Restaurants befinden, heißt Paseo de los Turistas. Wie überall in Costa Rica sind Straßennamen größtenteils irrelevant; zur Orientierung werden meistens markante Punkte herangezogen.

Praktische Informationen

Die großen Banken in der Avenida 3, westlich vom Markt, wechseln Geld und verfügen auch über Geldautomaten, die 24 Stunden in Betrieb sind. Gegenüber vom Pier am Paseo de los Turistas befindet sich ebenfalls ein Geldautomat der Banco de Costa Rica (BCR).

Puntarenas Touristeninformation (Catup; Cámara de Turismo de Puntarenas; ☎2661-2980; Paseo de los Turistas; ⏲Mo–Fr 8–17 Uhr; 📶) Gegenüber vom Pier im ersten Stock der Plaza del Pacífico. In der Mittagszeit geschlossen.

An- & Weiterreise

BUS

Die Busse nach San José fahren an dem großen marineblauen Gebäude an der Ecke Calle 2 und Paseo de los Turistas ab. An Feiertagen und Wochenenden sollte man die Fahrkarten vorbestellen. Die Busse zu anderen Destinationen fahren auf der anderen Straßenseite ab, an der Strandseite des Paseo.

SCHIFF/FÄHRE

Auto- und Passagierfähren, die nach Paquera und Playa Naranjo fahren, legen mehrmals pro Tag an der **nordwestlichen Mole** (Av 3 zwischen Calle 31 & 33) ab. Wer mit dem Auto unterwegs ist und die Autofähre nimmt, sollte frühzeitig eintreffen, um sich in die Fahrzeugschlange einzureihen. Der Fahrzeugbereich auf der Fähre ist schnell voll, und dann wird man leider nicht mehr mitgenommen. Außerdem muss man unbedingt vorher die Fahrkarte am Schalter kaufen, bevor man an Bord der Fähre geht. Denn ohne gültige Fahrkarte wird man nicht auf das Schiff gelassen.

Die Fahrpläne ändern sich mit der Saison und werden oftmals von den Widrigkeiten des Wetters beeinträchtigt. Man sollte sich deshalb im Fährbüro nach dem aktuellen Stand erkundigen. In zahlreichen Hotels in der Stadt hängt der neueste Fahrplan aus.

Coonatramar (☎2661-1069; www.coonatramar.com; Erw./Kind/Fahrrad/Auto 2/1,10/4/18 US$) Angeboten werden vier Fahrten nach Playa Naranjo (für den Transfer nach Nicoya und zu Zielen weiter westl.) um 6.30, 10, 14.30 und 19 Uhr.

Naviera Tambor (☎2661-2084; www.navieratambor.com; Erw./Kind/-Fahrrad/Auto 1,60/1/4,40/-23 US$) Schiffe verkehren täglich nach Paquera (für den Transfer nach Montezuma und Mal País) um 5, 9, 11, 14, 17 und 20.30 Uhr.

Unterwegs vor Ort

Busse mit dem Schild „Ferry" fahren die Avenida Central hinauf zum Fährhafen, der 1,5 km außerhalb der Innenstadt liegt. Ein Taxi vom Busbahnhof in Puntarenas zum nordwestlichen Fährhafen berechnet für die Fahrt den günstigen Tarif von ungefähr 3 US$.

Busse zum Hafen Caldera (über Playa Doña Ana und Mata de Limón) starten etwa stündlich am Markt und verlassen die Stadt über die Avenida Central.

Rund um Puntarenas

Die Straße, die südlich von Puntarenas beginnt, führt an der Küste entlang; ein paar Kilometer außerhalb der Stadt sieht man in der Ferne schon die ersten bewaldeten Gipfel der Cordillera de Tilarán aufragen. Wenn die Hafenstadt dann aus dem Blickfeld verschwindet, wird das Wasser sau-

BUSSSE VON PUNTARENAS

REISEZIEL	FAHRPREIS (US$)	FAHRZEIT	HÄUFIGKEIT
Jacó	2,72	1½ Std.	6.50, 8.50, 14.20, 16, 18.30 Uhr
Quepos	4,39	3 Std.	12mal tägl. 4.30–15.30 Uhr
San José	4,70	2½ Std.	Stündl. 4–21 Uhr
Monteverde	2,72	3 Std.	8, 13.15, 13.30, 14.15 Uhr

berer, die Luft klarer und die Vegetation üppiger. Der Zeitpunkt ist gekommen, um tief durchzuatmen und einen Seufzer der Erleichterung auszustoßen. Außerdem wird die Pazifikküste noch viel schöner, je weiter man nach Süden kommt – mit schönen Stränden, vielen Gelegenheiten zum Surfen und jeder Menge Mangroven.

Sehenswertes & Aktivitäten

Südlich von Puntarenas finden Interessierte ideale Wellen, die allerdings nur für erfahrene Surfer geeignet sind. Wer es etwas ruhiger angehen lassen möchte, findet in den Mangrovenwäldern an der Küste weitere gute Möglichkeiten.

Playa Doña Ana

STRAND

(Eintritt 3 US$, Parken 2 US$) Die beiden Strände, die unter dem Namen Playa Doña Ana bekannt sind, haben kaum Infrastruktur zu bieten und weisen ein entspanntes, beschauliches Flair auf. Surfer finden hier ein paar anständige Breaks, doch auch sie sind – wie die Playa San Isidro – vor allem bei den einheimischen Strandfans beliebt, die von Puntarenas gern einen Tagesausflug hierher unternehmen, und zwar vor allem am Wochenende während der Hauptsaison. Es gibt hier Snackbars, Picknickplätze und Kabinen zum Umziehen; die Bereiche zum Schwimmen stehen unter Aufsicht.

Playa San Isidro

STRAND

Etwa 8 km südlich von Puntarenas erstreckt sich die Playa San Isidro, der erste „richtige" Strand an der Zentralen Pazifikküste. Er ist beispielsweise bei Strandgutsammlern aus Puntarenas sehr beliebt.

Boca Barranca

SURFEN

Rund 12 km südlich von Puntarenas befindet sich – wie manche behaupten – die drittlängste linksbrechende Welle der Welt. Die Surfbedingungen sind bei Ebbe am besten, surfen kann man hier ganzjährig. Es muss allerdings erwähnt werden, dass hier draußen kaum eine Infrastruktur vorhanden ist; und das bedeutet, dass man als Surfer schon über die entsprechende Erfahrung im Wasser und Wellen verfügen und sich auch bei Einheimischen Rat holen sollte, bevor man sich ins Vergnügen stürzt.

Mata de Limón

VOGELBEOBACHTUNG

Etwa 20 km südlich von Puntarenas liegt Mata de Limón, ein malerisches kleines Kaff an einer von Mangroven bestandenen Lagune, die in dieser Gegend als ausgezeichnete Stelle zum Beobachten von Vögeln bekannt ist. Wer während der Ebbe hier ist, kann zuschauen, wie die gefiederten Freunde in Scharen auf die Lagune hinausströmen, um dort nach Leckerbissen zu picken. Mata de Limón wird durch einen Fluss geteilt; die Lagune und die meisten Einrichtungen befinden sich am Südufer.

An- & Weiterreise

Busse, die zum Hafen von Caldera verkehren, fahren im Stundentakt am Markt in Puntarenas ab und lassen die Fahrgäste an jedem beliebigen Punkt an der Schnellstraße aussteigen. Wer mit dem eigenen Auto bzw. Mietwagen unterwegs ist, findet die Surfbreak von Boca Barranca in der Nähe der Brücke an der Costanera Sur (Südliche Küstenschnellstraße); der Zugang zur Playa Doña Ana befindet sich ein kleines Stück weiter südlich (nach dem Schild Ausschau halten, auf dem „Paradero Turístico Doña Ana" geschrieben steht). Die Abzweigung nach Mata de Limón befindet sich dann etwa 5,5 km südlich der Playa Doña Ana.

Parque Nacional Carara

Dieser an der Mündung des Río Tárcoles gelegene etwa 52 km² große Nationalpark (10 US$; ⏲ Dez.–April 7–16 Uhr, Mai–Nov. 8–16 Uhr) liegt nur 50 km von Puntarenas oder 90 km westlich von San José über die Orotina-Schnellstraße. Dieses Schutzgebiet verbindet die Trockenwälder von Costa Ricas Nordwesten mit den Regenwäldern der südpazifischen Tiefebene und fungiert so als biologischer Schmelztiegel. Akazien vermischen sich hier mit Würgefeigen und Kakteen mit laubabwerfenden Kapokbäumen. Die Vielfalt der Flora wird von der Fauna widergespiegelt, darunter der Hellrote Ara und Costa Ricas größte Krokodile.

Die vier Routen im Nationalpark sind leicht innerhalb eines Tages zu bewältigen. Je früher man kommt, desto mehr Tiere bekommt man zu Gesicht.

Sehenswertes

Krokodilbrücke

TIERRESERVAT

Wer von Puntarenas oder San José mit dem Auto kommt, sollte an der Brücke über den Río Tárcoles, die auch als Krokodilbrücke bekannt ist, anhalten. Es handelt sich um eine der wichtigsten touristischen Attraktionen der Region, da Besucher von hier aus unten auf den Sandbänken häufig einige Dutzend große, sich sonnende Krokodile sehen kön-

ARAKANGAS

Mit seinem knallroten Körper, seinen blau-gelben Flügeln, dem langen roten Schwanz und dem weißen Gesicht zählt der Arakanga, auch als Hellroter Ara bezeichnet *(Ara macao)*, zu den optisch beeindruckendsten Vogelarten des neotropischen Regenwalds. Die Tiere können bis zu 75 Jahre alt werden und bleiben als Pärchen ihr ganzes Leben zusammen. Sie fliegen paarweise über das Blätterdach des Waldes, wobei sie ein lautes Gekreische ausstoßen – kaum ein anderer Vogel in Costa Rica beweist so viel Charakter, Präsenz und Schönheit.

Bis in die 1960er-Jahre war der Arakanga beinahe überall in Costa Rica verbreitet, doch Fallensteller, Wilderer, die stetige Zerstörung ihres Lebensraums und der verstärkte Einsatz von Pestiziden verringerten die Population in erschreckendem Ausmaß. In den 1990er-Jahren beschränkte sich ihr Vorkommen nur mehr auf zwei isolierte Gebiete: die Península de Osa und den Parque Nacional Carara.

Zum Glück leben diese außergewöhnlichen Tiere mittlerweile wieder in großen Kolonien an beiden Standorten, sodass Besucher, die ein wenig Zeit und Geduld mitbringen, diese beeindruckenden Geschöpfe mit großer Wahrscheinlichkeit auch zu sehen bekommen. Zudem stuft die Internationale Vereinigung für Naturschutz diese Vogelart trotz ihres beschränkten Vorkommens als ungefährdet ein.

Und somit stehen die Zukunftsaussichten dieser wirklich emblematischen Regenwaldbewohner mittlerweile wieder besser.

nen. Man trifft sie hier das ganze Jahr über an, die beste Zeit um sie zu beobachten, ist allerdings die Trockenzeit bei Ebbe.

Derart große Krokodile sind heute selten in Costa Rica, weil sie lange wegen ihrer so begehrten Haut gnadenlos gejagt wurden. Hier werden die Krokodile aber geschont und toleriert, weil sie die Hauptattraktion der Tierbeobachtungstouren aus Tárcoles sind. Reisende sollten wissen, dass das gelegentlich zu beobachtende Füttern der Tiere durch die Führer illegal und gefährlich ist. Die Krokodile verlieren auf diese Weise ihre Scheu vor dem Menschen und bringen seine Gegenwart mit Fressen in Verbindung.

Aktivitäten

Tierbeobachtung

Der Nationalpark Carara besteht im Wesentlichen aus Sekundärwald, weist aber auch Flächen dichten, alten Waldes sowie Feuchtgebiete auf und ist damit ein ideales Feld für die Beobachtung von Vögeln. In dem Schutzgebiet sind mehr als 400 Vogelarten nachgewiesen. Wer wirklich seltene Arten sehen möchte, sollte am besten einen fachkundigen Führer engagieren. Zu den häufig zu sehenden Arten gehören Goldschnabel-Ruderammer, fünf verschiedene Trogon-Arten, Veraguasittiche, Schwarzohrpapageien, Buntkopfspechte, Dickkopfbekarde, Graukopftangare, Gelbhosenpipras, Rotschwanzjakamare und Kronentyrannen.

Die faszinierendsten sind jedoch die brillant gemusterten Hellroten Aras (oder Arakangas), vor allem im Zeitraum zwischen Juni und Juli; dann kann man auch die Küken beobachten. Dieser an sich sehr seltene Vogel ist im Parque Nacional Carara mit ein wenig Glück häufiger zu sehen. Sein charakteristischer Ruf schallt laut durch das Kronendach, bevor Besucher des Nationalparks ihn dann vor dem Hintergrund des blauen Himmels zu sehen bekommen. Wer Probleme hat, diese Vögel zu finden, sollte sich an der Rangerstation erkundigen. Dort ist man in der Regel gut informiert, wo sich die brütenden Paare gerade befinden.

Doch von den Vögeln abgesehen, sind in Carara auch verschiedene Säugetiere zu Hause, so beispielsweise der Rote Spießhirsch, der Weißwedelhirsch, das Halsbandpekari sowie Affen, Faultiere und Meerschweinchen. Der Nationalpark ist außerdem die Heimat einer der größten Tayra-Populationen in Costa Rica, ein Tier, das wie ein hochbeiniger Marder aussieht und auf dem Waldboden auf Jagd geht.

Und auch wenn die meisten Besucher nicht gerade scharf darauf sind, über ein Spitzkrokodil zu stolpern, so lassen sich einige dieser gewaltigen Panzerechsen – aus sicherer Entfernung von der Krokodilbrücke – bestens beobachten.

Laut Aussagen der meisten Parkranger stehen die Chancen, wilde Tiere in diesem

Nationalpark zu beobachten, in den frühen Morgenstunden etwa um 7 Uhr am besten, dann, wenn der Park geöffnet wird.

Wandern

Rund 600 m südlich der Krokodilbrücke liegt links ein verschlossenes Tor, der Zugang zum **Sendero Laguna Meándrica**. Dieser Wanderpfad führt tief in das Schutzgebiet und durch offene Sekundärwälder, dichten Urwald und Feuchtgebiete. Rund 4 km vom Eingang entfernt liegt die Laguna Meándrica, wo sich viele Reiher, Glattschnabelanis (*Crotophaga ani*), neuweltliche Kuckucke, und Eisvögel aufhalten. Wer an der Lagune entlangwandert, hat ausgezeichnete Chancen, Säugetiere und auch einmal ein Krokodil zu sehen; es existiert allerdings kein Rundwanderweg. Wegen gelegentlicher Überflutung wird dieser Trail im September und Oktober oft gesperrt.

Weitere 2 km südlich vom Anfang des Weges liegt die Rangerstation des Nationalparks, in der sich u. a. Badezimmer befinden. Der Weg weist innerhalb des Parks zwei kurze Schleifen durch das Halbdunkel des für einen großen Teil des Schutzgebiets charakteristischen Regenwaldes auf. Der Zugang erfolgt über den kurzen, gepflasterten und rollstuhlgeeigneten Naturlehrpfad, der an der Rangerstation anfängt. Der erste der beiden Rundpfade, der **Sendero Las Aráceas**, ist etwa 1,2 km lang und verbunden mit dem zweiten, dem **Sendero Quebrada Bonita** (ca. 1,5 km). Auf dem Sendero Quebrada Bonita bestehen die besten Chancen, Tiere wie Agutis oder zahlreiche Vogelarten zu sehen, weil dieser Weg weiter von der Straße entfernt verläuft.

An der Rangerstation können Besucher für 25 US$ pro Person (Minimum zwei Personen; besondere Angebote für Gruppen) Führer für eine ungefähr zweistündige Wanderung engagieren. Ein besonders fachkundiger Führer ist **Victor Mora Chaves** (☎8723-3008; www.victourscostarica.com), der sich auf die Beobachtung von Vögeln und auf das Fotografieren spezialisiert hat.

ℹ Praktische Informationen

Rangerstation von Carara (⏲Dez.–April 7–16 Uhr, Mai–Nov. 8–16 Uhr) Informationen über den Park und kompetente Führer. Befindet sich etwa 3 km südlich vom Río Tárcoles.

GEFAHREN & ÄRGERNISSE

Die Intensivierung des Tourismus an der Pazifikküste hat unweigerlich zu einer Zunahme von kleineren Diebstahlsdelikten geführt. So sind früher häufig Autos, die am Anfang des Wanderweges an der Laguna Meándrica geparkt wurden, aufgebrochen worden. Heute gibt es hier Wachleute. Es ist jedoch immer noch am sichersten, den Wagen an der Rangerstation zu parken und dann an der Costanera Sur entweder rund 2 km in nördlicher oder etwa 1 km in südlicher Richtung zu gehen. Eine Alternative bietet der Parkplatz des Restaurante Los Cocodrilos (bitte am Ende an das Trinkgeld für die Parkplatzwächter denken).

ℹ An- & Weiterreise

Jeder Bus, der die Strecke Puntarenas–Jacó befährt, hält auf Wunsch am Eingang des Nationalparks. Außerdem kann man vor dem Restaurante Los Cocodrilos einen der Busse in Richtung Norden oder Süden nehmen. Am Wochenende stellt das ein gewisses Problem dar, denn die Busse sind dann ziemlich überfüllt. Wer auf den Bus angewiesen ist, sollte lieber wochentags fahren. Für Autofahrer ist der Eingang zum Nationalpark Carara ausgeschildert; er befindet sich direkt an der Costanera.

Tárcoles & Umgebung

3100 EW.

Die bescheidene kleine Ortschaft Tárcoles besteht im Grunde nur aus ein paar Häuserreihen und staubigen Straßen parallel zum Meer und gibt touristisch nicht viel her. Die Umgebung hat für Fans der Superlative jedoch einiges zu bieten, und zwar wenn jemand den angeblich höchsten Wasserfall des Landes und so ziemlich die größten Krokodile bestaunen möchte. Angesichts der 2017 gemachten Ankündigung, dass im nahe gelegenen Orotina für 3,5 Milliarden US$ ein neuer internationaler Flughafen gebaut werden soll, wird Tárcoles wohl nicht mehr lange relativ ursprünglich bleiben.

⊙ Sehenswertes

★Catarata Manantial de Agua Viva WASSERFALL

(☎2275-6242, 8831-2980; 20 US$; ⏲7–17 Uhr) Der 200 m hohe Wasserfall soll der höchste des Landes sein. Am Eingang geht es 3 km (45 Min.) steil in ein Tal hinunter; unten verläuft der Fluss durch diverse natürliche Schwimmlöcher. Die Wasserfälle sind am beeindruckendsten, wenn sie während der Regenperiode viel Wasser führen, aber durch ihre herrliche Lage im Regenwald sind sie zu jeder Jahreszeit ein wunderschöner Anblick. Eine 5 km lange staubige Straße hinter dem Hotel Villa Lapas führt zum Hauptzugang des Wasserfalls. Unterwegs sollte man nach den leuchtend bunten Pfeilgiftfröschen und vereinzelten Arakanga-Pärchen Ausschau halten.

Pura Vida Gardens & Waterfalls PARK
(☎ 2645-1001, 8352-9419; www.puravidagarden.com; Erw./Kind unter 12 Jahren 20/10 US$; ⏲ Mo–Sa 7.30–16 Uhr) Unmittelbar vor dem Dorf Bijagual bietet dieser private botanische Garten tolle Blicke auf die eine Klippe herabstürzenden Wasserkaskaden des Manantial de Agua Viva. Hinzu kommen einige nette Wanderwege, von denen aus man brütende Tukane und andere Tiere sehen kann. Das parkeigene Restaurant wendet sich an Teilnehmer am Adventure Dining (www.adventurediningcostarica.com). Demnach kann man hier nur nach Voranmeldung essen, das Restaurant öffnet um 16.30 Uhr.

Geführte Touren

Diese Gegend ist für ihre Exkursionen zur Beobachtung von Krokodilen bekannt. Wer sich in der Nähe dieses Küstenabschnitts aufhält, wird mit Werbung und Flyern dafür nur so bombardiert. So mancher Adrenalin-Junkie kann da natürlich kaum widerstehen, dennoch haben diese Touren einen zweifelhaften Einfluss auf den natürlichen Lebensraum dieser herrlichen Tiere, die am Ufer des Río Tárcoles lauern. Selbstverständlich sind diese Krokodile ein Spektakel, das so schnell keiner vergisst, aber es ist trotzdem frustrierend zuzuschauen, wie diese Tiere von einigen Tourguides von Hand gefüttert werden; eigentlich ist es in Costa Rica gesetzlich verboten, Wildtiere zu füttern. Wer den Krokodilen auf so einem Ausflug einen Besuch abstattet, sollte viele Fragen stellen und zu einer verantwortungsvollen Interaktion mit diesen Tieren beitragen. Die Touren kosten im Allgemeinen 35 US$ pro Pers. und dauern etwa zwei Stunden.

Jungle Crocodile Safari (☎ 2637-0656; www.junglecrocodilesafari.com; pro Pers. 35 US$; ⏲ Touren 8.30, 10.30, 13.30, 15.30 Uhr) ist einer der besseren Anbieter mit einem Büro in Tárcoles, während **Crocodile Man Tour** (☎ 2637-0771, 2637-0426; www.crocodilemantour.com; Erw./Kind 35/25 US$, unter 5 Jahren kostenlos) am bekanntesten ist (jedoch vor allem für die verantwortungslosen Fütterungen, die mittlerweile eingestellt wurden). Die Touren starten in der Stadt, Urlauber können sich an ihrem Hotel abholen lassen.

Schlafen

Hotel Villa Lapas RESORT $$
(☎ 2637-0232; www.villalapas.com; all-inclusive pro Pers. 127 US$; P ❄ 📶 🏊) 🌿 Diese Anlage liegt in einem privaten Schutzgebiet aus sekundärem Regenwald und einem tropischen Park und bringt ihre Gäste in einem schönen Landhaus im spanischen Kolonialstil unter. Die Gäste können sich hier zwischen geführten Wanderungen durch das Reservat, Exkursionen zur Vogelbeobachtung, Touren durch die Baumkronen und dem Chillen in zwei Pools entscheiden. Das Resort wendet sich vor allem an Vogelfreunde, folglich geht es hier ruhig und gemächlich zu.

Kurioserweise kann die Villa Lapas neben dem Río Tarcolito auch eine Hochzeitskapelle vorweisen.

Eden Retreat Center WELLNESSHOTEL $$$
(☎ 8718-5258; www.edenretreatcenter.com; Zi. inkl. Frühstück ab 190 US$) Die supercoole Ärztin Randi Raymond betreibt dieses neue Hotel mit sechs Zimmern, in dem Gäste sich mit lokalen Gerichten aus biologisch angebauten Zutaten, Yoga, Meditation, Vitamintherapien, Ernährungsberatung, Darmtherapien und vielem mehr ihrer Gesundheit widmen können. Der Blick auf das Meer und den Urwald ist atemberaubend, die Zimmer sind hell, luxuriös und geräumig.

Das Eden liegt etwa 6 km von Tárcoles entfernt – kurz vor den Pura Vida Gardens & Waterfalls.

An- & Weiterreise

Alle Busse, die auf der Strecke Puntarenas–Jacó verkehren, halten am Ortseingang von Tárcoles. Wer mit dem Auto unterwegs ist, findet den Ort problemlos. Der Ortseingang befindet sich direkt an der Costanera Sur und ist gut ausgeschildert. Lokale Busse, die zwischen Orotina und Bijagual verkehren, setzen die Fahrgäste am Eingang zum Parque Nacional Carara ab.

Playa Herradura

Bis Mitte der 1990er-Jahre war Playa Herradura ein ländlicher, grau-schwarzer Sandstrand im Schatten von Palmen, der vor allem bei Campern und einheimischen Fischern beliebt war. Gegen Ende der 1990er-Jahre geriet Playa Herradura dann allerdings ins Rampenlicht – es diente als Schauplatz für Ridley Scotts Film *1492 – Die Eroberung des Paradieses* (1992). Die Folge war ein enormer Bauboom, der im wohl nobelsten Jachthafen von ganz Costa Rica gipfelte, der Los Sueños Marina.

Jedenfalls vermittelt Playa Herradura, wie sich die Zukunft der Zentralen Pazifikküste möglicherweise gestalten könnte. Weitläufige Wohnanlagen, schicke Hotels und Apartmenthochhäuser säumen langsam die ganze Bucht und ziehen sich bis in die Berge hinauf, während der Jachthafen zahlreichen Luxusjachten und Booten zum Sportfischen Platz zum Ankern bietet.

Die südliche Hälfte vom Strand, am Ende der Straße nach Playa Herradura, erweckt dagegen den Eindruck, meilenweit weg von den Landschaftsgärten zu sein, in denen die Golfbuggies kreuz und quer herumfahren. Hier erscheint alles beinahe noch so authentisch wie eh und je – mit Ticos, die ein hübsches Picknick veranstalten, und Bars, aus denen laute Musik dröhnt.

Aktivitäten

SupHerr WASSERSPORT

(☎2637-6032; www.supherr.com; Stehpaddelbrett 2 Std. 30 US$, Kajak 1/2 Std. 20/30 US$) Hier an der Playa Herradura können Reisende alle mögliche Ausrüstung für Aktivitäten auf dem Wasser ausleihen, Kajaks, Bodyboards und die immer beliebter werdenden Stehpaddelbretter. Kurse und Touren sind hier ebenfalls möglich.

Schlafen

An der Playa Herradura ist es nicht gerade billig. Reisende, die nicht Spitzenpreise zahlen wollen, sollten sich deshalb überlegen, ob sie nicht lieber ein wenig weiter die Küste hinunter in Jacó logieren.

★ **Zephyr Palace** BOUTIQUEHOTEL $$$

(☎2637-3000; www.zephyrpalace.com; Suite 412–1808 US$; P ❄ @ ᯤ ≋) Das Zephyr liegt auf demselben Grundstück wie die elegante Villa Caletas und auf einem noch dekadenteren Luxusniveau. In diesem Marmorpalast, der selbst in Las Vegas nicht weiter auffallen würde, können die Gäste in sieben individuell gestalteten Suiten wohnen, die die Pracht Roms, des Ägyptens der Pharaonen oder Asiens nachbilden. Der Mindestaufenthalt beträgt drei Nächte.

Die Abzweigung ist unmittelbar nördlich der Playa Herradura ausgeschildert.

★ **Hotel Villa Caletas** BOUTIQUEHOTEL $$$

(☎2630-3000; www.hotelvillacaletas.com; Zi 226-505 US$, Suite 412 US$; P ❄ ᯤ ≋) Die Aussicht auf den Pazifik ist hier wirklich sagenhaft. Was dieses großartige Luxushotel zu etwas ganz Besonderem macht, ist die einzigartige Verschmelzung von verschiedenen Architekturstilen, d. h. von viktorianisch-tropischen und hellenistischen Elementen sowie französischem Kolonialstil. Die mega-exklusiven Unterkünfte liegen auf der winzigen Landzunge Punta Leona, hoch oben auf einem Hügel am Ende einer kurvenreichen Zufahrtstraße, unmittelbar nördlich von Playa Herradura.

Sämtliche Zimmer befinden sich mitten im tropischen Blättergewirr der terrassierten Hotelanlage, was ein einzigartiges Gefühl von Abgeschiedenheit und Privatsphäre vermittelt. Die Zimmer sind geschmackvoll mit Kunst und Antiquitäten gestaltet; von den Fenstern bietet sich eine spektakuläre Aussicht. Mit dazu gehören ein von der französischen Küche inspiriertes Restaurant, mehrere halb-private Poollandschaften sowie ein etwa 1 km langer Trail, der den Hügel hinab zum Strand führt.

Los Sueños Marriott Ocean & Golf Resort RESORT $$$

(☎2630-9000; www.marriott.com/sjols; Zi. 345–494 US$, Suite 890 US$; P ⊖ ❄ @ ᯤ ≋) Mit einem Golfplatz hinten und einer Marina vorne verkörpert diese große Anlage (201 Zimmern) an der Playa Herradura den Komfort, der für die gesamte Gegend angestrebt wird. Die Ästhetik orientiert sich an den klassischen Haziendas. Miteinander verbundene Pools schlängeln sich durch die Anlage, während die Gäste Annehmlichkeiten wie Dockingstationen für iPods und Fenster mit Blick auf den Ozean genießen. Der Service ist leider manchmal ein wenig unzuverlässig und das WLAN kostet extra.

Essen

Die „einheimische" Seite des Strandes bietet ungezwungene und preiswerte Möglichkeiten, etwas zu essen. Demgegenüber finden sich im Marina Village kostspieligere Restaurants, die sich ziemlich eindeutig an die „Gringos" wenden.

Dolce Vita CAFÉ $

(☎2630-4050; Kuchen ab 3 US$; ⌚6–17 Uhr; ❄ ᯤ) Guter Kaffee, Quiche, anständige Bagels und exzellentes Eis sind die Attraktionen in diesem kleinen Café direkt an der Marina. Vor Kurzem ist die Karte um Frühstück und eine Reihe von Klassikern aus Lateinamerika und Italien erweitert worden, beispielsweise Lasagne, Panini und

NICHT VERSÄUMEN

PUNTA LEONA

Die Punta Leona ist ein gut gehütetes Geheimnis. Hinter einer Reihe leicht zu übersehender Abzweigungen und langen kurvenreichen Zufahrten sind die beiden friedlichen Strände Playa Mantas und Playa Blanca die ersten Strände, die Reisende auf der Fahrt von San José die zentrale Pazifikküste hinunter besuchen können. Und sie liegen gerade einmal nur ungefähr eine Autostunde von der Hauptstadt entfernt!

Die Abzweigung zur für die Öffentlichkeit zugänglichen Playa Mantas geht unmittelbar nach einem kleinen Restaurant namens Soda Nimar rechts auf eine unmarkierte, unbefestigte Straße ab, eine etwa 12-minütige Fahrt von der Krokodilbrücke (S. 403) aus. Auf der zehnminütigen Fahrt zum Strand kann es vorkommen, dass Wachmänner das Nummernschild notieren und nach dem Ziel der Fahrt fragen. Diese Wachen arbeiten für das **Punta Leona Hotel & Club** (☎2630-1001; www.hotelpuntaleona.com; ab 109 US$), einen großen Hotelkomplex mit der Atmosphäre eines elitären Clubs. Die Anlage besitzt einige Restaurants und einen exklusiven Parkplatz und Zugang zum Strand. Ein Tagespass kostet angeblich 85 US$! Es gibt jedoch überhaupt keine Veranlassung diese Summe zu zahlen, da alle Strände in Costa Rica laut Gesetz öffentlich sind.

Am Ende der Zufahrt kann man also für 4 US$ parken, an der friedlichen, azurblauen Playa Mantas baden und sich dann zu Fuß in Richtung Süden über ein paar Felsen zum eigentlichen Ziel, der majestätischen Playa Blanca, aufmachen. Bei Ebbe kann man bequem über die flachen Felsen am Ende der Landspitze gehen. Bei Flut liegen diese Felsen unter Wasser, dann sollten Besucher keinesfalls versuchen über sie zu schwimmen, da die Wellen Schwimmer gegen die Felsen schleudern würden. Am besten sollte der Trip also so geplant werden, dass man bei möglichst seichtem Wasserstand kommt und geht. Die Belohnung für diese Mühen ist eine große Bucht mit weichem weißen Sand, ruhigem Wasser und sich im Wind wiegenden Kokospalmen. Gleichzeitig fliegen über die Badenden Hellrote Aras. Wer vom Baden genug hat, kann in verschiedenen Gezeitentümpeln Fische, Krebse und sogar Tintenfische beobachten.

Dieses kleine Paradies wird besonders an Feiertagen gerne von Tico-Familien aufgesucht. Reisende sollten also möglichst früh kommen, um einen Parkplatz zu ergattern. Ein schöner Zwischenstopp auf dem Weg ist das Restaurant **Chanchitos** (☎2637-0000; Costanera Sur; Hauptgerichte 7–16 US$; ⌚11–23 Uhr) ein wenig weiter nördlich von der öffentlichen Zufahrt zur Punta Leona (und direkt neben einer separaten Zufahrt für Clubmitglieder und Inhaber eines Tagespasses). Hier gibt es die leckersten Meeresfrüchte-*enchiladas* weit und breit. Freunde des All-inclusive-Urlaubs kommen gut unter im **Hotel Arenas** (☎2529-0505; www.hotelarenasenpuntaleona.com; All-inclusive pro Pers. 116 US$; ⛱). Ein schöner Swimmingpool und ein abwechslungsreiches Unterhaltungsprogramm sorgen dafür, dass sich hier jeder Gast wohlfühlt.

ceviche. Das neue italienische Restaurant nebenan, das Lanterna, steht unter derselben Leitung und wird, weil sehr beliebt, in der Hauptsaison schnell voll.

La Puesta del Sol SÜDAMERIKANISCH $
(☎2637-8003; Hauptgerichte ab 6 US$; ⌚11–23 Uhr; P) Dieses lebhafte Restaurant mit Bar befindet sich an der „einheimischen" Strandseite und ist eine Zuflucht für diejenigen, die mit manikürten Golfplätzen nichts anfangen können. Die Speisekarte listet vor allem *casados* (feste Menüs) und *ceviches* auf. Den hübschen Sonnenuntergang zum gut gekühlten Bier gibt es gratis.

Bambú SUSHI $$
(☎2630-4333; www.lsrestaurants.com; Marina Village; Hauptgerichte ab 9 US$; ⌚11–20 Uhr; ❄ 📶) Dieses Lokal liegt direkt am Wasser mit Blick auf glänzende Jachten. Serviert wird hier eine gute Auswahl aus Poseidons Welt. Der gut gewürzte Thunfisch und die Shrimprollen, zu denen es Avocado, Tempurashrimp, Vulkansoße und noch weitere Beilagen gibt, sind besonders zu empfehlen. Ideal dazu passt ein Bier aus Asien.

Jimmy T's Provisions SUPERMARKT $$
(☎2637-8636; www.jimmytsprovisions.com; Los Sueños Marina; ⌚6.30–19 Uhr) Wer sich stil-

voll selbst versorgen will, für den werden im Jimmy T's Provisions Träume wahr. Dieses kleine Geschäft an den Docks der Los Sueños Marina, das sich überwiegend um das Wohl der Jachtbesitzer bemüht, ist vom Boden bis zur Decke mit in Costa Rica seltenen, importierten Bio-Köstlichkeiten vollgestopft: Käse aus Italien, Qualitätsfleisch von Tieren aus Weidehaltung, Esswaren aus Asien – das reinste Eldorado für Leute mit *mucho dinero* (viel Geld).

An- & Weiterreise

Die Playa Herradura wird durch regelmäßig verkehrende Busse (2 US$, 20 Min.) mit Jacó verbunden. Wer mit dem eigenen Auto hierher kommt, findet die Abzweigung zum Strand an der Costanera Sur etwa 6 km, nachdem sie von der Meeresküste aus ins Binnenland führt. Von dort aus verläuft dann eine rund 3 km lange befestigte Straße in westlicher Richtung zur Playa Herradura.

Jacó

9500 EW.

Nur wenige Ortschaften in Costa Rica spalten die Meinungen so wie Jacó. Feierfreudige Surfer, Rentner aus den USA und Investoren aus dem In- und Ausland preisen die Stadt wegen ihrer legeren Atmosphäre, des pulsierenden Lebens auf den Straßen und der boomenden Immobiliengeschäfte. Achtsame Ökotouristen, an den Rand gedrängte Ticos und Anhänger des traditionellen Costa Rica verabscheuen Jacó – und zwar aus genau denselben Gründen.

Jacó war die erste Stadt an der Zentralen Pazifikküste, die durch den Tourismusboom schier explodierte. Und bis heute gilt die Ortschaft als Magnet für Backpacker, Surfer, Kokainschnupfer und stadtmüde *josefinos* (Einwohner von San José). Obwohl sich die Arbeiterviertel gleich in der Nähe befinden, ist die schäbige Hauptstraße Jacós von Geschäften, die allen möglichen Nippes und Krimskrams feilbieten, und Büros von Tourenveranstaltern gesäumt; nachts treibt sich hier eine zwielichtige, aber nicht gefährliche Mischung von Studenten beim Komasaufen, Surfern und spärlich gekleideten Damen herum, deren temporäre „Zuneigung“ sich ohne Schwierigkeiten verhandeln lässt.

Der nachlässige Charme Jacós ist somit sicher nicht jedermanns Sache, aber die Bedingungen zum Surfen sind hervorragend, die Bars sind im Allgemeinen gut, besonders die am eleganten Jacó Walk.

Sehenswertes

★ Jacó Walk PLATZ

Dieser hübsche neue Platz, an dem die meisten der besten Restaurants der Stadt im Lauf der Zeit eröffnet haben, ist dekoriert mit bunten Ziegeln, Topfpflanzen und schönen Lichtern. Alle Restaurants haben im Freien Tische stehen; die ganze Atmosphäre ist sehr familienfreundlich, es gibt Springbrunnen, Fahrradständer und sogar einen Spielplatz. Und für die Erwachsenen gibt es eine Brauerei mit Craft-Bier.

Aktivitäten

Surfen

Die Regenzeit gilt an der Pazifikküste als die beste Zeit zum Surfen, aber Jacó ist eigentlich das ganze Jahr über mit guten Brandungswellen gesegnet. Auch wenn es fortgeschrittene Surfer weiter gen Süden nach Playa Hermosa zieht, sind die Wellen in Jacó stark, gleichmäßig und für durchschnittliche Surfer ein Riesenvergnügen. In Jacó gibt es zahlreiche Möglichkeiten das Surfen zu erlernen, denn es wird vielerorts Surfunterricht angeboten; außerdem ist es hier auch sehr einfach, ein Surfbrett zu kaufen und es wieder zu verkaufen.

Wer sich lediglich für einen Tag lang ein Surfbrett ausleihen möchte, sollte sich vorher ein bisschen umschauen; die besseren Anbieter vermieten Surfboards bereits für 15 bis 20 US$ (24 Std.).

Tortuga Surf Camp SURFEN

(☎2463-3348; www.tortugasurfcamp.com; 2 Std. privater Surfkurs inkl. Ausrüstung ab 50 US$; ⏲8–17 Uhr) Dies ist für alle Altersgruppen und unabhängig vom Vorwissen der beste Anbieter in Jacó, um das Surfen zu lernen oder um seine Technik zu verbessern. Michael und sein Team sind sehr geduldig und ermutigend. Die Kurse sollten mindestens 24 Stunden im Voraus gebucht werden.

Vista Guapa Surf Camp SURFEN

(☎2643-0244; www.vistaguapa.com) Das Vista Guapa Surf Camp ist ideal für Anfänger und für leicht Fortgeschrittene. Man kann Boards mieten oder auch Kurse im Stehpaddeln belegen. Die Preise für eine Woche inkl. Verpflegung starten bei 1150 US$. Die Website enthält eine Wegbeschreibung.

Carton Surf Shop SURFEN

(☎2643-3762; www.cartonsurfboards.com; Calle Madrigal; pro Tag 20 US$; ⏲8.30–18 Uhr) Die freundlichen Gebrüder Villalobos betreiben

Jacó Zentrum

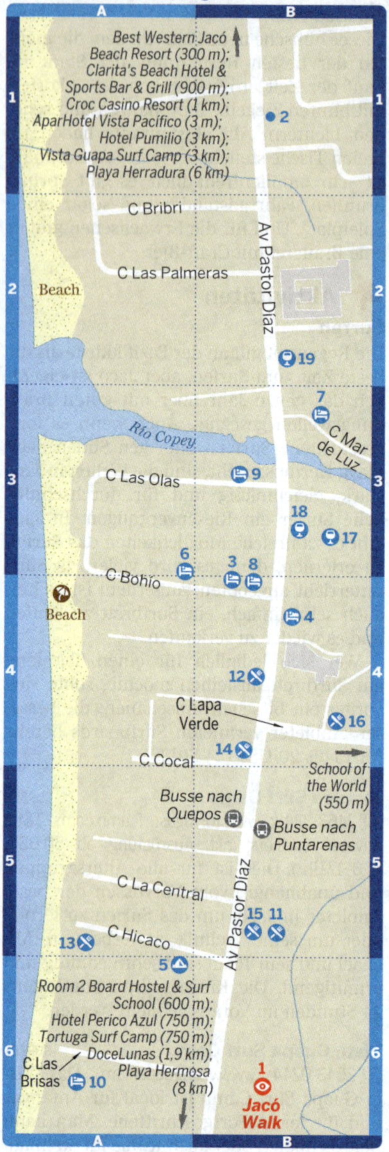

Jacó Zentrum

Highlights
1 Jacó Walk B6

Aktivitäten, Kurse & Touren
2 Costa Rica Waterfall Tours B1

Schlafen
3 Beds on Bohio B4
4 Buddha House B4
5 Camping El Hicaco A6
6 Hotel de Haan A3
7 Hotel Mar de Luz B3
8 Hotel Poseidon B4
9 Posada Jacó B3
10 Selina Jacó A6

Essen
11 Amancio's B5
12 Caliche's Wishbone B4
13 El Hicaco A5
Graffiti .... (s. 1)
14 Green Room B4
Juanita's .... (s. 1)
15 Lemon Zest B5
Side Street Bistro .... (s. 1)
16 TacoBar B4
Tsunami Sushi .... (s. 1)

Ausgehen & Nachtleben
17 Beer House B3
18 Manhattan Lounge B3
19 Monkey Bar B2
PuddleFish Brewery .... (s. 1)

diesen guten Verleih in der Nähe des Strandes am Südende der Calle Madrigal.

Schwimmen

In Jacó kann man im Allgemeinen gefahrlos schwimmen, allerdings sollte man die Umgebung der Flussmündungen meiden, da dort das Wasser verschmutzt ist. In den Wellen geht es hoch her, denn es tummeln sich hier viele Anfänger, die ihr Surfbrett nicht immer unter Kontrolle haben. Man sollte also aufpassen und ihnen nicht in die Quere kommen. Es treten gelegentlich Rückströmungen auf, und zwar vor allem bei starker Brandung. Am besten erkundigt man sich deshalb nach den aktuellen Bedingungen und achtet auch auf die roten Fahnen, die den Verlauf dieser Ripptiden kennzeichnen.

Wandern

Monte Miros WANDERN

Nur wenige Touristen wissen, dass es sich lohnt, den Weg hinauf zum Monte Miros zu nehmen, der sich durch primären und sekundären Regenwald windet und spektakuläre Blicke auf Jacó und die Playa Hermosa bietet. Der Aussichtspunkt liegt einige Kilometer bergauf. Leider ist der Beginn des Weges nicht markiert, sodass Reisende Einheimische fragen müssen.

Kurse

School of the World SPRACHE
(☎2643-2462; www.schooloftheworld.org; 1-/4-Wochen-Kurse ab 355/1136 US$) Diese beliebte Schule inkl. Zentrum für kulturelle Studien hat Kurse für Spanisch, Surfen, Yoga, Kunst und Fotografie im Programm. Das eindrucksvolle Gebäude beherbergt ein Café und eine Kunstgalerie. Es besteht auch die Möglichkeit, Unterkünfte in der Schule oder bei örtlichen Familien zu arrangieren, entweder in Einzelzimmern oder in Räumlichkeiten für mehrere Personen.

Geführte Touren

Die Tourveranstalter in Jacó und Umgebung bieten eine große und vielfältige Auswahl an, von Surfen (es gibt mehrere Surfschulen) und Kajaktrips im Meer bis hin zu Reiten, Touren durch die Baumkronen, Exkursionen mit Geländewagen und etwas extremeren Abenteuern wie Canyoning und Sprüngen von Wasserfällen.

Reisende können praktisch in jedem Geschäft, Hotel oder Restaurant in der Stadt Touren buchen, weil in Jacó ein lukratives Provisionssystem existiert. Das macht es etwas schwierig zu durchschauen, welche Angebote sich nun wirklich lohnen. Reisende sollten sich auf jeden Fall nichts auf der Straße andrehen lassen. Und wenn ein Angebot zu schön scheint, um wahr zu sein, wird es das wahrscheinlich tatsächlich sein.

Am besten ist es, sich in der eigenen Unterkunft und bei anderen Reisenden zu erkundigen. Dabei ist es meistens besser, Veranstalter auszuwählen, die sich auf eine begrenzte Anzahl von Freizeitaktivitäten spezialisiert haben und sich nicht weismachen zu lassen, dass ein Anbieter das gesamte Spektrum abdecken kann.

Kayak Jacó KAJAKFAHREN
(☎2643-1233; www.kayakjaco.com; Touren ab 75 US$; ⊙7.30–20 Uhr) Dieses Unternehmen ist zuverlässig und verantwortungsvoll. Es hat sich auf Fahrten mit Kajaks und Kanus aufs Meer inkl. Schnorchelausflügen zu tropischen Inseln spezialisiert und bietet eine große Auswahl von ein- bis mehrtägigen Varianten an. Obwohl es 250 m östlich vom Strand ein Büro an der Playa Agujas gibt, ist es am besten sich im Voraus per Telefon oder E-Mail zu melden.

Discovery Horseback Tours REITEN
(☎8838-7550; www.horseridecostarica.com; Ausritte ab 85 US$) Ausritte zum Strand oder in den Regenwald sind die Spezialität dieses sehr empfehlenswerten Anbieters unter Leitung von Expats. Der Service ist ausgezeichnet, alles läuft höchst professionell ab und die Pferde sind in ausgezeichnetem Zustand.

Costa Rica Waterfall Tours ABENTEUERSPORT
(☎2643-1834; www.costaricawaterfalltours.com; Av Pastor Díaz; Touren 79–149 US$; ⊙9–17 Uhr) Dieses erfahrene und sehr auf Sicherheit bedachte Unternehmen organisiert vielleicht die adrenalinintensivsten Exkursionen in der gesamten Stadt, vom halbwegs zahmen Abseilen von Wasserfällen bis hin zu extremem Canyoning und Klippensprüngen.

Vista Los Sueños Rainforest Tours ABENTEUERSPORT
(☎2637-6020, in USA 321-220-9631; www.canopyvistalossuenos.com; Touren pro Pers. ab 95 US$, Minimum 4 Pers.; ⊙stündl. 8–15 Uhr) Vista Los Sueños verfügt über die längsten Seilrutschen in der gesamten Region. Teilnehmer an den Touren werden mit einem traktorähnlichen Fahrzeug durch die üppige Vegetation zu den Anlagen gefahren. Außerdem sind empfehlenswerte Exkursionen zu Pferd, Wasserfalltouren und Trips mit Geländewagen – die allerdings natürlich nicht ökologisch korrekt sind – im Angebot.

Feste & Events

Jungle Jam MUSIK
(www.junglejam.com; ⊙März) Dieses viertägige Musikfestival Mitte März bringt Rock, Reggae, Funk und Soul unter einen Hut. Hier haben schon Steel Pulse, Perro Bravo, Thicker Than Thieves und Paul Damon gespielt.

Schlafen

Jacó verfügt über ein gutes Angebot an Unterkünften, von Betonblocks bis hin zu kostspieligen Anlagen der gehobenen Kategorie.

Im Stadtzentrum mit seinen zahlreichen Bars und Discos kann der Lärm zu einem echten Problem werden. Am nördlichen und südlichen Stadtrand finden sich entspanntere und ruhigere Optionen.

★ **Room 2 Board Hostel & Surf School** HOSTEL $
(☎2643-4949, in USA 323-315-0012; www.room2board.com; B/Zi. ab 16/65 US$; P ❄ @ ≋ ≈) Ein Hostel, wie es sein sollte: relativ neu, geräumig und professionell gemanagt. Zu den Vorteilen gehören das lebhafte hauseigene Café, engagiertes Personal, das bei der Buchung von Touren oder Surfkursen hilft.

In den drei Geschossen gibt es ganz unterschiedliche Arten der Zimmergestaltung. Auf dem Dach sind Hängematten gespannt, in den Schlafsälen schlafen die Gäste auf guten Matratzen, können solarbetriebene Duschen und Schließfächer nutzen. Außerdem werden den Gästen Yogakurse und Filmvorführungen angeboten.

Die Zimmer ohne Bad sind erstaunlicherweise etwas teurer, aber nur weil sie Klimaanlagen besitzen, während die Zimmer mit Bad nur über Ventilatoren verfügen.

Einige Zimmer sind gut für Familien geeignet. Alle Gäste profitieren davon, dass die Wege nachts beleuchtet sind.

Buddha House PENSION $

(☎2643-3615; www.hostelbuddhahouse.com; Av Pastor Díaz; B ab 12 US$, Zi. mit Ventilator & ohne Bad ab 25 US$, mit Klimaanlage & ohne Bad ab 40 US$, mit Klimaanlage & Bad ab 50 US$; P ❄ 📶 🏊) Mutige Farben und moderne Kunst schaffen in dieser „Boutique-Pension" eine künstlerische Atmosphäre. Die besten Zimmer sind die geräumigen Suiten. Zu den Gemeinschaftseinrichtungen gehören eine große Veranda, eine makellose Küche und sogar ein kleiner Pool. Das Personal ist unheimlich nett. Weniger nett ist der Lärm, da das Buddha neben einer Bar liegt, in der bis tief in die Nacht Party gemacht wird.

Hotel de Haan HOSTEL $

(☎2643-1795, 8879-3332; www.facebook.com/hoteldehaancr/; Calle Bohío; B. 15 US$, Zi. ab 65 US$; P @ 📶 🏊) Dieses lebhafte Haus ist beliebt bei Rucksacktouristen und Surfern, die auf ihr Reisebudget achten müssen.

Die einfachen Zimmer besitzen Bäder mit heißem Wasser und sind sauber, allerdings sind sie ziemlich düster. Die unter freiem Himmel liegende Küche blickt auf den Poolbereich und ist ideal, um mit anderen Gästen abzuhängen – was manche auch bis tief in die Nacht tun.

Beds on Bohio HOSTEL $

(☎2643-5251; Calle Bohío; B/Zi. ab 12/45 US$; ❄ 📶) Dieses Hostel liegt nur wenige Schritte vom Strand entfernt und ist total entspannt. Surfer chillen in einem Innenhof mit Hängematten, Gäste können für kleines Geld Surfboards ausleihen und zu dem Hostel gehört ein durchaus anständiges Restaurant. Die Zimmer sind dafür spartanisch, die Sauberkeit von Küche und gemeinsamem Bad ist eher zweifelhaft und es wird meist bis spät in die Nacht gefeiert. Vor- oder Nachteil? Das muss jeder für sich selbst entscheiden.

Camping El Hicaco CAMPINGPLATZ $

(☎8338-1647; Calle Hicaco; Stellplatz pro Pers. 8 US$; P) Der einzige anständige Campingplatz, den es in der Stadt gibt. Er bietet Picknicktische unter Bäumen, Badezimmer und die Möglichkeit, Ausrüstung einschließen zu lassen. Die Nähe zu den Bars und Clubs bedeutet jedoch, dass man nicht unbedingt ausreichend Schlaf bekommt.

Außerdem ist Diebstahl hier ein echtes Problem, sodass Camper keine Wertsachen in den Zelten lassen sollten. Die Duschen sind für Gäste des Campingplatzes kostenlos, für andere kosten sie 2 US$.

ApartHotel Vista Pacífico HOTEL $$

(☎2643-3261; www.vistapacifico.com; Zi./Apt. inkl. Frühstück ab 82/110 US$; P 🚭 📶 🏊) Das Vista Pacífico liegt auf einem Hügel unmittelbar nördlich von Jacó (neben dem Bulevar). Es wird von einem freundlichen kanadischen Pärchen geleitet und ist ein wahres Juwel. Die gemütlichen und komfortablen Zimmer und Suiten mit Küchen sind ganz unterschiedlich gestaltet.

Die hohe Lage des Hotels sorgt nicht nur für ein schönes Panorama mit Blick auf die Küste und das Tal, sondern auch für ein angenehmes, mildes Klima.

Kinder unter zwölf Jahren können hier kostenlos wohnen, es werden auch kinderfreundliche Touren arrangiert. Man spricht hier Spanisch, Französisch und Englisch. Für eine kleine Gebühr wird der Transfer vom Flughafen organisiert.

Hotel Perico Azul HOTEL $$

(☎2643-1341; www.hotelpericoazuljaco.com; Zi./Studio 60/75 US$; P ❄ 📶 🏊) Dieses kleine Hotel in einer ruhigen Seitenstraße ist ein wirklich guter Tipp. Die Zimmer und Apartments sind hell, makellos und mit bunten Farben dekoriert. Es gibt einen kleinen Swimmingpool zum Entspannen, das Personal ist ungeheuer hilfsbereit und der Besitzer Mike betreibt neben dem Hotel auch das empfehlenswerte Tortuga Surf Camp (S. 409), sodass Surfpakete arrangiert werden können. Das Hotel nimmt keine minderjährigen Gäste auf.

Posada Jacó HOTEL $$

(☎2643-1951; www.posadajaco.com; Calle Bohio; Suite ab 85 US$; P ❄ 📶 🏊) Obwohl dieses kleine Hotel nur ein paar Schritte von Jacós Hauptstraße entfernt liegt, ist es überraschend ruhig. Es besitzt einen gepflegten Garten und einen Swimmingpool sowie eine Gemeinschaftsfläche zum Grillen. Die

Suiten, komplett mit Kitchenettes und Terrassen, sind in diesem ruhigen und freundlichen Haus das beste Angebot.

Hotel Mar de Luz HOTEL $$

(☎2643-3000; www.mardeluz.com; Calle Mar de Luz; DZ/4BZ/Apt. inkl. Frühstück 96/138/200 US$; P❄📶🏊) Dieses hübsche kleine Hotel mit von den Niederlanden inspirierten Wandgemälden von Windmühlen und Tulpen bringt seine Gäste in schönen klimatisierten Zimmern (ausgestattet mit Kühlschränken, Mikrowellen und Kaffeemaschinen) und steinernen Villen unter, die vor allem ideal für Familien sind. Die freundlichen Besitzer sprechen Niederländisch, Spanisch, Englisch, Deutsch und Italienisch. Zum Angebot gehören zwei Swimmingpools und mehrere Grillstellen. Außerdem erhält man jede Menge nützliche Informationen.

Der Besitzer engagiert sich sehr für den Kampf gegen Drogen und Prostitution in Jacó und gehört zu den Leitern einer Kampagne zur Säuberung der Stadt.

Hotel Poseidon HOTEL $$

(☎2643-1642; www.hotel-poseidon.com; Calle Bohío; DZ inkl. Frühstück ab 65 US$; ❄@📶🏊) Die riesigen griechischen Holzschnitzereien an der Fassade dieses kleinen Hotels sind kaum zu übersehen. Im Inneren sind die winzigen Zimmer ausgestattet mit stilvollen Möbeln (die allerdings ein wenig mitgenommen aussehen), Mosaikfliesen und Annehmlichkeiten wie Kühlschränken.

Es gibt außerdem einen Swimmingpool mit dazugehöriger Bar, an der man direkt im Wasser etwas bestellen kann, ein ordentliches Restaurant und eine Sportbar.

Selina Jacó HOSTEL $$

(☎8304 2994; www.selina.com/jaco; B 16 $, DZ ab 72 US$) Dieser letzte Neuzugang im Selina-Hostel-Imperium hat erst vor Kurzem eröffnet. Die Lage am Strand ist sehr schön und das Angebot mit Terrasse am Swimmingpool, Kino und Surf- und Stehpaddelkursen ist attraktiv. Das köstliche Frühstücksbüfett kostet lediglich 5 US$.

★ **Croc Casino Resort** RESORT $$$

(☎2643-1180; www.crocscasinoresort.com; Zi. ab 209 US$; ❄📶🏊) Diese Anlage am ruhigen Nordende von Jacó ist überraschend elegant. Schicke Türme, ein makelloses Kasino und große Swimmingpools sorgen für Luxus, während ein attraktives Café und einzigartige Gourmet-Touren für das leibliche Wohl der Gäste sorgen.

Es gibt vor Ort außerdem zwei anständige Restaurants und – passend zum Namen des Hotels – ein Gehege mit zwei Krokodilen: mit den Namen Paco und Lola.

★ **Hotel Pumilio** BOUTIQUEHOTEL $$$

(☎2643-5678; www.hotelpumilio.com; Zi. inkl. Frühstück ab 150 US$; P❄📶🏊) In wunderschön friedlicher Lage an einer unbefestigten Straße, etwa 2,5 km nördlich von Jacó gelegen, wendet sich diese wunderbare Hotel vor allem an Reisende, die ihr eigenes Ding machen, aber dennoch stilvoll wohnen möchten. Die luxuriösen Zimmer besitzen bequeme Betten, Regenduschen und Open-Air-Kitchenettes.

Der von einem Wasserfall gespeiste Swimmingpool und der Wellness-Bereich liegen inmitten prachtvollen Grüns. Außerdem gibt es Leihfahrräder, um damit bequem nach Jacó zu gelangen.

DoceLunas HOTEL $$$

(☎2643-2195; www.docelunas.com; Costanera Sur; Zi. inkl. Frühstück 140–225 US$; P🚭❄📶🏊) Das „Zwölf Monde" in den Ausläufern der Berge jenseits der Schnellstraße ist ein himmlisches Bergresort mit nur 20 Zimmern in der unberührten Landschaft des tropischen Regenwalds. In den individuell gestalteten Zimmern setzt Teakholz Akzente. Die luxuriösen Bäder sind mit Doppelwaschbecken und einer Badewanne ausgestattet. Die Yogakurse sind im Zimmerpreis inbegriffen. Das Hotel besitzt einen kompletten Wellnessbereich und einen von einem Wasserfall gespeisten Pool. Das Freiluftrestaurant serviert von Schwertfisch-*ceviche* bis hin zu veganen Delikatessen eine große Auswahl an Speisen. Um zum Hotel zu gelangen, müssen Reisende von der Costanera direkt nach dem dritten ausgeschilderten Zugang zur Playa Jacó links abbiegen.

Best Western Jacó Beach Resort HOTEL $$$

(☎2643-1000; www.bestwesternjacobeach.com; Av Pastor Díaz zwischen Bulevar & Calle Ancha; Zi. ab 168 US$; P❄📶🏊) Das Best Western stellt mit seinen All-inclusive-Paketen eine absolut solide Wahl dar. Die Zimmer sind wie üblich etwas nüchtern, dafür aber komfortabel und gut in Schuss. Und die Pools, der Zugang zum Strand, die riesige Auswahl an Aktivitäten und die üppigen Mahlzeiten entschädigen für die etwas langweilige Unterbringung. Es lohnt sich, im Internet nach Sonderangeboten zu suchen. Der Service ist manchmal ein wenig unzuverlässig.

Essen

Abgesehen von Quepos und Manuel Antonio rühmt sich diese Stadt der vielfältigsten internationalen Küche an der zentralpazifischen Küste. Während die meisten Restaurants sich in erster Linie an Touristen wenden, konnten sich glücklicherweise einige authentische Lokale halten.

★ Side Street Bistro FUSION $

(☎ 2643-2724; www.facebook.com/SideStreetBistro; Jacó Walk; Sandwiches 6–10 US$; ⌚ Mo–Sa 11–16, So ab 10 Uhr) Dieses Lokal ist vor Kurzem an den fabelhaften Jacó Walk umgezogen und verkauft sich als Foodtruck *sin ruedas* (ohne Räder). Die kleine Speisekarte wechselt häufig und weist kreative Sandwiches mit gebratenen Champignons, Thunfischsteak und mit Kaffee und Kakao aromatisierten Lendenstücken auf.

Die Sandwiches spült man anschließend am besten mit lokalen Getränken im benachbarten Puddlefish (S. 415) hinunter, der ersten Brauerei für Craft-Bier in Jacó. Zu den kulinarischen Highlights beim Brunch gehören Hühnchen, Waffeln und die Frühstücks-Burritos.

★ Graffiti INTERNATIONAL $$

(☎ 2643-1708; www.facebook.com/graffiticr/; Jacó Walk; Hauptgerichte 10–31 US$; ⌚ 17–22 Uhr; 📶🍸) In seinen neuen Räumlichkeiten hat dieser langjährige Favorit seine ästhetische Anziehungskraft erhöht, aber zum Glück gleichzeitig das erhalten, was ihn groß und beliebt gemacht hat: kreative Gerichte aus frischen lokalen Zutaten. Zu den bewährten Klassikern zählen Filet Mignon in einer Kruste aus Kaffee und Kakao und der mit Macadamianüssen oder Salzbrezeln panierte Fang des Tages. Gäste sollten Platz lassen für den üppigen Käsekuchen und das Ganze mit einem leckeren Cocktail (der Martini mit Gurke und Basilikum ist ein sicherer Tipp) hinunterspülen. Eine Reservierung ist unbedingt zu empfehlen.

Juanita's MEXIKANISCH $$

(☎ 2643-4110; Jacó Walk; Hauptgerichte 7–16 US$; ⌚ Mo–Fr 17–23, Sa ab 13, So ab 16 Uhr; 🍸) Dieses von den Innenarchitekten, die auch hinter dem Green Room stecken, gestaltete neue mexikanische Restaurant am Jacó Walk begeistert mit seinen innovativen, frischen Gerichten und Cocktails und eben nicht zuletzt durch das tolle Innendesign und das supernette Personal. Zu den Spezialitäten gehören mit Jalapeño und Passionsfrucht glasierte Schweinekoteletts mit gegrilltem Gemüse und Yuccapüree. Außerdem viele gute vegetarische Optionen – und die *guacamole* schmeckt einfach göttlich.

Amancio's ITALIENISCH $$

(☎ 2643-2373; Pizza ab 8 US$, Hauptgerichte 9–22 US$ ⌚ Do–Di 10–22 Uhr) Wenn man Gäste in Jacó beeindrucken möchte, ist dieses tolle italienische Lokal genau richtig. Die Pizza ist köstlich, die Salate sind superfrisch und das Pastagericht mit Meeresfrüchten, komplett mit saftigem Hummer, ist unschlagbar.

Tsunami Sushi JAPANISCH $$

(☎ 2643-1635; Jacó Walk; Mahlzeiten 11–30 US$; ⌚ So–Di 12–22, Mi, Fr & Sa bis 23 Uhr; ❄📶) Eine Reservierung ist dringend zu empfehlen in diesem schicken und beliebten Sushi-Lokal, das über die Jahre drei Filialen in der Hauptstadt und ihrer Umgebung eröffnet hat. Besonders populär sind die leckeren Hummerbrötchen und der Martini mit Gurke. Während der gesamten Woche gibt es besondere Angebote. Ansonsten ist es im Tsunami nicht gerade günstig.

Green Room FUSION $$

(☎ 2643-4425; www.facebook.com/Green-Room-Cafe-325667240786166/; Calle Cocal; Hauptgerichte 9–20 US$; ⌚ 9–24 Uhr; 📶👪) Das Green Room legt seinen Schwerpunkt auf Kreativität und frische Zutaten (das Lokal arbeitet mit lokalen Biohöfen zusammen). Das Resultat sind innovative Gerichte wie *mahi mahi* (Gemeine Goldmakrele) in Süßkartoffelkruste, scharf angebratener Thunfisch mit Tamarindenglasur und Rippchen mit Grillsoße mit Passionsfrucht. Dazu gibt es eine große Auswahl aus Salaten, Wraps und Burgern und nicht zuletzt 30 lokale Craft-Biere vom Fass. Und jeden Abend Livemusik. Kinder dürfen sonntags umsonst essen und bekommen eine eigene Karte.

TacoBar INTERNATIONAL $$

(☎ 2643-0222; www.tacobar.info; Calle Lapa Verde; Gerichte 7–15 US$; ⌚ Di–So 7–22 Uhr; 📶🍸) Hier gibt es Fisch vom Grill, Salate und Smoothies unter einem Dach. Die Gäste bekommen ihre Minze-Limonade in einem Riesenglas mit 1 Liter serviert, außerdem verlockt allerlei Grünzeug an der Salatbar, die mehr als 20 verschiedene exotische Sorten bietet. Und natürlich darf der obligate Fisch-Taco nicht fehlen, für manche eine der besten Speisekombinationen auf dieser Welt – oder zumindest in Costa Rica. Das *ceviche* ist allerdings eher weniger zu empfehlen.

Caliche's Wishbone INTERNATIONAL $$
(☎ 2643-3406; Av Pastor Díaz; Mahlzeiten 9–19 US$; ⌚ Do–Di 12–22 Uhr; ❄ 📶) Hier achtet die reizende Caliche darauf, dass alles läuft. Ihre „Wünschelrute" ist schon seit Jahren eines der beliebtesten Lokale in Jacó. Die eklektische, von der mexikanischen Küche inspirierte Karte enthält Pita, Thunfisch-Sashimi, in der Pfanne gebratenen Seebarsch und Tacos mit Fisch und Shrimps. Der gute Ruf beruht jedoch vor allem darauf, dass alles extrem frisch, lecker und preiswert ist. Das Restaurant liegt südlich der Calle Bohío.

★ **Lemon Zest** FUSION $$$
(☎ 2643-2591; www.lemonzestjaco.com; Av Pastor Díaz; Hauptgerichte 15–37 US$; ⌚ 17.30–22 Uhr; ❄ 📶 🖊) Küchenchef Richard Lemon (ein ehemaliger Ausbilder im Le Cordon Bleu in Miami) wird sehr oft gelobt für die schicksten und einfallsreichsten Menüs in Jacó.

Die gehobenen Klassiker – „kaltfüßige Ente", Hummerteile und Hummer Française – werden mit großer Raffinesse zubereitet. Hinzu kommt eine wunderbar zusammengestellte Weinkarte.

El Hicaco MEERESFRÜCHTE $$$
(☎ 2643-3226; www.elhicaco.com; Calle Hicaco; Hauptgerichte 20–40 US$; ⌚ 11–22 Uhr) Das Restaurant am Meer ist ein Ausbund an Eleganz und gilt als eine der Topadressen in Jacó – ein garantiert edles Speiseerlebnis mit saisonalen Zutaten. Spezialität des Hauses sind Meeresfrüchte mit vielerlei Soßen, wobei tropische Produkte aus Costa Rica gekonnt die Akzente setzen.

In der Hauptsaison ist mittwochs Hummerabend. Gäste können dann für 70 US$ so viel *langosta* essen, wie sie wollen. Das ganze Jahr hindurch gibt es am Wochenende Livemusik, in der Hauptsaison zusätzlich an manchen Abenden in der Woche.

Ausgehen & Nachtleben

Jacó ist definitiv nicht die kulturelle Hauptstadt Costa Ricas. Hierher kommen Menschen, um sich zu betrinken und die ganze Nacht Party zu machen. Es gibt eine große Zahl ziemlich wilder Bars und Clubs, die sich vor allem an Expats und Touristen wenden. Eine gewisse Vorsicht ist jedoch angebracht, da Prostitution hier mittlerweile ein ernsthaftes Problem darstellt.

★ **PuddleFish Brewery** CRAFT BEER
(☎ 2643-1659; ⌚ Mo–Do 17–22, Fr & Sa bis 24, So 10–22 Uhr) Diese neue Hausbrauerei wird von jenen einfallsreichen, kulinarischen Gurus betrieben, die schon das Graffiti (S. 414) und das Side Street Bistro (S. 414) nach Jacó gebracht haben. Sie liegt in dem glitzernden und angesagten neuen Stadtgebiet namens Jacó Walk und ist tatsächlich die erste Hausbrauerei in der Stadt.

Im Ausschank sind mehrere Biersorten von PuddleFish zu bekommen, darunter Punky Monkey und Lights Out Chocolate Coffee Stout. Die Craft-Cocktails, beispielsweise die Jalapeño-Ingwer-Margarita, sind herausragend. Wer auch etwas zu essen haben möchte, findet ein kleine Auswahl an leckeren Gerichten.

Beer House BRAUEREI
(☎ 8582-3773; ⌚ Mo–Sa 17–24 Uhr) Dieses etwas drollige Lokal an einer nichtssagenden Plaza hat für seine Gäste zehn Craft-Biere vom Fass sowie Gourmetburger im Sortiment. Es handelt sich um eine willkommene Alternative zu den vielen schäbigen Optionen zum Ausgehen in der Stadt.

Wenn gerade einmal keine Livemusik gespielt wird, schallen Funk und Rock'n'Roll aus der Konserve aus den Boxen.

Manhattan Lounge LOUNGE
(☎ 8704-9570; ⌚ 6–2 Uhr; 📶) Ein gehobener Neuzugang in Jacós Nachtleben. Diese neue Lounge offeriert tagsüber kalte Kaffeegetränke und Manhattans bei Nacht. Die Wände sind mit Fotos von Stadtansichten geschmückt; man kann auch vorne auf der Veranda im Freien sitzen.

Das Musikprogramm besteht aus Hiphop und lateinamerikanischer Musik.

Monkey Bar CLUB
(☎ 8329-2304; Av Pastor Díaz; ⌚ Di–So 21–2.30 Uhr) Die Monkey Bar ist bei einem jungen Publikum aus Einheimischen und Touristen ziemlich populär. Ihre Attraktionen sind die stets gute Stimmung, Reggaetón – und Pheromone.

Außerdem gibt es im hinteren Bereich eine große VIP-Lounge mit Getränkeservice und häufig guten DJs.

Clarita's Beach Hotel & Sports Bar & Grill SPORTBAR
(☎ 2643-2615; www.claritashotel.com; ⌚ 8–22 Uhr) Hier können Gäste auf Großleinwänden das Spiel des Tages sehen, gemeinsam mit Gringos mittleren Alters schon tagsüber trinken (das Bier ist eiskalt, die Mischgetränke nicht sonderlich stark) und Livemusik von einheimischen Musikern hören.

Praktische Informationen

Vor Ort existiert keine unabhängige Touristeninformation. Dafür geben mehrere Tourveranstalter Auskunft. Hilfreich sind außerdem die kostenlose monatliche Broschüre *Jaco's Guide* oder die vierteljährlich erscheinende *Info Jaco*.

GEFAHREN & ÄRGERNISSE

Wenn man einmal von Kleindelikten wie Taschendiebstahl und Autoaufbrüchen absieht, ist Jacó kein gefährlicher Ort. Reisende sollten aber unbedingt Folgendes beachten:

- Die hohe Konzentration wohlhabender Ausländer und vergleichsweise armer Ticos ist die Grundlage einer florierenden Drogen- und Prostitutionsszene. Die lokalen Behörden haben diesbezüglich in den letzten Jahren aufgeräumt, allerdings ist das Problem leider noch nicht verschwunden.
- Jacó ist nach wie vor das Epizentrum der Prostitution in ganz Costa Rica. Reisende, die daran denken, diese dunkle Seite des Nachtlebens zu erkunden, sollten sich neben den gesundheitlichen und sonstigen Risiken auch die negativen gesellschaftlichen Folgen vor Augen führen.
- Und auch die Einheimischen raten dringendst davon ab, bei Nacht allein über den Strand zu gehen, da dort die große Gefahr von Überfällen besteht.

An- & Weiterreise

BUS

Gray Line, Easy Ride und Monkey Ride betreiben gemeinsam Shuttles zu so beliebten Zielen wie San José (ab 45 US$), Manuel Antonio (ab 35 US$), Dominical/Uvita (ab 45 US$), Sierpe (ab 60 US$), Puerto Jiménez (ab 79 US$) und Monteverde (ab 59 US$). Easy Ride bietet darüber hinaus eine Verbindung nach Granada in Nicaragua (8.45 Uhr, 99 US$) an.

Busse nach San José halten an der Plaza Jacó Mall, nördlich vom Zentrum. Die Bushaltestellen für die anderen Fahrtziele befinden sich gegenüber vom Supermarkt Más x Menos: Wer in Richtung Norden möchte, wartet an der Bushaltestelle vor dem Supermarkt (Av Pastor Díaz); wer nach Süden fahren möchte, wartet an der Bushaltestelle auf der gegenüberliegenden Straßenseite. Da die Busse bereits in Puntarenas oder Quepos starten, sollte man sich in seiner Unterkunft nach dem aktuellen Fahrplan erkundigen und auch frühzeitig zur Haltestelle gehen.

Puntarenas 2,72 US$, 1½ Std., 12-mal tägl. zwischen 6 und 19.30 Uhr

Quepos 2,72 US$, 1½ Std., 12-mal tägl. zwischen 6 und 19 Uhr

San José 5,45 US$, 2½ Std., achtmal tägl. zwischen 6 und 19 Uhr

FLUGZEUG

NatureAir und **Alfa Romeo Aero Taxi** (☎ 2735-5353, 8632-8150; www.alfaromeoair.com) bieten Charterflüge an. Da sich die Preise durch die Anzahl an Passagieren definieren, sollte man versuchen, eine möglichst große Gruppe zusammenzubringen, wenn man diese Option in Betracht zieht.

SCHIFF

Die Tragflügelboote, die auf der Strecke Jacó–Montezuma verkehren, sind im Großen und Ganzen die beste Möglichkeit, von der Zentralen Pazifikküste zur Península de Nicoya zu gelangen. Die Überfahrt über den Golfo de Nicoya dauert nur etwa eine Stunde (im Vergleich zu etwa 7 Std. über Land), ist mit 40 US$ aber sicher nicht gerade billig; die Mitnahme von Fahrrad oder Surfbrett schlägt mit weiteren 10 US$ zu Buche. Der Vorteil? Manchmal bekommen die Reisenden unterwegs Delfine zu sehen. Es fahren täglich mehrere Schiffe von Playa Herradura ab, 2 km nördlich der Stadt. Man sollte unbedingt vorab reservieren; die zuverlässigsten Überfahrten bietet **Zuma Tours** (☎ 2642-0024/50; www.zumatours.net) um 10 Uhr. Angelandet wird am Strand, man sollte deshalb dementsprechene Schuhe tragen.

Unterwegs vor Ort

In Jacó selbst kommt man zu Fuß gut zurecht. Ein Spaziergang von einem Ende der Stadt zum anderen dauert selbst in Flip-Flops lediglich etwa 20 Minuten.

AUTO

In der Stadt gibt es mehrere Autoverleiher, so dass es sich lohnt, Angebote zu vergleichen.

Budget (☎ 2436-2082; Av Pastor Díaz, in der Nähe der Calle Bohío; ⌚ Mo–Sa 8–17, So bis 16 Uhr) Internationaler Autoverleiher.

Economy (☎ 2643-1719; Av Pastor Díaz; ⌚ 8–18 Uhr) Südlich der Calle Ancha.

FAHRRAD

Mehrere Unternehmen im ganzen Ort vermieten Fahrräder, Mopeds und Motorroller. Ein Fahrrad kostet etwa 5 US$ pro Stunde oder 10 bis 15 US$ am Tag; die Preise hängen allerdings stark von der Saison ab. Mopeds und kleine Motorroller lassen sich für 30 bis 50 US$ am Tag mieten (viele Firmen verlangen eine Kaution von rund 200 US$, die in Form von Bargeld oder per Kreditkarte hinterlegt werden kann).

Playa Hermosa

Die Wellen hier gelten als die zuverlässigsten und wuchtigsten in ganz Costa Rica. Playa Hermosa kann mit einer Brandung aufwarten, die allerhöchsten Respekt verdient. Wer sich hier in die Fluten stürzt, sollte genau wissen, was er tut – die riesigen Wellen und starken Ripptiden (Rückströmungen) sind gnadenlos, und unzählige Surfbretter sind hier schon zerschellt und als Kleinholz ans Ufer geschwemmt worden. Wer nicht gerade zum harten Kern der Surfergemeinde gehört, sollte sich lieber an die sanfteren Breaks in der Nähe von Jacó halten. Aber natürlich sollte sich niemand abhalten lassen, herzukommen und die spannende Surf-Action mitzuverfolgen.

An der Pazifikküste tragen mehrere Orte – ins Deutsche übersetzt – den Namen „wunderschöner Strand", doch kaum einer ist so herrlich wie dieser 10 km lange graue Sandstrand. Jedenfalls wird der Ort als die noblere Alternative zu Jacó gehandelt – ohne die leichten Mädchen und den Verkehr. Natürlich geht es auch in Playa Hermosa nicht ohne Neubauten ab; an den Stränden schießen die Wohnanlagen wie Pilze aus dem Boden. Dennoch ist der Ort noch eher ein gemütliches Dorf am Meer.

Aktivitäten

Surfen

Die meiste Surfaction konzentriert sich auf den nördlichen Abschnitt, wo es nicht weniger als sechs Bereiche mit starken Wellen gibt. Diese Brecher überschlagen sich kurz vor dem Strand und haben eine ungeheure Kraft, vor allem in der Regensaison zwischen Mai und August.

Die Surfbedingungen schwanken stark; ihre Maximalhöhe erreichen die Wellen in der Regel bei Flut. Die Dünung hängt größtenteils von der Strömung und den Wetterverhältnissen über dem Meer ab. Wenn die Wellen zur Höchstform auflaufen, lässt sich das mit Sicherheit nicht übersehen. In so einem Fall sollten wirklich nur erfahrene Surfer nach draußen paddeln. Die Playa Hermosa ist für Anfänger ungeeignet, und selbst durchschnittlich gute Surfer erwischt es gelegentlich fürchterlich. Um nur zuzuschauen oder aber selbst zu surfen, parkt man am besten an der kleinen Straße beim Backyard Hotel und legt den restlichen Weg von dort zum Strand zu Fuß zurück.

Yoga

Vida Asana School of Yoga YOGA
(☎8483-7603, in USA 201-603-3602; www.vidaasana.com) Diese in den Hügeln gelegene Zuflucht bietet ihren Gästen Pakete, die Yoga, Surfen, gesunde Ernährung und Permakultur-Workshops miteinander kombinieren. Für die „weekend recharge retreats" empfiehlt sich eine Reservierung. Die Preise hängen von der Gruppengröße, der Saison und dem Umfang der Kurse ab.

Die Unterkünfte sind reizend und liegen inmitten des üppigen Urwalds. Die Anlage ist an der Straße vom Südrand der Stadt, der Calle Hermosa, aus ausgeschildert.

Feste & Events

National Surfing Championship SPORT
Wer fürchtet, dass er mit den angehenden Profis nicht mithalten kann, sollte die Brandung an diesem Strand besser bleiben lassen. Es macht allerdings Spaß, Ende Juli bzw. Ende August vorbeizuschauen, wenn die alljährlichen Surfmeisterschaften Costa

DIE RETTUNG DES TOTENKOPFÄFFCHENS

Mit seinen ausdrucksstarken Augen und dem glänzenden Fell ist der *mono tití* (Zentralamerikanisches Totenkopfäffchen) der Liebling unter den vier Affenarten Costa Ricas. Ihm droht allerdings die Ausrottung, da es in Manuel Antonio, einem seiner letzten natürlichen Lebensräume, nur noch etwa 1500 Exemplare dieser Tiere gibt. Die touristische Entwicklung der Region stellt die größte Bedrohung dar. Um dieses Problem zu beheben, ergreift das Tierschutzprojekt **Titi Conservation Alliance** (www.monotiti.org; ☎2777-2306) energische Maßnahmen. Diese Koalition aus unterschiedlichen Organisationen beteiligt sich an der Schaffung eines nachhaltigen Korridors für Wildtiere zwischen dem Parque Nacional Manuel Antonio und der Zona Protectora Cerro Nara im Nordosten. Um dieses Ziel zu erreichen, wird der Río Naranjo wieder aufgeforstet. Mittlerweile sind schon mehr als 65 000 Bäume auf einer Strecke von 8 km am Fluss gepflanzt worden. Dies vergrößert nicht nur den Lebensraum der Affen, sondern schafft auch ein Schutzgebiet für andere Tierarten. Wissenschaftler der Universidad Nacional de Costa Rica haben die Flächen für die Wiederaufforstung ausgewählt und kartiert. Das Projekt wird von Privat- und Geschäftsleuten aus der gesamten Region finanziell unterstützt.

Ricas hier ausgetragen werden. Der Termin ist nicht immer zur gleichen Zeit, für den Event wird jedoch im ganzen Land jede Menge Werbung gemacht; am meisten natürlich im Nachbarort Jacó.

Schlafen

Die meisten Unterkünfte in Playa Hermosa liegen geballt auf ein paar 100 m entlang der Schnellstraße und der dazu parallel verlaufenden Strandstraße, aus denen praktisch die Ortschaft besteht. Die Zimmerpreise sind nachfrage- und saisonabhängig; oftmals kann man diese verhandeln.

Hotel Brisa del Mar CABINA $

(☎2643-7076, 8816-2294; cabinasbrisadelmar@hotmail.com; EZ/DZ/3BZ 37/40/45 US$; P❄📶≋) Eine klassische einfache Surfer-Unterkunft, die besonders bei den Ticos sehr beliebt ist. Die Zimmer sind schlicht, aber klimatisiert und verfügen über eigene heiße Duschen sowie Kabel-TV. Wer sich selbst versorgen möchte, findet eine Gemeinschaftsküche vor. Wenn die Wellen gerade zu klein (oder zu groß) sind, lädt der Swimmingpool zum Entspannen ein.

★ **Tortuga del Mar** LODGE $$

(☎2643-7132; www.tortugadelmar.net; Zi. 75–95 US$; P❄@📶≋) Diese verhältnismäßig neue Lodge liegt geschützt mitten in einem schattigen Grundstück. Zum Haus gehören nur neun Zimmer in einem eingeschossigen Gebäude, die der Regie der hilfsbereiten Lilly und ihres Mannes Till unterstehen. Der Stil gibt sich tropisch und modern mit hohen Deckenkonstruktionen aus Harthölzern, die jede Brise vom Pazifik auffangen. Und was am schönsten ist? Die Holzterrasse vor dem Haus, von der aus die Gäste das Surfszenario beobachten können.

Die größeren Studios sind geräumig und verfügen über eine Mini-Kochnische. Somit besteht sogar die Möglichkeit, sich in diesem Preissegment selbst zu versorgen.

Marea Brava RESORT $$$

(☎2643-7111; www.mareabravacostarica.com; Zi./Penthouse 120/330 US$; P❄📶≋) Das mit Kletterpflanzen überwucherte Hotel liegt etwas versteckt an der nördlichsten Ecke der Uferstraße von Playa Hermosa und zählt zu den Unterkünften mit dem meisten Flair im ganzen Dorf. Die Zimmer sind geräumig und komfortabel, aber die Gäste können auch an den beiden Swimmingpools faulenzen, die auch Nicht-Gästen offenstehen (Tageskarte 14 US$). Und direkt am Meer liegt das Resort auch. Kein Wunder, dass es auch bei den Ticos für einen Wochenendaufenthalt sehr beliebt ist.

Sandpiper Hotel HOTEL $$$

(☎2643-7042; www.sandpipercostarica.com; Zi. 90–145 US$; P❄📶≋) Eine zentral gelegene Unterkunft am Wasser. Gäste können hier in Hängematten liegen und entspannt die Surfer am Strand beobachten. Das Hotel besitzt einen Swimmingpool mit einem Miniatur-Wasserfall und komfortable Zimmer mit vollständig ausgestatteten Küchen. Der Eigentümer Greg ist ausgesprochen freundlich, und die Gäste können in der Anlage selbst Leguane und andere Tiere sehen.

Backyard Hotel HOTEL $$$

(☎2643-7011; www.backyardhotel.com; Zi./Suite inkl. Frühstück ab 150/260 US$; P❄@📶≋) Direkt neben der seit Urzeiten sehr populären Backyard Bar zieht das Backyard Hotel an der Playa Hermosa junge, wohlhabende Surfer an, die es sich in den gefliesten und für die Playa Hermosa erstaunlich gemütlichen Zimmern gut gehen lassen möchten. Die Räume verfügen über ihre eigenen Terrassen, die meisten mit Blick auf den Strand oder den Urwald. Freitags und samstags gibt es draußen Surfwettbewerbe und in der Bar laute, ausgelassene Partys.

Essen

Die wenigen Kneipen und Restaurants in Hermosa wenden sich an die Surferszene und sind ziemlich gut.

★ **Vida Hermosa** SÜDAMERIKANISCH $

(☎2643-6215; www.facebook.com/VidaHermosaPlayaHermosa; Hauptgerichte 4–12 US$; ⏲7–22 Uhr) Dieses neue Restaurant ist aktuell der letzte Schrei an der Playa Hermosa. Das Personal ist freundlich, der Blick toll und vor allem ist die Küche unglaublich lecker. Der Küchenchef kochte vorher im Tsunami Sushi, aber im eigenen Lokal arbeitet er noch einmal ein Level höher (und veranstaltet freitags und samstags Sushiabende).

Zum Frühstück sind die deftigen Surfer-Burritos der ideale Treibstoff für die gigantischen Wellen an der Playa Hermosa. Der Kaffee schmeckt ebenfalls sehr gut.

Für ungefähr 100 US$ pro Nacht stehen ein paar nette Zimmer bereit.

Backyard Bar INTERNATIONAL $

(☎2643-7011; Hauptgerichte 5–12 US$; ⏲7–23 Uhr; 📶) Die umfangreiche Karte der Backyard Bar enthält die üblichen Surferfavoriten (Tacos, Pizza, Burritos), die Qualität ist in Ordnung, aber auch nicht mehr.

Die Kneipe ist dafür der zentrale nächtliche Treffpunkt mit gelegentlicher Livemusik, einer Happy Hour jeden Abend und jeden Freitag und Samstag einem Surfwettbewerb von 16 Uhr bis Sonnenuntergang. Die ersten drei Plätze teilen sich das Preisgeld von insgesamt 300 US$.

An- & Weiterreise

Playa Hermosa liegt nur 5 km südlich von Jacó und lässt sich mit jedem Bus erreichen, der von Jacó in Richtung Süden fährt. In die vielen Busse, die die Costanera Sur hinauf- und hinunterfahren, können Fahrgäste problemlos zusteigen; Surfwütige können aber natürlich auch ein Taxi (mit Surfbrettträger) nehmen oder per Anhalter ihr Glück versuchen.

Playa Esterillos

Playa Esterillos, nur 15 Minuten südlich von Jacó, wirkt Welten entfernt und begeistert alle, die nur Surfen und die Landschaft genießen wollen – und das ist auch alles, was der kilometerlange Strand bietet. Playa Esterillos ist an der Schnellstraße in mehreren Abschnitten ausgeschildert: Esterillos Oeste (Westen), Centro (Mitte) und Este (Ost). In Esterillos Oeste gibt es einen Mini-Supermarkt, ein paar *sodas* und eine winzige Touristeninformation. Es hat das Ambiente eines Tico-Dorfs, das man in Jacó vermisst. In Esterillos Este mit seinen gehobenen Unterkünften und Ferienwohnungen, die sich am Strand entlangziehen, fühlt man sich eher wie in einer großen Ferienanlage.

Schlafen

Günstigere Unterkünfte, die auch bei den Einheimischen beliebt sind, finden sich in Esterillos Oeste, während Esterillos Este eine kaufkräftigere Klientel im Blick hat.

Hotel La Dolce Vita HOTEL $$
(☎ 2778-7015; www.hotel-ladolcevita.biz; Esterillos Oeste; EZ/DZ inkl. Frühstück ab 62/89 US$; P ❄ 📶 🏊) Das hübsche, beschauliche La Dolce Vita liegt nur wenige Meter vom Strand entfernt. Das stetige Geräusch der Meeresbrandung wirkt schlaffördernd – die Gäste können sich ihr Frühstück am nächsten Morgen jederzeit auf ihrer eigenen Terrasse servieren lassen. Die Mandelbäume am Hotel ziehen Hellrote Aras an.

★ **Alma del Pacífico** RESORT $$$
(☎ 2778-7070; www.almadelpacifico.com; Esterillos Este; Bungalow/Villa ab 345/463 US$; P ❄ 📶 🏊) Jede der individuell gestalteten Villen in diesem bemerkenswerten Resort weist sagenhafte Designelemente auf, beispielsweise Holzgitterdecken, Glaswände am Privatgarten, Betongussmöbel mit Lederarbeiten nach Maß sowie kunstvolle Mosaikfliesen. In der Resortanlage befinden sich auch ein Restaurant, das sich auf Gourmetspezialitäten und gesundes Bioessen spezialisiert hat, sowie eine Poollandschaft mit Aussicht auf die tosende Brandung.

Encantada Ocean Cottages HÜTTE $$$
(☎ 2778-7048; www.facebook.com/encantadacr; Esterillos Este; Hütte/Villa ab 153/192 US$; ❄ 📶 🏊) Die üppig grüne Anlage und die niederländisch aussehenden Hütten rund um den Swimmingpool am Meer machen das Encantada zu einem wunderbaren Rückzugsort. Die Besitzer bieten seit Kurzem Yogakurse unmittelbar am Wasser an, die jeden Morgen um 10 Uhr beginnen und an denen auch Interessenten teilnehmen können, die nicht hier wohnen.

Die Hütten sind mit kleinen Kühlschränken ausgestattet. Außerdem gibt es ein paar Villen (eine direkt am Wasser) mit komplett eingerichteten Küchen.

Hotel Pelicano HOTEL $$$
(☎ 2778-8105; www.pelicanbeachcostarica.com; Esterillos Este; Zi./Suite ab 99/170 US$; P 🚭 ❄ 📶 🏊 🐾) Das Hotel Pelicano gibt es nicht umsonst schon so lange. Es ist zwar etwas teuer, aber dafür sicher, gemütlich und liegt an einem traumhaft schönen Abschnitt der Pazifikküste. Die Zimmer mögen ein wenig rustikal wirken, aber die Balkone mit Blick auf den kleinen Pool sind sehr schön. Gäste können hier die atemberaubenden Sonnenuntergänge genießen, surfen oder in den Wellen plantschen.

Das hoteleigene Restaurant gehört zu den besten in der Gegend. Das Hotel hat häufiger Schülergruppen zu Gast und eine Reihe von Touren auf dem Programm, die auch gut für ältere Kinder geeignet sind.

Essen

Neben einer Reihe von *sodas* besitzt Esterillos Oeste ein ausgezeichnetes Restaurant. Das früher geschlossene Einkaufszentrum **Esterillos Towncenter** (☎ 4701-9883, 6245-0700; http://esterillostowncenter.com/EN/)

ABSEITS DER ÜBLICHEN PFADE

PLAYA PALO SECO & UMGEBUNG

Die **Playa Palo Seco** (auch: Isla Palo Seco) ist ein ruhiger, beschaulicher schwarzer Sandstrand, der sich abseits der Touristenpfade erstreckt. Er befindet sich in der Nähe von Mangrovensümpfen, wo sich gute Gelegenheiten zur Vogelbeobachtung ergeben. Gleich südlich vom Río Parrita führt eine 6 km lange staubige Straße vom Ostende Parritas zum Strand. Eine beliebte Exkursion ist der Besuch der Isla Damas, bei der es sich, genauer gesagt, um die Spitze einer von Mangroven bestandenen Halbinsel handelt, die sich bei Flut in eine Insel verwandelt. Die meisten Touristen kommen im Rahmen eines organisierten Ausflugs von Jacó oder Quepos her, es besteht jedoch auch die Möglichkeit, ein Boot zu mieten, mit dem man dann zur Insel schippert und wieder zurück.

Zu den einzigen Unterkünfte gehören ein paar abgelegene, aber gehobene Hotels, die sich neben der Playa Palo Seco erheben.

Beso del Viento (☎2779-9674; www.besodelviento.com; Zi. inkl. Frühstück mit/ohne Klimaanlage ab 118/99 US$; P ❄ 📶 🏊) Der Umweg zu diesem hübschen B&B an einem abgelegenen Strand, das nur Erwachsene als Gäste aufnimmt, lohnt sich durchaus. Die reizenden Zimmer mit Holzböden sind komfortabel ausgestattet und mit einem Auge fürs Detail elegant dekoriert; sie besitzen geflieste Badezimmer und makellose Bettwäsche. Die überaus netten Gastgeber servieren superbe französische Gerichte und arrangieren bei Bedarf Touren für die Hausgäste.

Clandestino Beach Resort (☎2779-8806; www.clandestinobeachresort.com; 240–300 US$; ❄ 📶 🏊) Dieses kleine Paradies liegt zwischen einem von Mangroven gesäumten Kanal und einem Strand mit schokoladenbraunem Sand am Rand des Urwalds. Zwölf komfortable Bungalows sind hier um ein großes Open-Air-Restaurant mit einem Strohdach und vielen tropischen Akzenten angeordnet. Der freundliche Besitzer, ein Expat, behauptet, jeden Strand in Costa Rica inspiziert zu haben, bevor er sich entschieden hat, die Anlage genau an dieser Stelle zu errichten.

Parrita befindet sich ungefähr 40 km südlich von Jacó und ist mit jedem Bus erreichbar, der von dort aus in Richtung Süden fährt. Hinter Parrita biegt die Küstenstraße ins Binnenland ab und führt vorbei an Palmölplantagen bis nach Quepos. Ein Taxi von Parrita zur Playa Palo Seco kostet etwa 10 US$.

hat vor Kurzem wieder eröffnet und hat nun einige interessante Restaurants, Cafés und Geschäfte zu bieten.

★ **Los Almendros** INTERNATIONAL **$$**
(☎2778-7322; Esterillos Oeste; Hauptgerichte ab 8 US$; ⏲Mo–Sa 16–21 Uhr) Etwa 50 m westlich vom Fußballplatz von Esterillos Oeste hat ein Expat ein karibisch inspiriertes Restaurant eröffnet. Das Ergebnis? Köstliche jamaikanische Gerichte, Currys im karibischen Stil, ganzer Red Snapper mit hausgemachter Salsa, *pad thai*, Schwarze Bohnensuppe und mehr. Die Gerichte sind fabelhaft zubereitet, die Atmosphäre ist sehr gesellig und das Servicepersonal außerordentlich freundlich. Lohnt die Anreise.

ℹ An- & Weiterreise

Zwar setzen die Busse, die Jacó mit Quepos verbinden, ihre Passagiere bei Bedarf an der Zugangsstraße zur Playa Esterillos ab, allerdings ist unter dem Strich Anreise und Transport vor Ort mit dem eigenen (Miet)Wagen deutlich unkomplizierter und angenehmer.

PARQUE NACIONAL MANUEL ANTONIO & UMGEBUNG

Auf dieser schmalen Landzuge, die in den Pazifik hineinragt, ist die Luftfeuchtigkeit sehr hoch, es duftet nach dichter Vegetation, und der Ruf von Vögeln und Affen erschallt – und mit einem Mal wird einem bewusst, dass man hier in den Tropen ist.

Der Grund für einen Besuch hier ist der Parque Nacional Manuel Antonio, einer der malerischsten Abschnitte an der Tropenküste Costa Ricas.

Wer keine Lust mehr hat, die Affenbabys zu bestaunen, die durch die Baumkronen turnen, und nach Vögeln und Faultieren Ausschau zu halten, kann sich in den türkisfarbenen Wellen und am perfekten Sandstrand wunderbar amüsieren.

Allerdings zählt dieser Nationalpark zu den beliebtesten, die Costa Rica zu bieten hat, und somit ist das kleine Quepos, ein ehemaliges verschlafenes Fischer- und Bananendorf im Umkreis des Parks, mittlerweile zu einem Ort aufgelaufen, der vom Fremdenverkehr lebt; selbst die Straße von Quepos zum Nationalpark ist total zugebaut. Dennoch machen die mit Regenwald bestandenen Hügel und die herrlichen Strände den Park zu einem beeindruckenden Ziel, das diesen großen Touristenhype durchaus verdient hat.

Quepos

21 950 EW.

Die kleine und quirlige Ortschaft Quepos liegt gerade einmal 7 km vom Eingang zum Parque Nacional Manuel Antonio entfernt und dient somit als Sprungbrett in den Nationalpark, aber auch als praktische Anlaufstelle für Reisende, die etwas einkaufen möchten oder eine Dienstleistung benötigen. Auch wenn der Nationalpark und seine Umgebung sich infolge des boomenden Ökotourismus schnell und beinahe unwiderbringlich verändert hat, konnte sich Quepos sein authentisches Tico-Flair noch zum großen Teil bewahren.

Die meisten Leute, die dem Nationalpark Manuel Antonio und seiner Umgebung einen Besuch abstatten, ziehen es vor, außerhalb von Quepos zu wohnen; die Unterkünfte in der Ortschaft weisen jedoch generell ein sehr gutes Preis-Leistungs-Verhältnis auf, und die ansehnliche Restaurantszene ist für eine so kleine Ortschaft wirklich erstaunlich.

Auf den Straßen von Quepos findet man sich dank der schachbrettartig angelegten Straßen problemlos zu Fuß zurecht – und Gelegenheiten, mit den netten und freundlichen Einheimischen in Kontakt zu kommen, bieten sich so auch noch.

Aktivitäten

Reisende sollten unbedingt beachten, dass die Strände in Quepos verschmutzt sind und man dort nicht ins Wasser gehen sollte. Auf der anderen Seite des Berges finden sich in Manuel Antonio dafür einige der traumhaftesten Strände des ganzen Landes.

Tauchen

Die Tauchreviere in der Gegend von Quepos und Manuel Antonio befinden sich aktuell noch in der Entwicklung. Das ist auch der Grund, warum manche Tauchschulen ihre Kunden erst einmal bis zur Isla del Caño bringen. Die Reviere sind in jedem Fall weit genug von den leider kontaminierten Stränden entfernt, und so ist immerhin gewährleistet, dass die Verschmutzung das Tauchen nicht beeinträchtigt.

Oceans Unlimited TAUCHEN
(☎ 2519-9544; www.scubadivingcostarica.com; Tauchgang mit zwei Flaschen 109 US$) Dieser Anbieter fährt seine Kunden meist bis zur Isla Larga und zur Isla del Caño, die südlich in der Bahía Drake liegen (was eine rund zweistündige Busfahrt bedeutet).

Oceans Unlimited verfügt außerdem über eine Reihe von Zertifikaten von PADI und führt Umweltschutzprojekte durch, was diesen Veranstalter von den meisten anderen Unternehmen unterscheidet.

Sportangeln

Sportangeln ist in dieser Gegend eine große Nummer. Die Bedingungen in den Küstengewässern sind am besten von Dezember bis April, wenn Segelfische gefangen werden können. Es handelt sich dabei um ein nicht gerade preisgünstiges Vergnügen. Für ein Boot für den Tag müssen etwa 900 US$ veranschlagt werden.

NICHT VERSÄUMEN

RAINMAKER AERIAL WALKWAY

Rainmaker ist ein Regenwald im Privatbesitz, der die ersten Hängebrücken (☎ 2779-5661, 8588-2586, 8960-3836; www.rainmakercostarica.org; Eintritt 20 US$, geführte Touren 30–35 US$) durch das Blätterdach in ganz Zentralamerika angeboten hat. Obwohl sein Stern seitdem ein wenig gesunken ist, gilt dieser Ort immer noch als eines der Highlights der Region. Im Jahr 2014 hat sogar eine beliebte Brauerei für Craft-Bier im Besucherzentrum eröffnet (Bierproben gibt es allerdings nur nach der Absolvierung des Baumwipfelpfads.).

Quepos

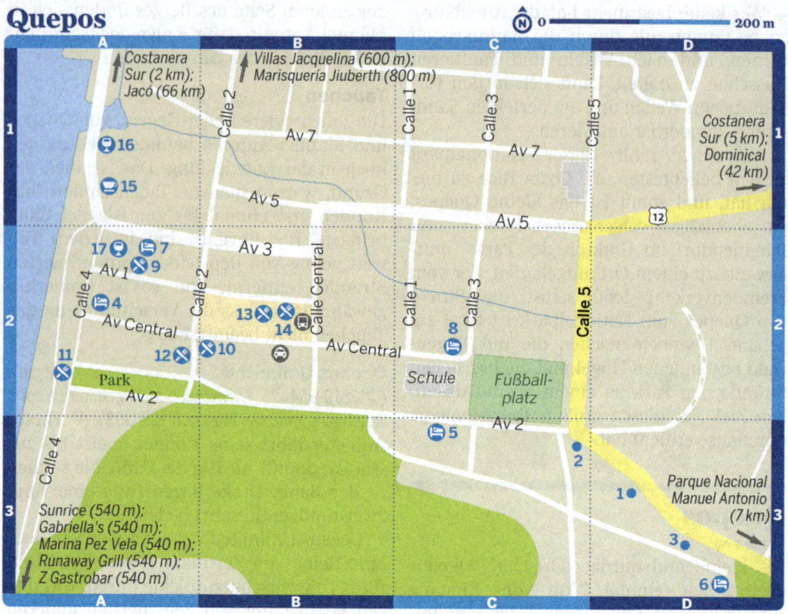

Quepos

Aktivitäten, Kurse & Touren

1 H2O Adventures D3
2 Iguana Tours C3
3 Paddle 9 .... D3

Schlafen

4 Best Western Hotel Kamuk A2
5 Hotel Papa's Papalotes C3
6 Hotel Villa Romántica D3
7 Serenity A2
8 Wide Mouth Frog Backpackers C2

Essen

9 Brooklyn Bakery A2
10 Escalofrío B2
11 Farmers Market A2
12 L'Angolo A2
13 Mercado Central B2
14 Soda Come Bien B2

Ausgehen & Nachtleben

15 Café Milagro A1
16 Cuban Republik Disco Lounge A1
Dos Locos .... (s. 10)
17 El Gran Escape A2

Unterhaltung

Casino .... (s. 4)

Wer unbedingt die Preise vergleichen möchte, sollte auf jeden Fall das Büro von Marina Pez Vela (S. 426), etwa 500 m südlich vom Stadtzentrum aufsuchen.

Quepos Sailfishing Charters ANGELN
(☎2777-2025, in USA 800-388-9957; www.quepos fishing.com) Dieses Charterunternehmen in Quepos genießt bei Sportanglern einen sehr guten Ruf. Auf dem Programm stehen Trips mit Schiffen unterschiedlicher Größe, je nachdem, ob es um Segelfische, Speerfische, Doraden oder Wahoos geht. Die Preise könen sehr stark variieren und hängen von der Jahreszeit, der Gruppengröße und der Bootsklasse ab. Außerdem sind auch Pauschalangebote, einschließlich Unterkunft und Transfers, vorhanden.

Geführte Touren

In Quepos und Umgebung gibt es eine ganze Reihe zuverlässiger Tourveranstalter, die sich auf alles Mögliche von Rafting auf nahe gelegenen Flüssen über Kajakfahrten durch die Mangrovenwälder bis hin zu Touren auf dem Stehpaddelbrett und zu Wasserfällen an der Pazifikküste spezialisiert haben.

★ Paddle 9 ABENTEUERSPORT
(☎ 2777-7436; www.paddle9sup.com; Touren 60–150 US$) Dieses relativ neue Team ist sehr engagiert und auf Sicherheit bedacht. Es hat Stehpaddeln nach Quepos gebracht und zeigt seinen Kunden voller Begeisterung die Pazifikküste. Neben den zweistündigen Stehpaddel-Touren durch die Mangroven oder auf dem Ozean ist das populärste Angebot die achtstündige Exkursion inkl. Stehpaddeln, Buntbarsch zum Mittagessen und Schwimmen unter Wasserfällen.

Unique Tours ABENTEUERSPORT
(☎ 8844-0900, 2777-1119; www.costaricaunique tours.com) Dieser etablierte Anbieter hat ein umfangreiches Programm von Rafting auf dem Río Savegre bis hin zu Kajakfahrten durch die Mangroven und mehr. Was die Unique Tours jedoch wirklich einzigartig macht, ist die Tatsache, dass nur sie einen Trip zu einer entlegenen heißen Quelle wie auch Küstenwanderungen zum Parque Nacional Manuel Antonio anbieten. Die Preise hängen von der Gruppengröße ab.

H2O Adventures ABENTEUERSPORT
(Ríos Tropicales; ☎ 2777-4092; www.h2ocr.com) Das traditionsreiche Unternehmen Ríos Tropicales besitzt in Quepos mit H2O Adventures einen sehr populären Franchise-Partner, der Rafting auf den Flüssen Naranjo, El Chorro und Savegre organisiert, darüber hinaus auch Kajakfahrten und Exkursionen auf Schlauchbooten. Die Preise beginnen ab etwa 70 US$ für die Stromschnellentrips der Klassen II bis IV.

Titi Canopy Tours ABENTEUERSPORT
(☎ 2777-3130; www.titicanopytour.com; Costanera Sur; Touren bei Tag/Nacht 80/100 US$; ⏲ Touren 7.30, 11, 14.30, 18 Uhr) Dieses Unternehmen hat Seilrutschen, Abseiltouren und an den Dschungelheld Tarzan erinnernde Abenteuer (bei Tag und Nacht) im Angebot. Zu den Vorteilen zählen die freundlichen, professionellen Führer und die günstige Lage direkt außerhalb des Zentrums von Quepos (150 m südlich vom Krankenhaus). Im Preis inbegriffen sind Getränke, Snacks und der Transfer vor Ort. In einigen Fällen ist eine Mindestteilnehmerzahl erforderlich, Interessenten sollten sich vorher erkundigen.

Iguana Tours ABENTEUERSPORT
(☎ 2777-2052; www.iguanatours.com; ⏲ 6.30–21 Uhr) 🍃 Iguana Tours veranstaltet Exkursionen zu praktisch allen Destinationen an der zentralpazifischen Küste. Auf dem Programm stehen Rafting, Kajakfahrten auf dem Meer, Ausritte, Mangroventouren und Delfinbeobachtung. Es handelt sich um ein seriöses Unternehmen, das bereits seit 1989 existiert und sich zudem für den Ökotourismus engagiert.

Planet Dolphin Cruises TIERBEOBACHTUNG
(☎ 2777-1647, in the USA 800-943-9161; www.planet dolphin.com; Trip am Morgen/Nachmittag 75/85 US$) Planet Dolphin veranstaltet Fahrten zur Delfin- und Walbeobachtung. Inbegriffen sind Erfrischungen (u. a. Wodka und *guaro*, ein Zuckerrohrschnaps), Lunch, Schnorcheln und der Hoteltransfer. Die Schiffe legen von der Marina Pez Vela ab.

In letzter Zeit hat es einige Klagen von Teilnehmern über falsche Informationen über Delfine und unprofessionelles Verhalten der Crew der Katamarane gegeben.

Schlafen

Übernachtungen in Quepos sind eine deutlich günstigere Alternative zu den hohen Preisen einiger der Unterkünfte auf dem Weg nach Manuel Antonio. Außerdem ist Quepos insofern praktischer, da die Banken, Supermärkte und Bushaltestellen sowieso hier liegen. An Wochenenden und Feiertagen in der Hauptsaison empfiehlt es sich, rechtzeitig im Voraus zu reservieren.

★ Villas Jacquelina PENSION $
(☎ 8345-1516; www.villasjacquelina.com; Calle 2; Zi. 35–70 US$; P ❄ 📶 🏊) Dieses große Gebäude ist mit Abstand die preiswerteste Unterkunft der Stadt. Es gibt ganz unterschiedliche Zimmerarten, am schönsten ist das „Birds Nest" im dritten Stockwerk mit einer Terrasse unter freiem Himmel. Der Manager Steve ist außerordentlich nett, sprüht vor Energie und hilft gerne dabei, Touren zu organisieren. Die Pension bietet ihren Gästen Hängematten zum Entspannen, ein gutes Frühstück und insgesamt eine sehr gesellige Atmosphäre. Eine Reihe von Zimmern eignet sich besonders gut für Familien mit Kindern; außerdem gibt es einen für Kinder geeigneten Swimmingpool.

Hotel Papa's Papalotes HOTEL $
(☎ 2777-3774; www.papaspapalotes.com; Av 2; EZ mit/ohne Klimaanlage 45/35 US$, DZ mit/ohne Klimaanlage 55/45 US$; ❄ 📶) Ein solides Budgethotel im Zentrum von Quepos. Die Zimmer sind unter dem Strich sogar ein besseres Angebot als die in manchen nahe gelegenen Hostels. Das Dekor haut einen nicht vom

Hocker, aber das Hotel ist sauber und sicher. Wer nur ein Zimmer mit Ventilator nimmt, wird bei Sonnenaufgang vom Verkehrslärm geweckt werden. Also an Ohrstöpsel denken.

Pura Vida Hostel HOSTEL $
(☎ 2777-7775; www.puravidahostelmanuelantonio.com; B 10–15 US$, Zi. pro Pers. 15–30 US$, inkl. Frühstück; ❄ @ 📶) Von der Fassade in Regenbogenfarben bis hin zu den Wandmalereien im Gebäude ist dieses Hostel vor allem eines: sehr farbenfroh. Die Zimmer mit Wänden in tropischen Farben sind mit bunter Bettwäsche, gefliesten Böden und Schließschränken ausgestattet.

Die großen Gemeinschaftsbalkone gehen auf die von Dschungel überwucherten Hügel hinaus, in denen sich oftmals putzige Totenkopfäffchen blicken lassen. Das Hostel befindet sich am südlichen Ortsrand an der Straße nach Manuel Antonio.

Wide Mouth Frog Backpackers HOSTEL $
(☎ 2777-2798; www.widemouthfrog.org; Apartado 256; B 13 US$, Zi. mit/ohne Bad ab 50/30 US$; P ❄ @ 📶 🏊) Dieses Hostel für Rucksacktouristen ist sicher und gemütlich. Es besitzt geräumige Doppelzimmer, saubere Gemeinschaftsbäder, eine gut ausgerüstete Küche und einen großen Essbereich unter freiem Himmel, wo man sehr leicht mit anderen Reisenden ins Gespräch kommen kann. Es existiert außerdem ein TV-Salon mit einer kostenlosen DVD-Sammlung. Die herumtrottenden faulen Hunde tragen zum Gesamteindruck bei. Nachteile? Einige der Mitarbeiter werden wohl niemals einen Preis für Freundlichkeit gewinnen, die billigeren Zimmer sind nur zellengroß und das WLAN ist nicht sonderlich stabil.

Serenity BOUTIQUEHOTEL $$
(☎ 2777-0572; www.serenityhotelcostarica.com; Av 3; EZ/DZ inkl. Frühstück ab 85/95 US$; P ❄ 📶 🏊) Dieses intime Boutiquehotel ist ein wichtiger Bestandteil der Szene in Quepos und die beste Mittelklasseoption in der Stadt. Die gekalkten Wände, die blauen Akzente und die Aromatherapie sorgen für eine mediterrane Atmosphäre. In den Zimmern gibt es stets frische weiße Bettwäsche, Kabel-TV und kleine Kühlschränke. Die Zimmer oben sind heller, aus manchen blickt man jedoch nur auf den Flur hinaus. Die neuen Besitzer haben das Hotel erst 2017 frisch renoviert.

Hotel Villa Romántica HOTEL $$
(☎ 2777-0037; www.villaromantica.com; Av 4; EZ/-DZ inkl. Frühstück ab 69/98 US$; P ❄ @ 📶 🏊) Ein kurzer Spaziergang vom Zentrum in Richtung Südosten führt zu dieser beschaulichen Gartenoase. Die Zimmer sind etwas schummrig, aber doch recht komfortabel; die Handtücher sind allerdings abgenutzt, und Renovierungsmaßnahmen sind wirklich dringend erforderlich. Wer jedoch einen Kompromiss wagt zwischen einem praktischen Aufenthalt in Quepos und der Nähe zur Natur in Manuel Antonio, findet hier eine passable Unterkunft.

Best Western Hotel Kamuk HOTEL $$
(☎ 2777-0379, 2777-0811; www.kamuk.co.cr; Ecke Av Central & Calle 4; Zi. inkl. Frühstück 96–170 US$; P 🚭 ❄ 📶 🏊) Das Hotel Kamuk ist typisch für Costa Rica – von dem historischen Gebäude bis hin zu der an die Kolonialzeit erinnernden Dekoration. Einige Zimmer sind ziemlich klein und nicht alle bestehen den Geruchstest. Dafür besitzen sie moderne Annehmlichkeiten, außerdem gibt es einen Swimmingpool und ein Restaurant.

Die Zimmer in der Nähe des Casinos sind leider ziemlich hellhörig.

Essen

Ein Vorteil, wenn man in Quepos wohnt, besteht darin, dass es in der Nähe eine gute Auswahl an Restaurants existiert und es zusätzlich ein paar gute Märkte gibt.

★ Marisquería Jiuberth MEERESFRÜCHTE $
(☎ 2777-1292; Hauptgerichte ab 7 US$; ⊙ 11–22 Uhr) Dieses Lokal im Besitz einer hart arbeitenden Fischerfamilie ist mit seinen hell gefliesten Böden eine wahre Institution in Quepos. Man bekommt hier die besten Meeresfrüchte der Stadt. Auf der anderen Seite ist es so abgelegen, dass es bei vielen Touristen eher unbekannt ist. Egal, ob man sich für den Fang des Tages oder die köstliche Fischsuppe entscheidet, die Portionen sind in jedem Falle großzügig; der Service ist sehr aufmerksam. Man findet das Lokal, wenn man der Calle 2 aus der Stadt hinaus folgt. Ausschließlich Barzahlung.

★ Brooklyn Bakery BÄCKEREI $
(Av 3; Bagel 1,50 US$, Hauptgerichte 5–8 US$; ⊙ Mo–Sa 6–15 Uhr; 📶 ✍) Bagels und Räucherlachs wie in New York (in Costa Rica eine echte Rarität)! Roggenbrot! Eiskaffee! Diese wunderbare kleine Bäckerei backt jeden Morgen frisch und serviert den ganzen Tag über leichte Gerichte und Salat und mittags Gerichte wie köstliche Sandwiches mit italienischen Fleischbällchen.

L'Angolo DELIKATESSEN $
(☎ 8887-9538, 2777-7865; Calle 2; Sandwiches 5–7 US$; ⏲ Mo–Sa 11–22 Uhr) Dieses Delikatessengeschäft macht ausgezeichnete Sandwiches mit aus Italien importiertem Fleisch- und Wurstwaren sowie Käse. Der Kellner ist zwar etwas grummelig, aber es handelt sich um eine ideale Vorbereitung für eine Exkursion nach Manuel Antonio.

Soda Come Bien CAFETERIA $
(☎ 2777-2550; Av 1, Mercado Central; Hauptgerichte 3,50–8 US$; ⏲ Mo–Sa 6–17, So bis 11 Uhr) In dieser Cafeteria gibt es einfache Köstlichkeiten, beispielsweise Fisch in Tomatensoße, *olla de carne* (Rindfleischsuppe mit Reis) oder Hühnersuppe. Alles hier ist frisch, die Frauen hinter der Theke sind ausgesprochen freundlich und die Portionen reichlich. Ideal ist auch eine frische *empanada* vor oder nach einer langen Busfahrt.

Farmers Market MARKT $
(Calle 4; ⏲ Fr 16, Sa 12 Uhr) Selbstversorger sollten diesen Bauernmarkt in der Nähe des Wassers austesten. Hier gibt es superfrische Produkte, die direkt von den ortsansässigen Bauern, Fischern oder Bäckern kommen.

Mercado Central MARKT $
(Central Market; Av 1; Mahlzeiten ab 4 US$; ⏲ unregelmäßige Öffnungszeiten) Der Mercado Central quillt praktisch über vor Verkaufsständen und guten *sodas*. Da Empfehlungen schwierig sind, sollten die Reisenden am besten ihrer Nase folgen.

★ **Z Gastro Bar** FUSION $$
(☎ 2777-6948; Marina Pez Vela; Hauptgerichte 15–25 US$; ⏲ 7–22 Uhr; P 📶) Die Helligkeit, die Offenheit für eine frische Brise nach allen Seiten und die farbenfrohen Kissen auf den bequemen Sofas machen dies zu einem idealen Ort, um sich bei einem Kaffee und einem Dessert zu entspannen oder eine ganze Mahlzeit, beispielsweise Doraden-*ceviche* in Kokosmilch, einen Tintenfisch-Burger oder köstliche hausgemachte Pasta mit Muscheln, zu sich zu nehmen. Die kunstvolle Präsentation und die Aromen sind großartig, der Service ist ausgezeichnet.

Sunrice SUSHI $$
(☎ 2519-9955; www.sunricerestaurant.com; Sushirollen 9–12 US$, Hauptgerichte 9 US$; ⏲ Di–So 12–21 Uhr) Das Sunrice ist neu an der Marina Pez Vela. Diese lateinamerikanisch beeinflusste Sushi- und Sakebar füllt ihre Rollen mit frischen tropischen Zutaten und Meeresfrüchten aus der Region. Der würzige Thunfisch-Reis-Kuchen ist einfach großartig, ebenso der Fischsalat mit Thunfisch, Avocado und Mango sowie die *omusubi* (japanische Reisbällchen). Die Portionen sind jedoch nicht allzu üppig.

Runaway Grill AMERIKANISCH $$
(☎ 2519-9095; Marina Pez Vela; Hauptgerichte 12–25 US$; ⏲ 11–22 Uhr; P ❄ 📶) Die Speisekarte dieses beliebten Lokas ist vielseitig, es gibt u. a. Steaks, Wraps, Salate, Tacos, Burger, Sandwiches und vieles mehr. Die großen Portionen verspeist man bei herrlicher Aussicht aufs Meer. Die Minze-Limonade ist erfrischend und riesig; der Service ist freundlich, hat allerdings ganz schön zu kämpfen, wenn es hier richtig voll ist.

Escalofrío ITALIENISCH $$
(☎ 2777-1902; Av Central; Hauptgerichte 10–22 US$; ⏲ Di–So 14.30–22.30 Uhr; ❄ 📶) Freunde von italienischem Eis sollten hier unbedingt einen kurzen Zwischenstopp einlegen, um sich unter den rund 20 himmlischen Sorten ihr Lieblingseis auszusuchen. Das geräumige Restaurant im Freien ist in der Nebensaison so ziemlich das einzige Lokal, das man am Sonntagabend besuchen kann, und somit ein Segen insbesondere für jene Gäste, die gern eine knusprige Pizza aus dem Holzofen essen möchten.

★ **Gabriella's** MEERESFRÜCHTE $$$
(☎ 2519-9300; Marina Pez Vela; Hauptgerichte 25–35 US$; ⏲ 16–20 Uhr; P ❄ 📶) Das Gabriella's ist ein verdienter Anwärter auf den Titel „bestes Restaurant der Region". Und das Lokal kriegt wirklich vieles prima hin. Die Veranda fängt bei Sonnenuntergang die letzten Strahlen ein, der Service ist aufmerksam – aber der eigentliche „Star" ist dann doch das Essen, wobei der Hauptakzent auf frischem Fisch und leckeren Steaks liegt. Besonders köstlich schmecken der gebratene Thunfisch mit Chipotle-Paprikasoße und die pikante Pasta mit Würstchen und Garnelen. Mit einem Wort: genial.

🍷 Ausgehen & Unterhaltung

Im Nachtleben von Quepos tummelt sich eine gute Mischung aus Einheimischen und Touristen, und günstiger als in Manuel Antonio und Umgebung ist es hier auch. Wer es gern ein bisschen feiner hätte, kann sich ja einfach ins Taxi setzen. Man sollte aber nicht vergessen, dass die Sause erst ab 22 Uhr so richtig in Fahrt kommt.

Café Milagro CAFÉ
(☎2777-1707; www.cafemilagro.com; Calle 4; ⊙Mo–Sa 9–17 Uhr) Das Café Milagro bezieht seine Kaffeebohnen aus ganz Costa Rica und stellt verschiedene reine, aber auch gemischte Röstungen her, die den Gaumen eines jeden Kaffeetrinkers erfreuen; 1 % des Gewinns spendet das Café für Umweltzwecke über die internationale Non-Profit-Organisation „Ein Prozent für die Erde".

Im Gegensatz zur anderen, größeren Filiale an der Straße nach Manuel Antonio können die Gäste in diesem Café den Kaffee nur mitnehmen (3,50–7 US$).

Cuban Republik Disco Lounge CLUB
(☎8345-9922; Eintritt Fr & Sa 2–4 US$; ⊙Do–Sa 22–2.30 Uhr) Die Cuban Republik ist im Zentrum von Quepos der sicherste Tipp für Partyfreunde. Es gibt häufig interessante Getränke-Spezialitäten. Die DJs drehen hier laut auf – bis tief in die Nacht hinein, Frauen zahlen freitags vor Mitternacht keinen Eintritt. Und hier vermischen sich auf angenehme Weise Ticos und Touristen.

El Gran Escape BAR
(☎2777-7850; Av 3; ⊙So–Do 11–22 Uhr, Fr & Sa bis spätabends; 📶) Dieses schon seit Langem etablierte Pub ist für die unzähligen Angelhüte bekannt, die von der Decke hängen.

Gäste bekommen ausgezeichnete Meeresfrüchte und köstliche (wenn auch nicht ganz billige) Burger serviert. Auf den Großbildschirmen lassen sich gut Übertragungen von Sportevents verfolgen. Das Personal an der Bar ist sehr schnell.

Dos Locos BAR
(☎2777-1526; Av Central; ⊙Mo–Sa 7–23, So 11–19 Uhr) Dieses populäre pseudo-mexikanische Restaurant ist ein Treffpunkt der örtlichen Expat-Gemeinde. Mittwochs und samstags gibt es Livemusik. Aus den Fenstern der Bar kann man gut auf die Straße blicken und Passanten beobachten. Jeden Donnerstag gibt es in den Abendstunden ein englischsprachiges Quiz.

Ein weiterer Pluspunkt: Man kann den ganzen Tag über Frühstück bestellen.

Casino CASINO
Wer das Risiko liebt, findet im Best Western Hotel Kamuk ein kleines Casino, das allerdings ein wenig heruntergekommen wirkt.

ℹ Orientierung

Das Stadtzentrum von Quepos besteht aus einem kleinen Schachbrett staubiger Straßen voller Geschäfte für Touristen und Einheimische, Märkte, Restaurants und Cafés. In den Außenbezirken der Stadt geht diese Ordnung ein wenig verloren. Die Berge im Osten und das Meer im Westen stellen natürliche Grenzen der städtischen Ausdehnung dar.

Südlich vom Stadtzentrum liegt die **Marina Pez Vela** (☎2774-9000; www.marinapezvela.com). Sie wurde im Jahr 2010 eröffnet und ist heute der Standort eines der besten Restaurants der Stadt.

ℹ Praktische Informationen

Wirklich nützlich ist *Quepolandia*, ein kostenloses englischsprachiges Monatsmagazin, das man als Besucher in vielen Lokalen der Stadt finden kann.

GEFAHREN & ÄRGERNISSE

- Diebstahl kann in Quepos ein Problem sein. Also sollten Reisende die üblichen Regeln beachten: die Wertsachen im Hotelsafe einschließen und niemals etwas im Auto lassen.
- Nach dem Barbesuch sollte man am besten mit einer Gruppe oder mit dem Taxi in die Unterkunft zurückkehren. Frauen sollten wissen, dass an Wochenenden ungehobelte Plantagenarbeiter die Bars der Stadt bevölkern.

ℹ An- & Weiterreise

BUS

Die privaten Busunternehmen Gray Line, Easy Ride und Monkey Ride unterhalten regelmäßig

BUSSSE VON QUEPOS

REISEZIEL	FAHRPREIS (US$)	FAHRZEIT	HÄUFIGKEIT
Jacó	3	1½ Std.	12-mal tägl. 4.30–18 Uhr
Puntarenas	5	3 Std.	12-mal tägl. 4.30–17.30 Uhr
San Isidro de El General, über Dominical	5	3 Std.	5, 11.30, 15.30, 20 Uhr
San José	9	3½ Std.	9-mal tägl. direkt 4–17 Uhr
Uvita, über Dominical	4	2 Std.	6, 9.30, 14.30, 17.30 Uhr

verkehrende Shuttlelinien zwischen Quepos/Manuel Antonio und beliebten Destinationen, beispielsweise Jacó (35 US$), Monteverde (59 US$), Puerto Jiménez (79 US$), San José (50 US$) und Uvita (35 US$).

Alle Busse starten und enden am geschäftigen und chaotischen Busbahnhof im Stadtzentrum. Deshalb empfiehlt es sich in der Hauptsaison, die Fahrkarten nach San José schon im Voraus am **Tracopa Ticketschalter** (☎ 2777-0263; ⌚ 6–18 Uhr) am Busbahnhof zu kaufen. Die Preise für *colectivos* (Sammeltaxis) nach San José sind ein wenig günstiger, die Fahrt dauert dafür aber zwei Stunden länger.

Die Busse zwischen Quepos und Manuel Antonio (0,55 US$) fahren zwischen 7 und 19 Uhr ungefähr alle 30 Minuten vom Busbahnhof ab, nach 19.30 Uhr seltener.

FLUGZEUG

NatureAir (S. 397) und Sansa (S. 397) fliegen nach Quepos. Die Ticketpreise hängen von Saison und Nachfrage ab. Einen Flug von San José oder Liberia sollte man mit etwas Glück für knapp 75 US$ bekommen. In der Hauptsaison sind die Flugzeuge bis auf den letzten Platz ausgebucht. Am besten bucht (und zahlt) man deshalb weit im Voraus und bleibt danach – vorsichtshalber – im Kontakt mit der Fluggesellschaft. Der Flughafen liegt 5 km außerhalb der Stadt, ein Taxi kostet etwas 8 US$.

Am Flughafen wird eine Gebühr von 3 US$ pro Person erhoben.

TAXI

Die praktischen *colectivos* (Sammeltaxis) fahren zwischen Quepos und Manuel Antonio (1 US$ für die kurze Fahrt). Ein eigenes Taxi kostet ein paar 1000 Colones. Reisende finden sie am besten an dem **Taxistand** (Av Central) südlich vom Markt. Die Fahrt von Quepos zum Nationalpark sollte etwa 15 US$ kosten.

Unterwegs vor Ort

Eine Reihe internationaler Autovermieter wie **Budget** (☎ 2774-0140; www.budget.co.cr; Quepos Airport; ⌚ Mo–Sa 8–17, So bis 16 Uhr) unterhält in Quepos Niederlassungen. Am besten reserviert man im Voraus ein Auto und fragt kurz vor Reiseantritt sicherheitshalber noch einmal nach.

Von Quepos nach Manuel Antonio

Von der Meerespromenade in Quepos schlängelt sich eine schmale, steile Straße bergauf, etwa 7 km landeinwärts, bis sie die Strände des Dorfes Manuel Antonio und den Eingang zum Nationalpark erreicht. Die Route führt über mehrere Hügel, die malerische Ausblicke auf die bewaldeten Hänge bieten, die sich bis zur mit Palmen bestandenen Küste hinunterziehen.

In dieser Gegend liegen einige der feudalsten Hotels und Restaurants, die Costa Rica zu bieten hat. Für Sparfüchse und Budgetreisende ist zwar auch gesorgt, dennoch ist dieser Teil des Landes eher etwas für Leute mit prallgefüllter Geldbörse, die sich hier in edlen Luxushotels erholen und in Gourmetrestaurants zum Essen gehen.

Aufpassen sollte man auf einheimische Autofahrer, die mit hoher Geschwindigkeit durch die Straßen rasen; man sollte aber natürlich auch selbst vorsichtig fahren oder zu Fuß gehen, und zwar vor allem nachts. Wer zwischen 18 und 19 Uhr von Manuel Antonio und Umgebung nach Quepos fährt, kommt unweigerlich in einem Stau zu stehen – denn um diese Zeit kommt man praktisch keinen Meter voran.

Sehenswertes

La Playita — STRAND

Am äußersten Westende der Playa Espadilla ist dieser ehemalige Nudistenstrand hinter einer felsigen Landzunge (Sandalen mitnehmen) einer der berühmtesten Schwulenstrände in Costa Rica. Bei Flut ist der Strand nicht zugänglich, wer ihn besuchen möchte, sollte entsprechend planen.

Und Besucher sollten sich nicht zum Narren halten lassen: Da der Strand außerhalb des Nationalparks liegt, ist der Besuch natürlich kostenlos, auch wenn manchmal etwas anderes behauptet wird.

Manuel Antonio Nature Park & Wildlife Refuge — NATURRESERVAT

(☎ 2777-0850; Erw./Kind 15/8 US$; ⌚ 8–16 Uhr; 👪) In diesem Privatreservat mit Regenwald und einem Schmetterlingsgarten werden rund drei Dutzend Schmetterlingsarten gezüchtet – eine fragile Population verglichen mit der Menagerie an Echsen, Reptilien und Fröschen, die den Kindern immer ein begeistertes Gekreische entlockt.

Auf einer Dschungeltour am Abend (17.30–19.30 Uhr, 39/29 US$ pro Erw./Kind) lernen die Teilnehmer die bunten einheimischen Frösche mit deren unaufhörlichem Gequake kennen; auf den Touren, die tagsüber auf dem Programm stehen (15/8 US$ pro Erw./Kind), werden entweder die flatternden oder die kriechenden Bewohner hier vorgestellt – oder auch beide auf einmal (Kombitickets 25 US$).

DAS HOMOSEXUELLE MANUEL ANTONIO

Bei schwulen und lesbischen Jet-Settern in aller Welt genießt Manuel Antonio den Ruf eines Traumziels. Schon in den 1970er-Jahren wurde die Homosexualität in Costa Rica entkriminalisiert, eine Seltenheit im an sich konservativen Zentralamerika. Seit dieser Zeit gibt es in Manuel Antonio eine blühende homosexuelle Szene. Und es ist auch keinesfalls schwer zu verstehen, warum das so ist.

Die Gegend ist nicht nur atemberaubend schön, sondern sie zieht schon seit längerer Zeit liberal denkende Menschen an, sodass hier heute eine lebendige Künstlerszene und gute Restaurants existieren. Die Website www.gaymanuelantonio.com enthält diverse Listen von Unterkünften, Veranstaltungen, Restaurants und Bars, die sich in erster Linie an die homosexuelle Gemeinde richten.

Tagsüber ist La Playita (S. 427), ein Strand, an dem Homosexuelle lange nackt in der Sonne badeten, das Epizentrum der Szene in Manuel Antonio. Die Zeiten, als dies erlaubt war, sind heute vorüber, das Ende des Strandes ist aber noch heute ein beliebter Treffpunkt von an „Abenteuern" interessierten schwulen Männern.

Aktivitäten

Manuel Antonio Surf School SURFEN

(MASS; ☎2777-4842, 2777-1955; www.manuelantoniosurfschool.com; Gruppenunterricht 65–95 US$) MASS bietet täglich netten und sicheren Unterricht in Kleingruppen an, der wirklich Spaß macht; dieser dauert etwa drei Stunden, auf einen Trainer kommen drei Schüler. Der Strand befindet sich rund 500 m südlich von Quepos ein Stück die Straße nach Manuel Antonio hinauf.

Cala Spa SPA

(☎2777-0777, ext 220; www.sicomono.com; Hotel Sí Como No; Behandlungen 70–140 US$; ⏲10–19 Uhr) Wer nach seinem Streifzug durch den Nationalpark Manuel Antonio einen Sonnenbrand bekommen und sich die Füße wundgelaufen hat – was jedoch keine Voraussetzung für einen Besuch ist –, kann sich im Cala Spa mit Aloe-Körper-Wraps, Zitrussalz-Peelings und allerlei Arten Massagen behandeln lassen, um Körper und Geist wiederherzustellen. Der Spa hat täglich, allerdings nur nach Vereinbarung geöffnet.

Kurse

Mamá Cacao ESSEN

(☎8383-5910; thechocolatemakingworkshipma@gmail.com; abhängig von der Gruppengröße pro Pers. 35–45 US$) Die Chocolatiere Mamá Cacao aus Manuel Antonio betreibt diesen mobilen Workshop für Schokoladenherstellung und verarbeitet dabei Schokoladenbohnen aus lokalen Plantagen. Die Workshops dauern etwa zwei Stunden. Die Teilnehmer bereiten ihre eigenen veganen und Milchschokoladen zu, kosten die Produkte von Mamá Cacao und lernen viel über die Geschichte und die Bedeutung der Schokolade als Nahrungsmittel. Die Mindestteilnehmerzahl ist zwei Personen.

Geführte Touren

Amigos del Río ABENTEUERSPORT

(☎2777-0082; www.adradventurepark.com; Touren 135 US$) Amigos del Ríos „10-in-One Adventure" kombiniert all die klassischen Dschungelabenteuer: Seilrutsche, Tarzanschwünge, das Abseilen von einem Wasserfall und noch viel mehr. Zu diesem siebenstündigen Abenteuer gehören der kostenlose Transfer aus Quepos und Manuel Antonio sowie Frühstück und Mittagessen. Amigos del Río ist gleichzeitig ein vertrauenswürdiger Veranstalter für Wildwasser-Rafting.

Tico Loco Adventures OUTDOOR

(☎2777-0010; www.ticolocoadventures.com; Selina Hostel; Party-Tour zu Wasserfällen 110 US$, Minimum 4 Pers.) Dieser Touranbieter im Selina Hostel bietet Outdoor-Abenteuer an, die gleichzeitig auch Partys sind. Die Tour zu den Wasserfällen umfasst eine Wanderung zu majestätischen Wasserfällen mit einer Kühltasche voller Getränke.

Schlafen

An der Straße von Quepos nach Manuel Antonio liegen in erster Linie Hotels der absoluten Spitzenklasse. Es gibt am Weg jedoch auch einige etwas versteckte gute Mittelklassehotels. Die Preise in der Vorsaison liegen bis zu 40 % unter denen in der Hauptsaison. An Wochenenden und Feiertagen geht hier ohne Reservierung gar nichts.

Hostel Plinio & Bed & Breakfast HOSTEL $
(☎2777-6123; B/DZ ab 14/60 US$; ❄📶🏊) Das Hostel Plinio trifft die meisten Anforderungen von Rucksacktouristen: eine günstige Lage in der Nähe von Quepos, ein großer Swimmingpool und großzügige Gemeinschaftsflächen mit Hängematten und Sofas, um andere Reisende kennenzulernen, ein gutes Angebot an Touren und Doppelzimmer mit Dschungelblick für Paare, die etwas mehr Privatsphäre möchten. Die Nachteile? Wegen der Lage an der Straße ist es in manchen Zimmern etwas laut und das WLAN funktioniert leider nicht überall.

Backpackers Manuel Antonio HOSTEL $
(☎2777-2507; www.backpackersmanuelantonio.com; B/DZ inkl. Frühstück ab 16/39 US$; P❄@📶🏊) In diesem Hostel gibt es eine sehr gesellige Atmosphäre; es liegt günstig, relativ nahe am Eingang zum Nationalpark und in fußläufiger Entfernung zu einem guten Lebensmittelgeschäft.

Die Schlafsäle sind sauber und sicher (wenn auch etwas klein) und hinter dem Haus gibt es eine Grillstelle und einen Swimmingpool. Das Angebot umfasst außerdem größere Zimmer mit einem Doppelstockbett und einem Doppelbett, die ideal für Reisegruppen geeignet sind.

Vista Serena Hostel HOSTEL $
(☎2777-5162; www.vistaserena.com; B 11–18 US$, Bungalows mit/ohne Klimaanlage 60/50 US$; P@📶) Das Vista Serena liegt landschaftlich sehr schön auf einem ruhigen Hügel. Die Hostelgäste können auf der Terrasse in Hängematten liegend den spektakulären Sonnenuntergang über dem Ozean genießen und dazu – falls möglich – auf der Gitarre spielen. Die Unterkünfte reichen von spartanischen Schlafsälen über etwas komfortablere Schlafsäle bis hin zu Bungalows mit etwas mehr Privatsphäre. Die superfreundliche Besitzerin Sonia und ihr Personal sind außerordentlich hilfsbereit.

Tee, Kaffee, Toast und Marmelade zum Frühstück sind im Preis inbegriffen.

★ **Selena Manuel Antonio** HOSTEL $$
(www.selina.com/manuel-antonio/; B 20–25 US$, Zi. 75–159 US$; 🏊) Diese Filiale der Selina-Kette, die in letzter Zeit Dutzende Hostels in ganz Zentralamerika eröffnet hat, ist schon jetzt eine Legende. Das Hostel besteht aus eleganten weißen Gebäuden, die auf von Regenwald bestandenen Klippen verstreut liegen. Die Schlafsäle und Zimmer sind dekoriert mit wechselnden Kunstwerken. Die Bar hat sich zum angesagtesten Treffpunkt für die Abendstunden entwickelt, nicht zuletzt, weil hier regelmäßig die wohl besten lokalen Nachwuchsmusiker spielen. Außerdem gibt es zwei Swimmingpools. Das Frühstücksbüfett ist einfach großartig.

Didi's B&B B&B $$
(☎2777-0069; www.didiscr.com; EZ/DZ inkl. Frühstück 58/67 US$; ❄📶🏊) Das von dem Italiener Ezio gemanagte Didi's ist die beste Pension vor Ort. Sie liegt wunderschön am Rand des Dschungels und besitzt vier attraktive Zimmer mit TV. Wer mit einem Ventilator zufrieden ist, zahlt sogar noch weniger. Für 25 US$ gibt es bei Bedarf ein dreigängiges italienisches Abendessen, das Ezio aus den Zutaten zubereitet, die er frisch auf dem Markt eingekauft hat.

Hotel Mimos HOTEL $$
(☎2777-0054; www.mimoshotel.com; DZ/Suite ab 96/220 US$; P❄@📶🏊) Nette, aufmerksame Mitarbeiter führen dieses Hotel mit Holzverzierungen. Geboten sind geräumige, saubere Zimmer mit Terrakottafliesen. Durchs Hotelareal verlaufen hübsche Steinwege, auf denen die Gäste zwei von Palmen gesäumte Swimmingpools und einen sagenhaften Whirlpool erreichen.

Hotel Tres Banderas HOTEL $$
(☎2777-1871; www.hoteltresbanderas.com; DZ/Bungalow/Suite inkl. Frühstück 90/113/135 US$; P❄📶🏊) Dieses einladende Hotel am Straßenrand bringt seine Gäste in elf Standard-Doppelzimmern, zwei Bungalows, drei Suiten und einem Apartment unter. Alle sind geräumig und lassen importierte Fliesen und einheimische Hölzer sehen, wobei einigen Räumen mehr Luft ganz gut täte. Alle verfügen über eine eigene Terrasse, die zum Dschungel hinausführt und mit Leder-Schaukelstühlen ausgestattet ist – eine gute Möglichkeit, um Tiere zu beobachten.

Das Abendessen wird häufig draußen auf einem Grill zubereitet. Die Gäste versammeln sich dann rund um den zentral gelegenen Pool zum Essen, was der Anlage ein nettes Gemeinschaftsflair gibt.

Hotel Mono Azul HOTEL $$
(☎2777-2572; www.hotelmonoazul.com; Zi. 85–112 US$, Kinder unter 12 Jahren kostenlos; P❄@📶🏊) Das Mono Azul ist sein Geld wert und besonders für Familien geeignet. Die Zimmer sind um zwei Pools inmitten eines Tropengartens arrangiert, die Dekora-

tion greift das Thema „Regenwald" auf. Die Besitzer haben im Dezember 2014 gewechselt und das Hotel modernisiert, etwa durch neue Flachbildfernseher oder Einheiten mit Klimaanlage und Wandgemälden.

★ Gaia Hotel & Reserve BOUTIQUEHOTEL **$$$**
(☎ 2777-9797, in USA 800-226-2515; www.gaiahr.com; Zi. ab 435 US$; P ❄ 📶 🏊) Diese luxuriöse Anlage besteht aus Studios, Terrassensuiten und dreistöckigen Villen. Die Betreiber veranstalten Führungen auf dem sehr großen eigenen Grundstück, einem ehemaligen Auswilderungszentrum, in dem das Hotel heute Hellrote Aras züchtet. Das Restaurant – eines der besten in der gesamten Region – zaubert aus superfrischen Zutaten wunderbare Gerichte. Zum Eskapismus und zur Entspannung trägt vor allem die terrassierte Poollandschaft bei. Nur Erwachsene.

Bonus: Bei der Zimmerbuchung erhalten die Gäste einen Gutschein für eine rund 20-minütige Wellness-Behandlung.

★ Makanda by the Sea VILLA **$$$**
(☎ 2777-0442; www.makanda.com; Studio/Villa inkl. Frühstück ab 446/548 US$; P ❄ 📶 🏊) Der Facelift im Jahr 2017 hat diese ohnehin schon spektakuläre Unterkunft in ein wahres Paradies verwandelt. Gäste staunen hier über die einmalig glamouröse Dekoration, handschmeichelnde Oberflächen und unendlich stilvolle Aufenthaltsbereiche. Das Makanda besteht aus sechs Villen, vier Studios, einer Suite und neun Hotelzimmern mit Blick auf den Ozean, die allesamt absolut einmalig auf einem Felsvorsprung liegen.

Villa 6 (mit einem eigenen Pool) ist atemberaubend, in Villa 1 ist eine ganze Wand auf den Regenwald und den Ozean geöffnet. Die anderen Villen und Studios sind alle asiatisch inspiriert, klimatisiert und jeweils abgeschlossene Einheiten.

Die Anlage umfasst zwei Salzwasserpools, zwei Jacuzzis, eine Sushibar und eine Sonnenterrasse, allesamt mit fabelhaftem Blick aufs Meer. Wer immer noch nicht ausreichend beeindruckt ist, kann mit einem Golfcart oder nach einem Spaziergang den Hügel hinunter zu einem Privatstrand gelangen – Himmel auf Erden! Die Hotelgäste müssen mindestens 16 Jahre alt sein.

★ Arenas del Mar BOUTIQUEHOTEL **$$$**
(☎ 2777-2777; www.arenasdelmar.com; Zi. inkl. Frühstück 542–1074 US$; P ❄ 📶 🏊) 🍃 Dieses schon visuell sehr beeindruckende Hotel zählt definitiv zu Costa Ricas Spitzenhäusern. Die Zimmer sind so angelegt, dass sie die Schönheit der Landschaft einbeziehen, und zwar mit einer fantastischen Wirkung, wenn Gäste z. B. aus den höher gelegenen Zimmern die ganze Küste hinunterblicken können. Die Unterkünfte ganz oben haben sogar Jacuzzis mit Blick auf den Ozean.

Weitere Vorteile sind die Wildtiere, die die Anlage hin und wieder aufsuchen, sowie die großartig zubereiteten vegetarischen Gerichte, die Meeresfrüchte und das engagierte Bemühen um Nachhaltigkeit.

★ Hotel Villa Roca BOUTIQUEHOTEL **$$$**
(☎ 2777-1349; www.villaroca.com; Zi./Apt. inkl. Frühstück ab 125/175 US$; P ❄ 📶 🏊) Dieses intime Hotel im Besitz eines Homosexuellen richtet sich an die homosexuellen Gäste von Manuel Antonio und ist besonders bei Männern beliebt. Gäste müssen mindestens 18 Jahre alt sein. Die oberen Zimmer sind luftiger. Der Pool und die Whirlpools, wo man sich auch textilfrei aufhalten kann, sind 24 Stunden geöffnet und werden manchmal von neugierigen Leguanen besucht.

★ Hotel Sí Como No HOTEL **$$$**
(☎ 2777-0777; www.sicomono.com; Zi. 275–450 US$, Suite 401–424 US$, Kind unter 6 Jahren frei; P ❄ 📶 🏊) 🍃 Das perfekte Design dieses Hotels ist ein Musterbeispiel, wie man ein ökofreundliches Resort bauen kann. In den Zimmern setzen edle Hölzer und schöne Tropentöne die Akzente; und alle haben einen großzügigen Balkon.

Das Hotel verfügt über zwei Swimmingpools (einen für die Kids, einen ausschließlich für Erwachsene, beide mit Bar zum Hinschwimmen), zwei Whirlpools, ein therapeutisches Spa sowie zwei exzellente Restaurants. Zur nachhaltigen Bauweise und Bewirtschaftung gehören beispielsweise Wohneinheiten mit energieeffizienter Klimaanlage und recyceltem Wasser, das für die Gartenanlage genutzt wird, und mit Sonnenenergie betriebene Wasserkocher. Kein Wunder also, dass das Sí Como No zu einem von einigen Dutzend Hotels in diesem Land gehört, das im Rahmen der staatlichen Kampagne für nachhaltigen Tourismus (Certificación para la Sostenibilidad Turística = CST) mit der maximalen Punktzahl ausgezeichnet wurde.

Hotel Costa Verde HOTEL **$$$**
(☎ 2777-0584; www.costaverde.com; Zi./Studio ab 153/182 US$, Boeing 727 565 US$, Cockpitkabine 276 US$; P ❄ @ 📶 🏊) Die Zimmer und Stu-

dios liegen schön im Grünen und werden gelegentlich von einer Affenhorde besucht. Die funktionalen Wohneinheiten mit Teakmöbeln und -verkleidung gehen auf den wild wuchernden Regenwald hinaus, während die teureren Studios freien Meerblick haben. Aber Achtung: Die günstigsten Zimmer liegen in der Nähe der Straße.

Die begehrtesten Unterkünfte sind jedoch der Rumpf einer stillgelegten Boeing 727 und die neu gebaute Cockpitkabine. Die 727, die absolut surreal aus dem Dschungel ragt, besitzt zwei Schlafzimmer mit drei großen Betten, zwei Bäder, eine Kitchenette und eine eigene Terrasse. Die neue Cockpitkabine erreichen die Gäste über eine Hängebrücke. Hier können es sich die Hotelgäste schön gemütlich machen und das Meerespanorama und das in Richtung Urwald offene Badezimmer genießen. Diese Unterkunft ist ganz besonders bei Flitterwöchnern sehr begehrt.

Die Besitzer des Costa Verde betreiben außerdem eine Reihe von Restaurants an der Straße nach Manuel Antonio, darunter die Bar El Avión (die ebenfalls in einem Flugzeugrumpf untergebracht ist).

Hotel La Mariposa BOUTIQUEHOTEL **$$$**
(☎2777-0355, in USA 800-572-6440; www.lamariposa.com; Zi./Suite ab 194/334 US$; P ❄ @ ☎ ≈) Dieses Hotel war die erste Luxusunterkunft der Region. So konnte es sich den Standort mit dem schönsten Blick auf die Küste aussuchen. Seine mehr als 50 erstklassigen Zimmer unterschiedlicher Größe sind mit handgeschnitzten Möbeln elegant dekoriert. Der Service kann manchmal ein wenig uneinheitlich sein, die Anlage ist nicht mehr neu, und manche Gäste haben sich schon über das Essen beklagt.

Das Mariposa ist übrigens in das Buch *1000 Places to See Before You Die* aufgenommen worden – in erster Line deshalb, weil man hier praktisch von überall einen einzigartigen Ausblick hat.

Essen

An der Straße nach Manuel Antonio finden sich einige der besten Restaurants der ganzen Region. Hinzu kommen zahlreiche auch für Nicht-Gäste offene Hotelrestaurants. Wie schon die Unterkünfte sind auch die Restaurants hier eher hochpreisig. Und auch in den Restaurants empfiehlt sich an Wochenenden, Feiertagen und in der lebhaften Trockenzeit eine Reservierung.

Falafel Bar MEDITERRAN **$**
(☎2777-4135; Hauptgerichte 5–9 US$; ⏰Di–So 11–21.30 Uhr; ☎✎) Dieses Falafellokal trägt zur Vielfalt des kulinarischen Angebots an der Straße bei, indem es authentische israelische Standards auf den Tisch bringt. Hinzu kommen zahlreiche vegetarische Optionen, u. a. Couscous, frische Salate, gefüllte Weinblätter, großartige Obstsmoothies und sogar Pommes Frites für die Kleinen.

Sancho's MEXIKANISCH **$**
(☎2777-0340; Tacos ab 3 US$; ⏰11.30–22 Uhr; ☎) Zu den zahlreichen Attraktionen dieses Lokals, das unter der Leitung eines Expat steht, zählen der großartige Blick von der Terrasse, die kräftigen Margaritas, die exzellenten Fisch-Tacos und die riesigen Burritos mit *chile verde* (grüner Chili). Ideal, um mit Freunden in angenehmer Atmosphäre ein paar Bierchen zu kippen, weniger um die Liebe seines Lebens auszuführen.

★ **Café Milagro** FUSION **$$**
(☎2777-2272; www.cafemilagro.com; Hauptgerichte ab 7 US$; ⏰7–21 Uhr) Ein schöner Stopp für fantasievolle Kaffeekreationen und noch besser für ein üppiges Frühstück (Bananenpfannkuchen mit Macadamianüssen), Sandwiches (Wraps mit Mango-*mahi-mahi*) und raffinierte Interpretationen einheimischer Klassiker zum Mittagessen (kreolische Schweinelende). Die Sandwiches gibt es auch zum Mitnehmen. Wer vor Ort essen möchte, findet eine von einem tropischen Garten eingerahmte Terrasse.

La Luna INTERNATIONAL **$$**
(☎2777-9797; www.gaiahr.com; Gaia Hotel; Hauptgerichte 8–24 US$; ⏰6–23 Uhr; ☎✎) Das bodenständige und freundliche La Luna ist ein schöner Ort, zwischen Urwald und Ozean,

KINDER DABEI?

Der Straßenabschnitt von Quepos nach Manuel Antonio weist die meisten Unterkünfte und Restaurants der Gegend auf. Leider heißen viele der gehobenen Boutiquehotels und Spitzenrestaurants Babys und kleine Kinder nicht willkommen. Also am besten vor der Buchung oder Reservierung nachfragen.

Und wer zu Fuß an dieser engen und kurvenreichen Straße unterwegs ist, sollte unbedingt ein Auge auf die Kleinen haben, auch weil die Straße keinen Seitenstreifen besitzt.

Manuel Antonio & Umgebung

für ein besonderes Abendessen. Die international ausgerichtete Karte bietet alles von würzigen Thunfisch-Mango-Tacos über *Mahi-mahi-ceviche* bis hin zu Hummerschwänzen. Hinzu kommen kreative einheimische Gerichte wie *en papillote* (in Papier) gebackener Zackenbarsch mit Kochbananenpüree und Kokosmilch. Für Vegetarier und Veganer gibt es eine eigene Karte.

Agua Azul INTERNATIONAL **$$**
(2777-5280; www.cafeaguaazul.com; Gerichte 10–25 US$; Do–Di 11–22 Uhr;) Das Agua Azul im ersten Stockwerk mit unverstelltem Meerblick ist an diesem Straßenabschnitt einfach großartig, um zu Mittag zu essen – ideal auch für Besucher, die am frühen Morgen im Nationalpark waren und auf dem Rückweg ins Hotel sind. Das luftige, legere Restaurant im Freien ist für seine riesengroßen Burger bekannt, aber es kommen hier auch Fajitas, panierter Thunfisch und leckerer Fischsalat auf den Tisch.

Claro Que Sí MEERESFRÜCHTE **$$**
(2777-0777; Hotel Sí Como No; Mahlzeiten 9–22 US$; 12–22 Uhr;) Ein lockeres familienfreundliches Restaurant. Claro Que Sí verarbeitet stolz biologisch angebaute Zutaten aus lokaler Erzeugung, die zur Philosophie des Mutterhotels Sí Como No passen. Und die Gerichte aus heimischem Fisch, Fleisch und Gemüse kombinieren auf geschmackvolle Weise die Kochtraditionen des Pazifik und der Karibik. Für Kinder gibt es eine separate Karte.

Barba Roja MEERESFRÜCHTE **$$**
(2777-0331; www.barbarojarestaurant.com; Mahlzeiten 9–22 US$; Di–So 11.30 –21 Uhr) Eine Institution in der Gegend von Manuel Antonio. Das Barba Roja ist gleichzeitig eine lebhafte Bar und ein vor allem auf Meeresfrüchte und Steaks spezialisiertes Restaurant mit einer respektablen Sushi-Karte und Wochentagsspecials, z. B. Räucherrippchen und Blues am Freitag. Von der Terrasse hat

Manuel Antonio & Umgebung

Highlights
1 Parque Nacional Manuel Antonio D4
2 Playa Espadilla Sur C6
3 Punta Catedral C7

Sehenswertes
4 La Playita A5
5 Manuel Antonio Nature Park & Wildlife Refuge B4
6 Playa Espadilla B5
7 Playa Manuel Antonio D7
8 Turtle Trap D7

Aktivitäten, Kurse & Touren
9 Amigos del Río B2
Cala Spa .... (s. 29)
10 Manuel Antonio Surf School B1
11 Marina Pez Vela A1
12 Oceans Unlimited A1
Planet Dolphin Cruises .... (s. 12)
13 Sendero El Perezoso D6
14 Sendero La Catarata D6
15 Sendero Principal D6
16 Sendero Punta Catedral C7
Tico Loco Adventures .... (s. 35)

Schlafen
17 Arenas del Mar A4
18 Backpackers Manuel Antonio B3
19 Backpackers Paradise Costa Linda C5
20 Cabinas & Hotel Playa Espadilla C5
21 Didi's B&B B2
22 Gaia Hotel & Reserve B2
23 Hostel Plinio and Bed & Breakfast B1
24 Hotel Costa Verde B5
25 Hotel La Mariposa A4
26 Hotel La Posada C5
27 Hotel Mimos B2
28 Hotel Mono Azul B2
29 Hotel Sí Como No B4
30 Hotel Tres Banderas B2
31 Hotel Vela Bar C5
32 Hotel Villa Roca B4
33 Makanda by the Sea B4
34 Pura Vida Hostel B1
35 Selena Manuel Antonio C4
36 Vista Serena Hostel B3

Essen
37 Agua Azul B4
38 Barba Roja B3
39 Café Milagro B4
Claro Que Sí .... (s. 29)
40 Falafel Bar B4
41 Gabriella's A1
42 Kapi Kapi Restaurant B3
La Luna .... (s. 22)
Runaway Grill .... (s. 41)
Sancho's .... (s. 18)
Sunrice .... (s. 41)
43 Z Gastro Bar A1

Ausgehen & Nachtleben
El Avión .... (s. 32)
Karma Lounge .... (s. 42)
44 Ronny's Place B2

Unterhaltung
Sí Como No Cinema .... (s. 29)

man einen fantastischen Blick auf den Ozean, den man am besten bei einem lokal gebrauten Libertas y La Segua Craft-Bier (Pint 6 US$) oder einer mexikanischen *michelada* (ein würziges Biergetränk) genießt. Von 16 bis 18 Uhr bekommt man hier jeden Tag zwei Drinks zum Preis von einem.

★ Kapi Kapi Restaurant FUSIONSKÜCHE $$$

(☎ 2777-5049; www.restaurantekapikapi.com; Gerichte 16–40 US$; ⏲ 16–22 Uhr;) Der Konkurrenzkampf um die Auszeichnung „Bestes Restaurant der Region" ist hart, und dieses von einem Kalifornier gegründete Lokal legt die Messlatte noch ein Stückchen höher. Die Speisekarte des Kapi Kapi (traditioneller Gruß der indigenen Maleku) führt um die ganze Welt von Amerika nach Asien, wobei Meeresfrüchte panasiatischer Art dominieren. *Mahi-mahi* (Goldmakrele) in Macadamia-Panade, Hummer-Ravioli und die Garnelen auf Zuckerrohrspießen schmecken allesamt exquisit.

Diese wunderbare kulinarische Weltreise wird von amerikanischen Weinen und guten Kaffees aus Costa Rica begleitet bzw. gekrönt. Das Kapi Kapi begrüßt seine Gäste mit sanftem Licht, Erdtönen und einem beruhigenden Dekor, das den angrenzenden Urwald widerspiegelt. Es gibt außerdem eine gesonderte Kinderkarte.

Ausgehen & Unterhaltung

Karma Lounge SCHWUL & LESBISCH

(☎ 2777-7230; www.facebook.com/karmaloungema; ⏲ Di–So 19–2.30 Uhr) Ein populärer Treffpunkt für die homosexuelle Szene.

El Avión BAR

(☎ 2777-3378; www.costaverde.com; ⏲ 12–22 Uhr;) Diese auffällige Bar mit Restaurant wurde um eine Fairchild C-123, ein Flugzeug aus dem Jahr 1954, zusammenmontiert. Es geht das Gerücht, dass die US-Regierung den Flieger in den 1980er-Jahren für die Contras in Nicaragua erwarb, diesen allerdings nie zum Einsatz brachte. Jedenfalls ist das Avión perfekt, um ein Bier zu trinken und einen Sonnenuntergang vom Feinsten zu beobachten. Das Essen kann man allerdings getrost vergessen, und die Rechnung sollte man sorgfältig prüfen, denn es wurden wiederholt Beschwerden über Unregelmäßigkeiten bekannt. Die unternehmungslustigen Inhaber des El Avión kauften das Flugzeug im Jahr 2000 für den erstaunlich moderaten Betrag von 3000 US$ (es hatte es nie aus dem Hangar in San José geschafft, wegen der Iran-Contra-Affäre, in die Oliver North, US-Offizier und CIA-Mann, und seine Gefolgsleute verwickelt waren). In Einzelteilen brachten sie das Flugzeug dann nach Manuel Antonio. Heute befindet es sich in der Hauptstraße am Straßenrand und erweckt den Eindruck, als hätte es am Berg eine Bruchlandung hingelegt.

Ronny's Place BAR

(☎ 2777-5120; www.ronnysplace.com; ⏲ 12–22 Uhr) Zwei unberührte Buchten und Urwald zu allen Seiten – diese wunderschöne Aussicht lohnt den Abstecher, um etwas zu trinken (das Essen kann man sich hier jedoch ohne Weiteres sparen). Zwar hat man von vielen anderen Lokalen an diesem Straßenabschnitt einen ähnlichen Blick, aber durch die abgeschiedene Lage hat Ronny's Place etwas von einem Geheimtipp.

Die Zufahrt zur Bar ist von der Hauptstraße aus gut ausgeschildert.

Sí Como No Cinema KINO

(☎ 2777-0777; www.sicomono.com; Hotel Sí Como No; Eintrittskarte 7 US$; ⏲ 20 Uhr) Dieses Kino mit 45 Plätzen zeigt populäre amerikanische Streifen und Zeichentrickfilme für Kinder. Der Eintritt ist frei, wenn man mindestens 10 US$ im Restaurant oder in der Bar des Hotels ausgegeben hat.

An- & Weiterreise

Etwa alle 30 Minuten verbinden lokale Busse und Sammeltaxis Quepos mit Manuel Antonio (20 Min.). Der öffentliche Bus von Quepos setzt seine Passagiere bei Bedarf dort an der Straße ab, wo sie wollen.

Achtung: Die Sicht ist an manchen Passagen dieser engen, steilen und kurvenreichen Straße eingeschränkt, besonders bei schlechten Lichtverhältnissen und schlechtem Wetter.

Dorf Manuel Antonio

Auf der Straße von Quepos zum Parque Nacional Manuel Antonio nimmt der Lärm durch dröhnende Busse, Touristenmassen und Einheimische auf der Jagd nach Dollars stetig zu, bis im Dorf Manuel Antonio dann der Höhepunkt an Chaos erreicht ist. Menschenhorden strömen zu diesem winzigen Dorf am Meer hinunter, das am Eingang des meistbesuchten Nationalparks des Landes liegt. Jedenfalls sollte man nicht mit der naiven Erwartung herkommen, einsame Strände und ein unberührtes Tropenparadies vorzufinden. Die aufrecht gehenden

Primaten sind hier im Allgemeinen die Spezies, die sich am häufigsten blicken lässt, und zwar vor allem während der stark überlaufenen Trockenzeit, wenn Reisegruppen massenhaft hier eintrudeln.

Wer jedoch in der Nebensaison an einem Montag (wenn der Park geschlossen ist) hierherkommt, findet ein beschauliches Dorf vor mit Meereswellen, die sanft am weißen Sandstrand ausklingen. Und wenn dann Affenhorden von den Baumkronen auf den Tropensand herunterspringen, kann man die herrliche Natur aus nächster Nähe ganz individuell genießen.

Aktivitäten

An der gesamten Playa Espadilla können Touristen Bodyboards und Kajaks mieten. Wildwasser-Rafting und Kajakfahrten auf dem Meer sind weitere beliebte Sport- und Freizeitaktivitäten in dieser Gegend.

Schlafen

Das Dorf Manuel Antonio ist die am nächsten gelegene Basis für die Erkundung des Nationalparks. Die Auswahl an Unterkünften ist in Quepos oder an der Straße zwischen Quepos und Manuel Antonio allerdings deutlich größer.

Hinzu kommt, dass das Dorf von auswärtigen Gästen total überlaufen ist.

Backpackers Paradise Costa Linda HOSTEL $

(☎ 2777-0304; Zi. pro Pers. ab 12 US$; P ❄ @ ☎) Man kann dieses Hostel für Rucksacktouristen nicht direkt als Paradies bezeichnen. Aber der Preis ist unschlagbar, wenn man nur fünf Minuten bis zum Strand oder Nationalpark gehen möchte. Während das Personal ein wenig gehetzt wirkt und die Badezimmer sauberer sein könnten, schonen die Preise für Bier und Cocktails die Brieftasche.

Hotel Vela Bar HOTEL $$$

(☎ 2777-0413; www.velabar.com; Zi. 150–170 US$, Suite 190 US$; P ❄ @ ☎ ≋) Dieses attraktive kleine Hotel besitzt helle, geräumige und modern eingerichtete Zimmer und Suiten, die um einen Pool inmitten eines üppigen Gartens angeordnet sind. Die Zimmer sind erst kürzlich aufgewertet worden. Der Preis hier stimmt, nicht zuletzt, weil es nur zwei Fußminuten zum Parkeingang sind.

Hotel La Posada BUNGALOWS $$$

(☎ 2777-1446; www.laposadajungle.com; Bungalow inkl. Frühstück 110–135 US$, Apt. 185–235 US$; P ❄ ☎ ≋) Diese abgeschiedenen Bungalows und Apartments (für vier bis sechs Gäste) sind allesamt ausgestattet mit Kitchenette, TV mit DVD-Player, Safe und Terrasse. Sie liegen idyllisch an einem kleinen Swimmingpool. Der größte Vorzug hier ist jedoch die Lage direkt am Park. Gäste können so schon aus ihrer Unterkunft Totenkopfäffchen und andere Bewohner des Parks auf den Bäumen und Dächern sehen.

Cabinas & Hotel Playa Espadilla HOTEL $$$

(☎ Cabinas 2777-2113, Hotel 2777-0903; www.espadilla.com; Cabina/Zi. ab 127/200 US$; P ❄ ☎ ≋) Zwei schön gelegene Quartiere in einem: Zu diesem Hotel gehören ein kleiner Swimmingpool und einige Tennisplätze; die erschwinglicheren *cabinas* liegen auf der anderen Straßenseite – einen Tick näher am Strand. Für die ziemlich hohen Preise sind die Quartiere allerdings relativ nichtssagend – und heißes Wasser sollte dafür eigentlich durchgängig zur Verfügung stehen. Aber die Gäste kommen hier in den Genuss eines wirklich sehr angenehmen Zugangs zum Nationalpark und zum Strand.

An- & Weiterreise

AUTO & MOTORRAD

Wer die kurvenreiche etwa 7 km lange Straße zwischen Quepos und Manuel Antonio an einem anderen Tag als Montag benutzt, muss mit ewig langen Staus und exorbitanten Parkgebühren rechnen.

BUS

Die Bushaltestelle in Manuel Antonio liegt am Ende der ins Dorf führenden Straße, die am Strand entlang verläuft. Busse fahren zwischen 4 Uhr morgens und 17 Uhr direkt vom Strand von Manuel Antonio nach San José (9 US$, 3½ Std.). Reisende sollten die Fahrscheine am besten schon im Voraus am Busbahnhof in Quepos (S. 427) kaufen.

Busse zu anderen Zielen als San José fahren vom Busbahnhof in Quepos ab.

Lokale Buslinien (0,55 US$, 20 Min., alle 30 Min.) und Sammeltaxis verbinden Manuel Antonio mit Quepos.

Parque Nacional Manuel Antonio

Palmen, die sich im Wind wiegen, verspielte Affen, das schimmernde blaue Meer und Unmengen Tropenvögel – der **Parque Nacional Manuel Antonio** (☎ 2777-8551; Parkeintritt 16 US$; ⏲ Di–So 7–15.30 Uhr) ist der kleinste, allerdings bliebteste Nationalpark des Landes. Das Areal wurde im Jahr 1972 unter Naturschutz gestellt und konnte auf diese Weise vor den Planierraupen bewahrt werden, die Platz für Bauprojekte an der Küste schaffen sollten. Der Nationalpark ist jedenfalls wirklich herrlich. Über die weißen Sandstrände und felsigen Landspitzen schlängelt sich ein System gut markierter Wege mit dem Regenwald im Hintergrund; Wildtiere, beispielsweise Leguane, Faultiere und Affen, gibt es hier zuhauf, und der Blick über die Bucht zu den unberührten Inseln hinüber ist ganz einfach sagenhaft.

Der Nachteil? Die Menschenmassen. Die Besucher drängen sich in einem Areal von etwa 6,8 km² Fläche, der Rest des Nationalparks bleibt patrouillierenden Rangern vorbehalten, die gegen Wilderer vorgehen. Richtig voll wird es, wenn am Vormittag die Ausflugsbusse anrollen. Man sollte deshalb versuchen, schon ziemlich frühzeitig einzutreffen (7 Uhr) und sich dann in die entlegensten Ecken des Parks zu begeben, wo es ruhig ist und die Chancen, Wildtiere zu sehen, am besten stehen.

Sehenswertes

Es gibt fünf wunderschöne Strände – drei im Nationalpark und zwei unmittelbar vor dem Parkeingang. Diese Strände werden oft durchnummeriert – die meisten bezeichnen die Playa Espadilla (außerhalb des Parks) als „ersten Strand“, die Playa Espadilla Sur als „zweiten Strand“, die Playa Manuel Antonio als „dritten Strand“, die Playa Puerto Escondido als „vierten Strand“ und die Playa Playitas (befindet sich außerhalb des Parks) als „fünften Strand“. Manche aber beginnen mit der Durchnummerierung mit der Playa Espadilla Sur als ersten Strand im Park. Bisweilen ist es deshalb etwas verwirrend herauszufinden, von welchem Strand überhaupt die Rede ist. Aber wie dem auch sei, ursprünglich sind sie alle, und Gelegenheiten, ein Sonnenbad zu nehmen, bieten sie auch. Wer schwimmen möchte, sollte sich am besten bei den Rangern erkundigen, welche Strände aktuell als sicher gelten.

Rangers haben die Playa Puerto Escondido 2017 auf unbestimmte Zeit für Besucher geschlossen, man kann sie aber immerhin von einem Aussichtspunkt aus sehen.

★ Punta Catedral — LANDENGE

Ein geografisches Kuriosum: Die Landenge, die das Kernstück des Parks ausbildet, wird als *tombolo* bezeichnet und wurde durch eine Anhäufung von Sand zwischen dem Festland und der Halbinsel dahinter geformt, die früher eine Insel war. An ihrem Ende verbreitert sich die Landenge zu einer felsigen Halbinsel mit dichtem Wald in der Mitte, um die der Sendero Punta Catedral herumführt. Es bieten sich immer wieder herrliche Ausblicke auf den Pazifik und verschiedene felsige Eilande, die Brutplätze von Brauntölpeln und Pelikanen sind.

★ Playa Espadilla Sur — STRAND

Die etwas ungeschützte Playa Espadilla Sur liegt nördlich von der Punta Catedral. Das Schwimmen ist hier nicht ganz ungefährlich. Der Strand liegt zu Fuß etwa 30 Minuten vom Parkeingang entfernt.

Playa Manuel Antonio — STRAND

Dieser schöne Strand mit türkisfarbenem Wasser liegt an einer tiefen Bucht, die im Westen von der Punta Catedral und im Osten von einer Landzunge geschützt wird. Für Schwimmer ist dies der beste Strand, er ist aber auch der am meisten frequentierte. Also möglichst früh hierher kommen.

Playa Espadilla — STRAND

Dieser breite Streifen weißen Sandes liegt direkt außerhalb des Parkeingangs vor dem Dorf Manuel Antonio.

Turtle Trap — ARCHÄOLOGISCHE STÄTTE

Am Westende der Playa Manuel Antonio ist bei Ebbe ein Halbkreis aus Felsen zu erkennen. Die Archäologen gehen davon aus, dass dieses Monument in präkolumbischer Zeit erbaut wurde, um so Meerschildkröten zu fangen.

Playa Puerto Escondido — STRAND

Reisende können von einem Aussichtspunkt einen Blick auf diesen tollen hufeisenförmigen Strand werfen. Der Zugang über den Sendero Puerto Escondido ist jedoch 2017 auf unbestimmte Zeit geschlossen worden.

Aktivitäten

Die durchschnittliche Tagestemperatur liegt bei 27 °C, der jährliche Niederschlag im Durchschnitt bei 3875 mm. Die Trockenzeit ist jedoch nicht komplett trocken, sondern zeigt sich eher weniger nass. Man sollte sich also für Regen rüsten (wobei es aber auch mal tagelang niederschlagsfrei sein kann). Für seine geplanten Aktivitäten sollte man immer viel Trinkwasser, Sonnencreme mit hohem Lichtschutzfaktor und ein gutes Insektenschutzmittel einpacken.

ZUM THEMA AFFEN

Am Strand stehen zahlreiche Stände, die sich um das Wohl hungriger Touristen kümmern, wobei alles total überteuert und von zweifelhafter Qualität ist. Hinzu kommt nun leider, dass die Essensreste sich negativ auf die hier lebende Affenpopulation ausgewirkt haben. Bevor man einem Affen seine Essensreste anbietet, sollte man bedenken, dass das Tier dadurch folgenden Gesundheitsrisiken ausgesetzt wird:

- Affen sind anfällig für Bakterien, die durch Menschenhand übertragen werden.
- Vorschriftswidriges Füttern führt zu aggressivem Verhalten und schafft eine gefährliche Abhängigkeit (Leute, die in Manuel Antonio picknicken, werden von Affenhorden oftmals in Angst und Schrecken versetzt).
- Bananen sind nicht das bevorzugte Futter dieser Tiere und können ernste Verdauungsprobleme auslösen.
- Der verstärkte Kontakt mit dem Menschen erleichtert die illegale Wilderei und mittlerweile auch Angriffe durch Hunde.
- Eigentlich sollte es eine Selbstverständlichkeit sein: Die Affen dürfen nicht gefüttert werden! Und wenn man jemanden sieht, der es trotzdem tut, sollte man die Initiative ergreifen und diese Person in aller Höflichkeit bitten, damit aufzuhören.

Wandern

★ Sendero Punta Catedral WANDERN

Dieser etwa 1,4 km lange Rundweg verläuft über die gesamte Punta Catedral. Er führt durch dichte Vegetation und bietet fabelhafte Blicke auf den Pazifik und die vor der Küste liegenden Inseln. Der nur 200 m lange Sendero La Tampa kreuzt den Weg.

Sendero El Mirador WANDERN

Dieser etwa 1,3 km lange Weg führt von der Ostseite der Playa Manuel Antonio ins Binnenland und in den Wald zu einem Aussichtspunkt auf einer Landzunge mit Blick auf Puerto Escondido und die weiter unten gelegene Punta Serrucho – ein tolles Panorama. Die Ranger achten darauf, dass sich nie mehr als 45 Wanderer gleichzeitig auf diesem Weg befinden.

Sendero El Perezoso WANDERN

Der Hauptweg (ca. 1,3 km), der den Parkeingang mit den anderen Trails verbindet, ist asphaltiert und auch mit dem Rollstuhl zu bewerkstelligen. Ein neuer Trail wurde im Jahr 2015 angelegt, ein Holzsteg, der parallel zur Straße verläuft und nun eine beschaulichere Alternative zu den Menschenmassen auf dem Hauptabschnitt darstellt. Hier sind zahlreiche Reisegruppen unterwegs, die durch das Fernglas ihrer Guides Vögel und Faultiere erspähen wollen.

Wer ein bisschen mithört, was die vielen Guides ihren Gruppen auf dem Trail so erzählen, bekommt eine kostenlose inoffizielle Unterrichtsstunde über die reiche Tierwelt, die hier lebt, beispielsweise die zahlreichen Vogelarten, Faultiere und Affen.

Sendero Principal WANDERN

Der Sendero Principal ist mit 2,2 km die längste Wanderroute und führt an der Playa Espadilla Sur in Manuel Antonio vorüber.

Sendero La Catarata WANDERN

Dieser rund 900 m lange Weg zweigt vom Sendero El Perezoso ab und führt zu einem hübschen kleinen Wasserfall.

Tierbeobachtung

Auch wenn die Besucher über die Hauptzugangsstraße geschleust werden, besteht in der Regel kein Problem, die Tiere in diesem Bereich zu sehen – die ersten bereits, wenn man noch am Tor Schlange steht. Weißschulterkapuziner sind an den Menschen gewöhnt: In der Regel fressen und tollen die Affenhorden nur ein kleines Stück von den Besuchern entfernt herum. Sie befinden sich, beinahe schon halbzahm, überall entlang der Hauptzugangsstraße und auch rund um die Playa Manuel Antonio. Die Kapuziner sind allerdings erfolgreiche Handtaschen- und Taschendiebe, man sollte also gut auf seine Sachen aufpassen.

Bald nach Sonnenaufgang lassen sich aller Wahrscheinlichkeit nach die Brüllaffen hören, die sich – wie die Kapuzineräffchen – praktisch überall im Park und auch an der Straße nach Quepos bewegen. Es macht

1

LMSPENCER/SHUTTERSTOCK ©

2

1. Jacó (S. 409)
Die Party-Stadt ist bekannt für ihre ganzjährig verlässliche Brandung.

2. Karibikkarakara
Diesen Greifvogel bekommt man in den Nationalparks überall im Land zu Gesicht.

3. Parque Nacional Manuel Antonio (S. 435)
Hier kann man durch das Hinterland wandern und Tiere beobachten.

4. Playa Hermosa (S. 416)
Ein Dorf am Strand mit mächtigen Wellen.

4

LUCAS GILMAN/GETTY IMAGES ©

WARUM IST ES IM PARK SO VOLL?

Bis zum Jahr 2017 war die tägliche Besucherzahl im Parque Nacional Manuel Antonio auf 800 Personen begrenzt. Seitdem dürfen sich jedoch zeitgleich bis zu 800 Besucher im Park aufhalten. Daher gibt es am Eingang häufig eine Schlange, aus der immer so viele Menschen in den Park dürfen, wie gerade herauskommen. Die Wartezeit kann erfahrungsgemäß bis zu 30 Minuten betragen. Insgesamt kommen auf diese Weise heutzutage bis zu 2000 Besucher in den Park.

Die erhöhte Touristenzahl fordert ihren Preis. Die Tiere im Nationapark werden heute durch die Menschenmassen häufig vertrieben oder – noch schlimmer – daran gewöhnt, dass sie gefüttert werden. Die neue Politik stößt bei Umweltverbänden natürlich auf heftige Kritik. Allerdings gibt es auch einen ganz bestimmten Grund für diese Praxis: In Costa Rica werden die Einnahmen aller Nationalparks in einen zentralen Fonds geleitet, der dann gleichmäßig auf alle Nationalparks, von denen viele aufgrund ihrer abgelegenen Lage nur wenige Besucher zählen, aber ein vielfältiges Tierleben haben, aufgeteilt wird. Ohne die hohen Einnahmen aus Parks wie dem Parque Nacional Manuel Antonio wäre die Finanzierung von Rangern zum Schutz der abgelegeneren und weniger frequentierten Parks vor Wildereren, Bergbau und Holzschlag nicht sichergestellt.

Die Schließung eines der besonders populären Parks, des Parque Nacional Volcán Poás, hat die Situation noch verschärft. Dieser Park wurde durch eine Reihe von Vulkanausbrüchen im April 2017 schwer beschädigt, seitdem gibt es zudem immer wieder Gaseruptionen und Rauchwolken. Der Park ist deshalb auf unbestimmte Zeit geschlossen und so fehlen dem Nationalparksystem wichtige Einnahmen.

großen Spaß, sie zu beobachten, wenn sie über die von den hiesigen Umweltgruppen errichteten Affenbrücken klettern.

Man kann Nasenbären über die verschiedenen Pfade flitzen sehen; wenn jemand am Strand etwas isst, werden sie manchmal aggressiv. Drei- und Zweifinger-Faultiere sind im Park ebenfalls häufig anzutreffen. Die Guides geben sich die größte Mühe, dass die Besucher sie auch wirklich zu sehen bekommen, denn die Tiere bewegen sich ja nun mal bekannlich nicht gerade viel.

Wohin es die „Stars" des Nationalparks gerade so treibt, lässt sich hingegen nur schwer vorhersagen. Die Rede ist von den netten Mittelamerikanischen Totenkopfaffen, den seltensten Primaten Zentralamerikas. Sie lassen sich generell etwas weniger als die Kapuzineräffchen blicken, können aber gelegentlich früh am Morgen am Parkeingang beobachtet werden. Wenn der Park öffnet, haben sie sich schon längst in den Wald davongemacht. Mit etwas Glück bekommt man jedoch beim Morgenspaziergang eine Horde zu sehen, und oft tauchen sie am frühen Abend noch einmal in den Bäumen am Strand oder am Dorfrand von Manuel Antonio auf. Im Meer sollte man nach Schlankdelfinen *(Stenella attenuata)* und den Indopazifischen Großen Tümmlern Ausschau halten, aber auch Buckelwale kommen auf ihren gewohnten Wanderrouten hier vorbei. Orcas (Schwertwale), Kleine Schwertwale und Rauzahndelfine lassen sich manchmal ebenfalls blicken.

Große Echsen gehören im Nationalpark Manuel Antonio mit zum Bild – die grauen Schwarzleguane, die an Dinosaurier erinnern, lassen sich kaum übersehen, Grüne Leguane aalen sich in der Sonne an der Playa Manuel Antonio und im Gebüsch hinter der Playa Espadilla Sur. Wer einen gut getarnten Helmbasilisken in Augenschein nehmen möchte, sollte die Ohren spitzen: Wenn es am Rand der Pfade im Laub raschelt, vor allem in der Nähe einer Lagune, ist vielleicht einer im Anmarsch.

Für Vogelkundler und Vogelliebhaber ist der Nationalpark Manuel Antonio nicht unbedingt die allerbeste Adresse in Costa Rica, nichtsdestotrotz gibt es hier aber eine Fülle an Vogelarten. Sehen lassen sich in der Regel Bischofs- und Palmentangare, Dohlengrackeln, Zuckervögel, Blaukopfpitpits und mindestens 15 Kolibriarten.

An endemischen Arten hat die Region beispielsweise den Feuerschnabelarassari zu bieten, außerdem Kapuzenameisenwürger, Bairdtrogone, Herbstpfeifgänse, Krabbenreiher, Braune Pelikane, wunderschöne Fregattvögel, Brauntölpel, Drosseluferläufer, Grünreiher und Rotbrustfischer.

Geführte Touren

Die Dienste eines Naturführers für eine zweistündige Tour kosten pro Person 15 bis 20 US$ (ab 2 Pers.). In der Vergangenheit waren die einzigen Guides, die im Park zugelassen waren, Mitglieder von Aguila, einer Vereinigung, die der Parkverwaltung untersteht, sowie anerkannte Führer von Tourenveranstaltern oder Hotels. Heute sind die Burschen im Aguila-Shirt eher Schlepper, und es treiben sich am Parkeingang (vermeintliche) Führer ohne eine offizielle Lizenz herum, die den Touristen Geld für das Privileg abknöpfen, einen Blick durch ihr Fernglas werfen zu dürfen.

Um sicherzustellen, dass man jemanden vor sich hat, der auch wirklich in der Lage ist, Tiere und Vögel zu erspähen und ihre Rolle im Ökosystem des Parks zu erklären, sollte man sich an Guides wie **Lenny Montenegro** (☎ 8875-0437) wenden oder sich die Lizenz des costa-ricanischen Tourismusverbands (ICT, Instituto Costarricense de Turismo) zeigen lassen; dann ist garantiert, dass der Guide auch etwas auf dem Kasten hat.

Es muss an dieser Stelle betont werden, dass die Chancen, Wildtiere zu sichten, mit einem guten Guide wirklich enorm steigen. Man bekommt so Vögel und andere Tiere zu sehen, die einem selbst aller Wahrscheinlichkeit nach nie aufgefallen wären.

Praktische Informationen

Das **Ticketbüro** des Parks (☎ 2777-6208; www.coopealianza.fi.cr; Eintritt 16 US$; ⏲ 7–15.30 Uhr) befindet sich im Dorf Manuel Antonio ein paar hundert Meter vor dem Parkeingang. Die Rangerstation liegt direkt vor der Playa Manuel Antonio.

GEFAHREN & ÄRGERNISSE

Vorsicht ist geboten bei dem Manzanillo-Baum *(Hippomane mancinella)*. Er besitzt giftige Früchte, die aussehen wie Holzäpfel. Der Saft, den die Rinde absondert, ist toxisch und führt dazu, dass die Haut stark juckt und brennt. Am Parkeingang stehen neben Vertretern dieser Gattung nicht zu übersehende Warnschilder, die man unbedingt beachten sollte.

An- & Weiterreise

AUTO

Die Straße nach Manuel Antonio ist sehr schmal und stark befahren. Es ist deshalb besser, das Auto beim Hotel stehen zu lassen und einen frühen Bus zum Park zu nehmen.

BUS

Eingang und Ausgang des Parque Nacional Manuel Antonio liegen im Dorf Manuel Antonio. Dieses ist durch häufig verkehrende Busse (20 Min., alle 30 Min.) täglich mit Quepos verbunden. Es gibt außerdem direkte Busverbindungen nach

ABSTECHER

RAFIKI SAFARI LODGE

In erstklassiger Lage am Río Savegre haben die Besitzer der **Rafiki Safari Lodge** (☎ 8368-9944, 8419-6832; www.rafikisafari.com; Zi. inkl. Vollpension ab 336 US$; P @ ≋) den Komfort eines Hotels mit den Attraktionen einer Dschungelsafari gekonnt kombiniert. Die Gäste wohnen hier in zehn Luxuszelten, die mit Betten, Badezimmern, heißem Wasser, eigener Veranda und hydroelektrischem Strom ausgestattet sind. Hinzu kommen ein von einer Quelle gespeister Swimmingpool mit Wasserrutsche sowie die Möglichkeit, die Gegend auf dem Pferderücken zu erkunden, Vögel zu beobachten, zu wandern oder Wildwasser-Rafting auszuprobieren.

Alle Zelte sind so eingezäunt, dass die Gäste den Regenwald sehen und hören können, ohne sich ihre Betten mit irgendwelchen Kriechtieren teilen zu müssen.

Die aus der Expat-Szene stammenden Besitzer sind außerdem Meister des *braai* (südafrikanisch für Grillen). Auch aus diesem Grund schmeckt das Essen in dem Restaurant im *Rancho*-Stil ausgezeichnet. Jedenfalls bietet sich die Lodge für einen tollen dreitägigen Aufenthalt an – für nur eine Übernachtung ist die Lodge zu abgelegen und die Anfahrt zu aufwendig; aber nach drei Tagen haben die Gäste dann in der Regel alle angebotenen Aktivitäten ausprobiert.

Die Zufahrt zur Anlage liegt etwa 15 km südlich von Quepos am Highway 34, die Abzweigung ist direkt südlich von einer Brücke. Von hier aus führt eine nur für Allradfahrzeuge geeignete Piste parallel am Río Savegre entlang, 16 km ins Binnenland und vorüber an den Ortschaften Silencio und Santo Domingo zur Lodge. Wer kein eigenes Auto hat, kann den Transfer bei der Buchung auch der Lodge überlassen.

San José (9 US$, 3½ Std.), und zwar neunmal am Tag zwischen 4 Uhr morgens und 17 Uhr. Einige halten in Quepos, andere nicht.

VON QUEPOS NACH UVITA

Südlich von Quepos ist allmählich Schluss mit den ausgetretenen Touristenpfaden an der Zentralen Pazifikküste; die Besucher fühlen sich ins Costa Rica vergangener Zeiten zurückversetzt – ein paar Bretterbuden mit Utensilien für Surfer, menschenleere Strände, *Ceviche*-Stände am Straßenrand –, und mehr Platz ist auch noch vorhanden. Abenteuerlustige können hier unter vielen einsamen Stränden und Surf-Locations wählen. Dass in dieser Region auch ein Großteil der Palmölindustrie Costa Ricas beheimatet ist, fällt sofort auf, denn an der Costanera ziehen sich über Dutzende von Kilometern endlose Plantagen entlang.

Der unter dem Namen Costa Ballena bekannte, wunderschöne Küstenabschnitt zwischen Dominical und Ojochal konzentriert sich auf drei Dinge: Surfen (Dominical), Walbeobachtung (Uvita) und Gourmetküche (Ojochal). Momentan hat sich diese Gegend weitgehend ihr unkompliziertes, unverbrauchtes Flair bewahren können trotz der steigenden Anzahl von Besuchern, die den Reiz dieser schönen Gegend entdecken.

Matapalo

Matapalo, an der Schnellstraße von Quepos nach Dominical gelegen, liegt nicht unbedingt auf dem Radarschirm der meisten Reisenden, wofür es eigentlich keinen triftigen Grund gibt, denn der weitläufige, von Palmen gesäumte graue Sandstrand kann mit einer echt tollen Brandung aufwarten. Durch die beiden Flussmündungen entstehen Breaks, die vertrackte Wellen hervorbringen. Matapalo empfiehlt sich somit für mittelstarke bis fortgeschrittene Surfer, die mit sich rasch verändernden Bedingungen gut umgehen können; im Allgemeinen hat jemand von der hiesigen Wasserwacht hier Dienst. Wegen der unerwarteten, häufig tückischen Rückströmungen, die hier berüchtigt sind, ist der Strand von Matapalo nicht gerade empfehlenswert, um zum Schwimmen zu gehen. Aber es macht viel Spaß, in der Sonne zu liegen und die Surfer in Action zu beobachten.

Schlafen

Die Unterkünfte sind am Strand entlang verteilt, ein paar liegen auch an der Verbindungsstraße zwischen Dorf und Strand.

★ Charlie's Jungle House PENSION $$
(☎ 2787-5005, 8544-3144; www.charliesjunglehouse.com; Stellplatz pro Pers. 10 US$, Zi. 60–125 US$; P ❄ 📶 🐾) Diese Pension liegt in der der Mitte zwischen dem Dorf und Strand und besitzt acht geräumige und farbenfrohe Zimmer, deren Dekoration sich am Dschungel orientiert. Die größten haben Kitchenettes. Camper können sich über gute sanitäre Anlagen und einen schattigen Gemeinschaftsbereich zum Entspannen freuen. Das zum Haus gehörende Jungle Cafe serviert gesunde Mahlzeiten. Der Besitzer Charlie weiß praktisch alles über Matapalo und arrangiert bei Bedarf Wanderungen zu Wasserfällen, Ausritte und Surfkurse.

Dreamy Contentment BUNGALOW $$
(☎ 2787-5223; www.dreamycontentment.com; Bungalow/Villa ab 105/452 US$; P ❄ 📶) Die am Strand gelegene Anlage präsentiert sich im spanischen Kolonialstil mit beeindruckenden Schnitzarbeiten und mit hoch in den Himmel aufragenden Bäumen. Den Gästen stehen verschiedene Bungalows zur Verfügung, die jeweils mit einer funktionalen Kochnische ausgestattet sind; die günstigsten eignen sich für Paare, die mit dem Rucksack unterwegs sind. Die eigentliche Attraktion ist jedoch die Villa, zu der eine Traumküche, eine Veranda am Strand und ein feudales Bad mit Whirlpool gehören.

Guava Lodge LODGE $$
(☎ 2787-5176; www.guavalodge.com; Zi. ab 85 US$; 📶) Eine neuere Ansammlung aus fünf ordentlichen, hölzernen *cabinas* in der Stadtmitte. Angeschlossen ist ein wirklich exzellentes Restaurant (das jedoch nur in der Hauptsaison geöffnet hat). Nur Barzahlung.

Rafiki Beach Camp CABINA $$$
(☎ 2787-5014; www.rafikibeach.com; Zelt inkl. Frühstück 135 US$; ❄ 📶 🏊) Fast am Ende der Strandstraße befinden sich diese netten, entspannten Luxuszelte im Safaristil, die in Strandnähe liegen – alle haben Strom, ein gefliestes Bad mit heißer Dusche und Meerblick. Es verlockt ein von Palmen und anderen exotischen Pflanzen umgebener Swimmingpool mit Ausblick auf den Ozean; direkt neben einem *rancho* hat die Gemeinschaftsküche ihren Platz. Zahlreiche Gäste

logieren hier in Kombination mit einem Rafiki-Safari-Lodge-Pauschalpaket; sie kommen von dort mit dem Kajak nach Matapalo heruntergefahren.

Essen

Die meisten Unterkünfte bieten Verpflegung an. Darüber hinaus gibt es das exzellente Restaurant **Langosta Feliz** (☎2777-5214; Hauptgerichte 7–25 US$; ⊙11–21.30 Uhr), das sich am Zugang zum Matapalo auf der anderen Straßenseite findet.

An- & Weiterreise

Die Busse zwischen Quepos und Dominical setzen ihre Passagiere bei Bedarf an der Abzweigung zum Dorf ab. Von hier aus sind es jedoch durchaus noch ein paar Kilometer zu diesem wirklich abgelegenen Strand.

Es gibt jeden Tag ein paar Busse, die aus nördlicher Richtung das Dorf anfahren und dann weiter nach Dominical (1 US$, 20 Min.) oder Uvita (1,25 US$, 45 Min.) verkehren. Hinzu kommen Busse, die aus Süden nach Matapalo kommen und dann nach Quepos (2 US$, 1 Stde.) und San José (8,68 US$, 4 Std.) weiterfahren. Die Haltestelle liegt vor der *pulpería* (Gemischtwarenladen) des Dorfes, wo man auch Auskunft über die Fahrzeiten erhält.

Hacienda Barú National Wildlife Refuge

An der Pazifikküste findet sich etwa 3 km nordöstlich von Dominical an der Straße nach Quepos dieses **Tierreservat** (☎2787-0003; www.haciendabaru.com; 8 US$; ⊙7–19 Uhr). Es handelt sich um ein Element eines wichtigen biologischen Korridors mit dem Namen „Weg des Tapirs". Man geht heute davon aus, dass in diesem Gebiet früher eine große Population eines indigenen Volks gelebt haben muss. Das Reservat umfasst etwa 330 ha privates und staatliches Land, in dem seit 1976 die Jagd verboten ist. Zu den Lebensräumen im Reservat gehören makellose Strände, Flussufer, Mangrovendeltas, Feuchtgebiete, primäre und sekundäre Wälder, Baumplantagen und Weideland.

Diese Vielfalt plus die Schlüssellage am „Weg des Tapirs" sind für die große Anzahl an Spezies verantwortlich, die bislang auf der Hacienda Barú identifiziert worden ist. Hierzu zählen 351 Vogelarten, 69 Säugetiere, 94 Reptilien und Amphibien, 87 Schmetterlinge und 158 Baumarten. Der Ökotourismus ist die einzige Einnahmequelle des Reservats. Wer hier Geld ausgibt, leistet also einen nicht unbedeutenden Beitrag zur Erhaltung des tropischen Regenwaldes.

Geführte Touren

Das Angebot an geführten Touren ist sehr umfangreich. Reisende können z. B. auf zwei Arten Bekanntschaft mit den Baumkronen machen, nämlich indem sie entweder auf die Bäume klettern oder an einem Seilrutschen-Kurs mit dem schönen Namen „Flight of the Toucan" teilnehmen. Darüber hinaus bietet die Hacienda Barú Trips zur Vogelbeobachtung, Wanderungen und eine Tour in den Regenwald inklusive Übernachtung im Zelt an. Die Führer der Hacienda Barú kommen aus der Gegend und haben ihr gesamtes Leben in der Nachbarschaft des Regenwaldes verbracht. Wer nicht genug Zeit hat, um sich all die Sehenswürdigkeiten anzusehen, findet in dem Laden der Hacienda immerhin ein tolles Sortiment an Spezialliteratur für Vogelfreunde.

Schlafen

Hacienda Barú Lodge LODGE $$
(☎2787-0003; Zi. inkl. Frühstück 107 $; P 📶) Die Hacienda Barú Lodge besitzt sechs Hütten mit je zwei Schlafzimmern und Ventilatoren, die etwa 350 m vom Strand entfernt liegen. Die Unterkünfte sind einfach und ein wenig abgewohnt. Dafür haben Gäste der Lodge freien Eintritt in das Reservat.

An- & Weiterreise

AUTO

Autofahrer sollten beachten, dass die El-Ceibo-Tankstelle rund 50 m nördlich von der Hacienda Barú Lodge in beide Richtungen für längere Zeit die einzige ist.

BUS

Der Bus von Quepos über Dominical nach San Isidro de El General hält vor dem Eingang zur Hacienda. Der Bus von San Isidro de El General über Dominical nach Uvita setzt seine Passagiere an der Brücke über den Río Barú ab, etwa 2 km vom Büro der Hacienda entfernt.

TAXI

Ein Taxi von Dominical kostet etwa 7 US$.

Dominical

Dominical war lange Zeit eine geruhsame kleine Stadt, die eine bunte Schar aus Surfern, Rucksacktouristen und netten Müßig-

SURFEN IN DOMINICAL

Dominical verdankt seinen Ruhm den wahnwitzigen Point- und Beachbreaks, wobei sich die Surfbedingungen hier unterschiedlich gestalten. Surfen lernen kann man prima in den auslaufenden Beachbreaks; zu tief sollte man sich allerdings nicht hineinwagen, denn dort draußen kann man wirklich zerlegt werden, wenn man nicht weiß, was man tut. Absolute Anfänger sollten sich in den Ausläufern der Wellen halten oder zur nahen Playa Dominicalito weiterziehen, wo es etwas zahmer zugeht.

Sunset Surf (☎8917-3143; www.sunsetsurfdominical.com; Mavi Surf Hotel; All-inclusive-Paket pro Woche ab 1575 US$; ⏲8–16.30 Uhr) Der Manager dieses Anbieters, Dylan Park, ist mit dem Surfbrett in den Wellen von Hawaii und Costa Rica aufgewachsen. Sunset hat unterschiedliche Pakete im Angebot (darunter eines nur für Frauen wie auch Tageskurse). Ein Lehrer kommt hier auf nur drei Schüler, und Park selbst ist ein ausgezeichneter Surflehrer. Biologisch erzeugter organischer Sonnenschutz wird gestellt, 1% der Einnahmen gehen an „den Planeten". Sunset Surf befindet sich im Mavi Surf Hotel (S. 447).

Costa Rica Surf Camp (☎8812-3625, 2787-0393; www.crsurfschool.com; Hotel DiuWak; All-inclusive-Pakete pro Woche ab 1145 US$) Diese fantastische Surfschule lockt damit, dass sich ein Lehrer um nur zwei Schüler kümmert. Die Lehrer besitzen CPR, haben Trainings zur Sicherheit im Wasser absolviert und verfügen über jahrelange Erfahrung. Der sehr freundliche einheimische Besitzer Cesar Valverde hat hier ein sehr freundliches und warmherziges Programm geschaffen. Die Pakete in der Regenzeit starten bei 2067 US$ pro Person, es wird günstiger, wenn mehr Leute mitmachen.

gängern anzog. Hier schlenderten Reisende mit dem Surfbrett unter dem Arm durch die Straßen und verbrachten ihre Tage damit zu surfen und in Hängematten zu chillen.

Diese Zeiten sind noch nicht vollständig vorbei, aber 2015 wurde am Strand die erste richtige befestigte Straße des Ortes gebaut. Es folgten immer mehr Expats und Gringos, die wiederum (immerhin deutlich ökologisch orientierte) Unternehmen nach sich zogen. Heute ist die schiere Zahl an Autos, Fahrrädern und Fußgängern auf der Hauptstraße geradezu beunruhigend, besonders zur Zeit des Hippiefestivals Envision (S. 451) im benachbarten Uvita und in der Hauptsaison. In der Regenzeit ist es dann wieder so beschaulich wie davor.

Sehenswertes

★ Cataratas Nauyaca WASSERFALL
(☎2787-0541/2; www.cataratasnauyaca.com; Tour zu Pferd 70 US$, Tour mit dem Pick-Up 28 US$, Eintritt für Wanderer 8 US$; ⏲Mo–Sa 7–17, So 8–16 Uhr) Dieses Zentrum im Besitz einer Familie aus Costa Rica ist die Heimat der beeindruckendsten Wasserfälle an diesem Küstenabschnitt. Sie ziehen sich in Kaskaden durch ein Schutzgebiet aus primärem und sekundärem Wald. Die Familie veranstaltet Touren zu Pferd und mit dem Pick-Up zu den Wasserfällen (Reservierung erforderlich; Transfer aus Dominical ist möglich). Teilnehmer können dabei in den einladenden natürlich Pools schwimmen.

Eine Alternative besteht in einer ein- bis zweistündigen Wanderung zu den Wasserfällen, wenn man einigermaßen fit ist. Eine weitere Möglichkeit besteht darin, am Büro der Baru Waterfall Tours loszugehen, einem zweiten Eingang unmittelbar südlich von der Stadt Las Tumbas.

★ Alturas Wildlife Sanctuary NATURSCHUTZGEBIET
(☎2200-5440; www.alturaswildlifesanctuary.org; Erw./Kinder unter 12 Jahren 25/15 US$; ⏲Touren Di–So 9, 11, 13 & 15 Uhr) Ungefähr 1,5 km östlich und bergauf von Dominical gelegen, nimmt dieses Reservat verletzte und verwaiste Tiere und beschlagnahmte illegal gehaltenen Haustiere auf, um diejenigen, bei denen das wieder möglich ist, auszuwildern und die anderen zu versorgen.

Während der etwa 60- bis 90-minütigen Führung lernen die Teilnehmer die tierischen Bewohner kennen: ein Papagei mit nur einem Auge, Affen, die seit frühester Kindheit in Käfigen gehalten wurden, Bubba, den berühmten Nasenbären und noch viele andere. Unterhaltsam, erkenntnisreich und definitiv eine gute Sache.

Baru Waterfall Tours WASSERFALL
(☎8767-2090; Las Tumbas; 7 US$; ⏲7–16 Uhr) Eine zweite, ebenfalls empfehlenswerte

Option für die Besichtigung der Cataratas Nauyaca ist diese nur 25-minütige Wanderung (ausgehend vom anderen Eingang).

Parque Reptilandia ZOO

(☎8308-8855, 2787-0343; www.crreptiles.com; Erw./Kind 12/6 US$; ⌚9–16.30 Uhr; P 👪) Sieben Kilometer die Straße von Dominical nach San Isidro hinauf liegt dieser ein ganz klein wenig an Jurassic Park erinnernde Reptilienpark. Hier gibt es Krokodile, Schildkröten und Schlangen sowie Pfeilgiftfrösche zu sehen. Besonders beeindruckend ist die Vipern-Abteilung, in der Costa Ricas tödlichste Einwohner leben, etwa Lanzenottern, Grubenottern und Schwarzkopf-Buschmeister. Freitags werden die Schlangen gefüttert, und zwar mit lebenden Mäusen – was die lieben Kleinen vielleicht nicht so mögen werden. Auch der Komodowaran verdient einen Besuch.

Aktivitäten

★ **Airborne Arts** ZIRKUS

(☎8302-4241; www.airbornearts.com) Wer schon immer davon geträumt hat in Costa Rica mit dem Trapez fliegen zu lernen – mit Blick auf einen rund 100 m hohen Wasserfall –, kann dies bei den weltberühmten Akrobaten Jonathon Conant und Christine Van Loo tun. Die beiden haben in der entlegenen Stadt Las Tumbas ein wahres Zirkus-Paradies eingerichtet.

Es gibt Pauschalangebote mit Trapezkursen, Kursen für Bänder-Akrobatik und Partner-Akrobatik. Das im Restaurant zubereitete Gemüse stammt aus dem eigenen Garten des Paares. Hinzu kommen zahlreiche Möglichkeiten, in der Gegend zu Wasserfällen zu wandern.

Hawk Adventures PARAGLIDING

(☎8951-2710; www.paraglidedominical.com; pro Pers. 125 US$; ⌚8–18 Uhr) Ein empfehlenswerter Anbieter für Tandem-Paragliding in Dominical. Startpunkte gibt es am Strand oder in den Bergen.

Danyasa Yoga Arts School YOGA

(☎2787-0229; www.danyasa.com; Kurse inkl. Matte 16 US$; ⌚Laden 9.30–20 Uhr) Dieses nette Yogastudio in Dominical veranstaltet Kurse für alle Schwierigkeitsgrade, darunter exotische Yogatänze und geradezu ekstatisch anmutende Mondtänze.

Dominical Surf Adventures RAFTING, SURFEN

(☎2787-0431; www.dominicalsurfadventures.com; ⌚Mo–Sa 8–17, So 9–15 Uhr) In diesem Büro an der Hauptstraße können Reisende Wildwasser-Rafting-Trips, Kajakfahrten, Schnorchelausflüge, Tauchexkursionen und Surfkurse (ab 50 US$) buchen. Rafting beginnt bei

ÜBER NACHT AM WASSERFALL

In Costa Rica sind Wanderungen zu Wasserfällen nichts Besonderes mehr. Das Programm besteht meist aus Wandern, Schwimmen, Mittagessen, manchmal Abseilen, und ab nach Hause. Das Familienunternehmen **Pacific Journeys** (☎2266-1717; www.pacificjourneyscr.com; Las Tumbas; Tour pro Pers. ab 158 US$) in dem kleinen Ort Las Tumbas hat ein besseres, weil spektakuläres Angebot.

Die zweisprachigen, erfahrenen Führer von Pacific Journeys führen die Tourteilnehmer zunächst zur Spitze der rund 200 m hohen Diamante Falls, einer der höchsten, faszinierendsten und schönsten Wasserkaskaden in ganz Costa Rica. Um dorthin zu gelangen, müssen die Teilnehmer hunderte Treppenstufen im Privatreservat des Unternehmens durch üppigen Primärwald und vorbei an einem botanischen Garten gehen. Diese Wanderung mittleren Schwierigkeitsgrads dauert ungefähr drei Stunden.

Bei der Ankunft am Wasserfall packen die Teilnehmer der Gruppe erst einmal aus und jeder sucht sich in der Höhle hinter dem Wasserfall seine Schlafstelle für die Nacht. Von diesem Platz aus sind sogar drei große Wasserfälle zu sehen.

Der Weg wird von Kerzen und solarbetriebenen Leuchten beleuchtet. Die freundlichen Führer bereiten in der Open-Air-Küche leckere vegetarische Gerichte zu. Trotz des rustikalen Charakters des Ganzen gibt es Toiletten mit Wasserspülung, Picknickbänke und Schutz vor den Elementen. Was könnte man mehr wollen? Und Abseiling sowie Wanderungen zu nahe gelegenen Schwimmmöglickeiten halten den Adrenalinpegel so hoch, dass die kalten, vom Wasser des Wasserfalls gespeisten Duschen nicht weiter stören. Anschließend können die Teilnehmer sich ja mit einem Tee wärmen, den die Führer aus Kräutern, die aus dem botanischen Garten stammen, zubereiten.

90 US$ (für Trips für die Klasse II und III entsprechenden Guabo), möglich ist auch eine anspruchsvollere Fahrt (Klasse IV) auf den Stromschnellen des Río Coto Brus.

Pineapple Tours KAJAK FAHREN
(☎8362-7655, 8873-3283; www.pineapplekayaktours.com; Touren 20–75 US$) Die von einem freundlichen jungen Paar gemanagten Pineapple Tours veranstalten Trips mit Kajaks oder Stehpaddelbrettern zu lokalen Höhlen, Flüssen und Mangrovenwäldern. Das Büro befindet sich neben der Polizeistation von Dominical. Pineapple Tours verleiht auch Ausrüstung, Surfbretter, Kajaks, Strandstühle und Sonnenschirme.

Kurse

Adventure Education Center SPRACHEN
(☎8866-6042, 2787-0023; www.adventurespanishschool.com; ⏲Kurse 9–13.30 Uhr) Diese Sprachschule hat einwöchige Spanischkurse im Programm. Der Preis beträgt je nach Umfang 280 bis 325 US$ ohne Unterkunft.

Privatunterricht ist ebenfalls möglich, ebenso Preisnachlässe für länger dauernde Kurse. Es gibt unterschiedliche Möglichkeiten fürs Wohnen, von Aufenthalten bei Familien bis hin zu Hotels.

Schlafen

Der Großteil der günstigeren Unterkünfte dieser Gegend befindet sich in Dominical, während Häuser der Mittel- und der Spitzenklasse eher am Stadtrand liegen. In Dominical geht es meist eher entspannt zu. Die Stadt gerät jedoch außer Rand und Band, wenn an Feiertagen die Einheimischen an die Küste streben und während des Hippiefestivals Envision sowieso. Reisende mit ganz wenig Geld können am Strand zelten.

Cool Vibes Hostel HOSTEL $
(☎8353-6428; www.hosteldominical.com; B/Zi. ab 13/38 US$; P@📶🏊) Dieses zweistöckige Hostel am Südrand der Stadt verwöhnt seine Gäste mit einem entspannten Salon, einer Gemeinschaftsküche und einem schönen (manchmal aber nicht richtig funktionierenden) Swimmingpool. Die Zimmer mit Bodenfliesen sind sauber und haben solide Betten und Bambusmöbel. Nur Barzahlung, Aufpreis für Klimaanlage.

Tropical Sands Dominical Eco Inn HOTEL $
(☎2787-0200; www.tropicalsandsdominical.com; DZ mit/ohne Klimaanlage 70/50 US$; P❄📶) Ein hübsches, sicheres Hotel, das etwas versteckt inmitten von Bäumen am Südrand der Stadt liegt. Die Zimmer sind erst vor Kurzem renoviert worden, haben Bodenfliesen, Balkendecken und kleine Veranden mit Hängematten. Der Garten ist sehr schön, und die neuen Besitzer (die Spanisch, Französisch und Englisch sprechen) halten ihn liebevoll in Schuss. Das Hotel liegt außerdem schön nah am Strand.

Posada del Sol HOTEL $
(☎2787-0085; DZ ab 40 US$; P📶) In diesem reizenden, sicheren und sehr ordentlichen kleinen Hotel an der Hauptstraße, rund 30 m südlich von der Schule gibt es nur fünf Zimmer. Die Ausstattung ist ein wenig spartanisch: Hängematten, ein Waschbecken, um die salzigen Strandsachen auszuwaschen und eine Leine zum Trocknen. Alleinreisende sollten sich das kleine Zimmer nach hinten ansehen.

★ **Danyasa Yoga Retreat** PENSION $$
(☎2787-0229; www.danayasa.com; EZ/DZ/Suite 52/83/98 US$; ❄📶🏊) 🍃 Das Danyasa kann man sich so vorstellen: Acht aufgepeppte Frachtcontainer stehen mitten in der beschaulichen Vegetation; jeder wurde zu einem schnuckeligen Zimmer oder zu einer größeren Suite umgestaltet mit Bambus-Gemeinschaftsduschen im Freien (die Suiten verfügen über eine eigene Dusche) plus einer Gästeküche.

Außerdem kann man sich noch Wasserelemente in Form eines Buddhakopfes sowie Yoga- und Tanzunterricht vorstellen, die darauf abzielen, die Innere Göttin zu entfesseln und die Chakren in Einklang zu bringen. Damit ist nun alles klar.

Alma de Hatillo B&B $$
(☎8850-9034; www.cabinasalma.com; Zi. ab 85 US; P❄@🏊) Dieses freundliche B&B in dem Dorf Hatillo 6 km westlich von Dominical, unter Leitung der reizenden und extrem hilfsbereiten Expat Sabina, besteht aus makellosen Hütten unter Obstbäumen. Die Gäste werden verwöhnt mit einem tollen Frühstück aus selbst angebauten Zutaten. Allerdings beeinträchtig die Lage direkt an der Straße die Friedlichkeit der Yogakurse in dem Freiluft-Studio ein wenig.

Hotel y Restaurante Roca Verde HOTEL $$
(☎2787-0036; www.rocaverde.net; Zi. 125–145 US$; P❄@📶🏊) Das Hotel liegt rund 1 km südlich der Ortschaft. Mosaikfliesen, fröhliche Wandmalereien und Intarsien aus Stein schmücken die Gemeinschaftsberei-

che. Die zehn Zimmer mit Tropenthemen geben sich komfortabel; die Böden weisen Terrakottafliesen auf, die Wände sind mit hübschen Blumen- und Tiermotiven von Hand bemalt. Die eigentliche Action spielt sich in der feudalen Open-Air-Bar, am Swimmingpool und im dezenten Restaurant ab.

★ Mavi Surf Hotel BOUTIQUEHOTEL **$$$**
(☎ 2787-0429; www.mavi-surf.com; Zi. inkl. Frühstück 146 US$; P ⊖ ❄ ≋ ≋) Dieses nette lindgrüne Hotel am oberen Ende der Surferhotels wird von einer vierköpfigen Familie betrieben. Gäste erreichen den Strand in zwei Gehminuten, werden aber trotzdem nicht vom Lärm der Straßenbars an der Hauptstraße gestört. Jedes der geräumigen und klimatisierten Zimmer verfügt über Regale für die Surferausrüstung. Bambuswände sorgen auf der Terrasse für eine gewisse Privatsphäre. Ausgezeichnetes Frühstück.

Costa Paraíso BOUTIQUEHOTEL **$$$**
(☎ 2787-0025; www.costa-paraiso.com; DZ 158–169 US$; P ❄ ≋ ≋ 🐾) Das Costa Paraíso liegt wunderbar oberhalb einer felsigen Bucht an der Playa Dominicalito. Und diese gemütliche Zuflucht an Costa Ricas steilster Zufahrt macht ihrem Namen alle Ehre. Jedes der fünf Zimmer ist wunderschön in einem modernen Tropenstil mit Bodenfliesen, Holzbalken und Fenstern mit herrlichem Blick gestaltet. Das Hotelrestaurant ist dagegen ein wenig erratisch.

Alle Zimmer bis auf zwei verfügen über eine Kitchenette. Wer hier wohnen möchte, muss 2 km südlich von Dominical an der Meerseite Ausschau nach dem Hinweisschild halten – und dann ist es eine scharfe Kurve, die steil bergab führt.

Villas Alturas VILLA **$$$**
(☎ 2200-5440; www.villasalturas.com; 1-/2-Schlafzimmer-Villa inkl. Frühstück 172/249 US$; P ❄ ≋ ≋) Nur den Berg hinunter von dem namengebenden Tierreservat (S. 444) kann sich dieses luxuriöse Villen-Ensemble eines großartigen Pazifikpanoramas und eines dramatischen Zugangs über einen neu angelegten Fischteich rühmen. Für die gewünschte Entspannung sorgen eine Terrasse, ein Pool, eine Bar und ein Restaurant. Selbstversorger werden die vollständig ausgestatteten Küchen in den gepflegten und stilvollen Villen zu schätzen wissen.

Cascadas Farallas LODGE **$$$**
(☎ 8882-7687, in USA 888-986-0086; www.waterfallvillas.com; Suite/Villa ab 186/339 US$; P ❄ ≋) Dieses spirituell angehauchte Refugium, 6 km von Dominical an der Straße nach San Isidro, liegt neben mehreren Wasserfällen. Die Suiten im balinesischen Stil und die Villen sind von oben bis unten mit Kunst aus Asien geschmückt, alle haben einen Balkon mit Aussicht auf die Wasserfälle.

Zu den regelmäßig stattfindenden Yoga- und Meditationsstunden passt die ausschließlich vegane Küche. In dieser Ökolodge gibt es kein TV und kein WLAN.

✕ Essen

Die Restaurantszene in Dominical wendet sich vor allem an Touristen, sie ist vielfältig und von hohem Standard. Selbstversorger finden mit dem fabelhaften neuen Bioladen **Mama Toucan's** (⌚ 9.30–18.30 Uhr; ✎) ebenfalls gute Bedingungen vor.

★ Cafe Mono Congo CAFÉ **$**
(www.cafemonocongo.com; Hauptgerichte 4–9 US$; ⌚ 6.30–19 Uhr; ≋ ✎) Hier kann man auf einer Schaukel an der Bar oder einem der Tische am Fluss den wohl besten Espresso der Stadt bekommen. Dieses Lokal unter freiem Himmel serviert außerdem einfaches, schmackhaftes Frühstück wie *gallo pinto* und *huevos rancheros* sowie – oftmals vegetarisches – Mittagessen, bei dem Bioprodukte verwendet werden.

Das Mono Congo befindet sich an der Kreuzung der Hauptstraße mit der in den Ort hineinführenden Straße.

Café de Ensueños CAFÉ **$**
(Mahlzeiten 5–9 US$; ⌚ 7.30–20 Uhr) Dieses von einer netten einheimischen Familie betriebene Café liegt am Ende der südlichen Zubringerstraße. Koffeingetränke, frische Säfte und herzhaftes Frühstück werden hier auf einer überdachten Terrasse serviert, ein wunderbarer Ort für einen ruhigen Morgen. Sehr hungrig? Dann empfiehlt sich das üppige Special Breakfast oder der Pancake Tropical mit Ei, Speck und Früchten.

Del Mar Taco Shop TACOS **$**
(☎ 8428-9050; Tacos 4 US$; ⌚ 11.30–21 Uhr) Am Zugang zum Strand bereitet ein Expat in diesem entspannten Surferlokal die angeblich besten Tacos an der ganzen Pazifikküste zu. Besonders empfehlenswert sind die Fisch-Tacos. Ebenfalls sehr lecker sind die täglichen Grillspezialitäten und die großzügigen Burritos, die *guacamole* ist geradezu superb. Am Taco-Donnerstag (April–Nov.) kosten Tacos nur 2 US$.

El Pescado Loco MEERESFRÜCHTE $

(Hauptgerichte 8–9 US$; ⏲11.45–19.30 Uhr) Die Speisekarte in diesem winzigen Lokal ist klein. Aber viel bessere Fisch-Tacos mit Chipotlesoße und *guacamole* wird man nicht bekommen. Auch die Zwiebelringe und Fish & Chips sind nicht übel. Aber: Warum kein richtiges statt Einwegbesteck?

Soda Nanyoa SÜDAMERIKANISCH $

(☎2787-0013; Hauptgerichte 2–8 US$; ⏲6–24 Uhr; 📶) In einer Stadt, in der das Essen für die Touristen tendenziell überteuert ist, ist das Nanyoa eine willkommene Abwechlung: eine authentische, für Costa Rica typische *soda* mit guter Qualität und moderaten Preisen. Das große Frühstück mit *gallo pinto* und die frisch gepressten Säfte sind ideal nach einem Morgen in den Wellen. Es gibt auch Bier und Wein.

★**Phat Noodle** THAILÄNDISCH $$

(☎2787-0017; Hauptgerichte 10–15 US$; ⏲Di–So 11.30–21, Mo 17–21 Uhr; 🖉) Dieses relativ neue thailändische Restaurant serviert aus einem umgebauten Schulbus heraus dampfende Schalen voller Reis und Nudeln, dazu werden auch Margaritas gereicht. Die kunstvoll zubereiteten Gerichte reichen von Shrimps und Krebs-*rangoon* bis hin zu thailändischem Kokosnuss-*ceviche* mit grünem Curry. Das Angebot umfasst auch vegane und glutenfreie Speisen.

Charter SÜDAMERIKANISCH $$

(☎2787-0172; 1,5 km nördlich von Dominical; Hauptgerichte 6–18 US$) In diesem Restaurant werden exzellente *comida típica* (regionale Spezialitäten) serviert. Berühmt ist es jedoch für das ausgeschlachtete alte Allegro-Flugzeug, das neben dem Restaurant parkt und angeblich in eine Cocktailbar umgebaut werden soll. Die Steaks sind saftig, die Penne mit Wodkasoße fantastisch.

Dominical Sushi SUSHI $$

(☎8826-7946; www.dominicalsushi.com; Hauptgerichte 8–13 US$; ⏲So–Do 13–22, Fr 13–17, Sa 17–22 Uhr) In dieser am Strand gelegene Sushibar am Río Barú gibt es frischen Fisch, der täglich in Dominical anlandet. Besonders empfehlenswert sind das Thunfisch-*sashimi* mit *unagi* und die Regenbogenrollen. Zu trinken gibt es eine Auswahl aus japanischen Bieren und Sake.

Maracutú VEGETARISCH, INTERNATIONAL $$

(☎2787-0091; www.maracatucostarica.com; Mahlzeiten 10–18 US$; ⏲12–21 Uhr, längere Öffnungszeiten für die Bar) Dieses sanfte „natürliche Restaurant" ist ein wichtiges Element der gastronomischen Szene von Dominical. Es serviert vor allem vegetarische und vegane Gerichte aus aller Welt, von Falafel und Burritos über *pad thai* und Currys bis hin zu Fisch-Tacos und Wasabi-Thunfisch. Das Restaurant verarbeitet, wenn möglich, biologische Zutaten aus der Region.

Im Maracutú treten darüber hinaus Livebands und DJs auf. Am Mittwochabend ist immer Damenabend, das Lokal ist dann außergewöhnlich gut besucht.

Ausgehen & Nachtleben

★**Fuego Brew Co.** CRAFT-BIER

(☎8992-9559; www.fuegobrew.com; Craft-Bier 4–6 US$; ⏲11.30–20.30 Uhr) Dieses violett beleuchtete, schicke neue Etablissement in der Stadtmitte von Dominical ist die erste Hausbrauerei der Stadt und ideal, um z. B. Weizenbier mit Guanabananen-Aroma zu trinken. Das Thekenpersonal ist supernett, die Barsnacks sind wirklich lecker, vor allem der scharf angebratene Thunfisch. Oben befinden sich die glänzende Holztheke und das Restaurant, unten die Brauerei mit ihren sieben Kesseln und Probierraum.

Tortilla Flats BAR

(☎2787-0033; ⏲8–22 Uhr) Das am Strand gelegene Tortilla Flats ist der ideale Ort für Surfer, die nach einem Tag auf dem Wasser ein Bier zum Sonnenuntergang genießen wollen. Die entspannte Atmosphäre passt zum Publikum, das Surfvideos in Endlosschleifen sehen kann. Essen sollte man hier jedoch besser nicht bestellen, und der Service scheint alle Zeit der Welt zu haben ...

Orientierung

Die Costanera Sur führt am Ort vorbei. Die Zufahrt zum Dorf liegt direkt hinter der Brücke über den Río Barú. Eine unbefestigte Hauptstraße, an der die meisten Hotels und Restaurants liegen, führt durch das gesamte Dorf, am Strand führt eine befestigte Straße entlang. Etwa 100 m südlich der Kreuzung findet sich eine südliche Zubringerstraße mit Unterkünften und einem Café.

Praktische Informationen

Das Dominical Information Center (☎2787-0454; www.dominicalinformation.com; ⏲9.30–17 Uhr) an der Hauptstraße in der Nähe der Zufahrt nach Dominical hält nützliche Karten und Busfahrpläne der gesamten Region

BUSSE VON DOMINICAL

REISEZIEL	FAHRPREIS (US$)	FAHRZEIT	HÄUFIGKEIT (TÄGLICH)
Palmar	2	1½ Std.	4.45, 8, 11, 12.30, 16 Uhr
Quepos	5,75	1 Std.	5.30, 8.30, 11.30, 13, 17 Uhr
San José	10,25	4½ Std.	5.30, 13 Uhr
Uvita	1	20 Min.	4.45, 7.30, 10.30, 12.30, 16, 17.30 Uhr

bereit. Reisende können hier Busfahrkarten kaufen und Shuttles und Touren buchen.

Die nächste Bank befindet sich in Uvita.

GEFAHREN & ÄRGERNISSE

- Die Wellen, Gezeiten und Strömungen in Dominical sind sehr stark. Es sind schon Menschen ertrunken. Reisende sollten also auf rote Fahnen (zur Markierung gefährlicher Strömungen) achten, den Anweisungen auf den Schildern folgen und nur an überwachten Stränden schwimmen. Wenn man sich richtig verhält, ist es am Strand schön, aber auf der anderen Seite ertrinken hier jedes Jahr Menschen.
- Dominical zieht heutzutage eine wilde Partyszene an, was leider zu einem stetig wachsenden Drogenproblem führt.

An- & Weiterreise

BUS

Gray Line, Easy Ride und Monkey Ride fahren zu Zielen wie Jacó, San José, Monteverde, Tamarindo und Sierpe. Easy Ride betreibt darüber hinaus direkte Linien nach Granada in Nicaragua.

Die Busse halten an der Hauptstraße, die Richtung Dominical führt.

TAXI

Taxis nach Uvita kosten 10 bis 20 US$, während die Fahrt nach Quepos 60 US$ und die nach Manuel Antonio 70 US$ kosten. Die Taxis sind für bis zu fünf Personen geeignet und können in der Stadt oder an der Hauptstraße einfach herangewunken werden.

Escaleras

Escaleras besteht lediglich aus ein paar Häusern und Hotels an einer steilen, schmalen staubigen Straße, die von der Costanera abzweigt. Die Ortschaft ist für ihre tollen Ausblicke auf die Küste berühmt. Wer hierher kommen möchte, braucht allerdings einen Wagen mit Vierradantrieb, denn die Straße ist für ihren schlechten Zustand berühmt-berüchtigt.

Es erübrigt sich also zu erwähnen, dass die Einheimischen durchaus wussten, was sie taten, als sie den Ort *escaleras* (Treppenhaus) nannten. Von den malerischen Ausblicken einmal abgesehen, wagen sich eigentlich nur diejenigen auf diese Straße, die sich in Bergdörfern entspannen möchten. Mehr los ist in Dominical und Uvita, allerdings sind diese Ortschaften immerhin leichter zu erreichen.

Schlafen & Essen

An der rauen Straße, die den Hügel hinaufführt, gibt es ein paar isoliert stehende Villen und B&Bs. In den letzten Jahren haben allerdings schon einige geschlossen.

La Tierra Divina B&B $$
(☎8501-8644; www.latierradivina.com; Hütten 80–99 US$; P ❄) Dieses B&B besteht aus drei ungewöhnlichen runden Hütten mit Ventilatoren, konischen Dächern, eine davon mit Blick auf den Ozean und alle umgeben von Urwald. Die Besitzer Becky und Troy sind sehr hilfsbereit. Gelegentlich kommen Brüllaffen auf einen Besuch vorbei

Die Abzweigung liegt etwa 3 km südlich von Dominical: die erste Straße links durch Dominicalito, dann die erste rechts nach dem Fußballplatz und dann noch rund 3 km die unbefestigte Straße hinauf.

Pacific Edge CABINA $$
(☎2200-5428, 8935-7905; www.pacificedge.info; Cabina/Bungalow ab 70/100 US$; P ❄) Das Pacific Edge liegt an einer anderen Zufahrtsstraße, die 1,2 km südlich von der anderen Einfahrt nach Escaleras liegt. Die Besitzer sind ein erfahrenes Pärchen, das den Gästen gerne ihr kleines Paradies zeigt. Vier Hütten liegen hier oben auf einem Kamm rund 200 m oberhalb des Meeres, während die größeren, komplett ausgestatteten Bungalows für bis zu sechs Personen geeignet sind. Zufahrt nur mit Allradantrieb.

Wer sich für die indigene Kultur dieser Region interessiert, findet hier eine ausgezeichnete Sammlung an Boruca-Masken. Kinder unter 13 Jahren sind leider nicht zugelassen. Die Gäste müssen noch vor Einbruch der Dunkelheit eintreffen.

Bar Jolly Roger AMERIKANISCH $
(☎8706-8438; 10 Flügel 10 US$; ⏲12–22 Uhr) Reisende, die sich nach köstlichen Hähnchenflügeln sehnen, finden in der Bar Jolly Roger 24 Varianten. Hinzu kommen Burger, Pizza, kaltes Bier, gute Margaritas und andere Cocktails. Die Bar liegt an der südlichen Einfahrt nach Escaleras. Von Montag bis Freitag gibt es ab 17.30 Uhr Livemusik.

An- & Weiterreise

Der eine Zugang nach Escaleras liegt 4 km südlich der Abzweigung nach San Isidro de El General vor Dominical. Die zweite Zufahrtsstraße befindet sich 4,5 km hinter der ersten. Beide liegen an der rechten Seite und sind schlecht ausgeschildert.

Uvita

2000 EW.

Das reizende kleine Dorf, gerade einmal 17 km südlich von Dominical gelegen, besteht aus einigen staubigen Straßen, die von Farmen, Pensionen und winzigen Läden gesäumt werden, sowie einem Schwung Ladenzeilen an der Zufahrt zur Costanera Sur und vereinzelten Hotels, die in den vom Dschungel überwucherten Hügeln liegen. Hier nimmt das Leben seinen gemächlichen Gang. Die Hauptattraktion von Uvita ist der Parque Nacional Marino Ballena (S. 454). Dieses maritime Schutzgebiet ist bekannt geworden für seine wandernden Buckelwale und seine praktisch unberührten Strände. Hinzu kommen einige schöne Wasserfälle.

Uvita ist der Schauplatz zweier der wichtigsten touristischen Veranstaltungen im ganzen Land: dem immer beliebter werdenden Whale and Dolphin Festival, zur Feier der Ankunft der Buckelwale, und dem größten Hippietreffen von ganz Costa Rica, dem Envision Festival.

Sehenswertes

★Cascada Verde WASSERFALL
(2 US$; ⏲8–16 Uhr) Etwa 2,5 km ins Binnenland und bergauf (in Richtung des Hostel Cascada Verde) stürzt dieser Wasserfall in ein zu einer Erfrischung einladendes tiefes Becken. Und das Beste daran: Der Wasserfall fungiert auch als amüsante natürliche Wasserrutsche, auf der es am Ende gut 1,8 m in die Tiefe hinuntergeht. Auf einem Pfad gelangt man nach oben, dann legt man sich einfach hin, verschränkt die Arme und überlässt sich vetrauensvoll der Schwerkraft.

Farmers Market MARKT
(☎8680-9752; ⏲❄☀ 8–13 Uhr) Dieser nette kleine Bauernmarkt findet immer samstags in der Nähe der Hauptzufahrt nach Uvita an der unbefestigten Straße statt.

Hier treffen sich Einheimische, Expats und Touristen, um psychedelischen Schmuck, lokal angebautes Obst und Gemüse und hausgemachte Speisen zu kaufen.

Rancho La Merced National Wildlife Refuge NATURSCHUTZGEBIET
(☎2743-8032, 8861-5147; www.rancholamerced.com; Touren 35–50 US$, ohne Führung 6 US$; ⏲7.30–17.30 Uhr) Einige Kilometer vor Uvita, gegenüber der Abzweigung zur Reserva Biológica Oro Verde, erstreckt sich dieses 506 ha große staatliche Naturschutzgebiet (eine ehemalige Viehfarm) mit Primär- und Sekundärwald sowie Mangroven, die den Río Morete säumen. Die Besucher können hier an geführten naturkundlichen Wanderungen, Ausritten nach Punta Uvita oder bei der „Cowboy Experience" teilnehmen (inkl. Treiben Einfangen von Rindern und nicht zuletzt echten Cowboys).

Es besteht die Möglichkeit, im Farmhaus La Merced aus den 1940er-Jahren zu übernachten – bis zu zehn Personen können in den unterschiedlich großen Doppelzimmern (85 US$) logieren.

Reserva Biológica Oro Verde NATURSCHUTZGEBIET
(☎8843-8833) Ein paar Kilometer vor Uvita ist auf der linken Seite eine Abzweigung zu einer holprigen, unbefestigten Straße ausgeschildert (nur mit Allradantrieb), die 3,5 km bergauf zu diesem privaten Reservat auf dem Gelände der Farm der Familie Duarte führt, die schon seit mehr als 30 Jahren in dieser Gegend lebt.

Zwei Drittel des insgesamt 150 ha großen Geländes sind von Regenwald bewachsen. Es gibt in dem Reservat geführte Wanderungen (35 US$), gelegentlich nächtliche Touren (30 US$) und um 6 Uhr morgens beginnende Trips für Vogelfreunde (30 US$). Reservierung im Voraus kann man im Uvita Information Center (S. 454) buchen.

Aktivitäten

Walbeobachtung

Die Beobachtung von Walen ist in dieser Gegend eine der Hauptattraktionen. Buckelwale ziehen zweimal im Jahr (Dezember bis April und Juli bis November) durch die Gewässer am Parque Nacional Marino Ballena.

Bahía Aventuras ABENTEUERSPORT
(☎2743-8362, 8846-6576; www.bahiaaventuras.com) Dieser Veranstalter aus Uvita genießt einen guten Ruf. Sein Repertoire umfasst u. a. Schnorcheln, Walbeobachtung (90 US$) im Marino Ballena National Park, Schnorcheltrips zur Isla del Caño in der Bahía Drake (140 US$) und Wanderungen von der Costa Ballena bis zum Corcovado (145 US$).

Surfen

Die meisten Surfer sind in dieser Gegend nur auf der Durchreise zu extremeren Zielen weiter nördlich oder südlich. Es gibt an der **Playa Hermosa** (nicht zu verwechseln mit dem gleichnamigen Strand südlich von Jacó) im Norden und an der **Playa Colonia** im Süden gelegentlich gute Wellen. Für Anfänger ist diese Gegend gut zum Üben.

Tauchen

★ **Mad About Diving** TAUCHEN
(☎2743-8019; www.madaboutdivingcr.com) Diese freundliche, sichere und professionelle Tauchschule organisiert Tauchgänge im Parque Nacional Marino Ballena und ganztägige Exkursionen zur Isla del Caño in der Bahía Drake (170 US$). Tauchgänge mit zwei Flaschen werden ab 100 US$ angeboten.

Geführte Touren

★ **Rancho DiAndrew** OUTDOOR
(☎8475-1287; http://ranchodiandrew.com; Touren ab 65 US$) Dieser Anbieter hat sich auf Surfexkursionen und Wanderungen durch die Natur spezialisiert. Die populärste dieser Touren führt u. a. durch eine versteckte Schlucht, beinhaltet einen Sprung von Klippen und Grillen am Fluss.

Die zum Unternehmen gehörende *rancho* liegt in einem Dschungelbereich in der Nähe des Ortes San Josecito und bietet Hütten und Häuser (EZ/DZ ab 85/96 US$).

Uvita Adventure Tour KAJAK FAHREN, MOUNTAINBIKEN
(☎8918-5681, 2743-8008; www.uvitadventuretours.com; Mountainbiken/Kajaktour ab 45/75 US$) Dieses kleine Unternehmen unter Leitung des jungen und begeisterten Besitzers Victor bietet sehr empfehlenswerte Touren an, beispielsweise aufregende Abenteuer auf dem Mountainbike, Kajakfahrten durch die Mangroven und Schnorcheln im Naturschutzgebiet. Zuletzt dachte Victor über E-Bike-Touren nach.

Feste & Events

Envision Festival KUNST, MUSIK
(www.envisionfestival.com; ⌚Ende Febr.) Vier Tage des gesprochenen Worts, der Musik, mit Yoga, Kunstaufführungen, Dreadlocks und DJs Ende Februar in Uvita.

Die Teilnehmer wohnen zumeist in einem Camp in der Nähe von Urwald und Strand in Uvita, wo zu dieser Zeit tausende nackte Hippies zu sehen sind.

Whale and Dolphin Festival JAHRMARKT
(www.festivaldeballenasydelfines.com; 32 US$; ⌚Sept.–Okt.) Zehntausende Menschen kommen zu diesem zweiwöchigen Fest, mit dem die Ankunft der Buckelwale in Costa Rica, wo sie ihre Kälber zur Welt bringen werden, gefeiert wird. Die begeisterten Besucher fahren mit Booten zu diesen imposanten Meeressäugern und sehen sich das nahe gelegene maritime Schutzgebiet an, in dem bei Ebbe eine Sandbank in der Form einer Walfluke zum Vorschein kommt.

Natürlich gibt es auch kulturelle Veranstaltungen, Konzerte, Paraden, Aufführungen und auch Vorträge.

Schlafen

Die Hauptzufahrt nach Uvita führt östlich von der Schnellstraße ins Binnenland, wo sich dann eine Reihe von Unterkünften und Restaurants findet. Weitere Pensionen, *sodas* und Geschäfte liegen westlich von der Schnellstraße an der unbefestigten Straße, die um den Park herumführt. Die Spitzenhotels liegen weiter den Berg hinauf.

★ **Cascada Verde** HOSTEL $
(☎2743-8191, 8422-6504; www.cascadaverde.eu; B/EZ/DZ ab 11/22/34 US$; P @ ᯤ) Wer eine ruhige Zuflucht im Dschungel sucht, ist in diesem von einem jungen Expat-Pärchen betriebenen Hostel genau richtig. Es liegt etwa 2 km bergauf von Uvita und bietet atemberaubende Dschungelpanoramen von der Restaurantterrasse aus, außerdem eine große Gemeinschaftsküche, innen und außen viel Platz zum Entspannen, hübsch dekorierte Zimmer mit Trennwänden aus Bambus und einen nur wenige Gehminuten entfernten Wasserfall.

Wegen der offenen Architektur kann es hier manchmal etwas laut werden – zum Ausgleich ist jedoch auch die natürliche Sinfonie des Dschungels zu hören.

In den Zimmer kann man die Möbel so umgestellen, dass auch Kinder untergebracht werden können. Es sind auch kinderfreundliche Touren im Angebot.

Flutterby House HOSTEL **$**

(☎ 2743-8221, 8341-1730; www.flutterbyhouse.com; Zeltplatz 10 US$, B 14–18 US$, DZ 40–120 US$; P @) Kann man sich in ein Hostel verlieben? Am ehesten wohl in dieses zusammengewürftelte Ensemble aus bunten Baumhäusern und Schlafsälen. Die Betreiber sind zwei Expat-Schwestern, die Gäste kommen aus der barfüßigen Surferszene. Und die Bar ist der lokale Treffpunkt.

Das Flutterby House verleiht auch Surfbretter und Fahrräder, verkauft preiswertes Bier und besitzt eine ordentliche Gemeinschaftsküche unter freiem Himmel sowie ein Restaurant (mit einem umfangreichen vegetarischen und veganen Angebot). Die Besitzer sind auf Nachhaltigkeit bedacht und haben Einwegartikel verbannt.

Die gute Lage, nur einen kurzen Fußweg von den Stränden des Marino Ballena entfernt, ist ein weiterer Vorzug. Das Flutterby liegt in der Nähe vom südlichen Eingangstor des Nationalparks. Schilder auf der Costanera Sur weisen auf das Hostel hin.

Tucan Hotel HOSTEL **$**

(☎ 2743-8140; www.tucanhotel.com; Zeltplatz/Hängematte/B 12/12/15 US$, DZ ab 33 US$; P @) Das Tucan liegt von der Hauptstraße etwa 100 m im Binnenland und ist aufgrund seiner extrem günstigen Preise bei internationalen Reisenden aller Altersstufen sehr beliebt. Die Zimmer sind um einen halboffenen Gemeinschaftsbereich herum angeordnet, es gibt außerdem einfache Zelte und Hängematten sowie sogar ein Baumhaus. Zu den weiteren Vorzügen gehören eine Gemeinschaftsküche, täglich Filme um 16 Uhr, ein italienisches Restaurant und einfach eine nette Atmosphäre.

La Ballena Roja PENSION **$$**

(☎ 8411-1852; www.laballenarojauvita.com; 36–48 US$) Nur wenige hundert Meter vom Nationalpark entfernt bietet diese rustikale bunte Pension einige einfache Zimmer, ein kleines Restaurant, einen gemütlichen Gemeinschaftsbereich voller Bücher und Surfboards zum Ausleihen. Die supernette Besitzerin Tracy serviert jeden Tag ein köstliches Frühstück. Von Mittwoch bis Samstag (12–22 Uhr) bekommt man hier die beste und knusprigste Pizza der Stadt.

Cabinas Los Laureles CABINA **$$**

(☎ 2743-8008, 2743-8235; www.cabinasloslaureles.com; EZ/DZ ab 32/45 US$; P @) Diese Anlage mit 14 Zimmern liegt auf einem bewaldeten Grundstück von der Costanera Sur aus ein wenig bergauf und wird von einem kurzen Pfad erschlossen. Gäste erfahren hier von der Betreiberfamilie die landestypische Gastfreundschaft. Der Sohn Victor, der auch die Uvita Adventures Tour (S. 451) betreibt, spricht drei Sprachen und vermittelt seine Gäste sehr gewissenhaft an andere lokale Unternehmen. Das Restaurant (S. 453) serviert köstliche Speisen.

Finca Bavaria BOUTIQUEHOTEL **$$**

(☎ 8355-4465; www.finca-bavaria.de; Interamericana Km 167; EZ/DZ ab 75/90 US$; P) Der Gasthof unter deutscher Leitung besteht aus einer Handvoll ansprechender Zimmer mit Bambusmöbeln und romantischen Moskitonetzen, in denen Holz Akzente setzt. Außerdem kommt hier das beste Frühstück an der gesamten Küste auf den Tisch (10 US$). Das Hotelareal ist von Spazierwegen durchzogen und wird durch den Dschungel begrenzt. Vom Pool oben auf dem Hügel genießen die Gäste einen herrlichen Blick auf das Meer. Die Anfahrt: Bei Km 167 nach einer Staubpiste Ausschau halten.

★ **Oxygen Jungle Villas** VILLA **$$$**

(☎ 8322-4773; www.oxygenjunglevillas.com; 249–299 US$) Die Oxygen Jungle Villas bestehen aus 12 fast vollständig aus Glas bestehenden Hütten oben auf einem Hügel. Die Gäste können sich so selbst, während sie in ihrem luxuriösen Himmelbett lümmeln, als Teil des Regenwaldes fühlen. Der Pool auf dem Sonnendeck und das Freiluft-Restaurant sind ideal für einen tropischen Cocktail.

Die vielen balinesischen Statuen und das Postkartenpanorama der Bahía Ballena sind weitere Vorzüge, ebenso wie die Wege zu Wasserfällen und der Wellness-Bereich. Und der Service ist makellos.

Hotel Cristal Ballena BOUTIQUEHOTEL **$$$**

(☎ 2786-5354; www.cristal-ballena.com; Costanera Sur; Zi. 225–295 US$; P) Etwa 7 km südlich von Uvita liegt dieses Hotel in einem 12 ha großen Privatreservat mit tollem Blick hinunter auf die Küste. Es gehört zu den Top-Tipps für Vogelfreunde in Costa Rica. Die Exkursionen für die Vogelbeobachtung werden von sehr kenntnisreichen Führern durchgeführt. Ein hervorragendes Restaurant, helle, freundliche Zimmer, großzügige Suiten und das beschauliche Ambiente runden das Bild ab.

Es führen zwei Naturpfade (800 m & 2 km) durch das Hotelareal, auf denen die Gäste am frühen Morgen mit ziemlicher Wahrscheinlichkeit Tiere oder auch einige der 250 Vogelarten beobachten können, die im benachbarten Tieflandregenwald leben. Der Souvenirladen verkauft farbenfrohe Boruca-Masken von erstklassiger Qualität.

Bungalows Ballena BUNGALOW **$$$**
(☎ 2743-8543, 8309-9631; www.bungalowsballena.com; Apt./Bungalow 125/250 US$; P 📶 🏊) Diese vollständig ausgestatteten Apartments und frei stehenden Bungalows sind bei Ticos und größeren Gruppen angesagt. Alle besitzen Küchen, WLAN und Satelliten-TV. Die Anlage ist für Kinder gut geeignet – es gibt einen Spielplatz und einen großen schönen Pool in Form einer Walfluke. Die Bungalows Ballena befinden sich 300 m nördlich vom Haupteingang des Parks.

Essen

Die gehobenen Hotels haben ihre eigenen Restaurants. Darüber hinaus gibt es einige *sodas* und eine Reihe guter Restaurants im Dorf selbst sowie an der nahe gelegenen Costanera Sur. Die beste Pizza der Stadt wird im La Ballena Roja (S. 452) gebacken.

★ Bar y Restaurante Los Laureles SÜDAMERIKANISCH **$**
(☎ 2743-8008; Hauptgerichte 8–12 US$; ⏲ Mo–Sa 11–20.30 Uhr) Dieses von einer Familie betriebene Restaurant hat sich auf die Küche Costa Ricas und Tex-Mex-Gerichte spezialisiert. Zu den innovativen Favoriten hier zählen Avocadohummus, Nachos aus *patacones* (in dünne Streifen geschnittene gebackene grüne Süßbananen), Hähnchenflügel, Gerichte mit Chili und *quesadillas*.

Die Margaritas sind mörderisch gut, der Service ist erstklassig und die Tische unter freiem Himmel inmitten tropischer Pflanzen sind extrem *tranquilo*.

Sibu Cafe CAFÉ **$**
(☎ 8308-6604, 2743-8674; Kaffee 2–5 US$; ⏲ Mo–Sa 7–21, So ab 9 Uhr; ❄ 📶 🥗) Dieses kleine Café an der Einkaufsstraße von Uvita kocht den besten Kaffee weit und breit. Caffè-latte-Kunstwerke, mächtiges Schokogebäck und selbst gemachte Zitronen-Pies stehen auf der Speisekarte. Etwas Herzhafteres gefällig? Die Betreiber machen auch hervorragende Salate, Pizza-Pies, Gemüsesäfte und Fruchtsmoothies. Seit Kurzem schenken sie auch ihr eigenes Craft-Bier namens Sibu Russian Imperial Stout aus.

★ Sabor Español SPANISCH **$$**
(☎ 8768-9160, 2743-8312; Hauptgerichte 8–22 US$; ⏲ Di–So 18–21.30 Uhr; 📶) Das reizende spanische Ehepaar Heri und Montse war bereits in Monteverde erfolgreich, wollte dann aber am Meer leben. Ein Glücksfall für Uvita. Nun können die Gäste ihren leckeren Gazpacho, die Paella, die *tortilla española* und andere spanische Spezialitäten mit einem Sangria in hübschem *Rancho*-Ambiente genießen. Das Lokal liegt am Ende einer unbefestigten Straße in Playa Uvita.

Baker Bean PIZZA, CAFÉ **$$**
(☎ 2743-8990; Hauptgerichte 7–18 US$; ⏲ Mo–Do 6–21, Fr–So bis 22 Uhr; ❄ 📶 🥗) Direkt nördlich von der Zufahrt nach Uvita an der Costanera Sur handelt es sich bei der Baker Bean um eine Mischung aus Pizzeria und Café. Die Einheimischen und Expats nehmen hier gerne ihren starken Morgenkaffee, gefüllte Bagels und *empanadas* im argentinischen Stil (ideal für ein Picknick). Im Restaurant gibt es üppig belegte Pizzas.

Ausgehen & Nachtleben

Roadshack Deli BAR
(☎ 8304-6792; ⏲ Mo–Sa 11–19 Uhr) Etwa 50 m von der Abzweigung zur Schnellstraße die Hauptstraße von Uvita hinunter liegt dieser baufällige Laden, ein Treffpunkt für exzentrische Gäste auf der Suche nach Wraps, geschmortem Schweinefleisch und Sandwiches sowie einfallsreichen Salaten. Zum Herunterspülen eignen sich das hauseigene Craft-Bier oder Kombucha. Das Roadshack fungiert gleichzeitig als informelles Gemeindezentrum für Musik und Feiern.

Orientierung

Das Gebiet an der Hauptschnellstraße wird von Einheimischen als Uvita bezeichnet, der Strand hingegen heißt Playa Uvita bzw. Playa Bahía Uvita (das südliche Ende des Strands). Der Strand lässt sich über zwei staubige Pisten erreichen, die rund 500 m voneinander entfernt parallel verlaufen – sie bilden einen halbmondförmigen Bogen, der zur Straße zurückführt. Die erste Zufahrt befindet sich südlich der Brücke über den Río Uvita, die zweite im Ortszentrum. Bei Ebbe besteht die Möglichkeit, bis zur Punta Uvita zu spazieren; man sollte sich allerdings vorher bei einem Einheimischen nach den Gezeiten erkundigen, damit einem bei Flut nicht mehrere Stunden lang der Rückweg abgeschnitten ist.

Praktische Informationen

Das **Uvita Information Center** (☎ 8843-7142, 2743-8072; http://uvita.info; ⏲ Mo–Sa 9–13 & 14–16 Uhr) ist eine ideale Einrichtung, um Touren und Transfer zu organisieren.

Busfahrpläne, eine Karte der Gegend und weitere nützliche Informationen finden sich auf der Website www.marinoballena.org.

Lohnend ist außerdem das kostenlose Magazin *Ballena Tales* mit zweisprachigen Artikeln, Gezeitenplänen und Informationen zu Geschäften und Anbietern von Dominical bis hin zur Osa Peninsula.

GEFAHREN & ÄRGERNISSE

Wer sich an den Stränden aalt, sollte auf seine persönlichen Sachen aufpassen, die sonst schnell im Dschungel verschwinden, der sich an der Küste entlangzieht.

Am besten ist es natürlich, erst gar keine Wertsachen an den Strand mitzunehmen. Bis vor Kurzem war Diebstahl noch das schlimmste Problem im Nationalpark, an den Stränden und in der Umgebung; in jüngster Vergangenheit kam es leider zu einigen Raubüberfällen (ohne Personenschaden). Am besten lässt man sich von den Mitarbeitern in der Unterkunft auf den neuesten Stand bringen.

An- & Weiterreise

Die meisten Busse fahren von der Bushaltestelle an der Costanera im eigentlichen Dorf ab.

Dominical 1 US$, 30 Min., neunmal täglich zwischen 4.45 und 17.30 Uhr.

Quepos 4 US$, 2 Std., Abfahrt 5.30, 11.40, 13 und 16 Uhr.

San José 9,17 US$, 3½ Std., Abfahrt 5.30, 11.30, 13 und 16 Uhr.

Private Shuttleunternehmem – Grayline, Easy Ride und Monkey Ride – bieten kostspieligere Transfers nach Dominical, San José, Quepos, Jacó, Puerto Jiménez und zu anderen beliebten Destinationen an.

Parque Nacional Marino Ballena

Der 1989 gegründete, beeindruckende **Meerespark** (☎ 2743-8141; Eintritt 6 US$; ⏲ 7–16 Uhr) schützt die Korallen- und Felsenriffe, die sich rund um die vielen vorgelagerten Inseln befinden. Der Name des Parks leitet sich nicht nur von den Buckelwalen ab, die sich hier fortpflanzen, sondern auch vom „Walschwanz" an der Punta Uvita, einer markanten Sandbank, die sich bis zu einem Felsriff erstreckt und bei Ebbe die Form der Schwanzflosse eines Wals aufweist.

Auch wenn der Park eher eine kleine Fläche aufweist, kann seine Bedeutung gar nicht genug betont werden, schließlich stehen hierher wandernde Buckelwale und Grindwale, drei Delfinarten und brütende Meeresschildkröten unter Schutz – ganz zu schweigen von Kolonien von Seevögeln und verschiedenen Landreptilien.

Der Nationalpark liegt relativ weit außerhalb des Radarschirms der meisten Reisenden, die an der Küste unterwegs sind, gibt aber aus genau diesem Grund ein überaus lohnendes Ziel für Leute ab, die gern am Strand liegen und Wildtiere beobachten Mit etwas Glück bekommt man sogar in der Brandung Delfine zu sehen oder einen Buckelwal, der sich aus dem Meer erhebt.

Aktivitäten

Schwimmen

Die Strände des Parque Nacional Marino Ballena sind eine faszinierende Kombination aus goldenem Sand und poliertem Fels. Alle sind praktisch menschenleer und ideal zum Schwimmen und Sonnenbaden.

Tauchen & Schnorcheln

Die Korallenriffs in der Umgebung der vor der Küste liegenden Inseln sind eine faszinierende Unterwasser-Welt, während die näher an der Küste liegenden Riffs durch Sediment vom Bau der Küstenstraße schwer beschädigt worden sind. Wer sich diese Naturschönheit unter Wasser ansehen möchte, sollte einen Tauch- oder Schnorcheltrip bei Mad About Diving (S. 451) buchen.

Tierbeobachtung

Aus Südosten von der Punta Uvita kommend umfassen die Lebensräume des Parks Mangrovensümpfe, Meeresarme und felsige Landzungen. Für Vogelfreunde ist der frühe Morgen, noch bevor andere Besucher eintreffen, die beste Beobachtungszeit.

Der Park ist auch die Heimat diverser Wildtierarten – oder zumindest statten ihm viele Wildtiere häufig einen Besuch ab. Zu bestaunen sind Gemeine Delfine, Große Tümmler und Schlankdelfine sowie allerlei Echsen. Die vorgelagerten Inseln sind bedeutende Niststätten von Fregattvögeln, Weißbauchtölpeln und Braunpelikanen. Und von Mai bis November – mit dem Höhepunkt im September und Oktober – vergraben Oliv-Bastardschildkröten und Echte Karettschildkröten ihre Eier nachts im Sand. Die Attraktion schlechthin sind aber die Buckelwalschulen, die von Juli bis November und von Dezember bis April durch die Gestade des Nationalparks ziehen, sowie einige vereinzelte Grindwale.

Wissenschaftler können nicht mit Sicherheit sagen, weshalb Buckelwale hierherkommen; möglicherweise sind die Gewässer Costa Ricas einer von wenigen Orten auf dieser Welt, wo sich die Wale paaren. Im Übrigen lassen sich die Buckelwale, die durch den Park ziehen, in zwei verschiedene Gruppen einteilen: Die Wale, die im Herbst gesichtet werden, stammen aus Kalifornien, während die Riesen, die man im Frühling sieht, aus der Antarktis kommen, um sich fortzupflanzen und um ihre Jungen aufzuziehen.

Mehrere Tourenveranstalter in Uvita, darunter das überaus professionelle Bahía Aventuras (S. 451), bieten Exkursionen zur Wal- und Delfinbeobachtung an.

Praktische Informationen

Es gibt insgesamt vier Eingänge in den Park. Am häufigsten wird die **Rangerstation** (2743-8141; 7–16 Uhr) in Playa Uvita frequentiert (der Hauptstraße durch Uvita folgen), an zweiter Stelle steht der Eingang an einer Staubstraße, die am Flutterby House in Uvita vorbeiführt; mittlerweile gibt es dort ebenfalls eine Rangerstation (genau genommen: eine Holzscheune). Alle Parkeingänge sind von 7 bis 16 Uhr geöffnet.

GEFAHREN & ÄRGERNISSE

Die Strände des Parque Nacional Marina Ballena sind für Handtaschendiebstähle berüchtigt. Wer seine Tasche in der Nähe vom Gebüsch auch nur eine Minute unbeaufsichtigt im Sand abstellt, sieht sie nie mehr wieder. Die Anwohner üben Druck auf die Parkverwaltung aus, die Sicherheit im Park zu verbessern und zudem funktionierende Toiletten bereitzustellen.

Ein weiteres Ärgernis sind die geschäftstüchtigen Schlepper, die den Besuchern 4 US$ für einen Parkplatz am Parkeingang abknöpfen. Wer am Straßenrand parkt, muss diesen Burschen rechtlich gesehen eigentlich gar nichts bezahlen. Jedenfalls ist es besser, das Auto ein Stück weiter weg abzustellen und dann ein paar Schritte zum Parkeingang zu gehen.

An- & Weiterreise

Der Parque Nacional Marino Ballena lässt sich am besten von Uvita oder Ojochal mit dem Mietwagen, nach einer kurzen Taxifahrt oder auch zu Fuß erreichen.

Ojochal

Von dem Trio an Dörfern – Dominical, Uvita und Ojochal –, das die Costa Ballena definiert, gilt das entspannte, weitläufige Ojochal mit seiner multikulturellen Expat-Bevölkerung als das kulinarische Zentrum. Der freundliche, von guter Integration geprägte Ort wirkt jedenfalls atmosphärisch ganz anders als das von Surfern dominierte Dominical, obwohl sich unmittelbar nördlich von Ojochal ein größtenteils unentdeckter, verwilderter Strand erstreckt – die Playa Tortuga, an der gelegentlich eine anständige Brandung zum Surfen aufkommt.

Von der hervorragenden Gastronomie einmal abgesehen, gibt Ojochal auch ein praktisches Standquartier ab, um den nahen Parque Nacional Marino Ballena zu erkunden. Die Ortschaft ist zwar ziemlich klein, dennoch steht eine Fülle von Unterkünften in Ojochal selbst, aber auch in der Umgebung zur Auswahl. Backpacker mit einem Faible für Wildtiere verweilen hier häufig, gern auch etwas länger, um mehr über das hier ansässige Schildkrötenschutzprojekt in Erfahrung zu bringen.

Sehenswertes

Playa Ventanas STRAND

(8946-7134; Parken 3 US$) Dieser hinter einem Kokoswäldchen liegende halbkreisförmige Strand mit Sand und Kieseln besitzt an beiden Seiten eindrucksvolle Felsformationen. Er trägt deshalb die Bezeichnung *ventanas* (Fenster), weil sich an der Nordseite eine Reihe von mannshohen Höhlen befinden. Der Meeresbrandung dröhnt und donnert bei Flut durch diese Höhlen, ein wirklich spektakulärer Anblick.

Es gibt hier keinerlei Infrastruktur, auf dem Weg dorthin bekommt man bei Bedarf an den diversen Straßenständen Kokoswasser und *ceviche*.

Reserva Playa Tortuga NATURSCHUTZGEBIET

(2786-5200; www.reservaplayatortuga.org; Mo–Fr 9–15 Uhr) GRATIS Es handelt sich hier um ein 2009 von Wissenschaftlern aus Costa Rica ins Leben gerufene Projekt. Es wird die Oliv-Bastardschildkröte, die ihre Eier an der Playa Tortuga ablegt, erforscht und vor dem Aussterben bewahrt. Außerdem wird die Krokodil-Population im Reservat überwacht und der Einfluss des Menschen auf ihr Ökosystem studiert, was wiederum mit einer Beratung der Gemeinde einhergeht:

Den Kindern, die hier wohnen, wird vermittelt, wie wichtig der Natur- und Tierschutz ist. Freiwillige, die mitarbeiten wollen, sind immer herzlich willkommen.

Das Büro des Reservats befindet sich in einer Schotterstraße fast direkt gegenüber vom Ortseingang von Ojochal.

Schlafen

Das Dorf Ojochal kann mit einigen Quartieren aufwarten; mehr Übernachtungsmöglichkeiten gibt es an der Costanera Sur. Die meisten Hotels hier sind nicht ganz billig.

Hotel El Mono Feliz HOTEL **$**

(☎ 2786-5146; www.elmonofeliz.com; Zi. inkl. Frühstück 45–55 US$, Bungalow 75–110 US$; ❄ 📶 🏊) Etwa 3 km landeinwärts vom Ortseingang Ojochals liegt dieses nette, kleine Hotel. Geführt wird es von einem freundlichen Paar aus den Niederlanden, das schon seit ewigen Zeiten an der Costa Ballena lebt und sich bestens auskennt. Das bewaldete Hotelareal wird von einem murmelnden Bach begrenzt. Es ist übrigens das einzige preisgünstige Quartier in Ojochal mit ordentlichen Zimmern mit Ventilator sowie Hütten; Hängematten sind in der Nähe eines kleinen Swimminpools angebracht. Ein paar Zimmer sind so eingerichtet, dass sie sich besonders für Familien mit Kindern eignen.

Diquis del Sur B&B **$$**

(☎ 2786-5012; www.diquis.com; Zi. ab 63 US$; P ❄ 📶 🏊) In Ojochal selbst, rund 1,5 km hinter der Ortseinfahrt, liegt dieses gemütliche B&B. Die Gäste wohnen in relativ bescheidenen Zimmern. Einige besitzen Kitchenettes und sind daher für Selbstversorger geeignet. Zum Haus gehört auch ein gutes Restaurant, das allerdings nur in der Hauptsaison geöffnet hat. Die Anlage ist wunderschön mit Blumen und Obstbäumen gestaltet. Außerdem gibt es Villen für längere Aufenthalte. Der Name rührt übrigens von den „Diquis Spheres" her, mysteriösen präkolumbischen Steinbällen, die in dieser Gegend häufig gefunden wurden.

Die Betreiber organisieren bei Bedarf kinderfreundliche Touren.

★ El Castillo BOUTIQUEHOTEL **$$$**

(☎ 2786-5543; www.elcastillocr.com; Zi. 275–395 US$, Suite 525 US$; P ❄ 📶 🏊) Selbst die erfahrensten Hotelgäste werden unweigerlich ein überraschtes „Wow!" ausstoßen, wenn sie den fantastischen Blick von der Poollandschaft dieses Hotels genießen, das oben auf einer Felsklippe thront. Es besteht aus gerade einmal fünf Zimmern und drei Suiten, die mit Himmelbetten und Regenduschen ausgestattet sind. Das freundliche Hotel organisiert Ausflüge zu einer Privatinsel. Und falls jemand seiner Liebsten einen Heiratsantrag machen möchte, ist dies sicher eine geeignete Location.

Das Haus besitzt ein exzellentes Restaurant, das Azul (S. 457), das auch für Nicht-Gäste geöffnet ist.

★ La Cusinga LODGE **$$$**

(☎ 2770-2549; www.lacusingalodge.com; Interamericana Km 166, Finca Tres Hermanas; Zi. inkl. Frühstück 190 US$; P) 🌿 Diese hübsche Ökolodge mit luftigen Zimmern ist ein Vorbild der Nachhaltigkeit. Außerdem kann man hier wunderbar entspannen – anstelle von Fernsehern gibt es Yogakurse. Das Cusinga liegt in einem privaten Reservat, von dem aus Wanderungen, Trips zur Vogelbeobachtung, zum Schnorcheln und Schwimmen im Parque Nacional Marino Ballena möglich sind. Die gesunden Mahlzeiten werden zum großen Teil aus biologisch angebauten Zutaten zubereitet. Die Lodge befindet sich etwa 5 km südlich von Uvita.

Das Hotelrestaurant mit dem Namen Aracari hat erst 2017 seine Pforten für die Öffentlichkeit geöffnet.

Hotel Villas Gaia CABINA **$$$**

(☎ 2786-5044; www.villasgaia.com; Villa 85–101 US$, Casa ab 153 US$, alle inkl. Frühstück; P @ 📶 🏊) 🌿 Etwa 500 m nördlich der Zufahrt nach Ojochal steht diese großartige Anlage mit polierten Holzhütten samt schattigen Veranden auf einem ruhigen bewaldeten Grundstück. Das ausgezeichnete Restaurant serviert internationale Klassiker, vom Pool oben auf dem Hügel hat man einen herrlichen Panoramablick auf die Playa Tortuga. Der Strand lässt sich im Rahmen eines hübschen Spaziergangs von nur 20 Minuten über einen Trampelpfad erreichen, der sich den Hügel hinunterschlängelt.

Lookout at Playa Tortuga BOUTIQUEHOTEL **$$$**

(☎ 2786-5074; www.hotelcostarica.com; Interamericana Km 175; DZ 130–180 US$; P ❄ @ 📶 🏊) Dieses wunderschöne Refugium oben auf einem Hügel bietet ein Dutzend freundlich gestrichene Bungalows in beruhigenden Pastelltönen. Durch das Hotelareal führen mehrere Pfade mit Aussicht auf die Strände, die sich weiter unten erstrecken. Die Hauptattraktion ist jedoch sicher die große

DIE RÜCKKEHR DES OJOCHE-BAUMS

Der Namensvetter von Ojochal, der einst in dieser Gegend kurz vor dem Aussterben stand, erlebt langsam ein Comeback. Die Rede ist vom *Ojoche*-Baum *(Brosimum alicastrum*; Brotnussbaum), einem immergrünen Riesen, der an die 30 Jahre braucht, bis er ausgewachsen ist – und das bedeutet, das die Gemeinde ein Langzeitprojekt in Angriff genommen hat, als sie den *ojoche* wieder in Ojochal heimisch machte.

Als die Bevölkerung Ojochals in den 1950er-Jahren zunahm, wurden die meisten Baumbestände zugunsten von Viehweiden und Bauholz gefällt. In dieser Dekade versorgten die stärkehaltigen Früchte des *ojoche* während einer schlimmen Dürre jedoch auch viele Familien hier mit Nahrung. Das Fruchtfleisch kann roh oder gekocht verzehrt werden und lässt sich auch zu Mehl verarbeiten. Die Frucht – auch Mayanuss genannt, wobei es sich jedoch nicht um eine Nuss im eigentlichen, sprich botanischen Sinn handelt – weist einen niedrigen glykämischen Index und einen hohen Proteinanteil auf und ist reich an Fasern, Fett, Folat, Eisen und Antioxidantien.

Etwa im Jahr 2009 begann das Comité de Ojoche, eine Basis-Umweltgruppe der Gemeinde, in dieser Gegend wieder *Ojoche*-Bäume anzupflanzen, um Ojochal – in gewisser Weise – wieder mit seinen Wurzeln zu verbinden und den Baum vor Ort vor dem Aussterben zu bewahren. So wurde die Gegend mit einer Nahrungsquelle aufgeforstet, die nicht nur nahrhaft, sondern auch noch kulturhistorisch wertvoll ist.

Das Hotel Villas Gaia bietet *Ojoche*-Spaziergänge (ohne Guide) an, außerdem kann man bei der ortsansässigen Frauenvereinigung *Ojoche*-Mehl kaufen. Diese Einnahmen leisten einen Beitrag zur Finanzierung des *Ojoche*-Revitalisierungsprojekts.

Terrasse in einem Turm, der über dem Pool aufragt. Hier können die Gäste frühmorgens der Vogelbeobachtung frönen oder sich am Spätnachmittag dem Faulenzen hingeben.

Essen

Ojochal ist *die* kulinarische Enklave an der Costa Ballena. Die Einflüsse reichen hier von mediterraner bis hin zur indonesischen Küche, es gibt eine Patisserie, eine Pizzeria und einen Bauernmarkt. Die Restaurants sind im gesamtenb Dorf gut ausgeschildert.

Ballena Bistro FUSION **$**

(☎ 2786-5407; www.ballenabistro.com; Costanera Sur, Km 169; Hauptgerichte 5–12 US$; ⏲ Di–So 11–16 Uhr; 📶🌶) Dieses Restaurant ist die Hauptattraktion eines merkwürdigen, Mehrzweckgebäude im Stil eines Schuppens mit einer Ziegenskulptur aus Schrott auf dem Dach. Auf der Speisekarte stehen u. a. Knoblauch-Hummus, Chèvre-Orangen-Salat, Burger mit Pulled Pork und brasilianische Kokosnuss-Fisch-Suppe. Ideal für eine Pause nach einer langen Autofahrt.

★ **Exotica** INTERNATIONAL **$$**

(☎ 2786-5050; Hauptgerichte 10–23 US$; ⏲ Mo–Sa 17–21 Uhr) In diesem genialen Gourmetrestaurant sollte man unbedingt ein Abendessen einplanen. Bei den in schwülem Dschungelambiente mit zahllosen Orchideen servierten Gerichten der modernen französischen Cuisine liegt der Hauptakzent auf der Fülle von Zutaten, die meisterhaft kombiniert werden. Zu den Highlights zählen z. B. das Fisch-Carpaccio nach tahitianischer Art, die Wildentenbrust in Port-Ananas-Soße sowie die Spezialität des Hauses, der Nachtisch Devil's Fork aus Schokolade mit einem Touch Chili. Reservierung empfohlen.

★ **Azul** FUSION **$$**

(☎ 2786-5543; El Castillo; Hauptgerichte zum Mittagessen 10–26 US$, 2-/3-Gänge-Menü 30/60 US$; ⏲ 12–22 Uhr; 📶🌶) In diesem schicken Restaurant im El Castillo (S. 456) begeistert nicht nur das tolle Pazifik-Panorama. Auch die Geschmacksknospen werden über innovative Gerichte wie Ziegenkäse-Ravioli und die großartigen scharf angebratenen Steaks jubilieren. Hinzu kommt die fantasievolle Präsentation. Die dreigängigen mediterranen Menüs sind etwas ganz Besonderes. Tolle Cocktails und eine gute Weinkarte.

Restaurante Terraba SÜDAMERIKANISCH **$$**

(☎ 4702-9896; Hauptgerichte 7–12 US$; ⏲ Mi–Mo 11–21 Uhr) Dieses bodenständige Speiselokal am Straßenrand bietet lokale Kost mit tollem Geschmack zu kleinen Preisen (im Verhältnis zum Rest der Szene in Ojochal). Wie ist das möglich? Nun, die netten Besitzer haben sich ihre Kochkünste in den Top-Restaurants der Gegend angeeignet, bevor sie ihr eigenes Lokal eröffnet haben. Todsichere Tipps sind die Steaks oder die *casados* (feste Menüs) und dazu ein Obst-Smoothie.

★ Ylang-Ylang INDONESISCH **$$$**

(☎ 2786-5054; www.facebook.com/YlangYlang Restaurant; Hauptgerichte 25 US$; ⏲ Anfang Dez.–Anfang Mai Mi–Sa 5–21 Uhr;) Das Ylang-Ylang ist ein wunderbares indonesisches Restaurant. Es hat viel Flair, befindet sich unter der Leitung eines in Costa Rica ansässigen Ausländers und ist enorm beliebt wegen seiner authentischen, scharf gewürzten Gerichte – es werden dazu sogar eigens asiatische Kräuter angebaut. Gerichte wie *daging rendang* (Rindfleisch mit Gewürzen in Kokosmilch gegart) und *ikan ketcap* (Snapper mit Galgant und Tamarinde) sind so angerichtet, dass mehrere Personen sie sich teilen können. Da hier pro Abend nur zwölf Gäste bedient werden, muss man rechtzeitig vorher ein Tisch reservieren.

Ausgehen & Nachtleben

Bamboo Room COCKTAILBAR

(☎ 2786-5295; www.almacr.com; ⏲ Mo–Sa 12–21 Uhr) Diese neue Kombination aus Restaurant und Bar oben auf einem Hügel im Hotel Alma de Ojochal hat das Nachtleben in dieser eher auf Essen fokussierten Gegend ungemein bereichert. Die Sonnenuntergänge hier sind wunderschön, besonders mit einem Bamboozle in der Hand. Jede Nacht wird Livemusik gespielt (manchmal finden auch Pianoduelle statt).

An- & Weiterreise

Die täglich verkehrenden Busse zwischen Dominical und Palmar setzen ihre Passagiere an der Schnellstraße in der Nähe der meisten Unterkünfte und an der Zufahrt zum Dorf Ojochal ab. Dennoch kommt man in dieser Gegend am besten mit dem Mietwagen zurecht. Die Shuttlebusse von Gray Line, Easy Ride und Monkey Ride verbinden Ojochal mit beliebten Zielen an der Pazifikküste und der Península de Osa.

Der Süden & die Península de Osa

Inhalt ➡

Die schönsten Öko-Lodges

- Danta Corcovado Lodge (S. 509)
- Casa Corcovado Jungle Lodge (S. 490)
- Playa Nicuesa Rainforest Lodge (S. 517)
- La Paloma Lodge (S. 487)

Das Beste abseits der üblichen Pfade

- Parque Internacional La Amistad (S. 480)
- Reserva Indígena Boruca (S. 475)
- Playas San Josecito, Nicuesa & Cativo (S. 517)
- Dos Brazos (S. 504)
- Zancudo (S. 512)

Auf in den Süden & zur Península de Osa!

Die Region bietet eine der ursprünglichsten und unerschlossensten Landschaften Costa Ricas, vom kühlen Hochland des Cerro Chirripó (3820 m) bis zum dampfenden Küstendschungel der Península de Osa. Im Parque Internacional La Amistad gibt es noch immer unberührte Wildnis, und indigene Völker, beispielsweise die Bribrí, Cabécar, Boruc und Ngöbe, die in entlegenen Gebieten ihre traditionelle Lebensweise bewahren konnten.

Um San Gerardo de Dota werden häufig Quetzals gesichtet und Hellrote Aras sind an der Küste ein normaler Anblick. Affen, Faultiere und Nasenbären tummeln sich in großer Zahl in den Parks und Schutzgebieten. Im Parque Nacional Corcovado besteht auch eine kleine Chance, einen ruhenden Tapir zu sichten.

Die rauen Küsten vom Golfo Dulce und der Península de Osa locken Reisende mit einsamen, ursprünglichen Stränden, einer Weltklassebrandung und Gelegenheit für eigene Erkundungen. Dies ist das Land für unerschrockene Reisende, die etwas wirklich Wildes suchen.

Reisezeit

Von Dezember bis März ist die beste Zeit fürs Wandern im Corcovado und auch auf den Gipfel des Cerro Chirripó.

Fürs Surfen in Pavones sind die Monate April bis Oktober am besten, aber für Anfänger gibt es ganzjährig gute Wellen.

Die größten Chancen, um Quetzals zu sehen, bestehen von Februar bis Mai; dann tragen die wilden Avocados Früchte, die Lieblingsspeise der Tiere.

Highlights

1 Parque Nacional Corcovado (S. 491) Wandern an der Küste und im üppig grünen Regenwald im schönsten Wildnisgebiet des Landes.

2 Cerro Chirripó (S. 472) Auf den höchsten Gipfel Costa Ricas klettern, um den Sonnenaufgang zu beobachten.

3 Bahía Drake (S. 482) Schnorcheln, Wandern und Tierebeobachten an der wilden Küste.

4 San Gerardo de Dota (S. 463) Im kühlen Hochland Ausschau nach dem prächtigen Quetzal halten.

5 Pavones (S. 513) In diesem Surfparadies auf einem der längsten Left-Breaks der Welt reiten.

6 Fiesta de los Diablitos (S. 475) Dieses lebhafte Fest in der Reserva Indígena Boruca feiern.

7 Parque Nacional Isla del Coco (S. 517) Die Unterwasserwelt einer abgelegenen Insel erforschen.

8 Dos Brazos (S. 504) In einem Goldgräberort in den ländlichen Tourismus eintauchen.

9 Sitio Arqueológico Finca 6 (S. 483) Die präkolumbischen Steinkugeln in Ruhe betrachten.

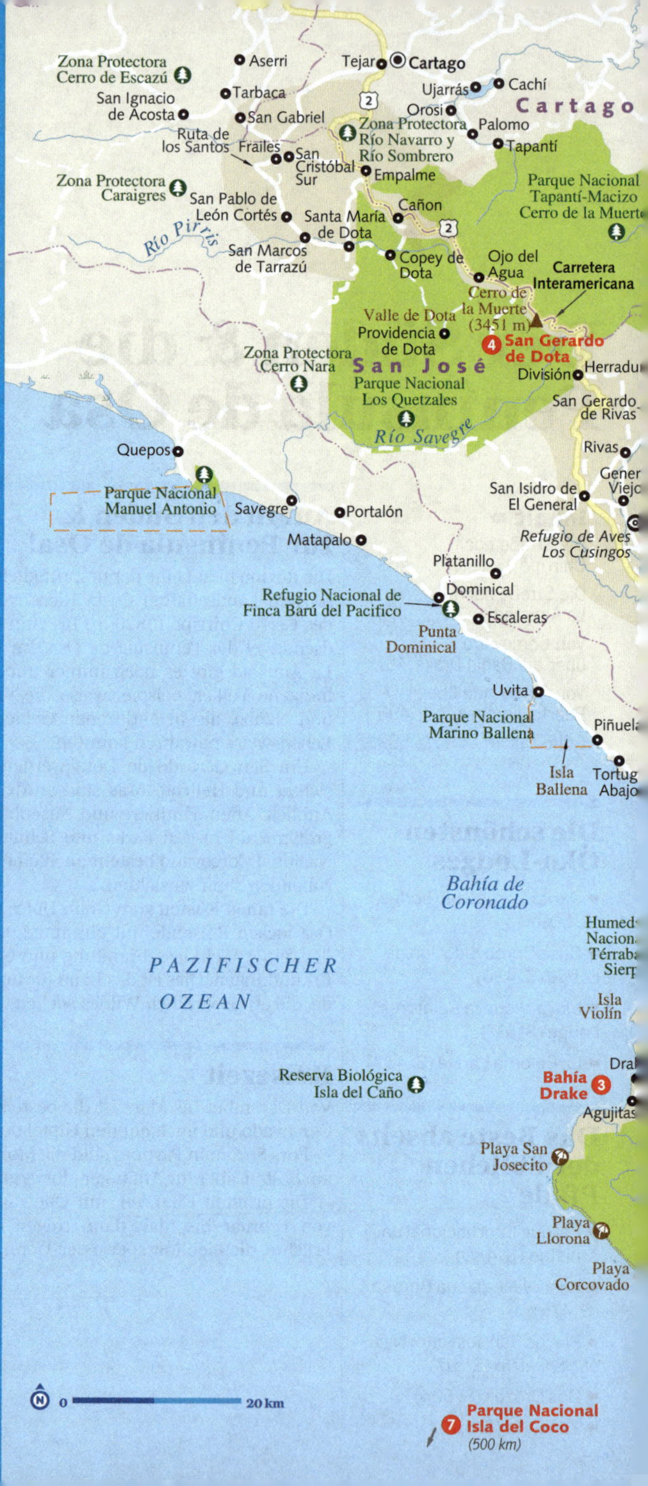

Tuis
Moravia
Zona Protectora Cuenca del Río Banano
Río Bananito
Karibisches Meer
Zona Protectora Cuenca Río Tuis
Reserva Indígena Alto y Bajo Chirripó
Río Pacuare
Río Chirripó
Reserva Indígena Tayní
Penshurst
Parque Nacional Cahuita
Cahuita
Pandora
Reserva Río Macho
Río Estrella
Limón
Reserva Biológica Hitoy-Cerere
Puerto Viejo de Talamanca
Parque Nacional Chirripó
Bribrí
Reserva Indígena Cocles/ KéköLdi
Reserva Indígena Talamanca Bribri
Río Telire
Shiroles
Río Sixaola
Reserva Indígena Telire
Reserva Indígena Talamanca-Cabécar
Cerro Urán (3600 m)
Valle de las Morenas
Bratsi
Amubri
Sixaola
Cloudbridge Nature Reserve
2 Cerro Chirripó
Cerro Terbi (3760 m)
Canaán
Crestones Base Lodge
Parque Internacional La Amistad
Cordillera de Talamanca
Cerro Ventisqueros (3812 m)
Sabana de los Leones
Cerro Durika (3280 m)
Hacienda AltaGracia
Reserva Biológica Dúrika
PANAMA
Río Convento
2
Reserva Indígena Ujarrás
Cerro Kamuk (3549m)
Ujarrás
Río Teribé
Reserva Indígena Salitre
Río Ceibo
Reserva Indígena Cabagra
Parque Internacional La Amistad
Buenos Aires
Río Cabagra
Río General
Valle del General
Tres Colinas
Cerro Pittier (2844 m)
Reserva Indígena Térraba
Altamira
Santa María de Pittier
Paso Real
Potrero Grande
El Carmen
Zona Protectora Las Tablas
6 Reserva Indígena Boruca
Boruca
Palmar Norte
Rey Curré
Río Cedro
Río Cotón
Ciudad Cortés
Río Grande de Térraba
Guácimo
Santa Elena de Pittier
La Amistad Lodge
Palmar Sur
Reserva Indígena Curré
Valle de Coto Brus
Jabilla
237
Las Mellizas
Progreso
Valle de Diquís
Río Jaba
9 Sitio Arqueológico Finca 6
Puntarenas
Sierpe
2
San Vito
Reserva Indígena Guaymí de Coto Brus
Sabalito
Río Sereno
Río Sierpe
Chacarita
Wilson Botanical Garden
Río Chocuaco
Laguna Sierpe
Fila Costeña
Cañas Gordas
Agua Buena
Reserva Forestal Golfo Dulce
Interamericana
Río Claro
Río Chiriquí Viejo
16
Rincón
La Gamba
Río Claro
Parque Nacional Piedras Blancas
Neily
Reserva Indígena Guaymí de Osa
La Palma
Golfito
Reserva Indígena Guaymí de Abrojos Montezuma
Ecoturístico La Tarde
Golfo Dulce
Punta Gallardo
Refugio Nacional de Vida Silvestre Golfito
Fähre
Laguna Corcovado
Península de Osa
Río Coto Colorado
Grenzübergang
Paso Canoas
Dos Brazos 8
Puerto Jiménez
Zancudo
1 Parque Nacional Corcovado
Valle de Coto Colorado
Bahía de Pavon
Reserva Forestal Golfo Dulce
Pavones 5
Reserva Indígena Guaymí de Conte Burica
Cabo Matapalo

Geschichte

Costa Ricas Ureinwohner wurden durch direkte und indirekte Auswirkungen der europäischen Kolonisierung fast vollständig ausgelöscht. Auf die spanischen Eroberer folgten katholische Missionare, doch das Ergebnis war in beiden Fällen gleich: die Zerrüttung des präkolumbischen Lebens in der Neuen Welt.

Selbst noch im 20. Jh. wurden indigene Gruppen von der spanisch geprägten Gesellschaft aktiv ausgegrenzt. Tatsächlich wurden den Ureinwohnern erst im Jahr 1949 Bürgerrechte wie jedem anderem Staatsangehörigen zugebilligt, und Reservate gibt es erst seit 1977. In den vergangenen Jahrzehnten hat man indigenen Gruppen endlich das Recht zugestanden, ihre angestammten Sprachen und Traditionen zu pflegen.

Von den Ticos wurde der größte Teil der Península de Osa niemals besiedelt oder erschlossen. Aufgrund der Abgeschiedenheit dieser Region waren ihre Wälder bis in die frühen 1960er-Jahre auch nicht vom kommerziellen Holzeinschlag bedroht. In diesem turbulenten Jahrzehnt fiel ein großer Teil der noch existierenden costa-ricanischen Primärwälder der Säge zum Opfer, Osa blieb jedoch weitgehend verschont. Im Jahr 1975 jedoch warfen internationale Konzerne ein raffgieriges Auge auf Osas Ressourcen an Nutzholz und Gold. Zum Glück wurden ihre Pläne durch den damaligen costa-ricanischen Präsidenten Daniel Oduber gestoppt, der dem Gesuch von Wissenschaftlern zustimmte, auf der Halbinsel einen Nationalpark zu errichten.

In den letzten Jahren haben sich viele wohlhabende Ausländer, die die Schönheit der Natur entdeckt haben, auf der Halbinsel angesiedelt und einige erstklassige Grundstücke erworben. Doch es besteht die Hoffnung, dass die Erschließung dieser Region umweltverträglicher abläuft als in anderen Teilen des Landes. Immerhin existiert ein gesetzlich verankertes Interesse, das Grün der Halbinsel zu erhalten.

Nationalparks & Schutzgebiete

Als Costa Ricas führende Ökotourismusregion beherbergt die Península de Osa zahlreiche Nationalparks sowie andere Natur- und Tierschutzgebiete. Jenseits der Halbinsel wartet der Süden mit wenig besuchten, geschützten Landschaften auf. Im Folgenden sind lediglich die bedeutendsten Highlights aufgeführt.

Parque Internacional La Amistad (S. 480) Zusammen mit Panama teilt sich Costa Rica diesen grenzübergreifenden Nationalpark, der einen biologischen Korridor von enormer ökologischer Bedeutung schützt.

Parque Nacional Chirripó (S. 471) Die Gebirgswelt des höchsten und berühmtesten Berggipfels des Landes, des Cerro Chirripó, bietet an klaren Tagen einen herrlichen Ausblick sowohl auf den Pazifischen Ozean als auch auf das Karibische Meer.

Parque Nacional Corcovado (S. 491) Osas Kronjuwel und eines der letzten Areale mit „echter Wildnis".

Reserva Biológica Isla del Caño (S. 485) Dieser winzige, aber spektakuläre Meeres- und Naturschutzpark ist bei Schnorchlern, Tauchern und Biologen gleichermaßen beliebt.

ℹ An- & Weiterreise

Die Hauptorte in der Region sind mit dem Bus gut zu erreichen. Ausnahmen bilden Puerto Jiménez, Bahía Drake, Zancudo und Pavones, zu denen täglich nur wenige Busverbindungen bestehen.

Um den Süden Costa Ricas wirklich eingehend kennenzulernen, sollte man am besten ein eigenes Allradfahrzeug nutzen. Nichtsdestoweniger ist es ziemlich einfach, mit dem Bus an die Ausgangspunkte für Touren im Amistad und zum Chirripó zu kommen. Aber bitte beachten: In diesem Teil des Landes existieren praktisch keine Adressen. Die Kilometerpfosten (die die Entfernung von San José angeben) entlang der Carretera Interamericana werden als Ortsangaben genutzt.

Die Anreise zur Península de Osa erfordert entweder viel Geduld oder ein Flugticket. Angesichts der überschaubaren Kosten empfiehlt sich der Flug für Leute, die nur begrenzt Zeit haben, um die Halbinsel zu erkunden (sie können dann in Puerto Jiménez ein Fahrzeug mieten). Wer lieber mit dem Auto anreist, braucht dafür einen Allradwagen und große Zuversicht: Viele Straßen auf der Osa sind extrem schlecht, außerdem müssen immer wieder Flüsse durchquert werden.

Shuttles von Easy Ride verbinden Puerto Jiménez mit San José und beliebten Zielen an der Pazifikküste.

Sansa (☎ 2290-4100, in USA 877-767-2672; www.flysansa.com) fliegt nach Palmar, einen Startpunkt für den südlichen Bereich. Die Preise unterscheiden sich je nach Saison und Verfügbarkeit.

DIE STRASSE NACH CHIRRIPÓ

Von San José verläuft die Straße Richtung Süden zum Parque Nacional Chirripó durch eine atemberaubende Landschaft voll duftender Kaffeeplantagen und kühler Nebelwälder. Dabei durchschneidet sie die Zona de los Santos (Zone der Heiligen). So wird eine Ansammlung von Hochlanddörfern bezeichnet, die nach Heiligen benannt sind: San Pablo de León Cortés, San Marcos de Tarrazú, San Cristóbal Sur, San Gerardo de Dota, Santa María de Dota – das letztgenannte ist für seinen ausgezeichneten Bio-Kaffee berühmt.

Weiter südlich im Valle de El General liegen familiengeführte *fincas* (Farmen) über das fruchtbare Tal verstreut. Am meisten ist aber in San Isidro de El General los, der größten Stadt und dem Hauptverkehrsknotenpunkt des Südens.

Wer in diese Region reist, hat meist eines von zwei Zielen im Kopf: den Cerro Chirripó, Costa Ricas höchsten Berg und anspruchsvolles Ziel im Hochgebirge, hinaufwandern oder im dichten Nebelwald, der den Cerro de La Muerte umhüllt, den prächtigen Quetzal entdecken.

San Gerardo de Dota

500 EW. / 2194 M

San Gerardo de Dota gleicht keinem anderen Ort in Costa Rica – das idyllische Bergdorf, durch das ein klarer Bach rauscht, befindet sich inmitten bewaldeter Hügel, die eher an die Alpen als an die Tropen erinnern. Der Ort liegt tief in einem Gebirgstal, die Luft ist frisch und nachts sogar oft frostig.

Das von schönen Obstplantagen gesäumte Savegre-Becken ist die Heimat zahlreicher Vogelarten des Hochgebirges, darunter auch des auffälligen, geliebten, glänzenden Quetzals, und damit ein Anziehungspunkt für Vogelbeobachter aus aller Welt.

Aktivitäten

Einer der besten Orte zum Vogelbeobachten und Wandern in diesem Gebiet ist der Parque Nacional Los Quetzales. Allerdings ist die Wahrscheinlichkeit, den scheuen Quetzal zu entdecken, entlang der privaten Wege auf dem Gelände des Savegre Hotel (S. 464) und der Paraíso Quetzal Lodge (S. 466) genau so groß; Letztere liegt etwas abseits von San Gerardo – beide gestatten auch Gästen, die nicht dort wohnen, gegen eine Gebühr den Zutritt. Gute Aussichten bestehen auch an einer bestimmten Stelle am Fluss (in der Unterkunft nachfragen), an der es in der Morgendämmerung von Vogelbeobachtern mit Ferngläsern nur so wimmelt. Die Unterkünfte vermitteln kundige Führer für den Parque Nacional Los Quetzales, um die Chancen zu maximieren, dass man Vögel wie den Jungferntrogon und den Laucharassari und eben den Quetzal (aus der Familie der Trogone) zu sehen bekommt. Ein besonders guter Führer und Quetzal-Experte, der zudem perfekt Englisch spricht, ist **Raul Chacón** (☎8920-9987; jrfc01@gmail.com; Quetzal-Tour für bis zu 5 Pers. 70 US$).

Quetzals sind besonders oft im April und Mai (während der Brutzeit) zu sehen, aber auch im restlichen Jahr sind sie ziemlich häufig. Ein besonders hübscher Ort, um sie und andere Vögel zu fotografieren ist der wunderschöne **Batsù Garden** (☎8395-0115; www.batsucr.com; 20 US$; ⏲5–20 Uhr).

NICHT VERSÄUMEN

COOPEDOTA

Coopedota (☎2541-2828; www.coopedota.com; geführte Touren pro Pers. 25 US$; ⏲Touren Mo–Fr 9.30, 13.30 und 15 Uhr, bei Voranmeldung auch Sa & So) bringt Kaffeeliebhabern nah, woher ihr Lieblingsgetränk kommt. Entweder bei einer 1½-stündigen Tour durch die Produktionsanlage oder bei einem Halbtagesausflug, der die Gäste zu einer Kaffeeplantage und einer Produktionsstätte bringt und auch eine Verkostung einschließt. Die Erntezeit (November bis März) ist die beste Zeit für einen Besuch. Start ist an der Südseite des Coopedota Building, direkt gegenüber vom Fußballplatz.

Coopedota ist die erste Kaffeefirma der Welt, die von der British Standards Institution für CO_2-neutral erklärt wurde. Während der Führung erfahren die Besucher, wie diese Reduzierung der Umweltgefährdung bewerkstelligt wird. Im Café neben der Produktionsstätte kann frisch gerösteter Kaffee gekauft werden.

Wer gern wandert, findet einen anspruchsvollen, 9 km langen Weg von San Gerardo hinauf zum Cerro de la Muerte; der Beginn des Wegs liegt auf dem Gelände des Hotel Savegre. Es ist einfacher bergab zu wandern (fünf Stunden), aber am besten mit einem Führer, denn der Anfang des abwärts führenden Weges ist schwerer zu finden. Wer mehr in der Gegend unternehmen möchte, sollte sich vor der Ankunft Karten besorgen. Weniger Ehrgeizige können auf einem leichten 1 km langen Weg spazieren, der am Río Savegre entlang zu einem hübschen Wasserfall am Südende des San-Gerardo-Tals führt.

Schlafen

Ranchos la Isla CAMPINGPLATZ $

(☎ 2740-1009; Stellplatz pro Pers. 10 US$; P) Das attraktive Gelände gegenüber den Cabinas El Quetzal bietet eine Handvoll Zeltplätze auf Plattformen mit Metalldächern an einem kleinen Bach. Die Familie Chinchilla, die diese Unterkunft bereitstellt, organisiert geführte Wanderungen zu den nahe gelegenen Wasserfällen mit der Aussicht, den scheuen Quetzal zu erspähen.

★ **Trogon Lodge** LODGE $$$

(☎ 2293-8181; www.trogonlodge.com; EZ/DZ mit Frühstück ab 127/153 US$) Mehr als 175 Vogelarten, darunter der gefiederte Topstar – der Quetzal, der an den markierten Wanderwegen zu finden ist –, leben auf dem Gelände der Trogon Lodge. Es ist in den Nebelwald eingebettet und wird vom Río Savegre durchflossen. Wunderschöne Landschaftsgärten, ein ausgezeichnetes Restaurant und nette Extras wie Warmwasserflaschen, die in die Hütten geliefert werden, machen die Unterkunft zu einer guten Wahl.

★ **Savegre Hotel** LODGE $$$

(☎ 2740-1028, in USA & Canada 866-549-1178; www.savegre.com; Zi. ab 134 US$; P @ ᯤ) Die Familie Chacón betreibt diese Lodge in einer schönen Landschaft seit 1957; sie ist bei Vogelbeobachtern sehr beliebt, da Quetzals entlang des Wegenetzes von 30 km Länge auf dem Gelände nisten. Die großartigen Räume und Suiten sind mit Holzpaneelen, schmiedeeisernen Kronleuchtern und einem steinernen Kamin ausgestattet. Das Spa vor Ort verwöhnt die Gäste. Professionelle Führer organisieren Vogelbeobachtung, Ausritte und Wanderungen.

Das Wegenetz steht auch Nichtgästen offen (10 US$ pro Pers.).

Dantica Cloud Forest Lodge LODGE $$$

(☎ 2740-1067; www.dantica.com; Zi./Suite inkl. Frühstück ab 101/287 US$; P ❄ ᯤ) Die hochklassige Lodge ist die eleganteste Unterkunft in San Gerardo. Die Anlage besteht aus hübschen, verputzten Bungalows mit farbenfrohen kolumbianischen Architekturakzenten. Der moderne Komfort – Ledersofas, Plasmafernseher, Jacuzzis und Wegbeleuchtung – ist angenehm, aber die größte Attraktion ist die faszinierende Aussicht auf den Nebelwald. Trotz der Äthanolöfen wurden die Zimmer früher nachts sehr kalt, aber die neu angebrachten Heizgeräte haben das Problem gelöst.

Ein Naturschutzgebiet mit privaten Wegen liegt nur wenige Schritte entfernt, ebenso ein Spa. Alle, denen der Preis zu hoch ist, können in der Galerie die Kunst aus ganz Lateinamerika bewundern, den Souvenirladen besuchen oder ein romantisches Abendessen im Restaurant Le Tapir buchen, wo köstliches Essen serviert wird.

Cabinas El Quetzal CABINA $$$

(☎ 2740-1036; www.cabinaselquetzal.com; pro Pers. inkl. 2 Mahlzeiten 140 US$; P ᯤ) Diese Ansammlung von vier familiengeführten *cabinas* (einige mit Holzöfen) am Fluss vermittelt ein heimeliges Gefühl. Die Mahlzeiten sind mit Liebe zubereitet – natürlich ist frische Forelle im Angebot. Die Zimmer sind schlicht (Kachelboden, kleine Sitzbereiche, kein Fernseher), aber sie sind sauber, bequem und mit einem Stapel Decken für eine Nacht, die unwahrscheinlicherweise kalt ist.

Essen

Restaurante Los Lagos COSTA-RICANISCH $

(☎ 2740-1009; Hauptgerichte 7–10 US$; ⌚ So–Fr 7–19, Sa bis 20 Uhr) Hier, zwischen Gärten, Teichen und einem plätschernden Springbrunnen, kann man seine eigene Forelle fangen und sie würzen, panieren und frittieren lassen. Es gibt sie zum Mittagessen mit Pommes frites aus heimischen Kartoffeln. Das kostenlose Dessert, *papaya chilena* (süße glasierte Papaya), ist ein Favorit der Region und wird mit einem Klacks köstlicher Eiscreme serviert.

Café Kahawa CAFE $

(☎ 2740-1081; Hauptgerichte 5–10 US$; ⌚ 7:30–17.30 Uhr; P) Das Café bietet Tische im Freien oberhalb des Flusses, verrückte Kunst mit Schädeln und funkelnde Aquarien. An diesem malerischen Ort wird Forelle auf viele verschiedene Arten zubereitet (es gibt

ABSTECHER

PARQUE NACIONAL LOS QUETZALES

Auf beiden Ufern des Río Savegre, erstreckt sich der Parque Nacional Los Quetzales – ein Nationalpark seit 2005. Auf einer Höhe von 2000 bis 3000 m bedeckt Los Quetzales 50 km^2 Regen- und Nebelwald an den Hängen der Cordillera de Talamanca.

Lebensader des Parks ist der Río Savegre, der hoch oben am Cerro de la Muerte entspringt und mehrere Gletscherseen speist, bevor er in den Pazifik mündet. Diese Region ist bemerkenswert vielgestaltig; an der Savegre-Wasserscheide leben etwa 20 % der nachgewiesenen Vogelarten des Landes.

Getreu dem Namen des Parks wird der schöne Quetzal hier häufig gesichtet (am besten zur Brutzeit von März bis Juni), außerdem der Trogon, Kolibiris und die Rußdrossel. Neben den Vögeln beherbergt der Park auch bedrohte Säugetierarten wie Jaguar, mittelamerikanischer Tapir und Totenkopfaffe. Der Park besitzt auch Bergregenwald, das am zweitmeisten gefährdete Habitat in Costa Rica.

auch einige Gerichte ohne Fisch). Manche der Variationen zum Thema – etwa Forelle in Kokossoße oder Forellen-*ceviche* – sind nicht gerade weit verbreitet. Das Café ist am südlichen Ende des Tals gelegen.

La Comida Típica Miriam COSTA-RICANISCH $

(☎ 2740-1049; www.miriamquetzals.com/restaurant.html; Gerichte 6–10 US$; ⏲ 7–19 Uhr; P) Das recht gemütliche Lokal, das mit *comida típica* (Regionalküche) wirbt, ist eins der ersten Häuser, an denen Reisende in San Gerardo (ca. 6 km von der Interamericana entfernt) vorbeikommen. Man könnte glauben, in einem Privathaus eingeladen zu sein: Es gibt köstliche Speisen im Überfluss, und das begleitet von einer überwältigenden Gastfreundschaft.

Miriam vermietet auch einige Hütten (40 US$) in den Wäldern hinter dem Restaurant. Die sind zwar bescheiden, aber für ein oder zwei Nächte komfortabel genug.

★ **Restaurant Le Tapir** COSTA RICAN $$

(☎ 2740-1069; Dantica Cloud Forest Lodge; Hauptgerichte 11–23 US$; ⏲ 7–21 Uhr) Mit einem schönen 270-Grad-Panoramablick über das Tal spezialisiert sich dieses Restaurant mit Panoramafenstern auf hausgemachte Pasta, Regenbogenforelle und hinreißende Steaks. Alles garniert mit organisch angebauten Kräutern aus dem eigenen Garten. Das Frühstück ist großartig und an das Tenderloin-Steak mit Brombeeren, Pfeffer und Rosmarin wird man sich noch zehn Jahre später erinnern.

ℹ An- & Weiterreise

Für Autofahrer gilt, die Abzweigung nach San Gerardo de Dota liegt in der Nähe von Km 80 auf der Interamericana. Von dort führt die steile Straße ins Tal über asphaltierte und unbefestigte Abschnitte; ein Allradfahrzeug ist hier sehr zu empfehlen, ebenso wie eine langsame Fahrweise, denn man muss sich oft mit dem Gegenverkehr arrangieren.

Busse zwischen San José und San Isidro de El General lassen Fahrgäste auf Wunsch an der Abzweigung aussteigen. Allerdings sollte man nicht vergessen, dass sich das Dorf 9 km weit entlang der Straße erstreckt. Der Fußmarsch kann sich also ganz schön hinziehen.

Cerro de La Muerte

Zwischen Empalme und San Isidro de El General erreicht die Interamericana ihren höchsten Punkt, den berühmten Cerro de la Muerte (3451 m). Der „Todesberg" erhielt seinen Namen, bevor die asphaltierte Straße gebaut wurde, als die Überquerung der Berge nur zu Fuß oder mit dem Pferd möglich war und viele Reisende den extremen Bedingungen nicht standhielten.

Auch heute noch ist die Fahrt eher grauenvoll: In zahlreichen Serpentinen geht es den nebelverhangenen Grat hinauf, eine Straße voller unübersichtlicher Kurven, schreckerregender Felswände und leichtsinniger Fahrer, die gewaltige Risiken eingehen, um langsamere Verkehrsteilnehmer zu überholen. Für Ausgleich sorgt der fantastische Panoramablick auf die Cordillera de Talamanca.

Der Cerro de la Muerte markiert den nördlichsten Ausläufer des *páramo;* dieses Hochgebirgsbiotop mit Busch und Tussockgräsern ist typisch für die südliche Zone Costa Ricas. Die Landschaft erinnert an die Anden und besitzt eine besonders reiche

Fauna. Sie ist der Lebensraum vieler Arten, die auch im benachbarten Parque Nacional Chirripó zu finden sind. Auf dem Weg nach San Isidro durchquert die Straße Nebelwald, Gebirgs- und Prämontanwald.

Schlafen & Essen

An diesem Stück Highway liegen mehrere Lodges. In diesem Teil von Costa Rica gibt es keine Adressen, deshalb wird die Lage der Unterkünfte anhand der Kilometersteine angegeben.

★ Paraíso Quetzal Lodge LODGE $$
(☎2200-0241; www.paraisoquetzal.com; Interamericana Km 70; Zi. inkl. Frühstück ab 88 US$, Halbpension ab 112 US$) Vogelbeobachter schwärmen von dieser Lodge in höchsten Tönen, in deren Umgebung es 13 km Wanderwege gibt. Bei den Touren um 6 Uhr morgens bestehen gute Chancen prächtige Quetzals zu sehen. Für Wärme in den verstreuten hölzernen Hütten sorgen eine großzügige Reihe von Heizgeräten und wollene Decken. In Superior-Hütten gibt es Jacuzzis und fantastische Ausblicke ins Tal, ideal für Stunden mit der/dem Liebsten.

Bosque del Tolomuco B&B $$
(☎8847-7207; www.bosquedeltolomuco.com; Interamericana Km 118; Hütte ab 65 US$; P) Nach dem schlauen Tayra (einer Marderart) benannt, der auf dem Gelände gesichtet wurde, wird dieses nette B&B von einem sympathischen, gesprächigen Expat-Paar betrieben. Es gibt fünf geräumige, helle Hütten; am schönsten ist die abgelegene „Hummingbird Cabin". Auf dem Gelände verlaufen 5 km Wanderwege. Hier gibt es gute Gelegenheiten zum Vogelbeobachten und einige großartige Ausblicke auf Los Cruces und Chirripó.

Das Frühstück kostet 8 US$. Bei Vorausbuchung gibt es ein Gourmet-Abendessen. Nichtgäste können für 3 US$ die Wanderwege nutzen.

Mirador Valle del General LODGE $$
(☎2200-5465; www.valledelgeneral.com; Interamericana Km 119; Zi./Bungalow inkl. Frühstück 50/100 US$; P) Diese passend benannte Lodge bietet einen Panoramablick von der hübschen Rezeption und dem Restaurant aus, in dem örtliche Spezialitäten wie gebratene Forelle serviert werden. Unterhalb liegen makellos saubere Zimmer und Bungalows aus nachhaltig erwirtschaftetem Holz. Bunte Wandteppiche bringen Farbe und die Blicke übers Tal sind auch hier spektakulär. An den Wegen durch den Nebelwald zeigen sich häufig Tangaren und andere Vögel.

Mirador de Quetzales CABINA $$
(☎8381-8456, 2200-4185; www.quetzalesdecostarica.com; Interamericana Km 70; DZ inkl. 2 Mahlzeiten 82 US$; P) Die ausgezeichnete Unterkunft etwa 1 km westlich der Interamericana besteht aus einer Ansammlung von Holzhütten mit Elektroheizung. Im Preis inbegriffen ist ein frühmorgendlicher „Quetzal-Spaziergang" über einen etwa 4 km langen Pfad, der von riesigen Zypressen beschattet wird – die prachtvollen Vögel leben das ganze Jahr über in diesen bewaldeten Hügeln. Gäste von außerhalb können das Wegesystem gegen 7 US$ nutzen.

An- & Weiterreise

Die Busse, die häufig zwischen San José und San Isidro de El General verkehren, lassen Fahrgäste in der Nähe der Lodges aussteigen.

San Isidro de El General

45 000 EW.

Obwohl hier nur wenige Reisende einen Stopp einlegen, ist San Isidro de El General der am schnellsten wachsende Stadtbereich außerhalb der Hauptstadt. Außerdem ist es ein rasch wachsender Marktort an der Kreuzung der Verbindungsstraßen von einigen der wichtigsten Reiseziele Costa Ricas.

„El General" (oft auch als Pérez Zeledón bezeichnet, nach dem Namen der Gemeinde) ist die größte Bevölkerungsansammlung in dieser Gegend und ein wichtiger Verkehrsknotenpunkt. Auf dem Weg zu den südlichen Stränden am Pazifik oder zum Chirripó lässt sich ein kurzer Aufenthalt wirklich nicht vermeiden. Aber einige Unterkünfte etwas außerhalb sind schon für sich genommen einen Besuch wert.

Feste & Events

Landwirtschaftsschau KULTUR
(Anfang Febr.) Bei dieser Ausstellung können die regionalen Farmer ihre Produkte vorzeigen – und diese Gelegenheit nehmen sie wahr. Auf dem 4 km südlich der Stadt gelegenen Ausstellungsgelände werden regionale kulinarische Köstlichkeiten präsentiert. Es gibt auch Stierkämpfe (eigentlich mehr ein Necken der Stiere), Reit-Shows, eine Orchideenausstellung, Viehwettbewerbe und am Abend Konzerte.

San Isidro de El General

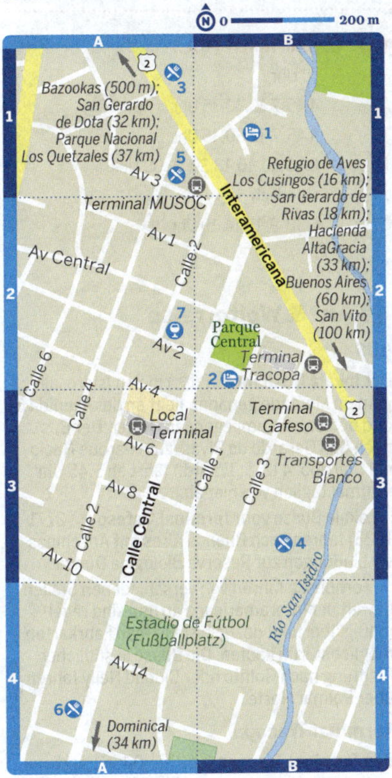

San Isidro de El General

Schlafen
1 Best Western Hotel Zima B1
2 Hotel Chirripó B2

Essen
3 Bazookas A1
4 Farmers' Market B3
5 Kafe de la Casa A1
6 Urban Farm Cafe A4

Ausgehen & Nachtleben
7 Bar El Balcón A2

Schlafen

Hotel Chirripó HOTEL $

(☎ 2771-0529; Av 2 zwischen Calle Central & 1; EZ/DZ 30/41 US$, ohne Bad 20/25 US$; P ❄ 📶) Für müde Leute auf der Durchreise ist dies eine gute Bleibe. Das zentral gelegene Hotel – von der Busstation in zwei Minuten zu erreichen – ist besonders bei Reisenden mit begrenztem Budget sehr beliebt. Die Zimmer sind kahl und wirken ziemlich unwirtlich, sind aber sauber.

Talari Mountain Lodge LODGE $$

(☎ 2771-0341; www.talari.co.cr; Rivas; EZ/DZ inkl. Frühstück 70/92 US$; P 📶 🏊) Diese abgelegene Berg-Lodge ist ein Paradies für Vogelbeobachter; mehr als 200 Arten wurden entlang der drei gepflegten Wanderwege auf dem Gelände am Fluss schon gesichtet. Die Unterkünfte sind in einfachen Holzhütten, die vom Wald umgeben sind. Es gibt auch einen Pool und einen Tennisplatz. Von San Isidro folgt man 7 km der Straße nach San Gerardo de Rivas, dann liegt rechts die Zufahrt zur Lodge.

Best Western Hotel Zima HOTEL $$

(☎ 2770-1114; www.hotelzima.net; Interamericana; EZ/DZ inkl. Frühstück 87/107 US$; P ❄ 📶 🏊) Dieses Best-Western-Hotel kann sich seiner zentralen Lage rühmen und ist doch weit genug von der Hauptstraße entfernt, dass der Verkehrslärm nicht stört. Die Zimmer sind Standard für Geschäftsleute, sie sind bequem und sehr sauber. Das Personal ist freundlich und hilfsbereit.

★ **Hacienda AltaGracia** RESORT $$$

(☎ 2105-3000, in USA 815-812-2212; http://altagracia.aubergeresorts.com; Santa Teresa de Cahón, Pérez Zeledón; Zi. 525–1495 US$; P ❄ 📶 🏊) Dieses Auberge-Resort, eine Hacienda am Berg mit Blick über das üppig grüne Valle de General, besteht aus unabhängigen *casitas* (Hütten) und Suiten. Das Dekor ist stylish und absichtlich einfach gehalten (neutrale Jalousien, dunkles Leder). Das Gelände von 350 ha Fläche ist ideal zum Wandern, Reiten oder dem Betrachten der Szenerie von oben in einem der Ultraleichtflugzeuge des Resorts. Beim Essen kommen vorwiegend regionale Produkte auf den Tisch; es gibt auch ein Weltklasse-Spa.

Essen & Ausgehen

★ **Urban Farm Cafe** INTERNATIONAL $

(☎ 2771-2442; Calle Central; Hauptgerichte 5–7 US$; ⏰ Mo–Sa 7–19 Uhr; 📶 🌿) Dieses nette Café hat ganz allein der gastronomischen Szene von San Isidro einen ordentlichen Schub nach vorne gebracht, es gilt das Motto: „Vom örtlichen Bauernhof direkt auf den Tisch." Das Frühstücksangebot reicht von Macadamia-Pfannkuchen mit Banane nach hawaiianischer Art bis zu vegetarischen

BUSSE VON TERMINAL TRACOPA

REISEZIEL	FAHRPREIS (US$)	FAHRZEIT (STD.)	HÄUFIGKEIT (TGL.)
Golfito	8	4	10 Uhr
Neily	8	4	4.45, 7, 12.30, 15 Uhr
Palmar Norte	6	2½	4.45, 7, 12.30, 15 Uhr
Paso Canoas	9	4½	8, 10.30, 16, 18.30, 21.30 Uhr
San José	6.50	3	stündlich
San Vito	6.50	3½	5.30, 9, 11, 14, 19 Uhr

Omeletts und Falafel; die Wraps und Salate, die in der Mittagszeit serviert werden, quellen geradezu über vor frischem Gemüse und knackigen Salaten. Und im Anschluss empfiehlt sich zum Nachspülen ein leckerer Fruchtsmoothie.

Bazookas INTERNATIONAL $
(www.bazookasrestaurant.com; Interamericana; Hauptgerichte 5–15 US$; ⌚7–22 Uhr; P ᯤ) In Richtung auf den nördlichen Rand von San Isidro und mit Hinweisschild in Knallpink sorgt dieses Lokal für hungrige Reisende. Es gibt eine Mischung aus Tico-Gerichten (ordentlicher *gallo pinto*), üppigem Frühstück inklusive Speck, Eiern und Pfannkuchen, und deftigen Hauptgerichten, wie köstlich zarte Spareribs und riesige Steaks.

Bauernmarkt MARKT $
(an der Calle 3) Als größte *feria* der Region beginnt dieser Bauernmarkt am frühen Donnerstagmorgen und endet in der Regel am frühen Freitagnachmittag. Es gibt reichlich landwirtschaftliche Produkte, zubereitete Gerichte und andere Waren.

Kafe de la Casa CAFE $
(☎2770-4816; Av 3 zw. Calle 2 & 4; Mahlzeiten 7–13 US$; ⌚Mo–Sa 7–19 Uhr; ᯤ) In einem alten Tico-Haus dominieren in diesem Boheme-Café vielfältige Kunstwerke, eine offene Küche und Sitzplätze im schattigen Garten. Auf der Speisekarte stehen ein ausgezeichnetes Frühstück, leichte Mittag- und Gourmet-Abendessen sowie zahlreiche Kaffeegetränke. Zu den Optionen für Vegetarier zählen Salate und Sandwiches.

Bar El Balcón BAR
(☎2771-1112; Ecke Calle 2 & Av 2; ⌚11–24 Uhr) Im zweiten Stock eines Eckhauses im Herzen der Stadt versammelt sich in dieser geräumigen Bar allabendlich eine Menge einheimischer Gäste.

ℹ An- & Weiterreise

BUS

Der **lokale Busbahnhof** (ᯤ) in San Isidro, allgemein Mercado genannt, liegt an der Avenida 6 und bedient die umliegenden Dörfer. Der Bus nach San Gerardo de Rivas (zum Parque Nacional Chirripó; 4 US$; 1½ Std.) fährt ab 5.45 Uhr fünfmal täglich von hier ab.

Lokale Busse vom **Terminal Gafeso** (☎2771-1523) fahren nach Buenos Aires mit Anschlussverbindungen zur Reserva Biológica Dúrika.

Fernbusse fahren von verschiedenen Stellen unweit der Interamericana ab und sind regelmäßig überfüllt; deshalb sollte man Fahrkarten möglichst früh kaufen. Die Busse in südlicher Richtung nach Golfito oder Ciudad Neily fahren über Palmar Norte.

Terminal Tracopa

Der **Terminal Tracopa** (☎2771-0468) liegt an der Interamericana, direkt südwestlich von der Avenida Central, und der **Terminal Musoc** (☎2771-0414), von wo nur Busse nach San José abgehen, direkt beim Kafe de la Casa. Wer nach Paso Canoas, Golfito oder Palmar Norte will, sollte einen Bus nehmen, der aus San Isidro kommt, ansonsten besteht die Gefahr, nur einen Stehplatz zu bekommen, was bei der Dauer der Fahrt beschwerlich werden kann.

Terminal Quepos

Transportes Blanco (☎2771-4744) befindet sich an der westlichen Seitenstraße der Interamericana. Zu den Zielen zählen die Folgenden:

Domenical (US$3, 1½ Std., tgl. 8, 9, 11.30, 15.30 und 16 Uhr)

Puerto Jiménez (über Palmar Norte; 9,60 US$, 5 Std., tgl. 6.30, 11 und 15 Uhr)

Quepos (4,90 US$, 2½ Std., tgl. 8, 11.30 und 15.30 Uhr)

Uvita (3,60 US$, 2 Std., tgl. 9 und 16 Uhr)

FLUGZEUG

Sansa (☎2290-4100, in USA 877-767-2672; www.flysansa.com) fliegt dienstags, freitags und sonntags für etwa 70 US$ zwischen San José und San Isidro one way (einfache Richtung).

San Gerardo de Rivas

400 EW. / 1219 M

Wer den Chirripó besteigen möchte, ist hier genau richtig – der kleine, stille, weit verstreute Ort San Gerardo de Rivas liegt unmittelbar vor der Tür des Nationalparks. Hier gibt es Vorräte, eine Übernachtungsmöglichkeit und eine heiße Dusche vor und nach der Bergtour.

Dank eines neuen Online-Systems für die Reservierung ist es wesentlich einfacher geworden, die nötige Wandererlaubnis zu bekommen. Wer nicht die Zeit oder Energie für die Besteigung des Chirripó besitzt, findet hübsche weniger schwierige Wanderungen in privaten Naturschutzgebieten. Agrotourismus ist weit verbreitet, von der lokalen Forellenfarm bis zu den Käse- und Schokoladenherstellern in Canaán. San Gerardos alpine Kulisse mit zahlreichen Vögeln ist ein angenehmer Aufenthaltsort.

Die Straße nach San Gerardo de Rivas windet sich ab San Isidro 22 km durch das Tal Río Chirripó.

Sehenswertes & Aktivitäten

★ Cloudbridge Nature Reserve NATURSCHUTZGEBIET
(☎ in USA 917-494-5408; www.cloudbridge.org; Spende, geführte Touren 10–30 US$; ⏲ 6–18 Uhr) Etwa 2 km hinter dem Beginn des Wegs zum Cerro Chirripó liegt der Eingang zum mystischen, magischen Cloudbridge Nature Reserve. Dieses private Naturschutzgebiet, das 283 ha Land an der Flanke des Cerro Chirripó bedeckt, bemüht sich um die Wiederaufforstung und den Schutz der Natur, initiiert von der New Yorkerin Genevieve Giddy und ihrem verstorbenen Mann Ian. Ein Wegenetz durchzieht das Anwesen, das gut auf eigene Faust erkundet werden kann. Auch wer sich nur ein kleines Stück vom Eingang entfernt, kommt zu zwei Wasserfällen, darunter die großartige Catarata Pacifica.

Die Schwierigkeit reicht vom sanften Sendero Catarata Pacifica, der zu den Wasserfällen führt, bis zum steil bergauf verlaufenden Sendero Montaña, der in den Hauptweg zum Cerro Chirripó mündet. Geführte Touren, darunter Vogelbeobachtung, Nachtwanderungen und ein Bummel durch den Altbestand des Waldes, finden zu festen Zeiten statt. Es gibt auch Englisch sprechende Führer; eine Buchung muss einige Tage im Voraus erfolgen.

Möglichkeiten zur Freiwilligenarbeit bei der Aufforstung und dem Schutz sind auf der Website des Schutzgebiets aufgelistet.

Talamanca Reserve NATURSCHUTZGEBIET
(☎ 2742-5080; www.talamancareserve.com) Dieses private Naturschutzgebiet besitzt mehr als 1600 ha primären und sekundären Nebelwald; zahlreiche Wanderwege führen hindurch. Der längste ist eine siebenstündige Wanderung, ein anderer führt zu den elf Wasserfällen. Talamanca bemüht sich sehr, sich als Alternative zum Parque Nacional Chirripó anzubieten. Auch Nichtgäste sind willkommen, gegen eine Tagesgebühr von 25 US$ auf den Wegen zu wandern. Für Gäste und Nichtgäste sind Touren im Allradfahrzeug im Angebot.

Jardines Secretos GÄRTEN
(☎ 8451-3001, 2742-5086; 5 US$; ⏲ 7–17 Uhr) Diese gar nicht so geheimen Gärten sind ein herrlich stilles Vergnügen vor oder nach der Besteigung des Chirripó. Die Besitzer führen kundig durch ihre private Sammlung von Orchideen und anderen tropischen Pflanzen. Die Abzweigung liegt direkt vor der Ranger-Station.

Heiße Thermalquellen HEISSE QUELLEN
(Aguas Termales; ☎ 2742-5210; Herradura; 7 US$; ⏲ 7–17.30 Uhr) Zwischen der Ranger-Station und dem oberen San Gerardo gibt es eine Brücke; vor der Brücke zweigt eine Straße nach links ab. Diese Straße nehmen und etwa 1 km auf einer befestigten Straße zurücklegen, dann nach rechts wenden und auf der Hängebrücke den Fluss überqueren. Eine Straße mit Haarnadelkurven führt über 1 km zu einem Haus mit einer *soda* (Imbiss), dem Eingang zu den heißen Quellen – zwei Becken, die bei den Einheimischen sehr beliebt sind.

Feste & Events

Carrera Chirripó SPORT
(www.carrerachirripo.com; ⏲ Feb.) Das äußerst strapaziöse Rennen von San Gerardo de Rivas zur Crestones Base Lodge und zurück (34 km) wird Ende Februar mit bis zu 225 Teilnehmern ausgetragen. Wer den Berg hinaufwandert, wird möglicherweise durch das Wissen entmutigt, dass der schnellste Mann bzw. die schnellste Frau die Strecke in

drei Stunden, vier Minuten bzw. vier Stunden, 19 Minuten zurückgelegt haben.

Schlafen

★ Hostel Cabaña Mis Ojos PENSION $
(☎ 8349-6842; www.facebook.com/MisOjos2015/; Zi. inkl. Frühstück 25 US$) Diese bezaubernde Holzhütte blickt über den Fluss und ist vor allem bei Gruppen und Familien beliebt. Hauptpluspunkte der Pension sind die ruhige Atmosphäre und die leckeren Mahlzeiten, die von der Besitzerin Laura zubereitet werden, die vor Ort lebt, ordentlich Englisch spricht und selbst ihre Gäste von der Bushaltestelle abholt.

★ Casa Mariposa HOSTEL $
(☎ 2742-5037; www.hotelcasamariposa.net; B 16 US$, DZ 40–60 US$; P @) Nur rund 50 m vom Parkeingang entfernt steht dieses wunderbare Hostel, das in den Berghang hineingebaut wurde. Hauptmerkmale sind die Warmherzigkeit und der Kenntnisreichtum der Besitzer John und Jill. An den Bedürfnissen von Reisenden orientierte Extras – warme Kleidung, die man für die Wanderung ausleihen kann, Wäscheservice, Hilfe bei der Buchung für die Chirripó-Lodge und Tipps für alternative Aktivitäten in der Gegend – machen das Haus zu einem Volltreffer.

Abends können sich die Gäste um den Holzofen im gemeinschaftlichen Wohnzimmer versammeln, um zu lesen, Touren zu planen und müde Wanderer zu begrüßen, die vom Gipfel zurückkehren. Es gibt eine aufgeräumte Küche, einen mit Hängematten versehenen Ausguck auf dem Dach und eine steinerne Badewanne. Weil nur Platz für 20 Gäste ist, empfiehlt es sich rechtzeitig im Voraus zu buchen. Ein Parkplatz kostet 2 US$ pro Nacht.

Casa Hostel Chirripó HOSTEL $
(☎ 2742-5020; www.casachirripo.com; B 15 US$, Zi. mit/ohne Bad 40/35 US$;) Beim Fußballplatz bietet dieses farbenfrohe neue Hostel seinen Gästen auch Platz, um zu kochen und gemütlich beisammenzusein. Und nach Wanderungen sind die bequemen Räume und Schlafsäle beliebt, um die müden Knochen auszuruhen. Taxis zum Anfang des Wegs kosten 10 US$; Gruppen können sich den Fahrpreis teilen.

Hotel Roca Dura CABINA $
(☎ 2742-5071; Zi. 25–45 US$; P) Dieses hippe Hostel im Stadtzentrum genau gegenüber vom Fußballplatz ist direkt in einen riesigen Felsen hineingebaut. Man fühlt sich ein bisschen zur Familie Feuerstein versetzt, während die teureren Zimmer Baumstammmöbel und Blicke auf die bewaldeten Hügel bieten. Es gibt ein großartiges **Restaurant** (Hauptgerichte ab 6 US$; 8–21 Uhr).

Hotel Uran HOSTEL $
(☎ 2742-5003; www.hoteluran.com; EZ/DZ 36/57 US$, ohne Bad 20/40 US$; P) Etwa 70 m unterhalb des Weganfangs sind diese einfachen Budgetunterkünfte seit Langem ein Mekka für Wanderer zum/vom Chirripó. Die preiswerten Zimmer sind gut fur einen ruhigen Schlaf, während das Restaurant und die Möglichkeiten zum Wäschewaschen helfen, den schmalen Geldbeutel zu schonen. Hier kann man auch Bier kaufen; die *pulpería* im Ort verkauft keinen Alkohol.

Casa de los Celtas B&B $$
(☎ 8707-2921, 2770-3524; www.casaceltas.com;EZ/DZ 55/70 US$; P) Das angenehme B&B mit Blick auf vier Morgen einheimisches Grün – nicht zu vergessen Sheelaghs Orchideensammlung – wird von zwei pensionierten Expats geführt. Deren aufrichtige Warmherzigkeit und Kenntnis des Gebiets machen den Aufenthalt besonders lohnend. Gäste können zwischen einem Zweibettzimmer oder einer kompakten, freistehenden Hütte wählen und in Sheelaghs Gourmetkochkünsten schwelgen (zweigängiges Abendessen 18 US$). Zum ausgedehnten Frühstück gibt es viel frisches Obst.

Das Anwesen liegt knapp außerhalb von San Gerardo (etwa halbwegs zwischen San Gerardo und San Isidro de El General), deshalb vor der Ankunft nach dem Weg fragen.

Hotel de Montaña El Pelícano HOTEL $$
(☎ 2742-5050; www.hotelpelicano.net; Zi. & Suite 72–116 US$; P) Rund 300 m unterhalb der Rangerstation, von der Hauptstraße aus steil bergauf, liegt diese einfache, aber funktionale Lodge inmitten fantastischer Vegetation. Sie verfügt über spartanische, aber blitzsaubere Zimmer mit Blick auf das Flusstal. Highlight ist die Galerie des Besitzers, eines spätberufenen Künstlers, der skurrile Holzskulpturen schnitzt.

★ Talamanca Reserve HOTEL $$$
(☎ 2742-5080; www.talamancareserve.com; Zi. & Suite 118–220 US$; P) Oberhalb der Ranger Station im privaten Talamanca-Schutzgebiet befindet sich ein wunderbarer Garten mit darin verstreuten Hütten am Fluss; alle mit Terrassen und im Innern mit

Holz und Fliesen dekoriert. Es gibt ein gutes Restaurant vor Ort, aber die größte Attraktion ist der Zugang zu den vielen Wanderwegen des Naturschutzgebiets.

Die Unterkünfte und die geführten Wanderungen werden vom freundlichen, zweisprachigen Kenneth gemanagt, der im Naturschutzgebiet geboren und aufgewachsen ist. Seine Familie unterhält immer noch die Gärten, die Obstbäume, die Wege und die Aufforstungen.

Río Chirripó Retreat HOTEL $$$
(☎2742-5109; www.riochirripo.com; DZ/Hütte/casita inkl. Frühstück 106/142/217 US$; P) Diese gehobene Lodge, 1,5 km von San Gerardo entfernt, in Canaán, hat im Zentrum ein Yoga-Studio mit Blick auf den Fluss und einen Gemeinschaftsbereich im Freien im Western-Stil. In den zehn Hütten hört man den Fluss rauschen. Gewebte Decken und mit Schablonen bemalte Wände erinnern an den Südwesten der USA.

Auf dem Gelände liegt ein privates Naturschutzgebiet mit einem Wanderweg von 30 Minuten, einigen Pools (einer beheizt und einer beim Fluss, der von Felsen umsäumt ist), einem Whirlpool und einem Spa.

Essen

★ Antojos de Maíz COSTA-RICANISCH $
(☎2772-4381; chorreadas 3 US$; Mi–Mo 8–20 Uhr) Auf dem Weg zum Berg oder von dort zurück lässt sich in diesem traditionellen Restaurant an der Straße alles genießen, was aus Mais zubereitet wird. Unser Lieblingsgericht hier ist die *chorreada*, ein traditioneller süßer Pfannkuchen aus frischem weißen oder gelben Mais, serviert mit saurer Sahne. Dazu passt sehr gut ein starker, organischer Kaffee.

Restaurante Rio PIZZA $
(☎2742-5110; Hauptgerichte ab 8 US$; 11–22 Uhr;) Nicht weit vom Fußballplatz serviert dieses Lokal erstaunlich gute Pizzas; wir mögen vor allem die Pizza mit Peperoni, Speck und Schinken. Großzügige Portionen, auch einige Varianten ohne Fleisch.

Praktische Informationen

Die **Chirripó Ranger Station** (Sinac; ☎905-244-7747, in den USA 506-2742-5348; 8–12 & 13–16.30 Uhr) liegt 1 km unterhalb des Fußballplatzes am Ortseingang von San Gerardo de Rivas. Wer den Cerro Chirripó besteigen will, muss vor Beginn der Wanderung hier stoppen, um die Erlaubnis bestätigt zu bekommen. Wenn die Erlaubnis nicht im Voraus gebucht wurde, gibt es eine kleine Chance, sie hier noch zu bekommen.

Auch die Unterkunft in der Crestones Base Lodge (S. 474) muss im Voraus gebucht werden. Zur Zeit unserer Recherche musste man das beim Consorcio Aguas Eternas erledigen; Details siehe S. 472.

An- & Weiterreise

Wer mit öffentlichen Verkehrsmitteln hierherkommen möchte, muss über San Isidro fahren. Busse nach San Isidro starten sechsmal täglich (So 3-mal) zwischen 5.15 und 18.45 Uhr (2 US$, 1½ Std.) am Fußballplatz.

Von San Isidro fährt man über die Interamericana nach Süden und überquert den Río San Isidro südlich der Stadt. 500 m danach wird der nicht ausgeschilderte Río Jilguero überquert. 300 m danach geht es die erste steile – und auch nicht ausgeschilderte – Abzweigung links hinauf; wer diese verpasst, hält sich einfach an die Beschilderung aus nördlicher Richtung.

Die Rangerstation liegt auf dieser Straße etwa 18 km von der Interamericana entfernt. Die Straße führt durch das Dorf Rivas und ist inzwischen bis zum Ortseingang von San Gerardo de Rivas asphaltiert. Sie ist mit normalen Autos passierbar, aber für die Fahrt zum Hotel Urán oder Cloudbridge Nature Reserve ist ein Allradfahrzeug zu empfehlen, denn die ungepflasterte Straße ist steil und tückisch.

Parque Nacional Chirripó

Vier verschiedene Bergketten durchlaufen Costa Rica der Länge nach wie ein Gebirgsrückgrat; die Cordillera de Talamanca ist die höchste, längste und entlegenste von ihnen. Der höchste Gipfel des Landes, der Cerro Chirripó (3820 m), bildet die größte Attraktion der Cordillera und den Mittelpunkt des Hochlandparks Parque Nacional Chirripó.

Auf den Chirripó kommt man nur zu Fuß. Obwohl der Aufstieg anstrengend ist, gehört es unbestreitbar zu den Höhepunkten einer Costa-Rica-Reise, in solch luftigen Höhen den Sonnenaufgang zu erleben.

Der Parque Nacional Chirripó bietet eine willkommene Atempause von der Hitze im Tiefland. Die Landschaftsform oberhalb von 3400 m Höhe wird *páramo* genannt; sie umfasst Krüppelgewächse und Gräser. Felsformationen setzen in der ansonsten kargen Berglandschaft Akzente und die Region speist eine ganze Reihe von Gletscherseen, die dem Park seinen Namen geben: Chirripó bedeutet „ewiges Wasser".

VORAUSPLANUNG

Den Chirripó zu besteigen erfordert einige Planung, obwohl das Ganze seit 2016 deutlich einfacher ist, seit die Sistema Nacional de Areas de Conservación (Sinac) für die Parkgenehmigungen ein Online-Buchungssystem geschaffen hat, das unter https://serviciosenlinea.sinac.go.cr zu finden ist. Man muss sich einen Account einrichten, um für jeden Tag, den man im Park verbringen will, die Genehmigung zu bekommen – das geht bis zu sechs Monaten im Voraus und muss mit einer Kreditkarte bestätigt werden. Es ist auch möglich, ein Bett in der Crestones Base Lodge zu buchen, zur Zeit unserer Recherche hatte das Consorcio Aguas Eternas die Konzession für die Unterkünfte innerhalb des Parks (das kann sich ändern, die aktuellste Information gibt es auf der Website von Sinac). Die Zahlung erfolgt über das **Consorcio Aguas Eternas** (Büro des Consorcio; ☎2742-5097, 2742-5200; infochirriposervicios@gmail.com; ⏲8Mo–Sa 8–17, So ab 9 Uhr) per E-Mail, Telefon oder persönlich. Sie muss innerhalb von zehn Tagen nach der Reservierung erfolgen und die Quittung muss zusammen mit der Reservierungsnummer an info@chirripo.org gemailt werden. Ansonsten wird die Reservierung für die Lodge gestrichen.

Die Trockenzeit (von Ende Dezember bis April) ist die beliebteste Zeit für einen Besuch am Chirripó. Februar und März sind die trockensten Monate mit dem klarsten Himmel, obwohl es auch dann regnen kann. An Wochenenden und vor allem während der Ferien können die Wege mit Tico-Wandergruppen ein bisschen überfüllt sein. Der Park ist jetzt das ganze Jahr über geöffnet und die frühen Monate der Regenzeit sind auch gut fürs Klettern, weil es in der Regel morgens nicht regnet.

In jeder Jahreszeit können die Temperaturen nachts unter den Gefrierpunkt absinken, deshalb sind warme Kleidung (inklusive Hut und Handschuhe) und Regenschutz unabdingbar. Feste Stiefel tragen und gutes Blasenpflaster mitnehmen. An exponierten Stellen erscheint der Wind noch kälter. Die Ranger-Station in San Gerardo de Rivas ist ein guter Ort, um die Wetterbedingungen zu checken.

Die Wege zum Chirripó sind gut gekennzeichnet, man braucht keine Karten.

Der karge *páramo* bildet einen scharfen Gegensatz zum üppigen Nebelwald, der die Landschaft in der Höhe von 2500 bis 3400 m dominiert. Eichen überragen das dichte Unterholz und die immergrünen Baumwipfel.

Aktivitäten

Wildtiere beobachten

Die großen Höhenunterschiede sorgen für eine überraschend artenreiche Tierwelt im Parque Nacional Chirripó. Der Park ist besonders für seine Vogelvielfalt berühmt. Er ist Nistplatz für mehrere bedrohte Vogelarten, darunter die Harpyie (der größte und kräftigste Greifvogel Amerikas) und der scheue Quetzal, der vor allem zwischen März und Mai häufig zu sehen ist. Aber auch zahlreiche Gebirgsvögel wie Hämmerling, Mohrenguan und Großtinamu sind hier heimisch. Die an die Anden erinnernde *Páramo*-Landschaft ist auch der Lebensraum für Streifenjunkos, Rußdrosseln, Schieferämmerlinge, Großfuß-Buschammern und den Weinkehl-Kolibri, der nur in Costa Ricas Hochland vorkommt.

Neben den Vogelarten sind einige ungewöhnliche Hochlandreptilien wie Fransenfingerechsen und Hochlandkrokodilechsen im Park heimisch. Zu den Säugetierarten zählen Pumas, Baird-Tapire, Klammer- und Kapuzineraffen sowie – in höheren Regionen – Dice-Baumwollschwanzkaninchen und deren Jäger, die Kojoten, die fast überall zu finden sind.

Obwohl es keine Garantie gibt, die selteneren Tiere auch tatsächlich zu Gesicht zu bekommen, kann man seine Chancen immerhin ein wenig erhöhen: Pumas bevorzugen Steppenregionen und queren bei Sonnenauf- und -untergang die Wege; Baird-Tapire halten sich gerne in der Nähe von Gewässern auf, vor allem zur Regenzeit. Wer frische Spuren entdeckt, sollte sich bei Sonnenauf- oder -untergang auf die Lauer legen. Kojoten auf Nahrungssuche schleichen nachts häufig zu den Mülltonnen bei der Crestones Base Lodge.

Den Chirripó besteigen

Der Parkeingang befindet sich in San Gerardo de Rivas, das 1219 m über dem Meeresspiegel liegt; von hier bis zum 3820 m hohen Gipfel geht es 2,6 km senkrecht nach oben! Ein gut gekennzeichneter, 19,6 km langer Weg führt bis zum Gipfel hinauf; um ihn zu bewältigen, ist kein technisch anspruchsvolles Klettern erforderlich. Sich zu verlaufen, ist hier beinahe unmöglich.

Die Höhenkrankheit kann, je höher man kommt, zu einem nicht zu unterschätzenden Problem werden. Warnzeichen sind Übelkeit, Kurzatmigkeit, Kopfschmerzen und Erschöpfung. Wer sich unwohl fühlt, sollte eine Weile rasten; wenn die Symptome anhalten, sollte man sofort umkehren.

Die Dauer des Aufstiegs hängt stark von der persönlichen Fitness ab. Manch einer braucht nur fünf Stunden, um die 14,5 km vom Beginn des Weges bis zur Crestones Base Lodge zu bewältigen, andere dagegen benötigen bis zu zwölf Stunden; einplanen sollte man aber mindestens sieben Stunden. Von der Lodge sind es noch einmal 5,1 km bis zum Gipfel, für eine Strecke braucht man etwa zwei Stunden.

Die meisten Wanderer starten zwischen 4 und 5 Uhr in der Früh, obwohl man natürlich auch früher aufbrechen kann. Der eigentliche Parkeingang ist 4 km vom Beginn des Weges in San Gerardo entfernt, der 70 m vom Hotel Urán (und etwa 4 km von der Ranger Station) entfernt ist.

Auf den ersten etwa 6 km geht es überwiegend bergauf über unebenes, felsiges Gelände mit einigen relativ flachen Abschnitten. Der Weg führt durch dichten Nebelwald; hier lohnt es sich, nach Quetzals Ausschau zu halten.

Danach beginnt ein leichter Abstieg zur Schutzhütte in **Llano Bonito** (7,5 km), die einen guten Platz für eine Pause abgibt. Hier kann man sich mit Trinkwasser versorgen, die Spültoiletten benutzen und Snacks und sogar Aspirin kaufen. Die Hütte ist aber nur für wirkliche Notfälle und nicht für Übernachtungen gedacht.

Gleich dahinter beginnt die **Cuesta de los Arrepentidos** („der Hang der Reumütigen"), und wahrhaftig gibt es hier einiges zu bereuen! An diesem Punkt sollte man möglichst nicht an die Langstreckenläufer denken, die in etwa vier Stunden von San Gerardo nach Crestones und zurück laufen. Es ist ein mühevoller Weg, der steil bergauf zum Gipfel des **Monte Sin Fe** (übersetzt heißt das „Berg ohne Glauben") führt, einem ersten Bergkamm auf etwa 3200 m Höhe (bei Km 10). Inzwischen haben die Wanderer offenes, von Krüppelwald gesäumtes Gelände erreicht, rundum ergeben sich grandiose Ausblicke auf die Berge. Danach fällt der Weg für etwa 1,5 km leicht ab; da knirscht manch einer mit den Zähnen, denn umso länger geht es nachher wieder bergauf! Der letzte Abschnitt ist ein nicht enden wollender, steiler Aufstieg, bevor etwas unterhalb gelegen die grünen Dächer der **Crestones Base Lodge** auftauchen; mit einem Seufzer der Erleichterung geht es hinunter auf etwa 3400 m Höhe.

TAGESWANDERUNG AUF DEN CHIRRIPÓ

Masochisten und Superfitte sind wahrscheinlich fasziniert von der Idee, innerhalb eines Tages auf den Gipfel des Chirripó zu steigen und wieder zurückzukehren. Allerdings sollte niemand den Berg unterschätzen.

Der 39,2 km lange Weg hin und zurück beinhaltet einen Aufstieg von 2000 Höhenmetern ins Hochgebirge, und den größten Teil des Weges geht es anstrengend bergauf. Der Gipfel ist nachmittags häufiger wolkenverhangen als am frühen Morgen. Das bedeutet, dass man wahrscheinlich nicht viel zu sehen bekommt. Wer den Weg zum Gipfel und zurück innerhalb eines Tages bewältigen will, muss außerdem fast unvermeidlich zumindest einen Teil des Rückwegs im Dunkeln absolvieren.

Wer sich trotzdem dafür entscheidet, sollte sich auf jeden Fall mit Proviant, Trinkwasser, einer Taschenlampe mit Ersatzbatterien und warmer Kleidung versorgen. Und früh starten – gegen 1 oder 2 Uhr. Dann erreicht man vormittags die Crestones Base Lodge, hat Zeit für eine Pause, erklimmt den Gipfel und beginnt den Abstieg am Nachmittag. Einen Teil des Weges im Dunkeln zurückzulegen, ist kein Problem, weil der Pfad deutlich markiert ist und es fast unmöglich ist sich zu verlaufen. Wer auch nur leise Zweifel an seiner Fitness hat, sollte besser eine lange Tageswanderung im Cloudbridge Nature Reserve (S. 469) in Erwägung ziehen.

NICHT VERSÄUMEN

QUESO PACHECO

Costa Rica ist nicht gerade für *Queso* bekannt, doch die kleine Produktionsstätte **Queso Pacheco** (☎2541-3126, 8434-0654; www.facebook.com/quesopacheco; ⏲unterschiedliche Zeiten), geführt vom Sohn eines früheren Präsidenten, ist ein Beweis fürs Gegenteil. Abel Pacheco lebte seit den 1980er-Jahren mit seiner Frau auf dieser abgelegenen Farm. Er hat sein Handwerk stetig verbessert und produziert den leckersten Schweizerkäse im Umkreis.

Die Öffnungszeiten sind extrem variabel, aber wenn man Pacheco anruft, bekommt man eventuell eine Führung über die Farm, zu der auch Kommentare eines alten Insiders zur Geschichte und Politik Costa Ricas gehören. Unbedingt nach genauen Wegangaben fragen – der Platz ist nicht leicht zu finden.

Zur Zeit der Recherche gab es Pläne, eine geodätische Kuppel mit Unterkünften auf dem Gelände zu errichten.

Der Aufstieg zur Lodge ist der härteste Teil. Von hier aus führt die Route zum **Gipfel** 5,1 km über relativ flaches Terrain (nur die letzten 100 m sind sehr steil). Es empfiehlt sich, für alle Fälle eine warme Jacke, Regenzeug, Wasser, Snacks und eine Taschenlampe mitzunehmen; alles, was man nicht braucht, sollte man in der Lodge zurücklassen. An klaren Tagen sind vom Gipfel sowohl die Karibik als auch der Pazifik zu sehen, den Vordergrund bilden die tiefblauen Seen und die üppig grüne Hügellandschaft des Valle de las Morenas.

Die meisten Wanderer erreichen die Lodge um die Mittagszeit und nutzen den Rest des Tages zur Erholung. Am nächsten Morgen brechen sie dann um 3 Uhr zum Gipfel auf, um rechtzeitig zum fantastischen Sonnenaufgang dort zu sein – ein unvergessliches Erlebnis.

Für den Aufstieg von der Rangerstation in San Gerardo zum Gipfel und den Weg zurück brauchen die meisten Leute mindestens zwei Tage, ohne Zeit für zusätzliche Aktivitäten. In der Hochsaison können Wanderer maximal zwei Übernachtungen in der Lodge buchen, zu anderen Zeiten gilt ein Maximum von drei Übernachtungen. Dadurch bleibt zusätzlich Zeit, um die Wege rund um den Gipfel und/oder die Base Lodge zu erkunden.

Andere Routen

Von der Crestones Base Lodge führen Wege zu mehreren anderen attraktiven Zielen. Dafür braucht man mindestens einen weiteren Tag und topografische Karten. Eine alternative, längere Route zwischen der Base Lodge und dem Gipfel führt über den **Cerro Terbi** (3760 m), und zu **Los Crestones**, einer Mondlandschaft gleichendem Terrain. Die mondähnlichen Gesteinsformationen sind auf vielen Postkarten abgebildet. Wer sich für einen längeren Aufenthalt oben in der Hütte entscheidet, sollte auch die faszinierende grasbewachsene **Sabana de los Leones** besuchen, die einen eindrucksvollen Kontrast zur ansonsten alpinen Landschaft bildet. Gipfelstürmer können zudem auf einer Tagestour von Crestones aus den 3812 m hohen **Cerro Ventisqueros** besteigen. Die Wege dorthin sind generell ziemlich gut in Schuss, doch sollte man sich vor dem Losgehen über den aktuellen Zustand der Wanderwege erkundigen.

Eine Alternative für wirklich ambitionierte Wanderer/Bergsteiger ist eine geführte drei- oder fünftägige Rundwanderung, die im Nachbardorf Herradura startet und zunächst einmal einen oder zwei Tage durch den Nebelwald und den *páramo* an den Hängen des Fila Urán führt. Vor dem eigentlichen Aufstieg zum Chirripó geht es noch auf den **Cerro Urán** (3600 m). Danach erfolgt der Abstieg nach San Gerardo. Bei dieser mehrtägigen Tour wird im Freien geschlafen, man muss also ein Zelt mitnehmen. **Costa Rica Trekking Adventures** (☎2771-4582; www.chirripo.com) hat solche Touren im Programm, allerdings war der Cerro Urán bei Redaktionsschluss für Wanderer zeitweilig gesperrt.

Schlafen & Essen

Crestones Base Lodge (☎2742-5097; www.chirripo.org/hospedaje/; B 35 US$; 📶) bietet die einzigen Unterkünfte im Park. Besucher dürfen im größten Teil des Jahres höchstens drei Nächte bleiben und in der Hauptsaison nur zwei Nächte.

In Ferienzeiten und an Wochenenden während der Trockenzeit ist Raum knapp. Die Chancen in letzter Minute eine Unterkunft zu bekommen, sind am besten, wenn man einige Tage warten kann oder wenn man in der Nebensaison kommt.

Es gibt in der Crestones Base Lodge eine gute Cafeteria, die drei Mahlzeiten am Tag serviert (10 bis 13 US$ pro Mahlzeit). Wanderern ist es nicht erlaubt, ihre eigenen Mahlzeiten mitzubringen, aber kaltes Essen und Snacks sind erlaubt.

Praktische Informationen

Es ist unabdingbar, dass Wanderer wenigstens einen Tag vor dem beabsichtigten Aufstieg auf den Chirripó an der Ranger Station (S. 471) in San Gerardo de Rivas die Parkerlaubnis bestätigen lassen (Reservierung und Zahlungsnachweis mitbringen). Danach muss die Reservierung für die Crestones Base Lodge beim Consorcio Aguas Eternas (S. 472) bestätigt werden. Die Parkgebühren betragen zurzeit 18 US$ pro Tag. An der Ranger Station kann man auch einen Träger organisieren (Festpreis bis zu 15 kg Gepäck 100 US$), obwohl das eigentlich nicht nötig ist. Da Crestones Mahlzeiten bietet und Bettwäsche im Unterkunftspreis inbegriffen ist, kann man sich mit leichtem Gepäck auf den Weg machen, ohne Kochgeschirr oder Schlafsack.

An- & Weiterreise

Reisende erreichen die Wanderwege über das Bergdorf San Gerardo de Rivas, in dem auch die Rangerstation steht. Gegenüber der Rangerstation, vor den Cabinas El Bosque, startet um 5 Uhr ein kostenloser Transport zum Startpunkt des Weges. Aber auch mehrere Hotels bieten ihren Gästen einen frühmorgendlichen Shuttleservice an.

Die Crestones Base Lodge wird durch Pferde mit Vorräten versorgt, ansonsten gibt es nur eine Möglichkeit, den Berg hinauf und wieder hinunter zu kommen, nämlich auf den eigenen zwei Beinen (diesen Weg sollte man keinesfalls unterschätzen).

DIE STRASSE NACH LA AMISTAD

Von San Isidro de El General aus windet sich die Interamericana in Richtung Südwesten durch eine herrliche Landschaft aus sanften Hügeln mit Kaffee- und Ananasplantagen. Im Hintergrund ragt eine imposante Bergkulisse auf, die bis zu 3500 m Höhe erreicht. Entlang der Strecke zweigt eine Reihe enger und steiler Schotterpisten zu einigen der entlegensten Gegenden Costa Ricas ab – manche sind durch die Barriere der Cordillera de Talamanca nahezu unerreichbar. Die Fahrt über diese Straßen ist ein lohnenswertes Abenteuer. Sie führen zum Parque Internacional La Amistad, einer unverfälschten Wildnis von geradezu epischen Ausmaßen. In diesem Teil des Landes gibt es eine reiche Kultur der Ureinwohner, und im kleinen Bergdorf San Vito haben italienische Einwanderer ihre Spuren hinterlassen; dort gibt es die besten Lokale der Gegend.

Reserva Indígena Boruca

Das malerische Tal des Río Grande de Térraba birgt mehrere überwiegend von Ureinwohnern bewohnte Dörfer, die zum Schutzgebiet der Brunka-(Boruca-)Völker gehören. Auf den ersten Blick sind diese Ortschaften kaum von den typischen costa-ricanischen Dörfern zu unterscheiden, abgesehen von ein paar Kunsthandwerkern, die Handgemachtes feil bieten. Tatsächlich sind die Orte kaum auf Tourismus eingestellt, und das ist einer der wesentlichen Gründe dafür, dass die Brunka ihr traditionelles Leben ohne große Störungen fortsetzen können. In Kontakt mit der Gemeinde kommt man am besten im Rahmen einer kulturell sensiblen Tour oder man setzt sich direkt mit der Gemeinde in Verbindung, um eine Übernachtung und Aktivitäten zu arrangieren.

Bei einem Besuch dieser Gemeinden sollte man besondere Sensibilität an den Tag legen – keine Menschen fotografieren, ohne vorher um Erlaubnis zu bitten, und daran denken, dass diese Gemeinschaften darum kämpfen, ihre traditionelle Kultur inmitten einer sich wandelnden Welt zu bewahren.

Geführte Touren

Galería Namu (S. 99) in San José kann Öko-/Ethno-Touren ins Gebiet der Boruca organisieren, dazu gehören Übernachtungen in Privatunterkünften, Wanderungen zu Wasserfällen, Vorführungen von Handwerkern und Geschichtenerzähler. Diese Touren kosten pro Pers. und Tag 85 US$ und umfassen Mahlzeiten, aber nicht den Transport zum Dorf, der aber relativ leicht mit Bus oder Taxi über Buenos Aires zu bewerkstelligen ist. Detaillierte Information auf der Website.

Feste & Events

Fiesta de los Diablitos KULTUR

Das wilde dreitägige Fest in Boruca (30. Dez.–2. Jan.) und Curré (5.–8. Februar) erinnert an den historischen Kampf zwischen Spaniern und der einheimischen Bevölkerung. Dorfbewohner mit hölzernen Teufelsmasken und Kostümen aus Sackleinen übernehmen die Rolle der Ureinwohner in ihrem Kampf gegen die spanischen Eroberer. Das Fest kulminiert in einem choreografierten Kampf, den die Spanier verlieren.

Fiesta de los Negritos RELIGIÖS
(⏲ Dez.) Dieses Fest findet in der zweiten Dezemberwoche statt, um die Unbefleckte Empfängnis der Jungfrau zu feiern. Traditionelle indigene Musik (vor allem Trommeln und Bambusflöten) begleiten Tanz und die schönen Kostüme.

Schlafen & Essen

Reisende können Unterkünfte finden, indem sie im Boruca-Dorf herumfragen. **Mileni Gonzalez** (✆ 2730-5178; www.boruca.org), Organisator der Gemeinde, kann helfen, eine rustikale *cabina* oder traditionelle *rancho*- oder Privatunterkünfte zu organisieren. So können Gäste Verbindung mit der Gemeinschaft herstellen und zur örtlichen Wirtschaft beitragen.

Shoppen

Die Boruca sind angesehene Handwerker, und ihre traditionelle Kunst spielt eine wesentliche Rolle beim Erhalt ihrer Kultur. Während die meisten Boruca bis heute von der Landwirtschaft leben, begannen vor einigen Jahrzehnten einige Angehörige des Volkes auf Initiative eines weiblichen Gemeindeoberhaupts, hochwertiges Kunsthandwerk für die Touristen herzustellen; unter den Schnitzern befinden sich viele Frauen.

Das Volk ist berühmt für seine kunstvollen Masken, die Vögel und Tiere aus dem Dschungel, aber auch Teufelsgesichter darstellen. Sie sind aus Balsa- oder Zedernholz gefertigt und oftmals mit natürlichen Farbstoffen und Acrylfarben bemalt. Auf Handwebstühlen, die noch so gebaut sind wie in präkolumbischer Zeit, stellen Frauen farbenfrohe Taschen aus Naturbaumwolle, Platzsets und andere Textilien her. Diese Erzeugnisse gibt es entlang der Pazifikküste, auf der Península de Osa und in der Hauptstadt zu kaufen. Eine besonders gute Auswahl findet sich im Hotel Cristal Ballena (S. 452) in Uvita, aber auch bei Jagua Arts & Crafts (S. 503) in Puerto Jiménez und in der Galería Namu (S. 99) in San José.

Curré liegt etwa 30 km südlich von Buenos Aires, direkt an der Interamericana. Wer mit dem Auto unterwegs ist, kann anhalten, um eine kleine **Kooperative** (⏲ Mo–Fr 9–17, Sa 14–17 Uhr) zu besuchen, die Kunsthandwerk verkauft. In Boruca stellen lokale Künstler vor ihren Häusern Schilder auf, auf denen sie für ihre handgefertigten Balsamasken und gewebten Taschen werben. Die beste Auswahl an Masken und Webwaren bietet aber **Bisha Cra** (✆ 8366-8606, 2730-0854; www.bishacra.jimdo.com; ⏲ 10–17 Uhr) in der Nähe des Ortseingangs, wenn man die Straße südlich von Curré nimmt.

Praktische Informationen

Die Gemeinde betreibt eine hervorragende Website, www.boruca.org, mit Informationen zur Geschichte und mehr. Der Leiter der Gemeinschaft Mileni Gonzalez (s. links) ist eine ausgezeichnete Informationsquelle.

An- & Weiterreise

Busse (1,70 US$, 1 Std.) starten täglich um 12 und 15.30 Uhr am Zentralmarkt in Buenos Aires und fahren über eine holprige, teilweise asphaltierte Straße nach Boruca. Die Rückfahrt ist um 6 und 11 Uhr am nächsten Morgen. Wer mit öffentlichen Verkehrsmitteln reist, muss also auf jeden Fall im Dorf übernachten.

Ein Taxi von Buenos Aires nach Boruca kostet etwa 30 US$.

Wer mit dem Auto unterwegs ist, kann eine bessere Straße nutzen, die etwa 3 km südlich von Curré von der Interamericana abzweigt – auf den Wegweiser nach Boruca achten! Die staubige, nicht asphaltierte Route führt an einem Kamm entlang und bietet eine spektakuläre Aussicht ins Tal. Von Curré nach Boruca sind es etwa 8 km, aber es geht nur langsam voran. Ein Fahrzeug mit Allradantrieb ist empfehlenswert, aber nicht unbedingt notwendig. Wer in Richtung San Isidro oder Buenos Aires fährt, kann dieser Straße den ganzen Weg durch das Dorf Térraba folgen; unterwegs lässt sich noch der ein oder andere Blick auf das Leben der indigenen Gemeinschaften erhaschen.

Palmar

4900 EW.

An der Kreuzung der beiden wichtigsten Fernstraßen des Landes gelegen, dient die Stadt als Einfallstor zur Península de Osa und zum Golfo Dulce. Das Zentrum des Bananenanbaus bildet eine praktische Ausgangsbasis für die Erkundung des Sierpe-Gebiets für alle, die ein besonderes Interesse an präkolumbischen Steinkugeln haben (dafür ist die Gegend neuerdings berühmt); auch das Festival de la Luz im Dezember ist einen Besuch wert.

Palmar besteht eigentlich aus zwei Ortsteilen: Wer von Palmar Norte nach Palmar

BUSSE VON PALMAR

REISEZIEL	FAHRPREIS (US$)	FAHRZEIT	HÄUFIGKEIT (TGL.)
Dominical	2	1½ Std.	8.20, 13.20, 15.45 Uhr
Golfito	3.20	1½ Std.	11.20, 12.30 Uhr
Neily	3.20	1½ Std.	12-mal tgl. zwischen 5.10 und 18 Uhr
Paso Canoas	3.80	2 Std.	6-mal tgl. zwischen 10.30 und 20.30 Uhr
San Isidro	6.36	2½ Std.	8.30, 12, 14.45, 17, 18.15 Uhr
San José	9.09	5½ Std.	16–19-mal tgl.zwischen 4.45 und 18.30 Uhr
Sierpe	0.63	40 Min.	7-mal tgl. zwischen 5 und 17.15 Uhr

Sur möchte, muss auf der Interamericana Richtung Süden zur Brücke über den Río Grande de Térraba und dann die erste Straße rechts abbiegen. Die meisten Einrichtungen befinden sich in Palmar Norte rund um die Kreuzung der Carretera Interamericana und der Costanera Sur.

Auf dem Weg über Sierpe nach Bahía Drake findet man hier den letzten Geldautomaten. In Palmar Sur gibt es eine Landepiste und einen Park mit schönen Exemplaren der ortstypischen Steinkugeln.

Schlafen & Essen

Selbstversorger werden dem **Supermercado BM** (☎2786-6556; ⊙7Mo–Sa 7–21, So 8–20 Uhr), 200 m nördlich der Kreuzung von Interamericana und Costanera einen Besuch abstatten, bevor sie zur Halbinsel Osa starten, denn die Einkaufsmöglichkeiten in Bahía Drake sind dünn gesät. Das beste Speiselokal ist das Restaurant in der Brunka Lodge.

Hotel El Teca HOTEL $
(☎8950-8562, 2786-8010; www.hotelelteca.com; Ruta 2; EZ/DZ ab 28/35 US$; P❄☎) Von einer netten, gastfreundlichen einheimischen Familie geführt, bietet dieses kleine Hotel eine Handvoll sauberer, gefliester Zimmer, mit Kaffeemaschine und kleinem Kühlschrank. Die Besitzer stehen mit Information zu den präkolumbischen Steinkugeln zur Verfügung und sagen, wo sie zu finden sind. Sie organisieren auch Touren zum Parque Nacional Corcovado, zu den Mangroven von Térraba und mehr. Das Hotel liegt 25 m westlich vo Rotkreuz-Gebäude.

Brunka Lodge HOTEL $$
(☎2786-7489; EZ/DZ ab 40/50 US$; P❄☎≋) Die Brunka Lodge ist zweifellos die einladendste Unterkunft in Palmar Norte. Sonnenbestrahlte, blitzsaubere, bunt gestrichene Bungalows liegen um einen Swimmingpool und ein beliebtes Restaurant im Freien. Alle Zimmer verfügen über heißes Wasser im Bad, Kabelfernsehen und High-Speed-Internet. Die Suite ist besonders hübsch, da sie einen privaten Zugang zum Pool besitzt.

An- & Weiterreise

Ab San José bietet **Sansa** (☎2290-4100, in den USA 877-767-2672; www.flysansa.com) täglich Flüge zum Flugplatz von Palmar an. Die Preise variieren je nach Saison und Verfügbarkeit, doch in der Regel liegen sie für einen Flug von/nach San José bei etwa 100 US$.

Taxis stehen bei Ankunft der Flüge bereit und berechnen für eine Fahrt nach Palmar bis 15 US$ und nach Sierpe bis 30 US$. Ansonsten fährt der relativ selten verkehrende Bus von Palmar Norte nach Sierpe durch Palmar Sur – wenn ein Platz frei ist, kann man mitfahren.

BUS

Busse nach San José und San Isidro halten auf der Ostseite der Interamericana. Weitere Busse starten vor Pirola's Pizza- und Fisch-Restaurant oder vor dem Schaufenster von Tracopa auf der anderen Straßenseite. Busse nach Sierpe fahren vor dem Gollo-Laden ab.

Neily

17 250 EW.

Obwohl Ciudad Neily die größte Stadt im südlichen Costa Rica ist, hat es sich die freundliche Atmosphäre eines Landstädtchens bewahrt. Nur 50 m über Meereshöhe gelegen, dient das dampfige Neily als regionaler Verkehrsknotenpunkt und als Landwirtschaftszentrum, hat aber kaum touristische Anziehungskraft.

Wer hier strandet, findet im **Hotel Andrea** (☎2783-3784; www.hotelandreacr.com;

BUSSE VON NEILY

REISEZIEL	FAHRPREIS (US$)	FAHRZEIT	HÄUFIGKEIT
Golfito	1.12	1½ Std.	stündlch zwischen 5.20 und 19.30 Uhr
Palmar	1.16	1½ Std.	12-mal tgl. zwischen 4.45 und 17.45 Uhr
Paso Canoas	0.70	30 Min.	alle 30 Min.
San Isidro	7.60	4 Std.	9-mal tgl.
San José	12.80	7 Std.	11-mal tgl.
San Vito	1.28	1½ Std.	4-mal tgl. zwischen 6 und 17 Uhr

Zi. mit/ohne Klimaanlage 50/30 US$; (P ⊖ ❄ ☰) eine gute Unterkunft.

ℹ An- & Weiterreise

Busse fahren am **Terminal Tracopa** (☎2221-4214) ab, der am *mercado* (Markt), zwei Blocks östlich des Highway 237 liegt, wo es eine Reihe geschäftiger *sodas* gibt. Zu den Zielen zählen die folgenden:

Paso Canoas

9550 EW.

Der wichtigste Ort an der Grenze zwischen Costa Rica und Panama ist hektisch, ein wenig zwielichtig und absolut ohne Charme. Der Grenzübertritt verläuft glücklicherweise problemlos. Kein Wunder, dass die meisten Reisenden von Paso Canoas nicht mehr sehen als den Stempel in ihrem Reisepass.

ℹ Praktische Informationen

Beim Verlassen von Costa Rica fällt eine Ausreisesteuer von 8 US$ an (7 US$ eigentliche Ausreisesteuer, 1 US$ „Provision", weil die Steuer nicht vor Ankunft an der Grenze bei einer nationalen Bank bezahlt wurde). Die Steuer wird an einem Schalter gegenüber dem Büro von Migración & Aduana bezahlt.

Die **BCR** (Banco de Costa Rica; ☎2732-2613; ⏲Mo–Sa 9–16, So 9 13 Uhr) verfügt über einen Geldautomaten in der Nähe des Büros von Migración & Aduana. Die Kurse der Straßenhändler für den Tausch der restlichen Colones in Dollar sind nicht großartig. Colones werden an der Grenze akzeptiert, sind aber weiter im Landesinneren von Panama nur schwer loszuwerden.

Die **Autoridad de Turismo de Panamá** (☎507-526-7000; ⏲8–1 Uhr), in der panamaischen Einwanderungsstelle, hat Grundinformationen zum Reisen in Panama.

ℹ An- & Weiterreise

Tracopa-Busse starten nach San José (17,69 US$, 7½ Std.) um 4, 8, 8.30, 9, 13, 16.30 und 16.40 Uhr. Das **Büro von Tracopa** (☎2732-2119; ⏲7–16 Uhr), genau genommen nur ein Schalter, liegt nördlich des Grenzpostens auf der Ostseite der Hauptstraße. Die Busse am Sonntagnachmittag sind voll von Wochenendeinkäufern, also unbedingt Fahrkarten so früh wie möglich kaufen. Busse nach Neily (0,70 US$, 30 Min.) fahren von 5 bis 17.30 Uhr wenigstens einmal stündlich am **Terminal de Buses Transgolfo** ab. Ein Taxi nach Neily kostet etwa 10 US$.

Direkt hinter der Grenze verkehren die Busse nach David, der nächstgelegenen Stadt in Panama; von dort gibt es Verbindungen nach Panama City und zu anderen Zielen.

San Vito

5500 EW.

Obwohl die italienischen Einwanderer, die in den 1850er-Jahren das kleine San Vito gegründet haben, längst entschwunden sind, präsentiert das Dorf am Berghang stolz die Reste ihres kulturellen Erbes. Daher ist der Ort ein guter Ausgangspunkt für Reisende, die einen dampfenden Teller Pasta und eine erholsame Nachtruhe brauchen.

Die Nähe der Stadt zur Reserva Indígena Guaymí de Coto Brus bedeutet, dass viele Ureinwohner in dieser Region umherziehen. Gemeinschaften der Ngöbe, auch Guaymí genannt, dürfen zwischen Costa Rica und Panama hin- und herwechseln. Mitunter sind Frauen in ihrer traditionellen Kleidung zu sehen – sie tragen lange *Nagua*-Kleider in kräftigen Farben und Besätze in auffallenden Kontrastfarben. Manchmal trifft man sie im Bus oder sieht sie durch die Straßen schlendern.

Eingezwängt zwischen der Cordillera de Talamanca und der Fila Costeña bietet das Valle de Coto Brus eine grandiose Topografie: Die sanften grünen Hügel der Kaffeeplantagen heben sich markant von den fantastischen Gebirgshängen ab.

Sehenswertes

★ Wilson Botanical Garden GÄRTEN

(Las Cruces Biological Station; ☎ 2773-4004; www.ots.ac.cr/lascruces; 8 US$, geführte Halb-/Ganztagestouren 39/54 US$; ⏲ 7–17 Uhr) Der Wilson Botanical Garden erstreckt sich über zehn Hektar und ist von 355 ha natürlichem Wald umgeben. Er wurde 1963 von Robert und Catherine Wilson gegründet und wurde bald international für seine Sammlung bekannt. Er liegt 6 km südlich von San Vito.

Ein Plan der Wege ist erhältlich, sodass man auf eigene Faust zwischen exotischen Pflanzen, wie Orchideen, Bromelien und Heilpflanzen herumspazieren kann; Vogelbeobachter können nach seltenen Vogelarten Ausschau halten.

Im Jahr 1973 übernahm die Organization for Tropical Studies (OTS) die Schirmherrschaft über das Gebiet, und heute beherbergt der gepflegte Garten – Teil der Las Cruces Biological Station – über 1000 Pflanzengattungen aus etwa 200 Familien und mehr als 2000 einheimischen Arten. Von der Auslöschung bedrohte Spezies werden hier für eine mögliche künftige Auswilderung beherbergt.

Der Wilson Botanical Garden ist auch bei Vogelfreunden sehr beliebt, da er Hunderte costa-ricanische und Zugvogelarten anlockt; hinzu kommen noch zahlreiche Schmetterlingsarten.

Wer im botanischen Garten übernachten möchte, sollte weit im Voraus buchen: Die Unterkünfte werden häufig von Forschern belegt. Untergebracht werden die Gäste in komfortablen Hütten (EZ/DZ inkl. Mahlzeiten und Führung 95/180 US$) inmitten des grandiosen Geländes. Die Zimmer sind zwar einfach, aber dafür hat jedes einen eigenen Balkon mit fantastischem Ausblick.

Busse zwischen San Vito und Neily (über Agua Buena, nicht Cañas Gordas) kommen am Eingang des Gartens vorbei.

Finca Cántaros PARK

(☎ 2773-5530, 2773-3760; www.fincacantaros.com; Erw./Kind 12–17 Jahre 6/3 US$; ⏲ 6.30–17 Uhr) Etwa 3 km südlich von San Vito liegt die Finca Cántaros, ein Freizeitareal und Wiederaufforstungsprojekt. Das mehr als 17 ha große Gelände – das früher als Kaffeeplantage und Weideland genutzt wurde – ist heute ein hübsches Naturschutzgebiet mit Wegen, Picknickplätzen und aufregendem Panoramablick. Besonders interessant sind ein präkolumbischer Friedhof und eine große Felszeichnung, die 2009 auf dem Gelände entdeckt wurde. Bedeutung und Alter sind noch unklar, doch man schätzt, dass die Zeichnung rund 1600 Jahre alt ist.

Ebenfalls interessant und im Rahmen einer erläuterten Wanderung zu erreichen ist die 3000 Jahre alte Laguna Zoncho – am besten picknickt man an einer der kleinen Schutzhütten und sieht sich nach seltenen Vögeln um; Vogelliebhaber, die die *finca* vor 6.30 Uhr morgens besuchen möchten, können das vorab arrangieren. Die Rezeption des Schutzgebiets präsentiert eine kleine, aber sorgfältig zusammengestellte Sammlung von lokalem und südamerikanischem Kunsthandwerk.

Zelten ist auf dem Gelände erlaubt (10 US$ pro Pers.); wer an einem Sonntag kommt, sollte vorher anrufen.

Schlafen & Essen

★ Casa Botania B&B $$

(☎ 8711-3008, 2773-4217; www.casabotania.com; EZ/DZ inkl. Frühstück 62/75 US$; ❄📶) 🍃 Das neueste B&B der Region wird von einem netten jungen Paar geführt. Es trifft den Ton perfekt, von den modernen, hübsch ausgestatteten Zimmern bis zum fantastischen Blick, von der Bibliothek mit Vogelbestimmungsbüchern bis zu den vegetarischen Gourmetmahlzeiten, die auf einer Veranda mit Blick auf das üppige Grün des unterhalb gelegenen Tals serviert werden. Es liegt 5 km südlich von San Vito.

Zum wechselnden Drei-Gänge-Menü aus vorwiegend lokalen Zutaten gehören costa-ricanische und europäische Gerichte. Es wird allerdings nur für Gäste serviert. Zum Anwesen gehören auch drei Hektar großer Wald mit Wanderwegen.

Cascata del Bosco BUNGALOW $$

(☎ 2773-3208; www.cascatasanvito.com; Stellplatz 20 US$, Zi. ab 65 US$; P📶) Die vier runden Hütten der Cascata del Bosco bieten den Blick über das bewaldete Tal unterhalb und geben Gästen das Gefühl in einem Baumhaus zu leben. Jede Hütte besitzt eine Terrasse, Dachfenster, eine Kitchenette und Bambus und Fliesen im Inneren. Einige Wege winden sich innerhalb des Anwesens durch die Natur und das Restaurant an der Straße ist ein beliebter Treffpunkt von Einheimischen und Expats. Das hier angebotene Barbecue ist exzellent. Die Unterkunft liegt direkt nördlich vom Wilson Botanical Garden.

An- & Weiterreise

Die Fahrt von Neily nach Norden ist landschaftlich reizvoll und bietet tolle Aussicht auf die Tiefebene, die allmählich zurückbleibt, wenn sich die Straße die Hügel hinaufschraubt. Die asphaltierte Straße ist steil, eng und voller Haarnadelkurven.

Von San Vito nach San Isidro kann man auch durch das Valle de Coto Brus fahren – eine malerische und weniger befahrene Route mit fantastischem Blick auf die Cordillera de Talamanca im Norden und die etwas niedrigere Fila Costeña im Süden.

BUS

Die wichtigste Haltestelle von **Tracopa** (☎2773-3410) liegt etwa 150 m von Ortszentrum die Straße nach Sabalito hinunter. Zu den Zielen gehören San Isidro (7 US$, 3 Std., tgl. um 6.45 und 13.30 Uhr) und San José (13 US$, 7 Std., tgl. um 5, 7, 7.30, 10 und 15 Uhr).

Eine Bushaltestelle für lokale Busse liegt am Nordwestrand der Stadt; sie wird von Bussen nach Neily (1,75 US$, 1½ Std., 8-mal tgl.) und anderen Zielen angefahren.

Parque Internacional La Amistad

Der 4070 km² große Parque Internacional La Amistad ist eine gewaltige grüne Fläche, die sich über die Grenze zwischen Panama und Costa Rica erstreckt (daher stammt auch der spanische Name La Amistad – „Freundschaft"). Es ist das weitaus größte Schutzgebiet in Costa Rica und ein positives Zeugnis für die Möglichkeiten internationaler Kooperation in Sachen Umweltschutz. Der Park wurde im Jahr 1982 eingerichtet und 1990 von der Unesco zum Weltnaturerbe erklärt. Inzwischen ist er Teil des noch größeren Corredor Biológico Mesoamericano (Zentralamerikanischer biologischer Korridor), der eine große Vielfalt an bedrohten Lebensräumen und Tieren schützt. Auch in kultureller Hinsicht hat er eine große Bedeutung, denn er beherbergt mehrere verstreut liegende Schutzgebiete für die Ureinwohner.

Der allergrößte Teil des Parks liegt hoch oben in der Cordillera de Talamanca und ist praktisch unzugänglich.

Innerhalb des Parks existiert nur sehr wenig touristische Infrastruktur. Mit einem erfahrenen Führer können unerschrockene und erlebnishungrige Reisende aber einen Teil des wildesten Terrains des Landes erkunden.

Aktivitäten

Wandern

Außer bei geführten Wanderungen müssen sich Parkbesucher fast ausschließlich auf zwei Wege beschränken, die bei der Altamira Ranger Station anfangen: **Sendero Gigantes del Bosque** und **Sendero Valle del Silencio**.

Wegen geführter Touren nimmt man Kontakt mit der Gesellschaft der Führer, Aso-ProLA, auf. Die Tarife richten sich nach der jeweiligen Gruppengröße und der gewünschten Tour.

Wildtierbeobachtung

Auch wenn der Parque Internacional La Amistad zu großen Teilen aus unzugänglichem Gebiet hoch in der Talamanca besteht, sind rund 90 Säugetier- und über 400 Vogelarten katalogisiert worden. Der Park besitzt die landesweit größte Population des Mittelamerikanischen Tapirs, zudem leben hier der Große Ameisenbär sowie alle sechs (bedrohten) Katzenarten der Neotropischen Region – Jaguar, Puma (Berglöwe), Langschwanzkatze (Margay), Ozelot, Tigerkatze und Wieselkatze (Jaguarundi) – und zahlreiche weniger bedrohte Säugetiere.

Über die Hälfte aller Vogelarten des Landes wurden hier schon gesichtet, darunter auch 49 endemische Arten. Hier lebt beispielsweise die majestätische Harpyie, eine extrem seltene, große und kräftig gebaute Greifvogelart, von der zu befürchten steht, dass sie mittlerweile in Costa Rica beinahe ausgestorben ist.

Außerdem schützt der Park 115 Fischarten, 215 verschiedene Spezies von Reptilien und Amphibien sowie unzählige Insektenarten.

Schlafen & Essen

AsoProLA Lodge LODGE $

(☎8651-7324; www.asoprola.com; Zi. inkl. Frühstück ab 22 US$; P) Die AsoProLA, die Gesellschaft der Führer, betreibt eine recht einfache Lodge mit einem zugehörigen Restaurant im Dorf Altamira und kann auch private Unterkünfte in Altamira für 18 US$ pro Pers. inkl. Frühstück organisieren. Private Unterkünfte sind eine großartige Möglichkeit, um einen Blick auf das Leben der Menschen am Rand des Regenwaldes zu werfen.

Altamira Ranger Station CAMPINGPLATZ $

(☎8616-1647; Stellplatz pro Pers. 6 US$) Die Altamira Ranger Station bietet Stellplätze mit

Trinkwasser, Kaltwasserduschen, Toiletten und Strom. Alle Lebensmittel müssen mitgebracht werden.

Heladería Biolley EISCREME $
(☎8515-9267; Eiscreme 1–3 US$; ⏲9–18 Uhr) Dieser violett und grüne pilzförmige Eisladen ist eine herrlich seltsame Einrichtung bei der AsoProLa Lodge. Das Eis bekommt seinen Geschmack von Früchten, die im Umland geerntet wurden.

ℹ Praktische Informationen

Der wichtigste Startpunkt für Besucher zu den innersten Teilen des Parks ist das winzige Bergdorf Altamira, 25 km nordwestlich von San Vito. Es gibt drei weitere offizielle Zugänge zum Park: einer bei Buenos Aires, einer bei Helechales und einer bei San Vito. Doch die Estación Altamira ist die einzige Einrichtung die ganzjährig besetzt ist. Außerdem kommt man zu den anderen Eingängen nur über Straßen in einem grauenvoll schlechten Zustand.

Für eine Reservierung im Camp ruft man direkt bei der Parkverwaltung in der Estación Altamira an. Sie liegt in der am besten erschlossenen Gegend des Parks, mit Campingplatz, Duschen, Trinkwasser, Strom und einem Aussichtsturm.

Altamira Ranger Station (☎8616-1647; Eintrittsgebühr pro Pers. und Tag 10 US$; ⏲8–16 Uhr) Hier wird der Eintritt kassiert und es werden Information zum Park gegeben.

AsoProLA (☎8651-7324, 8616-1647, 8621-5559; www.asoprola.com; Altamira; ⏲7–20 Uhr) Kann geführte Wanderungen im Park arrangieren.

ℹ An- & Weiterreise

Um nach Altamira zu kommen, kann man jeden Bus nehmen, der zwischen San Isidro und San Vito fährt, und in dem Dorf Guácimo (oft auch Las Tablas genannt) aussteigen. Von Guácimo fahren Busse normalerweise um 13 und um 17 Uhr nach El Carmen; wenn der Straßenzustand es erlaubt, fahren sie auch noch 4 km weiter bis zum Dorf Altamira. Von dort folgt man dem Minae-Schild (in der Nähe der Kirche); bis zur Rangerstation ist es eine Wanderung von 2 km steil bergan.

Es ist sehr viel bequemer, die Gegend mit einem Allradfahrzeug statt mit öffentlichen Verkehrsmitteln zu erkunden; die Straßen sind rau und holprig, und die Busse sind nicht besonders zuverlässig. Die Abzweigung zum Park ist hinter dem Ort Guácimo ausgeschildert, wenn man von San Vito kommt. Der Parkeingang in Altamira liegt 21 km (etwa 1 Std. Fahrt) auf einer unbefestigten Straße, auf der sämtliche Knochen durchgerüttelt werden, vom Highway 237 entfernt.

NACH CORCOVADO ÜBER BAHÍA DRAKE

Auf der Westseite der Península de Osa verläuft die Bahía-Drake-Route, eine der beiden Hauptrouten zum Parque Nacional Corcovado. Die Route beginnt in der Ortschaft Sierpe im Valle de Diquís im Norden der Halbinsel; von dort fließt der Río Sierpe in die Bahía Drake. Die meisten Reisenden entscheiden sich für eine aufregende Bootsfahrt durch die Mangroven zwischen Sierpe, Drake und Corcovado, möglicherweise mit einem Abstecher über den Humedal Nacional Térraba-Sierpe. Alternativ gibt es eine holprige Straße nach Drake über die ehemalige Goldgräbersiedlung Rancho Quemado, die unterwegs ein Fleckchen *agroturismo* ermöglicht. In jedem Fall bietet die Bahía-Drake-Route Gelegenheit, das costa-ricanische Landleben besser kennenzulernen und – rund um die vielen Lodges in der Wildnis – einer größeren Anzahl von Tieren zu begegnen.

Sierpe

4000 EW.

Das recht verschlafene Dorf am Río Sierpe bildet das Einfallstor zur Bahía Drake. Gäste, die eine Unterkunft in den weiter südlich an der Küste gelegenen Dschungellodges gebucht haben, werden hier mit dem Boot abgeholt. Abgesehen von der Funktion als Durchgangsstation gibt es wenig Grund, sich länger als notwendig in diesem Ort aufzuhalten. Es lohnt sich aber, einen Blick auf die berühmten präkolumbischen Steinkugeln auf dem Hauptplatz zu werfen. Wer den ausgezeichneten Sitio Arqueológico Finca 6 bei Sierpe besucht, kann hier eine Lunchpause einlegen. Auch Fahrten in die Mangroven können in der Stadt arrangiert werden.

Schlafen

Veragua River House B&B $$
(☎2788-1460; www.hotelveragua.com/en; EZ/DZ inkl. Frühstück 50/60 US$; P ❄ 📶) Dieses lohnende B&B wird von einem freudlichen halb italienischen, halb Tico-Paar geführt; es liegt in einem Garten am Flussufer, der liebevoll mit Obstbäumen und tropischen Blumen bepflanzt ist. Die Gäste übernachten in vier Garten-Bungalows, die in einem einzigartigen costa-ricanischen Stil erbaut sind. Das B&B liegt 3 km nördlich von Sierpe. Bei

Voranmeldung werden auch Mittag- und Abendessen (15 bis 20 US$) serviert.

Hotel Oleaje Sereno HOTEL $$

(☎ 2788-1111; EZ/DZ inkl. Frühstück ab 30/50 US$; P ❄ 📶) Dieses Motel mit Blick auf den Río Sierpe hat eher lieblose staubige Zimmer mit Holzböden, robusten Möbeln und einem Restaurant, das bei Gringos, die hier ein Schiff nehmen, sehr beliebt ist. WLAN funktioniert mal und dann wieder nicht.

ℹ Praktische Informationen

La Perla del Sur (☎ 2788-1082; info@perladelsur.net; ⏲ 6–22 Uhr; 📶) Dieses Info-Center und Freiluft-Restaurant beim Schiffsanleger ist das Zentrum von Sierpe – am besten hier das Langzeitparken organisieren (6 US$ pro Nacht), eine Tour buchen und das kostenlose WLAN nutzen, bevor es per Schiff nach Drake geht.

ℹ An- & Weiterreise

Nach Palmar Sur, etwa 14 km nördlich von Sierpe, gibt es Linien- und Charterflüge. Die meisten Spitzenklasselodges organisieren den Bootstransport an der Bahía Drake. Wenn jedoch etwas schiefgeht oder man auf eigene Faust unterwegs ist, gibt es jede Menge Wassertaxis, die dort herumfahren; einen vernünftigen Preis muss man im Allgemeinen aushandeln. Fahrplanmäßige *colectivos* (Sammel)-Boote fahren von Sierpe um 11.30 (15 US$) und 16.30 Uhr (20 US$) nach Drake.

Busse nach Palmar Norte (0,70 US$, 40 Min.) fahren um 5.30, 8.30, 10.30, 12.30, 15.30 und 18 Uhr vor der Pulpería Fenix ab. Ein Sammeltaxi nach Palmar kostet etwa 10 US$ pro Person.

Humedal Nacional Térraba-Sierpe

Der Río Grande de Térraba und der Río Sierpe entspringen an den Südhängen der Talamanca-Berge. Wenn sie sich dem Pazifik nähern, verzweigen sich die Flüsse zu einem Netzwerk aus Kanälen und Wasserläufen, das den größten Mangrovensumpf des Landes bildet. Dieses Flussdelta umfasst den Humedal Nacional Térraba-Sierpe, ein etwa 330 km² großes geschütztes Feuchtgebiet, in dem Rote, Schwarze und Teemangrovenarten wachsen. Darüber hinaus beherbergt das Schutzgebiet eine Vielzahl von Vogelarten, insbesondere Wasservögel wie Fisch- und Silberreiher sowie Kormorane, und größere Bewohner der trüben Gewässer und verschlungenen Vegetation wie Kaimane und Boas. Eine Erkundung dieser Wasserwelt mit dem Boot vermittelt einen einzigartigen Einblick in das sehr spezielle und fragile Ökosystem. Das Schutzgebiet Térraba-Sierpe ist nur im Rahmen einer Bootstour zugänglich.

ℹ Praktische Informationen

Im Térraba-Sierpe-Naturschutzgebiet gibt es keine Einrichtungen für Besucher, obwohl Lodges und Tourveranstalter Touren organisieren können, um die Erkundung der Feuchtgebiete zu erleichtern. Bahía Aventuras (S. 451) in Uvita bietet halbtägige Schiffstouren (85 US$ pro Pers.) durch die Mangroven, ebenso Corcovado Expeditions (S. 485) in der Bahía Drake (110 US$ pro Pers.).

Bahía Drake

1000 EW.

Die Bahía Drake (*drah-kei*), die im Süden an den Parque Nacional Corcovado grenzt, gehört zu den entlegensten Reisezielen in Costa Rica und erinnert stark an Arthur Conan Doyles *Vergessene Welt*. In den Baumkronen des Regenwalds begrüßen Brüllaffen die aufgehende Sonne mit ihrem durchdringenden Geschrei. Aras steigen zwischen den Wipfeln auf und erfüllen die Luft mit ihrem eindringlichen Gekreische. Unweit des schönen Meeresschutzgebiets Isla del Caño gleiten Delfinschulen durch das türkisfarbene Wasser der Bucht.

Dass der Landstrich weitgehend vom Rest des Landes abgeschnitten ist, ist einer der Gründe, warum es in der Bahía Drake eine so reiche Tierwelt gibt. Das Leben konzentriert sich in und um Agujitas, einen Verkehrsknotenpunkt. Das ruhige Dorf lockt eine wachsende Zahl von Rucksacktouristen und Naturliebhabern mit preisgünstigen Zimmern und reichlich Gelegenheit zum Schnorcheln, Tauchen und zur Tierbeobachtung. In den abgelegeneren Ecken der Bahía Drake stehen einige der besten (und teuersten) Wildnis-Lodges in Costa Rica.

Aktivitäten

Kanu- & Kajakfahren

Río Agujitas KAJAKFAHREN

Der idyllische Río Agujitas lockt eine große Vielfalt an Vögeln und Reptilien an. Der Fluss mündet in die Bucht, die von verborgenen Höhlen und Sandstränden umgeben ist, die ideal zur Erkundung mit einem Seekajak sind, am besten bei Flut. Einige Unterkünfte verleihen Kajaks und Kanus, außerdem kön-

ABSTECHER

DIE STEINKUGELN VON SIERPE

Man nimmt an, dass das Diquís-Delta der am höchsten entwickelte und historisch bedeutsamste Teil von Costa Rica war. In präkolumbischer Zeit soll das Gebiet dicht besiedelt gewesen sein und eine wichtige Rolle als Handelsposten zwischen den anderen bedeutenden Kulturen in Lateinamerika (den Inka im Süden und den Maya im Norden) gespielt haben – Gegenstände aus Gold und Jade, die in dem Delta gefunden, aber anderswo hergestellt wurden, legen das nahe. Doch während andere präkolumbische Hochkulturen beispielsweise riesige pyramidenartige Monumente, unvergleichliches Mauerwerk und differenzierte Sprachen hinterließen, besteht das Erbe der Diquís aus wenig mehr als gewaltigen Steinkugeln.

Es ist bekannt, dass die Kultur große Mühen auf deren Herstellung verwandte (über 300 Kugeln wurden im Diquís Delta gefunden). Hergestellt wurden sie aus Sandstein, Kalkstein, Gabbro und Granodiorit vom Küstengebirgszug Costeña. Das Material wurde nur mit Steinwerkzeug bearbeitet und die Kugeln über große Distanzen transportiert, auch übers Wasser (einige wurden auf der Isla del Caño gefunden). Ihre Funktion ist weiterhin unklar; es gibt allerdings Theorien, nach denen die Kugeln, die in Gruppen oder Linien angeordnet wurden, möglicherweise Himmelsphänomene repräsentieren oder als Sonnenkalender dienten. Andere haben sie als territoriale Markierungen oder Machtsymbole interpretiert (je größer die Kugeln, desto mächtiger die Person). Die Durchmesser der Kugeln reichen von wenigen Zentimetern bis zu 2,54 m; die größte und schwerste Kugel, die in der Stätte El Silencio gefunden wurde, wiegt erstaunliche 24 Tonnen. Kleinere Kugeln wurden in einigen Gräbern entdeckt, vermutlich wurden hier besonders bedeutende Anführer bestattet.

Im Jahr 2014 wurden die Steinkugeln der Diquís in die Welterbeliste der Unesco aufgenommen, und es gibt Pläne für Ausgrabungen an weiteren wichtigen Stätten im Diquís-Delta, um Besuchern wie Einheimischen die einzigartige Geschichte der Region nahezubringen. Gemeinden hoffen außerdem, dass die Unesco-Auszeichnung mehr Tourismus ins Delta bringt und das Gebiet zu neuem Leben erwecken wird. Eine ganze Anzahl von Kugeln wurden in der Vergangenheit aus dem Gebiet entfernt und zur Dekoration in irgendwelche Gärten gestellt. Die bedeutendsten archäologischen Funde schmücken Museen in San José, wenige ausgezeichnete Beispiele dieser Kugeln sind in Parks in Palmar Sur und Sierpe zu sehen. Der **Sitio Arqueológico Finca 6** (☎2100-6000; finca6@museocostarica.go.cr; 4 km nördlich von Sierpe; 6 US$; ⌚Di–So 8–16 Uhr) bietet die beste Möglichkeit, diese geheimnisvollen Kugeln zu betrachten. Es gibt auch ein Museum vor Ort, das einen Film über die Bedeutung und den Zweck der Kugeln zeigt. Es wird angenommen, dass sich dort, wo heute das Finca-6-Museum liegt, in präkolumbischer Zeit eine große Siedlung mit Handelsbeziehungen in die ganze Region befand.

nen Kajaks auch am Agujitas-Strand gemietet werden (etwa 15 US$ pro Stunde).

Wandern & Tierbeobachtung

Alle Lodges und die meisten der Tourveranstalter haben Touren zum Parque Nacional Corcovado im Programm, in der Regel eine ganztägige Tour nach San Pedrillo oder zur Sirena Ranger Station (ab 85 bis 150 US$ pro Pers.), inklusive Schifffahrt, Lunch und geführten Wanderungen.

Einige Reisende fühlen sich jedoch von diesen Touren enttäuscht, vor allem von der Schifffahrt nach Sirena, die relativ lange dauert und wegen rauer See unangenehm sein kann. Hinzu kommt, dass die Wege um Sirena viele Besuchergruppen anziehen, die Tiersichtungen verhindern. Da die meisten Touren lang nach Sonnenaufgang eintreffen, hat die Aktivität im Regenwald sich auch schon zur Ruhe gelegt. Wer sich wirklich für die Tiere interessiert, sollte besser im Park übernachten.

Alle Parkbesucher müssen von einem Führer begleitet sein, der vom costa-ricanischen Tourismus-Ausschuss (ICT) zugelassen ist. Bei einer Tour zu Stränden und durch den Dschungel mit einem Führer werden Besucher auf wesentlich mehr Tiere aufmerksam, als sie allein entdecken würden. Einer der besten Führer in der Gegend

Bahía Drake & Umgebung

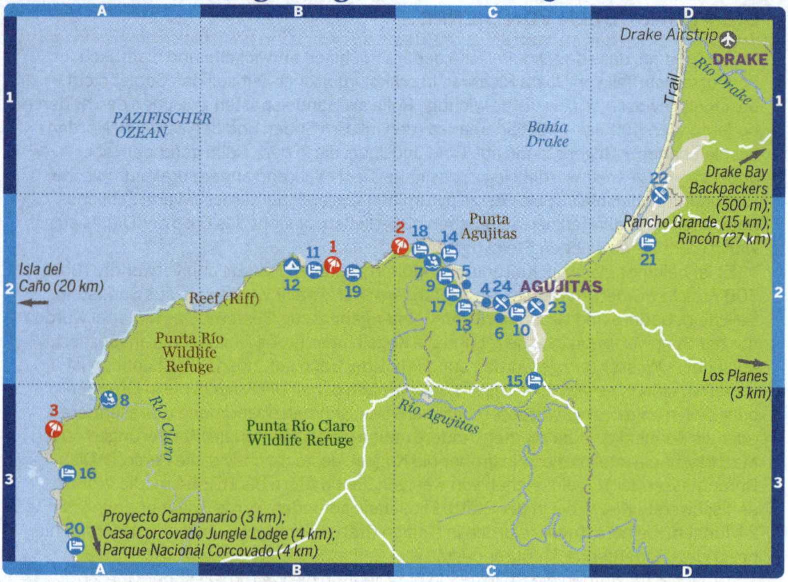

Bahía Drake & Umgebung

Sehenswertes

- 1 Playa Caletas B2
- 2 Playa Cocalito C2
- 3 Playa San Josecito A3

Aktivitäten, Kurse & Touren

- Corcovado Expeditions ..... (s. 4)
- 4 Corcovado Info Center C2
- 5 Original Canopy Tour C2
- 6 Pacheco Tours C2
- 7 Río Agujitas C2
- 8 Río Claro Tours A3

Schlafen

- 9 Aguila de Osa C2
- 10 Casita Corcovado C2
- 11 Copa de Arbol B2
- 12 Corcovado Adventures Tent Camp B2
- 13 Drake Bay Getaway Resort C2
- 14 Drake Bay Wilderness Resort C2
- 15 Finca Maresia C2
- 16 Guaria de Osa A3
- 17 Hotel Jinetes de Osa C2
- 18 La Paloma Lodge C2
- 19 Las Caletas Lodge B2
- 20 Life for Life Hostel A3
- Martina's Place ..... (s. 10)
- 21 Sunset Lodge D2

Essen

- 22 Drake's Kitchen D1
- 23 Heladería Popis C2
- 24 Los Coquitos C2
- Soda Mar y Bosque ..... (s. 23)

ist **Everest Cerdas** (☎8584-5199; www.ontourwitheverest.com; 1/2 Nächte pro Pers. ab 300/580 US$).

Die einfachste und nächstliegende Route für Wanderungen in Eigenregie ist der 17 km lange Küstenpfad von Agujitas nach San Pedrillo (S. 490). Routinierte, einigermaßen fitte Wanderer schaffen die Strecke bis zur Rangerstation San Pedrillo in sechs bis sieben Stunden (Besucher, die den Park betreten oder dort übernachten wollen, müssen allerdings im Voraus ihre Reservierung bestätigen und in Begleitung eines Führers unterwegs sein). Alternativ kann man sich von einem Tourveranstalter mit dem Bot in der Nähe von San Pedrillo absetzen lassen und zurück nach Agujitas wandern; dabei darf man nicht vergessen, dass die Sonne gegen 17.30 Uhr ziemlich schnell untergeht. Man muss nicht die ganze Strecke bewältigen – unterwegs gibt es viele Strände.

Geführte Touren

Abenteuer

Original Canopy Tour GEFÜHRTE TOUREN
(☎8371-1598, 2291-4465; www.jinetesdeosa.com/canopy_tour.htm; 35 US$; ⏱8–16 Uhr) Am Hotel Jinetes de Osa bietet die Original Canopy Tour neun Plattformen, sechs Taue und ein 20 m hohes Beobachtungsdeck; so lassen sich neue Perspektiven des Regenwalds entdecken. Die Touren dauern zwei bis drei Stunden.

Vogel- & Tierbeobachtung

Mit 400 beobachteten Arten zählen das Gebiet um die Bahía Drake und der nahe Corcovado zu den besten Plätzen, um die Arten zu beobachten, die im Tiefland-Regenwald an Costa Ricas Pazifikküste leben. Dazu zählen gefiederte Schönheiten wie der hellrote Ara, der Tukan, der Türkisvogel, der Bergadler und der Schwarzwangen-Ameisentangar (endemisch auf der Península de Osa). Alle besseren Lodges organisieren Vogelbeobachtungs-Spaziergänge, ebenso einige unabhängige Touranbieter und spezielle Vogelführer.

★ **Pacheco Tours** TIERE
(☎8906-2002; www.pachecotours.com) Sehr kompetenter Allrounder, der Schnorcheltouren zur Isla del Caño ebenso anbietet wie Tagestouren mit Wandern im Dschungel und Schwimmen im Wasserfall (65 US$), außerdem Ausflüge zur Walbeobachtung.

★ **Tracie the Bug Lady** TIERE
(☎8701-7462, 8701-7356; www.thenighttour.com; Touren pro Pers. 40 US$; ⏱7.30–22.15 Uhr) Tracie die „Insektendame" hat sich in der Gegend mit ihren faszinierenden Nachtwanderungen in den Dschungel einen Namen in der Gegend gemacht. Es gibt Insekten, Reptilien und Vögel zu sehen. Tracie ist ein wandelndes Lexikon über Insekten – eines ihrer Forschungsgebiete ist die militärische Verwendung von Insekten! Ihr Ehemann Gian ist Naturfotograf und führt ebenfalls Nachtwanderungen; im Voraus reservieren.

Corcovado Info Center TIERE
(☎2775-0916, 8846-4734; www.corcovadoinfocenter.com; Walbeobachtung/Corcovado Tagestouren 110/90 US$) Auf dem Programm stehen Touren zum Corcovado und zur Isla del Caño unter der Leitung einheimischer, zweisprachiger, ICT-zertifizierter Guides. Der Veranstalter befindet sich am Ende der Hauptstraße in Agujitas am Strand.

Corcovado Expeditions GEFÜHRT TOUREN
(☎2775-0916, 8846-4734; www.corcovadoexpeditions.net; geführte Touren 45–85 US$) Touren zum Corcovado und zur Isla del Caño zu konkurrenzfähigen Preisen, außerdem eine breite Vielfalt an Spezialwanderungen, z. B. einzigartige Exkursionen zur Beobachtung von seltenen tropischen Vögeln und Baumsteigerfröschen. Das Büro liegt zwischen der Klinik und der Schule.

Delfin- und Walbeobachtung

Eine Fülle von Meerestieren bevölkert die Bahía Drake, darunter mehr als 20 Delfin- und Walarten, die ganzjährig auf ihren Wanderungen hier vorüberziehen. Das Gebiet ist ein einzigartiger Platz für Walbeobachtungen: Aus der nördlichen wie der südlichen Hemisphäre kommen die Buckelwale in die Bucht, um ihre Jungen zur Welt zu bringen. Infolgedessen herrscht hier die weltweit längste Buckelwalsaison. Buckelwale sind in der Bahía Drake von Dezember bis März und noch einmal von Juli bis Oktober anzutreffen. Mehrere Lodges beteiligen sich an Projekten zum Erhalt der Meeresfauna in der Bahía Drake. Sie geben aber, ebenso wie unabhängige, kenntnisreiche Veranstalter in Agujitas, Touristen die Möglichkeit, die Unterwasserwelt in der Bucht näher kennenzulernen. Diese Touren kosten im Allgemeinen etwa ab 100 US$ pro Person.

Tauchen

Etwa 20 km westlich von Agujitas ist die Isla del Caño einer der Top-Tauchplätze in Costa Rica. Zu den Attraktionen gehören raffinierte Fels- und Korallenformationen sowie eine erstaunliche Vielfalt der Unterwasser-Tierwelt. Taucher haben berichtet, dass die Fischschwärme, die über ihnen

ABSTECHER

RESERVA BIOLÓGICO ISLA DEL CAÑO

Das Kernstück der **Reserva Biológica Isla del Caño** (10 US$, Tauchgebühr 4 US$) ist eine 326 ha große Insel – die Spitze zahlreicher unterseeischer Felsformationen. Rund 15 verschiedene Korallenarten sind hier vertreten, ebenso bedrohte Arten, darunter ein Zehnfußkrebs und eine Flügelschnecke. Die große Anzahl an Fischen lockt Delfine und Wale an, ebenso Hammerhaie Mantarochen und Meeresschilkröten.

schwammen, oft so dicht waren, dass kein Tageslicht mehr zu sehen war. Die Lodges bieten Tagestrips zur Insel (ab 80 US$ pro Pers.), in der Regel inklusive Parkgebühr, Schnorchelausrüstung und einem Lunch an der Playa San Josecito. Die Klarheit des Meeres und die Vielfalt der Fische variiert mit den Wasser- und Wetterbedingungen. Es lohnt, sich vor dem Buchen zu erkundigen.

Zwei Tauchgänge kosten zwischen 110 und 150 US$ je nach Platz. Einige gehobene Lodges haben Tauchcenter vor Ort, außerdem gibt es mehrere Center in Agujitas.

Bajo del Diablo TAUCHEN
(Teufelsfels) Die Bahía Drake ist zwar reich an Tauchplätzen, doch der Bajo del Diablo ist zweifellos ein Highlight, eine erstaunliche Formation von Unterwasser-Bergen, die eine unglaubliche Vielfalt an Fischen anzieht, darunter Stachelmakrelen, Schnapper, Barracudas, Kugelfische, Papageifische, Muränen und Haie.

Osa Divers TAUCHEN
(☎8994-9309; www.osadivers.com) Der empfehlenswerte Tauchausrüster entführt Taucher (und Schnorchler) zu Unterwasserabenteuern rund um die Isla del Caño. Schnorcheltouren kosten 80 US$, Two-/Three-tank Dives 120/160 US$. Die Ausrüstung dürfte moderner sein, und die Divemaster haben mit Neulingen nicht allzu viel Geduld.

Schlafen

Agujitas besitzt eine stetig wachsende Auswahl an Budget- und Mittelklasse-Unterkünften, obwohl an der Bahía Drake die Tendenz zur gehobenen Klasse regiert. Diese Gegend ist sehr abgelegen, so gibt es mancherorts nicht rund um die Uhr Strom. In der Trockenzeit (Mitte Dezember bis Mitte April) ist eine Reservierung empfehlenswert.

Weitere Unterkünfte finden sich an der Küste von der Bahía Drake zum Corcovado.

★Martina's Place PENSION $
(☎8720-0801; www.puravidadrakebay.com; B/EZ/DZ ab 14/30/40 US$; 📶) Mit einigen Schlafsälen mit Ventilator und Zimmern mit Klimanlage bietet diese freundliche Budget-Unterkunft mitten in Agujitas auch den Zugang zu einer sauberen, gut ausgestatteten Gemeinschaftsküche. Hier kann man auch sehr gut andere Reisende treffen, von Martinas Wissen über den Corcovado profitieren und viele Touren organisieren.

Drake Bay Backpackers HOSTEL $
(☎2775-0726, 8981-5519; www.drakebaybackpackers.com; Stellplatz pro Pers. 5 US$, B/Zi. ab 15/40 US$; P ❄ 📶) Dieses ausgezeichnete Hostel, abseits der ausgetretenen Pfade, ist ein Schnäppchen für Reisende, die mit den Einheimischen in Kontakt kommen möchten. Preisgünstige Touren können arrangiert werden; es gibt hier einen netten Gemeinschaftsbereich und einen Patio mit Grill. Das Hostel liegt im Dorf El Progreso, nahe beim Flugplatz, direkt hinter dem Flussübergang.

★Finca Maresia BUNGALOW $$
(☎8888-1625, 2775-0279; www.fincamaresia.com; Camino a Los Planes; inkl. Frühstück EZ 35–85 US$, DZ 45–100 US$) Die weit gereisten Besitzer haben hier ein wahres Juwel von einem *Finca*-Hotel geschaffen, dessen Gelände sich über eine Hügelkette erstreckt. Die Kombination von ausgezeichnetem Preis-Leistungs-Verhältnis und hervorragenden Möglichkeiten zur Tierbeobachtung lockt viele Budgetreisende an. Alle Zimmer und der Gemeinschaftsbereich im Freien sind von einem Soundtrack von Dschungelgeräuschen erfüllt; und Manager Juan ist ein phänomenaler Gastgeber.

Sunset Lodge HÜTTE $$
(☎2775-9068; Hütte inkl. Frühstück 85 US$; P) Die zwei Holzhütten liegen am oberen Ende einer extrem steilen Treppe auf dem Hügel. Diese relative neue Unterkunft wird von einem jungen enthusiastischen Tico geführt, dessen Familie zu den ersten Siedlern an der Bahía Drake gehörte. Der Blick von der Terrasse auf die Bucht ist einfach umwerfend. Man hat uns zugesichert, dass es bald WLAN geben wird.

Casita Corcovado B&B $$
(☎8996-8987, 2775-0627; www.casitacorcovado.com; Zi. inkl. Frühstück ab 85 US$; 🚭 ❄ 📶) Das hübsche kleine Haus von Jamie und Craig, direkt am Meer gelegen, bietet drei Zimmer mit einem gemeinsamen Bad und bequemen orthopädischen Betten. Die Gäste haben Zugang zu zwei luftigen Patios und vielen Hängematten. Die Annehmlichkeiten des Dorfes liegen vor der Tür. Doch das Besondere an dieser Unterkunft ist die Herzlichkeit und Hilfsbereitschaft der Gastgeber. Köstliche hausgemachte Mahlzeiten sind ebenfalls erhältlich.

Wenn das ganze Haus gemietet wird, sind Kinder aller Altersstufen willkommen. Wer im B&B wohnt, kann auf Wunsch einen Babysitter-Service nutzen.

★ **Drake Bay Getaway Resort** BOUTIQUEHOTEL **$$$**
(☎6003-7253; www.drakebaygetaway.com; Zi. 540–880 US$; P 📶) Die fünf Luxus-Hütten, atemberaubend auf der Klippe gelegen, bieten einen herausragenden Blick auf die Bucht von der privaten Veranda. Der Küchenchef verwendet organische Produkte aus dem Garten des Anwesens, um jedem Gast maßgeschneiderte Mahlzeiten zu servieren. Der Service ist sehr aufmerksam und eine ganze Reihe von Touren sind verfügbar.

Aguila de Osa LODGE **$$$**
(☎2296-2190, in USA 866-924-8452; www.aguiladeosa.com; EZ/DZ 3 Nächte inkl. aller Mahlzeiten pro Pers. ab 1243 US$; P ❄ 📶) Am Ostufer des Río Agujitas bietet diese mondäne Lodge geräumige Zimmer mit hohen Decken und privaten Veranden mit weitem Blick übers Meer. Charterfahrten zum Tauchen und Sportfischen sind für Gäste im Angebot. Das freundliche Personal und die kenntnisreichen Führer sind das Tüpfelchen auf dem i. Der Preis beinhaltet eine Tour zur Isla del Caño und eine zum Corcovado.

Das Hotel-Restaurant serviert köstliche Vier-Gänge-Menüs (45 US$ pro Pers.), die mit frischem Obst und Gemüse aus dem Hydrokultur-Garten der Anlage stammen.

Drake Bay Wilderness Resort HÜTTE **$$$**
(☎2775-1716; www.drakebay.com; 4-Tages-Paket pro Pers. 865 US$; ❄ 📶 🏊) Das älteste Resort in Drake liegt sehr hübsch auf der Punta Agujitas. Es besteht aus komfortablen Hütten mit Wandbildern und Terrassen mit Meerblick, insgesamt sind sie eher funktional als luxuriös. Naturliebhaber wird die tolle Landschaft von blühenden Bäumen bis zu außergewöhnlichen Felsformationen am Meer begeistern. Geschichtsinteressierte wissen wahrscheinlich das Denkmal zu schätzen, das an Drakes Landung erinnert. Die Aussicht ist grandios; das Essen ist von schwankender Qualität.

La Paloma Lodge LODGE **$$$**
(☎2775-1684, 2293-7502; www.lapalomalodge.com; 3-/4-/5-Tages-Arrangement pro Pers. ab 1085/1350/1620 US$; ❄ 📶 🏊) Diese Lodge am Hang bietet Gästen einen unglaublichen Panoramablick über Meer und Wald, und zwar aus dem Komfort üppig ausgestatteter, eleganter Unterkünfte. Die Zimmer verfügen über orthopädische Queen-Size-Betten und Balkone mit Blick aufs Meer, während die schulterhohen Wände der Badezimmer, den Blick auf den Regenwald freigeben. Die Lodge ist beliebt bei Familien, die Ferien machen. Mindestaufenthalt sind drei Tage, im Preis inbegriffen sind eine Tour zur Isla del Caño und zum Corcovado.

Hotel Jinetes de Osa HOTEL **$$$**
(☎8996-6161, in den USA 866-553-7073; www.jinetesdeosa.com; EZ/DZ ab 103/110 US$, Suite 180 US$, inkl. Frühstück; 📶) Das preiswerte Jinetes de Osa, ideal für Taucher, rühmt sich seiner Lage an der Bucht, wirklich nur ein paar Schritte vom Meer. Jinetes bietet auch eine Baumwipfel-Tour, dazu eine der Topadressen in Sachen Tauchen auf der Halbinsel, mit Professional Association of Diving Instructors (PADI). Direkt am Rand von Agujitas gelegen findet sich in diesen hübschen Zimmern die ideale Mischung aus Dorf und Dschungel.

Essen

★ **Heladería Popis** EIS **$**
(⏲13–21 Uhr) Im heißen, staubigen Bahía Drake gibt es nachmittags nichts Erfrischenderes als einen Vanille-Milchshake aus dieser hinreißenden Eisdiele. Es gibt auch Banana-Splits, Kaffee und Eis-Cappuccinos.

★ **Drake's Kitchen** COSTA-RICANISCH **$**
(Casa el Tortugo; ☎2775-1405, 6161-3193; Hauptgerichte ab 7 US$; ⏲12–21 Uhr; P) Ausgezeichnetes kleines Restaurant an der Hauptstaubpiste von Agujitas zum Flugplatz. Die *casados* (Menüs), wie der Fang des Tages mit gebratenen Kochbananen und Avocado, werden von einem fähigen und leidenschaftlichen Küchenchef zubereitet; die frischen

SIR FRANCIS DRAKE HAT HIER ÜBERNACHTET

Ihren Namen verdankt die Bucht Sir Francis Drake, der im März 1579 während seiner Weltumseglung mit der *Golden Hind* in der Bucht landete. Laut der Chronik hat Drake auf der nahen Isla del Caño haltgemacht. Doch die Einheimischen mutmaßen, sein Schiff habe auch am Festland angelegt. Auf jeden Fall steht ein Drake-Denkmal auf der Punta Agujitas, einer Landspitze, auf der sich das Gelände des Drake Bay Wilderness Resort erstreckt.

Säfte schmecken toll und das Ambiente ist angenehm.

Soda Mar y Bosque COSTA-RICANISCH **$**
(☎6015-4981, 5002-7554; Hauptgerichte 5–16 US$; ⌚5.30–21 Uhr; 📶) Dieses Restaurant am Hang in Agujitas serviert typische Tico-Küche und eine Auswahl an Desserts. Es gibt sogar kostenloses WLAN. Von der großen Terrasse und einer vor Kurzem hinzugekommenen Sitzgelegenheit im oberen Stockwerk kann man ein frisches Lüftchen einfangen und Paare Hellroter Aras übers Meer fliegen sehen.

Los Coquitos FISCH & MEERESFRÜCHTE **$$**
(☎2775-9049; Hauptgerichte 12–18 US$; ⌚10–21 Uhr) Gleich beim Strand wird in diesem Restaurant auf einer überdachten Terrasse der frischeste Fisch der Gegend serviert. Reisende beurteilen den Schnapper und den Speerfisch besonders gut, ebenso die typisch costa-ricanischen *casados* mit Fleisch (Rind oder Huhn), Fisch, Bohnen, Reis und einem sehr würzigen Salat. Der Service im Los Caquitos ist freundlich.

ℹ An- & Weiterreise

AUTO

Rincón, an der Hauptstraße zwischen Puerto Jiménez und der Interamericana, ist mit Agujitas an der Bahía Drake durch eine ordentliche Schotterstraße verbunden; allerdings ist ein Fahrzeug mit Allradantrieb für diese Route unerlässlich; während der Regenzeit kann sie unpassierbar werden, weil mehrere Flüsse durchquert werden müssen. Am gefährlichsten ist die Fahrt durch den Río Drake – Einheimische holen immer wieder im Wasser festgefahrene Autos aus dem Fluss. Selbst Geländewagen mit großer Bodenfreiheit haben nach Regenfällen ihre Schwierigkeiten. Im Zweifelsfall sollte man lieber warten, bis ein einheimisches Auto auftaucht, dann genau aufpassen, wo es durchfährt und dann seiner Spur folgen. Der Bau einer Brücke ist zwar genehmigt, aber es kann noch einige Jahre dauern, bis sie tatsächlich errichtet wird.

Zwischen Rincón und Rancho Quemado gibt es eine sehr schmale Brücke ohne Geländer; bei der Benutzung ist Vorsicht geboten.

Vor der Fahrt nach Drake unbedingt tanken; es gibt dort keine Tankstelle. In Notfällen kann man im Supermarkt sehr teures Benzin kaufen.

In Agujitas müssen Reisende vermutlich ihr Auto stehen lassen, weil man die meisten Ziele nur noch zu Fuß oder per Schiff erreicht. An einem sicheren Platz, etwa bei einer Pension parken! Es gibt einige Supermärkte, deren Personal gegen ein nettes Trinkgeld gern auf das Auto aufpasst.

BUS

Ein Bus nach La Palma (wo Anschluss an einen Bus nach Puerto Jiménez besteht) lässt Passagiere an der Strandstraße vor den Supermärkten einsteigen, Abfahrt ist gegen 8 und 13.30 Uhr (10 US$, 2 Std.). Die Rückfahrt nach La Palma startet um 11 und 16.30 Uhr. Vor Ort sollte man die Abfahrtszeiten noch mal überprüfen.

FLUGZEUG

NatureAir (☎2735-5062; www.natureair.com) und **Sansa** (☎2290-4100, in den USA 877-767-2672; www.flysansa.com) fliegen täglich von San José zum Flugplatz von Drake, der 2 km nördlich von Agujitas liegt. Die Preise variieren nach Saison und Verfügbarkeit; sie liegen einfach zwischen 80 und 120 US$.

Alfa Romeo Aero Taxi (☎8632-8150; www.alfaromeoair.com) bietet Charterflüge von Drake nach Puerto Jiménez (430 US$), Carate (450 US$) und Sirena (420 US$) an. Am besten ist es, die Flüge persönlich am Flughafen zu buchen; wenn mehrere Leute mitfliegen, können einfache Flüge unter 100 US$ kosten.

Die meisten Lodges holen ihre Gäste mit dem Jeep bzw. Boot von der Landepiste oder von Sierpe ab und bringen sie auch wieder dorthin zurück. Dieser Service sollte unbedingt vorab reserviert werden.

SCHIFF/FÄHRE

Die aufregende Bootsfahrt von Sierpe ist eines der wirklichen Abenteuer beim Besuch des Gebietes. Die Boote schippern auf dem Fluss durch den Regenwald und das Mangrovendelta. An der Flussmündung steuert der Kapitän sein Schiff durch die gezeitenbedingten Strömungen in den Ozean. Alle Hotels bieten nach vorheriger Absprache den Bootstransfer zwischen Sierpe und der Bahía Drake an. Die meisten Hotels in Drake haben eine Anlegestelle am Strand, entsprechendes Schuhwerk ist zu empfehlen.

Wer keine Abholung mit der Lodge vereinbart hat, kann die beiden *Colectivo*-Boote besteigen, die täglich um 11.30 und 16.30 Uhr von Sierpe und um 7.15 (15 US$) und 14.30 Uhr (20 US$) von Bahía Drake zurück nach Sierpe fahren.

Rancho Quemado

200 EW.

Das kleine Dorf wurde in den 1940er-Jahren gegründet, als man 15 km östlich von Bahía Drake eine Goldmine fand. Doch die meiste Zeit waren Viehzucht und Ackerbau die Haupteinnahmequellen, vor allem als die Goldmine nichts mehr brachte und der Abbau illegal wurde. Doch an den nahen Flüssen sind immer noch einige Goldwäscher zugange. Als die Landwirtschaft nicht mehr genug einbrachte und es zu Arbeitslosigkeit und den damit verbundenen Problemen (u. a. Wilderei, illegale Abholzung) kam, verlegte sich die Gemeinde auf Agrotourismus als Alternative, um den Lebensunterhalt zu verdienen und gleichzeitig die Umwelt zu schützen. Als Teil des Projekts Caminos de Osa heißen die Einheimischen Gäste herzlich willkommen, die hier etwas über Goldwaschen oder Landwirtschaft lernen möchten – oder die nur die großartige Gastfreundschaft und das deftige Tico-Essen auf dem Weg zur oder von der Bahia Drake genießen wollen.

Sehenswertes

Trapiche Don Carmen FARM

(☎ 8455-9742; Touren pro Pers. 25 US$) Johnny und seine Familie zeigen Besuchern ihre Zuckerrohrmühle. Sie bekommen den frischen Zuckerrohrsaft zu sehen (und zu schmecken), wenn die Stängel durch das Mahlwerk laufen. Sie sehen auch, wie Johnny den Saft kocht und ihn in speziellen Formen abkühlen lässt und schließlich das fertige Produkt – köstlichen Rohrzucker.

Geführte Touren

Finca Las Minas de Oro KULTUR

(☎ 8621-6531; Erw./Kind unter 12 Jahren 25/12 US$) Eine zweistündige Tour auf dieser Farm bringt Besucher zu einem Bach, wo sie gezeigt bekommen, wie man Gold wäscht und dann selbst ihr Glück versuchen können. Das Mittagessen besteht aus frischer, typisch costa-ricanischer Küche, die naturnah auf Weinblättern serviert wird und einfach herausragend ist.

Schlafen & Essen

Rancho Verde HÜTTE $

(☎ 8646-5431; pro Pers. US$25) Direkt an der Straße, die sich durch Rancho Quemado zieht, liegt dieser kleine angenehme Platz mit einigen sauberen Gästehütten. Der freundliche Eigentümer kocht monumentale Portionen von gegrilltem Schweinefleisch oder Fisch mit Reis, Bohnen und Kochbananen (Mahlzeit 10 US$). Gruppen und Personen, die Freiwilligenarbeit leisten, bekommen Rabatt.

Soda Edward COSTA-RICANISCH $

(Mahlzeiten 6 US$; ⏲ unterschiedliche Öffnungszeiten, vorher anrufen) Mitten in Rancho Quemado, gegenüber vom Fußballplatz, serviert diese typische *soda* üppige Portionen klassischer Tico-Gerichte.

Praktische Informationen

Wer Aktivitäten oder Unterkunft in Rancho Quemado vorab buchen will, ruft am besten bei Jessica (nur Spanisch), Katie (Englisch und Spanisch) oder Alice (Englisch und Spanisch) in der **Rancho Quemado information** (☎ Alice 8646-5431, Jessica 8667-2535, Katie 8504-1606; www.visitranchoquemado.com) an.

An- & Weiterreise

Zweimal täglich fahren in La Palma Busse nach Rancho Quemado und zur Bahía Drake ab, und zwar montags bis samstags um 11.30 und 16.30 Uhr (4 US$, 1 Std.). In der Nebensaison verkehren die Busse möglicherweise seltener. Wer selbst fahren will, braucht ein Auto mit Allradantrieb, da bei der Anreise einige flache Flüsse durchquert werden müssen.

Von der Bahía Drake zum Corcovado

An dieser zerklüfteten Küste liegen viele kleine Sandbuchten, die bei Flut verschwinden, sodass lediglich die Klippen und der üppige Regenwald sichtbar bleiben. Die Landschaft, praktisch unbewohnt und – von ein paar Touristenlodges abgesehen – auch unerschlossen, ist überwältigend schön und wild. Wer etwas länger an den Gestaden der Bahía Drake verweilen möchte, bevor er in die Tiefen des Parque Nacional Corcovado vordringt, kann ein oder zwei Nächte in den abgelegensten Unterkünften des Landes verbringen und wird im Dschungel rundum zahlreiche Tiere sehen.

In dem Gebiet kommt man nur zu Fuß oder mit dem Boot voran. Das bedeutet, dass Reisende mehr oder weniger an ihre gebuchte Lodge gebunden sind, wenn diese nicht weit von Agujitas liegen.

Sehenswertes

Playa Cocalito STRAND

Westlich von Punta Agujitas führt ein kurzer Abstecher vom Hauptweg zur malerischen Playa Cocalito, einer abgelegenen Bucht, die perfekt fürs Sonnen, Schwimmen und Bodysurfing ist.

Playa Caletas STRAND

Ein empfehlenswerter Platz fürs Schnocheln, vor der Las Caletas Lodge.

Playa San Josecito STRAND

Südlich von Río Claro ist die Playa San Josecito das längste Stück von weißem Sandstrand auf dieser Seite der Península de Osa. Der Strand ist beliebt bei Schwimmern, Schnorchlern und Sonnenanbetern. Nur zur Mittagszeit finden sich hier mehr Menschen ein, weil es ein beliebter Picknickplatz bei Touranbietern ist, die vom Schnorcheln auf der Isla del Caño zurückkommen. Nach Kapuzineräffchen Ausschau halten!

Aktivitäten

★ Agujitas–Corcovado Trail WANDERN

Der 17 km lange öffentliche Pfad folgt der spektakulären Küstenlinie von Agujitas bis zur Rangerstation San Pedrillo. Hier können Besucher Tiere beobachten (besonders am frühen Morgen), von Strand zu Strand laufen und eine Kanutour mit Río Claro Tours unternehmen. Tourveranstalter setzen Passagiere mit dem Boot an jedem gewünschten Punkt ab; von dort kann man nach Agujitas zurücklaufen.

★ Río Claro Tours KANUFAHREN

(☎8931-1345; 1-/2-/3-stündige Touren pro Pers. 20/30/40 US$) 20 Minuten Fußweg von der Playa San Josecito Richtung Agujitas lebt ein Eremit namens Ricardo („Clavito") am Río Claro und führt sehr unterhaltsame Kanu-Touren, die zu Wasserfällen mit erfrischenden Badeteichen führen. Verschiedene Touranbieter setzen Reisende hier mit dem Schiff ab, die hinterher nach Agujitas laufen müssen.

Schlafen

Während der Trockenzeit (Mitte Dezember bis Mitte April) sind Reservierungen empfehlenswert. An einigen Plätzen gibt es nicht rund um die Uhr Strom (eine Taschenlampe einpacken) oder heißes Wasser.

Wenn man es vorab ausmacht, bieten die Unterkünfte auch einen Shuttle-Service (kostenlos oder gegen eine Gebühr) aus Agujitas, Sierpe oder vom Flugplatz in Drake.

Life for Life Hostel HOSTEL $

(☎4702-7209; http://hostelindrake.com; Playa San Josecito; B oder Zelt inkl. Frühstück/Vollpension 20/50 US$) Dieses neue Hostel und Projekt zum Schutz der Schildkröten liegt am Strand, ist umgeben von Dschungel und bei Reisenden wegen seiner entspannten Atmosphäre, der leckeren Mahlzeiten und der Nähe zur regionalen Tierwelt beliebt. Bevorzugte Aktivität ist von der Hängematte aus zu beobachten, wie exotische Vögel und Affen vorbeikommen. Allerdings sind Am-Strand-Herumhängen, Wandern und der Besuch von nahe gelegenen Wasserfällen auch sehr beliebt.

Die Schlafsäle sind einfach, aber okay. Es gibt überhaupt kein WLAN, was wirklich toll ist.

Beim Schildkröten-Projekt dürfen Freiwillige Nester ausgraben, Eier wieder vergraben, Daten eingeben, am Strand patrouillieren, in der Aufzuchtstation helfen und am Freilassen der Schildkröten teilnehmen. Wer länger als fünf Tage bleibt, zahlt nur 25 US$ pro Nacht für Zimmer und Vollpension.

★ Las Caletas Lodge LODGE $$

(☎8863-9631, 8826-1460, 2560-6602; www.caletas.cr; Playa Caletas; Zelt/Zi. pro Pers. ab 80/95 US$; @📶) 🌿 Diese wunderbare Lodge besteht aus heimeligen Holzhütten und Safarizelten oberhalb des gleichnamigen malerischen Strandes. Die Besitzer, Expats und Einheimische, die diesen geselligen Platz geschaffen haben, bevor ein Telefonanschluss oder Strom da waren (heute meist mit Sonnen- oder Wasserenergie betrieben), sind herzliche Gastgeber. Das Essen ist lecker und reichlich, das Personal freundlich und die Umgebung schön.

Einige der Zimmer sind auf Familien ausgerichtet und es gibt 50 Prozent Rabatt für Vier- bis Elfjährige. WLAN gibt es zwar, aber es kann sehr langsam sein.

★ Proyecto Campanario CAMPINGPLATZ $$$

(☎2289-8694, 2289-8708; www.campanario.org; 4-Tage-Paket pro Pers. 511 US$, minimum 2 Personen) 🌿 Dieses Naturschutzgebiet ist eher ein Bildungszentrum als eine Einrichtung für Touristen. Es richtet sich an diejenigen, die mehr über die verschiedenen tropischen Ökosysteme wissen möchten. Das sieht man im Schlafsaal, in der Bibliothek und in der Feldstation. Ökologische Kurse und Naturschutz-Camps sind übers Jahr verteilt und ziehen Menschen an, die sich brennend für diese Themen interessieren, von Studenten und Biologen bis zu engagierten Touristen.

★ Casa Corcovado Jungle Lodge LODGE $$$

(☎2256-3181, in den USA 888-896-6097; www.casacorcovado.com; 4-Tage-Paket Erw./Kind ab 1680/1115 US$; 📶🏊) 🌿 Eine Schifffahrt, die Nervenkitzel verspricht, führt zu dieser luxuriösen Lodge auf 175 ha Regenwald, die an den Parque Nacional Corcovado grenzt. Jeder Bungalow verbirgt sich in seinem eigenen tropischen Garten; zu den künstlerischen Details zählen mexikanische Kacheln und handgefertigte Buntglasfenster. Die Gäste können das ausgedehnte Wegenetz der Lodge nützen.

Vor Ort trägt die Margarita Sunset Bar ihren Namen zu Recht, es gibt eiskalte Margaritas und großartige Sonnenuntergänge über dem Pazifik. Für längere Aufenthalte gibt es Rabatt.

Copa de Arbol LODGE **$$$**
(☎8935-1212, in den USA 831-246-4265; www.copadearbol.com; Playa Caletas; EZ/DZ ab 380/600 US$; ❄📶≋) Obwohl diese zehn *cabinas* am Hügel mit ihren Reetdächern und Stelzen von außen ein bisschen rustikal wirken, sind sie innen fantastisch ausgestattet. Sie sind aus nachhaltig gewachsenem Holz und recycelten Materialien gebaut, jede hat eine private Terrasse mit Blick aufs Meer. Nur Schritte vom Strand bietet die Lodge legeren Luxus und einen super Infinity-Pool. Das Ausleihen von Paddleboards und Kajaks sind für die Gäste der Lodge kostenlos.

Guaria de Osa LODGE **$$$**
(☎2235-4313, in den USA 510-235-4313; www.guariadeosa.com; Zi. inkl. Vollpension ab 150 US$ pro Pers.; 📶) Das spirituelle Zentrum, das eine New-Age-Atmosphäre kultiviert, bietet Yoga, Tai Chi und „Sentient-Experiential"-Veranstaltungen und auch die typischeren Regenwaldaktivitäten an. Das Anwesen umfasst auch einen ethnobotanischen Garten, in dem einheimische exotische Pflanzen wachsen. Die Architektur der Anlage ist einzigartig: Den Mittelpunkt bildet die Lapa Lapa Lounge – eine geräumige, mehrstöckige Pagode, die vollständig aus wiederverwendetem Hartholz besteht. Der Mindestaufenthalt beträgt drei Nächte.

Corcovado Adventures Tent Camp CAMPINGPLATZ **$$$**
(☎8386-2296, in USA 866-498-0824; www.corcovado.com; 2-Tage-Paket pro Pers. ab 299 US$; 📶) Weniger als eine Stunde Fußweg von Agujitas führt zu diesem rauen Platz, den der langjährige Expat Larry betreibt. Geräumige Safari-Tents mit Betten stehen auf überdachten Plattformen, 20 ha Regenwald geben reichlich Gelegenheit zur Erkundung und die Lage am Strand ist ideal zum Kajakfahren, Schnorcheln und Bodyboarding (der Gebrauch der Ausrüstung ist kostenlos). Unterkünfte für Backpacker sind in Arbeit.

Parque Nacional Corcovado

Dieser besuchenswerte Nationalpark nimmt etwa 40 % der Península de Osa ein und ist der letzte große tropische Regenwald im ursprünglichen Zustand im mittelamerikanischen Pazifikraum. In dieser Bastion der biologischen Vielfalt lebt die Hälfte der costa-ricanischen Spezies, darunter die größte Population des Hellroten Aras sowie zahllose andere gefährdete Arten, darunter der Mittelamerikanische Tapir, der Große Ameisenbär und der größte Greifvogel der Welt, die Harpyie.

Die faszinierende Biodiversität des Corcovado und die anspruchsvollen Wege des Nationalparks für mehrtägige Wanderungen locken seit Langem einen hingebungsvollen Besucherstrom an, der von der Bahía Drake und Puerto Jiménez anreist, um die Wildtiere zu beobachten und ein echtes Dschungelabenteuer zu erleben.

Aktivitäten

Wandern

Im Park gibt es drei Hauptwanderrouten, die für Besucher geöffnet sind, außerdem kürzere Wege rund um die Rangerstationen. Ermüdende Pfade, Hitze, hohe Luftfeuchtigkeit und lästige Insekten stellen Wanderer auf eine harte Probe, aber die Herausforderung des Trecks und die Begegnung mit der Tierwelt im Corcovado sind wirklich aufregend. Dabei gehören reichlich Proviant, Trinkwasser und Insektenschutzmittel in jeden Rucksack.

Eine Route verläuft quer durch den Nationalpark von Los Patos über Sirena nach La Leona (oder in umgekehrter Richtung). Sie hat den Vorteil, dass Wanderer ihre Tour in oder bei Puerto Jiménez beginnen und beenden können. Von dort sind La Leona und Los Patos leicht zu erreichen.

Am populärsten ist aber immer noch die Strecke von La Leona nach Sirena. Für alle, die sich nicht der erbarmungslosen Sonne aussetzen möchten, verläuft ein zusätzlicher Wegabschnitt parallel zum Strand. Die härteste Tagesstrecke führt von La Tarde nach Sirena über Los Patos – sage und schreibe über eine Distanz von 30 km.

Der El-Tigre-Rundweg beginnt in Dos Brazos und führt in den Park hinein, ist aber nicht mit dem übrigen Wegenetz verbunden; trotzdem muss man für die Nutzung die volle Parkgebühr zahlen.

GIFTPFEILE & HARMLOSE RAKETEN

Der Corcovado, durchzogen von vielen Bächen und Flüssen, ist der perfekte Ort für die wunderschönen Pfeilgiftfrösche. Zwei Arten gibt es nur in Costa Rica, eine Art, *Phyllobates vittatus*, kommt nur im und um den Corcovado vor. Bei einer Suche im welken Laub um die Sirena Ranger Station findet man beide Arten, dazu auch den weit verbreiteten Gold-Baumsteiger.

Man findet dabei auch einige andere Mitglieder derselben Familie, die sich in einem wichtigen Punkt unterscheiden: Sie sind nicht giftig. Die ungfitigen Baumsteigerarten werden im Englischen *rocket frogs* genannt, weil sie sich bei Bedrohung mit Schwung in Bäche katapultieren.

Der Unterschied zwischen giftigen und ungiftigen Arten liegt in der Ernährung. Pfeilgiftfrösche ernähren sich hauptsächlich von Ameisen, die reich an Alkaloiden sind. Man nimmt an, dass diese bei der Bildung des Gifts helfen. Baumsteiger fressen auch Ameisen, aber in geringeren Mengen und vertrauen zur Verteidigung auf ihre Fähigkeit, zu springen. Ihnen fehlen auch die erstaunlichen Warnfarben ihrer giftigen Verwandten.

Costa Ricas Pfeilgiftfrösche sind für Menschen nicht gefährlich, es sei denn ihr Gift gerät in die Blutbahn oder auf die Schleimhäute. Am besten ihre Warnfarben bewundern, ohne sie zu berühren.

Zum Wandern eignet sich am besten die Trockenzeit (von Dezember bis April); dann regnet es zwar auch regelmäßig, aber die Wege sind alle offen und begehbar. Es ist zwar matschig, aber man sinkt nicht ganz so tief ein.

Von La Leona nach Sirena — WANDERN

Die etwa 16 km lange Wanderung (5–7 Std.) verläuft weitgehend in flachem Gelände. Sie folgt der Uferlinie durch Küstenwald und entlang einsamer Strände. Unerlässlich sind reichlich Trinkwasser, ein Hut und Sonnencreme. Die einzige große Flussüberquerung kommt gleich südlich von Sirena, dabei muss der Río Claro durchwatet werden. Unterwegs bestehen sehr gute Chancen, Affen, Tapire und Hellrote Aras zu beobachten. Von La Leona sind es noch einmal 3,5 km bis nach Carate.

Auf einem Pfad, der parallel zu diesem Weg verläuft, vermeidet man die brütend heiße Route über den Strand.

Von Sirena nach Los Patos — WANDERN

Dieser Pfad führt 18 km weit durch das Herz des Corcovado, durch Primär- und Sekundärwald. Auf den ersten 12 km ist er relativ flach. Nachdem man zwei Nebenflüsse durchwatet hat – bevor die Laguna Corcovado erreicht ist –, verläuft der Weg die restlichen 6 km in steilen Wellen (überwiegend bergauf!). In umgekehrter Richtung ist diese Tour weniger anstregend.

Angeblich gibt es an diesem Wanderweg die größten Pekarirotten. Örtliche Führerweisen darauf hin, dass Pekaris Angst wittern können, sich aber zurückziehen, wenn Menschen sich aggresiv verhalten. Ansonsten kann man auch auf einen Baum klettern – am besten mindestens 2 m über dem Boden –, um zu verhindern, dass man gebissen oder umgerannt wird, falls ein solcher Haufen auftaucht.

Tipp: Pekaris riechen streng nach Zwiebeln. Es gibt also normalerweise eine kurze Vorwarnung, bevor sie aus dem Busch hervorpreschen.

Von La Tarde nach Los Patos — WANDERN

Diese 5 km lange Wanderung beginnt außerhalb des Corcovado-Parks und besteht aus ziemlich steilen Wegen den Berg hinunter durch dichten Sekundärwald, wo wahrscheinlich verschiedene Affen- und viele Vogelarten sowie eine nur in Costa Rica vorkommende Pfeilgiftfroschart zu sehen sind. Ein Stückchen hinter der Los Patos Ranger Station gibt es einen faszinierenden Wasserfall mit einem tiefen Schwimmteich, der zum Pausieren geradezu einlädt.

Sendero El Tigre — WANDERN

Ein Teil dieses 8 km langen Rundwegs führt durch den Parque Nacional Corcovado, deshalb ist ein Führer Pflicht. Es ist ein ziemlich rauer Pfad, von dem ein Teil eine alte indigene Begräbnisstätte durchquert. Der Weg nimmt fast einen ganzen Tag in Anspruch. Man kann ihn als Tagestour wandern und bekommt dabei einen guten Eindruck vom Park.

Tierbeobachtung

Der Corcovado ist Heimat von fantastischen 370 Vogel-, 140 Säugetier- und Tausende von Insektenarten – und weitere warten auf ihre Entdeckung. Die beste Gegend im Corcovado zur Tierbeobachtung ist um Sirena, aber die Wege an der Küste haben zwei Vorteile: Sie sind offener und das Schlagen der Wellen ans Ufer übertönt die Geräusche lautstarker Wanderer. Man kann hier nahe Begegnungen mit Weißschulter-Kapuzineraffen, Rotschwanzhörnchen, Halsbandpekaris, Weißrüssel-Nasenbären, Tapiren und Nördlichen Tamanduas haben.

Der Küstenweg von Carate nach Sirena bietet einen endlosen Zug von Vögeln. Die Sichtung von Hellroten Aras ist garantiert, da die tropischen Mandelbäume mit ihrem Lieblingsessen den Weg säumen. Die Wegstrecken am Strand entlang beherbergen Dutzende Mangrovenbussarde und zahlreiche andere Wasservogelarten.

Der Weg Los Patos–Sirena zieht Vögel des Tiefland-Regenwalds an, wie Tuberkelhokkos, Braunrückentukane, Schwarzarassaris und Rostpihas. Häufig sieht man gemischte Schwärme. Säugetiere leben hier die ähnlichen wie auf den nahen Küstenwegen, aber Los Patos ist am bekanntesten für Primaten und Weißbart-Pekaris. Wer vor der Wanderung nach Los Patos eine Nacht im Ecoturístico La Tarde verbringt, hat gute Chancen, Schlangen und Frösche zu sehen.

Für alle Wanderer, die frustriert sind, weil sich die Säugetiere des Regenwaldes an den Pfaden nicht immer blicken lassen, ist ein Aufenthalt in der Rangerstation Sirena ein Muss. Zumindest der Mittelamerikanische Tapir zeigt sich hier mit hoher Wahrscheinlichkeit – das lässt sich nur von wenigen anderen Orten auf der Erde sagen. Der im Bestand gefährdete entfernte Verwandte des Nashorns grast nach Einbruch der Dämmerung regelmäßig an der Flugpiste. Auch andere Pflanzenfresser lassen sich im Umkreis von Sirena sichten, vor allem der Großmazama (insbesondere am Wanderweg Los Patos–Sirena) und die beiden Pekariarten. Auch Agutis und Tayras sind häufig anwesend.

Jaguare werden nur selten gesichtet, da ihre Population auf der Osa sich vermutlich im einstelligen Bereich bewegt. Nachts kann man nach Wickelbären und Stinktieren Ausschau halten (vor allem an der Mündung des Río Sirena). Die beste Chance eine Großkatze zu sehen, bietet sich beim Ozelot, aber auch da darf man sich keine zu großen Hoffnungen machen.

Corcovado ist einer der wenigen Nationalparks in Costa Rica, in dem alle vier Primaten-Arten des Landes leben. Klammeraffen, Mantelbrüllaffen und Weißschulter-Kapuzineraffen findet man fast überall, während der Weg von Los Platos nach Sirena am besten ist, um die vierte und bedrohteste Art zu sehen, den Mittelamerikanischen Totenkopfaffen. In Sirena bestehen auch gute Chancen den sehr seltenen Gemeinen Zwergameisenbären zu sichten, ein nachtaktives Tier, das in den Wäldern am Strand zwischen Río Claro und der Ranger Station lebt.

Der Río Sirena ist beliebt, um Ausschau nach Spitzkrokodilen, Dreizehen-Faultieren und Bullenhaien zu halten.

Geführte Touren

Der Zugang zum Corcovado ist nur in Begleitung eines vom ICT zertifizierten Führers erlaubt. Neben ihrer intimen Kenntnis der Wanderwege sind die lokalen Guides hervorragend über Flora und Fauna informiert und kennen die besten Plätze, um bestimmte Tierarten zu beobachten. Die meisten Führer haben zudem Ferngläser dabei, sodass die Besucher die Tiere von Nahem betrachten können.

In den meisten Fällen werden die Guides über das Parkbüro Área de Conservación Osa (S. 503) in Puerto Jiménez oder über Hotels und Tourveranstalter vermittelt. Zwei Büros vor Ort sind besonders zuverlässig: das von Einheimischen betriebene Osa Wild (S. 499) in Puerto Jiménez und das Corcovado Info Center (S. 485) in Bahía Drake. Die Preise schwanken stark je nach Saison, Verfügbarkeit, Gruppengröße und Art der Expedition. In jedem Fall sollte man einen Preis aushandeln, in dem Parkgebühr, Mahlzeiten und Transport enthalten sind.

Schlafen & Essen

An den Ranger Stations San Pedrillo und La Leona kostet Camping 6 US$ pro Pers. und Tag; sonst ist es nirgends im Park erlaubt. Es gibt Trinkwasser und Latrinen. Unbedingt eine Taschenlampe oder eine Stirnlampe mitbringen, da die Zeltplätze bei Nacht dunkel sind.

Beachten, dass alle Besucher ihren Müll wieder mitnehmen müssen.

Die **Sirena Ranger Station** (B 30 US$) serviert große Mahlzeiten (20 bis 25 US$ pro Mahlzeit) auf Vorabbuchung; es gibt

Wandern im Parque Nacional Corcovado

keine Kochmöglichkeiten. Alle anderen Ranger-Stationen haben zwar Trinkwasser, aber man muss seine eigenen Lebensmittel mitbringen.

★ **Ecoturístico La Tarde** LODGE $$ (☎ 2200-9617; www.ecoturisticolatarde.com; pro Pers. inkl. 3 Mahlzeiten 80 US$; 📶) Dieses wunderbare Agrotourismus-Projekt wird von Eduardo und seiner gastfreundlichen Familie betrieben. Es gibt verschiedene Wege durch die Natur auf dem Gelände; es ist ein großartiger Platz, wenn man nach Sirena im Parque Nacional Corcovado wandern will. Unterkunft gibt es entweder in einem Schlafsaal, einer rustikalen Hütte oder einer *cabina* mit Bad (kein Strom, kein WLAN).

Ein einheimischer Reptilien- und Amphibienkundler führt ausgezeichnete Nachttouren (40 US$) auf der Suche nach seltenen Fröschen und Lanzenottern.

Praktische Informationen

GEFAHREN & ÄRGERNISSE

Die Hauptgefahr im Park kommt von den Tieren. Der Weg von San Pedrillo nach Sirena bleibt auf unbestimmte Zeit geschlossen, da er weitgehend am Strand entlangführt und die Wanderer nachts dort unterwegs waren, wenn Raubtiere am aktivsten sind. Die einzige Möglichkeit, um den Río Llorona zu überqueren ist Schwimmen – und in der Flussmündung gibt es sowohl Krokodile als auch Bullenhaie.

Führer bieten nicht länger Nachtwanderungen um Sirena an, weil im Fall eines Schlangenbisses keine Möglichkeit besteht, den Verletzten im Dunkeln in ein Krankenhaus zu fliegen. Man sollte Pekaris nicht zu nahe kommen, da sie sehr aggressiv sind; im Zweifelsfall besser auf einen Baum klettern.

TOURISTENINFORMATION

Informationen und Karten sind im Büro der Área de Conservación Osa (S. 503) in Puerto Jiménez erhältlich. Dort müssen Besucher auch die Eintrittsgebühr für den Park von 15 US$ pro Tag bezahlen. Wenn man über einen Tourveranstalter einen Führer engagiert, übernimmt die Agentur alle Arrangements; die erforderlichen Gebühren sind dann im Paketpreis enthalten.

Wer allerdings auf eigene Faust einen Guide anheuert, muss möglicherweise selbst die Reservierungen für Unterkunft und Essen vornehmen. Besonders in der Trockenzeit sollte man diese Arrangements ein paar Tage im Voraus erledigen, denn pro Tag wird nur eine begrenzte Zahl von Besuchern in den Park eingelassen, und die Einrichtungen stoßen oft an ihre Kapazitätsgrenzen. Wichtig zu wissen: Eine Erlaubnis kann man sich nicht mehr als 30 Tage im Voraus sichern.

Der Hauptsitz der Parkverwaltung ist die an der Küste gelegene Rangerstation Sirena in der Mitte des Nationalparks. Weitere Rangerstationen befinden sich an den Parkgrenzen: San Pedrillo in der nordwestlichen Ecke an der Küste, La Leona am südöstlichen Ende und ebenfalls an der Küste (nahe der Ortschaft Carate). Die neueste Rangerstation liegt im Dorf Dos Brazos; die generalüberholte Rangerstation Los Patos liegt etwas außerhalb der Nationalparkgrenzen, der nächstgelegene Ort ist La Tarde.

ℹ An- & Weiterreise

FLUGZEUG

Alfa Romeo Aero Taxi (☎ 8632-8150; www.alfaromeoair.com) bietet Charterflüge von Puerto Jiménez, Drake und Golfito nach Carate und Sirena. Zum Beispiel kosten Flüge von Puerto Jiménez oder Carate nach Sirena 390 US$; aber wenn der Pilot Passagiere in Sirena absetzt und leer zurückfliegt und man zu erschöpft ist, um zu wandern, gibt es bestimmt Verhandlungsspielraum; wenn es um eine Gruppe geht, lässt sich das Ganze noch vernünftiger lösen. Achtung! An diesen Orten gibt es keine Langzeitparkplätze, daher müssen Autofahrer rechtzeitig eine Parkmöglichkeit für ihr Gefährt organisieren.

VON DER BAHÍA DRAKE

Von der Bahía Drake führt ein Küstenweg zur Station San Pedrillo (von Agujitas sind es ca. 7 Std. zu Fuß). Viele Lodges und Touranbieter organisieren Tagesausflüge hierher, inklusive Bootsfahrt nach San Pedrillo (je nach Ausgangspunkt 30 Min.–1 Std.) oder Sirena (1–1½ Std.). Reservierungen für Campingplätze nehmen die Rangerstationen in San Pedrillo und Sirena entgegen.

VON CARATE

Im Südosten bietet Carate den nächstgelegenen Zugang zum Nationalpark Corcovado. La Leona liegt eine Stunde Fußweg entfernt, die 3,5 km lange Wanderung nach Westen führt am Strand entlang.

Eine 45 km lange unbefestigte Straße in schlechtem Zustand verbindet Puerto Jiménez mit Carate. Auf der Fahrt – ein Abenteuer für sich – bekommt man oft Tiere zu sehen. Ein *colectivo* (Allradfahrzeug) fährt die Strecke zweimal am Tag (9 US$); Abfahrt in Puerto Jiménez nach Carate ist um 6 und 13.30 Uhr. Die Rückfahrt erfolgt um 8.30 und 15.30 Uhr. Alternative ist ein Einzeltaxi (ebenfalls ein Allradfahrzeug) für etwa 80 US$.

Wer mit dem Auto anreist, kann sein Fahrzeug für ein paar Tage an der *pulpería* (Minimarkt) in Carate sicher abstellen; für den Seelenfrieden ist es allerdings am besten, dem Manager vorab schon mal ein Trinkgeld zu geben.

VON LA PALMA

Von Norden aus ist der Ort La Palma der nächste Zugangspunkt. Von hier fahren Busse oder Taxis nach Süden Richtung Puerto Jiménez oder gen Norden nach San José.

Für den Weg zur Station Los Patos findet sich vielleicht ein Taxi, um einen Teil der Strecke zurückzulegen. Die Straße dorthin ist nur mit einem Allradfahrzeug befahrbar (und manchmal überhaupt nicht) – Reisende sollten darauf gefasst sein, die rund 14 km zur Rangerstation zu Fuß zurückzulegen. Dazu kommen auf den letzten 6 km ungefähr 20 Flussdurchquerungen. Man braucht also nicht nur ein robustes Fahrzeug, sondern auch einige Erfahrung beim Durchfahren von Flüssen.

Eine sehr viel vernünftigere Option ist die Fahrt nach La Tarde (dort gabelt sich die Straße, die Abzweigung, die bergauf führt, ist die nach La Tarde, die untere Strecke die nach Los Patos) und die Wanderung von dort nach Los Patos, vor allem weil es in Los Patos keine Übernachtungsmöglichkeiten gibt und man sich entweder auf eine Tageswanderung beschränken oder den ganzen Weg bis Sirena zurücklegen muss.

Autofahrer stellen den Wagen am besten an einem Hotel oder einer Lodge in La Palma ab.

VON DOS BRAZOS

Dos Brazos liegt eine kurze Fahrt von Puerto Jiménez entfernt; es sind 10 km zur Abzweigung El Tigre; dort ist Dos Brazos an einer Schotterstraße ausgeschildert. Der Startpunkt des Wanderwegs ist im Dorf Dos Brazos vermerkt.

VOM CORCOVADO ÜBER PUERTO JIMÉNEZ

Von den zwei hauptsächlichen Überlandrouten zum Parque Nacional Corcovado ist die östliche Seite der Halbinsel über Puerto Jiménez wesentlich besser erschlossen. Da es sich um die Osa handelt, bedeutet Erschließung nicht viel mehr als eine einzige Straße und einige Dörfer an der Küste des Golfo Dulce. Die Landschaft wird bestimmt von Viehweiden und Ölpalmen-Plantagen, während die Reserva Forestal Golfo Dulce einen großen Teil des Binnenlandes schützt und die frühere Goldminensiedlung Dos Brazos umfasst, heute der neueste Zugang zum Corcovado und ein Zentrum des *agroturismo.* Die größte Siedlung in der Gegend ist Puerto Jiménez, das sich von einer Boomtown der Goldschürfer zu einem Zentrum des Ökotourismus entwickelt hat. Südlich von Jiménez liegt das Surferparadies Cabo Matapalo und die Dschungel-Lodges von Carate locken Reisende auf der Suche nach Natur und Einsamkeit.

Carate

Glückwunsch allen, die den Weg nach Carate geschafft haben! Nach der 45 km langen Fahrt von Puerto Jiménez nach Süden spürt man jeden Knochen einzeln. Die Schotterstraße umrundet die Halbinsel und endet abrupt in Carate. Hier gibt es buchstäblich nicht mehr als eine Flugpiste, einen langen, wilden Strandstreifen und eine *pulpería.* Carate selbst ist keine Attraktion, aber es ist der südwestliche Ausgangspunkt für die Wanderung zur Rangerstation Sirena im Parque Nacional Corcovado.

In der Umgebung liegt eine Handvoll ansprechender Wildnis-Lodges; Wanderer, die auf ihrem Weg vom oder zum Corcovado ein ruhiges Plätzchen mitten im Dschungel suchen, finden hier ein gutes Nachtquartier. Die Fahrt von Puerto Jiménez nach Carate ist allerdings ein Abenteuer für sich. Die schmale, holprige Schotterstraße windet sich durch dichten Regenwald, durchquert reißende Wasserläufe und passiert windgepeitschte Strände. Vögel und andere Tiere gibt es entlang der Strecke reichlich. Also: Augen auf und gut festhalten!

Schlafen & Essen

Einige Unterkünfte in Carate verfügen nicht rund um die Uhr über Strom und heißes Wasser. In der Trockenzeit sollte man besser reservieren – die Kommunikation läuft meist über Puerto Jiménez, daher werden Nachrichten eventuell nicht jeden Tag abgeholt. Wer sehr knapp bei Kasse ist, campiert am besten im Hof vor der *pulpería;* der Ex-pat-Besitzer nimmt 5 US$ pro Tag. Alle Unterkünfte bieten Mahlzeiten.

★ Finca Exotica BUNGALOW **$$$**

(☎ 8359-8408; http://fincaexotica.com; Zelt pro Pers. ab 80 US$, Bungalow ab 130 US$, inkl. Frühstück) Auf der Finca Exotica zu übernachten, ist ein Aufenthalt in einem tropischen Garten Eden, umgeben von 90 ha Ackerland, auf dem mehr als 125 Arten von Obst und Gemüse wachsen, ein Hühnerhaus, ein Entenhaus und ein Schweinekoben stehen. Die Gäste schlafen in offenen Designer-Hütten und -Zelten, genießen organische Gemeinschaftsmahlzeiten und erholen sich in Hängematten mit Blick auf Berge und Meer.

All das liegt am Fuß des Parque Nacional Corcovado, und Besucher können auch Farm-Touren unternehmen, zu denen die Verkostung von Feldfrüchten gehört.

Luna Lodge LODGE **$$$**

(☎ 2206-5859, in den USA & Kanada 888-760-0760; www.lunalodge.com; Zelt/Zi./Bungalow pro Pers. inkl. alle Mahlzeiten 248/345/433 US$; P) Eine steile Straße durchquert mehrfach den Río Carate und führt das Tal hinauf zu diesem zauberhaften Gebirgsrefugium an der Grenze des Parque Nacional Corcovado. Die Unterkünfte reichen von Zelthütten bis zu strohgedeckten Bungalows mit Freiluftdusche im Garten und eigener Terrasse. In jedem Fall hat man einen fantastischen Blick auf den unberührten Dschungel, der sich bis zum Meer erstreckt. Die Lodge ist die Unterkunft, die am weitesten von Carate entfernt liegt.

Das Freiluftrestaurant ist ein toller Ort, um den weiten Panoramablick zu genießen; einen noch höheren Aussichtspunkt liefert ein Yogastudio auf der Dachterrasse. Lana, die Gründerin und Besitzerin der Lodge, setzt sich leidenschaftlich für Umweltschutz und Nachhaltigkeit ein. Die Anlage ist ein gutes Beispiel dafür, dass beides funktioniert. Für Kinder unter 12 Jahren gibt es Rabatt bei der Unterkunft.

La Leona Eco-Lodge LODGE $$$
(☎ 2735-5704; www.laleonaecolodge.com; Zelt pro Pers. Halb-/Vollpension ab 89/99 US$;) Am Rand des Parque Nacional Corcovado bietet diese freundliche Lodge alle Vorteile von Camping ohne dessen Nachteile. Die 16 tannengrünen Zelte mit Betten liegen unter Palmen, ihre Veranden gehen zum Strad. Häufige Tiersichtungen sind garantiert. Dank Sonnenenergie gibt es Strom im Restaurant.

Alle Gäste müssen die 2,5 km vom Flugplatz in Carate hierher zu Fuß zurücklegen; doch die Lodge bietet ein neues Basiscamp in Carate, wo Gäste ihr Gepäck abstellen können, das dann mit einem Pferdewagen zur Lodge gebracht wird. So können die Gäste unbeschwert am Strand entlangwandern.

Lookout Inn PENSION $$$
(☎ 2735-5431; www.lookout-inn.com; Zi. pro Pers. all-inclusive ab 125 US$; P@) Beim Flugplatz auf einem steilen Hügel mit Blick aufs Meer zieht das Lookout Inn mit seinen bequemen, offenen Unterkünften mit Wandgemälden und unschlagbarem Blick jüngere Reisende an. Die Unterkünfte sind über einen hölzernen Weg, der sich durch die Bäume windet, zugänglich. Der „Stairway to Heaven" (360 Stufen) führt hinauf zu vier Beobachtungsplattformen und einem Wanderweg zu einem Wasserfall.

Traditionellere Räume gibt es im Hauptgebäude. Netter Gag: Wer während seines Aufenthalts keinen Hellroten Ara sieht, bekommt die Übernachtung umsonst.

An- & Weiterreise

AUTO

Wer selbst fährt, braucht ein Allradfahrzeug, sogar während der Trockenzeit, da einige Bäche und ein Fluss durchquert werden müssen. Wer keine Wertsachen im Auto hat, kann das Auto bei der *pulpería* (pro Nacht 5 US$) abstellen und nach La Leona wandern (1½ Std.).

BUS

Der *colectivo* (US$9) startet um 6 und 13.30 Uhr in Puerto Jiménez nach Carate und fährt um 8.30 und um 15.30 zurück. Für die Rückfahrt nach Puerto Puerto Jiménez füllt sich der Bus schnell, deshalb besser 30 Minuten vor Abfahrt kommen, um nicht zurückbleiben zu müssen. Alternative ist ein Taxi ab Puerto Jiménez (80 US$).

FLUGZEUG

Alfa Romeo Aero Taxi (☎ 8632-8150; www.alfaromeoair.com) bietet Charterflüge ab Puerto Jiménez. Die Preise hängen von der Anzahl Passagiere ab. Gruppen können daher für weniger als 60 US$ pro Pers. fliegen.

Cabo Matapalo

Wer es nicht weiß, wird wohl kaum vermuten, dass die Ortschaft Matapalo mitten in der Dschungellandschaft überhaupt existiert. An der Südspitze der Península de Osa gibt es außer ein paar Surferabsteigen und Häusern am Eingang des Golfo Dulce kaum etwas. Matapalo liegt lediglich 17 km südlich von Puerto Jiménez, aber das stark bewaldete und von Stränden gesäumte Kap ist eine ganz andere Welt. Ein Netz von Wanderwegen durchzieht die menschenleeren Gebirgsausläufer, die der vielfältigen Tierwelt der Reserva Forestal als Korridor dienen. Entlang der Küste erstrecken sich kilometerweite Strände, die praktisch menschenleer sind – abgesehen von einigen gut informierten Surfern.

In Cabo Matapalo finden sich Lodges für Reisende auf der Suche nach Abgeschiedenheit und Wildtieren. Hellrote Aras, Braunpelikane und Reiher werden an den Stränden regelmäßig gesichtet; Vertreter aller vier costa-ricanischen Affenarten, mehrere Wildkatzenarten sowie Faultiere, Agutis und Ameisenbären durchstreifen die Wälder.

Aktivitäten

Playa Matapalo SURFEN
Vor diesem Strand gibt es drei ausgezeichnete rechte Point Breaks, nicht weit von Encanta La Vida. Wenn die Strömung von Süden oder Westen kommt, ist die beste Zeit zum Surfen.

Playa Pan Dulce SURFEN
Für Anfänger und mittelmäßige Surfer gibt es an der Pan Dulce an den meisten Tage gute Wellen. Hier kann man auch schwimmen, muss sich allerdings vor den Unterströmungen in Acht nehmen.

Geführte Touren

★ **Psycho Tours** ABENTEUER
(Everyday Adventures; ☎ 8428-3904; www.psychotours.com; Touren 55–130 US$) Der geistreiche,

energiegeladene Naturforscher Andy Pruter betreibt Psycho Tours, das Abenteuer mit Adrenalinkick in Cabo Matapalo anbietet. Aushängeschild ist eine Kletterpartie auf einen 60 m hohen Ficus (65 US$ pro Pers.), der den passenden Namen „Kathedrale" trägt. Ebenfalls beliebt – und definitiv absolut adrenalinfördernd – ist das Abseilen an einem Wasserfall (95 US$) mit 15 bis 20 m hohen Kaskadenstufen. Die Baumkletter- und Wasserfall-Kombitour (130 US$) ist genau das Richtige für erlebnishungrige Reisende.

Schlafen

Ojo del Mar BUNGALOW $$
(☎8378-5246; www.ojodelmar.com; Straße nach Carate, Km 16; Zelte EZ/DZ 25/50 US$, Bungalows EZ/DZ ab 100/150 US$, jeweils inkl. Frühstück; P 📶) Zwischen einem guten Surfstrand und einem üppigen Dschungel stehen die sechs wunderschönen, reetgedeckten Bambus-Bungalows. Sie sind ganz offen, sodass die Naturgeräusche und -gerüche eindringen können. Surfer ruhen sich in Hängematten zwischen Palmen aus und Nico – Mitbesitzer und Koch – serviert ein ausgezeichnetes organisches Abendessen. Zeitweise werden Yoga-Kurse (15 US$) angeboten.

★**Lapa Ríos** LODGE $$$
(☎2735-5130; www.laparios.com; Straße nach Carate, Km 17; Zi. pro Pers. inkl. 3 Mahlzeiten 560 US$; P) Das Lapa Ríos, eine der besten Wildnis-Lodges von Costa Rica verbindet Luxus mit reetgedeckten Bungalows, alle ausgestattet mit King- und Queen-Size-Betten, Bambusmöbeln, Duschen im Garten und privaten Veranden mit Panoramablick (kein WLAN/TV). Ein ausgedehntes Wegenetz ermöglicht die Erkundung des 400 ha großen Naturschutzgebietes, während verschiedene Plätze zum Schwimmen, Schnorcheln und Surfen leicht zu erreichen sind.

★**Encanta La Vida** LODGE $$$
(☎8376-3209; www.encantalavida.com; Cabo Matapalo; Hütten pro Pers. 145–210 US$; P 📶) Ein zauberhaftes Leben, in der Tat. Hinreißende, vom Wind umtoste Bauten mit Holzbalken – von runden Baumhäusern bis zu romantischen, frei stehenden *casitas* – sind vor der Kulisse des Dschungels verstreut. Das Essen ist köstlich und die Lage ideal, um das Kap zu erkunden. Es gibt eine Yoga-Terrasse mit Blick aufs Meer, Surfbretter zum Mieten und das freundliche Personal kann Touren organisieren.

Brüllaffen und Klammeraffen sind regelmäßig in den Baumwipfeln unterwegs, während unterhalb Paare der Tuberkelhokkos scheu herumspazieren.

Bosque del Cabo BUNGALOW $$$
(☎2735-5206; www.bosquedelcabo.com; pro Pers. all-inclusive 270–295 US$, Häuser ohne Essen 595 US$; P 📶) Auf diesem großen Anwesen am Cabo Matapalo stehen verträumte Hütten mit Blick auf Dschungel und Meer. Die Mahlzeiten werden auf dem zentralen *rancho* eingenommen. Auch wenn sich das Gelände hier ein bisschen gepflegt anfühlt, verglichen mit den wilderen benachbarten Anwesen, bringt ein System von Wanderwegen die Gäste mit reichlich Natur in Kontakt.

Blue Osa Yoga Retreat BOUTIQUEHOTEL $$$
(☎in USA 917-400-9797; www.blueosa.com; Zi. ab 292 US$; P 📶) Dieses intime Öko-Resort am Meer zieht all jene an, die zur Entspannung Yoga betreiben, im chemiefreien Pool schwimmen oder im mit Sonnenenergie betriebenen Öko-Spa verwöhnt werden wollen. Bei den Gemeinschaftsmahlzeiten gibt es u.a. organische Produkte aus dem Garten vor Ort; die Unterkünfte sind harmonisch, mit rustikalen Möbeln. Unter den Gästen gibt es eine echte Gemeinschaft.

Das Resort liegt halbwegs zwischen Puerto Jiménez und Matapalo.

El Remanso Lodge LODGE $$$
(☎2735-5569; www.elremanso.com; Straße nach Carate, Km 21; EZ/DZ ab 185/195 US$; P 📶) Diese Lodge auf einer Klippe in 72 ha Regenwald wird von der Tochter von Greenpeace-Aktivisten geführt. Die abgeschlossenen, geräumigen, üppig ausgestatteten Hütten sind aus tropischem Fallholz gebaut, statt Glas gibt es Netze. Die Gäste haben die Möglichkeit zum Ziplining, Vogelbeobachten und Wandern mit kenntnisreichen Guides. Privatwege führen durch den Dschungel zum Strand, einem Wasserfall und Gezeitentümpeln.

Kapú Rancho Almendros CABINA $$$
(☎8622-6366, 8692-4692; http://home.earthlink.net/~kapu; Cabo Matapalo; Zi. pro Pers. mit/ohne Mahlzeiten ab 80/50 US$; P 📶) Dieses Anwesen liegt an der äußersten Spitze des Cabo Matapalo, wo die Straße in einen sandigen Strandweg übergeht. Auf dem Gelände stehen drei behagliche *cabañas* mit Solarstrom, großen abgeschirmten Fenstern, voll eingerichteter Küche und Gartenduschen. Sie liegen nur ein paar Schritte vom Strand

entfernt und eignen sich wunderbar für Surfer und Touristen, die sich hier selbst versorgen können.

An- & Weiterreise

Wer mit dem Auto anreist, benötigt auch in der Trockenzeit ein Fahrzeug mit Allradantrieb, da die Straßen regelmäßig unterspült werden. Außerdem sind auf der Strecke mehrere Wasserläufe und ein Fluss zu durchfahren. An der Straße Puerto Jiménez–Carate liegt die schlecht markierte Abzweigung nach Cabo Matapalo auf der linken Seite; dann führt der Weg durch ein bröckelndes Tor aus Beton (genannt „El Portón Blanco").

Eine Alternative ist die Fahrt mit dem *colectivo* (6 US$), der Fahrgäste hier absetzt; dieser kommt auf dem Weg nach Carate gegen 7.15 und 14.45 Uhr hier vorbei und um 9.15 und 16.15 Uhr, wenn es zurück nach Jiménez geht. Ein Taxi ab Puerto Jiménez kostet rund 55 US$.

Puerto Jiménez

1800 EW.

Puerto Jiménez erinnert vage an einen Außenposten im Wilden Westen, den Einwohner und Tierwelt miteinander teilen. Die Ortschaft wird von der sumpfigen, überwucherten Quebrada Cacao durchschnitten und auf einer Seite vom smaragdgrünen Wasser des Golfo Dulce flankiert. Wer durch die staubigen Straßen läuft, entdeckt wahrscheinlich Hellrote Aras, die auf dem Fußballplatz rasten, oder Weißschulterkapuziner, die durch die Wipfel der Bäume entlang der Hauptstraße turnen.

Am Rand des Parque Nacional Corcovado gelegen, ist Jiménez (wie die Einheimischen sagen) ein bevorzugter Ausgangspunkt für Reisende, die die berühmte Rangerstation Sirena ansteuern, und ein toller Ort, um eine Expedition zu organisieren, die Vorräte aufzustocken sowie eine warme Mahlzeit und eine ruhige Nacht zu genießen, bevor es auf die Wanderung geht.

Auch wenn Puerto Jiménez in der Region das größte und vielfältigste Angebot an Hotels, Restaurants und anderen touristischen Einrichtungen zu bieten hat, ist es doch in seinem Kern eine eng verbundene costaricanische Gemeinde.

Geführte Touren

In Puerto Jiménez gibt es viele Touranbieter, Taxifahrer und Schlepper, die von den Touristendollars profitieren wollen. Es lohnt sich, viel herumzufragen, sich mit Mitreisenden zu besprechen und sorgfältig zu wählen.

★ Osa Wild GEFÜHRTE TOUREN
(☎ 2735-5848, 8376-1152, 8709-1083; www.osawildtravel.com; Touren ab 30 US$, 1-Tages-Tour zum Corcovado 85 US$; ⊙ Mo–Fr 8–12 & 14–19, Sa & So 9–12 & 13–16 Uhr) Osa Wild ist *der* Anbieter, um den Corcovado-Park und die Osa kennenzulernen. Genau so sollte es sein: ein Veranstalter, der Reisende mit an der Gemeinschaft ausgerichteten Initiativen in Kontakt bringt. Die wiederum dringen mit Übernachtungen in Gastfamilien, Farmtouren und nachhaltigen kulturellen Austausch zum Kern der wahren Osa vor. Natürlich steht hier auch das übliche Standardangebot auf dem Programm, beispielsweise Kajakausflüge oder geführte Touren durch den Corcovado.

Die Betreiber von Osa Wild, die studierte Biologin Ifi und ihr Mann Daniel, legen den Schwerpunkt auf Nachhaltigkeit, Umweltschutz und die Förderung des Gemeinwesens und spielen damit in einer eigenen Liga. Sie organisieren außerdem Freiwilligenprogramme.

Der Veranstalter liegt 80 m westlich des Supermercato BM Corcovado.

Osa Aventura ABENTEUERTOUR
(☎ 8372-6135, 2735-5670; www.osaaventura.com) Mike Boston, der Leiter von Osa Aventura, ist ein Biologe mit einer großen Leidenschaft für die Natur; er hat ein großes Ziel, den Reisenden die Schönheit des Lebensraums Regenwald vor Augen zu führen und ein Bewusstsein für die Notwendigkeit zu schaffen, um die einzigartige Umwelt des Corcovado zu bewahren. Die angebotenen Abenteuer reichen von dreitägigen Trecks durch den Corcovado bis zu einer Tour, die sich auf die ländlichen Gemeinden am Golfo Dulce konzentriert. Auch individuell zugeschnittene Touren werden von Osa Aventura durchgeführt.

Surcos Tours GEFÜHRTE TOUREN
(☎ 8603-2387, 2237-4189; www.surcostours.com) Ein Trio hervorragender Führer macht Surcos zum besten Touranbieter fürs Tierbeobachten auf der Osa. Die Touren gehen von Tageswanderungen im Corcovado und Mataplo bis zu mehrtägigen Abenteuern im Corcovado und speziellen Touren zur Vogelbeobachtung.

Arrangements für Touren werden auf der Website vorgenommen.

Osa Corcovado ABENTEUER
(☎ 8632-8150; www.soldeosa.com; Hwy 245; ⏲ Mo–Fr 7–16 Uhr) Ein Anbieter, der von Drei-Tages-Wanderungen im Corcovado über Kajaktouren in den Mangroven bis hin zu Kajaktouren bei Sonnenuntergang zur Delfinbeobachtung im Golfo Dulce (75 US$) und Tageswanderungen am Matapalo alles im Programm hat.

Aventuras Tropicales ABENTEUER
(☎ 2735-5195; www.aventurastropicales.com) Dies ist ein professioneller, von Ticos geführter Anbieter, der alle Arten von Abenteuer-Aktivitäten anbietet. Zu den beliebtesten Ausflügen zählen Kajaktouren in den Mangroven, die pro Pers. 45 US$ kosten. 2 km östlich der Straße nach Platanares gelegen.

Puerto Jiménez

Puerto Jiménez

Aktivitäten, Kurse & Touren
1 Osa Wild B4
2 Surcos Tours D3

Schlafen
3 Cabinas Back Packer A3
4 Cabinas Jiménez B2
5 Cabinas Marcelina B3
6 Cabinas Tropicales C3
7 Cacao Monkeys A4
8 Lunas Hostel B4

Essen
9 Il Giardino C2
10 Restaurant y Bar Lozaari B2
11 Restaurante Monka B2
12 Soda Valeria B3

Shoppen
13 Jagua Arts & Crafts D3

TAGESTOUREN

Was kann man tun, wenn man in Puerto Jiménez einen freien Tag hat und nicht in der Stadt herumhängen möchte? Das wäre eine Möglichkeit.

- Man kann eine Tour zu einem lokalen Bauern unternehmen oder bei Osa Wild (S. 499) mehr über die Medizin des Regenwalds lernen.
- Man kann mit Aventuras Tropicales mit dem Kajak durch die Mangroven an der Mündung fahren und nach Kaimanen, Vögeln und Affen Ausschau zu halten.
- Man kann in der Finca Köbö (S. 505) sehen und schmecken, wo Schokolade herkommt.
- Man kann es langsam angehen lassen und die Sonne genießen bei einem Picknick in der einsamen Wildnis der Playa Blanca (S. 505).
- Man kann für eine siebenstündige Wanderung auf dem neueren Waldweg nach Dos Brazos (S. 504) fahren.

Schlafen

Puerto Jiménez ist die meiste Zeit des Jahres ziemlich ruhig, trotzdem sind am Wochenende und während der Ferien Reservierungen eine gute Idee. Die größte Auswahl an Unterkünften gibt es im unteren und mittleren Preissegment, mehr davon als in anderen Teilen der Osa. Teuere Unterkünfte liegen am Rand der Stadt.

Lunas Hostel HOSTEL $

(☎2735-6007; www.lunashostelpuertojimenezcr.com; B/DZ ohne Bad 12/14 US$;) Über diese Oase für Backpacker wacht der freundliche und hilfsbereite Besitzer Alex, der sich schon für mehr als einen Reisenden in Not als Schutzengel entpuppt hat. Die von Ventilatoren gekühlten Schlafsäle und Zimmer sind zwar so klein, dass man sich kaum darin umdrehen kann, aber die handgearbeiteten Möbel und die ausgezeichneten Matratzen sind eine Wohltat. Es gibt nur Gemeinschaftsbadezimmer.

Alex organisiert Corcovado-Touren, allerdings sind die Berichte über den Führer, mit dem er zusammenarbeitet, leider eher gemischt.

Cabinas Back Packer PENSION $

(☎2735-5181; EZ/DZ ohne Bad mit Klimaanlage 30/40 US$, ohne Klimaanlage 15/30 US$;) Eine der besseren Budget-Unterkünfte; es ist blitzsauber, relativ ruhig, da die Pension einige Blocks von der Hauptstraße entfernt ist, und hat Hängematten im Vorgarten. Die Zimmer teilen sich saubere Bäder und es stehen Fahrräder für die Gäste zur Verfügung. Es gibt eine schön geflieste Küche, die für eine Gebühr von 5 US$ zugänglich ist.

Cabinas Marcelina HOTEL $

(☎2735-5007; www.jimenezhotels.com/cabinasmarcelina; Zi. mit/ohne Klimaanlage 42/38 US$; P) Marcelinas Hotel ist seit Langem ein Favorit von Budget-Reisenden, die eine ruhige Nacht wünschen. Das Betongebäude ist lachsrosa gestrichen und von blühenden Bäumen umgeben. Die Zimmer sind mit modernen Möbeln ausgestattet, mit flauschigen Handtüchern und gefliesten Bädern. Die Besitzer sind nur selten anwesend, deshalb kann man hier keine Ausflüge buchen.

★ Cabinas Jiménez CABINA $$

(☎2735-5090; www.cabinasjimenez.com; EZ/DZ ab 45/60 US$, cabinas 80–120 US$; P) Die Cabinas Jiménez sind die netteste Unterkunft direkt in Jiménez. In den Zimmern gibt es einen Kühlschrank und Dschungelszenen an den Wänden; die Zimmer am Pool haben Patios zum Chillen. Die teureren *cabinas* besitzen Kitchenettes und einen fantastischen Blick über die Lagune. Fahrräder und Kajaks sind für Gäste kostenlos; das zweisprachige Personal ist freundlich und hilfsbereit.

Agua Dulce Beach Resort RESORT $$

(☎8599-9499, 8310-6304; www.aguadulcehotel.com; Playa Platanares; Zi./Suite/Bungalow inkl .Frühstück ab 89/159/299 US$; P) Buchstäblich einen Steinwurf von der Playa Platanares, liegt dieses Resort um einen Pool herum und besitzt ein ansprechendes Restaurant, das auf ausgezeichnete Pasta-Gerichte spezialisiert ist. Die geräumigen Bungalows profitieren von Blicken auf den Golfo Dulce und selbst die preiswertesten

Gartenzimmer sind groß und haben private Veranden. Affen und Aras bevölkern den Dschungel rund ums Hotel.

Cabinas Tropicales CABINA $$

(☎2735-5298, 8997-1445; www.cabinas-tropicales.com; EZ/DZ ab 45/50 US$; P ❄ 📶) Die sechs ordentlichen Zimmer der Cabinas Tropicales reichen von einfachen Standardzimmern bis zu geräumigen Lofts und einer Deluxe-Suite, von denen einige schöne Duschen im Freien haben. Jedes ist einzigartig, aber alle haben massive Möbel, Klimaanlage und Zugang zu den fantastischen Gärten und gut ausgestattete Küchen im Freien. Der Gastgeber, Mark, ist freundlich und kenntnisreich. Eines der besten Preis-Leistungs-Verhältnisse in der Stadt.

Cacao Monkeys CABINA $$

(☎2735-5248; www.cacaomonkeys.com; EZ/DZ ab 40/60 US$; P 📶) Diese Unterkunft im Dschungel liegt am Stadtrand auf einer Kakaofarm. Sie bietet fünf farbenfrohe hölzerne *cabinas* – eine mit Küche und zwei, die auf Familien ausgerichtet sind. Es gibt auch eine Gemeinschaftsküche für alle Gäste. Man ist abseits des Stadtlärms, fühlt sich wie im Dschungel und Affen und Leguane legen manchmal hier ein Päuschen ein.

Einer der Bungalows ist so eingerichtet, dass er für eine Familie mit zwei Kindern gut geeignet ist.

★ Iguana Lodge HOTEL $$$

(☎8848-0752, in USA & Canada 800-259-9123; www.iguanalodge.com; DZ inkl. Frühstück 188 US$, casitas pro Pers. inkl. 2 Mahlzeiten ab 229 US$, Villa 676 US$; P 📶 🏊) Die luxuriöse Lodge an der Playa Platanares bietet die architektonisch reizvollsten Hütten in der ganzen Gegend. Es existieren vier zweistöckige Bungalows mit luftigen Terrassendecks, Bambusmöbeln, orthopädischen Betten, die mit Moskitonetzen versehen sind, und hübschen Steinbädern mit Gartendusche. Das dreigeschossige Strandhaus ist für Familien mit Kindern ideal; es gibt ein Spa und ein exklusives hauseigenes Restaurant, das drei köstliche Mahlzeiten pro Tag serviert.

Das zum Hotel gehörige Restaurant mit täglich wechselnder Speisekarte ist bei vorheriger Anmeldung auch für Nichtgäste geöffnet. Auf dem Anwesen gibt es auch noch ein legereres Lokal. Es gibt am Strand *palapas* (Unterstände, die mit Palmblättern gedeckt sind und offene Seiten haben), einige Hängematten und ein Volleyball-Feld. Zurzeit unserer Recherche war gerade ein Tennisplatz im Bau.

Essen

★ Restaurante Monka COSTA-RICANISCH $

(☎2735-5051; Hauptgerichte 5–7 US$; ⏰6–20 Uhr; 📶 🥗) Das helle, luftige Lokal ist der beste Ort in der Stadt zum Frühstücken: Monka macht ausgezeichnete Drinks mit kaltem Kaffee, Smoothies und aufwendige Frühstücksplatten von der amerikanischen Variante mit Speck und Pfannkuchen bis zu *huevos rancheros* auf mexikanische Art. Den Rest des Tages kann man sich mit guten, preisgünstigen *casados* den Bauch vollschlagen. Mehrere Frühstücksangebote und *casados* sind vegetarisch.

Restaurant y Bar Lozaari COSTA-RICANISCH $

(☎8795-6861; Hauptgerichte 3–10 US$; ⏰6–21 Uhr; 📶) Dieses bezaubernde kleine costa-ricanische Restaurant liegt hinter einer Plaza, voller Pflanzen und verziert mit hübschen Papierlaternen. Das Frühstück ist superbillig und köstlich; es wird am besten an einem Picknick-Tisch im üppigen Garten hinter dem Haus eingenommen. Zu den Lieblingsgerichten zählen *gallo pinto* (Bohnen und Reis) mit Eiern, gebratenen Kochbananen und natürliche Fruchtsäfte.

Soda Valeria COSTA-RICANISCH $

(☎2735-6180; Hauptgerichte 4–8 US$; ⏰Mo–Sa 6–20, So 7–15 Uhr) Diese *soda*, sauber, nett und direkt im Stadtzentrum, ist ein Traum; wie gut sie ist, sieht man daran, dass all die einheimischen Beamten hier zum Lunch kommen. Das Angebot frischer *casados* wechselt täglich; dazu gibt es hausgemachte Tortillas und Obst. Der schnelle, gute Service ist ein weiteres Plus.

Restaurante Agua Dulce INTERNATIONAL $$

(www.aguadulcehotel.com; Agua Dulce Beach Resort, Playa Platanares; Hauptgerichte ab 8 US$; ⏰7–22 Uhr; 📶 🥗) Dieses flotte Restaurant ist bekannt für einfallsreiche Pastagerichte, Fisch vom Grill und ein üppiges Frühstück, obwohl der Service eher schwach ist. Es gibt verschiedene vegetarische Pastagerichte und Salate.

La Perla de Osa INTERNATIONAL $$

(☎8829-5865; Hauptgerichte 10–17 US$; ⏰11–20 Uhr; P 📶 🥗) Auf dem Gelände der Iguana Lodge ist dieses vom Dschungel umgebene Restaurant mit Bar zu Recht bekannt für seine Cocktails, die von so leckeren kleinen Gerichten wie Tacos mit Pulled Pork, gegrilltem Thunfisch auf asiatische Art oder Shrimps begleitet werden. Am Wochenende ist das Restaurant sehr beliebt bei Einheimischen. Es gibt hier auch vegetarische Suppen, Salate und Pastagerichte ohne Fleisch.

Il Giardino ITALIENISCH **$$**
(☎2735-5129; www.ilgiardinoitalianrestaurant.com; Mahlzeiten 11–16 US$; ⏲7–22 Uhr) Auf der sehr umfangreichen Speisekarte stehen zwar auch Steaks und Sushi, doch Il Giardino ist am besten, wenn es sich auf italienische Spezialitäten konzentriert – hausgemachte Pasta, Gnocchi und Pizza. Service und Essen sind nicht immer gleich gut, doch das romantische Ambiente mit Kerzenlicht am Wasser entschädigt dafür. Das Restaurant bietet auch drei gepflegte Zimmer (40 US$ inkl. Frühstück) mit Blick auf einen Mangrovensumpf.

Shoppen

★ **Jagua Arts & Crafts** KUNSTHANDWERK
(☎2735-5267; ⏲Mo–Sa 7–15 Uhr) Das großartige, gut sortierte Geschäft für Kunsthandwerk präsentiert lokale Kunst und Schmuck, eine wunderbare Sammlung hochwertiger, farbenfroher Boruca-Masken und Guaitil-Töpferarbeiten in Schwarz und Ocker sowie Webarbeiten, die von Emberá und Wounaan hergestellt werden. Kuna-Webarbeiten gehören technisch gesehen auf die andere Seite der Grenze zu Panama, aber sie sind ganz tolle Mitbringsel.

Praktische Informationen

Área de Conservación Osa (ACOSA; Osa Conservation Area Headquarters; ☎2735-5036; Corcovado Parkgebühr pro Pers. & Tag 15 US$; ⏲Mo–Fr 8–12 & 13–16 Uhr) Informationen über Parque Nacional Corcovado, Isla del Caño, Parque Nacional Marino Ballena sowie die Parks und Schutzgebiete bei Golfito.

Banco Nacional (☎2735-5020; ⏲Mo–Fr 8.30–15.45 Uhr) Es gibt einen Geldautomaten.

BCR (Banco de Costa Rica; ☎2735-5260; ⏲Mo–Fr 9–16 Uhr) Gegenüber der Kirche; besitzt auch einen Geldautomaten.

Polizei Beim Fußballplatz.

Postamt (☎2735-5045; ⏲Mo–Fr 8–12 & 13–17 Uhr) Beim Fußballplatz.

An- & Weiterreise

AUTO

Puerto Jiménez ist jetzt durch eine sehr gute, befestigte Straße mit dem Rest des Landes verbunden. Man kann bei **Solid Car Rental** (☎2735-5777; www.solidcarrental.com; ⏲7–16 Uhr) ein Fahrzeug mieten. Wer nach Carate oder Matapalo will, braucht ein Allradfahrzeug und sollte unbedingt an der Tankstelle in Jiménez volltanken.

BUS

Die meisten Busse halten am blauen **Terminal** (☎2735-5189) hinter dem grünen Farbengeschäft am Westrand der Stadt an. Zu den Zielen zählen Neily (4,60 US$, 3. Std., tgl. 5.30 und 14 Uhr), La Palma (2,60 US$, 1 Std., wenigstens einmal stündl.), San Isidro de El General (10 US$, 5½ Std., tgl. 13 Uhr) und San José (13 US$, 8 Std., tgl. 5 und 9 Uhr).

FLUGZEUG

Der Flugplatz liegt östlich der Stadt. Zur Zeit der Recherche war er wegen Renovierungsarbeiten geschlossen, er sollte aber inzwischen wieder offen sein.

NatureAir (☎2735-5062; www.natureair.com) und **Sansa** (☎2735-5890; www.flysansa.com) bieten Flüge von/nach San José (50 Min., bis zu 4-mal tgl.); der Preis für den einfachen Flug liegt zwischen- 59 US$ und 129 US$. NatureAir macht den Katzensprung nach Golfito (10 Min., tgl.).

Alfa Romeo Aero Taxi (☎8632-8150, 2735-5353; www.alfaromeoair.com) hat Leichtflugzeuge (für drei bis vier Passagiere) für Charterflüge nach Golfito, Carate, Drake, Sirena, Palmar Sur, Quepos und Limón. Die Preise richten sich nach der Zahl der Passagiere; es lohnt sich also eine Gruppe zu organisieren. Manchmal, wenn schon ein Flug zum Park geplant ist, kann der Preis bei nur 60 US$ liegen.

SCHIFF

Einige schnelle **Fähren** (☎8632-8672, 2735-5095) verkehren nach Golfito (6 US$, 30 Min.), sie starten tgl. um 6, 8.45, 11.30, 14 und 16 Uhr. Unbedingt die aktuellen Fahrpläne checken, da sie oft und ohne Vorwarnung wechseln. An Sonntagen verkehren die Fähren weniger häufig.

Alternativ kann man auch ein privates Wassertaxi für die Überfahrt nach Golfito oder Zancudo mieten. Man sollte verhandeln, aber die Preise sind im Allgemeinen vernünftig, vor allem wenn man bedenkt, dass die Fahrgäste den Fahrplan vorgeben. Bei Osa Corcovado (S. 500) gibt es eine Liste privater Schiffsbetreiber.

TAXI

Der *colectivo* (gemeinsames Lkw-Taxi) verkehrt täglich zum Cabo Matapalo (1½ Std., 5 US$) und Carate (2½ Std., 9 US$) an der Südspitze des Nationalparks. Abfahrt ist an der **colectivo-Haltestelle** (☎8832-8680) am Soda Deya um 6 und 13.30 Uhr, Rückfahrt um 8.30 und 16 Uhr.

Man kann aber auch ein Allrad-Taxi mieten. Taixs berechnen für die Fahrt nach Carate 60 US$, nach Matapalo 70 US$ und mehr als 120 US$ für die Fahrt über Land zur Bahía Drake.

Dos Brazos

300 EW.

Das ansprechende Dorf, das seine eigene Zeitrechnung zu haben scheint, steht gedrängt an zwei Armen des Río Tigre (der dem Dorf seinen vollen Namen gibt: Dos Brazos de Río Tigre) inmitten von Sekundärwald nahe der Grenze des Parque Nacional Corcovado. In den 1970er-Jahren gab es hier einen regelrechten Goldrausch. Goldgräber kamen von überall her, um ihr Glück zu versuchen. Während die Goldwäsche in kleinem Rahmen weiterläuft, setzt Dos Brazos heute auf Agro- und Ökotourismus als zukunftsträchtigen Weg für eine eng verbundene Gemeinschaft und ist Teil des Projekts Caminos de Osa.

Aktivitäten

Ein rauer 8 km langer Rundweg, dessen Beginn in Dos Brazos liegt, führt durch einen Teil des Corcovado, der Sendero El Tigre (S. 491). Er wurde Anfang 2015 eröffnet und brachte neue Besucher. Alle Gewinne werden in die Gemeinde inverstiert. Dieser Weg ist vermutlich die kostengünstigste Möglichkeit, um den Nationalpark zu erkunden (150 US$ für zwei Personen), und er ist der einzige Teil des Corcovado, der leicht bei einem Tagesausflug zu bewältigen ist.

Geführte Touren

Die gut organisierte Touristeninformation, Dos Brazos Oficina de Turismo, arrangiert nächtliche Touren, Ausritte (halber Tag 150 US$ für zwei Personen) und Touren zum Goldwaschen (30 US$ pro Pers.), bei denen örtliche Goldsucher zeigen, wie es geht. Im Angebot sind ebenfalls Touren zur Vogelbeobachtung (30 US$ pro Pers.), geführte Wanderungen zu einem Wasserfall (20 US$ pro Pers.) und mehr.

Schlafen & Essen

Alle Unterkünfte bieten auf Wunsch auch Mahlzeiten. Einige stellen Kochmöglichkeiten zur Verfügung.

★ Bolita Rainforest Hostel HOSTEL $
(☎ 8549-9898; www.bolita.org; B/cabinas 12/30 US$) Wer ganz ins Landleben eintauchen möchte, sollte auf dieser teils nachhaltig arbeitenden Farm mitten in 24,5 ha Regenwald eine Übernachtung einplanen. Es gibt keinen Strom, Brüllaffen und Abendessen werden bei Kerzenlicht genossen. In den Zimmern gibt es Moskitonetze. 15 km Wanderwege (und Wasserfälle) laden zur Erkundung ein. Das Büro im Dorf gibt weitere Hinweise.

Für Kameras und Handys stehen mit Sonnenenergie betriebene Ladestationen zur Verfügung.

Los Mineros Guesthouse PENSION $
(☎ 8721-8087; www.losminerosguesthouse.com; Hütte/cabina pro Pers. 16/21 US$) Dies ist die beste Unterkunft im Dorf, mit einer historischen Bar, die von den Bergarbeitern zur Zeit des Goldrauschs besucht wurde. Die *cabinas*? Die meisten waren Teil des örtlichen Bordells; eine war sogar das Ortsgefängnis. Oder man kann sich in einer der rustikalen Hütten aus Bambus und rostigem Eisen zur Ruhe legen, die ein seltsam alpines Gefühl vermitteln. Die mehrsprachigen Besitzer servieren auch Mahlzeiten (8 bis 15 US$).

Amazonita BUNGALOW $$
(☎ 8501-9608; amazonitaecolodge@gmail.com; cabinas 70–80 US$, Haus 100 US$) Nur fünf Minuten Fußweg vom Beginn des Sendero El Tigre liegt auf einem steilen Hügel das Amazonita. Es vermietet zwei *cabinas* und ein Haus, das unter riesigen Bäumen geradezu winzig wirkt. Moskitonetze schützen die Betten, die Küchen sind voll ausgestattet. In der Nähe gibt es 14 km Wanderwege; man kann aber auch in der tropischen Abgeschiedenheit einfach nur in der Hängematte träumen.

Bosque del Río Tigre LODGE $$$
(☎ 8705-3729; www.osaadventures.com; EZ/DZ 195/330 US$, 4-Tage-Paket pro Pers. 640 US$; P) Mitten in einem 13 ha privaten Naturschutzgebiet ist diese Öko-Lodge ein Paradies für Vogelbeobachter; Gäste können unbegrenzte Tierbeobachtungstouren als Paket buchen. Liz und Abraham sind überschwängliche Gastgeber; das Essen ist herausragend und die Tiere kommen bis zur Tür. Vier gut ausgestattete Gästezimmer und eine private Hütte bieten riesige Fenster zur Tierbeobachtung.

Auf dem Weg hierher muss durch einen Fluss gefahren werden, der in der Regenzeit unpassierbar sein kann.

Praktische Informationen

Es gibt eine hilfreiche Touristeninformation, die **Dos Brazos Oficina de Turismo** (☎8691-4545; info@dosbrazosderiotigre.com; ⏲6–18 Uhr) an der Einfahrt zum Dorf. Hier können Gäste verschiedene Touren buchen, die Gebühr für den Park (15 US$) zahlen, wenn sie auf dem Sendero El Tigre wandern wollen und einen Führer buchen, der für eine Wanderung im Nationalpark Pflicht ist.

Die ausführliche Website www.dosbrazosderiotigre.com bietet reichlich nützliche Informationen, was man im Dorf tun und wo man unterkommen kann.

An- & Weiterreise

Ein Minibus verkehrt werktags zweimal täglich von Puerto Jiménez nach Dos Brazos, und zwar um 11 und um 16 Uhr (4 US$, 30 Min.); er startet vor der Grupo Materiales Haushaltswarenhandlung, und fäht um 6 und um 12 Uhr nach Puerto Jiménez zurück. Für Autofahrer ist Río Tigre ab dem Highway gut ausgeschildert, es liegt etwa 10 km nördlich von Puerto Jiménez.

Reserva Forestal Golfo Dulce

Das weitläufige Waldschutzgebiet erstreckt sich an der Nordküste des Golfo Dulce und bildet das Verbindungsglied zwischen dem Parque Nacional Corcovado und dem Parque Nacional Piedras Blancas. Für die Erhaltung der Artenvielfalt auf der Halbinsel spielt dieser Korridor eine bedeutende Rolle. Vor allem ermöglicht er vielen Tieren, ins Binnenland zu wandern. Der größte Teil des Schutzgebietes ist nur schwer zugänglich. Es gibt jedoch Lodges in der Gegend, die einen wichtigen Beitrag zur Erhaltung der Natur leisten, indem sie ihre schützende Hand über ein eigenes Grundstück dieses Naturparadieses halten.

Sehenswertes

Playa Blanca STRAND

Der wunderschöne Sand- und Korallenstrand namens Playa Blanca liegt am östlichen Ende von La Palma; er ist beliebt bei Ticos und ausgezeichnet, um mit dem Seekajak loszuziehen.

Finca Köbö FARM

(☎8398-7604; www.fincakobo.com; 2-stündige Führung 32 US$; Ⓟ) Die Farm, etwa 8 km südlich von La Palma entfernt, erscheint wie der wahrgewordene Traum aller Schokoladenliebhaber (*köbö* ist ein Ngöbe-Wort und bedeutet tatsächlich „Traum"). Auf der 20 ha großen Finca werden Obst, Gemüse und – das Produkt der Wahl – Kakao biologisch angebaut. Führungen (auf Englisch) geben einen umfassenden Überblick über den Lebenszyklus der Kakaopflanzen und die Schokoladenproduktion – mit einer Verkostung. Über die Hälfte des Geländes dient dem Schutz und der Wiederherstellung natürlicher Ökosysteme.

Um die Schönheit dieser *finca* ausgiebig zu genießen, kann man in einfachen Teakholzhütten oder in Bungalows (95 bis 155 US$, inkl. Frühstück; Abendessen kostet 8 bis 15 US$) mit hübschen offenen Bädern und hochwertiger Bettwäsche übernachten. Wer länger bleibt kann in den umgebenden Wäldern wandern und sich mit örtlichen Bauern unterhalten. Im Souvenirladen vor Ort werden gebratener Kakao – ein toller Energiespender – und hier hergestellte organische Marmelade verkauft.

Aktivitäten

Kajak fahren

Playa Blanca ist ideal für Kajakfahren auf dem Meer. Der Besitzer von Lapamar (S. 508) arrangiert unabhängige Kajak-Ausflüge. Diese Öko-Lodge ist auch ein Übernachtungsplatz für die Teilnehmer mehrtägiger Kajaktouren, die Tropical Sea Kayaking organisiert.

Tropical Sea Kayaking KAJAKFAHREN

(☎2249-0666, in USA 719-581-9891; www.tropicalseakayaking.com; 3/6/8/10 Tage pro Pers. ab 599/1295/1849/2399 US$) Dieser erfahrene, zuverlässige Anbieter organisiert längere Abenteuertouren mit dem Meereskajak am Golfo Dulce. Dabei kann man in den Mangroven nach Tieren Ausschau halten, gelegentlich einen Delfin sehen, auf kleinen Inseln und an der Playa Blanca einen Stopp einlegen, geheime Plätze aufsuchen, die nur wenige Besucher sehen, und in Lodges übernachten, die nur vom Wasser aus zugänglich sind. Die Preise umfassen Unterkünfte, Mahlzeiten, Kajaktouren und mehr.

Der Anbieter hat seinen Sitz im Hotel El Chontal im Ort Rincón.

Tierbeobachtung

Die meisten Rucksacktouristen lassen den nördlichen Teil der Halbinsel links liegen und reisen schnurstracks nach Puerto Jiménez zum Parque Nacional Corcovado. Wer sich jedoch Zeit lässt, kann auf eigene Faust verschiedene Touren zur Tierbeobachtung

1

DAVID TIPLING/GETTY IMAGES ©

2

4

MAX ILLY/EYEEM ©

3

JARIB GONZALEZ/ALAMY STOCK PHOTO ©

1. Harpyie
Den seltenen Greifvogel bekommt man im Parque Nacional Chirripó (S. 471), im Parque Internacional La Amistad (S. 480) und im Parque Nacional Corcovado (S. 491) zu sehen.

2. Cerro Chirripó (S. 472)
Costa Ricas höchster Gipfel ist schwer zu besteigen, doch wird man am Ziel reich belohnt

3. Parque Nacional Chirripó (S. 471)
Nebelwald bedeckt die Hügel im Nationalpark; im kühlen Unterholz gedeihen Pilze und andere Pflanzen.

4. Parque Internacional La Amistad (S. 480)
Das größte Schutzgebiet des Landes beherbergt zahllose Tierarten und Lebensräume.

DIE NGÖBE KENNENLERNEN

Die ersten Siedler in Costa Ricas äußerstem Süden waren die Ngöbe, historisch auch als Guaymí bezeichnet. Den Namen „Guaymí" übernahmen die Spanier von anderen indigenen Gruppen. Er gilt zwar nicht als beleidigend, doch die Ngöbe ziehen logischerweise die Bezeichnung vor, die sie sich selbst geben.

Über Generationen hinweg wanderten die Ngöbe aus dem benachbarten Panama ein. Heute leben sie in Reservaten im Valle de Coto Brus, auf der Península de Osa und im Süden des Golfo Dulce. Allerdings haben sie ihre halbnomadische Lebensweise teils beibehalten, die panamaische Grenze dürfen sie ungehindert überqueren. Diesen Vorteil nutzen zahlreiche Angehörige der Ngöbe vor allem während der Kaffeeernte, um auf den verschiedenen Kaffeeplantagen zu arbeiten.

Mehr als andere Stämme in Costa Rica konnten sich die Ngöbe ihre Bräuche und ihre Kultur bewahren. So ist etwa der Anblick von Frauen in traditionell farbenfrohen knöchellangen *Nagua*-Kleidern nicht ungewöhnlich. Im Gegensatz zu vielen anderen indigenen Gruppen sprechen die Ngöbe noch ihre ursprüngliche Sprache, die sogar an den örtlichen Schulen gelehrt werden darf.

Die Ngöbe konnten auch deshalb ihre Traditionen bewahren, weil ihr Lebensraum größtenteils nicht zugänglich ist. Da der Tourismus mittlerweile Zug um Zug bis in den letzten Winkel des Landes vordringt, wächst das Interesse an indigenen Bräuchen und Kunsthandwerkstraditionen. Solange die Gemeinschaften daran beteiligt werden und die Besucher sich respektvoll verhalten, könnte dies sogar bei ihrer Bewahrung helfen.

Die einfachste Art, ein Ngöbe-Reservat zu besichtigen, ist ein Ausflug zum Besucherzentrum in La Casona oder zum Gemeindemuseum (8–17 Uhr geöffnet) in Villa Palacios im Coto-Brus-Reservat, das rund 8 km nördlich von San Vito und weitere 8 km abseits der Interamericana liegt. Die Abzweigung markiert eine kaum zu übersehende Statue einer Frau in Ngöbe-Tracht.

Um das volle Erlebnis zu genießen, sollte man einige Nächte in der **Tamandu Lodge** (☎8821-4525; www.tamandu-lodge.com; Zi. pro Pers. inkl. Mahlzeiten 65 US$) im Norden der Península de Osa verbringen.

unternehmen. Etwa 9 km südöstlich von Rincón befindet sich der Ort **La Palma**. Dort beginnt eine Schotterstraße, die später in den Weg zur Rangerstation Los Patos im Corcovado übergeht. Wer den Corcovado einmal durchwandert, wird die Tour wahrscheinlich hier starten oder beenden.

Río Nuevo ist ein Weiler, zu dem eine Staubpiste 16 km vor Puerto Jiménez abzweigt. Ein Netz guter Wege führt zu Aussichtspunkten mit spektakulärem Blick auf die Berge, manche auch auf den Golf. Um Río Nuevo sind viele Vögel gut zu beobachten.

Geführte Touren

Reserva Indígena Guaymí de Osa KULTUR

Die Reserva Indígena Guaymí de Osa liegt südwestlich vom Ort La Palma, an der Grenze zum Parque Nacional Corcovado. Wer mehr über die indigene Kultur erfahren möchte, kann eine Übernachtung bei der Familie Ngöbe arrangieren, die ihre Gäste in La Palma abholt.

Schlafen

Manglares del Golfo HÜTTE $

(☎8989-7246; Zelt 5 US$, Hütte pro Pers. 13 US$) Gegenüber der Playa Blanca liegt dieses eigenartige Restaurant, das mit bunt gemischtem Strandgut geschmückt ist. Für Leute mit knappem Geldbeutel gibt es hier zweierlei Möglichkeiten: Zelte mit Moskitonetzen und Betten oder einfache Holzhütten. Der Besitzer bereitet als Mahlzeit köstlichen frischen Fisch zu.

Lapamar CABINA $$

(☎8339-1458, 2735-3047Zi. pro Pers. inkl. Frühstück 30 US$; P) Der Besitzer dieser Öko-Lodge an der Playa Blanca ist ein ausgezeichneter Führer bei Kajaktouren (25 US$ pro Pers.) und weiß sehr viel über das heimische Tierleben. Eine Sichtung Hellroter Aras ist so gut wie sicher, denn sie nisten in dem Baum über den einfachen, aber bequemen Hütten. Wer vor der Ankunft mit dem Bus anruft, kann an der Abweigung bei Playa Blanca abgeholt werden.

Suital Lodge LODGE $$

(☎2200-4662; www.suital.com; EZ/Z US$51/71) Diese sechs *cabinas* am Nordufer des Golfo Dulce wurden mit sehr viel Liebe ausgestattet. Sie liegen 15 km nordöstlich des Rincón auf einem 30 ha großen hügeligen, bewaldeten Anwesen (nicht ein einziger Baum wurde gefällt). Gäste können die Wege zur Vogelbeobachtung nützen, die sich über das Gelände und hinunter zum Strand ziehen.

★ **Danta Corcovado Lodge** LODGE $$$

(☎2735-1111; www.dantalodge.com; Zi./Bungalow inkl. Frühstück 108/137 US$; P) Auf halbem Weg zwischen der Rangerstation Los Patos und La Palma bietet die entspannte Lodge Touren und Aktivitäten an, darunter Tagesausflüge in den Corcovado. Durch den familiengeführten Besitz winden sich rund 4 km Wanderwege. Das erfrischende Design der Zimmer und Bungalows – von komfortablen Holzhütten bis zu einer originellen Betonkuppel – ist von den Mitarbeitern erdacht. Alle Unterkünfte haben Freiluftbäder mit Warmwasser.

Für die Touren nach Los Patos werden spezielle offene Anhänger mit Bänken und großer Bodenfreiheit genutzt, die von einem Traktor gezogen werden – die beste Möglichkeit, um die holprige Straße mit mehreren Flussdurchquerungen zu meistern, und wirklich ideal, um Wildtiere zu beobachten.

An- & Weiterreise

Die Ostküste der Halbinsel lässt sich am besten mit dem Auto bereisen. Ansonsten befahren in regelmäßigen Abständen Busse die einzige Straße zwischen La Palma und Puerto Jiménez (2,50 US$, 30 Min.).

GOLFO DULCE

Die Festlandregion, die an den Golfo Dulce grenzt, ist nicht so berühmt wie die Península de Osa, dennoch nehmen immer mehr Reisende die beschwerliche Reise auf sich, um zu einem der weltweit längsten Left-Hand-Breaks in Pavones zu gelangen. In der Region liegt auch der Parque Nacional Piedras Blancas, ein beeindruckender Regenwald, der früher als Außensektor des Parque Nacional Corcovado zählte und bis heute eine vergleichbare Artenvielfalt schützt, die einen Besuch auf jeden Fall lohnt.

An den Rändern des Schutzgebiets liegen einige wunderschöne Natur-Lodges. Dieser entlegene Winkel Costa Ricas ist auch die Heimat einer bedeutenden, großen indigenen Gemeinde, die in der Nähe von Pavones in der Reserva Indígena Guaymí de Conte Burica lebt.

Golfito

7900 EW.

Die Hafenstadt mit Ecken und Kanten, die sich ausufernd am Golfo Dulce erstreckt, blickt auf eine wechselvolle Geschichte zurück. Golfito wurde sozusagen auf Bananen errichtet – die United Fruit Company verlegte in den 1930er-Jahren ihr regionales Hauptquartier hierher. In den 1980er-Jahren zwangen Absatzprobleme, Steuererhöhungen, Streiks und Pilzerkrankungen der Banane die Firma zum Rückzug.

Als Versuch die Wirtschaft der Region anzukurbeln, schuf die Landesregierung eine zollfreie Zona Americana in Golfito. Das surreal wirkende Einkaufszentrum Depósito Libre lockt Ticos und Expats aus dem ganzen Land an, die sich in der ansonsten herunterkommenden Stadt 24 Stunden zu einer ausgiebigen Einkaufstour aufhalten. Es gibt andere Attraktionen, wie Wanderungen oder Ausritte in einem Naturschutzgebiet oder Kajakfahren in den nahen Mangrovenwäldern und um die Inseln. Doch Golfito ist mehr ein Verkehrsknotenpunkt für Wanderer, die zum Corcovado wollen, Surfer auf dem Weg nach Pavones und Sportfischer.

Sehenswertes

Refugio Nacional de Vida Silvestre Golfito NATURSCHUTZGEBIET

(☎27775-1210, Sinac-Büro in Golfito 2775 2620; 10 US$; ⌚8–16 Uhr) Das kleine Schutzgebiet (28 km²) umfasst den größten Teil der steilen Hänge rund um Golfito, und doch wird es leicht übersehen. Es gibt außer einigen schlecht gewarteten Wanderwegen keine touristische Infrastruktur. Etwa 2 km südlich des Zentrums von Golfito führt eine Schotterstraße landeinwärts an einem Fußballplatz vorbei und etwa 7 km bergauf zu mehreren Funktürmen (Las Torres), 486 m über dem Meeresspiegel. Ein sehr steiler Wanderpfad (2 Std.), der annähernd gegenüber dem Hotel Samoa del Sur beginnt, endet in der Nähe der Funktürme.

Playa Cacao STRAND

Nur einen kurzen Weg über die Bucht bietet dieser kleine Strand einen großartigen

Blick auf Golfito, mit dem Regenwald als Kulisse. Hier kann man wunderbar den Tag verbringen; es gibt einige kleine Lokale mit hervorragendem Fisch und Meeresfrüchten, wo man zu Mittag essen kann. Um zu dem Strand zu kommen, nimmt man für etwa 6 US$ pro Pers. ein Wassertaxi ab Golfito. Man kommt auch zur Playa Cacao, wenn man 6 km auf einer Staubpiste nach Westen fährt und dann südlich vom Flugplatz. Ein Fahrzeug mit Allrad-Antrieb ist absolut empfehlenswert.

Aktivitäten

Golfito ist der Standort mehrerer Marinas mit umfassendem Service, in denen viele vor den Küsten kreuzende Jachten anlegen. Wer nicht mit dem eigenen Boot gekommen ist, kann an allen Molen Bootstouren buchen. Die Fische beißen das ganze Jahr über gut an, die beste Zeit für den begehrten, überaus schnellen Indopazifischen Fächerfisch reicht von November bis Mai.

Banana Bay Marina ANGELN
(2775-0255, in USA 512-431-4187; www.bananabaymarinagolfito.com) Chartertouren können arrangiert werden; die Kosten für eine ganztägige All-inclusive-Angeltour in Küstennähe beginnen bei 650 US$; für eine solche auf dem offenen Meer 800 US$.

Schlafen

Einheimische, die zollfreie Waren einkaufen, verbringen meist die Nacht in Golfito, deshalb können an Wochenenden und während Ferien die Hotelzimmer knapp werden. Es gibt keine besonders verlockenden Angebot, mit Ausnahme des Hostal Del Mar, an der nahen Küste gibt es einige hübsche Öko-Lodges.

Achtung: Die Gegend um den Fußballplatz ist auch Golfitos Rotlicht-Bezirk.

★ **Hostal Del Mar** HOSTEL $
(4700-0510; www.hostaldelmargolfito.com; B 23 US$, Zi. 45–55 US$, inkl. Frühstück; P ❄ 📶) Dieses verwirrende burgähnliche Gebäude oberhalb des Golfo Dulce wird von einem freundlichen Eigentümer mit sehr viel Wissen über die Gegend und guten Verbindungen zu den örtlichen Touranbietern geführt. Die Zimmer sind einfach, sauber und von Ventilatoren gekühlt; es gibt im Freien eine Küche für die Gäste, außerdem Kajaks (10 US$ für die erste Stunde, 5 US$ für jede weitere), um die winzige nahe gelegene Insel zu erkunden.

Vom großen Highway 14 nach Golfito muss man beim Restaurant El Ceibo nach links auf die unbefestigte Straße abbiegen.

Cabinas Princesa de Golfito CABINA $
(2775-0442; EZ/DZ 21/36 US$; P ❄ 📶) Wer eine preisgünstige Bleibe sucht, ist in diesem gemütlichen, kleinen Haus mit dem roten Dach gut aufgehoben. Die Zimmer mit Ventilatoren, Fliesenböden, soliden Betten und bunt durcheinander gewürfelter Bettwäsche sind nicht sonderlich schick, aber heimelig und sicher. Die *cabinas* liegen im südlichen Teil der Stadt, an der Ruta 14 auf der dem Meer zugewandten Seite gegenüber dem Banco Nacional.

Samoa del Sur HOTEL $$
(2775-0233; www.samoadelsur.com; EZ/DZ inkl. Frühstück 79/85 US$; P ❄ 📶 🏊) Dieses orangefarbene Gebäude, das gar nicht zu verfehlen ist, bietet altmodische Zimmer mit Kachelböden, Holzmöbeln und dicken Handtüchern. Die Bar mit ihrer hohen Kuppeldecke ist am Abend ein beliebter Treffpunkt; im Restaurant wird typische Tico- ebenso wie französische Küche serviert. Es gibt ein Planschbecken für Kinder, eine Baumkronentour und eine Naturwanderung, die für ältere Kinder geeignet ist.

Casa Roland Marina Resort RESORT $$$
(2775-0180; www.casarolandgolfito.com; EZ/DZ ab 125/140 US$; P ❄ 📶 🏊) Golfitos schickstes Hotel beherbergt vor allem Gäste, die zollfrei einkaufen und eine angenehme Unterkunft suchen. Es gibt hier einen Swimmingpool, ein Restaurant, eine Bar und ein Spa. Doch das Hotel ist teuer, die Zimmer im Untergeschoss sind dunkel und die niedrigen Decken legen nahe, dass sie für Hobbits gebaut wurden.

Essen

Der kleine, gut zu erlaufende Bezirk Pueblo Civil verfügt über ein Dutzend *sodas* von zweifelhaftem Ruf, doch die Fisch- und Meeresfrüchte-Imbisse an der Playa Cacao liefern ausgezeichnetes Essen.

★ **Restaurante Buenos Días** COSTA RICAN $
(2775-1124; Mahlzeiten 6–10 US$; ⏰ 6–22 Uhr; P ❄ 📶) Kaum ein Tourist, der durch Golfito kommt, lässt sich dieses liebenswerte Lokal gegenüber dem Muellecito (kleiner Hafen) entgehen. Helle, farbenfrohe Sitznischen, eine zweisprachige Speisekarte und die günstige Lage sorgen für einen unentwegten Gästestrom – die Leute kommen wegen

des reichhaltigen frühen Frühstücks, eines typisch costa-ricanischen *casado* oder eines guten, altmodischen Burger, begleitet von leckeren Tamarinden- und anderen frischen Säften.

Banana Bay Marina INTERNATIONAL **$$**
(☎2775-0383; Hauptgerichte 6–15 US$; ⌚6–22 Uhr; 📶) Dieses Open-Air-Restaurant am Jachthafen wird vor allem von amerikanischen Jachtbesitzern und Expats auf zollfreier Einkaufstour aufgesucht. Auf den Tisch kommen amerikanische, Tico- und internationale Gerichte. Man sollte mit ganz großem Appetit kommen, um die riesigen Teller mit Chicken Wings, Kartoffeln und Schnapper nach Art von Veracruz zu schaffen, während auf dem Großbildschirm Football läuft.

ℹ Orientierung

Im südlichen Teil der Stadt gibt es die meisten Kneipen und Geschäfte sowie ein schäbiges Rotlichtviertel. An dem nicht weit davon entfernten Muellecito (kleiner Hafen) legen jeden Tag die Fähren nach Puerto Jiménez ab. Im Norden der Stadt, wo einst die United Fruit Company ihren Sitz hatte, herrscht dank der großen Wohnhäuser mit den charakteristischen überdachten Veranden eine träge Atmosphäre. Heute nennt sich dieser Stadtteil Zona Americana und beherbergt neben der Freihandelszone auch den Flughafen.

ℹ An- & Weiterreise

BUS

Die meisten Busse halten am Lagerhaus gegenüber dem kleinen Park im Südteil der Stadt. Tracopa-Busse fahren an der **Haltestelle** (☎2775-0365) gegenüber der Feuerwehr ab. Zu den Zielen gehören Neily (3 US$, 1½ Std., 6–19 Uhr alle 30 Min.), Pavones (4 US$, 2½ Std., 10 und 15 Uhr), San José über San Isidro de El General und die Costanera (Tracopa; 15 US$, 7 Std., 5 un 13,30, So 14 Uhr) und Zancudo (4 US$, 3 Std., 10 und 15 Uhr).

FLUGZEUG

Der Flughafen liegt 4 km nördlich des Stadtzentrums nahe dem zollfreien Bereich. **NatureAir** (☎2735-5062; www.natureair.com) und **Sansa** (☎2290-4100, in USA 877-767-2672; www.flysansa.com) bieten tägliche Fluge von/nach San José. Einfache Tickets gibt es mitunter schon für 50 US$.

SCHIFF

Für Passagierverkehr gibt es zwei Hauptanleger: **Muellecito** liegt im Südteil der Stadt. Nördlich dem Muelle Bananero gibt es einen kleineren Anleger (gegenüber dem ICE-Gebäude), wo man auch die **Asociación de Boteros** (Abocap; ☎8878-1220, 8879-8184, 8426-1345; www.facebook.com/boterosdegolfito) findet, eine Vereinigung von Wassertaxis, die ihre Dienste im ganzen Bereich des Golfo Dulce anbieten. Schnellfähren verkehren täglich um 7, 10, 11.30, 13, 15 und 17 Uhr vom Muellecito nach Puerto Jiménez (6 US$, 30 Min.). Da sich der Fahrplan häufiger ändert, erfragt man am besten im Hafen die aktuellen Zeiten. In jedem Fall ist es empfehlenswert, früh da zu sein, um sich einen Platz zu sichern.

Man kann auch mit einem privaten Wassertaxi nach Puerto Jiménez schippern. Handeln ist angezeigt, doch die Preise bewegen sich meist zwischen 25 und 30 US$ pro Person (manchmal werden allerdings 60 US$ als Minimum verlangt).

Zur Zeit der Recherche gab es kein fahrplanmäßiges Sammel-*lancha* (kleines Motorboot) nach Zancudo. Mit Bootsbesitzern, die sich hier aufhalten, kann man aber aushandeln, sich für etwa 30 US$ pro Person übersetzen zu lassen.

Wer in einer Küstenlodge nördlich von Golfito übernachtet und vorher Absprachen für die Anreise getroffen hat, wird von der Lodge am Hafen abgeholt.

Parque Nacional Piedras Blancas

Als eine der letzten verbliebenen Flächen von Tieflandregenwald am Pazifischen Ozean ist Piedras Blancas die Heimat einer verblüffend vielfältigen Flora und Fauna, darunter die aufregendsten Tiere Costa Ricas: Pumas, Jaguare, Affen, Zweizehen-Faultiere und zahlreiche Fledermausarten. Dutzende Zugvogelarten legen außerdem hier eine Rast ein.

Einer Studie der biologischen Station in La Gamba zufolge ist die Biodiversität der Baumarten in Piedras Blancas die höchste in ganz Costa Rica und übertrifft noch die im Corcovado.

Die Flächen, aus denen sich der Nationalpark zusammensetzt, wurden von so unterschiedlichen Förderern wie der Nature Conservancy und der österreichischen Regierung erworben. Der Park entstand im Jahr 1992 als Erweiterung des Parque Nacional Corcovado, ist inzwischen aber eigenständig. Piedras Blancas umfasst rund 120 km^2 unberührten tropischen Primärregenwald sowie etwa 20 km^2 Sekundärwald, Weideland, Felsküste und Strände.

Schlafen

★ Finca Bellavista BAUMHAUS $$
(www.fincabellavista.com; Baumhaus 50–275 US$) Costa Ricas ehrgeizigstes Baumhaus-Projekt ist die rund 250 ha große Finca Bellavista, eine Ansammlung von gut ausgestatteten Baumhäusern beim Parque Nacional Piedras Blancas (die genau Lage erfahren Gäste nach der Buchung per E-Mail). Die Baumhäuser haben unterschiedliche Besitzer und werden vermietet, wenn sie nicht gebraucht werden. Das Abendessen wächst im Garten auf dem Regenwaldboden unterhalb.

Viele der Häuser besitzen eine Küche, Strom und fließendes Wasser. Die Wanderungen in den Regenwald und zu Wasserfällen auf dem Anwesen sind der Traum jeden Naturliebhabers. Der Mindestaufenthalt beträgt zwei Nächte; die Buchung erfolgt über die Website.

Esquinas Rainforest Lodge LODGE $$$
(☎2741-8001; www.esquinaslodge.com; EZ/DZ inkl. Mahlzeiten 146/260 US$; P) Esquinas besteht aus 16 geräumigen Hütten mit hohen Decken, Ventilatoren und indigenen Textilien an den Wänden. Auf dem ausgedehnten Gelände gibt es ein weitläufiges und zudem gut markiertes Wegenetz. Für Erfrischung sorgt ein Swimmingpool, der von einem Bach gespeist wird. Gegründet wurde die Lodge von der gemeinnützigen Organisation Regenwald der Österreicher, die auch bei der Ausweisung des Gebiets Piedras Blancas als Nationalpark eine wichtige Rolle gespielt hat. Die Lodge liegt in Gamba, 7 km westlich von Km 37 der Interamericana.

An- & Weiterreise

Den besten Zugang zum Parque Nacional Piedras Blancas ermöglicht die Esquinas Rainforest Lodge, die ein ausgedehntes Wegenetz unterhält und geführte Wanderungen arrangiert, die tiefer in den Park hineinführen. Wer kein eigenes Fahrzeug hat, kann sich von jedem Bus, der von Golfito aus Richtung Norden fährt, an der Lodge absetzen lassen.

Auch die Lodges an der Küste nördlich von Golfito bringen auf Wunsch ihre Gäste zum Park und holen sie dort wieder ab oder organisieren selbst geführte Parkwanderungen.

Zancudo

450 EW.

Zancudo liegt auf einer schmalen Landzunge, die in den Golfo Dulce ragt. Wahrscheinlich ist dieses kleine Dorf Costa Ricas ruhigster Badeort. An der Westseite der Landzunge rollen die warmen Wellen des Pazifiks sanft an den Strand. Wer hier mehr als fünf Menschen sichtet, hat einen sehr lebhaften Tag erwischt. An der Ostseite locken Mangrovensümpfe Vögel, Krokodile und zahlreiche Fische an. Letztere wiederum ziehen Angler an, in der Hoffnung auf einen guten Fang. Anders als das nahe Pavones, das ein Ziel für Surfer ist, gibt sich Zancudo damit zufrieden, ein entlegenes Dorf in einem abgelegenen Winkel Costa Ricas zu sein.

Aktivitäten

Die Hauptaktivitäten in Zancudo bestehen zweifellos darin, lässig in der Hängematte zu schaukeln, am Strand spazierenzugehen und im tiefblauen Wasser des Golfo Dulce zu schwimmen. Die Brandung ist hier sehr sanft, und in der Nacht glitzert das Wasser manchmal geheimnisvoll. Dabei handelt es sich um fluoreszierendes Plankton (Einzeller *Noctiluca*), das so aussieht, als würden Tausende von Glühwürmchen unter der Wasseroberfläche schwimmen.

Schlafen & Essen

In der Nebensaison verfällt der Ort in Winterschlaf – Unterkünfte gewähren in dieser Zeit bis zu 50 % Preisnachlass, und es ist sogar noch weniger los als normalerweise. Wer Einsamkeit und ein bisschen Ungebundenheit sucht, wird feststellen, dass Zancudo dafür genau der richtige Ort ist.

Cabinas Coloso Del Mar CABINA $
(☎2776-0050; www.colosodelmar.com; Zi. 40–49 US$; P) Es sind die Details, die das Coloso von Mitbewerbern abheben – farblich passende Bettlaken, glänzende Hartholzböden und Kaffeeautomaten. Zu den größeren Annehmlichkeiten zählen die ideale Lage nur ein paar Schritte von der Brandung entfernt, ein nettes Café, JC der hinreißende Geschäftsführer, Edwin, der tolle Cocktails mixt, und freundliche Hunde.

Sol y Mar CABINA $
(☎2776-0014; www.zancudo.com; Hütten 35–56 US$; P@) Diese beliebte Unterkunft bietet verschiedene Möglichkeiten, von kleinen billigen, die weiter vom Wasser entfernt sind, bis zu privaten Deluxe-Einheiten mit schick gekachelten Duschen und ungehindertem Meerblick. Auch Nichtgäste können es sich im Open-Air-Restaurant schmecken lassen, etwa Fischburger oder

Hähnchen-Cordon-bleu (Hauptgerichte 3 bis 12 US$). Die reetgedeckte Bar ist in Zancudo sehr beliebt.

Cabinas Pura Vida HOSTEL $
(☎2776-0029; www.cabinaspuravida.com; ⌚B 10 US$) Dieses Billigangebot in Zancudo beweist, dass Costa Rica immer noch ein backpacker-freundliches Land ist. Hier gibt es Spaß für Reisende aus aller Herren Länder. Die Schlafsäle sind einfach, aber ausreichend; bei den Gruppen-Essen am Wochenende (und dem Trinken hinterher) kann es rau zugehen.

Cabinas Au Coeur du Soleil CABINA $$
(☎2776-0112; www.aucoeurdusoleil.com; Hütten 50–80 US$; P ☎) Diese drei freundlich gestrichenen, liebevoll gepflegten Hütten verfügen über Ventilatoren, Kühlschränke und Kitchenettes, Veranden mit Hängematten und jeder Menge anheimelnden Charme. Die jungen französisch-kanadischen Gastgeber Joanne und Daniel sind herzlich und gesellig. Für die Gäste gibt es Räder zur Erkundung von Zancudo sowie Kajaks und Bodyboards für Spaß am Meer.

Cabinas Los Cocos CABINA $$
(☎2776-0012; www.loscocos.com; Hütten 85 US$; P) Los Cocos, das von der stets hilfsbereiten Susan geführt wird, besitzt zwei historische Hütten, die ursprünglich der Bananen-Firma in Palmar gehörten, aber nach Zancudo gebracht und komplett restauriert wurden. Die anderen beiden *rancho*-Hütten besitzen auch Charme, mit Hartholzböden und Loft-Schlafbereichen unter Palmblattdächern. Wassertaxis nach Golfito (60 US$) können organisiert werden.

★ **Zancudo Lodge** LODGE $$$
(☎2776-0008; www.zancudolodge.com; Zi./Suite ab 352/446 US$; P ❄ ☎ ≋) Bei Weitem die luxuriöseste Unterkunft in Zancudo mit traumhaftem Gelände mit plätschernden Bächen, Bambuspalisaden. Die großen, ruhigen Zimmer sind mit feinem Leinen und anderem Komfort ausgestattet. Das offene Gourmet-Restaurant (auch für Nichtgäste) ist bekannt für seine superfrischen Zutaten. Sportfischen und Abholung per Boot von Golfito wird arrangiert.

★ **Gamefisher Restaurant** INTERNATIONALE KÜCHE $$
(Hauptgerichte 10–25 US$; ⌚11–22 Uhr; ☎ 🖉) Das grandiose, an den Seiten offene Restaurant innerhalb der Zancudo Lodge rühmt sich der Verwendung von frischen Zutaten und seiner Kreativität, und das zeigt sie auch, beispielsweise bei den besten Fischtacos der Umgebung, beim selbst geräucherten Thunfisch und anhand der gehobenen Abendkarte, die das Beste aus den vor Ort verfügbaren Zutaten herausholt.

ℹ An- & Weiterreise

AUTO

Von Golfito und Paso Canoas aus sind die Straßen nach Zancudo gut ausgeschildert. Die Hauptstraßen sind asphaltiert, doch wenn man sich Zancudo nähert, gibt es lange unbefestigte Strecken. Außerhalb der Trockenzeit ist daher ein Allradwagen empfehlenswert. Zwei Wege führen von Zancudo nach Pavones: eine holperige Küstenstraße, für die ein Fahrzeug mit Allradantrieb nötig ist, da mehrere Bäche überquert werden müssen, und die unbefestigte Hauptstraße. Die Fahrt von Golfito dauert etwa 1¼ Stunden, die nach Pavones 45 Minuten.

BUS

Ein Bus zur Grenze in Paso Canoas fährt jeden Morgen um 6 Uhr (42,75 US$, 2 Std.) durch Sancudo. In Conte können Passagiere in einen Bus nach Golfito umsteigen. Wer weiter zur Grenze will, verlässt in Laurel den Bus und nimmt ein *collectivo* für den Rest des Wegs.

SCHIFF

Der Schiffsanlager ist beim nördlichen Ende des Strandes auf der Seite der Mündung. In der Hochsaison ist die öffentliche Fähre zuverlässig und häufig, aber die Preise variieren. *Cabinas* und Hotels in Zancudo können auch private Wassertaxis zur gewünschten Zeit organisieren; die Preise beginnen bei 60 US$ für zwei Personen und werden mit wachsender Gruppengröße günstiger. Für 80 US$ bringt ein Kapitän Gäste nach Puerto Jiménez.

Pavones

2750 EW.

Pavones ist ein legendäres Ziel für Surfer aus aller Herren Länder. Da der Ort an Costa Ricas südlichstem Zipfel liegt, ist es gar nicht so einfach, dorthin zu kommen. Die Reise gehört zu den Abenteuern der besonderen Art, zumal die besten Surfmonate mit der Regenzeit zusammenfallen. Das Dorf liegt weiterhin verhältnismäßig abseits der Touristenpfade, und obgleich sowohl Ausländer wie Einheimische dabei sind, es aus seinem Dornröschenschlaf zu erwecken, sind die wenigen Straßen in Pavones immer noch unbefestigt. Das Leben nimmt hier seinen gewohnt gemächlichen Gang und die gesamte Atmosphäre ist ruhig und New-Age-mäßig.

Aktivitäten

Surfen

Pavones genießt unter Surfern einen legendären Ruf für einen der längsten Left Breaks der Welt (zusammen mit einem 2 km-langen Break in Chicama, Peru, und einem noch längeren in Namibias Skeleton Bay). An den besten Tagen kann man mehr als zwei Minuten reiten.

Die Bedingungen sind bei einer südlichen Strömung am besten, meist während der Regenzeit von April bis Oktober, doch im restlichen Jahresverlauf sind die Wellen ideal für Anfänger.

Sea Kings Surf Shop (☎2776-2015; www.seakingssurfshop.com; ⏲Mo–Sa 9–17 Uhr) verleiht Surfbretter und arrangiert auch den Unterricht.

Wenn in Pavones nichts (oder zu viel) los ist, ist Punta Banco im Süden eine gute Alternative, ein Reef Break mit ordentlich Rights und Lefts. Die besten Bedingungen sind bei Flut, vor allem wenn die Strömung von Süden oder Westen kommt.

Yoga

Surfen geht Hand in Hand mit Yoga. So gibt es mehrere Yoga-Studios in Pavones, wo die angespannten Glieder sich wieder erholen können.

Shooting Star Studio YOGA
(☎2776-2107, 8829-2409; www.yogapavones.com; Stunde 15 US$) Nur 30 m vom Strand entfernt gelegen, bietet dieses Freiluft-Yoga-Studio mehrere Kurse pro Woche, darunter einen speziell für Surfer. Um hierher zu gelangen, muss man den ganzen Weg nach Punta Banco zurücklegen und dann die steile Straße den Hügel hinauf nehmen (am besten zu Fuß).

Pavones Yoga Center YOGA
(☎in den USA 937-474-2387; www.pavonesyogacenter.com; Calle Altamira; Stunde 10 US$) An dieser Schule, in der auch Lehrer lernen, wird Vinyasa-Yoga unterrichtet und auch ein spezielles therapeutisches Yoga für Surfer. Der Stundenplan ist auf der Website zu finden. Es geht 800 m die Calle Altamira entlang – die steile unbefestigte Straße, die vom Río-Claro-Lebensmittelladen an der Kreuzung hochführt; wer selbst fährt, braucht ein Allradfahrzeug.

Schlafen

Unterkünfte sind an der Hauptstraße von Playa Río Claro und an der Küstenstraße nach Punta Banco verstreut. Einige günstige Quartiere handeln nach dem Motto: Wer zuerst kommt, mahlt zuerst. Manche Reisende mit sehr knappem Budget und Einheimische campen an der Küstenstraße nach Punta Banco.

Playa Río Claro

Cabinas & Café de la Suerte PENSION $
(☎2776-2388; Zi./Haus 75/100 US$; ❄📶) Ein freundliches Surferpaar (das auch das vegetarische Restaurant auf dem Anwesen betreibt) ist Gastgeber in dieser bunten Pension mit drei Zimmern, die nur 50 m vom Strand liegt und eine Terrasse mit Hängematten hat, die sich die Zimmer im oberen Stockwerk teilen. Die Zimmer im Erdgeschoss verfügen über eine abgeteilte Gartenecke. Von der Kreuzung beim Supermarkt, geht es auf der Küstenstraße nach links.

Surf House HOSTEL $
(☎8508-7779; www.facebook.com/pavonesrooms/; B 20 US$, Zi. ab 40 US$; P📶) 🍃 Eine neue Unterkunft für Surfer ist dieses unkonventionelle Hostel direkt beim Strand. Es bietet bequeme Betten, eine coole Atmosphäre und sehr viel Umweltfreundlichkeit. (Die Mahlzeiten sind vegan und das Management demonstriert geradezu das Kompostieren und Recycling.) Die Unterkünfte sind unterschiedlich, Schlafsäle und private Zimmer, einige mit Gemeinschaftsbädern, einige mit Klimaanlage.

Cabinas Mira Olas CABINA $
(☎2776-2006, 8393-7742; www.miraolas.com; DZ/3BZ ab 38/48 US$; P📶) Die 4,5 ha große Farm ist nicht nur voller Wildtiere und Obstbäume, sondern verfügt auch über einen Aussichtspunkt, der auf einem Hügel liegt. Zur Wahl stehen ein charmantes Doppelhaus mit gemütlichen gefliesten Quartieren samt Terrasse und die hübsche halboffene „Jungle-Deluxe"-Variante mit riesigem Balkon, Küche und eleganter Giebeldecke. Die Anlage wird an der Río Claro Straße vor der Brücke ausgeschildert.

Riviera Riverside Villas VILLA $$$
(☎2776-2396; www.pavonesriviera.com; Zi./Haus 110/160 US$; P❄📶) Diese Ansammlung von gehobenen *cabinas* und Häusern in Pavones selbst bietet voll ausgestattete Küchen, schö-

ne Fliesenböden und attraktive Hartholzdecken. Große schattige Veranden ermöglichen den Blick über die Obstgärten, die von Vögeln und Affen besucht werden und ein Ausmaß an Privatheit bieten wie nur wenige andere Plätze der Stadt. Man kann auch Surfbretter leihen.

Punta Banco

★Rancho Burica LODGE $

(☎ 2776-2223; www.ranchoburica.com; B US$15, EZ/DZ 40/70 US$, mit Bad 25/45 US$; P ❄ 📶) Diese legendäre von Niederländern geführte Unterkunft liegt tatsächlich am Ende der Straße in Punta Banco. Hier treffen sich am Abend die Surfer zum Feiern. Die Zimmer verfügen über Ventilatoren, auf dem Anwesen sind Hängematten verteilt. Es gibt gesellige Gemeinschaftsräume, ein Restaurant und einen Weg zu einem romantischen Aussichtspunkt im Dschungel. Die Mahlzeiten sind familiär; Gäste dürfen nicht kochen.

Hier wohnen vorwiegend Surfer, aber wer sich für Erholung, Tiere und Yoga interessiert, wird sich hier auch wohl fühlen. Es gibt eine neu gebaute Yoga-Veranda und jede Menge seltene Vögel. Die Besitzer arbeiten auch im Schildkröten-Schutzprojekt der Gemeinde mit.

Lanzas de Fuego Surf & Adventure Lodge LODGE $$

(☎ 2776-2014, 8634-0739; www.lanzasdefuego.com; Zi. pro Pers. 45 US$; ❄ 📶) Die Lodge in Hanglage, die der fröhliche Südafrikaner Rainy betreibt, organisiert mehrtägige Pakete zum Surfen, Sportangeln und zur Vogelbeobachtung. Das Haus hat ein eigenes Boot, um Surfer schnell zu den besten Hotspots zu bringen. Die persönliche, heitere Unterkunft verfügt über drei Hütten mit Platz für sechs Gäste, einen riesigen, strohgedeckten Ort zum Abhängen und ein Restaurant, in dem gesunde, leckere costa-ricanische Mahlzeiten serviert werden. Der Weg dorthin führt über eine Brücke und dann weiter bis zum Hinweisschild.

Yoga Farm LODGE $$

(www.yogafarmcostarica.org; B/Zi./Hütte inkl. Mahlzeiten & Yoga 43/50/65 US$) 🍃 Dieses ruhige Refugium bietet einfache Zimmer und Schlafsäle, drei vegetarische Mahlzeiten, die mit biologisch angebauten Zutaten aus dem eigenen Garten zubereitet werden, und tägliche Yogakurse in einem Freiluftstudio mit Blick aufs Meer. Es liegt 15 Gehminuten vom Ende der Straße an der Rancho Burica entfernt: von dort nimmt man die Straße, die links den Berg hinaufführt, und geht dann durch das erste Tor auf der linken Seite. Im Haus gibt es weder WLAN noch Telefon; Anti-Aging ist hier der Schlüsselbegriff.

★Tiskita Jungle Lodge LODGE $$$

(☎ 2296-8125; www.tiskita.com; Zi./Suite inkl. alle Mahlzeiten ab 285/380 US$; P 📶 ≋) Inmitten ausgedehnter Gärten und Obstplantagen liegt diese Lodge, die zu den schönsten am Golfo Dulce gehört. Die Unterkünfte sind in verschiedenen wunderbaren Holzhütten mit steinernen Gartenduschen, die eine Erfrischung beim Vogelbeobachten ermöglichen. Touren zur Vogelbeobachtung, Ausritte, Nachttouren und Surfunterricht sind im Programm. Vorab-Buchungen sind erwünscht, drei Nächte ist der Mindestaufenthalt. Viele der Hütten sind für Familien eingerichtet und die Wanderungen in der Natur und die Ausritte sind auch für Kinder geeignet.

Rancho Cannatella VILLA $$$

(☎ 2776-2228; www.pavonesranchocannatella.com; rancho 495 US$, 5 Nächte Mindestaufenthalt; P 📶 ≋) Etwa 2 km in Richtung Punta Banco liegt dieses frühere Surferparadies, das in eine luxuriöse Unterkunft mit vier Zimmern umgewandelt wurde, komplett mit Zimmerservice, einer gut eingerichteten Küche, bei einem der Zimmer eine Dusche im Freien, Balkone mit Meerblick und Hängematten am Pool. Ideal für eine Familie oder eine Gruppe von Freunden. Unterricht im Surfen und Paddleboarding kann arrangiert werden.

Castillo de Pavones BOUTIQUE HOTEL $$$

(☎ 2776-2191; Suite/Villa ab 125/400 US$; P ❄ 📶) Das steinerne Herrenhaus am Hang mit einer schmiedeeisernen Treppe bietet von seinem erhöhten Sitzplatz Aussicht auf die Point-break von Pavones. Der Weg dorthin führt über die Brücke und dann die Schotterstraße bis zum Hinweisschild hinauf. Die Gäste sind in vier individuell dekorierten und eingerichteten Suiten und einer frei stehenden Villa mit vier Schlafzimmern untergebracht; die wohl beste Suite ist die Aves mit versetzten Ebenen. Fantastisches Essen, revitalisierende Pauschalangebote, Sportangeln und Surfen sind ebenfalls im Angebot.

Eine der Suiten, die über mehrere Ebenen geht, ist speziell für Familien eingerichtet.

Essen

Soda Doña Dora COSTA-RICANISCH $
(2776-2021; Gerichte 4–8 US$; 6–22 Uhr) Dieses alteingesessene familiengeführte Lokal serviert riesige Frühstücksportionen mit *gallo pinto*, Eiern und Toast, Bananenpfannkuchen, *casados* mit frischen Meeresfrüchten, Burgern mit Pommes und preiswertes Bier. Einfach vom Fußballplatz landeinwärts nach dem Schild der Bar La Plaza Ausschau halten; die *soda* befindet sich im selben Gebäude. Mit dem Auto biegt man an der Kreuzung beim Supermarkt in die Strandstraße ab.

Café de la Suerte CAFE $
(2776-2388; Mahlzeiten 4–9 US$; Mo–Sa 8–17 Uhr;) Üppiges Frühstück, Omeletts und Gemüsegerichte beherrschen die Speisekarte; die Köchin bereitet ihren eigenen Hummus zu und es gibt in der Regel ein Tagesgericht (Veggie-Burgers, Lasagne). Dazu trinkt man ein Smoothie aus Tropenfrüchten. Süßschnäbel sollten auch die Brownies nicht auslassen.

★ **La Bruschetta** ITALIENISCH $$
(La Piña; 2776-2174; Hauptgerichte 7–12 US$; 10–22 Uhr;) Einige Kilometer die Uferstraße Richtung Punta Banco entlang liegt dieses fröhliche Lokal, das mit seinen Lichterketten zu den angesagtesten Plätzen der Stadt gehört. Die nette Besitzerin serviert große Portionen hausgemachter Pasta, Holzofenpizza und leckere italienische Desserts, alle mit Liebe und authentischen Zutaten zubereitet. Auf dem Schild steht „La Piña" und viele Einheimische nennen es immer noch so.

Orientierung

Der Name Pavones bezieht sich sowohl auf die Playa Río Claro de Pavones als auch auf Punta Banco, das 6 km weiter südlich liegt.

Die Straße nach Pavones führt zuerst nach Río Claro; dort befindet sich eine Kreuzung mit zwei kleinen Supermärkten. Eine Straße führt direkt zum Strand mit ein paar Lokalen und einem Verleih für Surferausrüstung. Die Straße nach links überquert eine Brücke und verläuft weiter geradeaus; die Unterkünfte in Playa Río Claro liegen an dieser Straße oder ganz in der Nähe. Direkt hinter der Brücke schwenkt eine andere Straße nach rechts und erstreckt sich parallel zum Ufer 6 km weit bis Punta Banco. Dort, so sagen die Einheimischen „endet die schlechte Straße, und das gute Leben beginnt". Die übrigen Unterkünfte liegen entlang dieser Küstenstraße.

Praktische Informationen

Es kann nicht oft genug gesagt werden: In Pavones gibt es weder eine Bank noch eine Tankstelle, deshalb muss man sich vorab unbedingt mit Geld und mit ausreichend Benzin eindecken. Kreditkarten werden hier nur selten akzeptiert und die nächstgelegenen Geldautomaten und Tankstellen sind in Laurel, eine Stunde Fahrt entfernt. Im Notfall kann man im Lebensmittelladen Benzin kaufen (allerdings zu einem sehr hohen Preis).

An- & Weiterreise

AUTO

Die Abzweigung nach Pavones und Zancudo ist an der Straße, die Richtung Süden von Golfito nach Laurel führt, gut ausgeschildert. Die Hauptstraße ist teilweise asphaltiert, die 32 km lange Nebenstraße nach Pavones dagegen nicht. Es gibt eine holprige Küstenstraße zwischen Pavones und Zancudo, für die ein Fahrzeug mit Allradantrieb benötigt wird, da man mehrere Bäche durchqueren muss; ansonsten kann man zurück zur Straßengabelung fahren. Die Fahrt von Golfito hierher dauert etwa 1¼ Stunden, nach Zancudo sind es etwa 45 Autominuten.

BUS

Zweimal am Tag fährt ein Bus nach Golfito (3,80 US$, 2 Std.). Der erste startet um 5.15 Uhr am Ende der Straße in Punta Banco und hält an den beiden Supermärkten. Der zweite fährt um 12.30 Uhr an der Schule ab. Man kann den frühen Bus auch in Pavones nehmen; vor Ort sollte man sich am besten nach den aktuellen Haltestellen erkundigen.

FLUGZEUG

NatureAir (2735-5062; www.natureair.com), **Sansa** (2290-4100, in den USA 877-767-2672; www.flysansa.com) und **Alfa Romeo Aero Taxi** (8632-8150; www.alfaromeoair.com) bieten Charterflüge. Die Preise hängen von der Zahl der Fluggäste ab, deshalb am besten versuchen, eine großere Gruppe zusammenzubringen.

TAXI

Ein Taxi mit Allradantrieb kostet rund 80 US$ ab Golfito und 70 US$ ab Paso Canoas. Einer der Dorfbewohner hat einen Van als Gemeinschaftstaxi, mit dem er nach Absprache Passagiere für 16 US$ pro Person nach Paso Canoas und Golfito bringt; am besten erkundigt man sich ob er gerade arbeitet, wenn man vor Ort ist.

PARQUE NACIONAL ISLA DEL COCO

Die Isla del Coco, ein kleiner grüner Fleck mitten im Pazifik, ist in der Fantasie von Abenteurern sehr groß: raue Berge und Erzählungen von Schätzen, ein fast unberührtes, isoliertes Ökosystem mit Tieren und einigen der besten Tauchplätze der Welt. Hier wurde die einleitende Luftaufnahme von *Jurassic Park*, ein Schwenk vom Helikopter über Meer und eine vom Dschungel bedeckte Insel, gedreht.

So schön diese Insel auch ist, verblasst die Landschaft gegen das, was unter Wasser liegt. Von PADI zu einem der zehn Top-Tauchplätze der Welt erklärt, gibt es in den Gewässern um die Isla del Coco jede Menge Unterwasserleben, darunter auch einen der größten Hammerhai-Schwärme der Welt.

Die Isla del Coco (Kokos-Insel) liegt rund 500 km südwestlich des Festlands mitten im östlichen Pazifik; sie ist das entlegenste Ziel Costa Ricas.

Geschichte

Im jahr 1526 kam der spanische Entdecker Joan Cabezas zufällig auf die Isla del Coco, obwohl sie erst 1541 nach ihrer zweiten Entdeckung vom französischen Kartografen Nicolas Desliens auf die Landkarte gebracht wurde. Vor der Entdeckung durch die Europäer kamen präkolumbische Seefahrer aus Lateinamerika auf die Isla del Coco. In den folgenden Jahrhunderten zog der starke Regen die Aufmerksamkeit der Seeleute, Piraten und Walfänger auf die Insel, die oft wegen Süßwasser, Fisch und Kokosnüssen hier anlegten.

Vom Ende des 17. bis zum frühen 19. Jh. war die Isla del Coco ein Zwischenstopp für Piraten, die hier unzählige Schätze versteckt haben sollen. Die bekannteste Geschichte ist die des Schatzes von Lima, bestehend aus Gold- und Silberbarren, Kirchenschätzen und einer lebensgroße Jungfrau Maria aus purem Gold. Ein X soll den Platz kennzeichnen, nicht wahr? Nicht wirklich. Mehr als 400 Schatzgräber-Expeditionen sind

ABSEITS DER ÜBLICHEN PFADE

PLAYAS SAN JOSECITO, NICUESA & CATIVO

Idyllische, menschenleere Strände mit dem unberührten Regenwald des Parque Nacional Piedras Blancas als Kulisse bestimmen das Nordostufer des Golfo Dulce. Dass diese Gegend so schwer zugänglich ist, trägt noch zu ihrem besonderen Reiz bei: Ein Teil des Zaubers besteht darin, dass nur sehr wenige Menschen in diese unberührte Ecke Costa Ricas gelangen. Wer ein romantisches Plätzchen oder ein einsames Refugium sucht, findet beides in den Lodges an diesem Küstenstreifen. Sie liegen völlig isoliert und sind ideale Orte für Ruhe und Besinnung.

Es werden auch Kajaks für die Erkundung des Meers und für die Fahrt zur **Casa Orquideas** (Tour auf eigene Faust 10 US$) verliehen, einem wunderbare botanischen Garten, der nur per Boot zugänglich ist. Von dort gibt es direkten Zugang zur Wildnis von Piedras Blancas. Kilometer von Wegen führen zu abgelegenen Stränden, Wasserfällen und anderen unentdeckten Attraktionen.

Playa Nicuesa Rainforest Lodge (☎2258-8250, in den USA 866-504-8116; www.nicuesalodge.com; Playa Nicuesa; EZ/DZ ab 305/490 US$; 📶) Inmitten eines 65 ha großen privaten Naturschutzgebietes ist dies teils ein Platz der Ruhe, teils ein Platz von Aktivitäten. In den verträumten Unterkünften gibt es Himmelbetten, von Indigenen gefertigte Bettdecken und Duschen im Garten. Die Mahlzeiten werden in einem reetgedeckten *rancho* serviert und die Besitzer Michael und Donna bieten Aktivitäten für die ganze Familie, von Sportfischen bis zu Abenteuern im Regenwald. Zwei Nächte Mindestaufenthalt.

Dolphin Quest (☎8669-4688, 8811-2099; www.dolphinquestcostarica.com; Playa San Josecito; EZ/DZ Zeltplatz 60/100 US$, Hütte 85/160 US$, Haus 110/200 US$; P 📶) Diese Dschungel-Lodge bietet 1½ km Strand und 300 ha Regenwald, mit Unterkünften in runden reetgedeckten Hütten. Die Mahlzeiten – zubereitet aus organischen Zutaten aus dem Garten – werden in einem Freiluft-Pavillon nahe der Küste serviert. Muschelnsammeln am Strand, Reiten, Schnorcheln und Angeln sind im Angebot; der Platz wirkt absolut zeitlos. Das Hotel ist nur per privatem Schiff zu erreichen.

ABSEITS DER ÜBLICHEN PFADE

BIOLLEY

Unterhalb der Wildnis des Parque Internacional La Amistad liegt ein Netz von Dörfern, auf das Mosaik-Wegweiser im Stil Gaudís, die ein örtlicher Künstler angefertigt hat, hinweisen. Diese Bauerndörfer wurden bis 1997 kaum von Touristen aufgesucht, doch dann schuf eine unternehmungslustige Gruppe von Frauen im Dorf Biolley (benannt nach einem Schweizer Biologen, der sich hier niederließ) eine Cooperative, Asociación de Mujeres Organizadas de Biolley (Asomobi). Sie hat 37 Mitglieder und soll den ländlichen Tourismus in der Gegend fördern und Gelder für die verschiedenen nachhaltigen Projekte der Cooperative, etwa organischen Kaffeeanbau, schaffen.

Asomobi (☎8916-4638, 2200-4250; www.asomobi-costarica.com) organisiert Kaffeetouren, bei denen der *beneficio* (Verarbeitungsfirma) in Biolley besucht wird, der den köstlichen hier gewachsenen Kaffee verarbeitet. Es werden umweltfreundliche Methoden eingesetzt, um das Wasser zu schützen und organische Abfälle für Kompost zu nutzen.

Weitere Touren sind im Angebot von Vogelbeobachtung und Ausflügen zu den heißen Quellen bis hin zu Wandern im Valle del Silencio im Parque Internacional La Amistad. Im Voraus vereinbaren.

Asomobi kann günstige Unterkünfte bei einer freundlichen Familie in Biolley vermitteln. Die Cooperative betreibt ein Hotel, **Posada Cerro Biolley** (☎2200-4250; http://asomobi-costarica.com; Biolley; pro Pers. inkl. Frühstück 20 $; P 🛜), das nach der Zerstörung durch einen Brand 2012 wiederaufgebaut wurde. Die Straße hinunter ist das **Hotel Finca Palo Alto** (☎2743-1063, 2743-1062; www.hotelfincapaloalto.com; Biolley; B/Zi. 30/57 US$; P ❄) auch ein guter Ort, um zu übernachten.

Biolley liegt 6 km westlich der Kreuzung im Dorf Altamira, aber der Weg verläuft im Zickzack und ist schlecht gekennzeichnet; wer auf eigene Faust unterwegs ist, sollte sich unbedingt genaue Information bei AsoProLA (S. 481) oder durch einen Anruf bei Asomobi besorgen.

gescheitert. 1869 organisierte sogar die costa-ricanische Regierung eine ganz offizielle Schatzsuche. Sie fanden nichts, doch Costa Rica nahm die Insel in Besitz, die selbst ein Schatz ist. 1978 wurde sie zum Nationalpark erklärt.

Deutsche Siedler kamen Ende des 19./Anfang des 20. Jhs. an, doch sie blieben nur kurz auf der Isla del Coco. Sie ließen allerdings zahlreiche fremde Pflanzen und Haustiere zurück, aus denen sich inzwischen wilde Populationen von Schweinen, Ziegen, Katzen und Ratten entwickelt haben, die jedoch alle die natürliche Tierwelt bedrohen.

Aktivitäten

Tauchen

Die Tauchplätze sind großartig und gelten als Hauptattraktion der Insel. Aber starke Meeresströmungen können zu trügerischen Bedingungen unter Wasser führen. Die Isla del Coco ist nur für hervorragende Taucher mit ausreichend Erfahrung geeignet. Taucher sollten klugerweise Handschuhe mitbringen, um sich an den Felsen festzuhalten.

Die Insel besitzt zwei große Buchten mit sicheren Ankerplätzen und Sandstränden. Chatham Bai liegt auf der Nordostseite, Wafer Bay im Nordwesten.

Das Leben unter Wasser ist sehr vielfältig; es gibt mehr als ein Dutzend Korallenarten, mehr als 50 Arten von Krustentieren und mehr als 270 Fischarten. Meeresschildkröten, Mantarochen, Delfine und Haie gibt es im Überfluss. Vor der Isla de Coco liegt eine Reihe kleinerer Basaltfelsen und Inselchen, die einige der besten Tauchreviere bilden.

Die Isla Manuelita ist ein Topspot, Heimat von vielerlei Fischen, Rochen, Aalen und Schwärmen von Mantarochen. Auch elf Haiarten leben in diesen Gewässern, darunter große Schwärme von Hammerhaien ebenso wie Weißspitzen-Riffhaie, die man am besten nachts entdecken kann. Der Dirty Rock ist eine andere Hauptattraktion – eine spektakuläre Felsformation, die alle möglichen Arten von Meerestieren beherbergt.

Tauchen ist ganzjährig möglich; Tigerhaie, Galapagos-Haie und Weißspitzen-Riffhaie sind immer zu sehen, die beste Zeit für die Sichtung von Hammerhaien ist die Regenzeit von Mai bis November.

Undersea Hunter TAUCHEN
(☎2228-6613, in den USA 800-203-2120; www.underseahunter.com) Bietet zehn- und zwölftägige Land- und See -Expeditionen ab Puntarenas zur Isla del Coco. Das Schiff hat Platz für 14 bis 18 Personen; die Kosten belaufen sich auf 5645 US$ pro Person. Passagiere von Undersea Hunter können auch das Leben in 1000 Fuß Tiefe erleben; die **DeepSee Submersible** (☎2228-6613, in den USA 800-203-2120; 80/300 m Tauchgang 1450/1850 US$) macht's möglich.

Aggressor TAUCHEN
(☎in den USA & Canada 800-348-2628; www.aggressor.com) Betreibt eine Flotte von Schiffen für Tauchsafaris zu verschiedenen Zielen auf der ganzen Welt. Im Angebot sind acht- und zehntägige Chartertouren zu Wasser und zu Land auf der *Okeanos Aggressor I* und der *Okeanos Aggressor II* von Puntarenas zur Isla del Coco für 5299 US$ pro Person.

Wandern

Obwohl hier in erster Linie Tauchgebiet ist, kommen auch Wanderer auf ihre Kosten.

Rau, dicht bewaldet und von Wasserfällen durchsetzt, wird die Isla del Coco von einem Netz von Wanderwegen durchzogen. Der höchste Punkt ist der **Cerro Iglesias** (575 m), wo man einen fantastischen Ausblick über die üppig grüne Insel und den tiefblauen Pazifik hat.

Besucher müssen sich zuerst bei den Parkrangers registrieren lassen, wobei Touranbieter die nötigen Formalitäten in der Regel vorab erledigen.

Wegen der einsamen Lage ist Isla del Coco der unberührteste Nationalpark des Landes und eines der besten Ziele für Tierbeobachtung in Costa Rica. Da die Insel nie mit dem amerikanischen Festland zusammenhing, gibt es hier eine große Zahl endemischer Arten.

Landeinwärts im Bergnebelwald gibt es etwa 235 seltene Pflanzenarten, von denen 30 % nur hier heimisch sind. Diese unglaublich vielfältige Flora nährt mehr als 400 bekannte Insektenarten – 65 davon endemisch. Auch wunderschöne Schmetterlinge und Nachtfalter zählen dazu. Wissenschaftler vermuten, dass noch neue Arten zu entdecken sind.

Unter den 87 gesichteten Vogelarten auf der Insel und den benachbarten Felsen sind viele Wasservögel: Weißbauch- und Rotfußtölpel, Großer Fregattvogel, Feenseeschwalbe und Noddis. Es gibt auch auf dem Land drei endemische Vogelarten, nämlich den Cocoskuckuck, Cocostyrann und Kokosfink.

ℹ Praktische Informationen

Um den Status der Insel als Naturschutzgebiet zu sichern, müssen alle Besucher bei der **Área de Conservación Marina Isla del Coco** (Acmic; Karte S. 74; ☎in San José 2250-7295, 2258-8750; ⏲Mo–Fr 8–15 Uhr) in San José eine Besuchsgenehmigung beantragen (die saftige 70 US$ pro Tag kostet). Doch außer bei Anreise auf einem privaten Schiff erledigen die Touranbieter die nötigen Formalitäten.

ℹ An- & Weiterreise

Der einzige Weg, um hierher zu kommen, ist mit einer Tauchsafari. Bei Vorabbuchung arrangieren beide Anbieter solcher Touren in Puntarenas den Transport von San José oder Liberia nach Puntarenas, dem Start- und Landepunkt der Touren. Die Überfahrt mit dem Schiff von Puntarenas zur Isla del Coco dauert 32 Stunden.

Costa Rica verstehen

Costa Rica aktuell

Costa Rica zählt nach wie vor zu den wohlhabendsten und politisch stabilsten Ländern Mittelamerikas. Außerdem ist Costa Rica eines der ganz wenigen Länder ohne eigene Armee. Umweltschutz besitzt einen hohen Stellenwert, und ökologische Themen spielten in den Debatten vor der Parlamentswahl im Jahr 2018 eine zentrale Rolle. Die Landwirtschaft ist ein wichtiger Wirtschaftszweig, von grundlegender ökonomischer Bedeutung ist jedoch vor allem der Tourismus.

Top-Filme

El Regreso (Die Rückkehr; 2011) Der erste beachtete Tico-Film hat eine realistische, moderne Handlung. Hernán Jiménez schrieb das Drehbuch, führte Regie, organisierte das Budget und spielte auch noch mit.

Agua Fría de Mar (Kaltes Meerwasser; 2010) Regisseurin Paz Fábrega schuf einen gesellschaftskritischen Film, der an einem paradiesischen Pazifikstrand spielt. Dafür gab es gleich mehrere internationale Preise.

Caribe (Karibik; 2004) Der erste costa-ricanische Film, der in die Liste der Oscar-Bewerber aufgenommen wurde. Das Drama spielt in Limón.

Top-Bücher

Tropical Nature: Life and Death in the Rain Forests of Central and South America (Adrian Forsyth und Ken Miyata; 1987) Leicht verdauliche naturgeschichtliche Essays erläutern Phänomene des Regenwalds.

There Never Was a Once Upon a Time (Carmen Naranjo; 1989) Zehn Geschichten aus der Perspektive von Kindern und Jugendlichen, aus der Feder von Costa Ricas am häufigsten übersetzter Schriftstellerin.

Costa Rica: A Traveler's Literary Companion (Barbara Ras, mit einem Vorwort von Óscar Arias; 1994) Eine Sammlung von Geschichten aus den verschiedenen Regionen des Landes.

Klimaneutralität

Costa Rica ist bekannt für sein Umweltbewusstsein, aber, um es mit den Worten von Kermit, dem Frosch, zu sagen: Es ist nicht leicht, grün zu sein. 2009 hatte der damalige Präsident Óscar Arias ein ambitioniertes Ziel ausgegeben: Sein Land sollte bis 2021 klimaneutral werden. Falls Costa Rica dieses Ziel erreichen sollte, wäre es das erste klimaneutrale Land der Welt – pünktlich zu seinem 200-jährigen Bestehen.

Viele Maßnahmen sind bislang jedoch noch nicht umgesetzt worden, und angesichts der Zahlen scheint das Jahr 2021 doch etwas sehr ambitioniert. Öffentliche Busse und Taxis sollen künftig mit Hybridantrieb, mit Erdgas oder Strom fahren. Zudem sollen für die Bus- und Taxiunternehmen strengere Emissionsvorschriften gelten. Im Bereich der Landwirtschaft finanziert die Regierung Schulungen, bei denen Kleinbauern lernen, was sie kompostieren können, wie sie Biokohle nutzen und Anlagen bauen können, um Brennstoff für den Eigenbedarf aus Methan zu gewinnen.

Für die großen Landwirtschaftskonzerne, z. B. die riesigen Bananenplantagen, schafft die Regierung Anreize zum aktiven Umweltschutz. So sollen diese beispielsweise die Möglichkeit bekommen, durch Wiederaufforstung und den Erhalt der Regenwälder CO_2-Emissionen zu kompensieren, die sie durch den Export verursachen.

2016 gewann Costa Rica 98 % seiner elektrischen Energie aus erneuerbaren Quellen. Im gleichen Jahr konnte das Land an insgesamt 271 Tagen vollständig auf fossile Energieträger zur Stromerzeugung verzichten; besonders bemerkenswert war eine 110 Tage lange Phase zwischen dem 17. Juni und dem 6. Oktober. Möglich war dies durch den Einsatz von Wasserkraft, Windanlagen und Geothermie-Kraftwerken. Trotz dieser großen Leistung basiert die gesamte Verkehrsinfrastruktur des

Landes vor allem auf Mobilität durch Verbrennungsmotoren; in der Gesamtperspektive überwiegt heute also noch der Einsatz konventioneller Energieträger.

Wahlen in Costa Rica

Am 1. April 2018 wählte Costa Rica einen neuen Präsidenten, Carlos Alvarado Quesada von der Partido Acción Ciudadana (PAC). Umfragen zufolge war mit einem sehr knappen Ergebnis gerechnet worden, doch am Ende wurde es ein sehr eindeutiger Sieg. Der 39-jährige Alvarado – Schriftsteller, Musiker und ehemaliger Minister – vereinte über 60 % der Stimmen auf sich und wies damit seinen Kontrahenten, den rechtsgerichteten ehemaligen TV-Moderator und evangelikalen Prediger Fabricio Alvarado Munoz, in die Schranken. Der klare Sieg freute alle Anhänger einer fortschrittlichen Politik, darunter die Vorkämpfer für die Rechte homosexueller Menschen. Zu den großen Herausforderungen, mit denen der neue Präsident sich konfrontiert sieht, zählen eine steigende Mordrate und eine erhöhte Staatsverschuldung.

An Alvarados Seite kämpft die costa-ricanische Wirtschaftswissenschaftlerin und Politikerin Epsy Campbell Barr; sie ist die erste Vizepräsidentin mit afrikanischen Wurzeln in Lateinamerika.

Alvarado übernahm das Amt vom ehemaligen Präsidenten Luis Guillermo Solís, ebenfalls Mitglied der PAC. Solís war Costa Ricas erster Präsident seit einem halben Jahrhhundert, der nicht dem traditionellen Zweiparteiensystem entstammte; zuvor hatten sich die sozialdemokratische Partido Liberación Nacional und die Mitte-Rechts-Partei Unidas Socialcristiana an der Spitze abgewechselt.

Beziehungen zum Nachbarn Nicaragua

Der Río San Juan bildet den östlichen Teil der Grenze zwischen Nicaragua und Costa Rica. Der Fluss hat schon für reichlich Ärger zwischen den beiden Staaten gesorgt – so viel Ärger, dass der Internationale Gerichtshof in Den Haag (IGH) in den vergangenen 20 Jahren mehrfach als Schlichter auftreten musste.

Die letzte Krise begann damit, dass Nicaragua Ende 2010 das Flussdelta der Isla Calero ausbaggerte. Dabei wurden Bäume gefällt und Erde in den Fluss abgeladen. Die Präsenz nicaraguanischer Soldaten war Grund genug für die costa-ricanische Regierung, von einer „Invasion" zu sprechen. Von diesem Zeitpunkt an verschlechterte sich die Situation zunehmend. Im März 2011 bearbeitete der IGH den Fall und bestätigte die Gültigkeit des Vertrags von Cañas-Jerez. Beide Seiten interpretierten dieses Urteil als einen Sieg.

Daraufhin verlangte die damalige Präsidentin Laura Chinchilla, eine Straße entlang des costa-ricanischen Ufers anzulegen, ohne sich zuvor ausreichend von Ingenieuren und Umweltexperten beraten zu lassen. Das führte nicht nur beim Nachbarn zu Verstimmungen, sondern auch im eigenen Land, wo man sich Sorgen wegen der negativen Folgen für die

EINWOHNER: **4,87 MIO.**

FLÄCHE: **51 100 KM²**

ALPHABETISIERUNG: **97 %**

UNTERHALB DER ARMUTSGRENZE: **20,5 %**

CO_2-AUSSTOSS: **1,6 TONNEN PRO PERSON UND JAHR**

Wenn in Costa Rica 100 Menschen lebten, wären ...

73 Katholiken
15 Protestanten/Evangelikale
8 konfessionslos
1 Zeuge Jehovas
3 sonstige

Ethnische Herkunft

(% der Bevölkerung)

Einwohner pro km²

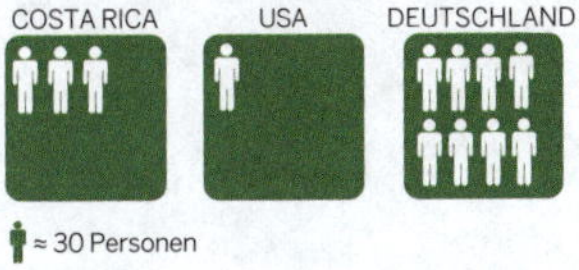

Englischsprachige Medien

The Tico Times (www.ticotimes.net) Costa Ricas größte englischsprachige Zeitung wurde 2012 eingestellt; heute ist sie nur noch online erhältlich.

Radio Dos Radio 2 sendet auf 99,5 FM und präsentiert eine gute Auswahl aus der Liste der US-Top 40, und zwar aus mehreren Jahrzehnten. Die Auswahl trifft vermutlich genau den Geschmack der sog. Babyboomer seit den 1960er-Jahren. Eigentlich handelt es sich um einen spanischen Sender, die Musikauswahl ist aber sehr international.

Costa Rican Times (www.costaricantimes.com) Das einzige neue englische Medium konzentriert sich auf Ereignisse in Costa Rica, streift aber auch die internationale Bühne.

Tico-Reisetipps

La hora Tica Man sollte nicht verstimmt reagieren, wenn die Einheimischen die Uhrzeit für ein Treffen eher als groben Richtwert interpretieren.

Directo, directo Wer nach dem Weg fragt, sollte sich unterwegs immer an mehrere Leute wenden, denn die Einheimischen sagen, wenn sie den Weg nicht kennen, trotzdem irgendetwas, um nicht unhöflich zu erscheinen.

Kirche als Kompass Christliche Kirchen sind in der Regel von Ost nach West ausgerichtet. Der Chorraum befindet sich in der Regel im Osten, der Haupteingang – oft mit Turm – im Westen. Bei der Orientierung in der Stadt kann das hilfreich sein.

Umwelt und das Nachbarschaftsverhältnis machte. Nicaraguas Präsident Daniel Ortega hatte derweil den Bau eines transozeanischen Kanals im Río San Juan vorgeschlagen. Im Dezember 2015 sprach der Internationale Gerichtshof Costa Rica die Herrschaft über ein 3 km langes Stück Sumpfland am Río San Juan zu; Nicaragua erklärte, dieses Urteil respektieren zu wollen.

Allerdings sorgten kubanische Immigranten Ende 2015 für neue Spannungen zwischen beiden Nachbarn. Hunderte Kubaner hatten sich nämlich auf den Weg durch Mittelamerika gemacht, um in den USA politisches Asyl zu beantragen – nicht zuletzt getrieben von der Furcht, die Annäherung zwischen den USA und Kuba könnte ein Ende des Asylrechts für Kubaner in den USA zur Folge haben. Die Regierung von Costa Rica hatte diesen Kubanern aus humanitären Gründen Durchreisevisa ausgestellt und forderte einen sicheren Korridor durch die Region, Nicaragua wies die Flüchtlinge an seinen Grenzen jedoch zurück. Gespräche mit Nicaragua blieben Anfang 2016 erfolglos; deshalb wurden die Kubaner schließlich von Costa Rica nach Mexiko ausgeflogen, von wo sie sich bis zur US-Grenze durchschlagen mussten.

Die Beziehungen zwischen den USA und Kuba haben sich zunächst weiter verbessert, und im Janur 2017 kündigte der damalige US-Präsident Barack Obama die Aufhebung jener alten Regel an, wonach kubanische Flüchtlinge jederzeit den Status als Einwanderer erhalten konnten, sobald sie das amerikanische Festland betreten hatten. Weil sie befürchteten, nun ihrerseits zum Ersatzziel vieler Kubaner zu werden, folgten Costa Rica und Panama dem Beispiel Nicaraguas und untersagten Kubanern die Einreise.

Anfang 2017 reichte Costa Rica erneut Klage beim Internationalen Gerichtshof ein. Gegenstand war ein nicaraguanisches Militärlager im Grenzgebiet. Das Gericht gab Costa Rica recht, da Nicaragua die Hoheitsrechte seines Nachbarn verletzt habe. Außerdem bat Costa Rica das Gericht um mehr Zeit und eine Entschädigung für die Umsetzung der 2015 beigelegten Grenzstreitigkeiten.

Geschichte

Wie bei anderen mittelamerikanischen Ländern ist auch Costa Ricas Geschichte während der Herrschaft der präkolumbischen Stämme nur bruchstückhaft bekannt. Auf die europäische Entdeckung der Neuen Welt folgte die Unterwerfung und Bekehrung der indigenen Völker. Doch ab Mitte des 20. Jahrhunderts verlief die Entwicklung des Landes radikal anders als im restlichen Mittelamerika: Das Land schaffte seine Armee ab, stellte seine Wirtschaft auf eine breitere Basis und förderte den Frieden in der Region. Dies ebnete den Weg für die Schaffung einer stabilen und umweltfreundlichen Nation.

Verlorene Kulturen des alten Costa Rica

Die Küsten und Regenwälder Mittelamerikas sind seit mindestens 10 000 Jahren besiedelt, doch wie die alten Kulturen Costa Ricas beschaffen waren, unterliegt weitgehend der Spekulation. Es wird vermutet, dass die Region eine Art Verbindungsglied zwischen den beiden großen Kulturen in den Anden und in Mittelamerika war. Im Diquís-Tal an der Pazifikküste zeigen archäologische Funde, dass lebhafter Handel zwischen den frühen Bewohnern Costa Ricas und den mächtigeren Nachbarn stattfand. Unmittelbar vor der europäischen Eroberung vor 500 Jahren lebten geschätzte 400 000 Menschen im heutigen Costa Rica.

Es gab nicht wie in anderen Teilen Lateinamerikas große Pyramidenkomplexe; die alten Städte Costa Ricas (mit Ausnahme von Guayabo) waren locker organisiert und besaßen weder eine Zentralregierung noch zeremonielle Zentren. Die Siedlungen bekämpften einander, und zwar weniger, um Land zu gewinnen, als vielmehr um Sklaven zu rekrutieren. Die frühen Einwohner Costa Ricas errichteten keine Gebäude, die über einen längeren Zeitraum Bestand hatten, aber sie hinterließen geheimnisvolle Relikte in Form von riesigen Steinkugeln im Diquís-Tal.

Präkolumbische Stätten

- *Monumento Nacional Arqueológico Guayabo (Turrialba)*
- *Hacienda Barú (Dominical)*
- *Sitio Arqueológico Finca 6 (Sierpe)*
- *Finca Cántaros (San Vito)*

Das Erbe von Kolumbus

Bei seiner vierten und letzten Reise 1502 war Kolumbus gezwungen, in der Nähe des heutigen Puerto Limón zu ankern, nachdem ein Hurrikan sein Schiff beschädigt hatte. Während er auf den Abschluss der Reparatur wartete, wagte sich der Entdecker ins Landesinnere vor und tauschte

ZEITACHSE

11 000 v. Chr.

Die ersten Menschen besiedeln Costa Rica. Dank des fruchtbaren Bodens und der reichen Fischgründe an beiden Küsten entwickeln sich die Bevölkerungsgruppen schnell.

1000 v. Chr.

Die Anlage und die Wohnstätten der alten Stadt Guayabo belegen eine Hochburg der Huetares. Hier leben kontinuierlich Menschen, bis die Stadt schließlich um 1400 aufgegeben wird.

100 v. Chr.

Costa Rica wird Teil eines ausgedehnten Handelsnetzes, über das Gold und andere Waren befördert werden; es reicht vom heutigen Mexiko bis zu den Andenkulturen.

mit gastfreundlichen Häuptlingen Geschenke aus. Er kehrte von seinem Abstecher zurück und prahlte, dass er in zwei Tagen mehr Gold gesehen habe als in vier Jahren auf Hispaniola. Kolumbus taufte die Küste zwischen Honduras und Panama „Veragua" – seiner schillernden Darstellung einer *costa rica* („reichen Küste") verdankt die Region ihren endgültigen Namen. So lautet zumindest die volkstümliche Deutung.

Kolumbus machte seine Ansprüche geltend und bat die spanische Krone, ihn selbst als Gouverneur des Landes einzusetzen. Doch als er nach Sevilla zurückkehrte, lag Königin Isabella, seine Förderin, im Ster-

DAS LEBEN VOR DER EROBERUNG

Die Menschen in der präkolumbischen Ära Costa Ricas waren in ein ausgedehntes Handelsnetz eingebunden, das im Süden bis Peru und im Norden bis Mexiko reichte. In der Region dürften etwa 20 kleinere Stämme gelebt haben; jeder wurde wohl von einem Häuptling, einem *cacique*, beherrscht. Dieser stand als Führer an der Spitze einer hierarchischen Gesellschaft aus Schamanen, Kriegern, Arbeitern und Sklaven.

Das flache Land an der östlichen Atlantikküste dominierten die Karib-Indianer. Sie waren ausgezeichnete Seefahrer und trieben Handel mit Stämmen auf dem südamerikanischen Festland. Mehrere Stämme im Nordwesten hatten Beziehungen zu den mesoamerikanischen Kulturen. Die religiösen Bräuche der Azteken und die Jadebearbeitung der Maya sind auf der Halbinsel Nicoya nachweisbar, während Federn des Quetzal und Goldschmuck aus Costa Rica in Mexiko aufgetaucht sind. Die drei Häuptlingsreiche im Südwesten verraten den Einfluss indianischer Andenkulturen – angebaut wurden beispielsweise Kakaopflanzen, Yucca und Süßkartoffeln.

Es gibt Hinweise, dass alle Bevölkerungsgruppen Costa Ricas die Sprache der Huetares, die im Valle Central siedelten, beherrschten, was für deren Macht und Einfluss spricht. Im Valle Central liegt auch Guayabo, die bislang einzige archäologische Fundstätte Costa Ricas von größerer Bedeutung.

Vermutlich war Guayabo ein zeremonielles Zentrum mit gepflasterten Straßen und Aquädukten. Archäologen entdeckten dort Goldschmuck und ungewöhnliche steinerne lebensgroße Statuen von Menschen sowie typische Tongegenstände und sogenannte *metates* – Platten aus Stein, die zum Getreidemahlen dienten. Heute kann man an der Fundstätte nicht viel mehr als behauenen Stein erblicken, dennoch bleibt Guayabo ein wichtiges Zeugnis für eine einstmals bedeutende Kultur.

Noch immer ein Rätsel sind dagegen Hunderte handgefertigter, monolithischer Steinkugeln, die man im südwestlichen Diquis-Tal in Palmar und auf der Insel Caño gefunden hat: Sie wiegen bis zu 16 t und variieren in der Größe zwischen einem Baseball und einem Auto. Über ihre Bedeutung kursieren die verrücktesten Theorien: Mal gelten sie als urzeitlicher Kalender, mal als Zeichen von Macht, mal als Spuren von außerirdischen Besuchern oder sogar als riesiges Bocciaspiel.

1502

Christoph Kolumbus geht vor der Küste vor Anker und nennt die Küste wegen des Goldes *costa rica* („reiche Küste"). Der Name hat sich gehalten.

1540

Die Spanier gründen das Königreich von Guatemala. Es umfasst große Teile Mittelamerikas: Costa Rica, Nicaragua, Honduras, El Salvador, Guatemala und den mexikanischen Bundesstaat Chiapas.

1562

Der spanische Eroberer Juan Vásquez de Coronado kommt als Gouverneur nach Costa Rica. Er beschließt, die spanischen Siedlungen an der Küste in das lebenswertere Valle Central zu verlegen.

1563

Juan Vásquez de Coronado gründet Cartago als erste dauerhafte spanische Siedlung in Costa Rica; er entscheidet sich für den Standort wegen des fruchtbaren vulkanischen Bodens.

ben. König Ferdinand berief statt seiner einen Rivalen – Diego de Nicuesa – auf den Gouverneursposten. Kolumbus brachte es zwar noch zu Wohlstand, aber er kehrte nie mehr in die Neue Welt zurück und starb 1506 – von Krankheit gezeichnet und von Hofintrigen erschöpft.

Zur Enttäuschung seiner Nachfolger, der Conquistadores, erwiesen sich die Berichte über die sagenhaften Goldschätze als Märchen. Auch die Ureinwohner zeigten sich wenig kooperationswillig. Nicuesas erste Siedlung im heutigen Panama wurde überstürzt aufgegeben, als Tropenkrankheiten und kriegerische Ureinwohner die Zahl der Siedler stark dezimiert hatten. Auch spätere, von der Karibikküste aus gestartete Expeditionen scheiterten. Die menschenfeindlichen Sümpfe, ein undurchdringlicher Dschungel und aktive Vulkanberge ließen Kolumbus' Paradies eher wie eine Hölle erscheinen.

Die spanische Entdeckungsgeschichte erlebte einen Lichtblick, als Vasco Núñez de Balboa im Jahr 1513 Gerüchte hörte, dass es jenseits der Berge weites Meer und eine reiche, Gold verarbeitende Kultur gäbe (gemeint waren wohl die Inka im heutigen Peru). Angetrieben von Ehrgeiz und Gier, durchquerte Balboa die Landenge und erblickte am 26. September 1513 als erster Europäer den Pazifischen Ozean. Er wollte nicht hinter den damals in Europa üblichen Gewohnheiten zurückstehen und erklärte den Stillen Ozean und alle daran angrenzenden Länder umgehend zum Besitz des spanischen Königs.

Die Konquistadoren verfügten nun über einen westlichen Landungsplatz, von dem aus sie auch Costa Rica erobern konnten – und konzentrierten sich zunächst auf die Indianer am Golfo de Nicoya. Zu Ehren Gottes und des Königs plünderten die aristokratischen Abenteurer die Dörfer auf der Península de Nicoya, töteten alle Ureinwohner, die Widerstand leisteten, und versklavten die Überlebenden. Allerdings führten diese blutigen Feldzüge zu keiner dauerhaften Siedlung. Ein anderer Krieg – der gegen Bakterien und Infektionen – machte beiden Seiten zu schaffen. Die indigenen Völker setzten den Eindringlingen heftigen Widerstand entgegen, dazu zählte der Guerrillakampf ebenso wie die Zerstörung ihrer eigenen Dörfer und die Tötung ihrer eigenen Kinder, bevor sie den Spaniern in die Hände fallen sollten.

Indigene Gruppen machen gerade einmal 1 % der Gesamtbevölkerung aus. Sie gehören verschiedenen Ethnien an (den Boruca, Bribrí, Cabécar, Chorotega, Huetar, Kèköldi, Maleku, Ngöbe und Térraba) und sprechen sechs unterschiedliche Sprachen.

Eine neue Weltordnung

Erst um 1560 war die spanische Kolonialherrschaft in Costa Rica endgültig gefestigt. In der Hoffnung, den fruchtbaren vulkanischen Boden im Hochland des Valle Central kultivieren zu können, gründeten die Spanier das Dorf Cartago am Ufer des Río Reventazón. Obwohl die junge Siedlung völlig isoliert war, blieb sie unter der Führung ihres ersten Gouverneurs Juan Vásquez de Coronado erstaunlicherweise bestehen. Den Bedrohungen durch die indigene Bevölkerung begegnete Coronado eher

1737

Die zukünftige Hauptstadt San José wird gegründet. Damit entsteht eine Rivalität zum benachbarten Cartago, was später zu einem Bürgerkrieg zwischen den Städten führen wird.

1821

Nachdem Mexiko für sich und ganz Mittelamerika eine entsprechende Erklärung abgibt, wird Costa Rica schließlich nach Jahrhunderten spanischer Kolonialherrschaft unabhängig.

April 1823

San José wird Hauptstadt; vorausgegangen sind heftige Gefechte mit den konservativen Einwohnern von Cartago, die die liberalen Vorstellungen der Bewohner von San José ablehnen.

Dez. 1823

Die Zentralamerikanische Konföderation formiert sich; dazu zählen Costa Rica, El Salvador, Guatemala, Nicaragua und Honduras.

mit Diplomatie als mit Waffen. Von Cartago aus erkundete er das Land weiter südlich bis nach Panama und westlich bis zum Pazifik und erhob Besitzansprüche auf die Kolonie im Namen der Krone.

Obwohl Coronado später bei einem Schiffbruch umkam, erwies sich sein Erbe als dauerhaft. Costa Rica war nun eine offizielle Provinz des Virreinato de Nueva España (Vizekönigreich von Neuspanien). Darunter wurden die spanischen Gebiete in Nordamerika, Mittelamerika, der Karibik und in Asien zusammengefasst. Herrscher war der Vizekönig.

Der britische Entdecker, Pirat im staatlichen Auftrag und Sklavenhändler Sir Francis Drake ist angeblich 1579 in der Bahía Drake vor Anker gegangen. Dort soll er einige seiner geraubten Schätze vergraben haben. „Fest" steht aber nur eines: das Denkmal ihm zu Ehren an der nach ihm benannten Bucht.

Etwa 300 Jahre lang war das Generalkapitanat Guatemala (oder Königreich Guatemala), das sich über Costa Rica, Nicaragua, Honduras, El Salvador, Guatemala und die mexikanische Chiapas-Region erstreckte, eine locker verwaltete Kolonie im riesigen spanischen Reich.

Da die politische und militärische Zentrale des Königreichs in Guatemala lag, wurde Costa Rica zu einer kleinen Provinz ohne strategische Bedeutung oder Bodenschätze.

Als weitgehend wertlos empfundenes Sumpfland nahm Costa Rica deshalb eine ganz andere Entwicklung als andere spanische Kolonien in der Neuen Welt: Hier dominierten keine mächtigen Eliten von Großgrundbesitzern und Sklavenhaltern. Anstelle großer Plantagen, reicher Bergwerke und lebhafter Hafenstädte entstanden im Valle Central bescheidene Dörfer, die von kleinen Landbesitzern bewohnt waren. Der duldsame und wirtschaftlich autarke Bauer – ein Bild, das im Rückblick natürlich etwas verklärt wirkt – entwickelte sich zum Rückgrat der „ländlichen Demokratie". Costa Rica wurde eine der wenigen Regionen innerhalb des spanischen Kolonialreichs, in dem die gesellschaftlichen Unterschiede viel weniger ausgeprägt waren als sonst üblich.

Die gleichen Rechte und Möglichkeiten erstreckten sich nicht auf die indigenen Gruppen, die einheimische Bevölkerung nahm mit der Ausbreitung der spanischen Besiedlung dramatisch ab. Von rund 400 000 Menschen um 1500 verringerte sich die Bevölkerung auf etwa 20 000 ein Jahrhundert später und auf lediglich 8000 weitere hundert Jahre später. Haupttodesursache waren Krankheiten, allerdings waren die Spanier auch gnadenlos bei der wirtschaftlichen Ausbeutung der Einheimischen. Sie führten das *Encomienda*-System ein, das alle indigenen Männer betraf, von denen die Spanier unbezahlte Arbeit fordern durften. Viele schufteten sich dabei zu Tode. Die Volksstämme im Valle Central gingen zuerst unter; außerhalb gelang es einigen Stämmen, im Schutz der Wälder länger zu überleben, gelegentlich auch durch Überfälle. Doch wie im restlichen Lateinamerika zwangen wiederholte Militäraktionen auch sie zur Unterwerfung und in die Sklaverei. Viele Geistliche protestierten gegen die brutale Behandlung der einheimischen Untertanen und baten die spanische Krone, sie zu schützen.

1838
Costa Rica erhält die vollständige Unabhängigkeit.

1856
Costa Rica versetzt den expansionistischen Zielen der Stahlhelm-Fraktion in den USA einen Dämpfer, indem es die Armee William Walkers in der Schlacht von Santa Rosa besiegt.

1889
In Costa Rica werden die ersten demokratischen Wahlen durchgeführt, ein bedeutendes Ereignis nach der langen Kolonialzeit. Farbige und Frauen dürfen nicht wählen.

1900
Costa Ricas Einwohnerzahl erreicht die 50 000er-Marke. Die Wirtschaft entwickelt sich aufgrund des lukrativen Handels mit Kaffee und Bananen sehr gut.

Der Untergang eines Reiches

Der kostspielige Guerillakrieg zwischen Spanien und Frankreich dauerte von 1808 bis 1814, brachte Aufstände, Unruhen und ein politisches Machtvakuum mit sich – und führte schließlich dazu, dass Spanien im 19. Jh. alle kolonialen Besitzungen in Amerika verlor.

Im Jahr 1821 befreite sich Amerika von der spanischen Herrschaft: Mexiko erklärte sich und seine Nachbarländer für unabhängig. Die mittelamerikanischen Kolonien erklärten ihrerseits die Unabhängigkeit von Mexiko, weil sie sich nicht in neue Abhängigkeit begeben wollten. Das alles berührte in Costa Rica kaum bis wenig, denn dort erfuhr man erst gut einen Monat später von der neuen Freiheit.

Die plötzlich selbstständigen Kolonien mussten von nun an ihre Zukunft eigenständig bewältigen: Sollten sie sich zu den „Vereinigten Staaten von Mittelamerika" zusammenschließen oder jeweils eigene, nationale Wege gehen? Zunächst entschieden sie sich für den Mittelweg: die Mittelamerikanische Föderation. Doch der Staatenbund durfte keine Armee aufstellen und keine Steuern erheben. Guatemala, das sich traditionell als Zentrum verstand, versuchte das Staatenbündnis zu dominieren, verprellte damit aber die kleineren Ex-Kolonien und beschleunigte letztlich den Verfall der Föderation. Spätere Versuche, die Staaten der Region zu einigen, scheiterten ebenfalls.

In der Zwischenzeit nahm ein unabhängiges Costa Rica unter Juan Mora Fernández, dem ersten Staatschef (1824–1833) des Landes, Gestalt an: Dieser konzentrierte sich auf den Aufbau einer Nation. Er ließ neue

33 der 44 Präsidenten Costa Ricas aus der Zeit vor 1970 waren Nachkommen von nur drei Siedlerfamilien.

DER KLEINE TROMMLER

Auf der Fahrt durch ländliche Gegenden Costa Ricas fallen immer wieder Standbilder eines kleinen Trommlers auf. Sie stellen Juan Santamaría aus Alajuela dar, einen der beliebtesten Nationalhelden des Landes.

Im April 1856 unternahm der nordamerikanische Söldnerführer William Walker mit einer zusammengewürfelten Truppe einen letztlich gescheiterten Versuch, Costa Rica und ganz Mittelamerika zu erobern. Er hatte bereits Nicaragua unter seine Gewalt gebracht, wobei er sich allerdings den dort wütenden Bürgerkrieg zunutze gemacht hatte. Bald darauf beschloss Walker, auch in Costa Rica einzumarschieren. Dem Präsidenten des Landes, Juan Rafael Mora Porras, gelang es, eine Armee von rund 9000 Freiwilligen aufzustellen. Diese umzingelte Walkers Truppe, die sich abwartend in einer alten Hacienda (im heutigen Nationalpark Santa Rosa) aufhielt. Die costa-ricanischen Kämpfer siegten über Walker und vertrieben ihn für immer aus ihrem Land. Während der Schlacht kam der kleine Juan Santamaría bei dem kühnen Versuch ums Leben, an Walkers Barrikaden Feuer zu legen – eine Volkslegende war somit geboren.

1914

Die Eröffnung des Panamakanals gibt der Wirtschaft in Costa Rica neuen Schwung. Am Bau des Kanals waren 75 000 Arbeiter beteiligt – Tausende von ihnen kamen dabei jedoch ums Leben.

1919

Federico Tinoco Granados wird als Diktator abgesetzt. Damit wird eine der wenigen kurzen Phasen der Gewalt in einer meist friedlich verlaufenden Geschichte beendet.

1948

Der Zusammenstoß von konservativen und liberalen Kräften führt zu einem sechswöchigen Bürgerkrieg mit 2000 Todesopfern und noch viel mehr Verwundeten; er zerstört einen Großteil der Infrastruktur.

1949

Die Regierung legt einen neuen politischen Kurs fest. Sie erarbeitet eine Verfassung, gemäß der Armee und Rassentrennung abgeschafft und allen (Frauen und Schwarzen) das Wahlrecht eingeräumt wird.

Städte gründen, Straßen bauen, eine Zeitung herausgeben und führte eine neue Währung ein. Seine Frau gestaltete die Nationalflagge.

Schon bald kehrte ruhiger Alltag ein – ganz im Gegensatz zum Rest Mittelamerikas, wo zahlreiche Bürgerkriege tobten. Im Jahr 1824 spaltete sich die Region Nicoya-Guanacaste von Nicaragua ab und trat dem Nachbarn im Süden bei – damit waren die Grenzen zwischen beiden Ländern gezogen. Im Jahr 1852 begrüßte Costa Rica die ersten Botschafter aus Großbritannien und den USA.

Kaffee

Im 19. Jh. wurden die Reichtümer, die Costa Rica immer verheißen hatte, endlich „entdeckt" – als die Bauern nämlich feststellten, dass sich der Boden und das Klima im Hochland des Valle Central ideal für den Kaffeeanbau eigneten – ähnlich wie in seinem Ursprungsgebiet, den Höhenlagen Äthiopiens. Costa Rica machte damit den Anfang in Mittelamerika und die kleine Kaffeebohne machte aus dem ziemlich verarmten Land das reichste in der der gesamten Region.

Die Kaffee-Kooperative Coopedota ist im Valle de los Santos angesiedelt (das Tal ist ein berühmtes Anbaugebiet für Hochlandkaffee). 2011 brachte sie den ersten klimaneutralen Kaffee des Landes auf den Markt, zertifiziert gemäß den Vorgaben der British Standards Institution (nach PAS2060).

Kaffee wurde schnell zum Exportschlager, sodass die Regierung die Bauern mit kostenlosen Setzlinge dazu anhielt, weitere Pflanzen anzubauen. Anfangs exportierten die Kaffeeplantagen die Bohnen nach Südamerika, wo sie weiterverarbeitet und anschließend nach Europa verschifft wurden. In den 1840er-Jahren hatten sich die Kaufleute in Costa Rica genug Wissen angeeignet, bauten die einheimische Produktion aus und bedienten die ausländischen Märkte in Übersee nun selbst. Der endgültige Durchbruch kam, als sie den Kapitän der HMS *Monarch* überredeten, einige Hundert Säcke mit Kaffee aus Costa Rica nach London zu bringen – der Beginn einer wunderbaren Freundschaft.

So begann der Kaffeeboom für Costa Rica. Die einfache Zubereitung des Kaffees machte das einst luxuriöse Getränk bei den europäischen Arbeitern populär. Die Aussicht auf gute Gewinne lockte u. a. deutsche Einwanderer nach Costa Rica, deren technische und finanzielle Kenntnisse der Kaffeewirtschaft zugute kamen. Ende des 19. Jhs. wurde auf mehr als einem Drittel der Fläche des Valle Central Kaffee angebaut, die Kaffeebohne machte 90 % aller Exporte des Landes aus, 80 % aller Einkünfte in ausländischen Währungen verdankte das Land der Kaffeebohne. Auch heute noch zählt es zu den Hauptanbaugebieten von Kaffee.

Glücklicherweise entwickelte sich die Kaffeeindustrie Costa Ricas anders als im Rest Mittelamerikas: Wie überall entstand zwar auch hier eine Gruppe von „Kaffeebaronen", also eine Elite, die am Exportboom sehr gut verdiente. Doch sie verfügten weder über ausreichend Land noch über die Arbeitskräfte, um alle Produktionsschritte in eigenen Großunternehmen zu konzentrieren. Die Kaffeeproduktion ist ein intensiver, harter Arbeitsprozess mit einer langen und schwierigen Ernte-

1963
Die Reserva Natural Absoluta Cabo Blanco an der Spitze der Península de Nicoya wird mit Unterstützung einer Initiative schwedischer und dänischer Umweltschützer Costa Ricas erstes staatliches Schutzgebiet.

1977
Ein Gesetz wird verabschiedet, das den indigenen Gemeinden den Besitz ihrer Territorien garantiert.

1987
Präsident Óscar Arias Sánchez erhält den Friedensnobelpreis für seine Bemühungen, die Mittelamerika dauerhaften Frieden bringen.

1994
Die costa-ricanischen Ureinwohner erhalten das Wahlrecht.

phase. Die kleinen landwirtschaftlichen Betriebe Costa Ricas trugen hier die Hauptverantwortung, die Kaffeebarone beschränkten sich auf ihr Monopol in den Bereichen Verarbeitung, Verkauf und Finanzierung. Die Kaffeeindustrie Costa Ricas bestand deshalb aus einem weit verzweigten Netz von Großhändlern und kleinen Kaffeebauern – im restlichen Mittelamerika, etwa in Guatemala und El Salvador, kontrollierte dagegen eine kleine wohlhabende Minderheit riesige Kaffeeplantagen, auf denen Wanderarbeiter für wenig Geld schufteten.

Der Kaffeereichtum hatte bald auch eine politische Dimension, denn das Geschäft lag in den Händen der traditionsreichen aristokratischen Familien des Landes: Mitte des 19. Jhs. entstammten drei Viertel der Kaffee-Großhändler nur zwei Familien. Der damals führende Kaffeeexporteur war Präsident Juan Rafael Mora Porras (Regierungszeit 1849–1859), dessen Familie ihren Stammbaum bis auf den Koloniegründer Juan Vásquez de Coronado zurückverfolgen konnte.

Schließlich wurde Mora durch seinen Schwager Manuel Mora Fernández aus dem Amt geputscht, nachdem der Präsident vorgeschlagen hatte, eine von den Kaffeebaronen unabhängige Nationalbank zu gründen. Seitdem bestimmten die wirtschaftlichen Interessen der Kaffeehändler ganz wesentlich die Politik des Landes.

Näheres über die Rolle von Minor Keith und der United Fruit Company in dem von der CIA angezettelten Putsch in Guatemala ist im äußerst interessanten Buch *Bananen-Krieg* von Stephen Schlesinger und Stephen Kinzer nachzulesen.

Bananen-Imperium

Der Kaffeehandel leitete ungewollt auch den Siegeszug der nächsten Exportfrucht des Landes ein: die Banane. Um die Kaffeeernte des Landes verschiffen zu können, musste eine Eisenbahnlinie vom Hochland zur Küste gebaut werden: Der an der Karibik liegende Tiefseehafen von Limón erwies sich als der ideale Umschlagplatz. Das Landesinnere bestand aus Dschungel und malariaverseuchten Sümpfen, ein schwieriges Terrain für den Bau einer Eisenbahn. Die Regierung beauftragte daher Minor Cooper Keith, den Neffen eines amerikanischen Eisenbahntycoons, mit der Durchführung dieses Projektes.

Das erwies sich allerdings als Katastrophe: Malaria und etliche Unfälle erforderten einen ständigen Nachschub an Arbeitskräften. Die einheimischen Arbeiter wurden bald durch US-Strafgefangene und chinesische Sklavenarbeiter auf Zeit, am Ende durch frei gelassene jamaikanische Sklaven ersetzt. Um Keith zum Durchhalten zu bewegen, schenkte ihm die Regierung 3200 km² Land entlang der Trasse und einen auf 99 Jahre festgeschriebenen Vertrag zum Betrieb der Eisenbahn. Im Jahr 1890 war die Bahn endlich fertig – und fuhr Verluste ein.

Keith hatte aber an der Strecke mit der Anpflanzung von Bananenstauden begonnen, um seine Arbeiter preiswert zu ernähren. In einem Akt der Verzweiflung verschiffte er schließlich Bananen nach New Orleans – in der Hoffnung, damit ein kleines Nebengeschäft aufzubauen.

2000
Am Ende des alten Jahrtausends zählt Costa Rica über 4 Mio. Einwohner. Die korrekte Zahl liegt wegen der vielen illegalen Ansiedlungen in den Randbereichen der Hauptstadt wahrscheinlich deutlich höher.

2006
Óscar Arias Sánchez wird ein zweites Mal zum Präsidenten gewählt, weil er zu den Befürwortern des Freihandelsabkommens CAFTA zählt; sein Sieg fällt jedoch äußerst knapp aus.

2007
In einer Volksabstimmung wird das CAFTA-Abkommen angenommen. Das Land bleibt aber in der Frage gespalten, ob die Ausweitung des Handels mit den USA langfristig gut für Costa Rica sein wird.

2010
In Costa Rica wird die erste Frau ins Präsidentenamt gewählt: Laura Chinchilla, Kandidatin der Partei der Nationalen Befreiung.

Keith hatte Glück und stolperte quasi in eine Goldgrube, oder besser: in ein Bananen-Imperium. Die Verbraucher waren ganz verrückt nach der gelben Frucht. Anfang des 20. Jhs. überholte die Banane sogar den Kaffee als wichtigsten Exportartikel, Costa Rica wurde der weltweit führende Bananenexporteur. Doch anders als beim Kaffee wurden die Profite beim Bananenanbau außer Landes gebracht.

Die Entstehung von Keiths Bananen-Imperium veränderte Costa Rica nachhaltig. Keith schloss sich mit einem anderen amerikanischen Importeur zur berüchtigten United Fruit Company zusammen, die vor Ort als Yunai bekannt ist und bald der größte Arbeitgeber Mittelamerikas wurde. Die Einheimischen bezeichneten sie als *el pulpo* („die Krake"), der seine Arme über die ganze Region ausstreckte und mit der örtlichen Wirtschaft und Politik eng verflochten war. United Fruit besaß große Gebiete fruchtbaren Tieflands, einen großen Teil der Verkehrs- und Kommunikationsinfrastruktur und zahllose Bürokraten.

Die Firma brachte eine Welle von Wanderarbeitern aus Jamaika ins Land, was zu großen Änderungen in der ethnischen Zusammensetzung des Landes und zu Rassenunruhen führte. Unter verschiedenen Namen wie United Brands Company und später Chiquita, bekämpfte Yunai die Gewerkschaftsbewegung und behielt die Kontrolle über die Arbeiterschaft, indem diese viele Jahre lang einlösbare Bezugsscheine anstatt reales Geld erhielten. Bis heute sind noch Spuren von *el pulpo* in Costa Rica zu erkennen, beispielsweise in Form von verrottenden Bahngleisen oder einer Lokomotive in Palmares.

Vor seiner Wiederwahl rief Óscar Arias Sánchez die Arias-Stiftung für Frieden und menschlichen Fortschritt (www.arias.or.cr) ins Leben.

Geburt einer Nation

Die Ungleichheit zu Beginn des 20. Jhs. führte zum Aufstieg von José Figueres Ferrer, der sich selbst als Bauernphilosoph bezeichnete. Er war der Sohn katalanischer Einwanderer (eines Arztes und einer Lehrerin), ein sehr guter Schüler und später Student am Massachusetts Institute of Technology, wo er Ingenieurswesen studierte. Nach seiner Rückkehr baute er seine eigene Kaffeeplantage mit Hunderten von Arbeitern auf und organisierte sie als utopische, sozialistische Gemeinschaft. Er nannte sie ganz treffend „La Lucha sin Fin" – „der Kampf ohne Ende".

In den 1940er-Jahren engagierte sich Figueres in der Landespolitik und wurde zum entschiedenen Gegner von Präsident Calderón. Mitten in einem Radiointerview, in dem er über den Präsidenten herzog, drang die Polizei in das Studio ein und verhaftete ihn. Er wurde nach Mexiko ausgewiesen, weil man ihm faschistische Neigungen vorwarf. Im Exil gründete er die Karibische Legion, eine Vereinigung von Studenten und demokratischen Vorkämpfern aus ganz Mittelamerika, die sich zum Ziel setzte, die Militärdiktatoren in dieser Großregion zu stürzen. Bei seiner Rückkehr nach Costa Rica wurde Figueres von rund 700 Männern

2011

Der Drogenkrieg Mittelamerikas greift auf Costa Rica über. Das Land wird einer der größten Drogenlieferanten der USA.

2013

Der Mord an dem 26-jährigen Umweltschützer Jairo Mora Sandoval in der Provinz Limón macht die internationale Öffentlichkeit auf die Gefahren für Umweltaktivisten an der Karibikküste aufmerksam.

2014

Luis Guillermo Solís wird zum Präsidenten gewählt, da sein Gegner seine Kandidatur zurückzieht.

2014

Der Volcán Poás, eine der meist besuchten Attraktionen in Costa Rica, bricht aus, ein Ereignis, das zur Schließung des Nationalparks bis zum August 2018 führt.

der Karibischen Legion begleitet, sie unterstützten ihn bei seinen Protesten gegen die bestehenden Machtstrukturen.

Als Regierungstruppen zu seiner Farm marschierten, um Figueres festzunehmen und die Karibische Liga zu entwaffnen, führte dies zum Ausbruch eines Bürgerkriegs. Nun schlug die historische Stunde für Figueres: Der Bauer und Philosoph schwang sich in den Sattel und zog in den Kampf. Er ging siegreich aus dem kurzen Konflikt hervor und nutzte die Chance, seine Vorstellungen von einer sozialen Demokratie in Costa Rica umzusetzen. Als er das Militär auflöste, zitierte er den sozialkritischen Schriftsteller George Wells mit den Worten: „Das Militär kann nicht zur Zukunft der Menschheit gehören."

Als Chef der provisorischen Junta erließ Figueres fast 1000 Dekrete. Er besteuerte die Reichen, verstaatlichte die Banken und baute einen modernen Wohlfahrtsstaat auf. Seine Verfassung von 1949 sicherte Frauen, Schwarzen, Ureinwohnern und der chinesischen Minderheit volle Bürgerrechte und das Wahlrecht zu. Heute wird Figueres' revolutionäres Regime als Basis für Costa Rica als Staat ohne Militär angesehen.

Das Imperium der Amerikaner

Während der gesamten 1970er- und 1980er-Jahre war die Souveränität der kleinen mittelamerikanischen Staaten durch ihren mächtigen Nachbarn im Norden, die USA, eingeschränkt. Drohungen, ganz im Sinne von Roosevelts Kanonenboot- und Dollardiplomatie – waren die typischen politischen Mittel der USA zur Eindämmung sozialistischer Politik, vor allem aber auch der politischen Modelle der militärischen Oligarchien von Guatemala, El Salvador und Nicaragua, die sich als Vorstufen von Tyrannei erwiesen.

Im Jahr 1979 stürzten in Nicaragua die rebellierenden Sandinisten das von den USA unterstützte Somoza-Regime. Die engen Verbindungen der Sandinisten zur UdSSR und Kuba waren für den strikt antikommunistischen US-Präsidenten Ronald Reagan besorgniserregend – er entschied daher, in den Konflikt in Nicaragua zu Ungunsten einer linksorientierten Regierung aktiv einzugreifen. Damit hatte der Kalte Krieg endgültig die Tropen erreicht. Im Falle Nicaraguas wurde die Umsetzung der US-Politik Oliver North überlassen, einem übereifrigen Offizier, der damals militärischer Berater des Nationalen Sicherheitsrates war. Ihm gelang es, die berüchtigten Contras aufzubauen, die in Nicaragua einen Bürgerkrieg entfesselten. Beide Seiten nutzten große Worte wie Freiheit und Demokratie – aber im Grunde war der Konflikt nichts anderes als ein Machtkampf zwischen linken und rechten Polit-Clans.

Von den USA unter Druck gesetzt, wurde auch Costa Rica in den Konflikt hineingezogen: Die Contras schlugen ihre Lager im nördlichen Costa Rica auf; von hier aus unternahmen sie Guerillaüberfälle

2015
Ein costa-ricanischer Richter erlaubt einem gleichgeschlechtlichen Paar die Ehe – die erste in Costa Rica und in Mittelamerika.

2015
Der Internationale Gerichtshof in Den Haag entscheidet im lang andauernden Gebietsstreit zwischen Costa Rica und Nicaragua zugunsten Costa Ricas.

2016
Der Volcán Turrialba bricht aus und hüllt die größeren Städte des Landes in eine gifige Aschewolke. Der Nationalpark ist bis auf Weiteres geschlossen.

2017
Die Regierung Costa Ricas reicht Klage beim Internationalen Gerichtshof ein, weil Nicaragua militärisch auf fremdem Territorium präsent gewesen ist.

in Nicaragua. Relativ offen wurden sogar CIA-Beamte und US-Militärberater zur Unterstützung dieser Angriffe ins Land geschickt. Eine geheime Flugpiste wurde im grenznahen Dschungelgebiet eingerichtet, um Waffen und Ausrüstung einzufliegen. Zur Finanzierung dieser Rebellenarmee benutzte Oliver North vermutlich ein dichtes, geheimes Netzwerk, das illegal Drogen schmuggelte.

Der Krieg polarisierte Costa Rica auch innenpolitisch: Das konservative Lager forderte lautstark die Wiedereinführung der Armee, um sich dem Kampf gegen den Kommunismus anzuschließen. Das Pentagon befürwortete diesen Vorschlag sogar. Aus Protest dagegen marschierten im Mai 1984 über 20 000 Demonstranten durch San José, um für den Frieden einzutreten. Die Diskussion erreichte bei der Präsidentschaftswahl 1986 ihren Höhepunkt. Als Sieger ging dabei der 44-jährige Óscar Arias Sánchez hervor. Der aus einer wohlhabenden Kaffeepflanzerfamilie stammende Politiker war ein kompetenter Reformer, der seinem politischen Vorbild José Figueres Ferrer folgte.

Nach seinem Amtsantritt sprach sich Arias für eine Verhandlungslösung aus und bekräftigte die nationale Unabhängigkeit Costa Ricas. Er schwor, die Neutralität seines Landes strikt zu wahren und die Contras aus dem Land zu verdrängen. Der plötzliche Rücktritt des US-Botschafters um diese Zeit wurde als Folge von Arias' starker Botschaft gewertet.

In einer öffentlichen Zeremonie pflanzten costa-ricanische Schulkinder Bäume auf dem geheimen Flugplatz der CIA. Am folgenreichsten war jedoch, dass Arias Mittelamerika auf einen gemeinsamen Friedensplan einschwor, der schließlich den Krieg in Nicaragua beenden sollte. 1987 wurde er dafür mit dem Friedensnobelpreis ausgezeichnet.

Im Jahr 2006 kehrte Arias noch einmal ins Präsidentenamt zurück; die Wahl gewann er mit einem knappen Vorsprung von 1,2 % gegenüber seinem Mitbewerber. In seine Amtszeit fiel auch die Beitrittserklärung zum umstrittenen Mittelamerikanischen Freihandelsabkommen (CAFTA), dem Costa Rica im Jahr 2009 beitrat.

Als Laura Chinchilla 2010 als erste Frau an die Spitze der Regierung in Costa Rica trat, versprach sie Arias' liberale Marktwirtschaft fortzusetzen – trotz der knappen Entscheidung für das CAFTA-Abkommen (beim Referendum 2007 stimmten lediglich 51 % der Bevölkerung mit Ja).

Sie setzte sich auch dafür ein, die Zunahme von Gewaltdelikten und den Drogenhandel zu bekämpfen (das Land war eine Zwischenstation der kolumbianischen und mexikanischen Drogenkartelle). Doch nur einen Monat nach ihren Gesprächen mit dem damaligen US-Präsident Barack Obama über das Problem der Drogenkartelle wurde Chinchilla selbst in einen damit zusammenhängenden Skandal verwickelt: Sie hatte den Privatjet eines Mannes genutzt, der wegen möglicher Verbindungen zu den internationalen Drogenkartellen ins Visier der costa-ricanischen Behörden geraten war.

So lebt man in Costa Rica

Schon lange gilt Costa Rica als die Schweiz Zentralamerikas. Kein Wunder: Das Land hat sein Heer abgeschafft, die Natur ist atemberaubend schön und die Menschen sind generell freundlich, familienorientiert und pflegen ein gutes Gleichgewicht zwischen Arbeit und Lebensqualität. Dem tun auch Herausforderungen wie die ehrgeizigen Umweltschutzziele, moderne interkontinentale „Krankheiten" wie der Drogenhandel und die auseinanderklaffende soziale Schere keinen Abbruch.

Pura Vida

Pura vida – das wahre Leben – ist mehr als nur ein Schlagwort der Ticos oder ein Schriftzug auf Souvenirs. Der lässige Ton, in dem dieses Motto ständig zitiert wird, bringt so etwas wie die Mentalität der Menschen zum Ausdruck. Vielleicht lässt sich das Wesentliche des „wahren Lebens" leichter erfahren als erklären, doch *pura vida* ist auf einer Reise durch dieses wunderschöne Land so häufig zu hören – bei der Begrüßung, zum Abschied, um Dank auszudrücken oder wenn man etwas „cool" findet, dass schnell klar wird, dass etwas Tiefgründigeres dahinterstecken muss.

Die Fülle des Lebens tritt in Costa Rica besonders deutlich hervor, wenn man es mit seinen mittelamerikanischen Nachbarn wie etwa Nicaragua und Honduras vergleicht: Der Grad an Armut, Analphabetentum und politischen Unruhen sind hier nur gering, das Land ist reich an ökologischen Schätzen und hat einen hohen Lebensstandard. Überdies verzeichnete Costa Rica in den vergangenen 60 Jahren einen Aufschwung, der sich ganz ohne eigene Armee vollzogen hat. In der Summe ergibt sich das Bild eines Landes, das eine Oase des Friedens in einer Region darstellt, die immer wieder von Kriegen erschüttert wurde. Obwohl die Costa Ricaner zu Recht stolze Gastgeber sind, erwidern sie ein Kompliment, das ihrem Land entgegengebracht wird, wahrscheinlich einfach mit einem freundlichen Lächeln und einer rätselhaften Antwort aus zwei Worten: *pura vida*.

Eine der umfassendsten und vollständigsten Einführungen in die Geschichte und Kultur des Landes ist *The Ticos: Culture and Social Change in Costa Rica* von Richard Mavis und Karen Biesanz.

Lebensart

Der dauerhafte Frieden, eine lange Lebenserwartung und eine relativ solide Wirtschaft haben dazu geführt, dass Costa Rica den höchsten Lebensstandard Mittelamerikas genießt. Die meisten Costa Ricaner leben auch nach westlichen Maßstäben in wohlhabenden und gesicherten Verhältnissen.

Ähnlich wie in vielen anderen Ländern Lateinamerikas gilt die Familie in Costa Rica als Kern des gesamten Lebens. Familienmitglieder pflegen enge Beziehungen zueinander, oft leben sie auch in räumlicher Nähe. Familienzusammenkünfte, wie z. B. Hochzeiten und andere Feiern oder Feste, sind bedeutende gesellschaftliche Ereignisse für alle Familien, ob sie nun in wohlhabenden oder bescheidenen Umständen leben. So besteht auch wenig Scheu, einen Verwandten in verantwortlicher Stellung im Notfall um Unterstützung zu bitten.

In einem so stabilen Gefüge der gegenseitigen Hilfsbereitschaft ist es nicht verwunderlich, dass die Lebenserwartung in Costa Rica sogar ein wenig über dem Niveau der USA liegt (tatsächlich sterben Costa Ricaner eher an Herz- oder Krebserkrankungen als an einer der Kinderkrankheiten, die in manchen weniger entwickelten Ländern noch immer viele Todesopfer fordern). Ein umfassendes staatliches Gesundheitswesen und hervorragende sanitäre Einrichtungen tragen ebenso zu diesen positiven Ergebnissen bei wie der überwiegend entspannte Lebensstil, das tropische Klima und eine gesunde Ernährung – die sprichwörtliche *pura vida*.

Der Ausdruck *matando la culebra* (das bedeutet „faul sein" oder "Zeit verschwenden", wörtlich „die Schlange töten") stammt von den *peones* (Tagelöhnern) auf den Bananenplantagen. Fragten die Vorarbeiter, was sie täten, kam die Antwort *Matando la culebra!*

Dennoch besteht eine tiefe Kluft zwischen Arm und Reich. Die mittleren und oberen Bevölkerungsschichten leben zum größten Teil in der Hauptstadt San José sowie in den großen Städten im Hochland des Valle Central (Heredia, Alajuela und Cartago) und genießen einen Lebensstandard, der durchaus mit dem in Europa und den USA vergleichbar ist. Viele Stadtbewohner beschäftigen eine Haushaltshilfe, besitzen ein oder zwei Autos, einige wenige können sich sogar ein Wochenendhaus am Meer oder in den Bergen leisten.

Das Haus eines Durchschnittsbürgers ist eingeschossig und besteht aus Zement, Holz oder einer Kombination aus beidem. In weniger wohlhabenden Regionen leben die Menschen aber oft noch in fensterlosen Häusern aus *caña brava,* einer Art Schilf. Die Mehrzahl der Kleinbauern *(campesinos)* und der *indígenas* (Abkömmlinge der Ureinwohner) führt ein mühseliges Leben, das deutlich härter ist als das der städtischen Bevölkerung. Armut ist unter ihnen weit verbreitet, und der Lebensstandard liegt deutlich unter dem der restlichen Bevölkerung. Insbesondere gilt dies für die Karibikküste, denn dort leben die Nachfahren der Einwanderer aus Jamaika, denen die Zentralregierung lange keinerlei Beachtung schenkte – was auch für die Nachfahren der Ureinwohner in ihren Reservaten gilt. Diese Menschen besitzen kaum etwas und ihre finanzielle Absicherung ist gering. Da jedoch alle Mitglieder einer Familie ihr Land gemeinsam bearbeiten und ihren Teil zum Haushaltseinkommen der Großfamilie beitragen, ist der Einzelne dennoch in einem stabilen Gefüge abgesichert.

Wie überall auf der Welt hat die Globalisierung in Costa Rica dramatische Auswirkungen auf das gesellschaftliche Leben. Die Lebensweise der Costa Ricaner ist zunehmend mobil, internationalisiert und – mit allen Vor- und Nachteilen – eng mit der globalen Wirtschaft verwoben. Die moderne menschliche Gesellschaft ist sehr mobil – ein Costa Ricaner, der in Puntarenas geboren wurde, leitet vielleicht später eine Lodge auf der Península de Osa. Der Ausbau befestigter Straßen, die Ausweitung von Mobilfunknetzen und die stetig wachsende Zahl von Zuwanderern aus Nordamerika und Europa (und die damit einhergehenden riesigen Einkaufspassagen und Malls) bringen einen Wandel der Gesellschaft mit sich, von dem auch der Kern der costa-ricanischen Familie nicht unberührt bleiben wird.

Frauen in Costa Rica

Nach dem Gesetz herrscht in Costa Rica eine fortschrittliche Haltung zur Gleichberechtigung der Frauen, wodurch sich das Land deutlich von seinen mittelamerikanischen Nachbarn unterscheidet. Das 1974 verabschiedete Familienrecht garantiert gleiche Rechte für Männer und Frauen. Danach dürfen Frauen Verträge abschließen, Kredite aufnehmen und Erbschaften antreten. Sexuelle Belästigung und Diskriminierung aufgrund der Geschlechtszugehörigkeit sind untersagt. 1996 wurde in

Costa Rica ein zukunftsweisendes Gesetz gegen häusliche Gewalt verabschiedet, das zu den fortschrittlichsten in ganz Lateinamerika gehört. Der zunehmende Einfluss der Frauen in Politik, Rechtsprechung, Wissenschaft und Medizin hat in Costa Rica zu mehreren historischen Premieren geführt: 1998 waren beide Vizepräsidenten des Landes (Costa Rica hat immer zwei) Frauen, im Februar 2010 wurde Arias Sánchez' ehemalige Vizepräsidentin Laura Chinchilla als erste Frau ins Präsidentenamt gewählt.

Doch noch immer ist das tatsächliche Bild von der Gleichheit der Geschlechter viel komplizierter, als es die ambitionierten Gesetze vermuten lassen. Zu den Nebenprodukten der legalisierten Prostitution gehören vermehrte Verbrechen im Bereich der Kinderprostitution und des Frauenhandels. Trotz einer kulturell verwurzelten Hochachtung vor der Matriarchin (der Muttertag ist ein staatlicher Feiertag) gehört der traditionelle Machismo Lateinamerikas noch lange nicht der Vergangenheit an. Das Antidiskriminierungsgesetz wird nur selten angewandt. Vor allem auf dem Land übernehmen die Frauen noch die traditionellen Rollen: Sie erziehen die Kinder, sorgen für das Essen und führen den Haushalt.

Sport

Zusammengewürfelte Mannschaften, die auf einem dörflichen Spielfeld aufeinandertreffen, oder die heiseren „Tor!"-Rufe, die an Tagen wichtiger Spiele aus den Bars von San José dringen, beweisen es: Keine Sportart löst in Costa Rica so viel Begeisterung aus wie *fútbol* (Fußball). In jedem Ort gibt es einen Fußballplatz (der zugleich als wichtigster Orientierungspunkt dient), auf dem die Fußballer der Nachbarschaft leidenschaftliche Spiele austragen.

Die *selección nacional* (Nationalmannschaft) wird von den Fans liebevoll La Sele genannt. Scharen von Fußballfans blicken begeistert auf die Erfolge dieses Teams zurück, darunter das überraschende Erreichen des Viertelfinales bei der WM 1990 in Italien und der überzeugende (wenn auch nur kurze) Auftritt bei der WM 2002. Für die WM 2010 konnte sich La Sele allerdings nicht qualifizieren, was zu einem Wechsel in der Führung und der Wiedereinsetzung des ehemaligen Trainers Jorge Luis Pinto führte. Der Kolumbianer hatte wechselnde Erfolge auf der internationalen Bühne erzielt. Dennoch schien Pinto gut mit den temperamentvollen jungen Spielern zu harmonieren, zu denen der Rekordtorschütze

In Zusammenarbeit mit den beiden indigenen Frauen Juanita Sánchez und Gloria Mayorga schrieb Paula Palmer *Taking Care of Sibö's Gifts*, ein faszinierendes Buch über den Zusammenhang spiritueller und ökologischer Wertvorstellungen der Bribrí.

GLEICHGESCHLECHTLICHE BEZIEHUNGEN

Seit 1998 sind Gesetze in Planung, die dem Schutz der sexuellen Orientierung dienen sollen. Diskriminierung ist in vielen Bereichen der Gesellschaft, auch auf dem Arbeitsmarkt, verboten. Doch obwohl das Land zunehmend schwulenfreundlicher wird, tut sich die traditionelle Kultur schwer damit, die Gleichstellung anzunehmen.

Seit 2006 ist die Anerkennung gleichgeschlechtlicher Partnerschaften ein heiß diskutiertes Thema, sie war auch ein wichtiger Streitpunkt im Präsidentschaftswahlkampf von 2010. Im Januar 2012 veröffentlichte Costa Ricas führende Zeitung *La Nación* eine Umfrage, die ergab, dass 55 % der Befragten der Meinung waren, dass gleichgeschlechtliche Paare dieselben Rechte haben sollten wie Hetero-Paare. Im Juli 2013 verabschiedete Costa Ricas Gesetzgeber „versehentlich" ein Gesetz, dass die Schwulenehe legalisiert – durch eine kleine Veränderung im Wortlaut des Gesetzentwurfs.

2015 erkannte ein costa-ricanischer Richter eine gleichgeschlechtliche Ehe an, damit war Costa Rica das erste Land Mittelamerikas, dass schwule Partnerschaften legalisierte. Der bis 2018 amtierende Präsident Luis Guillermo Solís betonte, dass er die Rechte von Schwulen und Lesben unterstütze und ließ sogar die Regenbogenflagge vor der Präsidentenwohnung aufziehen.

Fußballfans finden Spielerstatistiken, Spielpläne und alles Wissenswerte über La Sele, die Nationalmannschaft des Landes, auf www.fedefutbol.com.

Álvaro Saborío, Torhüter Keylor Navas und der Stürmer Bryan Ruiz gehören. Letztendlich ist es auch Pintos Verdienst, dass sich die Mannschaft für die Fußballweltmeisterschaft 2014 in Brasilien qualifizieren konnte, wo sie sogar das Viertelfinale erreichte und die Spieler zu Nationalhelden wurden. Costa Rica konnte sich für die WM 2018 qualifizieren, schied jedoch in der Vorrunde aus.

Surfen wird angesichts perfekter Bedingungen zu einer immer beliebteren Sportart der Ticos, was insbesondere für die Bewohner der Küstenstädte gilt. Costa Rica ist Gastgeber zahlreicher jährlich stattfindender nationaler und internationaler Wettbewerbe, über die in den lokalen Medien ausführlich berichtet wird. Darüber hinaus findet einmal pro Woche ein Surfwettbewerb an der Playa Hermosa (südlich von Jacó) statt.

Für eine Nation, die so naturverbunden ist, mag es verwundern, dass der so kontrovers diskutierte Sport des Stierkampfes noch immer populär ist, vor allem in der Region um Guanacaste, allerdings wird der Stier in Costa Rica nicht getötet. Im Grunde hat man bei einem Stierkampf in Costa Rica die Gelegenheit, einem betrunkenen Cowboy bei der Flucht vor einem Stier zuzusehen. Reisende sollten sich der ethischen Grundlagen des Spektakels bewusst sein, wenn sie als Zuschauer daran teilhaben möchten.

Kunst & Kultur

Literatur

Costa Rica hat eine relativ junge Literaturgeschichte, nur wenige Werke costa-ricanischer Schriftsteller liegen in Übersetzungen vor. Einem größeren Publikum wurde Carlos Luis Fallas (1909–1966) durch seinen Roman *Mamita Yunai* (1940) bekannt, der den Umgang der Bananen-Konzerne mit ihren Arbeitern kritisch beleuchtet. Bei den Anhängern der

DAS NEUE NATIONALSTADION UND NEUE HANDELSBEZIEHUNGEN

Wie in vielen anderen lateinamerikanischen Ländern auch beherrscht der *fútbol* die Sportgespräche in Costa Rica. So war die Verwunderung natürlich groß, als der Bau eines nagelneuen hochmodernen Nationalstadions vorgeschlagen wurde – und das ohne irgendeine Kostenbeteiligung Costa Ricas.

China war die Quelle dieser Großzügigkeit und forderte als Gegenleistung die Aufnahme wirtschaftlicher Beziehungen zu dem asiatischen Riesen und gleichzeitig den Abbruch der Verbindungen zu Taiwan. Bis 2003 waren Costa Rica und Taiwan engste Verbündete, denn Taiwan hatte den Bau der Puente de la Amistad (Freundschaftsbrücke) in Puntarenas finanziert. Das war ebenfalls ein Handelsgeschäft: Es ging um Fischereirechte. Mit dem neuen Stadion ist Taiwan raus und China ist drin. Ironische Kommentatoren nennen das Brückengebilde nun Puente de la Apuñalada (Brücke des Verrats).

Dass das neue Stadion ausschließlich mit chinesischen Materialien und Arbeitskräften gebaut und dabei das Arbeitsrecht des eigenen Landes verletzt wurde (erzwungene Überstunden sind verboten), gefiel nicht allen Costa Ricanern. Ein Arbeiter starb während der Bauarbeiten.

Costa Rica ist nun direkt hinter den USA Chinas zweitgrößter Handelspartner. China hat diese Art von „Stadion-Diplomatie" genutzt, um Freundschaften in ganz Lateinamerika, der Karibik, Asien und Afrika aufzubauen. So wurden erst kürzlich auf diese Weise brandneue Stadien für die letzten afrikanischen Meisterschaften erbaut.

Die meisten Costa Ricaner sehen in dem Stadion jedoch einen Vorteil – ein hübscher neuer Ort, die Nationalmannschaft gegen Mannschaften der Weltklasse wie Argentinien, Brasilien und Spanien spielen zu sehen. Miley Cyrus, die Red Hot Chili Peppers, Paul McCartney, Shakira und Guns N' Roses haben hier ihre Bühnenprogramme aufgeführt.

COSTA RICA IN DER LITERATUR

Tycoon's War von Stephen Dando-Collins ist eine gut erzählte Geschichte über den US-amerikanischen Businesstycoon Cornelius Vanderbilt und dessen unglaubliche Bestrebungen, seinen wirtschaftlichen Würgegriff über den mittelamerikanischen Isthmus zu erhalten. Es gibt darin haarsträubende Kampfszenen und faszinierende Charakterdarstellungen der Hauptfiguren Vanderbilt und William Walker.

Bananas: How United Fruit Company Shaped the World von Peter Chapman erzählt die Geschichte des kometenhaften Aufstiegs und unvermeidlichen Zusammenbruchs des Megalithen, den Einheimische als „*el pulpo*" (den Oktopus) kennen, weil er seine „Tentakel" so weit in die Machtzentren Costa Ricas und Mittelamerikas ausstrecken und dort Einfluss nehmen konnte.

Nation Thief von Robert Houston ist eine romanhafte Darstellung der Exkursionen William Walkers nach Mittelamerika, die von mehreren seiner „Unsterblichen" in der Sprache jener Zeit erzählt wird.

Green Phoenix von William Allen erzählt sehr detailreich den endgültigen Sieg einer Gruppe von Wissenschaftlern und Freiwilligen aus Costa Rica und den USA, die die Abholzungen der Wälder stoppen wollten und stattdessen ein über 965 km^2 großes Schutzgebiet bei Guanacaste einrichteten.

Walking with Wolf von Kay Chornook und Wolf Guindon erzählt das Leben eines der pionierhaften Quäker von Monteverde und sein über Jahrzehnte andauerndes Engagement, seine Wahlheimat im Nebenwald zu bewahren und mit anderen zu teilen.

Cocorí von Joaquín Guitiérrez ist eine illustrierte Darstellung von Lebenslehren, die ein Junge im Regenwald zusammengetragen hat. Dieses Kinderbuch wurde vom berühmtesten Schriftsteller des Landes neu erzählt. Es wurde erstmals 1947 veröffentlicht und weltweit übersetzt und ist Pflichtlektüre für Schüler in Costa Rica. Angemerkt werden muss jedoch, dass einige afro-karibische Landsleute die Darstellung des jungen Protagonisten als beleidigend und rassistisch empfinden.

Guanacaste: Rutas de Viaje (Reiserouten) von Luciano Capelli und Yazmin Ross ist ein staunenswerter Bildband unter anderem zu den Festen, Bauern und Fröschen der Provinz. Es gibt einen netten Bericht zur eigenen Reise in diese Region ab und wird bereits am Flughafen angeboten.

politischen Linken in Lateinamerika ist Carlos Luis Fallas noch immer ein sehr beliebter Autor.

Carmen Naranjo (1928–2012) ist eine der wenigen zeitgenössischen Autorinnen, die internationale Erfolge feiern konnte. Sie schrieb Romane, Gedichte und Kurzgeschichten, war in den 1970er-Jahren Botschafterin in Indien und wurde einige Jahre später Kulturministerin. 1996 erhielt sie von der chilenischen Regierung die hoch angesehene Gabriela-Mistral-Medaille. Ihr ist ein Kapitel im Buch *Mujeres letradas: Fünf zentralamerikanische Autorinnen und ihr Beitrag zur modernen Literatur* von Barbara Dröscher gewidmet. Eine Sammlung von Kurzgeschichten der Autorin ist in Englisch erschienen: *There Never Was a Once Upon a Time.*

José León Sánchez (geb. 1929) ist ein international renommierter Autor von Biografien. Seine Vorfahren gehörten zum Volk der Huetar, und er selbst ist im Grenzgebiet zwischen Costa Rica und Nicaragua aufgewachsen. Weil er an einer Aktion beteiligt war, bei der Schätze der Ureinwohner aus der Basílica de Nuestra Señora de los Ángeles in Cartago „zurückgeholt" werden sollten, wurde er zu einer Gefängnisstrafe verurteilt. Seine Strafe verbüßte er auf der Isla San Lucas, einer der berüchtigtsten Haftanstalten Lateinamerikas. Sánchez konnte damals weder lesen noch schreiben, er brachte sich beides im Gefängnis selbst bei.

Nur wenige seiner Werke sind übersetzt, doch der Dichter Alfonso Chase ist Fulbright-Stipendiat und ein bedeutender zeitgenössischer Literat. 2000 erhielt er den höchsten Literaturpreis des Landes, den Premio Magón.

Heimlich schrieb er dort eines der aufrüttelndsten Bücher Südamerikas: *La isla de los hombres solos* (in der englischen Übersetzung: *God Was Looking the Other Way*).

Musik & Tanz

Andere lateinamerikanische Länder zeichnen sich vielleicht durch eine berühmtere Musikszene aus, doch die geografische Lage Costa Ricas und seine kolonialzeitliche Vergangenheit haben eine vielfältige musikalische Kultur hervorgebracht, die Elemente aus Nord- und Südamerika und der Karibik aufgreift.

In San José treffen regelmäßig Vertreter der heimischen und internationalen Rockmusik, des Folk und Hip-Hop zusammen. Die einheimischen Musiktraditionen sind jedoch nicht weniger lebendig, jede Region besitzt ihre eigenen Rhythmen, Instrumente und Stilrichtungen. Auf eine reiche musikalische Tradition blickt z. B. die Península de Nicoya zurück, deren Musik von Gitarren, Maracas und Marimbas geprägt ist. Die typischen Klänge der Karibikküste sind der Reggae, Reggaetón (eine neuere Variante des Reggae, gepaart mit Hip-Hop-Rhythmen) und der Calypso, der seine ursprünglichen Wurzeln in der Kultur der afro-karibischen Sklaven hat.

Die Tanzmusik wird von lateinamerikanischen Tänzen wie Salsa, Merengue, Bolero und *cumbia* dominiert. Viele traditionelle Tänze des Landes stammen aus Guanacaste. Die meisten spiegeln das Ritual der Brautwerbung wider, der berühmteste – viele halten ihn sogar für einen Nationaltanz – ist der *punto guanacasteco*. Sein besonderer Reiz liegt in der *bomba,* einem ebenso witzigen wie anzüglichen Vers in Reimform, den die männlichen Tänzer während einer Unterbrechung der Musik laut zum Besten geben.

Bildende Künste

Eine eigene Tradition der Bildenden Künste formte sich in Costa Rica erst in den 1920er-Jahren, als Teodórico Quirós, Fausto Pacheco und ihre Zeitgenossen begannen, Landschaftsbilder zu malen, die sich von den europäischen Stilen grundlegend unterschieden. Sie schufen Landschaften mit sanft geschwungenen Hügeln und üppigen Wäldern, auf denen vereinzelt die charakteristischen Adobe-Häuser zu sehen waren.

Die aktuelle Kunstszene ist vielfältiger, ein typischer Tico-Stil ist nicht zu erkennen. Die Werke einiger Künstler ragen heraus, darunter der magische Realismus von Isidro Con Wong, die surrealen Gemälde und primitiven Stiche von Francisco Amighetti sowie die mystischen Frauenfiguren von Rafa Fernández. Ein Großteil dieser Werke ist im Museo de Arte y Diseño Contemporáneo (S. 69) in San José zu sehen.

Viele Kunstgalerien haben die ausländischen Urlauber als Zielgruppe entdeckt und sich auf „Kunst aus den Tropen" spezialisiert: Es sind bunte volkstümliche Gemälde, auf denen eine Pflanzen- und Tierwelt zu sehen ist, die an das Werk des französischen Künstlers Henri Rousseau erinnert.

Volkstümliche Kunst und Kunsthandwerk sind weniger verbreitet als in anderen mittelamerikanischen Ländern. Allerdings dürfte der leidenschaftliche Souvenirsammler keine Probleme damit haben, die bunten Ochsenkarren aus Sarchí zu finden, die so etwas wie ein Wahrzeichen Costa Ricas sind. Handgefertigte Waren indigener Bevölkerungsgruppen, z. B. kunstvoll geschnitzte und fantasievoll bemalte Masken der Boruca (eines indigenen Volkes), handgewebte Tücher und Taschen und farbige Chorotega-Keramik, gibt es in San José, aber vor allem entlang der Pazifikküste zu kaufen.

Filme

Das Medium Film ist nichts Neues in Costa Rica, doch der künstlerische Anspruch ist dank junger Regisseure zuletzt deutlich gestiegen. In den letzten zehn Jahren hat sich eine Handvoll costa-ricanischer Filmemacher mit ihren Werken für einen Oscar beworben, viele andere feierten Kritikererfolge auf nationaler und internationaler Ebene. Dazu zählen die Adaption des magisch-realistischen Romans *Del amor y otro demonios* (Von der Liebe und anderen Dämonen, 2009; Regie: Hilda Hidalgo) von Gabriel García Márquez wie auch der Film *El cielo rojo* (Der rote Himmel, 2008, Drehbuch und Regie: Miguel Alejandro Gomez). Dabei handelt es sich um eine Komödie über junge Ticos an der Schwelle zum Erwachsenwerden im heutigen Costa Rica. Zu nennen ist auch der Film *Maikol Yordan de viaje perdido* (Maikol Yordans Reise-Irrwege, 2014) unter der Regie von Alejandros Gomez. In dieser heiteren Geschichte geht es um einen Bauern aus Costa Rica, der nach Europa reist, um Geld zur Rettung seines Hofes aufzutreiben.

Mittlerweile finden auch Filmfestivals statt, die Termine sind aber nicht fix. Das Kultur- und Jugendministerium sponsert das Costa Rica Festival Internacional de Cine (www.facebook.com/CostaRicaCineFest) in San José (die Daten stehen auf der Webseite), bei dem internationale Filme passend zum jeweiligen Festivalmotto gezeigt werden. Das Costa Rica International Film Festival (CRIFF; filmfestivallife.com) wird jedes Jahr Anfang Juni abgehalten. In der darauffolgenden Woche folgt dann das dazugehörige Dokumentarfilm-Festival.

Natur & Umwelt

Trotz seiner relativ geringen Fläche – mit 51100 km² ist es nur wenig größer als Niedersachsen – bietet Costa Rica eine erstaunliche Vielfalt an Lebensräumen. An die eine Küste schlagen die mächtigen Wellen des stürmischen Pazifischen Ozeans, während sich nur 119 km davon entfernt die ruhigen Strände am Karibischen Meer erstrecken. Dazwischen liegen aktive Vulkane, hohe Gipfel und kühle Bergwälder. Nur wenige Gebiete auf der Erde können mit diesem kleinen Land konkurrieren, wenn es um das spektakuläre Wechselspiel von geologischen und klimatischen Kräften geht.

Das Land

Oben: Volcán Arenal (S. 283)

Die Pazifikküste

Zwei große Halbinseln prägen das Bild der 1016 km langen Pazifikküste: Nicoya im Norden und Osa im Süden. In ihrer Form ähneln sie einander, die geografischen Unterschiede könnten jedoch nicht größer sein. Nicoya zählt zu den trockensten Regionen des Landes und hat eine hoch entwickelte touristische Infrastruktur. Osa ist dagegen schroff und unwirtlich und von wilden, in der Regenzeit stark anschwellenden Flüssen und holprigen Straßen durchzogen, die von Wäldern gesäumt werden.

Im Landesinneren und unweit der Küste gelegen, wird der schmale Landstreifen der pazifischen Tiefebene von Bergen begrenzt. Auch dieses Gebiet ist landschaftlich abwechslungsreich: Es gibt trockene Laubwälder und offenes Weideland im Norden und dichte und geheimnisvolle tropische Regenwälder im Süden.

Das Zentrum

Durch die Landesmitte zieht sich das bergige Rückgrat des Landes: Im Norden liegt die majestätische Cordillera Central, im Süden die schroffe, größtenteils noch unerforschte Cordillera de Talamanca. Diese Gebirgskette, die regelmäßig von vulkanischer Aktivität erschüttert wird, ist Teil der eindrucksvollen Sierra Madre, die nordwärts durch Mexiko verläuft.

Die Bergrücken dieser Landschaft voller aktiver Vulkane, klarer Flüsse und mystischer Nebelwälder verlaufen in einer Linie von Nordwesten nach Südosten. Die höchsten und spektakulärsten Gipfel befinden sich im Süden unweit der panamaischen Grenze. Der höchste Berg des Landes ist der windumtoste Cerro Chirripó (3820 m).

Inmitten des mächtigen Hochlandes liegt, auf allen Seiten von Bergen umschlossen, das Valle Central (Meseta Central). In dieser fruchtbaren Hochebene, die etwa 1000 m über dem Meeresspiegel liegt, schlägt das landwirtschaftliche Herz des Landes – begünstigt durch hohe Niederschläge und milde Temperaturen. Im Tal liegen San José und drei weitere der insgesamt fünf größten Städte des Landes, in denen allein mehr als die Hälfte der Bevölkerung Costa Ricas lebt.

Costa Ricas Nationalbaum ist der Guanacaste *(Enterolobium cyclocarpum)*, eine Mimosenart, die meist im Tiefland am Pazifik vorkommt.

Die Karibikküste

Im Osten der Berghänge erstreckt sich die Karibikküste in eleganten Linien über eine Länge von 212 km – eine flache Tiefebene mit brackigen Lagunen und sumpfigen Wäldern. Da die Gezeiten hier nur schwach ausgeprägt sind, erstreckt sich das Pflanzenwachstum über die Wasserlinie hinaus auf die küstennahen Sümpfe. Die Vegetation zieht sich wie ein grüner Saum an den schmalen, trüben Gewässern entlang, die charakteristisch für diese Küstenregion sind. Die im Gebirge des Landesinneren entspringenden Flüsse durchströmen in gemächlichem Tempo die weiten Ebenen und münden schließlich ins Meer. Im Vergleich zur südlichen Karibikküste mit ihren glatten Straßen ist der nördliche Teil (außer per Boot oder Flugzeug) weitgehend unzugänglich.

Geologie

Die unfassbare Vielfalt an landschaftlicher Schönheit auf engstem Raum ist darauf zurückzuführen, dass Costa Rica wie eine Landbrücke zwei vollkommen unterschiedliche Lebensräume miteinander verbindet. Es liegt einerseits auf einem schmalen Landstreifen zwischen zwei riesigen Kontinenten, die in ihrer Tier- und Pflanzenwelt sowie ihrer Topografie völlig verschiedenartig sind, andererseits zwischen den beiden größten Ozeanen der Erde. Kein Wunder also, dass in Costa Rica ein so farbenprächtiges Mosaik unterschiedlicher klimatischer Gegebenheiten, Landschaften und Lebensformen entstanden ist.

Erdgeschichtlich ist Costa Rica aus dem Zusammenstoß zweier tektonischer Platten hervorgegangen: Die unter dem Pazifik liegende Cocosplatte schiebt sich unter die Karibische Platte, die vor der Ostküste der Landenge verläuft. Jährlich verschieben sich beide Platten um 10 cm gegeneinander. Nach geologischen Maßstäben ist eine solche Verschiebung ein gewaltiger Zusammenstoß. Noch immer reiben sich die Platten aneinander, wobei die Cocos-Platte die Karibische Platte nach oben drückt – Grund für die häufigen Erdbeben und die anhaltende vulkanische Aktivität in dieser Region. Den gewaltigen Kräften, die im Inneren der Erde wirken, verdankt Costa Rica aber auch seine Landschaften, die zu den schönsten und vielfältigsten der Tropen zählen.

Korallenriffe

Verglichen mit der übrigen Karibik sind die Korallenriffe Costa Ricas nicht die Hauptattraktionen des Landes. Die starke Brandung und die Wanderdünen an weiten Teilen der Karibikküste bieten keine geeigneten Lebensbedingungen für Korallen. Eine Ausnahme sind zwei schöne Riffe im Süden an den geschützten, felsigen Landzungen des Parque Nacional Cahuita und des Refugio Nacional de Vida Silvestre Gandoca-Manzanillo. Auf diesen kleinen Riffen leben mehr als 100 Fischarten und viele Korallen; es sind hervorragende Reviere zum Schnorcheln und Tauchen.

Leider sind die Riffe selbst wegen der globalen Erwärmung und steigender Wassertemperaturen und des Tourismus in Gefahr. Dazu kommt noch Verschmutzung durch angeschwemmte Sedimente, bedingt durch die Holzwirtschaft, und Chemikalien, die aus den nahen landwirtschaftlich genutzten Feldern ausschwemmen und durch die Flüsse ins Meer transportiert werden. Diese Bedrohungen versucht die Regierung einzudämmen, sie bestehen aber fort. Zusätzlich wurden die Riffe 1991 durch ein schweres Erdbeben um bis zu 1,5 m angehoben. Dabei wurden große Teile dieses fragilen Ökosystems zerstört.

Die weltberühmte Organization for Tropical Studies (www.ots.ac.cr) betreibt drei Forschungsstationen und bietet ernsthaft Interessierten diverse Kurse zur Ökologie der Tropen an.

Fauna & Flora

Nirgendwo sonst auf der Welt gibt es so viele unterschiedliche Habitate auf so kleinem Raum. In Costa Rica mischen sich nämlich schon seit Jahrtausenden Arten aus verschiedenen Kontinenten. Wenn man die Tierarten ins Verhältnis zur Landesgröße setzt und die Zahl an Tierarten pro 10 000 km^2 bestimmt, steht das Land mit einer Zahl von 615 Arten an der Spitze. Diese Tatsache allein macht Costa Rica zum Reiseziel Nummer Eins für Naturliebhaber. Die große Zahl an unterschiedlichen Tieren und Pflanzen hat auch etwas mit dem relativ jungen Alter des Landes zu tun: Erst vor etwa 3 Mio. Jahren wurde das Land aus dem Ozean gehoben und bildete eine Landbrücke zwischen dem nord- und dem südamerikanischen Kontinent. So konnten die Arten der zwei biologisch ganz unterschiedlichen Landmassen nebeneinander existieren, sich kreuzen und mischen: Ihre Anzahl „verdoppelte" sich hier sozusagen.

Flora

Die Artenvielfalt der Pflanzenwelt von Costa Rica ist schlicht unfassbar: Es gibt insgesamt über 500 000 Arten, u. a. fast 12 000 Gefäßpflanzenarten, und jedes Jahr kommen neue hinzu. Orchideen sind allein schon mit rund 1400 Arten vertreten. Die Vielfalt der Habitate, die sich aus der Fülle der Pflanzenarten ergibt, ist ein wundervoller Anblick.

DELFINE: BITTE NICHT STÖREN

Seit 2006 ist das Schwimmen mit Delfinen illegal, aber zwielichtige Touranbieter, die auf das schnelle Geld aus sind, bieten es immer noch an. Studien zeigen, dass in stark touristisch frequentierten Gebieten Delfine auf der Suche nach ruhigeren Gewässern ihren natürlichen Lebensraum verlassen. Wer vom Schiff aus diese erstaunlichen Lebewesen sieht, sollte der Versuchung widerstehen, zu ihnen ins Wasser zu springen – sie ruhig zu beobachten, ohne sie zu stören, ist ein genauso eindrucksvolles Erlebnis.

Playa Blanca (S. 178), Cahuita

Regenwald

Der geheimnisvoll feuchtwarme, voller Leben steckende tropische Regenwald weckt eine wohl in jedem Reisenden schlummernde Abenteuerlust. Diese Wälder, deren Pflanzenreichtum mit keinem anderen Lebensraum der Erde vergleichbar ist, sind die Reste der prähistorischen Urwälder, mit denen die Kontinente einst bedeckt waren. Mitten in einem solchen Wald zu stehen und zu versuchen, alles in sich aufzunehmen, kann überwältigend sein: In tropischen Regenwäldern ist mehr als die Hälfte aller bekannten lebenden Organismen der Erde beheimatet. Natürlich benötigt eine solche Anhäufung von Lebewesen riesige Mengen an Wasser – der jährliche Niederschlag liegt bei 2000 bis 4000 mm.

Typische Regenwaldhabitate findet man in den Parks im Südwesten des Landes und in den mittleren Lagen der Gebirge im Landesinneren. Dort versperren turmhohe Bäume die Sicht auf den Himmel, es gibt Kletterpflanzen und viele ineinander verwobene Vegetationsschichten. Manche Baumriesen haben Brettwurzeln, die flügelartig aus ihren Stämmen herauswachsen und ihnen Halt geben. Andere Gewächse ranken sich im Ringen um das wenige Sonnenlicht an höheren Pflanzen empor. Die eindrucksvollsten Gebiete mit Primärwald – der Ausdruck bezeichnet einen unberührten Urwald ohne jede Spur menschlicher Eingriffe – befinden sich auf der Península de Osa.

Nebelwald

Das irgendwie unirdisch wirkende Terrain eines Nebelwaldes zu betreten ist für viele Reisende ein unbeschreibliches Erlebnis. Erstaunlich große Waldflächen gibt es in Monteverde, am Cerro de la Muerte und unterhalb der Gipfel des Chirripó. In diesen Regionen sind die Bäume in schweren Nebel gehüllt und so dicht mit Moosen, Farnen, Bromelien

Bananenfalter, Parque Nacional Tortuguero (S. 163)

und Orchideen bewachsen, dass ihre eigentliche Gestalt kaum noch zu erkennen ist. Diese Wälder sind entstanden, weil mit Feuchtigkeit gesättigte Passatwinde vom karibischen Meer an den Berghängen aufwärtsströmen, sich abkühlen und kondensieren. Dabei bilden sich schwere, tief hängende Wolken. Die Bäume sind hier windschief und knorrig, da sie ständig Wind, Regen und Sonneneinstrahlung ausgesetzt sind.

Ausgedehnte Nebelwälder gibt es in höheren Lagen in ganz Costa Rica – der Besuch jedes einzelnen ist reizvoll. In diesem Lebensraum verliert der Begriff „Regenzeit“ seine Bedeutung, denn durch den Nebel tropft es ganzjährig von den Bäumen – in einem Nebelwald herrscht oft eine Luftfeuchtigkeit von annähernd 100 %.

Um die Abholzung der Wälder nicht weiter zu fördern, sollte man auf alle Produkte aus tropischem Hartholz verzichten, vor allem, wenn klar ist, woher sie kommen.

Tropischer Trockenwald

An der Nordwestküste Costa Ricas liegt die landesweit größte zusammenhängende Fläche tropischen Trockenwaldes – eine völlig andersartige Landschaft als die feuchten Regen- und Nebelwälder des Landes. Viele Bäume verlieren dort während der Trockenzeit ihre Blätter, die auf dem Boden Teppiche von knisterndem, sonnendurchglühtem Laub bilden. Sie verleihen der Landschaft eine Offenheit, wie sie in anderen Habitaten des Landes nicht vorkommt. Die großen Bäume, darunter auch der Nationalbaum Costa Ricas, der Guanacaste, besitzen weite, schirmähnliche Baumkronen; im Unterholz dominieren dürre Sträucher, Schlingpflanzen und Kakteen. Zu bestimmten Zeiten bringen zahlreiche Bäume eine spektakuläre Blütenpracht hervor, und zu Beginn der Regenzeit verwandelt sich alles in ein sattgrünes Blättermeer.

Dieser Waldtyp war in Guanacaste und auf der Península de Nicoya heimisch, wurde aber über viele Generationen zur Nutzung des kommerziell wertvollen Holzes zerstört. Ein Großteil des Baumbestandes wurde abgeholzt oder abgebrannt, um Platz für die Viehhaltung zu schaffen. In den Nationalparks Guanacaste und Santa Rosa sind charakteristische Bestände von Trockenwäldern erhalten geblieben, die dortigen Naturwanderwege zählen zu den zugänglichsten des Landes.

Mangroven

An brackigen Küstenabschnitten auf beiden Seiten des Landes findet man Mangrovensümpfe, die eine ganz eigene Welt darstellen. Mangroven wachsen mit Pfahlwurzeln auf einem von den Gezeiten überspülten Schlickboden. Die Mangrovenbäume, von denen hier fünf Arten heimisch sind, verschlingen sich so dicht ineinander, dass keine Boote und nur wenige Tiere sie durchdringen können. Mangroven sind an das Salzwasser angepasst – sie gedeihen an einem Ort, wo keine andere Landpflanze wachsen kann, und zählen zu den widerstandsfähigsten Pflanzen der Erde. Die Samen sind schwer und fleischig; im Frühling sprießen die Blüten, aus denen sich Früchte bilden. Wenn die Früchte bei Ebbe zu Boden fallen, verankern sich die Keimlinge mit hakenartigen Fortsätzen im weichen Schlickboden. In nur zehn Jahren kann aus einem einzelnen Keimling eine neue Kolonie entstehen.

Mangrovensümpfe sind äußerst wichtig für das Ökosystem. Zum einen schützen sie die Küsten vor der erodierenden Wirkung der Brandung, zum anderen sind sie höchst produktiv, da sie nährstoffreiche Bodensedimente in ihrem Wurzelgeflecht festhalten; sie dienen so zahlreichen Fischarten und Amphibien als wichtige Laich- und Aufzuchtgebiete. Das bräunliche Wasser der Mangrovenflüsse – mit Nährstoffen und Algen gesättigt und bewohnt von Garnelen, Krebsen und Kaimanen – bildet einen wichtigen Bestandteil der Nahrungskette des Meeres. Am besten lassen sich Mangrovengewässer frühmorgens in einem Kajak erkunden. An der Karibikküste gibt es kilometerlange Mangrovenflüsse; ein ausgedehnter Mangrovensumpf liegt am Pazifik in der Nähe der Bahía Drake.

Mangroven können in einer stark salzhaltigen Umgebung wachsen, indem sie Salz über die Oberfläche der Blätter abgeben; sie filtern es auf der Wurzelebene aus und sammeln es in der Rinde und in Blättern, die letztendlich abfallen.

Fauna

Das Land liegt in den Tropen und ist Heimat einer tropischen Tierwelt, deren typische Vertreter u. a. Pfeilgiftfrösche und Klammeraffen sind. Außerdem dient Costa Rica vielen Zugvögeln als Winterquartier. Mehr als 200 Vogelarten kommen aus so fernen Gebieten wie Alaska und Australien. So kann es passieren, dass man einen nordamerikanischen Vogel entdeckt, der Seite an Seite mit Trogonen und Tukanen nach Futter pickt. Die Vögel sind eine der Hauptattraktionen für Naturliebhaber. Das Spektrum reicht von erdbeerfarbenen Hellroten Aras bis hin zu schillernden Juwelen wie dem Purpurdegenflügel, einer Kolibriart. Da viele in Costa Rica heimische Vögel spezielle Habitate bevölkern, trifft man überall auf die unterschiedlichsten Vogelarten.

Mit hoher Wahrscheinlichkeit wird jeder Besucher eine der vier in Costa Rica beheimateten Affenarten und die beiden Faultierarten sehen, aber es gibt noch weitere 230 Arten von Säugetieren, auf die der geduldig wartende Beobachter stoßen kann. Zu den eher exotischen Vertretern zählen u. a. die Vieraugenbeutelratte *(Philander opossum)* und der Zwergameisenbär *(Cyclopes didactylus)*. Wer Glück hat, wird vielleicht auch den scheuen Tapir entdecken oder es läuft ihm ein Jaguarundi über den Weg. Die Nationalparks, Tierreservate und sonstigen Schutzgebiete sind die besten Orte, um Tiere in freier Wildbahn zu beobachten.

Wer sich ernsthaft mit der Vogel- und Tierwelt beschäftigen will, wird die fachkundige Führung eines Reiseleiters zu schätzen wissen. Mit geübtem Blick nehmen die Führer jede Bewegung im Wald wahr. Sie können die exotischen Rufe der Tiere richtig deuten und Reisenden helfen, Augen und Ohren beim Erkennen der verschiedenen Arten zu schärfen. Generell gilt natürlich: Es gibt keine schlechte Jahreszeit für Naturbeob-

CHARLIEMILLERKB/GETTY IMAGES ©

Oben: Nosara (S. 354)

Links: Parque Nacional Manuel Antonio (S. 420)

Parque Nacional Volcán Poás (S. 116)

achtungen. Die meisten Besucher kommen während der Trockenzeit, da dann die Wege weniger schlammig und besser begehbar sind. Ein weiteres Argument für diese Jahreszeit zwischen Dezember und Februar ist die Tatsache, dass noch viele Zugvögel im Land sind, und man z. B. arktische Limikolen (kleine Schnepfenvögel) antrifft, die normalerweise nur in entlegenen Teilen der Tundra vorkommen. Nach dem Höhepunkt der Trockenzeit wird man dann deutlich weniger Vögel sehen, dafür haben aber die grün werdenden Trockenwälder und die einheimischen Vögel, die nun mit dem Nestbau beginnen, ihren ganz eigenen Reiz.

Gefährdete Arten

Wie zu erwarten, gibt es in einem Land, in dem einzigartige Lebensräume und großflächige Rodungen nebeneinander zu finden sind, zahlreiche Tierarten, deren Zahl dramatisch zurückgeht oder die vom Aussterben bedroht sind. Für die meisten gefährdeten Arten Costa Ricas ist gegenwärtig die Zerstörung ihrer Lebensräume die größte Gefahr, gefolgt von der Bedrohung durch Jagd und Fallenstellerei.

Zweifinger-Faultiere steigen nur einmal pro Woche von den Bäumen herab, um sich zu entleeren.

Die vier heimischen Meeresschildkrötenarten genießen in Costa Rica zu Recht große Aufmerksamkeit. Alle vier gelten als höchst gefährdet, sie stehen streng genommen unmittelbar vor dem Aussterben. Die Bemühungen vieler Naturschutzgruppen haben immerhin dazu geführt, dass die Bestände einiger Arten wieder leicht zunehmen; die Bedrohung für die *tortugas* (Schildkröten) ist aber immer noch sehr groß.

Die Zerstörung des natürlichen Lebensraums stellt dabei die größte Gefahr für die gepanzerten Tiere dar. Mit Ausnahme der Lederschildkröte kehren alle anderen Schildkröten nämlich zur Eiablage an genau den Strand zurück, an dem sie selbst geschlüpft sind. Demzufolge hat der ökologische Zustand jedes einzelnen Strandes eine direkte Auswirkung auf die Fortpflanzung der Schildkröten. Alle Schildkröten lieben dunkle,

La Paz Waterfall Gardens (S. 116), Valle Central

ungestörte Strände, und jede Bebauung oder Licht (inklusive Blitzlicht der Kamera) verhindert die Eiablage. Die Jagd nach Schildkröten und das Ausnehmen der Gelege sind zwei wichtige Gründe für den Schwund der Bestände. Suppenschildkröten werden tatsächlich gejagt, um ihr Fleisch zu verwerten. Lederschildkröten und Oliv-Bastardschildkröten besitzen zwar kein schmackhaftes Fleisch, aber ihre Eier gelten als Delikatesse – und als Aphrodisiakum. Die Karettschildkröte ist wiederum wegen ihres ungewöhnlichen Panzers mit der geflammten Musterung begehrt, der manchmal zu Schmuck oder Accessoires verarbeitet wird. Natürlich ist jeder Handel mit Schildkrötenpanzern, Eiern und Fleisch verboten, auf dem Schwarzmarkt sind sie aber durchaus zu bekommen.

Die acht Arten der Pfeilgiftfrösche Costa Ricas sind allesamt wunderschön anzusehen, doch ihre Hautabsonderungen sind ausgesprochen giftig; sie führen zu Lähmungen und schließlich zum Tode, wenn sie in die menschliche Blutbahn gelangen.

Die Populationen der extrem seltenen Harpye und des legendären Quetzals, die jeder Naturliebhaber unbedingt sehen will, schwanken in bedenklichem Maße, da die Wälder, ihr bevorzugter Lebensraum, in alarmierendem Tempo abgeholzt werden. Auch die Aras sind ein Highlight für jeden Vogelbeobachter. Durch das Fangen der Papageien zu kommerziellen Zwecke wurden diese Vögel weitgehend ausgerottet. Auch wenn die Population dieser Vogelart auf der Península de Osa langsam wieder zunimmt, ist der berühmte Arakanga in den meisten Teilen Mittelamerikas und der gesamten Karibikküste so gut wie ausgestorben.

Auch viele Säugetiere in Costa Rica sind stark gefährdet, darunter der scheue Jaguar und das Totenkopfäffchen; beide leiden unter der Zerstörung ihres Lebensraumes. Sie überleben in den Tiefen des Parque Nacional Corcovado; Totenkopfäffchen finden sich auch in geringer Zahl im Parque Nacional Manuel Antonio.

Belästigungen und Einschüchterungen von Umweltschützern sind in Costa Rica nichts Neues. Obwohl die brutale Ermordung (S. 158) des 26-jährigen Umweltschützers Jairo Mora Sandoval in der Provinz Limón im Jahr 2013 internationale Aufmerksamkeit erregte, wurden die Angeklagten zunächst freigesprochen. 2015 wurden sieben Männer wegen Mordes an Sandoval angeklagt. Vier von ihnen wurden nicht wegen Mordes verurteilt, sondern wegen Überfall, Kidnapping und schweren Raubs, allesamt Straftaten, die erst nach Moras Ermordung verübt wurden. 2016 wurdendie Täter nach Berufung für schuldig befunden. Alle Männer erhielten die Höchststrafe: 50 Jahre Gefängnis mit Arbeitsdienst.

Nationalparks & Schutzgebiete

Costa Ricas Nationalparks entstanden in den 1960er-Jahren und wurden seitdem zum Sistema Nacional de Areas de Conservación (Netz an staatlichen Schutzgebieten; Sinac) ausgebaut, das inzwischen 186 Schutzgebiete (u.a. 27 Nationalparks, 8 biologische Schutzgebiete, 32 Schutzzonen, 13 Waldgebiete und 58 Tierreservate) umfasst. Mindestens 10% der Landesfläche stehen unter strengem Schutz, weitere 17% sind für die Mehrfachnutzung bestimmt. Die Behörden in Costa Rica sind daher recht stolz darauf, dass mehr als 27% der Landesfläche in ihrer natürlichen Form erhalten sind. Das stimmt nur bedingt, denn aufgrund dieser Mehrfachnutzung ist immer noch Landwirtschaft, Forstwirtschaft und andere Bodennutzung in den Schutzgebieten erlaubt, sodass nicht wirklich von komplett geschützten Bereichen gesprochen werden kann. Am erstaunlichsten ist eigentlich die kleinste Zahl: In den Nationalparks von Costa Rica leben rund 5% aller Arten – weltweit!

Neben den offiziellen Nationalparks gibt es noch einige Hundert kleine, privat betriebene Lodges, Reservate und Haciendas, die auf ihre Weise Naturschutz betreiben. Viele befinden sich im Besitz von Ausländern, die seit Langem in Costa Rica leben, nachdem sie sich am Ende ihrer Reise auf dem „Gringo-Trail" in den 1970er- und 1980er-Jahren endgültig in Costa Rica niedergelassen haben. Die zahlreichen Schutzgebiete, die sich mittlerweile in ausländischer Hand befinden, werden von den Einheimischen zuweilen kritisch beäugt. Obwohl es sich um gemeinnützige Einrichtungen handelt, deren Anliegen der Naturschutz ist, sind sie in Privatbesitz und nur gegen Geld zugänglich.

Es gibt auch eine große Zahl von Tierrettungsstationen (ebenfalls meist von Ausländern ins Leben gerufen), in denen verletzte und verwaiste Tiere sowie illegale Haustiere gepflegt und ausgewildert werden. Ist eine Auswilderung nicht möglich, werden sie lebenslang versorgt.

Das National Biodiversity Institute (www.inbio.ac.cr) bietet jede Menge Information zur Artenvielfalt und den Versuchen, sie zu bewahren.

Auch wenn das Nationalparksystem auf dem Papier gut erscheint, bleibt noch viel zu tun. So wies die nationale Naturschutzbehörde Sinac vor einigen Jahren darauf hin, dass große Teile der geschützten Gebiete gefährdet sind: Die Regierung besitzt dieses Land nicht komplett – fast die Hälfte ist in Privatbesitz – und hat auch kein Geld, um es zu kaufen. Theoretisch ist auch das Privatland von jeglicher Erschließung ausgenommen, viele Landbesitzer finden aber offenbar Schlupflöcher in den Bestimmungen: Sie verkaufen oder bebauen ihr Land oder akzeptieren Schmiergelder von Wilderern und illegalen Holzfällern, damit diese Zugang zu ihrem Grundbesitz erhalten.

Erfreulich ist ein von Sinac erarbeitetes System, das Nationalparks und Naturschutzgebiete, private Schutzgebiete/Reservate und Nationalwälder in 13 große Landschaftsschutzgebiete zusammenfasst. Diese Strategie hat zwei wesentliche Ziele: Zum einen wird durch diese sogenannten Megaparks mehr Lebensraum für Pflanzen und Tiere geschaffen, zum anderen wird die Verwaltung der Nationalparks an Regionalbüros delegiert. So können die einzelnen Maßnahmen individueller an die Erfordernisse des jeweiligen Naturschutzgebiets angepasst werden. Jedes Schutzgebiet hat regionale und nachgeordnete Büros, die für Bildung,

Parque Nacional Volcán Poás (S. 116)

die Einhaltung von Gesetzen sowie Forschung und Management verantwortlich sind. Doch wie so oft haben auch hier einige Regionalbüros rein bürokratische Funktionen. Im Allgemeinen ist die Unterstützung für Landschaftsschutzprojekte groß, da sie vielen Costa Ricanern zu regelmäßigen Einkommen und Arbeitsplätzen verhelfen. Zudem sind die Schutzgebiete ein wichtiges Forschungsfeld für Wissenschaftler.

Umweltprobleme

Kein anderes tropisches Land hat so große Anstrengungen unternommen, seine Umwelt zu schützen: Im Jahr 2012 zählte das Land laut einer Studie der Universitäten Yale und Columbia wegen seiner Bemühungen um den Naturschutz zu den fünf führenden Nationen der Welt. Gleichzeitig übernimmt das Land auch eine Führungsrolle im Hinblick auf den boomenden Ökotourismus und wird zu einer Art Fallstudie für die Vor- und Nachteile dieser Variante des Tourismus.

Karten und Infos zu den Nationalparks findet man unter www.costarica-nationalparks.com.

Aspekte wie Überbevölkerung, globaler Klimawandel und Verknappung der natürlichen Ressourcen machen Costa Rica zudem zu einem Musterbeispiel für die drängende Notwendigkeit, die Umwelt zu schützen und die Nachhaltigkeit zu fördern.

Entwaldung

Manchmal, wenn der nie abreißende Verkehrsstrom rund um San José ins Stocken gerät, mag man kaum glauben, dass dieses Land einst komplett von dichtem tropischem Urwald bedeckt war. Ein Jahrhundert lang wurden in Costa Rica Wälder gerodet, um Platz für Plantagen, Land- und Forstwirtschaft zu schaffen: Am Ende hatte das Land rund 80 % seiner einstigen Wälder verloren. Erst dann ergriff die Regierung Maßnahmen zum Schutz der verbliebenen Waldflächen. Dank zahlreicher Schutz- und

Catarata de Río Celeste (S. 242), Parque Nacional Volcán Tenorio

Wiederaufforstungsprogramme sind inzwischen wieder 54 % der Landesfläche von Wald bedeckt – eine erstaunliche Leistung.

Obwohl mittlerweile zwei Drittel der verbliebenen Waldflächen unter Schutz stehen, stellt die Abholzung immer noch ein großes Problem dar, besonders auf Privatland, das von reichen Landbesitzern und multinationalen Unternehmen gerodet wird. Selbst in entlegenen Bereichen einiger Nationalparks werden Bäume gefällt, weil nicht genügend finanzielle Mittel für Sicherheitspersonal zur Verfügung stehen, das über die Einhaltung der Gesetze wachen könnte.

Vom Wachsen der Suppenschildkrötenpopulation in Tortuguero erzählt Archie Carr in *The Windward Road: Adventures of a Naturalist on Remote Caribbean Shores*.

Außer dem Verlust des tropischen Regenwaldes und seiner Tier- und Pflanzenwelt verursacht die Entwaldung direkt oder indirekt weitere schwerwiegende Umweltschäden. Denn der dichte Baumbestand schützt den Boden vor der Erosion durch Niederschlag. Nach einer Entwaldung wird ein Großteil des Mutterbodens weggeschwemmt, die Fruchtbarkeit des Bodens nimmt ab, gleichzeitig leiden Wasserläufe und Korallenriffe unter dem erhöhten Sedimenteintrag.

Auf den gerodeten Flächen werden häufig Feldfrüchte angebaut, insbesondere Bananen. Deren Anbau ist mit dem Einsatz von Pestiziden und Plastikhüllen zum Schutz der Früchte verbunden. Pestizide und Plastikhüllen richten in der Natur verheerende Schäden an. Ein weiterer Grund für den Kahlschlag ist die Viehzucht. Diese boomte vor allem in den 1970er-Jahren, als die Nachfrage nach costa-ricanischem Kaffee auf dem Weltmarkt zu sinken begann.

Da die Entwaldung entscheidende Auswirkungen auf den globalen Klimawandel hat, besteht ein großes Interesse daran, Länder wie Costa Rica in ihrer führenden Rolle beim Schutz des Regenwaldes zu bestärken. Die USA haben Costa Rica im Gegenzug für seine verstärkten Bemühungen einen Schuldenerlass in Höhe von mehreren Millionen Dollar gewährt. Die Regierung Costa Ricas finanziert ein Programm, wonach Landbesitzer Geld für jeden Hektar Waldfläche erhalten, den sie nicht bewirtschaften. Zudem hat das Land bei der UNO einen Antrag für ein weltweites Umweltprogramm eingereicht, das tropische Länder für ihre Bemühungen um den Naturschutz finanziell unterstützen soll.

Besucher, die sich für die Teilnahme an Projekten (S. 569) zum Schutz der Bäume Costa Ricas interessieren, können sich an Umweltschutzorganisationen und forstwirtschaftliche Institutionen wenden.

Der höchste Baum im Regenwald ist in der Regel der Kapokbaum (*Ceiba pentandra*, Wollbaum); der berühmteste Vertreter dieser Art ist der 77 m hohe Baumriese im Corcovado.

Tourismus

Ein weiteres großes Umweltproblem, mit dem Costa Rica konfrontiert ist, sind steigende Touristenzahlen – die Anziehungskraft des Landes wird dem Land zum Verhängnis. Eine direkte Bedrohung ist die reine Zahl von jährlich rund 2 Mio. ausländischen Besuchern; indirekt belasten sie den Staat durch die Notwendigkeit, entsprechend die Infrastruktur auszubauen. Jahrelang wurden unkontrolliert neue Hotels und Lodges eröffnet, meist an ehemals unberührten Stränden oder inmitten eines noch intakten Regenwaldgebietes. Bei vielen dieser Projekte mangelte es an einer gut durchdachten Planung; sie haben zusätzliche Störungen wie Straßenbau und erhöhtes Verkehrsaufkommen mit sich gebracht, vieles davon verlief regellos und unbeaufsichtigt.

Jetzt, da der Tourismus der Wirtschaftsfaktor par excellence ist, wird ungebremst weiter gebaut. In erster Linie entstehen riesige Hotelkomplexe, um den Touristenmassen gerecht zu werden, viele Reiseveranstalter haben sich auf Pauschaltouren spezialisiert. Neben der Tatsache, dass die vielen Besucher die lokale Fauna in die Flucht schlagen, sind eine beschleunigte Bodenerosion und ein hoffnungslos überfordertes (Ab-) Wassersystem weitere negative Folgen dieses Booms.

Es darf natürlich nicht unerwähnt bleiben, dass viele privat geführte Lodges und Reservate zum Teil Hervorragendes für den Naturschutz leisten. Es ist bewundernswert, mit wie viel Engagement und Eigensinn hart arbeitende Familien oder kleine Betriebe in entlegenen Gegenden des Landes unverzichtbare Arbeit für den Schutz ihrer Heimat leisten. Dazu gehören Projekte, die der ländlichen Wirtschaft durch die Zucht medizinischer Pflanzen neue Impulse geben sollen, und Spendenkampagnen zum Ankauf bedrohter Landflächen. Nicht zu vernachlässigen sind aber auch die Bemühungen einzelner Dorfbewohner, die heimische Tier- und Pflanzenvielfalt zu dokumentieren.

Green Phoenix, geschrieben vom Wissenschaftsjournalisten William Allen, ist eine fesselnde Beschreibung seiner Bemühungen, gemeinsam mit Wissenschaftlern und Aktivisten den Regenwald in Guanacaste zu bewahren und aufzuforsten.

Nachhaltig reisen

Aktuell ist der Tourismus das wichtigste Standbein der costa-ricanischen Wirtschaft. Insofern haben Reisende mehr „Macht“ als je zuvor und können sich aktiv für den Umweltschutz einsetzen. Wie das gehen soll? Indem sie ihr Geld mit Bedacht ausgeben (nicht an Unternehmen, die Costa Ricas Natur schaden) und die angepriesene Nachhaltigkeit mit den richtigen Fragen auf Herz und Nieren prüfen.

Nachhaltig ist Tourismus, einfach ausgedrückt, immer dann, wenn eine Balance zwischen dem Reisenden und seinem Umfeld besteht. Das bedeutet in der Praxis, dass man so wenig Energie und Wasser wie nötig verbraucht und in seiner direkten Umgebung möglichst wenig Spuren hinterlässt – das schließt auch die Menschen, die dort leben, ein. Nachhaltiger Tourismus unterstützt die Gesellschaft, indem z. B. Einheimische als Guides und in anderen Funktionen zu fairen Konditionen in Unterkünften angestellt werden. Wichtige Aspekte sind aber auch die Förderung von Frauen- und Bürgerrechten, die Unterstützung von Schulen, lokalen Künstlern und lokalen Lebensmittelerzeugern.

Unterwegs im Land sollte man immer das Wohl der Einheimischen im Auge behalten. Es lohnt sich, die Mikroökonomie zu unterstützen, in-

Oben: Parque Nacional Tortuguero (S. 163)

Rechts: Cattleya-Orchidee

Wandern im Umland von San José

dem man z. B. lokalen Kunsthandwerkern ihre Arbeiten abkauft. So landet das Geld unter Garantie an der richtigen Stelle.

Wie man ein umweltbewusstes Unternehmen erkennt

So ziemlich jeder Souvenirstand und Tourveranstalter preist sich als „grün", „nachhaltig" und „umweltfreundlich" an. Es ist nicht ganz einfach, sich in diesem Öko-Begriffs-Dschungel zurechtzufinden – denn der Begriff ist nicht geschützt. Wie identifiziert man also die schwarzen Schafe, die es leider immer weider gibt?

Zu den ausgezeichneten Büchern über die Vogelwelt, die der renommierte Dr. Alexander Skutch verfasst hat, zählen *A Naturalist in Costa Rica* und *The Minds of Birds*.

- Die Minimalanforderungen an Hotels und Restaurants: Sie sollten alle Rohstoffe recyceln, ihre Abwasser und Schadstoffe entsorgen, alternative Energiesysteme nutzen und weitestgehend auch auf natürliche Lichtquellen zurückgreifen!
- Eine hohe Bewertung durch einen Nachhaltigkeitsindex: In Costa Rica vergibt das von der Regierung zugelassene Certificado para la Sostenibilidad Turística (CST; www.turismo-sostenible.co.cr) ein fünfblättriges Gütesiegel. Faktoren, die in die Bewertung durch das CST einfließen, sind z. B. physikalisch-biologische Parameter, Infrastruktur und Dienstleistungen sowie das sozio-ökonomische Umfeld, darunter auch das Zusammenwirken mit den benachbarten Gemeinden. Auf der Website ist ein vollständiges Verzeichnis nachzulesen.
- Ebenfalls sinnvoll: die Teilnahme an Umweltschutzprogrammen und Bildungsinitiativen oder die Zusammenarbeit mit regionalen oder örtlichen Einrichtungen, die an der Lösung von Umweltproblemen arbeiten.
- Die Verbindungen zur „Basis": Ein Unternehmen sollte die Mehrzahl seiner Beschäftigten aus der einheimischen Bevölkerung auswählen, nur mit einheimischen Betrieben zusammenarbeiten, Orte zur Verfügung stellen, an denen einheimische Künstler und Handwerker ihre Arbeiten zum Verkauf anbieten können, Lebensmittel auf den heimischen Märkten einkaufen und heimische Produkte und Waren einsetzen, um die regionale Wirtschaft zu fördern.

Costa Ricas Tierwelt

Sein Ruf als ein wahres Naturparadies eilt dem Land Costa Rica bereits voraus – mit seinen typischen blauen Morphofaltern, vier Affen- und vier Meeresschildkrötenarten, mit den Hellroten Aras und Soldatenaras, Zwei- und Dreifinger-Faultieren, einem ganzen Spektrum an Pfeilgiftfröschen, geheimnisvollen Tapiren und niedlichen Nasenbären.

Inhalt

Oben: Fischertukan

JORGE A. RUSSELL/SHUTTERSTOCK ©

1. Rosalöffler 2. Quetzal 3. Hellroter Ara 4. Zwerg-Veilchenohren

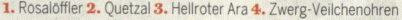

MALLARDG500/GETTY IMAGES ©

Vögel

Tukan

Sechs Arten dieses typischen Regenwaldvogels leben in Costa Rica. Der riesige Schnabel und das leuchtende Federkleid machen es leicht, Swainson-Tukane und Fischertukane zu sichten, wobei sie sich sowieso nicht verstecken. Man kann aber auch einfach die Ohren spitzen: Ihr Ruf ist ein sich wiederholendes „Kerrieck".

Hellroter Ara

Von den mehr als einem Dutzend Papageienarten Costa Ricas ist der Hellrote Ara der imposanteste. Seine Größe, das rote Gefieder und das ohrenbetäubende Gezeter machen ihn unverwechselbar. Die größten Populationen leben im Parque Nacional Carara und auf der Península de Osa. Aras führen lange monogame Beziehungen und können 50 Jahre alt werden.

Quetzal

Der umwerfendste Vogel Zentralamerikas hatte einst große zeremonielle Bedeutung für die Mayas und Azteken. Seinen schillernd-grünen Körper, die rote Brust und den langen grünen Schwanz erblickt man oft in Höhenlagen und nahe dem Parque Nacional Los Quetzales.

Rosalöffler

Die Schreitvögel haben weiße Köpfe und einen unverwechselbaren löffelförmigen Schnabel, mit dem sie ihre Nahrung aufspüren. Man findet sie um die Península de Nicoya, im pazifischen Tiefland und auf der karibischen Seite des Refugio Nacional de Vida Silvestre Caño Negro.

Tangare

Es gibt 42 Arten von Tangaren im Land – die meisten haben ein leuchtendes Federkleid und sind etwa faustgroß. Sie leben überall, außer in Hochlagen. In Costa Rica nennt man sie *viuda* (Witwe).

Kolibri

Mehr als 50 Kolibri-Arten wurden bereits gesichtet – die meisten in Höhenlagen. Der größte ist der Violettdegenflügel, der einen auffallenden violetten Kopf und Körper sowie dunkelgrüne Flügel hat.

WILL E. DAVIS/SHUTTERSTOCK ©

1. Greifschwanz-Lanzenotter **2.** Rotaugenlaubfrosch **3.** Grüner Leguan **4.** Erdbeerfröschchen

BRANDON ALMS/SHUTTERSTOCK ©

Reptilien & Amphibien

Grüner Leguan

Der Grüne Leguan lässt sich mit seinem 2 m langen Körper gerne auf Ästen nieder. Leguane sind Vegetarier und ernähren sich von jungen Trieben und Blättern. Man bekommt sie fast überall zu sehen. Wer mit dem Auto unterwegs ist, sollte darauf gefasst sein, dass sie die Straße queren oder sich dort sonnen.

Rotaugenlaubfrosch

Er ist das inoffizielle Symbol Costa Ricas. Und obwohl er so bunt ist – er hat rote Augen, einen grünen Körper mit gelben und blauen Streifen und orangefarbene Füße – ist er im Regenwald gut getarnt und nur schwer zu finden. Er lebt überall außer auf der Península de Nicoya, wo es zu trocken für ihn ist. Häufig sieht man ihn in der Estación Biológica La Selva.

Erdbeerfröschchen

Kein anderes Tier Costa Ricas ist so weit verbreitet und somit so leicht zu entdecken wie diese bunten Frösche – sie kommen von Arenal bis zur Karibikküste vor. Ureinwohner nutzten ihre giftigen Ausscheidungen als Pfeilgift. Der Pfeilgiftfrosch vom Golfo Dulce ist endemisch.

Krokodil

Von der Krokodilbrücke an der Pazifkküste oder auf Bootstouren entlang des Tortuguero-Kanals lassen sich beeindruckende Exemplare sichten. Hier sollte man möglichst nicht schwimmen.

Vipern

Drei Schlangen, denen man aus dem Weg gehen sollte, sind die Terciopelo-Lanzenotter, die in landwirtschaftlichen Bereichen an der Pazifik- und der Karibikküste lebt, eine endemische Buschmeister-Art *(Lachesis melanocephala)* und die schöne Greifschwanz-Lanzenotter, die im Tiefland-Regenwald lebt. Um schwerwiegende oder gar tödliche Bisse zu vermeiden, sollte man auf den Weg achten und genau hinsehen, bevor man sich beim Wandern an irgendwelchen Ranken festhält.

DUSSEAU PHOTO/SHUTTERSTOCK ©

1. Oliv-Bastardschildkrötenschlüpfling 2. Große Tümmler 3. Walhai 4. Hammerhai

PHOTOBOTOS IMAGE/GETTY IMAGES ©

Meerestiere

Oliv-Bastardschildkröte

Die kleinste der Meeresschildröten Costa Ricas, die Oliv-Bastardschildkröte, lässt sich leicht lieben – sie besitzt einen herzförmigen Panzer. Im September oder Oktober legt sie ihre Eier am Strand von Ostional in der Provinz Guanacaste und bei Ojochal an der Pazifikküste ab.

Lederschildkröte

Die riesigen 360 kg schweren Schildkröten unterscheiden sich von anderen Arten durch ihren weichen, ledrigen, von sieben Rippen durchzogenen Rückenpanzer. Sie nisten an den Stränden des Pazifiks und auf den Halbinseln Osa und Nicoya.

Wal

Zahlreiche Walarten ziehen von der Nord- und Südhalbkugel nach Costa Rica, darunter Orcas, Blau- und Pottwale sowie einige Spezies des eher unbekannten Schnabelwals. Entlang der Pazifikküste lassen sich oft Buckelwale beobachten.

Tursiops-Delfin

Diese charismatischen, intelligenten Tiere leben das ganze Jahr über in Costa Rica und verstecken sich nicht vor Menschen. Einfach auf der Schifffahrt nach Bahía Drake nach ihnen Ausschau halten.

Walhai

Tauchern begegnen diese sanften Riesen manchmal vor der Reserva Biológica Isla del Caño, im Golfo Dulce oder bei der Isla del Coco. Der weltgrößte Fisch wird bis zu 13 m lang und wiegt über 12 t.

Mantarochen

Die Flossen des eleganten Mantarochens, der im warmen Pazifik und besonders an der Küste Guanacastes und um die Bat- und Catalina-Inseln herum verbreitet ist, erreichen Spannweiten von bis zu 7 m.

Hammerhai

Ihr breites Cephalofoil ermöglicht es den bedrohlich wirkenden Hammerhaien, enorm schnell und präzise zu manövrieren. Taucher können große Schwärme rund um die Isla del Coco beobachten.

CYNTHIA KIDWELL/SHUTTERSTOCK ©

1. Weißrüsselnasenbär 2. Faultierbaby 3. Jaguar 4. Totenkopfäffchen

JONATHAN FIFE/GETTY IMAGES ©

Landsäugetiere

Faultier

Costa Rica ist die Heimat der Braunkehl- und Hoffmann-Zweifingerfaultiere (nachtaktiv). Beide Spezies hängen regungslos an Ästen. Besonders im Parque Nacional Manuel Antonio gibt es viele zu sehen.

Brüllaffe

Die Lautäußerungen des Brüllaffen-Männchens sind sogar in dichten Nebelwäldern in über 1 km Entfernung zu hören, wovon man sich in zahlreichen Nationalparks des Landes überzeugen kann.

Weißschulterkapuziner

Der kleine und neugierige Weißschulterkapuziner hat einen Greifschwanz mit einer (meist) eingezogenen Spitze – im Volcán Arenal oder Parque Nacional Manuel Antonio sollte man gut auf sein Essen aufpassen.

Totenkopfäffchen

Die bezaubernden winzigen Äffchen sind tagsüber meistens in kleinen bis mittelgroßen Gruppen unterwegs, um Insekten und Früchte zu suchen. Sie kommen nur entlang der Pazifikküste vor, besonders im Parque Nacional Manuel Antonio und auf der Península de Nicoya.

Jaguar

Der König unter Costa Ricas Raubkatzen ist sehr selten, scheu und gut getarnt, sodass man ihn fast nie zu Gesicht bekommt (am ehesten sieht man ihn im Parque Nacional Corcovado).

Weißrüsselnasenbär

Dieses Mitglied der Waschbären-Gattung ist länger, schlanker und leichter als die meisten seiner Artgenossen und hat eine markante spitze, helle Schnauze sowie einen gestreiften Schwanz.

Tapir

Diesen grasenden Giganten – verwandt mit dem Nashorn – erkennt man am charakteristischen Rüssel. Er lebt in den tropischen Regen- und auch Bergnebelwäldern, z. B. auf der Península de Osa und im Parque Nacional Santa Rosa.

Blauer Morphofalter

Insekten & Spinnentiere

Blauer Morphofalter

Der Blaue Morphofalter flattert über die tropischen Flüsse und die Lichtungen in den Wäldern Costa Ricas hinweg. Wenn er landet, schließen sich seine oberen hellblauen Schwingen und die darunterliegenden fleckig-braunen Flügel kommen zum Vorschein – so ist der glänzende Star im Handumdrehen unerkannt.

Blattschneiderameise

Lange Züge fleißiger Blattschneiderameisen laufen über die Waldböden und Wanderwege Costa Ricas und wirken wie langsam dahinfließende Bäche aus grünen Blattteilen. Blattschneiderameisen kultivieren Pilze – in ihren unterirdischen Kolonien zerkauen die Ameisen die eingebrachten Blätter zu einem Brei, um das Wachstum der Pilze zu beschleunigen, von denen sich die Kolonien ernähren. Nicht verwechseln mit den räuberischen Wanderameisen!

Vogelspinne

Dank ihrer enormen Größe und haarigen Beine ist die rote Tarantel Costa Ricas unverwechselbar und ziemlich unheimlich. Doch obwohl sie problemlos Mäuse tötet und ihr Biss genauso schmerzhaft ist wie ein Bienenstich, ist ihr Gift für Menschen völlig ungefährlich. Die Spinnen sind meist nachts unterwegs und suchen dann nach Futter oder einer Möglichkeit, sich zu paaren.

Herkuleskäfer

Wer beim Besuch von einem der vielen Urwälder Costa Ricas seine Taschenlampe einschaltet, lockt mit etwas Glück einen Herkuleskäfer an. Das Insekt – eine Art aus der Familie der Blatthornkäfer – ist größte Käfer weltweit (neben dem Riesenbockkäfer) und ist bis zu 17 cm lang. Der Käfer sieht zwar gefährlich aus, ist aber völlig harmlos. Er kann das Hundertfache seines Eigengewichts tragen.

Praktische Informationen

Allgemeine Informationen

Arbeiten in Costa Rica

Ausländer werden es sehr schwer haben, in Costa Rica einen geeigneten Job zu finden, denn es herrschen dort sehr strenge gesetzliche Vorgaben. Die einzigen Zuwanderer, die legal im Land arbeiten dürfen, sind diejenigen, die ein eigenes Geschäft bzw. Unternehmen führen oder solche, die eine berufliche Befähigung mitbringen, die kein Einheimischer vorweisen kann. Einige Länder haben jedoch besondere Abkommen mit Costa Rica geschlossen; ihre Bürger können dadurch ebenfalls eine Beschäftigung aufnehmen.

Wer einen entsprechenden Job gefunden hat, muss sich als Nächstes um eine Arbeitsgenehmigung bemühen – das kann manchmal ein schwieriges und zeitraubendes Unterfangen werden. Am ehesten bekommt man eine solche Erlaubnis noch als Englischlehrer an einer der Sprachschulen oder aber als Angestellter im Krankenhausbereich oder im Hotelgewerbe. Auch Naturkundler und Raftingbegleiter haben möglicherweise Glück und finden auf Privatlodges oder bei Tourveranstaltern einen Job. Allerdings sollte man sich keine Illusionen machen und nicht erwarten, dass sich damit mehr als das tägliche Brot verdienen ließe.

Botschaften & Konsulate

Die meisten Länder unterhalten eine Vertretung in der Hauptstadt San José. Die Vormittage sind die günstigste Zeit, um seine Angelegenheiten in einer Botschaft oder einem Konsulat zu erledigen.

Deutschland (☎2290-9091; www.san-jose.diplo.de; 8. Stock, Edificio Torre Sabana, Sabana Norte; ⊙Mo–Fr 8–12 Uhr) Nordwestlich des Parque Metropolitano La Sabana.

Österreich (Honorarkonsulat; ☎2291-6142; www.botschaft-konsulat.com/at/vertretung/2446/osterreich-in-San-Jose; Blvr Rohrmoser, Centro Corporativo La Nunciatura; ⊙Mo–Fr 9–12 Uhr).

Schweiz (☎2221-4829; www.eda.admin.ch/sanjose; 10. Stock, Edificio Centro Colón, Paseo Colón zwischen Calle 38 & 40; ⊙Mo–Fr 9–12 Uhr)

USA (☎2519-2000; https://cr.usembassy.gov; Ecke Av Central & Calle 120; ⊙Mo–Fr 8–12 & 13–16 Uhr) Gegenüber des Centro Comercial del Oeste in Pavas (San José).

Ermäßigungen

Die im Folgenden genannten Ermäßigungskarten werden nicht in allen Museen und Parks akzeptiert.

Costa Rica Discount+ (http://costaricadiscount.com; ab 20/50 US$, 6/60 Tage gültig) Ermäßigungen von bis zu 20 % beim Autoverleih, für Aktivitäten und in Hotels. Eine Karte gilt für bis zu 8 Personen und ein Fahrzeug. Sie wird online erworben und gleich ausgedruckt.

International Student Identity Card (ISIC; www.isic.org; rund 20 US$ je nach Herkunftsland) Vollzeitstudenten erhalten Ermäßigungen in Museen und auf Ausflugsfahrten.

International Student Exchange (ISE; www.isecard.com; rund 25 US$ je nach Herkunftsland) Schüler und Vollzeitstudenten (12–26 Jahre) erhalten in Museen und auf Ausflugsfahrten eine Ermäßigung.

Feiertage

Días feriados (staatliche Feiertage) werden in Costa Rica sehr ernst genommen, Banken, Behörden und viele Läden schließen. Der öffentliche Verkehr ist an diesen Tagen lebhaft und die Hotels sind oft ausgebucht. Viele Festivals finden eigens an diesen freien Tagen statt.

Neujahr 1. Januar

Semana Santa (Karwoche; März/April) Gründonnerstag und Karfreitag sind offizielle Feiertage; viele Geschäfte schließen aber während der gesamten Karwoche. Von Gründonnerstag bis Ostersonntag sind die Bars geschlossen und der Verkauf von Alkohol ist untersagt. Am Gründonnerstag und Karfreitag fahren keine Busse.

Día de Juan Santamaría (11. April) An diesem Tag gedenkt das Land seines Nationalhelden, der beim Kampf gegen William Walker 1856 ums Leben kam. Die größten Feierlichkeiten finden in der Heimatstadt von Santamaría, also in Alajuela, statt.

Tag der Arbeit 1. Mai

Día de la Madre (Muttertag; 15. August) Fällt mit dem katholischen Feiertag Mariä Himmelfahrt zusammen.

Unabhängigkeitstag 15. September

Día de la Raza (Kolumbustag) 12. Oktober

Weihnachten (25. Dezember) Heiligabend ist nur ein inoffizieller Feiertag.

Letzte Dezemberwoche In der Woche zwischen Weihnachten und Neujahr nehmen viele Menschen frei, die Geschäfte sind geschlossen und die Strandhotels ausgebucht.

Fotografieren

- Immer erst vorher fragen, wenn man jemanden fotografieren möchte.
- Seit dem Siegeszug der Digitalkameras wird es immer schwieriger, hochwertige Filme in Costa Rica zu bekommen.
- *Lonely Planet's Guide to Travel Photography* ist voller hilfreicher Tipps fürs Fotografieren auf Reisen.

Frauen unterwegs

Viele allein reisende Frauen werden nicht viel mehr als ein *„mi amor"* oder einen anerkennenden Blick seitens der einheimischen Männer erleben müssen. Leider sind die costa-ricanischen Männer aber der Ansicht, dass ausländische Frauen weniger Moral haben als die Ticas und sich daher leichter erobern lassen. So werden allein reisende Frauen und auch Frauen, die zu zweit oder zu mehreren unterwegs sind, immer wieder anzügliche Kommentare hören – vor allem blonde Frauen. Selbst in der Gruppe reisenden Frauen wird das nicht erspart bleiben. Die beste Art, damit umzugehen, ist, es den einheimischen Frauen gleichzutun: einfach die Männer ignorieren.

Auch Frauen, die sich mit Nachdruck gegen die verbalen Avancen wehren, werden danach meist mit dem gewünschten Respekt behandelt.

- In kleinen Hochlandstädten sollte man sich konservativ kleiden. Einheimische Frauen tragen nur selten Shorts oder bauchfreie Tops. Am Strand sind normale Badeanzüge akzeptiert, oben ohne oder gar nackt zu baden ist aber verpönt.
- Allein reisende Frauen sollten niemals trampen.
- Frauen sollten generell nur mit offiziell zugelassenen Taxis – zu erkennen an der roten Farbe und den Medaillons – fahren; es wurde schon von Übergriffen auf Frauen seitens unlizenzierter Taxifahrer berichtet.

Freiwilligendienst

Costa Rica bietet eine Reihe von Freiwilligenstellen. Viele Jobs werden über Mundpropaganda vermittelt; die meisten Programme bemühen sich ernsthaft darum, dass die Freiwilligen Spaß an ihrer Arbeit haben. Bei fast allen wird ein Mindestaufenthalt von zwei Wochen verlangt.

Lonely Planet verbürgt sich für keine Organisation, mit der er nicht direkt zusammenarbeitet und empfiehlt Reisenden, sich vorher intensiv mit dem Einsatzbereich einer Stelle auseinanderzusetzen, sich mit den Anforderungen eines Projekts vertraut zu machen und zu prüfen, ob es für einen geeignet ist.

Englisch unterrichten

Viele Reisende kommen nach Costa Rica, um ihre Spanischkenntnisse zu verbessern. Gleichzeitig besteht ein großer Bedarf an Lehrern, die Englisch unterrichten.

Amerispan Study Abroad (www.amerispan.com) Bietet Unterricht in diversen Spezialgebieten.

Sustainable Horizon (www.sustainablehorizon.com) Hilft bei der Organisation von Reisen mit Gastlehraufenthalten.

Forst-Management

Trotz seiner relativ geringen Ausdehnung besitzt Costa Rica eine beeindruckend große Zahl an Nationalparks, in denen noch beträchtliche Flächen an ursprünglichem Regenwald geschützt sind. Wer helfen will, dieses gefährdete Ökosystem für die Zukunft zu sichern und im Bereich Forstwissenschaft gewisse Fachkenntnisse besitzt, kann sich für ein Forst-Management-Programm bewerben.

Cloudbridge Nature Preserve (www.cloudbridge.org) Wegebau, generelles Bauen, Baumpflanzungen und Monitoring-Projekte für Freiwillige, die für ihren Aufenthalt in Gastfamilien zahlen müssen. Vorzugsweise werden Biologiestudenten genommen, aber auch alle anderen ernsthaft interessierten Reisenden können sich bewerben.

Tropical Science Center (www.cct.or.cr) Diese schon lange aktive Non-Profit-Organisation bietet die Mitarbeit im Monteverde Cloud Forest Reserve an. Mögliche Projekte sind beispielsweise die Instandhaltung von Wegen und allgemeine Erhaltungsmaßnahmen. Von den Freiwilligen wird erwartet, dass sie montags bis freitags von 7 bis 16 Uhr und samstags bis 11.30 Uhr arbeiten. Die Kosten für Kost und Logis liegen bei 20 US$ pro Tag, der Mindestaufenthalt beträgt auch hier zwei Wochen.

Fundación Corcovado (www.corcovadofoundation.org) Dahinter steht ein eindrucksvolles Netzwerk aus Leuten und Organisationen, die sich um den Schutz und den Erhalt des Parque Nacional Corcovado bemühen.

Monteverde Institute (www.mvinstitute.org) Non-Profit-Lehrinstitut, das Unterricht in Tropenbiologie, Umweltschutz und nachhaltiger Entwicklung anbietet.

Ökologischer Landbau

Costa Rica steht im internationalen Vergleich mit an der Spitze der Bewegung für nachhaltige Lebensmittelproduktion. Als Heimat vieler autark arbeitender Farmen und Betriebe ist es geradezu das Idealland für Freiwillige, die sich für diese Form der Landwirtschaft interessieren und engagieren.

WWOOF Costa Rica (www.wwoofcostarica.org) Das lockere Netzwerk aus Farmen gehört zum großen internationalen Netz der Willing Workers On Organic Farms (WWOOF). Die Arbeitseinsätze sind sehr unterschiedlich. WWOOF Mexico, Costa Rica, Guatemala und Belize verlangen 33 US$ für die Mitgliedschaft, dafür erhalten interessierte Freiwillige eine Adressliste aller beteiligten Farmen.

Reserva Biológica Dúrika (www.durika.org) Die nachhaltig lebende und arbeitende Gemeinschaft liegt in einem 85 km² großen Schutzgebiet.

Finca La Flor de Paraíso (www.la-flor.org) Bietet Angebote in ganz verschiedenen Bereichen; das Spektrum reicht von Tierhaltung bis zum Anbau von Heilkräutern.

Punta Mona (www.puntamona.org) Ökologisch wirtschaftende Farm, die nach den Regeln der Permakultur und Nachhaltigkeit arbeitet.

Rancho Margot (www.ranchomargot.org) Diese sich selbst als *life-skills university* bezeichnende Farm bietet u. a. Fortbildungen mit den Schwerpunkten Ökologischer Landbau und Tierzucht.

Tierschutz

Man sollte sich darüber im Klaren sein, dass Tierschützer gelegentlich auch von einheimischen Wilderern belästigt – oder sogar schlimmer noch – bedroht werden. Die Polizei ist bei der Aufklärung dieser Straftaten leider ziemlich machtlos.

Earthwatch (www.earthwatch.org) Die anerkannte international arbeitende Freiwilligen-Organisation setzt sich in Costa Rica für den Erhalt der Schildkrötenpopulationen ein.

Sea Turtle Conservancy (www.conserveturtles.org) Von März bis Oktober bietet die in Tortuguero beheimatete Organisation Einsätze für *eco-volunteer adventures an.*

Profelis (www.grafischer.com/-profelis) Das Schutzprogramm für Raubkatzen kümmert sich um das Wohl von großen sowie auch kleinen beschlagnahmten Katzen.

Reserva Playa Tortuga (www.reservaplayatortuga.org) Unterstützt die Schutzbemühungen für Oliv-Bastardschildkröten bei Ojochal.

Asociacion Salvemos las Tortugas de Parismina (ASTOP, Save the Turtles of Parismina, Rettet die Schildkröten von Parismina; ☎2798-2220; Übernachtungen in Privathäusern inkl. 3 Mahlzeiten & Patrouillengänge 28 US$ pro Nacht, Registrierungsgebühr 35 US$; ⊙März–Sept. nach Vereinbarung) Hier geht es um den Schutz der Schildkröten und ihrer Eier sowie um die Verbesserung der Lebensbedingungen der Bewohner dieses kleinen Dorfes.

Geld

Bargeld & Währungen

- Die Landeswährung ist der Colón (Plural: Colones), der nach Cristóbal Colón (Christoph Kolumbus) benannt ist.
- Scheine sind im Wert von 1000, 2000, 5000, 10 000, 20 000 und 50 000 Colones im Umlauf, die Münzen gibt es im Wert von 5, 10, 20, 25, 50, 100 and 500 Colones.
- Es ist allgemein üblich, in US$ zu zahlen; diese Zahlweise nimmt immer mehr zu, da der Colón im Vergleich zur amerikanischen Währung weniger stabil erscheint.
- Bei Zahlungen in US-Dollar wird das Wechselgeld in Colones herausgegeben.
- Neuere Dollarnoten werden im Land bevorzugt angenommen. Sollte ein Schein einen Riss oder deutliche

DOLLAR GEGEN COLONES

Colones sind zwar die offizielle Währung des Landes, der Dollar ist aber praktisch ein gesetzliches Zahlungsmittel. Das zeigt sich u. a. an den vielen Geldautomaten, die sowohl Colones als auch US$ ausgeben. Dennoch lohnt es sich zu wissen, wo man am besten mit welcher Währung bezahlt.

Mit US$ lassen sich Hotelzimmer, Besuche in mittel- und hochpreisigen Restaurants, Eintrittspreise von Sehenswürdigkeiten und Attraktionen, Ausflugsfahrten, Inlandsflüge, internationale Busfahrten, Mietwagen, private Shuttlebusse und teure Einkäufe bezahlen. Für Fahrten mit örtlichen Bussen, günstige Gerichte und Getränke, Taxis und generell Kleinbeträge zahlt man dagegen mit Colones.

- In diesem Buch werden alle Preise in US$ angegeben. Bei den Angaben für Fahrpreise wird der Preis immer in der Währung genannt, in der man ihn am besten auch bezahlen sollte.

Gebrauchsspuren haben, wird er unter Umständen abgelehnt.

➡ Wer in kleineren Restaurants, Bars oder Läden mit US$ bezahlen will, muss sich auf einen ungünstigen Wechselkurs gefasst machen.

Geldautomaten

Geldautomaten gibt es praktisch überall und sie geben typischerweise Colones oder US-Dollar aus. In ländlichen und entlegenen Gebieten sind sie wesentlich schwerer zu finden als in Städten.

Geldwechsel

Alle Banken tauschen US-Dollar, manche auch Euros und Britische Pfund; andere Währungen sind schwieriger. Die meisten Banken haben entsetzlich lange Warteschlangen, besonders die staatlichen Institute (Banco Nacional, Banco de Costa Rica, Banco Popular), die jedoch beim Geldwechsel keine Provision berechnen. Private Banken (Banex, Banco Interfin, Scotiabank) sind in der Regel schneller. Die Geldscheine, die man eintauschen möchte, sollten in einem guten Zustand sein, andernfalls werden sie unter Umständen abgelehnt.

Handeln

➡ Dank des Zustroms ausländischer Touristen und in Folge des hohen Lebensstandards ist die lateinamerikanische Tradition des Handelns und Feilschens in Costa Rica inzwischen völlig aus der Mode gekommen.

➡ Auf Märkten ist es durchaus üblich, über Preise zu verhandeln. Gleiches gilt für informelle Touren und lange Taxifahrten.

Kreditkarten

➡ In Mittelklasse- und Spitzenhotels sowie in sehr guten Restaurants und einigen Reisebüros sind Kreditkarten ein gängiges Zahlungsmittel. In kleineren Städten und entlegenen Gebieten dagegen werden Kreditkarten eher selten genommen.

➡ Auf alle internationalen Kartenzahlungen wird oft eine Transaktionsgebühr (rund 3–5 %) erhoben.

➡ Mit Kredit- oder Debitkarten kann man in einigen Banken Colones erhalten, muss aber mit hohen Gebühren rechnen.

➡ Alle Mietwagenfirmen verlangen von ihren Kunden eine Kreditkarte. Nur mit einer Debitkarte ist es fast unmöglich, ein Auto zu mieten, es sei denn, man ist bereit, die volle Versicherung zu zahlen.

Reiseschecks

Geldautomaten und Kreditkarten haben die Reiseschecks als Zahlungsmittel inzwischen nahezu vollständig abgelöst. Außerhalb der größeren Städte ist es quasi unmöglich, noch Reiseschecks einzulösen. Ansonsten können sie noch immer in Banken umgetauscht werden; in der Regel werden dort für die ausgestellte Summe dann US-Dollar oder Colones ausgezahlt.

Steuern & Erstattungen

Reisende zahlen in Hotels und Restaurants eine Verkaufssteuer von 13 %. Viele kleinere und mittelklassige Häuser erlassen einem manchmal die Steuer, wenn man bar bezahlt.

Trinkgeld

Restaurants Die Rechnung enthält in der Regel schon ein Bediengeld von 10 %. Falls nicht, kann man ein kleines Trinkgeld geben.

Hotels In Spitzenhotels bekommen Pagen/Gepäckträger 1 bis 5 US$ pro Dienstleistung und Zimmermädchen 1 bis 2 US$ pro Tag, in preisgünstigeren Hotels weniger.

Taxis Hier gibt man nur bei einem besonders guten Service ein Trinkgeld.

Guides 5 bis 15 US$ pro Person und Tag. Der Fahrer einer Tour erhält halb so viel wie der Guide.

Gesundheit

Reisende nach Mittelamerika müssen aufpassen, dass sie sich keine Infektionen zuziehen, die durch Nahrungsmittel oder Moskitos übertragen werden. Die meisten Krankheiten, die man sich im Urlaub hier einfängt, sind nicht lebensbedrohlich, aber sie können die Reise ziemlich beeinträchtigen. Außer dass man die richtigen Impfungen hat, ist es wichtig, ein Insektenschutzmittel dabei zu haben und darauf zu achten, was man isst und trinkt.

Vor der Abreise

KRANKENVERSICHERUNG

Gefährlicher Abenteuer- oder Wassersport wie Tauchen ist nicht in allen Versicherungspolicen versichert. Es empfiehlt sich, die Versicherungssumme daraufhin gegebenfalls hochzusetzen. Die Reiseversicherung deckt vielleicht grundlegende Aktivitäten wie Wandern ab, aber eben nicht Ziplining oder Surfen. Taucher werden manchmal nur für eine begrenzte Anzahl von Tauchgängen und bis zu einer gewissen Tauchtiefe versichert. Am besten vor Antritt der Reise beim Versicherungsunternehmen nachfragen!

Eine Liste von Reiseversicherungsunternehmen findet sich auf der Website des US-Außenministeriums (www.travel.state.gov) unter der Rubrik „Before You Go".

EMPFOHLENE IMPFUNGEN

➡ Vier bis acht Wochen vor der Abreise sollte man mit den notwendigen Impfungen beginnen.

➡ Sinnvoll ist ein internationaler mehrsprachiger (gelber) Impfausweis, in dem alle verabreichten Impfungen verzeichnet werden. Der Ausweis ist vor allem in den Ländern wichtig, die für die

Einreise zwingend eine Gelbfieberimpfung vorschreiben. (Costa Rica verlangt einen solchen Impfnachweis nur, wenn man aus Ländern einreist, in denen ein Gelbfieberrisiko besteht.)

In Costa Rica

MEDIZINISCHE VERSORGUNG & KOSTEN

- In den meisten großen Städten ist die medizinische Versorgung gut, in ländlichen Gebieten sieht es da aber deutlich schlechter aus.
- Eine ausführliche Liste mit Ärzten ,Zahnärzten und Krankenhäusern bietet die Website der amerikanischen Botschaft in Costa Rica https://cr.usembassy.gov unter dem Eintrag „U.S. Citizen Services/Medical Assistance/Medical Practitioners List".
- Die meisten Apotheken sind gut bestückt. Eine Handvoll von ihnen bietet sogar einen 24-Stunden-Service an. Die Apotheker sind sogar berechtigt, Medikamente zu verschreiben. Wer regelmäßig ein Medikament einnehmen muss, sollte allerdings den wissenschaftlichen (generischen) Namen des Medikaments kennen, da viele Arzneimittel in Costa Rica unter einem anderen Markennamen verkauft werden.

ALLGEMEINE GEFAHREN FÜR DIE GESUNDHEIT

Tierbisse Auf keinen Fall sollte man irgendwelche Tiere anfassen oder füttern! Wer dennoch von einem Säugetier gekratzt oder gebissen worden ist, muss die Wunde umgehend sorgfältig mit viel Seife und Wasser reinigen und mit einem Wunddesinfektionsmittel (oder mit Alkohol) behandeln, außerdem sollte man einen Arzt oder eine Krankenstation aufsuchen.

Insektenstiche Egal, wie sorgfältig man sich schützt: Irgendwann wird jeder von einer Mücke gestochen. Der beste vorbeugende Schutz ist eine Kleidung, die den ganzen Körper bedeckt: lange Hosen, lange Hemden, Hut und geschlossene Schuhe (keine Sandalen). Auch der Kauf eines guten Mückenschutzmittels lohnt sich, mit dem alle nicht bedeckten Hautpartien (Ausnahme sind Augen, Mund, Schnitte, Wunden oder Hauterkrankungen) eingerieben werden. Mittel, die DEET (Diethyltoluamid) enthalten, dürfen nicht bei Kindern unter zwei Jahren angewendet werden, bei Kindern bis zu zwölf Jahren sollte das Mittel nur sparsam aufgetragen werden. Gute Ergebnisse liefert auch der in Europa verbreitete Wirkstoff Icaridin. Auch ein Moskitonetz, das überall über das Bett gehängt werden kann, ist eine gute und sinnvolle Investition (am besten gleich ein paar Nägel und Reißzwecken zum Aufhängen mit einpacken). Viele Hotels haben keine Fliegengitter vor den Fenstern, ein günstiges Netz kann diese ersetzen. Die Maschengröße darf aber 1,5 mm nicht überschreiten! In der Abenddämmerung sind die Mücken am aktivsten, in dieser Zeit sollte man sich auch am stärksten schützen.

Sonne Die starke Mittagssonne sollte generell gemieden werden, außerdem helfen eine Sonnenbrille und ein breitkrempiger Hut sowie ein Sunblocker, der mindestens die Stärke 15 oder höher hat und sowohl gegen UVA- als auch UVB-Strahlung schützt. Beim Schwimmer sollte der Sonnenschutz immer wieder neu aufgetragen werden. Bei höheren Temperaturen ist es wichtig, viel zu trinken und große körperliche Anstrengungen zu vermeiden.

INFEKTIONSKRANKHEITEN

Chikungunya-Virus Die neueste Virusinfektion, die durch Moskitos übertragen wird, wurde eher zufällig von Afrika nach Costa Rica eingeschleppt. Sie wird von *Aedes albopictus* oder Tigermoskitos weitergegeben. Die Symptome ähneln denen des Denguefiebers (hohes Fieber, Gelenkentzündungen, Hautausschlag, Kopf- und Muskelschmerzen, Übelkeit). Daher ist die Behandlung auch ganz ähnlich – Flüssigkeitsausgleich, Fiebersenkung und Abwarten. Anders als das Denguefieber, verläuft die Krankheit höchst selten tödlich. Wenn man das Virus einmal hatte, kann sich eine gewisse Immunität dagegen entwickeln. Die beste Vorbeugung sind jedoch lange Ärmel und DEET.

Denguefieber (Breakbone Fever) wird von der Gelbfiebermücke (Ägyptische Tigermücke) übertragen, die auch tagsüber sticht und oft in der Nähe von menschlichen Siedlungen, häufig sogar in Häusern, zu finden ist. Das Denguevirus tritt vor allem in dicht besiedelten städtischen Umgebungen auf. Die Symptome sind grippeähnlich mit Fieber, Muskel- und Kopfschmerzen, Brechreiz und Erbrechen – oft gefolgt von Hautausschlägen. Die meisten Anzeichen verschwinden nach ein paar Tagen wieder.
Gegen das Denguefieber gibt es derzeit keine Medikamente, einmal abgesehen von Schmerzmitteln wie Paracetamol (Tylenol). Hilfreich ist es auch, viel zu trinken. Wer ernsthaft erkrankt ist, sollte sich ins Krankenhaus begeben, um notfalls mit intravenöser Zufuhr von Flüssigkeit einer Dehydrierung vorzubeugen. Es gibt keinen Impfstoff gegen das Denguefieber, die einzige prophylaktische Maßnahme ist ein ausreichender Schutz vor Mückenstichen.

Durchfall Das Leitungswasser ist sicher und von der Qualität her sehr gut, wer aber abseits der touristischen Pfade unterwegs ist, sollte nur abgekochtes, gefiltertes oder mit Jodtabletten gereinigtes Wasser trinken.
Um Durchfallerkrankungen vorzubeugen, empfiehlt es sich, auf Produkte zu verzichten, die möglicherweise unpasteurisierte Milch enthalten. Auch beim Essen an Straßenständen sollte man größte Vorsicht walten lassen. Wer dennoch erkrankt, sollte ausreichend Flüssigkeit zu sich nehmen und den Getränken ein entsprechendes Pulver beimischen, das die verlorenen Mineralstoffe, Salz und Zucker wieder ersetzt. Ist der Stuhl blutig, dauert der Durchfall länger als 72 Stunden an oder wird er von Fieber, Schüttelfrost und Bauchschmerzen begleitet, sollte man einen Arzt aufsuchen.

Hepatitis A Die zweithäufigste Infektionskrankheit, die sich Reisende (abgesehen von Durchfallerkrankungen) zuziehen können, ist Hepatitis A. Die Viruserkrankung schädigt die Leber und wird durch kontaminiertes Wasser, Essen oder Eiscreme, aber auch durch direkten Kontakt mit einer infizierten Person übertragen. Zu den möglichen Symptomen zählen Fieber, Unwohlsein, Brechreiz, Erbrechen und Unterleibsschmerzen. In den meisten Fällen kann man geheilt werden, häufig bleiben aber Leberschäden zurück. Auch gegen Hepatitis A gibt es kein Medikament, die Impfung bietet aber einen sehr sicheren und effektiven Schutz.

Leishmaniose Diese von Sandmücken übertragene Krankheit tritt in frisch gerodeten Wäldern und neu bepflanzten Gebieten auf, am stärksten ist die Gefahr einer Infektion in Talamanca. Typisch für das Krankheitsbild sind langsam wachsende Geschwüre an den Extremitäten des Körpers. Gegen die Krankheit kann man sich nicht impfen lassen, der einzige wirksame Schutz ist das Verhindern von Stichen – vergleichbar dem allgemeinen Mückenschutz.

Malaria In Costa Rica werden nur noch wenige Malariafälle gemeldet, nur in den ländlichen Gebieten der Provinz Limón kommt es immer wieder zu Ausbrüchen der Krankheit. Malaria wird ebenfalls durch Mückenstiche übertragen, die Insekten sind vor allem in der Dämmerung aktiv. Wer sich nicht länger in der Provinz Limón (nicht mit Puerto Limón zu verwechseln) aufhält, muss keine Malariaprophylaxe betreiben. Am effektivsten ist immer noch der generelle Schutz vor Mückenstichen.

Typhus Tritt bei durch spezielle Salmonellen verseuchtem Wasser oder Lebensmitteln auf und wird meist von Fieber begleitet. Weitere Symptome sind Kopfschmerzen, Unwohlsein, Muskelschmerzen, Schwindel, Appetitlosigkeit, Brechreiz und Bauchschmerzen. Mögliche Komplikationen sind eine Darmperforation, Darmblutungen, Verwirrtheit, Delirium oder (selten) der Fall ins Koma. Eine Impfung gegen Typhus vor der Reise wird unbedingt empfohlen.

Zika-Virus Bei Redaktionsschluss wurde schwangeren Frauen von der Reise nach Costa Rica abgeraten, weil das Virus in Verdacht steht, Mikrozephalie, einen Defekt bei Neugeborenen zu verursachen, der die Ausbildung des Gehirns beeinträchtigt. Das Zika-Virus wird vorwiegend durch Moskitos übertragen, kann aber auch bei Geschlechtsverkehr oder in der Schwangerschaft auf das Ungeborene übertragen werden. Die Symptome sind bei Erwachsenen in der Regel eher schwach; viele Leute merken noch nicht einmal, dass sie das Virus in sich tragen.

LEITUNGSWASSER

- Im Allgemeinen ist das Leitungswasser in Costa Rica trinkbar, allerdings nicht in ländlichen oder schlecht entwickelten Gegenden des Landes. Wer jedoch auf Nummer sicher gehen will, sollte sich Wasser in Flaschen besorgen.
- Wer die Möglichkeit hat, sollte Wasser wenigstens eine Minute lang stark aufkochen, um das Wasser effektiv zu desinfizieren. In Höhen über 2000 m wird empfohlen, es wenigstens drei Minuten lang kochen zu lassen.
- Alternativ lassen sich zur Desinfizierung auch Jodtabletten verwenden: Man gibt eine 2 %-ige Jodlösung auf 1 l Wasser (fünf Tropfen in klares Wasser, 10 Tropfen in trübes Wasser) und lässt es 30 Minuten stehen. Bei kaltem Wasser ist unter Umständen eine etwas längere Einwirkzeit erforderlich.
- Eine weitere Möglichkeit zum Desinfizieren ist die Verwendung eines SteriPen, der die meisten Bakterien, Viren und Protozoen mit Hilfe von UV-Licht zerstört.

Internetzugang

- Seit Smartphones und WLAN in Restaurants und Cafés Einzug gehalten haben, ist die Anzahl von Internetcafés, wie überall, auch in Costa Rica stetig zurückgegangen.
- In Internetcafés in San José und anderen touristischen Städten werden etwa 1 bis 2 US$ pro Stunde fällig.
- WLAN ist in allen Mittelklasse- und Spitzenhotels üblich, aber auch in den meisten preiswerteren Hotels und Hostels wird WLAN angeboten. Einige Hostels verfügen noch über eigene Gästecomputer und/oder WLAN.

Karten & Stadtpläne

Leider sind detaillierte Karten im Land nur schwer zu bekommen. Deshalb sollte man sich vor Antritt der Reise damit eindecken.

- Die hervorragende, wasserfeste *Costa Rica Adventure Map* im Maßstab 1:350 000 von National Geographic enthält auch einen Stadtplan von San José. Sie ist online oder in verschiedenen Buch- und Souvenirläden in San José erhältlich.
- Eine weitere gute Karte ist die im Maßstab 1:330 000 von International Travel Map. Sie ist ebenfalls wasserfest und enthält auch einen Stadtplan von San José.
- Die **Fundación Neotrópica** (☎2253-2130; www.neotropica.org) gibt eine Karte (Maßstab 1:500 000) heraus, die die Nationalparks und andere Schutzgebiete darstellt; sie wird in den Buchläden von San José oder auch über das Internet vertrieben.
- Das Instituto Costarricense de Turismo (ICT, costa-ricanischer Tourismusverband) vertreibt eine Karte des Landes im Maßstab 1:700 000 mit einem Stadtplan des Zentrums von San José (1:12 500) auf der Rückseite. Die Karte ist im ICT-Büro in San José kostenlos erhältlich.

ADDRESSANGABEN?

In einigen größeren Städten haben die Straßen einen eigenen Namen, aber einen Einheimischen zu finden, der den Namen der Straße kennt, in der er gerade steht, ist eher schwierig. Die Costa-Ricaner benutzen stattdessen Orientierungspunkte zur Beschreibung der Richtung. Adressangaben werden in Metern und Himmelsrichtungen zum nächstgelegenen Orientierungspunkt beschrieben („200 m südlich und 150 m östlich der Kirche"). Ein Block in einer Stadt wird als *cien metros* (frei übersetzt 100 m) definiert – 250 *metros al sur* bedeutet also übersetzt „2½ Blocks südlich". Dabei entspricht die genannte Distanz allerdings keineswegs der wirklichen Entfernung! Kirchen, Parks, Gebäude, Fastfood-Läden und Autohändler sind die am meisten verwendeten Landmarken – was aber dem ausländischen Besucher häufig wenig hilft, da er keine Ahnung hat, wo der örtliche Subaru-Händler seinen Laden hat. Doch es kommt noch schlimmer: Häufig beziehen sich die genannten Angaben auf Punkte, die es gar nicht mehr gibt. In San Pedro, einem Vorort von San José, erklären die Einheimischen noch immer den Weg mit Hilfe des *antiguo higuerón*, eines alten Feigenbaums, der inzwischen gar nicht mehr existiert. Verwirrt? Das macht nichts, man gewöhnt sich schnell daran!

- **Maptak** (www.maptak.com) vertreibt Karten von Costa Ricas sieben Provinzen und ihren Hauptstädten.
- In nur wenigen Nationalparkbüros und Rangerstationen gibt es Wanderkarten.
- Das **Instituto Geográfico Nacional** (IGN; ☎2202-0777; 215, Zapote; ⏲Mo–Fr 8.30–15.30 Uhr) in San José bietet topografische Karten zum kaufen an.
- Incafo hat früher die *Mapa-Guía de la Naturaleza Costa Rica* herausgebracht, einen Atlas mit topografischen Karten im Maßstab 1:200 000, darüber hinaus aber auch englische und spanische Beschreibungen der Naturschutzgebiete des Landes. Gebrauchte Exemplare sind über das Internet erhältlich.

Öffnungszeiten

Die folgenden Angaben beziehen sich auf die Hochsaison; in der Zwischen- oder Nebensaison sind die Öffnungszeiten in der Regel kürzer. Sehenswürdigkeiten, Aktivitäten und Restaurants sind im Allgemeinen täglich geöffnet.

Banken Montag bis Freitag 9 bis 16 Uhr, manchmal auch Samstag von 9 bis 12 Uhr

Bars und Clubs 20 bis 2 Uhr nachts

Behörden Montag bis Freitag 8 bis 17 Uhr; über Mittag schließen sie häufig zwischen 11.30 und 13.30 Uhr

Läden Montag bis Samstag 8 bis 18 Uhr

Restaurants 7 bis 21 Uhr; vornehmere Lokale haben manchmal nur abends geöffnet; in entlegenen Gebieten öffnen selbst kleine *sodas* (preiswerte Imbissstände) häufig nur zu bestimmten Essenszeiten

Post

- Kleinere Pakete (unter 2 kg) ins Ausland zu verschicken klappt recht gut. Natürlich muss damit gerechnet werden, dass der Versand eine ganze Weile dauert.
- EMS (Express Mail Service)-Post ist etwas teuer, kann aber zurückverfolgt werden und geht schneller.

Rechtsfragen

- Bei einer Verhaftung kann die Botschaft nur bedingt helfen. Die Botschaftsangehörigen können niemanden aus dem Gefängnis herausholen, da im Land natürlich das costa-ricanische Gesetz und nicht das des eigenen Landes gilt.
- Außer Tabak- und Alkoholkonsum ist der Gebrauch von entspannenden Substanzen in Costa Rica illegal und führt zu Gefängnisstrafen.
- In Costa Rica liegt das Mindestalter für Autofahren und Wählen bei 18 Jahren.
- Bei sexuellen Beziehungen sollte man sich immer bewusst sein, dass möglicherweise die Gesetze des Heimatlandes gelten!

Reisen mit Behinderung

Reisende mit eingeschränkter Mobilität werden es in Costa Rica schwer haben. Auch wenn es ein entsprechendes Gesetz gibt, wird dieses höchstens bei Neubauten bzw. umzubauenden Läden und Büros angewandt, die Umsetzung wird in der Praxis nur selten kontrolliert. Entsprechend wenige Hotels und Restaurants haben rollstuhlgerechte Eingänge und weitere behindertengerechte Einrichtungen. Bei vielen fehlt es an Rampen, die Zimmer- oder Badtüren sind nur selten breit genug für einen Rollstuhl.

Im Freien kämpfen Rollstuhlfahrer mit Straßen und Bürgersteigen voller Schlaglöcher und fehlendem Asphalt. Öffentliche Busse haben keinerlei Vorrichtungen, mit deren Hilfe man mit

Rollstuhl in den Bus gelangt, auch in den Nationalparks und bei den meisten anderen Natursehenswürdigkeiten fehlt es an Wegen, die sich mit Rollstühlen befahren lassen. Erwähnenswerte Ausnahmen davon bilden der Parque Nacional Volcán Poás (S. 116) und die Rainforest-Adventures-Kabinenbahn (S. 157).

Der kostenlose Reiseführer Accessible Travel von Lonely Planet kann von http://lptravel.to/AccessibleTravel heruntergeladen werden.

Schwule & Lesben

In Costa Rica ist die Situation für Schwule und Lesben besser als in den meisten anderen mittelamerikanischen Ländern. Manche Regionen des Landes, vor allem Quepos und der Parque Nacional Manuel Antonio, sind schon seit 20 Jahren schwule Urlaubsziele. Einvernehmliche homosexuelle Handlungen sind legal, und im Jahre 2015 wurde Costa Rica das erste Land in Mittelamerika, das schwule Beziehungen anerkannte. Dennoch tolerieren die meisten Einheimischen Homosexualität nur in dem Stil „nicht fragen, nicht erzählen". Gleichgeschlechtliche Paare geben meist keinen Anlass zu Aufmerksamkeit oder Verärgerung, solange sie ihre Zuneigung nicht öffentlich zur Schau stellen.

Die unbestrittene Hauptstadt für Schwule und Lesben in Costa Rica ist Manuel Antonio; wer sich dort aufhält, nimmt am besten eine Ausgabe der *Playita* (www.gaymanuelantonio.com/playita-magazine.html) mit. Das spanische Magazin *Gente 10* (www.gente10.com) ist in den Schwulenbars von San José erhältlich.

Agua Buena Human Rights Association (☎2280-3548; www.aguabuena.org) Diese erwähnenswerte gemeinnützige Organisation kämpft unentwegt und beharrlich für Fairness bei der medizinischen Betreuung von HIV- bzw. AIDS-Patienten in Costa Rica.

Center of Investigation & Promotion of Human Rights in Central America (CIPAC; ☎2280-7821; www.cipacdh.org) Die führende Schwulenorganisation des Landes.

Toto Tours (☎800-565-1241, in den USA 773-274-8686; www.tototours.com) Auf schwule Reisende spezialisiertes Reisebüro, das regelmäßig Touren nach Costa Rica und zu anderen Zielen anbietet.

Klima

San José

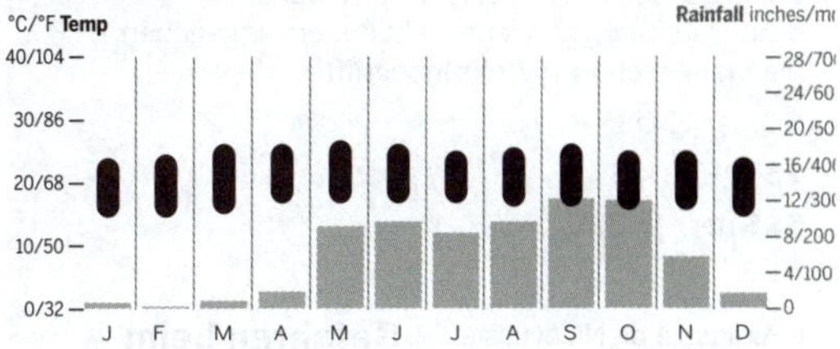

Puerto Limón

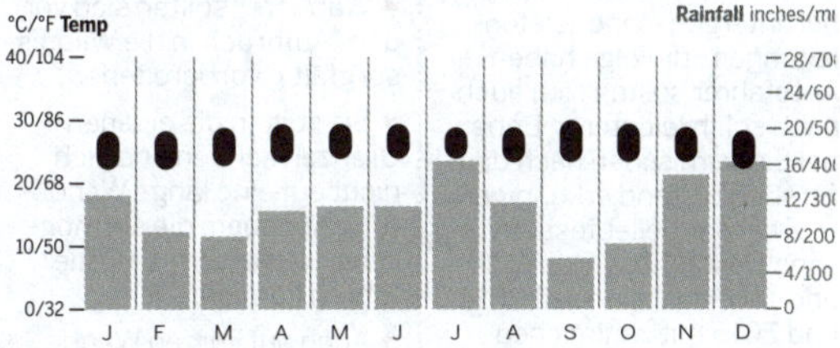

Puntarenas

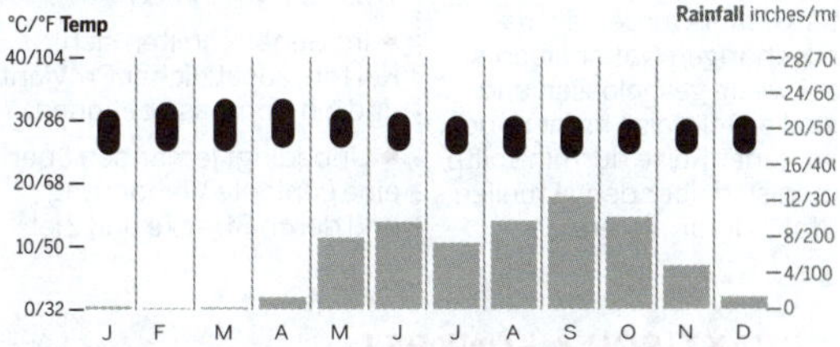

Sicher reisen

Costa Rica ist ein weitgehend sicheres Land, aber Bagatelldelikte (Handtaschendiebstahl, Autoeinbrüche etc.) und Straßenraub sind durchaus verbreitet. Also, immer wachsam sein! Viele Gefahren gehen auch von der Natur des Landes aus: reißende Fluten, Erdbeben und Vulkanausbrüche, um nur einige zu nennen. Raubtiere und giftige Tiere stellen ebenfalls eine Bedrohung dar; daher sollte man auf Dschungelexkursionen immer einen Guide mitnehmen.

Erdbeben & Vulkanausbrüche

Costa Rica liegt am Rand aktiver tektonischer Platten und ist ein Erdbebengebiet. Die letzten großen Beben fanden 1990 (7,1 auf der Richterskala), 1991 (7,4) und 2012 (7,6) statt. Kleinere Erdbeben ereignen sich recht häufig, vor allem auf

RESTAURANTPREISE

Die folgenden Preise beziehen sich auf ein Standard-Hauptgericht. Wenn nicht anders angegeben, ist die Steuer schon im Preis inbegriffen.

**$** unter 10 US$

**$$** 10–15 US$

**$$$** über 15 US$

der Península de Nicoya, sie können dort unter Umständen zerstörte Straßen und heruntergerissene Telefonleitungen zur Folge haben. Autofahrer sollten sich auch nach solch leichteren Beben bei Einheimischen nach dem Straßenzustand erkundigen.

Zwei der beliebtesten Vulkane Costa Ricas, der Poás und Turrialba, sind seit 2014 und 2015 mit zahlreichen Ausbrüchen verschiedener Stärken aktiv. Wegen erhöhter Gefahr wurden die dazugehörigen Nationalparks zeitweilig geschlossen und sind es teilweise immer noch. Vor jeder Reise dorthin sollte man sich über den aktuellen Status informieren.

Gefahren beim Wandern

➡ Wanderer sollten sich vor dem Aufbruch in die Wildnis sorgfältig vorbereiten.

➡ Sie sollten die eigenen Grenzen kennen und sich nicht auf eine lange Wanderung begeben, die sie möglicherweise nicht zu Ende führen können.

➡ Auch auf kurzen Wanderungen immer ausreichend Wasser mitnehmen.

➡ Im Gepäck sollten sich Karten, zusätzlicher Proviant und ein Kompass befinden.

➡ Unbedingt jemanden über eine geplante Wanderung und deren Strecke und Ziel informieren – nur so kann das Gebiet im Falle einer Suche eingegrenzt werden.

➡ Costa Ricas wild lebende Tiere können eine Gefahr für Wanderer darstellen – das gilt insbesondere für die Tiere im Parque Nacional Corcovado.

Gefährliche Strömungen

Jährlich ertrinken über 100 Personen in den Gewässern rund um Costa Rica, die Mehrzahl von ihnen wegen Rip-Strömungen (starke Strömungen, die die Schwimmer in verschiedenste Richtungen mitreißen). Viele sterben in den starken Strömungen, weil sie panisch bis zur Erschöpfung dagegen anschwimmen. Wer in eine solche Strömung gerät, sollte nicht dagegen ankämpfen, sondern parallel zum Strand schwimmen, bis die Strömung sich auflöst. Alternativ kann man sich auch treiben lassen, bis die Strömung nachlässt und dann parallel zum Ufer schwimmen und dort, wo keine Strömung herrscht, wieder an Land zurückkehren.

Diebstähle & Überfälle

Die größte Gefahr für die meisten Reisenden besteht darin, Opfer eines Diebstahls zu werden, meist durch Taschendiebe, aber auch, wenn man Wertgegenstände im Auto zurücklässt. Da es viel Kleinkriminalität in Costa Rica gibt, sollte man jederzeit wachsam sein und seine persönlichen Habseligkeiten niemals unbeaufsichtigt lassen.

PRAKTISCH & KONKRET

Medien

La Nación (www.nacion.com) Tageszeitung in spanischer Sprache.

La Prensa Libre (www.laprensalibre.cr) Dies ist seit 1889 die älteste, durchgehend erscheinende Tageszeitung des Landes.

Tico Times (www.ticotimes.net) Costa Ricas Online-Zeitung auf Englisch. Sie ist sehr gut, aber die Nachrichten und Kommentare sind oft auf die Interessen der ständig in Costa Rica lebenden Ausländer zugeschnitten.

Costa Rican Times (www.costaricantimes.com) Diese neue Online-Zeitung in englischer Sprache ist auf die Ereignisse in Costa Rica fokussiert, druckt aber auch internationale Nachrichten.

DVDs DVDs in Costa Rica sind für die Region 4 codiert.

Maße & Gewichte

Bei Gewichten, Entfernungen und Maßeinheiten gilt das metrische System.

Sprachkurse

➡ Sprachschulen, die Spanischkurse anbieten, finden sich im ganzen Land; sie rechnen in der Regel nach Stunden ab. .

➡ Ein besonders umfangreiches und vielfältiges Kursangebot gibt es im Zentrum von San José, in der Vorstadt San Pedro und auch im Valle Central.

➡ Es empfiehlt sich, die Kurse bereits im Vorfeld zu organisieren und zu buchen; eine gute Adresse ist das **Institute for Spanish Language Studies** (ISLS; ☎505-404-0736, in den USA 866-391-0394; www.isls.com), das acht Schulen in Costa Rica betreibt.

Strom

Telefon

➡ Inzwischen gibt es in den meisten Landesteilen, auf jeden Fall aber in den touristischen Regionen, ausreichend guten Handyempfang.

➡ Öffentliche Telefone sind im ganzen Land zu finden, die Chip- oder Colibrí-Telefonkarten gibt es im Wert von 1000, 2000 und 3000 Colónes.

➡ Die Chip-Karten werden ins Telefon eingelegt. Für die Verwendung der Kolibri-Karte, die weiter verbreitet ist als die anderen, muss man eine kostenlose Nummer (199) anrufen und dann einen Zugangscode eingeben. Entsprechende Erläuterungen gibt es auf Englisch und Spanisch.

➡ Die günstigsten internationalen Telefonate lassen sich am besten mithilfe einer Telefonkarte führen. Um eine Nummer im Ausland zu erreichen, muss man die 00 und dann den Landescode (Deutschland 49, Österreich 43, Schweiz 41) wählen, danach die Ortsvorwahl und zum Schluss wie gewohnt die Teilnehmernummer.

➡ Bei den Münztelefonen im Land ist es nicht möglich, sich aus dem Ausland anrufen zu lassen.

➡ Wer aus dem Ausland in Costa Rica anrufen möchte, der wählt die 00506 und anschließend die achtstellige Telefonnummer des gewünschten Teilnehmers.

➡ Dank kostenloser Internettelefondienste wie Skype und immer besserer Verbindungen ist die Reise mit einem eigenen Laptop und Kopfhörer wohl der beste und einfachste Weg, kostengünstig ins Ausland zu telefonieren.

Toiletten

➡ Öffentliche Toiletten findet man nur selten, die meisten Restaurants und Cafés erlauben aber auch Nicht-Kunden, ihre Toiletten gegen eine kleine Gebühr (max. 500 Colones) zu benutzen.

➡ Busbahnhöfe und andere öffentliche Gebäude haben ebenfalls Toiletten, auch hier wird ein kleiner Obolus verlangt.

➡ Auf keinen Fall das Toilettenpapier hinunterspülen, die Leitungen sind in keinem guten Zustand und der Wasserdruck ist sehr gering. Zur Entsorgung des benutzten Toilettenpapiers stehen daher Eimer bereit.

Touristeninformationen

➡ Der regierungseigene Tourismusverband ist das ICT (www.ict.go.cr/en), das ein Büro in der Hauptstadt unterhält. Die Mitarbeiter sprechen Englisch.

➡ Das ICT verteilt kostenlose Karten, einen General-Busfahrplan, einen Flyer mit aktuellen Notrufnummern für jede Region und kann über den Straßenzustand im Landesinneren Auskunft geben.

➡ Weitere hilfreiche Infos gibt die englischsprachige Website des ICT.

Unterkunft

Unterkünfte gibt es in allen Preiskategorien und jeder Ausstattung; die Bandbreite reicht von luxuriösen Öko-Lodges und glitzernden All-inclusive-Ferienanlagen bis hin zu Backpacker-Palästen und spartanischen Zimmern, die nicht viel mehr bieten als ein Bett und vier Betonziegelwände. Angesichts der großen Zahl an Zimmern ist es nicht zwingend notwendig, im Voraus zu buchen.

STAATLICHE REISEHINWEISE

Die folgenden Regierungswebsites geben Reisehinweise und -warnungen zu aktuellen Hotspots.

Deutschland, Auswärtiges Amt (www.auswaertiges-amt.de/de)

Österreich (www.bmeia.gv.at/reise-aufenthalt/reiseinformation/laender)

Schweiz (www.eda.admin.ch/eda/de/home/vertretungen-und-reisehinweise.html)

US State Department (http://travel.state.gov)

Beachtenswert ist, dass der Begriff *cabina* (Hütte) ein Sammelbegriff ist, der eine ganze Bandbreite an Preislagen und Annehmlichkeiten bezeichnet, von sehr rustikal bis sehr teuer.

Buchungen

Costa Rica Innkeepers Association (www.costaricainnkeepers.com) Eine gemeinnützige Gesellschaft von B&Bs, kleinen Hotels, Lodges und Gasthäusern.

Escape Villas (www.villascostarica.com) Gehobene Unterkünfte in ganz Costa Rica, aber besonders in der Nähe des Parque Nacional Manuel Antonio; geeignet für Familien und Flitterwochenurlauber, die sich nach Luxus sehnen.

Lonely Planet (www.lonelyplanet.com/costa-rica/hotels) Empfehlungen und Buchungsservice.

Apartments & Villen

In den letzten Jahren ist die Zahl an längerfristig vermieteten Apartments extrem gestiegen. Apartments sind für Familien ideal, da sie in der Regel mit einer Küche und mehreren Schlafzimmern ausgestattet sind. In vielen Strandorten werden Ferienhäuser und -apartments pro Woche, Monat oder länger vermietet; manche sind auch an größere Resorts angeschlossen, stellen Strandspielzeug und andere Annehmlichkeiten zur Verfügung. Viele Restaurants bieten mittlerweile auch Fremdenzimmer an, die teilweise erstaunlich hübsch sind.

B&Bs

In der Regel rangieren B&Bs in Costa Rica meist als mittel- oder erstklassige Unterkünfte, die oft von ortsansässigen Europäern oder Nordamerikanern geführt werden. B&Bs finden sich beispielsweise in der *Tico Times*. Viele Eigentümer preisen ihre Häuser mittlerweile zum Ärger der steuerpflichtigen Hoteliers auf airbnb.com an.

Hostels

Auch wenn es noch eine Handvoll Hostels von Hostelling International (HI) in Costa Rica gibt, wird die Backbacker-Szene immer exklusiver; die Ära der „Resort-Hostels" mit Bars, Pools und Unterhaltungszentren ist in vollem Gange. Verglichen mit anderen mittelamerikanischen Ländern sind die Hostels in Costa Rica eher teuer, allerdings suchen die Leistungen und die Qualität der Häuser ihresgleichen. Für ein Schlafsaalbett muss man mit 10 bis 15 US$ rechnen.

Hotels

Es ist durchaus üblich, sich in einem Hotel zunächst die Zimmer und Bäder zeigen zu lassen und sich erst dann für das Haus zu entscheiden; das gilt insbesondere für die preiswerten Unterkünfte. Die Zimmerausstattung innerhalb eines Hauses kann sehr unterschiedlich ausfallen.

- Einige teurere Hotels verlangen eine Bestätigung der Buchung durch eine Kreditkarte. Man sollte dabei jedoch bedenken, dass einige Spitzenhotels bei der Reservierung eine Vorauszahlung von 50 bis 100 % verlangen. Diese Regelung wird jedoch nicht immer deutlich kundgetan.
- In den meisten Fällen kann eine Reservierung auch wieder storniert werden, auch die schon geleistete Anzahlung lässt sich mit genügend Nachdruck zurückfordern. Bevor man bucht, lohnt es sich, genau nach den Stornobedingungen zu fragen. Reservieren ist meist einfacher als stornieren.
- Viele Hotels verlangen hohe Gebühren bei der Zahlung mit Kreditkarte.
- Hotels faxen oder mailen in der Regel eine Bestätigung der Reservierung. Hotels werden häufig überbucht – wer keine Bestätigung hat, bekommt möglicherweise kein Zimmer.
- Um mit den Online-Buchungen mithalten zu können, bieten einige Hotels bei Direktbuchung oder Barzahlung einen Preisnachlass.

Zelten

- Das Zelten ist an der costa-ricanischen Küste grundsätzlich verboten, wird aber häufig toleriert. Viele

UNTERKÜNFTE ONLINE BUCHEN

Weitere Vorschläge für Unterkünfte durch Autoren von Lonely Planet findet man auf http://lonelyplanet.com/hotels/. Hier gibt es neutrale Beschreibungen, aber auch Vorschläge für die besten Übernachtungshäuser. Alle genannten Einrichtungen können online gebucht werden.

einheimische Familien zelten während ihrer Ferien am Strand.

➡ Die meisten Ferienorte haben zumindest einen Campingplatz, viele günstige Hotels außerhalb von San José erlauben auch das Zelten auf ihren Grundstücken. Sie bieten ihren Gästen einfache Toiletten, kalte Duschen und eine bescheidene Infrastruktur (Waschbecken und Grillmöglichkeit), häufig muss man dafür aber beengte Verhältnisse und Lärm in Kauf nehmen.

➡ In den meisten Nationalparks sind die Zeltplätze hervorragend ausgestattet, sehr sauber und mit Personal besetzt. Meist muss man seine Lebensmittel komplett selbst mitbringen und beim Verlassen seinen Müll wieder mitnehmen.

➡ Problematisch ist das Thema Diebstahl; also keine Wertsachen unbeaufsichtigt im Zelt zurücklassen. Am besten in Gruppen zelten.

➡ Auf keinen Fall sollte man in der Nähe von Flussufern zelten, denn hier besteht die Gefahr von Überflutungen, außerdem leben viele Schlangen in der Nähe des Wassers.

➡ Generell werden ein Moskitonetz und Mückenschutzmittel benötigt.

Preiskategorien & Unterkünfte

Die angegebenen Preise beziehen sich auf die Hochsaison (Trockenzeit), in der Regel also von Dezember bis April. Zahlreiche Unterkünfte senken ihre Preise in der Nebensaison (Regenzeit), also von Mai bis November. Die Preise verändern sich schnell, und viele Hotels geben ihre Preise eher pro Person als pro Zimmer an – also die Preisangaben immer im Voraus sorgfältig studieren. In der Weihnachtszeit, an Neujahr und während der Karwoche vor Ostern (Semana Santa) gibt es meistens einen Aufpreis.

ÜBERNACHTUNGSPREISE

Die folgenden Preise beziehen sich auf ein Standard-Doppelzimmer mit Bad in der Hauptsaison. Wenn nicht anders angegeben, ist schon eine kombinierte Touristen- und Verkaufssteuer von 13 % im Preis inbegriffen.

**$** unter 50 US$

**$$** 50–100 US$

**$$$** über 100 US$

Die Hotelpreise werden in Costa Rica bevorzugt in US-Dollar angegeben. Natürlich werden überall auch Colones akzeptiert und in der Regel zum aktuellen Kurs ohne zusätzliche Gebühren umgetauscht. Bei Kreditkartenzahlung wird manchmal ein Aufpreis verlangt.

BUDGETUNTERKÜNFTE

➡ Budgetunterkünfte sind sehr gefragt und müssen in der Hauptsaison frühzeitig reserviert werden. Die günstigsten Zimmer haben generell Gemeinschaftsbäder, aber es ist durchaus möglich, ein Doppelzimmer mit eigenem Bad für 25 US$ in den Städten außerhalb der touristischen Hauptrouten zu erwischen.

➡ Am oberen Ende der Skala rangieren die Zimmer mit Ventilator und Bad mit heißem Wasser. Heißes Wasser in den Duschen wird häufig über elektrische Duschköpfe (besser nicht berühren!) erzeugt, die sogar auch dann noch warmes Wasser liefern, wenn der Wasserdruck in der Leitung gering ist.

➡ Die meisten preiswerten Hotels bieten ihren Gästen ein paar zusätzliche Annehmlichkeiten wie Klimaanlage und Fernseher, die eigentlich erst in der mittleren Preiskategorie zum Standard gehören.

➡ Immer häufiger ist auch in den günstigen Unterkünften WLAN zu finden, vor allem in den bekannten touristischen Regionen, allerdings manchmal ausschließlich am Empfang.

MITTELKLASSEHOTELS

➡ Die Zimmer dieser Preiskategorie sind deutlich komfortabler als die günstigen: So hat man in der Regel ein eigenes Bad mit warmem Wasser (über eine Gastherme erhitzt), die Wahl zwischen Ventilator oder Klimaanlage und Kabel- bzw. Satelliten-TV.

➡ Zahlreiche Mittelklassehotels bieten Internetzugang über WLAN an, wenn auch manchmal nur in beschränkten Räumlichkeiten wie etwa an der Rezeption oder im Büro.

➡ Viele Mittelklassehotels organisieren Ausflugsfahrten, verfügen über ein eigenes Restaurant oder eine Bar sowie einen Pool oder einen Jacuzzi.

➡ Hotels dieser Preisklasse bieten in ihren Zimmern oft eine Küchenzeile oder gar eine voll eingerichtete Küche. Bei manchen ist auch ein Frühstück im Preis inbegriffen.

SPITZENKLASSEHOTELS

➡ Am oberen Ende der Preisskala finden sich viele Öko-Lodges, All-inclusive-Ferienanlagen, Business- und Kettenhotels sowie ein ganzes Netz an kleinen Boutiquehotels, abgelegenen Dschungelcamps und teuren B&Bs.

➡ Die teuren Unterkünfte des Landes haben den gleichen Qualitäts- und Servicestandard wie vergleichbare Hotels in Europa.

➡ Die Mitarbeiter dieser Häuser sprechen in der Regel Englisch.

SEXTOURISMUS

Schon bei der Gepäckausgabe am internationalen Flughafen von San José wird man mit einer großen Hinweistafel empfangen, auf der Folgendes zu lesen steht: „In Costa Rica ist Sex mit Kindern unter 18 Jahren ein schweres Verbrechen. Wer sich darauf einlässt, wird mit einem Gefängnisaufenthalt bestraft." Jahrzehntelang kamen Reisende vor allem auf der Suche nach Sandstränden und grünen Berglandschaften, eine nicht bekannte Zahl an Touristen aber auch auf der Suche nach Sex – der nicht immer legal ist.

Prostitution von Männern und Frauen über 18 Jahren ist legal. Doch gleichzeitig gibt es auch Kinderprostitution und Menschenhandel. Damit keiner sagen kann, er habe es nicht gewusst: Sex mit Minderjährigen wird in Costa Rica mit bis zu zehn Jahren Gefängnis bestraft! Aber das Geschäft mit der Kinderprostitution hat sich dennoch ausgeweitet. Viele Hilfsorganisationen und die nationale Kinderhilfsorganisation (Patronato Nacional de la Infancia; PANI) schätzen, dass es allein in San José mehr als 3000 Kinderprostituierte gibt. Anders ausgedrückt: Es gibt Frauen und Kinder, die zur Prostitution gezwungen werden, was z. B. in einem Report des US State Department für 2008 dokumentiert ist.

Seit 1999 wird immer wieder Alarm geschlagen; damals gab das UN Committee on Human Rights eine Erklärung heraus, in der es sein tiefes Bedauern über den Kindersextourismus in Costa Rica zum Ausdruck brachte. Seit damals hat die Regierung eine Reihe von Maßnahmen eingeleitet, um die Zahl der Betroffenen zu verkleinern. So wurden nationale Task-Forces eingesetzt, die das Problem bekämpfen sollen, und die Polizei hat gelernt, wie man sich in Fällen von Kinderprostitution verhalten soll. Die Erfolge blieben bisher aus; Hauptgrund dafür ist der Mangel an Geld und Personal. Immerhin haben die USA, deren Bürger vor allem für den Sextourismus in Costa Rica verantwortlich sind, per Gesetz Sex mit Minderjährigen – wo auch immer auf der Welt – unter Strafe gestellt.

Es gibt unzählige Versuche, das Problem zu bekämpfen. Der Tourismus ist die wichtigste Einnahmequelle des Landes – und leider gleichzeitig auch das Problem. Viele Ausländer besuchen Costa Rica mittlerweile ausschließlich auf der Suche nach einschlägigen Abenteuern. Zusammen mit Thailand und Kambodscha zählt Costa Rica zu den beliebtesten Zielen von Sextouristen weltweit – so steht es in den Berichten von Ecpat International, einer Non-Profit-Organisation, die der Kinderprostitution ein Ende setzen will. Das Internet hat das Problem leider verschärft und auf vielen Sex-Internetseiten spielt Costa Rica eine prominente Rolle.

Verschiedene Organisationen kämpfen gegen die sexuelle Ausbeutung von Kindern; wer sie dabei unterstützen will oder einen Vorfall melden möchte, kann mit ihnen Kontakt aufnehmen. Gute Informationsquellen zu dem Problem und Möglichkeiten der Kontaktaufnahme, wenn man Vorfälle melden will, sind die Websites von Ecpat International (www.ecpat.org) und Cybertipline (www.cybertipline.com).

- Viele dieser gehobenen Unterkünfte bieten ihren Gästen diverse Annehmlichkeiten wie z. B. Badewannen und warmes Wasser, Jacuzzis, eigene Terrassen, Satelliten-TV, Klimaanlagen, einen Conciergedienst, Ausflugsfahrten sowie Wellness-Anwendungen.
- Als typisch costa-ricanisches Frühstück wird *gallo pinto*, gebratener Reis und Bohnen, serviert. Dieses landesübliche Frühstück wird in der Regel zusätzlich mit Eiern, Käse und Sauerrahm (*natilla*) gereicht. Es wird aber alternativ auch nahezu überall ein kontinentales Frühstück im tropischen Stil angeboten.

Versicherungen

Es ist absolut wichtig, dass Reisende vor Antritt der Reise nach Costa Rica die richtigen Versicherungen abgeschlossen haben. Das Grundpaket einer Reiseversicherung deckt meist die medizinische Versorgung, den Verlust des Gepäcks, Stornierungsgebühren, Unfälle und eine Privathaftpflicht ab. Manchmal ist es jedoch sinnvoll, etwas mehr zu investieren, um etwa Naturkatastrophen einzubeziehen. Wer Abenteuersport betreiben will, sollte darauf achten, dass dieser ebenfalls durch die Police abgedeckt ist; Taucher sind oft nur bis zu einer gewissen Tauchtiefe versichert.

Weltweit gültige Reiseversicherungen können unter www.lonelyplanet.com/travel-insurance abgeschlossen werden. Man kann sie jederzeit abschließen, erweitern oder auch Ansprüche geltend machen – sogar noch nach Antritt der Reise.

Visum

Bürger aus Deutschland, Österreich und der Schweiz dürfen mit einem gültigen Pass ohne Visum 90 Tage im Land bleiben.

Die meisten anderen Besucher benötigen ein Visum von einer costa-ricanischen Botschaft oder einem entsprechenden Konsulat.

Neueste Infos zum Thema Visa finden sich auf der Website des ICT (www.ict.go.cr/en) oder der costa-ricanischen Botschaft (www.costarica-embassy.org).

Visaverlängerungen

➡ Wer länger als die erlaubten 30 oder 90 Tage im Land bleiben möchte, sollte sich auf einen zeitintensiven Behördengang einstellen. Daher ist es meist einfacher, das Land für 72 Stunden zu verlassen und dann erneut einzureisen.

➡ Verlängerungen werden von der Einwanderungsbehörde **Migración** (☎ in Juan Santamaria International Airport 2299-8001, in Puerto Limón 2798-2097, in Puntarenas 2661-1445, in San José 2299-8100; www.migracion.go.cr) bearbeitet.

➡ Für die Ausstellung der nötigen Papiere sollte man einige Arbeitstage einplanen.

Zeit

Costa Rica ist im Verhältnis zur Mitteleuropäischen Zeit sieben Stunden, zur Mitteleuropäischen Sommerzeit acht Stunden zurück. Eine Umstellung auf Sommerzeit gibt es nicht.

Zoll

➡ Alle Reisenden, die älter sind als 18 Jahre, dürfen 5 l Wein oder Spirituosen und 500 g verarbeiteten Tabak (rund 400 Zigaretten oder 50 Zigarren) ins Land bringen.

➡ Kameraausrüstung, Ferngläser sowie Campingutensilien, Schnorchel- und andere Sportausrüstungen können ohne Probleme eingeführt werden.

➡ Für Hunde und Katzen werden eine Gesundheitsbescheinigung und der Nachweis einer Tollwutimpfung benötigt.

➡ Pornografie und Drogen sind verboten.

Verkehrsmittel & -wege

AN- & WEITERREISE

Costa Rica wird häufig und auf direktem Weg aus dem Ausland angeflogen, darunter aus den USA, Kanada und aus anderen mittelamerikanischen Ländern. Von Panama oder Nicaragua aus kann man auch auf dem Landweg einreisen. Flüge, Autos und Touren können online auf lonelyplanet.com/bookings gebucht werden.

Einreise

- Einmal abgesehen von den langen Schlangen am Flughafen gestaltet sich die Einreise nach Costa Rica in aller Regel vollkommen stressfrei.
- Die Mehrzahl der Urlauber reist auf dem Luftweg ein. Die allermeisten internationalen Flüge werden über den Aeropuerto Internacional Juan Santamaría, der außerhalb von San José liegt, abgewickelt.
- Liberia ist ein internationaler Flughafen mit stetig wachsender Bedeutung; diese Stadt in der Provinz Guanacaste ist vor allem für

KLIMAWANDEL & REISEN

Der Klimawandel stellt eine ernste Bedrohung für unsere Ökosysteme dar. Zu diesem Problem tragen Flugreisen immer stärker bei. Lonely Planet sieht im Reisen grundsätzlich einen Gewinn, ist sich aber der Tatsache bewusst, dass jeder seinen Teil dazu beitragen muss, die globale Erwärmung zu verringern.

Fliegen & Klimawandel

Fast jede Art der motorisierten Fortbewegung erzeugt CO_2 (die Hauptursache für die globale Erwärmung), doch Flugzeuge sind mit Abstand die schlimmsten Klimakiller – nicht nur wegen der großen Entfernungen und der entsprechend großen CO_2-Mengen, sondern auch, weil sie diese Treibhausgase direkt in den hohen Schichten der Atmosphäre freisetzen. Die Zahlen sind erschreckend: Zwei Personen, die von Europa in die USA und wieder zurück fliegen, erhöhen den Treibhauseffekt in demselben Maße wie ein durchschnittlicher Haushalt in einem ganzen Jahr.

Emissionsausgleich

Die englische Website www.climatecare.org und die deutsche Internetseite www.atmosfair.de bieten sogenannte CO_2-Rechner. Damit kann jeder ermitteln, wie viel Treibhausgase seine Reise produziert. Das Programm errechnet den zum Ausgleich erforderlichen Betrag, mit dem Reisende nachhaltige Projekte zur Reduzierung der globalen Erwärmung unterstützen können, beispielsweise Projekte in Indien, Honduras, Kasachstan und Uganda.

Lonely Planet unterstützt gemeinsam mit Rough Guides und anderen Partnern aus der Reisebranche das CO_2-Ausgleichsprogramm von climatecare.org.

Alle Reisen von Mitarbeitern und Autoren von Lonely Planet werden ausgeglichen. Auf der Homepage des Verlages – www.lonelyplanet.com – gibt es weitere Informationen zu diesem Thema.

Reisende interessant, die auf die Península de Nicoya reisen wollen.

➡ Auch die Einreise nach Costa Rica auf dem Landweg (S. 584) ist völlig unkompliziert: Sowohl von Panama im Süden als auch aus Nicaragua im Norden kann man problemlos nach Costa Rica einreisen.

➡ Deutsche, österreichische und Schweizer Staatsbürger können bis zu 90 Tage visafrei mit Reisepass im Land bleiben.

Pässe

➡ Bürger aller Herkunftsländer müssen bei der Einreise nach Costa Rica einen Reisepass vorlegen, der nach Abschluss der Reise noch mindestens sechs Monate gültig ist.

➡ Urlauber sind gesetzlich verpflichtet, den Pass während des gesamten Aufenthalts immer bei sich zu tragen; auch beim Autofahren muss der Reisepass immer griffbereit sein, Kontrollen finden allerdings nur selten statt.

Weiterreiseticket

➡ Offiziell benötigen Urlauber ein Weiterreiseticket, um überhaupt nach Costa Rica einreisen zu dürfen. Allerdings wird man selten aufgefordert, es auch wirklich vorzuweisen.

➡ Wer auf dem Landweg ankommt, kann ein entsprechendes Ticket bei den internationalen Busgesellschaften in Managua, Nicaragua bzw. in Panama City (Panama) kaufen.

Flugzeug

Costa Rica ist auf dem Luftweg gut an andere mittel- und südamerikanische Länder angebunden. Gleiches gilt für Flüge in die USA oder aus den USA. Auch von Europa aus ist Costa Rica mit dem Flugzeug sehr gut zu erreichen.

ABFLUGSTEUER

➡ Beim Abflug aller internationalen Flüge wird eine Abflugsteuer von 29 US$ erhoben, die in Dollar oder Colones bezahlt werden muss. Bei den meisten Fluggesellschaften ist diese Steuer heutzutage schon im Ticketpreis inbegriffen.

➡ An den Flughäfen Juan Santamaría und Liberia kann diese Steuer bar oder mit Kreditkarte bezahlt werden. Die Banco de Costa Rica hat einen Geldautomaten neben dem Schalter stehen. Kreditkartenzahlungen werden als Barzahlungen abgewickelt, sodass häufig hohe Gebühren entstehen.

➡ Die Sicherheitsleute lassen niemanden passieren, der diese Steuer nicht entrichtet hat (manchmal ist sie bereits im Flugticket enthalten).

Flughäfen & Fluglinien

Aeropuerto Internacional Juan Santamaría (☎2437-2400; www.fly2sanjose.com) Hier kommen internationale Flüge an. Der Flughafen liegt 17 km nordwestlich von San José in der Stadt Alajuela.

Aeropuerto Internacional Daniel Oduber Quirós (LIR; www.liberiacostaricaairport.net) Diesem Flughafen, der sich in der Stadt Liberia befindet, kommt eine immer größere Bedeutung zu. Er wird ebenfalls aus dem Ausland angeflogen und zwar aus den USA, den mittel- und südamerikanischen Ländern und aus Kanada. Es gibt hier eine Reihe amerikanischer und kanadischer Airlines sowie einige Charterflüge ab London und Flüge von Panama und Nicaragua.

Avianca (Teil der mittelamerikanischen Fluglinienunternehmensgruppe Grupo TACA; www.avianca.com). Diese kolumbianische Airline gilt als nationale Fluglinie Costa Ricas und bietet Flüge in die USA und nach Lateinamerika, inklusive nach Kuba an.

Tickets

➡ Die Preise für Flugtickets sind während der Hauptsaison von Dezember bis April deutlich teurer. Die höchsten Preise werden in den Monaten Dezember und Januar verlangt.

NACH/VON MITTELAMERIKA

➡ **American Airlines** (www.aa.com), **Delta** (www.delta.com) und **United** (www.united.com) bieten von vielen mittel- und südamerikanischen Ländern aus Flüge nach Costa Rica an. Avianca hat in der Regel die meisten Flüge im Angebot.

➡ **Nature Air** (www.natureair.com) fliegt von Liberia nach Managua (Nicaragua). Die Preise hängen sehr von der Saison und der Verfügbarkeit ab.

➡ **Avianca** bietet Direktflüge nach Caracas (Venezuela), Guatemala City (Guatemala), Panama City (Panama) und San Salvador (El Salvador). TACA und Mexicana fliegen täglich nach Mexico City, COPA mehrmals täglich nach Panama-Stadt. Die Preise richten sich nach Saison und Verfügbarkeit.

ANDERE LÄNDER

➡ Die meisten Touristen kommen mit Flügen über Houston, Miami oder New York ins Land.

➡ Aus dem Vereinigten Königreich wird Costa Rica von British Airways und Virgin angeflogen, in der Regel mit wenigstens einem Zwischenstopp.

➡ Die Mehrzahl aller Flüge aus Europa und dem Vereinigten Königreich fliegt via USA, Mexico City oder Toronto. In der Regenzeit (und damit der Nebensaison) sind Flüge von Europa nach Costa Rica trotzdem teuer, weil dann in Europa Hochsaison herrscht.

Auf dem Landweg

Grenzübergänge

Costa Rica grenzt an Nicaragua und Panama; wer aus diesen Ländern einreist, muss keine Gebühr zahlen. Reisende aus bestimmten Ländern benötigen unter Umständen jedoch ein Visum (S. 581). Es gibt auch Berichte , wonach einzelne Grenzstädte ihre eigenen Aus- bzw. Einreisegebühren erheben, in der Regel etwa 1 US$.

NICARAGUA

2015 wurde ein Grenzübergang eröffnet, der Los Chiles (Nicaragua) und Las Tablillas (Costa Rica) verbindet. Eine Brücke führt unmittelbar nördlich der Grenze zu Nicaragua über den Río San Juan.

➡ Der Übergang **Los Chiles–Las Tablillas** (✆2471-1233) ist täglich von 8 bis 16 Uhr geöffnet .

➡ Es fahren stündlich Busse von Los Chiles nach Las Tablillas (1 US$, 15 Minuten) und umgekehrt. Es gibt auch direkte Busverbindungen von San José und Ciudad Quesada (San Carlos).

➡ Bei der Ausreise aus Costa Rica ist eine Gebühr von 7 US$ fällig, die nur mit Kredit- oder Debitkarte (nicht in bar) gezahlt werden kann.

➡ Nach dem Grenzübertritt geht man zur Einreisebehörde von Nicaragua. Hier wird eine Einreisegebühr von 12 US$ fällig, die in US-Dollar oder Cordobas zu zahlen ist.

➡ Wer die Einreisebehörde passiert hat, nimmt entweder ein Boot flussaufwärts oder steigt in einen Bus oder ein *collectivo* (Sammeltransportmittel) nach San Carlos (etwa 2,50 US$, 30 Min.).

➡ Man kann diese Grenze noch immer auch mit dem Schiff oder Boot passieren. Das geht zwar langsamer, macht aber mehr Spaß. Es gibt keinen geregelten Fahrplan; die Schiffe legen in Los Chiles bei genügend Nachfrage ab. Der Fahrpreis beträgt 10 bis 15 US$ pro Person. Wenn man es eilig hat, kann man etwas drauflegen, damit das Schiff eher ablegt. Auf diese Weise vermeidet man die auf dem Landweg anfallende Ausreisegebühr von Costa Rica, aber dennoch werden noch 12 US$ für die Einreise nach Nicaragua verlangt.

➡ Wer aus Nicaragua in Costa Rica einreist, wird auf drei Warteschlangen in Nicaragua treffen: eine zum Bezahlen (hierher sollte man sich zuerst begeben und die 3 US$ Kommunalsteuer/ Ausreisesteuer entrichten), eine für die Einreise selbst und eine für die Ausreise. Weil der Grenzübergang Sapoá–Peñas Blancas an der Interamericana liegt, wird er sehr stark frequentiert.

➡ Die **Grenzstation Sapoá–Peñas Blancas** (✆2677-0230) ist von 18 bis 22 Uhr geöffnet.

➡ Dies ist offiziell der einzige Grenzübergang zwischen Nicaragua und Costa Rica, der mit dem Auto passierbar ist.

➡ Die Wartezeit an dieser Grenze kann mehrere Stunden betragen. Mindestens eine Stunde sollte man immer einplanen.

➡ Mit einem Mietwagen kann man nicht nach Nicaragua einreisen, man kann das Auto jedoch am Zollbüro stehen lassen, wenn man sich nur kurz im Land aufhalten will – das kostet dann 10 US$ pro Tag, und das Auto ist zumindest bewacht. Dennoch keine Wertsachen im Wagen lassen!

➡ Wer die Grenze von Costa Rica aus überquert, muss eine Ausreisesteuer von 7 US$ (mit Kredit- oder Bankkarte) und dann noch 2 US$ Kommunalsteuer bezahlen (in Dollar; Colones werden nicht akzeptiert – also etwas Bargeld in kleinen Scheinen dabei haben).

➡ Nach einigen hundert Metern zahlt man dann zur Einreise nach Nicaragua noch einmal; nämlich 7 US$. Der Reisepass sollte griffbereit, aber dennoch sicher verstaut sein – die Beamten beider Länder wollen ihn meist sehen.

➡ Niemals sollte man für irgendwelche Zollformulare bezahlen; das ist eine Betrugsmasche. Die Formblätter sind kostenlos, aber einen Stift dabei zu haben, spart die möglicherweise umständliche Suche nach jemandem, der einen ausborgen kann. Wie an jedem Grenzübergang gibt es auch hier zwielichtige Personen, die sich als Tourguides oder Ähnliches ausgeben. Immer gut auf das eigene Gepäck achten!

➡ Nach dem Grenzübertritt fährt man mit einem nicaraguanischen Bus oder Taxi ins 30 Minuten entfernte Rivas (die Busfahrt kostet etwa 1 US$), dem wichtigsten Verkehrsknotenpunkt zur Weiterfahrt in andere Orte Nicaraguas. Man kann auch ein Taxi nach San Juan del Sur (25 US$, 30 Min.) nehmen. Zur Zeit der Recherchen zu diesem Reiseführer wurde gerade eine neue Straße in diesen nicaraguanischen Strandort geteert.

➡ Theoretisch muss man sich nach Ablauf der Aufenthaltsdauer von 90 Tagen in Costa Rica drei Tage in Nicaragua aufhalten, bevor man wieder nach Costa Rica zurückreisen darf, aber in der Praxis bleiben viele Fremde (z. B. Ausländer, die dauerhaft in Costa Rica leben, aber keine eigene Bleibe haben) nur drei Stunden dort. Bei der Wiedereinreise nach Costa Rica zahlt man dann eine Kommunalabgabe/ Ausreisesteuer von 3 US$. Die Beamten Costa Ricas fragen oft nach der geplanten Aufenthaltsdauer und stellen daraufhin das entsprechende Visum aus (60 oder 90 Tage). Wichtig ist jedoch, dass man ein Rückflugticket nach Hause oder raus aus dem Land hat, das mit einem Datum innerhalb der nächsten 90 Tage versehen ist.

➡ **Tica Bus** (☎2296-9788, in Nicaragua 2298-5500, in Panama 314-6385; www.ticabus.com), **Nica Bus** (☎2221-2679, in Nicaragua 2222-2276; www.nicabus.com.ni) und **TransNica** (Karte S. 66; ☎2223-4242; www.transnica.com; Calle 22 zwischen Av 3 & 5) betreiben alle täglich fahrende Busse in Orte im Norden und Süden. Regelmäßig starten Busse am Grenzposten Peñas Blancas auf costa-ricanischer Seite und fahren nach La Cruz, Liberia und San José.

➡ Wichtig zu wissen ist, dass Peñas Blancas nur ein Grenzposten und keine Stadt ist. Man kann dort also nicht übernachten.

PANAMA

Panama ist gegenüber Costa Rica eine Stunde voraus.

Zum Zeitpunkt der Niederschrift dieses Reiseführers musste nachgewiesen werden, dass man pro Person 500 US$ besitzt, ein Ticket zur Wiederausreise aus Panama (gültig ist auch eine Busfahrkarte von Panama zurück nach Costa Rica, wenn man schon nicht per Flugzeug das Land wieder verlässt) und einen Reisepass, der mindestens noch weitere sechs Monate gültig ist. Wer bis dahin noch kein Weiterflugticket hat, sollte sich in Panama eines besorgen, das man wieder zurückgeben kann. Den Ausdruck der Flugdaten zeigt man vor und storniert das Ticket danach wieder.

An der Carretera Interamericana (Panamericana) bei **Paso Canoas** (☎2732-2150) liegt der bei Weitem am stärksten frequentierte Grenzübergang zwischen Costa Rica und Panama. Er ist Montag bis Freitag von 6 bis 22 Uhr geöffnet, am Wochenende bis 20 Uhr.

➡ In beide Richtungen ist der Grenzübertritt oft chaotisch und langsam.

➡ Bevor man nach Panama einreist, muss man sich einen Ausreisestempel bei der Einreisebehörde von Costa Rica besorgen; dasselbe gilt auf der Seite von Panama, wenn man von dort aus nach Costa Rica einreisen möchte.

➡ Für die Einreise nach Costa Rica wird keine Gebühr verlangt. Die Einreise nach Panama kostet 1 US$.

➡ Die Ausreisesteuer in Costa Rica beträgt 7 US$, verlangt werden an der Grenze jedoch 8 US$, weil die Firma, die die Transaktionen durchführt 1 US$ Kommission nimmt. Bezahlt wird an einem Schalterfenster eines Lagercontainers an der Hauptstraße gegenüber dem costa-ricanischen Einwanderungsbüro. In Panama ist die Ausreise kostenlos.

➡ Richtung Norden fahrende Busse beenden ihre Fahrten um 18 Uhr. Reisende ohne eigenes Auto sollten daher tagsüber an der Grenze ankommen.

➡ Wer mit einem Privatfahrzeug anreist, muss mit langen Schlangen rechnen.

➡ Tica Bus fährt täglich von Panama-Stadt nach San José (42 bis 58 US$, 15 Std.), das Busunternehmen Tracopa (www.tracopacr.com) befährt die Strecke von San José nach David (21 US$). Beide nutzen diesen Grenzübergang. Von David aus fährt täglich ein Bus des Unternehmens Tracopa vom Busbahnhof nach San José (9 Std.). Von David fahren außerdem regelmäßig Busse zur Grenze bei Paso Canoas.

➡ Der Grenzübergang **Guabito–Sixaola** (☎2754-2044) an der Karibikküste ist ein ruhiger und von daher stressfreier Grenzübergang, der täglich von 7 bis 17 Uhr geöffnet ist.

➡ Wer von Bocas del Toro in Panama kommt, muss erst die häufig verkehrende Fähre nach Almirante (rund 2 US$) und dann einen öffentlichen Bus oder Shuttle nach Changuinola (etwa 40 Min.) nehmen. Von dort geht es dann mit einem schnellen Taxi zur Grenze oder zur Busstation (etwa 5 US$).

➡ Täglich um 10 Uhr fährt ein Bus von Changuinola nach San José (etwa 16 US$, 8 Std.). Möglich ist aber auch die Überquerung der Grenze zu Fuß, um dann einen der stündlich fahrenden Busse von Sixaola aus die Küste hinauf zu nehmen.

➡ **Río Sereno–San Vito** (☎2784-0130) in der Cordillera de Talamanca ist ein nur selten genutzter Grenzübergang. Der Übergang ist auf costa-ricanischer Seite von 8 bis 16 Uhr und in Panama von 9 bis 17 Uhr geöffnet. Das Dorf Río Sereno auf der panamaischen Seite verfügt über ein Hotel und ein Esslokal, auf costa-ricanischer Seite gibt es dagegen nichts dergleichen.

➡ Linienbusse fahren in Panama von Concepción und David aus nach Río Sereno. Regionalbusse (ca. 1,60 US$, 40 Min., 6-mal tgl.) und Taxis (ca. 30 US$) verbinden die Grenze mit San Vito.

➡ Reisende, die Costa Rica verlassen, müssen am Kiosk am Grenzübergang eine Ausreisesteuer von 7 US$ plus eine Verwaltungsgebühr von 1 US$ zahlen.

Auto & Motorrad

Wer alle anfallenden Kosten für Versicherung, Benzin und die Erlaubnis für die Grenzüberquerung mit dem eigenen Wagen zusammenrechnet, zahlt deutlich mehr, als ein Flugticket kosten würde. Für die Einreise mit dem eigenen Fahrzeug benötigt man folgende Unterlagen:

➡ Kraftfahrzeugschein und Kaufurkunde

➡ Einen gültigen internationalen Führerschein

- Gültige Kennzeichen
- Den Nachweis einer erst kürzlich erfolgten Inspektion
- Einen Reisepass
- Mehrere Kopien dieser Dokumente für den Fall, dass die Originale verloren gehen.

Vor der Abfahrt sollten die folgenden Autoteile auf Vorhandensein und Funktionstüchtigkeit überprüft werden:

- Blinker, Vorder- und Rücklichter
- Ersatzrad
- Reservekanister (Benzin)
- gut bestückter Werkzeugkasten mit Dingen wie Keilriemen, die in Mittelamerika nur schwer zu bekommen sind
- Warnleuchte und Warndreieck für den Notfall

Ausländische Versicherungspolicen werden in Costa Rica nicht anerkannt, Reisende müssen daher eine Versicherung vor Ort abschließen. Sie kostet an der Grenze rund 12 bis 36 US$ pro Monat. Zusätzlich müssen Autofahrer eine Desinfizierungsgebühr von etwa 5 US$ zahlen. Im Falle eines Unfalls sollte man das Auto am Unfallort belassen und die Polizei rufen. Andernfalls greift der Versicherungsschutz nicht.

Es ist nicht erlaubt, sein Auto in Costa Rica zu verkaufen. Wer das Land nur ohne Auto wieder verlassen will, muss es in einem Lagerhaus des Zolls in San José zurücklassen.

Bus

- Wer eine Fahrkarte für eine grenzüberschreitende Busfahrt kauft – es gibt auch die Möglichkeit, einen Bus zu nehmen, der nur bis zur Grenze fährt, und dann auf der anderen Seite die Fahrt mit einem anderen Regionalbus fortzusetzen –, zahlt etwas mehr, doch der höhere Preis lohnt sich, weil die Betreiber die Grenzformalitäten kennen und die Reisenden informieren, wie sie reibungslos über die Grenze kommen.
- Wenn mit den Papieren alles stimmt, gibt es beim Grenzübertritt keine Probleme. Die Insassen eines internationalen Busses müssen an der Grenze aussteigen und beide Grenzstationen passieren. Der Busfahrer wartet, bis alle abgefertigt sind.
- Wer einen Bus nimmt, der nur bis zur Grenze fährt, sollte möglichst früh am Tag an der Grenzstation ankommen, denn das Warten und die Formalitäten bei der Abfertigung können einige Zeit dauern. Die Anschlussbusse starten meist am Nachmittag.
- Internationale Busse fahren von San José nach Changuinola (Bocas del Toro), David und Panama-Stadt (Panama), nach Guatemala-Stadt (Guatemala), Managua (Nicaragua), San Salvador (El Salvador) und nach Tegucigalpa (Honduras).

Übers Meer

- Kreuzfahrtschiffe gehen in Costa Ricas Häfen vor Anker und ermöglichen ihren Passagieren dort einen kurzen Landgang. Die meisten dieser Schiffe laufen entweder die Pazifikhäfen Caldera, Puntarenas, Quepos und Bahía Drake oder den Karibikhafen Puerto Limón an.
- Es besteht natürlich auch die Möglichkeit, mit einer Privatjacht nach Costa Rica zu segeln.

UNTERWEGS VOR ORT

Auto & Motorrad

- Autofahrer aus dem Ausland müssen in Costa Rica einen gültigen Führerschein des Heimatlandes besitzen. Häufig wird auch der internationale Führerschein, der im Heimatland ausgestellt werden muss, akzeptiert. Wer länger als 90 Tage im Land bleiben möchte, benötigt eine costa-ricanische Fahrerlaubnis.
- Benzin und Diesel sind überall erhältlich; entlang der Interamericana haben viele Tankstellen rund um die Uhr geöffnet. Bei Redaktionsschluss lag der Spritpreis bei 1,02 US$ pro Liter.
- In abgelegenen Gebieten sind die Benzinpreise höher, teilweise wird der Sprit dort auch in *pulperías* (kleinen Läden) verkauft.
- Ersatzteile sind unter Umständen nur schwer zu finden, vor allem für Autos mit viel Elektronik und Abgasregelung.

Mietwagen & Versicherung

- Autovermietungen gibt es vor allem in der Hauptstadt und den beliebten Touristenregionen an der Pazifikküste.
- Alle international agierenden Mietwagenfirmen betreiben Büros in Costa Rica, die günstigeren Preise sind jedoch häufig bei den einheimischen Anbietern erhältlich.
- Angesichts der Straßenverhältnisse empfiehlt sich für alle, die nicht nur auf der Interamericana (Panamericana) unterwegs sein wollen, ein Allradfahrzeug.
- Viele Mietwagenfirmen bestehen darauf, dass man in der Regenzeit einen Geländewagen anmietet, da dann häufig Flüsse durchquert werden müssen.
- Für das Anmieten eines Wagens werden ein gültiger Führerschein, eine gängige Kreditkarte und ein Reisepass verlangt. Das Mindestalter für das Anmieten liegt bei 21 Jahren. Man kann manchmal auch mit einer Debitkarte bezahlen, aber nur dann, wenn eine Vollkaskoversicherung abgeschlossen wird und man eine Kaution für Verletzungen der Verkehrsregeln hinterlegt.

➡ Es empfiehlt sich, den Mietwagen unbedingt auch auf kleine Schäden hin zu untersuchen und dafür zu sorgen, dass jeder Schaden im Mietvertrag notiert wird. Bei einer Panne gilt es, als Erstes die Autovermietung anzurufen. Die meisten Vermieter zahlen nämlich nur dann, wenn sie vorab ihre Zustimmung zu einer Reparatur gegeben haben – also nicht selbst reparieren oder auf eigene Faust eine Reparatur in Auftrag geben!

➡ Die Preise schwanken sehr, in der Regel zahlt man über 200 US$ pro Woche für einen SUV, inklusive unbegrenzter Kilometerzahl (*kilometraje libre*). Ein Kleinwagen kostet um die 80 US$ pro Woche.

➡ Eine costa-ricanische Kfz-Versicherung ist zwingend vorgeschrieben, selbst dann, wenn das Fahrzeug im Heimatland versichert ist. Der Preis liegt bei 10 bis 30 US$ pro Tag. Viele Mietwagenfirmen vermieten gar keine Autos ohne diese Versicherung. Die Basisversicherung, die jeder Fahrer vorweisen muss, schließt man mit dem staatlichen Versicherungsmonopolisten Instituto Nacional de Seguros ab. Diese Versicherung ist keine Vollkaskoversicherung, sondern deckt lediglich die Schäden bei anderen Personen, deren Autos oder Eigentum. Es ist zwar erlaubt, mit dieser Basisversicherung zu fahren, viele Mietwagenfirmen weigern sich jedoch, ihre Wagen nur mit dieser Standardbasisversicherung abzugeben. Eine Vollkaskoversicherung über eine Mietwagenfirma kann bis zu 50 US$ pro Tag kosten.

➡ Da viele Straßen in sehr schlechtem Zustand sind, sind kleine Unfälle und Schäden am Fahrzeug an der Tagesordnung.

➡ Wer die Basisversicherung mit einer goldenen oder einer Platin-Kreditkarte bezahlt, hat in der Regel einen erweiterten Schutz (Versicherung für Schäden am eigenen Fahrzeug) durch die Kreditkartengesellschaft. In diesem Fall kann möglicherweise auch auf eine costa-ricanische Vollkaskoversicherung verzichtet werden. Sicherheitshalber sollte man die Modalitäten aber im Voraus mit seiner Kreditkartengesellschaft abklären.

➡ Viele Versicherungspolicen schließen Schäden, die auf Überflutung oder Fahrten durch Flüsse bzw. Wasserläufe zurückzuführen sind,

MIT DEM AUTO DURCH DEN FLUSS

Wer mit dem Fahrzeug in Costa Rica unterwegs ist, wird sicher irgendwann in die Situation kommen, einen Fluss durchqueren zu müssen. Leider beziehen zu viele ausländische Autofahrer ihre Kenntnisse über Off-road-Fahrten aus dem Fernsehen. Zu jeder Jahreszeit müssen die Einheimischen dabei helfen, nicht mehr fahrtüchtige Fahrzeuge aus dem Wasser zu ziehen.

Wer durch Wasser fahren muss, sollte folgende Grundregeln beachten:

➡ **Wasserläufe nur mit einem Allradfahrzeug (und eingeschaltetem Allradantrieb) durchqueren.** Niemals mit einem normalen Fahrzeug durch den Fluss fahren (eigentlich sollte das selbstverständlich sein, aber es passiert immer wieder.) Wer aus einem tiefen, kiesigen Flussbett herausfahren möchte, braucht zwingend ein Fahrzeug mit Allradantrieb, ganz abgesehen davon, dass Automotoren sehr schnell durchflutet werden.

➡ **Als Erstes die Tiefe des Flusses prüfen** Auch mit einem durchschnittlichen Allradfahrzeug sollte das Wasser maximal knietief sein. Wer mit einem größeren Fahrzeug (Toyota 4Runner oder vergleichbare Marken) unterwegs ist, kann sich auch in hüfthohes Wasser wagen. Wer zu ängstlich ist, wartet am besten darauf, dass ein einheimisches Auto vorbeikommt und folgt diesem dann durch das Wasser.

➡ **Das Wasser muss ruhig sein** Wenn die Strömung in einem Fluss stark ist, ist dies am weißen Schaum zu erkennen. In diesem Fall sollte man auf die Durchfahrt verzichten. Bei starker Strömung besteht nicht nur die Gefahr, dass Wasser in den Motor eindringt, sondern der Wagen kann auch fortgerissen werden.

➡ **Ganz, ganz langsam fahren** Der Druck, der bei einer schnellen Durchfahrt entsteht, führt unweigerlich dazu, dass Wasser in den Motor eindringen kann und die Elektronik ausfällt. Mit gleichmäßig viel Gas langsam durch den Fluss fahren, sodass sich der Auspuff nicht mit Wasser füllen kann; bei Fahrzeugen mit Gangschaltung sollte man im ersten Gang fahren.

➡ **Immer auf Nummer sicher gehen** Die costa-ricanischen Mietwagen sind nicht gegen Wasserschäden versichert. Wer also einen Wagen im Fluss kaputtfährt, muss mit extrem hohen Kosten rechnen.

BETRUG MIT PLATTEN REIFEN

Jahrelang kam es am Aeropuerto Internacional Juan Santamaría bei Mietfahrzeugen zu unerwartet auftretenden platten Reifen. Viele haben von identischen Situationen berichtet, die auch heute noch vorkommen.

Es passiert dann immer das Gleiche: Nachdem man seinen Mietwagen übernommen hat und Richtung Stadt fährt, hat der Wagen plötzlich einen Platten. Kaum bemüht sich der Fahrer darum, den Reifen zu wechseln, ist er von einer Gruppe Einheimischer umringt, die ihm unbedingt helfen wollen. Bei diesem Durcheinander werden dem Besitzer seine Brieftasche, Gepäck oder andere Wertgegenstände entwendet.

Angesichts der Häufung solcher Vorfälle mit dem immer gleichen Ablaufschema liegt der Verdacht nahe, dass da jemand nachhilft. Wer bei einem frisch angemieteten Wagen in die beschriebene Situation kommt, sollte entsprechend vorsichtig sein. Brieftasche und Reisepass am besten gut versteckt am Körper tragen und auf alle Fälle den Wagen abschließen, wenn man ihn verlässt.

kategorisch aus. Wer darauf angewiesen ist, Flüsse zu durchqueren, sollte dies ausdrücklich mitversichern.

➡ Die Mietwagenpreise schwanken heftig, es lohnt sich also ein Preisvergleich. Wer einen Wagen für eine längere Zeit mietet, bekommt meist günstigere Konditionen. Die Mietwagenfirmen am Flughafen verlangen 12 % mehr als sonst üblich.

➡ Diebe erkennen Mietwagen sofort! Auch deshalb sollte man nichts im Wagen sichtbar liegen lassen und jede Nacht das Auto leerräumen. Wenn möglich, den Wagen immer auf einem bewachten Parkplatz abstellen.

➡ Motorräder (auch Harley-Davidsons) können in San José und Escazú gemietet werden, was jedoch angesichts des allgemeinen Zustands der Straßen nicht zu empfehlen ist.

Straßenverhältnisse & Gefahren

➡ Der Zustand der Straßen schwankt – zwischen der schön geteerten Interamericana und kaum befahrbaren, holprigen Pisten im Hinterland, die von Schlaglöchern nur so wimmeln. Unterwegs kann einem alles blühen: Erdrutsche, plötzliche Sturzfluten und Nebel.

➡ Viele Straßen sind nur einspurig zu befahren und recht kurvenreich; die Bergstraßen haben riesige Abflussgräben an den Seiten, aber es gibt keine Seitenstreifen. Andere Straßen sind mit Felsbrocken übersät oder voller Staub und Matsch und führen durch Flüsse hindurch.

➡ Generell sollte man defensiv fahren und mit allen nur denkbaren Hindernissen rechnen – von Radfahrern und Fußgängern bis hin zu liegen gebliebenen Fahrzeugen und Vieh. Unmarkierte Rüttelschwellen, die zu einem langsamen Fahren zwingen, tauchen meist ohne Vorwarnung auf.

➡ Nur die Straßen in denTouristengebieten sind vernünftig markiert und beschildert, alle anderen nicht.

➡ Bevor man sich auf den Weg macht, sollte man sich nach den aktuellen Straßenverhältnissen erkundigen, besonders in der Regenzeit, wenn viele Straßen komplett unpassierbar werden.

Verkehrsregeln

➡ Auf allen Hauptstraßen gilt eine Geschwindigkeitsbegrenzung von maximal 100 bis 120 km/h oder aber weniger; die Geschwindigkeitsbegrenzungen sind auf Schildern angegeben. Die minimale Geschwindigkeit auf Hauptstraßen beträgt 40 km/h. Auf Nebenstraßen darf man maximal 60 km/h oder auch weniger fahren.

➡ Die Verkehrspolizei setzt häufig Radarkontrollen ein und kassiert manchmal Bußgelder bei Überschreitung des vorgeschriebenen Tempolimits.

➡ Wer nicht angeschnallt erwischt wird, muss ebenfalls ein Bußgeld bezahlen.

➡ Das Anhalten auf einer Kreuzung ist ebenso verboten wie das Rechtsabbiegen an einer roten Ampel.

➡ Bei unmarkierten Kreuzungen hat rechts immer Vorfahrt.

➡ In Costa Rica herrscht Rechtsverkehr.

➡ Wer einen Strafzettel bekommt, muss das Geld innerhalb einer gewissen Frist bei einer Bank einzahlen, die genauen Angaben finden sich auf dem Strafzettel. Bei einem Mietwagen kann eventuell der Autoverleih die Zahlung regeln – der Betrag sollte auf dem Strafzettel ausgewiesen sein. Ein Teil des Bußgeldes geht an Kinderhilfswerke.

➡ Polizisten dürfen kein Geld kassieren und ein Auto nicht beschlagnahmen, es sei denn, der Fahrer kann keine Papiere vorweisen, dem Auto fehlen die Nummernschilder, der Fahrer ist betrunken oder er war in einen Unfall verwickelt, bei dem es Schwerverletzte gab.

➡ Falls entgegenkommende Autos die Lichthupe betätigen, weisen sie damit oft auf ein Hindernis oder eine Radarkontrolle hin – es empfiehlt sich, sofort vom Gas zu gehen!

Bus

Regionalbusse

➡ Regionalbusse sind in Costa Rica ein preiswertes und verlässliches Fortbewegungsmittel. Die Fahrpreise liegen zwischen unter 1 US$ bis etwa 20 US$.

➡ San José ist der Dreh- und Angelpunkt des öffentlichen Verkehrs in Costa Rica, besitzt aber überraschenderweise keinen zentralen Busbahnhof. Die Büros der Busbetreiber sind deshalb über die ganze Stadt verstreut: Einige große Unternehmen betreiben eine Art Busbahnhof, an dem auch ein Kartenvorverkauf stattfindet, während andere nur über eine Haltestelle verfügen – die manchmal nicht einmal als solche gekennzeichnet ist.

➡ Busse können nicht nur an Werktagen sehr voll sein, weisen aber keine Passagiere ab, weil sie überfüllt sind. Für Costa-Rica-Reisende ist es wichtig zu wissen, dass Gründonnerstag und Karfreitag in der Regel überhaupt keine Busse fahren!

➡ Es gibt zwei Typen von Bussen, den *directo* und den *colectivo.* Der *directo* fährt vom Startpunkt bis zum Zielort mehr oder weniger durch und hält nur an einigen wenigen Orten entlang der Strecke. Die *colectivos* halten häufiger und sind entsprechend langsamer unterwegs.

➡ Alle Busse, die länger als vier Stunden unterwegs sind, machen eine Toilettenpause.

➡ Im Bus kann man in der Regel nur wenig Gepäck mitnehmen, wer also sein Gepäck oben auf dem Dachträger oder unten im Bus verstauen muss, sollte an den Haltepunkten sehr aufmerksam sein: Diebstähle vom Dachgepäckträger sind ein weit verbreitetes Delikt.

➡ Die Busfahrpläne ändern sich in Costa Rica häufig, sodass man auf jeden Fall beim Kauf der Fahrkarte nach den aktuellen Zeiten fragen sollte. Wer einen Bus auf der Strecke anhalten will, sollte sich frühzeitig an die Straße stellen.

➡ Auf www.visitcostarica.com/en/costa-rica/bus-itinerary gibt es den aktuellen Gesamtfahrplan für Abfahrten von San José; zur Streckenplanung siehe www.thebusschedule.com/cr.

Shuttlebusse

Die kleineren Shuttlebusse für Touristen (auch Gringo-Busse genannt) sind eine teurere Alternative zu den normalen Intercitybussen. Solche Shuttles werden angeboten von **Gray Line** (☎2220-2126, in US 800-719-3905; www.graylinecostarica.com), **Easy Ride** (☎8812-4012, in USA 703-879-2284; www.easyridecostarica.com), **Monkey Ride** (☎2787-0454; www.monkeyridecr.com), **Tropical Tours** (☎2640-1900; www.tropicaltourshuttles.com) und **Interbus** (☎6050-6500, 4100-0888; www.interbusonline.com).

➡ Alle vier Busgesellschaften fahren von San José zu den beliebtesten Touristenzielen, haben aber auch Direktverbindungen zu anderen Orten (siehe Homepage).

➡ Diese Busse holen ihre Passagiere an deren Hotels ab. Reservierungen sind online oder in Reisebüros vor Ort und Hotels möglich.

➡ Zu den beliebten Reisezielen zählen Quepos, Monteverde/Santa Elena, Manuel Antonio, Jacó, Dominical, Uvita, Puerto Jiménez, Arenal, Montezuma, Mal País.

➡ Easy Ride bietet auch internationale Fahrten an, beispielsweise direkt von Jacó, Tamarindo und Liberia nach Granada und Managua in Nicaragua sowie von Monteverde nach Managua.

Fahrrad

In Costa Rica gibt es immer mehr asphaltierte Nebenstraßen, und Radfahrer werden immer besser wahrgenommen. Deshalb ist das Land mittlerweile das für Fahrräder am besten geeignete Reiseziel in ganz Mittelamerika. Allerdings sind die Straßen oft schmal, kurvenreich sowie voller Schlaglöcher und haben keinen ausgewiesenen Fahrradweg, sodass für Radfahrer ein gewisses Risiko bestehen bleibt.

Mountainbikes und Strandräder können auch in touristischen Orten gemietet werden. Der Preis dafür schwankt zwischen 10 und 20 US$ pro Tag. Einige Anbieter organisieren auch richtige Radtouren durchs Land.

Flugzeug

Fluglinien in Costa Rica

➡ Costa Ricas Inlandsfluglinien heißen **Nature Air** (☎2299-6000, in den USA 1-800-235-9272; www.natureair.com) und **Sansa** (☎2290-4100, in den USA 877-767-2672; www.flysansa.com). Sansa ist Mitglied der Grupo TACA.

➡ Beide Fluglinien setzen kleine Passagierflugzeuge ein; man sollte das Gepäcklimit erfragen, denn manchmal sind pro Person nur 12 kg erlaubt.

➡ Da die Anzahl der Plätze gering und die Nachfrage vor allem in der Hochsaison und Trockenzeit hoch ist, sollte man so früh wie möglich reservieren und den Flug auch schon bezahlen.

➡ Die folgenden Flüge starten alle ab San José:

REISEZIEL	AIRLINE
Arenal	Nature Air
Bahía Drake	Nature Air, Sansa
Bocas del Toro	Nature Air
Golfito	Nature Air, Sansa
Liberia	Nature Air, Sansa

Inlandsflugverbindungen

Limón	Sansa
Palmar Sur	Sansa
Playa Nosara	Nature Air
Puerto Jiménez	Nature Air, Sansa
Quepos	Nature Air, Sansa
San Isidro	Sansa
Tamarindo	Nature Air, Sansa
Tambor	Sansa
Tortuguero	Nature Air, Sansa

Charterflüge

➡ Wer genügend Geld zur Verfügung hat und all jene, die in Gruppen reisen, können sich auch ein Privatflugzeug mieten, mit dem man natürlich am schnellsten und komfortabelsten im Land herumkommt.

➡ Zu den meisten Destinationen ist man rund 90 Minuten unterwegs, die exakten Zeiten sind wetterabhängig.

➡ Die beiden wichtigsten Chartergesellschaften sind **Nature Air** (☎2299-6000, in den USA 1-800-235-9272; www.natureair.com) und **Alfa Romeo Aero Taxi** (☎2735-5353, 8632-8150; www.alfaromeoair.com). Für beide Fluggesellschaften bucht man entweder direkt bei der Gesellschaft, im Reisebüro oder in einigen Spitzenunterkünften.

➡ Bei Charterflügen ist die Menge des Gepäcks äußerst beschränkt.

Schiff/Fähre

➡ In Costa Rica gibt es einige regelmäßig patrouillierende Küstenwachdienste und die Sicherheitsstandards sind in der Regel hoch .

➡ Fähren über den Golfo de Nicoya verbinden die zentrale Pazifikküste mit der Südspitze der Península de Nicoya.

➡ Die **Coonatramar-Fähre** (☎2661-1069; www.coonatramar.com; Erw./Kind/Fahrrad/Motorrad/Auto 2/1/4/6/18 US$) fährt fünfmal täglich vom Hafen Puntarenas nach Playa Naranjo. Die **Fähre Naviera Tambor** (☎2661-2084; www.navieratambor.com; Erw./Kind/Fahrrad/Motorrad/Auto

1,65/1/4/7/23 US$) pendelt regelmäßig sogar sechsmal täglich zwischen Puntarenas und Paquera; dort hat man für die Weiterfahrt Anschluss mit dem Bus nach Montezuma.

- Am Golfo Dulce fährt täglich eine Personenfähre von Golfito nach Puerto Jiménez auf der Península de Osa. Auf der anderen Seite der Península de Osa sorgen Wassertaxis für eine Verbindung von der Bahía Drake nach Sierpe.
- An der Karibikküste gibt es verschiedene Schiffs- und Busdienste, die mehrmals täglich Cariari und Tortuguero via La Pavona miteinander verbinden, ein anderer pendelt zwischen Parismina und Siquirres hin und her (mit Umsteigen in Caño Blanco).
- Die Kanäle entlang der Küste zwischen Moín und Tortuguero werden von Booten befahren, es besteht hier aber kein regelmäßiger Fährbetrieb. Touristen können Wassertaxis vorbuchen und dann auf diesen Wasserwegen fahren. Costa Rica und Nicaragua streiten sich immer wieder über die Zugehörigkeit des San Juan zum eigenen Territorium, deshalb vorsorglich den Reisepass mitnehmen, wenn man sich auf diesen Gewässern bewegen möchte. Von Tortuguero kann man einen Bootstransfer zum Barra del Colorado arrangieren.

TÖDLICHE UNFÄLLE BEI NATURE AIR

Ende 2017 verunglückten zwei Flugzeuge der costa-ricanischen Fluglinie Nature Air bei zwei unterschiedlichen Unfällen Dabei kamen insgesamt 14 Menschen ums Leben. Die Civil Aviation Administration sperrte die Fluglinie kurz nach dem zweiten Crash zeitweilig, weil es angeblich zu wenig Personal gab und die Routen geändert waren. Im Februar 2018 nahm Nature Air den Flugbetrieb wieder auf und zur Zeit der Recherchen zu diesem Reiseführer dauerten die Untersuchungen zu den Ursachen der Unfälle an.

Nahverkehr

Bus

Regionalbusse sind in San José, Puntarenas, San Isidro de El General, Golfito und Puerto Limón unterwegs und fahren zwischen dem Zentrum und den Vororten der Städte.

Viele dieser örtlichen Busse nehmen auch Fahrgäste entlang der Straße und an den Hauptstraßen auf. Jahrelang waren in Costa Rica ausgediente amerikanische Schulbusse unterwegs, inzwischen wurden sie durch bessere ersetzt. Oft sind nun auch Reisebusse zu sehen.

Taxi

In San José sind die Taxis mit Taxameter (*marías)* ausgestattet, und alle Fahrer sind verpflichtet, diese bei Fahrtantritt einzuschalten. Außerhalb der Hauptstadt fahren die meisten ohne Taxameter, dann muss der Fahrpreis im Vorfeld festgelegt werden, hier ist Verhandeln erlaubt.

In einigen Städten gibt es *Colectivo*-Taxis, die mehrere Passagiere für eine Fahrt aufnehmen. Auch wenn solche *colectivos* immer schwerer zu finden sind, das Prinzip ist nach wie vor überall das Gleiche: Der Fahrer verlangt einen Einheitspreis für eine Fahrt von einem Ende der Stadt zum anderen (meist sind es etwa 0,50 US$).

In ländlichen Gegenden kommen des Öfteren Fahrzeuge mit Allradantrieb als Taxis zum Einsatz; sie sind vor allem bei Surfern beliebt, die so von ihrer Unterkunft auch zu abgelegeneren Stränden gelangen können. Die Preise variieren stark und hängen u. a. davon ab, wie sehr die jeweilige Region touristisch erschlossen ist. Eine zehnminütige Fahrt kostet ungefähr 5 bis 15 US$. Taxifahrer bekommen normalerweise kein Trinkgeld, es sei denn, sie helfen beim Tragen des Gepäcks oder haben sonst eine besondere Leistung erbracht.

Trampen

Trampen ist in keinem Land wirklich sicher und Lonely Planet empfiehlt es nicht. Reisende, die dennoch trampen, sollten sich darüber im Klaren sein, dass sie ein geringes, aber möglicherweise schwerwiegendes Risiko eingehen. Etwas weniger gefährlich ist die Sache zu zweit und dann, wenn jemand Bescheid weiß, wohin die Trampenden unterwegs sind. Frauen sollten natürlich noch sehr viel vorsichtiger sein, wenn sie allein sind.

Auf den größeren Straßen Costa Ricas, auf denen häufig Busse verkehren, ist Trampen unüblich. Auf kleinen Landstraßen kommt Trampen häufiger vor. Einheimische winken vorbeikommenden Autos zu, wenn sie mitgenommen werden möchten. Tramper sollten am Ziel eine Bezahlung anbieten: *¿Cuanto le debo?* (Was schulde ich Ihnen?). Der Fahrer wird das Angebot entweder ablehnen oder aber um einen kleinen Zuschuss zum Benzingeld bitten.

Sprache

Die Aussprache spanischer Wörter ist recht einfach, weil die meisten Laute in einigermaßen ähnlicher Form auch im Deutschen vorkommen. Auch die Schreibweise ist im Spanischen völlig logisch: Es besteht eine klare und konsequente Zuordnung zwischen Schriftbild und Aussprache. Wenn man die farbigen Aussprachehilfen in diesem Buch so liest, als seien sie deutsche Wörter, wird man auf jeden Fall verstanden. Ein ch in der Lautschrift ist ein gutturaler Laut wie in *Loch*, v und b sind weiche Laute und klingen eigentlich eher wie eine Mischung aus beiden; das r wird mit der Zunge stark gerollt. Die betonten Silben sind in der Aussprachehilfe kursiv gedruckt.

Wo höfliche und informelle Formen auftauchen, werden sie durch die Abkürzungen 'höfl.' und 'inf.' kenntlich gemacht. Wenn nötig, wird sowohl die maskuline als auch die feminine Form eines Wortes angegeben: Die männliche Form wird zuerst genannt und mit einem Schrägstrich von der weiblichen Form getrennt, z.B. *perdido/a* (m/w).

GRUNDLEGENDES

Hallo.	*Hola.*	o·la
Auf Wiedersehen	*Adiós.*	a·*djos*
Wie geht's?	*¿Cómo va?* (höfl.) *¿Cómo vas?* (inf.)	*ko*·mo wa *ko*·mo was
Gut, danke.	*Bien, gracias.*	bjen *gra*·sjas
Entschuldigung.	*Con permiso.* (Einleitung einer Frage)	kon per·*mi*·so
Entschuldigung.	*Perdón.* (bei einer Entschuldigung)	per·*don*
Bitte.	*Por favor.*	por fa·*wor*
Danke.	*Gracias.*	*gra*·sjas
Keine Ursache.	*Con mucho gusto.*	kon *mu*·tscho *gu*·sto
Ja./ Nein.	*Sí./No.*	si/no
Ich heiße.	*Me llamo.*	me *ja*·mo ...

Wie heißen Sie?
¿Cómo se llama Usted? ko·mo se *ja*·ma u·*ste* (höfl.)
¿Cómo te llamas? ko·mo te *ja*·mas (inf.)

Sprechen Sie Deutsch/Englisch?
¿Habla alemán/inglés?
a·bla ale *man* / in·*gles* (höfl.)
¿Hablas alemán/inglés?
a·blas ale *man* / in·*gles* (inf.)

Ich verstehe nicht.
Yo no entiendo. jo no en·*tjen*·do

EINKAUFEN & SERVICE

Ich möchte gerne kaufen ...
Quiero comprar ... *kje*·ro kom·*prar* ...

Ich sehe mich nur um.
Sólo estoy viendo. so·lo es·*toi* *wjen*·do

Darf ich es ansehen?
¿Lo puedo ver? lo *pue*·do wer

Was kostet es?
¿Cuánto cuesta? *kuan*·to *kues*·ta

Das ist zu teuer.
Está muy caro. es·*ta* muj *ka*·ro

Können Sie den Preis etwas senken?
¿Podría bajarle el precio? po·*dri*·a ba·*char*·le el *pre*·sio

NOCH MEHR SPANISCH?

Detailliertere Hinweise und viele weitere Wendungen finden sich im *Latin American Spanish Phrasebook* von Lonely Planet. Man bekommt das Buch im **shop.lonelyplanet.com** und bei Internetbuchhändlern. Im **shop.lonely planet.de**, im Buchhandel und bei Internetbuchhändlern erhältlich ist außerdem der nützliche *Spanisch Reise-Sprachführer*, ebenfalls von Lonely Planet.

Da ist ein Fehler in der Rechnung.
Hay un error en la cuenta. — ai un e·ror en la kuen·ta.

Geldautomat	*cajero automático*	ka·che·ro au·to·ma·ti·ko
Kreditkarte	*tarjeta de crédito*	tar·che·ta de kre·di·to
Markt	*mercado*	mer·ka·do
Postamt	*correo*	ko·re·o
Touristen-information	*oficina de turismo*	o·fi·si·na de tu·ris·mo

ESSEN & TRINKEN

Kann ich bitte die Speisekarte sehen?
¿Puedo ver el menú, por favor? — pue·do wer el me·nu por fa·wor

Was würden Sie empfehlen?
¿Qué me recomienda? — ke me re·ko·mjen·da

Haben Sie vegetarische Gerichte?
¿Tienen comida vegetariana? — tje·nen ko·mi·da we·che·ta·ria·na

Ich esse kein (rotes Fleisch).
No como (carne roja). — no ko·mo (kar·ne ro·cha)

Das war köstlich!
¡Estuvo delicioso! — es·tu·wo de·li·sio·so

Prost!
¡Salud! — sa·lud

Die Rechnung, bitte.
La cuenta, por favor. — la kuen·ta por fa·wor

Ich hätte gern einen Tisch für ...	*Quisiera una mesa para ...*	ki·sje·ra u·na me·sa pa·ra ...
(acht) Uhr	*las (ocho)*	las (o·tscho)
(zwei) Personen	*(dos) personas*	(dos) per·so·nas

Wichtige Wörter

Abendessen	*cena*	se·na
Aperitife	*aperitivos*	a·pe·ri·ti·wos
Bar	*bar*	bar
Café	*café*	ka·fe
Flasche	*botella*	bo·te·ja
Frühstück	*desayuno*	de·sa·ju·no
Gabel	*tenedor*	te·ne·dor
Gericht	*comida*	ko·mi·da
Glas	*vaso*	wa·so
Hauptgang	*plato fuerte*	pla·to fuer·te
heiß (warm)	*caliente*	kal·jen·te
(zu) kalt	*(muy) frío*	(muj) fri·o
Löffel	*cuchara*	ku·tscha·ra
Markt	*mercado*	mer·ka·do
Messer	*cuchillo*	ku·tschi·jo
mit/ohne	*con/sin*	kon/sin
Mittagessen	*almuerzo*	al·muer·so
Restaurant	*restaurante*	res·tau·ran·te
Schüssel	*plato hondo*	pla·to on·do
Speisekarte	*menú*	me·nu
Supermarkt	*supermercado*	su·per·mer·ka·do
Teller	*plato*	pla·to

TIQUISMOS

Diese umgangssprachlichen Wendungen und Slangwörter *(tiquismos)* werden in Costa Rica oft benutzt, in den meisten anderen spanischsprachigen Ländern sind die meisten davon aber eher unüblich.

¡Adiós! – Hi! Hallo! (wenn man einen Freund auf der Straße trifft; in entlegenen ländlichen Gebieten allgemein als Begrüßung; heißt ebenfalls „Tschüss!", wird allerdings nur verwendet, wenn man sich für lange Zeit verabschiedet)

bomba – Tankstelle

buena nota – OK/super (wörtlich „gute Note")

chapulines – eine Gang, Bande, normalerweise von jungen Dieben

chunche – Ding (kann sich auf fast alles beziehen)

cien metros – ein Häuserblock in einer Stadt

¿Hay campo? – Ist hier noch Platz? (im Bus)

machita – blonde Frau (Slang)

mae – Kumpel (wird „ma" wie in „Matte" ausgesprochen, gefolgt von einem ganz kurzen „e"; wird besonders von Jungen und jungen Männern benutzt)

mi amor – meine Liebe/mein Lieber (vertraute Anrede, sowohl von Männern als auch von Frauen benutzt)

pulpería – Lebensmittelladen an der Ecke, Tante-Emma-Laden

¡Pura vida! – Super! (wörtlich „das pure Leben", auch ein Ausdruck der Anerkennung oder gar eine Begrüßung)

sabanero – Cowboy, besonders einer, der aus der Provinz Guanacaste kommt

salado – zu dumm!; so ein Pech!

soda – Tresen in einem Café oder in einer Essensausgabe

¡Tuanis! – Cool!

¡Upe! – Ist jemand zu Hause? (besonders in ländlichen Gegenden statt Klopfen oder Klingeln benutzt)

vos – Du (Einzahl und informell; das Gleiche wie *tú*)

Fleisch & Fisch

Ente	*pato*	*pa*·to
Fisch	*pescado*	pes·*ka*·do
Hühnchen	*pollo*	*po*·jo
Kalb	*ternera*	ter·*ne*·ra
Lamm	*cordero*	kor·*de*·ro
Pute	*pavo*	*pa*·wo
Rindfleisch	*carne de vaca*	*kar*·ne de *wa*·ka
Schwein	*cerdo*	*ser*·do

Obst & Gemüse

Ananas	*piña*	*pi*·nia
Apfel	*manzana*	man·*sa*·na
Aprikose	*albaricoque*	al·ba·ri·*ko*·ke
Banane	*banano*	ba·*na*·no
Bohne	*frijol*	fri·*chol*
Erbse	*petipoa*	pe·ti·*po*·a
Erdbeere	*fresa*	*fre*·sa
Gemüse	*vegetal*	we·che·*tal*
Gurke	*pepino*	pe·*pi*·no
Karotte	*zanahoria*	sa·na·o·ria
Kartoffel	*papa*	*pa*·pa
Kirsche	*cereza*	se·*re*·sa
Kohl	*repollo*	re·*po*·jo
Kürbis	*calabaza*	ka·la·*ba*·sa
Lauchzwiebeln	*lentejas*	len·*te*·chas
Mais	*maíz*	ma·*is*
Nüsse	*nueces*	*nue*·ses
Obst	*fruta*	*fru*·ta
Orange	*naranja*	na·*ran*·cha
Paprikaschote	*pimentón*	pi·men·*ton*
Pfirsich	*melocotón*	me·lo·ko·*ton*
Pflaume	*ciruela*	sir·*ue*·la
Pilz	*hongo*	*on*·go
Salat	*lechuga*	le·*tschu*·ga
Spargel	*espárragos*	es·*pa*·ra·gos
Spinat	*espinaca*	es·pi·*na*·ka

SCHILDER

Abierto	Offen
Cerrado	Geschlossen
Entrada	Eingang
Hombres/Varones	Herren
Mujeres/Damas	Damen
Prohibido	Verboten
Salida	Ausgang
Servicios/Baños	Toiletten

Tomate	*tomate*	to·*ma*·te
Wassermelone	*sandía*	san·*di*·a
Weintrauben	*uvas*	*u*·was
Zitrone	*limón*	li·*mon*
Zwiebel	*cebolla*	se·*bo*·ja

Andere Nahrungsmittel

Brot	*pan*	pan
Butter	*mantequilla*	man·te·*ki*·ja
Ei	*huevo*	*ue*·wo
Essig	*vinagre*	wi·*na*·gre
Gebäck	*pastel*	pas·*tel*
Honig	*miel*	mjel
Käse	*queso*	*ke*·so
Marmelade	*jalea*	cha·*le*·a
Öl	*aceite*	a·*sej*·te
Pfeffer	*pimienta*	pi·*mjen*·ta
Reis	*arroz*	a·*ros*
Salz	*sal*	sal
Zucker	*azúcar*	a·*su*·kar

Getränke

Bier	*cerveza*	ser·*we*·sa
Kaffee	*café*	ka·*fe*
Milch	*leche*	*le*·tsche
(Orangen-) Saft	*jugo (de naranja)*	*chu*·go (de na·*ran*·cha)
Tee	*té*	te
(Mineral-) Wasser	*agua (mineral)*	*a*·gua (mi·ne·*ral*)
(Rot-/Weiß-) Wein	*vino (tinto/ blanco)*	*wi*·no (*tin*·to/ *blan*·ko)

NOTFÄLLE

Hilfe!	*¡Socorro!*	so·*ko*·ro
Hauen Sie ab!	*¡Váyase!*	*wa*·ja·se
Rufen Sie ...!	*¡Llame a ...!*	*ja*·me a ...
einen Arzt	*un doctor*	un dok·*tor*
die Polizei	*la policía*	la po·li·*si*·a

Ich habe mich verlaufen.
Estoy perdido/a. es·*toi* per·*di*·do/a (m/w)

Ich bin krank.
Estoy enfermo/a. es·*toi* en·*fer*·mo/a (m/w)

Es tut hier weh.
Me duele aquí. me *due*·le a·*ki*

Ich bin allergisch gegen (Antibiotika).
Soy alérgico/a a (los antibióticos). soi a·*ler*·chi·ko/a a (los an·ti·*bio*·ti·kos) (m/w)

Wo sind die Toiletten?
¿Dónde está el baño? *don*·de es·*ta* el *ba*·njo

UHRZEIT & DATUM

Wie viel Uhr ist es?	*¿Qué hora es?*	ke o·ra es
Es ist (10) Uhr.	*Son (las diez).*	son (las djes)
Es ist halb (eins).	*Es (la una) y media.*	es (la u·na) i me·dja
Morgen	*mañana*	ma·nja·na
Nachmittag	*tarde*	tar·de
Abend	*noche*	no·che
gestern	*ayer*	a·jer
heute	*hoy*	oj
morgen	*mañana*	ma·nja·na

Montag	*lunes*	lu·nes
Dienstag	*martes*	mar·tes
Mittwoch	*miércoles*	mjer·ko·les
Donnerstag	*jueves*	chue·wes
Freitag	*viernes*	wjer·nes
Samstag	*sábado*	sa·ba·do
Sonntag	*domingo*	do·min·go

Januar	*enero*	e·ne·ro
Februar	*febrero*	fe·bre·ro
März	*marzo*	mar·so
April	*abril*	a·bril
Mai	*mayo*	ma·jo
Juni	*junio*	chun·jo
Juli	*julio*	chul·jo
August	*agosto*	a·gos·to
September	*septiembre*	sep·tjem·bre
Oktober	*octubre*	ok·tu·bre
November	*noviembre*	no·wjem·bre
Dezember	*diciembre*	di·sjem·bre

UNTERKUNFT

Haben Sie ein ... zimmer?	*Tiene una habitación ...?*	tje·ne u·na a·bi·ta·sion ...
Einzel	*sencilla*	sen·si·ja
Doppel	*doble*	do·ble

Wie viel kostet es pro Nacht/Person?
¿Cuánto es por noche/persona? — kuan·to es por no·tsche/per·so·na

Ist das Frühstück inbegriffen?
¿Incluye el desayuno? — in·klu·je el de·sa·ju·no

Campingplatz	*área para acampar*	a·re·a pa·ra a·kam·par
Hostel	*hospedaje*	os·pe·da·che
Hotel	*hotel*	o·tel
Jugendherberge	*albergue juvenil*	al·ber·ge chu·we·nil
Pension	*casa de huéspedes*	ka·sa de ues·pe·des
Bad	*baño*	ba·njo
Bett	*cama*	ka·ma
Fenster	*ventana*	wen·ta·na
Klimaanlage	*aire acondicionado*	ai·re a·kon·di·sio·na·do

VERKEHRSMITTEL- & WEGE

Bus	*bús*	bus
Flugzeug	*avión*	a·wion
Schiff	*barco*	bar·ko
Zug	*tren*	tren

erster	*primero*	pri·me·ro
letzter	*último*	ul·ti·mo
nächster	*próximo*	prok·si·mo
Eine Fahrkarte, bitte.	*Un pasaje de ..., por favor.*	un pa·sa·che de ... por fa·wor
1. Klasse	*primera clase*	pri·me·ra kla·se
2. Klasse	*segunda clase*	se·gun·da kla·se
einfach	*ida*	i·da
hin und zurück	*ida y vuelta*	i·da i wuel·ta

Ich möchte gerne nach ...
Quisiera ir a ... — ki·sje·ra ir a ......

Hält er in ...?
¿Hace parada en ...? — a·se pa·ra·da en ...

Welcher Halt ist dies?
¿Cuál es esta parada? — kual es es·ta pa·ra·da

Wann kommt er an/fährt er ab?
¿A qué hora llega/sale? — a ke o·ra je·ga/sa·le

Bitte sagen Sie mir, wenn wir nach ... kommen.
Por favor, avíseme cuando lleguemos a... — por fa·wor a·wi·se·me kuan·do je·ge·mos a ...

Ich möchte hier aussteigen.
Quiero bajarme aquí. — kje·ro ba·char·me a·ki

FRAGEWÖRTER

Wie?	*¿Cómo?*	ko·mo
Was?	*¿Qué?*	ke
Wann?	*¿Cuándo?*	kwan·do
Wo?	*¿Dónde?*	don·de
Wer?	*¿Quién?*	kjen
Warum?	*¿Por qué?*	por ke

ZAHLEN

1	*uno*	u·no
2	*dos*	dos
3	*tres*	tres
4	*cuatro*	kwa·tro
5	*cinco*	sin·ko
6	*seis*	sejs
7	*siete*	sje·te
8	*ocho*	o·tscho
9	*nueve*	nue·we
10	*diez*	djes
20	*veinte*	wejn·te
30	*treinta*	trejn·ta
40	*cuarenta*	kua·ren·ta
50	*cincuenta*	sin·kuen·ta
60	*sesenta*	se·sen·ta
70	*setenta*	se·ten·ta
80	*ochenta*	o·tschen·ta
90	*noventa*	no·wen·ta
100	*cien*	sjen
1000	*mil*	mil

annulliert	*cancelado*	kan·se·la·do
Bahnhof	*estación de trenes*	es·ta·sion de tre·nes
Bahnsteig	*plataforma*	pla·ta·for·ma
Bushaltestelle	*parada de autobuses*	pa·ra·da de au·to·bu·ses
Fahrkarten-schalter	*taquilla*	ta·ki·ja
Fahrplan	*horario*	o·ra·rio
Fensterplatz	*asiento junto a la ventana*	a·sjen·to chun·to a la wen·ta·na
Flughafen	*aeropuerto*	a·e·ro·puer·to
Sitzplatz am Gang	*asiento de pasillo*	a·sjen·to de pa·si·jo
verspätet	*atrasado*	a·tra·sa·do

Ich möchte ... mieten	*Quiero alquilar ...*	kje·ro al·ki·lar ...
Auto	*un carro*	un ka·ro
Fahrrad	*una bicicleta*	u·na bi·si·kle·ta
Gelände-wagen	*un cuatro por cuatro*	un kua·tro por kua·tro
Motorrad	*una moto-cicleta*	u·na mo·to·si·kle·ta
Benzin	*gasolina*	ga·so·li·na
Diesel	*diesel*	di·sel
Helm	*casco*	kas·ko
Kindersitz	*asiento de seguridad para niños*	a·sjen·to de se·gu·ri·da pa·ra ni·njos
Lkw	*camión*	ka·mion
Mechaniker	*mecánico*	me·ka·ni·ko
Tankstelle	*bomba*	bom·ba

Ist dies die Straße nach ...?
¿Por aquí se va a ...? — por a·ki se wa a ...

(Wie lange) Kann ich hier parken?
¿(Cuánto tiempo) Puedo parquear aquí? — (kuan·to tjem·po) pue·do par·ke·ar a·ki

Mein Auto hat eine Panne (in ...).
El carro se varó en ... — el ka·ro se wa·ro en ...

Ich hatte einen Unfall.
Tuve un accidente. — tu·we un ak·si·den·te

Mir ist das Benzin ausgegangen.
Me quedé sin gasolina. — me ke·de sin ga·so·li·na

Ich habe eine Reifenpanne.
Se me estalló una llanta. — se me es·ta·jo u·na jan·ta

WEGWEISER

Wo ist ...?
¿Adónde está ...? — a·don·de es·ta ...

Wie lautet die Adresse?
¿Cuál es la dirección? — kual es la di·rek·sion

Könnten Sie das bitte aufschreiben?
¿Podría escribirlo? — po·dri·a es·kri·bir·lo

Können Sie mir das (auf der Karte) zeigen?
¿Me puede enseñar (en el mapa)? — me pue·de en·se·njar (en el ma·pa)

an der Ecke	*en la esquina*	en la es·ki·na
an der Ampel	*en el semáforo*	en el se·ma·fo·ro
gegenüber ...	*opuesto a ...*	o·pues·to a ...
geradeaus	*aquí directo*	a·ki di·rek·to
hinter ...	*detrás de ...*	de·tras de ...
links	*a la izquierda*	a la is·kjer·da
nahe	*cerca*	ser·ka
neben ...	*a la par de ...*	a la par de ...
rechts	*a la derecha*	a la de·re·tscha
vor ...	*en frente de ...*	en fren·te de ...
weit	*lejos*	le·chos

GLOSSAR

adiós – bedeutet im Allgemeinen „Auf Wiedersehen", wird im ländlichen Costa Rica aber auch als Gruß gebraucht

alquiler de automóviles – Autovermietung

apartado – Postfach

artesanía – Kunsthandwerk

ATH – *a toda hora* (durchgehend geöffnet); Bezeichnung für Geldautomaten

automóvil – Auto

avenida – Allee

avión – Flugzeug

bahía – Bucht

barrio – Stadtviertel, Bezirk

biblioteca – Bibliothek

bomba – kurzer, lustiger Vers; bedeutet auch „Tankstelle" und „Bombe"

bosque – Wald

bosque nuboso – Nebelwald

buena nota – ausgezeichnet/OK; wörtlich: „gute Note"

caballo – Pferd

cabaña – Hütte; siehe auch *cabina*

cabina – Hütte; siehe auch *cabaña*

cajero automático – Geldautomat

calle – Straße

cama, cama matrimonial – Bett/Doppelbett

campesino –Bauer oder Landarbeiter

carreta – farbenprächtig bemalter Ochsenkarren, heute eine Form der Volkskunst

carretera – Landstraße

casado – preiswertes Menü; bedeutet auch „verheiratet"

casita – Häuschen oder Wohnung

catedral – Kathedrale

caverna – Höhle; siehe auch *cueva*

cerro – Berg oder Hügel

Chepe – liebevoller Spitzname für José; auch für San José gebraucht

cine – Kino

ciudad – Stadt

cocina – Küche oder Kochen

colectivo – Gemeinschaftstaxi

colibrí – Kolibri

colina – Hügel

colón – Währungseinheit von Costa Rica; Plural *colones*

cordillera – Bergkette

correo – Post

Costarricense – Costa-Ricaner; siehe auch *Tico*

cruce – Kreuzung

cruda – bezeichnet oft einen „Kater"; wörtlich „roh"

cueva – Höhle; siehe auch *caverna*

culebra – Schlange; siehe auch *serpiente*

Dios – Gott

directo – direkt; bezeichnet Fernbusse ohne Zwischenstopps

edificio – Gebäude

estación – Station, wie in Ranger-Station; bedeutet auch „Jahreszeit"

farmacia – Apotheke

fauna silvestre – Wildtiere

fiesta – Fest oder Festival

finca – Bauernhof oder Plantage

floresta – Wald

frontera – Grenze

fútbol – Fußball

garza – Reiher

gasolina – Benzin

gracias – danke

gringo/a (m/f) – US-amerikanische(r) oder europäische(r) Besucher(in); je nach Ton liebevoll oder beleidigend

hacienda – Landgut

hielo – Eis

ICT – Instituto Costarricense de Turismo; Tourismusbehörde Costa Ricas, die Informationen für Touristen bereithält

iglesia – Kirche

indígena – eingeboren, einheimisch

Interamericana – die panamerikanische Straße, die fast durchgehend von Alaska bis Chile verläuft (sie bricht am Tapón del Darién zwischen Panama und Kolumbien ab)

invierno – Winter; die Regenzeit in Costa Rica

isla – Insel

jardín – Garten

josefino – Einwohner San Josés

lago – See

lavandería – Wäscherei und chemische Reinigung

librería – Buchhandlung

llanuras – tropische Niederungen

machismo – Macho-Verhalten

macho – Macho; wörtlich: „Mann", „männlich", „rau"; in Costa Rica auch in der Bedeutung „blond"

macrobiótica – Bio-Laden

maría – Beiname für Taxameter

mercado – Markt

Meseta Central – Zentrales Hochland

mestizo – Mischling, meist mit spanischen und indianischen Vorfahren

metate – ebene Plattform aus Stein, auf der die vorkolumbischen Bewohner Costa Ricas Mais mahlten

migración – Einwanderung

Minae – Ministerio de Ambiente y Energía; Ministerium für Umwelt und Energie, zuständig für die Nationalparks

mirador – Aussichtspunkt

mole – eine Schokoladensoße

mono – Affe

mono tití – Totenkopfaffe

motocicleta – Motorrad

muelle – Dock

museo – Museum

niño – Kind

normal – Fernbusse mit vielen Haltestellen

ola(s) – Welle(n)

OTS – Organisation für tropische Studien

pájaro – Vogel

palapa – Unterstand mit einem Dach aus Palmblättern und offenen Seiten

palenque – Siedlung der Ureinwohner

páramo – Lebensraum mit Gestrüpp und hohem Gras

parque – Park

parque central – zentraler Platz einer Stadt

parque nacional – Nationalpark

perezoso – Faultier

perico – Mülleramazone (*Amazona farinosa*)

playa – Strand

posada – Gasthaus in ländlichem Stil

puente – Brücke

puerto – Hafen

pulpería – „Tante-Emma-Laden"

punta – Punkt

pura vida – super; wörtlich „pures Leben"

quebrada – Bach

rana – Frosch oder Kröte

rancho – kleines Haus oder Hütte

río – Fluss

sabanero – Cowboy aus Guanacaste

selva – Dschungel

Semana Santa – Karwoche

sendero – Weg oder Pfad

serpiente – Schlange; siehe auch *culebra*

Sinac – Sistema Nacional de Areas de Conservación; die staatliche Verwaltung der Nationalparks

supermercado – Supermarkt

telenovela – TV-Seifenoper in spanischer Sprache

Tico/a – männlicher/weiblicher Bewohner von Costa Rica; siehe auch *Costarricense*

tienda – Laden

Tiquismos – landestypische Ausdrücke, Slang

tortuga – Schildkröte

valle – Tal

verano – Sommer; Trockenzeit in Costa Rica

volcán – Vulkan

zoológico – Zoo

Essen

a la plancha – gegrillt oder in der Pfanne gebraten

agua – Wasser

agua de sapo – wörtlich „Froschwasser", mit frischem Ingwer und braunem Zucker hergestellte Limonade

agua dulce – Zuckerrohrsaft

aguacate – Avocado

almuerzo – Mittagessen

almuerzo ejecutivo – wörtlich „Führungskräfte-Essen"; teurere Variante des Menüs oder *casado*

arroz – Reis

batido – Fruchtshake aus Milch oder Wasser

bocas – kleine herzhafte Gerichte, die in Bars serviert werden; Tapas

café – Kaffee

camaron – Shrimp

carambola – Sternfrucht

cas – ein Guajavenkuchen

casado – günstige Menüs; bedeutet auch „verheiratet"

cena – Abendessen

cerveza – Bier; man kann auch *birra* sagen

ceviche – Meeresfrüchte in Zitronen- oder Limettensaft sowie Knoblauch und Gewürzen mariniert

chan – aus den Wurzeln von Chias hergestelltes Getränk

chuleta – Schweinekotelett

comida típica – für die Region typisches Essen

desayuno – Frühstück

dorado – Goldmakrele

empanada – herzhafte Teigtasche gefüllt mit Fleisch oder Käse

ensalada – Salat

frito – gebraten

gallo pinto – kurz angebratenes Gericht mit Reis und Bohnen

guanabana – Stachelannone oder Cherimoya

guaro – aus Zuckerrohr hergestellter Schnaps

leche – Milch

linaza – aus Leinsamen hergestelltes Getränk

lomito – Filet; Lendenstück

macrobiótica – Reformhaus

maracuya – Passionsfrucht

mariscos – Meeresfrüchte

melón – Cantaloupe-Melone

mora – Brombeere

natilla – Sauerrahm

olla de carne – Rinderragout

palmito – Palmenherz

pargo – Rotbarsch

pan – Brot

pan tostada – Toast

panadería – Bäckerei

pastelería – Konditorei

patacones – doppelt gebratene grüne Kochbanane

patí – karibische Version der *empanada*

pescado – Fisch

piña – Ananas

pipa – junge grüne Kokosnuss; aus ihnen wird die erfrischende Kokosnussmilch gewonnen

plátanos maduros – reife Kochbanane, längs in Streifen geschnitten und mit Butter, braunem Zucker und Zimt gebacken oder gegrillt

pollo – Hähnchen

queso – Käse

resbladera – süßes Getränk aus Gerste und Reis

ron – Rum

rondón – Meeresfrüchte-Eintopf

Salsa Lizano – costa-ricanische Version der Worcestershire-Soße; eine der Hauptzutaten von *gallo pinto*

sandía – Wassermelone

soda – kleiner Imbiss oder günstiges Restaurant

tamarindo – Frucht der Tamarinde

tapa de dulce – brauner Zucker

vino – Wein

Hinter den Kulissen

WIR FREUEN UNS ÜBER EIN FEEDBACK

Post von Reisenden zu bekommen ist für uns ungemein hilfreich – Kritik und Anregungen halten uns auf dem Laufenden und helfen, unsere Bücher zu verbessern. Unser reiseerfahrenes Team liest alle Zuschriften genau durch, um zu erfahren, was an unseren Reiseführern gut und was schlecht ist. Wir können solche Post zwar nicht individuell beantworten, aber jedes Feedback wird garantiert schnurstracks an die jeweiligen Autoren weitergeleitet, rechtzeitig vor der nächsten Nachauflage.

Wer Ideen, Erfahrungen und Korrekturhinweise zum Reiseführer mitteilen möchte, hat die Möglichkeit dazu auf **www.lonelyplanet.com/contact/guidebook_feedback/new**. Unter **www.lonelyplanet.de/kontakt** erreichen uns Anmerkungen speziell zur deutschen Ausgabe.

Hinweis: Da wir Beiträge möglicherweise in Lonely-Planet-Produkten (Reiseführern, Websites, digitale Medien) veröffentlichen, ggf. auch in gekürzter Form, bitten wir um Mitteilung, falls ein Kommentar nicht veröffentlicht oder ein Name nicht genannt werden soll. Wer Näheres über unsere Datenschutzpolitik wissen will, erfährt das unter www.lonelyplanet.com/privacy

DANK VON LONELY PLANET

Ashley Garver, Bridget Bero, David Callow, Deborah Weisinger, Edward Stiel, Federica Peruzzi, Iris Köster, Jean-Sebastien Goupil, Joan Mcconnell, John Shepherd, Kimberly Hayward, Marc Van-pé, Monika Schindler, Pascale Braam, Rebecca Kass, Shawn Smith, Susana Jimeno, Tommy Crabeels

DANK DER AUTOREN

Ashley Harrell

Ein Dank geht an Bailey Freeman für ihre Klugheit und Freundlichkeit und an meine Mitautoren Jade Bremner und Brian Kluepfel für ihre bewundernswerte Arbeit, an Ronni und Mack Harrell für ihre Hilfe und die Hundebetreuung, an Adele Fox, eine wirklich beste Freundin, an Genna Marie und Sean Davis für gute Ratschläge, ebensolche Unterhaltung und unverbrüchliche Freundschaft, an Alejandro López-Meoño für ihre Zeit und ihr Fachwissen, an Andy Lavender, mit dem ich Quetzals und Käsereien gesucht habe, an Jonathan Harris für seine Freundlichkeit und all sein Wissen – und natürlich an die großartige und fröhliche Stacey Auch, die mich sicher auf Berge hinauf und wieder herunter geleitet hat.

Jade Bremner

Gracias an die hilfsbereite Redakteurin Bailey Freeman für ihre raschen Antworten und ihre Unterstützung. Danke auch an die Experten vor Ort: an Ludrick Mcloud für seine informativen Führungen, an Gregg von der Costa Rica Surf School, der mir die schönsten Wellen von Costa Rica gezeigt hat, und an Harriet Sinclair für ihre eindrucksvollen Künste im Geländewagen. Nelson Torres und Julia Vaughns danke ich für ihre Hilfe bei der Organisation – und natürlich allen hinter den Kulissen: Cheree Broughton, Dianne und Jane und Neill Coen.

Brian Kluepfel

An meine Frau Paula Paz – du warst immer bei mir, obwohl du nicht mitgefahren bist.

Muchas gracias an Wilfredo de Cabuya, Marlon y Pippa de Bijagua, Ernesto y Joel de Cano Negro, Sonia de La Fortuna, Lieke de Junquillal (¡Viva Mandela!), Carole und Sjull de Quebec und Holland, Tony de Avellanas, Mariano de Tamarindo für die Computerreparatur – und an meine großartigen Kollegen Bailey, Jade und Ashley.

An Flying Taco in Samara und das La Fortuna Pub – danke, dass ich in euren Kneipen singen durfte!

ÜBER DIESES BUCH

Dies ist die 7. deutsche Auflage von *Costa Rica*, basierend auf der mittlerweile 13. englischen Auflage. Verfasst wurde das Buch von Ashley Harrell, Jade Bremner und Brian Kluepfel. Im Verlag wurde der Band von folgenden Mitarbeitern betreut:

Verantwortliche Redakteurin Bailey Freeman

Projektredation Kate James, Saralinda Turner

Leitung der Kartografie Corey Hutchison

Assistenz der Kartografie James Leversha

Satz & Layout Jessica Rose

Redaktionsassistenz Sarah Bailey, Katie Connolly, Lucy Cowie, Melanie Dankel, Andrea Dobbin, Emma Gibbs, Charlotte Orr, Tamara Sheward

Bildredaktion für den Umschlag Naomi Parker

Dank an Carolyn Boicos, Hannah Cartmel, Andi Jones, Claire Naylor, Karyn Noble

QUELLENNACHWEIS

Die Daten in den Klimatabellen stammen von Peel MC, Finlayson BL & McMahon TA (2007), Aktualisierte Weltkarte der Köppen-Geiger-Klimaklassifikation, *Hydrology and Earth System Sciences*, 11, 163344.

Abbildungen auf dem Umschlag: Rotaugenlaubfrosch, Marco Simoni/AWL ©

Register

Karten **000**
Abbildungen **000**

Karten **000**
Abbildungen **000**

O

P

T

Y

Z

SONIA GOUPIL

Kartenlegende

Sehenswertes

- Strand
- Vogelschutzgebiet
- Buddhistisch
- Burg/Schloss/Palast
- Christlich
- Konfuzianisch
- Hinduistisch
- Islamisch
- Jainistisch
- Jüdisch
- Denkmal
- Museum/Galerie/Hist. Gebäude
- Ruine
- Shintoistisch
- Sikh-Religion
- Taoistisch
- Weingut/Weinberg
- Zoo/Naturschutzgebiet
- andere Sehenswürdigkeit

Aktivitäten, Kurse & Touren

- Bodysurfen
- Tauchen
- Kanu/Kajak
- Kurse/Touren
- Sento-Bad/Onsen
- Skifahren
- Schnorcheln
- Surfen
- Schwimmbad/Pool
- Wandern
- Windsurfen
- andere Aktivität

Schlafen

- Schlafen
- Camping

Essen

- Essen

Ausgehen & Nachtleben

- Ausgehen & Nachtleben
- Café

Unterhaltung

- Unterhaltung

Shoppen

- Shoppen

Praktisches

- Bank
- Botschaft/Konsulat
- Krankenhaus/Arzt
- Internet
- Polizei
- Post
- Telefon
- Toilette
- Touristeninformation
- andere Information

Landschaft

- Strand
- Hütte
- Leuchtturm
- Aussichtspunkt
- Berg/Vulkan
- Oase
- Park
- Pass
- Picknickplatz
- Wasserfall

Bevölkerung

- Hauptstadt (National)
- Hauptstadtl (Staat/Provinz)
- Stadt/Großstadt
- Ort/Dorf

Verkehrsmittel

- Flughafen
- Grenzübergang
- Bus
- Cable Car/Seilbahn
- Radfahren
- Fähre
- Metrohaltestelle/-station
- Monorail
- Parkplatz
- Tankstelle
- S-Bahn-Haltestelle
- Taxi
- Bahnhof/Zugstrecke
- Tram/Straßenbahn
- U-Bahn-Station
- anderes Verkehrsmittel

Hinweis: Nicht alle hier aufgeführten Symbole sind auf den Karten dieses Buches zu finden

Verkehrswege

- Mautstraße
- Autobahn
- Hauptstraße
- Landstraße
- Nebenstraße
- Weg
- Piste/unbefestigter Weg
- Straße in Bau
- Platz/Fußgängerzone/Mall
- Treppe
- Tunnel
- Fußgängerbrücke
- Wanderung/Wanderweg
- Wanderung mit Abstecher
- Wanderpfad

Grenzen

- Internationale Grenze
- Bundesstaat/Provinz
- umstrittene Grenze
- Regional/Vorort
- Gewässergrenze
- Klippen
- Mauer

Gewässer

- Fluß, Bach
- periodischer Fluss
- Kanal
- Wasserfläche
- Trocken-/Salz-/period. See
- Riff

Fläche

- Flughafen/Flugpiste
- Strand/Wüste
- Friedhof (christlich)
- Friedhof (andere Religion)
- Gletscher
- Watt
- Park/Wald
- Sehenswertes (Gebäude)
- Sportanlage/-platz
- Sumpf/Mangroven

DIE AUTOREN

Ashley Harrell

Zentrale Pazifikküste, Der Süden & die Peninsula de Osa, San José Nach einem kurzen Intermezzo als Verkäuferin von Wellnessangeboten an der Haustür entschied Ashley sich dann doch lieber für eine Karriere als Autorin. Sie besuchte eine Journalistenschule, ließ sich von einer Zeitung anstellen und schrieb zunächst über Tiere, Tourismus und Kriminalität, manchmal sogar in einem einzigen Artikel. Da sie süchtig nach Geschichten und nach dem Unbekannten ist, reiste sie viel und wechselte häufig ihren Wohnsitz – von einem winzigen Apartment in New York auf eine weitläufige Ranch in Kalifornien und in eine Dschungel-Hütte in Costa Rica, wo sie mit ihrer Arbeit für Lonely Planet begann. Von dort aus führten ihre Touren sie immer weiter in die Ferne, und bis heute freut sie sich wie am ersten Tag darüber, mit ihrer Reisebegeisterung Geld verdienen zu können.

Jade Bremner

Karibikküste, Valle Central & Hochland Jade arbeitet schon seit über zehn Jahren als Journalistin. Diesen Beruf hat sie bisher in vier ganz unterschiedlichen Gegenden ausgeübt. Wo immer sie sich niederlässt, probiert sie sofort die örtlichen Extremsportarten aus – je verrückter, desto besser. Kein Wunder, dass man an einigen ihrer Lieblingsorte eine besonders gute Brandung vorfindet … Jade hat als Redakteurin für Reisemagazine und andere Publikationen gearbeitet und Beiträge in der *Times* und bei CNN veröffentlicht. Sie sieht es als großes Privileg an, ihre Erlebnisse auf diesem wunderbaren Planeten mit anderen zu teilen, und ist stets auf der Suche nach dem nächsten Abenteuer. Von Jade stammen auch „Costa Rica verstehen" und „Praktische Informationen".

Brian Kluepfel

Peninsula de Nicoya, Der Nordwesten, Arenal & Nördliches Tiefland Brian hat bereits in Berkeley gelebt, in Bolivien, der Bronx und an vielen anderen Orten. Seiner Tätigkeit als Journalist ist er bei einem Fußballturnier in Paraguay ebenso nachgegangen wie bei einem Akkordeon-Festival in Québec. Für Lonely Planet hat er an den Bänden über Venezuela, Costa Rica, Belize, Guatemala, Bolivien und Ecuador mitgearbeitet. Der Hobbyornithologe und Musiker betreibt einen Blog unter www.brianbirdwatching.blogspot.com. Von Brian stammt auch das Kapitel „Reiseplanung".

DIE LONELY PLANET STORY

Ein uraltes Auto, ein paar Dollar in den Hosentaschen und Abenteuerlust, mehr brauchten Tony und Maureen Wheeler nicht, als sie 1972 zu der Reise ihres Lebens aufbrachen. Diese führte sie quer durch Europa und Asien bis nach Australien. Nach mehreren Monaten kehrten sie zurück – pleite, aber glücklich –, setzten sich an ihren Küchentisch und verfassten ihren ersten Reiseführer *Across Asia on the Cheap*. Binnen einer Woche verkauften sie 1500 Bücher und Lonely Planet war geboren. Heute unterhält der Verlag Büros in Melbourne (Australien), London und Oakland (USA) mit über 600 Mitarbeitern und Autoren. Sie alle teilen Tonys Überzeugung, dass ein guter Reiseführer drei Dinge tun sollte: informieren, bilden und unterhalten.

Lonely Planet Global Limited
Digital Depot
The Digital Hub
Dublin D08 TCV4
Ireland

Verlag der deutschen Ausgabe:
MAIRDUMONT, Marco-Polo-Str. 1, 73760 Ostfildern, www.lonelyplanet.de, www.mairdumont.com, lonelyplanet-online@mairdumont.com

Chefredakteurin deutsche Ausgabe: Birgit Borowski

Redaktion und technischer Support: CLP Carlo Lauer & Partner, Valley

Übersetzung: Dr. Birgit Beile-Meister, Dr. Martin Goch, Christiane Gsänger, Waltraud Horbas, Dr. Annegret Pago, Dr. Thomas Pago, Christiane Radünz, Jutta Ressel M.A., Manuela Schomann, Beatrix Thunich

An früheren Auflagen haben außerdem mitgewirkt:

Julie Bacher, Anne Cappel, Britt Maaß, Claudia Riefert, Petra Sparrer, Katja Weber; Petra Dubilski, Mayela Gerhardt, Monika Grabow, Daniela Grapatin, Christel Klink, Dr. Horst Leisering, Raphaela Moczynski, Ulli Nickel, Jürgen Scheunemann, Dr. Heinz Vestner, Karin Weidlich, Renate Weinberger, Simone Wiemken; Matthias Eickhoff, Beatrix Gehlhoff, Marion Gieseke, Linde Wiesner

MIX
Papier aus verantwortungsvollen Quellen
FSC www.fsc.org
FSC® C018236

Costa Rica

7. deutsche Auflage Januar 2019, übersetzt von *Costa Rica 13th edition*, Oktober 2018, Lonely Planet Global Limited

Printed in Poland